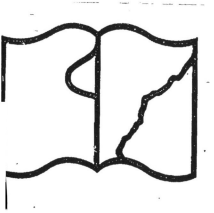

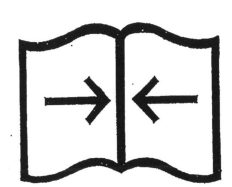

D1729382

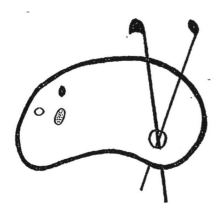

ORIGINAL EN COULEUR
NF Z 43-120-8

Couverture inférieure manquante

(Contour de la couverture)

PARIS EXPOSITION

1900

PUBLIÉ PAR

LA LIBRAIRIE

HACHETTE & Cie

PARIS

79, Boul. St-Germain

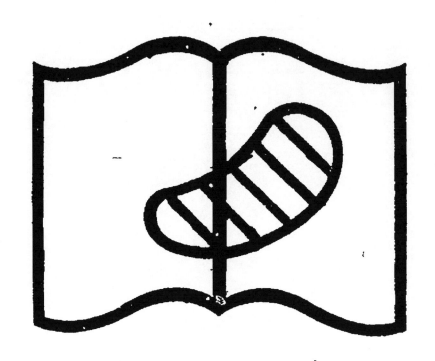

Illisibilité partielle

TABLE DES ·MATIÈRES

DÉPÔT LÉGAL
Seine
N° 1774.
1900

Les Grandes Divisions du Paris-Exposition

— NOS CARTES ET NOS PLANS —

B

Comment consulter notre Guide

LES divisions très nettes du *Paris-Exposition* permettent au Lecteur de trouver facilement le renseignement qu'il cherche.

La *Première Partie*, **Renseignements Pratiques,** contient les Renseignements indispensables au Visiteur arrivant à Paris.

La *Deuxième Partie*, **Dans Paris,** donne, dans l'ordre alphabétique, la description des principales curiosités de Paris.

La *Troisième Partie* est réservée à l'**Exposition :** description complète et très détaillée, divisée en 6 Sections : 1re *De la Concorde aux Invalides.* — 2e *Invalides.* — 3e *Des Invalides au Champ de Mars.* — 4e *Champ de Mars.* — 5e *Trocadéro.* — 6e *Du Trocadéro à la Concorde.*

La *Quatrième Partie* renferme **Le Commerce et l'Industrie en 1900.** — Les Noms qu'il faut connaître.

Les *Parties Annexes* comprennent : 1e La description des *Attractions autour de l'Exposition;* 2e *L'Annexe de Vincennes;* 3e *Les Sports à l'Exposition;* 4e *Les Environs de Paris;* 5e *Un Vocabulaire usuel et pratique en quatre langues;* 6e *Les Plans des Théâtres,* avec des renseignements sur la plupart des spectacles et concerts parisiens.

Consulter la **Table des Matières,** dans laquelle on trouvera l'indication de la page pour le plus petit détail du Guide.

Demander le Supplément du PARIS-EXPOSITION

BOUSSOLE GUIDE D'ORIENTATION

1 Plan de l'Exposition. — 1 Plan de Vincennes. — 1 Plan de Paris en 4 Cartes.

CE Plan Guide est le seul qui astreigne le promeneur à se placer rigoureusement dans la direction qu'il doit suivre et qui lui montre constamment cette direction droit devant lui, déterminée et représentée par une ligne visible, jalonnement fixe dont il peut à tout instant vérifier la bonne orientation.

Ce Plan Guide, en outre, est le seul qui permet au promeneur, se rendant d'un point connu à un autre également déterminé, mais se trouvant en un point intermédiaire dont il ignore la position sur le Plan, de vérifier s'il se trouve dans la bonne direction et de se remettre immédiatement dans cette direction s'il s'en était écarté.

LA **Boussole,** GUIDE D'ORIENTATION DU *Paris-Exposition* SE VEND 0 FR. 75
ET AVEC L'ÉDITION CARTONNÉE : 3 FRANCS

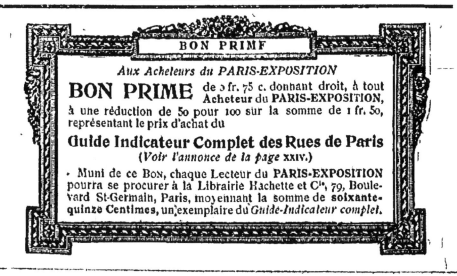

1900
PARIS EXPOSITION

RÉDIGÉ avec cette entente de la vie pratique qui fait l'immense succès de l'*Almanach Hachette*, — le PARIS-EXPOSITION est un guide rapide, clair, précis, qui conduit droit au but.

Avec lui pas de perte de temps. On sait ce qu'il faut voir et à quel moment on peut le voir. C'est un compagnon, un ami qui abrège et aplanit le chemin, qui vous renseigne et vous éclaire sur tout. Et c'est le seul Guide qui donne les adresses et les prix des *Restaurants populaires* inconnus des provinciaux et des étrangers.

LES « MORCEAUX CHOISIS » DE PARIS

Nous avons pensé que ce n'est pas seulement pour voir l'Exposition qu'on entreprend, cette année, le voyage de Paris, mais aussi pour voir la grande ville.

Et comme chacun sera pressé, nous nous sommes efforcé de rédiger le Guide des gens pressés. Nous n'avons décrit que ce qui est vraiment digne d'être vu ou admiré, les « hauts sommets », les « Monts-Blancs » de Paris, laissant dans l'ombre les curiosités qu'on rencontre un peu partout.

Dans notre description de Paris, on ne trouvera — pour ainsi parler — que des « morceaux choisis ». Mais quel régal pour ceux qui apprécient et aiment les belles choses !

L'EXPOSITION !

Toute une Partie de notre volume est consacrée à l'Exposition que nous faisons connaître dans ses détails et toutes ses attractions. La tâche n'a pas été facile : il a fallu décrire l'intérieur des palais sur de simples notes, le plus souvent sur des indications verbales ; beaucoup d'emplacements n'étaient pas définitivement arrêtés où nous avons mis sous presse.

Nos lecteurs n'en auront pas moins un tableau d'ensemble intéressant, qui les renseignera sur tout ce qu'il y a de vraiment curieux et les initiera aux merveilleux progrès des arts et de l'industrie à la fin du dix-neuvième siècle, et à l'aube du vingtième.

DE TOUS LES POINTS DU MONDE A L'EXPOSITION

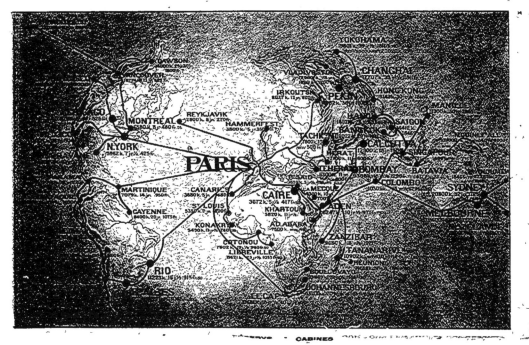

1900
PARIS EXPOSITION

GUIDE PRATIQUE DU VISITEUR
DE PARIS ET DE L'EXPOSITION

Hachette & Cie

79, BOULEVARD SAINT-GERMAIN. 79

DES PRINCIPALES VILLES D'EUROPE A PARIS

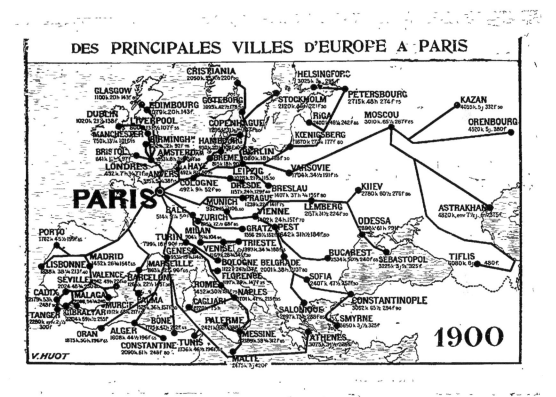

1900

V. HUOT

Dans la carte ci-contre et dans les deux précédentes, le 1er chiffre indique la distance en kilomètres; le 2e chiffre, la durée du trajet par les voies les plus rapides; le 3e, indique le prix du voyage en 1re classe, de l'endroit désigné jusqu'à Paris.

Pendant sept mois, Paris sera incontestablement le centre du monde. Un immense élan de curiosité et d'enthousiasme poussera les peuples qu'il a conviés et qu'il s'apprête à subjuguer par son charme irrésistible, pour qui il a édifié des palais, dressé des arcs de triomphe, préparé des fêtes splendides, des apothéoses glorieuses.

Le succès sera incontestable, triomphant; et de cette fête de la civilisation, du progrès et de la paix, de ce prestige encore une fois conquis, de cet incomparable triomphe, la France puisera un nouvel et magnifique élan de vie!

Pour accélérer ce formidable mouvement, pour transporter ces caravanes pressées et tumultueuses, tous les efforts s'associent : les compagnies de transport rivalisent de hâte et d'ingéniosité; et sur l'immense réseau dont le monde est aujourd'hui sillonné, railways et steamboats vont se succéder dans

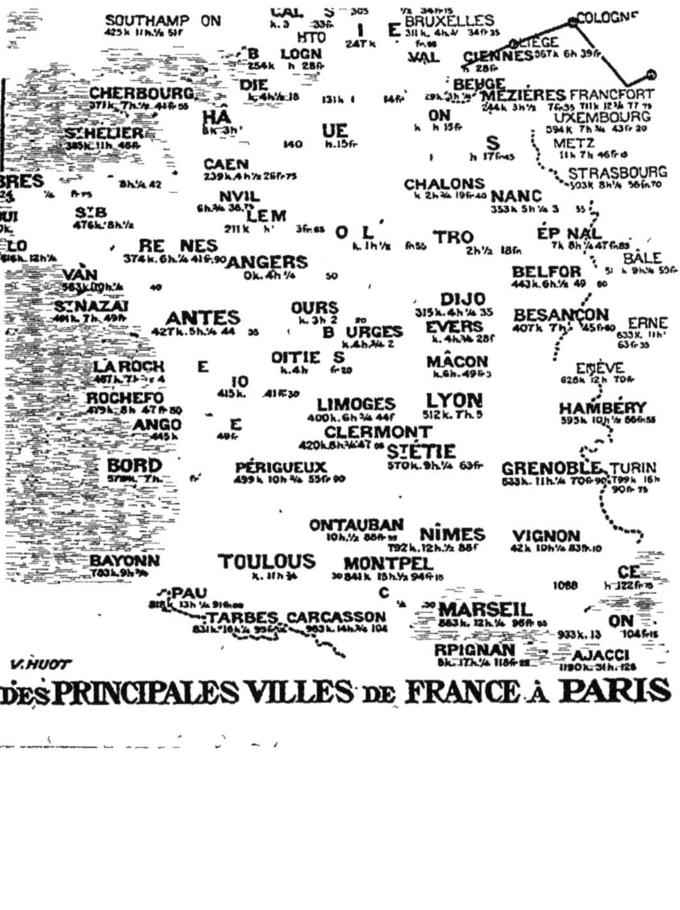

Le Nouveau Monde s[...] tout, voit les imaginati[...] s'enflammer et tout organise fiévreuseme[...] New York, quartier gé[...] ral de la navigation atl[...] tique, centralise toutes populations du Nord-A[...] rique. Tout ce monde s[...] soulève une soif arde[...] de curiosité, va s'arrac[...] billets que distribuent [...] Compagnies de tous [...] villons.

Dans le Sud-Améri[...] les désirs ne sont [...] moins innombrables [...] pas moins impatients [...] les gens au large s[...] brero : planteurs de [...] éleveurs de la pampa, [...] des pays miniers.

L'Afrique elle-même [...] contribuer à ce succès [...] lossal. Sait-on qu'à l'h[...] actuelle 12 jours au [...] suffisent pour venir [...] Khartoum, en plein S[...] dan Égyptien et que [...] cœur de l'Afrique aus[...] n'est qu'à 3 semaines [...] nous? Pays Éthiop[...] stimulés par l'exemple [...] « roi des rois » et [...] Musulmans, colons et [...] tionnaires coloniaux, [...] de couleur de nos réce[...] conquêtes accourron[...] Paris.

Et tout le Vieux Mo[...] lui aussi, va être en[...] dans un réseau don[...] centre sera la Ville Gé[...]

SOUTHAMP ON CAL S 305
425 k. 11h.¼ 51f HTO
24f.k

BRUXELLES ½ 34f.15
311 k. 3h.h¼ 34f.25
f.95

COLOGNE 567 k 6h 39f.

B LOGN
254k h 28f

LIÈGE
VAL CIENNES
h 28f

BEUGE
MÉZIÈRES FRANCFORT
244k 3h½ 76.35 71lh 12¾ 77 79

DIE
k.4h½ 131h 1 44f.

CHERBOURG
371k. 7h.½ 44f.55

HA
8h 3h'

UE
h.15f

ON
h 15f

UXEMBOURG
394 K 7h.¾ 43f. 20

S:HELIER
385K 11h 46f

S
h 17f.45

METZ
11h 7 h 46f.40

CAEN
239k.4h½ 26f.75

STRASBOURG
503K 8h¾ 56f.70

BRES
624
½ 8h½ 42

CHALONS
k 2h½ 19f.40

NANC
353h 5h¼ 3 41

OUI
620k.

S:B
476k.8h½

NVIL
36.7½

LEM
211k h' 3f.65

O L'
k. 1h½ 56

TRO
2h½ 18f

ÉP NAL
7h 8h.¼ 47f.85

LO
86k. 12h.¾

RE NES
374k.6h.¾ 41f.90

ANGERS
0k.4h ¼

BÂLE
5h h¾ 55f.

VAN
583k.109h.¼ 40

DIJO
315k.4h.¼ 35

BELFOR
443k.6h.½ 49 60

S:NAZAI
401k 7h 49f

ANTES
427k.5h.¼ 44 36

OURS
k.3h 2

B URGES
h.4h.¼ 2

EVERS
k. 4h.½ 28f

BESANCON
407K 7h¾ 45f.60

ERNE
633K. 11h'
63f.55

LA ROCH
407k. 7h.¾ 4

OITIE S
h.4h f.20

MÂCON
k.6h.49f.5

EMÈVE
626k 12h TO4

ROCHEFO
475k 8h 47f 80

IO
415k.

LIMOGES
400k. 6h.¾ 44f

LYON
512k. 7h.5

HAMBERY
595k 10h.¾ 66f.55

ANGO
445k

E
40f.

CLERMONT
420k.8h.¼47 f.95

S:TÉTIE
570k. 9h.¼ 63f

BORD
570k. 7h.

PÉRIGUEUX
499k 10h.¾ 55f.90

GRENOBLE TURIN
633k. 11h.½ 706.90 799k 16h.
90f. 75

ONTAUBAN
10h.½ 88f.25

NIMES
792k.12h.½ 88f

VIGNON
42k 10h.½ 83f.10

BAYONN
783k.9h.¾

TOULOUS
k. 11h.¾

MONTPEL
30 84k 15h.¾ 94f.15

CE
1068 h.122f.70

PAU
82k. 13h.¼ 91f.00

MARSEIL
863k. 12h.½ 96f.65

ON
104f.15

TARBES CARCASSON
831k.11h½ 956.06 966k. 14h.¾ 104

933k. 13

AJACCI
1190k. 31h. 128

RPIGNAN
8k. 17h.½ 1186 f.20

V. HUOT

DES PRINCIPALES VILLES DE FRANCE À PARIS

═ TABLEAU DES MONNAIES ═

Le Tableau ci-dessous indique, pour les principaux pays ne faisant pas partie de l'Union latine, l'équivalence des monnaies *sans tenir compte du change*. Ainsi la pièce française de 5 centimes (1 sou, suivant la vieille appellation toujours en usage) équivaut à 2 kreutzers autrichiens, à 1 cent des Etats-Unis, etc. N'accepter en payement que les pièces dont l'effigie est reproduite dans la planche de la page ci-contre.

POUR PAYER	VALEUR en sous	Allemagne		Angleterre			Autriche		Amérique		Russie		
				shill.	Pence						roub.	kopeks	
		marks	pfenn.		chiffre r.	fract.	florins	kreuz.	dollars	cents		chiffre r.	fract.
0 fr.05	1 sou	—	4	—	—	1/2		2		1	—	2	1 3/4
0 25	5 --	—	20	—	3	2 1/2		10		5	—	7	6 1/4
0 50	10 —	—	40	—	5	4 3/4		20		10	—	13	12 2/3
0 75	15 —	—	60	—	8	7 1/4		30		15	—	19	18 1/4
1 —	20 —	—	80	—	10	9 3/4		40		20	—	25	25
1 25	25 —	1	—	1				50		25	—	31.	31 1/4
2 —	40 —	1	60	1	7	7		80		40	—	50	50
2 50	50 —	2	—	2			1	—		50	—	63	62 1/2
8 —	—	2	40	2	5	4 3/4	1	20		60	—	75	75
4 —	—	3	20	3	3	2 1/2	1	60		80	1	—	—
5 —	100 —	4	—	4			2	—	1	—	1	25	25
6 —	—	4	80	4	10	9 3/4	2	40	1	20	1	50	50
7 —	—	5	60	5	8	7 1/4	2	80	1	40	1	75	75
8 —	—	6	40	6	5	4 3/4	3	20	1	60	2	--	--
9 --	—	7	20	7	3	2 1/2	3	60	1	80	2	25	25
10	—	8	—	8			4	—	2	—	2	50	50

═ L'HEURE DE PARIS ═

Dans les grandes gares de Paris, l'heure intérieure *retarde de 5 minutes* sur l'heure extérieure (façade de la gare). En France, l'heure légale est l'heure du temps moyen de Paris (méridien de l'Observatoire), tandis que la plus grande partie de l'Europe se base sur l'heure du méridien de Greenwich.

Quand il est midi à Paris, voici l'heure qu'il est dans les principaux pays du monde (M = matin; S = soir).

Alexandrie, 1 h. 50 S; Berlin, 0 h. 51 S; Berne, 0 h. 51 S; Bruxelles, 11 h. 51 M; Bucharest, 1 h. 35 S; Buenos-Aires, 7 h. 57 M; Chicago, 6 h. M; Calcutta, 5 h. 44 S; Cap (Le), 1 h. 5 S; Constantinople, 1 h. 47 S; Genève, 0 h. 51 S; Lisbonne, 11 h. 14 M; Londres, 11 h. 51 M; Madrid, 11 h. 36 M; Mexico, 5 h. 15 M; Montréal, 5 h. 55 M; Moscou, 2 h. 21 S; New York, 11 h. 36 M; Panama, 6 h. 38 M; Pékin, 7 h. 35 S; Québec, 7 h. 6 M; Quito, 6 h. 36 M; Riga, 1 h. 27 S; Rio de Janeiro, 8 h. 58 M; Rome, 0 h. 51 S; San Francisco, 3 h. 41 M; Saïgon, 6 h. 57 S; St-Pétersbourg, 1 h. 52 S; Santiago, 7 h. 8 M; Tunis, 0 h. 31 S; Varsovie, 1 h. 15 S; Vienne, 0 h. 51 S; Yokohama, 9 h. 9 S.

Nous n'avons indiqué que les capitales pour l'Europe, chaque ville du même pays ayant la même heure.

Rappelons que la Belgique est le seul pays qui ait adopté officiellement le cadran de 24 heures, comme l'a fait l'Observatoire de Paris depuis le 16 janvier 1902.

TABLEAU DES ABRÉVIATIONS

Av.........	Avenue	gr.	Groupe	Pass.........	Passage
Bd.........	Boulevard	h.	heure	Pl.	Place
C. ou Cent..	Centimes	H.	Hôtel	Pt	Pont
Cl.	Classe	Janv........	Janvier	Pte	Porte
c.-à-d.	c'est-à-dire	Kil.	Kilogramme	Préf.	Préfecture
Déc.	Décembre	Km.	Kilomètre	Q.	Quai
Dép.	Département	M...........	Matin	R.	Rue
Dr......	Droite	m...........	Mètre	S.	Soir
Ec.........	Ecole	m².........	Mètre carré	S.	Siècle
Faub.	Faubourg	Nal, Nle....	National(e)	St, Ste......	Saint(e)
Fév.	Février	N.-D........	Notre-Dame	Sept........	Septembre
Fr...........	Franc	Nov.	Novembre	Soc.........	Société
g.	gauche	n°.........	Numéro	T. l. j......	Tous les jours
G...........	Gare	Oct.........	octobre	V.	Voir

Une * désigne les objets les plus remarquables; deux ** signalent à l'attention de nos Lecteurs les chefs-d'œuvre ou les pièces ayant une importance exceptionnelle.

AVANT DE PARTIR DE CHEZ MOI

Mon Budget — Mon Itinéraire — Mes Journées

Lorsqu'on a fixé le nombre de jours qu'on passera à Paris, il est sage d'arrêter immédiatement l'itinéraire, le programme de chaque journée (V. p. ci-contre) et la somme qu'on peut dépenser, c'est la seule manière de gagner du temps et de voir ce qu'il faut voir. Sans plan de visites et de courses, on risque de courir à droite et à gauche, d'arriver au jour de fermeture, ou trop tôt ou trop tard.

Le plan ci-dessous offre le modèle de deux journées. Chaque lecteur n'aura plus, pour la suite, qu'à suivre cette marche selon le temps et les ressources dont il dispose.

===== MON BUDGET =====

	FR.	C.
Je veux consacrer à mon voyage à Paris une somme de	....	....
Prix du billet de chemin de fer (aller et retour).........	....	....
Reste.......	....	....

Je compte rester à Paris ......jours; j'aurai donc à dépenser par jour........... | .... | ....

===== MON ITINÉRAIRE =====

Départ le 1900
par le train de.............................
Retour le 1900
par le train de.............................
Principales stations ....
....
....

===== EMPLOI DE MES JOURNÉES =====

1re JOURNÉE.

Lever à .... h. ....
Sortie à .... h. ....

Matin. *Courses dans Paris.*
....
....
....
Musée du Louvre.............. h. ....
Personnes à voir (noms et adresses).
....
....
....
Déjeuner à (nom du restaurant)...........

Après-midi. *Exposition.*
Visite de (indiquer la ou les sections)......
....
....
Attractions à voir...........................
....
....
Diner à (nom du restaurant)...............
....

Soirée. (Théâtre de) ....

Rentré à .... h. ....

2e JOURNÉE.

Lever à .... h. ....
Sortie à .... h. ....

Matin. *Exposition.*
Visite de ....
....
....
....
Déjeuner à ....

Après-midi. *Courses dans Paris.*
Mon itinéraire ....
....
....
Rendez-vous ....
....
Diner à ....

Soirée. *Visite de l'Exposition.*
Champ de Mars..............................
....
Attractions à voir ....
....
....

Rentré à .... h. ....

JOURS ET HEURES D'OUVERTURE
PRINCIPAUX MONUMENTS, MUSÉES ET ÉDIFICES

Nous,indiquons ici, jour par jour et heure par heure, l'ouverture et la fermeture de tous les Musées, Palais, Monuments, Édifices, Églises, Parcs et Jardins, qui sont des curiosités de Paris. Grâce à ces indications et à l'espace laissé en blanc dans la marge, nos lecteurs pourront préparer d'avance la liste des choses à voir et noter l'heure qu'ils auront choisie pour leurs visites aux Musées et aux Monuments. Nous n'indiquons que les heures du service d'été, l'horaire d'hiver ne commençant qu'à la fin du mois d'octobre, c'est-à-dire au moment de la fermeture de l'Exposition; la plupart des musées ferment en hiver 1 heure plus tôt.

DIMANCHE

Visite du **Conservatoire des Arts et Métiers**, de 10 à 4 h. — **Églises** : *Grand'messe* a 9 h. 1/2 ou 10 h. Vêpres à 1 h. 3/4 ou 2 h. (dans toutes les églises). — **Invalides**, visite complète de midi à 4 h. — **Jardin des Plantes**, Ménageries de 11 à 5 h. Galeries de 11 à 3 h. — **MUSÉES : des Archives**, de midi à 3 h. — **Carnavalet**, de 11 à 5 h. — **Cernuschi**, de 10 à 4 h. — **Cluny**, de 11 à 4 h. — **Ethnographique** (au Trocadéro), de midi à 4 h. — **Galliera**, de midi à 4 h. — **du Louvre**, de 10 à 4 h. — **du Luxembourg**, de 10 à 4 h. — **de la Renaissance** ou *des Copies* (à l'École des Beaux-Arts), de midi à 4 h. — **Sculpture comparée** (au Trocadéro), de 11 à 5 h. — **Panthéon**, de 10 à 5 h. (demander carte, 3, pl. de Valois, Direction des Beaux-Arts, pour voir la crypte). — **Sainte-Chapelle**, de 11 à 5 h. (pourb.).

LUNDI

Bourse, de midi à 3 h. — **Conservatoire des Arts et Métiers**, de midi 1/2 à 2 h. 1/2. Bibliothèque, Réfectoire, etc. (avec autorisation). — **Conservatoire de musique**, de midi à 4 h. — **Jardin des Plantes**, de 11 à 4 h. — **Musée de la Renaissance** (avec autorisation, pourboire). — **Notre-Dame** (Trésor, 1 fr. ; Tours et Cloches, 50 cent.), de 1 à 4 h. — **Palais de Justice**, de 11 à 4 h. — Visite des souterrains du vieux Louvre, de 1 à 3 h. (demander autorisation à la direction des Musées nationaux, au Louvre).

MARDI

Bourse, de midi à 3 h. — **Conservatoire des Arts et Métiers**, de 10 à 4 h. — **Bibliothèque Nationale** (Galerie d'Exposition), de 10 h. à 4 h. — **Hôtel de Ville**, de 2 à 3 h. — **Invalides** (Musée et Tombeau), de midi à 4 h. — **Jardin des Plantes** (Ménageries, Galeries, Serres, avec autorisation), de 11 à 3 h. ; Serres, de 1 à 4 h. — **Hôtel des Monnaies** (autorisation), de midi à 3 h. — **MUSÉES : Carnavalet**, de 11 à 5 h. — **Cernuschi**, de 10 à 4 h. — **Galliera**, de midi à 4 h. — de **Cluny**, de 11 à 5 h. — **Guimet**, de midi à 5 h. — **de la Renaissance** (section des Beaux-Arts), avec autorisation, de 10 à 4 h. — **du Trocadéro** (Ethnographie, Sculpture Comparée), de 11 à 5 h. — **Notre-Dame** (Trésor, 1 fr. ; Tours, 50 cent.), de 10 à 4 h. — **Palais Bourbon et du Luxembourg**, visibles pendant les vacances, de 9 à 6 h. — **Panthéon**, de 10 à 4 h. (carte pour voir la crypte). — **Palais de Justice et Ste Chapelle**, de 11 à 5 h.

NOTES

MERCREDI

Bourse, de midi à 3 h. — 2ᵉ et 4ᵉ mercredi du mois, visite des *Égouts* (demander autorisation au préfet de la Seine, feuille timbrée à 60 c.). — **Hôtel de Ville**, de 2 à 3 h. — **Invalides**, de 3 à 4 h. (on ne visite pas le tombeau aujourd'hui). — **Jardin des Plantes**, grande Serre de 1 à 4 h. — **MUSÉES** : de **Cluny**, de 11 à 5 h. — **Galliera**, de midi à 4 h. — **Guimet**, de midi à 5 h. — **Louvre**, de 9 à 5 h. — **Luxembourg**, de 9 à 5 h. — de la **Renaissance** (cl. des B.-Arts), de 1 à 4 h. (autorisation). — de **Sculpture Comparée** (au Trocadéro). — **Manufacture des Gobelins**, tapisseries et ateliers, de 1 à 3 h. — **Palais du Luxembourg et Palais Bourbon**, de 9 à 5 h. pendant les vacances. — **Panthéon**, de 10 à 4 h. — **Palais de Justice et Ste-Chapelle**.

JEUDI

Bourse, de midi à 3 h. — **Conservatoire des Arts et Métiers**, de 10 à 4 h. — **Conservatoire de musique** (musée instrumental), de midi à 4 h. — **Invalides** (Musées et Tombeaux), de midi à 4 h. — **Hôtel de Ville**, de 2 à 3 h. — **Imprimerie Nationale**, à 2 h. (autorisation). — **Jardin des Plantes**, Galeries de 11 à 4 h., Ménagerie et grande Serre de 1 à 4 h. — **MUSÉES** : de **Cluny**, de 11 à 5 h. — des **Archives Nouvelles** (autorisation), de midi à 3 h. — **Carnavalet**, de 11 à 5 h. — **Cernuschi**, de 10 à 4 h. — **Galliera**, de midi à 4 h. — **Guimet**, de midi à 5 h. — du **Louvre**, de 9 à 5 h. — du **Luxembourg**, de 9 à 5 h. — du **Trocadéro** (Ethnographie), de midi à 5 h. — **Sculpture Comparée**, de 11 à 5 h. — de la **Renaissance**, de 10 à 4 h. — **Palais de Justice et Ste Chapelle**, de 11 à 4 h. — **Prison de la Conciergerie**, de 9 à 5 h. — **Palais Bourbon et du Luxembourg**, de 9 h. à 5 h. pendant les vacances.

VENDREDI

Bourse, de midi à 3 h. — **Bibliothèque Nationale** (salles d'exposition), de 10 h. à 4 h. — **Hôtel de Ville**, de 2 à 3 h. — **Hôtel des Monnaies**, de midi à 3 h. (autorisation). — **Invalides**, de midi à 4 h. — **Jardin des Plantes**, Ménageries de 11 à 5 h. — **MUSÉES** : de **Cluny**, de 11 à 5 h. — **Galliera** de midi à 4 h. — **Guimet**, de midi à 5 h. — du **Louvre**, de 9 à 5 h. — du **Luxembourg**, de 9 à 5 h. — de la **Renaissance**, de 10 à 4 h. — de **Sculpture Comparée**, de 11 à 5 h. — **Palais de Justice et Ste Chapelle**, de 11 à 4 h. — **Palais Bourbon et du Luxembourg**, de 9 à 5 h., pendant les vacances.

SAMEDI

Bourse, de midi à 3 h. — **Visite des Catacombes** (autorisation), les 1ᵉʳ et 3ᵉ samedis du mois, à midi 3/4. — **Hôtel de Ville**, de 2 à 3 h. — **Invalides**, de midi à 4 h. (on ne voit pas le tombeau aujourd'hui). — **Institut Pasteur** (tombeau de Pasteur), les 1ᵉʳ et 3ᵉ samedis, de 1 à 4 h.). — **Jardin des Plantes**, Ménageries de 11 à 5 h. — **Manufacture des Gobelins**, de 1 à 3 h. — **MUSÉES** : de **Cluny**, de 11 à 5 h. — **Galliera**, de midi à 4 h. — **Guimet**, de midi à 5 h. — du **Louvre**, de 9 à 5 h. — du **Luxembourg**, de 9 à 5 h. — de la **Renaissance**, de 10 à 5 h. — de **Sculpture comparée**, de 11 à 5 h. — **Observatoire**, 1ᵉʳ samedi de ch. mois à 2 h. (autorisation). — **Palais de Justice et Ste Chapelle**, de 11 à 4 h. — **Palais Bourbon et du Luxembourg**, de 9 à 5 h., pendant les vacances.

CALENDRIER DES FÊTES

PRINCIPALES RÉUNIONS SPORTIVES. — ÉPREUVES ANNUELLES. — EXPOSITIONS DIVERSES.
CÉRÉMONIES COMMÉMORATIVES.

Nous réunissons ici, jour par jour, le programme des principales fêtes sportives, cérémonies, etc. de l'année 1900. Un certain nombre de fêtes auront lieu pendant l'Exposition, mais la date et le programme n'en sont pas encore arrêtés. Nos lecteurs voudront donc bien consulter les journaux et les affiches qui publieront en leur temps toutes les indications relatives à ces grandes fêtes auxquelles Paris sait donner un éclat particulier. Pour les grandes épreuves internationales de 1900, voir la partie LES SPORTS A L'EXPOSITION.

MAI

Mardi 1. — *Salon* de peinture et de sculpture Pl. de Breteuil; de 8 h. m. à 6 h. s., 1 fr. — **Mercredi 2.** Éc. des Beaux-Arts (entrée Q. Malaquais), Exposition des *maîtres japonais* (de 10 h. à 4 h.). — **Jeudi 3.** — Matin, 11 h. Cimetière *Père Lachaise*, manifestation littéraire autour de la tombe d'*Alfred de Musset*. — **Vendredi 4.** Inauguration des monuments élevés à la mémoire des victimes du Bazar de la Charité : chapelle de la R. Jean-Goujon et Palais de la Charité, R. Pierre-Charron. — **Samedi 5.** Visite aux *Catacombes* (midi 3/4, Pl. Denfert-Rochereau) et à la crypte Pasteur (1 h. R. Dutot). Observatoire de Paris : visite à 2 h. Bal annuel de l'Union des *Femmes de France* (Croix Rouge), 10 h. Hôtel Continental (Billets, 29, Chaussée d'Antin). — **Lundi 7.** Salon de Peinture de 10 à 6 h. (1 fr.). — **Mardi 8.** Manifestation matin et après-midi. Pl. des Pyramides et Pl. Jeanne-d'Arc. — **Mercredi 9.** Visite aux Égouts. — **Jeudi 10.** Exposition artistique de la Soc. Polonaise de 10 h. à 6 h., galerie G. Petit (12, R. Gaudot-de-Mauroi). — **Dimanche 13.** Versailles et St-Cloud, grandes eaux de 4 à 5 h. ¶ N.-D. de Paris, fête de Jeanne d'Arc présidée par le card. Richard. — **Jeudi 17.** *École des Beaux-Arts*, Inauguration de l'exposition des *œuvres de Watteau* de 10 à 4 h.; entrée Q. Malaquais. — **Vendredi 18.** Ouverture, jusqu'au 25 mai, de l'*Exposition Canine internationale* (Terrasse de l'Orangerie, Jardin des Tuileries t. l. j. de 9 à 6 h. Entrée : 2 fr.). — Église russe, R. Daru, 11 h. *Te Deum* pour l'anniversaire de la naissance du Tsar. — **Samedi 19.** Visites aux Catacombes (midi 3/4) et à la Crypte Pasteur (1 h.). — **Dimanche 20.** *Versailles*, jeu des grandesEaux, de 4 à 5 h. — **Mercredi 23.** Visite aux Égouts. — **Vendredi 25.** Dernier jour de l'exp. canine de l'Orangerie de 9 h. à 6 h. — **Dimanche 27.** Au Cimetière *Père Lachaise*, à partir de 1 h., au *Mur des Fédérés*, défilé des groupes révolutionnaires. — Dans la matinée (9 h.) à N.-D., *Requiem* pour Mgr Darboy fusillé pendant la Commune. Grandes eaux à Versailles et à St-Cloud de 4 à 5 h. — **Lundi 28.** Arrivée, vers 3 h. au *Parc des Princes*, du vainqueur de la grande course cycliste *Paris-Bordeaux*.

JUIN

Vendredi 1. Se rendre à 9 h. m. à la basilique de Montmartre où Mgr Richard officiera. — **Samedi 2.** 2 h. Ouverture de la *Fête des Fleurs* au Bois de Boulogne. Visite aux Catacombes, à la crypte Pasteur (1 h.) et à l'Observatoire. Le soir vers 8 h. Pl. du Panthéon formation du célèbre *monôme des Taupins* ou candidats à l'École Polytechnique qui fait le tour Pl. St-Geneviève et Collège de France, descend le Bd St-Michel et Pt Neuf chez la Mère Moreaux. — **Dimanche 3.** *Fête des Fleurs* au Bois de Boulogne. Entrée 1 fr.; voiture à quatre chevaux 40 fr.; à 2 chevaux 20 fr.; à 1 cheval 15 fr.; cavalier 10 fr. — **Lundi 4.** Dernier jour pour voir la *célèbre tunique sans couture de J.-C.* à Argenteuil. — **Mercredi 6.** Ce soir, deux « A Propos » inédits à la Comédie Française et à l'Odéon pour célébrer l'anniversaire de la naissance de Corneille (1606). — **Jeudi 7.** Dernier jour du *Salon de peinture* 1 fr. entrée de 8 h. mat. — **Samedi 9.** Ouverture à midi du concours universel d'animaux reproducteurs des espèces chevalines, bovines et porcines à Vincennes. — **Dimanche 10.** 1er jour de la célèbre fête de Neuilly sur l'avenue de Neuilly. — Grand Prix de Paris, à Longchamp. — Grandes eaux de 4 à 5 h. à Versailles et St-Cloud. — **Lundi 11.** A la Sorbonne dans le grand amphithéâtre, séance générale des Sociétés Savantes; discours du ministre de l'instruction publique. — **Mardi 12.** Dernier jour de l'Exp. de Watteau à l'École des Beaux-Arts, de 10 h. à 4 h. — **Mercredi 13.** Visite aux Égouts. — **Vendredi 15.** Ouverture (galerie G. Petit, 8, F. de Sèze) de l'Exposition des œuvres de M. Verestchagine (jusqu'au 30 août). — **Samedi 16.** Visite aux Catacombes et à la crypte Pasteur, 1 h. — **Dimanche 17.** Dernier jour du concours universel des animaux reproductifs (de 9 h. mat. à 5 h. Vincennes). — Fête des *Félibres* et des *Cigaliers* à Sceaux (départ, gare du Luxembourg, vers 2 h.; visite à la *maison de Florian*, au *Jardin des Poètes*; réception à la mairie; proclamation des jeux floraux, *Cour d'Amour* dans le parc; concert et farandole. La fête de Neuilly bat son plein dans l'après-midi; couronnement des deux rosières; le soir illumination féerique de l'avenue qui va du Pt de Neuilly à la Pte Maillot. — **Lundi 18.** Vente publique des animaux du concours de Vincennes à l'annexe de l'Exposition (clôture de la vente 5 h.). — **Dimanche 24.** Visite au Panthéon à l'occasion de l'anniversaire de l'assassinat de M. Carnot; vers 10 h., visite de M. Loubet; à 11 h., ouverture publique de la crypte jusqu'à 5 h. Dernier dimanche de la fête de Neuilly 10 h., de 3 à 4 h. grandes eaux de 4 à 5 h., à Versailles (Fête de Hoche) et à St Cloud. — **Mercredi 27.** Visite aux égouts. — **Vendredi 29.** A la Basilique de Montmartre le Card archev. de Paris dira la messe et prononcera l'allocution ; messe avec grand orchestre à 9 h.; 3 h. sermons par des grands prédicateurs de l'Église.

JUILLET

Dimanche 1. Gymnastique. Grande fête des Écoles de la Ville de Paris, 4650 jeunes gens et 1500 jeunes filles (matin et après-midi), Vincennes. — Ouverture à Versailles de l'Exposition annuelle de peinture et de sculpture au Palais, même heure que pour la visite du Palais — **Mercredi 4.** Colonnade du Louvre : Inauguration du monument Lafayette, offert à la France par les États-Unis. — **Jeudi 5.** A 9 h. du soir Pl. du Panthéon formation du monôme des *Pistons* ou des candidats à l'École Centrale;

route suivie : Bds St-Michel et St-Germain ; R. de Rennes et de Vaugirard. — **Samedi 7.** Visite aux Catacombes à la crypte Pasteur, et a l'Observatoire. — **Mercredi 11.** Visite aux Égouts. — **Vendredi 13.** Le soir ouverture de la fête Nationale du 14 Juillet par des illuminations, retraites, bals. — **Samedi 14.** Fête Nationale : matinées gratuites à 1 h. dans les Théâtres. 3 h., revue à Longchamp par le Président de la République ; de 9 h. à 9 h. 1/2 s., feux d'artifice aux parcs des Buttes Chaumont et de Montsouris, et au Viaduc d'Auteuil. — **Dimanche 15.** Grandes eaux de 4 à 5 h., Versailles et St-Cloud. — **Samedi 21.** Visite aux Catacombes et à la crypte de Pasteur, 1 h. — **Dimanche 22.** Grandes eaux à Versailles et à St-Cloud. — **Mercredi 25.** Visite aux Égouts. — **Dimanche 29.** Grandes eaux à Versailles de 4 à 5. h. — **Lundi 30.** Le *Palmarès* en Sorbonne, solennité de la distribution des prix du Concours général, sous la présidence du Ministre de l'instruction publique (2 h.).

=== **AOUT** ===

Samedi 4. Visite aux Catacombes, à l'Observatoire, et à la crypte Pasteur, 1 h. — **Dimanche 5.** Grandes eaux à Versailles de 4 à 5 h. — **Mercredi 8.** Visite aux Égouts. — **Dimanche 12.** Translation de la *Ste Tunique de J.-C.* à Argenteuil, 2 h. 1/2 grande procession avec la châsse ; *Puteaux* : Concours internat. de musique qui durera 8 jours, Grandes eaux à Versailles et à St-Cloud de 4 à 5 h. — **Mercredi 15.** Ouverture (Orangerie des Tuileries) de l'Exp. des Beaux-Arts de *l'Union des Femmes de France* ; peinture et sculpture, jusqu'au 30 sept. — **Jeudi 16.** Vincennes, reunion des pompiers de France et de l'etranger et du matériel à incendie. — **Vendredi 17.** Auj. Gare d'Orléans départ du *Train Blanc* ou train des malades qui vont demander la santé à N.-D. de Lourdes (2 h. 1/2). En même temps gare P.-L.-M., départ du pèlerinage pour la Terre Sainte. — **Samedi 18.** Visite aux Catacombes et a la crypte de Pasteur (1 h.). — **Dimanche 19.** Grandes Eaux à Versailles et St-Cloud (4 à 5 h.). — **Mercredi 22.** Visite aux Égouts — **Dimanche 26.** Grandes eaux à Versailles et a St Cloud (4 à 5 h.) Commencement de la Fête des Loges à St Germain.

=== **SEPTEMBRE** ===

Samedi 1. Visite aux Catacombes, à la Crypte Pasteur, et à l'Observatoire. — **Dimanche 2.** Grandes Eaux à Versailles et St-Cloud, 2e dimanche de la *Fête des Loges* à St-Germain. — Ouverture de la *fête de St-Cloud* (jusqu'au 7 oct. prochain) le soir, illumination des allées du bas-Parc et jeu des grandes Eaux de 4 à 5 h., et le soir à la lumière électrique. — **Mercredi 12.** Visite aux Égouts. — **Samedi 15.** Visite aux Catacombes et à la crypte Pasteur. — **Dimanche 16.** Grandes eaux à Versailles et a St-Cloud (4 à 5 h.). — **Mercredi 26.** Visite aux Égouts.

=== **OCTOBRE** ===

Samedi 6. Visite de l'Observatoire, des Catacombes et de la Crypte Pasteur. — **Dimanche 7.** Versailles, dernier jour des Grandes Eaux, de 4 à 5 h. ; St-Cloud, dernier jour de la grande fête. — **Mardi 16.** Ste Chapelle ; à 11 h. *Messe Rouge* célébrée par le Card. archev. de Paris devant toute la Magistrature en costume d'apparat. — Réouverture officielle et publique des travaux puis discours d'usage (midi, salles des cours et tribunaux, Pal. de Justice). — **Samedi 10.** Visite aux Catacombes et à la crypte Pasteur. — **Mercredi 24.** Visite aux Égouts. — **Jeudi 25.** A l'Institut, 1 h., séance publique annuelle des cinq Académies. — **Mercredi 31.** N.-D. de Paris, à 3 h. Vêpres de la Toussaint présidées par le card. Richard.

=== **NOVEMBRE** ===

Jeudi 1. Visiter auj. et demain les grands cimetières de Paris : Montparnasse, Montmartre et ensuite le Père Lachaise. Dans toutes les églises, à la suite des vêpres des Morts, sermons par les grands orateurs catholiques, notamment à la Madeleine, St-Roch, St-Eustache, etc. (L'Archev. de Paris préside les vêpres de N.-D.). — A 10 h. mat. audition des célèbres Chanteurs de St Gervais à l'église du même nom. — **Samedi 3.** Ouverture de la fête de Montmartre, la plus populaire des Bds extérieurs (Durée 3 semaines). — Vernissage de l'Exposition annuelle de céramique (grès flammés) de Lachenal (galerie G. Petit, 8, R. de Sèze). Visite aux Catacombes, a la crypte Pasteur (1 h.), et à l'Observatoire de Paris (2 h.). — **Dimanche 4.** Exposition de serins hollandais (de 1 h. a 4 h.), 6, Av. de Clichy (société serinophile de Paris), 12, R. Montpensier, Pal.-Royal (Soc. serinophile de la « Parisienne »). Entrée gratuite. — **Mercredi 7.** Inauguration par le président de la République de l'Exposition des Chrysanthèmes aux Tuileries, ouverture publique de midi jusqu'à 7 h.

MUSIQUES MILITAIRES

Concerts de 4 à 5 h. du 3 Mai au 16 Juin et du 1er Septembre au 1er Novembre,
et de 5 à 6 h. du 16 Juin au 31 Août.

EMPLACEMENT	JOURS	MUSIQUE
Tuileries	Dimanche, Mardi, Jeudi	Garde Républicaine ou Infanterie.
Palais Royal	— Mercredi, Vendredi	Garde Rép., Infant. ou Cuirassiers.
Luxembourg	Mardi, Vendredi	
Parc Montsouris		Infanterie.
— Monceau		—
Square des Batignolles	Jeudi	—
— d'Anvers		—
Passy-Ranelagh		—
Buttes Chaumont	Dimanche et Jeudi	—
Square Parmentier		—
Place de la Nation	Dimanche et Jeudi	—
— des Vosges	Jeudi	—
Jardin des Plantes	Dimanche	—
Square de Vaugirard	Mercredi	Infanterie ou Cuirassiers.

COURSES PLATES

DATES	CHAMPS	DÉSIGNATION DES PRIX	SOMMES	DISTANCE
			fr.	mètr.
8 avril....	Bois de Boulogne .	Poule des Produits....	30.000	2.500
15 — ...	—	43ᵉ prix biennal.........	25.000	2.000
15 — ...	—	La Coupe.............	25.000	3.000
22 — ...	—	Prix du Cadran........	30.000	4.200
22 — ...	—	Prix de Noailles	30.000	2.500
29 — ...	—	Essai des pouliches....	30.000	1.600
29 — ...	—	Essai des poulains....	30.000	1.600
29 — ...	—	Prix Rainbow.........	20.000	5.000
6 mai	—	Prix Daru.............	30.000	2.100
10 —	—	Prix Reiset...........	25.000	3.000
10 —	—	Prix du prince de Galles	20.000	2.400
12 —	—	Prix Lupin...........	40.000	2.100
17 — ...	—	Prix des Acacias.......	25.000	2.400
23 —	Chantilly	Prix de Diane.......	40.000	2.100
27 —	—	Prix du Jockey Club...	100.000	2.400
10 juin	Bois de Boulogne .	Grand Prix.........	200.000	3.000
17 —	—	Prix de Seine-et-Marne.	20.000	2.400
17 —	—	Longchamp.	20.000	2.400
19 août ...	Deauville	Grand Prix.........	40.000	2.500
2 sept. ...	Bois de Boulogne .	18ᵉ prix La Rochelle....	20.000	1.600
16 — ...	—	Omnium...........	25.000	2.400
23 — ...	—	Grand Critérium....	25.000	1.600
30 —	—	Prix Vermeille........	40.000	2.400
7 octobre	—	Prix du Cons. municip.	100.000	2.400

COURSES PLATES

DATES	CHAMPS	DÉSIGNATION DES PRIX	SOMMES
			fr.
13 octobre .	Bois de Boulogne..	Gladiateur.............	30.0
25 —	Chantilly............	Prix de la Forêt.......	20.0
28 —	....	Handicap..............	20.0

COURSES D'OBSTACLES

DATES	CHAMPS	DÉSIGNATION DES PRIX	SOMMES	COURSES
			fr.	
1ᵉʳ avril..	Auteuil............	Pr. du Prés. de la Rép.	50.000	St. C
15 mai...	Enghien	Steeple Chase annuel.	25.000	
3 juin ..	Auteuil	Grand Steeple Chase.	120.000	Steep
6 — ..	—	Haies...............	50.000	Hai
8 — ..	—	Prix des Drags......	25.000	St. C
24 — ..	—	Prix de France......	20.000	
13 octob.	—	Congress	35.000	
1ᵉʳ nov.	—	Prix Aston Blouht...	25.000	Hai
4 —	—	Prix Avenir.........	20.000	
4 —	—	Prix Montgomery....	40.000	
25 —	—	Élevage.............	50.000	
2 déc...	—	De la Croix-de-Berny.	40.000	

PETIT GUIDE DANS PARIS

POUR SE SERVIR DE CE PLAN

Suivre horizontalement la ligne indiquée par la lettre. Le rectangle où se croisent ces lignes délimite le quartier dans lequel se trouve le point cherché ; les chiffres noirs désignent les édifices les plus importants.

Bibliothèques : Nationale, 3 E, **26**. — Mazarine, 4 E, **55**. — Ste-Geneviève, 4 F. **84**. — Arsenal, 5 E, **71**.

Cimetières : Montmartre, 1, D, **1**. — Père-Lachaise, 3, 4 H, **76**. — Montparnasse, 5 D, **81**.

Églises *catholiques* : St-Augustin, 2 D, **5**. — Ste Chapelle, 4 E, **57**. — Ste Clotilde, 4 D, **49**. — St-Eustache, 3 E, **30**. — St-Étienne-du-Mont, 5 E, **84**. — St-Germain des Prés, 4 E, **61**. — St-Germain-l'Auxerrois, 4 E, **54**. — St-Gervais, 4 F, **66**. — Madeleine, 3 D, **19**. — St-Nicolas-du-Chardonnet, 4, 5 E. — Notre-Dame, 4 E, **59**. — Notre-Dame-des-Victoires, 3 E. — Notre-Dame-de-Lorette, 2 E, **8**. — St-Roch, 3 D, **23**. — Sacré Cœur, **7**. St-Séverin, 4 E. — St-Sulpice, 4 E, **62**. — St-Thomas-d'Aquin, 4 D. — Trinité, 2 D, **6**. St-Vincent-de-Paul, 2 E. **9**. — Eg. Russe, 2 C. ‖ *Calvinistes* : Oratoire, 4 E. — Pentemont, 4 D. — St Esprit, 3 D. — Ste-Marie, 4 F. — Ég. de l'Étoile, 2 B. ‖ *Luthériennes* : Billettes, 4 F. — Rédemption, 3 E ‖ *Anglaises* : Ég. Anglicane, 3 D. — Cong. Chapel, 3 C. — Victoria, 3 C. — Wesleyenne, 2 D. — Écossaise, 3 C. ‖ *Américaines*, 3 C. ‖ *Libres* : Taitbout, 4 E. — Du Nord, 2 E. — Swedenborgienne, 6 D. — Du Luxembourg, 5 D. ‖ *Synagogues*. 2 E, 3 F, 4 F.

Établissements scientifiques : Institut, 4 E, **55**. —

Col. de France, 5 E. **35**. Sorbonne, 5 E, **83**. — Observatoire, 5, 6 E, **91**. — M. d'Hist. nat., 5 F. **94**. — Ac. de Médecine, 4 D. — Ec. de Médecine, 4 E. — Ec. de Pharmacie, 5 E. — Ec. de Droit, 5 E. — Ec. normale sup., 6 E. — Ec. Polytech., Tram à vapeur vers St-Germain.

5 E. — Ec. des Mines, 5 E. — Ec. Centrale, 3 F. — Ec. des B.-Arts, 4 D, E. — Cons. de Musique, 3 F. — Imp. Nationale, 4 F. — Inst. Pasteur, 5 C. — Gr. Seminaire, 4 E.

Gares : Ouest (St-Lazare), 2 D. — Ouest (Montp.), 5 D. — Nord, 2 F. — Est, 2 F. — Orléans (Austerlitz), 5 F. — Orléans (q. d'Orsay), 4 D. — Lyon (P.-L.-M.), 5 F, G. — Vincennes, 4 F. — Sceaux, 5 E. — Ouest (Invalides), 3, 4 C., D.

Hôpitaux et Hospices (Principaux) : Hôtel-Dieu, 4 E, **59**. — Beaujon, 2 C, **3**. — Cochin, 5, 6 E, **92**. — Charité, 4 D, **51**. — Lariboisière, 2 E, **10**. — Ricord, 5 E, **89**. — Maternité, 5 E, **90**. — Dubois, 2 F. **11**. — Necker, 5 D, **79**. Pitié, 5 E, F, **93**. — St-Antoine, 5 G, **75**. — St-Louis, 3 F, **36**. — Tenon, 3 H, **37**.

Val-de-Grâce, 5 E, **87**. — Enfants-Ass., 5 D, E, **88**. — Salpêtrière, 5 F, **95**. — Quinze-Vingts, 4 F, **72**. — Ste-Anne (Aliénés), 6 E, **100**. — Jeunes-Aveugles, 5 C, D, **78**. — Sourds-Muets, 5 E, **86**.

Monuments divers : Panthéon, 5 E, **84**. — Postes et Télégraphes, 3 E, **29**. — Caisse d'Épargne post., 5 D, **80**. — Invalides, 4 C, **47**. — Ecole Militaire, 4 C, **46**. — Tabacs, 4 C, **42**. — Bourse, 3 E, **25**. — Bourse du Commerce, 3, 4 E. — Bourse du Travail, 3 F. — Banque de France, 3 E. **28**. — Mont-de-Piété, 4 E, **67**.

L. Thuillier, del.

PETIT GUIDE DANS PARIS

— Guimet, 3 B, **15**. — Galliera, 3 C, **16**. — D'Artillerie et Musée historique de l'Armée, 4 C, **47**. — Gobelins, 6 E, **101**. — La Monnaie 4 E, **56**. — Dupuytren (anatom.), 4 E. — Orfila (anatom.), 4 E. — Archives, 4 F, **68**. — Garde-Meuble, 4 C, **41**.

Palais : Élysée (Présidence), 3 D, **18**. — Palais-Royal, 3 E, **26**. — Luxembourg (Sénat), 3 E, **82**. — Palais-Bourbon (Dép.), 3, 4 D, **48**. — Palais de l'Exposition, 3 C, D, **17**. — Institut, 4 E, **55**. — Hôtel de Ville, 4 E, F, **60**. — Palais de Justice, 4 E, **57**. — Légion d'hon. 3 D. — Archevêché, 4 D. — Cour des Comptes, 3 D.

Prisons : Concierg. (Dépôt), 4 E, **57**. — St Lazare, 2 F. — S'-té, 6 E. — Ste-Pélag., 5 E, F, **93**.

Promenades, Jardins, Squares : B. de Boul., 3 A, **13**. — B. de Vinc., 6 H, **103**. — Tuiler., 3 D, **22**. — Luxemb, 5 E, **82**. — J. des Plantes, 5 F. **94**. — P. Monc., 2 C, **4**. — P. Monts., 7 E, **102**. — Buttes Chaumont, 2 G, **12**. — La Muette, 3 A, **93**. — Ch.-Elys., 3 D, C, **17**. — Espl. des Invalides, 4 C, **43**. — Pl. des Vosges, 4 F, **69**.

Théâtres, Concerts, etc. : Op., 3 D, **20**; Op.-C, 3 E, **58**; Franç., 3 E, **27**; Od, 4 E, **63**; Sar. Bernh., 4 E, **44**; Gymn, 3 E; Vaud, 3 D; Var., 3 E; P.-St-Mart., 3 F; Amb., 3 F; Gaité, 3 E, F; Chât., 4 E; Op.-Popul, 3 F; Nouv., 3 E; Bouff.-P., 3 E; Cluny, 4 E; Déjaz, 3 F; Lyr de la Ren, 3 F; Cirq. d'Été, 3 C; Cirq. d'Hiver, 3 E; N.-Cirq. 3 D; Médr., 2 E; Eldor. (hiv.), 3 E; Scala (hiv.), 3 E; Amb. (été), 3D; C. de Paris, 2 D; M.-Rouge, 2 D; F.-Berg., 3 E; Olympia, 3 D; Bull., 5 E; Pan., 3 C, 4 B, 3 D.

Échelle 500 500 1000 Mèt

Hôtel des Ventes, 3 E, **24**. — Halles Centrales, 3, 4 E, **31**. — Marché du Temple, 3 F. — Mag. du Louvre, 3, 4 E. — Mag. du Bon Marché, 4 D. — Mag. de la Place Clichy, 2 D. — Mag. du Printemps, 3 D. — Abattoirs, 1 G, **2**. — Four Crématoire, 3, 4 H, **76**. — Morgue, 4 E, **65**. — Arc de Triomphe de l'Etoile, 3 B, C. **14**. — Arc de Tr. du Carrousel, 3, 4 D, **52**. — Colonne Vendôme, 3 D, **21**. — Colonne

de Juillet, 4 F, **70**. — Obélisque, 3 D. — Tour St-Jacques, 4 E, **58**. — Tour Eiffel, 4 C, B, **40**. — P. St-Denis, 3 E, **32**. — P. St-Martin, 3 F, **33**. — Mon. Gambetta, 4 E, **53**. — Triomphe de la République, 5 H. **97**. — Statue de la République, 3 F, **35**. — Lion de Belfort, 6 D, **99**. — Fontaine monumentale, 5 H, **98**. — Puits artésien, 5 C, **77**. — Entrée des Egouts, 4 E, **44**. — Entrée des Catacombes, 6 D, **99**.

Musée et Collections : Louvre, 5 E, **53**. — Luxembourg, 5 E, **82**. — Cluny, 4 E, **64**. — Trocadéro, 4 B, **39**. — Arts et Metiers, 3 F, **34**. — Carnavalet, 4 F, **69**.

H

le Guide Indicateur Complet des Rues de Paris (Voir au Verso).

1900

Prix : 1 Fr. 50 **Prix : 1 Fr. 50**

GUIDE INDICATEUR

—

COMPLET DES

RUES DE PARIS

APRÈS avoir voulu dans le *Paris-Exposition* donner avant tout des conseils pratiques, montrer les merveilles de la ville, nous étions tenus de faire une part également large aux RENSEIGNEMENTS ITINÉRAIRES indispensables au Parisien, à l'Étranger.

C'est l'objet de ce Guide Indicateur offert en Prime à à tout acheteur du *Paris-Exposition*.

Il contient, en 128 pages, 23 Plans spéciaux d'Arrondissements, de Quartiers, et 1 Plan général de Paris, les Renseignements nécessaires pour se diriger rapidement et sûrement à travers les 4031 Rues, Avenues, Barrières, Boulevards, Cités, Cours, Galeries, Impasses, Passages, Places, Ponts, Portes, Quais, Villas de Paris; pour visiter rapidement les Monuments et les Établissements publics qui embellissent les 80 Quartiers des 20 Arrondissements de Paris; enfin toutes les informations d'une utilité de chaque jour et de chaque heure, sur : les Omnibus, Tramways, Métropolitain, Bateaux-Parisiens, Voitures de Place, Monnaies, Bureaux de Poste, Cabines téléphoniques, Colis postaux, Avertisseurs d'incendie, Postes de secours, Commissariats, Marchés, Concerts, Théâtres, etc., etc.

Un plan des Environs de Paris complète cette indispensable publication.

✦

Voir page VIII, le BON-PRIME de 0 fr. 75 c. à détacher offert aux Lecteurs du PARIS-EXPOSITION. Muni de ce Bon chaque Acheteur du PARIS-EXPOSITION pourra se procurer au prix de 0 fr. 75 au lieu de 1 fr. 50, un Exemplaire du **Guide Indicateur des Rues de Paris.**

LIBRAIRIE HACHETTE ET Cie

RENSEIGNEMENTS GÉNÉRAUX

Dans cette première partie, nous avons réuni tous les renseignements pratiques sur le voyage et l'arrivée à Paris, sur les hôtels, les restaurants, sur tout ce qui touche à la vie en général, au côté matériel et pécuniaire.

Nous nous sommes efforcé d'initier le plus possible le lecteur aux mœurs et usages de Paris, afin que, dès le jour de son arrivée, il ne soit ni embarrassé ni trop dépaysé dans la grande ville.

Nous avons tout particulièrement cherché à être utile aux petites bourses, à ceux qui voyagent en comptant; pour eux, nous avons dressé une liste de restaurants populaires et à bon marché dont la plupart ne sont connus que des vieux Parisiens, et fréquentés surtout par des artistes, des étudiants, des artisans.

Les renseignements que nous donnons ont tous été pris aux sources mêmes. Mais nous ne saurions toutefois prétendre à l'infaillibilité, car dans ce Paris changeant et mouvant comme l'onde, le lendemain ne ressemble bien souvent plus à la veille.

POSTE Lettres chargées || Mandats || Journaux || Bons de poste || Imprimés || Télégraphe || Téléphone.

Il y a des Bureaux de Poste dans chaque quartier; en demander l'adresse à l'hôtel, au café ou à un agent de police.

FRANCE. — Lettres ordinaires, *France, Corse, Algerie, Tunisie, Colonies françaises:* 15 cent. par 15 gr. ou fraction; non affranchies, taxe doublée. (1 sou pèse 5 gr.) Recommandées, en plus 25 cent.; en cas de perte, indemnité de 25 fr. Avis de reception, 10 cent.

Cartes de visite (imprimées ou manuscrites), 1 cent. sous bande et 5 cent. sous enveloppe ouverte avec formules : Souhaits, condoleances, félicitations, remerciments, etc. (n'excédant pas 5 mots).

Lettres chargées. — 2 ou 5 cachets en cire obligatoires. Maximum 10 000 fr. : 1° 15 cent. pour 15 gr.; 2° droit fixe, 25 cent.; 3° 10 cent. par 500 fr. Remboursement de la valeur déclarée en cas de perte. La lettre chargée (de billets de banque, chèques) est le mode d'envoi d'argent le moins coûteux à partir de 50 fr.

Boîtes chargées. — Cachets de cire obligatoires sur les 4 côtés. Maximum 10 000 fr. *Dimensions* : 20 c/m de long.; 10 c/m de large et 10 c/m de haut. 1° 5 cent. par 50 gr. sans limite de poids; 2° droit fixe, 25 cent.; 3° 10 cent. par 500 fr. *Contre remboursement* : 1° 5 cent. par 50 gr.; 2° droit fixe, 25 cent.; 3° 10 cent. par 500 fr. *Avis de réception* : par poste : 10 cent.; par télégraphe : 50 cent.; maximum du remboursement, 1000 fr.

Mandats ordinaires. — Jusqu'à 20 fr., 5 cent. par 5 fr.; de 20 fr. à 50 fr., 25 cent.; de 50 à 100 fr., 50 cent.; de 100 fr. à 300 fr., 75 cent.; de 300 à 500 fr., 1 fr. — Au-dessus de 500 fr., 1 fr. pour les premiers 500 fr., et, pour le surplus, 25 cent. par 500 fr. ou fraction. Les mandats français ne sont pas négociables.

Mandat-carte payable à domicile, 10 cent. en plus.

Mandats télégraphiques. — Tarif des mandats, plus le prix de la dépêche. Maximum : 5000 fr. Justifier de son identité.

Bons de poste. — De 1 à 10 fr., droit 5 cent.; bon de 20 fr., 10 cent. Avis de payement, 10 cent.

Imprimés. — Maximum du poids : 3 kil.; dimension : 45 c/m. Sous bande, 1 cent. par 5 gr. jusqu'à 20 gr.; au-dessus, 5 cent. par 50 gr.; sous enveloppe non cachetée, 5 cent. par 50 gr. ou fraction.

Journaux ou périodiques. — Maximum du poids, 3 kil.; 2 cent. jusqu'à 50 gr.; au-dessus, 1 cent. par 25 gr.; un paquet de journaux divers paye (par exemplaire) les mêmes taxes, mais les fractions de centime sont cumulées.

Épreuves corrigées, Manuscrits ou Papiers d'affaires. — Maximum du poids : 3 kil., 5 cent. par 50 gr.; 10 cent. en plus lorsque le manuscrit ou l'épreuve est annotée.

Échantillons. — Maximum du poids : 350 gr.; 5 cent. par 50 gr. ou fraction. Recommandation, 10 cent.

ÉTRANGER (Union postale). — Lettres ordinaires : 25 cent. par 15 gr. — Recommandées : 25 cent. en plus. — Chargées : 25 cent. en plus par 15 gr. et 10, 20, 25 ou 35 cent. par 300 fr. selon pays. — Mandats internationaux : 25 cent. par 25 fr. jusqu'à 100 fr., ensuite 25 cent. par 50 fr.; sauf Angleterre, Canada et États Unis, 10 cent. par 10 fr. — Voie télégraphique ; le télégramme, plus 25 cent. par 25 fr. — Échantillons : 10 cent. jusqu'à 100 gr.; au delà 5 cent. par 50 gr, ou fraction. Maximum, 350 gr. — Papiers d'affaires : 25 cent. jusqu'à 250 gr.; au delà, 5 cent. par 50 gr, ou fraction. — Imprimés, journaux, livres, 5 cent. par 50 gr.

Télégraphe. — *Par tubes pneumatiques dans Paris :* Sous enveloppe, jusqu'à 7 gr. : 50 cent.; de 7 à 15, affranchissement supplémentaire en timbres-poste, 50 cent.; de 15 à 30 gr, 1 fr. Maximum, 30 gr.—Tarif intérieur : 5 cent. par mot, France, Algérie, Tunisie; minimum, 50 cent. — Exprès, 50 cent. pour le 1er kilom. et 30 cent. pour les suivants. — *Étranger,* par mot : Allemagne, 15 cent.; Autriche, 20 cent.; Belgique, 12 1/2 cent.; Danemark, 23 1/2 cent.; Grande-Bretagne, 20 cent.; Italie, 20 cent.; Russie, 40 cent.; Suède, 28 cent.; Suisse, 12 1/2 cent.; Turquie, 53 cent.

Téléphone. — Dans Paris, 25 cent. par 5 m.; de ville à ville, jusqu'à 25 kil., 25 cent. par 3 m.; dans le même département, 40 cent.; entre deux départements, par 75 kil, ou fraction, à vol d'oiseau, 25 cent. (Minimum, 40 cent., quelle que soit la distance; maximum, 3 fr.) — Avec Londres : 3 m. 10 fr. ; — Bruxelles, Anvers, Bruges, Ostende, 3 fr. — *Pour message téléphoné :* 50 cent. par 3 min.

Colis postaux. — Tarifs : Pour la *France continentale :* de 0 à 3 kil., en gare, 60 c.; à domicile, 85 c.; de 3 à 5 kil., en gare, 80 c.; à domicile, 1 fr. 05; de 5 à 10 kil., en gare, 1 fr. 25; à domicile, 1 fr. 50. — *Algérie :* de 5 à 10 kil., 1 fr. 75; pour les ports, 2 fr. 30; pour l'intérieur : *Tunisie* (voie de Marseille-Joliette), mêmes conditions. — *Corse :* jusqu'à 5 kil., 1 fr. 05 pour les ports, 1 fr. 55 pour l'intérieur; à domicile, 25 c. en plus. — Pour la *Suisse,* la *Belgique* et l'*Allemagne :* de 0 à 5 kil., 1 fr. 10; pour l'*Italie :* de 0 à 5 kil., 1 fr. 35; pour l'*Angleterre :* de 0 à 5 kil., 2 fr. 60; pour l'*Autriche-Hongrie* et le *Danemark :* 1 fr. 60; pour l'*Espagne* (3 kil.) : 1 fr. 35; pour la *Russie* (5 kil.) : 2 fr. 35.

Colis postaux de Paris déposés pour la plupart dans les Bureaux de Tabac. — Tarifs : de 0 à 5 kil., 25 c.; de 5 à 10 kil., 40 c.; remboursements, en plus 30 c.; valeur déclarée, en plus 10 c. Maximum de dimension, 1 m. 50.

PETIT CODE 🌐🌐 *L'emploi du petit* **TÉLÉGRAPHIQUE** *Code suivant apporte une notable économie dans la transmission des dépêches.* Ex. : *Vous télégraphiez :* Durand, 27, Richelieu, Paris. Derby. Associé. Capital. *Ces 3 mots représentent 3 phrases de 25 mots :* Derby veut dire : « *Bien arrivé, excellent voyage, écrirai ce soir ou demain. Amitiés,* » —Associé : « *Reçu votre dépêche. Merci.* » — Capital : « *Télégraphiez-moi ici le contenu de mes lettres si elles sont urgentes.* » — *Expédié tel quel, ce télégramme coûterait* 1 fr. 50; *tandis qu'en faisant usage de notre petit Code, il ne coûte que le minimum, c.-à-d. 50 cent. La signature du télégramme n'est pas obligatoire.*

MOTS CONVENUS	SIGNIFICATION
Académie...	Répondez-moi par télégramme aujourd'hui même.
Associé...	Reçu votre dépêche. Merci.
Attendu...	Télégraphiez-moi ce qu'il faut faire.
Banquet...	Si vous voulez me télégraphier, télégraphiez-moi à... (*Indiquer l'endroit et l'adresse*).
Beige...	Télégraphiez-moi ou écrivez-moi sans faute ce soir ou demain.
Bien...	Répondez-moi poste restante. (*Indiquer le N° du bureau s'il y a lieu.*)
Blé...	Reçu votre lettre. J'y réponds par le courrier.
Bon...	Écrivez-moi ici et envoyez-moi ma correspondance jusqu'à nouvel ordre.
Capital...	Télégraphiez-moi ici le contenu de mes lettres si elles sont urgentes.
Chaud...	J'arriverai par le train de (*Indiquer l'heure*). — Ex. Chaud 6. C.-à-d. J'arriverai par le train de 6 heures.
Circulaire.	Manqué le train. Arriverai ou arriverons seulement à... (*Indiquer l'heure*).
Derby...	Bien arrivé, excellent voyage, écrirai ce soir ou demain. Amitiés.
Diplômé...	Revenez tout de suite, des événements imprévus réclament votre présence ici.
Feuillet...	Je vous attends ici le....
Majorité...	Quand reviendrez-vous?
Moldave...	(*Mettre le nom*) est dangereusement malade; vous tiendrons au courant.
Paquebot...	Envoyez-moi un chèque de... (*Indiquer la somme*).
Rayon...	Attendez-moi chez vous... (*Indiquer le jour ou l'heure*).
Signer...	Venez me voir chez moi... (*Indiquer le jour ou l'heure*).
Superflu...	Je vous ai écrit poste restante

Pour avoir seul la clef de sa correspondance télégraphique, mettre à côté des mots suivants la signification convenue avec son correspondant. Ex. « Amitié : Sans lettre et sans nouvelles de vous, Très inquiet. »

AMITIÉ......... ....
BAGAGES.... . ...∨...... .
CONVIÉ..... ....
FACTURE.... . ...
LEVÉ............ ....∙∙. .
PAGE.......... ....

LE DÉPART
ARRIVEZ DE BONNE HEURE A LA GARE ‖ RETENEZ VOS PLACES ‖ APPAREILS PHOTOGRAPHIQUES ‖ BICYCLETTES ‖ CHIENS ‖ Cⁱᵉˢ DE CHEMINS DE FER ‖ BILLETS ‖ BAGAGES ‖ TRAINS DE PLAISIR ‖ WAGONS DAMES SEULES ‖ FUMEURS ‖ PORTIÈRES ‖ TRAIN MANQUÉ ‖ EN ROUTE ‖ ARRÊTS ‖ CHANGEMENTS DE TRAIN ‖ BUFFET ‖ CONSEILS.

On trouve dans toutes les gares un *Guide officiel du Réseau*, qui coûte 20 c., et qu'il est utile d'avoir pour être renseigné sur le parcours, les arrêts et les changements de trains.

Arrivez de bonne heure à la Gare. Si vous avez des Bagages, un Chien ou une Bicyclette, n'oubliez pas qu'il y a des formalités à remplir et qu'elles prennent du temps lorsqu'il y a beaucoup de monde.

Distribution des Billets. Commence, dans les grandes gares, *une 1/2 h. avant l'heure du départ, 1/4 d'h. avant dans les petites stations*, et cesse 5 *minutes* avant le départ du train, *et 15 minutes avant pour les bagages à enregistrer.*

Retenez vos Places. En venant de bonne heure, on a *l'avantage de pouvoir choisir sa place*, et si l'on est plusieurs, de monter tous ensemble dans le même compartiment.

Les places d'angle des deux côtés de la portière sont les meilleures.

Si l'on veut redescendre un instant, on peut *marquer sa place* en y laissant *un objet quelconque.* Prendre le Numéro du wagon afin de le retrouver facilement.

Certains voyageurs aimant leurs aises éparpillent leurs effets sur toutes les banquettes pour faire croire que le wagon *est complet*; un excellent moyen de s'en assurer, c'est de compter les parapluies et les cannes : à leur nombre on est bientôt fixé sur celui des occupants. En cas d'opposition, appeler un employé de la compagnie.

Filet. Les objets légers et encombrants doivent être placés dans le Filet, pour ne pas embarrasser le passage dans le compartiment.

CHEMINS DE FER
Sept grandes Cⁱᵉˢ forment le réseau français. Les Cⁱᵉˢ de l'Ouest, du Nord, du P.-L.-M. (Paris-Lyon-Méditerranée), de l'Est et de l'Orléans ont leur gare terminus à Paris. Les deux autres, celles du Midi et de l'État, aboutissent à Paris par les gares du P.-L.-M. et d'Orléans (*pour le Midi*), et de l'Ouest-Montparnasse pour l'État.

Une huitième Cⁱᵉ, celle des *Ch. de fer de Ceinture*, exploite : 1° la Petite Ceinture, train circulaire desservant les quartiers excentriques de Paris, et se raccordant avec les grandes gares; 2° la Grande Ceinture réseau circulaire desservant les environs de Paris.

LES GARES DE PARIS.
Au nombre de 10 :

1° GARE DU NORD, Pl. de Douai; terminus des lignes du *Nord de la France*, de la *Belgique*, de la *Hollande* et de l'*Angleterre* (par Boulogne et Calais), l'*Allemagne*, la *Russie*, le *Danemark*, etc.

2° GARE DE L'EST, Pl. de Strasbourg; réseau de l'*Est de la France*, de l'*Allemagne*, de l'*Autriche*, du *Luxembourg*, de la *Suisse* (par Bâle), de l'*Orient*, de la *Russie*, etc.

3° GARE DE VINCENNES, Pl. de la Bastille. *Lignes de la Banlieue Est.*

4° GARE SAINT-LAZARE, Pl. du Havre; *Ouest* de la *France, Bretagne, Normandie, Vendée, Angleterre* (par *Dieppe* et *le Havre*), *Amérique du N.* et *États Unis.*

5° GARE MONTPARNASSE, Pl. de Rennes, réseau de l'*Ouest : Versailles, Rambouillet, Chartres, le Mans, Angers*, etc.; Lignes de l'*État : Bordeaux, Rochefort, la Rochelle* (ports d'arrivée de l'*Amérique du Sud* et l'*Afrique Occidentale*).

6° GARE DES INVALIDES, à l'extrémité de l'Esplanade des Invalides, à l'entrée de l'Exposition. Cette gare dessert une partie de l'*Ouest* par *Versailles*, et se relie à la Ceinture.

7° GARE D'ORLÉANS, Pl. Walhubert, et la nouvelle Gare du Q. d'Orsay. Lignes du *Centre* et du *Midi* et une partie de la *Bretagne* (Quimper, Lorient, Nantes, Angers, Tours, Orléans, Bordeaux, Poitiers, Angoulême, Périgueux, Limoges). *Espagne* et *Portugal, Amérique du Sud* et *Afrique Occidentale.*

8° GARE DE SCEAUX LIMOURS, rue Gay-Lussac, en face des Jardins du Luxembourg. Lignes de la banlieue *Sud (Sceaux, Robinson, Bourg-la-Reine, Palaiseau, Orsay, Gif, Chevreuse, Vaux-de-Cernay, Limours).*

9° GARE DE LYON, Bd Diderot. Point terminus d'un des plus importants réseaux de la France, de *Montpellier à la frontière italienne, de Belfort, Dijon, Besançon, Lyon à la Méditerranée.* Lignes de Suisse (par Genève et Pontarlier); d'*Italie, d'Autriche, d'Orient* et d'*Extrême-Orient*, une *grande partie de l'Afrique*, etc.

CHEMIN DE FER DE CEINTURE. Fait tout le tour de Paris. Tarifs : 1ʳᵉ zone, d'une gare à une autre, 20 c., aller et retour 30 c.; 2ᵉ zone, 30 c.; aller et retour 50 c.

GRANDE CEINTURE. Raccordée aux grandes gares de Paris et à la Ceinture; prix variables, selon les distances.

BILLETS :
Nous avons indiqué plus haut les heures de distribution des billets aux voyageurs. Sur les chemins de fer français, le prix du billet est calculé d'après le nombre de kilomètres.

Billets simples : Prix calculé d'après le barème suivant : 1ʳᵉ cl. 0 fr. 112 par km.; 2ᵉ cl. 0 fr. 0756 par km.; 3ᵉ cl. 0 fr. 04928 par km, Ainsi, de Lyon à Paris, il y a 512 km., soit, pour la 1ʳᵉ cl. $512 \times 0,112 = 57$ fr. 344 (57 fr. 35); 2ᵉ cl. $512 \times 0,756 = 38$ fr. 70; 3ᵉ cl. $512 \times 0,4928 = 25$ fr. 25.

Billets d'aller et retour : Réduction de 25 o/o pour la 1ʳᵉ cl., de 20 o/o en 2ᵉ et 3ᵉ cl. sur le prix du double d'un billet simple, soit, pour la 2ᵉ cl., prix du billet simple, 38 fr. 70; le double = 77 fr. 40; 20 o/o ou 1/5ᵉ en moins = 15 fr. 50; 77 fr. 40 moins 15 fr. 50 = 61 fr. 90, Durée de validité variable selon la distance (minimum 2 jours, *les dimanches et jours fériés ne sont pas comptés dans ces 2 jours*). La durée de validité peut être prolongée à deux reprises, lorsqu'on en fait la demande la veille de l'échéance en payant un supplément égal au 10 o/o du billet.

ENFANTS : Les enfants de moins de 7 ans ne payent que 1/2 place, mais 2 enfants ne doivent pas tenir plus de place qu'un voyageur.

Billets collectifs : Une remise est accordée lorsqu'on voyage en groupe ou en famille. Les billets doivent, en général, être pris la veille ou l'avant-veille. Réduction de prix variable selon le nombre des voyageurs.

BONS DE L'EXPOSITION : Les porteurs de ces bons jouissent d'une réduction d'*un tiers* sur le prix double d'un billet simple, aux conditions énumérées sur le bon.

LES BAGAGES : On a droit au transport gratuit de 30 kg. Au-dessus de 30 kg., le prix du transport est de 50 c. par tonne et par km. jusqu'à 40 kg; 40 c. par tonne et par km. au dessus de 40 kg. Les membres d'une même famille ou d'un même groupe peuvent réunir leurs bagages, de façon à payer le moins possible.

On tolère dans les wagons les bagages à main (valises, sacs, etc.), dont la dimension ne dépasse pas 65 cent. de long., 35 cent. de larg. et 20 cent. de haut.

TRAINS. Trains de plaisir : La plupart des Cⁱᵉˢ organisent des trains de plaisir à prix très réduits pour l'Exposition (*consulter les affiches*). Pas de franchise de bagages.

TRAINS OMNIBUS (avec bagages, 30 kilos gratuits). Ils s'arrêtent à presque toutes les stations, ce qui augmente la durée et les fatigues du voyage.

TRAINS EXPRESS, RAPIDES. Ce sont les meilleurs, mais ils n'ont parfois ni 2ᵉ, ni 3ᵉ classe.

Wagons : La plupart des wagons français sont divisés en compartiments à 2 banquettes à 5 places, avec une portière aux deux extrémités.

Coupés, Salons, Wagons-Lits, Toilette, etc. S'adresser 1 ou 2 jours d'avance aux Cⁱᵉˢ pour les renseignements.

Voyages circulaires : Les Cⁱᵉˢ délivrent des billets circulaires valables pour quinze jours, un mois et plus, avec arrêts facultatifs à toutes les stations. Avec ces billets, on peut venir à Paris par une ligne et s'en retourner par une autre, visiter à la fois Paris et l'Exposition et un certain nombre de villes du réseau. Le prix de ces billets est très réduit (s'adresser à la Gare).

Dames seules : Certains compartiments désignés par une étiquette sont réservés aux *Dames seules*. Non seulement les hommes en sont bannis, mais encore les petits garçons de plus de 7 ans peuvent en être exclus à la demande d'une voyageuse.

Fumeurs : Des wagons spéciaux avec l'indication *Fumeurs* leur sont réservés. On ne peut fumer dans les autres voitures qu'avec le consentement *unanime* des voyageurs.

Portières : Les employés se chargent de les fermer; néanmoins, on devra s'assurer si la targette extérieure est bien accrochée.

Train manqué : La Cⁱᵉ n'est pas tenue au remboursement du prix du billet, *lorsqu'il n'y a pas d'autres trains dans la même journée*. Elle le fait souvent, cependant, mais c'est une gracieuseté de sa part.

Fenêtres : Elles ne peuvent être ouvertes ou fermées qu'avec l'assentiment des autres voyageurs.

Arrêts, Changements de Trains : S'assurer que *les voyageurs pour Paris* doivent bien descendre ou changer de train à tel endroit. S'assurer avant de descendre qu'on n'oublie rien dans le wagon. Descendre toujours *du côté opposé à la voie*. Ne jamais monter ou descendre lorsque le train est en marche. Ne pas quitter des yeux ses colis à main.

Si l'arrêt est de quelque durée, on s'installera au buffet ou dans la salle d'attente. Mais là encore il faut arriver à temps afin de choisir sa place.

Buffets : Dans les gares un peu importantes et pourvues d'un buffet, le prix des consommations varie *suivant la classe dans laquelle on voyage*. Ainsi, une orange peut coûter 20 à 25 c. au buffet de 3ᵉ cl. et 50 à 60 c. au buffet des 1ʳᵉ et 2ᵉ cl. De même pour le café, le vin, les liqueurs, les repas, etc.

Paniers : Certains buffets des grands réseaux vendent des paniers contenant un repas froid (avec vin) qu'on peut manger dans le wagon. Le panier vide doit être rendu à une prochaine station.

Vivres : Beaucoup de voyageurs préfèrent emporter avec eux des victuailles et du vin, voulant éviter ainsi la descente aux arrêts et les dépenses aux buffets. Il est sévèrement interdit de jeter les bouteilles vides par les portières.

BILLET PERDU : Tout voyageur qui ne peut pas présenter son billet s'expose à des poursuites. On peut lui réclamer le prix du transport à partir du *point de départ du train*, à moins qu'il ne prouve qu'il est monté à une station intermédiaire.

INDISPOSITION : En cas d'indisposition en cours de route, obligeant de descendre à une station (ce qui expose à la perte du prix du billet pour le restant du parcours), faire constater le cas de force majeure. En ce cas, le chef de gare peut autoriser le voyageur à prendre un train suivant.

Sonnette d'Alarme : Si l'on tire la sonnette d'alarme, le train s'arrête presque aussitôt. On ne doit la faire fonctionner que dans des *cas absolument graves*.

Conseils de Route : Surveiller surtout les enfants.

Ne pas se séparer les uns des autres, lors des arrêts ou des changements de train, surtout lorsqu'il y a beaucoup de monde.

Les gares de certains réseaux affichent des pancartes portant en grosses lettres : *Méfiez-vous des voleurs!* Suivez ce bon conseil. Surveillez vos poches et votre montre, soyez poliment circonspects avec les compagnons de route que le hasard vous a donnés et n'acceptez de parties de cartes avec personne.

APPAREILS PHOTOGRAPHIQUES : La Douane laisse, en général, passer les appareils photographiques sans les ouvrir. S'ils sont *chargés*, prévenir le vérificateur, qui fera ouvrir l'appareil dans un laboratoire.

BICYCLETTE : Les Cⁱᵉˢ de Chemins de fer ne sont responsables que des bicyclettes *emballées dans un cadre en bois ou dans un panier d'osier.*

Étrangers : Les ÉTRANGERS amenant avec eux une bicyclette doivent *la faire plomber à la Frontière ou à la Douane des gares de Paris*, et déposer en garantie une somme égale au droit d'entrée, contre remise d'un *passavant*, qu'on devra présenter à Paris, au départ, et à la Frontière au retour, avec sa machine, *pour se faire rembourser le dépôt.*

Permis temporaire : Les bicyclistes devront, en outre, réclamer un *permis* sur papier timbré, délivré par la *Douane* et *autorisant l'étranger à séjourner pendant 3 mois en France sans payer d'impôt.*

Après 3 mois de séjour, l'étranger devra payer la taxe à la mairie de son arrondissement (6 fr. par an), et munir sa machine de la *plaque spéciale* délivrée par le percepteur.

Circulation dans Paris : Toute machine circulant sans cette plaque peut être saisie à Paris ou dans les départements. Il *faut donc avoir toujours sur soi le permis délivré par la Douane.*

CHIENS : Les petits chiens sont parfois tolérés dans les wagons, à condition d'être muselés ou enfermés dans un panier. Mais à la moindre protestation d'un voyageur, on devra faire mettre le chien au fourgon spécial.—La plupart des Cⁱᵉˢ délivrent main-

tenant, au guichet des voyageurs, des billets pour chiens. Tarif : 0 fr. 0168 par km.

Si un chien se perd à Paris, on est presque toujours sûr de le retrouver à la *Fourrière* (de 9 h. à 4 h.), 19, rue de Pontoise.

ARRIVÉE A PARIS FACTEURS ‖ BAGAGES ‖ CONSIGNE ‖ INTERPRÈTES ‖ DOUANES ‖ OCTROI ‖ PERSONNES ‖ BAGAGES ÉGARÉS ‖ VOITURES DE PLACE ‖ OMNIBUS DE FAMILLE ‖ VOITURES ‖ OMNIBUS ‖ TRAMWAYS ‖ MÉTROPOLITAIN ‖ COMMISSIONNAIRES ‖ DÉCROTTEURS ‖ CABINETS INODORES.

Paris! Paris! tout le monde descend! A cet avis du conducteur du train, préparez-vous à descendre après vous être assuré que vous n'oubliez rien dans le wagon. Presque toujours ce sont les *facteurs* qui ouvrent les portières, et se chargent, à la demande des arrivants, des bagages à main. Ces employés, en uniforme, — casquette avec blouse et ceinture aux initiales de la Cⁱᵉ, — sont en outre désignés par un numéro d'ordre gravé sur une plaque de cuivre portée soit au revers de la blouse, soit sur le côté gauche de la poitrine, ou sur un brassard au bras gauche. (Retenez ce n°.) Ces facteurs, qui sont tenus de renseigner les voyageurs, vous conduiront soit vers la Sortie où se trouvent les voitures, soit à la Consigne, au Bureau de l'Octroi ou de la Douane, selon vos ordres.

Pourboire, 25 cent. à 1 fr., selon le nombre et le poids des colis.

Enfants perdus : Il est prudent, quand on voyage avec des enfants, de mettre dans leur poche la carte de visite des parents avec l'adresse indiquant où ils descendent à Paris. Tout enfant trouvé dans une gare est conduit au Commissariat spécial (il y en a un dans toutes les gares); celui-ci prévient la Préfecture de police, laquelle avise tous les Postes de police. Si l'on reconnait que l'enfant est étranger, on prévient de même les ambassades ou les consulats.

Si donc *un enfant s'égare*, soit dans la gare, soit en ville, on devra en aviser tout de suite la Police, en donnant son signalement.

Quant aux enfants égarés dans l'enceinte de l'*Exposition*, ils sont conduits au Commissariat central.

INTERPRÈTES : Il y en a dans chaque gare (uniforme avec casquette galonnée sur laquelle se détache le mot INTERPRÈTE, en lettres d'or). Ils indiquent toutes les formalités à remplir pour la sortie et fournissent tous les renseignements dont on peut avoir besoin.

Pourboire facultatif, qu'on donne le plus discrètement possible, certaines Cⁱᵉˢ interdisant la rémunération des services des Interprètes.

RENSEIGNEMENTS

BAGAGES : Les gros colis enregistrés sont déchargés et conduits dans le Hall des Douanes, qui dans toutes les gares se trouve *à droite*. C'est là qu'il faut se rendre pour *retirer les bagages et assister à la visite*. Le nombre des colis étant toujours très considérable, les recherches sont longues, et nous conseillons à nos lecteurs de placer sur chacun de leurs bagages des marques très apparentes : bandes de papier blanc en croix, grandes étoiles, disques très visibles, etc., de façon à pouvoir les reconnaître et les désigner à distance.

Dans certaines gares de Paris, la recherche est facilitée par un groupement judicieux des colis. De grands écriteaux placés au-dessus des tables du hall des Douanes portent en grosses lettres : *Place réservée aux bagages dont les numéros se terminent par un 4* (par ex.). On consulte son bulletin et l'on recherche l'emplacement dont l'écriteau ci-dessus porte comme indication le dernier chiffre du numéro dudit bulletin.

Quand ce sera votre tour, *vérifiez bien si vos colis sont au complet et présentez les clés pour la visite*.

Colis égarés : Si vos bagages ne sont pas au complet, réclamez immédiatement pour qu'on fasse des recherches,et si vous ne pouvez pas attendre, faites consigner votre réclamation sur le registre spécial, en donnant le signalement exact de l'objet perdu.

La Cⁱᵉ est tenue au remboursement, dans un délai de 3 mois, de la valeur indiquée pour le colis égaré.

DOUANES : Les employés ont un uniforme composé d'un pantalon bleu à liséré rouge, d'une tunique verte à parements rouges. Ils se divisent en *visiteurs*, chargés de l'ouverture des bagages, en *vérificateurs*, chargés de la visite et de la taxation des objets soumis aux droits, et en *percepteurs*, qui ont un bureau où l'on va payer le montant du bulletin contre remise d'une quittance.

La *déclaration*, que l'arrivant doit remplir lui-même, est un formulaire imprimé délivré par le percepteur et sur lequel on doit indiquer la nature d'espèce, l'origine et le poids de la marchandise. Toute déclaration *fausse*, involontairement ou non, entraîne des poursuites.

Lorsqu'on a payé au percepteur, on rapporte au vérificateur, qui *marque* d'une croix les colis ; ce signe sert de laissez-passer.

Les colis ne doivent contenir ni matières inflammables (allumettes, par ex.), ni matières explosibles, ni armes à feu chargées. Quant aux personnes assez malavisées pour essayer de passer en fraude des objets soumis aux droits (dentelles, bijouterie, horlogerie, liqueurs en bouteilles cachetées, tabac en paquet ou cigares en boîtes fermées, etc), elles s'exposent a une forte amende, à la saisie, et même à l'emprisonnement sous l'inculpation de contrebande. *La bonne foi n'est pas admise comme moyen de défense*. Toutefois, on n'a rien à payer pour quelques cigares ou une bouteille de vin entamée.

Une fois le *laissez-passer* donné par la Douane, vous aurez encore à subir la visite des Employés d'Octroi.

OCTROI : Employés en costume vert (pantalon blanc en été); chargés de percevoir à la fois les droits d'Entrée pour la Ville de Paris et les droits de Régie pour le Trésor.

La Ville perçoit des droits sur les Comestibles, sur les Vins, Alcools et Liqueurs (et sur d'autres produits que nous n'avons pas à indiquer ici : matériaux, combustibles, huiles, etc.).

L'Octroi visite tous les voyageurs, ceux venant de la banlieue et des départements pour les produits soumis aux droits d'Octroi, ceux de l'étranger pour les droits de Régie (perçus du reste également sur autres voyageurs pour les liquides).

TARIF : Beurre, Viande, Salaison, 10 à 25 cent. par kg , à partir de 500 gr.; conserve truffée, Pâté, 1 fr. 44 le kg ; Poisson Mariné ou à l'huile, 36 cent.; Poisson Frais, 2 à 40 cent ; Huitres, 6 à 18 cent.; Gibier et Volaille, 18 à 75 cent. — Alcools : 3 fr. 51; Vin, 0.157; Cidre, Poiré, Hydromel, 0,085; etc.

Une fois ces dernières formalités remplies, vous pouvez sortir de la gare et faire conduire vos bagages où vous voudrez. (V. VOITURES plus loin.)

CONSIGNE : Si vous ne savez pas d'avance où vous logerez, ne vous embarrassez pas de vos bagages. Faites-les porter à la Consigne. Coût : 10 cent. le 1ᵉʳ jour, 5 cent. les jours suivants ; on vous remettra en échange un Bulletin constatant le dépôt que vous avez fait. Si vous perdez ce bulletin, retournez immédiatement à la Consigne pour faire votre déclaration, et faire opposition à l'enlèvement des colis.

Vous pourrez *rentrer en possession de vos bagages* en faisant constater votre identité : acte d'origine, certificat de naissance, passeport, carte électorale, carte d'identité de l'*Almanach Hachette*, et surtout en démontrant que vos clés sont bien celles qui ouvrent les colis que vous réclamez, et dont vous aurez soin d'indiquer exactement le contenu. Si vous êtes étranger, et que vos papiers d'identité ne soient pas jugés suffisants, l'intervention de votre Consul sera nécessaire. Si vous êtes Français, tâchez de trouver un répondant.

Les bagages déposés à la Consigne peuvent être conduits, si vous le désirez, par les soins de la Compagnie au domicile que vous indiquerez (V. plus loin), ou bien vous les ferez prendre par le personnel de votre Hôtel. Dans les deux cas, remettre le bulletin de consigne au Bureau de la Gare ou à la Personne chargée de l'enlèvement du colis.

RENSEIGNEMENTS

FILOUS : Méfiez-vous des individus trop complaisants qui s'offriront à vous venir en aide ou à vous guider, soit dans la gare, soit en ville. Ne vous adressez jamais qu'aux employés en uniforme ou aux agents de police. Autrement, vous vous exposeriez aux pires mésaventures. —

MOYENS DE TRANSPORT DANS PARIS Si vous êtes plus de 4 personnes ensemble, vous avez intérêt à prendre un *Omnibus de la Gare* ou *de Famille*, plutôt qu'une ou plusieurs voitures de place.

OMNIBUS DES GARES OU DE FAMILLE : Ce sont des voitures appartenant aux Cⁱᵉˢ de Ch. de fer. Elles diffèrent seulement en ce que les Omnibus des Gares ont des *tarifs variables* suivant le nombre des voyageurs, tandis que les Omnibus de Famille ont un tarif unique, sans égard au nombre de personnes.

Ces Omnibus peuvent être retenus d'avance, soit en écrivant quelques jours avant le départ au chef de la gare du réseau, soit en télégraphiant (*gratuitement*) en cours de route, 5 ou 6 h. d'avance, en indiquant l'heure probable de l'arrivée et le nᵒ du train.

En arrivant, prévenez le Facteur que vous avez une voiture retenue, et il fera le nécessaire pour la trouver.

TARIFS : Variables selon les Cⁱᵉˢ et l'heure du départ de la gare, et suivant la distance à parcourir, le nombre des voyageurs et des colis, etc.

PRIX MOYEN : De 5 à 7 fr. par Omnibus pour 4 à 6 personnes ; 1 ou 2 fr. de plus la nuit ; 8 à 12 fr. jusqu'à 22 personnes ; 3 ou 4 fr. de plus la nuit, etc.

COLIS : 25 ou 50 cent. jusqu'à 30 kg. ; 50 à 75 cent. pour 60 kg. ; 75 c. à 1 fr. par 90 kg. ; 25 cent. par 30 kg. ou fractions au-dessus de 90. Dans *toutes les gares* de France ou de l'étranger, le chef ou le sous-chef est à même de renseigner le voyageur sur ces Omnibus spéciaux.

VOITURES DE PLACE : On en trouve dans toutes les gares et à de nombreuses stations sur les grandes voies publiques.

TARIF DES VOITURES DE PLACE DANS PARIS

PARIS Voitures prises aux Gares ou dans la rue.	LE JOUR		LA NUIT	
	Course.	Heure.	Course.	Heure
A 2 places.	1 50	2 "	2 25	2 50
A 4 places.	2 "	2 50	2 50	2 75
Voitures de Cercle. .	2 50	3 "	3 25	3 50
Landau à 4 places. .	2 50	3 "	3 "	3 50

Hors Paris, les tarifs de l'heure sont majorés

de 50 c. à 1 fr., plus 1 fr. à 2 fr. d'indemnité de retour. La Cⁱᵉ des Petites Voitures vient de rétablir les Petites Courses, avec de nouvelles voitures à Compteurs. Les deux premières minutes coûtent 60 c. ; les 4 premières, 70 c. ; les 6 premières, 80 c., ce qui met le 1/4 d'heure à 1 fr. et 3/4 d'heure à 1 fr. 50.

Le tarif de jour commence en *hiver* (du 1ᵉʳ Oct. au 31 Mars) à 7 h. du matin ; en *été* (du 1ᵉʳ Av. au 30 Sept.) à 6 h. du matin, jusqu'à minuit et demi. *Hors Paris, hiver*, de 6 h. du matin à 10 h. *Été* de 6 h. à minuit.

Bagages : 1 colis, 25 c. ; 2 colis, 50 c., 3 colis et plus, 75 c.

La 1ʳᵉ heure se paye en entier ; le temps excédant se paye par portions de 5 m.

Pourboire : Course : 25 à 50 c. suivant la course. A l'heure, minimum : 50 c.

Les voitures sont numérotées.

Pour les Fiacres Automobiles, stationnant sur les grands Boulevards, on traite de gré à gré, à la course, à l'heure, ou à la journée.

Si vous ne savez pas encore où vous logerez, prenez une voiture à l'heure. Demandez avant tout au cocher son *bulletin*, sur lequel sont inscrits le numéro de la voiture, les tarifs et les principales ordonnances de police. Pour éviter toute contestation au sujet de la durée du trajet, faites constater par le cocher l'heure qu'il est au moment du départ.

Cochers et Voyageurs (*Extraits du Règlement*) : Le cocher doit être poli et marcher à toute réquisition des voyageurs, aider au chargement et au déchargement des colis sur sa voiture ; il peut toutefois refuser de prendre des bagages lorsque sa voiture n'a pas de « galerie » (balustrade de fer pour retenir les colis sur la voiture).

Les cochers sont autorisés à demander des arrhes (le prix d'une heure à courir après le payement du 1ᵉʳ travail) si les voyageurs, les gardant à leur service, entrent dans un jardin public ou tout autre lieu possédant plusieurs issues.

Ils peuvent se faire payer d'avance lorsqu'ils conduisent aux gares, théâtres, bals, concerts et autres lieux de réunion ou de divertissement.

Les cochers ne sont pas tenus d'admettre plus de voyageurs qu'il n'y a de places indiquées. 2 enfants de moins de 10 ans pourront toujours remplacer une grande personne. Un enfant de 5 ans ne compte pas pour un voyageur. Dans les voitures à strapontin, celui-ci comptera pour 1 ou 2 places suivant ses dimensions. Les cochers peuvent refuser les personnes accompagnées d'animaux. Ils peuvent aussi refuser de laisser monter une personne sur le siège.

Toute voiture qui « stationne » est *obligée* de marcher à l'heure ; et tout cocher dans la voiture duquel vous êtes monté, est *obligé* de vous conduire au lieu que vous lui indiquez.

Souvent le cocher vous proposera de vous conduire dans un hôtel qu'il connaît : ne vous en rapportez pas à lui, faites votre choix parmi ceux des hôtels dont nous vous donnons la liste plus loin.

BAGOTIERS : De pauvres diables suivent à la course les voitures partant des gares chargées de bagages.

━━ RENSEIGNEMENTS ━━

Pour se débarrasser du bagotier, lui jeter 10 à 20 cent, il s'en contentera et retournera à la gare. S'il monte vos bagages, le pourboire varie, suivant le nombre des colis, de 1 à 2 fr. On refuse de les laisser entrer dans la plupart des hôtels.

EN CAS DE CONTESTATION grave avec le cocher, faites-vous conduire au Commissariat de police, ce qui est plus simple que d'avoir recours à un agent, autour duquel la foule s'amasse. Vous pouvez aussi, ayant son numéro, envoyer une plainte soit chez le Commissaire, soit au Bureau des Voitures, Préf. de Police. Dans chaque Kiosque de station de voitures se trouve un registre mis par la Préf. de Police a la disposition des voyageurs qui ont des réclamations à faire.

OBJETS OUBLIÉS : Le cocher doit remettre à son dépôt, dans les 24 h., *tout objet oublié* dans sa voiture ; de là, il est envoyé tout de suite au Bureau des objets perdus. Si vous avez eu la précaution de demander son bulletin à votre cocher, la recherche d'un objet oublié est bien plus facile.

VOITURES ET CHEVAUX : Les étrangers qui viendront à Paris trouveront à la Cⁱᵉ Générale des Voitures à Paris, 1, pl. du Théâtre-Français, et à l'Urbaine, 59, R. Taitbout, ainsi que chez les grands Loueurs, principalement dans le quartier de la Madeleine, des Champs-Élysées, de Passy et des Ternes, des landaus, des victorias, des coupés, etc., loués au mois ou à l'année, à la semaine, à la journée et à la demi-journée (prix moyen : 25 à 40 fr. par jour, de 600 à 1200 fr. par mois).

PRINCIPAUX LOUEURS : *Brion*, 16, Bd des Capucines, et 83, R. de la Boétie, voitures de luxe ; — *Hawes* (Henri), 26, R. François 1ᵉʳ ; — *Camille aîné*, 14, 16, 18, R. de la Tour-des-Dames ; — *Camille jeune*, 6 bis, Av. Kléber ; — *Gallet*, 43, R. Poncelet, et 26, R. Desrenaudes.

MÉTROPOLITAIN (Chemin de fer). La ligne transversale allant de la Pte de Vincennes à la Pte Dauphine, reliant le Bois de Vincennes au Bois de Boulogne, sera en exploitation au courant de l'été, ainsi que 2 tronçons, reliant la Pl. de l'Étoile à la Pte Maillot d'un côté, au Trocadéro de l'autre.

LIGNE PORTE DE VINCENNES-PORTE DAUPHINE : Longueur, 11 kil. 700 m., presque exclusivement souterraine ; parcours : Cours de Vincennes, Pl. de la Nation, Bd Diderot, R. de Lyon, Pl. de la Bastille, R. St-Antoine et de Rivoli, Pl. de la Concorde, Av. des Champs-Élysées, Pl. de l'Étoile, Av. Kléber et Bugeaud.

Desservie par 18 Stations : Cours de Vincennes, Pl. de la Nation, R. de Reuilly, G. de Lyon, Pl. de la Bastille, St-Paul, Hôtel de Ville, Châtelet, Louvre, Palais-Royal, Tuileries, Pl. de la Concorde, Champs-Élysées (Exposition), R. Marbeuf, Av. de l'Alma, Pl. de l'Étoile, Pl. Victor-Hugo, Porte Dauphine.

LIGNE PLACE DE L'ÉTOILE-PORTE MAILLOT. — 3 stations : Pl. de l'Étoile, R. d'Obligado, Porte Maillot.

LIGNE PLACE DE L'ÉTOILE-TROCADÉRO (EXPOSITION). — 4 stations : Pl. de l'Étoile, les Bassins, R. Boissière, Trocadéro (Exposition).

Prix des Places. — Quelle que soit la distance : 1ʳᵉ classe, 25 c.; 2ᵉ cl., 15 c. — Gratuité pour les enfants au-dessous de 4 ans, tenus sur les genoux, et les bagages, paquets peu volumineux, ne gênant pas les voisins et n'excédant pas 10 kilos.

Jusqu'à 9 h. du m., les voyageurs auront droit, pour 20 c., à un billet qui leur permettra de reprendre gratuitement, dans l'autre sens, un des trains quelconques de la journée.

Les Élèves des Écoles Communales de la Ville payeront 5 c. lorsqu'ils voyageront collectivement, accompagnés d'un maître.

Le Métropolitain est éclairé sur tout son parcours souterrain. La longueur des trains a été fixée à 72 m., et la vitesse à 36 kil. à l'h.

BATEAUX : La Cⁱᵉ Générale des Bateaux-Parisiens a le monopole du transport des voyageurs dans la traversée de Paris.

Le trajet du Pt d'Austerlitz au Viaduc d'Auteuil ou inversement est d'environ 10 kil. (1 h.). Promenade particulièrement agréable à faire par une journée claire, ou le soir, au coucher du soleil ; 14 escales, sur les deux rives.

SERVICE ORDINAIRE : De 6 h. m. à 8 h. ou 8 h. 1/2 du soir, selon les saisons. Un départ dans les deux sens toutes les 7 ou 8 minutes. Prix : 10 c. en Semaine ; 20 c. le Dimanche, quelle que soit la distance à parcourir.

Service spécial de l'Exposition : *de Jour*, du Pt National au Pt d'Iéna ; *de Nuit*, du Trocadéro à l'Hôtel de Ville et du Pt d'Iéna au Pt d'Austerlitz. PRIX : 30 c.

Les enfants au-dessous de 3 ans ne payent pas, à condition qu'on les porte au moment de débarquer. — Payer sa place tout de suite pour ne pas perdre de temps au débarquement. Le receveur délivre un jeton qu'on lui rend en quittant le bateau.

CHIENS. Sont admis à bord sur le pont seulement, et transportés gratuitement ; toutefois, on peut les refuser, s'ils sont crottés.

BICYCLETTE. Transport gratuit lorsqu'il n'y a pas encombrement à bord.

FUMEURS. On peut fumer sur le pont et dans le fumoir, mais non dans les salons.

De Charenton au Point-du-Jour, 9 kil.

RENSEIGNEMENTS

Trajet en 1 h. 10 ou 1 h. 20. Prix du parcours, 20 c. en semaine, 25 c. le dimanche. Départ toutes les 7 ou 8 min.

Des Tuileries à Suresnes, 14 kil. Trajet en 1 h. 10. Prix : 20 c. en Semaine, 40 c. le Dimanche. Départ toutes les 1/2 h. ou les 20 min. en Semaine, toutes les 5 minutes le Dimanche.

Paris à Ablon, 20 kil. Trajet en 1 h. 45. Embarquement au Q. du Louvre ; 1 départ ar heure, Dimanches et Fêtes seulement.

Le Touriste (Café Restaurant). Excurions sur la Seine. Départ tous les jours, du t Royal à 10 h. 1/2. Paris-St-Germain : prix es places aller et retour : 3 fr. 50. Déjeuner et 6 fr. ; diner, 5 et 7 fr.

OMNIBUS ET TRAMWAYS : C'est un 1oyen de locomotion très bon marché, surout avec la « correspondance », lorsqu'on du temps devant soi et qu'on sait dans uel quartier on ira se loger. Mais les cóucteurs n'acceptent pas les bagages enombrants, sauf la valise ou le sac qu'on eut mettre sur ses genoux.

Il y a à Paris 40 lignes d'omnibus et plus e 50 lignes de tramways, à chevaux, à apeur, électriques, qui se croisent en tous ens de 7 h. ou 7 h. 1/2 du matin à minuit 1/2, llant dans toutes les directions, et se succéant à quelques minutes d'intervalle. Pour haque ligne, les panneaux de la caisse de la oiture sont d'une couleur différente, et, la uit, les feux de lanterne différent.

L'itinéraire est inscrit le long de chaque oiture, à g. et à dr., et le point extrème où e rend la voiture est indiqué sur un écrieau mobile, à l'arrière, au-dessus de la late-forme. Le mot *Complet* indique que voiture est complète à l'intérieur seuleent.

Presque tous les omnibus ont aujour-'hui des impériales accessibles aux dames. es tramways mécaniques ont tous des imériales couvertes. Ils vont plus vite que es omnibus, et l'on y est moins cahoté.

Les omnibus et les tramways s'arrêtent n route, en dehors des stations (sauf quelues tramways mécaniques), à toute réquiition du voyageur qui veut monter ou desendre (faire au cocher un signe de la main). Ne reçoivent pas les chiens, ni les colis rop volumineux (sauf les tramways de banieue qui ont des messageries).

PRIX UNIFORME pour toutes les lignes, ans Paris : intérieur : 30 cent. ; impériale, 15 cent. En dehors de la barrière, suppl. de o à 50 cent. selon la distance. — Ne jamais ayer sa place avant la réquisition du conucteur.

La Correspondance (petit ticket que 'on n'oubliera pas de réclamer *en payant sa*

place) permet, aux points de croisement des différentes lignes, de changer de voiture (une seule fois) sans payer de supplément. Ce ticket se remet en payement au contrôleur de la station en montant dans la 2ᵉ voiture, et est valable tant qu'on n'a pas trouvé de place, à condition qu'on ait pris un Numéro d'ordre en arrivant au bureau correspondant. On peut demander des numéros pour plusieurs lignes à la fois.

Ce numéro d'ordre qui oblige chacun à passer à son tour, est délivré ou se prend librement dans un petit casier, dans tout bureau qui n'est pas tête de ligne. — Quand la Tête de ligne est proche, il est préférable d'aller y prendre la voiture : on sera sûr d'avoir de la place.

Les Bureaux d'omnibus sont tenus de vous renseigner sur la voiture à prendre pour aller dans telle ou telle direction dans telle ou telle rue.

Si vous ne la connaissez pas, prier le conducteur de vous avertir quand la voiture y sera.

En descendant d'omnibus ou de tramway, attendre toujours que l'omnibus ou le tramway ait repris sa marche : c'est le seul moyen de ne pas se faire écraser par les voitures qu'on n'aperçoit pas.

Les personnes qui ne sont pas habituées à descendre de l'omnibus en marche feront bien de prier le conducteur de faire arrêter la voiture.

CABINETS INODORES (W.-C.) : Des cabinets d'aisance inodores, ou water-closets (sans toilette 5 c., avec toilette 10 c. ou 15 c.) existent dans les cours et dans l'intérieur de toutes les gares, sur les grandes places de Paris, autour de tous les monuments et jardins publics, ainsi que le long des grands boulevards et des avenues les plus fréquentées.

Depuis quelques années, on a aussi installé des Chalets de nécessité et Urinoirs gratuits pour dames ; ils sont encore en très petit nombre (se renseigner auprès des Gardiens de la paix).

Dans tous les chalets de nécessité payants, on trouve ordinairement du Savon, une Cuvette, une Serviette et des Distributeurs automatiques à Eau de toilette.

COMMISSIONNAIRES : Beaucoup de voyageurs, très avisés, commencent par louer une chambre pour la journée dans un des nombreux hôtels situés autour des gares (V. *Hôtels*, p. suiv.). On peut immédiatement se reposer, faire sa toilette et changer de vêtement ; puis on a plus de liberté pour chercher ensuite un hôtel à sa convenance. Dans ce cas, on fait porter à l'hôtel ses petits bagages par un des commissionnaires qui stationnent autour des gares, sur les boulevards, etc.

Tarif : En moyenne, 75 cent. l'heure; ils prennent 1 fr. pour monter une malle dans une maison, 2 fr. pour porter une lettre dans un quartier éloigné, etc. On les paye 2 fr. l'heure lorsqu'ils doivent se munir d'une voiture à bras. Ils sont en même temps pour la plupart, décrotteurs de chaussures: 20 c.

❦

OÙ SE LOGER ? A LA RECHERCHE D'UN LOGEMENT ‖ HOTELS : RÉPARTITION ‖ APPARTEMENTS MEUBLÉS ‖ CHAMBRES MEUBLÉES ‖ PENSIONS ‖ USAGES DE PARIS.

Ce ne sont pas les hôtels qui manquent à Paris: on en trouve dans tous les quartiers; du centre à la barrière, il y en 20 000 à 25 000.

Où se loger? Question facile à résoudre lorsqu'on a beaucoup d'argent à dépenser.

Un voyageur seul ou accompagné d'une seule personne se case aisément; mais la chose est plus difficile lorsqu'on voyage en groupe ou en famille.

Il est plus économique de se loger à proximité de l'Exposition ou du centre, afin d'éviter les pertes de temps et les frais de voiture.

Toutefois, si, par suite de l'affluence des visiteurs, la place manquait, il faudrait forcément se rabattre sur les hôtels un peu plus éloignés.

A LA RECHERCHE D'UN LOGEMENT

La première chose à faire est donc de tâcher de se loger. On laissera ses bagages à la Consigne, ou bien on louera tout d'abord une chambre dans un Hôtel près de la Gare, pour avoir le temps de chercher un autre logement rapproché de l'Exposition ou des quartiers du centre.

Le voyageur quelque peu expert et qui a du temps devant soi réussit souvent à découvrir l'hôtel rêvé dans une des rues aboutissant au Boulevard.

Courses dans Paris. Pour cette recherche, on pourra se faire conduire en voiture, ou prendre l'omnibus ou le tramway.

Mais, si la distance à parcourir n'est pas trop longue, on fera mieux de faire la route à pied, afin de prendre contact avec Paris.

Si l'on s'égare, demander à un Gardien de la paix ou à un commerçant la route à suivre. On aura eu soin d'inscrire l'adresse du premier Hôtel où l'on descend sur les pages de tête de notre *Paris-Exposition.*

A L'HOTEL
Si l'on trouve une chambre à sa convenance, bien convenir du prix et des conditions.

Service : Le service se paye à part, lorsque le prix de la chambre n'est pas indiqué « avec service compris ».

Repas : On est absolument libre de prendre ses repas au dehors. Les prix — pour la Table d'hôte — sont sensiblement les mêmes que dans les restaurants. Les repas servis dans les chambres coûtent plus cher.

Éclairage : Il se paye toujours à part, 40 cent. à 1 fr. 50 par jour, que ce soit à la bougie, au gaz ou à l'électricité.

Valeurs : Pour plus de sûreté, déposer les valeurs, contre-reçu, au Bureau de l'Hôtel, qui en devient responsable. (V. *Valeurs* et *Argent*.)

Rappelons à ce sujet qu'un Reçu, pour être valable devant les tribunaux français, doit *toujours* être apostillé d'un Timbre-quittance de 10 cent., sur lequel la personne qui reçoit les valeurs doit apposer sa signature et la date.

On peut aussi louer dans un grand établissement financier une case de Coffre-fort dans laquelle on déposera les objets précieux et les sommes qu'on ne veut pas porter sur soi.

Précaution utile : Demander sa *note* tous les 2 ou 3 jours, pour éviter des erreurs ou des *surcharges*. Lorsqu'on doit partir, faire présenter sa note *la veille* au soir.

Le payement de la chambre est exigible d'avance, dans les petits hôtels, et dans les grands, lorsqu'on n'a pas de bagages.

CLÉS : Mettre la clé en dedans la nuit, et fermer un ou deux tours. Ne jamais laisser la clé sur la porte lorsqu'on s'absente La déposer au Bureau de l'Hôtel. Chacune d'elles porte le numéro de la chambre.

Vols : L'Hôtel est responsable des objets appartenant aux voyageurs.

Déclarations: Tout voyageur est obligé de donner son Nom et son Adresse exacts, qui sont inscrits sur le Registre de police déposé au Bureau. Une fausse déclaration peut entraîner des poursuites.

Plaintes, Réclamations : Ne jamais discuter avec le personnel de service; toutes les réclamations doivent être faites au Bureau.

GRANDS HOTELS.
Les grands hôtels se trouvent surtout sur les Grands Boulevards (V. Pl.) et dans les rues adjacentes, entre la R. de Rivoli (à partir du Palais-Royal jusqu'à la Concorde); les R. de la Paix, Castiglione, Av. de l'Opéra, R. Auber, Bd Haussmann, etc.

Hôtels de 300 à 700 chambres, bien situés, pourvus de tout le confort moderne, et donnant au voyageur riche l'illusion de son « chez soi ».

Le personnel est bien stylé; les chambres sont élégantes et les salons somptueux: les clients ont à leur disposition des ascenseurs, des salons de lec-

RENSEIGNEMENTS

ture, de conversation et de correspondance, des salles de bains, de nombreux billards, des interprètes, le téléphone, souvent un bureau de poste et de télégraphe, etc , mais tout cela se paye. Il faut compter de 6 à 50 fr. par chambre, selon l'étage, la grandeur des pièces, l'élégance des salons attenant aux chambres, la vue sur la rue ou sur la cour, etc.

Change : La plupart des grands hôtels ont un Bureau de Change.

Bains : Les prix sont à peu près les mêmes que ceux des établissements qu'on trouvera au mot *Bains* (V. p. 24.). Le tarif est remis aux clients sur demande.

Coiffeurs : Des coiffeurs pour dames et pour messieurs sont attachés à chacun de ces hôtels. Si l'on se fait coiffer dans sa chambre, le prix est naturellement plus élevé.

Interprètes : Des interprètes en nombre suffisant sont chargés de donner aux hôtes tous les renseignements dont ils ont besoin. Comme ils appartiennent à l'hôtel, on n'a pas à les rétribuer, mais on leur donne généralement un Pourboire selon l'importance des services rendus.

D'autres interprètes inscrits à l'hôtel se chargent d'accompagner les étrangers. Prix à débattre (pour la journée, en moyenne, 15 à 25 fr. et tous frais payés).

HOTELS PRÈS DES GARES : Les
Omnibus et les Tramways y ont, pour les plus grandes lignes, leur point terminus. Beaucoup de voyageurs de commerce se logent de préférence dans les hôtels près des gares. Leur courrier peut partir à la dernière minute, leurs maisons peuvent leur expédier des télégrammes ou des lettres au Bureau restant, à la Gare, etc.

Les hôtels qui se trouvent autour des gares de l'Ouest (St-Lazare), du Nord, de l'Est, ont l'avantage d'être situés à 10 ou 15 minutes des Grands Boulevards et des quartiers d'affaires.

Les gares de Lyon, de Sceaux et Montparnasse sont situées, par contre, dans les quartiers excentriques, presque aux extrémités de Paris.

Gare Saint-Lazare. *Hôtel Terminus.* Cour de la gare St-Lazare et R. St-Lazare. — *H. de Rome* (127.53), 17, Pl. du Havre. — *H. de Rome* (127.53), 111, R. St-Lazare. — *Austin's Railway Hôtel*, 26, R. d'Amsterdam. — *H. Anglo Américain*, 113-115-117, R. St-Lazare. — *Grand Hôtel de Dieppe* (164 15), 22, R. d'Amsterdam.

Gare du Nord. *H. du Chemin de fer du Nord* (405 28), 12, Bd Denain. — *Nouvel H. Royal* (224.05), 49, R. Lafayette.

Gare de l'Est. *H. de France et de Suisse*, 1, R. de Strasbourg. — *H. de l'Arrivée*, 3, R. de Strasbourg. — *H. Français* (404.79), 13, R. de Strasbourg. — *H. de Belfort*, 22, Bd Magenta. — *H. Belge*, 35 bis, R. de St-Quentin.

Gare de Lyon. *H. Terminus du chemin de fer de Lyon*, 19, Bd Diderot. — *H. Jules César* (909.16), 52, Av. Ledru-Rollin. — *H. de la Boule d Or*, 22, R. de Chalon.

Gare d'Orléans. *H. du Pied de Mouton* (808 18), 12, Bd de l'Hôpital. — *H. de la Gare d Orléans*, 5 bis, R. de Buffon. — *H. de la Tour d'Argent*, 15, Q. de la Tournelle.

Gare Montparnasse. *H. Lavenue* (705.23), 68-70, Bd Montparnasse. — *H. de la Marine et des Colonies* (703.07), 59, Bd Montparnasse. — *H. du Mans*, 159, R. de Rennes. — *H. d Anjou*, 45, Bd Montparnasse.

HOTELS PRÈS DE L'EXPOSITION :
Seront les plus recherchés par les Exposants et ceux qui voudraient éviter de nombreux déplacements qui coûtent cher et font perdre beaucoup de temps.

· *Grands Hôtels du Trocadéro*, à Passy. *H. Vouillemont* (Th. 245.82), 15, R. Boissy-d'Anglas. — *H. Mirabeau* (Th. 228 89), 8, R. de la Paix. — *H. des Iles Britanniques*, 22, R. de la Paix. — *H. Vendôme* (Th. 241.78), 1, Pl. Vendôme. — *H. Ritz* (Th. 243-99), 15, Pl. Vendôme (Résidence parisienne du Prince de Galles). — *H. Bristol* (Th. 241.77), 3 et 5, Pl. Vendôme. — *H. du Rhin* (Th. 241.74), 4 et 6, Pl. Vendôme. — *H. Bedford* (Th. 120 38), 17-19, R. de l'Arcade. — *H. Bellevue* (Th. 232.76), 39, Av. de l'Opéra. — *Grand Hôtel de l'Athénée*, 15, R. Scribe. — *H. Continental* (Th. 243 91), 3, R. de Castiglione. — *H. de Balmoral*, 4, R. de Castiglione. — *H. d'Astorg*, 15, R. de Penthièvre. — *H. Meyerbeer* (Th. 514-76), 2, R. Montaigne. — *H. Belmont* (Th. 529 67), 30, R. Bassano. — *H. Bradford* (Th. 524 31), 10, R. St-Philippe-du-Roule. — *H. Chatham* (Th. 247.53), 17-19, R. Daunou. — *H. d'Albe* (Th. 523 30), 101, Av. des Champs-Élysées. — *Palace Hôtel*, 103 à 113, Av. des Champs-Élysées. — *H. Beau-Site* (Th. 559 93), 4, R. de Presbourg. — *Royal Hôtel* (Th. 522 13), 33, Av. de Friedland. — *H. Beauséjour*, 99, R. du Ranelagh. — *H. Duchemin* (Grand), 4, R. Albouy. — *Campbell-Hôtel* (Th. 506 10), 45-47, Av. de Friedland. — *H. Columbia* (Th. 533 38), 16, Av. Kléber. — *H. d'Iéna* (1 h. 695.65), 26-28-30, Av. d Iéna. — *H. International* (Th. 540 64) 60, Av. d Iéna. — *H. Magellan* (Th. 534 10), 59, Av. Marceau. — *H. du Palais* (Th. 513-70), 28, Cours la Reine. — *H. Wagram*, 208, R. de Rivoli. — *H. de La Trémoïlle*, R. La Trémoïlle.

RIVE DROITE, SUR LES GRANDS BOULEVARDS ET ENVIRONS :
Situés entre les Bds Sébastopol et de Strasbourg, l'Av. de l'Opéra, le Faub. Poissonnière et la Chaussée-d'Antin.

Hôtels très recherchés aussi, et les plus nombreux, parce qu'ils se trouvent dans les quartiers les plus commerçants de Paris.

Ce grand rectangle du centre embrasse en effet la plupart des industries qui font la prospérité de Paris : Horlogerie, Bronzes d'art, Articles de Paris, Confection, Fleurs et Plumes, Étoffes de tous genres, Soieries, Nouveautés, etc.; il y a là les maisons d'exportation dont les affaires s'étendent dans le monde entier. Plus bas, près des Quais, ce sont les Halles, la Bourse de Commerce, le Louvre, le Palais-Royal, la Bourse, la R. Montmartre, le quartier des principaux Journaux, etc.

RENSEIGNEMENTS

Aussi est-ce le quartier de prédilection des commerçants français et étrangers, qui profitent de leur séjour à Paris pour faire connaissance avec leurs correspondants et traiter de nouvelles affaires.

Beaucoup de bons hôtels, à prix modérés : chambres de 1 a 3 fr. par j. Les prix sont moins élevés lorsqu'on loue à la semaine en payant d'avance.

Grand-Hôtel (Th. 235.48, 235 51), 12, Bd des Capucines. — *Gd H. des Capucines* (Th. 250 52), 37, Bd des Capucines. — *H. Beau-Séjour* (Th. 125.54), 30, Bd Poissonnière. — *Gd H. de Bade* (Th. 116 15), 30 et 32, Bd des Italiens. — *H. du Helder* (447.04), 7 et 9, R. du Helder. — *H. Byron*, 20-22, R. Laffitte. — *H. Doré* (Th. 219 76), 3, Bd Montmartre. — *H. de la Cité Bergère* (Th. 217.34), 4, Cité Bergère. — *H. de la Terrasse Jouffroy* (Th. 155 36), 10-12, Bd Montmartre. — *Gd H. Paris-Nice* (Th. 117.66), 36-38, Fg Montmartre. — *H. Rougemont* (Th. 117.80), 16, Bd Poissonnière. — *H. Brébant* (Th. 133 53), 32, Bd Poissonnière. — *H. de Russie* (Th. 141.29), 1, R. Drouot. — *H. Marguery*, 34, Bd Bonne-Nouvelle. — *H du Brésil* (Th. 119 87), 23, R. Bergère. — *H. Faisat*, 5, R. Marivaux. — *H. Binda*, 11, R. de l'Échelle (Clientèle riche). — *Central Hotel* (Th. 146 80), 40, R. du Louvre (pour le commerce). — *H. Moderne* (Th. 261.32), 8 bis, Pl. de la République (pour le commerce). — *H. du Lion d'Or*, 222, Bd Voltaire.

RIVE GAUCHE, FAUBOURG SAINT-GERMAIN ET QUARTIER LATIN : De la R. de Rennes au Jardin des Plantes.

Le *Quartier Latin*, ou *quartier des Écoles*, est habité par les étudiants, les professeurs, les hommes de science; c'est aussi le quartier des grandes maisons d'édition.

Les hôtels y sont très nombreux à cause de la proximité des Écoles.

Prix moyens : 2 à 5 fr. par j., mais les locations se font surtout à la semaine ou au mois.

Ce sera là que se logeront la plupart des hommes d'art et de science, les anciens étudiants de Paris, heureux de revenir passer quelques jours dans leur vieux quartier.

H. Bonaparte, 61, R. Bonaparte. — *H. d'Angleterre*, 22 et 24, R. Jacob. — *H. Corneille* (Th. 810 80), 5, R. Corneille. — *H. Fénelon*, 11, R. Férou. — *H. Foyot* (familles), 22 bis, R. de Vaugirard. — *H. d'Harcourt*, 3, Bd St-Michel. — *Gd H. de Suez*, 31, Bd St-Michel. — *H. Dacia*, 41, Bd St-Michel.

H. du Bon La Fontaine, 16-18, R. de Grenelle. — *H. de l'Université*, 22, R. de l'Université. — *H. du Pas-de-Calais*, 59 R. des Sts-Pères. — *H. des Ambassadeurs*, 45, R. de Lille. — *H. du Q. Voltaire*, 19, Q. Voltaire. — *H. de l'Abbaye*, 137, Bd St-Germain. — *H. Brunet*, 65, R. Madame.

QUARTIERS EXCENTRIQUES : En dehors des Boulevards Extérieurs. Quartier excentrique ne signifie pas toujours quartier pauvre : ainsi la *Butte Montmartre*, d'où l'on domine tout Paris et qui est peuplée d'hommes de lettres et d'artistes; *Passy* et *Auteuil*, quartiers élégants; les *Batignolles*, quartier des petits rentiers et des employés de grands magasins; *Montrouge*, autre quartier d'artistes, peintres et sculp-

teurs surtout, de maisons de retraite et de communautés, etc.

Il y a des hôtels partout, et de tous les prix; mais la plupart de ces quartiers, sauf Auteuil, Passy, sont trop éloignés de l'Exposition pour qu'on ait avantage à s'y loger.

PENSIONS : Un certain nombre de pensions donnent la Chambre et le Couvert pour 150 à 300 fr. par mois. D'autres sont de simples Pensions, sans chambres à coucher. D'autres, au contraire, louent quelques chambres, sans exiger que les locataires prennent leurs repas à la maison (30 à 50 fr. par mois, service compris).

Ces pensions ont surtout pour clientèle des dames seules et des jeunes gens qui se présentent avec la recommandation d'un parent ou d'un ami.

OFFICIERS : Les officiers français de toutes armes trouveront beaucoup de camarades dans les hôtels avoisinant la *R. St-Dominique* et le *quartier des Invalides*. Certains hôtels accordent à MM. les officiers une réduction sur présentation de leur carte d'identité.

Des chambres leur sont également réservées au *Cercle Militaire*.

CLERGÉ : Beaucoup de prêtres étrangers sont reçus chez leurs confrères de Paris, dans les Missions, les Congrégations, chez les Frères de St-Jean-de-Dieu, etc. Ils trouveront des confrères dans quelques hôtels de la R. de Grenelle, tout près de l'Archevêché.

CHAMBRES MEUBLÉES : Nombreux sont dans beaucoup de rues les écriteaux sur papier jaune : *Chambre à louer*. Il s'agit en général d'un ménage qui dispose d'une pièce de trop, et qui cherche à la louer, pour amortir le prix du loyer annuel.

Ces chambres sont meublées souvent avec tout ce qu'il y a de plus beau dans le ménage. Location : 1 à 2 fr. par j., 30 à 40 fr. par mois : ces prix montent au moment de l'Exposition, jusqu'à 20 fr. par jour.

APPARTEMENTS MEUBLÉS ET MEUBLES : Certaines personnes, obligées de séjourner à Paris pendant plusieurs mois, ne veulent entendre parler ni d'hôtels, ni de chambres meublées. Elles préfèrent ou louer un appartement meublé, ou louer un petit appartement qu'elles meublent par l'entremise de loueurs, qui leur cèdent pour quelques mois les meubles nécessaires.

Dans les deux cas, il importe d'agir avec beaucoup de circonspection, car on s'expose à des mécomptes graves.

APPARTEMENTS MEUBLÉS : Nous conseillons la plus grande prudence aux

personnes qui louent un appartement meublé.

On doit d'abord s'assurer que la personne qui vous loue son appartement en est bien le véritable locataire; en faire signer l'attestation au Concierge, ou au Propriétaire s'il est dans la maison. Le cas s'est présenté, d'un loueur saisi par ses créanciers, et dont l'appartement se trouve du jour au lendemain vide de ses meubles, alors que le sous-locataire a payé d'avance.

Si on loue à bail, bien examiner ce qui est énoncé sur la feuille : si l'on ne sait pas bien le français, faire faire la traduction ou consulter un homme d'affaires. Le bail peut être fait au mois, à l'année, à la semaine ou à la journée.

Examiner minutieusement tous les meubles, la literie, etc.; faire constater *par écrit* les déchirures, les taches, les pièces qui manquent; cela pour éviter des contestations ultérieures.

La location finit toujours à *midi*. Il faut donc prendre ses précautions de façon à partir *avant midi*, faute de quoi on s'exposerait à payer un terme du bail en plus.

La location se paye toujours d'avance. Réclamer la quittance timbrée.

Les appartements meublés à louer sont indiqués par des écriteaux *jaunes*.

MEUBLES : Après avoir loué un appartement qu'on veut meubler soi-même, on ira chez un marchand de meubles faisant la location.

Après avoir choisi des meubles, éprouver la solidité ou la stabilité des chaises, des tables, des fauteuils, faire jouer les tiroirs, les serrures, etc.

A leur arrivée à destination, vérifier les meubles l'un après l'autre, et faire constater *par écrit* les défauts, déchirures, taches, pièces manquant, etc. (y apposer une marque spéciale au crayon).

La location est généralement faite au mois, et payable d'avance. Le locataire peut, *sans avertissement, rendre les meubles à la fin du mois*. Le loueur qui veut reprendre ses meubles doit prévenir 15 jours d'avance.

APPARTEMENTS NON MEUBLÉS : USAGES DE PARIS : On appelle *appartement* un logement de plusieurs pièces, ayant une cave. Un *logement* n'a généralement que 2 pièces et pas de cave.

On ne trouve pas facilement à louer des appartements pour quelques mois, la location se faisant à l'année, et les payements en 4 termes égaux (1ᵉʳ Avril, 1ᵉʳ Juillet, 1ᵉʳ Octobre, 1ᵉʳ Janvier); les payements se font le 8 du mois avant midi pour les appartements au-dessous de 400 fr., le 15 pour ceux dépassant cette somme.

En louant, on donne au Concierge le *denier à Dieu*, qui est un engagement tacite

des deux parts; il devient définitif après 24 h. La somme qu'on donne est de 1 o/o du prix du loyer; minimum 5 fr.

Congé : Le congé doit être donné le jour du terme, avant midi.

Impôts : Tout locataire d'un appartement est astreint à l'impôt (taxe personnelle, mobilière, portes et fenêtres, etc.). Le propriétaire ou le principal locataire doit s'assurer que le locataire qui s'en va a payé ses contributions.

Concierge : La loi les assimile aux domestiques; ils sont tenus de monter les lettres plusieurs fois par jour, de renseigner les visiteurs, et de les laisser monter, etc.

Gaz : Doit être allumé de la tombée de la nuit jusqu'à 11 h.

DOMESTIQUES : Les étrangers séjournant pour un certain temps à Paris et ayant un appartement prendront sans doute des domestiques, tout au moins une bonne. Il est difficile de trouver du premier coup une bonne dont on soit satisfait.

Congé : L'engagement est fait sans durée déterminée. Si l'on n'est pas satisfait de la personne choisie, on la prévient qu'elle aura à partir dans les 8 jours.

Le ou la domestique à qui l'on a donné congé peut, pendant ses 8 jours, s'absenter 2 h. par jour pour chercher une autre place. Si le maître veut renvoyer son domestique séance tenante, il payera les 8 jours à courir sans autre indemnité. Si au contraire c'est le serviteur qui veut partir immédiatement, on peut lui retenir les 8 jours.

FEMMES DE MÉNAGE : Lorsqu'on ne veut pas prendre de bonne, on peut trouver une femme de ménage, en s'adressant soit aux boulangers, épiciers, bouchers, soit aux bureaux de placement.

On n'a pas à les nourrir. Elles viennent soit le matin, soit l'après-midi. Salaire : en moyenne, 30 ou 40 fr. par mois, ou, par heure : 30 c. à 40 c.

DÉCLARATIONS DE RÉSIDENCE : L'étranger qui séjourne en France pour une période dépassant 3 mois doit faire une déclaration de résidence à la Préfecture de Police, Bureau des Étrangers, quai des Orfèvres, 36. Un récépissé est délivré; gratuit pour les professions libérales, il coûte 2 fr. 55 pour les commerçants ou industriels. Cette déclaration doit être faite dans les 3 jours après l'arrivée pour les premiers, dans les 15 jours pour les seconds.

Tout changement de domicile doit être déclaré dans les 8 jours.

Les étrangers de passage à l'hôtel ne sont pas astreints à cette déclaration s'ils ne

— RENSEIGNEMENTS —

séjournent que pour une très courte période à Paris.

Cette déclaration est exigible dans toute la France ; l'omission de cette formalité entraîne des poursuites.

❧❦

OÙ PRENDRE SES REPAS?

Repas. — Grands Restaurants ‖ Restaurants a prix fixe ‖ Cabinets particuliers ‖ Restaurants exotiques ‖ Bars, Cafés ‖ Brasseries ‖ Bouillons ‖ Crèmeries ‖ Marchands de Vins ‖ Traiteurs ‖ Conseils.

La vie n'est guère plus chère à Paris que dans les autres villes ; on trouve, dans tous les quartiers, des restaurants pour toutes les bourses, où le beefsteak vaut de 60 c. à 5 fr. A prix fixe, on peut même diner à partir de 1 fr. 25, vin compris.

L'heure des Repas. A Paris, on déjeune de 11 h. à midi ; on dine de 6 à 8 h. ; on soupe de 11 a 3 h. du matin.

LES REPAS

Petit Déjeuner du Matin. Une tasse de café coûte, dans une crèmerie, 20 à 30 c. ; une tasse de chocolat, ou une tasse de thé, de 30 à 40 c., 1 fr. dans les grandes maisons. Au Café, un *mazagran* (café servi dans un grand verre, avec ou sans tombée de lait, et un croissant) de 50 à 60 c., plus 10 c. de pourboire au garçon. — Déjeuner complet avec beurre, serviette : au café, 1 fr. ; à l'hôtel dans la chambre, 1 fr. 50.

Deuxième Déjeuner. Il y a toujours davantage de consommateurs dans les restaurants à l'heure du déjeuner. Le déjeuner, plus frugal que le repas du soir, se compose généralement d'un poisson, ou d'une viande avec des légumes, d'une 1/2 bouteille ou d'un carafon de vin, d'un dessert et d'un café. Dépense moyenne dans les petits restaurants et les bouillons (pour 1 personne) : 1 fr. 25 à 3 fr. ; dans les grands restaurants, à carte chiffrée, de 10 à 15 fr.

Le Diner. C'est le repas de résistance ; affluence moins grande qu'a l'heure du déjeuner. Dans les grands restaurants, on doit compter de 10 à 12 fr. par personne.

Dans les petits restaurants et les bouillons, un repas ordinaire revient pour 1 personne à 2 fr. 50 ou 3 fr.

Le Souper. Chaud ou froid, le souper coûte assez cher ; on fait payer aux consommateurs les frais d'éclairage et la rétribution plus élevée du personnel de nuit. Il faut compter de 10 à 12 fr. pour un souper à deux, *très simple, très modeste.* Dans les grands restaurants de nuit à la mode, on ne

peut pas avoir un plat de viande froide et une bouteille de vin à moins de 6 à 8 fr.

On peut aussi se faire servir des repas dans la plupart des grands cafés, bars, brasseries. Le service et la cuisine y sont moins soignés tout en coûtant presque toujours plus cher que dans les bons restaurants à la carte chiffrée.

LES GRANDS RESTAURANTS

Plusieurs catégories, suivant le quartier et le genre de clientèle. Deux principales divisions :

1° Les Restaurants à la Carte où l'on choisit ce que l'on veut manger, d'après la carte indiquant le menu du jour.

2° Les Restaurants à Prix fixe où, pour un prix fixe d'avance (1 fr. 25, 1 fr. 50, 2 fr., 3 fr.), on a un repas composé d'un certain nombre de plats qu'on choisit dans la carte du jour.

Les restaurants *à la carte* (service et cuisine très soignés, portions suffisantes pour deux, vins de choix) se divisent eux-mêmes en deux categories.

RESTAURANTS A LA GRANDE CARTE 🏵🏵

(non chiffrée) Comprennent les maisons de premier ordre dont la cuisine est particulièrement réputée. Clientèle riche et cosmopolite. Prix en rapport avec le luxe des salons et la notoriété de la clientèle. Le vin ordinaire coûte de 3 à 4 fr. la bouteille ; un poulet rôti, de 15 à 20 fr. ; une poularde truffée, 30 à 40 fr. ; etc. — Les plats ne sont pas prêts d'avance, on ne les prépare que sur demande. — Si l'on a des invités, on fera donc bien de commander d'avance un repas soigné.

Ces maisons, dont la plupart existent depuis longtemps, sont connues dans le monde entier par leurs *spécialités culinaires* et la vieille renommée de leur cave. Quelques-unes ont des vins cotés 150 fr. la bouteille.

Toutes ces maisons sont pourvues du confortable moderne : *Téléphone, Lavatory,* etc. Des *chasseurs* sont à la disposition des clients ainsi que des voitures de cercle (sans numéro) et des voitures de remise.

Les meilleurs restaurants à la *grande carte,* c'est-à-dire sans prix *marqué,* sont :

Voisin, 261, R. St-Honoré, et R. Cambon, 14 et 16 (Tlph. 241.73). — *Paillard,* 38, Bd des Italiens. (Tlph. 139 01); et Av. des Champs Élysées (*maison d'Été*), près l'Av. de Marigny. — *Le Café Anglais,* 13, Bd. des Italiens (Tlph. 148.84). — *Larue,* 3, Pl. de la Madeleine (Tlph. 244.81) — *Durand,* 2, Pl. de la Madeleine. (Tlph. 244 81). — *La Maison Dorée,* 28, Bd des Italiens (Tlph.139 09). — *Besse,* Impasse d'Antin, 12, et Carré des Champs Élysées (à dr.). — *La Tour d'Argent*, 15, Q. de la Tournelle (Tlph. 267.60). — *Chevillard*, 4, Rond-Point des Champs Élysées (Tlph. 516-73). — *Le Pavillon d'Arme-nonville*, Bois de Boulogne (Tlph. 505.35). — *Le Château de Madrid*, Av. du Bois-de-Boulogne. — *Le Restaurant de la Cascade*, Av. du Bois-de-Boulogne. — *Les Ambassadeurs*, Carré des Champs-Élysées, côté dr. (Tlph. 244.84).

RESTAURANTS A LA CARTE CHIFFRÉE ●● Comprenant d'excellentes ⸱ maisons ⸱ de prix moins élevés que les restaurants à la *grande carte*. Prix des plats et des consommations marqués, sauf en cabinets particuliers.

Plus nombreux que les précédents, fréquentes surtout par la bourgeoisie et le haut commerce, et aussi par les etrangers. Cuisine excellente, service fait avec soin.

Hors-d'œuvre, 50 c. à 2 fr.; Potages, 80 c. à 2 fr.; Poisson, 1 fr. 50 à 3 fr.; Viande, 1 fr. 50 à 3 fr.; Volaille, 5 à 10 fr.; Légumes, 1 fr. à 3 fr.; Desserts, 1 fr. 50 à 2 fr.; fruits selon la saison.

Pour un repas *ordinaire*, s'en tenir aux *plats du jour*, toujours tout préparés et d'un prix relativement bon marché.

Dans les restaurants à la carte chiffrée et à la carte non chiffrée, les portions sont si copieuses qu'on peut parfaitement *demander pour un* quand on est deux, et *pour deux* quand on est trois ou quatre. C'est ce que font les Parisiens.

Comme on ne sert pas de demi-bouteilles de vin ordinaire, on a la faculté de n'en boire que la moitié (faire remarquer en ce cas, au garçon, *qu'on n'a bu que la 1/2 bouteille*).

Parmi les bons restaurants à la *carte chiffrée*, d'une vieille réputation de cuisine et de cave, et loyaux dans leurs prix, il faut citer :

I. A proximité de l'Exposition. *Ledoyen*, Carré des Champs Élysées. — *Lucas*, 9, pl. de la Madeleine (Tlph. 259 41). — *Taverne Anglaise*, 28, r. Boissy-d'Anglas. — *Taverne Royale*, 25, r. Royale (Tlph. 260 63). — *Weber*, 21, r. Royale (Tlph. 255 17).
II. Sur les Grands Boulevards. *Taverne Olympia*, 28, boul. des Capucines et 6, r. Caumartin (orchestre le soir). — *Café de la Paix*, 12, Bd des Capucines, et 5, Pl. de l'Opéra (Tlph. 235 44). — *Café Américain*, 4 bis, boul. des Capucines (Tlph. 102 03). — *Julien*, 3, boul. des Capucines (Tlph. 156 06). — *Taverne Pousset*, 61, Faub. Montmartre (Tlph. 109 63), 14, boul. des Italiens (Tlph. 112.70). — *Noël Peters*, 24-30, passage des Princes. (Tlph. 118.15). — *Taverne Brébant*, 32, boul. Poissonnière. — *Restaurant Rougemont*, 16, boul. Poissonnière. — *Notta*, 2, boul. Poissonnière (Tlph. 141.49). — *Restaurant de France*, 9, boul. Poissonnière. — *Marguery*, 36, boul. Bonne Nouvelle, près du Théâtre du Gymnase (véranda vitrée) (Tlph. 148.78). — *Restaurant Maire*, 14, boul. St Denis (Tlph. 101 29).
Dans le Voisinage des Boulevards. *Mollard*, 113, 115, 117, r. St-Lazare (Café et Hôtel). — *Prunier*, 9, r. Duphot, près de la Madeleine (Tlph. 230-53). Ouvert jusqu'à 1 h. 1/2 du matin. Spécialité d'huîtres, depuis 75 c. la douzaine (Portugaises) jusqu'à 6 fr. (Colchester). — *Drouant*, 18, place Gaillon (Tlph. 235.84). — *Restaurant du Grand U*,

101, r. Richelieu (beaucoup d'hommes politiques, de journalistes). — *Brasserie Universelle*, av. de l'Opéra (Petite Marmite). Bisque 1 fr. 50; consommé de volaille 75 c.; hors-d'œuvre variés 40 c.; poisson, 1 fr. 25; filet 1 fr. 50; 1/4 de poulet 1 fr. 50; bouillabaisse tous les vendredis; vin, 3 fr. la bouteille; cidre, 1 fr. 25.

Près de la Bourse : *Champeaux*, Pl. de la Bourse, 13, avec Jardin. Tlph. 127.17. *Joseph*, 9, R. Marivaux (Tlph. 106.24).

Sur la Rive Gauche. *Lapérouse*, Q. des Grands-Augustins, 51 (Tlph. 149 49). — *Lavenue* (Hôtel et Restaurant), Bd. Montparnasse, 68 et 70 (Tlph. 705.23). — *Foyot*, 33, R. de Tournon (Tlph. 811 39).

Avenue de la Grande-Armée. *Gillet* (Maison de Noces). — *Dehouze*, 91 bis, Av. de Neuilly (à la carte ou à prix fixe). — *Restaurant des Sports*, 89 bis. — *Brasserie de l'Espérance*, n° 85 (Tlph. 505.31).

Bois de Boulogne. *Chalets du Cycle*. Porte de Suresnes. Un *Restaurant du Touring Club* près de la porte Maillot. Tous deux rendez-vous préférés des Cyclistes. On déjeune et l'on dîne sous des tentes, à la carte seulement — *Chalet des Iles* (Pierre Joly), dans le Chalet offert par la Suisse à Napoléon III.

Quartier des Halles. Les restaurants voisins des Halles (très cher), comme *Baratte*, le *Bon Pêcheur*, le *Bon Chasseur*, les *Deux Pavillons*, le *Père Tranquille*, la *Belle Gabrielle* et même le *Chien qui fume* (plus populaire), sont plus particulièrement des restaurants de nuit où l'on va souper entre 1 h. et 4 h du matin.

On trouvera dans le même quartier, surtout pour déjeuner, d'excellents petits restaurants dont les prix sont très raisonnables, dans la rue Montorgueil : au 48, la *Maison Jouanne*, spécialité de tripes à la mode de Caen, 50 cent. la portion; escargots, 80 cent. la douzaine. Délicieux cidre de Normandie, 70 cent. la bouteille. Monter au 1er. Cabinets (à peu près les mêmes prix). *Le Parc aux Huîtres* ou à *l'Escargot* (ouvert la nuit). *Le Rocher de Cancale* (ouvert aussi toute la nuit).

CABINETS PARTICULIERS : Toutes les maisons de « grande carte » et de premier ordre et quelques maisons de « carte ordinaire » ont des *Cabinets* ou *Salons particuliers*, ainsi dénommés à cause de leur discrète intimité; on y est absolument chez soi, et les garçons qui vous servent ne surviennent qu'à votre appel et frappent avant d'entrer. Les cabinets des grands restaurants sont au 1er ou au 2e étage, et ont une entrée distincte de l'entrée commune.

Pas de carte chiffrée. Les vins sont majorés d'un tiers, d'un quart et même de moitié suivant les maisons.

Le public s'est cependant toujours mépris sur les dépenses qu'on peut faire *aux heures des repas* : on peut y manger, à deux, pour la somme de 20 fr. Ce prix comprend un menu ordinaire et du vin ordinaire. En dehors des heures des repas, des biscuits et une bouteille de Porto dont on ne boirait que deux verres coûteront également un louis.

Dans les grands restaurants qui restent ouverts la nuit, à partir de 10 h. les prix subissent une importante majoration que justifient les frais d'éclairage, etc. Un souper de 50, 60, 80 et même 100 fr., n'a rien d'extraordinaire dans les grands restaurants de nuit.

LES RESTAURANTS EXOTIQUES ⓐⓑⓒⓓⓔ

Paris est la ville universelle. Un Anglais, un Américain, un Turc, un Espagnol, un Allemand, peut y vivre presque comme chez lui; il y trouve sa cuisine et ses boissons nationales.

Les ANGLAIS sont sûrs de trouver à la *Taverne Anglaise* (R. Boissy-d'Anglas, 28), chez Scaltet, ainsi qu'à la *Taverne Weber* ou chez Adler (English Tavern), 24, R. d'Amsterdam, outre le Roastbeef et le Beefsteak de rigueur, le *mutton chop*, l'*irish stew* et tous les mets britanniques ou americains.

Le RESTAURANT VIENNOIS de la R. Hauteville, 5, représente la bonne et honnête cuisine viennoise. On y mange le *Backhuhn* (poulet frit à la viennoise), les *Wiener Schnitzel* (escalopes à la viennoise), le *Geflügel-Risotto* (poulet au paprika à la magyare) et d'excellentes *Mehlspeisen* (entremets et pâtisseries à la viennoise). Prix modiques. Bière de Pilsen, vins d'Autriche et de Hongrie.

RESTAURANT TCHÈQUE, de M. HUSAK, R. de Port-Mahon, 7.

Chez DON JOSÉ ROBLES RUIZ, 14, R. du Helder, les ESPAGNOLS sont sûrs de trouver toujours le *Guisillo Madrileno* (ragoût à la madrilène), le *Cocido à la Espanola* (excellent pot-au-feu), l'*Arroz à la Valenciana* (riz à la Valencienne), le *Bacalao à la Vizcaina* (morue à la Basque), etc.

Au RESTAURANT ITALIEN du Pass. des Panoramas (galerie Montmartre), se conservent les anciennes et excellentes traditions qui ont rendu cet etablissement célèbre déjà du temps de Rossini, qui aimait aller y dejeuner. *Minestrone* (potage gras au riz avec toute sorte de legumes), *Lasagne pasticciate* (lasagnes au jus), *Risotto* à la milanaise, *Stufato* (bœuf à la casserole) avec *Polenta*; *Ravioli*, *Morue à la vénitienne*, *Zabaglione* (espèce de punch au marsala et aux jaunes d'œuf battus). Vin de Chianti.

Les ORIENTAUX, Grecs, Valaques et autres vont au RESTAURANT ORIENTAL (R. des Ecoles, 33), manger du *Pilaf* (espèce de risotto avec mouton), la *Soutconkakia* (viande hachée aux tomates); la *Youvarelakia* (boulettes de viande de mouton) ou le *Keftedès* (autre variété de boulettes de viande) et l'agneau rôti à la Palikare, sentant le thym

et le romarin. Vins de Marathon, Samos et Santorin.

Les RUSSES ne craignant pas la dépense retrouvent leurs mets favoris chez M. CuBAT, au somptueux restaurant qu'il a installé dans l'ancien hôtel de la PAIVA (Av. des Champs Élysées, 26), où l'ont fait, outre une excellente cuisine française, une cuisine russe digne de l'ancien « chef » du tsar Alexandre.

Les TURCS peuvent aller R. Cadet, 11, chez MME LOUNA, manger du *Pilaf*, du *Couscous* ou du *Chich-Kiebabi*, et boire de l'excellent Cafe à la turque.

Indiquons, en terminant, quelques RESTAURANTS ISRAÉLITES, où se fait la cuisine *Kascher*, c'est-à-dire selon les prescriptions de la loi mosaïque :

MM. LIEBSCHUTZ, R. St-Sauveur, 69; M. JACOB THEUMANN (Charcuterie à la viennoise), R. d'Hauteville, 1, etc.

RESTAURANTS A PRIX FIXE ⓐ

Ils sont disséminés un peu partout dans les grands quartiers de Paris : on peut y déjeuner de 11 h. à 1 h. 1/2 et y diner de 6 h. à 8 h. 1/2. On y trouve, pour un prix relativement bon marché, de 1 f. 25 a 3 fr. ou de 3 à 5 fr., une nourriture suffisante et une assez grande diversité dans les plats auxquels on a droit.

Sur les Grands Boulevards et aux environs. *Diner de Paris*, 12, Bd Montmartre, 2 fr. 50 à 3 fr. — *Restaurant de la Terrasse Jouffroy*, 10, pass. Jouffroy, 5 fr. — *Diner français* (aussi table d'hôte), 27, Bd. des Italiens, 3 fr. 50 et 4 fr. 50. — *Edouard*, 1, Pl. Boieldieu, 2 fr. a 3 fr. — *Restaurant du Commerce*, 25, Pass. des Panoramas, 1 fr. 25, 1 fr. 60 et 2 fr. — *Grand Restaurant de la Ple St-Martin*, 55, Bd St-Martin, déjeuner 1 fr. 15, 1 fr. 50; diner 1 fr. 25 et 2 fr. — *Bonvalet*, Bd du Temple (215-31), 2 fr. 75 et 3 fr. 50.

Près de la Madeleine. *Darras*, 14, R. Royale (3 fr. et 5 fr.).

Près de la Bourse et du Palais-Royal. *Restaurant de la Bourse*, 47, R. Vivienne, 1 fr. 50 et 2 fr. — *Restaurant Richelieu*, 104, R. Richelieu, 2 fr. 50 et 3 fr. — *Léon*, 202, R. St-Honoré, 1 fr. 50 et 2 fr. — *Restaurant de Paris*, Galerie Montpensier, 2 fr. et 2 fr. 50.

Près de la G. St-Lazare. *Café Scossa*, Pl. de Rome, 2 fr. 50 et 3 fr. — *Restaurant du Havre*, 109, R. St-Lazare, 1 fr. 75 et 2 fr.

Bois de Boulogne. *Dehouve* (V. aussi restaurant à la carte), 93, Av. de Neuilly, 2 fr. 50 et 3 fr.

Sur la Rive Gauche (Quartier Latin). *Amiot*, 10, bd St-Michel, 1 fr. 15, 1 fr. 50; 1 fr. 25 et 2 fr.; *Wibert*, 39, bd St-Michel; *Morel*, 61, Bd St-Michel, 1 fr. 15 à 2 fr.

RENSEIGNEMENTS

Près de la Gare Montparnasse. *Café-Restaurant de Versailles,* Pl. de Rennes, 2 fr. 50 à 3 fr.; *Restaurant de Bretagne,* 146, R. de Rennes, 1 fr. 50, 2 fr. et 3 fr.

LES BOUIL- On désigne aujourd'hui **LONS ⚫⚫⚫⚫** sous ce nom de très nombreux restaurants à la «petite carte», établis d'après le type des célèbres établissements Duval.

Prix moyens : bœuf, 40 c.; rôtis, de 80 c. à 1 fr. 20; volaille, 1 fr. à 1 fr. 30; légumes, 40 à 60 c.; desserts, 20, 25, 30 c.; café, 40 c. On dépense environ 2 fr. à 3 fr. par repas.

LES BOUILLONS DUVAL : Créés en 1878 par M. Duval, boucher, ces restaurants très populaires sont au nombre d'une centaine. Les dames et les jeunes filles peuvent y aller seules; elles préfèrent ces restaurants parce que le service y est fait (sauf au Bouillon de la rue Montesquieu, le plus grand et le meilleur) par un personnel exclusivement féminin.

Les viandes, surtout le bœuf, y sont d'excellente qualité. La cuisine est bien préparée et rappelle la cuisine de famille. Les repas reviennent en moyenne de 2 à 4 fr. par personne.

Quand vous entrez, on vous remet une fiche sur laquelle on inscrit, au fur et à mesure, le prix des plats commandés. A la fin du repas, on paye la note détaillée après l'avoir vérifiée. On a l'habitude de laisser le pourb. à côté de son assiette (20 à 25 c. pour le déjeuner, 30 c. pour le dîner).

LES BOUILLONS ET LES Ceux **PETITS RESTAURANTS** dont le **POPULAIRES ⚫⚫⚫⚫⚫⚫** budget est très limité, artistes, ouvriers, etc., trouveront ans les bouillons populaires des quartiers ouvriers et commerçants de Paris et dans quelques maisons spéciales qui avoisinent es Halles ou sont dans le quartier des Écoles, ne nourriture saine et suffisante à très bon marché. Ils pourront y faire des repas de 60 u 80 c., prix inconnus en province et même ans les pays où la vie est moitié meilleur marché qu'à Paris.

Rive Droite. 1º Quartier de Clichy. *Bouillon Restaurant des Moines,* 49, R. des Moines. Bouillon et bœuf, o fr. 40. Plats de viande et de poisson à o fr. 20, o fr. 30, o fr. 35. Légumes o o fr. 15. Café, o fr. 15. Vin, demi setier, o fr. 20; chopine, o fr. 40. — *Grand Bouillon Chartier,* 18, Av. de Clichy. Ordinaire : bouillon et bœuf, o fr. 35. Plats à o fr. 25 au choix. Pain de fantaisie. — *Loutil. Bouillon des 17 Marmites,* 16, Av. de Clichy. Plats à o fr. 15 (viande ou poisson), o fr. 20 et o fr. 30. Légumes à o fr. 15. Demi-setier, o fr. 20.

Quartier des Halles. *Restaurant des 22 Marmites,* 96, R. Montmartre. Plats à o fr. 15 et o fr. 20. Légumes à o fr. 10 et o fr. 15. Dessert, o fr. 15 et o fr. 20. Vin, demi setier, o fr. 20 — *18 Marmites,* R.

des Petits-Champs. Portions à 5 c. et 20 c. Dessert, 15 c. Vin, 20 c.

Maison Masson (le Père Coupe toujours), 14, R. du Cygne. Bouillon, o fr. 15. Plats de viande (bœuf, roastbeef, etc.), o fr. 20. Légumes, o fr. 10 (nouilles au fromage, haricots, pommes de terre frites, etc.). Dessert, o fr. 10 à o fr. 20 (fromage, confitures, etc.). Café, o fr. 10. Vin, demi setier, o fr. 20; chopine, o fr. 40. On doit faire le service soi-même.

Au Veau qui tette, 5, R. des Halles. Plats de viande et de légumes à o fr. 20 ou o fr. 30. Café, o fr. 10. — *Ney rond, Au Soleil de minuit,* 9, R. Grande-Truanderie.

En outre, on trouvera R. des Halles et dans les rues adjacentes, de la cuisine à emporter, chez les marchands installés en plein air (saucisses, poissons frits, o fr. 10, o fr. 15, o fr. 20; pommes de terre frites, o fr. 05 à o fr. 10 la portion.

Quartier du Temple (R. du Temple). *Bouillons,* 161 et 150, R. du Temple (o fr. 15, o fr. 20, o fr. 30 la portion). — *Restaurant Bouillon,* 94 R. du Temple. Plats, o fr. 20 à o fr. 50 on peut y déjeuner copieusement pour 1 fr. 20. — *A la Patte de Lièvre,* 84, même rue. — *Grand Bouillon,* 72, même rue. — *Grand Bouillon,* 33, même rue. Plats, o fr. 15, o fr. 20, o fr. 30.

Rive Gauche. Quartier des Écoles. *Maison Noblot,* R. de la Huchette, nº 11, Bouillon aux légumes, o fr. 10. Plats de viande : bœuf, o fr. 20; ragoût de mouton, o fr. 30; tranche de ros bif, o fr. 30. Légumes : haricots, oseille, frites, o fr. 10; nouilles, macaroni, o fr. 20. Dessert, o fr. 10 à o fr. 20. Vin, demi setier, o fr. 20; chopine, o fr. 40. On doit faire le service soi-même.

Bouillon Lagrange, 17, R. Lagrange. Plats de viande et de légumes à o fr. 20 et o fr. 30 (très grand choix). Café, o fr. 10. Vin : le litre, o fr. 60. Cidre, o fr. 30.

Quartier Montparnasse. *Grand Bouillon des Travailleurs,* 15, R. du Départ. Repas à o fr. 85. Pour ce prix on a : une serviette, un potage ou hors d'œuvre, une carafe de vin, un pain de fantaisie, un plat de viande au choix, un légume et un dessert. Café, o fr. 10 On fait le service soi-même.

Maison Paumier, 17, R de Buci. (Déjeuner t. les jours depuis 4 h. du matin.) Soupe, 15 c Plat de viande, 30 c. Légumes, 15 et 20 c. Fromage, 15 c. Autres desserts, 15 et 20 c. A côté, au nº 7, très bon café à 10 c. la tasse

CRÈMERIES On y trouve surtout de la cuisine à emporter : bouillon et bœuf. On n'y consomme guère sur place que du café au lait, du chocolat ou du thé (20 à 30 c.), des brioches. Dépense totale par repas, 60 c. à 1 fr.

TABLES D'HOTE Certaines tables d'hôte des grands hôtels sont très fréquentées par les étrangers. Prix fixes, 5 à 8 fr.

PETITES TABLES D'HOTE ⚫⚫⚫⚫⚫⚫ Il existe aussi à Paris un certain nombre de tables d'hôte très connues et très célèbres parmi les gens de condition modeste doués d'un fort appétit. La plus fréquentée est au Palais-Royal, 43 et 105 R. et Galerie de Valois, Maison Philippe, déjeuners 1 fr. 60, diners 2 fr. 10. *Table d'hôte Vivienne*, 26, R. Vivienne, 1 fr. 50, 1 fr. 60 et 2 fr. 10. *Gde Table d'hôte du Mail*, 6, R. du Mail (mêmes prix). *Excoffier*, 27, Bd des Italiens. *Table d'hôte-Bouillon*, 6, Passage des Panoramas, 2 à 3 fr. *Blon*, 2, Bd Montmartre, 1 fr. 50 à 2 fr.

PENSIONS ⊚⊛ BOURGEOISES Certaines pensions bourgeoises admettent à leurs tables d'hôte des personnes ayant leur chambre dans un autre hôtel. Les personnes qui aiment la vie de famille y sont servies à souhait.

CONSEILS ET REN- SEIGNEMENTS ⊛⊛⊛ Dans les restaurants à la carte, si vous voulez limiter votre dépense, refusez les hors-d'œuvre qu'on vous apporte sans que vous les ayez demandés ; buvez de l'eau, de la bière ou du vin ordinaire ; prenez de préférence « le plat du jour », et ne demandez ni primeurs, ni cigares. Dans ces conditions, on dine parfaitement à deux, dans des maisons de premier ordre, c'est-à-dire où la cuisine est exquise, en ne dépensant pas plus de 8 à 10 fr.

Si vous êtes en famille et que les prix ne soient pas marqués sur la carte, demandez d'avance au Maître d'hôtel combien coûte chaque plat qu'il vous offre. Cela vous évitera des surprises au moment du règlement. Se méfier en général des plats offerts par le garçon, qui a intérêt à faire prendre nombre de plats, l'excédent des plats non consommés étant son bénéfice personnel.

On n'appelle plus comme autrefois le garçon à haute voix ; bien stylé, il vient prendre fréquemment vos ordres et a l'œil à tout ; il ne commande plus à haute voix les plats demandés.

Pour éviter tout retard dans le service, ayez soin de faire tout d'abord « votre carte », c'est-à-dire commander en arrivant tous les plats que vous désirez vous faire servir, même l'entremets.

Menu. Quand on invite dans un grand restaurant, il faut savoir faire son menu soi-même. C'est un manque de savoir-vivre que d'offrir la carte à son convive et de lui dire : « Choisissez. » Vous êtes l'amphytrion aussi bien au restaurant que chez vous. A vous de faire les honneurs.

Pain. Dans tous les restaurants (les bouillons exceptés), le pain est à discrétion et est très varié. On peut demander selon son goût de la « galette » (pain plat comme une galette), une « flûte » (pain long et mince, croustillant, ressemblant à une flûte), du « pain anglais » (également long et léger), un « empereur » (petit pain rond et épais), de la miche (pain de ménage), etc.

Partout on vous sert à votre choix le pain qui vous convient sans augmentation de prix.

La Note. Dans les restaurants ou cafés, il est toujours bon de vérifier l'addition, à cause des erreurs ne provenant souvent que de l'annonce du garçon ou du sommelier et indépendantes de la maison.

La Casse. Si vous cassez un verre ou une assiette, on ne vous fera pas payer l'objet brisé : la casse est aux frais du Garçon. Mais il est juste que vous laissiez à ce dernier, en plus du pourboire, le prix de l'objet brisé.

Les Pourboires. Très variables suivant les maisons et l'importance de la dépense, etc. En général, 5 à 10 o/o de la dépense. Mais, quand on est nombreux, on ajoute souvent 1 ou 2 fr. en plus. Dans les petits restaurants, on laisse 10, 20, 25 ou 30 c. sur la table.

Chasseur. Domestique, en livrée du restaurant, qui se tient à la porte ; il va chercher la voiture demandée, ouvre la portière, fait les commissions, porte les lettres, les dépêches, etc., tous menus services, payés d'un léger pourboire, qui est son seul gain. Plusieurs chasseurs sont pourvus d'une bicyclette.

PLATS PA- RISIENS ⊛⊛ En parcourant la « carte », c'est-à-dire le menu du jour, les étrangers et les provinciaux qui arrivent pour la première fois à Paris ne comprennent rien aux noms pompeux ou symboliques qui baptisent les potages et les plats que nos pères appelaient tout simplement par leur nom. Demander aux garçons les explications nécessaires pour connaitre d'avance ce qu'il y a derrière des noms et des titres souvent baroques.

❧

CAFÉS, BRAS- SERIES, BARS, TAVERNES ⊛⊛⊛ Principaux établissements ‖ Boissons diverses ‖ Consommations ‖ Pourboires.

Il n'y a guère de différence entre ces divers établissements, dans lesquels on débite toutes les boissons.

On peut aussi (V. plus haut) s'y faire servir des repas. La carte est moins variée que dans les restaurants.

Paris compte environ 45 000 débitants (1 pour 55 habitants !) ; il y en a plusieurs dans la même maison.

Le vieux Café français, détrôné pendant un certain temps par la Brasserie, reprend de plus en plus son ancienne physionomie, sa décoration blanc et or, fraiche, gaie, éclairée encore par l'étincellement des cristaux, par les lampes électriques multicolores et par les reflets des glaces, avec parfois des peintures murales ou des plafonds brossés par des artistes connus.

La grande *brasserie* a elle aussi son cachet particulier Plus grave, plus severe : le vieux chêne sculpté ou le noyer, les imitations de Gobelins, les vitraux genre Moyen âge, les faïences polychromes, les cloisons ajourées, toute la décoration archaïque des brasseries du Nord.

GRANDS CAFÉS

C'est sur les Boulevards surtout que se trouvent les *grands cafés*, entre le Bd Montmartre et les Champs-Élysées.

Beaucoup de cafés et de brasseries ont un Orchestre exotique, qui se fait entendre de 3 à 5 h. ou dans la soirée à partir de 7 h. jusqu'après minuit. Souvent le prix des consommations est augmenté pendant le concert, pour remplacer la quête, dont l'habitude se perd. Chaque café a sa physionomie particulière et sa clientèle spéciale.

Cafés. Il y a un millier de cafés à Paris Les grands cafés 'ont également des restaurants (V. *Restaurants*) Les cafés les plus fréquentés des Grands Boulevards sont : le *Café de la Paix* (journaux de tous les pays et rendez-vous de toutes les nations); le *Café Napolitain* (hommes de lettres, journalistes); le *Café du Cardinal* (journalistes, boursiers); le *Café des Variétés* (artistes dramatiques, etc.); le *Café Français* et le *Café de France* (commerçants). Au Bd de Strasbourg, le *Café du Globe* (18 billards; journaux suisses); au Bd St-Michel : les *Cafés Soufflet* et *Vachette* (journaux étrangers).

Les trois quarts des cafés du Boulevard (côté droit, n° pairs surtout) sont pourvus des principaux journaux et publications étrangères.

LES BRASSERIES

Dans la plupart des grandes brasseries, on trouve de 11 h. à midi 1/2 un déjeuner à la carte, avec un ou deux plats du jour, 1 fr. 25 à 1 fr. 50. Choucroute et jambon, 0 fr. 75 à 1 fr. la portion. Bière de Munich, 0 fr. 30 le 1/4 de litre (bock), 0 fr. 50 le 1/2.

Les brasseries les plus fréquentées sont : *Zimmer*, 18, Bd Montmartre, et 30, R. Blondel : c'est à la R. Blondel qu'on boit la meilleure bière de Munich (brune). — *Brasserie de l'Opéra*, 26, Av. de l'Opéra. — *Dreher*, R. St Denis, en face du Châtelet (bière de Pilsen). — *Muller*, 60, Fg Montmartre; 35, 37, Bd Bonne-Nouvelle; 6 et 8, Bd Montmartre; 9, Av. de Clichy; Pl. du Châtelet dans l'angle du Théâtre (bière de Löwenbräu); ouvert jusqu'à 3 h. du matin. — *Ducastaing*, 13 et 8, Bd Montmartre; 31, Bd Bonne Nouvelle. — *Taverne Montmartre*, 61, R. du Fg-Montmartre. — *Gruber*, 13 et 13 bis, Bd St-Denis (bière de Strasbourg). — *Pschorr*, 2, Bd de Strasbourg. — *Gruber*, 1, Bd Beaumarchais. — *Brasserie des Pyramides*, 3, R. des Pyramides (bière de Löwenbräu). — *Steinbach*, Bd St-Michel.

TAVERNES

Plusieurs Brasseries ont aussi pris ce nom. Quelques tavernes, comme celle de *Maxim*, R. Royale, et surtout la *Taverne de l'Olympia*, sous

l'*Olympia*, offrent un coup d'œil d'une élégance et d'un bon goût tout à fait parisiens avec leurs grandes glaces qui reflètent des jardinières fleuries, des jets d'eau, des orchestres et de jolies tables servies comme dans un boudoir du XVIII° siècle.

Pour être complets, citons la longue série des marchands de vin des petites rues et des quartiers excentriques, les « bistrots », les « mastroquets » et les Auvergnats, qui, marchands de bois et de charbon, trouvent encore le moyen d'avoir une petite buvette et de louer un angle de leur boutique à un cordonnier; on y boit surtout au comptoir, sur le *zinc* (l'assommoir).

BARS

Les grands bars, luncheon-bars et grill rooms, sont groupés autour de l'Opéra, de la Gare St-Lazare. sur les grands boulevards et dans les rues voisines, autour de la Bourse et dans le quartier des Champs-Élysées. On peut y prendre le premier déjeuner du matin; on peut aussi y luncher et y souper : viandes froides, fraiches ou fumées, etc., exactement comme dans les brasseries. Riche clientèle d'Anglais et d'Américains. Outre le thé et le café, grand choix de boissons et de liqueurs anglaises et américaines : *stout, porter, pale ale, cocktail*, et comme liqueurs fines : *sherry, porto, malaga*, etc. Service fait avec autant de luxe et d'apprêts que dans les grands cafés et les grands restaurants.

Stock Exchange Luncheon-Bar, 40, R. des Victoires. — *Hammerel Mathias Luncheon-Bar*, 44, R. Notre-Dame-des-Victoires.

A côté de ces grands bars, il en est d'autres plus modestes, mais encore très bons et très bien fréquentés. Situés surtout dans les quartiers du centre :

Sur les Grands Boulevards. *Calysaya*, 27, Bd des Italiens (Tiph, 149 16), American and English Drinks, spécialité de Pale Ale, de Stout et de Sherry, liqueurs fines et Wynand Focking. — Le *Grill Room* du *Café*, *L'Intégral-Bar*. Pâtisserie-Lunch, 53, R. Vivienne. Thé, 0 fr. 50; avec gâteau, 0 fr. 75. Café, chocolat, 0 fr. 50. Verre de porto, malaga, 0 fr. 50. — *L'Express-Bar* : café, cacao, thé, liqueurs, brioches, gâteaux (0 fr. 10 c. à 0 fr. 50 c.), 18, Bd des Italiens. — *Distribution automatique*, 26, Bd St-Denis, et 28, Bd Sébastopol. — Bar *de la Bourse*, 23, R. Vivienne. — *Buvette Terminus*, Cour du Havre, Gare St-Lazare. — Les Bars *Biard* (café et liqueurs de 10 à 30 et 40 c.), 63 et 120, R. Montmartre; 47 et 122, Fg. Montmartre. — Le Bar de l'*Hôtel Chatham*, 11 et 19, R. Daunou. — Le *Bar Achille*, 4, R. Scribe (derrière le Grand-Hôtel). — Près de la Madeleine, *Afternoon Tea*, 32, R. de la Boétie. — Aux Champs-Élysées, *The Criterion* (Fouquet-Bar), 99, Av. des Champs Élysées et 121, R. St-Lazare.

LES HEURES.

Sauf dans quelques maisons où l'on sert le petit déjeuner du matin (café au lait, café noir avec *croissants*, petits pains aux œufs), les *Cafés* sont déserts jusqu'a 10 h. 1/2, 11 h.

C'est, avant le déjeuner, l'heure de l' « apé », c.-à-d. de l'Apéritif, qu'on appelle aussi l'heure de l'Absinthe, parce que cette liqueur verte domine ; certaines maisons, en vendent jusqu'a 20 litres dans leur journée. Quelques clients déjeunent au Café ; les autres reviennent à partir de 1 h. pour prendre le café et le « pousse-café » (liqueur), qui vont rarement l'un sans l'autre. L'établissement reprend son calme jusqu'à 5 h. 1/2 ou 6 h., où, de nouveau, on vient prendre l'*apéritif*, avant dîner.

Le Soir, les places vides sont rares, surtout sur les Boulevards et autour des Théâtres. On s'installe, de préférence, à la « terrasse », c'est-à-dire aux tables alignées en plein air, sur le trottoir.

CONSOMMATIONS: Elles sont, en général, de bonne qualité. Chacun sait ce que c'est que l'absinthe, le bitter, le kummel, etc., mais il en est d'autres, très nombreuses, que le garçon vous proposera, et dont le nom est complètement inconnu des étrangers.

L'Absinthe. S'appelle aussi, dans l'argot parisien, une *purée*, une *verte*, un *perroquet*, une *boueuse*, une *correspondance pour Charenton* (maison de fous). On la désigne aussi par le nom du fabricant : un *Pernod*, une *Cusenier*. L'absinthe blanche est moins demandée. L'absinthe *gommée* contient un peu de sirop de gomme. Le Parisien boit de préférence l'absinthe pure simplement mélangée d'eau, avec ou sans sucre. Prix : 20 à 50 c., selon les maisons et la marque.

Apéritifs. Principales spécialités : *Amer Picon, Quinquina Dubonnet, Guignolet, Secrestat, Byrrh*.

Pour le vermout, on demande, par ex., un *turin*, un *vermout citron* qui contient du sirop de citron, etc. *Sec* veut dire *pur*. Prix : 20 à 60 c., même davantage pour quelques spécialités. En général, les apéritifs ne coûtent pas moins de 40 c.

Le Café : 40 à 50 c. en moyenne le verre ou la tasse (cette dernière appelée souvent *demi-tasse*). Le cognac est apporté dans un flacon gradué, et le garçon évalue à peu près ce qu'on en a pris. Liqueurs ordinaires, en moyenne 20 c. par personne. Les alcools vieux coûtent beaucoup plus cher : rhum *St-James* ou *Jamaïque*, 1 fr. 25 à 1 fr. 50 le petit verre ; cognac, fine champagne désignée sous le nom *une fine*, valent de 1 fr. 50 à 5 fr. selon l'âge. Thé, 40 à 50 c. ; bavaroise au chocolat, 60 c. (Le fétu de paille employé pour consommer les boissons glacées s'appelle *chalumeau*.)

Chez les marchands de vin traiteurs, le café vaut généralement 20 c. (30 c. avec eau-de-vie), et même 10 c. (le *petit noir*). Presque tous les vins, les liqueurs et les apéritifs coûtent 20 c. le verre ; c'est un prix uniforme.

Liqueurs Sucrées : Chartreuse jaune, 50 c. ; chartreuse verte, 75 c. ; grand marnier, 1 fr. ; bénédictine, 50 c. à 1 fr. suivant les maisons ; cocktails, cobblers, etc., en moyenne 1 fr. à 1 fr. 50.

Bière. Se consomme en verres appelés quarts de litre (1/4 de litre), ou *demi* (1/2 litre) : on ne dit plus *un ballon* ou une chope. Les 1ers coûtent 30 c. ; les 2es, 50 c. Bière anglaise, pale ale, etc., 1 fr. 50 à 2 fr. la bouteille, suivant l'importance de la maison.

Dans les petites maisons, marchands de vin ou cafés de quartier, la bière ordinaire se vend au litre (80 c.), mais plus souvent en canettes (3/4 de litre, 60 c.) ou en demi-canettes (2/5 de litre, 30 c.).

Glaces ou Sorbets, de 75 c. à 1 fr. 50.

Boissons Glacées. Sur demande, le garçon apportera, soit un petit seau contenant des morceaux de glace, soit une carafe *frappée*.

Dans le but de sauvegarder la santé publique, une ordonnance de police datant du 29 janvier 1900 interdit aux débitants de servir de la glace qui ne soit pas « alimentaire ». Nous vous conseillons donc d'exiger de la « Glace hygiénique », indemne de tout microbe, et que Paris fabrique maintenant aussi bien et à meilleur compte que New York.

Vin. Prix variables selon le cru, la qualité ; se vend en bouteilles, 1/2 bouteilles, carafons, chopines ; on peut même demander, dans la plupart des cafés, un *verre de vin* (prix 20 à 40 c.).

Jeux. Tous les cafés sont pourvus de jeux de cartes, de trictrac, jeux de dames, etc., mais nos visiteurs n'auront certainement pas le temps d'y songer. Les jeux de hasard sont interdits partout.

Billard. L'heure coûte de 80 c. à 1 fr. 20, selon les cafés, et plus cher de nuit que de jour ; accrocs au tapis du billard : le premier 50 fr. ; le deuxième 30 fr. ; les autres 20 fr.

PERSONNEL : Le *garçon* prend la commande, mais c'est souvent un autre employé, le *sommelier*, qui apporte la boisson demandée. L'un et l'autre payent au patron une redevance variant suivant l'importance de la maison et aussi proportionnelle à la recette de chacun ; cette redevance, appelée « frais », sert à indemniser le patron pour la paye des sous-ordres des garçons, faisant les travaux pénibles, et pour la casse.

Le *chasseur* qui se tient à la porte, à la disposition des clients dont il fait les courses, paye son uniforme et doit verser tous les jours 5 à 6 fr. au patron.

RENSEIGNEMENTS

TABACS ET CIGARES : Le garçon a toujours des cigares de toutes marques qu'on lui paye quelques centimes plus cher qu'au bureau de tabac.

CORRESPONDANCE : Demander au garçon *de quoi écrire* et il vous apportera tout ce qu'il faut, même les timbres, si vous en désirez. On ajoute au pourboire ordinaire 10 à 15 c. pour la correspondance, plus le prix des timbres. Dans beaucoup de grands établissements, des Agences font prendre les *lettres* par des *cyclistes* qui les portent aux gares jusqu'au moment du départ des trains ; coût, 5 c. par lettre.

LES POURBOIRES : On donne au garçon 10 c. pour 2 ou 3 personnes ; 15 à 20 c. lorsqu'il y en a davantage, ou selon le nombre et le prix des consommations. Si le garçon offre aux dames un *petit banc*, on lui donne 5 c. en plus. Prix variables pour le chasseur qu'on envoie en course (en moyenne 1 fr. à 1 fr. 50 l'heure).

S'il va chercher une voiture, on lui donne 25 c.; s'il aide les dames à descendre de voiture, 20 c., etc.

Soucoupes. Dans la plupart des cafés, les consommations sont servies sur une soucoupe sur laquelle le *prix de la consommation* est marqué (20 c., 30 c., etc.). Quand on a payé, le garçon *retourne* une des soucoupes, ou les enlève toutes

Quand on paye, bien vérifier les pièces et compter sa monnaie.

❧

QUE FAIRE EN CAS DE MALADIE?

ACCIDENTS ‖ LES AMBULANCES MUNICIPALES ‖ MÉDECINS DE PARIS ‖ CONSULTATIONS ET HONORAIRES ‖ GARDES-MALADES, MASSAGE, etc.‖ HÔPITAUX‖ LES CONSULTATIONS GRATUITES ‖ LE SERVICE MÉDICAL DE NUIT ‖ CLINIQUES ET HÔPITAUX PARTICULIERS ‖ PHARMACIENS ‖ DENTISTES.

Nous souhaitons à nos lecteurs de conserver leur bonne santé pendant leur séjour à Paris. Mais il est bon de tout prévoir, même la maladie ou l'accident.

Dès qu'un accident survient dans la rue, la victime est conduite par les soins des passants ou d'un agent de police, dans une Pharmacie, dans une Ambulance ou dans un Poste de police, où il y a toujours tout ce qu'il faut pour les premiers soins.

AMBULANCES MUNICIPALES. Si l'accident est grave et demande des soins plus complets, un médecin est appelé. Sinon, la police ou l'ambulance appelle par téléphone une voiture d'ambulance dans laquelle se trouve un lit, et le blessé est conduit à l'Hô-pital (V. plus loin), où les meilleurs soins lui seront donnés.

LES MÉDECINS : Certaines personnes préféreront se faire soigner à l'Hôtel, quitte à payer un supplément, et feront venir un médecin et au besoin un garde-malade. — Même cas pour les personnes ayant loué un appartement.

Les honoraires des médecins de quartier varient entre 3 et 10 fr. par visite ; on paye le double pendant la nuit.

Lorsqu'on veut se rendre à la consultation d'un médecin célèbre, on fera bien de lui écrire pour prendre rendez-vous, ou envoyer chercher chez lui un numéro d'ordre la veille ou l'avant-veille, pour ne pas attendre trop longtemps : les clients sont toujours nombreux (V. *Adresses utiles*).

Il est d'usage, lorsqu'on n'habite Paris que temporairement, de payer le médecin à chaque visite ou consultation.

Le Service Médical de Nuit. Les médecins ne se dérangent pas facilement la nuit ; la bonne répond presque toujours que *Monsieur est sorti*. C'est pourquoi la Ville de Paris a organisé un *Service médical de nuit*. Si l'on tombe malade, envoyer quelqu'un au Poste de police voisin. Un agent ira chercher à son domicile un des médecins de service, et l'accompagnera chez le malade, puis le reconduira ensuite. Prix de la visite : 10 fr. (20 fr. à 40 fr. pour les accouchements). On ne paye pas le médecin, c'est la Ville qui fait réclamer la somme le lendemain, si le client est dans une situation aisée, ou qui règle la note, s'il s'agit d'un *indigent*.

INFIRMIERS, GARDES-MALADES : Il est bon de demander au médecin lui-même de désigner cet auxiliaire. Prix moyen : par jour, 10 fr.; nourriture et blanchissage en plus, supplément de 2 ou 3 fr. par jour pour les maladies contagieuses. Des maisons religieuses fournissent des gardes malades à des prix très modiques. On paye tous les jours, ou d'avance par quinzaine.

Consultations Gratuites. Plusieurs grands médecins ont un jour spécial réservé aux indigents ; pour ces consultations, d'autres ont des cliniques où l'indigent peut également aller à la consultation gratuite ; de même, dans les hôpitaux, le matin.

HOPITAUX : Au nombre de 30 environ, les hôpitaux sont *généraux*, c'est-à-dire qu'ils reçoivent tous les malades, ou *spéciaux*, c'est-à-dire ne traitant que certaines maladies ou seulement les enfants.

Les Consultations. Le matin de 8 à 10 h. Certains jours sont réservés aux affections spéciales (Oreilles, Gorge, Yeux, etc.).

Visites aux malades : Jeudi et Dimanche, de 1 h. à 3 h.

Gratuité. Seuls, les indigents, à quelque nationalité qu'ils appartiennent, ont droit aux consultations et a l hospitalisation gratuites. Les autres malades payent 3 fr. 30 par jour pour la médecine, 5 fr. pour la chirurgie (2 fr. 80 et 3 fr. 50 pour les enfants).

Décès. En cas de décès, la famille est prévenue immédiatement ; elle a 24 h. pour s'opposer a l'autopsie.

Les Cliniques. Beaucoup de spécialistes ont une clinique (V. *Adresses utiles*) où ils logent les malades, à des prix très variables, en moyenne 10 fr. par jour, plus les frais médicaux. On paye en général d'avance et par quinzaine.

HOPITAUX PARTICULIERS : Il y en a une dizaine à Paris et autour de Paris. Prix 5 à 20 fr. par jour, plus les soins médicaux, opérations, etc. Quelques-uns ont un personnel de religieux.

Hôpital Dubois, 200, Faub. St-Denis; *Frères St-Jean-de-Dieu*, 14, R. Oudinot; *Hôp. International*, 11, R. de la Santé; *Hôp. St-Jacques*, 37, R. des Volontaires; *Hôp. St-Joseph*, 1, R. Pierre-Larousse.

PHARMACIENS : Aller de préférence dans les grandes pharmacies.

L'ordonnance est copiée sur un registre spécial, l'original étant rendu au client. Le prix des ordonnances faites la nuit est majoré d'environ 1 fr. 25 ou 1 fr. 50.

Spécialités étrangères. Près de la G. St-Lazare, R. de la Paix, plusieurs pharmaciens chez lesquels on trouve toutes les spécialités anglaises, américaines, allemandes, etc.

DENTISTES : Très nombreux. Parmi eux, beaucoup de spécialistes habiles et réputés (V. *Adresses utiles*). Ceux qui portent le titre de *chirurgien-dentiste* sont diplômés de la Faculté de Médecine.

Les prix, fort différents, varient selon le quartier, la clientèle, l'habileté du praticien. En moyenne : extraction d'une dent, avec anesthésie locale, 5 à 10 fr.; obturation d une dent cariée, 10 à 20 fr. selon travail; pansement calmant, 5 fr. ; dents artificielles depuis 20 fr. la pièce; aurifications à partir de 20 fr., plus la valeur de l'or employé; nettoyage de l bouche, 10 fr.; etc. On traite à forfait, ou l'on paye séparément chaque opération.

Il est imprudent d'emporter avec soi de fortes sommes, qui peuvent être perdues ou volées.

Avant de partir, il est prudent, pour se mettre à l'abri de tout accident, de se faire délivrer par une grande banque une *lettre de crédit* qui permet de toucher au fur et à mesure de ses besoins les sommes nécessaires à son séjour à Paris.

Si l'on a négligé cette précaution, on peut déposer ses fonds dans un établissement de crédit comme le *Comptoir d'Escompte*, qui a des succursales dans tous les quartiers de Paris et même à l'Exposition.

Pour retirer de l'argent, il suffit d'un simple chèque, dont un carnet de 10 ou 15 formules est délivré au moment du dépôt.

Avec le Chèque (payable au porteur), on peut faire toucher une tierce personne, tandis qu'avec la Lettre de crédit, il faut se présenter soi même.

En cas de Perte ou de Vol d'une lettre de crédit ou d'un carnet de chèques, prévenir tout de suite par telegraphe la Banque qui l'a délivré et la banque destinataire. La personne qui aurait trouvé ou volé un carnet de chèques ne pourrait, du reste, toucher qu'en contrefaisant votre signature, qui *est toujours vérifiée avant payement*.

Objets Précieux. On peut les déposer, soit dans le Coffre-fort de l'Hôtel où l'on est descendu, soit avec encore plus de sécurité dans une des cases de ces grands Coffres-forts à l'abri de toute épreuve que le *Comptoir d'Escompte* et le *Crédit Lyonnais* louent par mois (5 ou 10 fr.) pour la garde des valeurs, de l'or, de l'argent, des bijoux, des papiers, etc. Une clé particulière, *dont il n'existe pas de double*, est remise au déposant, qui a l'accès des coffres tous les jours, sauf les dimanches et fêtes, de 9 h. du matin à 6 h. du soir. Une double rangée de bureaux divisés en boxes assure le secret de vos opérations.

CHANGEURS : Dans les questions d'argent, il vaut toujours mieux avoir affaire aux maisons de 1er ordre. Le *Comptoir national d'Escompte* a un Bureau spécial de Change, rue du 4-Septembre, donnant sur la place de l'Opéra.

❧❧❧

L'ARGENT ET LES OBJETS PRÉCIEUX ☜ L'argent sur soi ‖ Établissements financiers ‖ Carnets de chèques ‖ Lettre de crédit ‖ Changeurs. (V. en tête du Volume le Tableau des Équivalences des Monnaies françaises et étrangères.)

OBJETS PERDUS ET TROUVÉS. ☜ Comment retrouver un Objet perdu ? ‖ Demandes a faire ‖ Conseils.

Les objets trouvés dans les Voitures, Omnibus, Wagons, Théâtres, Administrations, etc., sont remis aux bureaux de ces Administrations, qui les acheminent dans les 48 h. sur le Commissariat de police le plus proche, ou les envoient par un employé au bureau des Objets trouvés, 36, Q. des Orfèvres.

Les objets trouvés dans l'enceinte de l'Exposition y seront transportés aussi, après avoir été déposés pendant 24 h. au Commissariat central.

Délais. Après un an et un jour, l'objet non réclamé (sauf les Titres de rente et les Billets de banque) est remis à celui qui l'a trouvé, sur demande adressée avec le récépissé au Préfet de Police. Mais on n'en devient définitivement propriétaire que 3 ans après le jour de la perte (art. 2279 du Code civil).

En cas de perte ou de vol de titres nominatifs, faire notifier par huissier à l'établissement débiteur et au Syndicat des Agents de change les n^os des titres perdus. Au bout de 11 ans, on peut en obtenir un duplicata.

Pour retrouver un objet perdu, le plus simple est d'écrire directement, sur papier libre et sans affranchir, à M. le Préfet de Police, en donnant sur l'objet perdu des renseignements et des indications aussi détaillés que possible.

Si l'objet est porté à la Préfecture, le *Bureau des Objets Trouvés*, connaissant le propriétaire, d'après la lettre de déclaration reçue, l'avertit des formalités à remplir pour le retirer.

❦

LA POLICE SERVICE DE LA SURETÉ ‖ COMMISSAIRES DE POLICE ‖ GARDIENS DE LA PAIX ‖ QUE FAIRE EN CAS D'ARRESTATION ?

Tous les services de la Police sont concentrés à la *Préfecture de Police*, 7, Bd du Palais, et 36, Q. des Orfèvres.

Préfet de Police : M. Lépine; *Secrétaire* : M. Laurent.

La 1re Division, quai des Orfèvres (Chef : M. Honorat), s'occupe surtout de la recherche des Malfaiteurs non encore sous le coup de mandats, et des recherches dans l'intérêt des familles (accidents); elle délivre les Passeports, les Permis de Chasse et de Séjour, s'occupe des Étrangers qui se fixent à Paris.

LE SERVICE DE LA SURETÉ, Q. des Orfèvres (Chef : M. Cochefert), qui emploie des agents en bourgeois, assure *gratuitement* la protection des personnes menacées soit par une lettre, soit autrement. Moyennant 10 fr. par jour, la Sûreté met à la disposition des particuliers d'anciens inspecteurs retraités pour toute espèce de recherches et de surveillance. Elle procure aussi des Agents pour accompagner en chemin de fer des voyageurs chargés de colis précieux. Tous les services que la Sûreté peut rendre *officieusement* aux particuliers doivent être soumis à l'agrément du Procureur de la République et du Préfet du Police.

LES COMMISSAIRES DE POLICE : Sous les ordres du Préfet de Police qu'ils

représentent, Il y en a un dans chaque quartier, Un drapeau est arboré à l'entrée du Commissariat. La nuit, une lanterne rouge l'indique.

Des Postes de commissaire de police, dits de *permanence*, sont ouverts de 10 h. du s. à 9 h. du m., 27, R. Berger (aux Halles); à la Mairie du IIIe arr. (Sq. du Temple); au Poste du Panthéon; au Poste de l'Opéra, R. Gluck; 4, Pl. Dancourt.

C'est au commissaire de police qu'il faut s'adresser en cas de vol, de perte d'objets, de discussions avec les restaurateurs, les cochers, etc.

LES GARDIENS DE LA PAIX OU SERGENTS DE VILLE : On en compte 8000, répartis en 26 brigades, dont 20 affectées à chacun des 20 arrondissements. Chaque poste de police possède un brancard, des matelas et des boîtes de secours. Les premiers soins y sont donnés aux malades, en attendant le médecin. On peut y demander l'envoi d'urgence d'une « ambulance urbaine ».

Il y a aussi des *postes-vigies*, dans les Kiosques des stations de voitures (plaintes contre les cochers).

Les Gardiens de la paix doivent protéger le public dans la rue, faire arrêter les voitures pour le passage des piétons, renseigner les personnes sur le chemin à suivre, indiquer les rues, secourir les blessés, assurer l'exécution des ordonnances de police, etc.

C'est au sergent de ville, ou gardien de la paix, que l'étranger doit s'adresser de préférence, quand il a besoin de protection ou de renseignements.

Que faire en cas d'Arrestation? Le jour, on peut être arrêté dans la rue par les Gardiens de la paix sur réquisition d'un particulier ou en cas de flagrant délit.

Le gardien de la paix est tenu d'arrêter lorsqu'il en est requis dans la rue par un particulier; mais il doit emmener le Plaignant aussi bien que l'Accusé au Commissariat du quartier.

Le Commissaire examine si l'arrestation est motivée. Sinon l'inculpé a recours contre le plaignant soit devant le Juge de paix, soit devant le Tribunal Civil ou de Commerce, selon les cas.

Si l'arrestation est motivée, c'est-à-dire s'il y a délit, le Commissaire garde l'inculpé à sa disposition. Il peut aussi le garder si l'inculpé ne peut fournir de pièces d'identité, la preuve d'un domicile certain, et des marques d'honorabilité. Il est donc prudent d'avoir toujours sur soi une carte d'identité, des cartes de visite ou des enveloppes de lettres récentes.

❦

LE VOL OU SE FAIT-ON VOLER? ‖ QUE FAIRE EN CAS DE VOL?

Si vous êtes pris dans la foule, surveillez vos poches; et pour mettre votre montre et votre chaine à l'abri d'un tour de prestidigitation, boutonnez votre vêtement. Si vous ne portez pas de chaîne, fixez à l'anneau de votre montre une de ces larges bagues de caoutchouc qu'on vend chez tous les papetiers ; le pickpocket le plus habile ne pourra pas vous l'arracher. Si vous avez une bicyclette, ne la laissez jamais sans surveillance sur un trottoir ou ailleurs ; et dans les garages, mettez une chaîne, ou exigez un ticket.

Où est-on Volé ? A Paris, comme ailleurs où il y a de grandes agglomérations d'hommes, on vole spécialement : dans la queue formée devant toute porte où l'on se presse, soit pour entrer, soit pour sortir ; dans la queue formée près d'un bureau où l'on prend des billets ; dans les grands magasins, où il y a foule ; au théâtre, qui absorbe l'attention ; dans les omnibus, où il ne faut jamais s'endormir ; dans les bureaux de poste et les halls des grands établissements, où l'on abandonne souvent quelques secondes seulement un portefeuille, un pardessus, une canne ou un parapluie ; dans les cafés, où le garçon vous rend des pièces démonétisées, et dans les restaurants, où un garçon également indélicat cache sous la note une partie de la somme qui vous revient.

Ceux dont il faut se Défier. Méfiez-vous des gens trop bien mis. Ce n'est pas l'homme à la grosse chemise de toile qui vous fera votre porte-monnaie ou votre montre.

Ne vous laissez jamais accoster par personne dans la rue. Ne vous attardez jamais en conversation avec des gens que vous ne connaissez pas. Si vous avez besoin de renseignements, adressez-vous à un employé en uniforme, à un boutiquier ou à un sergent de ville.

Que faire en cas de Vol ? Si vous ne prenez pas le filou en flagrant délit, gardez-vous d'accuser votre voisin bien vêtu. On le fouillera en vain, et il vous réclamera des dommages intérêts. Votre montre ou votre porte-monnaie est à cent pas, dans la poche de ses sept ou huit compères disposés comme des jalons dans la foule.

Il ne vous reste que la ressource d'aller déposer une plainte au Commissariat de police du quartier où le vol a été commis, et quand la bande se fera pincer, peut-être retrouvera-t-on les objets volés.

❧❧❧

BAINS
BAINS FROIDS SUR LA SEINE ‖ BAINS CHAUDS ‖ BAINS TURCO-ROMAINS ‖ TARIFS.

BAINS FROIDS SUR LA SEINE : Ouverts du 15 Mai au 15 Septembre.

Prix moyens. 30 à 50 c., y compris l'entrée et la cabine. Caleçons, 10 c. ; serviettes, 10 c. ; peignoirs, 20 c.

BAINS CHAUDS : 200 établissements, répartis dans Paris, et ouverts de 6 h. du matin à 8 h. du soir, même plus tard parfois. Pédicure attaché à l'établissement.

Prix. Bain simple, 50 c. Par abonnement, 45 c. Bain de siège, 50 c. ; de pieds, 40 c. ; de carbonate de soude, 70 c. Complet, Barèges ou alcalin, ou de Vichy, ou de Plombières, ou de gélatine, par abonnement 1 fr. 25 ; sans abonnement, 1 fr. 50. Linge : un fond de bain, 30 c. ; un peignoir, 25 c. ; une serviette, 10 c. Bain avec pluie, 75 c.

Bains de vapeur, au goudron, aux aromates, térébenthine, thym, douches, salon de repos (linge : 1 peignoir, 2 serviettes, 1 drap), 1 fr. 75. Bain sédatif Raspail, sel marin, douche. Bain Salies de-Béarn, 3 fr. 20. Hydrothérapie à l'eau de source.

Douche froide à volonté, douche, pluie, cercle, siège, 75 c. Douche chaude ou écossaise, 1 fr. 50.

PRIX DU SERVICE : Pour les bains de vapeur, douches médicinales, 1 fr. ; hydrothérapie, 25 c, Linge, serviette, 10 c. Peignoir, 25 c. Fonds de bain, 20 c. Drap, 25 c. Massage, 2 fr. Friction au gant de crin, 50 c. Friction pâte d'amandes, 1 fr. Friction au savon de Naples, 1 fr. 25. Friction à l'eau de Cologne, 2 fr. Coupe de cors, 1 fr. 50. Taille des ongles, 50 c.

BAINS TURCO-ROMAINS : Luxueux établissements avec salles de sudation de vapeur, de massage, douches, piscine et lit de repos. Durée moyenne du bain 1 h. 1/2 h. Repos ad libitum.

PRIX. Hommes. Complet avec linge, 5 fr. 50, par abonnement, 3 fr. 90.

Femmes. Complet avec linge, 10 fr. ; par abonnement, 8 fr.

❧❧❧

COIFFEURS
SALONS DE COIFFURE ‖ COIFFEURS A DOMICILE ‖ TARIFS ‖ CONSEILS.

Fort nombreux à Paris. Certains d'entre eux, sur les Grands Boulevards et au Quartier Latin, occupent 20 ou 30 garçons. La plupart des grands hôtels ont des salons de coiffure.

Tarif. Coupe des cheveux, 50 et 75 c. Coupe à la Bressant, 40 et 50 c. Barbe, 20 et 25 c. Frictions, 40 et 50 c. Complet (coupe de cheveux, barbe et frictions), 1 fr. Coiffure de dame avec frisures et ondulations, 2 fr. 25 à 2 fr. 50. Nettoyage de tête, 1 fr. 25 à 1 fr. 50. (Réduction proportionnelle pour les abonnements au mois ou à l'année.)

Coiffeurs à domicile. Beaucoup de coiffeurs ont un garçon qui, sur demande, se rend à domicile.

Pourboire : En moyenne, de 10 à 50 c. ; les dames donnent souvent davantage.

❧❧❧

TABACS
Les Débits de tabac vendent aussi des Timbres, des Cartes-télégrammes, et même du Papier à lettres. Une plume et un encrier y sont à la disposition du public pour y écrire une carte postale. Dans beaucoup d'entre eux on peut expédier des Colis postaux pour Paris.

Tarif des Prix de vente des Cigares. Cigares exceptionnels (de la Havane et de Manille vendus surtout au bureau du Bd des Capucines (Grand-Hôtel) et au bureau de la Pl. de la Bourse); cigares de 5 fr. à 25 c. pièce se vendant par boîtes de 1, 2, 4, 6 et 10 cigares. Imperiales, 60 c. Cazadores, 50 c. Conchas, 40 c. Cheroots, 20 c., vendus en étuis de 5 cigares. Londres et Cazadores chicos, 35 c. Londres, Trabucos finos, Brevas, 30 c. Camelias, Aromaticos, 25 c. Operas, Favoritos, 20 c. Londrecitos, Millares, 15 c. Cigares demi-Londres, 15 c. Ordinaires, 12 c. 1/2, 10 c., 7 c. 1/2, 5 cigares, 1 fr. 50.

Cigarettes. Sortes et prix fort variables; en boîte de 20 cigarettes : Maryland, 60 c. et 70 c.; caporal, 60 c. et 80 c. « Bastos » 80 c.; Levant, 1 fr. en boîtes de 50, almées ou entr'actes, etc.

Tabacs. Sortes courantes : Scaferlati ordinaire, 40 gr., 50 c.; Scaferlati supérieur (paquet bleu) 50 gr., 80 c.; Maryland (plus doux, paquet jaune), 50 gr., 80 c.; Levant, 1 fr. les 50 gr.

On trouve aussi, dans les débits de tabac, le tabac à mâcher et à priser.

※※※

LES GRANDS MAGASINS
PRINCIPAUX MAGASINS ‖ JOURS D'EXPOSITION. Ils font partie aujourd'hui des monuments et des curiosités de Paris.

Le Louvre, le Bon Marché sont de véritables villes marchandes dans la grande ville universelle, des agglomérations de boutiques, une série d'énormes bazars, une véritable foire couverte et perpétuelle où l'on trouve tout, depuis le tapis de Perse jusqu'au cent d'épingles à un sou.

Pas un étranger ne vient à Paris sans visiter ces établissements uniques qu'on a appelés le *Paradis des Dames* et qu'on pourrait aussi appeler le *Purgatoire* et l'*Enfer des Maris*.

Les jours d'*exposition* sont particulièrement curieux : la foule se rue aux portes, se disputant les occasions «exceptionnelles». A l'intérieur, le coup d'œil et le décor sont une joie des yeux, une merveille des étalagistes parisiens, experts dans l'arrangement des belles choses, dans le mariage des couleurs chatoyantes faites pour le plaisir des yeux.

LES MAGASINS DU LOUVRE ●●
Entre le Palais du Louvre, la Pl. du Palais-Royal, la R. St-Honoré et la R. Marengo.

Les Magasins du Louvre sont divisés en 72 départements divers (depuis celui de l'Argenterie jusqu'a celui du Velours), sur une surface de 29 980 m. 41 galeries et 400 salons de vente d'une longueur totale de 3 kilomètres 760.

Petits bénéfices, bonne marchandise et marchandises reprises ou échangées au gré de l'acheteur, telles sont les bases commerciales des Grands Magasins du Louvre.

Il faut par jour, au Louvre, pour nourrir les 3000 employés, 2400 litres de potage, 10 pièces de vin, 1400 kil. de pain, 1200 kil. de viande. Au Bon Marché, la nourriture coûte 2 millions par an.

Les Grands Magasins du Louvre mettent en vente tous les *Mercredis* un grand choix de coupons.

EXPOSITIONS SPÉCIALES : Mai. Toilettes d'été et articles pour la campagne et les bains de mer. — Juin. Soldes et occasions de la saison d'été. — Juillet. Articles de bains de mer, de sport, de voyage. — Août. Vêtements pour la chasse. — Septembre. Ameublement. — Octobre. Exposition générale de toutes les nouveautés d'hiver, et de tout ce qui se rapporte à la toilette d'enfants. — Décembre. Exposition des étrennes.

LE BON MARCHÉ
R. de Sèvres et R. du Bac, derrière le Square du Bon Marché.

Pour visiter les Magasins et leurs dépendances, se trouver à 3 h. 1/2 au Salon de Lecture. Un inspecteur-interprète, spécialement chargé de cet office, accompagne les visiteurs dans les différents services.

Expositions et Mises en Vente. Elles ont toujours lieu le *Lundi*. — 11 Juin. Toilettes de campagne et de bains de mer. — 16 Juillet. Avant l'inventaire annuel, soldes de fin de saison. — 17 Sept. Tapis et ameublements. — 1er Oct. Nouveautés d'hiver. — 22 Oct. Toilettes d'hiver. — 26 Nov. Soldes et occasions en nouveautés d'hiver.

Le créateur du Bon Marché, Aristide Boucicaut, fils d'un modeste petit chapelier de province, était employé au Petit-St-Thomas en 1852.

Émises en 1880 au cours de 50 000 fr., les actions du Bon Marché sont cotées aujourd'hui 320 000 fr. et rapportent 18 000 chacune.

500 femmes sont employées aux magasins du Bon Marché et autant à ceux du Louvre. Le quart d'entre elles est logé dans les immeubles des deux magasins. Elles ont la chambre, le linge, le chauffage, le couvert, et un salon commun où elles peuvent se réunir et organiser de petites fêtes.

La Samaritaine, le Printemps, la Place Clichy, le Petit-St-Thomas, la Belle Jardinière, le Pont-Neuf, les Trois Quartiers, St-Joseph, le Tapis Rouge, Pygmalion, Au Musée de Cluny, sont aussi des magasins qui se rapprochent du Louvre et du Bon Marché.

※※※

USAGES MONDAINS

Comment on s'habille a Paris || Le Matin || Pour le Déjeuner || Pour le Dîner || Le Soir || Le Décolleté || Le Souper.

Comment s'Habille-t-on à Paris? Il existe comme un code mondain de l'habillement à Paris, et l'enfreindre par trop d'écarts serait manquer de savoir-vivre. — A Paris, la mise doit être en harmonie avec les heures, les milieux, les circonstances.

LE MATIN : *Jusqu'à midi*, l'homme portera le costume complet, la jaquette, le veston et le pantalon de fantaisie, au choix, ainsi que le chapeau rond.

La femme mettra, s'il fait très chaud, un costume de toile ou de batiste; s'il fait frais, un costume tailleur en drap ou en lainage fantaisie; l'hiver, un chaud vêtement de beau lainage ou de fourrure. Chapeau rond.

POUR LE DÉJEUNER : Si l'on déjeune en ville, la note devra être plus élégante et sera celle de l'après-midi : l'homme *en redingote noire*, pantalon clair, chapeau haut de forme, bottines glacées ou vernies; la femme *en toilette de visite*, jupe de soie ou tissu riche, façon soignée, bottines fines; toque ou capote recherchée.

POUR LE DINER : La mise sera celle du soir s'il s'agit d'une invitation suivie de bal, de théâtre, etc.

Il est admis à Paris que l'homme du monde revêt l'*habit*, orné d'une boutonnière fleurie, pour aller dîner en ville, le pantalon de drap noir, les souliers vernis, le chapeau claque, les gants blancs.

Cette tenue, qui peut sembler exagérée à quelques-uns, ne sera jamais déplacée dans un milieu aristocratique; ce serait même commettre une faute de savoir-vivre que s'y soustraire.

LE SOIR : Pour les dames, toilette claire, élégante, décolletée, *si le dîner est de cérémonie*, ou s'il s'agit d'assister au spectacle, dans *une loge de l'Opéra, du Français* ou de *l'Opéra-Comique*. Les jours d'Abonnement surtout (V. *Théâtres*), il est de rigueur d'être mis avec élégance. Gants blancs longs ou courts; souliers vernis ou de satin.

LE DÉCOLLETÉ : Si le dîner est de grande cérémonie, ou si le théâtre n'est pas de ceux où l'on peut se montrer les épaules et les bras nus, il est une tenue intermédiaire avec laquelle on ne sera jamais déplacée : c'est la robe de dentelle ou de mousseline de soie montante à longues manches, sous laquelle on aperçoit discrètement le cou et les bras nus.

EN CHEVEUX : Certains théâtres obligent les femmes à rester en cheveux. (V. *Théâtres*.)

Si le chapeau est admis, il doit être tout petit, genre capote, clair, coquet, pailleté, léger et avec de jolies fleurs.

POUR SOUPER : Il est de mode aujourd'hui d'aller souper dans de grands restaurants, après le Spectacle, en toilette décolletée, tout en conservant le chapeau. Dans ce cas, on a soin de se munir, en hiver, d'une belle pelisse de fourrures; et, en été, d'une pelisse en dentelles doublée de satin. On la quittera seulement en se mettant à table et on la reprendra en se levant.

Tels sont les principaux usages à observer à Paris, dans les milieux mondains; mais il va de soi qu'ils admettent des exceptions suivant la société que l'on fréquente et la note personnelle de chacun.

Dernière recommandation aux hommes qui veulent se mêler au mouvement parisien : n'oubliez pas d'emporter dans votre valise l'habit, qui est en quelque sorte le passe-partout pour paraître le soir, a partir du dîner, dans le monde et au théâtre; il entraîne avec lui le pantalon noir, le gilet ouvert, la chemise habillée, la cravate blanche ou noire, les gants blancs, le claque et les souliers vernis.

✂━✄

OÙ TROUVER DES FOURNISSEURS ?

Le grand commerce de luxe est principalement groupé à Paris : entre la gare St-Lazare, la place de la Concorde et la place du Palais-Royal.

Les maisons les plus importantes se trouvent principalement R. Royale, R. de la Paix, sur les Grands Boulevards, de la Madeleine à la rue Montmartre, avenue de l'Opéra, et dans les rues latérales les plus fréquentées.

Le quartier de la Madeleine est devenu récemment le centre du commerce de la Bijouterie et de la **Parfumerie**. Ainsi remarque-t-on les brillants étalages des maisons *Aucoc* (A.), R. de la Paix, 6; *Boucheron*, Pl. Vendôme, 26; *Fontana*, R. Royale, 13; *Gustave Sandoz* (O. ✠), bijoutier, joaillier, horloger, orfèvre, R. Royale, 10, autrefois au Palais-Royal; la maison *Legrand* (L.), Parfumerie *Oriza*, Pl. de la Madeleine, 11, et la Parfumerie *Lubin*, R. Royale, 11.

Dans le même quartier et le long des Grands Boulevards, jusqu'au voisinage de l'Opéra, se succèdent les maisons d'Ameublement riche ou de style : *Damon* (A.) *et Colin*, Bd de la Madeleine, 12; *Jansen*, R. Royale, 9; et les grands Confiseurs *Boissier*, Bd des Capucines, 7, et *Siraudin*, Pl. de l'Opéra, 3. C'est aussi dans ce quartier que se trouvent les Corsetières renommées : *Léoly* (*Mme*), Pl. de la Madeleine, 8 ; *Josselin* (*Mme*), R. Louis-le-Grand, 25 ; et *de Vertus sœurs* (*Mmes*), R. Auber, 12. Dans les rues adjacentes, se trouvent disséminées nombre d'industries utiles ou intéressantes, Par exemple, on remarque R. de Rivoli, 216, la maison *Aux ouvrages de Dames* (*Vve Mouilleron*) : broderies, tapisseries, leçons de broderie, articles de fantaisie ; et un peu plus loin, au 220 de la même rue, l'étalage de belles photographies de la maison *Kuhn* (photographe-éditeur), et dans la R. du Mont-Thabor, 25, se trouve le Dépôt de Vins de Champagne *G.-H. Mumm et Cⁱᵉ* de Reims. Enfin, R. St-Honore, 354, on peut s'amuser a fureter au milieu de tous les objets de Chine et du Japon du *Pavillon Japonais*.

L'Opéra et ses alentours sont le quartier général des grandes maisons de Couture et de Mode et en général des industries qui touchent à la coquetterie féminine : *Doucet*, R. de la Paix, 21 ; *Laferrière*, R. Taitbout, 28 ; *Lebouvier* (*Blanche*), R. Boudreau, 3 ; *Meyer* (*Sara*), A. *Morange et Cⁱᵉ*, même rue, 5 ; *Paquin*, rue de la Paix, 3 ; *Rouff*, Bd Haussman, 13 ; — *Marescot Sœurs* (Modes), Av. de l'Opéra, 29, et *Reboux* (*Caroline*) (Modes), R. de la Paix, 23. C'est là aussi que *Mme Cornioley*, spécialiste hygiéniste (Méd. Or), a ouvert ses salons, rue de la Paix, 1.

Autour de la gare St-Lazare, R. de la Chaussée-d'Antin, sur le Bd des Italiens et dans les rues voisines, se sont réparties nombre de maisons consacrées au commerce de l'Alimentation : primeurs, fruits, volailles, boissons, etc. Ainsi trouve-t-on rue du Helder le Dépôt de Vins de Champagne de la Maison *Delbeck et Cⁱᵉ* de Reims (fournisseurs de l'ancienne Cour de France), et, rue de la Chaussée-d'Antin, 5, les Magasins de la maison *A. Coudron*, Teleph. 124.43 (cafes fins, verts ou brûlés ; produits d'Orient ; cafes turcs ; thés ; expédition franco ; vanille).

Enfin, c'est dans le quartier compris entre le Bd des Italiens, la R. de Provence et la R. Bergère, que se trouvent les grandes Banques, en dehors de la Banque de France, plus éloignée. C'est, par exemple, aux nᵒˢ 54 et 56 de la rue de Provence, que se trouve le siège social de la *Société Générale* pour favoriser le développement du Commerce et de l'Industrie en France, Société anonyme fondée en 1864 ; capital 100 millions ; 361 succursales en France, une agence à Londres, correspondants sur toutes les places du monde. Son *Agence de l'Exposition* (entre le Pilier Est de la Tour Eiffel et le Palais de la Metallurgie) met à la disposition du public

tous les services fonctionnant dans ses 361 autres succursales : change de monnaies, transports de fonds (France et Étranger), par chèques, virements, payements télégraphiques, billets de crédit circulaires, lettres de crédit, location de compartiments de coffres-forts, etc., etc.

Il est utile, pour compléter ces indications générales, de donner ici la liste de quelques adresses utiles dont on peut avoir besoin.

Agriculture. *Syndicat Central des Agriculteurs de France*, Paris, R. Louis-le-Grand, 19.

Ameublements. *Alavoine*, R. Caumartin, 9 ; *Conseil*, Pl. de la Madeleine, 16 ; *Fournier*, R. St-Lazare, 87 ; *Garde-Meuble* du Nord, R. Lafayette, 52 ; *Janniaud Jne*, R. Rochechouart, 61 ; *Krieger* (*Damon et Colin* succ.), Faub. St-Antoine, 74 ; *Mercier Frères*, Faub. St-Antoine, 100 ; *Perret et Vibert*, R. du Quatre-Septembre, 3.

Artificiers. *Ballossier*, Av. d'Orléans, 97 ; *Pinet et Charnier*, artificiers du gouvernement, R. du Faub.-St-Denis, 140 ; *Ruggieri* (*Dida, Aubin et Cⁱᵉ*, succ.), R. d'Amsterdam, 94.

Bijoutiers-Joailliers. « *A l'Alliance* », Maison *Leforestier*, grands magasins de bijouterie, joaillerie, horlogerie, R. Rambuteau, 59, 61 ; *Aucoc* (*A.*), R. de la Paix, 6 ; *Boucheron*, Pl. Vendôme, 26 ; *Falize Frères*, R. d'Antin, 6 ; *Fontana*, R. Royale, 13 ; *Péron*, Av. de l'Opéra, 29.

Brevets d'invention. *Agence Centrale de Brevets d'Invention*, Bd Poissonnière, 22 ; *Armengaud Ainé*, Bd Poissonnière, 21 ; *Assi et Genes*, R. du Havre, 6, Téléph. 272-13 ; *Casalonga*, R. des Halles, 15.

Bureaux de placement autorisés. *Agence générale* (*Mme Jouvente*), R. du Bac, 134 ; *Agence Jeanne-d'Arc*, Av. Carnot, 7 ; *Fromagel*, R. Montmartre, 67 ; *Goissand* (*Mme*), R. Cadet, 20 ; *Legros*, R. d'Artois, 40 ; *Maillefer*, R. de l'Éperon, 12.

Chaussures (Magasins de). *Chaussures Bully*, R. de la Roquette, 95 ; R. Turbigo, 54 ; R. Ordener, 48 ; *Cordonnerie du Chat Noir*, Bd des Italiens, 18 ; *Cordonnerie du High Life*, Bd des Italiens, 30 ; *Cordonnerie Russe*, R. de Compiègne, 2 ; *Galoyer*, Bd des Capucines, 21 ; *Pinet*, R. de Paradis, 42 et 44 ; *Raoul*, Bd St-Denis, 1.

Coiffeurs. *Albert*, R. Daunou, 18 ; *Auger*, Pl. de la Madeleine, 19 ; *Babelon*, R. Cambon, 46 ; *Bataille*, R. d'Amsterdam, 52 ; Lespes, Bd Montmartre, 21 ; *Tras* (*C.*), Av. des Champs-Elysées, 30, Tlph. 528.23 ; *Roye* (*F.*), Bd Magenta, 106.

Coiffeurs pour Dames. *Cuverville*, Av. de l'Opéra, 25 ; *Delot*, Av. des Champs-Élysées, 91; *Francis Dupont*, R. Le Peletier, 26; *Frot*, rue du Bac, 44; *Labaurie et C*, R. Le Peletier, 4; *Mazy*, rue Montaigne, 6; *Petit (Auguste)*, R. de la Paix, 7.

Confiseurs - Chocolatiers. Ils jouent un rôle important dans la société parisienne, où il est admis qu'un homme du monde, reçu fréquemment dans une maison, offre un sac de chocolats dont la marque fait la valeur. Les Chocolatiers à la mode sont : *Boissier*, Bd des Capucines, 7 ; *Kohler* (chocolat à la noisette), Bd des Capucines, 35; *Marquis*, R. Vivienne, 44; *Pihan*, Faub. St-Honoré, 4; *Ch. Prévost*, Bd Bonne-Nouvelle, 39; *Seugnot*, R. du Bac, 28; *Siraudin*, Pl. de l'Opéra, 3. Chez *Prévost*, en face du Gymnase, on débite le chocolat à la tasse. Nombreux public à la sortie des théâtres.

Les Five O'clock. Il existe à Paris, dans les quartiers riches, un certain nombre d'établissements où, de 4 à 5 ou 6 h., se donne rendez-vous la société élégante parisienne et cosmopolite, surtout les dames, pour prendre du thé, manger des gâteaux et des sandwichs, tout en causant. Les five o'clock les plus fréquentés sont : *Bourbonneux*, Pl. du Havre, 14; *Café de Paris*, Av. de l'Opéra, 41; *Colombin*, R. Cambon, 8; *Cuvillier*, R. de la Paix, 16; *Frascati*, R. Montmartre, 21; *Gave*, Av. Victor-Hugo, 4; *Julien*, Av. de l'Opéra, 14; *Hôtel Ritz*, Pl. Vendôme, 15. Beaucoup d'équipages, rendez-vous du Tout-Paris. Le thé se prend en été dans les Jardins : *Élysée-Palace*, Champs-Élysées; Salon du *Grand-Hôtel*; le thé de la Librairie anglaise *Neal*, R. de Rivoli, 278; le thé du Bd Haussmann, 40; *Wanner*, Chaussée-d'Antin, 3.

Garage de Vélocipèdes. *Garage Universel*, R. St-Ferdinand, 6, Téléph. 530.35; *Grand Garage du Parc Monceau*, R. Cardinet, 49; *Jacquelin*, R. Ampère, 3; *Manège Petit*, Av. des Champs-Élysées, 2; *Société Commerciale d'Automobiles*, Av. de la Grande-Armée, 77 bis; *Vinet*, R. du Débarcadère, 80.

Garde-Meuble. *Bedel et C*, R. St-Augustin, 18; *Garde-Meuble Châteaudun*, R. de Châteaudun, 59; *Garde-Meuble du Colisée*, R. du Colisée, 5; *Garde-Meuble du Nord*, R. Lafayette, 52; garde, commission, avances, transports, Téléph. 257.50; *Garde-Meuble Public des Champs-Élysées*, Av. des Champs-Élysées, 72; *Janiaud Jeune*, R. Rochechouart, 61; *Société Européenne*, R. de Moscou, 9.

Libraires. *Baschet*, R. de l'Abbaye, 12; *Berger-Levrault*, R. des Beaux-Arts, 5; *Bibliophiles (Aux)*, Bd St-Germain, 75; *Calmann-Lévy*, R. Auber, 3; *Carré (L.)*, R. Bonaparte, 57; *Carteret et C*, R. Drouot, 5;

Charles Lavauzelle, Bd St-Germain, 118; *Delagrave*, R. Soufflot, 15; *Delalain Frères*, Bd St-Germain, 115; *Duplenne*, Q. Malaquais, 5, catalogue mensuel envoyé franco ; beaux-arts, littérature, collections; *Fasquelle*, R. de Grenelle, 11; *Firmin-Didot*, R. Jacob, 56; *Flammarion*, R. Racine, 26; *Hachette et C*, Bd St-Germain, 79; *Juven*, R. St-Joseph, 10; *Larousse*, R. Montparnasse, 17; *Manzi, Joyant et C*, B. des Capucines, 24; *Ollendorf*, Chaussée-d'Antin, 50; *Pfluger*, Pass. Montesquieu, 5; *Rahir*, Pass. des Panoramas, 54; *Vve Albert Foulard et Fils*, Q. Malaquais, 7, achat et vente d'ouvrages sur les beaux-arts; *Victorion*, Bd St-Germain, 89.

Objets en Ivoire. *Grillet*, R. de Bretagne, 61; *Hérold (Robert)*, R. du Temple, 175; *Reymond*, R. Bouchardon, 19; *Thessier*, R. de Rome, 21; *Traissard*, R. des Petits-Champs, 77; *Trupel (Ch.) et C*, R. des Fêtes, 53.

Parfumeurs. *A la Reine des Fleurs*, 1774-1900, Parfumerie *L.-T. Piver*, Bd de Strasbourg, 10; *Delettrez*, R. Royale, 15; *Guerlain*, R. de la Paix, 15; *Pinaud*, Pl. Vendôme, 18.

Thés. *Birth et C*, R. Royale, 15; *Kitaï*, Bd des Italiens, 32; *C Anglaise*, Pl. Vendôme, 23; *Peyster (de)*, R. et Pl. de Rome, 14; *Kousnetzoff et C*, Av. de l'Opéra, 5.

Vélocipèdes (Marchands de). *Merville et C*, R. St-Ferdinand, 6, Teleph. 530.35.

COMMENT SE SOIGNER En dehors des Médecins des Hôpitaux, parmi lesquels on rencontre toutes les célébrités médicales contemporaines et dont la liste complète se trouve dans le *Paris-Hachette* 1900, il y a à Paris un grand nombre de Médecins Spécialistes auxquels on peut s'adresser. Nous donnons ici quelques adresses de médecins, d'institutions, d'établissements hydrothérapiques ou médicaux et de pharmaciens. Cette liste pourra être utile à consulter.

Chirurgiens-dentistes. *Buron*, R. de Courcelles, 140; *Bercut*, R. de Rivoli, 96; *Courmand*, R. du 29-Juillet, 5; *Delorme*, R. de Châteaudun, 16; *Hill*, R. de Miromesnil, 3; *Letulle*, R. Choron, 4; *Pomme de Méримonde*, Pl. Magenta, 62; *Ravel*, R. Drouot, 27; *Fouyer (J.)*, (A 43), R. Lafayette, 79 : Consultations de 2 à 5 h.; matinées réservées aux rendez-vous; *Richard d'Aulnay (Ed.)*, Chaussée-d'Antin, 15.

Établissements Hydrothérapiques. *Marligny*, docteur, Faub. St-Honoré, 127.

Établissements Médicaux. *Institut Dermatologique,* Maladies de la peau, du cuir chevelu, etc., R. Blanche, 59 *bis; Institut Dynamo-Thérapique,* R. Blanche, 61 ; *Institut Électrique de Paris,* R. Godot-de-Mauroy, 27; *Institut Médical de l'Europe,* R. Bernouilli, 5.

Institut Médical International, 5, rue de l'Échelle. Radiographie. Électrothérapie. —

Maison de Santé pour les Maladies de la peau. Dir. D' *Leredde,* Tlph. 535,56. R. de Villejust, 4.

Médecins spécialistes. D' *Chatelain* ❂❖, R. Blanche, 59 *bis* et 61. Maladies de la peau, du cuir chevelu, etc. *Fournel* (D' Ch.), Maladies des femmes, chirurgie abdominale des deux sexes, R. Richer, 50. D' *Monnet* ❂❖, Bd St-Germain, 16. Maladies de la peau et du cuir chevelu, *affections spéciales;* Maladies de l'Estomac. Le D' *Monnet,* ex-chef de clinique de la Faculté, est l'auteur d'un livre : *Peau et Estomac,* très apprécié sur la question et qui fait autorité (1 fr. franco). Consultations : Mardi, Jeudi, Samedi, 2 à 4 h., ou tous les jours sur rendez-vous. D' *Richard d'Aulnay (Gaston),* Bd Haussmann, 43. D' *Sereno,* réd. en chef de *l'Univers médical.* Applications de l'électricité à la médecine et Rayons X. Lundi, Mercredi, Vendredi, 3 à 6 h., R. Thérèse, 14.

Pharmaciens. *A la Croix de Genève,* Bd St-Germain, 142; *Barbier-Longuet,* R. des Lombards, 50; *Cappez,* R. d'Amsterdam, 21; *Collin,* R. du Bac, 86; *Crinon,* R. de Turenne, 45; *Pelisse,* R. des Écoles, 49; *Pharmacie Centrale des Grands Boulevards,* R. Montmartre, 178; *Pharmacie Centrale du Nord,* R. Lafayette, 130; *Pharmacie Commerciale,* R. Drouot, 23 ; *Pharmacie Normale,* R. Drouot, 17; *Pharmacie du Printemps,* R. de Provence, 114; *Pharmacie St-Lazare,* R. St-Lazare, 103; *Riffard,* R. de Strasbourg, 12; *Rossignol,* R. St-Denis, 33; *Vaillant (Eug.),* R. du Temple, 15.

Gynécologie. *Auvard,* R. de la Boëtie, 58; *Budin,* Av. Hoche, 4; *Champetier de Ribes,* R. de l'Université, 28; *Doléris,* Bd Courcelles, 20; *Landais (Mlle Camille),* R. Larribe, 3, Téleph. 501.19: Accouchements, Maladies des femmes: D' *Legrand,* spécialiste, R. d'Amsterdam, 14; *Pinard,* R. Cambacérès, 10; *Pozzi,* Av. d'Iéna, 47; *Porak,* Bd St-Germain, 176; *Potock,* Av. de l'Opéra, 35; *Ritemont-Dessaignes,* Bd Malesherbes, 10; *Tissier,* R. Boccador, 8; *Varnier,* R. Danton, 10.

Oculistes. *Abadie,* Bd St-Germain, 172; *Berger,* Av. Opéra, 20; *Bonsignorio (Mlle),* Bd St-Germain, 61; *Dehenne,* R. de Berlin, 34; *Despagnet,* R. de Milan, 11; *Dreyer-Dufer,* Chaussée-d'Antin, 58, 4 à 6 h., Yeux; *Galezowski,* Bd Haussmann, 103.

CERCLES

Paris compte une cinquantaine de Cercles et de Clubs, dont dix importants. Les *grands cercles* sont surtout le lieu de rendez-vous des gens du monde ayant les mêmes goûts ou pratiquant les mêmes sports.

Les étrangers de passage peuvent en faire partie pour quelques mois à titre de membres temporaires; ils doivent être présentés par deux membres, et leur admission est votée tantôt par tous les membres, tantôt par le comité seul.

Principaux Cercles : *Agricole,* 284, Bd St-Germain ; *Assoc. générale des Étudiants,* R. des Écoles, 41; *Automobile-Club de France,* 6, Pl. de la Concorde; *Cercle Artistique et Littéraire,* 7, R. Volney; *Cercle National des Armées de Terre et de Mer,* 49, Av. de l'Opéra; *Jockey-Club,* 1 bis, R. Scribe; *Grand Cercle Républicain,* 30, R. de Grammont; *Rue Royale,* 4, Pl. de la Concorde; *Union,* 11, Bd de la Madeleine; *Union Artistique,* 5, R. Boissy-d'Anglas; *Soc. des Acacias,* au Bois de Boulogne; *Union des Yachts Français,* 82, Bd Haussmann; *Ladies' Club* (Cercle de Dames), 14, R. Duperré.

※

AMBASSADES CONSULATS ❂ LÉGATIONS ❂❂

La plupart des représentants diplomatiques et consulaires étrangers habitent dans les grands quartiers : sur la rive g., au faubourg St Germain; sur la rive dr., entre les boulevards et l'Arc de l'Étoile.

Les Ambassades, Légations, Consulats, sont, en général, ouverts de 10 à 3 ou 4 h. — La meilleure heure pour s'y rendre est de 2 à 3 h.

AMBASSADES : Allemagne, 78, R. de Lille; Angleterre, 39, Faub. St-Honoré; Autriche-Hongrie, 57, R. de Varenne; Espagne, 36, R. de Courcelles; États-Unis, 18, Av. Kléber; Italie, 75, R. de Grenelle; Saint-Siège, 1 bis, R. Legendre; Turquie, 10, R. de Presbourg.

LÉGATIONS : Belgique, 38, R. du Colisée; Bolivie, *Légation,* 99, Av. des Champs-Élysées; *Chancellerie,* 8, R. du Général-Foy; Brésil, 47, R. de Lisbonne; Bulgarie, 94, Av. Kleber; Chili, 18, R. Pierre-Charron; Chine, 4, Av. Hoche; Colombie, 33, Av. Friedland; Costa-Rica, 53, Av. Montaigne; Danemark, 27, R. Pierre-Charron, M. de Hegermann-Lindecrone; Grèce, 18, R. Clément-Marot, M. Delyanni; Guatemala, 57, Av. Kléber; Haïti, 42, Av. de Wagram; Japon, 75, Av. Marceau; Mexique, 7, R. Alfred-de-Vigny; Monaco, 8, R. Lavoisier; Paraguay, 25, Av. de l'Alma; Pays-Bas, 6, Villa Michon; Pérou, 17, R. de Téhéran;

Perse, 1, Pl. d'Iéna; **Portugal**, 38, R. de Lubeck; **République Argentine**, Av. du Bois-de-Boulogne; **Roumanie** 25, R. Bizet : M. G. Ghika (G.); **République Sud-Africaine** (Transvaal), 3-5, Pl. Vendôme; **Serbie**, 9, R. de Freycinet; **Siam**, 14, R. Pierre-Charron : 517-97; **Suède et Norvège**, 56, Av. d'Iéna; **Suisse**, 15 *bis*, R. de Marignan; **Uruguay**, 1 *bis*, R. d'Offémont.

CHARGÉS D'AFFAIRES : **Bavière**, Chancellerie, 10, R. de l'Université; **Sibérie**, 59, R. Boursault; **Luxembourg**, 6, R. Bizet; **Monaco**, M. N...; **Saint-Marin**, 44, Av. du Bois-de-Boulogne.

CONSULS : **Allemagne**, M. Faber du Faur, 78 *bis*, R. de Lille ; **Autriche-Hongrie**, M. le Baron G. de Rothschild, Consul général, 21, R. Laffitte; M. G. D'Oesterreicher, Consul général adjoint, 19, R. Laffitte; M. le Baron de Kannstein, Vice-Consul, 6, R. de Presbourg; **Belgique**, M. Bastin (L.), 12, R. de Galilée; **Bolivie**, M. J. Caso, 154, Bd Haussmann; **Brésil**, M. Leoni (Joao Balmiro), Consul général, 51, R. Cambon; **Canada**, M. H. Fabre, 10, R. de Rome; **Chili**, M. U. Aldumato, 4, R. Meissonier; **Colombie**, M. B. de La Torre, 6, Cité Rougemont; **Costa-Rica**, M. Gallegos, Consul général, 14, R. Le Peletier; **Danemark**, M. Hoskier, 6, Av. de Messine; **Équateur**, M. Wither, 2, R. Pigalle; **Espagne**, M. Saenz de Tejada, 6, R. Bizet; **États-Unis**, M. Gawdy (J.), Consul général, 36, Av. de l'Opéra; **Grande-Bretagne**, M. Albemarle Percy Inglis, 39, Faub. St-Honoré; **Grèce**, M. le Baron d'Erlanger, 39, Bd Haussmann; **Guatemala**, M. Domingo Estrada, 27, R. Chateaubriand; **Haïti**, M. E. Simmonds, Consul général, 67, Av. d'Antin; **Hawaï**, M. A. Houlé, 25, R. St-Vincent-de-Paul.

Italie, M. le Cte T. Lucchesi-Pàlli; **Liberia**, M. Chaves, 1, R. de Provence; **Luxembourg**, M. L. Bastin, 33, R. du Colisée; **Mexique**, M. Vega y Limon, 3, R. Bourdaloue; **Montenegro**, M. P. Melon, 24, Pl. Malesherbes; **Orange**, M. Ch. de Mosenthal, 3 *bis*, R. Labruyère; **Paraguay**, M. Hans, 67, R. de la Victoire; **Pays-Bas**, M. Van Lier, 29, R. de Lubeck; **Pérou**, M. A. Ayulo, 27, R. de Longchamp; **Perse**, M. Back de Surani, 2, Av. Velazquez; **Portugal**, M. d'Eça de Queiros, 35, R. de Berri; **République Argentine**, M. Mendez O, 68, Av. des Champs-Élysées; **République Dominicaine**, M. L. Orosdi, 2, cité d'Hauteville; **République Sud-Africaine**, M. Pierson, 54, Fg Montmartre; **Roumanie**, M. P. Aubry, 19, av. de l'Opéra; **Russie**, M. Karzoff, 79, R. de Grenelle; **Saint-Marin**, M. Bucquet, 12, R. Paul-Baudry; **Serbie**, M. le Cte de Camondo, 63, R. de Monceau (Tlph 139-46); **Siam**,

M. Cap. Greham, 3, R. Pierre-le-Grand; **Suède et Norvège**, M. Nordling, 14, R. d'Athènes; **Turquie**, M. Velinddin Chemisi Bey, 3, R. Lapérouse; **Uruguay**, M. E. Dauber, 5, Cité Trevise; **Venezuela**, M. Nunez, 9, R. de Freycinet.

❧

ADMINISTRATIONS ❀❀❀❀❀

Pouvoirs publics ‖ Administrations de l'État ‖ Principaux Établissements privés.

Nous donnons ici tous les renseignements concernant les établissements de l'État et de la Ville de Paris et les adresses de quelques établissements privés importants. Nos lecteurs connaîtront ainsi la plupart des rouages des nombreuses administrations publiques qui ont leur siège à Paris.

Pour ces renseignements détaillés sur les Administrations, Écoles, etc., consulter le Paris-Hachette.

Abattoirs. Les plus importants sont sont ceux de la Villette et ceux de la R. des Morillons.

Académies (les Cinq). V. la Notice spéciale à la partie DANS PARIS.

Académie de Médecine. R. des Sts-Pères, 49.

Archevêché de Paris, 127, R. de Grenelle. Secrétariat ouvert Mardi, Mercredi, Vendredi de midi à 2 h.

Archives Nationales, 60, R. des Fr.-Bourgeois. (V. la Notice spéciale.)

Assistance publique, 3, Av. Victoria.

Banque de France, Siège soc., R. de la Vrillière. — Siège central, 39, R. Croix-des-Petits-Champs. — Annexe. Dépôt des Titres et Payement des Coupons, Pl. Ventadour, de 9 à 3 ou 4 h.

Bourse (La), Pl. de la Bourse.

Bourse de Commerce, Pl. de Viarmes, R. du Louvre.

Bourse du Travail, 3, R. Château-d'Eau, T. l. j. de 8 h. m. à 10 h. s.

Bureau Central Météorologique, 176, R. de l'Université. T. l. j. de 10 à 4 h.

Bureau des Longitudes, R. Mazarine, Cour de l'Institut, 10 à 4 h.

Caisse des Dépôts et Consignations, 56, R. de Lille, 3, Q. d'Orsay, de 10 à 3 h.

Caisse d'Épargne de Paris, 9, R. Coq-Héron. T. l. j. de 9 à 4 h., et le Dim. et le Lundi dans toutes les Mairies.

Caisse Nationale d'Épargne, 4, 6, 8, R. St-Romain, t. l. j. de 9 à 4 h., et dans tous les Bureaux de Poste.

Chambre de Commerce de Paris, Pl de la Bourse, 10 à 4 h.

Chambres de Commerce étrangères : AMÉRICAINE (U. S.), 3, R. Scribe; AUSTRO-

HONGROISE, 5), R. Richer; BELGE, 9, Av. de la République; BRITANNIQUE, 25, Pl. des Italiens; ESPAGNOLE, 8, R. de Florence; ITALIENNE, 17, Bd de la Madeleine.

Conseil d'État, Pl. du Palais-Royal.

Conseil Général de la Seine, à l'Hôtel de Ville.

Conseil Municipal, à l'Hôtel de Ville.

Conseil de Préfecture de la Seine, au Tribunal de Commerce, Bd du Palais, 3.

Conservatoire des Arts et Métiers, Conservatoire de Musique.(V. les Notices spéciales à la partie DANS PARIS.

Cours et Tribunaux, au Palais de Justice.

Cour des Comptes, au Palais-Royal.

Crédit Foncier, 19, R. des Capucines, de 10 à 3 h. (Caisse); de 10 à 5 h. (Bureau).

Dépôt de la Préfecture de Police, 3, Q. de l'Horloge.

Domaines et Timbre (Administration des), 9-11, R. de la Banque, de 9 à 4 h.

Douanes (Direction, des), au Louvre. Min. des Finances, de 10 h. à midi, de 3 à 6 h.

Douanes de Paris, 14, R. de l'Entrepôt, de 10 à 4 h.

Eaux de Paris (Administration des), 4, Av. Victoria.

Eaux et Forêts (Direction des) au Louvre.

Élysée (Palais de l'). (V. Notice spéciale.)

Enregistrements, Domaines, Timbre (Direction), 13, R. de la Banque, de 9 à 4 h. t. l. j.

Entrepôt de Bercy, Bd et Q. de Bercy, de 5 a 7 h. (Été), de 7 à 6 h. (Hiver).

Fourrière, 9, R. de Pontoise. De 9 à 4 h., t. l. j. On y conduit les Voitures, les Chiens, les Chevaux, les Bicyclettes, etc., abandonnés sur la voie publique.

Faculté de DROIT, 10, Pl. du Panthéon; des LETTRES, 15, R. de la Sorbonne; de MÉDECINE, R. de l'École-de-Médecine; des SCIENCES, à la Sorbonne; de THÉOLOGIE PROTESTANTE, 83, Bd Arago.

Garantie des Matières d'Or et d'Argent, 2, 4, R. Guénégaud.

Garde-Meuble de l'État, 103, Q. d'Orsay.

Garde Républicaine. 8 Casernes. Principales : R. Lobau; 16, Bd Henri IV (État-Major); R. de Tournon.

Gouvernement. Le Gouvernement est constitué par la Présidence (siège à l'Élysée) et par les 11 Ministères. (V. Ministères.)

Gouvernement Militaire de Paris, aux Invalides.

Halle aux Cuirs, 5, R. Santeuil.

Halle aux Vins, Q. St-Bernard. T. l. j. de 6 h. m. à 6 h. s.

Halles Centrales. (V. Article Spécial.)

Hôtel des Monnaies, 11, Q. Conti.

Hôtel des Ventes, 6, R. Rossini; 9, R. Drouot.

Hôtel de Ville, Pl. de l'Hôtel-de-Ville. (V. Article Spécial.)

Imprimerie Nationale, 87, R. Vieille-du-Temple.

Institut, 23, Q. Conti.

Institut Catholique,74,R. de Vaugirard.

Institut National Agronomique, 16, R. Claude-Bernard. Forme des Ingénieurs Agronomes.

Institut Pasteur, 25, R. Dutot.

Institution des Jeunes Aveugles, 56, Bd des Invalides.

Institution des Sourds-Muets, 256, R. St-Jacques.

Laboratoire Municipal, Pl. du Parvis-N.-D. (Préfect. de Police).

Légion d'Honneur (Grande Chancellerie, 64, R. de Lille), 9, R. de Solférino.

Lycées : BUFFON, 16, Bd Pasteur; CARNOT, 145, Bd Malesherbes; CHARLEMAGNE, 120, R. St-Antoine; CONDORCET, 65, R. Caumartin; HENRI IV, 23, R. Clovis; JANSON DE SAILLY, 106, R. de la Pompe; LAKANAL, à Sceaux (Seine); LOUIS-LE-GRAND, 123, R. St-Jacques; MICHELET, à Vanves (Seine). MONTAIGNE, 17, R. Aug.-Comte; ST-LOUIS, 44, Bd St-Michel; VOLTAIRE, 101, Av. de la République.

Lycées de Jeunes Filles : FÉNELON, 2, R. de l'Éperon; RACINE, 26, R. du Rocher; MOLIÈRE, 71, R. du Ranelagh; VICTOR-HUGO, 27, R. Sévigné.

Manufacture des TABACS, 63, Q. d'Orsay; des GOBELINS. (V. Notice spéciale.)

Ministères : AFFAIRES ÉTRANGÈRES, Q. d'Orsay, 37, et R. de l'Université, 130; AGRICULTURE, R. de Varenne, 78; COMMERCE, INDUSTRIE : Cabinet du Ministre, R. de Grenelle, 101 ; Bureaux, R. de Varenne, 80; COLONIES, Pavillon de Flore (Tuileries); POSTES ET TÉLÉGRAPHES, R. de Grenelle, 99 à 105; FINANCES, R. de Rivoli (au Louvre); GUERRE : Cabinet du Ministre, R. St-Dominique, 14; Bureaux, Bd St-Germain, 231; INSTRUCTION PUBLIQUE ET BEAUX-ARTS, R. de Grenelle, 110; Direct. des Bâtim. civils et des Palais nat., R. de Valois, 3; CULTES, R. Bellechasse, 66; INTÉRIEUR: Cabinet du Ministre, Pl. Beauvau; Personnel et Secrétariat, Caisse, R. des Saussaies, 11 ; Directions, R. Cambacérès, 7 et 11 ; JUSTICE ; Ministre, Personnel, Direct. des Aff. Civiles et du Sceau, Pl. Vendôme, 13, Direct. des Aff. Crim. et des Grâces, R. Cambon, 30; MARINE, R. Royale, 2; TRAVAUX PUBLICS, Bd St-Germain, 244, 246 et 248.

Mont-de-Piété, R. des Fr.-Bourgeois, 55; R. de Rennes, 112; R. du Regard, 15; R. Servan, 2; R. Capron, 31; R. Vivienne,

17; R. du C.-Lemoine, 20; R. de Vaugirard, 196, etc.

Observatoire de Paris, Av. de l'Observatoire.

Octroi de Paris (Plan 4 E.), pl. de l'Hôtel-de-Ville, a la Préfec. de la Seine. De 11 h. à 3 h.

Office National du Commerce Extérieur, 3, R. Feydeau. Renseignements coloniaux.

Pompes Funèbres. Bureau Central : Dir., Administr. (Plan, 2 G.), R. d'Aubervilliers, 104. De 8 h. à 10 h, soir. Ont un délégué dans chaque Mairie, à qui l'on peut s'adresser (de 8 h. 1/2 a 4 h.) pour le règlement des convois. Téléphone.

Postes et Télégraphes. Sous'secrétariat, 99 103, R. de Grenelle.

Préfecture de Police. Cabinet du préfet, Bd du Palais, 7. Bureaux, R. de la Cité. Bureau des Étrangers (Passeports, Permis de Chasse, etc.), 9, Q. des Orfèvres, 36.

Préfecture de la Seine, à l'Hôtel de Ville.

Tribunaux, au Palais de Justice.

Tribunal de Commerce, Bd du Palais.

🙠🙢

MARCHÉS
En dehors des Halles et de ses 80 Marchés de quartier, Paris en possède un certain nombre d'autres, qui ont une physionomie très particulière.

Voici les principaux : *Marché aux Chevaux*, Bd de l'Hôpital (Mercredi et Samedi, de Midi à 7 h.); *Marché aux Chiens*, Bd de l'Hôpital (le Dimanche, de 1 à 5 h.); *Marché aux Fleurs*, Q. aux Fleurs (Mercredi et Samedi, de Minuit à 9 h. m.), et Pl. de la Madeleine (Mardi et Vendredi); *Marché aux Oiseaux*, Q. aux Fleurs (le Dimanche, de 6 h. m. à 7 h. s.); *Marché aux Pommes*, Q. de Grève (t. l. j.); *Marché du Temple*, R. du Temple (t. l. j. de 7 h. m. à 6 h. s.).

🙠🙢

ÉGLISES ET LIEUX DE CULTE
⑩ Églises Catholiques le Dimanche a l'Église. ‖ Ou entend-on de la bonne musique ? ‖ Culte protestant ‖ Culte israélite ‖ Églises étrangères.

Malgré sa réputation de scepticisme, Paris est la ville ou, toutes proportions gardées, il y a le plus grand nombre d'églises et de temples, et aussi le plus grand nombre de fidèles.

On compte environ 80 églises paroissiales catholiques — une, par quartier; — 80 églises ou chapelles appartenant aux congrégations religieuses, une soixantaine

d'églises d'autres cultes ou étrangères dont environ 40 protestantes. Nous donnons dans la 2ᵉ partie de notre Guide la description des plus remarquables églises de Paris.

ÉGLISES CATHOLIQUES ⑩ Quand Sonne-t-on les Cloches ? Le Matin à 6 h., a Midi, et le Soir à 7 h 1/2 ou 8 h. pour l'Angelus; le Dimanche pour la Messe a des heures variables suivant les églises, 8 h. 1/2 a 10 h.; et à 2 h. 1/2 ou 3 h. pour les Vêpres. Le Glas ne se fait entendre que pour les personnes riches décédées dans la paroisse, pour les quatre premières classes d'enterrements.

Le Bourdon de N.-D. et la Savoyarde du Sacré-Cœur ne sonnent que la veille et le jour des quatre grandes fêtes de certaines fêtes commémoratives (ou a l'occasion de rares enterrements).

Le Dimanche à l'Église. La 'grand'-messe a lieu à des heures variables que nous indiquons plus loin pour les églises importantes. Chaises : de 5 à 20 c.

Où entend-on de la bonne Musique ? A Notre-Dame, le grand orgue joue le dimanche a 10 h. Improvisations de M. J. Sergent, qui compte 51 ans de service à N.-D.

N.-D.-DE-LORETTE, 18, R. de Châteaudun, église mondaine, assez bonne musique. Gd'messe à 9 h. 1/2.

N.-D.-DES-CHAMPS, 91, Bd Montparnasse, bonne musique. Gd'messe à 9 h. 1/2.

N.-D.-DES-VICTOIRES, Pl. des Petits Pères. Maître de chapelle, M. Picquart. La maîtrise possède deux chanteurs réputés, MM. Piccaluga et Nivette.

ST-AUGUSTIN, 46, Bd Malesherbes. Au grand orgue, M. Gigout. Gd'messe à 8 h. 3/4.

STE-CLOTILDE, 23, R. Las Cases. Maître de chapelle : M. Samuel Rousseau, gd Prix de Rome et prof. au Conservatoire. Gd'messe à 9 h. 3/4.

ST-ÉTIENNE-DU-MONT, Pl. du Panthéon (Parvis Ste-Geneviève). Très bonne Maîtrise. Baryton solo, M. V. Garry. L'organiste, M. Dantot, est aveugle Gd'messe à 9 h. 30.

ST-EUSTACHE, R. du Jour. Maîtrise pauvre, quoique dirigée par un excellent maître, M. Steenmann. Gd'messe à 10 h.

ST FRANÇOIS-DE-SALES, 6, R. Brémontier. Toute petite maitrise très mondaine, dirigée par M. Audran Gd'messe à 9 h.

ST-GERMAIN L'AUXERROIS, Pl. du Louvre. Bonne maîtrise dirigée par M. O'Kelly. A des programmes musicaux bien composés. Gd'messe à 9 h. 1/2.

ST-GERMAIN-DES-PRÉS, Pl. St-Germain-des-Prés. Assez bonne musique.

ST GERVAIS, R. François-Miron. Gd'messe à 9 h. 1/2. On y entend les fameux Chanteurs de St-Gervais, dirigés par M. Bordes (Schola Cantorum).

ST-HONORÉ-D'EYLAU, Pl. Victor-Hugo. Une des meilleures maîtrises de Paris, dirigée par M. Letang. Église mondaine.

STE-MARIE-DES-BATIGNOLLES, 69, R. des Batignolles. Bonne maîtrise sous la direction de M. Deslandres, gd Prix de Rome. Gd'messe à 10 h.

ST-PHILIPPE-DU-ROULE, 154, R. St-Honoré. Bonne musique, plus mondaine que religieuse. Gd'm. à 9 h.

ST ROCH, 296, R. St-Honoré. Église mondaine, bonne musique.

STE-MADELEINE, Pl. de la Madeleine. Organiste G. Fauré, qui a succédé a Th Dubois et à St-Saëns. Gd'messe à 9 h. 1/2.

RENSEIGNEMENTS

St-Sulpice, Pl St-Sulpice. C'est le compositeur Widor qui tient le grand orgue. Maîtrise assez bonne, sous la direction de M. Bellenot. Gd'messe à 10 h. 1/2.

St-Vincent-de-Paul, 109 bis, Pl. Lafayette. Au grand orgue, M. Mahaut, organiste aveugle, de grand talent. Bonne maitrise. Gd messe à 9 h. 1/2.

Trinité, 66, R. St-Lazare. Le grand orgue est tenu par M. Guilmant. On entend fréquemment son morceau intitulé Toccata. Gd'messe a 9 h. 1/2.

Parmi les Chapelles des Congrégations, a citer la Chapelle des Bénédictines du St-Sacrement, 20, R. Monsieur, ou le plain-chant est exécuté dans le style de Solesmes. Gd'messe à 9 h.

CULTE PROTESTANT 🟤🟤

Les Églises protestantes sont, comme on le sait, fort sobrement décorées. Les cultes, d'une grande simplicité, ont lieu à des heures variables et se composent de prières et d'un sermon :

Armée du Salut, R. Auber, 3 (Salut) | Batignolles, Bd Batignolles, 46 (Réf.) | Batignolles, R. Dulong, 47 (Luth.) | Belleville, R. J.-Lacroix, 97 (Réf.) | Bercy, R. Proudhon, 56 (Réf.) | Billettes, R. des Archives, 24 (Luth.) | Bon-secours, R. Titon, 20 (Luth) | Centre, R. du Temple, 115 (Libre) | Chapelle, R. de l'Isle, 48 (Bapt.) | Clichy, R. Gobert, 5 (Ref.) | Étoile, Av. Gde Armée, 54 (Réf.) | Gobelins, R. Lebrun, 35 (Réf.) | Grenelle, R. de l'Avre, 15 (Libre) | Gros-Caillou, R. Amelie, 17 bis (Luth) | Luxembourg, R. Madame, 58 (Libre) | Maison-Blanche, Bd de la Gare, 172 (Luth.) | Malesherbes, R. Roquepine, 4 (Méth.) | Menilmontant, R. Ménilmontant, 39 (Luth) | Milton, R Milton, 5 (Réf.) | Montmartre, R. Berthe, 2 (Réf.) | Nord, R. des Petits-Hôtels, 17 (Libre) | Nlle Jérusalem, R. Thouin (Swedg.) | Oratoire, R. St-Honoré, 147 (Réf.) | Parc St-Maur, Av. de Plaisance, 3 (Réf) | Passy, R. Cortambert, 19 et R. des Sablons, 65 (Ref.) | Pentemont, R. de Grenelle, 106 (Réf.) | Plaisance, R. de l'Ouest, 95 (Réf.) | Rédemption, R. Chauchat, 16 (Luth.) | Résurrection, R. Quinault (Luth.) | Réunion, R. de la Réunion, 121 (Réf.) | St-Antoine, Av Ledru-Rollin, 153 (Réf.) | St-Denis, R. St-Denis, 133 (Bapt.) | St-Esprit, R. Roquépine, 5 (Réf.) | St-Germain, Bd St-Germain, 184 (Réf.) | St-Marcel, R. Tournefort, 19 (Luth) | Ste-Marie, R. St-Antoine, 216 (Réf.) | St-Maur, R. St Maur, 34 (Réf.) | St Paul, Bd Barbès, 90 (Réf.) | Taitbout, R. Provence, 42 (Libre) | Ternes, R. Demours, 16 (Méth.) | Villette, Pass Thionville, 14 (Ref.) | Villette, R. de Crimée, 93 (Luth.).

CULTE ISRAÉLITE 🔵

Il y a 4 Synagogues à Paris; dont une du rite Portugais, celle de la rue Buffault. Les offices ont lieu le Vendredi entre 4 h. et 7 h. Adresses : R. N.-D.-de-Nazareth, 15; R. des Tournelles, 16; R. de la Victoire, 46; R. Buffault, 28 (rite Portugais).

Rappelons qu'ont peut visiter les Synagogues, et que les hommes doivent conserver leur chapeau sur la tête.

ÉGLISES 🔵🔵🔵 ÉTRANGÈRES

Nous avons groupé ici les églises étrangères. Dans quelques-unes, comme St-Julien-le-Pauvre, l'Église Russe, St-Stéphane, etc., les cérémonies sont fort curieuses. Les heures des offices varient selon le culte.

Allemand : St-Joseph, R. Lafayette, 214; Américain : Chapelle Américaine, R. de Berri, 21 | Chapelle Anglicane, Av. de l'Alma, 7 | Chapelle St-Luc, R. de la Grande Chaumière, 5 | St-Joseph, Av. Hoche, 50 | Ste-Trinité, Av. de l'Alma, 19 bis; Anglais : Congregational Chapel, R. Royale, 23 | Église Anglicane, R. Marbœuf, 1 | Église Écossaise, R. Bayard, 17 | Méthodistes, R. Demours, 7 | St-Joseph, Av. Hoche, 50; Espagnol : Corpus Christi, Av. Friedland, 27; Grec : St-Stéphane, R. Bizet, 7 | St-Julien le Pauvre, R St Julien le-Pauvre; Maronite : Chapelle Médicis, au Luxembourg; Polonais : Assomption, R. St-Honoré, 263; Romain, R. Jean-de-Beauvais, 9 bis; Russe : Église de la R. Daru; Suédois : Bd Ornano, 19.

🙰

THÉATRES

Principaux Théatres ‖ Genre de Spectacle ‖ Billets ‖ Location ‖ Conseils ‖

Le théâtre est le plus goûté des divertissements parisiens. C'est au théâtre que se révèlent le mieux les préoccupations et les tendances d'esprit de notre époque.

Le Théâtre-Français est resté la 1ʳᵉ scène littéraire de Paris. Il faut y voir une comédie de Molière avec Coquelin cadet ou une tragédie avec Mounet-Sully.

Le Théâtre Antoine pourrait s'appeler le « Théâtre-Français » des jeunes auteurs modernes. Grande simplicité de l'interprétation, exactitude superieure de la mise en scène. Antoine est un des premiers comédiens de Paris.

Le Théâtre de la Porte-St-Martin représente des pièces à grand spectacle dont le premier rôle est joué par Coquelin aîné, l'admirable comédien dont la célebrité est aussi universelle que celle de Mme Sarah Bernhardt, qui a aussi son théâtre à elle, le Théâtre Sarah-Bernhardt (classique, romantique et moderne).

Au Vaudeville, c'est Mme Réjane qui règne et enchante les spectateurs.

Les Nouveautés, les Variétés, le Palais-Royal, Cluny et Déjazet ont la spécialité des comedies « parisiennes », c'est-à-dire, légères, amusantes, très osées.

Au Châtelet se donnent les belles féeries, les pièces à grand spectacle, avec mise en scène merveilleuse et ballet.

L'Opéra interprete les grandes œuvres musicales, avec Mmes Bréval, Eglon, Ackté.

L'Opéra-Comique représente des œuvres musicales avec dialogue et des drames lyriques, avec Mmes Delna, Calvé, Bréjean-Gravière, Guiraudon, etc.

Pour les femmes élégantes, les représentations théatrales sont surtout des fêtes, et à l'Opéra, au Français, le spectacle est aussi bien dans la salle que sur la scène.

COMMENT ON PREND SES PLACES : Les journaux, les colonnes Morris, (sur les boulevards et grandes voies) donnent le programme de chaque théâtre, l'heure de l'ouverture de la salle et les noms. Le dimanche, les journaux publient le programme de la semaine, de l'*Opéra*, de l'*Opéra-Comique* et du *Théâtre-Français*.

Location. Pour être bien placé, il faut arriver avant le 1er lever de rideau. Il est plus pratique de prendre ses places en location au bureau spécial de chaque théâtre, l'après-midi. Les prix sont parfois majorés de 5o c. à 2 fr. On peut dans la plupart des théâtres retenir ses places par Téléphone (V. les n°° téléphoniques à nos Places de Théâtre). Un Plan en relief exposé près du Bureau de location permet, au dernier moment, de choisir les places encore disponibles. Les meilleures sont les fauteuils et les stalles d'orchestre, les fauteuils de balcon, les 1res galeries, les 1res et dernières loges. En général, les places de côté sont mauvaises, ainsi que les places d'amphithéâtre.

Dames. Les dames (V. Théâtres) ne sont pas admises à toutes les places.

Places. Si l'on se rend au spectacle sans avoir de places prises à l'avance, arriver assez tôt pour occuper un bon rang parmi les personnes qui « font queue » en attendant qu'elles puissent se présenter aux guichets. Les Tableaux indiquent quelles places délivre chaque guichet.

Les *marchands de billets* qui rôdent au tour de vous, en vous offrant des billets « meilleur marché qu'au bureau », vous trompent presque toujours.

Les *programmes* vendus à la porte des théâtres n'ont rien d'officiel et ne renseignent pas bien. Le véritable programme du spectacle est vendu dans la salle.

DANS LA SALLE : Dans quelques théâtres, il y a des Vestiaires à l'entrée, au rez-de-chaussée. Éviter un double pourboire en n'y déposant pas ses effets, qu'on ne donnera qu'à l'ouvreuse chargée de vous placer.

Les Ouvreuses (que l'on reconnaît à leurs bonnets enrubannés) sollicitent la remise des pardessus, cannes, chapeaux. Elles doivent donner un numéro. Il est d'usage, si l'on accepte leurs offres, de leur donner, à la fin du spectacle, un pourboire (5o c., 1 fr. et plus, selon les places et selon le théâtre).

Tout spectateur a le droit de s'affranchir de ce tribut.

Quand les billets que l'on possède ne portent pas l'indication de places numérotées, l'ouvreuse vous « case » bien ou mal de sa propre autorité, sous prétexte que les autres places libres sont louées. Il est bon de s'en assurer en lui demandant sa feuille de location, ou en s'adressant à l'Inspecteur du théâtre. Dans la plupart des théâtres parisiens, on peut en payant un supplément prendre de nouvelles places d'un prix plus élevé que celles choisies précédemment.

Pour les dames, l'ouvreuse apporte de petits bancs (rétribution comprise dans le pourboire du vestiaire). On peut les refuser.

En attendant le lever du rideau, on pourra se tenir debout, couvert, et examiner la décoration de la salle. Plafonds, panneaux, rideaux, cariatides, agencement des loges sont choses intéressantes à l'Opéra, à l'Opéra-Comique, au Français, à la Renaissance et dans la plupart des grands théâtres. En un rapide examen de la salle, on verra que la tenue de soirée est généralement adoptée aux fauteuils d'orchestre, de balcon et dans les 1res et 2es loges.

Les avant-scènes étant les places les plus en vue présentent, en général, un spectacle des élégances du jour. Exception faite pour les salles de peu d'importance, la tenue de voyage est toujours déplacée, à moins que l'on ne soit aux galeries supérieures ou à l'amphithéâtre.

Avant le lever du rideau et pendant les entr'actes, on peut garder son chapeau.

ENTR'ACTES : Aux entr'actes, visiter le Foyer et les Promenoirs. A l'Opéra, à l'Opéra-Comique, on verra des œuvres artistiques fort remarquables.

Au rez-de-chaussée, les contrôleurs délivrent des *contremarques* à qui veut sortir un instant du théâtre. Dans les cafés qui sont des dépendances des théâtres, une sonnerie électrique annonce la reprise du spectacle.

En cas d'indisposition, demander les soins du médecin de service dans la salle.

Réclamer son « vestiaire » avant le dernier acte, afin de pouvoir plus vite gagner la sortie, et arrêter une voiture ou prendre un omnibus.

Des omnibus partant plus tard que les omnibus ordinaires desservent maintenant le public des théâtres.

❧❧

COURSES DE CHEVAUX ✱✱✱
PRINCIPAUX CHAMPS DE COURSES ‖ PRIX D'ENTRÉE ‖ MOYENS DE TRANSPORT ‖ LE GRAND PRIX.

Introduites en France au siècle dernier par le comte d'Artois, elles sont devenues une des grandes attractions parisiennes, et nulle fête ou cérémonie officielle n'attire autant de monde que le Grand Prix de Paris, qui sera couru à Longchamp le 10 Juin 1900, le cheval gagnant rapporte environ 250 000 à son propriétaire pour cette course de 3 kil. (Voir Calendrier des Courses.)

HIPPODROME DE LONGCHAMP : *Bateaux* : Pont-Royal-Suresnes. Semaine, o fr. 20; Dimanche, o fr. 40. *Ch. de Fer* : St-Lazare-lès-Moulineaux. Station de Suresnes-Longchamp ou St-Lazare-St-Germain. Station de Suresnes : 1ʳᵉ, o fr. 60; 2ᵉ, o fr. 40.

Voitures de courses : 1 fr. à 2 fr. *Garages* pour Bicyclettes : 1 fr. par machine.

Entrée : Pelouse, 1 fr. 1 Cavalier; 5 fr. 1 voiture. 15 fr. (1 cheval), 20 fr. (2 chevaux). Pavillons, 5 fr. Pesage, 20 fr. (Hommes), 10 fr. (Dames). *Programme* officiel vendu o fr. 25; gratuit au pesage.

HIPPODROME DE CHANTILLY (11 kil. de Paris):

Ch. de Fer (gare du Nord). Trains spéciaux les jours de courses. Aller : 1ʳᵉ, 4 fr. 60; 2ᵉ, 3 fr. 10; 3ᵉ, 2 fr. Aller et retour : 6 fr. 40, 4 fr. 95, 3 fr. 20.

Entrée : Les prix sont les mêmes qu'à Longchamp, mais il n'y a pas de Pavillons.

HIPPODROME DE VINCENNES : *Ch. de Fer* : Gare de Vincennes à Joinville, trajet en 20 minutes. Aller et retour : 1ʳᵉ, 1 fr. 20; 2ᵉ, o fr. 90. *Bateaux* : Station de Charenton. *Voitures de courses* : 1 fr. (Aller).

Entrée : Pesage (Dames, 10 fr.; Hommes, 20 fr.). Pavillons, 5 fr. Pelouse, 1 fr. *Programme* officiel : o fr. 25.

HIPPODROME DE NEUILLY-LE-VALLOIS : *Ch. de Fer* : Gare St-Lazare : Station de Clichy-Levallois. Aller et retour : 1ʳᵉ, o fr. 80; 2ᵉ, o fr. 50. *Tramways* : La Madeleine-Levallois-Perret. Voitures de courses : 1 fr.

Entrée : Pesage : Hommes, 20 fr.; Dames, 10 fr. Pelouses, 3 fr.

HIPPODROME DE COLOMBES : *Ch. de Fer* : Gare St-Lazare à Colombes (trajet en 15 min.). Aller et retour : 1ʳᵉ, 1 fr. 35; 2ᵉ, 1 fr.; 3ᵉ, o fr. 65. *Tramways* : La Madeleine Colombes (Carrefour des Bourguignons). *Voitures de Courses* : Aller, 1 fr.

Entrée Pesage : Hommes, 20 fr.; Dames, 10 fr. Pelouses : 3 fr.

HIPPODROME DE MAISONS-LAFFITTE (Courses plates) : *Ch. de fer* : Gare St Lazare. Trains spéciaux à partir de Midi 15, trajet en 20 minutes. Retour à partir de 4 fr. 45. Aller et retour : 4 fr., 3 fr., 2 fr.

HIPPODROME D'ENGHIEN (Courses a Obstacles): *Ch. de fer* : G. du Nord. Trains spéciaux, Station de St-Gratien, à partir de 1 h ; trajet en 17 min. Aller : 1 fr. 35, o fr. 90, o fr. 60. Aller et retour : 2 fr., 1 fr. 50, o fr. 90. G St-Lazare. Trains réguliers, Station de St Gratien. Aller : 1 fr. 80, 1 fr. 20, o fr. 80. Aller et Retour : 2 fr. 70, 1 fr. 85, 1 fr. 25.

HIPPODROME DE ST-OUEN (Courses a Obstacles): *Ch. de fer*, G. du Nord. Trains spéciaux à partir de 1 h, trajet en 13 min.

HIPPODROME D'AUTEUIL : *Ch. de fer* de Ceinture (Station de Passy ou d'Auteuil). Aller : 1ʳᵉ, o fr. 55; 2ᵉ, o fr. 30. Aller et Retour: o fr. 50. Voitures de courses, 1 fr.

AUTORISATIONS COMMENT ON LES OBTIENT ∥ OU SONT-ELLES NÉCESSAIRES ? ∥ FORMULE DE DEMANDE.

Des autorisations sont nécessaires pour visiter certaines Collections ou certains Musées, dont nous donnons ci dessous la liste.

Nos lecteurs qui ne voudront pas perdre un temps précieux demanderont ces autorisations dès leur arrivée à Paris, ou, ce qui serait mieux encore, ils adresseront leur demande de cartes avant leur départ, en donnant, soit leur adresse en province, soit celle de la maison où ils comptent descendre en arrivant à Paris.

Formule de demande d'autorisation.

Monsieur,

J'ai l'honneur de solliciter l'autorisation de visiter (indiquer le musée) *le* (date)...., *en compagnie de .. personnes* (indiquer les noms et les adresses) .....

Veuillez, Monsieur, agréer, avec mes remercîments, l'expression de ma haute considération.

(Timbre pour réponse.)

(Signature et adresse.)

Les demandes peuvent être écrites sur papier libre, sauf pour les Égouts (feuilles timbrées à o fr. 60). Joindre toujours un timbre pour la réponse et indiquer si possible le nombre des personnes.

La plupart des cartes ne sont pas valables pour les dimanches et jours de fêtes.

Archives nationales. R. des Francs-Bourgeois. Écrire au *Directeur*. La Visite a lieu le Jeudi de midi à 3 h.

Catacombes. Pl. Denfert-Rochereau. Visite, 1ᵉʳ et 3ᵉ Samedi de chaque mois. Écrire au *Directeur des Travaux de Paris*, à l'Hôtel de Ville.

Conservatoire des Arts et Métiers, 92, R. St-Martin. Visite sans carte, Dimanche, Mardi et Jeudi, de 10 à 4 h.; pour les autres jours, écrire au *Directeur*.

Égouts. Visite, 2ᵉ et 4ᵉ Mercredi de chaque mois. de Mai à Septembre. Faire demande au *Préfet de la Seine* sur feuille de papier timbré à o fr. 60.

Hôtel de Ville. Visite des salles. Se présenter au *Secrétariat* à 2 h.

Imprimerie Nationale, 87, R. Vieille.

— RENSEIGNEMENTS —

du-Temple. Visite, le Jeudi, à 2 h. 1/2. Écrire pour demander billet au *Directeur*.

Institut de France, 23, R. Conti. Se présenter au *Secrétariat* avant 2 h.

Institution des Jeunes Aveugles, 56, B. des Invalides. Visite de l'Institution et des Ateliers. Écrire au *Directeur*.

Jardin des Plantes (Galerie et Serres) R. Geoffroy-St-Hilaire. Écrire au *Directeur* pour demander un billet d'entrée, certains jours étant réservés (V. l'article).

Manufacture des Gobelins, 42, Av. des Gobelins. Visite Mercredi et Samedi, de 1 h. à 3 h. Écrire au *Directeur*.

Manufacture des Tabacs, 63, Q. d'Orsay. Visite, Jeudi de 10 h. à Midi et de 2 à 4 h. Écrire au *Directeur*.

Hôtel des Monnaies, 11, Q. Conti. Visite les Mardi et Vendredi de Midi à 3 h. Écrire au *Directeur*.

Musées d'Anatomie Orfila, Dupuytren, Broca. Visite, le jour, de 11 à 4 h. Écrire au *Doyen de la Faculté de médecine* (l'autorisation n'est pas toujours accordée, surtout aux dames).

Musée de la Renaissance ou des Copies, à l'École des Beaux-Arts, 14, R. Bonaparte. Se présenter chez le *Concierge* pour faire la demande.

Observatoire de Paris. 1er Samedi de chaque mois. Écrire au *Directeur*.

Observatoire de la Tour St-Jacques. R. de Rivoli. Écrire à la *Direction des Travaux*, Hôtel de Ville.

Palais du Luxembourg (Sénat). R. de Vaugirard. Se présenter ou écrire au *Secrétaire général de la Questure* (on peut visiter sans carte de Juillet à Novembre).

Palais de Justice, Bd. du Palais, pour visiter le Cachot de Marie-Antoinette, la Conciergerie, la Salle des Gardes et les Cuisines de saint Louis, écrire au *Directeur général des Prisons* (ou mieux, se présenter le matin, à la Préfecture de Police).

Panthéon. Pl. du Panthéon. Pour visiter le Dôme et les Caveaux de la Crypte, écrire au *Directeur des Beaux-Arts*, 3, R. Levallois.

Réservoir de la Vanne, 113, R. de la Tombe-Issoire. Écrire à la *Direction des Travaux de Paris*, à l'Hôtel de Ville.

Tour de Jean Sans-Peur. Pour voir la Salle et l'Escalier intérieur, se présenter les Lundi et Jeudi, de 2 à 4 h., à la Mairie du 1er arrondissement (Pl. du Louvre) et faire la demande à l'*Architecte*.

ORIENTATION A VOL D'OISEAU

SUPERFICIE || POURTOUR || GRANDES DIVISIONS || PRINCIPALES CHOSES A VOIR.

Le *Grand Paris*! C'est surtout en le regardant du haut de la Tour Eiffel ou de la Butte Montmartre, ou en le parcourant d'une extrémité à l'autre, qu'on se rend compte de son immensité.

Ses 2 530 000 habitants — nous ne parlons que de la population sédentaire — sont logés dans 83 000 maisons d'une valeur d'environ 20 *milliards*.

Sa superficie est de 7 802 hectares — 36 kilomètres de pourtour, — avec un réseau de 4 100 rues, une cinquantaine de jardins, parcs ou squares, et environ 150 places.

Aussi, dans cette immense étendue, l'orientation n'est pas aisée, et il est bon d'étudier un plan de Paris dans ses grandes lignes.

Paris a la forme d'une ellipse; sa longueur du Nord au Sud est de 9 kil.; sa largeur de l'Est à l'Ouest est de 11 kil. environ.

La Seine, dans son parcours de 11 kilomètres, la partage à peu près en deux parties, la *rive droite* ayant une superficie plus étendue que la *rive gauche* à cause des deux courbes du fleuve.

LES GRANDES VOIES DE PARIS : Ce qui frappe tout d'abord lorsqu'on examine le plan de Paris, ce n'est point, comme dans les autres grandes villes, le nombre considérable des voies rayonnantes, parallèles ou perpendiculaires les unes aux autres dans les deux sens. Ce sont surtout les lignes concentriques, semblables à ces ondes produites lorsque l'on jette une pierre dans une eau tranquille.

La première de ces grandes courbes fermées part de la Pl. de la Concorde, longe les Grands Boulevards, jusqu'à la Pl. de la République, puis suit une autre ligne de Boulevards jusqu'à la Pl. de la Bastille, et revient à la Concorde, par le Bd Henri IV, le Pt Sully et le Bd St-Germain.

PRINCIPALES CURIOSITÉS : Cette partie englobe presque tout ce qu'il est essentiel de voir à Paris. Sur la rive dr. : la *Concorde* et les *Grands Boulevards*, c'est-à-dire le Paris mondain et cosmopolite, les beaux magasins, les grands cafés, etc., puis la *Bourse*, la *Bibliothèque Nle*, le *Théâtre-Français* et l'*Opéra*; l'*Opéra-Comique* et 10 autres théâtres; au centre, l'incomparable *Musée du Louvre*, les Halles, — le ventre de Paris; — plus loin encore, le *Conservatoire des Arts et Métiers*, les *Archives*, tout le vieux quartier du *Marais*, le *Musée Carnavalet*, le *Mont-de-Piété*, la Pl. des *Vosges*, l'*Hôtel de Ville*, et enfin, la *Tour St-Jacques*, puis deux théâtres : celui du *Châtelet* et de *Sarah-Bernhardt*.

Dans la *Cité*, la plus ancienne région de Paris : la *Morgue*, l'*Hôtel-Dieu*, *Notre-*

Dame, le *Palais de Justice*, la *Ste Chapelle*.

Sur la Rive Gauche : le *Palais des Thermes* et *Cluny*, la *Pl. St-Michel*, la Monnaie, l'*Institut*, plusieurs *Ministères*, l'*Académie de Médecine*, l'*École des Beaux-Arts*, le *Palais de la Légion d'Honneur* et enfin le *Palais Bourbon*.

Une seconde ligne de Boulevards, partant de la Pl. de l'Étoile, Av. Wagram, Bd de Courcelles, passe devant le *parc Monceau*, au pied de la *Butte-Montmartre*, Bd de Clichy, Rochechouart, quartiers gais, bordés de joyeux cabarets et de spectacles divers, puis, Bd de la Chapelle, Bd de la Villette, non loin des *Abattoirs* et au pied des *Buttes-Chaumont*; devant le *Père-Lachaise* (Bd Ménilmontant); traverse la grande Pl. de la Nation, ornée du *Triomphe de la République* de Dalou, et par le Bd Diderot se continue en franchissant le Pt d'Austerlitz, vers le *Jardin des Plantes*; du pont d'Austerlitz, une première ligne se continue par les Bds St-Marcel, Port-Royal et Montparnasse, englobant tout le Quartier Latin, le Luxembourg, une 2ᵉ par les Bds de la Gare, d'Italie, St-Jacques, Vaugirard, Garibaldi, Grenelle et l'Av. Kléber englobe toute l'*Exposition*, le *Champ de Mars* et le *Trocadéro*.

Entre ces deux portions de Paris et les Fortifications se trouvent tous les quartiers excentriques, habités par les ouvriers, sauf dans la partie Ouest; celle-ci, du viaduc d'Auteuil à la Pl. des Batignolles, est, par contraste, le quartier des plus riches habitants de Paris.

Deux voies presque droites partagent Paris en 4 parties, de l'Ouest à l'Est, en partant de la Pte Maillot et en suivant l'Av. de la Grande-Armée, les Champs-Élysées, la R. de Rivoli, la R. St-Antoine, le Faub. St-Antoine et la Pl. de la Nation, on arrive par le cours de Vincennes à la porte de Vincennes; c'est, du reste, l'itinéraire d'un des tronçons du Métropolitain.

On peut traverser tout Paris en prenant tout d'abord l'omnibus *Hôtel-de-Ville-Porte-Maillot* (demander une correspondance); ensuite, au Louvre, le tramway *Louvre-Vincennes*. Du Nord au Sud, de même, la R. de la Chapelle, une partie du faub. St-Denis, les Bds de Strasbourg et Sébastopol, St-Michel et l'Av. d'Orléans, se suivent en ligne presque droite d'une Porte à l'autre, à travers tout Paris.

Traversée de Paris pour 30 c., en prenant avec correspondance les tramways *Chapelle-Square Monge*, et *Gare de l'Est-Avenue d'Orléans*.

Une autre course intéressante est de prendre, dans un sens ou dans l'autre, l'omnibus *Madeleine-Bastille*, qui passe tout le long des Boulevards; arrive à la Bastille, on montera dans le tramway *Bastille-Avenue Rapp*, qui vous ramènera en face de la Concorde, et qui effectue justement le parcours du grand secteur central de Paris.

※～※

CE QU'ON PEUT VOIR A PARIS SANS BOURSE DÉLIER

Nulle ville au monde n'offre autant de curiosités et de distractions que Paris.

A côté des merveilles de l'Exposition, des Théâtres et de tous les lieux où l'on s'amuse, mais où l'on paye, il est d'autres spectacles que tout le monde peut voir pour rien et qui permettent de saisir encore davantage la vie de la grande ville.

Nous ne parlons que pour mémoire des Monuments publics, des Églises, des Musées dont nous indiquons les heures d'ouverture et de fermeture; des divers Marchés, des Exércices militaires qu'on voit de la rue, dans les cours des Casernes, des saltimbanques qui s'installent au milieu d'une place publique ou des Chanteurs ambulants arrêtés au coin d'une rue.

Aller voir, le Matin, de 4 à 6 h., cette immense foire aux victuailles qu'on appelle les Halles (V. ce mot).

Rien de plus curieux que cette foule grouillante d'hommes, de femmes, qui vont, viennent, crient et gesticulent. Il y a là des types singuliers, spéciaux à Paris, qui font la joie de l'observateur : les *forts* à la puissante musculature, les *ravaudeuses* et *regrattières* qui vont de tas en tas, se disputant partout, le *miséreux* qui suit un porteur pour ramasser les feuilles de choux, les pommes de terre échappées de la manne d'osier; les marchands de soupe et de café à 2 sous, les maraîchers de la banlieue, les marchandes des quatre saisons, et mille autres types encore.

A l'aube, on peut voir aussi R. du Croissant le *départ des journaux*, que des voitures emportent aux gares par milliers de ballots et qu'une armée de « camelots » et de porteuses emporte aux quatre coins de Paris.

Un peu plus tard, entre 6 et 9 h., assister au *réveil de Paris*; les magasins qui s'ouvrent et la foule des employés et des ouvriers, des demoiselles de magasin et des petites ouvrières qui défilent en bandes, se rendant à leur travail.

Aller lire les Dépêches qui sont affichées dans le Hall du *Crédit Lyonnais* (Bd des Italiens), ou les Journaux dans les salons des grands Magasins du *Louvre* ou du *Bon Marché* (on peut aussi y faire sa correspondance).

A 11 h. ou à 4 h., entendre le Carillon de St-Germain-l'Auxerrois.

A partir de 1 h., tous les jours, sauf

lundi et fêtes, assister au *Palais de Justice* (Cour de Mai) aux audiences du Tribunal de Simple Police.

Flagrants délits : cochers venant se faire octroyer 5 fr. d'amende pour avoir démoli une bicyclette, écrasé un bourgeois ou « répondu mal à Monsieur l'Agent »; bonnes qui ont secoué des tapis par la fenêtre après 11 h ; gens arrêtés pour ivresse; etc. C'est un défilé des plus comiques.

Sauf pendant les vacances, du 15 Juillet au 15 Oct., on peut assister aux audiences de 1 h. à 3 h.) des autres Tribunaux ou à un cours d'une des Facultés, ou bien à une séance du Sénat, de la Chambre, du Conseil Municipal, ou encore aux conférences de la Sorbonne et du Collège de France.

De 1 h. à 3 h., aller faire un petit tour à la Bourse pour savoir les nouvelles et l'état de l'horizon politique.

Entre 3 h. et 4 h., aller à la *R. du Croissant* au moment de la distribution des Journaux du soir. La rue est noire de *camelots* qui s'élancent à l'assaut dès que les guichets sont ouverts, pour acheter quelques centaines de journaux (5o c. à 1 fr. le cent en moyenne).

Et c'est alors une course éperdue, chacun s'enfuyant avec son ballot de papiers et criant à tue-tête le titre de son journal.

Voir 39 R. du Fg-Montmartre, la Salle des Dépêches de *la Patrie*; sur le Bd. Poissonnière, celle du *Matin*; sur la Pl. de l'Opéra, celle du *Journal des Débats*, 20. Bd Montmartre, celle du *Petit Parisien*; celle du *Journal*, 100, R. Richelieu.

Toutes les actualités de la semaine sont là, dessinées ou photographiées.

A 3 h., aller au Bois, pour assister au défilé du Tout-Paris ou en se promenant aux Champs-Élysées, au retour des équipages.

Dans l'Après-Midi, on peut encore aller à l'*Hôtel des Ventes* (V. ce mot).

De 5 h. à 7 h., flâner sur les Grands Boulevards pour voir passer comme en un cortège les représentants de toutes les nations exotiques mêlés à des provinciaux, à des Parisiens et à des Parisiennes.

C'est le monde tout entier qui circule sur le ruban de bitume du boulevard.

Voir du Pt *Saint-Michel*, du Pt *des Arts* ou du Pt *de la Concorde*, le coucher du soleil sur la Seine.

A 7 h., assister à la sortie des ouvrières du quartier du Temple, du Fg Montmartre et du quartier de Clichy.

A 8 h. 1/2, voir l'entrée des « sans-asile » à l'*Auberge Fradin*, 35, R. St-Denis près des Halles.

A 11 h. 1/2 ou minuit, voir la *sortie de l'Opéra* : défilé d'élégance masculine et de grâce féminine, et aller passer le reste de la nuit à Montmartre ou autour des Halles.

Lire dans les journaux les annonces des grands Mariages, des grands Enterrements, de toutes les Cérémonies ou Fêtes publiques, auxquelles on peut assister en simple spectateur.

Le Dimanche, assister à la Grand'messe en musique (10 h. 1/2) V. ÉGLISES, St-Augustin, N.-D.-de-Lorette, la Madeleine, St-Sulpice), ou assister aux cérémonies d'un autre culte : St-Julien-le-Pauvre (Église grecque); chapelle des Maronites (Luxembourg); Église Russe, etc.

Aller entendre les Musiques militaires dans les grands jardins et les squares de la Ville (de 4 à 5 h.

Que d'autres plaisirs encore, surtout pour les dames : les visites aux grands magasins, aux grands couturiers, etc., aux boutiques de la R. de la Paix, de l'Av. de l'Opéra, etc.

Et pour ceux qui veulent pénétrer dans les détails et l'intimité des existences parisiennes, n'y a-t-il pas la visite des appartements *a louer*, que le concierge s'empressera de vous faire voir, surtout si vous lui dites, que, étranger, vous avez l'intention de vous fixer à Paris.

COMMENT VOIR PARIS EN UN JOUR POUR 25 FR.

Il semble impossible de visiter Paris en un jour. Cependant, en se levant à 5 h. du matin, on peut en une seule journée avoir une vue d'ensemble de Paris, une vision rapide de sa vie populaire, visiter même ses principales curiosités et ses plus beaux monuments.

L'itinéraire tracé ici pourra être utile aussi bien au touriste qui ne dispose que d'un jour qu'à celui qui voudra avoir une idée générale sur Paris avant de le voir en détail — la partie de Paris sur laquelle s'élève l'Exposition mise à part.

Nos lecteurs s'en tiendront, autant que possible, à l'Horaire établi avec soin ci-dessous. Ils trouveront dans notre *Guide d'un Jour* tous les renseignements qu'ils rencontreront sur leur passage. La description complète des Monuments, Édifices, etc., se trouve à la 2ᵉ partie de notre Guide (*Dictionnaire de Paris*).

ITINÉRAIRE 5 h. 1/2-6 h. Se rendre à pied, ou en voiture si la distance est grande, aux Halles. Commencer la visite du côté de l'église St-Eustache, à g., par le Pavillon de la Viande. Faire le tour en traversant les voies couvertes, où la circulation n'est pas toujours très aisée, puis revenir à droite dans la R. Pierre-Lescot et prendre, à dr., la R. de la Grande-Truanderie, à l'extrémité delaquelle se trouve une station de voitures, contre l'église St-Leu.

Pour éviter des discussions et des pertes de temps, on remettra au cocher *son itinéraire sur une feuille de papier.*

6 h. 1/2. Prendre une voiture *à l'heure,* et se faire conduire à *l'Église du Sacré-Cœur.*

Le fiacre suivra le Bd Sébastopol, sur lequel on verra, à dr. le *Square des Arts-et-Metiers,* avec le *Conservatoire des Arts et Metiers,* dans le fond.

La voiture coupera ensuite les Grands Boulevards (Bd St-Denis à g., et St-Martin a dr.) : remarquer les deux *Portes* et, plus à dr., les Théâtres *Lyrique, Renaissance,* la *Porte-St-Martin* et l'*Ambigu,* et suivra le Bd de Strasbourg. A g., on verra la *Scala,* a dr., l'*Eldorado* et le *Théâtre Antoine.*

Avant d'arriver à la *Gare de l'Est,* on obliquera à g. pour suivre le Bd Magenta; la rue qui descend à g. est le Faubourg St-Denis avec, à l'entrée, la *Prison St-Lazare* (femmes). A côté du marché couvert commence la R. de Chabrol, où se trouvait le *Fort Chabrol,* illustré par la résistance de M. Jules Guérin. Voir à dr. la *Gare du Nord,* et plus loin l'*Église St-Vincent-de-Paul.*

Après le Bd Magenta vient le Bd Barbès, avec à g. les coupoles dorées des *Magasins Dufayel,* puis les R. Custine, Becquerel et Lamarck, qui escaladent le flanc de la Butte. La voiture s'arrêtera R. Lamarck, au pied de la Basilique. On suivra, à pied, la R. de la Borne, pour pénétrer dans l'Église.

7 h. 1/2. — Visite du Sacré-Cœur. Si l'on marche rapidement, on aura le temps de voir la Crypte (prendre des billets, 25 c.); le Dôme (50 c.) et la Cloche dite *la Savoyarde* (50 c.). Revenir ensuite à la voiture, et jeter, avant de partir, un coup d'œil sur le magnifique *Panorama de Paris* qui s'étale sous vos pieds, comme un immense plan en relief. (Voir au mot *Sacré-Cœur,* dans le Guide, la Table d'Orientation des principaux monuments.)

La voiture redescendra en suivant la R. Lamarck (*Panorama de Jérusalem*), la R. Caulaincourt, qui longe le Cimetière Montmartre, la Pl. Clichy, la R. de Clichy (à g., le *Casino de Paris* (music-hall), le *Nouveau-Théâtre*), la Pl. de la Trinité, avec l'*Église* du même nom, la R. de la Chaussée-d'Antin et, après avoir passé à dr. devant le *Vaudeville,* on aboutira au Bd des Italiens, sur lequel se trouvent, à dr. le *Crédit Lyonnais* et l'*Opéra-Comique,* à g. les Théâtres des *Nouveautés* et *Robert-Houdin.*

Prendre à dr. la R. de Richelieu, voir l'Hôtel du *Journal,* puis aller Pl. de la

Bourse. Revenir ensuite par la R. Vivienne, sur le Bd Montmartre (Salle des Dépêches du *Petit Parisien*).

On longera le Bd des Italiens et des Capucines jusqu'à la Pl. de l'Opéra (arrêt pour voir le superbe coup d'œil). Au fond la riche façade de l'Opéra; le Bd des Capucines continue de l'autre côté de la Pl. Un peu plus à g., la R. de la Paix, avec au fond la Pl. et la Colonne Vendôme. A l'angle de la R. de la Paix et de l'Av. de l'Opéra, le *Cercle militaire.*

Descendre ensuite l'Av. de l'Opéra, et arriver Pl. du Théâtre-Français (*Théâtre Français*). Descendre de voiture p. visiter le *Jardin du Palais-Royal* (10 min.). Remonter en voiture, traverser la Pl. du Palais-Royal (à g. le *Palais du Conseil d'État,* à dr. les *Palais du Louvre,* et en face les *Grands Magasins du Louvre*).

S'arrêter un peu plus loin dans la R. de Rivoli et congédier la voiture.

9 h. 1/2. Visite des MUSÉES DU LOUVRE (2 h.). Entrer par la porte à dr. entre les 2 grilles, en face des Magasins du Louvre, traverser la Cour d'honneur et entrer à dr. sous le Pavillon de l'Horloge (V. *Louvre*). A 11 h. 1/2, sortir du Louvre du côté de la Pl. du Louvre (Mairie à g.; à dr. *Église St-Germain-l'Auxerrois;* entre deux se dresse la *Tour de St-Germain-l'Auxerrois*). Voir l'Église.

Déjeuner dans un restaurant des environs, autant que possible du côté de la Pl. du Châtelet, et prendre de nouveau une voiture à l'heure.

Midi 1/2. Pl. du Châtelet (à g. le *Théâtre du Châtelet;* à dr. le *Théâtre Sarah-Bernhardt;* un peu plus en arrière, la *Tour St-Jacques.* Longer le square entourant la Tour, suivre l'Av. Victoria (à dr. à l'extrémité, les bâtiments de l'*Assistance Publique*).

Midi 3/4. Arrivée Pl. de l'Hôtel-de-Ville. La visite de ce dernier n'est pas indispensable, du reste on ne peut y entrer qu'à partir de 2 h. A *Notre-Dame* par le Pt et la R. d'Arcole (on longe à dr. l'Hôtel-Dieu). Descendre Pl. du Parvis et examiner d'abord la façade, puis le côté gauche (R. du Cloître), curieux par ses gargouilles. Visite rapide de la Cathédrale, en longeant les bas-côtés. — Voir ensuite la *Morgue,* derrière N.-D. (en face l'Ile St-Louis), puis se rendre au *Palais de Justice* par le Quai aux Fleurs, ou par la Pl. du Parvis et la R. de Lutèce (à dr. le *Tribunal de Commerce*).

1 h. 1/2. On visitera rapidement le *Palais de Justice* (1/4 d'h. env.); en redescendant le Grand Escalier on aperçoit, en face, au fond, l'*Hôtel-Dieu;* on passe à dr. dans la Cour de la *Ste-Chapelle* (visite de cette dernière en 10 min.).

RENSEIGNEMENTS

Les bâtiments autour de la Cour sont ceux du Dépôt et de la Sûreté.

Aller au Musée de Cluny en suivant le Bd du Palais (à g. la *Préfecture de Police* et l'*État-Major* des *Sapeurs-Pompiers*, le Pt St-Michel, la Pl. St-Michel (belle *Fontaine*), et le Bd St-Michel. Le *Musée de Cluny* est à l'intersection des Bds St-Michel et St-Germain (à dr. la Maison Hachette). La voiture s'arrête à l'entrée du musée, R. du Sommerard.

2 h. 1/4. Visite du Musée de Cluny en 3/4 d'h. A la sortie, on se trouve en face des bâtiments de l'Université. Longer la R. St-Jacques (Lycée Louis-le-Grand à g. Nouvelle Sorbonne à dr.). Prendre à g. la R. Cujas (Collège *Ste-Barbe* à g., à dr. l'*École de Droit*) et arriver Pl. du Panthéon.

3 h. 1/4. Au fond, à g. l'*Église St-Étienne du Mont*, plus à dr. le PANTHÉON, qu'on visitera sans aller voir les Caveaux. Voir en quelques minutes l'intérieur de St-Étienne du Mont. Descendre ensuite la R. Soufflot, longer les Jardins du Luxembourg, passer devant l'*Odéon* (à dr.), puis devant le *Palais du Sénat* (à g.) et l'*Oratoire de Marie de Médicis* et visiter le *Musée du Luxembourg*. On se rendra ensuite dans les Jardins du Luxembourg (Musique militaire 3 fois par semaine, de 4 à 5 h.).

5 h. 1/2, 6 h. Descendre le Bd St-Michel. A g. le Lycée St-Louis, à dr. la Pl. et l'Église de la Sorbonne. De là, se faire conduire sur les Grands Boulevards, en suivant les Quais. Voir en passant l'*Hôtel des Monnaies*, le *Palais de l'Institut*, l'*École des Beaux-Arts*, traverser le *Pont-Royal* et longer les *Tuileries* jusqu'à la *Concorde*, passer R. *Royale* entre le *Ministère de la Marine* (à dr.), les Cercles de l'*Automobile-Club* et de la R. *Royale* (à g.), et arriver enfin devant la *Madeleine*, aux *Grands Boulevards* jusqu'à l'endroit où il vous plaira de dîner pour aller ensuite finir la soirée au Spectacle. (V. les Affiches des Colonnes Morris), ou dans les Cabarets artistiques de la Butte Montmartre, ou à l'Exposition.

Budget de la journée. Voitures, 10 fr. Divers (Billets, etc., 2 fr. deux repas, 6 fr. Spectacle, 7 fr. Total, 25 f.

PARIS LA NUIT ●●● Paris vit la nuit comme le jour. Dès que les becs de gaz et l'électricité s'allument, une autre vie commence et se prolonge jusqu'aux lueurs de l'aube.

Voici, succinctement indiqués, les plaisirs, les attractions et les curiosités de Paris la nuit.

Tous les soirs, de 8 h. 1/2 à minuit : 1° les théâtres ; 2° les grands MUSIC-HALLS : l'O-lympia, les *Folies-Bergère*, le *Casino de Paris* ; 3° les *Cirques* : le *Nouveau-Cirque*, l'*Hippodrome de la Pl. Clichy*, le *Cirque Medrano*, l'*Hippodrome des Champs-Élysées* ; 4° les *cafés-concerts* : l'*Eldorado*, la *Scala*, *Parisiana*, les *Ambassadeurs* ; 5° les *concerts de quartier* : *Ba-Ta-Clan*, le *Gr. Concert Européen* ; 6° les *bals* : le *Moulin-Rouge*, le *Jardin de Paris*, tous les soirs. Le dimanche, jeudi et samedi : Bullier. Les *bals populaires* ou bals de quartier : les samedis, dimanche et lundi : *Salle Wagram*, *Tivoli Vaux-Hall*, le *Moulin de la Galette* ; dans le quartier des Gobelins, le *Casino du XIII*e ; dans le quartier Montparnasse, le bal *Beuzon* ou des *Mille Colonnes*, R. de la Gaîté ; 7° les *bals musettes*, fréquentés par les Auvergnats, R. Mouffetard n° 20, etc. ; 8° les cabarets artistiques de Montmartre, ouverts jusqu'à minuit et même 2 h. du matin (V. *Butte Montmartre*).

A MINUIT, à la sortie des théâtres, l'activité est grande dans certains restaurants de nuit, où l'on soupe, comme par exemple au Café Américain, au Café de Paris, chez Sylvain, chez Paillard, chez Maxim's où il n'est pas rare que l'orchestre des tziganes invite les soupeurs et les soupeuses à danser.

DE 2 A 3 H. DU MATIN la vie dans les restaurants de nuit devient intense sur la Butte Montmartre (Abbaye de Thélème, café du Rat mort, café de la Place Blanche).

DE 3 A 4 H. DU MATIN, la circulation est déjà complète autour des Halles, et les restaurants qui s'ouvrent spécialement dès 1 h. 1/2 du matin voient leur clientèle arriver (*Baratte*, le *Père Tranquille*, les *2 Pavillons*, le *Bon Chasseur*, le *Bon Pêcheur*, le *Chien qui fume*, etc.) A l'*Ange Gabriel* (9, R. Pirouette), au 1er étage, très curieuses productions lyriques et peintures retraçant le *Voyage de l'ange Gabriel à Paris*. — Autre établissement où l'on chante et qui rappelle, par son public interlope, les *Mystères de Paris* : Le *Caveau*, R. des Innocents. Deux gardiens de la paix en permanence. Tous les jeunes condamnés à mort ont laissé leurs noms sur les tables ou les murs du Caveau.

Sur la RIVE GAUCHE de la Seine, près de la Pl. Maubert, dans les parages de l'ancien Château Rouge, démoli aujourd'hui, existe encore le cabaret nocturne du *Père Lunette*, décoré de fresques naturalistes et refuge de quelques ivrognes.

Au Bd St-Michel, la vie nocturne du Quartier-Latin se prolonge jusqu'au matin à *La Lorraine* (R. des Écoles, tout près du boulevard et de la Sorbonne) ; et un peu plus haut, sur le Bd St-Michel, au *Café d'Harcourt* et à la *Taverne du Panthéon*.

RENSEIGNEMENTS

2ᵉ Partie

DANS PARIS

PARIS est par les Arts une patrie commune à tous les peuples. Qui n'a pas vu ses Musées et ses Églises, ses Monuments et ses Édifices, ses Places, ses Jardins, ses Parcs, ses Promenades, ses Boulevards et ses Théâtres, ignore les plaisirs que l'Art donne à l'esprit, n'a pas senti la Beauté et goûté la joie de vivre.

Le poème émouvant du Moyen âge n'est-il pas tout entier à Notre-Dame? Et le Louvre n'est-il pas le vrai Palais de la France? Quelle vue est comparable à celle de ce Paris immense déroulant comme une mer de pierres, au bas des terrasses du Sacré-Cœur, ses Palais, ses Colonnes, ses Arcs de triomphe, ses Clochers pareils à des mâts de navire, ses Ponts reliant des îles de verdure? Où trouver des sensations d'art aussi délicieuses que dans cette nef de la Ste-Chapelle, aux vitraux de pierres précieuses, et en face de ce jubé de St-Étienne-du-Mont aux lignes onduleuses de lianes se découpant sur un fond de forêt aux branches merveilleusement fleuries d'étoiles?

Montaigne disait déjà de Paris qu'il était «l'ornement du monde», et Victor Hugo, deux siècles plus tard, écrivait : «Qui regarde Paris a le vertige. Rien de plus fantastique, rien de plus tragique, rien de plus superbe.»

Paris est, en effet, avant tout, une ville artistique. C'est là son côté «superbe». Et c'est celui que nous avons voulu montrer dans ces pages qui ne visent pas à offrir une description complète de Paris — car celle de Joanne est admirablement faite et répond pleinement à ce but, — mais seulement les plus admirables ou les plus curieux aspects de Paris.

Notre Guide n'est pas un Catalogue ni une Nomenclature, mais un Cicerone intéressant à écouter, qui s'efforce de montrer les traits les plus saillants de la physionomie des choses. La forme «Dictionnaire» que nous avons prise permet au touriste d'être renseigné tout de suite, en courant, là où il se trouve, sans être astreint à aucun itinéraire fixé d'avance.

S'il se trouve sur la place St-Michel, par exemple, il n'a qu'à chercher le mot St-Michel et en quelques secondes il est renseigné sur tout ce qu'il voit, sur tout ce qui l'entoure et sur les curiosités qui sont dans le voisinage.

ACADÉMIE FRANÇAISE Société célèbre fondée par Richelieu et composée de 40 membres appelés Immortels. Ils sont élus au scrutin secret après avoir sollicité l'honneur d'en faire partie.

A l'Institut, 23, Q. Conti, sur la rive g., près du Pt. des Arts. Omnibus : Maine-G. du Nord.

Siègent au Palais de l'Institut : les cinq Académies : Ac. Française; Ac. des Inscriptions et Belles-Lettres; Ac. des Sciences; Ac. des Beaux-Arts; Ac. des Sciences Morales et Politiques.

L'ACADÉMIE FRANÇAISE. La plus célèbre des Académies, se compose de 40 membres (traitement annuel : environ 1500 fr.) : romanciers, poètes, historiens, philosophes ou hommes dont s'honore particulièrement notre époque. Fondée par Richelieu en 1634, elle revise incessamment le Dictionnaire de la Langue française.

Distribution des Prix de vertu et des récompenses aux lauréats de l'Académie :

le 25 octobre. Pour y assister, demander une carte au Secrétariat (2ᵉ cour, à g.).

Palais de l'Institut. Ancien Collège des Quatre-Nations, fondé en 1661 par Mazarin, et construit sur l'emplacement de l'Hôtel de Nevers et de la Tour de Nesle.

En arrivant par le Quai, on voit tout d'abord la Coupole et à dr. une aile occupée par le MUSÉE DE MME DE CAEN, qui contient les envois des Prix de Rome (visible de 10 à 4 h., t. l., j. pourb.); devant la façade, statues de Voltaire par Caillé, et de Condorcet par J. Perrin.

Entrée sous la voûte à g. du portail. Pour visiter, s'adresser, à g. en entrant, au Concierge (pourb.).

Cour d'Honneur. Bordée à g. par la Bibliothèque Mazarine (V. ce mot), à dr. par le Palais de l'Institut.

La Coupole. Les visiteurs traversent d'abord le Vestibule, décoré de statues (Molière, Montesquieu, Fénelon, Bossuet, puis de là pénètrent dans la Salle des séances, sous le dôme (*la Coupole*), qui est l'ancienne chapelle du Collège, et renferme le tombeau de Mazarin.

C'est dans cette salle qu'a lieu la réception des nouveaux membres de l'Académie, qui est un des spectacles parisiens courus du « Tout-Paris ». Les Académiciens portent, ce jour-là, l'habit vert aux feuilles brodées de soie verte, l'épée et le demi-claque.

2ᵉ **Cour.** D'un côté s'élèvent les bâtiments de la Bibliothèque particulière de l'Institut, etc., de l'autre ceux de Secrétariat

PALAIS DE L'INSTITUT (*Cl. Gaillard*).

(Vestibule orné de bustes d'Académiciens), et des Salles des Séances ordinaires des Académies.

3ᵉ **Cour.** Au fond, le BUREAU DES LONGITUDES et un Passage s'ouvrant sur la R. Mazarine.

ACCLIMATATION JARDIN D' ✸✸✸✸✸

Le Jardin d'Acclimatation, qui a pour but d'acclimater, de multiplier et de répandre les espèces animales et végétales agréables ou utiles, occupe 20 hectares du Bois de Boulogne, et offre aux curieux un but de promenade des plus intéressants.

Situé au milieu du Bois de Boulogne, près de la Pte Maillot (prendre la grande allée de g. à l'entrée du Bois. **Omnibus :** Hôtel de Ville-Pte Maillot. **Tramways :** Pl. de la Madeleine à Courbevoie. **Chemin de fer de ceinture :** Station : Pte Maillot ou Av. du Bois-de-Boulogne.

De la Pte Maillot un tramway miniature conduit à l'entrée du jardin (20 c.) ou au milieu du jardin (35 c.); dans ce dernier cas, on prend en même temps le billet d'entrée (1ᵉʳ départ à 9 h.). — W.-C. près de l'Aquarium et de la Pisciculture.

Ouvert toute la journée. Entrée 1 fr. la semaine ; 50 c. le dimanche. Au-dessous de 7 ans, les enfants accompagnés ne payent pas. Entrée d'une *voiture* 3 fr. Réductions aux sociétés, noces, etc.

Pour les achats d'animaux, de volatiles, d'œufs, s'adresser à la Direction.

ITINÉRAIRE : En arrivant par la Porte Maillot et en débarquant du petit tramway, suivre la large allée qui fait le tour du Jardin et autour de laquelle sont groupées les principales curiosités.

A dr., les *bâtiments de l'Administration,* puis les *Serres de Vente* (on visitera, en revenant, le *Palais d'Hiver* ★ et son immense hall le *Palmarium* ★, situé à peu de distance et en face de ces serres).

LE MUSÉE DE CHASSE ET DE PÊCHE (engins destructeurs) n'est pas très important. Un peu plus loin, la Salle de vente des produits industriels, puis, à g., une petite Ménagerie avec deux singes fort rares et de taille colossale, deux *hamadryas* ★ qui sont au Jardin depuis 6 ans. Les hamadryas en troupe ne craignent pas l'attaque du lion. Ceux qui sont en captivité ne se nourrissent que de légumes et de pommes.

LE PALAIS DES SINGES, un peu plus loin, est précédé d'une grande cage grillée où prennent leurs ébats des singes de petite taille. (S'ils ne sont pas exposés, entrer dans la *Singerie* par des portes opposées à l'allée.)

LA FAISANDERIE, devant laquelle on arrive ensuite, est fort intéressante à visiter ; on y voit, à côté des faisans dorés, des perruches de toutes couleurs, roses, mauves, blanches, s'ébouriffant comme autant de chrysanthèmes vivants, des ibis sacrés, des hérons blancs, des râles au bec vert et aux yeux rouges. Voir aussi les poules sultanes casquées de vermillon, le faisan noble de velours violet, le faisan *swinhoe* ★ qui a les yeux noirs et la face rouge. (Devant la Faisanderie, statue du naturaliste *Daubenton*.)

Les parcs qu'on longe à g. ne contiennent pas d'animaux particulièrement rares. Ce sont des cigognes, des grues et autres échassiers.

DU PIGEONNIER, dont on aperçoit la tour située derrière le Parc aux Autruches, ont lieu, quelquefois en été (le dimanche), des lâchers de pigeons-voyageurs. — Un ruisseau passant derrière ce Pigeonnier longe le Jardin en toute son etendue.

LA POULERIE à dr. renferme des poules de toutes races, des dindons, des pintades, des paons etalant leur queue aux mille facettes d'acier serties de vieil or. A g., der-

Voir plus loin, à dr., les hémiones, les zèbres, la girafe, le Panorama de la *Flotte transatlantique, en rade du Havre*, par Poilpot (5o c.), puis, à g., le **Bassin des Otaries, qui prennent joyeusement leurs ebats dans un grand bassin d'eau vive d'ou émergent des rochers. A leur repas (3 h.), les otaries consomment des seaux de poissons. (Ne pas trop s'approcher du bassin à cause des eclaboussures.)

A dr. de l'allée, la **Laiterie** (tasse de lait 4o c.; lait livré à domicile, 1 fr. le litre).

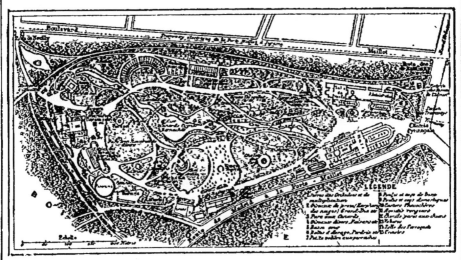

PLAN DU JARDIN D'ACCLIMATATION

rière le **Parc aux Moutons**, un *Bureau de tabac*.

A dr., Parcs des boucs, des chèvres, chalet des kangourous originaires d'Australie, des lamas nés sur les hauts plateaux asiatiques.

En arrivant à la *Buvette*, on se trouve près des **Écuries**, qui occupent le fond du Jardin. — Derrière les Écuries, l'Ecole d'Équitation comprend petit et grand manège (1o cachets : 7o à 1oo fr. pour leçons particulières, 35 à 5o fr. pour leçons collectives).

Devant les Écuries, grande animation surtout le dimanche : Embarcadère pour promenade à dos de chameau ou d'éléphant sous la surveillance des gardiens. Les poneys sont mis à la disposition des enfants seulement. Face à l'Embarcadère, Kiosque ou l'on délivre les billets : éléphants, 25 c.; petites voitures, attelées de zèbres, d'ânes, 25 c.; chevaux de selle, 5o c.; voiture de l'autruche, 5o c.; voiture de chèvres, 5o c. (On ne doit pas de pourboire aux employés. Il est défendu de faire courir les animaux.

La *Pelouse* qui fait face aux Écuries est destinée pendant l'été à l'exhibition des naturels exotiques vivant selon les mœurs et coutumes de leur pays d'origine.

On trouve sur le même côté l' ***AQUARIUM**, qui a coûté 4oo ooo fr. Consommation de 7 à 8ooo fr. d'eau de mer que l'on renouvelle tous les 4 ans, mais qui est fréquemment oxygenée et filtrée.

Voir, derrière l'Aquarium, les grues, les pingouins et la Pisciculture, très intéressante avec ses appareils pour l'éclosion des œufs de poissons, ses bassins d'alevinage, etc. On y élève surtout la truite arc-en-ciel, un joli poisson de chair délicate destiné à repeupler nos viviers et nos étangs. — W.-C. tout proche.

Presque en face de la Pisciculture, emplacement des Concerts d'été, jeudis et dimanches à 2 h. Prix des chaises : 1o c. Pendant l'hiver, les concerts ont lieu dans le Jardin d'Hiver. — *Bureau de tabac.*

Plus loin, à dr. le Chenil avec les principales races de chiens de garde, de chassé et d'agrément. (On vend de jeunes chiens. Demander le tarif à l'Administration.) Sur le même côté, Cages d'animaux féroces, Galerie des animaux de proie.

Le **Palais du Jardin d'Hiver**, construit

en 1893, renferme d'abord (en venant du Chenil) une vaste Volière divisée en 3 salles. La 2ᵉ renferme des centaines de perroquets criaillant en un concert étourdissant. Voir dans de petites cages, à dr. de l'entrée, la perruche à tête d'or, le perroquet à tête bleue, le lori cramoisi, l'amazone à front bleu.

Derrière la Volière, grand Pavillon orné d'une grotte où des panthères bondissent comme en liberté.

Après avoir longé la terrasse du *Café-Restaurant* (bock, 30 c.; sirops, 50 c.; pâtisserie, 20 c.) derrière lequel se trouve la *Salle des Conférences*, entrer dans le **PALMARIUM**, vaste hall très haut. Des palmiers géants lan-

ARC DE TRIOMPHE DE L'ÉTOILE

cent jusqu'au faîte le jet courbe de leurs palmes. Une vigoureuse végétation surgit du sol. L'atmosphère est douce. La lumière est bleutée. C'est l'Orient à Paris.

Le Palmarium sert d'entrée à la Salle des Conférences où se donnent les concerts en hiver. (50 c. à 2 fr. les places assises; entrée libre et gratuite dans le pourtour. Interdiction de fumer, de circuler pendant l'exécution des morceaux, de pénétrer dans la salle avec des chiens.)

Le Palmarium communique avec *la Grande Serre* où sont cultivées les plantes exotiques les plus décoratives. Des ruisselets courent sous la dentelle des fougères rares. Des arbustes d'Afrique, d'Amérique, d'Australie, croissent sous les bras étendus des palmiers. On est transporté dans un monde végétal merveilleux, inconnu des occidentaux.

À g. de la serre, une Serre plus petite avec une riche collection de camélias dont la floraison fait un effet de toute beauté.

À voir dans le voisinage : le *Bois de Boulogne* avec la *Cascade*, les *Lacs*.

ARC DE TRIOMPHE DE L'ÉTOILE ⊚⊚⊚⊚⊚

Élevé à la gloire des armées françaises par Napoléon, qui en posa la première pierre le 15 août 1806.

Pl. de l'Étoile (*Plan* A-4) Omnibus : Villette-Étoile ‖ Passy-Pl. de la Bourse ‖ Étoile-Palais-Royal ‖ Pte Maillot-Hôtel de Ville ‖ Pte Maillot-Palais-Royal. Tramways : Étoile-Gare Montparnasse ‖ Étoile-St-Germain ‖ Pte Maillot-Opéra ‖ Muette-R. Taitbout ‖ Étoile-Villette ‖ Auteuil-Madeleine ‖ Villette-Trocadéro ‖ Pl. Pigalle-Trocadéro ‖ Madeleine-Asnières ‖ Pl. de l'Étoile-Gare Montparnasse ‖ Courbevoie-Suresnes-Madeleine ‖ Neuilly-Pl. de la Madeleine ‖ St-Germain-Pl. de l'Étoile ‖ Métropolitain : 20ᵉ station. Pour faire l'ascension, s'ad. au gardien, de 10 h. à la nuit. Pourboire facultatif, 20 c.

Hauteur 49 m. 55; *largeurs* 44 m., 82 et 22 m. 10. Près de 400 noms de généraux de l'Empire et 200 noms de batailles y sont gravés sous les voûtes.

Sur la *façade* qui fait face à Paris : à dr., le *Départ de 1792*, par Rude, qui est aussi enthousiasté, aussi mouvementé que le chant de *la Marseillaise*. — Au-dessus : *les Funérailles du général Marceau*, par Lemercier. À g. *le Triomphe de 1810*, par Cortot, et au-dessus un bas-relief : *Murat à la bataille d'Aboukir*, par Seurre aîné. Sur cette même façade et se continuant sur la moitié des façades latérales, les sculptures de la frise célèbrent *le Départ des armées françaises*.

Sur la façade opposée aux Champs-Élysées, les deux trophées, œuvre d'Étex, représentent : à dr. *la Résistance*, à g. *les Bienfaits de la paix*. Au-dessus bas-reliefs : *le Passage du Pont d'Arcole*, par Feuchères; *la Prise d'Alexandrie*, par Chaponnière. Les sculptures de la frise sur cette façade et sur la moitié des façades latérales représentent *le Retour de l'armée triomphante*, par Brun, Jacquot et Laitié. Les bas-reliefs des façades latérales célèbrent : au N. *la Bataille d'Austerlitz*, par Geether; au S. *la Prise d'Alexandrie*, par Chaponnière.

Plate-forme. On y accède par un escalier de 272 marches (ce qui représente l'ascension de 16 étages au moins).

Orientation. Le plan d'orientation ci-joint permet à l'observateur placé au sommet de l'Arc de Triomphe de reconnaître tous les points saillants du panorama de Paris et de ses environs.

❧

ARC DE TRIOMPHE DU CARROUSEL : V. Tuileries (Jardin des).

❧

ARCHIVES NATIONALES ⑥⑧

Le Palais des Archives renferme tous les documents de l'Histoire de France depuis Clotaire II :

Le public n'est admis à visiter que le Musée Paléographique ou Musée des Archives. Ouvert le Dimanche de midi à 3 h., le Jeudi aux mêmes heures avec une autorisa-

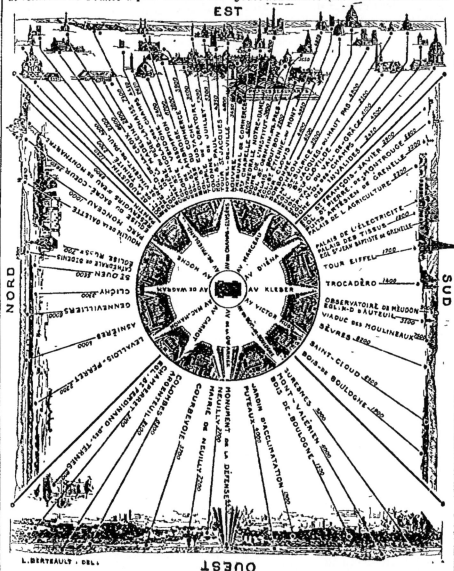

ARC DE TRIOMPHE DE L'ÉTOILE (PLAN D'ORIENTATION)

L. BERTEAULT · DEL·

les décrets, les traités qui ont amené tantôt la paix, tantôt la guerre, les actes des Parlements et des Révolutions, les pièces des Procès célèbres qui ont envoyé à la mort des milliers de coupables — ou d'innocents.

60, R. des Francs-Bourgeois. Omnibus : Pl. Wagram-Bastille. Ménilmontant - G. Montparnasse.

tion du Directeur. (Adresser d'avance une demande par écrit, avec timbre pour réponse et indication du nombre de visiteurs.) Les visiteurs sont toujours accompagnés. Les bureaux ne sont jamais chauffés, pour éviter tout risque d'incendie. Il y a des étiquettes sur la plupart des documents, renfermés dans des vitrines numérotées, chaque pièce

DANS PARIS

porte aussi un numéro. (*Catalogue illustré :* 1 fr.)

Entrée. — Voir d'abord dans la R. des Archives la Porte surmontée d'armoiries peintes et dominées par deux Tourelles, seul reste de l'Hôtel de Clisson.

Le Connétable de Clisson, le frère d'armes de Du Guesclin, fit construire, en 1371, cette sorte de Château fort. C'est le seul spécimen qui reste de l'architecture civile du XIVᵉ s. au XVIᵉ et au XVIIᵉ s, l'Hôtel fut démoli, transformé, agrandi par ses propriétaires successifs, les familles d'Albret, de Guise et de Rohan-Soubise.

L'Hôtel actuel, construit par Delamair et par Boffrand pour le Prince et la Princesse de Soubise, date du début du XVIIIᵉ.s. Il est précédé d'une grande Cour bordée sur 3 côtés d'une colonnade élégante. Les salles de l'Hôtel qui ont été réservées au Musée ont conservé presque intacte leur gracieuse ornementation, vrai chef-d'œuvre de l'art décoratif du siècle de Louis XV.

REZ-DE-CHAUS-SÉE ⊚⊚⊚⊚⊚⊚ Là étaient autrefois les appartements du Prince de Soubise. On remarquera dans la 3ᵉ Salle (la Chambre à coucher) de jolies moulures avec les armes de Soubise.

Iʳᵉ SALLE. Salle des Sceaux. Une soixantaine de vitrines renfermant des moulages des sceaux des rois de France, des grands dignitaires, des villes, etc.

2ᵉ SALLE. Documents les plus anciens. Une des plus curieuses. VITR. 1, n° 5, * fac-similé d'un *testament de Clotaire II* (l'original est écrit sur papyrus) daté de l'an 627. N° 30, * jugement rendu par Pépin le Bref (20 juin 750). VITR. 3, n° 34, *donation faite par Charlemagne à l'Abbaye de Saint-Denis*, portant le Monogramme de l'Empereur, KAROLUS (les lettres KRLS en croix) (13 janvier 769). VITR. 5, n° 49, *diplôme (unique) de Hugues Capet* (juin 988). VITR. 11, n° 101, *Charte de Henri Iᵉʳ*, le roi ne sait signer d'une croix. VITR. 16, n° 138, * *rouleau funéraire du bienheureux Vital*, né vers 1060, dans le diocèse de Bayeux, et fondateur de l'ordre des Bénédictins de Savigny. On croit que les vers ont été écrits par Héloïse, l'amante d'Abailard (1123). VITR. 17, *testament de Suger*, ministre de Louis VI (17 juillet 1137), le plus beau spécimen de l'écriture du temps. VITR. 26, n° 311, * *procès-verbal de l'interrogatoire des Templiers* livrés à l'inquisiteur de Paris, en 1307, par Philippe le Bel, sous l'accusation de pratiques sacrilèges. VITR. 39, n° 447, registre du *Parlement de Paris*; en haut et à g., *dessin à la plume* représentant *Jeanne d'Arc tenant sa bannière*. VITR. 47, n° 638, quittance signée par Diane de Poitiers. VITR. 49, n° 646, * *signature de Marie Stuart* sur son contrat de mariage avec le Dauphin. VITR. 50, n° 667,

* *dépêche secrète* de l'amiral Coligny à Gabriel de Montgomery, un des chefs des protestants, exécuté en 1574 en place de Grève. La dépêche est écrite sur l'étoffe du *revers du pourpoint du messager*.

3ᵉ SALLE. Autres collections de sceaux, coins, medailles, etc. A g. contre le mur, * le tableau célèbre (quoique sans intérêt artistique) représentant le *Vaisseau de la Religion (Typus religionis), conduit par les Jésuites*, allégorie qui fut considérée comme séditieuse et saisie.

4ᵉ SALLE. Salle des Traités. VITR. 8, n° 33, *traité d'Ardres* (1546) entre François Iᵉʳ et Henri VIII. En haut, *miniature* attribuée à *Holbein.*

5ᵉ SALLE. Documents des Chancelleries étrangères. A remarquer, dans la VITR. 26, les sceaux d'or des pièces nᵒˢ 101 et 104. VITR. 55 et 56, n° 157, *bulle du Pape Léon X* abolissant la Pragmatique Sanction de Bourges, rendue, en 1438, par Charles VII, et qui restreignait en France l'autorité du St-Siège. VITR. 65, n° 404, lettre adressée à Charles VI (30 juillet 1402) par *Tamerlan*, le féroce conquérant tatar, qui érigea devant Bagdad, détruit par lui, un obélisque avec 50 000 têtes coupées, et qui fit égorger devant Delhi 100 000 captifs (1391).

PREMIER ÉTAGE ⊚ Anciens Appartements de la Princesse de Soubise. Remarquables par leur belle décoration, et les charmants tableaux de quelques grands peintres du XVIIIᵉ s. On y accède par un escalier en pierre, construit en 1844. Au haut, quelques bustes des anciens directeurs des Archives. Le plafond est de Jobbé-Duval.

Iʳᵉ SALLE. Salle des Bourbons. Après avoir traversé un corridor, on pénètre dans la Chambre à coucher de la Princesse, décorée de gracieuses peintures du XVIIIᵉ s. Le lit et les cheminées ont été enlevés. On a restauré la balustrade dorée qui séparait l'alcôve du reste de la pièce.

Au-dessus de la porte d'entrée, tableau de Boucher : *les Grâces faisant l'éducation de l'Amour*. Au-dessus de la porte conduisant à la salle suivante, un panneau de *Trémolières* (Salon de 1737). Dans le fond, où fut l'alcôve, 2 *pastorales* de Boucher.

VITR. 55, n° 763, *original de l'Édit de Nantes* (1598) par lequel Henri IV accordait aux protestants le libre exercice de leur culte.

VITR. 61, n° 258, comptes de l'Hôtel de St-Louis, inscrits sur des tablettes de cire. VITR. 66, n° 852, *traité des Pyrénées* entre la France et l'Espagne (1659). VITR. 68, n° 871, * curieux procès-verbal de l'*interrogatoire de la Marquise de Brinvilliers*, qui empoisonna son père, son frère et ses deux sœurs, et qui fut exécutée en 1676. VITR. 69-

n° 887, *édit de révocation de l'Édit de Nantes (1685). Vitr. 74. Autographes rares d'écrivains du siècle de Louis XIV : N° 909, *Mlle de Scudéry*, une des précieuses de l'Hôtel de Rambouillet, auteur de romans maniérés qui eurent un grand succès au XVII° s.; n° 874, *Bossuet*; n° 875 *bis, La Bruyère*; n° 849 *bis, Corneille*; n° 902, *Racine*. Vitr. 75, n° 854 *bis* et 866 *bis.* *Signatures (très rares) de Molière; n° 915, Lettre de *Fénelon*; Signatures de *Lulli* (n° 878) et de *Boileau* (n° 903). Vitr. 77 et 78, n° 981, 979, 980 et 999, lettres de Voltaire, n° 1008, lettre de *Buffon*, etc.

2° SALLE. *Salon de la Princesse, Merveilleux *plafond peint par Natoire et racontant *les Amours de Psyché* (8 médaillons).

Vitr. 79. *Registre original du **Serment du Jeu de Paume,** avec toutes les signatures des Députés (1re Assemblée nationale, Versailles, 1789). Vitr. 81. Procès-verbal de la *Prise de la Bastille* avec l'état des prisonniers du 1 au 14 juillet 1789, les insignes des vainqueurs, etc. Vitr. 82. **Déclaration des Droits de l'Homme.** En face, *la grande Table sur laquelle fut déposé *Robespierre*, blessé d'un coup de pistolet le soir de la lutte entre ses partisans et ceux de la Convention (veille du 9 Thermidor). Vitr. 84. Procès-verbaux de l'interrogatoire de *Marie-Antoinette* dans « l'affaire de l'œillet » (3 sept. 1793). Vitr. 85. **Testament de Louis XVI.** *Dernière lettre de **Marie-Antoinette**

3° SALLE. A remarquer 8 peintures dont 4 dessus de portes par Boucher, Trémohères, Restaut et C. Van Loo. Dans un cadre au fond, *Vénus au bain,* une des meilleures œuvres de Boucher.

Vitr. 118, n° 1341. Lettre du bourreau Sanson sur les mesures à prendre pour l'exécution de Louis XVI. N° 1342. Procès-verbal de l'exécution de Louis XVI. Vitr. 119, n° 252 *bis.* Lettre de *Carnot* sur la trahison de Dumouriez. *Vitr. 121, n° 1368, lettre d'adieu de **Charlotte Corday** à son père. Vitr. 124, n° 1389, procès-verbal de la condamnation à mort des Girondins.

4° SALLE. * **Salle du Consulat et de l'Empire.** Tous les actes de l'épopée impériale, tous les glorieux noms du 1er Empire se retrouvent dans cette collection. Les Vitr. 133 à 139, contiennent toutes des Autographes de l'Empereur. Vitr. 140, n° 1563, *décret de Moscou,* concernant le Théâtre-

Français. Vitr. 143, 133, 145 et 146, lettres des Généraux et des Ministres, Vitr. 147, littérateurs 148, savants 149, artistes, etc. Vitr. 151, documents des Cent-Jours.

Il y a, aux Archives Nationales, une quantité de choses intéressantes, que le public n'est pas admis à voir : par ex. les pièces à conviction des procès politiques et de ceux des criminels célèbres : le couteau de Louvel, l'habit de Damiens, la machine infernale de Fieschi). On y conserve aussi l'armoire de fer dans laquelle furent enfermées les *planches des assignats*; un modèle de la Bastille sculpté dans l'une des *pierres de la célèbre prison,* etc.

Salle de Travail publique, ouverte tous les jours de 10 à 5 h. Se faire inscrire au Secrétariat pour être admis à travailler. Bureau de renseignements ouvert de 11 à 4 h.

A voir dans les environs immédiats : En face, le *Mont-de-Piété,* plus loin, dans la R. des Francs-Bourgeois, une *Maison gothi-

ARÈNES DE LUTÈCE (*Cliché Gaillard*).

que et le *Passage* dans lequel Louis d'Orléans fut assassiné par Jean sans Peur. Au n° 47, le vieil *Hôtel de Hollande.* R. Vieille-du-Temple, l'*Imprimerie Nationale;* R. Pavée, l'*Hôtel Lamoignon;* R. Sévigné, le *Musée Carnavalet.*

ARÈNES DE LUTÈCE ☙❀☙

Élevées au 1er ou au 11e s., les Arènes furent le premier cirque et le premier théâtre parisien. En 1870, des fouilles amenèrent la découverte de l'Amphithéâtre (gradins disposés autour de l'Arène), ainsi que d'un Aqueduc destiné à l'écoulement des eaux dans la Bièvre.

Entrée : R. de Navarre (presque à l'angle formé par cette r. et la r. Monge).

Omnibus : Parc Montsouris-Pl. de la République || **Tramways :** Châtelet-Villejuif, Châtelet-Ivry, Châtelet-Bicêtre.

Les Arènes furent creusées, à mi-côte, sur le versant oriental de la montagne Ste-Geneviève, non loin d'une voie romaine conduisant à Sens et à Rome. Elles avaient deux entrées : l'une située sur l'emplacement de l'entrée actuelle, l'autre ouverte dans le prolongement de la première. Le mur d'enceinte limitant l'intérieur de l'arène mesure 56 m. en son axe. Cirque et gradins occupaient le terrain limité aujourd'hui par les R. Monge, des Boulangers, de Navarre. C'était donc un lieu de spectacle fort vaste et qui donne une idée de l'importance de Lutèce.

Quand on entre par la r. de Navarre, on a à sa g. les gradins restaurés en 1893. Le mur intérieur d'enceinte est encore garni de niches, de réduits destinés soit à incarcérer les fauves, soit à servir d'abri aux gladiateurs. C'était de ce côté des Arènes que prenaient place les spectateurs de distinction.

L'Arène. Le mur intérieur soutenant les gradins était séparé de l'arène (lieu de combat) par un fossé. Au delà de ce fossé, un mur à ras de terre permettait d'élever encore une palissade pour protéger les spectateurs. Un velarium couvrait les gradins. On a trouvé dans le sol de l'arène proprement dite des ossements d'hommes et d'animaux, notamment en avril 1872 un squelette de gladiateur mesurant 2 m. 40.

La Scène. A dr. de l'entrée et faisant face aux plus hauts gradins, s'élevait le Théâtre. Il en reste le mur du devant de la scène orné d'une suite de niches s'élevant à environ 2 mèt. au-dessus du sol. Ces niches étaient parées de stuc ou de marbre blanc. Les débris de sculpture, les bronzes exhumés près de là, ont été déposés au *Musée Carnavalet.* (V. ce mot.)

A voir dans le voisinage immédiat : le *Panthéon*, le *Collège de France*, le *Musée de Cluny*, les *Écoles*.

❧

ARMÉE, Musée de l'. V. Invalides, Hôtel des.

❧

ARSENAL, BIBLIO- *Fondée par* **THÈQUE DE L'** ⓐⓐ *René d'Argenson,* occupe l'ancien *Hôtel des Grands Maîtres de l'Artillerie.* Fut habité par *Sully*, dont le *Cabinet* (que l'on peut visiter) est occupé par l'Administrateur de la Bibliothèque, M. le Vicomte de Bornier, auteur de la *Fille de Roland* et de *France... d'abord !*

Q. de Sully.

Omnibus: Parc-Montsouris-Pl. de la République.|| Tramways : Bastille-Av. Rapp.

Ouverte t. l. j. non fériés de 10 h. à 3 h. Fermée du 15 au 31 août.

500000 imprimés, 12727 vol. manuscrits, dont le *missel de Blanche de Castille*, superbement enluminé et conservé sous un globe de cristal, et 3000 pièces provenant des archives de la Bastille, 125000 pièces de théâtre, la plupart antérieures au XVIII s. Œuvres très complètes des poètes des XV et XVI s.

A voir dans les environs immédiats :

Sur le quai des Célestins, presque en face du pont Sully qui conduit à l'île St-Louis, le bel *Hôtel de la Valette* (Ecole Massillon), bijou d'architecture du XVI s. Sur le terre-plein du pont Sully, les fondations de la *Tour de la Liberté*, de l'ancienne Bastille, mises a jour l'an dernier par suite des travaux du Métropolitain. *L'île St-Louis.*

❧

ARTILLERIE, Musée de l' : V. Invalides, Hôtel des.

❧

ARTS ET MÉTIERS ⓐⓐⓐ
CONSERVATOIRE DES ⓐ

Le Conservatoire des Arts et Métiers est le musée national de l'Industrie.

292, R. Saint-Martin, Omnibus : Villette-St-Sulpice|| R. Jenner-Square Montholon.|| Tramways : Montrouge-G. de l'Est.|| Vaugirard-G. du Nord.|| Chapelle-Sq. Monge.|| St-Denis-Châtelet.

Ouvert les Dimanches, Mardis et Jeudis, de 10 h. à 4 h.

Portefeuille Industriel et Bibliothèque, t. l. j., sauf Lundi, de 10 à 3 h., et les soirs, sauf Dimanche et Lundi, de 7 h. 1/2 à 10 h.

Lorsqu'on pénètre dans la *Cour d'honneur* du Conservatoire, on voit, au centre, l'Entrée principale, avec, à g., la statue du chimiste *Nicolas Leblanc* (1742-1806), à qui l'on doit le procédé d'extraction de la soude des varechs et du sel marin — et qui se suicida de misère; — à dr., celle du physicien *Denis Papin* (1647-1714), qui imagina la première machine à vapeur a piston.

A g. se trouve une partie des Bâtiments des Collections ; à dr., l'ancien Réfectoire du Prieuré, construit au XII s. par Pierre de Montereau, architecte de la Sainte-Chapelle ; on y a installé la **Bibliothèque.** Elle n'est ouverte que le Lundi, mais il est toujours possible d'y jeter un coup d'œil. C'est une longue salle d'environ 43 m., très haute, dont la voûte est soutenue par 7 colonnes élancées. A remarquer : la décoration des clefs de voûte, et à dr. la vieille porte faisant communiquer le Cloître et le Prieuré.

COURS : Toujours à dr. s'ouvre la *Cour des Laboratoires,* et une autre Cour dite *des Amphithéâtres.* En continuant à dr., on arrive dans la Cour de l'Église (qui date du XI s.); devant le monument de l'agronome *Boussingault* (1802-1887), par Dalou.

On a placé, auprès du portail, une des premières chaudières qui aient fait explosion. Plus à dr., du côté de la R. Réaumur, voir la *Tour carrée du Vert-Bois*, qui date du XIV s.

Revenir dans la Cour d'honneur pour

commencer la visite des Collections : 13 000 modèles de machines, etc. Étiquettes sur tous les objets.

REZ-DE-CHAUSSÉE ⓐ Au bas de l'escalier, **VESTIBULE** où sont exposés de remarquables échantillons de graphite de Sibérie, puis **SALLE DE L'ÉCHO** (application de la Réflexion des sons : une personne placée à l'angle de gauche entend ce que dit à voix basse une autre personne placée à l'angle de droite).

SALLE DES MINES. On entre dans la petite Salle des Établissements du *Creusot* : divers modèles d'armes, d'artillerie, une plaque d'acier de 20 c. d'épaisseur, percée par des obus, et un plan en relief du Creusot (1878).

Dans l'autre Salle, modèles de toutes les machines, excavateurs, treuils, en usage dans les Mines.

MÉTALLURGIE. Les Salles suivantes sont consacrées à la Métallurgie : types d'usines, machines-outils, pièces ouvrées, etc.

ÉGLISE. On visite ensuite l'Ancienne Église, qui contient des modèles de Machines anciennes ou modernes. Dans le Chœur (remarquable par ses colonnettes), se trouve un **Pendule** du physicien Léon Foucault, offert par ce savant. Ce pendule servit à la démonstration du mouvement de rotation de la Terre, au Panthéon, en 1851.

Au fond, dans le bas du Chœur, la Iʳᵉ * **Voiture automobile à vapeur** construite par l'ingénieur Cugnot en 1770 ; à dr., contre le mur, fragment d'une *roue élévatoire* en bois du Vᵉ s. provenant de St Domingue ; à g., *boule de verre de* 1 m. 50, soufflée à l'air comprimé ; au fond, divers modèles de socs de charrues, et des types de machines. Dans la nef, Machines électriques, moteurs, dynamos, etc., qu'on fait fonctionner certains jours.

Revenir sur ses pas pour visiter la **SALLE DE L'INDUSTRIE DU BOIS**, puis, à dr., la **SECTION DE L'AGRICULTURE.**

Une enfilade de salles contiennent des modèles de ponts, viaducs, travaux publics, outillage, matériaux de construction, etc.; dans les salles parallèles, modèles d'égouts, de fours à chaux, à plâtre, etc.

INSTRUMENTS DE PRÉCISION. On arrive dans les Salles de l'Horlogerie, de la Géodésie et de l'Astronomie ; en entrant, à g. et à dr. nombreux modèles de mouvements d'horlogerie, d'horloges dont plusieurs sont revêtues de *gaines* attribuées à Boulle. Tout à l'entrée, entre l'horloge de Thunet et le régulateur de Gudin (V. les étiquettes) la * **Joueuse de tympanon**, charmant automate de Kœnigen et Kuntzing et que Robert Houdin parvint à réparer en 1830.

Le milieu et le fond de la salle sont occupés par des instruments d'astronomie ; voir au centre, dans la 3ᵉ vitr. contre le mur de g., un *fragment de cadran solaire* phénicien.

Ensuite 2 Salles de Poids et Mesures anciens ou modernes, de tous pays.

On se retrouve dans la *Salle de l'Écho.* Monter l'Escalier conduisant au

PREMIER ÉTAGE ⓐ Au haut de l'escalier, vase monumental (2 m. 50 de haut) en faïence exécuté par la manufacture de Sèvres ; en face, contre le mur de la façade, statues de Vaucanson (1709-1782), l'habile mécanicien, et d'Ollivier de Serres (1539-1617), qui vulgarisa l'élevage du ver à soie.

On entre dans la

SALLE D'HONNEUR. La Iʳᵉ VITR. contient tous les *instruments du laboratoire du chimiste Lavoisier*, qui découvrit l'oxygène, et fut guillotiné en 1794 ; en avant, les modèles de *métiers de Jacquart* (1752-1834), de *Vaucanson*, les *appareils de physique de l'abbé Nollet* (1700-1770), etc.

SALLES DE DROITE. Elles sont consacrées aux Chemins de fer, avec plusieurs modèles réduits de trains complets et, au fond à dr., une réduction de la Iʳᵉ locomotive de Seguin (1827) ; on passe ensuite à la Physique générale (V. au milieu de la salle vers les fenêtres à droite : un *réflecteur* pour l'utilisation directe de la chaleur solaire et 3 *faisceaux d'aimants* pouvant supporter l'un un poids de 150 kilog., l'autre de 500 kilog.

SALLES SUIVANTES. Iʳᵉ (Météorologie), appareils enregistreurs ; dans le couloir à g., divers *instruments de musique*, dont un *paon* indien. 2ᵉ ET 3ᵉ SALLES, à dr., grand piano à queue ; à g., tuyaux d'orgue et autres instruments, tous les appareils intéressant l'Optique (à remarquer la collection des miroirs concaves ou convexes déformant les images), l'Acoustique, l'Hydrostatique, la Télégraphie, le Téléphone, etc.

4ᵉ SALLE. Machines-outils, tours, raboteurs, etc. En *entrant, à g., VITR. contenant des *chefs-d'œuvre de tour* (ivoires ajourés et tournés) ; à g. vers la fenêtre, plusieurs tours de Vaucanson.

5ᵉ SALLE. Elle est affectée à l'Hydraulique (modèles de pompes, etc.). Les 3 suivantes à la Verrerie et à la Céramique. Voir à g. la fenêtre, dans la Iʳᵉ de ces salles, un *Guéridon, entièrement en cristal taillé.

DANS PARIS

6ᵉ SALLE. Faïence, céramique, porcelaine. A l'entrée, * *statue en porcelaine*, grandeur naturelle de *Bernard Palissy*. Partout des spécimens de faïences, de porcelaines, de céramique, anciennes et modernes, et provenant des manufactures de tous les pays. Belles collections de Saxe, de Sèvres, de Chine et du Japon.

Dans les Salles suivantes : la Teinturerie, la Fabrication du papier, la Photographie, etc.

S'approcher des fenêtres pour voir au dehors une ancienne tourelle du X° s. et une portion du mur crénelé (les créneaux ont été comblés par une maçonnerie).

Le **Portefeuille Industriel** (bâtiment à g. de l'entrée, est visible t. l. j., sauf lundi, de 10 à 3 h.; il contient les originaux des marques de fabriques, la description des brevets d'invention tombés dans le domaine public, etc.

A voir dans les environs immédiats : Le Sq. des *Arts-et-Métiers*, le *Théâtre de la Gaîté*.

AVENUE DES CHAMPS-ÉLYSÉES : V. Champs-Élysées ‖ AVENUE DE L'OPÉRA : V. Boulevards.

BASTILLE, PLACE DE LA  *Formée d'une partie de l'emplacement occupé par la Bastille, dont l'ancienne Enceinte est tracée sur le pavé.*

A l'extrémité de la R. St-Antoine | suite de la R. de Rivoli. |

Omnibus : Madeleine-Bastille ‖ Pl. Wagram-Bastille ‖ Grenelle-Bastille ‖ G. de Lyon-St-Philippe du Roule ‖ Charonne-Pl. d'Italie ‖ Belleville-Louvre ‖ Parc Montsouris-Pl. de la République ‖ **Tramways :** Bastille-Charenton ‖ Louvre-Charenton ‖ Charenton-Pl. de la République ‖ G. d'Orléans-G. du Nord ‖ Bastille-Q. d'Orsay ‖ Pte Clignancourt-Bastille ‖ Bastille-Cimetière St-Ouen ‖ Louvre-Vincennes ‖ **Chemin de fer :** G. de Vincennes Banlieue ‖ **Métropolitain :** Station. **Ascension de la Colonne** de 10 à 5 h. | 4 h. en hiver | et même jusqu'à 6 h. le Dimanche. S'adresser au gardien.

Pendant l'an II, la pl. de la Bastille vit l'exécution de 97 victimes en l'espace de 5 jours.

COLONNE DE JUILLET, en bronze, de 53 m. de haut, a été édifiée *à la gloire des*

(Cliché Fortier.)

COLONNE DE LA BASTILLE

Citoyens français qui combattirent pour la défense des libertés publiques, dans les journées des 27, 28 et 29 Juillet 1830.

Un Escalier de 205 marches conduit à une plate-forme d'où l'on aperçoit tout un coin pittoresque de Paris : les Boulevards, la Seine, le Jardin des Plantes, le Père-Lachaise, Montmartre, le Donjon de Vincennes, etc. (V. ci-contre le Plan d'Orientation.)

Sur la Lanterne qui domine le chapiteau, le *Génie de la Liberté* portant par le monde le flambeau de la civilisation.

Le Piédestal est orné d'un *lion* en bronze, le fameux * **Lion de Juillet** de Barye.

Sous la Colonne, deux Caveaux renferment les restes des 615 combattants de l'insurrection de Juillet.

BEAUX-ARTS É-COLE DES

A la fois École et Musée; reproduction des Chefs-d'œuvre de la Sculpture antique; copies des plus beaux tableaux des Musées d'Europe. — L'École des Beaux-Arts, fondée en 1860, a pour but d'enseigner la Peinture, la Sculpture, l'Architecture, la Gravure.

14, R. Bonaparte.

Omnibus : Maine-G. du Nord ‖ Morillons-les Halles ‖ Pte de Versailles Louvre.

Ouverte au public le Dimanche de midi à 4 h.; en semaine de 10 h. à 4 h. (s'adresser au Concierge à dr. en entrant, qui fait accompagner par un gardien) (pourb. 1 fr.).

REZ-DE-CHAUSSÉE 1ʳᵉ **COUR**, à l'Entrée, buste de *Puget* et de *Poussin*. Au milieu, colonne en marbre qui supporte une statue de bronze, l'*Abondance*. — A g., fragments de sculptures et au-dessus : *l'Éternel bénissant le monde*, peinture sur faïence par les frères Balze, d'après *Raphaël*. A d. * un *portail du Château d'Anet* (XVIᵉ s.), chef-d'œuvre de Jean Goujon et de Ph. Delorme. Henri II fit construire ce château en 1548 pour la belle Diane de Poitiers.

En face, une des façades du CHÂTEAU DE GAILLON (Eure), que le cardinal d'Amboise, ministre de Louis XII, fit construire par Pierre Pain au commencement du XVIᵉ s., et qui fut en partie détruit par les révolutionnaires. Les restes en furent transportés à Paris en 1802. (Architecture qui tient du gothique et de la Renaissance.)

2ᵉ COUR ou **Cour d'Honneur** : nombreux spécimens d'Architecture du Moyen âge au

VESTIBULE. Moulages de Sculpture antique ; à dr. et à g., reproduction du *Fronton du Parthénon (Athènes) et copies de peintures et de fresques de *Pompéi* et d'*Hercu-

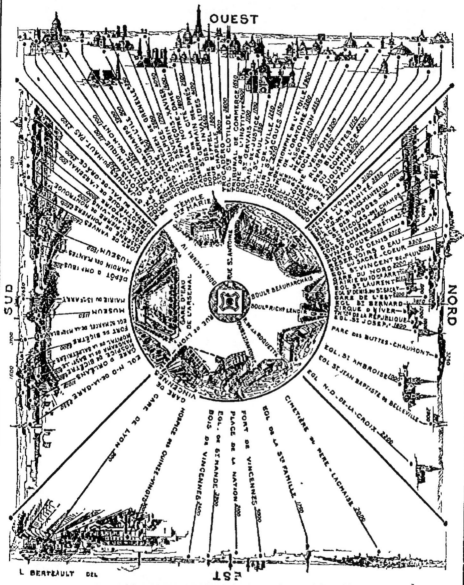

PLAN D'ORIENTATION DE LA COLONNE DE LA BASTILLE

L. BERTAULT DEL.

xvıᵉ s. (pilastres, chapiteaux, et au centre un grand bassin de pierre, rond et monté sur pied comme une coupe, curieusement orné, provenant de l'Abbaye de Ste-Geneviève).

A g., les vieux Bâtiments, où les concurrents au prix de Rome entrent en loge. (Noms d'élèves tracés au pinceau sur la muraille.)

lanum. — Au fond et à g., statue décapitée de *Minerve Médicis*, original en marbre, datant du vᵉ siècle avant J.-C.

A g. aussi, à l'entrée, une vitrine contient une reproduction de *pièces d'orfèvrerie* connue sous le nom de TRÉSOR d'Hildesheim (ıᵉ s. de notre ère).

On entre ensuite dans la **COUR VI-**

DANS PARIS

TRÉE ou Cour intérieure, qui renferme surtout des reproductions de statues anciennes célèbres; à d., la *Venus de Milo* (l'original est au Louvre) et une reconstitution des gigantesques **Colonnes du Parthénon**; à g.,

ÉCOLE DES BEAUX-ARTS (*Cliché S Guy*.).

reconstitution des colonnes du **Temple de Jupiter Stator.**

En face de l'Entrée, *monument de Duban* (1797-1870), architecte de l'École.

PREMIER ÉTAGE On monte par un Escalier orné d'une reproduction d'une fresque de PINTURICCHIO. Des diverses Salles que l'on montre aux visiteurs, les plus intéressantes sont : les deux Galeries décorées de 52 copies *lôges de Raphaël, au Vatican, exécutées, de 1835 à 1840, par les frères Balze, sous la direction d'Ingres.

1re SALLE. La Salle du Conseil, décorée par Delaroche, forme près de là un véritable musée de portraits (membres de l'Académie et professeurs de l'École).

2e SALLE. La Salle Gatteaux ou de la Tribune, où l'on voit l'Hémicycle. Cette salle, où ont lieu les réunions solennelles de l'École, où Viollet-le-Duc professa ses fameuses leçons sur l'Art gothique, est décorée d'une vaste composition par Paul Delaroche représentant les grands artistes de tous les temps et de tous les pays.

3e SALLE. Salle de Louis XIV, remarquable par ses copies de maîtres (*Van Dyck, Rembrandt, Velasquez*, etc.) et ses dessins originaux (*Léonard de Vinci*, le *Pérugin, Fra Bartolommeo*, le *Rosso*, etc.).

LA COUR DU MURIER, que l'on visite ensuite au rez-de-chaussée, offre des œuvres d'un véritable intérêt : un moulage des

Sept œuvres de Miséricorde, terre cuite émaillée de DELLA ROBBIA (l'original est à l'Hôpital de Pistoia, Toscane), et quelques bas-reliefs du Parthénon; dans la Galerie O., *le Monument élève à la memoire de Henri Regnault, le jeune peintre de génie tué pendant la guerre de 1870-1871. Devant le piédestal, la Jeunesse, qui tend une branche d'olivier, est une des plus poétiques figures de la sculpture contemporaine, le chef-d'œuvre de *Chapu*.

A g., un Escalier conduit à la **SALLE MELPOMÈNE** où sont exposées des copies des toiles les plus importantes de tous les Musees de l'Europe.

A g. de cette salle, **SALLE DE CAYLUS** (prix de la tête d'expression); toiles ou sculptures exécutées en 18 h., condition du concours.

Dans les deux Salles suivantes sont conservées les autres œuvres originales qui ont obtenu le grand prix de Rome.

Dans cette partie du Palais, au premier étage a lieu, du 15 juill. au 1er août, l'EXPOSITION des œuvres des artistes qui viennent de concourir pour le prix de Rome.

PLAN DU PALAIS DES BEAUX-ARTS d'après Mr Munis

L'ANCIENNE CHAPELLE On retourne dans la 1re Cour; dans la Façade du Château d'Anet s'ouvre la porte du **Musée du Moyen Age** et de la **Renaissance**, installé dans l'ancienne Chapelle du Couvent des Augustins, sur l'emplacement duquel est construite l'École des B.-A. — La Salle ne contient que des copies ou des moulages (étiquettes), mais ce sont les reproductions des plus belles œuvres des grands maîtres italiens, surtout de la Renaissance. — Au-dessus de la porte d'entrée, fresques de *Giotto* et de l'*Angelico*. A dr. et à g., copies de *Della Francesca*, de Raphaël, de Sodoma; au fond, en face, un immense panneau, *le Jugement dernier* de Michel-Ange, copie de Sigalón.

A citer parmi les moulages les plus intéressants : dans une petite Rotonde latérale, la reproduction de la plupart des œuvres de Michel-Ange : *Moïse, les Esclaves, la Descente de Croix,* les *tombeaux de Julien* et de *Laurent de Médicis,* et, dans la nef de la Chapelle, à g., des moulages d'œuvres de *J. Goujon, Germain Pilon;* au milieu de la salle, autres moulages : d'après *Pisano, Ghiberti, Donatello, della Quercia, Raphaël,* etc.

❧

BIBLIOTHÈ-QUES 🟤🟤🟤🟤🟤
Paris, centre intellectuel, possède un grand nombre de Bibliothèques. Nous ne consacrons une notice qu'aux plus importantes.

V. ARSENAL, Bibliothèque de l' ‖ Biblioth. Mazarine ‖ Biblioth. Nationale ‖ Biblioth. Ste-Geneviève.

❧

BIBLIOTHÈQUE MAZARINE ●●●
Fondée en 1643 par le Cardinal Mazarin, fut la première Bibliothèque publique ouverte en France, occupe l'emplacement même de la célèbre Tour de Nesle, *popularisée par le drame de Bouchardy et d'Alex. Dumas, Marguerite de Bourgogne, l'héroïne de la Tour de Nesle, y fut étranglée en expiation de ses crimes à l'âge de 25 ans par ordre de son mari, Louis le Hutin* (1315).

A l'Institut, 23, Q. Conti (V. *Académie Française*). Ouverte t. l. j. non fériés de 11 h. à 4 h. en hiver. *Fermée* du 15 Sept. au 1ᵉʳ Oct.

250000 volumes, 6000 manuscrits. Bustes de Mazarin et de Racine. Mappemonde exécutée pour le Dauphin par les frères Bergwin sur l'ordre de Louis XIV.

Modèles en relief des monuments pélasgiques d'Italie et de Grèce. Public d'érudits, membres de l'Institut.

A voir dans les environs immédiats: L'*Institut* (Ac. Française); le *Pont des Arts* (superbe vue sur la Seine, en amont et en aval.); à dr. l'*Hôtel des Monnaies*.

❧

BIBLIOTHÈQUE NATIONALE ●●
La Bibliothèque N. constitue, avec ses 3 millions de volumes, ses 91000 manuscrits, ses 2 200 000 estampes et ses 200 000 médailles, le plus vaste dépôt littéraire et scientifique du monde entier. C'est grâce à cet incomparable trésor que la capitale de la France a exercé une considérable influence sur le progrès et la diffusion des connaissances humaines.

58, R. Richelieu.

Omnibus : Batignolles-Clichy-Odéon ‖ Buttes-Chaumont-Palais-Royal ‖ Carrefour des Feuillantines-Pl. Clichy ‖ Pl. Wagram-Bastille.

Le public est admis sans carte à visiter les Galeries et Salles d'exposition le Mardi et le Vendredi de chaque semaine de 10 h. à 4 h. Une carte d'admission demandée par écrit au Secrétariat est nécessaire les autres jours. Vestiaire gratuit. — Garage privé pour bicyclettes, en face, 61, R. Richelieu (30 c.).

Restaurant-buvette, sous le Vestibule.

La Bibliothèque N. est fermée, exception pour la Salle publique de Lecture, pendant les 15 jours précédant Pâques.

La B. N. comprend 4 départements : 1° les Imprimés, cartes et collections géographiques, 2° les Manuscrits, chartes, diplômes, 3° les Médailles, pierres gravées et antiques, 4° les Estampes.

C'est en 1766 que Colbert l'installa R. Vivienne. Dès lors les collections s'augmentent régulièrement. Récemment la B. N. est entrée en possession des manuscrits de Victor Hugo. Chaque jour, un exemplaire des publications périodiques, journaux, etc., est déposé à la B. N, dont les volumes rangés sur des tablettes couvriraient une longueur de 60 kilomètres.

On pénètre dans la B. N. par la grande Entrée de la R. Richelieu. Dans la Cour d'Honneur, se diriger à dr. vers la Porte que surmonte une horloge. En face de l'Entrée, ouvrant sur le Vestibule, la *Salle de Travail* que l'on aperçoit à travers une glace sans tain. A l'extrémité g. du vestibule, le Bureau de l'Administration, les Cabinets et Lavabos gratuits. A dr., le Cabinet des Estampes, comprenant une salle et une galerie construite par Mansard au rez-de-chaussée du palais Mazarin. Plus de 2700000 gravures ou photographies sont renfermées là, qui exigeraient, pour les noter pièce à pièce, 50 années de travail de 20 personnes.

Les plus précieux spécimens de la Gravure en France et à l'étranger sont encadrés et disposés près des fenêtres des Cabinets (eaux-fortes de *Rembrandt*) représentant des valeurs considérables. Dans la 1ʳᵉ Salle, la *Paix* de Finiguerra (1452), le plus ancien spécimen de la Gravure en taille-douce.

Napoléon Iᵉʳ à lui seul occupe 15 volumes. — Les albums des costumes militaires, des costumes de la France et de l'étranger sont des plus précieux et des plus rares. Les caricatures sont innombrables. Un atelier de photographie est mis à la disposition des personnes qui désirent reproduire des estampes.

PREMIER ÉTAGE ◉ Un Vestibule ouvert où sont ranges des inscriptions puniques et des pastels sur l'Égypte donne accès à g. a la *Galerie Mazarine*, en face à la *Galerie de Géographie*, à d. a la Salle des Manuscrits.

La Galerie Mazarine est precedée d'une Salle au centre de laquelle s'élève le *Parnasse français*, monument en bronze exécuté par Louis Garnier. Tout autour de la

BIBLIOTHÈQUE NATIONALE
(Cliche Monuments Historiques).

salle, de belles tapisseries des Gobelins.

Dans la VITR. 4, *Théophraste et Hippocrate* avec **Autographe de Rabelais**, *Sophocle* annoté par **Racine**.

La Galerie Mazarine, qui fut la Galerie de tableaux de Mazarin, est ornée du magnifique plafond peint par Romanelli; cette salle renferme les joyaux de la Bibliothèque.

Pièces diverses. Premier *Catalogue* de la Bibliothèque (1373), **Bible** copiée en l'an 822. Armoire XIIe s. **Évangéliaire* de Charlemagne.—N° 247, **Livre d'heures* de **Marie Stuart**, N° 299 quittance de **Duguesclin** avec signature. N° 359 *manuscrit autographe* des *Pensées* de **Pascal**.

Dans la VITR. du fond, N° 339, lettres de *Henri IV*, lettres de *Corneille, Racine*, de *Mme de Sévigné*, de *Voltaire, Rousseau, Fénelon*, **Lord Byron**, etc.

Dans 18 armoires ou **vitr.** figurent les exemplaires des productions les plus importantes de l'*Imprimerie*, depuis son invention. N° 41-42, exemplaires *de Bible Mazarine* * dont l'impression est attribuée à Gutenberg.

Dans les VITR. du milieu, magnifiques reliures * du Moyen Age. Un missel de l'Ab-

baye de St-Denis ("11-12-15) et quatre évangeliaires de la Ste-Chapelle (IIe-XVe s.).

La **Galerie de Chartres** contient des papiers grecs egyptiens et des documents relatifs à l'histoire de France, à dr., des *cartes geographiques* et des *manuscrits* du Moyen Age.

La **Salle des Manuscrits** nous fait suivre les transformations de l'écriture siècle par siècle depuis l'antiquité jusqu'a l'invention de l'Imprimerie. Manuscrits orientaux, arabes, chinois, hébreux, etc, grecs, latins, français, éthiopiens.

Le N° 3638 est tout entier ecrit de la main de **Jean le Bon**, prisonnier du prince **Noir**.

Cabinet des Médailles Entrée R. Richelieu en face le n° 61. Sonner à la porte Il contient plus de 400 000 pièces. Dans le Vestibule et l'Escalier, des stèles, des inscriptions phéniciennes, grecques, etc.

L'Antichambre donne accès a g. à la *Grande Galerie*, à dr. à la *Salle de Luynes* suivie de la *Salle de la Renaissance* et de la *Rotonde*. Dans la grande galerie à dr. en entrant le « caillou Michaux », dont les inscriptions ont eté le point de départ des etudes assyriennes.

A g., deux plats et un vase de Parteh; le Musée du Louvre vient d'acquérir, au prix de 30000 fr. un vase semblable.

Au fond, les vitrines renferment les *monnaies etrangères*, entre autres, la *monnaie actuelle du Tibet*, la *monnaie romaine*, près de la 5° fenêtre, la *carte de la Gaule*, indiquant les peuples, les villes, avec leur monnaie.

VITRINES des camées antiques et modernes dont le *camée de la Ste-Chapelle* * Au centre, les objets les plus précieux : le canthare dyonisiaque en onyx, dont l'effet, au soleil, est merveilleux; la coupe de Chosroès, la patère de Renner, divers objets de haute antiquité trouves à St-Denis; le ***Buste de Constantin** qui formait le bâton du chantre de la Ste-Chapelle.

Dans la **Salle de Luynes**, à g. le plus riche présent archeologique qui ait jamais été fait à un musée, un meuble de Boulle * fait avec des materiaux expédiés de Chine.

Dans la **Salle de la Renaissance** : le fauteuil du *Roi Dagobert*; des fragments trouves dans le tombeau de Childéric, deux abeilles d'or (il en existait plus de 300); deux pièces de monnaie en or (il y en avait 92); plusieurs pièces de l'échiquier offert à Charlemagne par Haroun-al-Raschid.

Dans la Rotonde, la grande vitrine renfermant la série des médailles depuis celles frappées par Charles VII, commémorant l'expulsion de. Anglais jusqu'à celle représentant le dernier Président de la République.

Deux **Salles** sont affectées à la communication des imprimés : l'une, dont l'entrée est R. Colbert (entrée provisoire 60, R. Richelieu), est ouverte à tout le monde, t. l. j., même le Dimanche, de 9 h. à 4 h. du 15 Oct. au 15 Fév.; de 9 h. a 5 h. du 16 Fev. au 31 Mars, et du 15 Sept. au 15 Oct.; de 9 h. à 6 h. du 1er Avril au 15 Sept.

Salle de Travail (entrée 58, R. Richelieu) est ouverte (Dimanche et jours de fêtes exceptés), aux mêmes heures que la salle ci-dessus, aux personnes ayant une carte d'admission demandée par écrit au Secrétariat.

140000 lecteurs par an y consultent 500000 ouvrages.

🙠❧

BIÈVRE. V. Gobelins, Manufacture des.

🙠❧

BOIS DE ⊕⊕ BOULOGNE

Le Bois de Boulogne avec ses 873 hectares de pelouses, d'ombrages, de lacs, ses cascades, ses grandes voies carrossables, sa piste pour les cavaliers, ses jolis chemins de traverse pour les cyclistes, ses sentiers charmants pour ceux qui aiment aller à pied, est la plus belle promenade des environs immédiats de Paris. C'est aussi la plus fréquentée, entre 3 et 7 h. et de 9 à 11 h. du soir en été. Dans l'Av. de Longchamp on rencontre tous ceux qui ont un équipage et un nom à Paris. C'est à l'extrémité de cette Av. mondaine, plus connue sous le nom d'Av. des Acacias, que se trouve le célèbre Champ de Courses de Longchamp, le principal de Paris, où se court le Grand Prix (10 Juin 1900).

Omnibus : Pte Maillot Hôtel de Ville ‖ Passy-Bourse ‖ **Tramways** : Auteuil-St-Sulpice ‖ R. Taitbout-la Muette ‖ Auteuil Boulogne. — **Bateau** : Pt Royal-Suresnes. — **Chemin de fer** : Stations : Pte Maillot, Bois de Boulogne, Trocadéro, Passy, Auteuil. — **Métropolitain** : Station terminus de la Pte Maillot. — Par la G. St-Lazare (chemin de fer d'Argenteuil), depart tous les 1/4 d h. Demander le billet pour l'Av. du Bois de Boulogne (Pte Dauphine) — **Voiture à** 2 places (avec strapontin pour une 3e personne), aller et retour : 1 h., 2 fr. 50; 1 h. 1/2, 3 fr 75; 2 h., 5 fr.; 2 h. 1/2, 6 fr. 25; 3 h.,

7 fr. 50. — *Voitures a 4 places*, 2 fr. 75 l'heure. — *Voitures de remise*, 3 fr. — Si l'on quitte la voiture au Bois, on doit au cocher 1 fr. d'indemnité pour rentrer; 2 fr. si la voiture est de remise. La voiture prise au Bois se paye 2 fr. l'heure.

Le Bois de Boulogne est le dernier reste de l'ancienne forêt de Rouvray (de *roveretum*, chêne rouvre) qui s'étendait sur les plaines et les coteaux de la rive dr. de la Seine jusqu'à St-Ouen. Son nom actuel lui vient du hameau de Menu-lès-St-Cloud, dont les habitants avaient fait un lieu de pèlerinage consacré à « N.-D. de Boulogne-sur-Mer ».

LE TOUR DU BOIS : En arrivant par la Pl. de la Concorde et l'Av. de la Grante-Armée, dont les magnifiques maisons modernes ont des airs de palais (un seul etage s'y loue couramment 25 000 fr.), lorsqu'on est devant l'Arc de Triomphe (Pl. de l'Étoile), on a le choix entre deux chemins pour entrer au Bois : en continuant à g. par l'Av. du Bois-de-Boulogne, on atteint la *Pte Dauphine;* tandis qu'en descendant à dr. devant soi, par l'Av. de la Grande-Armée, on arrive à la *Pte Maillot*.

PAR LA PORTE DAUPHINE : C'est l'entrée ordinaire, la plus fréquentée, celle des beaux equipages et des toilettes élégantes.

Longue de 1300 m, l'Av. du Bois est bordée de pelouses et d'hôtels superbes; à dr., le *monument Alphand*, par Dalou; au n° 43, l'ancien hôtel Evans, aujourd'hui Palais des Souverains etrangers venus pour visiter l'Exposition; presque en face, l'hôtel récemment construit par le comte de Castellane, qui a epousé une fille du milliardaire americain M. Jay Gould.

Après avoir franchi la grille du Bois, laisser a dr. le *Pavillon Chinois* (cafe restaurant, bock ou cafe, 50 c.; orchestre à partir de 4 h.), ainsi que la Rte de la Pte Dauphine à la Pte des Sablons, laquelle conduit dans l'Allee des Acacias ou de Longchamp, et au Jardin d'Acclimatation; prendre à g. la Rte de Suresne qui mène en 8 ou 10 min. au Lac inferieur (2 jolies Iles; dans la plus grande, Chalet-Restaurant). — Bateau-omnibus aller et retour, 10 c. — Pour les promenades sur le Lac, voir le tarif affiché (2 fr. l'h.).

Après avoir suivi la rive du premier Lac, suivre le rive du Lac superieur (après le CARREFOUR DES CASCADES) en allant toujours tout droit devant soi, jusqu'à la BUTTE MORTEMART, d'où l'on a une échappée imprévue sur les verts coteaux de St-Cloud et de Meudon. — On domine le CHAMP DE COURSES D'AUTEUIL dont les tribunes sont sur la butte. — En Juin se court ici le grand Steeple Chase de 120 000 fr., et en Octobre le prix du Conseil Municipal (100 000 fr.).

Retournez au CARREFOUR DES CASCADES,

entre les 2 deux Lacs, en revenant sur ses pas, ou en prenant le Chemin de Ceinture du Lac superieur, et se faire conduire (à g.) par l'AVENUE DE L'HIPPODROME, ou la ROUTE DE LA VIERGE-DES-BERCEAUX jusqu'à l'Hippodrome de Longchamp. Tout près, la **Grande Cascade** (Restaurant ; bock, 75 c.).

L'eau de la Gde Cascade jaillit d'une grotte artificielle dont on peut visiter l'intérieur.

Monter par le sentier sur les roches de

crit par les romanciers, et que le Président de la République, avec sa maison militaire, honore de sa présence. La recette pour cette course est d'un demi-million de francs, et le Pari Mutuel fait pour 4 millions d'affaires. — Le Grand Prix est de 200 000 fr (245 000 avec les entrées et les primes). — La grande piste a 2900 m., la petite 1900 et la nouvelle 2400 m

La Grande Revue du 14 Juillet, spectacle militaire que pas un étranger ne manquera d'aller voir en partant dès le matin, est passée sur l'Hippodrome de Longchamp.

Le Carrefour de Longchamp (devant le

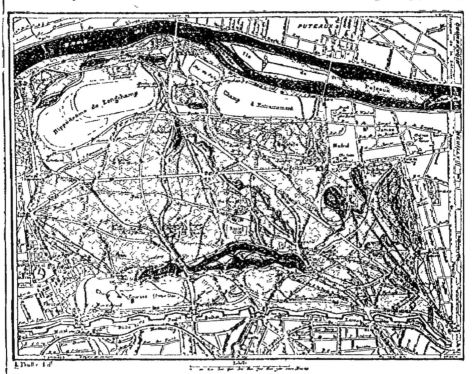

PLAN DU BOIS DE BOULOGNE

la *Cascade* (11 m. de haut) ; joli point de vue, un peu caché par les branches des arbres, sur la vallée de la Seine, tout le verdoyant et gai panorama de Suresnes et de St-Cloud. A g., l'Hippodrome de Longchamp avec son pittoresque moulin et ses deux tours, derniers restes de l'*Abbaye de Longchamp*, fondée en 1256 par la sœur de saint Louis, Isabelle de France ; à dr., le Champ d'entrainement que domine, au loin, le MONT VALÈRIEN et son fort célèbre dans l'histoire des deux sièges (1870-1871).

Les courses de Longchamp sont connues du monde entier Le *Grand Prix* se courra cette année le 10 Juin. C'est une grande journée parisienne qui réunit plus de 5000 spectateurs dans les tribunes, et de 100 000 personnes sur la pelouse. Pas un étranger ne manquera d'aller voir ce spectacle si souvent dé-

restaurant de la Cascade) est très animé les soirs d'été. Parisiens et Parisiennes viennent en foule, après diner, y respirer la fraicheur, se délasser une heure en entendant la musique.

Si l'on a le temps, se faire conduire jusqu'au *Chalet du Cycle*, près de la Pte et du Pt de Suresnes, rendez-vous de tous les cyclistes, qui vont y déjeuner aux heures matinales, et le soir y diner sous les tentes ou sous les ombrages. Il y a souvent 500 à 600 bicyclettes garées à l'entrée.

De la *Cascade*, rentrer à Paris par L'ALLÉE DE LONGCHAMP (appelée aussi *Allée des Acacias*). Très fréquentée et très à la mode de 3 à 7 h. Il y a quelquefois sept rangées de voitures. — De la Cascade jusqu'à la Pte

Maillot, 3 kil. — S'arrêter en passant au *Pré Catelan* (Café-Restaurant, Vacherie).

Plus loin, dans l'Allée de Longchamp, *Restaurant de Madrid*, derrière les Pelouses de Madrid, à la Porte de Madrid.

Près de la Pte Maillot, autre Restaurant select et très mondain : LE PAVILLON D'ARMENONVILLE, avec orchestre tzigane; consommations, 75 c. et 1 fr.; repas, 15 à 18 fr. par personne. Puis, près de la Pte Maillot, le Chalet-Restaurant du TOURING-CLUB (prix plus modestes; dîners sous les tentes).

AU BOIS PAR LA PORTE MAILLOT :
Quand on entre au Bois de Boulogne par cette porte, chemin préféré des cyclistes et des automobilistes, on suit en ligne droite l'*Allée de Longchamp* ou des *Acacias* (la plus fréquentée par les équipages), qui mène par la *Grande Cascade* au Carrefour de Longchamp et au Champ de Courses, en 40 min. C'est dans cette superbe allée qu'a lieu en Juin, quelques jours avant le Grand Prix, la **Fête des Fleurs**, organisée dans un but de bienfaisance par la Presse parisienne. Des prix sont décernés aux voitures les plus artistiquement fleuries.

On peut revenir par les lacs en prenant la Rte de la Vierge-des-Berceaux ou l'Av. de l'Hippodrome, jusqu'au Carrefour des Lacs, et déboucher de la Pte Dauphine dans l'Av. du Bois-de-Boulogne.

Le Tour du Bois pour l'étranger pressé peut parfaitement se combiner avec une courte visite de 2 à 4 h. au JARDIN D'ACCLIMATATION (V. *ce mot*). (Ouvert toute la journée. Prix d'entrée, 1 fr. par personne, plus 3 fr. pour la voiture. Concert le Jeudi et le Dimanche.) Il reste encore près de 3 h. pour faire le tour du Bois, avec station au Pavillon d'Armenonville et au Chalet du Cycle, pour ceux qui cherchent à s'initier aux mœurs parisiennes.

BONNE-NOUVELLE, Bd. V. Boulevards, Les grands.

BOULEVARDS, LES GRANDS
De l'Église de la Madeleine à la Pl. de la Bastille, ils forment un immense arc de cercle dont les R. de Rivoli et St-Antoine sont la corde, marquant la limite septentrionale de la Ville sous Louis XIV, ainsi que le rappellent les portes monumentales (St-Denis et St-Martin) et les noms de « Faubourg » et de « Chaussée » donnés à un grand nombre de rues qui y aboutissent; ils enferment aujourd'hui encore dans leur enceinte presque tout le Paris moderne, le Paris du luxe, de l'élégance, du plaisir et des affaires.

Le BOULEVARD (on désigne sous ce nom l'ensemble des Boulevards compris entre la Madeleine et le Théâtre du Gymnase) est l'âme et le cœur de Paris.

Qui dit le *Boulevard* dit Paris.

La vie parisienne semble s'être concentrée tout entière en cet endroit, qui vit surtout de 2 h. de l'après-midi à 2 h. du matin.

Le soir, de 4 à 7 h., c'est le bouillonnement, la fièvre, ce sont les camelots aux cris assourdissants, la foule des gens qui passent pour voir ou être vus, l'assaut donné aux omnibus, les arrêts des passants aux tables des cafés qui ont conquis presque tout le trottoir et sont garnies des consommateurs les plus divers.

Et quand la nuit est venue, c'est une splendide fête de lumière donnée par les lampadaires électriques, les milliers de lustres étincelants des grands cafés et les réclames lumineuses où courent de gigantesques lettres de feu, le long des façades et jusque sur le toit des maisons.

RUE ROYALE. En face de la Madeleine. Conduit à la Pl. de la Concorde, au Ministère de la Marine, à la Chambre des Députés, à la Porte principale de l'Exposition, aux Champs-Élysées, et par la R. St-Honoré, au Palais de l'Élysée.

Une des plus belles rues de Paris, dont la perspective, d'une souveraine magnificence, s'étend, au delà de l'Obélisque et des fontaines jaillissantes de la Pl. de la Concorde, jusqu'au Palais Bourbon, formant au fond comme un horizon de colonnes. Des deux côtés de la rue, ce ne sont que grands restaurants et riches boutiques de joailliers, de bijoutiers, de fleuristes, de parfumeurs, dont les devantures sont de marbre orné de bronze ciselé.

A l'entrée de la rue, à g., le *Restaurant Durand* (26); à dr., le *Restaurant Larue* (27). Puis viennent, à dr., la *Taverne Royale* (23), le *Restaurant Weber* (28), et, au coin de la R. St-Honoré, la *Parfumerie Yane* (21).

Après la R. St-Honoré, à dr., la *Parfumerie Lubin* (11), et *Maxim's* (3), le bar et restaurant de nuit à la mode. A g., *Lachaume*, fleuriste (12), les diamants *Sandoz* (10) et les thés *Royalty* (6).

BOULEVARD DE LA MADELEINE (de l'Église de la Madeleine à la R. Caumartin) élargi encore par la R. Basse-du-Rempart, qui lui fait une deuxième chaussée, est particulièrement le boulevard de tous les commerces de luxe, concentrés sur le côté gauche. Dans les riches boutiques de fleuristes, aux corbeilles de légère vannerie, les roses et les tubéreuses s'épanouissent sous des nœuds de satin.

A l'extrémité du Boulevard, la R. des Capucines (au 19, le *Crédit Foncier*).

Avec le *BOULEVARD DES CAPU-*

CINES (de la R. Caumartin à la Chaussée-d'Antin), les merveilleux étalages d'objets d'art et de fleurs continuent, et la vie élégante et la vie de plaisir commencent avec l'*Olympia, à g. au 28 (dans le sous-sol, *Taverne de l'Olympia*) et les restaurants connus, les brasseries, les cafes et bars selects, les grill-room qui peuplent les deux côtes.

Un peu plus loin, le *Grand Café* marque le coin de la R. Scribe. Au 1 *bis*, le *Jockey-Club*; au 4, le *Bar Achille*; au 6, les magasins de l'*Escalier de Cristal*; puis à dr., au 37, le magasin de jouets, *le Nain Jaune*; à dr., au coin de la Pl. de l'Opéra que le boulevard traverse, le *Café de la Paix*.

THÉATRE DE L'OPÉRA (*Cliché Fortier-Marotte*).

A dr., la Taverne Tourtel (43); à côté, au 41, les vitrines de fleurs de *Vaillant-Roseau*; au 39, le *Théâtre des Capucines*; au 35, les delicats éventails de *Duvelleroy*, enrichis, comme des ailes de papillons, de nacre et de peinture; en face, au 24, la galerie de tableaux et d'aquarelles modernes de *Goupil*.

La *PLACE DE L'OPÉRA*, où domine la majestueuse façade de l'Opéra, est de forme a peu pres carrée. Les sept grandes voies qui en rayonnent, les deux tronçons du Bd des Capucines, la R. Auber à g. et la R. Halévy à dr. de l'Opera, et en face, la R. de la Paix, l'Av. de l'Opéra et la R. du Quatre-Septembre en font l'une des plus vivantes de Paris, ou omnibus et voitures se croisent en tous sens.

A g. du Bd des Capucines, le Grand Hôtel; a dr., la Compagnie des Wagons-Lits; entre la R. de la Paix et l'Av. de l'Opéra, l'*Agence Cook*; au premier etage, le *Cercle Militaire*.

De l'autre côté de l'avenue, le magasin *Liberty*, dont les merveilleuses etoffes sont une fascination continuelle pour l'œil du promeneur.

Près de la R. Halévy, la Salle des Dépêches du *Journal des Débats*. Après la Pl. de l'Opéra, le Bd des Capucines se continue encore quelque temps. A g., le Théâtre du *Vaudeville enclavant le *Café Américain*, restaurant de jour et de nuit, rendez-vous elégant à la sortie des théatres. A dr., le *Restaurant Julien*.

RUE DE LA PAIX. A dr. de la Pl. de l'Opéra, mène à la Colonne et à la Pl. Ven dôme, ainsi qu'aux luxueux Hôtels qui entourent cette place : l'Hôtel Ritz, l'Hôtel Bristol. De la Pl. de l'Opéra, la R. de la Paix offre un merveilleux coup d'œil avec sa perspective régulière, ses balcons fleuris, ses équipages arrêtés en longue file devant les maisons des grands couturiers. C'est la rue de l'élégance aristocratique et cosmopolite, la rue du high-life par excellence. Des deux côtés, c'est comme une magnifique vitrine où éclatent les verts, les jaunes, les mauves des soieries, où étincellent les pierreries, les diamants, où s'étalent les fines dentelles ou les robes de prix.

A g., maisons *Carlier* (modes) n° 16; *Virot* (modes) 12; Mme *Louison* (modes), 8; *Grunwaldt* (fourrures), 6; *Philip* (bijoutier), 4; *Houzeau* (curiosités), 4; *Lipmann* (robes et manteaux), 2. A dr. *Doucet* (robes et lingerie), 21; *Chemin* (joaillier), 7; *Worth* (robes), 7; *Paquin* (robes), 3.

BOULEVARD DES ITALIENS (de la R. de la Chaussée-d'Antin à la R. Drouot) Est celui de nos Boulevards dont la renommée est la plus ancienne et la plus universelle. Sous la Restauration, il était déjà de bon ton de se montrer sur cette promenade à la mode appelée alors boulevard de Gand d'ou le nom de « Gandin » donné à ses elégants habitues. Son nom actuel vient d'un théâtre d'opera italien qui s'y trouvait et que fréquentaient le grand monde et la cour.

Aujourd'hui encore, c'est au boulevard des Italiens que tout Paris et toute l'Europe se donnent rendez-vous et aussi se retrouvent dans les restaurants les plus luxueux de la capitale.

A l'entrée du Boulevard, à g., le *Restaurant Paillard*; à dr., *au Pavillon de Hanovre* les célèbres magasins d'orfèvrerie *Christofle*; un peu plus loin, à dr., au 25, la maison *Poirel et Chabot*, dont la cuisine a une renommée européenne, et, au 19, le vaste Hôtel du *Crédit Lyonnais*, puis le *Café Anglais*, au coin de la R. Favart, où se trouve l'Opéra-Comique ; à g., au 3o, le Théâtre des Nouveautés ; au 20, la *Maison Dorée* ; au 16, le *Café Riche*, l'un des plus anciens de ce boulevard (1791) et qui vient d'être modernisé avec un luxe princier ; au 14, la *Taverne Pousset*, dont la nouvelle salle est la plus spacieuse et la plus artistiquement décorée des salles de cafés parisiens.

A cet endroit, le Boulevard s'anime en-

BOULEVARD MONTMARTRE. Il commence après les R. Drouot et de Richelieu ; très court, mais très animé, c'est le boulevard aux nouvelles, où se rencontrent dans les brasseries et les cafés les rédacteurs des grands journaux parisiens dont la rédaction est dans le voisinage : *le Gaulois* à l'angle du Boulevard et de la R. Drouot ; à g., au 16, la Salle des Dépêches du *Petit Parisien* (exposition curieuse, actualités de

BOULEVARD MONTMARTRE (*Cliché Guy*).

core davantage : c'est, à g., le double Passage de l'Opéra (Galerie du Baromètre) avec le **Théâtre Pompadour**, et la *Galerie de l'Horloge*, et à dr., le *Passage des Princes*, conduisant dans la R. Richelieu. Le Restaurant *Noël-Peters*, avec ses décorations mauresques, est dans ce passage.

A l'extrémité du Boulevard, on trouve à g., au 8, le Théâtre* ROBERT-HOUDIN, et à dr., au 5, l'Hôtel du Journal *le Temps*, dont la façade est ornée de baromètres et d'instruments enregistreurs, de vitrines avec des photographies d'actualités, etc.

Au n° 1, le *Café-Restaurant du Cardinal* ; un peu plus bas, dans la R. de Richelieu, qui conduit au Palais-Royal et au Théâtre Français, l'Hôtel du *Journal* (n° 100) avec Salle de Dépêches.

A g., la R. Drouot, qui conduit à l'Hôtel des Ventes, et plus loin, à dr., l'Hôtel du *Figaro* (n° 26), visible de 1 h. à 2 h.

la semaine) ; plus loin, *la Libre Parole*.

A dr., au 21, le Journal *le Soleil* ; à côté (même numéro), la Pâtisserie *Frascati*, dont les five-o'clock réunissent les dames élégantes. Beaucoup de tavernes et de grands cafés. A g., au 18, *Zimmer*, puis la *Taverne Mazarin*, le Restaurant de la *Terrasse* ; à dr., au 13, le *Café Véron* ; à côté de ce café, le *Passage des Panoramas*, qui conduit dans la R. Montmartre, aboutissant aux Halles (10 minutes) ; ou, par la R. Vivienne, à la Pl. de la Bourse (3 m.), et au Palais-Royal (10 m.).

Le Passage Jouffroy, en face, à g., aboutit R. du Fbg-Montmartre. Ces deux Galeries marchandes, qui existaient déjà au commencement du siècle, sont très fréquentées les jours de mauvais temps.

Après le Passage des Panoramas, le Théâtre des *VARIÉTÉS et, à dr., le Petit Casino ; au n° 5, les riches Magasins de bronzes d'art de *Colin*.

——— DANS PARIS ———

Le *BOULEVARD POISSONNIÈRE* (entre la R. Montmartre et la R. Poissonnière) est la frontière sud du quartier de Paris ou sont à peu près tous les grands commissionnaires en exportation. C'est l'un des boulevards le plus gai, où les attractions de tous genres semblent s'être concentrées : cafés, théâtres, cinématographe, etc. Le *Café Brebant*, au coin de la R. Montmartre ; à dr., au 27, Parisiana, puis le *Kalloscope*, la *Taverne Gruber*.

A g., la R. Rougemont, à l'extrémité de laquelle on voit le bel hôtel du Comptoir d'Escompte, avec son dôme à clocheton, sa grande porte en arc de triomphe. Au n° 6 du Boulevard, le Journal *le Matin*. La R. du Faub.-Poissonnière conduit au Conservatoire de Musique (n° 15).

BOULEVARD BONNE-NOUVELLE. Il s'étend jusqu'à la R. Saint-Denis et termine la promenade dite « le Boulevard ».

A g., le Théâtre du Gymnase, puis le Restaurant *Marguery* avec ses grandes salles, ses élégants salons, sa terrasse vitrée et fleurie ; à côté, la R. d'Hauteville, avec ses magasins de soierie et de passementerie ; à son extrémité, on aperçoit l'Église *Saint-Vincent-de-Paul*.

Le côté g., au trottoir surélevé, limite l'actif quartier du Sentier et est lui-même très commerçant. Au coin de la R. *de la Lune*, la pâtisserie renommée où l'on vend, sans trève ni relâche, des brioches chaudes à 1 sou ; en face, à g., le *Musée de la Porte Saint-Denis* (cinématographe Lumière) ; à la porte, reconstitution en cire des scènes de la vie parisienne.

BOULEVARD SAINT-DENIS (de la Porte Saint-Denis au Bd de Strasbourg). Est le plus populaire des boulevards parisiens ; à la sortie des ateliers, c'est un fourmillement curieux d'ouvriers et d'ouvrières regagnant en longues files les quartiers excentriques où ils demeurent.

A g., le Café Dumont, surnommé *la Chartreuse*, rendez-vous des acteurs et des actrices, des chanteurs et des chanteuses à la recherche d'un engagement ; à dr., le Café du *Nègre*, rendez-vous du notariat, et le Restaurant *Maire*, clientèle de riches négociants de province ; à dr., le *Bd SÉBASTOPOL*, centre du commerce parisien, et à g. le joyeux *Bd DE STRASBOURG* avec le Café de France, le *Café du Globe* (18 billards), le **Théâtre Antoine** ; à dr., l'Eldorado, après la Porte Saint-Denis, à g., le Bd Saint-Martin, qui doit son nom à l'autre Porte monumentale qui le termine et en face de laquelle se trouve la rue Saint-Martin conduisant aux Arts et Métiers et au Théâtre de la Gaîté. C'est l'un des boulevards de

Paris le plus populaire ; à g., quatre Théâtres : Le Lyrique-Renaissance, la Porte-Saint-Martin, l'Ambigu, le nouvel Opéra Populaire, qui remplace les anciennes Folies-Dramatiques.

Après la R. du Bourg, le *Restaurant Balthazar*, le *Concert Sténographe* et la *Taverne des Arts* ; à dr., le trottoir surélevé offre un étalage ininterrompu de bronzes d'art et d'instruments d'optique.

La *PLACE DE LA RÉPUBLIQUE* qui, sans terminer la ligne des Grands Boulevards, en limite la promenade intéressante, l'une des plus belles et des plus vastes places de Paris (statue de la République) A g., les Casernes du Château-d'Eau, l'*Hôtel Moderne* ; à dr., à l'extrémité de la place, le *Théâtre Déjazet* ; à l'angle de la place, Funiculaire de Belleville.

De la Pl. de la République, on arrive en 20 min., en suivant les Bds du Temple, des-Filles-du-Calv. (*Cirque d'hiver*) et Beaumarchais, à la Pl. de la Bastille. (V. ce mot)

BOULEVARDS HAUSSMANN et ST-GERMAIN. V. Haussmann, Bd. ‖ St-Germain, Bd.

BOURSE, LA ⬤⬤⬤⬤ *La Bourse est le marché des capitaux et la réunion de tous les spéculateurs. Le vacarme de midi à 3 h. y est aussi assourdissant à l'intérieur qu'à l'extérieur.*

Pl. de la Bourse. — Omnibus : Passy-Bourse ‖ Maine-G. du Nord ‖ Montmartre-Pl. St-Jacques ‖ Bd St-Marcel — N.-D. de Lorette ‖ Pl. Pigalle-Halle aux Vins ‖ Buttes-Chaumont-Palais-Royal. Ouverte de Midi à 3 h. Entrée libre. Bureau Télégraphique permanent, de 9 à 1h. du soir dans la galerie du 1er étage, et la nuit au rez-de-chaussée. Cabines Téléphoniques pour la correspondance à grande distance.

Reproduction du temple de Vespasien à Rome, le Palais de la Bourse est orné d'un Péristyle que décorent 66 colonnades corinthiennes et des statues du *Commerce*, de la *Justice*, de l'*Agriculture* et de l'*Industrie*. — La Grande Salle (à la voûte grisailles d'Abel de Pujol et de Meynier) est entourée d'une galerie aérienne, dont la partie g. est affectée aux Bureaux du Télégraphe, et dont la droite est vide et interdite au public depuis l'affaire des bombes (attentat Vaillant à la Chambre des Députés, 1893).

C'est vers 2 heures que la Bourse bat son plein, qu'on crie le plus fort les offres et les demandes. On peut y voir et observer tous les types des manieurs d'argent, depuis le banquier, le remisier, le coulissier millionnaires, jusqu'au pauvre *pâlira* ruiné, qui essaye toujours de se rattraper.

A l'intérieur, autour de la *Corbeille*, se tient le marché des valeurs officielles. Soùs le Péristyle, c'est le marché libre; près des grilles, les « pieds humides ».

A 3 h, un coup de cloche met fin aux opérations et aux vociférations, et annonce la clôture de la Bourse. — Les cours sont publiés vers 4 h. par des journaux spéciaux, la *cote Défosses* (10 c. le N°, 31, R Vivienne; *la Cote de la Bourse et de la Banque* (10 c.), Pl. de la Bourse, 1 et 3, et la *Liberté* (10 c.) et par les Agences télégraphiques. Ces cours sont aussi affichés ou inscrits à la craie à la porte de la plupart des maisons de change et de banque et dans les salles de dépêches, etc.

Il se négocie à la Bourse de Paris pour plus de *100 milliards* d'effets par an : *70 milliards* à la coulisse et *30 milliards* au parquet. Les valeurs étrangères y contribuent pour *20 milliards*.

❧❦❧

BUTTE MORTEMART. V.
Bois de Boulogne.

❧❦❧

BUTTES ⊛⊛⊛ CHAUMONT, PARC DES ⊛
Oc-cupe l'em-pla-cement d'anciennes carrières de plâtre fort accidentées servant autrefois de refuge aux pauvres diables sans asile. C'est là que fut livrée en 1814 la bataille de Paris, où les marins de la garde, les élèves de l'École Polytechnique et quelques soldats de la ligne opposèrent une résistance de plusieurs heures à toute l'armée des alliés.

R. de Crimée, près du Bd de la Villette. Omnibus: Buttes-Chaumont-Palais Royal ‖ Belleville-Louvre ‖ Tramways : St-Augustin Cours de Vincennes ‖ Ch. de Fer de Ceinture : Station de Belleville.

Très éloigné du centre des plaisirs, ce Parc de 25 hectares offre au promeneur et au touriste une nature sauvage et pittoresque, malgré les accessoires « décoratifs qu'on lui a imposés C'est une promenade à décors changeants, aux routes carrossables ou aux sentiers difficiles. Il y a là des pelouses de jardin anglais et des paysages qui rappellent les hautes vallées abruptes de la Suisse.

D'un *Lac artificiel* qu'alimente le canal St-Martin surgit une masse de rochers, haute de 50 m., que domine un Temple minuscule, reproduction exacte du *Temple de la Sibylle* de Tivoli, près de Rome. — Deux *Ponts*, l'un suspendu, l'autre d'une seule arche, conduisent de la rive à mi-hauteur des falaises de l'île. Le dernier de ces Ponts a le triste privilège de faciliter le « dernier départ » à ceux qu'affole la hantise du suicide. Pourtant le parc des Buttes-Chaumont, avec ses fraîches retraites, ses atours fleuris, les toits rouges de ses restaurants enfouis dans les bosquets, n'incite guère aux pensées moroses. Et l'on ne songe pas que ce domaine des bébés bellevillois était autrefois commandé par le *Gibet de Montfaucon*.

Les *œuvres sculpturales* qui ornent le Parc ont presque toutes un caractère qui sied bien à la sauvagerie des lieux. Citons : *le Pilleur de mer*, par Ogé; *Sauvé*, par Roland; *le Gué*, par C. Lefèvre; *Au Loup!* par Hiolin, et le beau groupe d'Edmond Desca: *le Chasseur d'aigles*.

Des *Terrasses du parc*, le promeneur aperçoit au nord et à l'est les plaines de la campagne parisienne

LA BOURSE *(Cliché Forhei Marolle)*.

que semble traverser à une allure de colimaçon quelque train desservant la banlieue, au sud et à l'ouest, l'immense grande ville, avec ses quartiers pauvres et ses quartiers riches, l'or et des dômes et les masses grises un peu attristées des faubourgs populaires.

La nuit, les principales voies des Buttes-Chaumont sont éclairées à l'électricité. C'est un charme de les parcourir lentement, l'été, en voiture découverte.

Le Parc pendant la semaine est à peu près désert le dimanche, cette promenade appartient au bon public populaire et ouvrier des quartiers voisins : Belleville et la Villette.

❧❦❧

CAPUCINES, Bd DES. V. Boulevards (Les Grands).

❧❦❧

CARNAVALET, MUSÉE ⊛⊛⊛⊛
Créé par le baron Haussmann, en 1867, pour recueillir les monuments, statues, inscriptions, pierres tombales, ornements et objets quelconques provenant de démolitions anciennes et modernes. Le Musée s'est agrandi et développé d'année en année par des dons et des legs. C'est le vrai musée de la Ville de Paris, où sont précieusement conservés tous ses souvenirs.

Pour bien comprendre Paris, pour embrasser son histoire d'un coup d'œil, comme en un vaste panorama, c'est par le musée Car-

navalet qu'on devrait commencer sa visite à la capitale de la France.

23, R. Sévigné, à l'angle de la (R. des

MUSÉE CARNAVALET (Cliché Monuments historiques).

Francs-Bourgeois. Omnibus : Pl. Wagram-Bastille.

Ouvert les Mardi, Jeudi et Dimanche, de 11 à 5 h. en été, de 11 à 4 h. en hiver. — Des cartes spéciales seront délivrées les autres jours, pendant l'Exposition. Faire demande par lettre affranchie, avec timbre pour réponse, au Conservateur du Musée.

Cabinet des Estampes. Ouvert t. l. j. sauf dimanche (180000 pièces).

L'Hôtel Carnavalet, où habita Mme de Sevigné de 1677 jusqu'à 1696, fut bâti en 1550 par Pierre Lescot. Dans la Cour d'entrée, bas-reliefs de Jean Goujon, les Quatre Saisons. Au centre, statue en bronze de Louis XIV par Coysevox, provenant de l'Hôtel de Ville incendié en 1871.

REZ-DE-CHAUSSÉE Époque Gallo-romaine et Moyen Age). Les salles du rez-de-chaussée renferment de curieux monuments lapidaires et céramiques du vieux Paris.

SALLE DES ARÈNES. Ainsi nommée à cause des vestiges recueillis dans les Arènes de Lutèce (V. ce mot), découvertes en 1867 lors du percement de la R. Monge. Les pierres percées servaient probablement aux mâts qui supportaient les vélums pendant les combats publics.

SALLE DES TOMBEAUX. Très beaux tombeaux des époques mérovingienne et carolingienne, du IVe au XIe s., trouvés dans les cimetières de St-Germain-des-Prés, de Montmartre et de St-Marcel. A remarquer dans la seconde travée de la salle un superbe *sarcophage, découvert R. des Gobelins en 1892, et renfermant encore le squelette visible

sous la plaque de verre qui ferme le tombeau.

Au bout de la salle, un escalier descend à une *Salle souterraine (demander au gardien, pourboire) où l'on peut voir de très curieux moulages en plâtre de squelettes découverts dans les Arènes, et que l'on suppose, d'après les contorsions des membres, avoir été enterrés vivants. Voir aussi le squelette d'un géant mérovingien, et dans des bocaux les cendres et os calcinés des deux premières personnes incinérées au Père-Lachaise.

Les deux colonnes de marbre noir et blanc qui sont dans le Vestibule au fond ont appartenu à la Basilique chrétienne de la Cité qui a précédé Notre-Dame.

SALLES DES ANTIQUES. — Trois salles, consacrées aux époques gallo-romaine, mérovingienne et Moyen Age. Dans la Ire SALLE monuments lapidaires provenant des fouilles. 2e SALLE. Belle VITR. : vases et armes provenant de sépultures ou du lit de la Seine. Dans la vitrine du milieu de la 3e SALLE, *VITR. DU MILIEU, statuette en bronze de Charlemagne de l'époque contemporaine à ce prince ; * trésor de monnaies d'or des XIVe et XVe s. trouvées R. Vieille-du-Temple en 1882. VITR. à g. : curieux *suaire de laine et tresse de cheveux (dans un tube de verre) provenant d'une sépulture mérovingienne (fouilles parisiennes).

On entre à dr. dans le jardin.

Rez de-Chaussée

Salle 1830 | Salle de l'Hôtel de Ville Pal Royal | Salle du

Pavn des Drapiers

Musée 1er Empire | Arc de Nazareth | Jardin | Pavn des Chroniques | Fragments d'anciens Monuments Parisiens

Moyen Age et Renaissce | Objets divers Gallo Romains | Sculpre Gallo Romaine

A. Coysevox Louis XIV | Galerie des Tombeaux

Salle des Arènes

JARDIN ET GALE-RIES LATÉRALES Se placer au centre du jardin.

Le visiteur voit, en face, une très belle reconstitution de la façade du *Bureau des Drapiers*, autrefois R. des Déchargeurs, près des Halles. A g., reconstitution de l'Arc de Nazareth, élégante arcade du règne de Henri II (1550) décorée par *Jean Goujon* des chiffres et devises du roi.

Les galeries latérales sont ornées de sculptures provenant de monuments parisiens disparus. A remarquer, sous le pavillon de Choiseul, la *statue équestre en bronze de Henri IV* qui décorait la porte principale de l'Hôtel de Ville, incendié en 1871.

SALLES DE L'ÉPOQUE CONTEMPORAINE. Au rez-de-chaussée se trouvent, au fond du jardin, 3 Salles, comprenant les époques de 1815 à nos jours.

On sort par un Vestibule orné du buste du *Président Carnot*, et on longe la Galerie du jardin. Au bout, Vestibule et, en face, Escalier donnant accès *aux Galeries du 1ᵉʳ étage,*

Cet escalier conduisait aux appartements de Mme de Sévigné. On peut accéder directement aux galeries du premier étage en traversant la cour d'honneur et en entrant par la porte a g.

PREMIER ÉTAGE●● Salles de Topographie, d'Histoire et de Style. Les salles du 1ᵉʳ étage, les plus curieuses, renferment tout ce qui se rapporte a l'*Histoire de Paris*, y compris la *période révolutionnaire*, très riche en documents.

SALLE I. Dans la vitrine 20, à g., une ravissante *vue de Paris des hauteurs de Chaillot*. A dr., malheureusement mal éclairée, une curieuse toile représentant un *Tournoi sur la place Royale en 1612, pour le mariage de Louis XIII.*

SALLE II. Cette Salle renferme une belle collection de vues gravées ou peintes du *Vieux Paris*. A remarquer : *Une Fête sur la place de Grève* et une *Joute de mariniers sur le Pt Notre-Dame*. Cette dernière fête se continue de nos jours le 13 ou le 15 Juillet. A g., au centre, la belle *Dispute à la fontaine* d'Étienne Jaurat, une des plus belles toiles du Musée, représentant une commère renversée sous le jet de la fontaine. En face, une *Vue de Paris vers 1650.*

SALLE III. Les costumes, les mœurs de l'époque, sont curieusement pris sur le vif dans les ravissants crayons et esquisses de ces maîtres gracieux du XVIIIᵉ et du XIXᵉ s., St-Aubin, Gravelot, Lespinasse, Carle Vernet. Les *merveilleux* et les *merveilleuses* se promènent au Palais Royal. Les soldats de l'Empire montrent leurs brillants uniformes aux Tuileries ou au Cours la-Reine. Les compositions charmantes abondent dans cette salle, entre autres dans les VITR. 23, 24, 25

et 26, quatre crayons de Norblin sur les *Tuileries* et les *Champs-Élysées en 1807*. Carle Vernet, *les Merveilleuses et les Incroyables au Palais-Royal* ; St-Aubin, *Courses de chevaux aux Champs-Élysées*, etc.

SALLE IV. Encore des vues de Paris au XVIIIᵉ s. A remarquer : *l'incendie de l'Opéra de la rue St-Honoré*, en 1781.

SALLE V. A voir, à dr., une toile de Sabatier, montrant le Louvre en 1642 et un long cortège se développant sur les quais : *l'entrée de Richelieu venant de Lyon,*

SALLE VI. Très intéressante et très riche collection (VITR. 31) d'environ 300 tabatières(collection Maze), de 1789 a nos jours. Tabatières à la famille royale, aux célebrités révolutionnaires, Robespierre, Marat, Mme Roland, et de l'époque Empire et Restauration. La 6ᵉ du 1ᵉʳ et du 2ᵉ rang représente une urne funéraire surmontée d'un cyprès dont les branches forment les profils de la famille royale. Plus loin, autre tabatière avec la tête de Napoléon formée de plusieurs groupes. Dans la VITR. 29, un magnifique *service à thé du Consulat*, et, VITR. 30, des porcelaines de Sèvres de l'époque révolutionnaire. Une grande toile de *Luigi Loir* rappelant une fête donnée à l'Hôtel de Ville, en 1896, en l'honneur du tsar de Russie.

1ᵉʳ Etage

SALLE VII (Salle Dangeau). Remarquer la très belle ordonnance de cette salle, style Louis XIV, dont les boiseries dorées, le plafond attribué a *Mignard*, en très mauvais état du reste, proviennent de l'ancien *hôtel de Dangeau*, autrefois Pl. Royale. Contre le mur a dr , un buste de *Henri IV*, en cire peinte, revêtu de la cuirasse. Ce buste figura, après l'assassinat du roi, R. de la Ferronnerie, à l'exposition du corps, que la décomposition rapide avait empêché d'exposer. Le buste est entouré de superbes drapeaux de l'époque, en soie richement ornée. A g., un joli portrait de *Louis XIII*, sur ivoire.

SALLE VIII (Salle de la Ligue). L'une des plus belles salles du Musée pour l'ornementation générale. Ainsi nommée d'une grande et curieuse toile à g. de l'entrée, *la Procession de la Ligue*, rappelant les scènes fameuses des processions des Ligueurs (1576). A remarquer 2 VITR., l'une à g., *sur l'histoire des ballons*, l'autre à dr. renfermant des faïences révolutionnaires, dont * l'Encrier de Camille Desmoulins. On traverse un petit Vestibule où se trouve exposé le *masque mortuaire de Mirabeau* et l'on entre dans les Salles consacrées à l'histoire de la Révolution.

SALLE IX. A l'entrée, à g., *dernier portrait de Louis XVI*, dessiné par Ducreux, sept jours avant l'exécution du roi. A d., à la cimaise (partie supérieure), portraits des hommes illustres de l'époque, parmi lesquels le poète *André Chénier, mort sur l'échafaud; -*Marat, *l'Ami du peuple*, assassiné par Charlotte Corday; *Danton, *Barère*, *Robespierre. Au bout de la galerie à g., portrait de *Louis XVII au Temple*. Au-dessus, tableaux représentant des scènes de l'époque: *la Fête de l'Être suprême, la Fête de l'Unité* du 10 août 1792, *le Pillage des Armes aux Invalides le 14 juillet 1789*, etc. A g., très intéressantes et très riches VITRINES, renfermant des portraits, miniatures, autographes, insignes, médailles, porcelaines du temps. A remarquer un *petit tableau* représentant Zamore, le fameux petit nègre de Mme Dubarry. Au fond, à dr., dans l'angle, un curieux * masque de carton colorié de *Voltaire*, coiffé du légendaire bonnet, exécuté sur moulage. Le patriarche de Ferney a l'air d'une vieille femme. La couleur des joues donne l'illusion de la vie.

(On monte 3 marches.)

SALLE X. Cette salle est revêtue de fort belles boiseries Louis XV, provenant de l'ancien Hôtel des Stuarts. A dr., avant la vitrine, un fauteuil, original, à roulettes, avec une manivelle à portée de la main. C'est *le Fauteuil roulant de Couthon, le conventionnel paralytique qui fut exécuté le lendemain du 9 Thermidor, avec Robespierre et St-Just. De l'autre côté de la vitrine, *le *fauteuil* dans lequel est mort *Voltaire*. Dans la vitrine, *Tabatière de Marat, en forme de bonnet phrygien, en corne noire; des montres de l'époque, des insignes. A g., au fond, la *commode de Béranger* ornée de bronzes ciselés; elle renferme divers objets de toilette du poète populaire et supporte un beau bronze de l'abbé Delille, le poète des Jardins, par Pajou.

SALLE XI. A g., nouvelle série de portraits révolutionnaires, parmi lesquels: * Ca-mille Desmoulins, l'auteur de la *Lanterne*, mort sur l'échafaud; le conventionnel Saint-Just, exécuté; *Couthon*, dont nous avons vu tout à l'heure le fauteuil; les généraux *Kléber, Hoche* et *Augereau*; *Marie-Joseph Chénier, Mirabeau*, le Marat assassiné de David. A remarquer au-dessous, au milieu, un très curieux petit tableau de Hubert-Robert représentant la *Cour de la prison de St-Lazare* sous la Terreur. Les détenus qui demain s en iront vers l'échafaud jouent au ballon. Les VITRINES de cette salle sont très riches en miniatures, autographes, etc. Dans la VITR. 61, curieuse *toile en ivoire ronde, avec une suite de médaillons du roi et de sa famille, de Charlotte Corday, et, au centre, une *guillotine en nacre vert. Dans la même vitrine, *autographes précieux relatifs à la *mort de Louis XVI*, aux *massacres de Septembre*, à la *Commune de Paris*, etc. Dans la VITR. 56, beaux éventails de l'époque. VITR. 55: montres, bagues, boutons. A remarquer la montre du conventionnel Saint-Just et la montre de la seconde femme de Danton. Nombreux portraits de la famille royale.

SALLE XII (Salle de la Bastille). Au centre, la petite *Bastille en pierre* qui surmonte la vitrine a été taillée dans la pierre même de la célèbre forteresse: c'est une des pierres que le démolisseur de la prison, Palloy, envoya aux municipalités des grandes villes.

Si nous faisons le tour de la salle, nous rencontrons : à droite, au mur, la * *Déclarations des droits de l'homme*, qui se trouvait derrière le fauteuil du président de la Convention. Au-dessous, une petite vitrine renfermant des reliures de l'époque. La reliure jaunâtre de la *Constitution de 1793* est en *peau humaine*. Les panneaux sculptés de la belle armoire qui suit représentent la Bastille. Des deux côtés de l'armoire, des *piques de sectionnaires*. Dans la VITR. 66, un beau portrait de la *reine Marie-Antoinette (veuve Capet), esquissé à la Conciergerie par Prieur, et un petit médaillon de *Charlotte Corday*. A dr. de la cheminée, le portrait du *Prisonnier Latude par Vestier, avec l'* Échelle qui servit à l'une de ses évasions. Dans l'angle de la fenêtre, à côté de la VITR. 68, sous verre, *pique* et *bonnet* de la section du *Bonnet-Rouge*. La VITR. 68 renferme l'épée de la *Tour d'Auvergne*, le « premier grenadier de France », qui s'illustra pendant les guerres de la Révolution. (Cette épée a été donnée par la famille Garibaldi.) La VITR. 70 renferme de belles armes, sabres de *représentants en mission aux armées*.

SALLE XIII (Salle Empire). Grandes

THÉROIGNE DE MÉRICOURT par *Vestier*.

VOLTAIRE par *Largillière*.

Mme DE GRIGNAN par *Mignard*.

FLAMBEAU DE NAPOLÉON Ier.

LES ÉCHEVINS par *Largillière*.

STATUETTE EN BRONZE
DE CHARLEMAGNE.

PORTRAIT DE LATUDE par *Vestier*.

ÉCHELLE DE LATUDE.

LORGNETTE DE NAPOLÉON Ier.

TASSE A CAFÉ
EXÉCUTION DE LOUIS XVI

LE PASSAGE DU PONT ROYAL VERS 1800, PEINTURE SUR VERRE par *Boilly*.

TABATIÈRE DE MARAT.

AU MUSÉE CARNAVALET

VITR. 72 et 73. *Nécessaire de campagne de Napoléon I", rapporté de Ste-Hélène et légué à la Ville par le général Bertrand. Toutes les pièces sont en vermeil, aux armes impériales. Elles s'emboîtent dans des casiers en bois précieux qui sont renfermés eux-mêmes dans un coffret d'environ 60 c. de largeur (une *plume* est encore tachée d'encre.)

· Aux murs, des gravures de l'époque, portraits des membres de la famille impériale. Un beau tableau de Gros : le *cardinal du Bellay reçoit au seuil de Notre-Dame les drapeaux d'Austerlitz. Les vitrines sont pleines de souvenirs curieux. A dr., contre la fenêtre, dans la VITR. 77, le *masque mortuaire de Napoléon I" donné par le baron Larrey; *Bonaparte*, premier consul; carte géographique allemande qui a servi à Napoléon I" pendant les journées qui ont précédé la *bataille d'Iena* (1806); souvenirs du *tombeau de Ste-Hélène*.

Les VITR. 75 et 76 renferment des *autographes de l'Impératrice Joséphine, des généraux *Masséna*, *Brune*, *Duroc*, du *maréchal Ney*, etc.

Entre les deux vitrines, le beau *buste marbre blanc du **Prince Impérial**, fils de Napoléon III, par le sculpteur *Carpeaux*.

SALLES DE STYLE, comprenant 9 salles (XIV à XXII) dans lesquelles sont exposés tableaux, sculptures, costumes se rattachant à l'histoire parisienne, du XVII° s. à nos jours;

SALLE XIV (Salle Debucourt). Ainsi nommée de la merveilleuse **Aquarelle de Debucourt** contre le mur en face : *les Parisiens au Champ de Mars, préparatifs pour la Fête de la Fédération du 14 Juillet 1790. (Cette aquarelle a été payée 25000 fr.) Le détail et le fini des personnages sont un document des plus précieux de l'époque. Sur la cheminée, belle *pendule décimale de 1795. Aux murs, plusieurs tableaux représentant des scènes de l'époque. Dessins de *St-Aubin*, de *Watteau*.

SALLE XV (Salle des Costumes). Comme la salle précédente, la Salle XV est garnie de belles boiseries anciennes. La grande vitrine du fond renferme d'admirables brocarts, des gilets Louis XIV, des habits brodés, un *costume d'incroyable, jaune, une *robe de merveilleuse, transparente, en gaze brodée et pailletée d'argent. Dans l'angle à dr., canne d'incroyable. — VITR. AU CENTRE : peignes d'écaille, poupées, petite maquette très amusante de Voltaire dans son *cabinet de travail* ; *bonnets de jacobin, l'un donné par *Gambetta*.

SALLE XVI (Salle des Théâtres). Portraits et souvenirs d'artistes célèbres et d'auteurs dramatiques. La VITR. 85, à dr., renferme des *portraits et autographes des deux *Alexandre Dumas*, le père et le fils — En face, au mur, * petit buste bronze de l'aïeul de Dumas père. — Dans la VITR. 84, à g., portraits, dont celui de *Mlle Maillard*, qui représenta la *déesse Raison* à la fête donnée à Notre-Dame. — VITR. 82 ; glaive du grand tragédien Talma, et à côté statuette de *Dejazet*, dans le rôle de *Richelieu*.

SALLE XVII. Après avoir traversé cette salle et un petit couloir, on entre dans la

SALLE XVIII (Salle de Liesville), ornée de belles boiseries Louis XV. A dr., curieux portrait de * *Théroigne de Méricourt*, héroïne révolutionnaire. — Sur le guéridon, au-dessous, bronze de *Mirabeau*. Aux murs portraits de femmes en costume Louis XIV et Louis XV. Portrait de * *La Tour d'Auvergne* attribué à Greuze. — Dessins de Blondel, Saint-Aubin, Chardin, Cochin Ozanne. — Vitrine au centre : biscuits médaillons, porcelaines XVIII° s. Sur la cheminée, beau *buste en terre cuite de femme inconnue.

SALLE XIX est la *reconstruction d'un boudoir du XVIII° s.

SALLE XX était le *Salon de Mme de Sévigné, conservé dans sa décoration du temps, sauf les peintures des dessus de porte et des plafonds. Au mur, à dr., le portrait (copie de Mignard) de *Mme de Grignan* fille de *Mme de Sévigné*. — Dans la VITR. au dessous, *autographe de *Mme de Sévigné*, morceau d'une de ses robes.

SALLE XXI. Derrière une grille de fer forgé, à dr., petite salle contenant des céramiques.

SALLE XXII (Galerie des Échevins). Ainsi nommée des portraits d'échevins de la ville qu'elle renferme. Par cette galerie les visiteurs avaient accès au Salon de Mme de Sévigné. — A g., portrait de *Voltaire à 27 ans, par Largillière. Au-dessous vitrine consacrée à *Voltaire*. — Aux murs *portrait de *M. de Châteauneuf*, prévôt de marchands, par Largillière. — *Portrait de *deux échevins en grand costume*, par Largillère. Contre la fenêtre à g., *4 superbes vitrines de céramique de la collection Liesville. — La porte de sortie de cette salle, dernière des salles du premier étage, donne sur le Palier de l'Escalier d'honneur qui conduit à la cour du Musée.

MUSÉE DU SIÈGE, PARIS 1870 ⊕⊕⊕ Au deuxième étage. (On accède à ces salles, situées au deuxième étage, par un escalier dont l'entrée donne dans la SALLE XIII)

Dans le Vestibule (avant de gravir les marches), buste en bronze de Delescluze, dernier ministre de la guerre de la Commune de 1871. Portrait de *Félix Pyat*, également membre de la Commune de 1871. Au-dessus de la porte, *drapeau rouge* d'un bataillon de la Commune de 1871. Ferrures et fragments d'une porte de *cachot de la Conciergerie*, d'où partirent pour l'échafaud Robespierre et Mme Roland.

(On entre dans la 1re salle.)

Petite Salle à g., dessins et vues de Paris, par Guillier.

1re SALLE. Réduction du monument de Seveste, artiste du Théâtre Français, tué à Buzenval le 19 janvier 1871. — A la cheminée : panoplie d'armes ; VITRINES : documents sur *Gambetta*. Organisation de la Garde nationale, photographies, ordres de service. Reçu signé *Flourens*, 9 septembre 1870. Lettre de *Schœlcher*, colonel de l'artillerie de la Garde nationale. — *Buste de Franchetti*, commandant des Éclaireurs de la Seine, tué à Champigny (2 décembre 1870).

—*Masque mortuaire de Gambetta*, encadré de drapeaux. —

Musée du Siège (2ème étage)
Jardin
3e Salle 2e Salle 1re Salle
Salle Guillier
Cour

Dans les vitrines au-dessus, proclamations, portraits. — Dans une grande armoire, à dr., *costumes : capotes de MM. *Claretie* et *Carolus Duran*, *képi de Meissonier*. — Aux murs, dessins, aquarelles *de Lalanne*, etc., représentant des *scènes du Siège*, des *bastions*, des *avant-postes*. — Autres vitrines consacrées aux *ambulances du siège*, à la correspondance par pigeons-voyageurs ou par *ballons*, au *bombardement* de Paris.

2e SALLE. 1o *Ambulances* : brassards de la Croix-Rouge, insignes, médailles, *lettres de *Sarah Bernhardt* (ambulance de l'Odéon), et de *Ricord*, chirurgien en chef des ambulances de la Presse. — Deux vues : *Ambulances à Joinville et Débarquement des blessés de Champigny*. — 2o La CORRESPONDANCE : Lettres, plumes de pigeons, journaux minuscules. — 3o le *Gouvernement de la Défense nationale* : autographes, médailles.

Aux murs : *la Mort du commandant Baroche*, 30 sept. 1870. Carolus Duran : *les Champs de bataille de Champigny*. — *Queue à la porte d'une boulangerie*. — *La place Vendôme le 29 mai 1871*. — Contre la cheminée : *Débris du ballon « le Vauban »*. — Départ du ballon *l'Armand-Barbès*, qui emporta *Gambetta*.

3e SALLE. Masques de *Henri Regnault*

et de *Gustave Lambert*, tués à Buzenval (19 janvier 1871). — Lettres de *Victor Duruy*, sa plaque de commandeur. Dans les vitrines, PAIN DU SIÈGE ; biscuit, farine, cartes de rationnement ; pièces relatives à la Garde nationale. — Aux murs : portraits, par *Bida*, de gardes nationaux : Victor Duruy, Franchetti, Clairin, Ch. Garnier, Templier, Hachette, Fouret.

5e SALLE. Dans une armoire vitrée : *Éclats d'obus*, médailles et objets divers détériorés par les incendies. Casques prussiens.

Petite Salle à gauche (la dernière), portraits divers : Victor Hugo, Renan, Charcot, etc.

Pour regagner la Porte d'entrée, le visiteur descendra dans la Salle XIII (Empire) et, continuant à g., traversera les salles jusqu'à la galerie des Echevins (Salle XXII), dont la porte donne sur l'Escalier conduisant à la Cour du Musée.

❧

CARROUSEL, ARC DE TRIOMPHE DU. V. Tuileries, Jardins des.

❧

CATACOMBES, LES 〇〇〇〇〇〇〇〇 *Excursion macabre qui ne sera pas du goût de ceux qui ont les nerfs sensibles.*

A la lueur vacillante de bougies, on se promène à travers de sombres souterrains, où la vue d'énormes entassements d'ossements, de crânes humains dispersés par le temps, vous donne le frisson. Quelques têtes de morts ont conservé leur rictus horrible, et il semble qu'elles se moquent des vivants, dans leur rire silencieux.

Entrée Pl. Denfert-Rochereau, Pavillon à dr., en tournant le dos au monument du Lion de Belfort. — Sortie par la R. Dareau, n° 92, près de l'Av. de Montsouris.

Omnibus : Montmartre-Pl. St-Jacques ‖ **Tramways :** Montrouge-G. de l'Est ‖ Châtillon-St Germain-des-Prés.

En été, on visite les catacombes le 1er et le 3e Samedi de chaque mois. Adresser la demande par lettre, avec timbre pour réponse, à la Préfecture de la Seine.

La température du Souterrain étant de 2o centigrades environ, se munir de vêtements chauds. On trouve, devant l'entrée, des camelots vendant des bougies avec support en carton pour éviter les taches (30 à 50 c.).

Les Catacombes, anciennes carrières qu'utilisaient déjà les Romains, s'étendent sous les 5e, 6e, 13e et 14e arrondissements, occupant une place égale au 10e de la superficie totale de Paris. A la suite d'éboulements successifs qui nécessitèrent la consolidation des voûtes des carrières, l'administration fit poser dans les catacombes des plaques indiquant l'emplacement des voies parisiennes.

Entre les murailles d'ossements aux décorations macabres : pyramides de cranes, tibias entassés comme bois à brûler, la longue file des visiteurs s'étend un peu bruyante, à demi noyée dans les ténèbres ; parfois le rapide reflet des lumières sur les funèbres parois semble donner un peu de

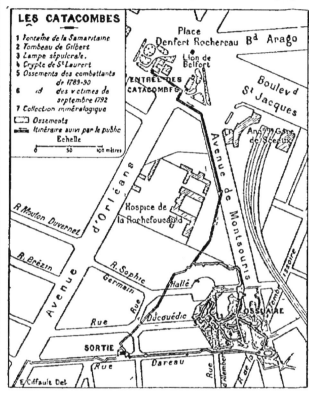

LES CATACOMBES

1 Fontaine de la Samaritaine
2 Tombeau de Gilbert
3 Lampe sépulcrale.
4 Crypte de St Laurent
5 Ossements des combattants de 1789-90
6   id   des victimes de septembre 1792
7 Collection minéralogique
☐☐ Ossements
▄▄▄ Itinéraire suivi par le public
Echelle
0   50   100 mètres

vie aux restes des trois millions de morts qui reposent là.

Sur les piliers se lisent, dans presque toutes les langues du monde, des sentences inspirées aux hommes par la crainte, l'espoir, la religion de la mort.

Pendant une heure, sous la conduite des agents des Ponts et Chaussées, ces gardiens du cimetière des morts anonymes, les visiteurs parcourent environ 1 kilomètre, de la Pl. Denfert à la R. Dareau.

L'ossuaire que visitent les touristes et qui fut établi en 1786 pour permettre de désaffecter le cimetière des Innocents au centre de Paris, près des Halles), reçut de 1792 à 1814 les restes que contenaient 16 cimetières parisiens.

Il y avait autrefois dans la loge du gardien un album où les visiteurs consignaient leurs impressions à la sortie de l'ossuaire.

CERNUSCHI, MUSÉE ⊛⊛⊛⊛ *Collection comprenant 2400 bronzes et autant de céramiques de la Chine et du Japon. Outre sa richesse, c'est en même temps une histoire de l'art sino-japonais. Elle a été réunie sur place, en moins de neuf mois, par M. Cernuschi, alors directeur de la Banque de Paris, lors d'un voyage qu'il fit en Extrême-Orient.*

M. Cernuschi l'a léguée à la Ville, avec son hôtel, en 1895.

6, Av. Velazquez (Parc Monceau), Omnibus : Panthéon Courcelles ‖ Hôtel de Ville-Porte Maillot. Tramways : Cours de Vincennes-St-Augustin.

Ouvert de 10 h. à 4 h. les Dimanche, Mardi et Jeudi.

1re SALLE. Un grand kakémono, représente *Pen-Koum*, le Saint Pierre du paradis chinois, ardent chasseur de chauves-souris, dont la passion cynégétique est mise à profit par les âmes impures qui veulent gagner le ciel ; il suffit de se munir d'une chauve-souris : Pen-Koum s'élance à sa poursuite, et l'on entre pendant ce temps.

2e SALLE. Magnifique collection de *théières*, une *vasque*, en bronze ancien de Chine, d'une finesse de travail incroyable ; des bronzes chinois du XVe s. — Terres cuites : le philosophe *Jittokou* avec un gros ventre ; *l'Homme qui rit* communique son rire au spectateur.

SALLE DES FÊTES. La plus intéressante au point de vue de la comparaison entre l'art chinois et l'art japonais. A dr., bronzes chinois dont quelques-uns, à la suite d'un incendie, ont pris des tons fondus mélanges d'or, merveilleux ; d'autres, qui ont appartenu aux premières familles impériales de la dynastie des Tchou, 9 siècles avant notre ère ; à g., les bronzes japonais.

Au fond, frise formée par un fragment de la balustrade d'une pagode japonaise de Yédo (reproduction en céramique de la pagode dans la salle suivante).

Cette frise représente les génies de l'air cherchant, au sein de la tempête et des éclairs, la perle symbolique que l'on voit au centre. Au-dessus, le grand *Bouddha de

Mégouro, auréolé, la plus grande œuvre en bronze de la collection.

SALLE A MANGER. Les fameux flambés et céladons chinois, qu'on a cherché vainement à imiter.

Dans l'Escalier qui conduit aux salles du bas, un serpent en haut relief, les orbes de son corps gonflés, l'œil fascinateur, la langue frémissante.

Les Salles du rez-de-chaussée renferment des porcelaines, des grès, des faïences rares, d'autres qui proviennent des manufactures modernes de Chine et des imitations de faïences de Delft.

🙦🙤

CHAMBRE DES DÉPUTÉS ⓪⓪⓪

ou Palais Bourbon. Édifiée en 1722 par la Duchesse de Bourbon, devint propriété nationale en 1791. Siège des Cinq-Cents et des Assemblées jusqu'en 1870. — La Chambre actuelle y revint de Versailles en 1879.

Q. d'Orsay. Omnibus: Panthéon-Courcelles‖Tramways : Bastille-Pte Rapp.

La façade sur la Seine, en face de la Pl. de la Concorde, avec péristyle corinthien, a été construite (de 1804 à 1807) pour faire pendant à la Madeleine, qu'on aperçoit au bout de la R. Royale. Statues de Thémis et de Minerve, et de d'Aguesseau, de Colbert, de L'Hôpital et de Sully. Sur les côtés, bas-reliefs de Rude, et au pourtour la France tenant la Constitution entre la Liberté et l'Ordre public, le Commerce, l'Agriculture, la Paix.

LA SALLE DES SÉANCES : Partagée en 8 travées de 12 rangées de fauteuils convergeant à l'hémicycle (581 députés), 2 étages sont réservés aux spectateurs.

1er ÉTAGE. Galeries et loges, celles-ci réservées, en partant de la dr., aux Officiers généraux, Sénateurs, au Président de la République, aux Ministres, au Corps diplomatique (sous l'horloge), aux directeurs de journaux, etc.

2e ÉTAGE. L'étage supérieur est réservé au public (à dr.) et à la presse parisienne, départementale et étrangère (à g.). — C'est de la 2e tribune (dr.), que l'anarchiste VAILLANT lança sa bombe (9 déc. 1893).

Pour assister à une Séance : 12 places de la tribune du 2e étage sont seules réservées au public sans cartes, qui fait queue à la grille du Q. d'Orsay. Entrée à 12 h. 3/4, sous la surveillance d'un adjudant.

Les Députés disposent de cartes d'entrée qui leur sont attribuées par la Questure; ils peuvent les donner à leur volonté. La personne qui en bénéficie doit écrire ses noms et adresse au dos. — Entrée par la grille du Q. d'Orsay, avant 2 h. Les Ambassades, Ministères, membres de la Presse, peuvent également disposer de cartes. Les étrangers pourront s'adresser à leur Ambassadeur, s'ils sont suffisamment recommandés.

Les spectacles parlementaires, aux jours de grandes séances, sont très courus.

A voir dans le voisinage : la Pl. de la Concorde, les Champs-Élysées, la Madeleine et les Grands Boulevards.

🙦🙤

CHAMPS-ÉLYSÉES, AVENUE DES ⓪⓪⓪

Deux parties bien distinctes, la Promenade et l'Avenue.

LE PALAIS BOURBON. — CHAMBRE DES DÉPUTÉS. (Cl. Lévy et fils)

La Promenade des Champs-Élysées, de la Pl. de la Concorde au Grand Rond-Point, est la plus majestueuse et l'une des plus vivantes de Paris, animée, le jour, par tout un monde de mères élégantes, de nourrices et de bambins, d'attelages de chèvres, de petits bars en plein air où l'on mange des gaufres et où l'on boit des sirops, par le défilé en landau, en voiture, en automobile et à bicyclette du Tout Paris mondain.

Le soir, les chaises sont prises d'assaut par les Parisiens qui viennent respirer la fraîcheur sous les arbres, et l'animation se reporte aussi au milieu des parterres, dans les nombreux établissements de plaisir, restaurants, cirques, cafés-concerts, etc., qui sont encore un autre rendez-vous mondain.

A l'entrée de la Promenade, sur leur socle de pierre, les Chevaux de Marly, par Coustou, autrefois au château de Marly.

A g., sur le quai, la Pte principale de l'Exposition. Dans les premiers parterres, le *Jardin de Paris*, qui a remplacé le fameux Bal Mabille (entrée sur la promenade), et, plus loin, dans un bosquet, le *Pavillon Ledoyen*, l'un des restaurants d'été à la mode.

Derrière, les Nouveaux *Palais des Beaux-Arts*, qui ont remplacé le Palais de l'Industrie et qui coupent l'avenue conduisant au Pt Alexandre III.

A g., grands et petits établissements de plaisir : chevaux de bois, marchands de gaufres; les *Ambassadeurs* (café-concert d'été et restaurant). A côté, l'*Alcazar*, également ouvert l'été, et le *Bouillon Riche*, puis la coquette maison d'été du *Restaurant Paillard*, entouré de ses frais jardins.

Le coin de l'Av. Marigny qui conduit à g. jusqu'à l'Élysée est animé tous les après-midi par des Guignols, et le Jeudi et le Dimanche par le Marché aux Timbres-Poste.

Après avoir traversé l'Av. Marigny, on trouve les *Folies-Marigny* (comédies, opérettes, ballets); le *Restaurant Laurent*, et le *Cirque Palace* des Champs-Élysées (anciennement Cirque d'Été), complètement transformé : piste mobile, piste d'eau et théâtre sur la piste.

A g., à l'extrémité de la promenade, le *Palais de Glace*, également transformé.

Le Rond-Point où se termine la promenade et où commence l'avenue, est décoré de 4 petits squares, et d'un square central débouchent 6 avenues.

Du Rond-Point, perspective splendide Le soir du 14 Juillet, coup d'œil sans égal au monde avec les milliers de guirlandes de lanternes vénitiennes qui s'étagent en rangs lumineux au-dessus de l'avenue.

L'Avenue, qui s'étend jusqu'à l'Arc de Triomphe, est embellie de chaque côté par de riches hôtels avec jardins et grilles magnifiques.

A g., l'Av. Matignon avec, au coin de la R. de Ponthieu, la *Maison des Gaufres*, grill-room des Champs-Élysées.

Sur l'Av. des Champs-Élysées, au 25, le Restaurant *Cubat*, installé dans l'ancien Hôtel de la Païva; au 39, l'*Automobile Union*. —A dr., au 28, une Agence des Théâtres et, au 32, Postes et Télégraphes.

Après la R de Marignan, le côté droit, privé de boutiques, n'offre que des hôtels princiers : au 42, le Prince de Saxe Cobourg ; au 68, M. E. Blanc, propriétaire des plus grandes écuries françaises ; au 76, la Duchesse d'Uzès et le Duc de Luynes ; au 104, Mme Sybil-Sanderson, la célèbre cantatrice ; au 120, M. Bennett, propriétaire du *New York Herald*; au 138, Vanderbilt, et, au 146, Mme Astor, les deux milliardaires américains.

Sur la g., au coin de l'Av. de l'Alma, le Bar américain *The Criterion*; au 101, l'Hôtel-Restaurant d'Albe, entre les Rs Bassano et Galilée, le *Palace-Hôtel* des Champs-Élysées, dont l'architecture, la décoration, le luxe intérieur, dépassent toute imagination.

CHAPELLE EXPIATOIRE *Construite en 1826, sous Louis XVIII, en souvenir des victimes de la Révolution (Louis XVI, Marie-Antoinette) sur l'emplacement de l'ancien Cimetière de la Madeleine, dans lequel Louis XVI et Marie-Antoinette furent enterrés pendant la Révolution. Édifice de style grec; renferme un autel et des groupes de marbre.*

R. d'Anjou.

Omnibus : Panthéon-Courcelles. Tramways : Muette-R. Taitbout.

Ouverte t. l. j. de Midi à 4 h. (pourboire au gardien).

PRINCIPAUX MARBRES : *Louis XVI* et un ange qui lui dit : *Fils de St Louis, remontez au ciel!* Sur le socle, le testament du roi. A g., *Marie-Antoinette soutenue par la Religion*, sous les traits de Mme Élisabeth, sœur du roi et morte aussi sur l'échafaud en 1794.

Les corps de Louis XVI et de Marie-Antoinette reposaient autrefois dans la crypte; en 1815, on les transporta à St-Denis.

A voir dans le voisinage : l'Église St-Augustin et la G. St.-Lazare.

CHATELET, PLACE DU *Une des petites places les plus animées de Paris, où se croisent beaucoup de lignes d'omnibus et tramways reliant la rive g. à la rive dr. Sur cet emplacement s'élevait autrefois la prison du Grand Châtelet et la Prévôté, démolies en 1802.*

Omnibus : Hôtel-de-Ville-Pte Maillot ‖ Batignolles-Jardin-des-Plantes ‖ Champ-de-Mars-Q. Valmy ‖ G. Montparnasse-Ménilmontant ‖ Plaisance-Hôtel de Ville ‖ Montmartre-Pl. St-Jacques ‖ G. St-Lazare-Pl. St-Michel ‖ Bd St-Marcel-N.-D. de Lorette ‖ G. de Lyon-St-Philippe du Roule.

Au centre de la Place s'élève la *Fontaine de la Victoire*, haute de 22 m , avec 4 statues symboliques : *la Loi, la Force, la Prudence* et *la Vigilance*. Sur le pied de la colonne, les noms de plusieurs victoires des campagnes d'Égypte.

A dr., le Théâtre du *Châtelet*; à g., le Théâtre *Sarah Bernhardt*; au fond, la *Chambre des Notaires de Paris* (à dr. de la porte d'entrée, une plaque de marbre sur laquelle est gravé le plan du Grand Châtelet).

A dr. du Bd Sébastopol, petit Square avec, au centre, la *Tour St-Jacques* (V. Tours), seul reste de l'ancienne Église St-Jacques de la Boucherie; et à l'extrémité de l'Av. Victoria, la façade de l'Hôtel de Ville. Mais c'est du côté du quai, sur l'autre rive de la Seine, que la vue est la plus belle : à g., les Tours de N.-D., au-dessus de l'Hôtel-Dieu; le *Marché aux Fleurs* et le *Tribunal*

...le Commerce; à dr., la masse imposante de la Conciergerie et du Palais de Justice, dont les tours sévères et pointues se découpent sur le ciel comme la silhouette d'un vieux château fort.

CIMETIÈRES

Les quartiers excentriques du Paris bruyant et plein de vie qui entourent quelques nécropoles, dont les innombrables chapelles et monuments perdus dans le feuillage des arbres ou disparaissant sous les fleurs ou des amoncellements de couronnes disent éloquemment le culte du Parisien pour ses morts.

On n'enterre plus, dans les cimetières intra-muros, que ceux qui possèdent une concession. Les autres morts sont conduits dans l'un des cimetières de la banlieue, qui entourent la ville de Paris.

Le Panthéon et les Invalides et diverses églises sont le dernier asile de quelques gloires nationales. Mais c'est surtout dans les trois grands cimetières que reposent la plupart des hommes illustres de Paris.

Voir : MONTMARTRE, Cimetière || MONTPARNASSE, Cimetière || PÈRE-LA-CHAISE || PICPUS.

CLUNY, HOTEL ET MUSÉE DE

Le Musée de Cluny, qui est une des plus belles et des plus riches collections d'objets d'art de l'Antiquité, du Moyen Age et de la Renaissance, renferme aujourd'hui 13 000 numéros dont quelques-uns sont d'une valeur inestimable. Quelques heures passés au Musée de Cluny nous initient à la vie intime, aux mœurs de nos ancêtres. Nous vivons là avec eux, au milieu d'eux, tellement la corrélation est intime entre l'édifice lui-même et le mobilier.

R. Du Sommerard, à l'angle des Bds St-Michel, St-Germain. Omnibus : Montmartre-Pl. St-Jacques. Tramways : Montrouge-Gare de l'Est || Bastille-Quai d'Orsay || Porte d'Ivry-Halles || Montrouge-Châtelet || Gare de Lyon-Pl. de l'Alma.

Ouvert t. l. j., sauf le Lundi et les jours de fête tombant en semaine, de 11 à 5 h., du 1er Avr. au 30 Sept., de 11 à 4 h, le Dim. et le restant de l'année.

L'Hôtel de Cluny, construit par les abbés de Cluny sur l'emplacement du palais romain des Thermes, élevé par Constance Chlore (de 292 à 306), est un des plus beaux types de l'architecture française à la fin du XVe siècle.

Sous les premiers souffles de la Renaissance, l'art perd de sa sévérité gothique, s'adoucit et cherche la grâce. L'entrée, avec ses créneaux, a gardé un aspect féodal. Examiner la magnificence de la façade, les charmantes lucarnes fleuries d'écussons et de devises, la balustrade ajourée qui décore le toit avec tant d'élégance, la sveltesse et la légèreté des clochetons, l'originalité amusante des gargouilles, les cartouches et les frises aux feuillages entrecroisés, où jouent toutes sortes d'animaux, rappelant la décoration des cathédrales gothiques.

L'Aile gauche — la plus ornée — présente une Galerie ou loggia formée d'arcs en ogive, où se trouvent deux statues d'évêques, des pierres tumu-

VUE DE L'HOTEL DE CLUNY (Cliché Monuments historiques).

laires, des fonts baptismaux (XVe s.), etc. — Le **Corps de logis central** est orné d'une Tourelle à cinq faces formant saillie; un escalier en spirale y monte jusqu'à une Terrasse aux fines dentelles de pierre. C'est par cet escalier se qu'on rend au Cabinet (1er étage) du Directeur du Musée de Cluny, le savant M. Saglio. (La porte de la tourelle est fermée par une barre de bois simulant le fer, afin qu'on ne confonde pas cette entrée avec celle du Musée.)

L'Entrée du Musée est immédiatement après la tourelle, en face d'un Puits, qui a conservé son ancienne ferrure, et auprès duquel, dit-on, Pierre l'Ermite prêcha la croisade.

En allant droit devant soi, on passe sous la porte en voûte qui conduit au Jardin.

REZ-DE-CHAUSSÉE

1re SALLE (vest. oblig.; pourb. facultatif: 10 à 20 c.); vente de photographies : gd format, 1 fr. 50, 15 fr. la douz.; petit form., 75 cent., 7 fr. la douz. On peut feuilleter l'Album de photographies. — Catalogue : broché, 4 fr.; relié, 5 fr.

Bahuts français des xv° et xvi° s.; dans les vitrines plates: sceaux, médailles, bulles; n° 7408 *enveloppe en plomb du cœur* de Louis de Luxembourg (1371). Le cœur est renfermé dans de l'alcool. Sous les fenêtres à droite, vitrine contenant d'anciens poids; l'autre vitrine, à gauche, renferme des mortiers en bronze.

Vitraux : n° 1988, *la Chaste Suzanne;* n°° 2025, *la Pentecôte* (École française).

2° SALLE (Salle des Chaussures). Collect. unique de 310 spécimens rassemblés par le graveur J. Jacquemart. 1™ VITR. à g.: chaussures romaines; * n° 6754, paire de sandales de momie, en vannerie, terminée en longue pointe rabattue. 2° et 3° VITR. hautes, entre les fenêtres de g. : n° 6735, bottes à soufflet (Louis XIII); n° 7637, bottes à chaudron; n° 6741, bottes de postillon (Louis XV). Entre ces deux vitrines, 3 magnifiques malles espagnoles en cuir ouvragé. 4° VITR. plate, souliers sacerdotaux; n° 6750, un soulier du *pape Clément XIV* (1773), en satin rouge, brodé en or d'une croix ornementée; n°° 6651 et suiv., patins de courtisanes vénitiennes (xvi° s.), avec dessus en peau blanche découpée comme de la dentelle. On passe devant la grande cheminée (xvi° s.), ornée d'un bas-relief de Lallement : *le Christ à la fontaine.* 5° VITR. (en face de la cheminée): au milieu, une pantoufle en cuir noir usé (sans n°) ayant appartenu à Napoléon I". Devant cette pantoufle, une paire de souliers en satin noir de l'Impératrice Joséphine (n° 6722). 6° VITR. (au milieu), 2° paire à dr., du côté de la cheminée; * souliers en soie jaune brodés d'or ayant appartenu à *Mme de Pompadour*, maitresse de Louis XV (n° 6634); mules de soie rehaussées de rubans jaunes portées par la Princesse de Lamballe le jour où elle fut exécutée (4 sept. 1792). On voit encore les taches de sang sur l'étoffe. 7° VITR. (en face de la porte d'entrée), n° 6646, un soulier de *Catherine de Médicis*, à pointe longue, plate et carrée, brodé de rosaces en argent. 8° VITR. (à dr. de l'entrée), n° 6659 (au fond, à g.): soulier en cuir noir orné d'une grande fleur de lis ayant appartenu à *Henri de Montmorency*, décapité à Toulouse en 1632, pour avoir conspiré contre Richelieu; * n° 6745, souliers de *vilain* à double épaisseur de cuir et à semelles énormes dépassant le soulier (époque de Louis XIV). Devant la 2° fenêtre de dr., n° 1337, coffre de mariage décoré des figures de l'Hymen et de l'Amour (art français, xvi° s.).

3° SALLE. Sur une crédence française

(n° 1405) du xv° s., *la Vierge ouvrante*, statue de la Vierge en bois sculpté, pouvant s'ouvrir (autre statue à l'intérieur). A g. de l'entrée de dr. (côté jardin): n° 709, grand retable en bois sculpté peint et doré (xv° s.), trouvé dans l'église de Champdeuil (S.-et-M.), scènes de la vie de Jésus et de la Passion); n° 712 (à dr. du précédent), autre retable flamand, en bois peint et doré, représentant * *l'Adoration des Mages.* Contre le mur en face, n° 1407, une des plus belles crédences connues, aux armes de France et de Savoie (art français, Louis XIII); sur les 2 panneaux principaux, *la Salutation angélique;* à côté, autre *très beau Retable flamand (sans n°). Au milieu de la salle, sur un pivot, cadre mouvant renfermant des miniatures et des pages de missels d'un travail incomparable. Voir *les Douze mois de l'année*, vrai chef-d'œuvre.

Vitraux du xv° s. (école allemande).

6° SALLE. Meubles de la fin du Moyen âge. Dans la vitr. centrale, medailles; dans la partie opposée aux fenêtres, *2 grandes médailles commémoratives de la *rentrée de Louis XIV à Paris* et du *siège de la Bastille.* Sur la même vitrine, une precieuse *Médaille en or* de *Louis XIV.* Dans la vitrine devant la 2° fenêtre, *grand medaillon en bronze de *Henri IV et Marie de Medicis.* Cheminée provenant de Châlons-sur-Marne, du xvi° s. avec un haut-relief : *Diane surprise au bain par Acteon, qu'elle punit en le transformant en cerf.* A côté, à g., n° 1430, * *cabinet à deux corps*, décoré d'incrustations de nacre (art français, xvi° s.).

5° SALLE, à dr. (porte sur laquelle se trouve l'écriteau SORTIE) : Collection Audéoud (1885), art italien et espagnol. Au centre, dans une grande vitrine : l'Adoration des Mages, travail exécuté à Naples au xvi° s., et comptant plus de 50 personnages. A l'angle, vers la fenêtre, un autre travail analogue, mais de dimensions plus réduites. Plus à droite, dans une haute vitrine, collection de personnages sculptés au nombre de 130 environ; au milieu, *la Sainte Cène;* plus bas, *le Massacre des Innocents*, et, tout en bas, une intéressante académie, *l'Homme mort de faim.* A droite, encore, plusieurs beaux meubles sculptés et incrustés de nacre et de métal. A g., n° 1577, tête et pied d'un lit espagnol du xvi° s. en bois noir sculpté, orné de garnitures en bronze doré. Au fond, *Saint Antoine de Padoue*, sous un tabernacle richement sculpté et doré. A dr., n° 1446, un meuble doré, malheureusement fermé, le plus **Curieux meuble** du Musée de Cluny, d'origine italienne; renfermant un mécanisme à la Vaucanson.

GRAND LIT A BALDAQUIN
TEMPS DE FRANÇOIS 1er.

HOTEL DE CLUNY (LA CHAPELLE).

FRAGMENT DE LA TAPISSERIE
DITE DE LA «DAME A LA LICORNE» (XVe S.)

DEVANT DE COFFRE EN BOIS SCULPTE (XVIe S. ART FRANÇAIS).

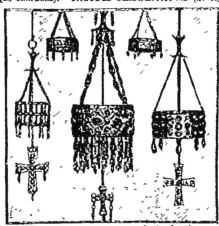

COURONNES DES ROIS GOTHS (VIIe SIÈCLE).

GRAND PLAT DE FAIENCE
HISPANO-MAURESQUE.

POIGNEE D'EPEE DU
MARQUIS DE PESCAIRE.

MITRE BRODEE DU XIVe S.

GRAND CABINET HENRI II PROVENANT
DE L'ABBAYE DE CLAIRVAUX.

CROSSE IVOIRE
DU XIIe SIECLE.

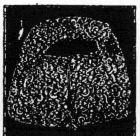

COL RABAT EN POINT DE VENISE.
(XVIIe SIECLE).

CHEFS-D'ŒUVRE DE CLUNY

Lorsqu'on fait glisser le panneau sur lequel est peinte une tête de Christ, le diable apparaît avec ses cornes; il pousse de tels hurlements, fait de si affreuses grimaces en tirant la langue et en roulant ses yeux, que chacun s'enfuit. Au-dessus de ce coffre diabolique, on voit une grande glace ornée au centre de figures en relief de la Vierge et de l'Enfant Jésus.

Aux murs de la Galerie qui mène aux salles suivantes par un escalier de quelques marches, on remarque quelques peintures italiennes, et des pièces d'un grand retable espagnol.

6ᵉ SALLE (grand hall vitré, avec dans le haut une galerie circulaire qu'on visitera plus tard: c'est la **Salle des Faïences françaises**). — A l'entrée de la salle, à dr. et à g., ' statues en bois sculpté, grandeur naturelle, de la *Vierge* et de *saint Jean*. — A dr., tombeaux des *Grands Maîtres de Rhodes*; en face de ces tombeaux, au milieu, un ' *Bahut*, n° 1524, sculpté sur toutes les faces; la plus curieuse est celle de gauche.

A 'g., un Escalier conduit à une Porte ouvrant sur le *Jardin*. A g. de cette porte (n° 1682), un tableau double, peint sur bois, représentant *le Sacre de Louis XII*. Cette peinture a servi pendant un certain temps, à Reims, de porte de poulailler! Plus au fond, à dr., en face du calorifère, *groupe, en bois, de *la Vierge et l'Enfant Jésus* (n° 939), glorieuse sculpture allemande du xvᵉ siècle.

Au fond, à dr. de la porte, grande tapisserie — la seule à Cluny — de Beauvais; à g., tapisserie de Flandre. Entre les deux, grande Porte ouvrant sur le *Palais des Thermes*, qu'on fera bien de visiter en dernier lieu. (V. plus loin.)

On sort de la Salle VI pour entrer dans celle qui s'ouvre en face:

7ᵉ SALLE. Aux murs, 3 tapisseries de Flandre, représentant l'*Histoire de David et de Bethsabée*. Il y a dans cette salle un certain nombre de vitrines En commençant par celles qui s'alignent parallèlement au mur de g., on trouve: 1ʳᵉ VITR.: broderies; 2ᵉ VITR.: belle collection d'Anciens Corsets; 3ᵉ VITR.: broderies religieuses, dont une dalmatique en velours rouge brodé d'or (Italie, xvᵉ s.) n° 6552; 4ᵉ VITR.: contre le mur du fond, tout au bas, n° 6584, bonnet du *doge Pierre Grimani* (1741-1752), en soie brodée d'or, avec fleurs d'argent. A dr. de la précédente, une nouvelle rangée de vitrines. Dans la 1ʳᵉ, en face de la 2ᵉ, coiffures allemandes et silesiennes dans le haut; dans le bas, au milieu, bonnet de *Isarine*, orné de perles. Dans la suivante, en face de la 1ʳᵉ, au milieu de la 'rine, n° 6583, *bonnet de Charles-Quint* en fine toile de lin brodée à jour et portant en relief les armes impériales. Ce bonnet se plaçait sous la couronne, et provient du trésor des princes-évêques de Bâle. Au-dessous, n° 6585, * broderies en point de Venise. A dr. de la porte d'entrée, 7ᵉ VITR., une collection d'éventails, dont l'un, n° 6012, dessiné et imprimé sur satin pour l'*impératrice Joséphine*. Cet éventail n'a pas été monté. Dans la même vitrine, n° 6614, jarretière provenant de la garde-robe de Louis XVIII.

A côté, à g., devant d'autel en marbre sculpté. Plus en avant dans la salle, 2 vitrines, dont l'une contient, n° 6586, * un *surtout en point coupé*, et l'autre renferme, sous un globe de verre, * n° 6587, une *bei the en point de Venise*, incomparables de finesse et de beauté. — Une dernière rangée de vitrines qui renferment, la 1ʳᵉ au fond, à g. de l'autel, des guipures de Venise; la 2ᵉ, au centre, d'autres riches dentelles et guipures; la 3ᵉ, une collection de mitres anciennes. A dr. de la salle, diverses sculptures. Les plus remarquables sont: au centre à dr., n° 448, **Groupe des trois Parques**, figurées par Diane de Poitiers et ses deux filles, marbre attribué à G. Pilon. Sur le socle, un bas-relief en marbre blanc: *Diane chasseresse* sous la figure de Diane de Poitiers. C'est encore elle que représente le marbre n° 449: *Ariane abandonnée*, sur la table à dr. de l'entrée de la salle suivante; à côté, un autre groupe en marbre, de Jean Cousin, n° 450, *Vénus et l'Amour* (xviᵉ s.).

Au fond de la salle, trois tourniquets contenant des fragments et échantillons d'étoffes, de dentelles et de broderies.

8ᵉ SALLE. Au milieu, *fanal doré d'une galère vénitienne. Dans la 8ᵉ VITR. du fond, ** manteaux, colliers et garnitures de l'autel de l'Ordre des Chevaliers du St-Esprit, fondé par Henri III. Dans la vitrine plate à droite, devant le monolithe, n° 6570, le *Manteau de la Vierge*, soie et or, pris à Puebla, après la reddition de la ville.

9ᵉ SALLE ou Galerie des Carrosses. Collection de voitures de gala étincelantes de dorures, donnant la vision des sacres d'autrefois. A dr., *n° 6951, grand carrosse de gala italien ayant appartenu au pape Paul V (1605-1621) et ayant servi pour l'entrée solennelle de Pie IX à Bologne. A g., n° 6952, carrosse d'apparat français (xviiiᵉ s.). A dr., *nᵒˢ 6955 et 6956, sedioles italiennes en bois sculpté montées sur deux grandes roues et décorées d'animaux chimériques. * N° 6963, traîneau pouvant aussi se placer sur des roues; peintures très remarquables. Dans le fond, à dr., à côté d'une chaise à porteurs richement décorée, un des traîneaux de Louis XVI en forme d'animal chimérique. En face, de l'autre côté de la salle, traîneau de Marie-Antoinette. Sous une vitrine, modèles de carrosses de gala. N° 6960, carrosse du temps de Louis XIV, en bronze doré. N° 6961, modèle de carrosse pour le sacre de Louis XV. Aux murs, porte-lanternes des écuries de Versailles sous Louis XVI.

PREMIER ÉTAGE ❺ Au haut de l'Escalier Henri II, armes, armures et vieux étendards. Collection d'épées de C. de Beaumont.

1ʳᵉ **SALLE**, à g. (*Indications en lettres dorées sur toutes les vitrines.*) L'histoire de la Faïence Française est là complète depuis le XVIᵉ siècle, époque où elle emprunte ses premiers modèles à l'Italie, jusqu'au jour où elle n'eut plus d'inspiration, et où cet art, qui rendit célèbres Nevers, Rouen, Moustiers, disparut. 1ʳᵉ VITR. à g. : Avignon, 2ᵉ VITR., grès allemands. Devant une belle grille en fer doré, 2 statuettes de satyres, de Clodion. En s'approchant de la Grille, vision imprévue et fantastique de la grandiose salle des Thermes, qui apparaît à travers la vitre, dans le clair-obscur, comme un décor gigantesque et mystérieux. Dans la 3ᵉ VITR., à g., **Bernard Palissy**, le « potier martyr », triomphe en ses chefs-d'œuvre : n° 3103 à 3125. La 5ᵉ VITR. appartient tout entière au « vieux Rouen », dont les motifs de décoration à lambrequins et à guirlandes polychromes sont si gracieux. Pièces les plus remarquables : n° 3152 (table avec *Diane au bain*); n° 3177, 3257 et 3258, 3261, 3184. Au coin de la vitrine, contre le mur, une très curieuse chaise-percée en vieux Rouen.

Nevers, qui comptait en 1743 onze fabriques de faïence émaillée, brille dans la 6ᵉ vitrine. Les plus belles faïences de Nevers datent de son origine (XVIᵉ s.), et rappellent les plus riches faïences décoratives italiennes. Voir les n° 3420, 3407, 3405, 3397 et 3398. A dr., près de la Balustrade, *poêle en faïence de Nevers, très original de forme, décoré de quatre têtes de bélier. Les autres vitrines renferment des faïences hollandaises, des Delft aux décors bleus ou aux dessins chinois, de curieuses porcelaines allemandes et alsaciennes d'une fantaisie presque méridionale, et d'adorables petites statuettes de Saxe (ravissants Amours musiciens). N° 3965, au fond, du côté de la Galerie, beau vase en faïence blanche à filets de couleur, enveloppe à jour réticulée, pièce de maîtrise de la fabr. de Marienberg.

2ᵉ **SALLE**, s'ouvrant à dr. près de l'Escalier par lequel on est monté (belles portes sculptées), huit vitrines de Faïences Italiennes (*noms sur chaque vitrine*). 1ʳᵉ VITR.,

à dr., fabrique de Faenza, n° 2833 à 2872, dans les Marches. Douceur des teintes, élégante simplicité des formes. Faenza fabrique encore aujourd'hui des poteries émaillées qui ont conservé le nom de majoliques.

2ᵉ et 3ᵉ VITR. : Cafagiolo (près Florence), n° 2806 a 2822 et *Deruta, n° 2823 à 2832, près Pérouse Une grande perfection de style, une grande élégance de dessin, un glacis nacré tout spécial, distinguent les faïences de cette fabrique, des plus anciennes et des plus importantes d'Italie.

4ᵉ VITR. *Gubbio, dans les Apennins. Merveilleuses faïences à reflets métalliques, rares et très recherchées, n° 2949, 3021, 2813, 2814, 2819. Dans la même vitrine, faïences de Castel-Durante, très personnelles et très hardies dans leurs décorations sur fonds bleus relevés de jaune : n° 2907 à 2932.

5ᵉ, 6ᵉ et 7ᵉ VITR. Urbino, 8ᵉ VITR. Venise, n° 3083 à 3087; Castello et Castelli, n° 2933, 2934, 2935, etc.

Entre la 6ᵉ et la 7ᵉ VITR., plusieurs compositions d'un art supérieur et magistral, en faïence émaillée, de Luca della Robbia (1400-1481), qui invente un enduit vitrifié, l'émail, pour conserver les sculptures en terre sorties de son atelier : n° 2792 à 2804.

3ᵉ **SALLE** (Galerie des Émaux) à dr. de la 2ᵉ. On monte trois marches. Aux murs, merveilleuses tapisseries. Celle du haut : *l'Histoire de saint Étienne, premier martyr; 9 pièces divisées en 18 sujets, exécutés à Arras à la fin du XVᵉ s. *La Dame à la Licorne, la plus belle tapisserie d'Aubusson connue (XVᵉ s.), d'une chaude couleur qui a résisté au temps. Une riche Anglaise en fait faire actuellement une reproduction qui demandera 11 ans de travail et coûtera 400000 francs. * Cheminée monumentale du XVIᵉ s., avec, au-dessus, Plafond en bois sculpté, provenant d'un ancien hôtel de Rouen.

En partant de la cheminée, 1ʳᵉ VITR. à g., *3 émaux peints de Limoges (XVᵉ s.), rares et précieux spécimens provenant de la vente Spitzer : *l'Enfance de Jupiter; les Trois Grâces; sujet allégorique. Au-dessus, le *portrait, avec riches arabesques, du pape Clément VII. Même vitrine, deux salières (n° 4608 et 4609). Email de Limoges. Curieuses râpes à tabac, en émail de Limoges (XVIIᵉ s.). N° 4736, *Portrait d'une dame de la cour en costume de bergère. N° 4737, la Vierge et l'Enfant. *Portraits d'empereurs romains (n° 4712 à 4728). *Le Vin (n° 4700), émail de Limoges, grisaille rehaussée d'or, par Jehan Landrin (XVIᵉ s.). La Pêche, id. (n° 4701); la Chasse, id.; la Folie, id. (n° 4703) N° 4631 et *4632 : Ecce Homo et la Résurrection.

2° VITR. **n° 4589 : Triptyque. *Cabinet de deuil*, semé de larmes, aux chiffres de Henri II et de Catherine de Médicis. Portrait en pied de celle-ci, en costume de deuil. * *Vénus*, par Jean Pénicaud. * *La Mort de la Vierge*.

3° VITR. **Émaux du maître Léonard Limousin, « émailleur du roi » (n°° 1532 à 1560). Douze sujets ont été tirés de l'histoire de la Vie de Jesus. * N° 4603, grande coupe (email de Limoges) sur pied représentant *Loth et ses filles*, attribuée à Pierre Reymond.

4° VITR. * N° 4575, tableau à trois volets (triptyque) en émail de Limoges (fin du XV° s.); n° 4578, *le Calvaire*, tableau en émail de Limoges, exécuté par Nardon Pénicaud en 1503; * n°° 4575 et 4691.

5° VITR., renfermant les plus anciens émaux connus. N° 4523 : *Croix en bronze doré* incrustée d'émaux en couleurs, ouvrage limousin du XII° s.; * n°° 4514 et 4515 : *couverture d'évangeliaire*, émail incrusté de Limoges, figures en relief (XIII° s.). A voir : * n°° 4498, 4511, 4512 et 4513, plaques d'autel en émail incrusté (Limoges, XIII° s.).

6° VITR. Verrerie de Venise, * n° 4779. Au-dessus d'un retable allemand, * Grands Émaux du XVI° s., sur cuivre, les plus grands émaux connus (1 m. sur 1 m. 68) : exécutés par P. Courteys pour François I°°, *Jupiter*, *Mars*, *Mercure*, etc. Au-dessous du retable, magnifique coffre de mariage, vénitien (XVI° s.), n° 1336.

7° VITR. * N° 4932, lampe en verre à 4 becs; * n° 4952, bidon à verre blanc, avec jour au centre (XVII° s.).

8° VITR. * N° 4828, verrerie de Venise; n° 4842, id.; n°° 4908 et 4903, verrerie des Pays-Bas. Dans la même salle, collection de panneaux de meubles de toutes les époques; une * *Leda* provenant du château de Fontainebleau (XVI° s.).

9° VITR. * N° 4768, grande lampe arabe en verre, ornée d'inscriptions et de rosaces, et émaux en couleurs; * n° 4785, bouteille décorée d'emaux sur fond d'or (XVI° s.); * n° 4925, grande coupe en verre français (XVI° s.). Rentrer dans la Salle 3 (faïences italiennes) et passer dans la :

4° SALLE. Faïences Orientales et Hispano-Mauresques.

La collection de **Faïences Hispano-Mauresques** qu'on voit dans les deux vitrines à dr. et à g. de l'entrée, est une collection sans rivale en Europe. Ces splendides poteries dorées, aux reflets chatoyants d'opale et d'aigue marine, proviennent des fabriques de Majorque, de Malaga, de Manicès. On obtenait ce scintillement de pierres précieuses, ces reflets de mer d'azur baignée de soleil, par un mélange de silicate de cuivre disposé en couches

très légères. — VITR. DE DR. N°° 2759, 2770, 2741, 2712. VITR. DE G. N°° 2686, 2684.

2° VITR. Faïences Persanes vert et bleu.

3° VITR. : Faïences de Rhodes (ville de Lindos), d'un bel-émail transparent, à l'ornementation persane : le lion, l'antilope. N° 2145, *Dame en costume persan;* n° 2158, *Cavalier persan.* Les vitrines qui suivent, jusqu'à la 7°, contiennent encore une riche collection de Faïences de Lindos fabriquées sous la direction des grands maitres de Rhodes (Héron de Villeneuve surtout), dont on a vu les tombeaux dans la 6° Salle.

5° SALLE ou Galerie des Antiquités hébraïques, données par Mme de Rothschild. I° VITR. Armoires, tabernacles, brûle-parfums. VITR. DU MILIEU. Couteaux de circoncision; curieuse collection d'*anneaux de fiançailles*. Dans une autre vitrine, sous la fenêtre, langes de circoncision. Belle cheminée du Mans, XV° s., dont le bandeau porte en haut relief des personnages figurant les trois âges de la vie. A dr., meubles du culte hébraïque; n° 7021, tabernacle avec grand flambeau à 9 branches.

6° SALLE. Peintures Italiennes (pièces de triptyques). I° VITR. instruments de musique. N° 7012, violon de Nicolas Amati, luthier de Crémone (XVII° s.); n° 7017, pochette de maître à danser, etc. Plus loin, plusieurs cabinets à incrustations, dont un secrétaire italien, surmonté d'une horloge, et ayant appartenu au maréchal de Créqui, chef des armées du duc de Bourgogne, fait prisonnier à Azincourt et condamné à mort par les Anglais (1415).

A g. de l'Entrée de la Salle suivante, * n° 1477, cabinet vénitien représentant la façade d'un palais, précieux travail du XVI° s. (collection Demidoff).

7° SALLE. Plafond à voussures, copie du plafond de Lesueur, à l'hôtel Lambert. — Tapisseries d'après Téniers. 2 vases en vieux chine, à émail cloisonné. Meubles français et flamands.

8° SALLE ou Salle François I°°. A dr. * Grand lit à baldaquin de l'époque de François I°°. A côté de la *Cheminée,* * Armoire de l'Abbaye de Clairvaux (style Henri II), n° 1425, admirable travail exécuté par les moines pour la fête de leur abbé. Dans la vitrine du milieu, portrait de *Christophe Colomb* (n° 1817), peint sur vélin, miniature espagnole du temps, et (n° 1818) * portrait de *Bernard Palissy*, miniature française de l'époque, sur vélin (XVI° s.).

9° SALLE ou Salle de la Reine Blanche, s'ouvrant à g. du lit de la Salle précédente,

Marie d'Angleterre, veuve de Louis XII, y séjourna pendant la durée de son deuil, et comme au xvi° s. le deuil se portait en blanc, on appela la reine tout en blanc la « Reine Blanche ». La décoration des murs est de l'époque. Près de la Fenêtre, ° collection de reliures anciennes. N° 1871, reliure aux armes de Louis XV et de la reine *Marie Leczinska*; livre lui ayant appartenu. A g. contre le mur, grande horloge astronomique anglaise (xvii° s.).

Si elle est fermée, ouvrir la Porte près de la Cheminée pour entrer dans la Chapelle.

Pur style gothique : voûtes aux fines nervures retombant en faisceaux sur un pilier central, comme les branches d'un palmier: murs décorés de niches en haut-relief travaillées à jour, qui renfermaient les statues de la famille d'Amboise jetées bas et brisées à la fin du xviii° s. — Un des vitraux, * le Portement de Croix, date de l'époque. Un Escalier magnifique, reste provenant de l'Hôtel-Dieu de Provins (xv° s.), aux gracieuses spirales d'eau, conduit dans la Chapelle basse. Sous le régime révolutionnaire, la Section du quartier tenait ses séances dans la Chapelle.

RETOURNER SUR SES PAS jusqu'à la Salle 8, le continuer par la visite de la

10° SALLE ou **Salle Du Sommerard** (Ivoires) (bustes du fondateur du Musée et de son fils). A l'entrée, à g., près de la Fenêtre, sur une table ronde à dessus de marbre (n° 7235 et 7236), fuseaux en buis sculpté, et n° 6598, ceinture de chasteté à bec d'ivoire, montée sur bandes d'acier garnies en velours, avec serrure (xvi° s.).

Parmi les plus beaux ivoires et autres pièces, citons, en faisant le tour de la salle : dans la 1°° VITR., en face de l'entrée de g., un pied à coulisse (mesure de cordonnier); dans la 2° VITR., des médaillons en cire : n° 1308, Louis XIII; n° 1310, François I°; n° 1311, Charles-Quint; n° 1312, Catherine de Médicis; n° 1314, Henri III; n° 1316, le duc de Guise, etc. 3° VITR., contre là paroi du fond, à g., °petite tête de mort en ivoire, très fouillée ; n° 1457, °un grand cabinet en ivoire sculpté (xvii° s.); 4° VITR., à dr. du cabinet, n° 1169, °statue de *Vénus* en ivoire; n° 1192, °belle petite statue de *Louis XIV lançant la foudre*, en ivoire; 6° VITR., vers la 1°° fenêtre de la cour : sans n°, au milieu, °triptyque français, en ivoire, du xiv° s. 7° VITR., vers la 2° fenêtre, plusieurs petits triptyques en ivoire finement découpé à jour. 8° VITR., entre les 2 portes d'entrée, n° 1153, *Mannekenpis* en ivoire; statues d'*Adam et d'Ève*; n° 1113, *la Vertu chassant le Vice*. 9° VITR., au centre : à dr., n° 5296, 5297, °2 Têtes de lions en Cristal de roche du iii° s., n° 1060, grande châsse en ivoire sculpté; décorée de 51 bas-reliefs du xvi° s.; n° 1066, °crosse épiscopale en ivoire du

xiv° s., avec monture en cuivre doré du xv° s. 2 AUTRES VITR. entre la précédente et celles des fenêtres, contiennent : l'une, un °Oliphant en ivoire sculpté (vente Spitzer), l'autre une °grande Plaque de Diptyque, acquise récemment pour 21 000 fr.

11° SALLE. Serrurerie. Cette salle contient une quantité de chefs-d'œuvre de ferronnerie et de serrurerie qu'il nous serait impossible de citer en détail, de clés, de plaques, de serrures, de heurtoirs ; le tout finement travaillé, poli, ajouré, etc. Continuer d'entrer par la Porte de g. A dr., n° 193, cheminée en pierre du xvi° s., proven. de Troyes. Vitrines de g. 1°° VITR. : collection de serrures et de clés : n° 5070, insigne processionnel en cuivre battu du xv° s.; n°° 5831, 5832, serrures gothiques du xv° s. 2° clé dans la ligne au bord de la vitrine, en comptant de dr. à g. (n° 5962), **Clé en fer poli** fabriquée par Louis XVI. 2° VITR. (suivante), n° 6599, autre ceinture de chasteté, double, en fer forgé, gravé, damasquiné et repiqué d'or; figures gravées d'Adam et d'Ève, mascarons, arabesques, etc. (travail italien).

Au fond, entre les 2 Entrées de la Salle suivante, dans la vitrine de g., n° 6281, collier du chien du roi Ferdinand, xvi° s. A dr., autre vitrine contenant une clé de chambellan. En avant de ces 2 vitrines, sur une crédence en bois sculpté (n° 1409) à 2 étages, travail français d'exécution charmante, portant la date 1524, une °précieuse **Petite statue en bronze de Jeanne d'Arc**, du xv° s.

Au centre, divers coffres et coffrets, avec, à g., des chenets formés de serpents enlacés. Ouvrage italien du xvii° s.

Un peu plus loin, en travers de la salle, °*banc d'orfèvre en bois sculpté*, orné de pyrogravures, avec tous les accessoires, outils finement gravés, etc.; ce banc fut exécuté en Allemagne en 1565 pour l'électeur de Saxe.

12° SALLE. C'est la plus riche en Orfèvrerie et en objets précieux. A l'entrée, à g., un chef-d'œuvre de mécanique du xvi° s. : n° 5104, une °**Nef** en orfèvrerie repoussée, dorée et émaillée, portant *Charles-Quint* (statuette en or) et sa cour. Un mécanisme intérieur permettait de faire tonner les bouches à feu et servait à faire mouvoir le navire. A dr. de l'Entrée, vitrine contenant des objets d'usage journalier : couverts, nécessaires, etc.; à remarquer les °*ciseaux à monture d'or de Marie-Antoinette*, les colliers et croix de l'ordre de l'Annonciade, °créé en 1362 par Amédée VI, comte de Savoie, sous le nom d'*ordre du Collier*, et consacré à la Vierge, sous le nom d'*ordre de l'Annonciade*, par le duc Charles III (1518) la vitrine suivante contient une douzaine de reliquaires en métal précieux; celle qui vient après renferme une collection de bagues et de montres anciennes, de toutes les formes, et dont plusieurs sont à sonnerie; n° 5403, montre de Genève (Louis XV), de L.-F. de Choudens; n° 5404, montre de B. Martinot, de Paris (même époque); n°° 5405 et 5406, pièces dans lesquelles les personnages font mouvoir les marteaux frappant sur les cloches au-dessus du cadran, etc.

Reprenons l'examen des autres vitrines, en partant du côté de la nef de Charles-Quint. 1° VITR., vers la fenêtre, n° 5229, **Jeu d'Échecs en Cristal de roche** colorié et taillé. D'après Joinville, cet échiquier, de style allemand, aurait été donné à saint Louis par Saladin, le Vieux de la montagne, souverain des Assassins, qui occupaient alors la Terre Sainte. 5° VITR. entre les deux Fenêtres, divers reliquaires du xv° s. 6° VITR., belle collection d'objets historiques : n° 4965, torquès gaulois en or massif, trouvé près de Rennes; n°° 4966-4974, trésor gaulois trouvé en terre, près de Rennes; n° 4975, bracelet gaulois en or massif (poids 618 gr.); n° 4976, autre bracelet de même origine; n° 4977, autre ceinture gauloise; n° 4989, insigne militaire gaulois; n° 4990, fourreau d'une épée mérovingienne; n° 5076, fermail en argent doré, avec émaux (Allemagne, xiv° s.); n° 1040, couverture d'évangéliaire en ivoire, montée en filigrane doré et orné de quelques pierres précieuses.

A l'angle, à g. de la salle, *croix processionnelle des Grands Carmes de Paris.*

Au fond de la salle, 6 grandes tapisseries de Flandre; au-dessous, une vitrine contenant les cachets des anciennes familles de France; n° 4988, devant d'Autel en or repoussé, art allemand de la fin du x° s., et offert à l'église de Bâle par l'empereur Henri II d'Allemagne.

Au centre de la salle, la vitrine contenant le **trésor de Guerrazar**, composé de 9 couronnes d'or des rois goths du vi° au xvi° s. Chaque couronne est enrichie de perles, de saphirs, d'émeraudes et d'autres pierres précieuses. La plus grande, celle du roi Recœsvinthus (mort en 672), est ornée de 30 saphirs orientaux, de 30 perles fines et de 24 chaînettes d'or. Ces couronnes, découvertes par un officier français dans la Fuente de Guerrazar, près de Tolède, n'ont pas d'égales dans le monde entier, et donnent une haute idée de l'art de l'orfèvrerie chez les Goths.

A côté, entre la vitrine des couronnes et l'autel Henri II, 2 autres vitrines contiennent : celle de g., une collection de croix processionnelles et de reliquaires en métal précieux; l'autre, à dr., des astrolabes, une clepsydre, divers instruments de mathématiques et d'astronomie, une trousse d'architecte du xvi° s., etc.

Deux autres vitrines sont encore à voir, l'une, vers l'entrée de dr., contient entre autres : n° 5008, *reliquaire italien en cuivre repoussé et doré,* en forme de pied, et ayant renfermé le pied de saint Alard (date en émail bleu. *1331*; Italie); n° 4994, *la Cène,* bas-relief en cuivre repoussé et doré (Limoges, xiii° s.); n° 5015, châsse de sainte Anne, reliquaire (argent battu et repoussé, œuvre de Hans Greiff, Nuremberg, 1472), etc.; l'autre vitrine, à g. de celle-ci, renferme, outre plusieurs beaux reliquaires, n° 5005, la belle **rose d'or** donnée par le pape Clément V au prince-évêque de Bâle. La rose, comme une fleur magique au cœur de pierreries, est décorée d'un éclatant saphir (travail du xiv° s.). Elle a été acquise par le Musée de Cluny en même temps que le précieux autel d'or du fond, à la vente publique du trésor de Bâle, en 1836.

✻✿✽

PALAIS DES THERMES ⊚ *On y entre par la Porte de la Salle vitrée du rez-de-chaussée du Musée de Cluny. - Mêmes jours et mêmes heures. (La salle des Thermes est très fraîche; il est prudent de ne pas y descendre tout de suite lorsqu'on a chaud.)*

LE PALAIS DES THERMES fut un établissement public de Bains chauds et froids, édifié dans le voisinage du Palais Impérial à la fin du iii° s. par l'Empereur romain Constance Chlore, le père de Constantin. Le Palais Impérial romain occupait l'emplacement actuel, celui de la nouvelle Sorbonne et des maisons voisines du Bd St-Michel.

Lorsqu'on ouvre la porte, on se trouve au haut d'un Escalier de pierre, à l'entrée d'une Salle immense en forme de parallélogramme long de 20 m., large de 11 m. 50 et haut de 18 m., aux murs épais, dont la puissante maçonnerie a résisté à l'effort de 16 siècles.

Cette salle était le **Frigidarium** (bains froids), elle communiquait avec le **Tepidarium** (bains chauds) par la petite Salle de gauche. A dr., se trouve une cavité, la *piscine,* où se déversaient, par des canaux dont on voit encore les orifices, les eaux amenées par l'aqueduc d'Arcueil.

A g. de l'Entrée, dans l'enfoncement, quelques sarcophages trouvés à Paris, et, contre le mur, la chaîne qui fermait autrefois la R. de l'Arbre-Sec.

Le **Jardin-Square de Cluny** (entrée dans la Cour, sous la Voûte, à côté de l'Entrée du Musée) contient quelques moulages et des fragments de sculptures de divers anciens édifices ou églises, le portail de l'église St-Benoît (xvi° s.), etc.

A voir dans les environs immédiats :

Le *Collège de France*, la *Sorbonne* (en face de l'Entrée du Musée); l'*École de Médecine*, un peu plus loin, de l'autre côté du Bd St-Michel (prendre la R. de l'Ecole-de-Medecine). Plus haut, à 5 m. (derrière la Sorbonne), le *Panthéon*, *St-Étienne du Mont* (monter la R. St-Jacques); les *Jardin*, *Palais* et *Musée du Luxembourg* (monter le Bd St-Michel).

COLLÈGE DE FRANCE

Fondé en 1346, sous le nom de Collège des Trois-Évêques (de Langres, de Laon et de Cambrai), il re-

l'Université de Paris. A dr. de la façade sur la R. des Écoles et à l'angle de la R. St-Jacques, une inscription rappelle que *dans ce Laboratoire a travaillé, de 1847 à 1878, Claude Bernard, professeur de médecine au Collège de France.*

Dans la Cour d'Honneur (r. St-Jacques), statue du savant *Guillaume de Budé*, qui sollicita François Ier de fonder ce Collège. Sur les côtés, bustes de savants et plaques de marbre qui portent gravés les noms des professeurs du Collège depuis l'origine : Ramus, Rollin, Gassendi, Tournefort, Vauquelin, Cuvier, Ampère, Delille, Barthelemy, Michelet, Quinet, Claude Bernard,

PLACE DE LA CONCORDE (*Cliché Guy*).

cut fen de temps après le nom de Collège de Cambrai, parce qu'il fut construit sur l'emplacement de la maison de cet évêque. Dans le même local, François Ier fonda en 1530 le Collège de France pour l'enseignement du grec et de l'hébreu; on y enseigna ensuite le latin, les langues orientales, la littérature, les sciences, etc. La plupart des savants de ces trois derniers siècles ont occupé les 40 chaires du collège de France.

R. des Écoles, à côté de la Sorbonne, près du Bd St-Michel.

Omnibus : Grenelle-Bastille. Tramways : La Chapelle-Sq.-Monge.

De Décembre à Juillet, des cours supérieurs, PUBLICS ET GRATUITS, y sont professés sur l'histoire, la philosophie, la littérature, etc. Voir les heures des cours sur les affiches posées extérieurement près de la porte d'entrée.

Devant la façade, statue, par Guillaume, de *Claude Bernard*, le créateur de la physiologie générale et le fondateur de la médecine expérimentale. A g., par Aubé, statue de *Dante*, qui fréquenta quelque temps

Mickiewicz, Flourens, Sainte-Beuve, Renan, etc.

A voir dans le voisinage immédiat : la *Sorbonne*; en descendant vers la Seine, le *Musée de Cluny*, *St-Séverin* et *St-Julien le Pauvre*; en remontant vers le Luxembourg, le *Panthéon* et *St-Étienne du Mont*.

CONCIERGERIE, Prison de la. V. Palais de Justice.
COLONNE DE JUILLET. V. Bastille, Pl. de la ‖ COLONNE VENDOME. V. Vendôme, Place ‖ V. Nation, Pl. de la.

CONCORDE, PLACE DE LA

Par sa situation entre les quartiers les plus aristocratiques de Paris, le Faub. St-Germain et le Faub. St-Honoré; entre les deux promenades les plus fréquentées, le Jardin des Tuileries et les Champs-Élysées, la Pl. de la Concorde est moins une place qu'un admirable emplacement fait pour le plaisir des yeux. Elle est le centre de perspectives incomparables ; elle révèle aux étrangers la grâce majestueuse de Paris, et elle a été choisie pour servir d'Entrée principale à l'Exposition. Limitée au levant et au couchant par deux massifs de feuillage (le Jardin des Tuileries et les Champs Élysées), au midi par le Palais sévère de la Chambre des Députés, elle est bordée au nord par la belle architecture de deux Hôtels du XVIIIe s., celui du Ministère de la Marine, à dr., et à g. celui qu'occupe le Cercle de la R. Royale.

Omnibus : Panthéon-Pl.-Courcelles ‖ Javel G. St-Lazare ‖ G. des Batignolles-G. Montparnasse ‖ Hôtel-de-Ville-Porte Maillot ‖ Étoile-Palais Royal ‖ G. de Lyon-St-Philippe du Roule ‖ Tramways : Passy-Hôtel de Ville ‖ G. de Lyon-Pl. de l'Alma ‖ Louvre-Boulogne-St-Cloud-Sèvres-Versailles

1322 têtes tombèrent sur cette place dédiée à Louis XV et devenue, en 1790, la *Place de la Révolution*. Louis XVI y fut guillotiné le 21 janvier 1793 et Marie-Antoinette le 17 juillet de la même année. Charlotte Corday y fut exécutée le 16 octobre ; Mme Roland, le 9 novembre. Et, le 10 mai 1794, ce fut le tour de Danton, de Camille Desmoulins et de sa femme, le 28 juillet de la même année (10 Thermidor), Robespierre et son frère, et une vingtaine de leurs partisans, y laissèrent à leur tour leur tête sur l'échafaud Au centre, à l'endroit même où était la guillotine, se dresse maintenant

L'OBÉLISQUE DE LOUQSOR don de Méhémet Ali. D'un seul bloc de granit rose, haute de 23 m. 83, cette pierre pèse 250 000 kilog. Trente fois séculaire, elle est couverte d'hiéroglyphes gravés en creux, célébrant les travaux des Rhamsès et des Sesostris. Sur le piédestal, deux dessins indiquent quels procédés employa l'ingénieur Lebas pour renverser, transporter et ériger de nouveau ce curieux monolithe, provenant des ruines de Thèbes (Égypte).

Les deux Fontaines au N. et au S. de l'obélisque sont imitées de celles de St-Pierre de Rome.

Autour de la Place se dressent les statues des grandes Villes de France : Lyon, Marseille, Bordeaux, Nantes, Rouen, Brest, Lille. La statue de Strasbourg est plus particulièrement chère aux patriotes, qui la décorent de fleurs et de couronnes et y manifestent en cortège toute la matinée du 14 Juillet.

CONSERVATOIRE DES ARTS ET MÉTIERS. V. Arts et Métiers, Conservatoire des.

CONSERVATOIRE DE MUSIQUE ●●● *Destiné à former des recrues pour l'Opéra et les Théâtres subventionnés par l'État.*

Le Conservatoire comprend des salles de Chant, de Musique Instrumentale et de Déclamation, un Musée, une Bibliothèque, une Salle de Spectacle qui sert aux concours annuels et aux Concerts classiques.

L'Enseignement est absolument gratuit, mais on n'y entre que par voie de Concours.

15, R. du Faub.-Poissonnière et R. du Conservatoire. Omnibus : Grenelle-Porte-St-Martin ‖ R. Jenner-Square Montholon.

Musée, n° 2, R. du Conservatoire, au rez-de-chaussée, en entrant, ouvert le lundi et le jeudi, de midi à 4 h. A l'entrée, le *piano d'Auber ; plus loin, dans la vitrine centrale, de très précieux *violons de Stradivarius, dont l'un est une pièce extrêmement rare.

La Bibliothèque, au-dessus du Musée, ouverte tous les jours, sauf le dimanche, de 10 h. à 4, renferme près de 22 000 partitions.

Les Concerts. Les fameux concerts classiques (de novembre à avril), qui jouissent d'une renommée européenne et que dirige la Société des Concerts du Conservatoire (M. Taffanel, chef d'orchestre) ont lieu à l'Opéra. On y exécute les meilleures œuvres classiques. Ces concerts n'auront pas lieu pendant l'Exposition.

DÉPUTÉS Chambre des. V. Chambre des Députés. ÉCOLES. V. Beaux-Arts, Éc. des ‖ Médecine, Éc. de.

ÉGLISES *Deux cent cinquante Églises et Chapelles de tous cultes sont disséminées dans Paris. Sur ce nombre, une vingtaine doivent être visitées, soit pour leur belle architecture, soit pour les œuvres d'art qu'elles renferment, soit à cause de leur intérêt historique.*

Voir Madeleine ‖ Sacré-Cœur ‖ Notre-Dame ‖ N.-D.-de-Lorette ‖ St-Augustin ‖ St-Eustache ‖ St-Germain l'Auxerrois ‖ St-Germain des Prés ‖ St-Gervais ‖ St-Protais ‖ St-Julien le Pauvre ‖ St-Merri ‖ St-Roch ‖ St-Sulpice ‖ St-Vincent de Paul ‖ Trinité.

ÉGLISE RUSSE *De style Moscovite Byzantin. Construite en 1861, elle est dominée par un dôme doré surmonté d'une grande pyramide, flanquée de quatre pyramides plus petites, également*

dorées et terminées par des bulbes dorés, avec la croix grecque au-dessus. *La pyramide centrale a 48 m. de hauteur.*

14, R. Daru. **Omnibus :** Ternes-Filles-du-Calvaire ‖ **Tramways :** Étoile-Villette ‖ Trocadéro-Villette ‖ Pl. Pigalle-Trocadéro.

Ouverte le Dimanche et le Jeudi de 3 à 5 h. Visible les autres jours aux mêmes heures, en s'adressant au Gardien (pourb.).

L'intérieur a la forme de la croix grecque, à branches égales. Le vestibule, la nef, l'iconostase, le sanctuaire, sont décorés de fresques de Sorokine, Bronnikoff et Vassilief. Les Prêtres ont seuls le droit de franchir la porte de l'Iconostase, le Tsar lui-même ne pénètre dans le sanctuaire que le jour de son couronnement.

Les grandes fêtes russes y revêtent une pompe exceptionnelle.

Les fêtes du 22 avril (Pâques), 18 mai (fête de naissance du Tsar), 24 mai (couronnement du Tsar), 3 nov. (Stes Images), etc., sont les plus belles.

EGOUTS *C'est une très curieuse et pittoresque promenade dans les entrailles mêmes de Paris.*

Les visites collectives ont lieu les 2e et 4e Mercredi de chaque mois, de la fête de Pâques à la fin du mois d'Octobre.

Adresser les demandes (sur une feuille de papier timbré de 0,60) au Préfet de la Seine, en mentionnant le nombre de personnes qui désirent faire cette visite. L'autorisation indique le lieu de départ (du Conservatoire des Arts et Métiers, du côté de l'Église St-Nicolas des Champs, ou de la Pl. du Louvre, en face du Bureau d'omnibus) et l'heure de la visite. Celle-ci dure environ 1 heure. Il importe de se vêtir assez chaudement.

La longueur totale des Égouts qui assurent l'assainissement de Paris est de 1421 kil ; ils ont coûté près de 150 millions de francs. Les égouts dans la traversée de Paris ne se déversent plus dans la Seine.

Ils servent à irriguer les champs de Gennevilliers, d'Achères, de Méry, de Grésillons, dans la banlieue.

Il y a deux Collecteurs généraux : le collecteur d'Asnières qui longe les quais de la rive dr. et le collecteur de Clichy qui suit l'avenue et la rue du même nom. Les égouts de la rive g. sont reliés au collec-

ÉGLISE RUSSE (*Cliché Guy*).

teur d'Asnières par deux Siphons construits en souterrain sous la Seine. On nettoie ces siphons en faisant circuler dans chacun de ces conduits de 1 m de diamètre une boule de 85 cm. de diamètre. L'entretien et le curage des égouts coûtent à la Ville 2 200 000 fr. par an, et occupent près de 1000 hommes.

DANS LES ÉGOUTS. Les visiteurs, après avoir traversé dans des Chambres souterraines très bien éclairées, prennent place dans des Wagonnets que remorque une Locomotive électrique (entre le Conservatoire des Arts et Métiers et le Châtelet), puis dans un Bateau (du Châtelet au Louvre) entraîné par un tourneur également à traction électrique. Le parcours s'effectue soit dans un sens, soit dans l'autre, les groupes de visiteurs se croisant au Châtelet.

Dans les égouts passent les Conduits de distribution d'eau, des Fils télégraphiques ou téléphoniques, les Tubes pneumatiques, etc.

Des plaques émaillées indiquent les Voies publiques suivies ou traversées par les égouts.

ÉCOLE DES BEAUX-ARTS.
V. Beaux-Arts, École des.

ÉLYSÉE, PALAIS DE L' *Résidence du Président de la République*, M. Émile Loubet.

55-57, Faubourg St-Honoré. **Omnibus.** Ternes-Filles-du-Calvaire ‖ G. de Lyon-St-Philippe-du-Roule ‖ Passy-Bourse.

Construit en 1718 et rebâti en 1848. Fut habité successivement par le comte d'Évreux, Mme de Pompadour, la duchesse de Bourbon, Joachim Murat, Joséphine, Marie-Louise, le duc de Berry, Louis-Napoléon, le général Clément Thomas, Thiers, Mac-Mahon, Jules Grévy, Carnot, Casimir-Perier, Félix Faure.

L'Élysée (qui n'est pas ouvert au public) contient de fort belles salles de réception et des tapisseries de grande valeur.

C'est à l'Élysée que se tient le *Conseil des Ministres* dans un salon blanc et or. Le fauteuil du Président de la République a servi à Louis-Philippe. Des portraits de souverains et le buste officiel du président ornent le salon du Conseil.

Les grands BALS de l'Élysée (les étrangers de marque peuvent obtenir des cartes d'invitation par l'intermédiaire de leur ambassadeur ou de leur consul) coûtent chaque fois 30 000 fr. On y consomme habituellement 1200 bouteilles de vin de Champagne, 300 bouteilles de punch, 1400 de bordeaux, 100 de liqueurs, 500 de bière, 200 chapons, et pour 3000 fr. de glaces et de pâtisseries.

Dans les Jardins de l'Élysée, qui sont fort vastes et s'étendent jusqu'aux Champs-Élysées, ont lieu des *garden parties* qui sont les réceptions particulièrement élégantes de l'Élysée.

Le Président de la République reçoit les *Lundi* et *Jeudi* de 9 h. à Midi. Adresser une demande motivée au Secrétaire général de la Présidence, qui fait connaître si l'audience est accordée, et designe le jour et l'heure où l'on doit se présenter. Les étrangers feront bien de faire apostiller leur lettre par leur consul ou leur ambassadeur.

❧

GALLIERA MUSÉE ◎◎ *Musée en formation, qui s'augmente tous les ans des achats faits aux deux Salons; n'a pas de caractère bien défini. Tapisseries, Sculptures, objets d'Art Décoratif, d'Art Industriel, sont habilement présentés. Certaines salles semblent appartenir à quelque riche amateur décorant son intérieur selon les tendances de l'école moderniste qui veut transformer tout accessoire utile en bibelot évocateur de beauté ou d'élégance.*

10, R. Pierre-Charron, près du Trocadéro. Omnibus : Trocadéro-G. de l Est ‖ Tramways : Pl. de l'Étoile-G. Montparnasse. Ouvert t. l. j. de midi à 4 h. sauf Lundi.

L'édifice, don de la duchesse de Galliera à la Ville de Paris, construit dans le style de la Renaissance Italienne, a sa façade sur l'Av. du Trocadéro.

DANS LA COUR. A dr. : *l'Histoire inscrivant le centenaire*, par E. Chatrousse; *Un Potier*, par J. Hugues : l'effort attentif de l'ouvrier créant le vase entre ses doigts est spirituellement exprimé; *la Guerre*, par A. d'Houdain; *Maternité*, par Cordonnier : les enfants repus et heureux reposent sur la mère endormie.

A g. *Iphigénie*, par Girard : délicat sentiment de faiblesse sur tout le corps de la victime offerte aux dieux; *Nourricière*, par Chatrousse; *la Lutte*, par H. Peyrol; *Archimède*, par Vital-Cornu.

DANS LE VESTIBULE. Des statues élégantes surgissent des plantes vertes décoratives : *Daphnis et Chloé*, par Guilbert; *Une Femme*, par Vital-Cornu; *Premier Frisson*, par Roufosse; *Fascination*, par E. Fontaine; *Charmeuse*, par Beguine.

LA GRANDE SALLE. Surtout remarquable par ses **tapisseries.** *Cinq d'entre elles, exécutées aux ateliers du Louvre, de 1650 à 1655, représentent la *Flagellation des Sts Gervais et Protais*, d'après Lesueur; leur *Décollation*, d'après Bourdon; la *Translation de leurs reliques*, leur *Apparition à St Ambroise* et l'*Invention de leurs reliques*, d'après Philippe de Champagne. Elles sont placées au-dessus de la cimaise.

Sur la Cimaise : *Achille armé par Thétis*; *Achille console par Thétis* (Bruxelles, 1775); *Campement de Bohémiens*, le *Fauconnier* (Beauvais, 1770 et 1774); *Scènes de bivouac*, *Lever d'un camp* (Gobelins, 1763); *les Filets du mariage* (1760), etc.

Au-dessus de la Porte d'entrée : *le Mois d'Août* (ateliers du Fg St-Marcel).

Au milieu de la Salle : *Diane*, par A. Boucher, et Vitrines contenant des *étains* de Charpentier, Desbois, Baffier; une *coupe-assiette* (émaux sur or) de Delaherche; des *verres* de Tiffany; des *porcelaines flammées*, etc.

Autour de la Salle : Houdon, buste, par Turcan; *Écho des Bois*, par Plé; *Douces Langueurs*, par Vital-Cornu; et *la Jeannette*, par Baffier, une paysanne digne d'habiter une salle si somptueusement décorée.

LA GALERIE SUIVANTE est digne d'intérêt, moins par les marbres rangés en ligne d'une extrémité à l'autre que par la collection des **Dessins** et des *Études* que la famille de Puvis de Chavannes a léguée au Musée. Le grand décorateur montre dans ses croquis avec quel souci d'exactitude il voulait atteindre la forme par le trait. Alors que le dessin de ses peintures décoratives est essentiel et simple, ses « études » sont laborieuses et cherchées.

Comme dans la Salle précédente, belles tapisseries anciennes.

A g. de la Galerie, **PETITE SALLE** où la Tapisserie triomphe encore de la Sculpture.

La **SALLE** qui fait suite offre d'heureux exemples de *l'art décoratif moderne.* Là encore de magnifiques tapisseries et un *buste* de femme très expressif, par Desbois.

Pour compléter l'ameublement moderne de ce petit salon : des fleurs, aquarellées par Astruc, et des *panneaux* pyrogénés (dessins au thermocautère).

❧

GOBELINS (Manufacture Nle des) *C'est aux Gobelins que se font les Tapisseries de ce nom, dont la finesse de nuances rivalise avec l'éclat, la pureté de coloris des plus beaux tableaux.*

42 Av. des Gobelins.

Tramways : Ivry-les Halles ‖ Bastille-Montrarnasse.

Les **Ateliers** et le **Musée** sont ouverts au public les Mercredi et Samedi, de 1 h. à 3 h.

La création des Gobelins remonte à Henri II, mais ce n'est qu'en 1662 que Louis XIV les établit dans la Teinturerie des frères Gobelin, teinturerie qui devait, dit-on, à l'eau de la Bièvre la supériorité de ses produits.

Avec l'autorisation du Ministre de l'Instruction Publique, la Manufacture peut accepter aujourd'hui des commandes des particuliers. Ces commandes sont très rares. L'autorisation est d'ailleurs difficilement accordée.

Au prix de *revient* d'une tapisserie telle qu'on l'exécute aux Gobelins (4 à 5000 fr. le mètre carré), l'industrie privée, même en employant des ouvriers retraités des Gobelins, n'a jamais pu rivaliser avec la Manufacture Nationale. La tapisserie d'art ne subsiste donc que grâce au subventions de l'État.

En 1825, on a réuni aux Gobelins la Manufacture de Tapis appelée *la Savonnerie*, créée au Louvre en 1604 par Marie de Médicis, puis transférée à Chaillot dans une fabrique de savons.

La **visite** commence par le Musée, à g. de la porte d'entrée.

LE MU-SÉE ⊕⊛ Les tapisseries exposées proviennent du Garde-Meuble ou de legs particuliers. *Des inscriptions en disent l'origine.* Pour les tapisseries très anciennes, cette origine n'a pu toujours être nettement établie. — Catalogue du Musée, 1 fr.

I°° SALLE. 1°° VITR. de dr. décorée de bustes des créateurs de la Manufacture.

Dans des vitrines, tout autour de la salle, restes de tapisseries anciennes : un *dieu Terme* d'après Lebrun (xvii° s.); ★*Élie montant au ciel* et *Sacrifice d'Abraham*, d'après Simon Vouet; ★*le Passage du Ponte Molle*, modèle de *Raphaël;* ★*l'Air, ou Junon* (xvii° s.); le *Cardinal Chigi*, d'après Ch. Lebrun (xvii° s.); ★*le Mariage d'Alexandre et de Campaspe*, d'après Coypel, sur la composition de Raphaël; ★*Passage du Granique*, d'après Lebrun, etc.

2° SALLE. A g., ★*Verdure* du xvi° s. rappelant *la Dame à la Licorne* (du musée de Cluny); le *Limier*, d'après Oudry.

A dr., ★*les Flamands demandent la paix à Clovis* (Bruxelles, xvii° s.); *Combat d'animaux* (teinture des Indes), par Desportes (xviii° s.); *les Deux Taureaux*, par Desportes.

3° SALLE. Au milieu, étendu sur le sol, ★*tapis persan ancien* (la personne qui en fit don aux Gobelins refusa de le vendre 40 000 fr.). Près de la Porte, tapis persans.

A g., ★*vieilles tapisseries flamandes* (xvi° s.) exécutées d'après Raphaël.

4° SALLE. Près de la Porte : *Flore* (Fontainebleau), *Cybèle* (xvi° s.); à g., *le Concert*

(xvii° s.). Au fond, *les Mois*, d'Audran (xviii° s.). A dr., tapisserie Aubusson (xvi° s.). Au plafond, *Plafond* de l'atelier de Lebrun.

LES ATE-LIERS ⊕⊛⊛ En entrant dans les Ateliers, près de la Porte à g., tapisserie retournée pour montrer le TRAVAIL A L'ENVERS.

Les tapisseries sont fabriquées sur des métiers à haute lisse dont plusieurs datent du xvii° s. L'artiste est placé entre la trame et son modèle. Il ne voit que l'envers de la tapisserie qu'il exécute et est donc obligé, pour juger de son travail, soit de se lever soit de passer un miroir à travers les fils.

Les tapissiers des Gobelins sont de véritables artistes; plusieurs d'entre eux appartiennent à des familles qui sont aux Gobelins depuis la fondation. Ils ont leur logement à la manufacture et un coin de jardinet sur les bords de la Bièvre.

A chaque métier travaillent deux ou trois ouvriers. Le plus habile, le *chef de pièce*, exécute les parties les plus délicates de la tapisserie, qu'il signe seul. — Chaque ouvrier fait, en moyenne, 40 centimètres carrés de tapisserie par jour, soit UN PEU PLUS D'UN MÈTRE CARRÉ PAR AN.

Un « gobelin », si l'on compte le prix du modèle, la main-d'œuvre, la valeur des matières employées (bien que l'on se serve plutôt de la laine que de la soie), peut valoir de 40 à 150 000 fr.

Les tapisseries que l'on voit en cours d'exécution (1899-1900) sont l'*Arrivée de Jeanne d'Arc devant Patay*, d'après J.-P. Laurens; *les Armes de Bordeaux*, par Georges Claude, etc.

Dans le 2° atelier, vente au détail de Laines et de Soies provenant des Gobelins et enroulées sur des broches ayant servi au tissage.

L'Atelier de la Savonnerie que l'on visite ensuite, renferme les tapisseries suivantes : *les ★Exploits de Don Quichotte* (xviii° s.); l'★*Ambassade turque*, d'après Parrocel (xviii° s.); l'★*Évanouissement d'Esther*, d'après Detroy (xviii° s.).

Dans la Cour à g., la Chapelle est ornée de deux grandes tapisseries d'après Raphaël : *la Messe de Bohême* et *Péliodore chassé du temple*.

Dans des cadres, ou sur des chevalets : reproductions ou modèles de tapisseries des Flandres, de Fontainebleau, des Gobelins, dessins de Van der Meulen, compositions de Rochegrosse, de J.-P. Laurens.

On regagne la Porte d'entrée en longeant les bâtiments de la Manufacture, qui ont conservé leur décoration sévère du xvii° s.

A voir dans le voisinage : en prenant à g., sur l'avenue, la R. des Gobelins, qui conduit à l'entrée de la *Ruelle des Gobelins*, la *Bièvre* coulant à ciel ouvert, avec, sur ses bords pittoresques, les ateliers des mégissiers, des corroyeurs. A dr., le *Passage Morel* débouche R. des Cordelières « la Cour des Miracles de la Peausserie ».

GUIMET, MUSÉE

Créé pour servir à propager la connaissance des Civilisations de l'Orient et à faciliter les études religieuses, artistiques et historiques. — Fondé à Lyon (1879) par M. Guimet, au retour d'une mission pour étudier les Religions de l'Extrême Orient, ce Musée fut transféré à Paris en 1888 et classé au nombre des institutions nationales.

Pl. d'Iéna. Omnibus : Passy-Hôtel de Ville. Tramways : Trocadéro-G. de l'Est ‖ Pl. de l'Étoile-G. Montparnasse ‖ Louvre-Versailles ‖ R. Taitbout-la Muette ‖ Madeleine-Auteuil ‖ Bateaux : Austerlitz-Auteuil (station de l'Alma).

Ouvert tous les jours, Lundi excepté, de Midi à 5 h. en été, à 4 h. en hiver. On ne voit chaque jour qu'*un des Étages du Musée, à partir du rez-de-chaussée.* (Notice explicative sur chaque objet de façon à montrer les modifications successives de chaque religion, de chaque art, ainsi que les progrès des idées.)

REZ-DE-CHAUSSÉE ● Vestibule. — A dr. de l'Escalier Couloir conduisant à la Cour intérieure où se trouve le fameux *stoupa de Santchi, tombeau funéraire, l'un des plus anciens monuments connus de l'Inde.

GALERIE D'IÉNA, à dr. Céramique Chinoise; 1re Salle : les différents procédés de fabrication, avec les fameux « *céladons* » vert d'eau, les plus anciens spécimens de la Céramique chinoise. — 2e SALLE résumant les progrès dus à la découverte de nouvelles couleurs.

3e SALLE, chronologie de l'histoire de la Céramique Chinoise, depuis la dynastie des Soung (960-1279) et des Ming (1368-1628) jusqu'à nos jours.

GALERIE BOISSIÈRE. A g., *Céramique Japonaise*, classée en suivant l'ordre géographique des provinces du N. au S. — A voir, dans la 2e VITR. tous les objets servant à la *cérémonie du thé.* — Dans le 2e RAYON, au milieu, un *thadjin*, ou maître de cérémonie du thé, qui le prépare suivant les rites. — Contre la paroi g. de la vitrine, un *kakémono*, peint sur papier, représentant la cérémonie du thé.

Dans la 6e VITR., des faïences grossières, recherchées pour l'originalité de leurs formes et que les jours de marché on vend pour quelques sous.

GALERIE SUR COUR. (Suivre le passage à dr. de l'Escalier et traverser la Cour.) Salles consacrées aux monuments du Siam et du Cambodge; dans la 3e, statues représentant des divinités brahmaniques, Vichnou et Siva réunis dans un seul corps.

PREMIER ÉTAGE ● exclusivement consacré aux Religions de l'Extrême Orient. En face de l'Escalier, la Bibliothèque (22000 volumes). On y célèbre parfois le culte bouddhique, lorsqu'un bonze (prêtre) séjourne à Paris.

A G. DE L'ESCALIER :

GALERIE D'IÉNA, 1re Salle, Religion de l'Inde; Brahmanisme. A g. en entrant, fragments de chars sacrés servant à la promenade des dieux. Ces bois sculptés représentent *Indra*, dieu du ciel et de l'atmosphère, *Agni*, dieu du feu (du feu domestique et du feu du sacrifice). Un marbre peint (2e RAYON) représente *Kama*, dieu de l'amour, monté sur un perroquet, et tirant, avec un arc en canne à sucre, une flèche terminée par un bouton de lotus. — 3e VITR. : les différentes *incarnations* ou *avatârs* de Vichnou, le dieu universel, conservateur et destructeur du monde, présent en tout et partout, descendant sur la terre, tantôt en *tortue* pour soutenir le monde, tantôt en *sanglier* pour purger la terre des démons, tantôt en *Krichna* pour délivrer l'Inde de la tyrannie, tantôt en Bouddha pour hâter la ruine des impies, tantôt en cheval blanc (*Kalki*), pour détruire le monde, quand le mal sera venu à son comble, et le reconstituer de nouveau.

2e SALLE, Statues et Images. *Ganeça*, le dieu de la sagesse et de la littérature, avec une tête d'éléphant à une seule défense. Ganeça s'arracha l'autre pour s'en servir en guise de style pour écrire le *Mahâbhârata*, un des plus anciens poèmes de l'Inde. — 12e et 13e VITR. Modifications du *brahmanisme* en *djaïnisme* et en *bouddhisme* (schisme du brahmanisme). — Bouddha. — Çakya-Mouni, en pierre dorée.

3e SALLE. 1o Religions du Tibet : *Lamaisme*. A remarquer : *les fines statuettes en cuivre doré des vitrines, d'un art délicieux. 15e VITR. Groupe des *lamas* (prêtres du Tibet devenus dieux); moulins à prières que l'on déroule comme un manuscrit ancien. 2o Religions de la Chine : *Bouddhisme, Confucianisme* et *Taoïsme.* — *Çakya-Mouni*, pénitent (bronze chinois du XVIIIe s.), d'une maigreur de squelette, condamné, dit la légende, à manger un seul grain de riz par repas. *Kouan-Yin*, ici déesse de la charité, là déesse de la science, là marchande de poisson, là donneuse d'enfants.

4e SALLE. Divinités secondaires; dieux de la fortune, des lettres, du bonheur. Vases à offrandes pour le culte des ancêtres.

SALLE DE JADE. *Collection de jades, de cornalines à double gangue, aux tons merveilleux; les pièces les plus rares de toute la collection chinoise.

GALERIE SUR COUR. Très belle statue du DIEU DE LA CHARITÉ.

SALLE RONDE. Scènes du Culte des Ancêtres, ou l'on trouve tous les dieux domestiques analogues aux dieux lares de la religion latine — Théâtre de Marionnettes, servant à jouer des mystères sacrés, à la porte des temples. Rappelle les « mystères » du Moyen Age.

GALERIE ◉ BOISSIÈRE Religions du Japon : *Sintoïsme* et *Bouddhisme*.

I⁰ SALLE. Magnifiques statuettes en bois laquées, imitant à s'y méprendre le bronze et l'or. — Dans la 3ᵉ VITR., vêtements sacerdotaux (le prêtre bouddhiste ayant fait vœu de pauvreté ne peut porter que des vêtements rapiécés). A g., objets de culte de Sin tô ou Sintoïsme, qui defend de représenter les dieux autrement que par des symboles.

3ᵉ SALLE. Au centre, le *mandara*, reproduction de l'autel du temple de Toô-Dji, à Kioto. Le *mandara* symbolise l'ensemble de l'univers personnifié, par les principaux Bouddhas dans leurs formes premières et dans leurs emanations divines. — Statuettes en bois (portraits de prêtres) d'une intensité de vie inouïe, où l'on trouve l'art allemand du XVIᵉ s. et les types d'Holbein.

4ᵉ SALLE. ★ Statuettes en bois peint. A remarquer : ★ un buveur, tenant une gourde, d'une expression de béatitude étonnante. Dans la **SALLE 6**, au centre, le prêtre *Dharma* sortant de son tombeau.

DEUXIÈME ÉTAGE ◉◉ Rotonde. Peintures de Régamey groupant les ceremonies étranges du Sintoïsme et du Bouddhisme. A dr., **GALERIE D'IÉNA**, 1⁰ Salle consacrée à l'★ art japonais, qui excelle surtout dans la reproduction des animaux et des fleurs. Kouni-Mazou, Outamaro, Shiroshigué, Okousaï, Sozen, le célèbre animalier, saisissent en deux coups de pinçeau la pose pittoresque d'un oiseau qui vole ou d'un cheval qui galope, ou retracent des scènes de la vie intime au Japon.

Les autres Salles renferment des Monuments Assyriens et des objets d'art de l'ancienne Egypte; quelques Momies, diverses copies des Fresques de Pompéi, etc.

A voir dans le voisinage immédiat : Le *Trocadéro*, d'où la vue embrasse toute l'Exposition.

HALLES CENTRALES ◉◉◉◉

Elles occupent l'emplacement de l'ancien Cimetière des Innocents. C'est le Ventre de Paris, qui absorbe 166 millions de kilos de viande fraîche; 27 millions de kilos de poisson; 50 millions de kilos de volaille; 20 millions de kilos de beurre; plus de 500 millions d'œufs, etc.

Situées sur la rive dr., près du Bd Sébastopol.

Omnibus : Porte d'Ivry-les Halles ‖ Les Morillons-Les Halles ‖ Pl. Wagram-Bastille ‖ Montmartre-Pl. St-Jacques ‖ Les Ternes-Filles du Calvaire ‖ Bd St-Marcel-N.-D. de Lorette ‖ Grenelle-Porte St-Martin (Descendre R. Coquillère.) ‖ Pl. Pi-

LES HALLES A LA POINTE SAINT-EUSTACHE (*Cliche Guy*).

galle-Halle aux Vins ‖ (Descendre R. St-Honoré.)

Tramways : Cours de Vincennes-Louvre ‖ Montrouge-Gare de l'Est ‖ La Chapelle-Sq. Monge ‖ St-Denis-Châtelet ‖ Vaugirard-Gare du Nord.

L'origine des Halles date du XIIᵉ s. Elles furent au XVIᵉ s. une foire permanente plutôt qu'un *marché d'approvisionnement*. Les Halles actuelles, construites de 1854 à 1868, se composent de 10 *Pavillons en matériaux incombustibles et reliés par des voies couvertes*; elles occupent un emplacement de plus de 34 000 metres.

Quand faut-il voir les Halles? Pour assister à la pittoresque et très curieuse arrivée des caravanes formées par les 14000 voitures des cultivateurs de la banlieue amenant les produits de leurs champs et de leurs jardins, vers 3-4 h. du matin, il faut ou se lever à 4 h., ou aller achever la nuit dans les cafés et les restaurants qui avoisinent les Halles.

En été, à 3 h. du matin commence déjà la vente en gros, soit à la *criée* (aux enchères), soit à l'amiable, faite par les mandataires des expéditeurs ou les producteurs eux-mêmes. Cette vente dure jusqu'à 8 h. La criée du poisson au pavillon n° 9 est la plus intéressante.

Si l'on ne peut assister à l'*éveil* des Halles, le spectacle qu'elles offrent de 7 h. à

et de fleurs. Les gens venus pour vider ce gigantesque garde-manger se meuvent en une cohue bruyante, colorée. La foule est si compacte, si houleuse parfois, qu'on dirait qu'elle se livre à un pillage.

A dr., sont les Pavillons de vente en

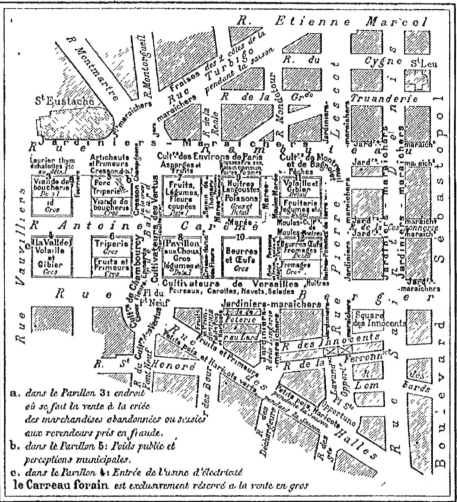

L. Thuillier, del.

HALLES CENTRALES (PLAN GÉNÉRAL DES)

a. dans le Pavillon 3: endroit où se fait la vente à la criée des marchandises abandonnées ou saisies aux revendeurs pris en fraude.
b. dans le Pavillon 5: Poids public et perceptions municipales.
c. dans le Pavillon 4: Entrée de l'usine d'électricité
le Carreau forain *est exclusivement réservé à la vente en gros*

8 h. du matin est encore si original et si pittoresque que nous engageons vivement nos lecteurs à l'aller voir.

VUE D'ENSEMBLE. En se plaçant au coin de la *Pointe St-Eustache* et de la *R. Montmartre*, près de l'Église, on a un tableau d'ensemble de l'extérieur des Halles. 66 000 mètres carrés *sont couverts de victuailles*. Il y a là des murailles de choux, des murs de carottes, des remparts de poireaux et de salades, de grandes allées de légumes

gros de la *Viande* (n° 2) et de la *Triperie*.

Les blocs de chair rouge traînés dans de petits chariots en métal vont de l'étal des marchands aux voitures des bouchers qui doivent approvisionner les quartiers de Paris.

Les Forts, que l'on reconnaît à leur grand chapeau de cuir gris-blanc, doivent, pour être admis dans leur corporation, porter un fardeau de 200 kilos.

Le Carreau. Toute la partie non couverte des Halles forme le « Carreau forain », où se tient le Marché au Détail.

Les rues Baltard, Rambuteau, Pierre-Lescot, Berger, des Halles, St-Denis, sont occupées par les Maraîchers des environs de Paris.

Au coup de cloche, annonçant la fin de leur marche (7 h. en été, 8 h. en hiver), ils doivent abandonner ou vendre à vil prix les denrées occupant le « Carreau », c.-à-d. la chaussée ou les trottoirs.

Les Pavillons couverts, à g., sont destinés à la vente des Fruits, Légumes, Poisson, Beurre, Œufs, Fleurs coupées. La cohue est là moins grande que partout ailleurs, et l'on peut sans trop souffrir des bousculades se promener devant l'amoncellement des fleurs coupées qui transforment cette partie des Halles en un véritable paradis de fleurs. On les achète par « bottes » vingt fois meilleur marché que chez les fleuristes de quartier. (Toujours marchander; offrir 1/4 de moins sur le prix demandé.)

DE 9 H. A MIDI, ou l'après-midi les Halles n'offrent pas le même spectacle d'activité qu'au lever du jour, mais une visite aux Étalages des « Dames de la Halle » n'est pas sans intérêt, surtout dans les Pavillons aux poissons, aux Fromages et aux Légumes et Fruits. (Pour tous renseignements s'adresser aux Inspecteurs et aux Sergents de ville.)

C'est aussi le moment favorable à la visite des dessous des Halles. Tous les Pavillons possèdent en effet de hautes Caves destinées, soit à l'emmagasinement des marchandises, soit aux opérations nécessitées par quelques industries de l'alimentation. (Pour visiter s'adresser au Bureau du Gardien municipal près de la Station d'omnibus.)

LES DESSOUS DES HALLES. Au Pavillon n° 4, on trouve les « Gaveurs », chargés de nourrir les Pigeons vivants que l'on expédie aux Halles. Ils se placent à cet effet devant un baquet rempli de pâtée liquide, dont ils remplissent leur bouche et qu'ils insufflent dans le bec des pigeons.

Aux sous-sols des Pavillons 7 et 8, on rencontre un amoncellement de Fleurs et de colis de toute sorte.

Les « Compteurs-Mireurs d'Œufs » se tiennent sous le Pavillon des Beurres (n° 10), leur travail ne pouvant être fait qu'à la lumière artificielle. Chaque œuf est examiné avec soin et jeté lorsqu'il présente des taches intérieures indiquant un commencement de décomposition.

Le dessous du Pavillon n° 11 (Volaille au Détail) est un véritable abattoir. Les volailles y sont égorgées et plumées presque encore vivantes, par des hommes inondés de sang de la tête aux pieds.

HAUSSMANN, BOULEVARD de l'Av. Friedland la R. Taitbout, à porte le nom du baron Haussmann, qui sous Napoléon III créa la plupart des grandes avenues et des grandes voies parisiennes. Dans la partie qui s'étend entre l'av. Friedland et le Bd Malesherbes, le Bd Haussmann est bordé de riches Hôtels particuliers. Du Bd Malesherbes jusqu'à la R. Taitbout, il est le rendez-vous de toutes les élégances. Ce ne sont que couturières, fleuristes, modistes, etc. En le visitant vers 4 h. de l'après-midi on se rend compte de l'importance du commerce de la Mode à Paris. Les *grands Magasins du Printemps* se trouvent à l'angle du Bd Haussmann et de la R. du Havre. La statue de *Shakespeare*; la Chapelle Expiatoire; la direction gén. de la Cie internat. des Wagons-Lits et des Gds Express-Européens; le Hammam; l'Opéra (côté de l'Administration) et la maison anglaise d'ameublement : *Waring et Gilow* se trouvent sur ce boulevard.

Bien mieux que les Gds Boulevards, le Bd Haussmann représente la véritable voie fashionable. C'est Paris élégant chez lui.

HOTEL DE CLUNY. V. Cluny, Musée de ‖ HOTEL DES INVALIDES. V. Invalides ‖ HOTEL DES MONNAIES. V. Monnaies, Hôtel des ‖ HOTEL DES VENTES. V. Ventes, Hôtel des.

HOTEL DE VILLE *De Style Renaissance, l'Hôtel de Ville est construit à peu près sur les plans de l'ancien édifice qui fut incendié pendant la commune en 1871. (Siège du Conseil municipal dont les 80 membres sont élus pour 3 ans par le suffrage universel et par quartier; 80 membres; traitement: 500 fr. par mois.)*

Pl. de l'Hôtel-de-Ville. Omnibus : Porte-Maillot-Hôtel de Ville ‖ Plaisance-Hôtel de Ville ‖ Champ de Mars-Q. Valmy ‖ G. de Lyon-St-Philippe du Roule ‖ R. Jenner-Sq. Montholon ‖ Batignolles-Jardin des Plantes ‖ Ménilmontant-G. Montparnasse ‖ **Tramways** : Passy-Hôtel de Ville ‖ Montreuil-Châtelet ‖ Louvre-Charenton.

On visite l'Hôtel de Ville tous les jours non fériés, de 2 h. à 3 h., sauf en Février et en Mars pendant les jours qui précèdent les bals que donne l'Hôtel de Ville. Pour assister à un Bal ou à une Fête, s'adresser à son ambassadeur ou à un consul, mais le plus simple est de recourir à un conseiller municipal. (Si l'on désire assister à une séance du Conseil municipal les Lundi, Mercredi et Vendredi, à 3 h., demander une carte chez les Concierges.)

Pour la visite des Salles, demander des cartes au Secrétariat, en se présentant Pl. de l'Hôtel-de-Ville.

La visite est très rapide (3/4 d h environ) et a lieu sous la conduite d'un employé, qui donne des explications. (Pourboire.)

LES SALLES. La decoration des salles est fort belle, quoique inachevée. -Tous les grands peintres français de notre epoque ont collabore a cette œuvre. Mais ils sont si nombreux que l'on a dû confier l'embellissement de certaines salles a des artistes de talents tres divers. Il en résulte parfois des contrastes violents et des rapprochements inat-

HOTEL DE VILLE (*Cliché Guy*)

tendus. La plupart des écoles ont là leurs représentants les mieux qualifiés.

De la **Grande Salle** du rez-de-chaussée, où l'on attend, on passe dans le Corridor sur lequel donne le vestibule, où sont deux groupes en marbre : *les Premières Funérailles*, une des bonnes œuvres de Barrias, et *le Paradis perdu*, de Gautherin. De là on aperçoit dans la Cour d'Honneur, qui est voisine, le fameux groupe en bronze : **Gloria Victis**, de Mercié. Cette œuvre glorifie la défense nationale de 1870.

Le visiteur se rend aux **Salles des Fêtes** par de somptueux escaliers en marbre.

Les Salles des Fêtes ont contenu jusqu'à dix mille invités, lors des grands bals donnés par le Conseil Municipal.

Salon d'Arrivée Nord. Peinture murale par Roll : *les Joies de vivre*, d'une couleur très gaie. — **Salon d'Introduction Nord.** Peintures par Bouis. Dans la Salle que l'on visite ensuite est exposé le *Vase donné par l'Empereur de Russie*, en souvenir de la réception faite par la Ville de Paris aux marins russes. Haut de 3 m., en jaspe et porphyre, il pèse 4000 kilos et peut être estimé à 250 000 fr. Sur le socle, les armes de Toulon et de Cronstadt.

La Grande Salle des Fêtes. Longue de 50 m. et large de 12 m. 50 elle est decoree de cinq grands plafonds :

1° *La Musique à travers les âges*, par Gervex; 2° *les Parfums*, par G. Ferrier; 3° *Paris conviant le monde à ses fêtes*, par Benjamin-Constant; 4° *les Fleurs*, par G. Ferrier; *la Danse à travers les âges*, par A. Morot.

Au-dessous sont représentées les *anciennes Provinces de France* (les noms sont inscrits sur des cartouches), par Ehrmann, Milliet, F. Humbert, Weerts. Belles cariatides et figures en haut-relief. (La galerie latérale, que l'on ne visite pas encore, sera décorée de *Scènes de Paris et de ses Environs.*)

Portique Sud : *les Heures du jour et de la nuit*, par Lévy.

Salon d'Arrivée Sud : *Apollon et les Muses*, par Henri Martin.

La Salle à Manger de Réception. Est ornée de peintures par Georges Bertrand. Plafond central : *Hymne de la Terre au Soleil.*

Les statues, qui célèbrent les plaisirs de la table, sont : *la Chasse*, par Barrias; *la Pêche*, par Falguière; *le Toast*, par Idrac; *le Vin*, par A. Crauck; *la Chanson*, par Dalou; *la Moisson*, par Chapu. A remarquer que tous les ornements architecturaux de cette salle sont en bois sculpté.

Le Salon Lobau. Orné entièrement par J.-P. Laurens de peintures relatives à l'Histoire de Paris. On remarque : *Louis VI octroie aux Parisiens leur 1re charte; Étienne Marcel protège le Dauphin; Répression de la Révolte des Maillotins; Henri II et le protestant Anne Dubourg; Arrestation de Broussel; Pache, maire de Paris; la Voûte d'acier.*

Salon de Passage : *Entrée de Louis XI à Paris*, par Tattegrain; peinture curieuse par l'étude de la foule s'empressant naïve autour du roi.

Le Salon des Sciences. Curieux par sa décoration, executée par des artistes de temperaments très différents. 3 plafonds par Besnard : *l'Apothéose des Sciences, la Météorologie, l'Électricité.* 12 écoinçons par Carrière, symbolisant les *Sciences. Deux Frères*, par Lerolle. Deux *dessus de porte,* par Duez. 8 panneaux : *les Éléments*, par Jeanniot, Rixens, A. Berton et Buland. Les *Vues de Paris*, par Vauthier, Luigi Loir, Lepine, E. Barau.

Le Salon des Arts a pour ornement principal les 3 plafonds de Bonnat : *la Glorification de l'Art; la Vérité; la Poésie.* Aux frises, *la Musique* et *la Danse*, par L. Glaize. Douze ecoinçons par Chartran. Panneaux par Dagnan-Bouveret, Ranvier, T. Robert-Fleury. Vues de Paris par Francais, Bellet, G. Collin, Lapostolet.

On remarquera que la décoration du Salon des Arts a été confiée a des peintres de l'école classique et que des artistes appartenant pour la plupart a l'école moderniste ont collaboré à l'embellissement du Salon des Sciences. Ici et la, la décoration n'est pas harmonieuse.

Salon des Lettres. Trois plafonds de Lefebvre : au centre : *les Muses Parisiennes;* sur les côtés : *la Méditation, l'Inspiration.* Sur les frises : *Histoire de l'écriture*, par Cormon; *les Œuvres littéraires*, écoinçons par Maignan. Au-dessus des portes, peintures d'Urbain Maignan : *la Philosophie affranchissant la pensée, l'Histoire recueille les leçons du passé.* Les panneaux figurent *l'Éloquence*, par H. Leroux; *la Poésie*, par Raphaël Collin; *l'Histoire*, par E. Thirion; *la Philosophie*, par Callot. Vues de Paris et des environs, par Berthelon, Guillemet, H. Saintin, Lansyer.

Galerie de la Cour du Sud : *Les Métiers*, 15 coupoles peintes par Galland.

Le Salon de l'Arrivée du Sud, par lequel se termine la visite, est orné de deux magnifiques compositions murales : *l'Été* et *l'Hiver*, du grand peintre decorateur Puvis de Chavannes.

On sort par la Cour du Sud.

A voir dans les environs immédiats : La *Tour St-Jacques*, la *Pl. du Châtelet; l'Ile St-Louis*. Dans la Cité, *Notre-Dame, la Morgue*, le *Palais de Justice*, la *Ste-Chapelle*, etc.

ILE St-LOUIS, V. St-Louis, Ile.

IMPRIMERIE NATIONALE *Installée dans l'Hôtel du cardinal de Rohan, l'Imprimerie nationale offre un double intérêt, d'abord comme demeure d'un grand seigneur du siècle passé, puis comme Musée de Caractères Typographiques. On y a réuni des collections de caractères permettant de composer dans presque toutes les langues du monde. Les caractères Chinois et Hébraïques furent fondus sous Louis XIV.*

87, R. Vieille-du-Temple. **Omnibus** : Ménilmontant-G. Montparnasse. ‖ Pl. Wagram-Bastille.

Visite : le Jeudi, à 2 h., avec autorisation du Directeur (demande d'avance par lettre avec timbre pour la réponse). La visite dure 1 h.

Dans la Cour d'Honneur : statue de *Gutenberg;* 2° cour : *les Chevaux à l'Abreuvoir*, bas relief de Le Lorrain. L'Imprimerie Nationale occupe 1100 ouvriers des deux sexes.

REZ-DE-CHAUSSÉE *Bibliothèque*, composée de livres imprimés à l'Établissement. V. dans une vitr. *l'Imitation de J.-C.* enluminee comme les anciens manuscrits italiens. Ateliers d'impression (130 presses diverses). Clichage, Galvanoplastie, Glaçage.

PREMIER ÉTAGE Bureau du Directeur; ateliers de Composition, Fonte des Caractères. Dans l'ancien Salon de Musique de Rohan, avec riches moulures dorées et dessus de portes par *Boucher*, les Poinçons de presque tous les caractères connus et les Matrices des anciens bois.

Le Cabinet des Singes, appelé ainsi à cause des scènes simiesques qu'y peignirent de 1745 à 1750, Boucher le Vieux et Ch. Huet, est l'ancienne Chambre à Coucher du duc de Rohan, dont il reste aussi l'Oratoire.

A voir dans le voisinage : plus bas, au n° 47 de la R. des Francs-Bourgeois, le célèbre *Hôtel de Hollande*, où logeait l'Ambassadeur de ce pays sous Louis XIV. Porte remarquable par ses sculptures.

Dans la R. Pavée, au 24, presque à l'angle de la R. des Francs-Bourgeois, l'ancien *Hôtel de Lamoignon*, construit au XVI° s. pour Diane de France, fille de Henri II. L'Hôtel fut habité 70 ans plus tard par Guillaume de Lamoignon, 1° Président au Parlement de Paris, l'ami de Boileau, qui composa *le Lutrin* sur sa demande. La 1° Bibliothèque de la ville y fut établie en 1763. Un peu plus bas, à g., le *Musée Carnavalet*, dans la R. de Sévigné.

INSTITUT, Palais de l'. V. Académie Française.

INSTITUT PASTEUR *Inauguré le 14 Nov. 1888, ce glorieux établissement, dont la création a été rendue possible par un admirable élan de pitié universelle, a eu d'humbles débuts; destiné à l'origine à servir de Laboratoire à*

Pasteur, il est devenu en moins de dix ans le sanctuaire et le centre de la Science Microbiologique, et de lui sont sorties les immortelles découvertes sur la Diphtérie, le Choléra, la Peste, les Venins, etc., qui font la gloire de la France et ont conquis à l'enthousiaste reconnaissance de l'humanité les noms de Pasteur, Roux, Duclaux, Grancher, Chamberland, Metchnikoff, Yersin, Marmoreck, etc.

28, R. Dutot. Omnibus : G. Montparnasse-G. du Nord. ‖ Les-Morillons-Les Halles. Tramways : Vaugirard-G. du Nord.

Ouvert au public tous les jours à partir de 10 h. 1/2. Tombeau de Pasteur visible de 1 à 4 h., les 1er et 3e Samedi de chaque mois.

INSTITUT PASTEUR
(Cliché Fescourt)

Entre la grille de la R. Dutot et la façade, *statue de Jupille,* berger du Jura, terrassant un chien enragé, et guéri à l'Institut (dont il est le Concierge actuel).

1er BATIMENT. Au rez-de-chaussée : Économat; Laboratoires où se fabriquent les Vaccins du Charbon et du Rouget.
1er Étage : Bibliothèque; Appartement de Mme Pasteur; au 2e, Chambres des Préparateurs.

2e BATIMENT. Rez-de-chaussée : Services de la Rage (Salles d'Attente, de Pansements; Ch. Obscure où se préparent les moelles).
1er Étage : Laboratoires de M. Roux; Laboratoires de M. Duclaux; 2e étage : Laboratoires de recherches de M. Metchnikoff.
Entre les deux bâtiments, entrée de la Crypte, où se trouve le tombeau de Pasteur inauguré le 26 Décembre 1896.
Cette Crypte, ou Chapelle, de 15 m. de long, est revêtue d'admirables mosaïques de M. Guilbert Martin; de ch. côté, 6 colonnes de marbre noir entre lesquelles sont gravées des inscriptions rappelant les principales découvertes de Pasteur. Au fond, un petit autel; au centre, une simple pierre tumulaire en marbre noir sous laquelle repose le plus grand savant du siècle.

Hôpital Pasteur. En face de l'Institut se dressent les Pavillons du nouvel *Hôpital Pasteur,* inauguré récemment.

INVALIDES, HOTEL DES

Tout parle ici de la gloire militaire de la France, depuis le siècle du Grand Roi jusqu'au siècle du Grand Empereur. C'est aux Invalides qu'on conserve le Petit Chapeau et la Redingote légendaires de Napoléon, et c'est aux Invalides qu'on a déposé la poignée de poussière de cet homme qui fit trembler le monde.

Entrée principale : Esplanade des Invalides. Omnibus : Javel-G. St-Lazare. ‖ Grenelle-Pte St-Martin ‖ Tramways : G. Montparnasse-Pl. de l'Étoile ‖ Vanves-Av. d'Antin.

L'Hôtel est ouvert au public tous les jours de Midi à 4 h. Jours et heures d'ouverture des principales curiosités qu'il renferme : 1° Tombeau de Napoléon et Église des Invalides, Lundi, Mardi, Jeudi, Vendredi et Dimanche, de Midi à 4 h. du 1er Février au 1er Novembre; de midi à 3 h. le reste de l'année; 2° Musée d'Artillerie et Musée de l'Armée, de Midi à 4 h. du 1er février au 1er Novembre, de Midi à 3 h. le reste de l'année; 3° Galerie des Plans en Relief des Places de guerre du 1er Mai au 30 Juin (pour les visiteurs munis de cartes demandées par écrit au Gouverneur des Invalides).

Grande Revue des Invalides, le 14 Juillet, à 9 h. du matin.

Construit par Louis XIV, de 1670 à 1674, restauré sous les deux Napoléon, l'Hôtel des Invalides recueille les soldats blessés et incapables de travailler. Aujourd'hui les pensionnaires de l'Hôtel, qui autrefois étaient 7000, ne sont plus que 150. On tend de plus en plus à donner a ce Palais une autre affectation.

LA COUR EXTÉRIEURE des Invalides est séparée de la rue par un fossé derrière lequel se dresse la *batterie triomphale,* formée de pièces de canon prises à l'ennemi. La batterie triomphale annonçait jadis aux Parisiens les victoires et les grands événements. Elle ne parle maintenant que le 14 Juillet. Elle se compose : à dr. (en regardant le Palais) d'un canon wurtembergeois (décoré comme une pièce d'orfèvrerie), d'un canon vénitien, de 4 canons prussiens ornés d'aigles, d'une pièce hollandaise, d'une pièce russe et d'un mortier algérien, de 2 canons autrichiens, de 4 pièces prussiennes, d'un canon de la citadelle d'Anvers, d'une pièce russe prise à Sébastopol montrant l'empreinte des projectiles qui lui ont déformé la bouche, d'un mortier algérien.

Les 8 pièces non montées sont pour la plupart algériennes.

Aux deux extrémités de cette batterie, on voit les deux Allées qui traversent les petits Jardinets cultivés par des Invalides. Chaque pensionnaire de l'Hôtel a droit à quelques mètres carrés de terrain qu'il cultive et qu'il orne souvent d'une tonnelle en chèvrefeuille ou en vigne vierge.

A g. de l'allée principale qui traverse le Jardin, se dresse la statue du *Prince Eugène de Beauharnais.*

LA FAÇADE PRINCIPALE. Elle a 198 m. de long et porte bien le caractère grave et majestueux des monuments construits sous Louis XIV. Les lucarnes sont coiffées d'ornements représentant des demi-armures. A l'une d'elles (côté de l'Église, 5e travée E.), Louvois a fait sculpter un loup, regardant dans la cour. Calembour sculptural. Ce *loup qui voit* rappelle le nom de Louvois, le grand ministre de Louis XIV.

A dr. et à g. de l'Entrée principale, statues de *Mars* et de *Minerve*, par Coustou. Au-dessus de la porte, bas-relief, du même, représentant *Louis XIV à cheval accompagné de la Justice et de la Prudence.*

Les Bâtiments du côté de l'Esplanade sont occupés maintenant par le Gouvernement militaire de Paris. (Le Gouverneur habite la cour de l'aile gauche.)

On circule librement dans la partie du Palais qui renferme les curiosités que nous allons décrire, mais on n'entre plus dans les Cuisines, où les curieux admiraient la fameuse marmite, assez grande pour convertir un bœuf en pot-au-feu.

LA COUR D'HONNEUR est entourée d'Arcades décorées de médiocres peintures inachevées, représentant des scènes de l'histoire de France, et des copies de Raphaël, par Balze. Au fond, sous l'horloge, statue de *Napoléon.*

Des Inscriptions : Côté de l'Occident, Côté de l'Orient, Côté du Nord, permettent au visiteur de se diriger facilement vers les curiosités à visiter. Le *Musée d'Artillerie* est à l'Occident, le *Musée de l'Armée* à l'Orient, l'Église des Invalides, au Sud. On se rend au *Dôme* et au TOMBEAU DE L'EMPEREUR par un Passage à g. de l'Église, en passant devant les Cuisines et l'Infirmerie.

LE MUSÉE D'AR- Des Catalogues
TILLERIE ☺☺☺☺☺ sont mis en vente
dans les salles du rez-de-chaussée (5 tomes, 5 fr., ils se vendent séparément). Vente de Photographies des pièces curieuses du Musée dans la Galerie des Armures, à g. de l'entrée. Pas de Vestiaire. — *Étiquettes partout.*

Ire GALERIE DES ARMURES. A dr. de la Porte d'entrée; le long du mur à dr., fac-similé du drapeau du 47e de ligne arboré le premier sur la brèche de Constantine. Armures du *connétable de Montmorency*, du *duc de Guise*, du *duc de Mayenne* (qui rappelle la forte corpulence du ligueur), 'de *Sully*, de *Turenne.*

Au milieu, armures italiennes pour combattre en champ clos; la tige d'acier à l'avant de la cuirasse était destinée à soutenir la lance.

En continuant, le long du mur, à dr., armures allemandes dites « maximiliennes » et armures du XVIe et du XVIIe s., ornées de Christs en croix et de compositions religieuses.

Au fond de la salle, modèle du *château de Pierrefonds* tel qu'il a été reconstitué par Viollet-le-Duc; curieux spécimen de l'architecture militaire au Moyen âge.

En revenant, voir les vitrines au milieu de la salle, 1re VITR., n° 37, arquebuse de *Richelieu.* 2e VITR., nos 640 et 1752, pistolets et fusils, armes enrichies de diamants et de pierres que Napoléon Ier fit fabriquer pour l'empereur du Maroc. 3e VITR., n° 59, * bouclier de cérémonie, véritable œuvre d'art italienne représentant le *triomphe de Galatée.* 4e VITR., nos 80 et 82, autres boucliers italiens d'un beau travail. 5e VITR., chanfreins (partie d'armure protégeant le front et le nez du cheval) délicatement ornés. 7e VITR., belles épées françaises, italiennes, etc., des XVIe et XVIIe s. 8e VITR. (à g.), large épée de connétable ornée de fleurs de lis.

Cette salle est décorée de peintures par Van der Meulen ou ses élèves, représentant les principaux faits militaires du règne de Louis XIV. A la voûte, copies de drapeaux et étendards : à g., de Charlemagne à 1789; à dr., de 1789 à nos jours.

2e GALERIE DES ARMURES. A g. de la porte d'entrée, collection d'armures pour combattre à cheval ou à pied. Parmi les plus intéressantes aux points de vue de l'art et de l'histoire : *armure de joute de *Maximilien Ier*; armure sarrasine du XVIe s. (la plus légère, 61 kilos); armures des rois François Ier, HENRI II, CHARLES IX, HENRI III, Henri IV, de LOUIS XIII et Louis XIV; enfant.

La VITR. qui vient ensuite contient les Armes ayant appartenu à des Souverains. Les épées sont, pour la plupart, des armes de parade, épées de mariage ou de sacre

(V. les étiquettes) de François Iᵉʳ, Henri II, Charles IX, Henri IV, etc.

Cet inestimable arsenal des souverains contient en outre *l'Arbalète de Catherine de Médicis, les etriers, les éperons, le Mousquet de Louis XIV, l'arquebuse de Louis XIII.

Les vitr. suivantes offrent une remarquable collection de casques, de boucliers et d'armures célèbres par leur composition, leur exécution et leur richesse.

5ᵉ vitr., armure italienne du xvi⁴ s., autre armure ornée de têtes de lions.

7ᵉ vitr., sabre de Poniatowski, * épée de Charles XII; bouclier de parade du duc de Bourgogne.

Aux voûtes de la salle, drapeaux etrangers.

Dans une PETITE SALLE, à dr., casques et boucliers, bottes à chaudron, lances de tournoi aux couleurs et aux armes des champions qui s'en servirent.

Dans la galerie que nous venons de parcourir, la Porte opposée à la porte d'entrée conduit à la

GALERIE ETHNOGRAPHIQUE. (Ne pas toucher aux armes, quelques-unes sont empoisonnées.) — Cette Galerie, composée de 4 salles, contient des types de guerriers, 678 personnages, de l'Océanie, de l'Asie, de l'Amérique.

Dans la 2ᵉ SALLE, *étendard de Behanzin, dont le travail semble être européen.

Revenir sur ses pas, traverser la Galerie des Armures et prendre à g, le Corridor couvert conduisant a la

GALERIE DES ARMES BLANCHES ET ARMES A FEU, qui se divise en plusieurs salles.

LA SALLE ORIENTALE, que l'on traverse d'abord, contient des armes chinoises, japonaises, circassiennes, mongoles, indiennes. Voir, à g., sur la paroi de la porte d'entrée, un *sabre enrichi de pierreries pris sur l'ennemi au combat de Hue (Annam); les magnifiques selles orientales provenant de la campagne d'Égypte; dans la vitrine à dr., près des piliers, le *casque de Bajazet II; dans la vitrine g., en face de la précédente : 1ᵉ le sabre du général Botzaris, le patriote grec.

Au fond de la salle : *habit de guerre et armes de l'empereur de Chine, butin conquis au Palais d'Eté en 1860; armures japonaises.

Cette salle communique a dr. et a g. avec deux Galeries qui contiennent une collection complète des armes de hast et des armes blanches depuis le xiiᵉ s. jusqu'a nos jours, et des armes à feu depuis la fin du xvᵉ s. jusqu'a notre temps.

La GALERIE A DR. (en tournant le dos à la Porte d'entrée) renferme, outre les vitrines d'armes (des étiquettes indiquent les divisions générales), des fac-similés ou des originaux des décorations militaires en France et à l'étranger et une vitrine de curieuses poires à poudre.

La GALERIE A G., vitrines d'armes portatives. Dans une petite Salle à g. : *Souvenirs de Napoléon Iᵉʳ : son lit de camp, son Banc à Sainte-Hélène. — Selle du roi Louis XVI; selle du roi Charles X; selle de l'empereur Napoléon. Vitrine contenant la *REDINGOTE GRISE DE L'EMPEREUR qu'il portait pendant la campagne de France, son habit de général à Marengo et sa robe de chambre.

Derrière cette vitrine : armes et lunette d'approche ayant appartenu à Napoléon. — *Bâtons de maréchaux : de Davoust, Augereau, Lefebvre.

Revenir sur ses pas, traverser la Salle Orientale et sortir pour regagner le Passage. A dr. et à g. de la Porte de sortie, voir dans les Cours des pièces modernes et des canons historiques. Dans le Passage à dr., Escalier conduisant au 2ᵉ etage, à la Collection des Costumes de guerre et à la Collection des petits Modèles d'artillerie.

LES COSTUMES DE GUERRE, à dr. Cette collection comprend 4 Salles. Costumes de guerre de l'age de pierre, de bronze, des Grecs et des Romains, des Français depuis Charlemagne jusqu'en 1792.

PETITS MODÈLES D'ARTILLERIE (en face de la précédente). Depuis les lourdes machines de guerre antiques jusqu'au matériel moderne. Les catapultes et autres engins primitifs de siège sont à g. en entrant. Au milieu, l'artillerie de campagne et *une canne d'honneur offerte à Louis XIV par la province de Franche-Comté en 1674. A dr., artillerie de siège.

Revenir à l'entrée du Musée d'Artillerie et traverser la Cour d'Honneur pour visiter (côté de l'orient).

LE MUSÉE ⊛ occupant les Salles qui DE L'ARMÉE servaient autrefois de Refectoires aux officiers des Invalides.

LA SALLE TURENNE, a dr., la plus intéressante, contient des documents ayant trait à l'Histoire de l'Armée, depuis Louis XIV jusqu'à la fin de la Restauration. Ce sont, de l'entree, au fond de la pièce :

Vitr. du milieu : le *Boulet qui tua Turenne à la bataille de Saltzbach; une gravure allemande représentant les circonstances dans lesquelles il fut tué; le portrait du héros par Philippe de Champagne; des autographes de Turenne et de Villars.

Vitr. de côté, a dr. : les *Commentaires de César* ayant appartenu à *La Tour d'Auvergne* et des *autographes du Premier Grenadier de France*, sabre d'honneur décerné par le Premier Consul.

Dans les deux vitr. de milieu qui suivent a dr. : *carabine ayant appartenu au Premier Consul* et *Cheveux de Napoléon*; à g. : *pistolet ayant appartenu à Napoléon et mors de bride du cheval* qu'il montait à *Waterloo*. *Table et chaises ayant servi au lieutenant Bonaparte.

La vitr. suivante contient le fameux *Chapeau de l'Empereur.

Vitr. à dr.: *habit du maréchal Lannes. Vitr. du milieu : *plaque de cuivre ayant recouvert les restes mortels de l'Empereur pendant son passage sur la frégate *la Belle Poule*.

Après les vitrines consacrées au culte du père, voici dans une vitrine de milieu, quelques objets communs ayant appartenu au fils, *le duc de Reischstadt*, prisonnier de la politique autrichienne.

Vitr. à dr. : chapeaux de généraux et la *curieuse épaule en acier* que porta le général d'Aboville de 1809 à 1843 pour remplacer l'épaule que lui coûta Wagram.

Vitr. du milieu. A dr., au mur, armature de la *jambe de bois* du général *Daumesnil*, l'intraitable défenseur du fort de Vincennes.

Vitr. à dr. : *Masque de Napoléon*, moulé à son lit de mort par le Dr Antomarchi. Vue de l'habitation de l'Empereur captif à Ste-Hélène. Au fond de la salle : drap mortuaire fleuri d'abeilles et portant aux quatre angles la couronne impériale, qui recouvrit le *cercueil de Napoléon* lors du retour de ses cendres.

A g., char funèbre ayant servi au transport du cercueil depuis l'habitation de l'Empereur jusqu'au port où attendait la frégate *la Belle Poule*.

SALLE BUGEAUD. Souvenirs et documents de la conquête de l'Algérie et du Soudan. Vitr. du milieu : habit de maréchal et *képi* de très haute forme ayant appartenu au maréchal Bugeaud. On sait que par *casquette du père Bugeaud* les soldats d'Afrique comprenaient, non pas la coiffure militaire que portait le maréchal, mais bien le *bonnet de nuit* qu'il oublia de laisser dans sa tente pour charger les Arabes qui avaient surpris nos troupes pendant leur sommeil.

Vitr. a g. : *képi du duc d'Aumale*, fusil ayant appartenu à *Abd-el-Kader*, dolman et ceinturon du duc d'Aumale.

Vitr. a g. : armes, effets d'équipement et décorations de Bourbaki, armes et képi de Mac-Mahon, habit de Canrobert.

Vitr. à g. : tunique et képi du général Abel Douay, tué à Wissembourg.

Vitr. de milieu : souvenirs de la guerre de 1870, *drapeau de la garde nationale de Metz.

Les vitr. suivantes sont consacrées à nos expéditions coloniales en Asie et en Afrique. Dans la dernière, au fond de la salle, *riche collier en or et argent et accoutrement guerrier de *Samory*.

En sortant du Musée de l'Armée, se diriger vers le côté Sud pour visiter l'Église des Invalides. (Entrée sous la statue de Napoléon; petite Porte noire.)

L'ÉGLISE ST-LOUIS DES INVALIDES ⊙⊙ Véritable chapelle de soldats. Si l'on excepte sa chaire en marbre blanc aux bas-reliefs de cuivre doré, elle n'a pour ornement que des *drapeaux pris à l'ennemi*. Des trophées des victoires de Napoléon, il ne reste guère que les drapeaux rangés autour de son tombeau. Dans la nuit du 19 au 30 mars 1814, les Invalides, ne voulant pas livrer aux Alliés (qui étaient aux portes de Paris) les drapeaux confiés à leur garde par l'Empereur, brûlèrent 1500 étendards.

L'église possède encore le *cœur de Vauban* et le *cœur de Kleber*.

Par le vitrail qui occupe le fond de l'église on aperçoit l'Intérieur du Dôme, éclairé d'une lumière bleutée, et les massives colonnes supportant le dais de l'autel placé au-dessus de la crypte napoléonienne.

Cérémonies religieuses. La Grand' messe des Invalides chantée (publique) a lieu le Dimanche, à 8 h. — Sous l'Empire, la Cour assistait à la Messe en musique de 11 h.

A la sortie de l'Église, se diriger vers le passage conduisant au Dôme et au Tombeau de Napoléon.

Il y a tout près de l'Église un Bureau de tabac ouvert au public. On trouve toujours là quelques vieux « grognards », quelques « briscards », quelques « durs à cuire » qui ont laissé leurs jambes ou un de leurs bras à Sébastopol ou à Solférino.

A l'angle du Passage conduisant au Dôme, statue équestre de *Hoche*. Plus loin, à g., l'Escalier K mène à la *Galerie des Plans et Reliefs* (4e étage), créée par Louvois. Elle n'offre qu'un intérêt historique. Les plans des forteresses occupent une longue suite de salles. Il y est défendu de prendre des notes ou de dessiner.

LE DOME est en quelque sorte la continuation de l'église St-Louis des Invalides. C'est un beau monument religieux, d'une ordonnance simple et harmonieuse, construit par J. Hardouin-Mansart au début du XVIIIe s.

La Coupole, couverte en plomb, est ornée de côtes et de bas reliefs aux dorures un peu passées représentant des trophées militaires. Elle est surmontée d'une flèche haute de 105 m, et vêtue d'un or plus vif. Vue de loin, cette coupole semble former une couronne lumineuse, s'élevant au-dessus de la grisaille des constructions parisiennes, pour marquer ou repose Napoléon Ier.

(Vestiaire obligatoire et gratuit)

LE TOMBEAU DE NAPOLÉON Est exactement sous le Dôme, que decorent intérieurement des peintures de Delafosse. Ces peintures sont, de bas en haut : les *Évangélistes*, les *Apôtres*, et à la coupole *St Louis présentant à Jésus-Christ l'épée avec laquelle il a triomphé des ennemis de la religion.*

Le Tombeau de Napoléon est placé dans une Crypte ronde et profonde dont on peut voir toute l'architecture intérieure en se penchant sur la balustrade de marbre blanc qui entoure cette fosse glorieuse.

Au milieu, se dresse le SARCOPHAGE DE L'EMPEREUR, qui mourut à Ste-Hélène en 1821 et dont les cendres furent transférées à Paris en 1840 au milieu d'un tel enthousiasme et d'un si grand empressement populaire que jamais souverain ne fit pareille entrée triomphale.

Le sarcophage, long de 4 m., large de 2, haut de 4 m. 50, d'un seul morceau de granit rougeâtre de Finlande donné par l'Empereur Alexandre Ier, n'est orné que de moulures très simples. Napoléon est couche, la tête au sud. Sur le pavé de mosaïque, une couronne de noms de batailles : Iéna, Austerlitz, Marengo, les Pyramides, Rivoli, Moscowa, Wagram, Friedland, entoure la base du sarcophage.

12 figures de Pradier, des *victoires* encore, montent la garde autour du sarcophage. Entre les statues, six trophées de drapeaux enlevés à l'ennemi (44 autrichiens, 4 anglais et 6 russes) ont l'aspect jaunâtre de bouquets desséchés.

Aux parois de la Crypte, dans l'ombre, 10 bas-reliefs de marbre, par Simart, résument l'œuvre de Napoléon législateur : *Rétablissement de l'Ordre, Concordat, Réforme de l'Administration, Conseil d'État, Code, Université, Cour des Comptes, Développement du Commerce et de l'Industrie, Légion d'Honneur.*

Selon les époques de l'année et les heures où l'on fait visite au Tombeau de Napoléon, l'impression produite est fort variable. Tantôt la lumière tombe des coupoles douce et bleutée sur le sarcophage, tantôt elle éclaire très froidement l'ordonnance solennelle de cette sépulture officielle. Mais pour beaucoup qui se penchent sur la crypte le mort paraît si grand que le tombeau semble animé. C'est encore du rayonnement.

L'ENTRÉE de la Crypte est derrière le Maître-Autel du côté opposé à la grande porte. Ce maître-autel, que surmonte un dais porte par quatre énormes colonnes aux épais ornements de cuivre, est habilement éclairé, à dr. et à g., par des verrières aux vitres couleur or. De larges reflets or teintent les flancs des colonnes et les rondeurs des balustres. C'est un autel vu dans une apothéose.

La **Crypte** (qui n'est ouverte qu'avec une permission rarement accordée par le Gouverneur des Invalides ou le Ministre des Beaux-Arts), a une entrée monumentale et de très grand caractère. — Deux statues colossales, par Duret, debout, à dr. et à g. de la porte, soutiennent sur un coussin, l'une le globe terrestre et l'épée, l'autre la couronne impériale et un sceptre.

Ces deux images de bronze, de fière allure, dressées sur un fond de marbre vert, semblent les véritables gardiens du tombeau.

Au-dessus de la porte est écrite en lettres d'or une phrase du testament de Napoléon : *« Je désire que mes cendres reposent sur les bords de la Seine, au milieu de ce peuple français que j'ai tant aimé. »*

La Porte en bronze a été fondue avec des canons pris à Austerlitz. Elle est toujours gardée par un Invalide. Le trou de la serrure dessine une croix de la Légion d'honneur et un N renversé. Ce monument funèbre a coûté 6 millions.

Deux sarcophages très simples, à dr. et à g., en avant de l'entrée de la Crypte, ne portent que les noms : *Duroc ; Bertrand.* Les deux compagnons d'armes et favoris de l'Empereur sont placés là comme sa garde d'honneur. Le premier mourut en 1813, en pleine épopée. L'autre, mort en 1844, fut le compagnon d'angoisses du captif de Ste-Hélène.

En face de l'entrée du tombeau de Napoléon, on aperçoit par une large verrière l'intérieur de l'église St-Louis et l'entrée de la Crypte où sont inhumés les gouverneurs des Invalides, les maréchaux de France et les soldats célèbres.

Le Dôme contient d'autres tombeaux de personnages historiques. Ce sont de dr. à g. en partant de l'entrée : tombeau de *Joseph-Napoléon*, roi d'Espagne ; tombeau de *Vauban* ; tombeau de *Turenne* composé par Lebrun ; tombeau de *Jérôme*, roi de Westphalie et de son fils aîné. Un sarcophage où est enfermé *le cœur de la reine de Westphalie.*

C'est dans cette Chapelle que le corps de Napoléon Ier fut déposé pendant les vingt ans (de 1840 à 1866) que dura l'édification de son tombeau. On l'apercevait à travers une vitre, le crâne nu, vêtu d'un uniforme de général.

On peut, ou retourner sur ses pas jusqu'à la Porte d'entrée, ou sortir par la Grille, du côté du Tombeau. On se trouve alors sur la place Vauban, où se font souvent des exercices d'infanterie, et on peut gagner en 5 min. le Champ de Mars, en suivant, a dr., l'Av. de Tourville.

❧

ITALIENS, Bd des, V. Boulevards, Les grands.

❧

JARDINS *Paris est la ville des beaux Jardins, Elle en compte une centaine. C'est avec une coquetterie féminine que la municipalité y entretient de frais*

gnifique Jardin Botanique, avec des Serres Chaudes et des Serres Tempérées, une Ménagerie où sont renfermés les animaux qu'on ne rencontre pas dans nos climats, et enfin un Muséum d'Histoire naturelle où l'on trouve la plus curieuse et la plus complète collection des 3 règnes de la nature. — Le Jeudi et le Dimanche après-midi, beaucoup de curieux et de promeneurs.

Entrée principale : Pl. Walhubert, près

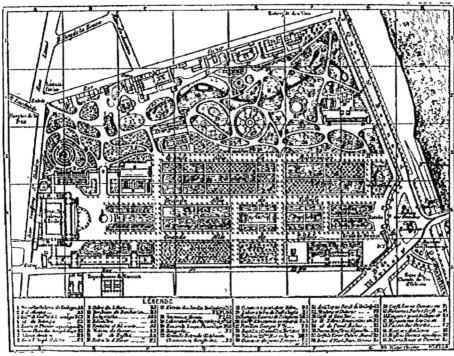

PLAN DU JARDIN DES PLANTES

gazons, de jolis bosquets, des plantes toujours en fleurs. Les grands arbres contribuent à la purification de l'air et offrent un refuge salutaire pendant les chaleurs.

Nous ne donnons des notices que sur les jardins qui peuvent intéresser le touriste et l'étranger par le luxe des fleurs, la beauté des plantations, leur charme et leur agrément de grands parcs.

Voir : LOUVRE, Jardin du ‖ LUXEMBOURG Jardin du ‖ PALAIS-ROYAL, Jardin du ‖ PARCS ‖ TUILERIES, Jardin des.

❧

JARDIN DES PLANTES ⊕⊕ *Ce Jardin, un des plus grands qui existent en Europe, offre à l'amateur et au savant un ma-*

la gare d'Orléans (V. les différentes Portes sur le plan ci-contre).

Omnibus : R. Jenner-Sq. Montholon ‖ Charonne-Pl. d'Italie ‖ Bd St Marcel-N.-D.-dé-Lorette ‖ Batignolles-Jardin des Plantes. **Tramways :** G. d'Orléans-G. du Nord ‖ G. Montparnasse-Pl. de la Bastille ‖ Pl. Walhubert-Pl. de la Nation ‖ G. de Lyon-Pl. de l'Alma. **Bateaux :** station du Pt d'Austerlitz.

Heures d'ouverture. — Le Jardin des Plantes (comme les squares et jardins parisiens) est ouvert toute la journée. Mais ses Ménageries, ses Galeries contenant des collections d'histoire naturelle, les Serres, ne sont visibles qu'à des heures et des jours déterminés.

Il est expressément interdit d'y introduire des Chiens, même muselés ou tenus en laisse.

DANS PARIS

1° Sont visibles (sur la présentation de billets délivrés à la suite d'une demande écrite, adressée au Directeur du Muséum : écrire quelques jours d'avance, indiquer le nombre de personnes à admettre, et joindre un timbre pour la réponse): les MÉNAGERIES, t. l. j. (excepté le Jeudi) de 1 à 4 h., les GALERIES et les SERRES; les Mardi, Vendredi et Samedi, de 11 à 4 h.; la GALERIE DES REPTILES, t. l. j. de 1 à 4 h.; la GALERIE DE PALÉONTOLOGIE est visible le Mardi de 1 h. à 4 h.

2° Sont publiques : la MÉNAGERIE et la GALERIES les Jeudi et Dimanche, de 11 à 4 h.; la GRANDE SERRE t. l. j. de 1 à 4 h. (les Lundi et Samedi exceptés).

On entend ici par « Ménageries » les loges d'animaux vivants. Quant à la partie du Jardin comprenant les parcs, cages d'animaux, volières, etc., dite la *Ménagerie*, elle est ouverte au public de 11 h. du matin à 5 h. du soir du 1er Mars au 30 Septembre; de 11 h. du matin à 4 h. du soir du 1er Novembre au 1er Mars.

Les Jeudi et Dimanche, on peut sans billet voir à peu près toutes les curiosités du Jardin des Plantes; mais il est préférable de demander un ticket, et le Mardi on peut visiter le Jardin des Plantes tout entier.

LA MÉNAGERIE Suivre la 2e Allée de g.; consulter notre Plan.

C'est la curiosité la plus populaire du Jardin des Plantes.

Si l'on entre au Jardin par la Porte au coin du Q. St Bernard et de la R. Cuvier, une Allée toute droite, désignée par un écriteau, tracée au milieu des parcs des animaux paisibles (antilopes, cerfs, gazelles), conduit directement aux loges des animaux féroces.

Si l'on entre par le grand Portail de la place Walhubert (porte principale), prendre, a droite, l'Allée qui passe entre le Jardin Botanique et les Plantes Aquatiques et traverse l'allée des Marronniers.

Après avoir passé devant les cerfs, les antilopes et les bisons, on arrive en face d'un pavillon entouré d'une solide cage de fer : il abrite un ménage de magnifiques *tigres* du Tonkin, qui jouent toute la journée comme de gros chats.

La Ménagerie contient environ 500 mammifères, 820 oiseaux, 250 reptiles, 170 batraciens, 74 poissons, 3 tigres Beaucoup de ces animaux sont des dons de missionnaires, d'explorateurs, d'envoyés diplomatiques; les autres ont été achetés (lion, 5000 fr., tigre, 2500 à 4000 fr.; ours polaire, 1800 fr.; girafe, 20000 fr.; hippopotame, 10000 fr.; éléphant, 22000 fr.). Le prix de ces animaux s'abaisse de plus en plus (les lions de Pezon ont été vendus 500 fr. pièce en 1899).

Une Annexe, à droite, renferme 4 ou 5 *pumas* d'Amérique au pelage roux foncé, qui ont appartenu à Mme Sarah Bernhardt. La grande tragédienne fut obligée de s'en débarrasser et de les offrir au Muséum après avoir reçu un certain nombre de coups de griffes et de dents.

Viennent ensuite les SANGLIERS, toujours sales, les affreuses HYÈNES et enfin les FAUVES.

On tourne à g. pour passer devant les 22 cages placées en contre-bas, et séparées du public par une grille et par un large fossé. Il y a là 4 ou 5 LIONS superbes, surtout *celui de l'Atlas, des OURS et des TIGRES, des *PANTHÈRES aux robes tachetées.

Ce sont les animaux les plus féroces qui deviennent les plus doux et s'habituent le mieux à leurs gardiens. Le repas des animaux a lieu à 3 h., à l'intérieur (Entrée à g.); rien de plus impressionnant que cette distribution de viande, saluée par des rugissements suivis de sinistres craquements des puissantes mâchoires.

On repasse devant les cages et l'on suit l'Allée, qui conduit, un peu à dr., au *Palais des Singes, qui comprend une habitation commune et une vaste cage métallique, le préau de cette école simiesque : elle renferme une vingtaine de singes qui se poursuivent en des courses folles, qui se livrent à mille gambades ou se disputent et se battent, au grand plaisir des spectateurs.

Les espèces qui s'acclimatent difficilement, comme les chimpanzés, sont à l'intérieur, particulièrement soignés (huile de foie de morue, vin de Bordeaux, etc.).

Voici maintenant, un peu plus loin à g., la grande **Rotonde des Herbivores** : deux immenses girafes se dressent effarées au-dessus des visiteurs.

A côté, le **Rhinocéros**, toujours triste, veuf depuis 4 ans. Ensuite les **Éléphants**, dont un couple, suivi du pachyderme offert à M. Félix Faure par Ménélick.

Son voisin, de couleur plus claire, est de race sacrée : c'est *Coutch*, l'éléphant blanc des Siamois, offert par M. Doumer, gouverneur de l'Indo-Chine.

Des hippopotames, la plus jeune — une femelle — est de constitution délicate. On la baigne dans de l'eau tiède, on lui donne à boire une vingtaine de litres de lait par jour; on badigeonne ses engelures avec de la glycérine.

Tournant le dos à la Rotonde, on gagne l'Allée des Marronniers, pour aller voir la *Fosse vaste et profonde où s'ébattent les ours en un endroit recherché de la foule, qui s'amuse aux jeux de la dynastie des Martin.

Feu Martin le Grand étouffa un Anglais qui eut la fantaisie de descendre dans sa fosse pour boxer avec lui, et dévora un employé qui, ayant aperçu une pièce d'or dans la fosse, prit une échelle pour y descendre.

Martin (le plus gros s'appelle toujours Martin) ne danse sur ses pattes de derrière que lorsque le morceau de pain qu'on lui montre est de grosseur satisfaisante.

Revenir vers la Rotonde, pour visiter les *Volières des oiseaux multicolores, puis celles des oiseaux de proie.

En face, le *Pavillon des Reptiles, visible tous les jours, de 1 à 4 h. (avec cartes); de l'extérieur on peut voir les serpents, paresseusement roulés dans des couvertures de laine, les iguanes et les lézards.

A côté, un Enclos tient prisonnières quelques Tortues, dont les plus grosses ont 70 à 80 centimètres de long. A côté se trouve le *Bassin des Crocodiles, les plus laids des amphibies; ils sont immobiles comme s'ils étaient morts.

L'écriteau de la grille : le public n'entre pas ici, semble ironique et superflu. Personne n'ira jamais!

On longe ensuite de Vieux Logis, endormis dans le lierre et les feuilles de leurs jardinets, qui datent de la fin du XVIII° s. et où ont demeuré les savants qui ont créé le Muséum : Delahaye (1635), Buffon (1732), Bernardin de St-Pierre (1792), et, de nos jours, Chevreul (1786-1889) et Milne-Edwards, le directeur actuel.

On passe devant la *Faisanderie, la grande Volière dont les dimensions permettent à des centaines d'oiseaux aquatiques de vivre en un semblant de liberté, et, devant les Bâtiments qui contenaient autrefois les Collections d'Anatomie comparée, on peut voir le squelette d'une baleine, ainsi que la reproduction de ce mammifère.

Au bout, à la sortie de la Ménagerie, le *Bassin de l'Otarie, la seule survivante d'une famille de trois, à laquelle on apporte des poissons tous les jours à 3 h.

Le long d'un petit Ruisseau, des PÉLICANS aux becs énormes.

En face, se dresse un bâtiment en briques rouges :-*l'Orangerie, avec sa splendide végétation des Tropiques (visible tous les jours de 1 h. à 4 h.). Voir l'arengha, dont les feuilles ont 10 m. et qui plusieurs fois déjà a enfoncé de sa cime la toiture de verre de l'Orangerie.

Le Labyrinthe. Gagnons maintenant ce monticule couvert d'arbres. A mi-chemin, entouré d'un banc de pierre, se dresse le fameux Cèdre du Liban, rapporté d'Orient en France, en 1735, par Jussieu. Pris par les Anglais, Jussieu fut dépouillé de tout, excepté de son cèdre, qu'il cacha dans son chapeau.

Au haut du Belvédère, Coupole en

bronze d'où l'on domine tout le jardin, océan de fleurs au printemps, mer de verdure en été. On y a dressé un monument à Daubenton (1716-1800), le médecin-naturaliste, collaborateur de Buffon, qui a fait connaître le mérinos en France.

En bas, a gauche, se trouvent les bâtiments de l'Administration (Direction et Secrétariat).

SERRES. En redescendant, à g., on arrive devant les SERRES TEMPÉRÉES, toujours fleuries.

A dr. (monter l'Escalier), la Serre Chaude, d'une luxuriante végétation; en avant et au centre, plusieurs variétés de palmiers

LE MUSÉUM (Cliché Fortier-Marrole).

gigantesques dont le sommet s'écrase contre la toiture de verre; au fond, une jolie grotte artificielle d'où tombe une petite cascade à demi cachée sous de grandes fougères et autres plantes à feuilles de plus d'un mètre de long.

On sort de la serre pour aller visiter à dr. le grand Bâtiment contenant :

LES GALERIES DE ZOOLOGIE Cet immense Bâtiment ressemble à une arche de Noé, où se trouvent des spécimens de tout ce qui vit sur terre, dans l'air ou dans l'eau.

REZ-DE-CHAUSSÉE ⊚ Grands Mammifères. La baleine à côté de l'éléphant, l'antilope à côté du tigre, tous les géants du règne animal.

PREMIER ÉTAGE ⊚ Les Oiseaux, les Reptiles et les Batraciens.

Voir, dans les Galeries des Oiseaux, la merveilleuse *collection d'Oiseaux-Mouches, dont quelques-uns sont aussi remarquables pour la grâce de leur forme et leur petitesse que pour la beauté et la richesse de leur parure.

DEUXIÈME ÉTAGE ❷❸ Les Crustacés et les Insectes. Une merveilleuse collection de papillons.

TROISIÈME ÉTAGE ❶❸ Réservé aux Insectes : à g., les mouches ou autres insectes venimeux ou dangereux ; à dr., les insectes nuisibles à l'agriculture.

Du haut des Galeries, le regard plonge jusque dans le Hall, où semble défiler un troupeau d'animaux gigantesques, bizarrement mêlés.

Les Galeries de Géologie, de Minéralogie et de Botanique, qui sont voisines, peuvent être rapidement parcourues. Voir à la Minéralogie une collection de pierres précieuses ; et, dans la Galerie de Botanique, une collection de fruits conservés ou imités.

Au sortir de ces Galeries, traverser le JARDIN BOTANIQUE divise par de larges allées plantées de tilleuls.

Sur l'étiquette servant a classer chaque plante, une bande de couleur indique quel est son usage : *rouge* (médecine), *verte* (alimentation), *bleue* (emploi artistique et industriel), *jaune* (plante d'ornement) ; *noire* (vénéneuse). — La plupart des plantes recouvertes d'un grillage sont des plantes dont il n'est pas permis de faire usage sans ordonnance du médecin.

A dr., voir une belle collection de fleurs disposées de manière à montrer tout ce qu'il y a d'ingénieux, d'harmonieux et d'élegant dans la théorie de Chevreul sur le contraste des couleurs.

Avant d'arriver aux Nouvelles Galeries, on visitera un petit Pavillon contenant les collections de Georges Ville, l'agronome mort en 1897.

LES NOUVELLES GALERIES ❶❷❸❹ Construites en 1894, sont ornées à l'extérieur de bas-reliefs de bronze et de marbre.

Au-dessus du Vestiaire, groupe de Frémiet : un *homme terrassé par un gorille*.

Les Salles des Nlles Galeries comprennent 36 000 échantillons anatomiques, 25 000 anthropologiques et 179 000 paléontologiques. (Étiquettes partout.)

A dr., en entrant, Salle des Conférences : plafond et panneaux de Cormon : *l'Homme à travers les âges*.

REZ-DE-CHAUSSÉE ❶ Anatomie comparée, classée par ordre zoologique. Étude comparative des divers organes et des divers types d'Animaux.

Tout de suite en entrant, a dr., se trouvent une dizaine DE VITRINES contenant, dans des bocaux, une foule de monstres qui donnent une impression de cauchemar. Fœtus bizarres a deux têtes, ou ayant une tête pour deux corps, chiens, porcs et moutons à six pattes, enfants et bêtes n'ayant qu'un œil au milieu du front, et cent autres monstruosités semblables. Nous sommes ici au milieu des phénomènes et des laideurs de toutes les anomalies de la nature.

PREMIER ÉTAGE ❶ Au milieu et sur les côtés se dressent une quantité de squelettes énormes, imposants par leur masse, toute une reconstitution de la faune des âges lointains qui ont précédé le nôtre, et que des fouilles font remonter au jour après des milliers d'années d'enfouissement.

Voici, encore à dr., des fossilisations d'*oiseaux* dont le bec est armé de dents de carnassiers, de chevaux qui ont de un à cinq doigts, presque des mains ; des pétrifications d'êtres antédiluviens, l'*Ichthiosaure*, moitié serpent et moitié poisson, le *Mososaure*, reptile à queue de serpent et à tête de crocodile, divers autres, tous singuliers, monstrueux, à l'ossature puissante faite pour la lutte à outrance et qui, en moyenne, devaient avoir de 6 à 20 m. de taille.

Au milieu de la salle se dressent les squelettes reconstitués ; au fond, le *Tatou* géant, dont la carapace pourrait couvrir un cheval ; plus loin, le *mammouth*, l'ancêtre de l'éléphant, et qui est encore deux fois plus petit que le gigantesque *Mastodonte* qui fut découvert dans un terrain du Gard, debout sur ses pattes, sous une masse de terre. Les os ont été retirés, un à un, péniblement, et comme ils s'effritaient tout de suite à l'air et à la lumière, on dut les entourer d'une couche de spermaceti avant de les exposer au jour.

Derrière, quelques squelettes d'*oiseaux*, prédécesseurs de l'autruche, dont l'un a été payé 25 000 fr. par le Museum ; un peu à gauche, une poignée de *poils blancs d'un mammouth* (découvert en Sibérie) et des *œufs gigantesques*, d'une capacité de 12 à 15 litres, payés 2 500 fr. pièce.

DEUXIÈME ÉTAGE ❷❸ Réservé à des collections d'Anthropologie, moulages de figures de toutes les races humaines, squelettes, corps moulés. C'est le triomphe de la laideur sous toutes ses formes, que ce soit la face grimaçante du Peau-Rouge, ou la tête plombaginée du Zoulou, ou le masque profondément sculpté et tatoué du Maori.

Sortir par la Place Walhubert (Station de voitures). On peut prendre, au Pt d'Austerlitz, le Bateau qui traverse tout Paris (50 minutes de navigation très curieuse et très intéressante) et va jusqu'au Pt d'Auteuil, en passant au milieu de l'Exposition, ou le Tramway de la G. de Lyon à la Pl. de l'Alma qui passe Place Walhubert et aboutit d'un côté à la G. de Lyon, de l'autre à la Pl. de l'Alma, entre la Concorde et les Champs Élysées.

LOUVRE ●● MUSÉE DU

Divers Musées d'Europe, le British Museum de Londres, la Pinacothèque de Vienne, l'Ermitage de St-Pétersbourg, le Vatican à Rome, etc., offrent au visiteur quelques-unes des merveilles de l'art de tous les temps. Il n'en est aucun pourtant qui offre plus de variété que le LOUVRE. La peinture, plus qu'en aucun autre, y est brillamment représentée. Toutes les Écoles (à part l'École Allemande et l'École Anglaise) s'y montrent dans le génie de leurs grands maîtres. Il serait, sans doute, plus facile d'apprécier chacune d'elles si un classement préparatoire permettait de voir à la fois toutes les œuvres d'un même temps et d'un même pays. Mais la volonté de certains légataires n'a point permis de réaliser ce vœu. Aussi le visiteur doit-il s'attendre à trouver les diverses Écoles mélangées entre elles.

Pl. du Carrousel, R. de Rivoli, Pl. du Louvre, Q. du Louvre.

Omnibus: Louvre-Porte de Versailles, ‖ Louvre-Belleville ‖ Louvre-Lac S.-Fargeau ‖ Morillons-Les Halles ‖ Pl. Pigalle-Halle aux Vins ‖ Filles - du - Calvaire - Les Ternes ‖ Pl. des Ternes-Filles-du-Calvaire ‖ Gare St-Lazare-Pl. St-Michel ‖ Sq. des Batignolles-Jardin des Plantes ‖ Gare de Lyon-St-Philippe-du-Roule ‖ Porte-Maillot-Hôtel de Ville ‖ Maine-Gare du Nord ‖ Palais-Royal-Pl. de l'Étoile ‖ Palais-Royal-Buttes Chaumont ‖ Pl. Clichy-Carrefour des Feuillantines ‖ Montmartre-St-Germain des Prés ‖ Porte St-Martin-Grenelle ‖ Batignolles-Clichy-Odéon.

Tramways : Louvre-Vincennes ‖ Louvre Charenton ‖ Louvre-Cours de Vincennes ‖ Passy-Hôtel de Ville ‖ Louvre-Boulogne, St-Cloud, Sèvres et Versailles.

Bateaux : Q. du Louvre.

LES MUSÉES DE PEINTURE ●●●●

L'heure la plus favorable pour visiter le Louvre est le matin. On commencera par les Musées de Peinture, qui s'ouvrent deux heures plutôt que les Musées de Sculpture. En suivant notre Plan, le visiteur verra d'abord plusieurs Salles de l'École française. On peut dire de cette École qu'elle se trouve véritablement, au Louvre, placée dans son cadre. *Le Jugement dernier* de Jean Cousin (V. Grande Galerie) la montrera, dès son début, brillante de coloris, soucieuse de décoration et de style ; puis, avec les *Lebrun*, les *Le Sueur*, les *Cl. Lorrain*, les *Poussin*, les *Van Loo*, les *Mignard*, au XVIIe s., élégante, proportionnée, majestueuse, ainsi que le Grand Roi. Au XVIIIe s., ces

qualités s'augmenteront de finesse et de grâce, acquerront du naturel et de la vie. *Watteau* s'y montrera l'étonnant fantaisiste du *Gilles* et de l'*Embarquement pour Cythère; Fragonard, Boucher* et *Lancret,* les frivoles et capricieux poètes de la femme et de leur siècle ; *Greuze* peindra d'idéales figures ; *Chardin,* dont Diderot a écrit « qu'il était peut-être un des premiers coloristes de la peinture », ira jusqu'au génie dans le genre familier.

Le XIXe s., enfin, que les noms de *Prud'hon,* de *David,* de *Gros* et de *Gérard* ouvrent si brillamment, atteindra à l'apogée de l'École avec les maîtres de l'époque romantique : *Delacroix* qui est fougue et couleur, *Ingres* qui est rythme et contours, puis *Géricault, Decamps,* et enfin *Corot, Millet, Courbet, Regnault, Troyon,* qui excellent tour à tour dans le paysage pittoresque et le genre familier, la peinture de plein air et le style d'impression.

C'est dans la petite Salle dite DES PRIMITIFS qu'on trouvera les plus anciens panneaux de l'Art

COUR DU LOUVRE (*Cliché Guy*).

Italien. Le dessin d'abord naïf, la couleur d'abord plate et crue, s'affinent peu à peu ; *Botticelli, Ghirlandajo, Mantegna, Fra Angelico* (dont le Louvre possède le merveilleux *Couronnement de la Vierge*), annoncent déjà les maîtres plus complets de l'époque de la Renaissance. C'est dans le SALON CARRÉ que brillent la plupart des chefs-d'œuvre de ceux-ci : la *Joconde* de Léonard de Vinci, plusieurs *Raphaël, Laura de Dianti* et l'*Homme au gant* du Titien, les *Noces de Cana* de Véronèse, des toiles du *Corrège* et de *Giorgione.*

La GRANDE GALERIE, enfin, les révèle plus complètement, et l'on peut dire qu'il n'est pas de Musée où les noms du *Tintoret,* du *Caravage,* de *Guardi,* de *Canaletto,* du *Dominiquin,* ne se mêlent avec plus d'ensemble.

L'École Espagnole, dans les diverses salles, brille par la présence de plusieurs *Murillo,* de quelques *Velazquez* et de divers *Goya, Ribera* et *Zurbaran.*

Rembrandt « a au plus haut degré le sentiment humain, religieux et pathétique ». C'est aussi un clair-obscuriste intense et un peintre inimitable. Il est digne d'occuper le premier rang dans l'École Hollandaise. Le SALON CARRÉ et la GRANDE GALERIE se partagent ses œuvres (avec notre Itinéraire le lecteur les trouvera facilement). *Rubens,* à lui seul, occupe des murailles. Il n'est pas de plus prodigieux coloriste. *Van Dyck* gracieux et élégant, *Teniers* cynique et fin, *Van Eyck* encore primitif, *Memling* naïf et pur, *Hobbema, Ruysdael, Van Goyen,* plus sombres, *Frans Hals* plein de joie, *Ostade* plein d'humour, cent autres attestent la richesse de la Hollande et de la Flandre, terres fertiles en artistes.

Les noms de *Bonington*, de *Lawrence*, de *Constable*, de *Raeburn*, font regretter que l'École Anglaise, qui est une des premières par l'élégance et le coloris, ne soit pas mieux représentée ici.

Il en est de même de l'École Allemande, dont quelques *Holbein*, un *Dürer*, des *Cranach*, font apprécier la haute élévation de style, le pathétique des sujets, le faste des couleurs.

ENTRÉE du Musée de Peinture AU PAVILLON SULLY (sous l'horloge). Monter au 1ᵉʳ étage, par l'ESCALIER HENRI II, et entrer dans la **SALLE LA CAZE** (salle I). Commencer à g., en tournant, pour revenir au même point. — Contient la magnifique Collection léguée au Louvre par le Dʳ La Caze et comprend, outre plusieurs toiles hollandaises et espagnoles, quelques-unes des œuvres les plus remarquables de l'École Française du xvIIᵉ et du xvIIIᵉ s. *105, Chardin, *Nature morte*; 46, Boucher, *Vénus chez Vulcain*; 986, Watteau, *Assemblée dans un parc*; *1725, Ribera, *le Pied-bot* (toile sombre, magnifiquement peinte).

A g., en tournant, 659, Nattier, *Portraits de Mlle de Lambesc et du comte de Brionne*; 471, Lancret, *le Gascon puni*; *491, Largillière, *Portraits du peintre, de sa femme et de sa fille*; **103, Chardin, *le Château de cartes*, l'un des principaux tableaux de l'artiste; ** 983, Ant. Watteau, *Gilles et les Acteurs de la Comédie Italienne* (c'est, avec l'*Embarquement pour Cythère* (V), Salle Daru, l'une des compositions les plus importantes de ce maitre) (le Dʳ La Caze l'acheta 650 francs en 1826, à la vente Denon); * 292, J.-H. Fragonard, *l'Heure du Berger*; 548, les frères Le Nain, *Repas de paysans*; * 376, Greuze, *Tête de jeune fille* (d'une pureté d'expression idéale); *115, Chardin, *le Panier de raisins*; 991, Watteau, *Jupiter et Antiope*.

(*Au moment de mettre sous presse, nous apprenons que les toiles de la collection La Caze vont se trouver dispersées dans les différentes salles du Musée et classées selon les Écoles. Les œuvres des peintres Flamands et Hollandais, notamment, sont appelées à prendre place dans les 14 petits Cabinets qui suivent, sur notre Itinéraire, la collection Rubens.*)

SALLE HENRI II (Salle II). Tableaux de l'École Française du xIxᵉ s. En face, en entrant : *143, Courbet, *l'Enterrement d'Ornans* (vaste toile largement peinte, au coloris intense, la plus considérable de l'artiste). Près de la fenêtre de dr. : *771, H. Regnault, *Exécution sans jugement* (scène orientale d'un beau tragique; la richesse des couleurs est éclatante; la figure noire du bourreau,

se détachant sur le fond d'or, est d'un grand effet); sans numéro : Paul Delaroche, * *la Jeune Martyre*.

SALON DES SEPT CHEMINÉES (salle III). Offre quelques-unes des œuvres les plus caractéristiques de l'École Française de la fin du xvIIIᵉ s. et du commencement du xIxᵉ.

A g., *188, David, *les Sabines*. Ce tableau, froid comme un bas-relief, passe pour le chef-d'œuvre de David; 751, *747, Prud'hon, *l'Impératrice Joséphine* et *la Justice et la Vengeance poursuivant le crime*; *338, Géricault, **le Radeau de la Méduse**, malheureusement mal conservé, mais que l'intérêt dramatique, les clairs-obscurs, le groupement concentré, présentent comme une des plus importantes et des plus anciennes œuvres de l'École Romantique. Payé 6 000 fr. par le Louvre et estimé aujourd'hui plus de 100 000 francs; au-dessous et après, *Portraits* de Prud'hon, d'Ingres, de Gros; * 522, Mme Vigée-Lebrun, *portraits de l'artiste et de sa fille* (d'une grande pureté d'expression, d'un charme et d'un abandon féminin délicieux); Gros, *Bonaparte à Arcole*; *198, David, portrait du *Pape Pie VII*; * 202 bis, David, *le Couronnement de Napoléon Iᵉʳ* et de l'impératrice Joséphine dans l'église Notre-Dame de Paris (contient 100 portraits ; payé 75 000 francs); 343, Géricault, *Carabinier*; * 328 Gérard, *Psyché reçoit le premier baiser de l'Amour*; 388, Gros, *Napoléon visitant les Pestiférés de Jaffa*, tableau d'un grand effet scénique.

Obtint un grand succès au Salon de 1804, où il fut couvert de couronnes par le public et par les autres artistes. Aux côtés de Bonaparte sont les généraux Berthier et Bessière, Daure, ordonnateur, Desgenettes, médecin en chef des armées. Au premier plan, le chirurgien Masclet, mort de la peste.

**756, Prud'hon, *l'Enlèvement de Psyché*, dont la grâce poétique et tendre, la finesse exquise de coloris, contrastent avec la *Vengeance et la Justice* du panneau d'en face.

En sortant de la Salle III, traverser

La **SALLE DES BIJOUX** antiques où se trouvent quelques-unes des merveilles les plus perfectionnées de l'Orfèvrerie Gréco-Étrusque, entre autres plusieurs diadèmes en or et la * Tiare de Shïtapharnès placée sous une vitrine près de la fenêtre de dr. Vitrine du milieu : Argenterie pompéienne.

Passer dans la ROTONDE D'APOLLON (plafond de Blondel : *la Chute d'Icare*); laisser en face l'ESCALIER DARU et entrer à g., par une belle Grille en fer ouvré provenant du château de Maisons, dans la

GALERIE D'APOLLON, ancienne Galerie des Rois, la salle du Louvre la plus riche-

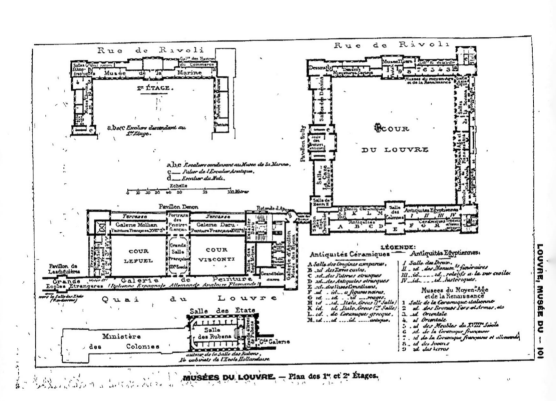

MUSÉES DU LOUVRE. — Plan des 1ᵉʳ et 2ᵉ Étages.

ment décorée : * plafond d'une grande intensité de coloris et d'un grand emportement de vision : *Apollon vainqueur du serpent Python*, par Eug. Delacroix; panneaux ornés de 28 PORTRAITS de souverains et d'artistes français en tapisserie des Gobelins; médaillons camaïeu or. —Renferme des gemmes, joyaux, orfèvreries de toutes les époques et de tous les styles (*étiquettes partout*) :

1re table (en entrant au milieu) : *Châsse de saint Potentien*, travail allemand du XIIe s.

1re VITR. du milieu : bassins émaillés (ouv. vénitien); reliquaires, coffrets; volutes de crosses émaillées du Moyen âge; ostensoirs; petites châsses (ép. romane), etc.

2e VITR. : *Baiser de paix de la chap. du Saint-Esprit*; ciboires, bagues, coupes, urnes, etc.

3e VITR. : Objets du XVIe s. : vases en cristal de roche, aiguières gravées, drageoirs en jade de Hongrie, buires, bustes d'empereurs romains (les têtes en pierre fine ou en cristal), coupes, merveilles de pierres précieuses.

4e VITR., dite des Diamants de la Couronne (la plus grande partie en a été vendue en 1887). On y voit : **le Régent, *le plus beau diamant connu* (136 carats), estimé de 12 à 15 millions. A dr., le Mazarin, gros diamant rose trouvé sur un champ de bataille par un soldat suisse, qui le vendit 1 florin à un prêtre; estimé aujourd'hui 6 millions. Entre les deux, un gros *rubis ayant appartenu à Anne d'Autriche, d'une valeur approximative de 20 millions. Devant, *l'épée militaire de Napoléon Ier, enrichie de pierreries d'une valeur de 2 millions. Au-dessus, fac-similé de la *couronne de Louis XV*; la *couronne de Napoléon Ier*, imitée de celle de Charlemagne. Enfin la *montre* donnée par le dey d'Alger à Louis XIV et, sur le côté g., la *châtelaine de Catherine de Médicis*, en diamants.

5e VITR.: Objets des XVIe et XVIIe s. *J.-C. attaché à la colonne, stat. en jaspe sanguin.

6e et 7e VITR., à g. et à dr. dans le fond : *Vierge reliquaire du XIVe s.; vases antiques en porphyre et en sardonyx; *le bras reliquaire de Saint-Louis de Toulouse du XIVe s., en vermeil et émaillé; bas-reliefs; cassette d'Anne d'Autriche.

Devant la fenêtre, un magnifique *bureau Louis XV*, par Riesener, avec bronzes par Hervieux.

Les VITR. des 1re, 2e, 3e et 4e fenêtres, en partant du quai, renferment la plus riche Collection d'Émaux qui soit en Europe : émaux *cloisonnés, champ-levés, peints* ou *translucides* du XIIe au XVIe s. Admirables *émaux limousins* du XIIe s.

7e fenêtre (presque en face les Diamants de la Couronne), objets ayant servi au sacre des rois de France : épée de la fin du XIIe s., agrafe, éperons, *Sceptre de Charles V XIVe s.), mains de justice; *livre d'Heures de Catherine de Médicis*, etc.

Les autres vitrines contiennent la suite des *émaux limousins*, sauf la 17e, où sont le *bouclier et le *morion de Charles IX en or émaillé (travail du XVIe s.).

(Entrer à dr. dans le SALON CARRÉ, S. IV des Peintures.)

SALON CARRÉ (*Salle des Chefs-d'œuvre*).

Le 2 avril 1810 y fut célébré le mariage religieux de Napoléon Ier et de Marie-Louise. Plafond, avec sculpture, par Simart.

Les plus grands maîtres des écoles anciennes y sont représentées. C'est en quelque sorte la salle des Uffizi de Florence. On y a réuni les chefs d'œuvre des plus grands peintres du monde. Ces 30 toiles sont les perles de la collection du Louvre.

Commencer à gauche, en faisant le tour de la salle :

1938, Philippe de Champagne : *Portrait de Richelieu*; de Num. Memling, *Mariage mystique de Ste Catherine et Donateur avec St Jean-Baptiste*; 1504, Raphaël, *St Michel terrassant le démon*, tableau exécuté par les élèves de Raphaël, à la fin de sa carrière, d'après ses dessins, et envoyé à François Ier par le pape Léon X. Le Primatice le restaura en 1530; *1713, Murillo, *Ste Famille*; *1592, Le Titien, *l'Homme au gant* (portrait d'une saisissante beauté); *1117, le Corrège, *Mariage mystique de Ste Catherine d'Alexandrie*; **1192, Paul Véronèse, les Noces de Cana, le tableau le plus grand du Louvre (h. 6 m. 66, larg. 9 m. 90), d'une richesse de coloris, d'une diversité de nuances, d'une ampleur ornementale qui n'appartiennent qu'à cet art vénitien, fastueux et large, le plus décoratif de ceux qu'a produits l'Italie. A été peint en 1563 pour le couvent de St-Georges (Venise); enlevé par l'armée d'Italie en 1797, il faillit être repris par les Alliés en 1815; mais ceux-ci reculèrent devant les difficultés du transport et s'emparèrent, à la place, du *Christ et la Madeleine*, de Le Brun (Académie de Venise). La plupart des figures sont historiques; à g. du Christ : *Charles-Quint, François Ier, *Éléonore d'Autriche, Marie d'Angleterre*, etc. Au centre, un groupe de musiciens figurant *le Tintoret, le Titien* et *Véronèse* lui-même, jouant de la viole; *1136, Giorgione (école vénitienne), Concert champêtre, chef-d'œuvre de ce maître rare.

*2882, Rubens, *le Christ en croix* (la Madeleine, surtout, est admirable); **1598, Léonard de Vinci, la Vierge, l'Enfant et Ste Anne (groupement harmonieux et fami-

PORTRAIT DE FRANÇOIS Ier, par *Le Titien*.

LES BERGERS D'ARCADIE, par *Nicolas Poussin*.

HENRI II, par *François Clouet*.

COURONNEMENT DE MARIE DE MEDICIS, par *Rubens*.

LA FOI, par *Vouet*.

LA VIERGE AU DONATEUR, par *Van Eyck*.

CHARLES Ier, ROI D'ANGLETERRE, par *Van Dyck*.

FRAGMENT DU JUGEMENT DERNIER, par *Jean Cousin*.

L'ASSOMPTION, par *Murillo*.

AU LOUVRE : CHEFS-D'ŒUVRE DE LA PEINTURE

lier; sur un paysage d'Éden, le divin profil de la Vierge, anime d'un sourire de tendresse pénétrante, se détache; la tête de Ste Anne et celle de l'Enfant sont les modèles mêmes de celles de la Piété et du Charme). L'authenticité de cette œuvre a été souvent mise en doute, un tableau quelque peu semblable existant à la Royal Academy de Londres; mais M. Müntz, dans son livre sur Léonard de Vinci, relève dans cette copie de nombreuses différences. ***2715**, H. Holbein le Jeune, *Érasme de Rotterdam* (figure admirable d'expression); ***1986**, Jean Van Eyck (Éc. Flam.), *la Vierge aux donateurs* (symétrie gothique dans le cadre, raideur presque primitive, rachetées par une finesse d'ensemble extraordinaire et par une perspective de fond excellente); ****2539**, Rembrandt, *les Pèlerins d'Emmaüs* (œuvre émouvante et simple d'un grand caractère de beauté et d'inspiration).

**1496, Raphaël, *Vierge* dite la Belle Jardinière, tableau d'une finesse et d'une grâce incomparables; peint pendant le second séjour de Raphaël à Florence.

Passe pour le plus parfait tableau de ce maitre dont s'honore le Louvre. Peut être comparé à la Vierge, à peu près semblable, de la galerie des Uffizi à Florence. En comparant ce tableau à celui du *Saint Michel*, on voit que tout ce que Raphaël perd en charme, il le gagne en vigueur dramatique.

**1498, Raphaël, *la Sainte Famille de François I*[er], date de 1518, *signée et datée* sur le liseré du manteau de la Vierge, œuvre peinte par les élèves de Raphaël dans son atelier (sans doute Penni et Giulio Romano). Ce portrait fut exécuté en 1635 pour le prix de 100 liv. st.

Lorsque la collection du comte de Thiers fut vendue à l'impératrice de Russie, Mme Dubarry, se prétendant parente des Stuarts, le fit acquérir par le roi, comme portrait de famille, et le lui revendit en 1775 pour 30 000 fr.

*1497, RAPHAEL, *la Vierge au voile*, œuvre de la belle période romaine, entre *la Belle Jardinière* et *la Ste Famille de François I*[er]: lignes admirables, finesse des étoffes, éclat divin de l'expression, le tout d'une grâce attendrissante et chaste; ****1601**, Léonard de Vinci, *la Joconde*, portrait de *Mona Lisa*, femme de François del Giocondo, chef-d'œuvre inimitable, le plus célèbre du grand maitre florentin; physionomie énigmatique que Léonard s'efforça de fixer sur la toile sans pouvoir la rendre aussi exactement qu'il la voyait. Il travailla 4 ans à ce portrait qu'il n'a jamais regardé comme terminé. Acheté 4000 écus d'or pour le compte de François Ier; ****** le Titien, *Alphonse de Ferrare et sa maitresse Laura de Dianti* (écrivain vénitien). L'ensemble est d'une élégance exquise, d'une merveilleuse

teinte ambrée et d'or; ****1709**, Murillo (Éc. Esp.), *l'Assomption de la Vierge*.

La figure de la Vierge est d'un sentiment adorable; un ineffable sourire de béatitude imprègne sa physionomie; sa robe, d'un pur bleu céleste, se fond dans les nues où des groupes de séraphins, en couronne d'étoiles, enveloppent de lumière la mère du Sauveur. Composition grandiose.

*2348, Gerard Dow (Éc. Holl.), *la Femme hydropique*, extraordinaire de fini et de détails; ***2459**, Metsu, *Un Militaire recevant une jeune dame*; ***2587**, Ter Borch, *Un Militaire offrant des pièces d'or à une jeune femme* (le meilleur tableau de ce peintre); ***1731**, Velasquez (Éc. Esp.), *l'Infante Marguerite*, coloris délicat, d'une incroyable ressource de tons, attribué à Raphaël; ***1509**, *Apollon et Marsyas*, un petit chef-d'œuvre (39 c. sur 29, payé 200000 fr., la structure de l'Apollon est d'une perfection idéale); ***1118**, Le Corrège (École Lombarde), *Antiope et Jupiter*, toile achetée 25000 fr. par Mazarin au banquier Jabach; passa dans les collections de Louis XIV; coloris tiède et blond, contours vaporeux, une des plus belles œuvres du Corrège; ***1584**, Le Titien (Éc. Vén.), *la Mise au Tombeau*. Encore un chef-d'œuvre: noblesse des visages, ampleur des draperies, splendeur sombre des couleurs. Toile achetée par Jabach 3210 fr. à la vente de Charles Ier et cédée pour la même somme à Louis XIV. ***2547**, Rembrandt, *Portrait de femme*, réunit toutes les qualités d'opposition, de naturel et de vie qui font de Rembrandt l'un des plus grands maitres de tous les temps et de toutes les écoles.

La jeune femme peinte ici se retrouve souvent dans les tableaux de Rembrandt, c'est la fidèle Hendrikje Stoffels, à la fois servante et maitresse du peintre; elle succéda à Saskia et vécut avec lui jusqu'à sa mort.

1375, Mantegna, *le Calvaire* (détails poussés jusqu'à la perfection); ***2545, Rembrandt, *Portrait d'un jeune homme*.

Entrer (à peu près en face des *Noces de Cana*) dans la

SALLE DUCHATEL (Salle V). A g., en entrant: ***2026**, Memling, *la Vierge aux Donateurs*; ***** (attribué à) P. della Francesca, *Vierge* (nouvelle acquis.), payée 130000 fr. par le Louvre en 1898). Les critiques les plus autorisés s'accordent à attribuer ce tableau à A. Baldovinetti.

* Jérôme Bosch, *les Damnés* (nouvelle acq.), tableau poignant, d'une horreur intense, très finement peint); de ***1357** à **1361**, sur le mur de dr., quelques-unes des œuvres les mieux choisies de Luini (Bernardino), éc. du Vinci. Au fond: **422**, ***Ingres**, *la Source*; **421**, *Œdipe expliquant l'énigme* (deux œu-

LA VISITATION, par *Ghirlandajo*.

ST MATHIEU ET L'ANGE, p. *Rembrandt*.

LES PÈLERINS D'EMMAÜS, p. *Rembrandt*.

LA CHARITÉ, par *Andrea del Sarto*.

LE BANQUIER ET SA FEMME,
par *Quentin Matsys*.

LA GRANDE SAINTE FAMILLE
DE FRANÇOIS Iᵉʳ, par *Raphaël*.

MARIAGE MYSTIQUE DE STE CATHERINE
D'ALEXANDRIE, par *Le Corrège*.

LA JOCONDE, par *Léonard de Vinc*.

LAURA DIANTI, par *Le Titien*.

TENTATION DE SAINT ANTOINE,
par *David Téniers le Jeune*.

SAINT FRANÇOIS D'ASSISE RECEVANT
LES STIGMATES, par *Giotto*.

PORTRAIT D'ÉRASME, par *Hans Holbein*.

AU LOUVRE — CHEFS-D'ŒUVRE DE LA PEINTURE

vres d'une grande correction académique).

Entre la Salle Duchâtel et l'escalier Daru se trouve la *Salle de Vente des Photographies*.

Revenir au Salon Carré et entrer, à dr., dans la Grande Galerie; mais, avant de la visiter, entrer dans la 1re salle à dr. où sont les Primitifs Italiens (xve et xvie s.).

SALLE DES PRIMITIFS (Salle VII).

Cette salle réunit quelques-uns des tableaux les plus curieux des peintres précurseurs de la Renaissance, du xive au commencement du xvie. Écoles de Florence, de Sienne, de l'Ombrie, de Bologne, de Venise, Piémontaise, Génoise et Napolitaine.

Le visiteur doit traverser rapidement la salle et commencer la visite par l'École de Florence. Revenir ensuite, en suivant l'ordre indiqué ci-après :

Au mur du fond : 1312, Giotto, *St François d'Assise recevant les stigmates*, œuvre naïve, révélant une grande foi, marque le début de l'Éc. Florentine au xvie s. « Le saint est représenté au milieu des horribles rochers de la Vérina, dans un paysage plein d'arbres et de pierres, une innovation à cette époque » (VASARI). 1260, Cimabué, *la Vierge aux Anges* (début de la peinture religieuse, fond d'or, xiiie s.).

En revenant : *1567, Le Pérugin (Pietro Vanucci dit), *Combat de l'Amour et de la Chasteté* (belle toile allégorique suggérée par Isabelle d'Este, duchesse de Mantoue, à qui elle appartint). Pris en 1630, au sac de Mantoue, avec deux des Mantegna (1375 et 1376) ci-après, acquis par Richelieu. *1566, du même, *St Sébastien*, véritable chef-d'œuvre de structure corporelle, a été acquis récemment pour 150000 fr.); *1375, *1374, *1376, d'Andrea Mantegna, *le Parnasse*; *la Vierge de la Victoire*, tableau votif peint pour François de Gonzague, le personnage agenouillé au 1er plan, *la Sagesse victorieuse des Vices*, avec *le Calvaire*, du Salon Carré, œuvres capitales de ce peintre, l'un des meilleurs du xve s., des plus profonds et des plus savants.

Dans le *Parnasse* principalement triomphe au milieu d'un décor éclatant le Panthéon mythologique, traduit d'un pinceau noble et vigoureux.

*1211, Carpaccio, *Prédication de St Étienne à Jérusalem* (au 1er plan, le saint debout sur un piédestal; fond d'édifices et de montagnes d'un coloris splendide); 1268, C. Cuvelli, *St Bernardin de Sienne* (en costume de moine ascétique et austère du xve s.); *377, école de Raphael, *Fresque de la Magliana*, acquise en 1873, provenant de la villa Magliana, près de Rome : le Père Éternel, entouré d'une gloire de Chérubins, fait le geste de bénir.

À g., en entrant : * 1167, Bianchi, *la Vierge et l'Enfant, avec les Sts Benoît et Quentin*, « toile d'une couleur lissé et meur-

trie, d'un dessin solennel et svelte, d'une tristesse infinie ». (J.-K. HUYSMANS.) *1322, le Ghirlandajo, *Port. d'un vieillard et d'un enfant*, un miracle de fraîcheur, d'oppositions et de grâce. **L'Angelico, le Couronnement de la Vierge (œuvre somptueuse et fine, toute d'or et de rayons, comme peinte à travers une vision céleste; une merveille de symbolisme). *1295, *1296, Sandro Botticelli, *la Madone du Magnificat* (un tableau semblable est aux Uffizi); *la Vierge, l'Enfant Jésus et St Jean*, chef-d'œuvre de perfection linéaire et d'expression angélique.

GRANDE GALERIE (Salle IV). Subdivisée en 6 travées marquées au sommet des arcades par A, B, C, D, E, F (Écoles Ital., Esp., Flam., Holland., Primitifs français).

TRAVÉE A (École d'Italie xvie s.), à dr. : *1506, école de Raphael, *Port. d'un jeune homme* (tête charmante d'adolescent, longtemps désignée comme le portrait de l'artiste); *1505, Raphael, *Port. de Balthazar Castiglione* (couleurs sombres, tête intelligente et franche); *1507, école de Raphael, *Port. de Jeanne d'Aragon*, d'une perfection admirable de traits, d'une opulence de carnation exquise, un type idéal d'élégance et de charme.

À g. en recommençant : *1599, Léon. de Vinci, *la Vierge aux rochers* (œuvre poussée au noir, mais d'une grande beauté; son authenticité a été mise en doute. Un tableau semblable existe à la National Gallery, à Londres, « mais, dit M. Müntz, abstraction faite des retouches et des embus, le tableau du Louvre est de ceux où le génie du maître éclate avec le plus de force »); *1597, du même, *St Jean-Baptiste*, d'une grande ressemblance avec *1602, Bacchus du même maître (tous deux, par l'énigme de leur regard et la grâce de leur personne, caractéristiques du génie de l'artiste); **1605, du même, *Lucrecia Crivelli*, dite la Belle Ferronnière, qui doit son nom au joyau qui orne son front; elle était la maîtresse de Ludovico Sforza, dit le Maure. L'authenticité de ce portrait est très discutée (tête pensive d'un modèle délicieux). **1583, Le Titien, *le Christ couronné d'épines*, forte et dramatique composition peinte par Le Titien à l'âge de 26 ans; *1588, du même, *Port. de François Ier*; **1587, *Jupiter et Antiope*. (La figure de l'Antiope, d'une beauté antique, se détache sur le fond sombre avec un grand éclat. Appelé aussi la *Venus del Pardo*. Eut à subir des retouches à la suite de l'incendie qui éclata au Louvre en 1661. Repeinte en grande partie par Coypel.)

TRAVÉE B (Écoles d'Italie et d'Espagne du xvie et du xviie s.).

A g. : *1185, Calcar (Éc. Vénit.), *Port. d'un jeune homme* (œuvre caractéristique de ce maître allemand italianisé) 1135, attribué au Giorgione, *Ste Famille;* 1189 a 1196, œuvres de P. Véronèse, *l'Évanouissement d'Esther, Suzanne et les vieillards, les Disciples d'Emmaüs,* etc.. 1464, Le Tintoret, *Suzanne au bain* (œuvre marquant la décadence de la grande École Vénitienne); *1465, du même, *le Paradis,* du Palais des Doges, (esquisse de la toile grandiose où apparaît, au-dessus des Anges, des trônes et des Dominations, la vision de Dieu); *1203, le Cavalatto, *Vue de Venise* (chef-d'œuvre d'architecture, de dessin et de perspective : par un curieux effet d'optique peut être considéré à gauche, en face et de droite, en présentant trois aspects différents); 1330 à 1333, Guardi, *Fête à Venise.* (S'arrêter à la fenêtre.)

A dr. en recommençant : 1121, Le Caravage (Amerighi), *la Mort de la Vierge;* 1210, Cardi da Cigoli, *St François d'Assise;* *1479, Salvator Rosa, *Bataille* (page sombre et puissante, d'une énergique grandeur); 1480, 1478, du même, *Paysage, Apparition de l'ombre de Samuel à Saül;* 1166, Le Dominiquin, *le Triomphe de l'Amour.*

A g. (suite), Éc. Espagnole. Après avoir passé la fenêtre, * Murillo, *le Jeune Mendiant* (chef-d'œuvre de vérité et de vie, d'un réalisme puissant, acheté par Louis XVI, 2400 livres); *1732, Velazquez, *Philippe IV d'Espagne* (beau portrait en pied, avec un chien, d'un coloris superbe); 1734, attribué à Velazquez, *Réunion de 13 portraits;* *1723, 1721, Ribera, *l'Adoration des Bergers* (tonalités sombres, physionomies énergiques, beauté de l'ensemble); **1710, Murillo, *la Naissance de la Vierge* (d'une simplicité familière toute rustique; la lumière divine pénètre dans l'humble logis et, partout, le revêt de clarté; 1739, Zurbaran, *Funérailles d'un évêque;* 1704, Goya, *Port. d'ambassadeur.*

Travée C. (**Primitifs Français** des xv⁰ et xvi⁰ s.).

A dr., 1013, École de Fontainebleau du xv⁰ : *Diane nue* (svelte et élégante); * 155, Jean Cousin, **le Jugement dernier**, un des deux seuls tableaux qu'on possède de cet artiste, d'un mélange extraordinaire de groupes, d'une conception analogue à celle que Michel-Ange apporta dans le même sujet.

A g. : 127, Clouet (attribué à), *Port. de François Ier* (d'un dessin rudimentaire, mais massif; coloris riche et lourd); 304 bis, N. Froment, *Port. du roi René et de sa femme;* 998, École française du xv⁰, *le Christ descendu de sa croix.*

A partir de la travée D, l'aménagement

de la Grande Galerie, à l'instant où nous mettons sous presse, n'est pas encore définitif, mais nous pouvons donner approximativement la composition de la grande Salle des Rubens et des petites Salles de l'École Flamande et Hollandaise récemment construites.

VESTIBULE ET NOUVELLE GRANDE SALLE : Ici commence la série des 23 grandes compositions que Rubens exécuta pour Marie de Médicis, du n° **2085 à 2105, puis, **2117, la magnifique *Kermesse,* du même peintre (dans le style de Téniers, mais d'un coloris, d'un éclat de tons, d'une fougue burlesque et vivante bien supérieurs); *2113, du même, *Port. d'Hélène Fourment, la femme de Rubens, et de deux de ses enfants* (d'une sûreté de pinceau, d'une virtuosité de tons, d'une grâce vivante et hardie qui font de ce maître l'un des plus puissants de son époque); *2075, *la Fuite de Loth,* le seul tableau de lui qui soit signé.

Dans cette même salle : **1977, Ant. Van Dyck, *Charles Ier d'Angleterre* (un des chefs-d'œuvre de ce peintre aristocratique qui trouva un sujet digne de lui dans la figure si noble et si mélancolique de son royal modèle).

*1968, *les Enfants de Charles Ier*, et ce chef-d'œuvre : *1975, *le Duc de Richmond* (d'une belle élégance, d'une prestance dédaigneuse et coquette, d'une grande beauté de maintien et de coloris).

Viennent ensuite les 14 petits Cabinets, dans lesquels seront réparties les meilleures toiles des Écoles Hollandaise et Flamande. Le visiteur y retrouvera beaucoup d'œuvres provenant de la collection La Caze et de la Grande Galerie : les Rembrandt, notamment, y occuperont la place d'honneur.

Ce sont : *2551, Rembrandt, *Portrait d'homme,* et *Bethsabée ou Femme au bain* (d'un clair-obscur magnifique), provenant tous deux de la collection La Caze; * 2553, *Portrait de l'artiste en 1634;* *2554, *Port. de l'artiste en 1637;* *2530, *St Mathieu* (figure de vieillard majestueuse et sombre, d'une grandeur de prophète); *2540, *Philosophe en méditation* (une des merveilles de clair-obscur du grand artiste); *2557, *le Bon Samaritain* (poignant comme une page de la Bible); * *le Bœuf écorché* (nature morte puissante et d'un coloris vif).

La plupart de ces chefs-d'œuvre proviennent de la Grande Galerie, d'où l'on a également extrait pour les répartir dans différentes salles (leur place n'est pas encore désignée au moment où nous mettons sous presse) :

*2415, de Hooch, *Intérieur hollandais* (d'un bel effet de lumière), **2456, Vermeer ou Van der Meer de Delft, la Dentellière; *2495, Van Ostade, la Famille du peintre (tableau d'intérieur d'un beau clair obscur, d'un charme accueillant et rustique); 2498, du même, Intérieur d'une chaumière (d'une patine blonde et or admirable); *2561, J. Van Ruysdael, le meilleur paysagiste du temps. Entrée d'un bois (au coloris poussé au noir, mais d'une intense vision de nature); *2414 et 2415, de Hooch, Intérieur hollandais (dans le genre rustique); 2589, Terborg ou Terburg, le Concert; *52 580, J. Steen, la Mauvaise compagnie (tableau de genre); 2303, de Bakhuisen, l'un des premiers peintres de marine de la Hollande, une toile d'un curieux effet.

Sans numéro : Breughel le Vieux, la Parabole des Aveugles (composition originale et forte, d'une pensée élevée, d'une exécution précise et simple); *2016 Jordaens, Portrait de l'amiral Ruyter; *1921 Breughel de Velours, la Bataille d'Arbelles (tableau extraordinaire de fini et d'éclat, personnages innombrables); *2500, Van Ostade, le Fumeur; *2356, Dow (Gérard), la Lecture de la Bible (dans le genre fini familier à ce peintre); *2162, Téniers le Jeune, Intérieur de cabaret; *2474, F. Van Mieris, le Marchand de Gibier.

*2344, A. Cuyp, Portrait d'enfant (délicieux d'ingénuité); *2343, du même, la Promenade; *2158, Téniers le jeune, Tentation de St Antoine; *2383, Hals, Portrait de Descartes (la figure du philosophe, austère et belle, rayonne d'intelligence); *2558, Ruysdael, Une Tempête sur les bords des digues de la Hollande (composition dramatique); *2404, Hobbema, le Moulin à eau (puissante étude de la nature villageoise, comparable aux meilleurs de Ruysdael, l'émule d'Hobbema).

Revenir sur ses pas dans la Grande Galerie jusqu'à la travée D et entrer par la porte à gauche.

PETITES SALLES (Louvre de Napoléon III) : **SALLE IX.** — Sur les deux murs de g. : *2029 (sans n°) deux beaux Matsys : le Banquier et sa femme (dont nous donnons une gravure) et un David et Bethsabée.

Dans la même salle, en face du précédent, *1957, att. à Gér. David, les Noces de Cana.

(Au moment où nous mettons sous presse, les tableaux de cette salle appartenant aux Écoles Flamande et Hollandaise se trouvent compris dans l'aménagement des 14 petits cabinets ci-dessus.)

SALLE X (Éc. Allemande). A g. : d'Holbein le Jeune, plusieurs portraits à la raideur de dessin primitive, mais admirables par le naturel des visages, l'opulence des costumes, la somptueuse valeur des tons d'étoffes et de chair, la précision fidèle des traits humains; chefs d'œuvre de la bonne époque allemande. *2719, portrait de Richard Southwell; *2718, Anne de Clèves, attribué à Holbein, mais probablement d'un peintre anglais, Gwyllim Street; *2713, Nicolas Kratzer, astronome de Henri VIII, de Holbein. *2714, Guill. Warham, arch. de Cantorbéry; 2709, Al. Durer : Tête de vieillard. — En face et à g. : Peintre de l'Éc. de Cologne

(XVIII° s.) dit « Le Maître de la Mort de Marie », 2738, St François, le Christ descendu de la Croix, la Cène.

SALLE XI (Éc. Anglaise). De bons paysages de Constable, deux peintures et un dessin de Lawrence, des vues de Bonnington, sont les œuvres les plus considérables de cette salle, qui est loin de répondre à l'importance de l'École Anglaise, riche surtout en portraitistes et en peintres d'impression.

SALLES XII et XIII (Éc. Français suite). La Vie de St Bruno, série de grands tableaux par Lesueur. On remarque le n° 584, la Mort de St Bruno, le meilleur de tous.

On entre sur le palier de l'escalier du Pavillon Mollien sur lequel s'ouvre, à droite, la GALERIE MOLLIEN, consacrée à l'Éc. Française du XVII° s. Dans l'escalier, à voir du haut du palier : de *Rubens, une grande et vigoureuse toile faite pour modèle de tapisserie : Élie servi par l'ange.

GALERIE MOLLIEN (Salle XIV de l'Éc. Française). A g. : *704, Poussin, Éliezer et Rébecca; 483, Largillière, Port. du comte de la Châtre; *310, Claude Lorrain, Vue d'un port, effet de soleil levant; 732, Poussin, le Triomphe de Flore; 505, Lebrun, Madeleine (peut-être le portrait de Mlle de la Vallière, maîtresse de Louis XIV); *781, Rigaud, Louis XIV, superbe portrait; 711, 705, Poussin, le Jugement de Salomon; *734, du même, les Bergers d'Arcadie (aucune œuvre de ce maître ne donne une aussi belle impression du rythme des lignes, de l'entente des figures, de la savante harmonie de l'ensemble); *Cl. Lorrain, le Débarquement de Cléopâtre à Tarse; 512, Lebrun, Alexandre et Porus; 739, 721, 727, *738, Poussin, l'Hiver ou le Déluge, St Jean baptisant le peuple, Mars et Vénus, l'Automne ou la Grappe de la Terre promise (un poème de tons clairs dans le cadre d'une idylle biblique); 977, Vouet, la Richesse; 729, 737, 736, Bacchanale, l'Été ou Ruth et Booz, le Printemps ou le Paradis terrestre.

Entre les deux portes : 555, Lesueur, Salutation angélique.

A dr., en recommenç. par la porte de l'escalier Mollien : 513, Lebrun, Entrée d'Alexandre à Babylone, grand modèle de tapisserie; *740, 709, 710, 706, Poussin, Orphée et Eurydice (œuvre d'une sérénité harmonieuse, aussi belle que le Diogène du Salon Carré), les Israélites recueillant la manne, les Philistins frappés de la peste, Moïse sauvé des eaux; *560, Lesueur, la Prédication de St Paul à Éphèse; *510, Lebrun, la Bataille d'Arbelles, grande toile; 322, C. Lorrain, le Gué.

SALLE DES PORTRAITS, ou **SALLE XV**, la plus haute du Louvre, plafond de

LE SACRE, par *David*.

LA JUSTICE ET LA VENGEANCE DIVINE POURSUIVANT LE CRIME
par *Proud'hon*.

PORTRAIT DE M. BERTIN, par *Ingres*.

GILLE, par *Watteau*.

LE MARÉCHAL PRIM, par *Regnault*.

BONAPARTE VISITANT LES PESTIFÉRÉS DE JAFFA, par *Gros*.

DANTE ET VIRGILE AUX ENFERS, par *Delacroix*.

LE RADEAU DE LA MÉDUSE, par *Géricault*.

LES GLANEUSES, par *Millet*.

AU LOUVRE : LES CHEFS-D'ŒUVRE DE LA PEINTURE

Muller : 4 époques de l'art en France, celles de saint Louis, François Ier, Louis XIV et Napoléon Ier.

Contient nombre de portraits de grands maîtres par eux-mêmes. Sur le mur d'en face, en partant de la fenêtre, *521, *Mme Le Brun* avec sa fille, par elle-même (à peu près semblable a celui du Salon des Sept Cheminees.); *147, G. COURBET, *l'Homme à la ceinture de cuir* (portrait de l'artiste, ressemble a un Rembrandt); en tournant, 1148, *le Guerchin* (Barbieri) par lui-même; *2552, un admirable portrait de Rembrandt par lui-même (il porte une chaine au cou); *214, DELACROIX, par lui-même.

SALLE DARU (Salle XVI). A dr. : 180, Coypel, *Persee delivrant Andromède;* 170, du même, *Esther devant Assuerus;* 34, Boucher, *Sujet pastoral;* 798, 808, Hubert Robert, *la Maison carree, les Arènes et la Tour Magne, à Nîmes, Ruines d'un temple;* 900, Ch. Van Loo, *Port. de Marie Leczinska;* 30, Boucher, *Diane au bain;* *99, Chardin, *la Pourvoyeuse* (scène de genre, peinte avec une sensibilité admirable de tons); 666, 671, Oudry, *Chienne et chien;* *97, 94, Chardin, *le Singe antiquaire, ustensiles de chasse;* 520, Boilly, *l'Arrivée d'une diligence.*

Mur du fond : *194, David, *Pâris et Hélène* (d'une sobriété heureuse de coloris, chef-d'œuvre dans le genre archaïque); 370, 372 (après la porte), Greuze, *la Malédiction paternelle, le Fils puni.*

En tournant, mur de gauche : *369, Greuze, *l'Accordée de village* (la moins emphatique et la plus naturelle de ses œuvres); *92, Chardin, *le Bénédicité* (par le sentiment recueilli, la finesse des tons, le genre familier inimitable, l'une des perles du Musée et de l'Ec. Fr.); *983, Ant. Watteau, *l'Embarquement pour Cythère* (coloris tendre et vaporeux, d'une fluide lumière blonde, d'une vision de jeunesse attendrissante et folle, la plus belle, la plus éclatante des œuvres qui soient sorties de ce pinceau charmant); **91, Chardin, *la Mère laborieuse* (égale le *Bénédicité*); *372, Greuze, *la Cruche cassée* (son plus célèbre tableau et celui qui vaut le plus par la grâce et l'ingénuité); 923, J. Vernet, *Paysage;* 89, 90, Chardin, *Intérieur de cuisine, Fruits et animaux;* Panneaux divers de Despottes; 670, Oudry, *la Ferme.*

Entre les deux portes : 835, Santerre, *Suzanne au bain.*

Retourner sur ses pas et entrer, à g. de la Salle des Portraits, dans la

SALLE VIII (Anc. *Salle des États*). — Ec. fr. du XIXe s. Contient les chefs-d'œuvre de l'École Moderne. Mérite une grande attention. Il faudrait s'arrêter devant chaque toile. Commencer à dr. en faisant le tour de la salle : **207, Eug. Delacroix, **Dante et Virgile aux Enfers** (l'une des premières et des meilleures œuvres du grand peintre romantique, c'est une toile unique d'intensité et de chaleur); 147, Courbet; *Remise de chevreuils,* toile calme et simple, fraîche de verdure et qui contraste avec le n° 145, du même, *Combat de cerfs;* 156, Couture, *les Romains de la Décadence* (d'un agencement décoratif à la Veronèse, mais d'un coloris plus éteint); 615, Marilhat, *Ruines* (étude sincère d'un paysage d'Orient); *418, Ingres, *Portrait de Cherubini;* *417, du même, gde composition *Homère déifié* (toile hiératique et noble, qui rappelle la fresque; chaque figure est un modèle de lignes harmonieuses; a le calme tranquille de la beauté antique); du même, *Portrait de M. Bertin* (contraste avec le précédent par la vigueur des tons); *138, Corot, *Une Matinée* (paysage idyllique, transparent et pur, digne des poèmes de Virgile); *889, Troyon, *Bœufs se rendant au labour* (œuvre vigoureuse et ferme de ce peintre, avec Barye et Rosa Bonheur le meilleur animalier français). 748, Prud'hon, *Entrevue de Napoléon et de François II;* *847, Th. Rousseau, *Sortie de la forêt de Fontainebleau* (œuvre intense et forte, d'une grande beauté de nature, l'une des meilleures du maître paysagiste. La magie dans la vérité ne saurait guère aller au delà); 185, 184, Daubigny, *le Printemps, la Vendange* (bonnes études de nature saine et large); *216, P. Delaroche, *Mort de la Reine Élisabeth d'Angleterre* avec le n° *250, Eug. Deveria, *Naissance de Henri IV,* l'une des œuvres les plus reussies dans le genre historique (acquis nouvellement); Ingres, *l'Odalisque* (d'une grace incomparable de lignes); *890, Troyon, *le Retour à la ferme;* *305, Fromentin, *Chasse au faucon en Algérie* (teintes chaudes de l'Orient, bel horizon, une pure lumière blonde rayonne sur le tout). *Courbet, *la Vague* (solide morceau de peinture); *211, Delacroix, *Noce juive au Maroc;* 210, *Femmes d'Alger;* **213, *Prise de Constantinople par les Croisés* (par l'éclat des tons, l'ensemble decoratif, la perspective du fond, la fougue des mouvements, égale les chefs-d'œuvre classiques de l'Ec. Vénitienne : tableau de premier ordre); 199, David, *Portrait inachevé de Mme Récamier;* *217, P. Delaroche, *les Enfants d'Édouard;* *389, Gros, *Napoléon sur le champ de bataille d'Eylau* (avec les *Pestiférés de Jaffa,* Salle des Sept Cheminées, son principal tableau); *212, Delacroix, *la Barque de don Juan;* 141bis, Corot, *Souvenir d'Italie* (dans la première manière du peintre); *644, Millet, *les Glaneuses,* avec *l'An-*

gelus du mê u: , chef-d'œuvre de la peinture rustique); étude approfondie de l'homme et de la terre; expression de la poésie
des champs : toile achetée 2000 fr. et vendue un prix considérable par M. Bischoff-
sheim à Mme Pommery, qui le légua au
Louvre en 1881; du même (a côté), *Femmes
nues*, d'une grande beauté de coloris; etude
superbe; *770, H. Regnault, *le Général
Prim* (toile supérieure, la plus haute expression de la force et de la couleur; le
cheval cabré est admirable; fut cependant
refusé à l'artiste par le général Prim).

Revenir a la salle des Portraits, traverser la
Salle Daru, sortir par la porte du fond sur le palier
de l'escalier Daru.

Après avoir passé la Porte du fond,
s'arrêter sur le palier devant les *Fresques
de la villa Lemmi* (de S. Botticelli), descendre l'Escalier Daru, et regarder, au haut de
l'escalier, la belle **Victoire de Samothrace. En face, en descendant 8 marches :
la Galerie Denon, où se trouvent réunies
les reproductions des principaux chefs-
d'œuvre du Vatican et des grands musées :
le Laocoon, groupe en bronze (reproduction); *l'Apollon du Belvédère, la Vénus de
Cnide, la Vénus de Médicis*, etc.

(Ici on peut descendre par l'Escalier
Daru pour visiter les Salles de la Statuaire
antique. Mais les Salles de Dessins faisant
naturellement suite aux Salles de Peinture,
les personnes peu pressées prendront, en
remontant à g. de *la Victoire de Samothrace*,
la Rotonde d'Apollon, la Salle des Bijoux,
la Salle Henri II, la Salle La Caze, et péné-
treront sur le palier de l'Escalier Henri II.)

Après l'Escalier, Vestibule des bronzes
antiques. A dr., *Salle des Bronzes antiques* : Grille en fer ouvré du château de
Maisons.

DESSINS. 14 salles se suivant, et dont
nous n'indiquons ici que les plus importantes.

SALLE II. A dr., sur une table mosaïque,
coffret ciselé offert à la France par la ville
de St-Pétersbourg, avec cette inscription :
St-Pétersbourg à la Nation amie. *Léonard
de Vinci, un admirable dessin : Femme de
profil, et d'autres croquis de l'École de ce
grand maître.

SALLE V, la plus belle et la plus vaste du
Musée des Dessins. Plafond de Carolus Duran : *Triomphe de Marie de Médicis.* *Beaux
dessins de Rembrandt et de Rubens placés
sur des cimaises.

SALLE XIV (*Pastels*). Une des Salles les
plus retirées du Louvre et cependant des
plus riches en miniatures anciennes et en por-

traits de maîtres. Vitrines admirables par
leur contenu. Au nombre des portraits,
**plusieurs des chefs-d'œuvre du plus grand
des pastellistes, Marie Quentin de la Tour
(d'une telle délicatesse de crayon, d'un tel
velouté de coloris et de contours, d'une
élégance raffinée qui convient si bien à son
siècle, qu'on les considère comme inimitables); *de la Rosalba et, aussi, de Chardin
*Deux portraits de lui-même, en cornette et
en besicles, qui sont deux merveilles d'ironie
et de finesse.

Dans cette Salle, entrée de la *Collection
Thiers*, a g. (2 salles).

**MUSÉE DU MOYEN
AGE ET DE LA RE-
NAISSANCE ⊚⊚⊚⊚⊚** 7 Salles (*Faïences, Grès, Meu-
bles et Tapis-
series, Petits
bois sculptés, Ivoires, Verreries*).

SALLE IV. *Bernard Palissy, faïences;
les plus beaux produits de l'anc. Poterie
Française. Dans cette Salle, 2e entrée de la
Collection His de la Salle (Salles XVI et
XVII des dessins) qui fait suite a la *Collec-
tion Thiers*.

SALLE II. Peignes, coffrets, diptyques et
triptyques; *entre les fenêtres, le *Grand
retable de Poissy* (ouv. italien du xve en os
sculpté et en marqueterie).

SALLE XV, ou Salle des Dessins (au
2e étage, par l'escalier Henri IV), dite
« Salle des Boîtes », renferme, ainsi que
l'Antichambre, les dessins les plus précieux
des grands maîtres anciens : *Léonard de
Vinci, Holbein, Titien, Poussin, Michel-
Ange* et surtout de beaux croquis de
Raphaël; de ce dernier, également, un autographe. *Cette salle n'est ouverte au public
que dans la semaine, de 2 h. à 4 ou à 5 h.*

SALLE VI. A dr., petite Porte et petit
Escalier (sans inscriptions); derrière l'esc.,
Salle XVII des Dessins (Arch.) montant au
Musée de la Marine.

Monter par cet Escalier pour redescendre par l'Escalier Henri IV, qui se trouve un
peu plus loin, à deux pas de l'Escalier Henri II, par où l'on peut sortir.

**MUSÉE DE
LA MARINE** (2e *étage*). Ouvert à 11 h.,
sauf le Dimanche pendant
les six mois de la saison
d'été. Créé le 27 décembre 1827, il occupe
l'attique de l'aile du Nord de la Cour du
Louvre. 16 Salles et 2 petites Galeries. —
(*Étiquettes partout*). — Modèles de construction navale; débris du naufrage de *Lapérouse;* marines de Gudin et de Joseph Vernet.

MUSÉE ETHNOGRAPHIQUE ◎◎ (1 gr. salle). Modèles d'habitations. Objets exotiques. Statues de divinités. Armes de guerre, etc.

MUSÉE CHINOIS (4 Salles): *Galerie des Pirogues* (2ᵉ corridor). Petit escalier descendant a la Salle XIV *des Dessins* (V. plus haut). Cette Galerie dépend du Musée de la Marine. Elle est toutefois inférieure, en collections de ce genre, au *Musée Guimet* (V. ce nom).

ANTIQUITÉS GRECQUES ET ROMAINES ◎ ◎ « L'idéal de la beauté pure, dit Théophile Gautier, fut atteint par la Grèce. Sous ce ciel pur, entre ces montagnes et ces sites a l'échelle humaine, le génie se développa harmonieux et simple, et l'effort se porta vers la perfection plutôt que vers le gigantesque. Les artistes grecs eurent le bonheur de vivre au milieu des types les plus accomplis et des modèles qu'une civilisation particulière leur laissait voir sans voile. Leur religion, où chaque dieu n'était en quelque sorte qu'un symbole d'une des énergies ou des beautés de l'homme, donnait toute latitude à la Statuaire. Jamais art ne fut plus beau, plus noble, plus pur, et quand on se trouve au Musée des Antiques, devant cette population de marbres aux attitudes rythmées, aux formes élégantes et correctes, parmi ces corps inaltérables qui semblent n'avoir jamais connu la fatigue, la douleur et la maladie, on éprouve une sensation de sérénité lumineuse et de bonheur tranquille ; on oublie la laideur et l'agitation modernes. »

D'une station au milieu de tant de travaux d'un autre âge et de tant de chefs-d'œuvre de ces siècles antiques, « on garde dans l'œil l'éblouissement de la beauté suprême ».

En haut de l'Escalier Daru s'élève, sur un socle monumental en forme de galère : **la Victoire de Samothrace** (année 3o5 av. J.-C.), attribuée à l'École de Rhodes et érigée en l'honneur d'une victoire navale de Démétrius Poliorcète, merveille de la sculpture grecque, presque égale à la Vénus de Milo.

Cette statue d'une si fière allure et où la vie déborde avec tant de puissance, demeure un chef-d'œuvre dans le style majestueux ; les draperies sont inimitables ; le port du corps audacieux et libre bondit en avant ; la déesse, suppose-t-on, donnait avec une trompette le signal du combat. — A g., dans des vitrines : des fragments d'ailes de la *Victoire* et des débris de la galère sur laquelle elle repose. A côté, une reproduction de la *Victoire de Brescia*.

Descendre jusqu'au Palier inférieur de l'escalier.

A g., nouvelle Salle d'Antiquités trouvées au Nord de l'Afrique (terres cuites, lampes, fragments, etc.).

Prendre à dr., sur l'Escalier, pour visiter les Salles de Sculpture antique.

ROTONDE. Au milieu : *Mars*, dieu de la guerre. Devant la fenêtre du milieu, *Autel astrologique de Gabies*, avec les têtes des douze dieux de l'Olympe et les signes du Zodiaque ; groupes en marbre de Paros.

SALLE GRECQUE ou Salle de Phidias (Salle XII). Œuvres de la plus belle époque, presque contemporaine de Phidias, le grand sculpteur athénien (vᵉ s. av. J.-C.).

A g. sur le mur du côté de la Rotonde : (île de Thasos) *Monument votif* à Apollon, aux Nymphes et aux Grâces ; au-dessus : *Façade orientale du Parthénon*, le temple de la vierge Athéna, déesse de la Sagesse et mère d'Athènes ; *fragment de la Frise de la Cella* représentant une *Scène de la procession des grandes Panathénées* (fêtes célébrées en l'honneur d'Athéna) ; au-dessus encore ; *Métope de la façade méridionale du Parthénon : Centauresses enlevant une femme* (malheureusement mutilée, mais qui indique un chef-d'œuvre d'harmonie et de rythme).

A dr. et à g. : un *Hercule domptant le Minotaure* et *Nymphe assise sur un rocher*, métopes provenant du temple de Jupiter à Olympie (45o av. J.-C.).

Devant les fenêtres, sous verre : *Une tête d'Apollon*, d'après un original du vᵉ s. et *Une tête* vraiment archaïque du vIᵉ s. av. J.-C.

Fenêtre du côté de la Cour à g. : fragments portant des inscriptions athéniennes ; une *Niobide*, ou pleureuse, aux belles draperies ; vases funéraires ornés.

Entrer dans le Corridor *de Pan* : on aperçoit au fond à la suite de plusieurs autres salles, la VÉNUS DE MILO, qui se détache, toute blanche, sur un fond rouge.

SALLE DU SARCOPHAGE DE MÉDÉE. A dr. : 282, *Sarcophage où est représentée la vengeance de Médée, qui tua elle-même les enfants de Jason et les siens ; 287, les Trois Grâces*, avec des têtes qu'on croirait modernes.

SALLE DE L'HERMAPHRODITE DE VELLETRI. A. g., dans l'embrasure de la fenêtre nᵒ 375, *l'Hermaphrodite* (élégance des formes ; expression féminine de la tête). *Jeune Satyre et satyresse* en marbre de Paros.

SALLE DU SARCOPHAGE D'ADONIS. A dr. : *Bacchus Jeune* (le dieu du vin est couronné de pampres) ; *Sarcophage Romain* avec Tritons et Néréides ; dessus, une *statuette d'Euripide*, le grand tragique grec, avec la liste de ses œuvres gravée au dos.

A l'entrée de la Salle suivante, deux *Vénus avec l'Amour* et deux *Vénus Aphrodites*.

SALLE DE LA PSYCHÉ. A dr. : *Psyché aux ailes de pierre*, *Athlète se frottant d'huile* et *Athlète vainqueur* : deux beaux marbres.

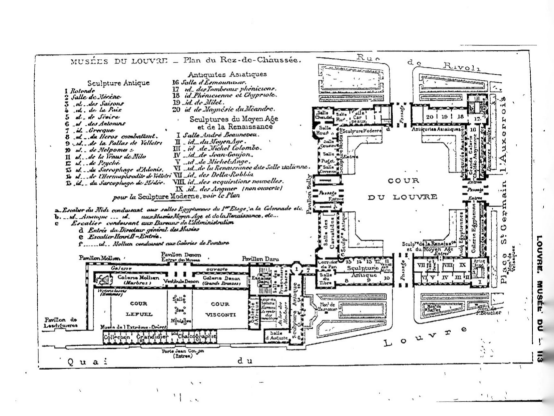

MUSÉES DU LOUVRE — Plan du Rez-de-Chaussée.

Sculpture Antique

1 Rotonde
2 Salle de Mécène.
3 id. des Saisons.
4 id. de la Paix.
5 id. de Sévère.
6 id. des Antonins.
7 id. Grecque.
8 id. du Heros combattant.
9 id. de la Pallas de Velletri.
10 id. de Melpomène.
11 id. de la Vénus de Milo.
12 id. de Psyché.
13 id. du Sarcophage d'Adonis.
14 id. de l'Hermaphrodite de Velletri.
15 id. du Sarcophage de Médée.

Antiquites Asiatiques

16 Salle d'Esmounnazar.
17 id. des Tombeaux phéniciens.
18 id. Phénicienne et Chypriote.
19 id. de Milet.
20 id. de Magnésie du Méandre.

Sculptures du Moyen Âge et de la Renaissance

I Salle André Beauneveu.
II id. du Moyen Âge.
III id. de Michel Colombe.
IV id. de Jean-Goujon.
V id. de Michel-Ange.
VI id. de la Renaissance dite Salle italienne.
VII id. des Della-Robbia.
VIII id. des acquisitions nouvelles.
IX id. des Angurier (non ouverte)

pour la Sculpture Moderne, voir le Plan

a. Escalier du Midi conduisant aux salles Egyptiennes du 1er Etage, à la Colonnade etc.
b. id. Assyrique id. aux Musées Moyen Age et de la Renaissance, etc...
c Escalier conduisant aux Bureaux de l'Administration
   d Entrée du Directeur général des Musées
   e Escalier Henri II - Entrée.
   f id. Mollien conduisant aux Galeries de Peinture

SALLE DE LA VÉNUS DE MILO.

Vénus de Milo, marbre de Paros en deux blocs, le chef-d'œuvre le plus pur de la Statuaire grecque.

« L'œil humain, dit Paul de Saint-Victor, a-t-il jamais embrassé forme plus parfaite ? Les cheveux, négligemment rattachés ondulent comme les vagues d'une mer au repos. Le front se découpe sous leurs bandelettes ni trop haut ni trop bas, mais tel que l'on peut concevoir le siège d'une pensée divine, unique, immuable. Les yeux s'enfoncent sous l'arcade profonde des sourcils; elle les recouvre de son ombre, elle les frappe de cette sublime cécité des dieux, dont le regard, aveugle au monde extérieur, retire en lui sa lumière et la répand sur tous les points de leur être. Le nez se rattache au front par un trait droit et pur qui est la ligne même de la beauté. La bouche, entr'ouverte, creusée aux angles, animée par le clair-obscur que projette sur elle la lèvre supérieure, exhale le souffle ininterrompu des vies immortelles »

Cette statue a été découverte, en 1820, dans un souterrain de l'île de Milo, par un paysan, à qui le gouvernement français la paya 6000 fr.; elle n'a pas de valeur appréciable; le Louvre a cependant décliné une offre de 1 million faite par le gouvernement anglais.

Tourner à dr. et entrer dans la

SALLE DE LA MELPOMÈNE.

A dr. statue colossale de *Melpomène, déesse de la Tragédie (près de 4 m. de haut), une des plus grandes qui existent, d'un seul bloc de marbre pentélique. Devant la statue, une magnifique *mosaïque de Fr. Belloni, d'après Gérard, représentant au centre :*le Char de la Victoire*, mené par la Paix et l'Abondance; les quatre grands Fleuves Italiens figurent sur les côtes.

SALLE DE LA PALLAS DE VELLETRI.

Au milieu : 316, Cratère aux Masques; *Le Génie du repos éternel (figure d'une admirable méditation, beau geste des bras); 436, *Buste d'Alexandre le Grand*, probablement d'après Lysippe; *137, *Vénus d'Arles* (œuvre dite de la jeunesse de Praxitèle); 440, *Homère*, buste; *Apollon Sauroctone (ou le Tueur de lézards), d'après Praxitèle (la figure vue de profil, admirable de finesse, semble appartenir à une jeune fille). 525, *Venus Genitrix (un véritable chef-d'œuvre de draperies, les plis étroitement moulés au corps, en laissant deviner les contours).

Contre le mur de dr., *Sarcophage* avec le chasseur Actéon changé en cerf; *Pallas de Velletri*, reproduction romaine d'un original grec en bronze du Ve s. av. J.-C. (« la chevelure encadre une figure ravissante »); *Polymnie*, statue dont le haut est moderne; devant, le *Sarcophage des Muses*.

A l'entrée de la Salle suivante, 522, *Atalante*.

SALLE DU HÉROS COMBATTANT.

Au milieu : *le Gladiateur Borghèse ou le Héros combattant, attribué à Agasias, sculpteur du Ier s. av. J.-C. (manque le bouclier), symbolise le type du courage viril; *Faune de Vienne* ou *Faune à la tache* (expression malicieuse et fine); *Diane de Gabies, d'après Praxitèle d'Athènes, l'auteur de l'*Aphrodite de Cnide*, le plus grand statuaire grec après Phidias (IVe s. av. J.-C.); chef-d'œuvre d'une gêne gracieux que rehausse une délicate expression pudique.

A g. *Le Centaure Borghèse, dompté par le génie de Bacchus, d'une expression poignante et douloureuse.

A dr. Marsyas attaché à un arbre pour être écorché vif (après avoir été vaincu par Apollon dans le combat des Muses, il fut lié à l'arbre et livré au supplice, chef-d'œuvre de vérité anatomique); *Cupidon en Hercule*; *Mercure*.

Avant d'entrer dans la salle suivante : 578, *Antinoüs* ou *dieu de la jeunesse*, représenté ici par le favori d'Adrien, empereur; deux *Vénus accroupies*.

SALLE DU TIBRE.

A dr. et à g. deux statues de *Vénus et l'Amour*; les figures de Vénus subsistent seules et l'on ne voit plus de l'Amour que des marques de mains enfantines au dos des statues.

Au milieu : *Diane chasseresse*, ou *Diane de Versailles*.

Au fond : statue colossale du *Tibre couché, avec Romulus, Rémus, fondateurs de Rome, et la Louve qui les allaite; cette œuvre est en marbre d'un seul bloc. Derrière, quatre *Atlantes* ou porteurs provenant du Théâtre de Bacchus, à Athènes.

Rentrer dans la Salle Grecque, et prendre à g. dans la Rotonde pour visiter les *Salles Romaines*.

SALLE DE MÉCÈNE.

A g., ou Salle romaine. Beau plafond par Meynier représentant : *la Terre recevant d'Adrien et de Justinien des lois dictées par la Nature, la Justice et la Sagesse*.

A la 1re fenêtre, une tête colossale de *Caracalla*, empereur; à la 2e fenêtre, buste colossal de *Mécène*, le protecteur des arts et des lettres à Rome, le conseiller d'Auguste, toute en marbre pentélique.

Au milieu :*Fontaine antique*. Avant d'entrer dans la salle suivante, à dr. et à g.*Deux masques de Méduse*.

SALLE DES SAISONS,

ainsi nommée des peintures de Romanelli qui représentent, outre divers sujets mythologiques, les Saisons de l'année. Au milieu, *Julien l'Apostat*, empereur qui fit bâtir, à Paris, le palais des Thermes. Au mur de dr. grand *bas-relief mithi iaque* (sacrifice d'un taureau à Mithra, le dieu du jour chez les Perses, trouvé dans une grotte du Capitole, à Rome); ce bas-relief est repeté jusqu'a cinq fois en dimensions variees. A g., divers bustes d'empereurs et de dames romaines.

SALLE DE LA PAIX. A dr., belle Porte en bois sculpté, au millésime de 1658.

Au milieu, *statue de Mamée, mère de Sévère*, de lignes nobles, d'une perfection de draperies admirable, belle tète reguliere.

SALLE DE SEPTIME SÉVÈRE.
Beaux plafonds de Romanelli. A g., *la Poésie et l'Histoire celèbrent les exploits de Rome Guerriere*; à dr. *l'Enlèvement des Sabines*. Au milieu, beau groupe de *Mars et Vénus*, en personnages romains du temps d'Adrien. marbre d'un seul morceau. — Collection de bustes d'imperatrices et d'empereurs romains depuis Marc-Aurèle jusqu'a Caracalla.

SALLE DES ANTONINS.
Au milieu, *statue colossale de Marc-Aurèle* (161-180 ap. J.-C.). Derrière et dans le coin de dr., trois statues de *Trajan*. Du côté g., une tête colossale de *Lucile*, épouse de Lucius Verus, trouvée à Carthage; cette tête dut apparteni à une statue de proportions géantes. Avant d'entrer dans la

SALLE D'AUGUSTE.
6 bustes de dames romaines, placés à g. et à dr. de la porte, curieux par l'ornementation des coiffures et la parure des cheveux.

Suivre le mur de dr. de la Salle d'Auguste; aller au fond et revenir en examinant la rangee du milieu.

A droite, plusieurs bustes de l'empereur Néron (on en compte jusqu'à 5). Celui qui porte le n° 1225 et qui est en marbre de Paros, donne encore mieux que les autres une impression de cruauté sensuelle. Plus loin, divers bustes de Messaline, de Caligula, de Claude et de Tibère. Enfin, au fond, dans l'hémicycle : *l'Empereur Auguste*. Statue remarquable par l'harmonie de l'ensemble et les plis du costume. Devant Auguste, sa sœur *Octavie*, petit buste en basalte d'une fine élégance. De là admirer le beau plafond de Mallou : *l'Assemblée des Dieux*.

Rangée du milieu, en partant du buste d'Octavie : 1209, *la Ville de Rome*, buste colossal avec un casque sur lequel on voit Romulus et Rémus allaités chacun par une louve; 1207, un *Orateur romain* dont la tête est, dit-on, celle de Jules Cesar, 1205, *Antinoüs*, en Osiris (le statuaire a donné à la physionomie du favori d'Adrien une expression de melancolie et de méditation qu'accroit encore l'absence des yeux de bronze incrustés de prunelles de pierreries qui y étaient jadis; 1204, *Jules César*, buste.

Revenir sur ses pas, en traversant les salles précédentes jusqu'à la salle de MÉCÈNE. Entrer à g., dans la **SALLE DES**

PRISONNIERS BARBARES (statuaire de l'époque romaine).
En entrant à g. : *Urne* de marbre où se trouvait plonge le prisonnier barbare dit *l'Écorché*.

Il en a été séparé et se trouve placé maintenant à droite, presque en face de son urne. Une photographie placée derrière montre le groupe dans son état primitif. La physionomie de *l'Écorché*, que rehausse encore l'expression douloureuse des yeux, traduit magnifiquement l'angoisse du supplicié.

Contre le même mur de dr., *Princes barbares prisonniers*, en marbre blanc et rouge; à la suite, *Minerve* debout, habillee d'onyx et tenant le baton d'Athenes dans sa main.

En face, deux *baignoires* de marbre blanc et de porphyre, un *siège* de rouge antique, une *urne* funéraire.

Entre les baignoires et la rangée des Prisonniers barbares, une très belle *mosaïque* romaine.

De l'autre côté des baignoires, à distance du mur de g., *piliers* provenant du *Temple enchanté* de Thessalonique et ornées de huit figures en bas-relief du III° s.

En tournant à g., dans la direction du vestibule de l'escalier Daru, voir : une *Minerve assise*, drapée de porphyre et le visage dore; un buste de *Diane*, de marbre blanc et rouge.

Retourner sur ses pas jusqu'au CORRIDOR DE PAN, on prendre à g. (porte avec pancarte de SORTIE) et entrer dans la SALLE DES CARIATIDES.

SALLE DES CARIATIDES, qui doit son nom aux Cariatides qui supportent une tribune à l'entrée opposée (œuvre de Jean Goujon).

Au milieu, une vasque antique en albâtre fleuri dont la pareille est placée à l'autre extrémité de la salle, à 25 m. de distance Par une curieuse reflexion du son, lorsqu'on parle dans la première de ces vasques, la personne placée au-dessus de la seconde reçoit l'echo de la parole et peut y répondre de la même façon; la voix, renvoyée au plafond, retombera successivement dans chacune des coupes, toutes deux d'un diametre égal.

Également au milieu : *Discobole* (ou Joueur de Disque); *Bacchus*; *Vase* (coll. Borghèse).

Près de l'entrée : *Cheminée*, œuvre de Percier et Fontaine (1806).

Près de là première fenêtre de g., une *Hermaphrodite* (époque de la decadence grecque; l'examiner aussi du côté de la fenètre.)

Quitter la Salle par la Porte opposée, près des Cariatides, et passer, au bas de l'Escalier Henri II, dans la Cour du Vieux Louvre. Prendre à dr. pour visiter la SCULPTURE DE LA RENAISSANCE.

SCULPTURE ANCIENNE ET MODERNE ⊚⊚ Les deux Musées de *Sculpture du Moyen Age et de la Renaissance* et de *Sculpture Moderne* demandent a être vus successivement. On s'apercevra ainsi que la Statuaire du xvii°, du xviii° et du xix° s ne se trouve être que la conséquence logique de celle des âges qui l'ont précédée. Il y a encore du Michel-Ange dans Puget, et la *Diane* de Jean Goujon n'est pas sans annoncer celle que Houdon taillera, deux siècles plus tard, dans une pose différente.

Le premier de ces Musées vaut surtout par les œuvres sveltes, capricieuses et fines de l'époque du xvi° s. Jean Goujon et Germain Pilon y brillent notamment. Mais deux des merveilles par quoi il nous est permis de nous figurer plus fidèlement l'éclat de la Renaissance italienne, ce sont ces *Esclaves* de Michel Ange destinés au tombeau de Jules II et qui donnent bien une idée de ce colossal artiste qui toucha a tous les genres avec un génie et une force qu'aucun maitre encore n'a pu dépasser.

Il n'est point de Musée où il soit permis d'apprécier dans un ensemble plus complet les chefs-d'œuvre de la *Statuaire française* aux xvii°, xviii° et xix° s. que dans celui de la Sculpture Moderne, au Louvre. La sont reunis, a côté des groupes vigoureux de *Puget* (xvii°), de *Rude* et de *Barye* (xix°), les nymphes délicates de *Coysevox et de Coustou* (xviii°); à côté de la *Psyché* de *Pajou*, celle non moins pure de *Canova* repose, légère même comme la fable qui l'inspire. *Clodion* est la grâce jeune et frivole de son siècle; *Carpeaux*, lui, est toute la vie ardente et passionnée du sien. L'intense expression des œuvres de *David d'Angers* achève de donner à ce musée le profond caractère d'art qui lui convient.

Salles de Sculpture du Moyen Age et de la Renaissance. Prendre à dr., visiter rapidement la SALLE CHRÉTIENNE et rentrer dans la

SALLE VII ou DES DELLA ROBBIA. Au centre ‖ *St Christophe*, bois peint et doré, par Vecchietta Lorenzo (1412-1480). En face, *le Christ au Jardin des Oliviers*, retable : terre cuite émaillée, attribuée à Giovanni della Robbia (xv° s.). A g., *la Vierge et l'Enfant Jésus*, terre cuite émaillée (atelier de della Robbia). Nombreux bas-reliefs et statuette du xv° s.

SALLE XXXVIII, dite SALLE ITALIENNE, des Antiquités Grecques et Romaines (*Antiquités chrétiennes, Musée des Monuments français*). Au milieu, *Sarcophage* de St Drausin.

A g., **SALLE DE MICHEL-ANGE** (V), *Porte* en marbre du Palais Stanga de Crémone (fin du xv° s.); **379, les Esclaves enchaînés, de Michel-Ange, de chaque côté de la porte (ce sont deux œuvres sublimes de force domptée et de révolte vaincue). Dans le haut, la *Nymphe de Fontainebleau*, par Benvenuto Cellini (à comparer avec la *Diane* de Jean Goujon, avec laquelle elle a plus d'un rapport).

SALLE JEAN GOUJON (IV), immédiatement après le vestibule. Au milieu,

228 *Diane*, de Jean Goujon (une merveille de grâce svelte et élégante, le chef-d. de ce grand statuaire). A g., en face des croisées, 101 *Cheminée du château de Villeroy*, par Germain Pilon, surmontée du *Buste de Henri II*, attribué à Jean Goujon. Du même, *Groupe des Trois Vertus théologales* ou des Trois Grâces, destinées à porter une urne dorée (la coquetterie française, unie à la grandeur antique ont pu seules produire ce chef-d'œuvre, le plus pur de Germain Pilon).

A la suite, Salle de Michel-Colombe (III), Moyen Age (II), **SALLE D'ANDRÉ BEAUNEVEU** (I). Pierres tumulaires, bas-reliefs et statues de bois et de pierre du xii° au xvi° s. *Saint Georges*, gr. bas-relief en marbre, par Michel Colombe, au fond de la Salle Beauneveu; ** *Monument de Philippe Pot, grand sénéchal de Bourgogne*, dalle avec statue couchée, portée par 8 personnages en deuil, chef-d'œuvre du xv° s., pierre peinte.

Traverser la Cour et entrer, à dr. du Pavillon de l'Horloge (porte au milieu de l'aile droite), pour visiter la Sculpture Moderne.

SALLE DE PUGET, Sculpture Moderne. Quelques-unes des œuvres principales de ce grand artiste, honneur du siècle de Louis XIV. Au milieu, *Hercule au repos*. A g., *Persée délivrant Andromède, Milon de Crotone attaqué par un lion*. A g., 205, *Alexandre et Diogène*; 227 et 230, *Tombeau de Mazarin*, sculpté par Coysevox (Charles-Antoine, 1640-1720) : vaut surtout par la beauté allégorique des grandes figures.

SALLE DE COYSEVOX (à g. de la précédente). A g., *555 Coysevox, Nymphe à la coquille*. Au fond, à dr., *Orphée*, de Francheville (1546).

SALLE DES COUSTOU (à dr. de la SALLE PUGET). Au milieu, *statue d'Adonis se reposant après la chasse*, de Coustou. A g., 484-483, Allegrain, *Vénus et Diane au bain*. Entre les fenêtres, un *Mercure*, de Pigalle.

SALLE DE HOUDON. Au milieu, *Diane*, statue de bronze de Houdon (cambrure élégante, finesse des formes, élancement ravissant de tout le corps). A dr., *Psyché*, par Pajou (1790-1803); 508, *Amour*, de Bouchardon (ravissante statue d'enfant); des bustes de Diderot, de Buffon, de Voltaire et de Rousseau, par Houdon.

SALLE DE CHAUDET (Sculptures du commencement du xix° s.). A dr., 594, *Hyacinthe*, de Bosio (délicat corps de jeune homme); 806, *Caton d'Utique*, de Roman,

LA VÉNUS DE MILO

LA VICTOIRE DE SAMOTHRACE

L'ESCLAVE, de *Michel-Ange*.

TOMBEAU DE PHILIPPE POT, GRAND SENÉCHAL DE BOURGOGNE.

LA DIANE CHASSERESSE, par *Jean Goujon*.

MILON DE CROTONE, par *Puget*.

GROUPE DE LA DANSE, par *Carpeaux*.

DIANE, par *Houdon*.

AU LOUVRE : CHEFS-D'ŒUVRE DE LA SCULPTURE

terminé par Rude. 1re fenêtre de dr., 817, *Zéphire et Psyché*, par J. Ruxtiel (1775-1837). 2e fenêtre de Canova (1757-1822) : * *l'Amour et Psyché avec le Papillon ; l'Amour et Psyché s'embrassant* (œuvre d'une suavité idéale et d'une perfection pure); *groupes de Clodion.

SALLE DE RUDE (suite du xixe s.). Au milieu, **531, Carpeaux (1827-1875), *les Quatre Parties du Monde soutenant la Sphère*, modèle du groupe de la Fontaine de l'Observatoire. A g., **la Danse, du même, modèle original en plâtre du groupe sculpté sur la façade de l'Opera (œuvre pleine de vie et de jeunesse, où brillent toutes les qualités personnelles de ce grand maître); 800, *Thésée combattant le Minotaure*, de Ramey (Étienne-Jules) (1796-1852); 746, la Prière, par Jaley, et des groupes d'animaux de Barye d'une grande force d'exécution et d'une puissance musculaire tout antique.

Au fond, en face de l'entrée : *814, de Rude (François, 1784-1855), *Napoléon s'éveillant à l'immortalité*, modèle original en plâtre du monument de bronze. A sa g., *564, *Buste de Fr. Arago*, par P.-J. David d'Angers (1788-1856). A sa dr., devant la fenêtre, 812, *Jeanne d'Arc* de Rude; 772, *Desespoir*, par J.-J. Perraud (1837).

MUSÉES ÉGYPTIEN ET ASSYRIEN ⊕⊕⊕ Tous les dieux du Panthéon égyptien sont assemblés ici dans la majesté silencieuse des siècles. Typhon Os'ris, Phta-Isis, les divinités à têtes de lionnes ou a becs d'oiseaux, les sphinx millénaires, veillent les sarcophages ou dormirent les momies, dans leurs linceuls de bandelettes

Aucun musée n'est plus riche que celui ci en découvertes et en collections. Des papyrus peints d'hiéroglyphes y disent l'histoire des dynasties et des épaves de monuments y laissent deviner la grandeur d'une civilisation splendide et capricieuse.

Plus loin, le Musée Assyrien, avec ses gigantesques tigres a visages d'hommes, ses debris de monuments intacts, ses bas-reliefs conservés, oppose au precédent la grandeur de ses conceptions architecturales et religieuses.

Le visiteur les verra avec intérêt et pourra comparer utilement leurs richesses avec celles, si distinctes, des Musées d'Antiquités Grecques et Romaines.

SALLE I (dite DES GRANDS MONUMENTS). En face, *Sphinx*, trouvé à Tanis (?), Basse-Égypte (style de l'Ancien Empire). A dr., D 29, *Chapelle* monolithe en granit rose (xxvie Dyn.). D 1, *Cuve du Sarcophage de Ramsès III* (xxe Dyn.), Thèbes. ‖ A 16, *Statue* (granit rose) représentant le roi *Sebekhotep III*, sculptée plus de 2000 ans av. l'ere chrétienne. Au milieu, *Tombeau de Séti Ier* (xixe Dyn.), Thèbes. A sa dr., A 24, *Colosse en grès* représentant *Seti II* (xixe Dyn.). Au fond, grand *Sphinx* (Ancien Empire), usurpé

postérieurement par le roi pasteur APONI, le roi MENEPHTAH HOTEPHIMA (xixe Dyn.) et le roi SESHONK Ier (xxiie Dyn.). Trouvé à Tanis. A sa g., A 18, 2 *pieds* (sur socle) d'une *Statue colossale* d'un roi de la xiie ou xiiie Dyn. et, A 19, *tête* royale *colossale*.

SALLE II. Au fond, Escalier conduisant aux Antiquités Égyptiennes du 1er et. Sur le 1er palier de cet escal., 721, *Statue* en albâtre « *d'une remarquable beauté, appartenant réellement à Ramsès II, le Pharaon contemporain de Moïse* » (la partie supérieure est une restauration moderne). La légende royale de Ramsès II orne les deux côtés des jambes et le dos du siège.

Entrer dans le Musée des Antiquités Égyptiennes du 1er étage (5 salles, dans l'ordre suivant, jusqu'a la *Salle des Colonnes*).

SALLE V, dite *des Monuments relatifs à la Vie Civile*. Riches vitrines de tissus, de papyrus et de bijoux. Statues.

SALLE IV, dite *Salle Historique* (plaf. de Gros). Armoire à g. de la cheminée : *Osiris, Isis et Horus*, groupe en or du temps de la xxiie Dyn., acheté 25 000 fr.

SALLE III, dite *Funéraire*. *Beau plafond d'Abel de Pujol : *l'Égypte sauvée par Joseph*. Au milieu, *Horus faisant une libation devant son père Osiris*, statue bronze.

SALLE II, dite *des Dieux*. Des scarabées et des vases symboliques.

SALLE I, dite *Salle des Colonnes* (plaf. de Gros). Sarcophages égyptiens. Au milieu, 681 la *statue de Nesahor* (xxvie Dyn.). A g., entree du Musée Campana.

MUSÉE DE LA CÉRA-MIQUE ANTIQUE ⊕⊕⊕ (4 Salles). Offre quelques échantillons les plus anciens de la Céramique Grecque et Italiote : terres cuites, vases peints d'attributs mythologiques, des figurines funéraires, et surtout des **terres cuites de Tanagra, dont quelques unes sont de véritables chefs-d'œuvre de coloris et de drapé.

Au bout de cette Galerie, on entre dans la *Salle des Sept-Cheminées* (peinture); passer à g. dans le

MUSÉE CAMPANA ⊕ (9 Salles). Dans la IIIe Salle, *un beau plafond de Deveria : *Puget présente à Louis XIV son Milon de Crotone*. Ce Musée, d'une grande richesse, contient des statuettes, des Bas-reliefs, des Figurines et des Vases de l'époque Étrusque et du style Ionien. A l'extrémité, des *Peintures murales de Pompei et d'Herculanum*, des Fresques et des Verres antiques.

Revenir sur le palier de l'Escalier du Midi qui relie le Musée Égyptien du rez-de-chaussée à celui du 1er étage. Entrer, en face, dans le Vestibule et voir successivement les Salles suivantes :

CHAMBRE-ALCOVE. Au-dessus de la cheminée, *Portrait de Marie de Médicis*, par Porbus; en face, *Portrait de Henri IV*. Quelques parties d'entablement sont du temps de Henri II. *Lit de parade* (travail vénitien).

CHAMBRE DE PARADE. Boiseries Henri II, provenant de l'ancien appartement du Roi dans le Louvre de Pierre Lescot. Étoffes tissées d'or, d'argent, de soie, représentant divers épisodes de l'histoire de la prophétesse Déborah, Vitraux des xvie et xviie s. A dr., *Portrait de Henri II*; au-dessous, *Portrait en relief de Charles-Quint* (Éc. Al. du xvie s.); devant, *Othon-Henri, comte palatin du Rhin* (ouvrage al. en albâtre).

SALLE DU TROCADÉRO. Faïences Italiennes.

SALLE (sans nom et nos officiels). Bronzes de la Renaissance. A dr., en face, * *Armure de Henri II* (travail français du xvie s.).

GRANDE SALLE DE SUZE. *Collection Dieulafoy* (*fouilles de Suze, mission de Susiane*, par M. et Mme Dieulafoy), ouv. au public en nov. 1891. *Apadana* (Salle du Trône) au palais d'Artaxerxès Mnémon. ‖ Chapiteau intérieur du palais.

SALLE ASIATIQUE. Petits monuments. 1re fenêtre à dr., livre assyrien trouvé à Khorsabad. Av. de sortir, dans la vitrine à dr., * Statuette gréco babylonienne incrustée de rubis.

Prendre, sur le Palier, l'Escalier asiatique descendant aux Antiquités Asiatiques et à la grande Galerie Chaldéo-Assyrienne.

Sous l'Escalier, Musée Judaïque (Salle IX) (Vestiges de Palestine, etc.). A g. de l'escalier, Salles Phénicienne et Chypriote, de Milet, de Magnésie du Méandre.

En face de l'Escalier : Salle des Tombeaux Phéniciens (Salle III); à la suite :

Salle d'Eshmounasar ou Esmunazar (Salle III). Au milieu, *Sarcophage* duan.

A la suite : Vestibule et Galerie dite d'Assyrie. *Sculpture de Khorsabad*, Palais du roi Sargon VIII. Aux 4 angles, *Taureaux ailés* à tête humaine coiffée d'une tiare.

Sortir par le guichet Saint-Germain-l'Auxerrois.

Traverser la Cour du Louvre et voir, sur le quai :

MUSÉE DE L'EXTRÊME-ORIENT ET COLLECTION GRANDIDIER. Entrée : Porte Jean Goujon. Occupent, au-dessous de la Gde Galerie et en face de la Chalcographie, 10 Salles (Céramiques et Estampes Chinoises et Japonaises).

De 1 h. a 4 ou 5 h., sauf le Lundi.

☙

LOUVRE, PA-LAIS DU ⊛⊛⊛ (Pl.). *Il occupe l'espace compris entre la rue du Louvre et* St-Germain-l'Auxerrois à l'E., *la Seine au* S., *les Tuileries et la Pl. du Carrousel à l'O. C'est le plus vaste monument de Paris et l'un des plus beaux de l'Europe par l'harmonie de ses lignes, la richesse et la magnificence de ses façades. Son architecture merveilleuse redit la grâce et l'élégance de la Renaissance, le faste du Grand Siècle, la grandeur épique de l'époque impériale.*

Commencé par François Ier, continué par Henri II, Charles IX, Henri III, Henri IV, Louis XIII, Louis XIV et Napoléon. Son achèvement a duré 4 siècles : l'art de chaque époque y a imprimé son génie, et, malgré cela, l'œuvre a gardé sa parfaite unité.

V. *Musée du Louvre.*

On divise le Louvre actuel en 2 parties : le Vieux Louvre et le Nouveau Louvre.

Le Vieux Louvre est le quadrilatère enclavant la grande Cour intérieure qui comprend à g. les bâtiments de Pierre Lescot, le pavillon de l'Horloge ou de Sully, les bâtiments dus à Lemercier, continuateur de l'œuvre de Lescot; à dr., ceux de Claude Perrault, de Levau, qui achèvent le quadrilatère.

Tout d'abord une « louverie » (*lupara*), un rendez-vous de chasse, sous les bois, le Louvre devint tout à la fois, sous Philippe-Auguste, une maison de plaisance, avec d'immenses jardins, une forteresse pour tenir les Parisiens en respect, et défendre la rivière au Nord, comme la Tour de Nesles la défendait au Sud.

De ce Louvre du Moyen Age, il ne reste aucun vestige, sauf les *fondations* et les Souterrains, qu'on peut visiter le Lundi de 1 h. à 3 h. (demander une carte à la Direction des Musées nationaux, dans la Cour, du côté de la R. de Rivoli, porte à g.).

Dans la Cour du Louvre actuel, devant le Pavillon de l'Horloge (entrée principale du Musée), on peut suivre, indiqué en lignes d'asphalte blanc, le tracé de l'enceinte primitive; en lignes de granit celui des fossés. Les pierres noires marquent l'amorce des anciennes fortifications de Philippe-Auguste.

Au xvie s., cette forteresse tombait en ruines; c'est alors que François Ier résolut de bâtir a sa place un somptueux palais dans le goût des grands palais italiens de Gênes et de Florence,

LA COLON-NADE ⊕⊕⊕⊕ Mais il fallait le siècle de Louis XIV pour faire la « Colonnade », dont la renommée est universelle et que tout étranger s'empresse d'aller voir.

La Colonnade donne, d'un côté sur la Seine et le Jardin de l'Infante, de l'autre sur la Pl. St-Germain-l'Auxerrois.

La Colonnade, commencée en 1665 et achevée en 1670, a immortalisé le nom de l'architecte-médecin Claude Perrault.

Puissance et simplicité de lignes, aspect majestueux de l'ensemble, voilà ce qui frappe et enchante dans ce superbe monument classique. Depuis, l'admiration s'en

COLONNADE DU LOUVRE

est un peu refroidie, mais la Colonnade du Louvre n'en est pas moins une des merveilles de Paris et la manifestation la plus belle de l'Architecture française au XVII° s.

Napoléon I" et Napoléon III voulurent avoir la gloire de terminer le Palais du Louvre. Sous Napoléon III, les Tuileries furent réunies au Louvre par une galerie qui a été incendiée avec le Château en 1871.

ช~-น

LUXEMBOURG, JARDIN DU ⊕⊕ *Du printemps à l'automne, toujours plein de fleurs et d'enfants, le Luxembourg, est le plus beau jardin de la rive gauche. Situé en plein Quartier Latin, il est aussi le lieu de rendez-vous de la jeunesse des Écoles, surtout les jours de Musique militaire.*

Bd St-Michel, R. de Médicis, de Vaugirard, du Luxembourg et Auguste-Comte. **Omnibus :** Montmartre-Place St-Jacques ‖ Carrefour des Feuillantines-Place Clichy ‖ Grenelle-Bastille. **Tramways :** Montrouge-Gare de l'Est ‖ Ivry-les-Halles.

Ouvert dès le matin. Fermeture annon-cée par un roulement de tambour à la tombée de la nuit. Musique militaire les Dimanches, Mardis et Vendredis, durant la belle saison, de 4 à 5 h., ou de 5 à 6 h. Chaises, 10 c. et 20 c.

Quand on entre par la porte s'ouvrant sur le Bd St-Michel, en face du Jet d'eau et de la rue Soufflot (Panthéon), on remarque tout d'abord, dans la deuxième pelouse, à g., le gracieux monument, tout blanc, du poète **Leconte de Lisle** (1818-1894); un peu plus en arrière, le *Kiosque de la Musique.*

Prendre, à dr., le chemin longeant la grille, et voir, à g., la ***Fontaine de Médicis**. *Polyphème*, du haut de son rocher, va écraser *Acis et Galatée*, qu'il a surpris oublieux de tout.

La deuxième allée, toujours à dr., dans la direction de l'Odéon, passe devant le monument à **Théodore de Banville** (1823-1891), poète gracieux et railleur des travers de la société parisienne. Tourner à g., dans l'allée qui borde une petite mare. Monument élevé par la jeunesse à **Henry Murger** (1822-1861), qui fut dans ses livres (*Scènes de la vie de Bohème*), le conteur attendri ou joyeux de la vie des étudiants et des jeunes artistes pauvres du Quartier Latin.

Toute cette tranquille partie du Jardin — le coin des poètes, comme on l'appelle — a sa physionomie particulière, avec sa petite mare où barbotent des canards, sa fontaine, ses allées sinueuses. Le *grand banc*, entre la fontaine et la mare, est souvent occupé, de l'un des bouts à l'autre, l'après-midi, par une foule de gens qui presque tous lisent, soit un journal, soit un livre.

Suivre la grande allée, qui, du côté des terrasses, conduit devant la façade du Palais, construit sur le modèle du Palais Pitti, à Florence.

Suivre ensuite la grande allée qui longe le Palais et conduit au grand Bassin circulaire (jet d'eau).

Des deux côtés s'élèvent des terrasses bordées d'une galerie de pierre et décorée d'une vingtaine de Statues des Reines et des femmes illustres de la France.

Longer la façade du Palais et prendre à g. l'allée qui borde un petit Jardin réservé, dépendance de la présidence du Sénat (*Petit Luxembourg*). Dans cette allée se trouve le ***monument du peintre Delacroix** (1798-1863), par Dalou.

En souvenir des luttes supportées par l'artiste, le Temps apporte la gloire à Delacroix. Le Génie des Arts applaudit. Plus loin, bâtiments du *Musée du Luxembourg* (V. ce mot).

L'allée (à g. et à dr.) dans laquelle on s'engage ensuite débouche sur la rue de Vaugirard. Dans cette rue, à dr. de la grille, entrée du Musée du Luxembourg.

(Cliché Gaillard).

MONUMENT D'EUG. DELACROIX

A g., quinconces que louent certaines sociétés de sport pour se livrer à leurs exercices favoris, ballon, jeu de paume, etc. Du même côté, plus rapproché du centre du jardin, est installé un Théâtre de Guignol. A l'extrémité de l'allée, dans le parterre de droite, se trouve le monument élevé à *Sainte-Beuve*, le père de la critique moderne.

bourg et de ses abords. A dr., apparaît le Palais majestueusement précédé de ses parterres que dominent les terrasses égayées par la blancheur des statues. A dr., une belle grille laisse apercevoir les frondaisons de l'avenue de l'Observatoire que couronnent au loin les coupoles du palais de l'Astronomie.

(Cliché Gaillard).

MONUMENT DE WATTEAU

Les bâtiments près de la grille appartiennent à l'École des Mines. Les Serres dépendant aussi du jardin contiennent plus de 25 000 plantes. Pour les visiter, s'adresser au service du Jardin, 64, Bd St-Michel.

L'ancienne Av. de l'Observatoire au delà de la grille a été transformée en square (ouvert jusqu'à 10 h. du soir). Les deux rues latérales sont bordées

Suivre l'allée la plus proche du mur de clôture, longeant la R. Auguste-Comte que bordent les bâtiments du Lycée Montaigne. A dr. et à g., des jardins contiennent les plus belles espèces d'arbres fruitiers (étiquettes). A g., petit Enclos réservé à un Rucher, dans lequel sont réunis tous les modèles de Ruches françaises et étrangères.

Dans les parterres à g., *Monument de Watteau* (œuvre de Gauquié et Guillaume). Watteau fut le peintre gracieux des mœurs élégantes et maniérées du XVIIIe s.

En sortant des parterres, on se trouve dans la partie du jardin où se révèle le mieux l'ordonnance générale du Luxem-

FONTAINE DE L'OBSERVATOIRE *(Cliché Giraudon).*

à g. par de belles maisons particulières (Hôtel du sculpteur Mercié, n° 15, à dr. par les bâtiments d'architecture orientale colorée et gracieuse de l'École Coloniale, puis par la façade correcte et froide de l'École de Pharmacie.

A l'extrémité de l'avenue s'élève la *Fontaine de l'Observatoire*, œuvre magnifiquement décorative. Les figures, *les Quatre Parties du Monde* supportant une mappemonde, sont du grand sculpteur Carpeaux. Frémiet est l'auteur des chevaux qui se cabrent dans le ruissellement des jets d'eau que lancent dauphins et tortues.

On aperçoit de là à g. l'entrée du **Bal Bullier** décorée d'un fronton en faïence polychrome et les toits d'une station du chemin de fer de Sceaux, en face du monument de l'explorateur *Francis Garnier* et de l'énergique statue du *Maréchal Ney*, fusillé non loin de cette place en 1815.

A voir dans le voisinage immédiat : l'*Observatoire*, à l'extrémité de l'avenue du même nom; en redescendant, à dr., l'*Église du Val-de-Grâce*; à g., l'*École de Pharmacie* (pour visiter, s'adresser au Concierge, pourboire); l'*École coloniale*; au 70, R. de Vaugirard, la *Chapelle des Carmes*; la crypte, visible le Vendredi de 10 à 4 h. (s'adresser au concierge, pourboire), contient les ossements des victimes des massacres de 1792; à dr., enfin, le *Palais du Sénat*, le *Théâtre de l'Odéon* avec ses curieuses Galeries occupées par des libraires.

୫୭୬୧

LUXEMBOURG, MUSÉE DU ◉◉

Le Luxembourg est l'antichambre du Louvre. Les artistes vivants y attendent la consécration et le triomphe de la Mort. C'est parmi les œuvres exposées au Luxembourg que l'État choisit celles qui doivent entrer glorieusement et définitivement au Louvre.

La galerie de sculpture réunit les plus beaux morceaux de la Sculpture française moderne.

Il règne au Musée du Luxembourg un grand éclectisme; on y a réuni ce que chacune des écoles actuelles a de bon, et le visiteur pourra y suivre l'évolution qui s'est manifestée dans l'art, et surtout dans la peinture, depuis l'époque du Renouveau classique, qui fait suite à la fin du romantisme, jusqu'à nos derniers modernes, depuis Meissonier jusqu'à Besnard.

Un coup d'œil d'ensemble jeté au Musée du Luxembourg nous montre les tendances de plus en plus marquées de la peinture actuelle, malgré tous ses écarts, vers la nature, vers la vie, dans ce qu'elle a de plus délicat, de plus fin, de plus charmant, de plus inattendu, de plus humain.

Ce qui domine aujourd'hui dans l'art français, ce n'est plus la solennité de la forme, mais la qualité parfois exquise de l'intention.

La Sculpture se développe parallèlement à la Peinture, et tente une voie violente et nouvelle avec Rodin.

R. de Vaugirard, derrière le Palais du Luxembourg.

Omnibus : Clichy-Odéon ‖ Pantheon-Courcelles ‖ Grenelle-Bastille ‖ **Tramways :** Montrouge-Gare de l'Est ‖ Porte d'Ivry-les Halles.

Ouvert t. l. j., excepté les Lundis et les jours de grandes Fêtes tombant en semaine, de 9h. à 5h., du 1ᵉʳ Avril au 1ᵉʳ Oct.; de 10 h. à 4 h., l'hiver, les Dimanches et jours de Fête.

Dans la **Cour** qui précède le Musée à dr., plusieurs sculptures remarquables : *Agar*, par Sicard; *Bailly*, par Aubé. A g. *Un Vautour sur une tête de sphinx*, par Cain; *Chien blessé*, par Fremiet; *Héro et Léandre*, par Caso; *Vase* orné d'une guirlande que soutiennent des enfants, par Dalou. Sur les degrés de l'escalier : à dr.,

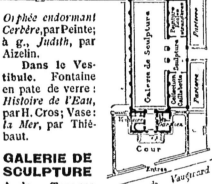

Orphée endormant Cerbère, par Peinte; à g., *Judith*, par Aizelin.

Dans le Vestibule. Fontaine en pâte de verre : *Histoire de l'Eau*, par H. Cros; *Vase* : *la Mer*, par Thiébaut.

GALERIE DE SCULPTURE

A dr. : *Tanagra*, par Gérôme, œuvre d'élégance; *l'Age de fer*, par Lanson; *l'Industrie*, par Constantin Meunier, le sculpteur des belles attitudes que prennent naturellement les ouvriers dans leur œuvre de force, d'énergie. Dans une vitrine, des médailles, des plaquettes de *Roty*.

La Muse d'André Chénier, par Puech. *St-Jean*, par Dampt, d'une grande grâce. **Le Baiser de l'aïeule*, du même, offre un contraste émouvant par le rapprochement de la tête de vieille et le minois à peine éclos de l'enfant. Un *David*, de Mercié, est d'une élégance hautaine. *Buste de femme par Rodin. **Chanteur Florentin*, par Paul Dubois.

Dans le Vestibule qui donne accès dans deux salles de peinture que nous visiterons plus tard : **Buste de la baronne Daumesnil*, par Falguière. Ce portrait de vieille femme a le charme des choses passées. Les traits sont à peine indiqués. Le visage n'est presque plus. *La Jeunesse, par Carlès.

En revenant dans la Galerie : *Les Puddleurs*, bas-reliefs, et *la Glèbe*, de Constantin Meunier. *Gallia*, buste par Moreau-Vauthier, sculpteur, et *Falise*, orfèvre. *Danaïde, par Rodin. Curieuse étude de dos. *Léda*,

PAN ET OURS, par *Frémiet.*

MARTYR CHRÉTIEN, par *Falguière.*

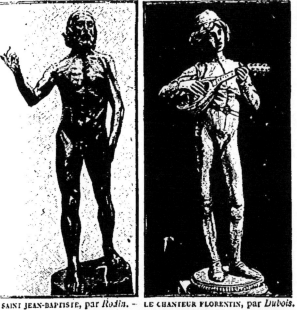

SAINT JEAN-BAPTISTE, par *Rodin.* — LE CHANTEUR FLORENTIN, par *Dubois.*   DAVID, par *Mercié.*

JEANNE D'ARC, par *Chapu.*   SAINT-JEAN, par *Dampt.*   GÉNIE GARDANT LE SECRET DE LA TOMBE,
par *Saint-Marceaux*

AU LUXEMBOURG : CHEFS-D'ŒUVRE DE LA SCULPTURE

par Jules Desbois. *Pan et Ours*, par Frémiet, VITR. contenant des *médailles de Dupuis*. *Le Nid*, de Croisy, heureux groupement de deux enfants nichés dans un fauteul, *Œdipe à Colone*, belle œuvre de pitié, de Hugues. L'attendrissement filial de celle qui guide les pas du tragique aveugle est fort délicatement exprimé. *Gillial saisi par la pieuvre*, par Carlier, vigoureuse illustration d'une page de Victor Hugo. *Salammbô*, par Idrac.

De l'autre côté, en revenant vers la porte d'entrée : *Baiser suprême*, par Cristophe, œuvre qu'expliquent de beaux vers de Leconte de Lisle. A côté, *petite maquette de cheminée, par Meissonier.

VITR. renfermant des médailles, des plaquettes, par *Patley, Bottée, Mouchon, Henri Dubois, Michel Cazin*, et dominée par la vigoureuse statuette d'un Cavalier arabe, par J. Dampt. — Derrière : *La Lecture*, de Chatrousse. *Le Souvenir*, de Mercié. Le *Buste de J.-P. Laurens*, par Rodin. *Martyre*, statue en bois par Bloch. *La Désespérance*, par Captier. *La Jeune Fille de Mégare*, de Em. Barrias. *Buste de Négresse*, par Cordier. *Bonaparte*, par Gérôme, statuette de superbe allure, *Mozart enfant*, par Barrias, *Jeanne d'Arc à Domrémy*, par Chapu. Cette statue est une des meilleures personnifications de l'héroïne si populaire en France. La forte fille des champs est troublee par les voix qui lui confient sa mission.

*La *Vieille Haulmière*, par Rodin, belle étude de pauvre vieille symbolisant la pauvreté, la misère. *Abel*, par Antonin Carlès. La *Bacchante*, de Moreau-Vauthier. *Persée et la Gorgone*, par Marqueste : mouvement et sentiment dramatiques. *L'Ève avant le péché*, de Delaplanche.

VITRINE de gravures; plaquettes de Chaplain. Au-dessus de cette vitrine, deux statuettes d'ouvriers par *C. Meunier*, et un *St Georges*, bronze doré, par Frémiet.

La Mère des Gracques, par Cordier. *St Sebastien*, par Becquet. *L'Aveugle et le Paralytique*, par Turcan (l'artiste mourut paralytique). On remarquera dans le corps du paralytique l'abandon, le laisser-aller de la chair morte au mouvement. L'aveugle lève tragiquement vers le ciel, qui l'accable de lumière, ses pauvres yeux éteints. L'œuvre est d'une beauté et d'une émotion simples.

SALLES DE SALLE I (Grand Salon
PEINTURE de Peinture qui fait suite à la Galerie de Sculpture.)
De dr. à g. : *Poissons de mer*, par Vollon. *Le Rappel des Glaneuses*, par Jules Breton. Au-dessus : *Délivrance des emmurés de Car-cassonne, par J.-P. **Laurens**. *St Sébastien*, par Ribot, un des meilleurs exemples de la peinture vigoureuse de cet artiste. *La Malaria*, par Hébert *Le Pauvre Pêcheur*, par **Puvis de Chavannes**, donne par des moyens très simples une grande impression du dénuement, de la résignation du pauvre, toujours confiant en Dieu. Au-dessus, *St Cuthbert*, par Duez. *Portrait d'André Constant*, par Benjamin Constant. *Orphée*, de Gustave Moreau. *Portrait de M. Peyrat*, par Paul Baudry, *Laghouat* (Algérie), par Guillaumet. C'est là l'œuvre d'un des peintres orientalistes qui ont cherché sous un autre ciel et dans un autre climat que les nôtres des fêtes de couleur et de lumière.

Sur la paroi qui fait face à la porte d'entrée : *Les Hommes du St-Office*, par J.-P. Laurens, un des meilleurs peintres des chroniques de l'histoire. *Portrait de Dame*, par Meissonier. Au-dessus : *Caïn*, par Cormon; grande composition qui représente la marche errante de la famille maudite et expiant le meurtre, *Lever de Lune*, par Harpignies. *Lilia*, par Carolus Duran. *Portrait de Jeune Homme*, par Lévy. *Colloque de Poissy*, par Robert-Fleury. *Les Foins*, de Bastien-Lepage, œuvre véritablement belle. La lumière est partout. L'homme et la femme reposent en plein champ dans des attitudes simples et familières aux paysans. Au-dessus, *Jésus et les docteurs*, par Ribot; œuvre de sentiment. Là, Jésus l'emporte sur les savants par tout le charme de son enfance.

Sur la paroi gauche, en revenant vers la porte d'entrée : *Vénus*, par Mercié. La *Chambre mortuaire de Gambetta, à Ville-d'Avray, par Cazin.

La Morte, par Albert Besnard, est tout un poème tragique sans mise en scène imposante. L'ami venu en visite trouve la femme morte. Dans *Une Famille malheureuse*, de Tassaert, l'effet tragique est surtout obtenu par le cadre du drame et tous les accessoires nécessités par le suicide des deux désespérés.

La Fin de l'hiver, par Français. *Les Terrasses de Laghouat*, par Dinet. *Portrait de Femme*, par Ricard. *Le Ruisseau du Puits Noir*, par Courbet. *Un Torrent dans le Var*, par Harpignies. *Le Corps de Ste Cécile apporté dans les Catacombes*, par Bouguereau.

Au milieu de la salle : *St Jean*, par Rodin, personnage symbolique, l'homme venu pour enseigner la bonne parole. Nouveau *Portrait de Jeune Fille*, par Roll.

Dans les VITRINES, A dr. : étains de *Jules Desbois*, grès de *Delaherche*, vases de

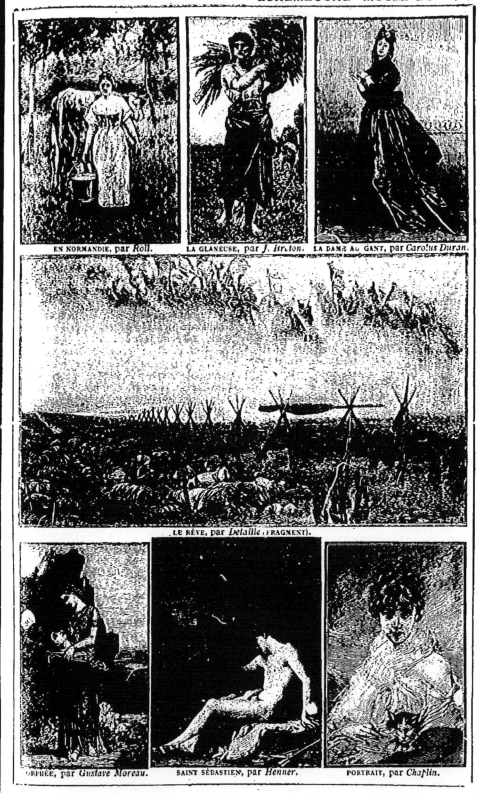

EN NORMANDIE, par *Roll*.   LA GLANEUSE, par *J. Breton*.   LA DAME AU GANT, par *Carolus Duran*.

LE RÊVE, par *Detaille* (FRAGMENT).

ORPHÉE, par *Gustave Moreau*.   SAINT SÉBASTIEN, par *Henner*.   PORTRAIT, par *Chaplin*.

AU LUXEMBOURG CHEFS-D'ŒUVRE DE LA PEINTURE

Dalpayrat, Bigot, Carriès, Alguière et plateau de Jules Brateau.

A g. : Bibelots, bijoux artistiques, vases de *Tiffany*, céramique de la manufacture de *Sèvres*, petites coupes de Thesmar,

SALLE II. Entre la 1re et la 2e Salle : *Port de Tanger*, par Girardot. Portrait de *Georges Rodenbach*, auteur de *Bruges la Morte*, par Lévy-Dhurmer. La tête du poète aux œuvres attristées et délicates se détache sur un paysage des « villes mortes » que chanta Rodenbach, originaire de Bruges.

De dr. à g. *Le Port de La Rochelle*, par E. Petitjean, curieuse étude de ciel enfermé par les nuages courant bas. *La Nuit*, par Adr. Demont. *La Ménagère*, par Bail. *La Bénédiction des blés*, par Jules Breton, œuvre de grand sentiment. Au-dessus, *En avant!* par Roll; belle œuvre de peinture militaire.

Les Tireurs à l'arbalète, par Bulard. *Commencement de crue sur le Loir*, par Busson. *Une Maîtrise d'enfants*, par Dawant. Originalité du sujet, étude intéressante de la lumière des cathédrales, lumière tamisée par les vitraux en rayons multicolores.

L'Excommunication de Robert le Pieux, par J.-P. Laurens. C'est au Moyen Age. Les évêques viennent de prononcer la terrible sentence qui chasse du corps des fidèles le roi et sa compagne. Et les excommuniés restent dans leur solitude épouvantée.

Soir de Septembre, par Pointelin, le paysagiste qui a le plus poétiquement rendu l'imprécis des crépuscules. *Carpeaux*, par Maignan. Le sculpteur est entouré de visions. Ce sont ses œuvres qui errent près de lui : le *Groupe de la Danse* (à l'Opéra), et le groupe qui domine la fontaine de l'Observatoire. *Portrait de Léon Cognet*, par Bonnat. *Labourage Nivernais*, par Rosa Bonheur. *Job*, par Bonnat. *La Femme adultère*, par Signol. *Retour du Troupeau*, par Vuillefroy. *Taureaux de la campagne de Rome*, par Camille Pariz. *Rezonville*, par Aimé Morot.

Dans les VITRINES. A g. en entrant : dessins et études de *Dagnan Bouvret, Bonvin, Friant, Meissonier, Charles Garnier*.

A dr. en entrant : *L'Attente*, de Meissonier, qui est de la peinture très précise et d'une incomparable beauté. *Études de chevaux*, par le même maître. Du même : *Napoléon III et son État-major*.

SALLE III. De dr. à g. : *La Dame au gant*, par Carolus Duran. *Le Troupeau à la mare*, par Guignard. Au-dessus : *Mort de Joseph Bàra*, par Weerts. *La Fortune et le Jeune Enfant*, par Baudry. Au-dessus : le *Jury de Peinture*, par Gervex; plaisante

critique; cette toile représente le Jury en face des dix ou quinze mille envois que les artistes voudraient bien voir figurer au Salon annuel. Les personnages qui lèvent la main en brandissant leur canne se prononcent pour l'admission de la toile que l'on examine.

Venise, par Ziem, *La Chaste Suzanne*, par Henner, *Un Combat de coqs*, par Gérôme. Une des premières œuvres de l'artiste.

Au dessus : *Arrivée du Pardon de St-Anne*, par Guillou. *La Naissance de Venus*, par Cabanel.

Le Rêve, par Richemont. *La Chute des feuilles*, par Émile Breton. *St Sébastien*, par Henner.

Les Derniers Rebelles, par Benjamin Constant : Grandeur dans la mise en scène; étude puissante de couleur et de lumière. *Les Exilés de Tibère*, par E. Barrias. *Sarpedon*, par Lévy. *Versailles*, par Helleu. *Bergères lorraines*, par Barillot. *Curiosités*, par Vollon.

Au milieu de la salle, à g., en entrant, dessins de *Steinlen, Milcendeau, Renouard, Schwabe* (d'une inspiration souvent macabre), *Willette, Vierge, Burne-Jones, Legros*.

A dr. : dessins et études d'Élie Delaunay.

SALLE 4. De dr. à g. : *La Vérité*, par Lefebvre. *Paris*, vu des coteaux de Meudon, par Guillemet. *Herculanum*, par H. Leroux. *Rayons du soir*, par Cottet. *La Première Communiante*, de Tournes. *Entre deux rayons*, par Besnard, le peintre chercheur de colorations; de reflets curieux et rares. *La Forge*, de Cormon. *Le Ramadan*, par Dinet.

Au-dessus : *Divina Tragedia*, par Chenavard. *Avoines en fleurs*, par Quignon. *Le Christ mort*, par Alphonse Legras, est une belle œuvre de réalisme. Au-dessus : *La Glaneuse*, de J. Breton. Au-dessus : le *Samaritain*, par Ribot.

Floréal, par Raphaël Collin. *Daphnis et Chloé*, par Français. *Portrait de Jeune Fille*, par Chapus. *Before the start*, par Brown. *Un Soir dans l'Oise*, par Carolus-Duran (grande hardiesse dans l'interprétation).

Au-dessus : *Le Dernier Jour de Corinthe*, par Tony Robert-Fleury : épouvante de l'heureuse cité devant la mort. *Souvenirs*, par Chaplin. *Columbarium*, par H. Leroux. *Les Martyrs aux Catacombes*, par Lenepveu. *Débarquement de Verrotiers*, par Tattegrain. *La Jeunesse et l'Amour*, par Bouguereau.

SALLE 5. De dr. à g. *Rencontre de Faust et de Marguerite*, par J. Tissot : très documentée au point de vue du costume et du décor. *Tirailleurs Sénégalais*, par Marius

LES FOINS, par *Bastien Lepage*.

COMBAT DE COQS, par *Gérôme*.

PORTRAIT DE MONSEIGNEUR DE SÉGUR
par *Gaillard*.

LA FORTUNE ET L'ENFANT,
par *Baudry*.

PORTRAIT DE M. LÉON COIGNIET
par *Bonnat*.

EXCOMMUNICATION DE ROBERT LE PIEUX (FRAGMENT).
par *J.-P. Laurens*.

SOLFÉRINO (FRAGMENT),
par *Meissonier*.

UN COIN DE CERNAY EN JANVIER, par *Pelouze*.

LABOURAGE NIVERNAIS, par *Rosa Bonheur*.

AU LUXEMBOURG : CHEFS-D'ŒUVRE DE LA PEINTURE

Perret. Le *Rêve, par Ed. Detaille; *Portrait d'Alexandre Dumas, par Meissonier. Le Colisée, par Harpignies.

Au-dessus : Le Jour des cuivres, par Gallaud. La *Toussaint, par Friant. Dans la Campagne, par Lerolle. *Jeune Femme chantant, par Meissonier. Naïade, par Henner. Les Voleurs et l'Ane, par Daumier (peinture satirique). Le Soir, par Dupré.

*Un Atelier aux Batignolles, par Fantin Latour; réunion de jeunes hommes, de jeunes artistes aux faces volontaires et énergiques.

L'artiste qui peint est Manet. Derrière lui, debout, le peintre allemand Otto Schœderer. Assis dans un fauteuil, le sculpteur Astruc semble servir de modèle à Manet. Au deuxième plan, le peintre Renoir regarde la toile. Vu de face, Émile Zola cause, en jouant avec son lorgnon. A côté de lui, Maître, un ami de Manet, et le peintre Bazile (le plus grand de stature), tué pendant la guerre de 1870. Tout à fait à dr. du spectateur : Claude Monet, le paysagiste.

Le Matin, par Jules Dupré. Au-dessus de la porte de gauche, un Transport de guerre, par Montenard. Éventail et poignard, par le sculpteur Falguière. La *Paye des moissonneurs, de Lhermitte, très bien composée; types énergiques de paysans.

Au-dessus Troupeau de moutons, par Ch. Jacque. Avant l'orage, par Iwil. La *Sortie de la garnison d'Huningue, par Ed. Detaille.

Au milieu de la salle : Combat de panthères, par Gardet.

SALLE 6, porte à dr. De dr. à g. Lard et harengs, de Cols. Les Femmes, par Janniot.

Au-dessus, Portrait du paysagiste Français, par Carolus Duran. Ismael, par Cazin. Portrait du père de l'artiste, par Boulard. L'Enfant abandonné, par Deschamps. L'Inspiration, par Henri Martin.

La Famille et *Maternité, par Carrière.

Ces deux toiles valent surtout par le sentiment qu'elles expriment. Carrière est le peintre des mères qui tremblent pour leur couvée, des mères passionnées, qui embrassent leurs enfants, en craignant de ne pouvoir les chérir demain. Au point de vue psychologique, sa « famille » est très curieuse à observer. C'est une famille d'intelligents, d'inquiets. Tous les enfants portent différemment la marque de cette préoccupation exprimée sur la belle face de leur mère : se garder des choses mauvaises de la vie.

Entre les tableaux de Carrière : *Port d'Alger au crépuscule, par Besnard, admirable orgie de couleurs. La *Fermière, par Roll, peinture claire et gaie. Une Amende honorable, par Legras.

Au-dessus : La Fille du passeur, par Émile Adam.

Au milieu de la salle : Ultima feriens, groupe de Théodore Rivières, sujet emprunté à « Salammbô », le roman de Flaubert.

SALLE 7. Consacrée à des expositions de lithographies d'un même artiste. Se renouvelle tous les ans. Intérieur d'étable, par Thoren. Un Jour d'hiver, par Fritz Thaulow. Sur la Suippes, par Émile Barrau. Paris, vu du Pont des Sts-Pères, par Herpin. Marée basse, par Isabey. *Un Repriseur de tapisseries, par Gilbert.

Au milieu : Salammbô, bronze et ivoire, par Théodore Rivière.

SALLE 8. Rêverie, de Heilbuth, paysage très fin, très délicat. Chute de Phaeton, Bethsabée, l'Apparition, le Jeune Homme et la Mort, Œdipe et le Sphinx, par Gustave Moreau. Le Soir, par Jean Tanzi. Le Soir, d'Auguste Pointelin. Enfant perdu, par Mélida. Femme et Satyre, par Félicien Rops, le vigoureux aquafortiste. Le Vieux Serviteur, par Veyrassat. Faust au combat, par Pille. Portrait d'Ad. Franck, par Bastien Lepage. Les Invités attendant la noce, par Raphaëlli. Le Désert, par Guillaumet. Portrait de Barbey d'Aurevilly, l'auteur des Diaboliques, par Émile Lévy, qui est un rappel très expressif de la fière figure de l'écrivain. Les Bretonnes, de Dagnan-Bouveret.

SALLE 9. De dr. à g. : Abel, par Ad. Demont. L'Automne, panneau décoratif, par R. Ménard. Portrait de Jeune Femme, par H. Lerolle. Au Soleil, par V. Binet. Lied, par E. Lomont. La Plaza de Toros, par Brunet : expression de sauvagerie, de dureté que révèlent les faces de spectateurs attendant la mort du taureau.

*Attaque d'une maison à Villersexel, par A. de Neuville. Vase de cristal, par Desgoffes, le peintre minutieux des petits reflets que l'on peut observer sur les cuivres, les objets précieux, etc. La Place St-Sulpice, par H. Zuber. Portrait d'homme, par R. Ménard. *La Femme qui se chauffe, par Alb. Besnard. Famille de chats, par Eugène Lambert. Jeunes Filles, par Mlle L. Breslau. Jeune Fille au corset, par Vidal, œuvre de grâce parisienne. St Jérôme, de Henner.

SALLE 10. A g. de l'entrée : Le Viatique en Espagne, par Vierge. A dr. : Vierge consolatrice, par Bouguereau. Ville-d'Avray, par Simonnet. La Séghia, par Guillaumet. Intimité, par Brouillet. *Portrait du cardinal Lavigerie, par Bonnat. La Veillée, par Bréauté. Le St Viatique en Bourgogne, par A. Perret.

SALLE 11. Patrie, par Georges Bertrand. Portrait de Mme E. et de ses enfants, par Carolus Duran.

*Solferino, par Meissonier. *La Visite à l'hôpital, par Geoffroy, exprime bien la douleur et la contrainte du père devant le lit hospitalier où repose son enfant. *La Grand'mère*, par Renoir. *Soir de fête*, étude vigoureuse de types espagnols, par Lunois. *Le Bain*, par Binet. *Portrait d'un Graveur*, par Mattey. *Le Pain bénit*, de Dagnan-Bouveret, a le charme, la bonhomie des mœurs campagnardes qu'il représente. *La Lande d'or*, de Noyal, chante la splendeur des champs de genêts.

Au milieu de la salle : *les Deux Amis*, (un Arabe et son cheval), par Peters.

Revenir dans la Galerie de Sculpture pour voir, à gauche, les deux Salles réservées, l'une aux œuvres des peintres impressionnistes (Salle *Caillebotte*, du nom du donateur), l'autre à quelques bonnes œuvres des peintres étrangers.

SALLE CAILLEBOTTE.

De dr. à g. : *Notre-Dame de Paris*, par Raffaelli : paysage parisien, gris, fin, à peine coloré. *La Cour de ferme*, par Sisley. *La Gare St-Lazare*, par Claude Monet. *Olympia*, par Manet, père de l'impressionnisme. *L'Église de Vétheuil*, par Cl. Monet. Au-dessus : *La Moisson*, par Pissarro. *Les *Bords de la Seine*, par Sisley. *Chemin montant à travers champs*, par Pissarro. *Le Balcon*, par Manet. *Les Figurants, Danseuse sur la scène, Un Café sur les boulevards, Femme au bain*, par Degas.

Au-dessus des toiles de Degas : *Le *Déjeuner*, par Claude Monet, belle étude de plein air. *Les Vieux Convalescents*, par Raffaelli. *Givre*, par Monet. *La Soupe du matin*, par Gœneuthe. *Le Moulin de la Galette*, par Renoir. *La Neige sur les toits*, par Caillebotte. *Jeunes Filles au piano*, par Renoir. *Angelina*, par Manet.

SALLE DES PEINTRES ÉTRANGERS.

Cette Salle est une des plus intéressantes du Musée, parce qu'elle nous montre des œuvres des meilleurs artistes étrangers et nous permet, par comparaison, de juger de la valeur de l'art français.

De dr. à g. : *Solitude*, par Harrisson.

Au dessus : *Les Orphelins*, par Hawkins, composition dramatique, beau paysage. *L'Amour et la Vie*, par Watts. *A la barrière de Dalby*, par Salmson. *Chant passionné*, par Stevens. *Le Meeting, Portrait de Mlle X...*, par Mlle Bashkirtseff. *Une Vieille Fabrique en Norvège*, par Thaulow. *Retour de pêche*, par Sonella y Bastida. *Carmencita*, par Sargent. *Les Bûcherons*, par Denduyts. *Le Christ et les Paysans*, par Uhde. *Portrait de ma mère*, par Whistler.

Œuvre merveilleuse. Dans un décor gris, la vieille femme, assise, revoit la vie écoulée. Le passé est triste. Il y a de la volonté, de la résignation douce dans la figure. Cette toile fut refusée par le Jury à un Salon annuel.

Au-dessus, *Paysage*, par Skredsvig. *Gladstone*, par Hamilton. *La Femme en rouge*, par Dannat. *Vieux Canal flamand*, par Bærtsœn. *Sérénité*, par Baud-Bovy.

Cette visite au Musée du Luxembourg ne peut que donner une idée fort générale de la Peinture et de la Sculpture françaises contemporaines. Elle devra être complétée par celle du Louvre et du Palais des Beaux-Arts à l'Exposition.

LUXEMBOURG, PALAIS DU 🌑🌑🌑

Construit par Jacques Debrosse, en 1612, pour Marie de Médicis. Le Directoire siégea

PALAIS DU SÉNAT.

au Luxembourg, avec Barras. Dans la Cour d'Honneur, on donna une grande fête au Général Bonaparte à son retour de la première campagne d'Italie (1797). Le Second Empire y installa son Sénat, ainsi que la République actuelle, à partir du 3 Novembre 1879. Après la guerre et l'incendie de l'Hôtel de Ville en 1871, on y avait installé la Préfecture de la Seine.

R. de Vaugirard, l'entrée en face de la rue de Tournon. Omnibus : Batignolles-Clichy-Odéon ‖ Grenelle-Bastille.

Pour visiter la *Salle des Séances du Sénat* et le *Palais* (visibles t. les jours, à partir de 9 h. matin, s'il n'y a pas séance), entrée par une grande Porte qui fait face à la R. de Tournon. S'adresser au Concierge, sous le Porche à dr.

Plusieurs Procès célèbres furent jugés au Luxembourg : En 1815, le *Maréchal Ney*, condamné à mort et fusillé près de l'Observatoire presque à l'endroit où se trouve sa statue ; *Louis-Napoléon*, pour l'affaire de Boulogne (1840). En 1890, on y jugea, par contumace, le général Boulanger, Dillon et Rochefort. Le 9 nov. 1899, la Haute Cour se réunit pour juger MM. Déroulède, Buffet, Guerin, Marcel Habert et 12 autres accusés de complot.

La Salle des Séances du Sénat. On monte par la Questure, au fond de la grande

Cour d'honneur, à g. On gravit un perron de quelques marches. Un Huissier vous accompagne au 1ᵉʳ étage, par l'Escalier dit *Jeanne Hachette* (statue). On traverse les Couloirs sur lesquels donnent les Salles des commissions du Sénat, et l'on visite rapidement la *Bibliothèque* (transformée en prison pour les inculpés du procès de 1899) : plafond décoré de belles fresques de Delacroix; *les Limbes*, d'après *l'Enfer* de Dante.

La Salle des Séances du-Sénat est en forme d'hémicycle, garnie de sièges en velours grenat (300 Sénateurs). En face, une grande loge ornée de statues où siègent le Président et les Secrétaires. Au bas, la Tribune des orateurs. *Les Pairs offrant la couronne à Philippe le Long* et *les États de Tours décernant le titre de Père du Peuple à Louis XII*. Les tribunes sont réservées au public. (Les derniers accusés de la Haute Cour étaient placées dans la partie de l'hémicycle à dr., du côté de la statue de saint Louis.)

Au sortir de la Salle des Séances, on suit la galerie dite des *Bustes*, parce qu'elle est ornée de bustes en marbre d'hommes d'État, anciens pairs ou sénateurs, la Grande Salle des Pas-Perdus, autrefois la *Salle du Trône* (au plafond, *Apothéose de Napoléon Iᵉʳ*), et l'ancien Salon de Napoléon Iᵉʳ, qui sert aujourd'hui de Buvette aux sénateurs (peintures de *Flandrin*).

Dans l'aile Ouest est la *Chambre de Marie de Médicis*, ornée de médaillons et d'arabesques; la *Chapelle* (peintures de Sigoux, Van Ghent et Abel de Pujol).

On peut demander à traverser l'Aile Ouest et à être conduit au Petit Luxembourg, ou se trouvent le Palais du Président du Sénat, et l'*Oratoire de Maria de Medicis*, œuvre du xvıᵉ s. (restaurée) et qui sert aujourd'hui au culte des prêtres maronites (Offices le Dimanche à 10 h).

❧

MADELEINE, Bd de la, V. Boulevards. Les Grands.

❧

MADELEINE, ❽ ÉGLISE DE LA *Destinée par Napoléon à figurer un temple romain, élevé à la gloire des soldats de la Grande Armée, la Madeleine est d'un aspect froid et majestueux. Elle a 108 m. de long, sur 43 de large. La rangée de colonnes, hautes de 15 m., qui l'entourent sur ses quatre faces, sans fenêtres, ses nombreuses statues de saintes et de saints nichées dans les murs latéraux, lui donnent l'aspect d'un immense mausolée.*

Pl. de la Madeleine. On pénètre dans l'Église par la grande porte qui fait face à la R. Royale, ou, quand la grande grille est fermée, par des entrées latérales à hauteur du chœur.

Omnibus : Madeleine-Bastille ‖ Auteuil-Madeleine. **Tramways** : Madeleine-Levallois ‖ Madeleine-Courbevoie.

Visite de 1 h. à 6 h.

Au fronton de la façade, *le Jugement dernier*, par Lemaire. Le Perron qui conduit au Péristyle se prête admirablement au déploiement des cortèges, lors des grands mariages ou des grands enterrements. Ce sont là des spectacles très parisiens et auxquels le touriste peut facilement assister vers 11 h. du matin.

Les *Portes en bronze (10 m. 50 de haut sur 5 m. de large), avec des reliefs de Niqueti, représentent des scènes de l'Ancien Testament.

L'intérieur, mal éclairé par des lumières tombant de la voûte, est décoré de peintures et de sculptures que l'on voit mal. Près de la voûte, sculptures de Rude, Pradier, Foyatier.

A voir de dr. à g. en partant du grand portail : 1ʳᵉ chapelle : *le *Mariage de la Vierge*, sculpture de Pradier. Une plaque en marbre noir rappelle la fin tragique de l'abbé Deguerry, curé de la Madeleine, massacré à la Roquette pendant la Commune (1871). Statue du *Sauveur*, par Duret. Statue de *Ste Clotilde*, par Barye. Au fond, le maître-autel est surmonté de *l'Assomption de Ste Madeleine*, par Marochetti. Derrière l'autel et au-dessus des colonnes, *Jésus-Christ au milieu des personnages de son temps*, par Gilbert Martin.

Les Mardis et Vendredis se tient à dr. de l'église un Marché aux Fleurs, à clientèle très élégante.

A Voir dans le voisinage immédiat : la Pl. de la Concorde, la *Chambre des Députés*, le *Palais de l'Élysée*, les *Boulevards*.

❧

MAISONS HISTORIQUES ❸❸❸ *Le Comité des Inscriptions Parisiennes a fait apposer des plaques commémoratives sur un certain nombre de maisons dans lesquelles ou sur* *l'emplacement desquelles ont habité des hommes dont l'histoire est liée à celle de Paris.*

Voici les principales :

Abélard et Héloïse habitèrent, vers 1120, jusqu'au moment de leur tragique séparation, l'emplacement de la maison actuelle du n° 11, Q. aux Fleurs.

Barras, l'un des Directeurs de la Révolution, membre du Directoire, habita n° 30, R. des Francs-Bourgeois.

Béranger, le fameux chansonnier, habita et mourut, en 1857, n° 5, R. Béranger.

Berlioz, auteur des *Troyens*, de *la Damnation*, mourut R. de Calais, n° 4.

Boileau habita à Auteuil le n° 17 de la R. Boileau, aujourd'hui établissement hydrothérapique.

Condorcet, proscrit, habita 73, R. de Lille, et composa *l'Esquisse des progrès de l'Esprit humain* R. Servandoni, n° 12.

Cagliostro, lors de *l'affaire du Collier*, habitait au Marais l'hôtel qui fait le coin de la R. St-Claude et du boulevard.

Chateaubriand mourut n° 120, R. du Bac.

Camille Desmoulins habita Pl. de l'Odéon, n° 1, aujourd'hui Café et Hôtel Voltaire.

Coligny fut assassiné au n° 144, R. de Rivoli.

Corneille mourut, en 1684, R. d'Argenteuil, n° 6.

Diderot mourut n° 39, R. de Richelieu, en 1784.

Charlotte Corday, lors de son séjour à Paris en 1793, lorsqu'elle assassina Marat, logeait R. Hérold, n° 17.

Dubarry (Comtesse), née Jeanne Vaubernier, passa quelque temps au couvent St-Aure, n° 16-20, R. Tournefort. Elle résida et fut arrêtée pendant la Révolution *à l'Hôtel Lulli*, n° 45, R. des Petits-Champs.

Estrées (Gabrielle d') habita n° 30, R. des Francs-Bourgeois, où elle recevait les visites de son royal amant Henri IV. Elle habita successivement n° 69, R. de Gravilliers, n° 8, R. Barbette, et n° 42, R. des Francs-Bourgeois (*Hôtel Barbette*).

Nicolas Flamel habita au n° 50, R. de Montmorency.

Foucault, astronome et physicien, habita n° 28, R. d'Assas. La maison actuelle, située à l'angle de la R. de Vaugirard, est décorée d'un pendule en bas-relief qui rappelle sa principale découverte.

Franklin (Benjamin) résida à Passy, n° 2, R. Suger. Lors de son premier séjour à Paris, en 1776, il habita R. de Penthièvre (alors Grande-Rue-Verte), au n° 26, une maison qui fut occupée dans la suite par Lucien Bonaparte.

Hugo (Victor), dans son enfance, habita R. des Feuillantines, n° 10, puis Pl. des Vosges, n° 6. Il est mort Av. Victor-Hugo, n° 124, en 1885.

Ingres habita Q. Voltaire, n° 11, et y mourut.

Joseph II, père de Marie-Antoinette, s'arrêta à l'hôtel Foyot, 36, R. de Condé.

Joséphine (de Beauharnais), avant son mariage avec Bonaparte, habita R. de la Chaussée-d'Antin, n° 62.

Lecouvreur (Adrienne), la célèbre tragédienne, a habité n° 12, R. Visconti, la même maison que Racine.

La Fontaine habita R. de Grenelle et mourut, en 1695, R. J.-J.-Rousseau, à l'Hôtel d'Herwart (emplacement actuel de l'*Hôtel des Postes*).

Lamoignon, président du Parlement de Paris en 1658, résidait R. Pavée, 24, dans un hôtel qui est un des plus beaux spécimens de l'architecture du XVIIe s.

La Fayette (Général) habita n° 119, R. de Lille, et mourut n° 8, R. d'Anjou.

La Fayette (Mme de), l'auteur de *la Princesse de Clèves*, habita n° 50, R. de Vaugirard.

Laplace, astronome célèbre, mourut 108, R. du Bac.

Marion Delorme, célèbre beauté, maîtresse de Cinq-Mars, de Buckingham et, dit-on, de Louis XIII, habita n° 6, Pl. des Vosges. Victor Hugo s'est inspiré de sa vie romanesque dans son drame.

Marat, l'Ami du peuple, le montagnard « féroce », fut assassiné R. de l'École-de-Médecine par Charlotte Corday, en 1793 (17 juillet), là où s'élève aujourd'hui la nouvelle École de Médecine.

Maintenon (Mme de) éleva, au n° 125, R. de Vaugirard, à l'Hôtel Turenne, les premiers enfants naturels de Louis XIV et de la Montespan.

Marguerite de Valois, première femme de Henri IV, mourut R. de Seine, n° 6.

Michelet, le grand historien, naquit et mourut n° 224, R. St-Denis.

Mirabeau mourut, le 2 avril 1791, R. de la Chaussée-d'Antin, n° 42.

Molière naquit, en 1620, n° 31, R. du Pont-Neuf, et mourut R. de Richelieu, n° 40.

Napoléon Ier, lorsqu'il n'était encore que Bonaparte, habita quai Conti, n° 5; R. du Mail, n° 19; R. St-Roch, n° 7; à l'époque du 13 Vendémiaire, R. des Capucines, n° 24, et R. de la Victoire, n° 60.

Napoléon III est né R. Laffitte, n° 17.

Pierre le Grand, lors de son voyage en France, en 1717, résida R. de la Cerisaie, n° 6, emplacement de l'Hôtel de Lesdiguières.

Rabelais habita R. du Figuier, n° 8, et mourut, le 9 avril 1553, dans l'ancienne R. des Jardins (Q. des Célestins, n° 28).

Rachel, la célèbre tragédienne, habita Pl. des Vosges, n° 9.

Ninon de Lenclos, l'Aspasie de son temps, habita n° 28, R. des Tournelles, où, tout en menant une vie scandaleuse, elle recevait Molière, La Rochefoucauld, Mme de La Fayette, Mme Scarron (Mme de Maintenon).

Pascal mourut R. Monge, n° 56, à l'angle de la R. Rollin.

Racine mourut n° 21, R. Visconti, le 22 avril 1699.

La Reine Blanche, qui écouta sous les saules de la Bièvre les vers de Thibaut de Champagne, habitait, dans le quartier des Gobelins actuel, un Hôtel qui a donné son nom à la R. de la Reine-Blanche.

Récamier (Mme), la charmante et spirituelle beauté dont la présence donna tant d'éclat aux fêtes de la cour de Napoléon, alla s'enfermer, après avoir subi des revers de fortune, dans l'Abbaye-aux-Bois, R. de Sèvres, où elle reçut les visites assidues de Chateaubriand, et où elle mourut, le 11 mars 1849.

Robespierre, le célèbre conventionnel, habita R. de Saintonge, n° 20.

Roland (Mme). Cette femme philosophe, qui prit une part active à la Révolution, naquit Q. de l'Horloge, n° 41 ; elle fut guillotinée en 1793, sur la Pl. de la Concorde, alors Pl. de la Révolution.

Rousseau (J.-J.) habita 14, R. des Cordiers, et R. Plâtrière, n° 2, aujourd'hui R. J.-J.-Rousseau.

Sévigné (Mme de) est née n° 1, Pl. des Vosges ; résida dans l'Hôtel qui est actuellement le Musée Carnavalet, R. de Sévigné.

Staël (Mme de) mourut 8, R. Royale.

Talma mourut en 1826 R. de la Tour-des-Dames, n° 9.

Talleyrand mourut en 1838, R. St-Florentin, n° 2.

Thiers mourut n° 27, Pl. St-Georges.

Voltaire habita 23, R. Molière, puis le fameux Hôtel Lambert, 2, R. St-Louis-en-l'Île, où il composa sa *Henriade*. Il mourut, le 30 mai 1778, 1, R. de Beaune.

Wellington habita n° 1, R. Boissy-d'Anglas.

MÉDECINE, ÉCOLE DE *Composée de plusieurs bâtiments, elle renferme d'intéressants Musées uniques dans leur genre.*

12, R. de l'École-de-Médecine (près le Bd St-Germain).

Omnibus : Grenelle-Bastille. **Tramways :** G. de Lyon-Pl. de l'Alma ‖ Bastille-Pte Rapp ‖ Montrouge-G. du Nord.

MUSÉE ORFILA (Anatomie comparée), ouvert tous les jours de 10 h. à 4 h., sauf les Dimanches et Fêtes, avec autorisation du Secrétaire.

On y voit une riche collection des instruments employés par la Chirurgie depuis les temps les plus reculés jusqu'à nos jours.

De l'autre côté de la rue, au n° 15, se trouvent, à g., l'École Pratique et le Musée Dupuytren, installé dans le réfectoire de l'ancien Couvent des Cordeliers ; ouvert les mêmes jours et aux mêmes heures que le Musée Orfila (demander autorisation au Secrétaire de l'Ec. de Médecine, 12, R. de l'École-de-Médecine, ou plutôt s'adresser directement au Gardien, en lui donnant un pourboire).

MUSÉE DUPUYTREN. Il renferme d'intéressantes collections d'Anatomie pathologique (au fond, Salle que visitent seuls les Médecins et les Étudiants en Médecine).

MUSÉE BROCA (au 3ᵉ étage, dans les bâtiments du Musée Dupuytren). Musée d'Anthropologie, a pour principales curiosités : les *Cerveaux* des grands hommes : Gambetta, Broca, etc. ; une riche collection de cerveaux de toutes races et de tous les animaux, des squelettes de suppliciés, des moulages de têtes et de mains de *grands criminels* : Papavoine, Lacenaire, Lemaire, Campi, Pranzini, Ailorto, Sellier, Crampon, Carrara, Vacher, etc.

A voir dans le voisinage immédiat : *la Sorbonne, les Musées de Cluny et du Luxembourg.*

MONCEAU, PARC ❀❀❀ *C'est le Parc coquet, le parc dix-huitième siècle de Paris. Il a, d'ailleurs, été dessiné au siècle dernier par Carmontelle, pour Philippe d'Orléans. C'était alors le théâtre favori des fêtes galantes et on lui a conservé son caractère de décor d'opéra.*

Il mesurait, au siècle dernier, 190 000 m La Ville, en prenant possession, a seulement conservé 88 000 m. de jardin. Le reste a été abandonné aux entrepreneurs, qui ont enclos cette élégante champêtre de résidences coquettes qu'habitent des célébrités de tous les mondes.

Les peintres arrivés — il y a dix ou quinze ans — se piquaient tous de posséder leur logis en ce quartier à la mode.

Bd de Courcelles. **Omnibus :** Panthéon-Pl. Courcelles ‖ Parc Monceau-Villette ‖ **Tramways :** Étoile-Villette ‖ Trocadéro-Villette ‖ Pl. Pigalle-Trocadéro ‖ Madeleine-Courbevoie.

Le Parc est traversé par des allées carrossables, larges de 15 mètres, qui le font communiquer avec l'Av. Ruysdael, l'Av.

Velazquez, le Bd de Courcelles, l'Av. Van-Dyck et la R. Rembrandt.

Parmi les beautés que l'on cite, il faut nommer les belles grilles d'entrée, la *Rivière*, le *Bois* de haute futaie qui cache un *Tombeau*, la *Naumachie*, colonnade de style corinthien qui se mire dans un vaste bassin ovale, et le petit Pont Italien.

Les parterres du Parc sont ornés de bronzes et de marbres : *Lionne blessée*, par Valton ; *Hylas*, par Morice, etc.

Au monument élevé récemment à *Guy de Maupassant*, œuvre de Verlet, viendront s'ajouter, avant peu, les œuvres destinées à rappeler la mémoire de Corot, Gounod, Chopin et Bizet.

Dans la journée, le Parc Monceau est le rendez-vous de tous les babies des hôtels voisins. Et les jolies manières de ce petit monde, déjà élégant, sont plus amusantes à observer que la Naumachie.

❦

MONNAIES HOTEL DES

Très intéressante collection de Monnaies et de Médailles de tous les pays, de Jetons frappés dans les ateliers que l'on visite. Construit de 1771 à 1779, l'Hôtel des Monnaies possède un des plus beaux Escaliers du XVIIIᵉ s.

11, Q. Conti. Omnibus : Maine-G. du Nord.

Musée et Ateliers ouverts les Mardis et Vendredis, de Midi à 3 h., avec une autorisation du Directeur (faire la demande d'avance et par écrit, avec timbre pour réponse).

MUSÉE. On montre aux visiteurs les 5 Salles du Musée, où sont conservées, outre les instruments et coins ayant servi à la Frappe et à l'Essayage, des collections de Médailles et de Monnaies de tous les temps et de tous les pays.

La Salle la plus curieuse est la **Salle de Napoléon**, où sont réunies les Médailles du premier Empire, et le Médaillier de l'Empereur (monnaies d'Italie, etc.), le *masque de Napoléon* moulé le lendemain de sa mort. On y voit aussi une réduction au 25ᵉ, en bronze, de la colonne Vendôme.

ATELIERS. On ne visite que l'Atelier de fabrication de Monnaies d'argent (23 presses dont la plupart peuvent frapper une pièce

par seconde) et l'Atelier de fabrication des Médailles, où se trouvent deux balanciers à vapeur, l'un de la force de 100000 kilogr., l'autre de 50000.

Les visiteurs sont toujours accompagnés d'un Gardien « chargé de donner des explications sur le Musée et les Ateliers ».

On peut acheter des Médailles, de même qu'on peut vendre à la Monnaie toute espèce de Matières d'Or et d'Argent. S'adresser au Bureau du Change, au rez-de-chaussée, sous le grand Vestibule.

❦

MONTMARTRE, Bd, V. Boulevards. Les Grands.

MONUMENT DE GUY DE MAUPASSANT (Cl. Gaillard).

MONTMAR-TRE, BUTTE ET QUAR-TIER ●●●●

(XVIIIᵉ Arrondissement). *Cette colline, s'élevant à 100 mètres au-dessus de la Seine et qui doit son nom à un Temple de Mars qui couronnait autrefois son sommet, est aujourd'hui un double lieu de pèlerinage, et combien différent! Les uns montent avec le jour sur la « Butte sacrée » pour invoquer le Sacré-Cœur, les autres, les pèlerins nocturnes, n'y vont que pour entendre bafouer leurs croyances et railler leurs respects.*

De tout temps les Parisiens possédèrent en leur ville un quartier de joyeux divertissements. Ce furent les Barrières, les Porcherons, la Courtille, la Pte du Maine, où nobles bourgeois et manants se retrouvaient, le soir, en des Kermesses aux plaisirs un peu grossiers. De notre temps, Montmartre a reçu la mission d'amuser le Paris qui s'ennuie, et il le fait avec une « allégresse quasi foraine qui met tant de liberté dans son tapage et tant d'art dans sa fantaisie ».

Les Cabarets de Montmartre ne sont pas destinés aux familles et il importe à qui veut recevoir la leçon salutaire de la raillerie de ne s'étonner d'aucune licence.

Montmartre est une ville indépendante dans une ville soumise à toutes les obligations imposées par la vie sociale. Ne vont à la « Butte » que ceux qui veulent rire et ne point se scandaliser.

Le Bd de Clichy, commençant au Bd des Batignolles et allant jusqu'au Bd de Rochechouart, est la plus grande artère du Montmartre qui s'amuse.

La plupart des établissements que nous allons citer ne sont intéressants à visiter que la nuit venue. Ce sont, exception faite pour le nouvel Hippodrome, le Moulin Rouge et le Divan Japonais, des cabarets à visions fantasmagoriques ou des petites salles décorées très artistiquement de peintures et de dessins et que fréquentent les chansonniers à la mode.

En partant de l'extrémité du Bd des Batignolles, on trouve : le *Concert Européen*; le *Nouvel Hippodrome*; à l'angle du Bd de Clichy et de la R. Caulaincourt, plus loin, le *Voyage de Lilliput*; la *Côte d'Azur* (Café-Concert). Sur la Pl. Blanche, en face du célèbre restaurant de nuit, le *Café de la Place Blanche*, le *Moulin Rouge exhibe chaque soir les célébrités de la danse; puis, ce sont : le *Cabaret de l'Enfer* (n° 55), vision infernale; le *Cabaret du Ciel* (n° 55), vision mystique; le *Cabaret des Quat'-z-Arts* (n° 62), répertoire de X. Privas; le *Prince de la Chanson* « de Hyspa », etc.; le *Cabaret du Néant* (n° 34), où l'on est reçu par des croque-morts : les tables sont des cercueils; le visiteur qui ne craint pas d'effrayer les siens peut se faire transformer en squelette, couché dans sa bière.

Après avoir traversé la Pl. Pigalle, bien connue des noctambules avec ses cabarets de nuit (l'*Abbaye de Thélème* et le *Rat Mort*), le Bd se termine R. des Martyrs, près d'un concert : le *Divan Japonais* (77, R. des Martyrs), et le joli petit *Cirque Medrano*.

Le Bd Rochechouart, qui continue le Bd Clichy, traversant Montmartre, compte également une suite d'établissements spéciaux à ce coin de Paris.

La *Cigale* (n° 122) (Décorations de Willette), café-concert et pièces à femmes; le *Conservatoire de Montmartre* (n° 108), théâtre d'ombres satiriques et chansons d'actualité; l'*Alouette*, 88, Bd Rochechouart; le *Cabaret Bruant*, ou le *Mirliton* (n° 80) : la porte est fermée; il faut frapper pour entrer; visiteurs et visiteuses sont reçus par des refrains grossiers que répète toute la salle.

Le *Trianon-Concert* (petit théâtre très coquet, récemment incendié et en reconstruction); la *Gaîté Rochechouart* (n° 15), concert populaire et petites pièces amusantes.

À voir dans le voisinage des Bds de Clichy et de Rochechouart : à 8-10 m. de la Pl. Blanche, par la R. Lepic, le *Moulin de la Galette*, sur la Butte, bal populaire (Lundi et Dimanche). Le *Cabaret de l'Ane Rouge*, 28, Av. Trudaine (auteurs et compositeurs y interprètent leurs œuvres, Exposition permanente de Tableaux). Le *Clou*, également Av. Trudaine (petit cénacle où se réunissent les artistes et littérateurs de Montmartre). Le *Carillon*, 47, R. de la Tour-d'Auvergne (concert artistique). Le *Cabaret*

fin de siècle, 75, R. Pigalle, tenu par Alexandre, seul élève de Bruant, qu'il imite et dépasse en naturalisme. Les clients sont introduits comme dans une prison, par une sorte de geôlier; et accueillis par le refrain usité à Montmartre : « Tous les clients sont des cochons, la faridondaine, la faridondon ». Près de l'entrée, la porte des cellules de quelques condamnés à mort, entre autres: Géomay, Henry, Pranzini, etc., provenant de la démolition de la Roquette. Dans la même rue, plus bas, au n° 58 : le *Tréteau de Tabarin* (chansonniers célèbres dans leurs œuvres), Ferny, Hyspa, etc.

Dans la R. Victor-Massé, la *Boîte à Fursy* a remplacé le célèbre *Chat Noir*, fondé par Salis, le créateur du Montmartre artistique actuel.

Montmartre, comme lieu d'excursions, ne le cède à aucun des quartiers de Paris. On trouve là les petites ruelles montueuses, enchevêtrées, du vieux Paris. Et l'on monte à la butte que couronne le Sacré Cœur (V. ce mot) par des escaliers pittoresques.

MONTMARTRE CIMETIÈRE

C'est le p s pittoresque des Cimetières parisiens. D'étroits sentiers courent entre les monuments bâtis sur des terrasses formant des escaliers irréguliers. Et les grandes avenues elles-mêmes sont barrées par de hautes chapelles, ou s'enfoncent entre deux talus hérissés de pierres tumulaires et de croix. Un pont, le Pont Caulaincourt, enjambe un coin de ce champ de repos.

Presque toutes les tombes célèbres sont en bordure des allées.

Un plan placé sous le Pont Caulaincourt permettra aux visiteurs de se reconnaître facilement dans le dédale de ses avenues. Notre Plan porte des numéros qui indiquent l'emplacement des principales tombes et des divisions.

Omnibus : Sq. des Feuillantines-Pl. Clichy, Batignolles-Clichy-Odéon. ‖ Sq. des Batignolles-Jardin des Plantes.

À l'entrée de l'Avenue principale, le Carrefour de la Croix. Sous la colonne centrale sont enterrées les victimes du coup d'État de 1852. À g., le tombeau de la famille *Cavaignac*, où reposent Godefroy Cavaignac (m. 1845) et Eugène Cavaignac (m. 1857), Président de la République de 1848.

Statue couchée en bronze de Godefroy Cavaignac, un des chefs-d'œuvre de Rude.

À dr., sous le Viaduc : *Castagnary*, publiciste (m. 1888), buste par Rodin; le romancier-nouvelliste Beyle (Stendhal, m. 1842); *Jean Gérôme*, statue de la douleur, par L. Gérôme.

À d. du Pont Caulaincourt, l'Av. DES POLONAIS, ainsi nommée parce qu'elle contient beaucoup de sépultures de Polonais, n'offre que quelques tombes intéressantes, entre autres celle du *comte Potocki*, major de l'insurrection de Podolie.

Revenir au Carrefour de la Croix par le CHEMIN DE GARDE, y prendre l'Av. DUBUISSON, qui mène à l'Av. DE LA CLOCHE et à l'Av. CORDIER.

Sur l'Av. DE LA CLOCHE, se succèdent à dr. le philosophe Jules Simon (m. 1896), le journaliste *Marrast* (m. 1852), à g. le peintre Greuze (m. 1805) et le compositeur Victor Massé.

Dans la 27e division, à g., on trouvera la petite tombe de Henri Heine, dessinée par l'impératrice d'Autriche et entretenue par les socialistes allemands de Paris. Sur le grillage de la tombe, petit panier de perles, destiné à recevoir les cartes des visiteurs.

L'Av. CORDIER, plus à dr., longe d'abord le Cimetière Israélite, où les deux tombeaux les plus remarquables sont ceux d'*Osiris* avec une reproduction du *Moïse* de Michel-Ange, et du compositeur *Halévy* (m. 1832).

Puis, nous voyons, à g., Murger (m. 1861) le chantre de la Bohème et de la jeunesse pauvre. Sur sa tombe, une *Jeunesse reconnaissante*, par Millet, laisse tomber des fleurs. Plus loin, à dr., *Gozlan*, romancier (m. 1866), et, en face de ce dernier, Th. Gautier (m. 1872); sur la tombe, une *Poésie*, par Godebski, symbolise justement le talent du poète. C'est une belle fille, un peu hautaine, vêtue d'étoffes somptueuses. Non loin de là, au milieu des tombes, celle du colonel *Herbillon* (m. 1893) dont la sépulture est ornée d'une *Pleureuse*, par Pentacoste, étendue sur la pierre.

La tombe du peintre orientaliste *Guillaumet* (m. 1887) est gardée par une statue de *jeune Africaine*, bronze tout éclaboussé de lumière, par Barrias.

L'Av. Cordier aboutit, à g., à l'Av. DE MONTMORENCY; celle-ci coupe transversalement le cimetière, et délimite la partie haute et la partie basse, à laquelle on descend par des escaliers.

L'Avenue de Montmorency est la partie la plus aristocratique du cimetière Montmartre.

Nous trouvons là, entre l'Av. Cordier et l'Av. de la Cloche, le tombeau du Dr *Péan*.

À g., ceux du chanteur *Nourrit*, médaillon (m. 1839), du peintre Ary Scheffer (m. 1858) et d'Ernest Renan, auteur de *la Vie de Jésus* (m. 1892), puis le monument élevé à la mémoire de la duchesse d'Abrantès, femme du maréchal Junot.

Entre l'Av. de la Cloche et l'Av. de la Croix et à dr., monuments a la mémoire du *prince de Polignac* (m. 1863), de la *marquise de Mortemart* (m. 1876) et de la *duchesse de Montmorency-Luxembourg*.

À dr. de l'Av. Cordier, nous gagnons

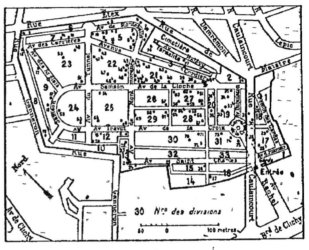

PLAN DU CIMETIÈRE MONTMARTRE

l'Av. MONTEBELLO, l'une des plus riches en monuments.

À g., *Kamienski*, volontaire polonais tué à la bataille de Magenta (mauvaise statue couchée, par un sculpteur italien); tombeau d'une famille russe, avec un ange d'un assez beau sentiment décoratif par Garniero; les deux tombeaux très modestes de Paul Delaroche (m. 1856) et d'Horace Vernet (m. 1863).

À dr., la chapelle où repose le cœur du maréchal *Lannes* (m. 1809) et deux ou trois vieilles sépultures de familles russes.

Sur l'Av. DES CARRIÈRES qui fait suite, à dr. de l'Av. Montebello, Léo Delibes.

C'est le point extrême du cimetière; on revient alors sur ses pas par l'Av. DES ANGLAIS : à g., Offenbach, dont le mausolée porte une lyre et une pelisse de bronze. L'Av. des Anglais débouche sur l'Av. SAMSON, qui forme un demi-cercle; à dr de l'Av. des Anglais, l'acteur *Samson*, de la Comédie-Française.

À g., cette avenue mène à l'Av. TRAVOT où se trouve, à dr., le tombeau du général *Travot* (m. 1836); puis, les deux tombes voisines de *Delphine Gay*, et de son premier mari, **Émile de Girardin**, le fondateur du journal a un sou.

On retombe alors sur l'Av. de Montmorency. Voir dans cette partie de l'avenue, a dr. à l'extrémité, le tombeau des deux frères littérateurs, **Edmond et Jules de Goncourt**. Médaillon en bronze de Lenoir.

En reprenant l'avenue à g., on arrive au Chemin Troyon; sur sa dr., à l'angle de l'Av. Troyon, le tombeau de *Marc Lejeune* est une grande construction massive, lourde et si elevée, qu'il faut un recul de 20 mètres pour apercevoir 4 figures symboliques qui gardent un sarcophage au sommet du monument.

Bordant le Chemin Troyon sont de nombreux et intéressants mausolées. A g., *Rostan*, médecin (m. 1866), haut-relief en marbre; sépulture *Ward*, que distingue un grand Christ en bronze; à dr., *Chaudet*, journaliste, fusillé pendant la Commune; et plus loin, Charcot, le médecin célèbre par son traitement des maladies nerveuses; a g., l'acteur *Rouvière* (m. 1865); Baudin, le représentant du peuple mort sur une barricade en 1851. La belle statue couchée sur son tombeau est de Millet. A dr., le poëte *Mery* (m. 1866), et les compositeurs *Ambroise Thomas* (1897) et *Clapisson* (1866). A g., tombeau du peintre *Troyon* (1865); à dr., enfin, celui du publiciste *Nefftzer* (1876).

En sortant du Chemin Troyon par le Chemin du Duc et le suivant à dr. jusqu'à l'extrémité du cimetière, on visitera encore l'Av. St-Charles, où se trouve inhumé, à dr., le poète A. de Vigny. A l'extrémité de l'avenue, près de la Porte d'entrée, caveau de la famille de *Saxe-Cobourg*.

❧

MONTPARNASSE, CIMETIÈRE ●●●●

Le second comme étendue (20 hect.) des grands Cimetières parisiens. Ce n'est pas une nécropole aussi élégante que le Père-Lachaise ou le Cimetière Montmartre, mais de grands morts y reposent, humbles héros du devoir, lettrés, savants, sous de modestes tombes, à côté de riches familles bourgeoises, célèbres dans le monde du commerce ou des affaires.

Le Cimetière est coupé en deux tronçons par la R. Gassendi et permet aux visiteurs de s'orienter facilement.

Entrée principale : Bd Edgar-Quinet, en face de la R. Huyghens.

Omnibus : G. Montparnasse-Pl. de la Bastille, qui débouche Bd Montparnasse, au coin du B. Raspail.

I° PARTIE. Entrée par le Bd Edgar-Quinet.

L'Av. de l'Ouest, en partant de l'Entrée principale du Cimetière, longe l'ancien cimetière Israélite, dont presque tous les tombeaux sont ornés du chandelier symbolique à sept branches.

Monument de Charlet, le lithographe des soldats de l'Empire.

Dans l'Av. Principale en partant de l'entrée, à g. la *sépulture Boucicaut, fondateur du Bon Marché; à dr., le tombeau de Henri Martin, historien (mort en 1883); à g., le *tombeau de *Vaudoyer*, architecte, d'un style très délicat et fort simple.

Près de la 1re Allée transversale, le tombeau de la famille Roty offre une composition d'un joli sentiment; une petite fille morte emporte sa poupée dans son linceul.

Au Centre, le monument du *Souvenir*, où l'on dépose les couronnes des morts qui n'ont plus de sépultures. A g., sépulture de *Deseine* (statuaire, mort en 1822) et de sa femme, et celle d'*Orfila*, célèbre médecin et chimiste. Cette allee conduit à la tombe de Baudelaire.

Par la 2° Allée transversale qui commence au Rond-point, on arrive à l'entrée d'un petit chemin à g., où sont enterrés dans un bosquet de fusains les 4 Sergents de la Rochelle.

A g., dans ce chemin, un *vieux Moulin* classé parmi les monuments historiques.

A l'extrémité de l'allée : Dumont d'Urville, le célèbre explorateur.

En revenant dans l'Av. principale, après le rond-point, à dr. *Chaudet*, statuaire (mort en 1810), et derrière son monument, curieux *tombeau de G. Pall, égayé de céramiques (son portrait en faïence); plus loin à g., *Marie de Gesvres*, le dernier membre de la célèbre et vieille famille Duguesclin.

A dr., tout un groupe de sépultures : deux grands monuments sans décorations autres que deux écussons portant les inscriptions de *Montmorency*, de *la Chastre*, de *Brissac*. Et ces deux sépultures de vieilles familles (on dit : *noble comme un Montmorency*) contrastent étrangement avec les tombes voisines, un peu surchargées d'ornements et de détails biographiques.

A g. du Rond-point, la 2° Av. transversale g. conduit dans le carré de dr. (11° division) aux *monuments de *Rude*, surmonté de son buste, en bronze, et portant, en guise d'inscription, sur une plaque de bronze la reproduction de son immortel *Chant du Départ*; de *Fr. Gérard*, peintre d'histoire (mort en 1832), avec bas-reliefs par Dantan, reproduisant deux œuvres du mort : *Bélisaire* et *le Christ*. Tout près de la tombe de Gérard, celle de *Vaneau*, élève de Polytechnique, tué en 1830 sur les barricades (tous les ans pèlerinage des polytechniciens).

A l'extrémité de l'Av. principale, l'Avenue du Midi offre peu de monuments remarquables.

Elle communique, en traversant la R. Gassendi, avec la partie la moins importante du cimetière. En revenant vers l'Entrée principale par l'Avenue de l'Est, on trouve le tombeau de *Mallot de Basselan*, avec une statue de Granet, puis, dans la 17e division, le caveau des *Sergents de ville* morts en activité de service.

A dr. de l'Avenue, le tombeau de l'astronome *Le Verrier* (mort en 1877), que surmonte une mappemonde; a g., monument *Bingham*, d'une belle architecture; à dr., le tombeau du général *Henry de Mylius* (mort en 1866); à g., sarcophage avec armoiries du marquis de *Clermont-Mont-St-Jean*; à dr., *Sainte-Beuve*, le *célèbre critique*, l'auteur des *Lundis;* et monument de *Mme Collard-Bigé*, peintre (morte en 1871).

La 2e Partie du Cimetière (2 entrées R. Gassendi) n'est pas la moins curieuse. Près de l'Entrée, dans l'Avenue du Midi, le nouveau Cimetière Israélite, aux monuments luxueux; à g., monument de la famille *Reutlinger*, avec une statue de femme par Pésieux; plus loin, tombeau du capitaine *Mayer*, tué en duel par Morès.

Allée Transversale, à g., 28e division, la modeste tombe de **Guy de Maupassant**, sur le bord de l'avenue.

A l'angle de l'Avenue transversale et de l'Avenue Thierry, le monument des *Militaires morts pour la patrie en 1870*, qui fait face au tombeau des *Sapeurs-Pompiers* morts au feu. Dans l'Av. Thierry, *Valentin*, préfet de Strasbourg, qui s'illustra en 1870.

Plus loin, le monument du colonel *Nerting*, 1886.

Mais le monument le plus riche, le plus en vue de toute cette partie de nécropole, est la **Chapelle** construite à l'angle du Bd et de l'Av. transversale.

Ce tombeau, qui appartient à une famille russe est, avec sa coupole dorée, ses mosaïques, ses curieux motifs d'architecture byzantine, une petite merveille d'arrangement délicat.

En longeant l'Avenue du Boulevard, on peut rentrer dans la partie principale du cimetière par l'Avenue du Nord, et regagner l'entrée principale.

❦

MONTSOURIS, PARC DE ●●●

Au Sud de Paris, à 1000 m. environ de la Pl. Denfert-Rochereau. Moins accidenté que le Parc des Buttes-Chaumont, le Parc de Montsouris (16 hect. de superficie) est le plus agréable et le plus intime des parcs parisiens. Il res-

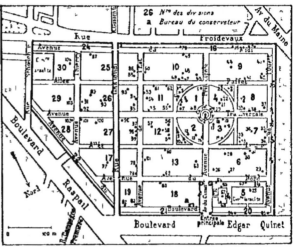

PLAN DU CIMETIERE MONTPARNASSE

semble plutôt à une propriété privée qu'à une promenade publique.

Les chemins de fer de Sceaux et de Ceinture coupent cette agréable retraite, si éloignée des boulevards et inconnue de la plupart des Parisiens.

Entrées : Av. de Montsouris; Av. Reille; Bd Jourdan et R. Cazan. Omnibus : Pl. de la République-Pl. Montsouris.

Dans la partie Est du Parc, un Lac d'une étendue de plusieurs hectares est le domaine de toutes les variétés de palmipèdes.

L'Été, le parc Montsouris est ouvert jusqu'à 9 h. du soir et n'est pas éclairé. C'est alors un séjour de calme absolu.

A part ses beautés naturelles, le Parc n'offre guère que quelques statues ou groupes peu intéressants, et un bâtiment de style Mauresque, reproduction du Bardo ou Palais du bey de Tunis.

Musique militaire, le Dimanche, de 4 h. 1/2 à 5 h. 1/2.

❦

DANS PARIS

MORGUE, LA

On expose à la Morgue les morts inconnus, trouvés dans la Seine ou sur la voie publique. On y recueille aussi les corps des personnes, qui, même connues, n'ont pas de domicile dans la capitale. Les derniers, par faveur spéciale, et sur demande écrite de la famille, ne sont pas exposés publiquement.

C'est à la Morgue que les médecins légistes pratiquent les autopsies des empoisonnés ou des assassinés.

A l'extrémité de l'île de la Cité, derrière Notre-Dame, entre le Pont de l'Archevêché et le Pont St-Louis.

Ouverte tous les jours de 9 h. à 5 h.

Bâtiment exigu, d'aspect glacial, la Morgue actuelle, qui date de 1864, comprend une partie centrale, avec la *Salle d'Exposition* et l'Appareil Frigorifique, et deux ailes latérales. Dans l'aile g. sont les Bureaux du Greffe (les cadavres n'en sortent qu'après toutes les formalités d'une levée d'écrou).

LA SALLE D'EXPOSITION : A l'entrée, sous le porche de la Salle publique, des tableaux renfermant les photographies des cadavres déposés, cadavres sur lesquels planera peut-être éternellement le mystère du crime ou de quelque fin tragique, et dont beaucoup remontent à un grand nombre d'années.

Au fond de la salle, dans un demi-jour funèbre, derrière la vitre du Frigorifique, sont étendus sur des lits de tôle, les cadavres nouvellement arrivés, la tête légèrement relevée, couverts décemment de leurs effets, et numérotés, dans un alignement méthodique. Placés à la température de 0°, ils peuvent rester exposés 40 jours.

Après ce temps, on les classe au Columbarium, dans des cases spéciales, où on peut les conserver à peu près indéfiniment. C'est ainsi que les débris de la « femme coupée en morceaux », il y a près d'un an, et trouvée dans la Seine, y sont toujours.

Il n'y a pas à Paris de vitrine qui attire plus de badauds que celle de la Morgue. On va pour voir le noyé, comme ailleurs on va pour voir la mode nouvelle, les orangers en fleurs.

En une année, sur environ 700 corps d'adultes recueillis, 350 avaient été repêchés dans la Seine (250 hommes et 100 femmes). Venaient ensuite par ordre décroissant les suicidés, les assassinés et les écrasés, beaucoup de pendus et d'asphyxiés par le charbon.

L'impression ordinaire de cette exposition de cadavres n'est ni bien terrible ni bien émouvante (sauf quand il y a crime); les suicidés et les noyés ont l'air d'être embaumés ou de dormir.

※

MUSÉES

Aucune ville au monde ne possède des Musées comparables au Louvre et à Cluny, à Carnavalet, musée documentaire de l'histoire de Paris, à quelques-unes des collections réunies par les patients investigateurs du passé artistique de l'Extrême-Orient.

Chose singulière, ceux qui accordent le moins d'attention aux inestimables trésors de leurs Musées, ceux qui ne les visitent que le moins souvent possible, ce sont les Parisiens !

Voir : **Archives Nationales** ‖ **Arts et Métiers** (Conservatoire des) ‖ **Beaux-Arts** (École des) ‖ **Carnavalet** ‖ **Cluny** ‖ **Conservatoire de Musique** ‖ **Galliera** ‖ **Guimet** ‖ **Invalides** ‖ **Louvre** ‖ **Luxembourg** ‖ **Monnaies** (Hôtel des) ‖ **Observatoire** ‖ **Sculpture comparée**.

※

MUSÉE ETHNO-GRAPHIQUE ⊙⊙

Non seulement Musée du Costume, mais véritable Musée de toutes les Civilisations Américaines, Africaines et Océaniennes, actuelles ou disparues. Comme terme de comparaison, on y joint des spécimens des Civilisations Préhistoriques Européennes, et, surtout, dans un but de documentation artistique, des collections de Costumes empruntés aux différents pays de l'Europe, et en particulier aux anciennes Provinces de France, avec tout ce qui se rattache à leurs mœurs, leur industrie.

Omnibus : Trocadéro-G.de l'Est ‖ Passy-Hôtel de Ville ‖ **Tramway** : Villette-Trocadéro.

Ouvert : les Dimanches, Mardis et Jeudis, de Midi à 5 h. du 1er Avril au 30 Septembre, de Midi à 4 h. le reste de l'année.

Situé dans la partie centrale du Trocadéro. Deux entrées de chaque côté, sous les grands Vestibules du Palais; entrée principale : sous le Vestibule de dr., en face de l'Ascenseur.

REZ-DE-CHAUSSÉE ⊙⊙ Au centre, la Pierre de la *Tortue de Chiriqua* (Guatémala), monument funèbre, ainsi nommé parce qu'il a la forme d'une carapace de tortue.

1er PALIER. A g., Industrie moderne de la Patagonie. A dr., Industrie rudimentaire de la Terre-de-Feu.

2e PALIER. A remarquer, dans la vitrine de g. (République Argentine), un *tapis en cuir*

de cheval, orné d'élégants dessins en mosaïque coloriés. En face de l'Escalier, une copie du Monument de *Don Pedro*. A g. de l'escalier, les **Salles Africaines et Océaniennes.**
Afrique. A dr. de la porte, grande vitrine, où se trouve la *selle d'Abd-el-Kader* et les selles des principaux chefs arabes pris avec la Smala, don du maréchal Randon. A l'autre bout, objets touareg, costumes, armes, selles très rares. Près des fenêtres, * *tam-tams de guerre* en bois sonore, ornés de *crânes humains*.

Afrique du Nord. Dans les vitrines du Centre, objets provenant de la conquête française au Dahomey. *Trône de Glé-Glé*, *Trône de Béhanzin*, devant lequel sont tombées tant de milliers de têtes de captifs ; divinités dahoméennes, le dieu Mars du Dahomey (Ebo ou Gbo), en bronze.

Au dessus des vitrines, curieux * *fétiches* de pluie en forme d'animaux.

    Dans les chaudes régions de l'Afrique Centrale, les pluies sont rares, la sécheresse terrible, et les indigènes, pour rendre le ciel plus clément, se munissent d'un gros clou, d'autant plus gros qu'ils désirent une pluie plus abondante et l'enfoncent dans le corps du fétiche, de sorte que finalement celui-ci ressemble à un porc-épic. C'est une sorte d'envoûtement.

Dans les vitrines de la Salle suivante (**Afrique australe**) curieux Dessins sur pierre, ressemblant aux dessins trouvés dans les cavernes préhistoriques d'Europe.— Petites Poupées en peau, fabriquées par les Boers. — Collection de Madagascar.

DEUXIÈME ÉTAGE ⊙⊙ *Océanie.* Tout autour de la Salle, collection de la Malaisie, des Iles de la Sonde, de la Nouvelle-Zélande, armes, instruments de pêche et de chasse, la plupart faits en *ossements humains.*

A l'autre bout de la salle, *proue et poupe d'une pirogue*, merveilleux travail de patience exécuté en entier à l'aide d'une *coquille coupante*. — *Sarcophage* en bois peint à l'ocre rouge, provenant de la Nouvelle-Zélande, pièce très rare, parce qu'ordinairement les naturels brûlent le sarcophage avec le cadavre qu'il contient, et jettent ensuite les cendres dans un précipice. Sur ce sarcophage, sculptée grossièrement, l'image du mort, qui tire la langue.

A g., vitrine contenant des marionnettes javanaises mécaniques, servant à la représentation des poèmes sacrés.

SALLE D'AMÉRIQUE : A dr. du Grand Escalier, la Salle consacrée à l'Amérique du Nord et à l'Amérique Centrale, divisée en deux par une galerie longitudinale.

Coté des Fenêtres. Dans la collection de la Guyane, les * *épaves de la mission Cre-*

vaux, * Momies péruviennes, différentes des momies égyptiennes (repliées sur elles-mêmes au lieu d'être étendues).

Bas-Pérou. A dr., toutes les Maladies et les Infirmités humaines, personnifiées sous forme de fétiches : pied bot, goutte, lèpre. A g., vases reproduisant par leur forme tous les spécimens de la Faune du Pérou, surtout les oiseaux. — *Bande de tapisserie* péruvienne (du XIVe s.) d'un merveilleux travail.

A dr., Coiffures et Insignes de guerre *garnies d'éclatantes plumes d'ara.

Colombie. A dr., * Têtes de *Peaux-Rouges*, habilement désossées, dont la peau s'est ratatinée et réduite à sa plus simple expression.

Mexique. Au Centre, une * *Divinité toltèque*, le *Serpent emplumé*, portant à l'extrémité de la queue la sonnette du crotale.

2e GALERIE : Moulages de Monuments mexicains et péruviens, * la *Pierre des sacrifices*, à Mexico, sorte de monument commémoratif entouré de bas-reliefs retraçant les hauts faits d'un chef mexicain.

Dans le Vestibule du 2e Escalier, Galerie consacrée à l'Europe : Costumes Suisses, costumes et armes d'Albanie.

Vestibule du rez-de-chaussée: scènes de l'Age Préhistorique en Europe.

A g. de l'escalier, la **Salle de France**, avec groupes de Personnages en Cire, costumés, animant différentes scènes de la vie domestique des intérieurs Bourguignons, Flamands, Auvergnats, Bretons et Pyrénéens.

❧☙

MUSÉUM. V. Jardin des Plantes.

❧☙

NATION, PLACE DE LA ⊙⊙⊙⊙⊙ *Appelée autrefois « Place du Trône », en souvenir d'un solennel hommage reçu en cet endroit par Louis XIV, après la paix des Pyrénées.*

Entre le Cours de Vincennes, le Faub. St-Antoine, les Bds Voltaire et de Charonne, l'Av. Philippe-Auguste.

Tramways : Louvre-Vincennes ‖ Cours de Vincennes-Louvre ‖ Villette-Pl. de la Nation ‖ Pl. de la Nation-G. de Sceaux ‖ Montreuil-Châtelet. *Métropolitain :* Station.

Comme la Pl. de l'Étoile, la Pl. de la Nation est destinée à devenir le point de jonction de 12 avenues rayonnant à travers les quartiers voisins.

Au Centre, un bassin que domine * le **Triomphe de la République**, de Dalou, inauguré le 19 novembre 1899, en présence de 300000 ouvriers des corporations parisiennes.

A l'Est s'élèvent deux Colonnes doriques, hautes de 30 m., qui supportent les statues en bronze de *Philippe-Auguste*, par Dumont, et de *Saint Louis*, par Etex.

Une fois par an, cette place est le centre de la plus importante des fêtes foraines : la « Foire au pain d'épices », qui commence le jour de Pâques et dure 3 semaines, et est le rendez-vous de tous les Parisiens et surtout des Parisiennes. Dans *les Rois en exil*, Daudet a merveilleusement depeint l'empressement du populaire autour des baraques des

ABSIDE DE NOTRE-DAME *(Cliché Foilier Maiotte).*

banquistes, les heurts, les coudoiements de la foule et la joie « bon-enfant » du public de Paris.

❦

NOTRE-DAME, ÉGLISE ● ● ● ● *Vieille reine de nos Cathédrales, Notre-Dame est* un des plus beaux monuments de l'Art Ogival en France. Elle l'emporte même sur les Cathédrales de Chartres et de Reims par la majesté sévère de sa façade. — « Cette façade, a dit Victor Hugo, avec ses 3 portails creusés en ogives, le cordon brodé de dentelles des 28 niches royales, l'immense rosace centrale flanquée de ses deux fenêtres latérales comme le prêtre du diacre et du sous-diacre, la haute et frêle galerie d'arcades à trèfles qui porte une lourde plate-forme sur ses fines colonnettes, enfin les deux noires et massives tours avec leurs auvents d'ardoises, parties harmonieuses d'un tout magnifique, superposées en cinq étages gigantesques, se développent à l'œil, en foule et sans trouble, avec leurs innombrables détails de statuaire, de

sculpture et de ciselure, ralliés puissamment à la tranquille grandeur de l'ensemble. »

— Place du Parvis-Notre-Dame.

Omnibus : Square des Batignolles-Jardin des Plantes ‖ **Tramways :** Châtelet-Ivry ‖ Choisy-Villejuif. Pour monter sur les Tours, entrée R. du Cloître-Notre-Dame, à g. de la Cathédrale, de 9 à 5 h. (prix 20 c., plus 20 c. si l'on désire voir les Cloches, parmi lesquelles le fameux Bourdon, du poids de 120000 kilos).

Le Trésor de N.-D. est ouvert tous les jours, sauf Dimanches et Fêtes, de 10 à 4 h. (entrée 1 fr. par personne).

La Façade et le Vaisseau du XIIIe s., le Portail Méridional et le Portail Septentrional furent construits vers 1163 Les Chapelles ne furent achevées qu'au milieu du XVe s.; on voyait, à leur place, des boutiques; une foire permanente se tenait dans la Cathédrale où les citoyens se réunissaient à toute heure du jour pour s'occuper des affaires de la Cité. Les cathédrales avaient alors un caractère mi religieux, mi-civil. Le clergé y rendait la justice.

Sous la Commune, l'incendie de N.-Dame fut heureusement arrêté à temps par le Dr Péan et les internes de l'Hôtel-Dieu.

L'EXTÉRIEUR DE N.-D. ◉◉ Chacune de ses parties porte la marque originale des artistes qui ont contribué à l'édifier.

LA FAÇADE PRINCIPALE : C'est la partie la plus sévère et la plus imposante de Notre-Dame. Elle passa de tout temps pour un chef-d'œuvre (unité parfaite, savante combinaison de lignes, simplicité et clarté de la composition). Très sobrement ornée, elle se divise en trois étages :

Ier **Étage.** Formé par le triple Portail que couronne la Galerie des Rois de Juda.

Le Portail Sud (à dr.), dit *Porte Ste-Anne*, est le plus ancien. Au trumeau, *St Marcel foule aux pieds le dragon* qui, suivant la tradition, dévastait les environs de Paris. Au tympan, scènes de la vie de Ste Anne et de la Vierge. Les *fers forgés* de la porte sont un des plus parfaits spécimens de la serrurerie du Moyen Age.

La légende raconte que le serrurier, ne pouvant venir à bout de son travail, appela le diable à son aide et lui promit son âme, une fois les trois portes ferrées. Le diable exécuta le marché, mais il lui fut impossible de poser les pentures sur les vantaux de la porte centrale, parce que c'est par cette porte que passait le St-Sacrement les jours de grande procession. Le serrurier garda son âme et le diable en fut pour ses deux portes, qui seules restèrent garnies de leur magnifique ferronnerie.

Le Portique Central est surtout remarquable par son trumeau : *le Jugement dernier.*

Les anges sonnent de la trompette, les morts ressuscitent de leurs tombeaux, l'archange St Michel porte une âme dans un des plateaux de sa balance, tandis que des démons pèsent sur l'autre; les élus, coiffés de couronnes, en longue tunique flottante, regardent le Ciel qui s'ouvre pour eux, et les damnés, tout nus, enchaînés, sont chassés en Enfer par les démons. On voit beaucoup de femmes, un évêque, un roi, un chevalier, etc.

Le Christ, en souverain juge, les pieds reposant sur le monde, le torse nu et montrant ses plaies, est entouré d'anges tenant les instruments de la Passion, de la Vierge et de St Jean intercédant pour les hommes. Six rangs de voussoirs forment archivoltes sur le tympan et complètent la composition. « Deux de ces cordons, dit Viollet-le-Duc, représentent des anges à mi-corps comme une auréole autour du Christ. »

La 3e contient les prophètes, la 4e les docteurs, la 5e les martyrs, la 6e les Vierges. Au bas des voussures (courbure de la voûte), à la dr. du Christ, un ange et des élus; Abraham; à la gauche, l'*Enfer*.

A g. de la porte, les *Vierges sages*; à dr., les *Vierges folles*.

Le portail de g., dit *Portail de la Vierge* (qui sert ordinairement d'entrée), est surmonté de sculptures représentant l'*Ensevelissement* et le *Couronnement de la Vierge*. Cette composition serait, d'après Viollet-le-Duc, le chef-d'œuvre de l'Ecole de Statuaire française au commencement du XIIIe s.

La Galerie des Rois de Juda, au-dessus, est formée de niches successives contenant 28 statues remplaçant celles que la Révolution détruisit, les ayant prises pour les statues des rois de France. Cinq statues dominent cette galerie. Au milieu, la Vierge accompagnée de deux anges; à dr., Adam; à g., Ève.

DEUXIÈME ÉTAGE : A pour ornement une magnifique *rose*, d'architecture très simple, et deux doubles fenêtres ogivales qui resplendissaient jadis de couleurs et de dorures dont on voit encore quelques traces.

TROISIÈME ÉTAGE, composé d'une Galerie à colonnettes hautes de 8 m., qui sont la grâce de la façade. Au milieu du monument, cette galerie se profile sur le ciel, légère comme une dentelle. La balustrade qui couronne ce 3e étage est fantastiquement ornée de monstres, de chimères. Au-

dessus, se dressent les deux grosses *tours* carrées (68 m.), qui semblent plutôt faites pour la défense que pour l'ornement de la Cathédrale. Leurs larges baies ont 16 m. de hauteur. Derrière les tours surgit la *flèche*, très élégante, haute de 45 m.

LA FAÇADE LATÉRALE : Sur la rue du Cloître-Notre-Dame, c'est un hérissement de gargouilles et d'ornements fantastiques; la *Porte Rouge* réservée aux chanoines, est une merveille de grâce simple, avec son *Couronnement de la Vierge*, sa délicate guirlande d'églantines courant autour de l'ogive.

LA FAÇADE SUD : On ne peut la voir que de loin, sur le Quai de l'Archevêché. Ses trois étages en retrait indiquent les divisions du plan de la Cathédrale. Le portail est orné, au tympan, de scènes de la vie de St Étienne; au trumeau, statue de St Étienne, par Dechaume. Sur cette façade, près du chœur, Viollet-le-Duc (qui a beaucoup fait pour rendre à Notre-Dame sa décoration primitive) a construit une *sacristie* dans le style de l'édifice.

C'est au crépuscule, ou par une nuit de lune, — du pont d'un bateau descendant la Seine, ou du quai de l'île St-Louis, — qu'il faut admirer l'imposante masse de N.-Dame, dont la silhouette se détache comme une grande et à l'ancre, à la pointe de la Cité, entre les deux bras du fleuve. Ses flèches aiguës ressemblent à de longs mâts, ses arceaux et ses arcs boutants à de larges banderoles, et ses gargouilles à un vol de chimères.

L'INTÉRIEUR : Notre-Dame a la forme d'une croix latine. L'intérieur, long de 130m., large de 46 m. 60 et haut de 35 m., est divisé en 5 nefs. 75 piliers de forme et de structure différentes supportent les voûtes. De larges galeries, d'élégantes tribunes soutenues par 108 petites colonnes d'une seule pierre s'étendent sur les bas côtés et au pourtour supérieur du chœur.

Autrefois, les drapeaux pris sur le champ de bataille par les armées françaises étaient suspendus au niveau de ces galeries.

A g., en entrant, l'autel de *Notre-Dame de Bonne Garde*, devant lequel sont agenouillés sans cesse des gens qui prient pendant que brûle le cierge allumé par eux devant la statue miraculeuse.

On demande à N.-D. de Bonne Garde la guérison des malades (tout près, à l'Hôtel Dieu) ou la réussite des *examens*, etc.

Se placer devant le chœur, sous le lustre, pour voir les trois grandes roses de la façade et des portails latéraux. Leurs vitraux (XIIIe s.) représentent la Vierge, des personnages de l'Ancien et du Nouveau Testament, mais ils sont surtout remarquables par l'harmonie de leur composition. Ce sont trois grandes fleurs symboliques et merveilleuses, striées de rouge, de vert tendre, de rose, de toutes les colorations du prisme. Quand le soleil les éclaire et leur donne la vie, on ne peut rien rêver de plus beau.

Viollet-le-Duc dit que c'est au coucher du soleil, pendant les beaux jours, qu'il faut voir de l'intérieur le grand Portail de N.-Dame. Son front s'illumine des couleurs les plus chaudes, les verrières semblent jeter des étincelles, ces myriades de figures ces êtres étranges qui garnissent les galeries, paraissent s'animer comme pour un mystérieux concert.

La **Chaire**, dans laquelle ont pris la parole tous les grands orateurs religieux, a été exécutée d'après les dessins de Viollet-le-Duc (1868); c'est un chef-d'œuvre. Le **Grand Orgue** de Cliquot (1750) a été restauré et perfectionné par Cavaillé-Coll. C'est le plus grand qui existe en France (6800 tuyaux, une étendue de 10 octaves, 96 jeux, 110 registres, 5 claviers, 22 pédales de combinaison). La Maîtrise de N.-D. comprend une quarantaine d'exécutants.

LE CHŒUR : Fermé par une magnifique grille dorée. 52 stalles hautes et 26 stalles basses qui se terminent par deux grandes stalles archiepiscopales; ce sont de superbes boiseries du XIII⁰ s. décorées de bas-reliefs, représentant différentes scènes de la vie de Jésus et de la Vierge. C'est là que St Dominique prêcha après que la Vierge lui eut apparu, et c'est là que le comte de Toulouse, Raymond VII, vint abjurer l'hérésie, en chemise, un cierge à la main.

Le **Maître-Autel** est orné d'un groupe en marbre de Coustou, appelé *le Vœu de Louis XIII* (avait fait vœu de mettre le royaume de France sous la protection de la Vierge Marie).

Pourtour du Chœur (*Vie de Jésus*). Les bas-reliefs qui restent sont l'œuvre de Jean Ravye et Jean Bouteiller, « imagiers » de Notre-Dame (1351).

LE TRÉSOR DE N.-D. — Visible de 2 h. à 4 h. t. l. j., sauf dimanches et fêtes (entrée 1 fr. par personne).

Après avoir visité la Cathédrale, on revient par le côté droit, jusqu'à la grille. On monte 3 marches. A g. se tient un Gardien chargé de délivrer les cartes d'entrée. (1 fr.)

L'Entrée est dans le 2⁰ Couloir à dr. (Sacristie du Chapitre, indiquée par un écriteau).

S'il n'est pas 2 h., attendre un instant devant le Couloir, assister à l'arrivée des chanoines qui se rendent dans le chœur pour vêpres. Si l'office est déjà commencé, s'approcher de la grille.

Après avoir remis les cartes à un Gardien, on pénètre dans la Sacristie, où est la Salle du Trésor. Cette salle, œuvre de Viollet-le-Duc, est moderne, de même que les vitraux; celui de la baie du centre représente, au bas, *Mgr Affre sur son lit de mort*.

Le **Trésor**, ou plutôt les Trésors de N.-D., dispersés au moment de la Révolution et reconstitués avec beaucoup de peine, sont renfermés dans de petites armoires fermant à clé, et que le gardien ouvre à une à une, en donnant une rapide explication sur les principaux objets. Les plus anciens datent du XIII⁰ s. et l'on s'accorde à dire qu'ils sont plus riches en matières précieuses qu'en valeur artistique.

En entrant, à d., on montre tout d'abord le *Manteau du Sacre de Napoléon I⁰⁰* et le coussin sur lequel reposa la couronne impériale. Les armoires de droite contiennent des collections de calices (dont 2 du XIII⁰ s.), de ciboires et d'ostensoirs du plus grand prix, et une *croix* ayant appartenu à *Thomas Becket*, archevêque de Cantorbéry (1117-1170). Au centre, Chasuble que porta Pie VII pour le couronnement de Napoléon I⁰⁰.

Plus loin, Masques moulés de NN. SS. Darboy et Affre; une vitrine en cristal contient une Vertèbre de ce dernier.

Au fond, à dr., armoire contenant la *Soutane ensanglantée de Mgr Affre*, celle de Mgr Darboy, percée de six balles, et le Rochet de Mgr Sibour poignardé à St-Étienne-du-Mont. Plus à gauche, *grande Statue en argent de la Vierge* donnée par Charles IX. A g., vases sacrés, calices du XIV⁰ s., grande croix émaillée du XII⁰ s., chasubles du XVI⁰ s., Mitres et Chaussures de Mgr Darboy et du cardinal de Bellay (1803), colliers du XIII⁰ s., la Discipline de St Louis. Au centre, reliquaires dont l'un contient le **Saint Clou**, l'autre un des **Fragments de la Vraie Croix**, un autre des reliques de Ste Geneviève. Un autre, en or et en cristal, orné de nombreuses pierreries, est celui dans lequel on exposait le Vendredi-Saint la **Couronne d'Épine** rapportée de la Terre Sainte par saint Louis. L'exposition a lieu tous les *vendredis de Carême*. Toute l'année, la Couronne d'épine reste entre les mains des chanoines, qui seuls savent où elle est déposée.

Les armoires à g. de l'entrée contiennent des calices, dont celui de St Louis (provenant de la Ste-Chapelle) et qui servait pour la communion de Louis XVI et de Marie-Antoinette.

Dans le bas, des tiroirs (curieux comme disposition) renferment les vêtements sacerdotaux des chanoines, étoffes tissues d'or et d'argent, enrichies d'émeraudes et de saphirs.

De là, on passe dans la Salle du Chapitre, où sont disposés les sièges des chanoines. — A dr., COLLECTIONS DE CAMÉES représentant tous les Papes ; à g. en entrant, grande armoire contenant encore des objets du culte, dont un ostensoir de 2 m. 25 de haut, en argent massif, divers reliquaires et, en haut, à g. et à dr., bustes en argent grandeur naturelle de saint Louis et de saint Denis.

Sur les portes, à l'intérieur, une huitaine de panneaux racontent l'histoire de saint Louis.

Au-dessus de la porte d'entrée, tableau représentant Mgr Affre tué sur la barricade.

Dans les CHAPELLES, autour du chœur (en commençant par la dr.), nombreux tombeaux, dont : celui de Mgr Affre, tué par une balle égarée pendant l'insurrection de 1848, sur la barricade du Faub. St-Antoine ; celui de Mgr Sibour, successeur de Mgr Affre et mort aussi tragiquement, le 3 janvier 1857 : un prêtre interdit, Verger, le tua d'un coup de couteau dans l'Église St-Étienne-du-Mont (V. ce mot), de Mgr Darboy, archevêque de Paris, arrêté par ordre de la Commune, retenu 2 mois comme otage et fusillé le 24 mai 1871 dans la cour de la Prison de la Roquette (démolie aujourd'hui), avec le président Bonjean et les autres otages dont les noms sont inscrits dans l'église N.-D. sur 2 plaques de marbre noir, à dr. du portail S.

A voir dans le voisinage immédiat : l'*Hôtel de Ville*, le *Palais de Justice*.

Derrière N.-D., sur le Terre-plein, entre les Ponts St-Louis et de l'Archevêché, la *Morgue*, où sont exposés les morts inconnus ; et l'*Ile St-Louis*, qui ressemble à une petite ville du XVIIe s. perdue dans le grand Paris moderne.

❧❦❧

NOTRE-DAME-DE-LORETTE, ÉGLISE

Autrefois petite Chapelle appelée N.-D.-des-Porcherons. Vendue en 1796, elle fut reconstruite en 1824 par l'architecte Lebas, à l'image des basiliques romaines.

Omnibus : Batignolles - Clichy - Odéon ‖ Trocadéro-Gare de l'Est.

L'extérieur n'a de curieux que son portique ; au tympan : *les Anges adorant Jésus, que leur présente la Vierge*. L'intérieur, somptueusement et coquettement décoré, en a fait une des églises les plus mondaines de Paris.

La plupart des peintures de la nef et du chœur sont consacrées aux grands faits de la vie de la Vierge. Ce sont, de dr. à g. en faisant le tour de la nef : *la Naissance de la Vierge*, par Monvoisin ; *la Consécration*,

par Vinchon ; *le Mariage de la Vierge*, par Langlois ; *l'Annonciation*, par Dubois.

Dans le chœur : *Jésus et les docteurs*, par Drolling ; *le Couronnement de la Vierge*, par Picot ; *la Présentation*, par Hejm.

A g., en revenant vers l'entrée : *la Visitation*, par Dubois ; *l'Adoration des bergers*, par Hesse ; *l'Assomption*, par Dejuinne.

Les CHAPELLES DES BAS CÔTÉS sont décorées de fresques ayant trait à la Vie des Saints : à dr., en partant de l'entrée, *Martyre de St Hippolyte*, par Hesse ; *St Hyacinthe*, par Jeannot ; *Ste Thérèse*, par Decaisne. A g., en partant de l'entrée : *Ste Geneviève*, par Devéria ; *St Philibert*, par Schnetz ; *St Étienne*, par Champmartin et Couder.

A voir dans le voisinage immédiat : L'*Hôtel des Ventes*, r. Drouot.

❧❦❧

NOTRE-DAME-DES-VICTOIRES, ÉGLISE

ou « les Petits-Pères ».

Le 9 décembre 1629, Louis XIII posa la première pierre de cette Église et lui donna le nom de N.-D.-des-Victoires en souvenir de ses victoires sur les protestants. Sous la Révolution, N.-D.-des-Victoires servait de Bourse et ne fut rendue au culte qu'en 1809.

Pl. des Petits-Pères.

Omnibus : Pl. Pigalle-Halle aux Vins ‖ Bd Montparnasse-G. du Nord ‖ Pl. Wagram-Bastille.

A l'entrée, au-dessus du bénitier, inscription grecque, renouvelée de Ste-Sophie de Constantinople, pouvant se lire indifféremment de g. a dr. ou de dr. à g. et signifiant : *Lavez non seulement votre visage, mais vos péchés*.

A dr. du chœur, CHAPELLE DE LA VIERGE très richement décorée, avec inscription de marbre et ex-voto. La Vierge, don de Louis XIV, entourée de fleurs et de lumière, porte une couronne d'or étincelante de pierreries. De nombreux fidèles y sont continuellement en prières et font brûler des clerges.

Cette Chapelle est un but de Pèlerinage célèbre et le siège de l'Archiconfrérie de N.-D. des Victoires (Conversion des Pécheurs).

Au chœur, *boiserie* d'un très beau travail ; autour du chœur, 7 tableaux de Van Loo : *Actions de grâces pour la prise de La Rochelle, Baptème de St Augustin*, etc.

Dans la 2e CHAPELLE A G., Tombeau du musicien *Lulli*, par Michel Botton et Coysevox.

❧❦❧

OBERVATOIRE
Construit sur les dessins de Perrault par ordre de Louis XIV. Divisé en salles appropriées aux études astronomiques, avec les ouvertures correspondant aux différents points du ciel. — Musée d'Astronomie. — Dans les Jardins (3 hectares), plusieurs Pavillons destinés aux observations célestes. — Sidérostat, Instruments Méridiens, grands Télescopes équatoriaux coudés,—

Av. de l'Observatoire.
Omnibus : Montmartre - Pl. St-Jacques.
Tramways : Montrouge-Gare de l'Est ‖ Gare Montparnasse - Bastille ‖ St-Germain-des-Prés-Chatillon-Fontenay ‖ Pl. de la Nation-Gare de Sceaux (pour ces 2 derniers, descendre Pl. Denfert-Rochereau).
Visites. Le 1er Samedi du mois, à 2 h. Demander autorisation au Dir. par lettre affranchie (timbre de 15 c, pour la réponse.)

PREMIER ÉTAGE ⊚ Bibliothèque; Salles où sont conservés des Appareils anciens et de nombreuses Photographies du Ciel.

DEUXIÈME ÉTAGE ⊚⊚ Musée Astronomique Créé en 1879 par l'Amiral Mouchez, alors directeur de l'Observatoire. Portraits de Cassini, Lalande, Delambre, Laplace, Arago, Delaunay, Le Verrier, etc. *Médailles relatives à l'histoire de l'Astronomie. Dessins, gravures, photographies de Corps Célestes. — Groupes de Volcans Lunaires, amas stellaires, Jupiter, Mars, etc. Instruments Astronomiques anciens. Instruments ayant servi à l'établissement du Système Métrique. * Sphère de Mercator (1551).
Première Lentille à échelons de Fresnel. Appareils de M. Cornu pour mesurer la Vitesse de la Lumière, etc.
Au plafond, le Passage de Vénus sur le Soleil, grande fresque.
De là les visiteurs sont conduits par l'Astronome chargé de présenter les appareils et d'en expliquer le fonctionnement dans la *Salle des Méridiennes (Aile du côté E.). Plusieurs Lunettes Méridiennes, un cercle mural de Gambey, etc.
On passe ensuite dans les Jardins voir le *Grand Télescope, dont le tube a 7 m. 50 de long, et le miroir 1 m. 20 de diamètre, Il pèse plus de 10000 kil., et à coûté 200000 fr. Ce télescope, grâce à un mécanisme ingénieux, peut changer de position au gré de l'astronome, et sous une seule pression de la main.
Au fond, à dr., le *Grand Équatorial coudé, long de 25 m. environ, construit suivant les indications de M. Maurice Loewy, directeur de l'Observatoire.

On revient dans le bâtiment principal, pour monter au sommet de l'édifice et voir, dans les coupoles, les *Grands Équatoriaux droits de Secrétan-Eichens, de Brunner, les Pluviomètres, etc.
Du haut des Terrasses, la vue s'étend sur tout Paris.
A voir dans le voisinage (avec Tramway) : le Parc de Montsouris.

❧❧

OPÉRA, Pl. et Av. de l' : V. Boulevards, Les grands.

❧❧

PALAIS
Si Paris possède de superbes monuments de l'architecture religieuse, il n'est pas moins bien partagé sous le rapport de l'architecture civile. Souvent ses palais sont des réminiscences de l'art antique, comme la Bourse, la Chambre des Députés, ou de serviles copies de l'art italien, tel le Palais du Luxembourg. Mais à côté de ceux-là, il en est d'autres qui sont la gloire d'une légion d'architectes, de Mansard et de Cl. Perrault à Ch. Garnier. Quelle façade plus merveilleuse que la Colonnade du Louvre, et, dans son genre, est-il un plus bel édifice que l'Opéra ?

Voir Beaux-Arts (École des) ‖ Chambre des Députés ‖ Élysée ‖ Louvre ‖ Luxembourg ‖ Palais-Bourbon ‖ Palais-Royal ‖ Palais de Justice ‖

❧❧

PALAIS DE JUSTICE ⊚
Bâti à des époques différentes, le Palais de Justice est un véritable dédale de couloirs et d'escaliers. On visite avec le Palais la Ste-Chapelle et la Conciergerie (V. plus loin).

Entrée principale, Bd. du Palais.
Omnibus : G. St-Lazare-Pl.-St-Michel ‖ Pl. Pigalle-Halle' aux Vins. Tramways : Chapelle-Sq. Monge ‖ Montrouge-Gare de l'Est ‖ Vaugirard-G. du Nord.
Ouvert t. l. j., sauf dimanches et fêtes, de 11 h. à 4 h.

Les plus intéressantes des audiences publiques sont celles de la Cour d'Assises. (Suivre la Galerie à dr. en entrant par le Grand Escalier.) Lors des grandes causes qui passionnent l'opinion, des camelots font la queue Pl. Dauphine pour céder et revendre leur place.
Les affaires qui se plaident en Police Correctionnelle (à g. dans la Cour, suivant la Cour d'Honneur, traverser la Cour de la Ste-Chapelle), sont curieuses pour qui veut connaître les petits détails de la vie parisienne.

Entrée principale :
Par la Cour de Maiou Cour d'Honneur

séparée du Boulevard du Palais par une magnifique grille en fer forgé et dorée. Ce fut dans la Cour de Mai que, le 11 juin 1762, fut brûlé publiquement par le bourreau l'*Émile* de J.-J. Rousseau.

Un **Escalier** monumental conduit au Vestibule ou Cour Marchande (un Costumier y loue des robes aux avocats, qui ne peuvent plaider qu'avec ce costume).

La Galerie de g. conduit à la Ste-Chapelle; celle de dr., du Vestibule à la *Salle des Pas-Perdus, la plus vaste salle de Paris (73 m. de long, 28 m. de large et 10 m. de haut) autrefois appelée salle de marbre; les clercs de la Basoche y jouaient leurs « farces », leurs « soties » sortes de spectacles burlesques et satiriques, si magistralement décrits par V. Hugo dans *Notre-Dame de Paris*. — A l'extrémité, voir la grande Table de

La **Salle des Pas-Perdus** est le parloir et le promenoir du monde du Palais. On y rencontre tous les avocats en renom.

PALAIS DE JUSTICE (*Cl. Fortier-Marotte*)

C'est un des spectacles curieux de la vie de Paris que cette immense salle où se croisent des huissiers et des plaideurs affairés et inquiets, des femmes en grand deuil ou en grande toilette, des journalistes qui prennent des notes, des greffiers, des hommes d'affaires, d'anciens ministres ou députés, redevenus, comme devant, simples avocats.

Les 1re, 5e et 7e Chambres du Tribunal Civil s'ouvrent dans la Salle des Pas-Perdus. Quand s'ouvrent, à 11 h., les audiences, les huissiers crient : « Le Tribunal, Messieurs, chapeau bas ! »

En suivant la Galerie des Prisons (ou des Prisonniers), qui commence entre la « Galerie Marchande » et la salle précédente, visiter, à dr., la Galerie St-Louis, d'une décoration très harmonieuse (statue de *saint Louis* et *fresques* d'Olivier Merson), qui conduit aux Salles de la Cour de Cassation.

Dans la Chambre Civile (à l'extrémité de la Galerie des prisonniers, à dr.); peintures décoratives de Baudry et *Christ* par Henner.

Pénétrer en tournant à g. dans le Vestibule du Harlay, décoré des statues de saint Louis, Philippe-Auguste, Charlemagne.

Dans la Salle des Assises, qui s'ouvre sur ce vestibule, *plafond* par Lefèvre et *Christ* par Bonnat.

La Galerie de la Ste-Chapelle, à l'extrémité du vestibule Harlay, ramène au Vesti-

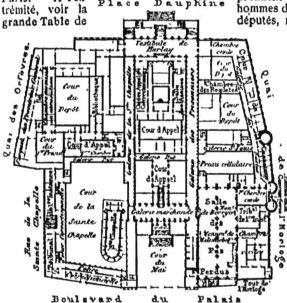

PALAIS DE JUSTICE. Place Dauphine

PLAN DU PALAIS DE JUSTICE

marbre qui servait à la signature des contrats de mariage de la Famille Royale et aux festins royaux.

A dr., Monument érigé à *Malesherbes*, le défenseur de Louis XVI; à g., Monument du grand avocat *Berryer*, remarquable par les figures de belle allure de *la Fidélité* et de *l'Éloquence*, par Chapu.

bule d'entrée, à la Galerie Marchande (Voir dans cette galerie, à dr., la décoration de la 1ʳᵉ Chambre de là Cour d'appel).

SAINTE-CHAPELLE Descendre le Grand Escalier et prendre à g. de la Cour de Mai un passage qui conduit à la Ste-Chapelle, ouverte au public de Midi à 4 h., excepté le Lundi et les jours de Fête. — S'adresser ces jours-là au Gardien (pourboire).

La **Sainte-Chapelle**, l'ancienne Chapelle du Palais, fut construite sous St Louis, pour recevoir les Saintes Reliques qu'il rapportait de Palestine. C'est une merveille de l'architecture gothique. Elle est malheureusement enclavée dans des constructions plus modernes. On n'aperçoit bien que le côté Sud et la Flèche aux élégantes dentelles.

La **Chapelle Basse** est d'une décoration très harmonieuse. Le dallage est fait de pierres tombales des chanoines de la chapelle. Boileau, qui en chanta le *Lutrin*, y fut enterré.

La **Chapelle Haute** (20 m. 50 de haut) est éclairée par 15 fenêtres que séparent les étroits contreforts soutenant l'édifice. C'est un intérieur splendide, un intérieur de rêve, entièrement clos par les vitraux aux milliers de teintes vives, formant un ensemble de coloration douce, imprécise, une harmonie chaude de tons transparents. Les sujets des vitraux sont empruntés à la Bible. — Aux piliers, les statues des apôtres : quelques-unes datent de la construction de l'édifice. A dr. et à g., stalles d'honneur où prenaient place les membres de la famille royale assistant aux offices. Au fond de la chapelle, brille dans l'atmosphère diaprée le grand tabernacle d'or que protégeait le précieux reliquaire. C'était là, sur cette plate-forme ruisselante d'émaux et de reflets métalliques, que saint Louis montait à certains jours pour montrer la couronne d'épines aux fidèles remplissant la nef et au peuple qui se tenait dans la Cour du Palais.

Après avoir vu le Palais et la Ste-Chapelle, revenir sur ses pas jusqu'au Q. de l'Horloge pour visiter la Conciergerie.

LA CONCIERGERIE *Prison célèbre de la Révolution. A été le dernier asile de Marie-Antoinette, de Mme Roland, de Robespierre, des Girondins et des Montagnards, de Danton, de Camille Desmoulins, d'André Chénier. 2742 personnes, — toute la France,*

Sᵗᵉ-CHAPELLE (*Cl. Lévy et fils*).

comme l'a dit Sardou, — ont, sous la Terreur, quitté ces salles pour monter à la guillotine ou ont été massacrées dans les cours de la Conciergerie.

Q. de l'Horloge.

La Prison est aujourd'hui le lieu de détention des accusés en prévention et des condamnés ayant interjeté appel de jugements du Tribunal de 1ʳᵉ Instance.

Pour visiter la partie « historique » de la Conciergerie, se présenter en personne, de préférence le Jeudi matin, à la Préfecture de police (s'informer auprès d'un Gardien de la direction à suivre). — Escalier C, 2ᵉ étage au-dessus de l'entre-sol. — On délivre les cartes gratuitement dans un bureau spécial. Indiquer le nombre de personnes.

Visites : le Jeudi, de 9 à 5 h., toute l'année. Se présenter avec les cartes à la première Porte à g. sur le Q. de l'Horloge ; le Gardien fera ouvrir la porte. La Cour dans laquelle on entre est celle où descendent les détenus ; on assiste parfois au déballage du *panier à salade* (voiture transportant les prisonniers). On s'adresse à dr. à la Porte, qu'ouvre immédiatement un gardien ; ce dernier prend les cartes et appelle le guide.

La 1ʳᵉ **SALLE** est l'Ancienne Salle des Gardes de saint Louis (architecture gothique, colonnes dont les chapiteaux portent des sculptures bizarres que le guide ne fait voir qu'aux hommes).

A dr. s'ouvrent les portes conduisant à la **Tour de César**, dans laquelle ont été enfermés Ravaillac, assassin de Henri IV, et Lacenaire, exécuté en 1835. Du même côté, se trouve à g. l'entrée de la **Tour d'Argent**, où fut incarcéré Damiens, qui frappa Louis XV d'un coup de couteau et fut écartelé en 1757.

En face de l'Escalier, un peu à g., s'ouvre une petite Porte basse par laquelle passa Marie-Antoinette pour se rendre au Tribunal révolutionnaire (étage au-dessus).

De là on pénètre à g. dans l'immense **Réfectoire** de la domesticité de saint Louis.

A g. (monter sur l'Escalier de bois pour voir toute la salle) est la grande Salle dite des **Cuisines de saint Louis** (au-dessous de la grande Salle des Pas-Perdus du Palais de Justice).

Après avoir traversé le Réfectoire, s'approcher des fenêtres pour voir, de l'autre côté d'une petite Cour, l'ancien **Quartier des Femmes** sous la Terreur. Derrière les GRILLES du 1er étage, les seules qui subsistent, les belles dames de Versailles, les marquises poudrées, ont passé leurs derniers jours avant de monter sur l'échafaud ou de finir, dans la cour, sous les coups des tricoteuses et des massacreurs.

On pénètre ensuite dans un vaste Couloir dont l'architecture date de la domination romaine.

En haut, furent les Cachots du *Maréchal Ney* (avant sa comparution au Luxembourg), d'*André Chénier* et de *Louis-Napoleon* après l'affaire de Boulogne.

Sur ce même Couloir s'ouvrent au fond, a g, la Salle où se tenaient les gendarmes chargés de surveiller Marie-Antoinette, et enfin, le ****Cachot de la Reine.**

Serrures et verrous massifs; exiguïté de la porte, si basse qu'il faut se baisser pour entrer. Marie-Antoinette, ne voulant pas se baisser et s'incliner, en sortant de son cachot, pour saluer les représentants de la Convention, on surbaissa la porte pour l'obliger à se plier en deux en passant. Le cachot a été un peu arrangé par les architectes de la Restauration; mais la *lampe à huile* suspendue au milieu de la pièce est bien celle qui éclaira Marie-Antoinette; le *dallage de briques* est resté le même, et le *crucifix* qui se dresse sur un petit autel est celui devant lequel a prié la reine.

On a seulement muré à g. le *guichet* par lequel les geôliers exerçaient leur surveillance.

Un autre seuil à franchir et l'on entre dans la **Cellule** où *Robespierre* passa sa dernière nuit, râlant, la mâchoire brisée : singulier rapprochement que celui de ces deux cellules ! (La porte du cachot est au musée Carnavalet.)

Par les fenêtres, on aperçoit la Cour des *Septembriseurs*, celle où furent massacrés, en 1792, des centaines de victimes jugées par le Tribunal révolutionnaire et exécutées immédiatement.

La dernière Salle est la *Chapelle* où les détenus entendent la messe le dimanche (les tribunes sont grillées).

C'est dans cette salle que les Girondins passèrent leur dernière nuit, en un banquet où l'infortuné Vergniaud prononça son dernier discours (30 octobre 1793). Quelques mois plus tard, en avril 1794, 26 *Montagnards*, dont Danton, y étaient enfermés à leur tour, avant de monter à l'échafaud.

On revient sur ses pas à travers les Cachots, dans le Vestibule précédant celui de Marie-Antoinette, et où furent brûlés, le jour même de l'exécution (16 octobre 1793), les cheveux de la reine coupés par le bourreau Sanson.

Dans l'angle à dr. de l'entrée se dressent deux pierres tombales ; l'une, celle de Louis XVI, n'a plus de médaillon ; l'autre est encore ornée du gracieux profil de Mme Élisabeth. Elles étaient autrefois à la Chapelle Expiatoire.

On revient à la sortie par les salles précédentes.

❧❀❧

PALAIS-ROYAL, JARDIN DU ❀❀❀

L'es rez-de-chaussée de ce quadrilatère, enfermé entre les Galeries d'Orléans et de Montpensier, situé au cœur de Paris, attenant au Théâtre-Français, sont occupés par des Joailliers, Bijoutiers, Marchands d'articles de Paris. Des Restaurants à prix fixe occupent les premiers étages.

Omnibus. Presque tous passent dans le voisinage du Palais-Royal.

Quoique délaissé par le Parisien et l'étranger, le Jardin du Palais-Royal n'en demeure pas moins un des plus beaux jardins de Paris, décoré de blanches statues, au milieu de gazons verdoyants ou de superbes parterres de fleurs, ombragés de rangées d'arbres.

C'est un des rares endroits où l'on puisse encore, au milieu même de ce bruyant et tumultueux Paris, trouver un peu de repos et de silence.

Le Jardin du Palais Royal, à la fin du siècle dernier, était un lieu de plaisir et d'orgies. Sous la Régence, le duc d'Orléans et les *Roués* y donnèrent des fêtes restées célèbres ; sous la Révolution, le Directoire, les *Muscadins*, et pendant la période 1830, les *Jeune-France* y consacrèrent le jour à l'orgie, et la nuit au jeu dans les innombrables tripots qui de la cave au grenier y remplissaient toutes les maisons.

C'est dans le Jardin du Palais qu'en 1789 Camille Desmoulins harangua la foule, du haut d'une table, et détermina ceux qui l'écoutaient à marcher contre la Bastille. Pendant la Restauration, le Palais-Royal fut le séjour de la famille d'Orléans, et sous le second Empire celui du Prince Jérôme Bonaparte.

Le silence au Palais-Royal n'est guère plus troublé aujourd'hui que par le fameux Canon, qui, braqué sur son socle de granit, fait explosion quand, à l'heure de Midi, les rayons solaires se trouvent concentrés par une lentille sur la lumière.

Musique militaire les Dimanches, Mercredis et Vendredis, de 4 à 5 h.

A voir dans le voisinage immédiat : les *Grands Magasins du Louvre*, les *Musées du Louvre*, la *Place du Carrousel*, le *Jardin des Tuileries*, l'*Avenue de l'Opéra*.

❧❀❧

PANTHÉON *Le Panthéon, construit sur le point le plus élevé de la rive gauche, marque l'endroit où fut enterrée Ste Geneviève, patronne de Paris. Le Panthéon est aujourd'hui le temple national, l'Abbaye de Westminster de la France, le tombeau des grands hommes.*

Pl. du Panthéon.

Omnibus : Montmartre-Pl. St-Jacques ‖ Pte d'Ivry-Les Halles ‖ Panthéon-Courcelles ‖ Grenelle-Bastille ‖ **Tramways** : Montrouge-G. de l'Est ‖ La Chapelle-Sq. Monge ‖ **Chemins de fer** : Luxembourg-Sceaux ‖ Odeon-Arpajon.

Ouvert t. l. j. (excepté le lundi) de 10 h. à 4 h. Le Dôme et la CRYPTE ne peuvent être visités qu'avec une carte à demander par écrit (avec timbre pour reponse) à M. le directeur des Beaux-Arts, 3, R. de Valois. Les visites du Monument, du Dôme et de la Crypte sont absolument gratuites, mais d'habitude on donne un pourboire.

Louis XV en posa la première pierre. A la mort de Mirabeau, un décret-loi de l'Assemblée Nationale (10 avril 1791) ordonna que « le nouvel édifice serait destiné à recevoir les cendres des grands hommes ». Louis XVIII rendit le Panthéon au culte. En 1885, à la mort de Victor Hugo, le Panthéon redevint le « temple des grands hommes ».

Le 25 mai 1871, le représentant du peuple *Millière*, accusé de participation à la Commune, fut fusillé sur les marches du Panthéon, par les troupes versaillaises. Les traces des balles sur les colonnes ont été bouchées avec du plâtre.

LA FAÇADE : 22 colonnes corinthiennes cannelées de 19 m. 50 de hauteur sont posées sur le péristyle; 12 de ces colonnes supportent un fronton triangulaire sculpté par David d'Angers. A g., *la Patrie, avec les grands hommes* : Malesherbes, Mirabeau, Monge, Fénelon, le député Manuel, le conventionnel Carnot, le chimiste Berthollet, l'astronome Laplace; au 2ᵉ rang, le peintre L. David, Cuvier, Lafayette, Voltaire, Rousseau et le médecin Bichat. — A dr., *l'Histoire avec les soldats de la République et de l'Empire*; à leur tête, Bonaparte. Dans les angles, des *étudiants et des élèves de l'École polytechnique*.

Trois Portes en bronze fondues d'un seul jet s'ouvrent sur le péristyle. La grande (8 m. 20 de haut et 3 m. 95 de large) a coûté 92 000 fr. — Les deux groupes en marbre, de Maindron, représentent le *Baptême de Clovis* et *Ste Geneviève et Attila*.

Sous le Péristyle, regarder en haut, pour voir la majestueuse hauteur des colonnes.

LE PANTHEON (*Cliché Guy*).

LES FRESQUES DU PANTHÉON : La porte de dr. franchie, on a à sa dr. (bas-côté) : la *Prédication de St Denis*, par Galland; puis, après avoir gravi 5 marches, *la Jeunesse et la Vie pastorale de Ste Geneviève*, fresque en 4 panneaux, par Puvis de Chavannes, un véritable chef-d'œuvre de peinture murale, d'une admirable et grande simplicité.

Pour mieux juger de l'harmonie de l'ensemble, descendre les marches du côté de la coupole de la nef d'entrée, et se placer, au centre de la rosace de marbre blanc et noir, face à la fresque.

Au-dessus de la fresque, dans les entrecolonnements, *les Saints populaires de la France* se détachent sur fond d'or. — Un peu plus loin, *Statue de St Germain d'Auxerre*, par Chapu, adossée au pilier, côté g. de la fresque.

Tourner à dr., dans le bras de la croix (le Panthéon a la forme d'une croix grecque). Sujet principal, comprenant les trois entre-colonnements. A dr., *Couronnement de Charlemagne par Léon III, dans l'ancienne Basilique de St-Pierre*, par H. Lévy.

Pour voir l'ensemble, se placer au centre de l'étoile mosaïquée, après avoir descendu 5 marches.

Du même artiste, panneau isolé à g. : *Charlemagne protecteur des sciences et des lettres*.

En suivant : *Ancienne Chapelle de Ste Geneviève*, décorée à dr. et à g. de fresques par Maillot : *Une Procession de la Châsse de Ste Geneviève au XVᵉ s.* (le sujet commence par le panneau de g. et se déroule de la montagne Ste-Geneviève vers N.-Dame en passant par la pl. Maubert). — Au centre, a l'extrémité du bras de la croix, une belle tapisserie des Gobelins : *Gratia plena*.

A dr. de cette tapisserie, *le Miracle des Ardents*, par Maillot.

BRAS DE LA CROIX, faisant face au *Couronnement de Charlemagne* : un panneau isolé, à dr. : le *Baptême de Clovis*, par J. Blanc, suivi de trois entre-colonnements représentant la *Victoire de Tolbiac* remportée par Clovis sur les Alamans en 496 (soldats mérovingiens bien campés, expression extatique de Clovis, bel effet d'ensemble). A voir auprès, *St Bernard*, statue par Jouffroy.

En tournant, à dr., côté dr. de la nef du fond : *les Derniers Moments de Ste Geneviève et ses funérailles*, par Jean-Paul Laurens.

ABSIDE. Toutes les grandes compositions sont exécutées en mosaïque. Au milieu, dans le haut, debout, *le Christ montre à* *hommages des rois de France.* — Au dessous, 4 pendentifs : *la Gloire, la Mort, la Patrie, la Justice,* peintures de Carvallo,

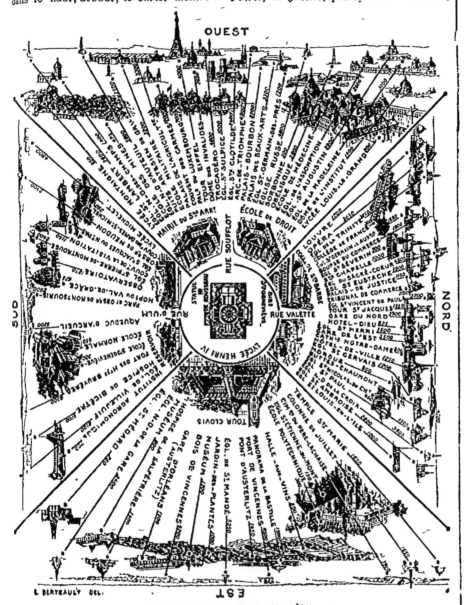

PLAN D'ORIENTATION DU PANTHÉON

l'Ange de la France les grandes destinées du peuple français, par A.-E. Hébert.

De là, descendre jusqu'à l'étoile mosaïque de l'abside, lever les yeux jusqu'à la coupole du dôme, dont la fresque de Gros représente : *Ste Geneviève recevant les*

d'après les cartons de Gérard. Au fond, à la place du maître-autel, statue colossale de *la Liberté,* par Falguière (restée inachevée et placée provisoirement). A g. du spectateur, entrée de la Crypte (V. plus loin).

En suivant, à dr. : *Ste Geneviève veil-

DANS PARIS

lant sur Paris endormi, panneau isolé de **Puvis de Chavannes**, d'une admirable sérénité de tons et d'un grand recueillement. Du même artiste, la grande fresque qui comprend les trois entre-colonnements suivants : *Ste Geneviève sauve Paris de la famine pendant le siège de cette ville par les Francs*. Cette fresque, qui devait être l'œuvre de Meissonier, est la dernière œuvre de Puvis de Chavannes. — Les peintures de la frise seront confiées aux élèves du maitre.

BRAS DE LA CROIX, en tournant à dr., côté de l'ancienne Chapelle de la Vierge, *Jeanne d'Arc*, par J.-E. Lenepveu (1889), divisée en 4 panneaux, qui sont, en commençant par la dr. : *la Vision, la Prise d'Orléans, le Sacre de Charles VII à Reims, le Supplice sur la place du Vieux-Marché de Rouen*.

Au fond, en tournant de g. à dr., 1° l'*Idée de Dieu* (en bas). *Consolation* (en haut). 2° *Famille* (bas). *Bonheur et Prospérité* (haut). 3° *Patrie* (bas). *Victoire et Indépendance* (haut). 4° *Humanité* (bas). *Charité et Dévouement* (haut). Fresques de M. Ferdinand Humbert, auxquelles le peintre travaille depuis 7 ans.

Contre les piliers : *St Jean de Matha*, statue par Hiolle, et *St Vincent de Paul*, par Falguière.

Côté g. du bras de la croix, en prenant par le panneau de g. : une fresque isolée, *la Reine Blanche de Castille dirigeant l'Instruction de son fils*, par Cabanel. — Entre-colonnements suivants, du même artiste : *les Grandes Œuvres de St Louis*, rappelant tous les bienfaits de ce prince. Enfin, dans le dernier entre-colonnement : *St Louis prisonnier en Palestine*, également par Cabanel. Porte conduisant au dôme. (V. plus loin.)

NEF D'ENTRÉE, à g. : *Ste Geneviève rend la confiance et le calme aux Parisiens effrayés à l'approche d'Attila*, fresque en 3 panneaux, par Delaunay. — A voir de l'étoile mosaïquée de la nef, le panneau central : *Ste Geneviève entourée de femmes qui s'assemblent pour prier* ; sur les degrés du baptistère, panneau à g. : des gens montés sur un chariot et qui se disposaient à fuir en sont dissuadés par la parole de Geneviève. PANNEAU A DR. : l'archidiacre Gedulius, envoyé par St Germain d'Auxerre et lui apportant, de sa part, les pains bénits. — Panneau isolé (du même artiste) : *Attila à cheval en marche sur Paris*.

Dernière fresque, de Bonnat, à dr., dans le bas-monument : *St Denis couronne sa mission par le martyre*.

CRYPTE : L'Escalier des Caveaux est à g., dans le chœur. Des piliers, d'ordre dorique, divisent la crypte en plusieurs galeries. A

dr. : Tombeau de Victor Hugo ; en face, celui de J.-J. Rousseau, citoyen de Genève, auteur de l'*Émile*, de *la Nouvelle Héloïse* et du *Contrat Social* (1712-1778), et a g. celui de Voltaire (1694-1778). Ces derniers tombeaux ont été ouverts en janvier 1898 et ont permis de constater la présence des restes de ces deux grands hommes. — Statue de *Voltaire* par Houdon, à côté de son tombeau. — En face, tombeau de *Soufflot*, architecte du Panthéon ; puis ceux de Lazare Carnot, (l'organisateur des armées de la Révolution), du général Marceau, tué par les Autrichiens ; du représentant du peuple *Baudin*, tué sur la barricade en 1851 ; de *La Tour d'Auvergne*, « le premier grenadier de France » ; du Président Carnot, assassiné à Lyon (nombreuses couronnes, et, en particulier celle du Tsar, toute en or).

Voir encore, dans la crypte, les tombeaux du maréchal *Lannes* (tué à Essling) du navigateur *Bougainville*, et de plusieurs autres dignitaires et sénateurs du premier Empire.

Le Dôme. Il faut de 10 à 12 minutes pour monter l'escalier de 445 marches. Le *panorama* qu'on en embrasse, de la lanterne, est *le plus beau de Paris*, après celui de la Tour Eiffel ; notre Plan d'Orientation indique les points les plus saillants de ce panorama avec leur distance a vol d'oiseau.

A voir dans le voisinage immédiat : sur la Pl. du Panthéon, a dr., statue de J.-J. Rousseau, presque en face de la Mairie du V° ; à g. : l'*École de Droit*, la *Bibliothèque Ste-Geneviève*, puis *St-Étienne-du-Mont*, la *Tour Clovis*. — Par la R. St-Jacques : le *Val-de-Grâce* ; en descendant la R. Soufflot : le *Jardin du Luxembourg*.

❦

PARCS Outre ses nombreux Jardins et Squares, Paris possède encore quelques Parcs aux proportions immenses, percés de voies carrossables, ornés de grandes pelouses ombragées et de vastes pièces d'eau.

Voir **Buttes-Chaumont, Parc des ‖ Monceau, Parc ‖ Montsouris, Parc.**

❦

PÈRE-LACHAISE, ou cimetière de l'Est. Par **CIMETIÈRE DU** ❀ la variété de ses monuments dressés en telles œuvres sculpturales, le Père-Lachaise est une des importantes curiosités de Paris. Les numéros de notre plan indiquent les Divisions et l'emplacement des principales tombes.

Entrée principale : Bd Ménilmontant.

Omnibus : Pl. d'Italie-Charonne. **Tram-vays :** Pl. de la République-Romainville ‖ La Villette-Pl. de la Nation. **Ouvert toute l'année, à partir de 7 h. du m.** Pour annoncer la fermeture, on sonne une cloche, et les gardiens vous avertissent. (Au passage d'un enterrement se découvrir.) On peut visiter le cimetière en voiture si l'on ne suit que les grandes allées. On trouve au *Pavillon des Conducteurs* (à dr. de l'entrée) des Ciceroni et des Guides (5 fr. pour un touriste, 1 fr. par personne en plus) qui en 1 h. ½ font voir les principaux monuments.

Avec notre Itinéraire, notre Plan, et les indications supplémentaires qu'on pourra demander aux gardiens, on peut se passer d'un cicerone. Il faudrait 4 jours pour visiter entièrement l'immense nécropole.

Dès la porte d'entrée, on aperçoit, au fond de l'Avenue Principale, le Monument aux Morts, de Bartholomé (V. plus loin).

En remontant cette avenue, tourner à dr. dans la première allée (qui conduit au Bureau du Conservateur) et prendre, a dr., le premier chemin, qui conduit au tombeau de Félix Faure. C'est un buisson de couronnes, un amoncellement de perles de verre multicolores, sous lequel disparait totalement le monument funéraire.

Revenir sur ses pas et suivre le côté gauche de l'Av. principale. Sur une même ligne se succèdent les tombeaux de Visconti (m. 1854), l'architecte du Louvre; des Dantan, statuaires (dans la décoration de ce tombeau, le lierre sculpté étreint les cariatides); et de Rossini, dont les cendres reposent à Florence (m. 1868); d'Alfred de Musset (m. 1857), avec un buste en marbre blanc. Le saule que le poète a voulu sur sa tombe a été déjà remplacé trois fois.

Viennent ensuite : les tombeaux des generaux Clément Thomas et Lecomte, fusilles par la Commune (1871), de Lenoir et Vapin (statue de *Pleureuse*); de Paul Bau-dry, l'auteur des belles décorations de l'Opéra (m. 1886). Son buste est couronné par la *Gloire*. La *Douleur* qui se lamente au bas de cette apothéose est une des plus bel œuvres de Mercié.

Le Monument aux Morts. Au bout de

l'Avenue principale, la grandiose composition de Bartholomé.

Au milieu du vaste Mausolée, un couple franchit le seuil mystérieux de la Mort A dr. des figures en haut-relief symbolisent l'épouvante humaine. Même préparé et résigné a sa fin, le Juste ploie les genoux—Vieillie, usée par les labeurs, une mere, le visage voilé par ses cheveux gris, pleure de ne pouvoir être utile encore à ceux qu'elle laisse. Toutes les femmes vont a la mort tremblantes, la face cachée, soutenues par la tendresse des hommes. Les enfants n'ont que la curiosité un peu craintive de ce qui arrivera. Enfin, une jeune fille envoie des bai-

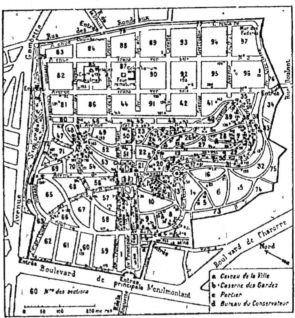

PLAN DU CIMETIÈRE DU PÈRE-LACHAISE

sers à ceux qu'elle regrette, à l'existence qu'elle eût voulu vivre.

Au-dessous, sur le soubassement du mausolée, l'artiste, selon la conception spiritualiste, a exprimé que la lumière de l'Immortalité et de la Consolation triomphe de l'Ombre des tombeaux.

Nous redescendons l'Av. principale en longeant les tombeaux du peintre Couture (m. 1879), sculptures par Barrias; du philosophe Cousin (m. 1867), buste par Dantan; de l'astronome Fr. Arago (m. 1853), buste par David.

Par l'Avenue du Puits, nous nous rendons au **CIMETIÈRE ISRAÉLITE**.

A dr., tombeau de Rachel, la grande tragédienne (m. 1858). A l'intérieur du monument, deux gigantesques *Pensées* symboliques. La façade est couverte d'inscriptions laissees par les visiteurs à la louange de l'artiste. — Plus loin, a g , tombeau des Rothschild (belle porte en bronze surtout

DANS PARIS

remarquable par le grand R qui orne seul la façade).

Après avoir suivi jusqu'au bout l'allée du Cimetière Israélite, tourner à g. en longeant le mur pour se trouver devant le tombeau d'Héloïse et Abélard. Les statues des deux amants infortunés proviennent d'une ancienne abbaye fondée par Abélard.

A g., un chemin (CHEMIN D'HÉLOÏSE ET D'ABÉLARD) nous conduit à l'Av. Casimir-Périer où nous signalerons à dr. le tombeau de ROBERTSON, physicien et aéronaute (m. 1857), curieux par les scènes de fantasmagorie gravées sur la face droite du monument.

Nous arrivons au **GRAND ROND**, dominé par la statue de Casimir Périer, ministre de Louis-Philippe et grand orateur (m. 1832). Près de ce monument officiel, se trouve, à l'Ouest, tout un groupe de tombeaux célèbres. On y arrive par l'AVENUE DE LA CHAPELLE et le CHEMIN MÉHUL. Entre cette dernière voie et le CHEMIN DENON, reposent les musiciens Chopin (m. 1849), Cherubini (m. 1842), Grétry (m. 1813), Boïeldieu (m. 1834), Bernardin de Saint-Pierre, l'auteur de *Paul et Virginie* (m.1814), le poète J. DELILLE (m.1813). En tournant à g., l'acteur TALMA (m. 1826) et TAMBERLICK, le célèbre ténor (m. 1889).

Mais toutes ces tombes ne sont pas faciles à découvrir, et nous conseillons au touriste de suivre l'AVENUE DES ACACIAS après avoir vu derrière le monument Casimir Périer les tombeaux du mathématicien MONGE (m. 1820) et de RASPAIL. Le sculpteur a donné la forme d'une prison au tombeau de celui qui subit si souvent l'incarcération pour cause politique.

L'AVENUE DES ACACIAS : Bordée de monuments somptueux, c'est le *grand boulevard* de la Cité des Morts.

A g., CHAMPOLLION (m. 1836), qui par ses études nous a révélé toute l'ancienne Égypte; sur le même côté, KELLERMANN, un des grands généraux de l'Empire (m. 1820). On aperçoit de là à g. la *grande chapelle érigée en l'honneur de la princesse DEMIDOFF, monument curieusement et fastueusement orné dans le goût asiatique. A g., SIEYES, membre du Directoire et auteur de la célèbre brochure sur le « Tiers État » (m. 1836). — A dr., les TALLEYRAND DE PÉRIGORD n'ont qu'une sépulture modeste à peu de distance de fastueuses sépultures appartenant à des familles moins illustres. — A g., GOUVION SAINT-CYR, général du premier Empire (m. 1830), statue par David d'Angers; tombeau de MACDONALD, maréchal de l'Empire (m. 1840); de DUPUYTREN, l'illustre chirurgien (m. 1835); puis de l'auteur dramatique SCRIBE (m. 1830). — Nous quittons l'Allée des Acacias pour suivre

LE CHEMIN SUCHET ET MASSÉNA : Nous sommes là dans le cimetière des guerriers. A dr., Suchet, maréchal de l'Empire (m. 1826); Masséna, duc de Rivoli (m. 1817); LARREY, le chirurgien militaire (m. 1848). A g. encore le général GOBERT (m. 1808) dont le *tombeau est orné d'une statue équestre, un des chefs-d'œuvre de David d'Angers.

A dr. du Chemin Massena, dans le massif : la chapelle de LORD SEYMOUR et la tombe qui réunit MANUEL, représentant du peuple (m. 1827), et Béranger (m. 1857). Bien que située dans un coin du cimetière d'un accès malaisé, la tombe du chansonnier populaire est toujours ornée de quelque modeste bouquet.

A g. du Chemin Masséna, le MONUMENT du GÉNÉRAL FOY (m. 1825), statue par David.

Nous suivons le CHEMIN SAINT-LOUIS jusqu'au CHEMIN CAMILLE-JORDAN pour gagner le Chemin.

Les tombes de Molière et de La Fontaine sont réunies dans une enceinte fleurie par l'administration du cimetière. Il n'y a qu'un nom sur le tombeau de l'auteur du *Misanthrope*. Sur la pierre du bon La Fontaine triomphe le Renard dont le fabuliste a célébré les malins tours. — Plus loin, à dr., tombeau du sculpteur *Pradier* (m. 1852).

Par le CHEMIN DU BASSIN, nous gagnons **L'AVENUE DE LA CHAPELLE**, qui, formant terrasse, domine toute la partie Ouest du cimetière. En tournant à dr. dans cette avenue, nous passons à g. devant le tombeau du peintre Géricault (m. 1824), à dr., devant le Monument de Thiers (m. 1877), dont le tympan est orné d'un haut-relief par Chapu, le *Génie du patriotisme*. L'intérieur du mausolée, qui renferme des sculptures par Mercié et Chapu, n'est pas visible.

Plus loin, la CHAPELLE DU CIMETIÈRE n'offre rien de remarquable.

Sur le même côté : le *baron Taylor* (m. 1879), auquel les gens de lettres et les artistes doivent la fondation de leurs Sociétés.

Nous quittons l'Avenue de la Chapelle pour prendre à dr. le CHEMIN DE MONT-LOUIS.

A dr., *monument érigé à Barbedienne, le grand éditeur de bronzes (m. 1892). Le buste est de Chapu, les trois figures de Boucher.

A g., près du rond-point, *tombeau du duc de Morny (m. 1865), ministre de Napoléon III. Heureux emploi d'un motif décoratif emprunté à un arrangement de draperies.

En tournant autour du rond-point à dr.,

Michelet (m. 1875). Sur un haut-relief, le grand historien est étendu mort, lassé de la grande œuvre accomplie. Une figure symbolique, l'*Histoire*, se dresse sur son lit d'éternel repos. Et une inscription rappelle le fameux mot de l'écrivain : « *L'histoire est une résurrection*. »

Plus haut, toujours à dr., Eug. Delacroix, le grand peintre, mort en 1864.

En revenant sur nos pas : *Casimir Delavigne*, l'auteur des *Enfants d'Édouard* (m. 1843), et le sculpteur animalier *Barye* (m. 1875).

En suivant le Chemin Casimir Delavigne, nous passons devant la tombe de Balzac (m. 1850), l'écrivain qui, le premier, sous la forme du roman, *la Comédie humaine*, donna une vision complète et puissante des mœurs et des idées de son temps.

Plus haut, à g., le romancier familial *Souvestre* (m. 1854), et à dr. le doux nouvelliste *Ch. Nodier* (m. 1844).

Dans le même chemin, haute pyramide de *Dias Santos*, et, derrière, le « pain de sucre » de *Félix de Beaujour* (m. 1836), ancien consul.

Ce monument, de 32 m. de haut, que le défunt a édifié lui-même pour sa renommée, n'a que le mérite de signaler au touriste un des points du cimetière, d'où l'on peut apercevoir un Paris lointain estompé de vapeurs ou de fumées.

On peut se rendre de là, en suivant l'Avenue des Thuyas et en tournant à dr. dans l'Avenue Transversale n° 2, au Four crématoire (V. plus loin).

Les visiteurs pressés viendront au Rond Point, dans l'Avenue Cail, monument de *Marie Desclée* (m. 1874), la charmante comédienne, la gracieuse créatrice de « Froufrou », et plus loin, à dr., grande et riche Chapelle du constructeur de machines Cail (m. 1858). Ici, nous tournons à dr., dans l'Avenue Circulaire, pour nous arrêter devant le *Monument des Soldats français tués pendant la guerre de 1870-1871*, grande pyramide gardée aux 4 angles par des statues de soldats, œuvres de Schrœder et Lefèvre. A la grille qui protège ce monument commémoratif, les familles ont accroché de petits cadres où sont exposées des photographies de soldats morts récemment dans nos campagnes d'Indo-Chine et d'Afrique.

A g. en descendant l'Avenue, la tombe d'Arnault, constructeur (m. 1868). Plus bas, même côté : *Marie Carvalho* (m. 1899), haut-relief par Mercié. La cantatrice est représentée dans l'une de ses créations. A ses pieds, des roses, un luth et un rossignol.

A g., au coin de l'Av. Circulaire et du Chemin Ornano : *Floquet* (m. 1896), orateur et homme politique. Buste sur fût de colonne. La *République* gravit des degrés pour lui offrir une couronne de laurier.

A côté, *Anatole de la Forge* (m. 1892) qui organisa la défense de Saint-Quentin en 1870. Statue en bronze, par Barrias.

Proche est le monument *Cernuschi* (m. 1897), qui a légué à la ville de Paris sa Collection d'objets d'Art Sino-Japonais (V. Musées). A côté, le directeur des travaux de la ville de Paris, *Alphand* (m. 1891), continuateur de Haussmann, n'a qu'une tombe modeste surmontée d'un buste, par Coutant.

De là, suivre l'Av. Circulaire jusqu'à

LE FOUR CRÉMATOIRE

l'Av. Principale pour gagner la Grande Porte du cimetière.

Au cours de notre excursion à travers ces 43 hectares de terrain couvert de monuments, nous avons volontairement négligé de visiter les curiosités trop éloignées de notre itinéraire.

Par ex. : la superbe Chapelle Renaissance de la famille *Terri*, avec 4 statues de Lenoir ; la tombe de *Victor Noir*, tué d'un coup de revolver par le prince Bonaparte, le 10 janvier 1870 (statue de Dalou) ; la belle chapelle d'*Ycasa*, avec groupe de statues de Puech ; la tombe du révolutionnaire *Eudes* (m. 1888), membre de la Commune.

LE FOUR CRÉMATOIRE (Av. de la Nouvelle Entrée et Avenue Transversale n° 2), où se trouve le tombeau du caricaturiste *André Gill*, mort fou).

Le Four crématoire à dr., surmonté de deux hautes cheminées, a été construit en 1887 pour l'incinération des cadavres.

Pour le visiter, adresser une demande quelques jours d'avance (timbre pour la réponse) au Directeur des Affaires municipales, à l'Hôtel de Ville, annexe de la R. Lobau.

Le public qui suit un convoi est introduit dans une salle où l'on n'aperçoit que la bouche du four.

Placé sur un chariot roulant sur des rails, le cercueil est introduit dans la Chambre de combustion; le corps est incinéré par réfraction (température de 800 degrés). — L'incinération dure de 25 min. a 1 h, et il ne reste du corps qu'une poudre blanche du poids moyen de 1 kilo. L'incinération, suivant la classe, coûte de 50 a 250 fr. et donne droit a une place dans un columbarium ou monument destiné à recevoir les urnes funéraires.

Non loin du four crematoire se trouve le cimetière musulman. —

LE MUR DES FÉDÉRÉS, à dr., au fond (demander au gardien). Tous les ans, le 28 Mai, les révolutionnaires y vont deposer des couronnes rouges.

Le Père-Lachaise fut l'un des derniers refuges des fédérés de la Commune de 1871.

Dès le jeudi 25 mai, ils avaient installé tout

près du monument du duc de Morny, qui servait d'abri aux munitions, une batterie de 10 pièces de 7 qui tirait sans relâche sur les quartiers de Paris déja occupes par l'armee régulière.

Le samedi 27 mai, a la tombée de la nuit, un détachement du 47e de ligne fit irruption dans le cimetière, où l'on se battit furieusement. De nombreuses tombes gardent encore les traces des balles.

Le lendemain dimanche 28 mai, aux premieres heures du jour, 148 prisonniers furent fusillés ensemble a l'emplacement devenu célèbre sous le nom de *Mur des Fédérés.*

Les cadavres furent enterrés dans une fosse creusée au pied de ce mur.

Delescluze, le dernier ministre de la Guerre de la Commune, a son tombeau tout près de l'emplacement ou étaient installées les batteries d'artillerie fédérées.

PICPUS, CIME-TIÈRE DE ●●●● *Ce Cimetière dans le Jardin d'un Couvent,* non loin de l'hospice d'Enghien, fut autrefois la maison de campagne de Ninon de Lenclos, l'Aspasie de son temps (1620-1705).

35, R. de Picpus. On peut le visiter tous les jours, de midi à 3 h. S'adresser au Concierge (0 fr. 50 par personne).

Dans le premier enclos, le tombeau de La Fayette et de sa femme. Un second enclos

est réservé à la sépulture de 1306 personnes de la noblesse guillotinees sous la Revolution, en juillet 1794. Cette immense fosse commune renferme les corps de representants de presque tout l'armorial de France.

Les Américains en séjour a Paris rendent visite chaque année, le 4 juillet et le *Decoration Day* (30 mai), dans l'après-midi, au tombeau de La Fayette.

PLACES *Outre ses nombreuses voies larges et aérées, ses quais, ses jardins, Paris possède une centaine de Places, dont beaucoup sont très belles, soit par leurs dimensions, soit par leur décoration. La plupart de ces dernières se trouvent sur une*

LA POINTE DE LA CITÉ. LE PONT-NEUF ET L'ÉCLUSE DE LA MONNAIE VUS DU PONT DES ARTS.

seule ligne, le long de la grande voie oblique qui divise Paris en deux parties presque égales, de la Porte Maillot à la Porte de Vincennes. — En partant de la Porte Maillot, on rencontre tout d'abord la Pl. de l'Étoile, puis celle de la Concorde, la Pl. Vendôme, à g; les Pl. du Carrousel, du Théâtre-Français, du Palais-Royal et du Louvre, du Châtelet et de l'Hôtel-de-Ville, enfin les Pl. de la Bastille et de la Nation. Au centre, quelques places importantes ou curieuses, comme la Pl. de la Bourse et la Pl. des Victoires.*

Voir Arc de Triomphe de l'Étoile ‖ Bastille, Pl. de la ‖ Châtelet, Pl. du ‖ Concorde, Pl. de la ‖ Nation, Pl. de la ‖ Opéra, Pl. de l' ‖ République, Pl. de la ‖ Tuileries, Pl. du Carrousel ‖ Vendôme, Pl.

PONTS *32 Ponts qu'on retrouvera sur notre Plan relient les deux rives de la Seine, du Pont National au Viaduc d'Auteuil.*

Les plus remarquables de ces Ponts sont :

LE PONT AU CHANGE, qui relie le Boul. du Palais à la Pl. du Châtelet, ainsi appelé parce qu'autrefois il était chargé de maisons, de boutiques d'orfèvres et de *changeurs*. Les Ciseleurs y tenaient aussi leur marché, et, quand les rois passaient sur le pont, ils devaient donner la liberté a « deux cents douzaines d'oiseaux ». — C'est du Pont au Change qu'on a une des plus belles vues de Paris, *toute la perspective de la Seine, des quais, la pointe de l'île St-Louis, avec, plus près, le Tribunal de Commerce, la flèche ajourée de la Ste-Chapelle, l'ancien Donjon du Palais de Justice, la Tour de l'Horloge, portant au sommet un beffroi dont la cage deborde en encorbellement. Au pied de la Tour Carrée, on voit la grande porte en ogive de la Conciergerie, et, un peu plus loin, la *Tour d'Argent* qui gardait le Trésor royal, et qui est reliée à une tour jumelle appelée jadis *Tour du Bec*, parce que les prisonniers qui y étaient mis à la « question » finissaient par parler, par « ouvrir le bec ». La dernière tour avec ses créneaux, appelée *Tour ie César*, a été construite, dit-on, sur les fondations d'un fort élevé par le conquérant romain.

LE PONT-NEUF, reliant la R. Dauphine à la R. du Pont-Neuf. Commencé en 1573 sous Henri III et achevé en 1604, c'est *le plus ancien des Ponts de Paris.* Les hémicycles qui s'élargissent de loin en loin sur le tablier supportaient autrefois des boutiques. En 1614, une statue équestre de *Henri IV* fut placée sur le terre-plein. La statue actuelle date de 1817, l'ancienne effigie ayant servi à faire des canons en 1792.— Le Pont-Neuf, pendant plus d'un demi-siècle fut le rendez-vous des charlatans, acrobates, jongleurs, chanteurs, diseurs de facéties, voleurs, spadassins. C'est là que Tabarin, fameux acteur et auteur, avait monté ses tréteaux.

LE PONT DES ARTS reliant la Place de l'Institut au Quai du Louvre. * Points de vue magnifique souvent décrits par les romanciers parisiens. La nuit, le spectacle de la Seine, éclairée en amont par des centaines de feux multicolores, est féerique.

LE PONT ALEXANDRE III, qui sera le point le plus décoratif de Paris, reliant les Champs-Élysées à l'Esplanade des Invalides (V. la partie *Exposition*).

(Cl. Lanslaux).

STATUE DE HENRI IV

PORTE SAINT-DENIS ‖ PORTE SAINT-MARTIN. V. Boulevards, Les Grands.

PRISON DE LA CONCIERGERIE. V. Palais de Justice.

SACRÉ-CŒUR, ÉGLISE DU

Commencée en 1876 à la suite d'un concours auquel prirent part 78 architectes. Le projet adopté fut celui de M. Abadie, dont le successeur est M. Rauline. La Basilique fut consacrée au culte en 1891. La Tour, haute de 120 m., qui doit s'élever derrière le Dôme, n'a encore atteint que 20 m.

Telle qu'elle est aujourd'hui, la Basilique, qui n'est pas achevée, a coûté plus de 33 millions. Les fondations seules ont coûté 4 millions.

Au sommet de la butte Montmartre.

Omnibus : Montmartre-Pl. St-Jacques. Entrée provisoire, 35, rue de la Barre.

L'aménagement, la décoration intérieure, se font peu à peu, selon l'affluence des souscriptions, actuellement de 100000 fr. par mois environ.

Jusqu'à ce jour, on compte 2 millions de souscripteurs.

Ce monument colossal, Roman-Byzantin, sera précédé d'un Escalier (œuvre d'Alphand) descendant la Butte à travers un square fort pittoresque. On peut juger de l'effet que produira le Sacré Cœur par la photographie en vente, R. de la Barre, et par la réduction en plâtre (coupe centrale).

INTÉRIEUR Deux entrées, l'une R. de la Barre (vente, dans le Vestibule, de médailles, de croix et de brochures religieuses), et l'autre sous le grand Portail.

L'intérieur du Sacré-Cœur est à peine orné. Il faudra encore beaucoup de temps pour sculpter les frises et plus de 500 chapiteaux, et achever les mosaïques qui décoreront la partie supérieure de l'Église.

Le Maître-Autel provisoire est surmonté d'une statue du Sacré Cœur dans un décor de dorures et de pierreries.

Parmi les Chapelles, encore inachevées, pour la plupart, les plus intéressantes sont : — A dr., le Monument en marbre de *Louis Veuillot,* par Fagel. La religieuse est le portrait de la fille de Veuillot. A l'extrémité de la nef, la *Chapelle de la Vierge,* toujours très fréquentée ; dans cette chapelle, et adossée au maitre-autel de la basilique, une statue du *cardinal Guibert,* offrant à la Vierge une réduction en marbre de l'église du Sacré-Cœur.

En revenant à g., la *chapelle de St-Ignace,* puis statues en marbre de *Ste Geneviève* et de *St Vincent de Paul.*

Plus loin, la *Chapelle Ste-Radegonde*

on délivre des billets, (au profit de l'Œuvre, pour visiter la crypte (25 c.) et la grosse cloche « la Savoyarde » (5o c.).

La *Savoyarde,* à dr. du Portail principal, occupe un emplacement spécial, avant de prendre place dans la tour de 120 m. On l'appelle « Savoyarde » parce qu'elle fut offerte au Sacré-Cœur par 4 diocèses de Savoie.

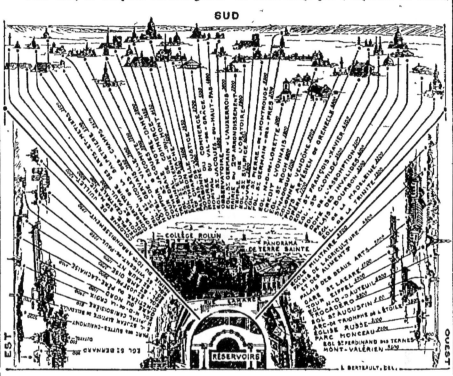

PLAN D'ORIENTATION DU SACRÉ-CŒUR

dont l'autel en marbre blanc et or est d'une belle architecture.

La 1re à gauche est la *Chapelle de la Marine,* avec la statue en marbre de *Notre-Dame des Matelots.* Sur la face antérieure de l'autel, un ange tient l'épée de l'amiral Courbet.

Le Dôme, dont la décoration intérieure, toute en mosaïque, est inachevée, éclairera toute la nef, par le jour venu de ses 20 verrières hautes de 5 m. Le Dôme a 72 m. de tour, et le sommet de la croix qui le domine est à 84 m. au-dessus du sol de la rue, à 213 m. au-dessus du niveau moyen de la mer.

D'une Galerie, faisant le tour du Dôme, située à 47 m. 91 du sol de l'église, on découvre une vue superbe comme étendue et pittoresque.

La Savoyarde. Au Kiosque situé près de la façade de l'Eglise (R. de la Barre),

Les noms et les armoiries des donateurs sont inscrits tout autour de la cloche.

Fondue à Annecy, en 1895, par les Frères Paccard, la Savoyarde pèse 17 735 kilos; elle a 3 m. de hauteur sur 3 m. de diamètre. C'est la plus grosse cloche de France, le bourdon de Notre-Dame ne pesant que 13 000 kilos, mais elle est dix fois plus petite que la fameuse cloche du Tsar à Moscou qui pèse 195 000 kilos et mesure 23 m. 5o de circonférence. On ne la sonne à grande volée qu'à Pâques et à la fête du Sacré Cœur (8 juin). Il faut 16 hommes pour la sonner.

La *Crypte ou église souterraine (Entrée à dr. du grand portail) est une merveille d'architecture, et, malgré sa nudité, elle donne une grande impression; les piliers massifs sont reliés par des murs formant un sanctuaire obscur, les petites chapelles latérales n'ont qu'un petit jour discret.

Au centre, *Chapelle du Purgatoire,* correspondant au chœur de l'église supérieure, avec un catafalque acajou, don du comte de Chandon. — A dr., registre où les visiteurs peuvent inscrire le nom des défunts pour lesquels ils désirent des prières. — 1er et 3e Jeudis de chaque mois, pèlerinage des Zouaves pontificaux, dans la Chapelle du Purgatoire. Au fond de la Chapelle, *puits de fondation* de l'église qui descend au niveau du bas de Montmartre. — Tous les Dimanches matin à 8 h. 1/2, messe et sermon réservés aux pauvres. Entrée par la porte de la crypte qui donne de plain-pied sur la rue Lamarck. A la fin de la messe, on leur distribue à chacun une livre de pain.

Plus loin, à dr., *grande croix*, qui vient de Jérusalem. — *St Hubert*, patron des chasseurs (pierre), et plus loin, *Marie Alacoque*. — A l'extrémité de la partie centrale de la Crypte est la *Chapelle St-Pierre*, correspondant au maître-autel de l'église, d'où, d'un seul coup d'œil, on peut embrasser, par suite de leur disposition rayonnante, les 7 chapelles latérales qui forment la crypte. — A g., *St François d'Assise*, et, en revenant vers l'entrée, *Chapelle de St Martin*, entourée d'ex-voto.

Sᵗ-AUGUSTIN (Cl. Fortier-Marotte).

Les Pèlerinages. Pour Paris, la province et l'étranger, l'Église du Sacré-Cœur est un but de pèlerinage, surtout pendant la belle saison. Pendant le mois de juin 1894, la Basilique a été visitée par 135 pèlerinages. En 1900, tous les diocèses de France enverront sur la Butte Montmartre, d'avril à octobre, des délégations de leur clergé et de leurs fidèles.

Un établissement hospitalier l'ABRI ST-JOSEPH (R. de la Barre, 36) offre aux pèlerins munis de leurs provisions de bouche un réfectoire gratuit. Les prix des repas, des chambres, sont ceux d'un restaurant et d'un hôtel à prix modérés (déjeuner de 1 à 2 fr. Dîner 1 fr. 25 à 2 fr. 50. Réduction pour les pèlerinages).

Les marchands d'objets de piété occupent presque tous les rez-de-chaussée des maisons voisines du Sacré-Cœur, surtout de la R. de la Barre. C'est un quartier de Lourdes ou de Fourvières transporté sur le plus parisien des coteaux de la Ville.

Autour du Sacré-Cœur. A dr. de la Basilique (en se tournant vers Paris), on voit une construction massive décorée des armes de la Ville de Paris. C'est un Réservoir d'eau comprenant 3 étages et pouvant contenir 11 000 m. cubes. Les deux étages supérieurs sont réservés à l'eau de source.

A côté de ce réservoir, l'Église St-Pierre de Montmartre, la plus ancienne des églises de Paris, appartenait à un Couvent de Bénédictins, fondé en 1147. On montre près d'elle un calvaire provenant du Mont Valérien (pourboire au Gardien).

A l'angle des rues Lamarck et La Barre, Panorama de Jérusalem : 1 fr.; Dimanches, Jeudis et Fêtes : 50 c.

La rue Lamarck, au pied de la Basilique, est comme une immense terrasse faite pour montrer le spectacle grandiose de Paris. On aperçoit de dr. à g. (V. le Plan d'orientation ci-joint) : les hauteurs du Mont Valérien, l'Arc-de-Triomphe réduit à la proportion d'un dé, la Tour Eiffel qui domine les blancs palais de l'Exposition, la construction trapue de la Galerie des Machines et la Grande Roue, énorme cercle dont on ne voit pas les rayons. Et au milieu de cet océan de pierres, de cette mer de toits recourbés comme des vagues, çà et là, tels que des îles ou des récifs, les grands édifices de Paris, les monuments saillants; les églises de la Trinité et de la Madeleine, le dôme doré des Invalides, l'Opéra, la Colonne Vendôme, N.-D. de Lorette, la tour quadrangulaire de St-Germain-des-Prés, le palais du Louvre, l'église St-Sulpice, dominée par ses deux tours, le dôme du Val-de-Grâce, le Palais-de-Justice et la flèche de la Ste-Chapelle, fin comme un trait à l'encre de Chine, le dôme du Panthéon et sa ceinture de colonnes, St-Eustache et la tache sombre des Halles, les deux solides tours de Notre-Dame, la svelte Tour St-Jacques, le Comptoir d'Escompte, l'Hôtel de Ville. — A g., l'église St-Vincent-de-Paul, la Gare du Nord, les dômes des magasins Dufayel.

On aperçoit même au Sud et au Sud-Ouest, par un temps clair, les hauteurs boisées de Châtillon, de Meudon, la partie la plus agréable de la banlieue parisienne, le pays des petites villas et des cottages.

❧

ST-AUGUSTIN, ÉGLISE ●●●●● *De construction moderne (1861-1871), d'un style se rapprochant de celui de la Renaissance, St-*

Augustin est une des Églises à la mode, par la situation qu'elle occupe dans un quartier de riches hôtels.

A l'angle du Bd Malesherbes et de l'Av. Portalis.

Omnibus : Trocadéro-Gare de l'Est ‖ Panthéon-Courcelles ‖ **Tramways :** La Muette-R. Taitbout ‖ St-Augustin-Cours de Vincennes.

Sa façade ne manque pas de beauté. Au-dessus du portail règne une galerie de statues; *le Christ et les Apôtres* par Jouffroy.

Peintures de Bouguereau dans les chapelles du transept; de D. Maillart à dr. et à g. de la nef.

Sous le maître-autel, richement décoré, se trouve une Crypte; sous la nef, une Église inférieure. La rosace mauve rappelle celle de Notre-Dame.

A voir dans le voisinage immédiat: le *Parc Monceau*, en suivant le Bd Malesherbes.

❧

SAINT-DENIS. Bd et Porte V. Boulevards, Les Grands.

❧

SAINT-EUSTACHE, ÉGLISE ⚅⚅⚅⚅⚅⚅⚅⚅

Commencée en 1532 et achevée en 1642. Surtout admirée pour l'élégante hardiesse et la variété de son architecture, mélange heureux d'art Gothique et de style Renaissance. On y admire le tombeau de Colbert, chef-d'œuvre de Coysevox. Orgue célèbre, qui en fait l'Église préférée des musiciens. Liszt y fit entendre sa fameuse Messe de Gran, peu de temps avant sa mort.

Près des Halles, à la Pointe St-Eustache. Entrée principale R. du Jour; Porte latérale, en face des Halles.

Omnibus. Ternes-Filles-du-Calvaire ‖ Montmartre-Pl. St-Jacques ‖ Pl. Wagram-Bastille ‖ Grenelle-Pte St-Martin ‖ Morillons-les Halles ‖ Bd St-Marcel-N.-D.-de-Lorette, **Tramway :** Pte d'Ivry-les Halles.

INTÉRIEUR Divisé en 5 nefs, avec 22 chapelles décorées de peintures murales modernes, ou de fresques restaurées.

Dans la 5ᵉ CHAPELLE, *Résignation*, statue par Chatrousse. — Dans le bras droit du transept, *fresques* par Signol, *statues d'apôtres* par Debay et *bas-reliefs en faïence* par Devers. Plus loin, dans les CHAPELLES DU CHŒUR: *Ensevelissement du Christ*, par Giordano; *la Mort de Ste Anne*, par Lazerges; d'anciennes fresques restaurées par S. Cornu. Dans la CHAPELLE DES CATÉCHISMES: *Adoration des bergers*, par Carle Van Loo.

La CHAPELLE DE LA VIERGE, derrière l'autel, est décorée de fresques par Couture. Belle *statue de la Vierge*, par Pigalle.

A g., en redescendant, dans la 1ʳᵉ CHAPELLE, tombeau de Colbert, exécuté par Coysevox, d'après le dessin de Lebrun.

Fils d'un marchand de draps de Reims, Colbert devint le grand et puissant ministre de Louis XIV. Il mourut en disgrâce, en 1683, et le peuple insulta son cercueil.

Les Chapelles qui suivent sont ornées de fresques, dont les plus artistiques sont celles de Barrias : *Ste Geneviève*, et de Pichon : *Vie de saint Louis*.

La porte à côté du bénitier *donne sur la R. Montmartre. Voir à l'extérieur la belle ornementation de ce Portail, une des œuvres les plus remarquables du XVIᵉ s.

Dans la 1ʳᵉ CHAPELLE DE LA NEF, fresques par Le Hénaff: *la Conversion et le Martyre de St Eustache;* les reliques de ce saint sont enfermées dans un *coffret* orné de pierres précieuses placé en face de la grille de cette chapelle.

Près de la sortie (fonts baptismaux), peintures de Glaize.

St-Eustache est renommée pour l'exécution artistique des compositions religieuses des musiciens contemporains.

Les solennités musicales de la Messe de minuit à Noël, du Vendredi Saint à 1 h 1/2 de l'après-midi, du jour de la fête de Ste-Cécile, le 22 novembre à 10 h. 1/2, attirent une foule nombreuse. 1 fr. la place, de 3 à 5 fr. les places réservées. Tous les Dimanches à 10 h., grand'messe chantée.

A voir dans le voisinage immédiat: les *Halles.*

❧

SAINT-GERMAIN, BOULEVARD ⚅⚅⚅

Il commence à la Halle aux Vins et se termine près de la Chambre des Députés, au Pt de la Concorde. C'est le plus long et le plus important des boulevards de la Rive gauche. Il traverse en premier lieu un quartier marchand, puis le Fg St-Germain, où l'ancienne noblesse possède de vieux hôtels tout remplis de souvenirs historiques.

Au nº 5, les Ateliers Photographiques de M. Pirou; et, R. de Pontoise, la *Fourrière, où sont conduits tous les chiens et animaux errants; puis l'église *St-Nicolas-du-Chardonnet* et la *Pl. Maubert* (statue d'Étienne Dolet). A g., au nº 57, maison où est né le poète Alfred de Musset. A g., le Théâtre de Cluny. A dr., prolongement du JARDIN et du MUSÉE DE CLUNY, où sont conservés de curieux restes de l'architecture de l'ancien Paris.

Du Bd St-Michel à la Chambre des Députés, le Bd St-Germain égale presque en importance les grandes voies de la rive droite. Il passe (n°79) devant la *Librairie Hachette* (œuvre de l'architecte Garnier) ; devant l'École de Médecine ; les statues de Broca, Danton ; le *Cercle de la Librairie* (autre œuvre de Garnier). — A dr., la vieille Église de St Germain-des-Prés ; la statue de Diderot (à g.) ; l'Hôtel de la Société de Géographie et l'Acad. de Médecine (à dr.) ; à g., en face de la rue du Bac, la statue de Chappe ; à dr., le Ministère des Travaux publics (n° 244) ; à g., le Ministère de la Guerre (n° 231) et la Chambre des Députés.

❦

SAINT-GERMAIN- DES PRÉS, ÉGLISE

Une des plus vieilles Églises de Paris, appelée « des Prés » parce qu'à l'origine elle était au milieu des prés qui s'étendaient jusqu'à la Seine. Elle dépendait de l'Abbaye de St-Germain, fondée par Childebert en 342, dont on voit encore le Palais Abbatial (à g. de l'église).

L'Église actuelle est des XI° et XII° s. ; le musée de Cluny conserve un Chapiteau de la première église, détruite par les Normands.

Pl. St-Germain-des-Prés, à l'angle de la R de Rennes et du Bd St-Germain.

Omnibus : Clichy-Odéon ‖ Ménilmontant-G.Montparnasse ‖ Bd Montparnasse-G. du Nord **Tramways :** Bastille-Porte Rapp ‖ G. de Lyon-Pl. de l'Alma.

Exception faite pour l'intérêt que présentent la Nef et le Chœur au point de vue de l'histoire de l'architecture, l'INTÉRIEUR de l'église offre surtout une œuvre très originale : les **Fresques de Flandrin.** Les 20 peintures de cet artiste placées au-dessus des arcades de la nef représentent des sujets tirés de l'Ancien et du Nouveau Testament. Elles sont d'un style très pur : c'est l'œuvre d'un croyant.

Voir, en faisant le tour de l'église de g. à dr. près du grand portail : **Notre-Dame de Consolation,** statue en marbre du XIII° s. d'un sentiment simple et doux ; le *tombeau d'Olivier et de Louis de Castillan,* par Girardon (dans la chapelle de la Vierge) ; derrière lui décoré de *grisailles* par Heine, le *mausolée de Guillaume Douglas,* prince d'Écosse. A g., des plaques de marbre rappellent que dans les chapelles du chœur sont inhumés le philosophe *Descartes* et le poète satirique *Boileau,* dont les restes reposaient autrefois à la Ste-Chapelle ; le monument de *Casimir,* roi de Pologne, qui se fit moine, puis devint abbé de St-Germain : le roi est représenté sacrifiant à Dieu sa couronne et son sceptre ; le *monument* élevé à la mémoire du peintre *Flandrin,* le grand décorateur de l'église (à g. de la nef).

En sortant par le grand portail, voir, dans le Square à g. de la façade de l'église, un curieux essai de décoration en briques polychromes, par A. Charpentier : *les Boulangers.*

A voir dans le voisinage immédiat : *l'École des Beaux-Arts,* R. Bonaparte ; *l'Hôtel des Monnaies,* Q. Conti ; le *Palais de l'Institut.*

❦

SAINT-GERMAIN-L'AUXERROIS, ÉGLISE

Construite du XII° au XVI° s. La plus voisine du Louvre, l'Église St-Germain-l'Auxerrois fut la paroisse des Rois de France ; elle est surtout remarquable, extérieurement, par la beauté originale de son Porche que domine une élégante Balustrade, et, intérieurement, par son admirable Banc d'œuvre et ses Fresques.

De la Pl. du Louvre, voir d'abord l'ensemble de l'église, l'élégante galerie de pierre qui la domine et l'entoure tout entière, la reliant à g. au Clocher, de forme octogonale, flanqué de fines aiguilles de pierre.

Voir ensuite le Porche et le Portail à trois vantaux qu'il abrite.

Construit par Jean Gaussel, ce Porche, avec ses voûtes bleues, parsemées d'étoiles, les saints dorés et coloriés de son portail, ses vieilles fresques aux tons passés, forme un ensemble d'une originalité rare. S.-Germain-l'Auxerrois est la seule église de Paris qui possède un porche semblable. Les piliers portent des statues de saints, de reines canonisées, mais seules les deux figures naïves de *Ste Marie l'Égyptienne,* à g., et de *St François d'Assise,* à dr., sont de l'époque. Au tympan du grand portail, fresques de Mottez, sur fond d'or : *le Christ au milieu des élus.* A côté du petit vantail de droite : *St Germain,* évêque d'Auxerre, auquel l'église doit son nom.

Pl. du Louvre, en face de la Colonnade. **Omnibus :** Hôtel de Ville-Pte Maillot ‖ G. St-Lazare-Pl. St-Michel. **Tramways :** Louvre-Versailles ‖ Louvre-Charenton.

Avant d'entrer dans l'église, visiter à dr., dans la R. des Prêtres-St-Germain-l'Auxerrois, le *Portail sud, qui, bien que très endommagé, est un des plus beaux spécimens du style Gothique du XV° s., qui fleurissait si délicatement la pierre des édifices : les *dais surmontant les niches, à dr. et à g., sont fouillés et évidés comme un ivoire.

C'est du *clocheton* que l'on aperçoit derrière ce portail, que fut donné le signal de la St Barthélemy (24 août 1572). Le beffroi du Palais de Justice répéta aussitôt le signal, que propagèrent ensuite toutes les autres cloches de Paris Une des cloches de St Germain a été donnée à l'Opéra, qui l'utilise pour la représentation des *Huguenots.* Coligny fut assassiné dans la rue voisine, aujourd'hui R. de l'Oratoire-du-Louvre, où il habitait et où on lui a élevé un monument.

Seuls les vitraux supérieurs de la partie g. du transept ainsi que les deux roses qui décorent ses extrémités sont anciens (xvi° s.); dans la rose g. : *le Père Éternel entouré d'anges et de martyrs*; dans la rose dr. : *la Descente du St-Esprit.*

La 1ʳᵉ Chapelle de dr. (Chapelle des catéchismes) forme un second côté, et comme un petit sanctuaire gothique, plein d'ombre et de recueillement, une petite église complète au sein de l'autre. — L'autel moderne, dessiné par Lassus, porte un *arbre de Jesse* en pierre, du xvi° s., dont les fleurons épanouis en fines rosaces montrent des figures de saints et de martyrs.

Tout autour de la chapelle, fresques, par Amaury Duval, dans le style de Fra Angelico. (Cette chapelle est ouverte le Dimanche, en Avril, Mai, Juin; s'adresser au Bedeau pour la visiter en autre temps.)

En face, dans la nef, *Banc d'œuvre surmonté d'un baldaquin dont la boiserie simule une tenture aux plis souples et gracieux.

Voir, à dr., la *Grille du Chœur en fer forgé, œuvre de Dumiez, d'une richesse, d'une grâce, d'une abondance de détails incomparables. — A g., on arrive à la porte de la Sacristie, ornée de fresques modernes, dans le style naïf du xv°; à g., *St Martin découpant son manteau pour le donner à un pauvre.* — 1ʳᵉ Chapelle après la sacristie : monument d'*Étienne d'Aligre*, chancelier de France sous Louis XIII (1559-1633). — A côté de la 4° chapelle : la Galerie d'où la Cour de France entendait la messe.

Dans la Chapelle qui précède le bras g. du transept, *la Vierge et l'Enfant*, par Landelle.

Dans la Chapelle derrière le banc d'œuvre, *retable en bois* de style flamboyant qui représente les principales scènes de la *vie de Jésus et de Marie*.

Grandes Fêtes : 1ᵉʳ Dimanche de Mai.— Fête de la Paroisse : 31 Juillet. —Les Dimanches, grand'messe à 9 h. 1/2.

❦

ST-GERVAIS-ST-PROTAIS, ÉGLISE ◉◉◉◉

Le Portail est de style Renaissance, tandis que le reste de l'édifice est du plus pur Gothique. Commencée en 1360, elle ne fut décorée de sa Façade qu'au xvii° s. (1616) par Debrosse, l'architecte du Palais du Luxembourg. Le Portail a trois étages, une hauteur de 50 m. environ. A l'intérieur, magnifiques Verrières, malheureusement en mauvais état, surtout depuis l'explosion de mars 1888 (explosion de gaz de la rue François-Miron : 28 morts, 50 blessés).

Place St-Gervais, dans la R. Lobau,

derrière l'Hôtel de Ville, entre l'Annexe municipale et la Caserne Lobau.

Omnibus : Pl. Pigalle-Halle aux Vins.
Tramways : Montreuil Châtelet ‖ Louvre-Charenton.

Le **Maître-Autel** est décoré de 6 chandeliers en bronze doré, chef-d'œuvre du xviii° s. Le Banc d'œuvre, en face de la chaire, est orné d'une médaille du Pérugin (*le Père Éternel et les anges*); pour le voir, se placer du côté de la chaire.

Les **Stalles** du chœur, en bois sculpté, sont du xvi° s.; le **Buffet du Grand Orgue** est un des plus beaux du xvii° s.

CHAPELLES. 1ʳᵉ Chapelle à dr., au bas de la nef : *le Christ en Croix*, de Philippe de Champaigne; v° Chapelle, au-dessus de l'autel, retable : *Ste Geneviève rendant la vie à sa mère*; ix°, à dr., *tombeau de Michel Le Tellier*, grand chancelier de Louis XIV. Entre les fenêtres, en face de l'escalier, statue de *la Vierge*, en pierre peinte (xvi° s.), difficile à voir à cause de la défectuosité de l'éclairage.

Derrière le maître-autel, au chevet, Chapelle de la Vierge, œuvre de style Gothique flamboyant. — Tout en haut, au centre, un *pendentif* de plus de 2 m. de diamètre. — Les *vitraux de Finaiguier* (xvi° s.) ne se raccordent pas; ils ont été brisés et réparés tant bien que mal, plutôt mal que bien.

Plus à g., fausse Chapelle avec, à dr., un *Christ en Croix*, sculpture de Préault; au centre à g., *Jésus marchant sur les eaux*, tableau de Dubufe; à g., la *Descente de Croix*, groupe en plâtre, de Gois.

1ʳᵉ Chapelle de dr. en redescendant : à g. vers la fenêtre, *Moïse faisant jaillir l'eau de la roche*, de Guichard; plus en avant, *Pietà*, fresques de Cortot et Wanteuil.

Un peu plus loin, une *grille* du xvii° s., en fer forgé, ferme la sacristie; sur le mur qui suit, une vieille *inscription française* en caractères gothiques (1420) rappelle la date de construction et la dédicace de l'église : curieux spécimen d'écriture et de langage du temps.

Dans la 2° Chapelle suivante, *la Passion*, 9 scènes peintes sur le même tableau, avec l'inscription : **Peint par Albert Dürer en 1500** : une des plus belles œuvres des églises de Paris; on croit toutefois que ce tableau a été peint par Aldegrever, élève de Dürer.

Dans les chapelles suivantes, parois de dr., au-dessus des autels, deux *retables de la Renaissance* et dans l'avant dernière chapelle, une *Vierge* en plâtre de Ruder. — Les Fonts baptismaux (dernière chapelle) sont du xv° s.; les Verrières, splendides encore, bien que fortement détériorées, ont été exécutées d'après des dessins de Raphaël (*le Baptême du Christ*).

Musique. Le Dimanche, à la messe de 10 h, surtout pour les grandes fêtes, la maîtrise est accompagnée des fameux *Chanteurs de St Gervais (Scola Cantorum)*, dont la réputation est universelle.

A voir dans le voisinage : *l'Hôtel de Ville, Notre-Dame, la Morgue, l'Ile St-Louis.*

>≈<

ST-JULIEN-LE-PAUVRE, ÉGLISE

La plus an-cienne Église de Paris (exis-tait en 507), rebâtie en style roman au XII° s. Beaucoup plus grande autrefois, comme le montrent les restes du plein cintre de l'an-cien Portail, enclavés à g. dans une masure voisine. Malgré son exiguité actuelle, l'air campagnard de son nouveau Portail et la destruction de ses Verrières, c'est encore à l'intérieur l'une des plus jolies et des plus curieuses de Paris.

R. St-Julien-le-Pauvre, 15.
Omnibus : Pl. Pigalle-Halle aux Vins.

Après avoir fait partie des anciens bâtiments de l'Hôtel Dieu, qui sont à côté, et dont elle était la Chapelle des Morts, l'Église fut abandonnée, puis classée parmi les monuments historiques. Depuis dix ans, elle est vouée au culte Catholique Grec, qu'on y célèbre en semaine, tous les matins, à 10 h. Le Dimanche grand'messe.

A l'intérieur, le coup d'œil central de la Nef est gâté par l'Iconostase. Mais les Voûtes aux fines nervures, aux chapiteaux ornés de rosaces, de chimères, d'acanthes, de souples feuillages qui s'élancent de la pierre, et les deux Chapelles qui entourent le Chœur, donnent encore une idée du robuste style du XII° s., si sublime en sa naïveté.

Au-dessus de la porte d'entrée, * *Jésus guérissant les lépreux*, de Leroy, tableau rare ; dans la partie centrale près des 1ers piliers, différents tableaux avec cadres de bois sculpté du XVI° s. A dr. : **pierre tumulaire* (XIV° s.) du Couvent des Sœurs Augustines, dont une partie du cloître existe encore ; dans la cour à dr., *St Julien de Brioude*, patron de l'église.

Un tableau représentant Salomé rapportant la tête de *St Jean-Baptiste*. Un **Portrait du Christ*, avec tous les caractères de la race juive.

A l'extrémité dr., **Chapelle de la Vierge*, véritable merveille architecturale ; avec ses colonnes aux chapiteaux fouillés et mouvementés, tous différents. A dr. de cette chapelle, un **tableau tout en perles* (une madone). A g. du chœur, Chapelle de St-Joseph.

Puis une statue de St Augustin et la sta-tue et le *tombeau de Monthyon*, le fondateur des prix de vertu.

En revenant près de la porte d'entrée, un bénitier du XII° s. en forme de double co-quille.

A voir dans le voisinage le curieux *quar-tier de la Place Maubert*, le dédale des vieilles rues de *la Huchette, Galande, des Anglais* et *Maître-Albert*, et l'*Église St-Séverin.*

>≈<

ST-LOUIS, L'ILE ⊛⊛⊛

L'Ile St-Louis est l'un des points de la capitale qui ont le mieux conservé leur physionomie ancienne. De vieux hôtels, l'Hôtel de Lauzun, l'Hôtel d'Ambrun et l'Hôtel Lambert y rappellent un passé sei-gneurial. Tout y redit la poésie d'un temps qui n'est plus.

Visiter l'Ile St-Louis en même temps que la Morgue, à côté du Pont St-Louis reliant l'Ile à la Cité, où se trouve Notre-Dame, re-liée de son côté, par la rue d'Arcole, à l'Hôtel de Ville. Omnibus : R. Jenner-Sq.-Montholon ‖ Bd St-Marcel-N.-D.-de-Lorette ‖ Grenelle-Bastille.

La R. St-Louis, à laquelle mène le Pont St-Louis, traverse l'île dans le sens de sa longueur ; on se croirait dans la grande rue d'une petite ville de pro-vince ; son animation contraste avec le froid et aus-tère recueillement des rues transversales qui, sauf la R. des Deux-Ponts, très marchande, très passagère, reliant le Marais à la Montagne-Ste Geneviève, sentent toutes leur vieille noblesse de robe et d'épée, dans leurs grandes façades solennelles et silen-cieuses, avec leurs balcons déserts.

Pour voir l'île dans son ensemble, suivre d'abord à g., du Pont St-Louis, le Q. de Bour-bon, qui contourne la pointe occidentale de l'île, faisant face à la Cité, puis remonte à l'est, longe le vieux et pittoresque Port du Mail, aux bateaux chargés des pommes de tous les vergers de France. A l'angle de la R. Le Regrattier, anciennement R. de la *Femme-sans-tête* on voit la niche de pierre abritant la curieuse statue ancienne ensei-gne d'un boutiquier.

Sur le Q. d'Anjou, au n° 17, un Hôtel dont la façade à hautes fenêtres, a grosses mou-lures, est flanquée d'un merveilleux balcon de fer, c'est *l'Hôtel de Lauzun (1657).

Après avoir abrité la vie romanesque de la Grande Mademoiselle, l'héroïne de la Fronde, et de Lauzun, il appartint au financier Pimodan, puis au baron Pichon, qui mourut en 1898 au milieu de ses riches collections Cet Hôtel célèbre fut aussi le théâtre des soirées romantiques et des séances de haschisch données par Théophile Gautier, Ch. Bau-delaire, tout un cénacle de poètes, de lettrés, d'ar-tistes, dont il est question dans la préface des *Fleurs du Mal.*

L'Hôtel est actuellement inhabité; l'État doit s'en rendre acquéreur.

Le Concierge fait voir la grande Salle à manger aux statues de marbre, la Chambre à coucher de Mlle de Montpensier, « la Grande Mademoiselle », les plafonds de Lesueur et de Lebrun, les riches boiseries sur lesquelles éclatent les ors fauves.

Fille de Gaston d'Orléans, cousine germaine de Louis XIV, dite de Montpensier, vivement éprise, à 43 ans, du jeune Lauzun, capitaine des gardes, demanda au roi l'autorisation de l'épouser. Accordée le 15 décembre 1670, cette autorisation fut retirée trois jours après, et Lauzun jeté en prison. Il resta 10 ans à Pignerol, puis fut exilé à Angers, où il resta 4 ans. La Grande Mademoiselle l'attendit. Elle avait 56 ans quand elle l'épousa et vint habiter avec lui l'Hôtel du Quai d'Anjou.

En prenant la R. Poulletier, on entre dans le cœur de l'île, presque en face de l'Église St-Louis, au Clocher à jour, à la mode de Bretagne, décorée de Bas-reliefs du XV° s. et de Peintures modernes.

Chaque année, à la St Louis (25 août), grande messe en musique en l'honneur du Grand Roi.

Au sortir de l'Église, en descendant la R. St-Louis, à g., un autre hôtel seigneurial, une des plus nobles demeures du XVII° s. qui soit encore dans Paris : **l'Hôtel Lambert**, construit par Levau (1640) pour le président Lambert. Voltaire y demeura, lorsque Mme du Châtelet en devint propriétaire. On montre la chambre où il commença *la Henriade*. Napoléon, en 1815, résida à l'Hôtel Lambert. Les princes Czartoryski, descendants exilés des rois de Pologne, en devinrent propriétaires il y a 50 ans.

L'*Hôtel Lambert* est un des rares hôtels particuliers qui peut se visiter intérieurement, les Mardis et Vendredis, de 2 h. à 4 h., sur présentation de sa carte ou *demande écrite*.

Dans la *Grande Salle (la Galerie de Lebrun), très beau plafond* (mariage d'Hercule et d'Hébé), peint par Lebrun et restauré par Eug. Delacroix.

La R. St-Louis débouche, à l'extrémité de l'île, sur un Terre-plein où aboutissent les deux tronçons du Pont Sully et la Passerelle de l'Estacade. Monument de Barye, couronné de son fameux groupe : *le Lapithe et le Centaure*. Admirable vue qui se déploie jusqu'au confluent de la Marne.

Prendre à dr. et revenir vers Notre-Dame par les Quais de Béthune et d'Orléans, après avoir admiré les belles Portes de l'*Hôtel d'Embrun* ou de *Heslin* (n° 24, quai de Béthune).

Q. d'Orléans, au n° 6, la *Bibliothèque Polonaise*. La R. Boutarel renferme les vestiges de l'ancien *Archevêché de Paris*, n° 11.

En retraversant le Pont St-Louis, prendre à dr. le Q. aux Fleurs : aux n° 9 et 11, une *inscription rappelle l'emplacement de la maison d'Abélard, dont le malheureux amour pour Héloïse a fait verser tant de larmes.

St-Martin, Bd. V. **Boulevards, Les Grands.**

ST-MERRI, ÉGLISE ⊛⊛ *Regardée comme un chef-d'œuvre du style Gothique du XVI° s., St-Merri est classée parmi les monuments historiques; belles Verrières exécutées par Pinaigrier, malheureusement détruites en partie, et quelques bons Tableaux.*

R. St Martin.

Omnibus : Villette-St-Sulpice.

La **Chaire** est une œuvre merveilleuse de Slodz; sur le maître-autel (1868) surmonté d'un *Christ au Calvaire*, de Dubois, riche *tabernacle* dont la porte en bronze doré est ornée d'émaux précieux. — Sont enterrés dans cette église : le marquis de *Pomponne*, intendant des armées françaises à Naples, et le poète *Chapelain*, une des victimes de Boileau.

I° CHAPELLE, au bas de la nef à dr. : *les Pèlerins d'Emmaüs*, de Coypel; dans le transept, à dr., *la Vierge et l'Enfant*, par C. Van Loo; à g., retable de Van Loo : *St Ch. Borromée*; en face, *St Merri délivrant des prisonniers*, par Simon Vouet; III° CHAPELLE à g., *Ste Marie l'Égyptienne*, fresques de Chassériau.

Au milieu du bas-côté g., un Escalier conduit à une curieuse Chapelle souterraine (XVI° s.) dans laquelle se trouve le tombeau de *St Merri* (ou *St Médéric*), assassiné, le 20 avril 700, sur l'emplacement de l'église, alors occupé par un bois.

ST-MICHEL, PLACE ⊛⊛⊛ *C'est la porte d'entrée du « Quartier Latin ». Beau point de vue, à dr., sur Notre-Dame; à g., sur la Seine, le Quai des Augustins et le Pont-Neuf avec sa flottille de grosses barques venant de Rouen et même d'Angleterre. A g., au-dessus du Palais de Justice, la flèche noir et or de la Ste-Chapelle; à dr., le dôme du Tribunal de Commerce, et tout au fond, à l'extrémité du second Pont (le Pont au Change), la Fontaine monumentale du Châtelet.*

Omnibus : G. St-Lazare-Pl. St-Michel. **Tramways :** Montrouge-G. de l'Est ‖ La Chapelle-Square Monge ‖ Porte d'Ivry-les Halles. Le **Chemin de fer d'Orléans**, prolongé de la gare d'Austerlitz au quai d'Orsay, aura aussi une station à la Pl. St-Michel, au bas du Pont, à g., ainsi que le Chemin de fer de Sceaux.

Sa situation centrale, et les nombreux omnibus et tramways qui y ont leur tête de ligne ou leur station, font de la Pl. St-Michel, comme de celles du Théâtre Français, du Châtelet, de la Madeleine, de la République, un des endroits de Paris d'où l'on peut se rendre dans toutes les directions, à toutes les gares, a tous les musées et à tous les théâtres.

A dr. contre la première maison du Bd St Michel, la **Fontaine St-Michel** représentant l'Archange terrassant le démon sur un rocher d'où l'eau de la fontaine retombe en cascade dans trois vasques gardées par deux griffons. La statue de *St Michel* (œuvre de Duret) se détache sous un arc de triomphe de style renaissance soutenu par des colonnes de marbre rose.

A voir dans le voisinage immédiat : a g., le vieux quartier, aux rues etroites, où sont les belles églises de *St-Séverin* et de *St-Julien-le-Pauvre*. — En suivant le Quai de ce côté, et en traversant la Seine, on arrive à *Notre-Dame*, à la *Morgue*, à l'île *St-Louis*. — En traversant le Pt St-Michel, on va au *Palais de Justice*, à la *Ste-Chapelle* et à la *Pl. du Châtelet*. — A dr., le Q. des Grands-Augustins, avec ses bouquinistes, est le chemin le plus agréable pour aller à pied au Louvre (10 min.). — En remontant le Bd St-Michel, on est en quelques minutes au *Musée de Cluny*, à la *Sorbonne*, au *Panthéon*, au *Luxembourg*, à l'*École des Mines*. — En prenant le tramway G. de l'Est-Montrouge, on arrive en 8 min. à l'Observatoire, et en 12 min. à la G. de Sceaux, et près du Parc de Montsouris.

ST-ROCH, ÉGLISE ⚫

Construite en 1653, agrandie en 1709, intéressante parce qu'on y célèbre de grands mariages. « St-Roch, disait Mgr de Quelen, est la première cure de France ». *Mérite d'être visitée pour les belles œuvres d'art (du XVII° et du XVIII° s.) qu'elle renferme.*

R. St-Honoré.

Omnibus : Vaugirard-G. St-Lazare ‖ Ternes-Filles-du-Calvaire.

18 chapelles sont décorées de sculptures de Coustou, Falconet, etc. (superbe groupe en marbre d'Auguier : la *Naissance du Christ*), et de peintures de Vien, Deveria, Schnetz, Chassériau, Ary Scheffer.

Tombeaux du duc et du maréchal de Créquy, par Lenôtre; du peintre *Mignard*, de *Maupertuis*, du *cardinal Dubois*, de *Mme Deshoulières*, de *Mlle de la Vallière*, etc. Monuments de *Pierre Corneille*, de l'abbé

de *l'Épée*, de *Bossuet*, de *Maupertuis*, etc.

Statues du transept : *St Roch*, par Coustou; *St André*, par Pradier; le *Christ*, par Falconet, etc.

Le 13 Vendémiaire, quand les royalistes se portèrent sur la Convention, un de leurs bataillons occupa le perron de St-Roch, qui commandait alors le Jardin des Tuileries. Bonaparte les fit mitrailler et arrêta ainsi la Contre-Révolution.

La maîtrise de St Roch est restée le type de la maîtrise classique de la Restauration. Le Dimanche, grand'messe entre 9 et 10 h.

A voir dans le voisinage immédiat : le *Jardin des Tuileries*, le *Palais-Royal*, le *Théâtre Français*, le *Louvre*.

ST-SÉVERIN, ÉGLISE ⚫⚫⚫

Une des plus curieuses Églises de Paris, dont le clocher se découpe pittoresquement au-dessus d'un dédale de petites rues et de vieilles ruelles, qui ressemblent au Paris décrit par V. Hugo dans sa NOTRE-DAME. Coin à visiter pour ceux qui aiment à retrouver les souvenirs du passé. On se croirait là encore au XV° s. L'Église de St-Séverin fut construite du XIII° au XIV° s.

R. St-Séverin.

Omnibus : Pl. Pigalle-Halle aux Vins.

Beau Portail gothique provenant de l'ancienne Église de St-Pierre-aux-Bœufs, dans la Cité, et qui a été transporté ici pierre par pierre, en 1837.

Au tympan, *la Vierge et l'Enfant Jésus*, de Ramus. — A g., la grosse *tour carrée*, avec ses gargouilles fantastiques, est du XIV° s. — Au pied de la tour, sur la rue St-Severin, petit Porche au tympan duquel on voit St Martin decoupant son manteau pour le donner aux pauvres.

A l'intérieur, St-Séverin, décoré de magnifiques Vitraux, qui tamisent une mystérieuse lumière, est sombre et noir. Seule, la rangée des vitraux supérieurs, 27 de chaque côté, est ancienne (XV° et XVI° s.). Dans la rose du portail, au-dessus du grand orgue, *arbre de Jessé*, dont les rameaux épanouis portent, en guise de fleurs, des figures de rois, de prophètes et celle de la Vierge.

Après qu'on a vu, en s'avançant sous la nef, l'ensemble de l'église, la belle ordonnance de l'Abside, la Coupole du Maître-autel, soutenue par 8 colonnes de marbre décorées de bronze dore, revenir à la petite Porte de dr., par laquelle on est entré. — Le 1er vitrail est un don de M. Ch. Garnier, architecte de l'Opera; il y est représenté lui-même, parmi les personnages du fond, à g., à mi-hauteur d'un vitrail; et l'enfant qui donne la main à une femme habillée en violet est son fils, mort peu de temps après son père.

Dans la 7ᵉ, la *Ste Cène*, de Flandrin; dans la 3ᵉ Chapelle à g., *la Mort de St Louis*, de Lenoir.

Quand on arrive sous les voûtes à doubles colonnes du chœur, les verrières éclatent dans toute leur magnificence, avec des scintillements de pierres précieuses. — Les piliers du chœur sont décorés d'Ex-voto, en marbre, ou en forme de grands cœurs en cuivre.

Derrière le chœur, l'abside, avec ses voûtes aux innombrables nervures, son *pilier central*, en torsade, qui soutient toute la charge de cette partie de l'église. Les deux Chapelles du fond sont consacrées, l'une à *N.-D. de l'Espérance* (Pèlerinage toute l'année, grande fête le 1ᵉʳ Dim. de Juin); l'autre, à *N.-D. des Sept-Douleurs*.

Le *puits* auquel St Séverin allait, dit-on, puiser son eau existe encore dans la CHAPELLE DE N.-D. DE L'ESPÉRANCE, devant l'autel, recouvert d'un tapis. Les fidèles venaient encore, il y a quelques années, y puiser de l'eau, qui passait pour miraculeuse.

Revenir sur ses pas et entrer par la porte qui s'ouvre à dr., avant les deux chapelles, et qui conduit à l'ancienne Chapelle de la Vierge, puis dans une Salle de l'Asile installé dans l'ancien cloître où l'on voit, encastrés dans le mur, les anciens restes de ce cloître, qui date du xvᵉ s.

Dans le Jardin du Presbytère, contre la Chapelle de la Vierge, l'ancien Charnier, recouvert d'une pierre tombale. C'est dans le Jardin du Cloître de St-Séverin qu'on fit pour la première fois, en janvier 1734, l'opération de la pierre sur un condamné à mort, qui guérit et obtint sa grâce.

C'est à St-Séverin que les Parisiens entendirent pour la première fois un Orgue.

En sortant de l'église, voir dans la R. St-Séverin, à g., en montant du côté de la R. St-Jacques, la plus étroite impasse de Paris, l'impasse Salembière, corruption de l'ancien nom de ce cul-de-sac : *Saille-Bien.*

A voir dans le voisinage immédiat : la Pl. St-Michel, l'Église *St-Julien-le-Pauvre* et la Pl. Maubert, où se trouve la statue d'*Étienne Dolet*, brûlé vif sur cette place pour « blasphèmes et exposition de livres damnés ». Plus loin, du côté du Bd St-Michel, le *Musée de Cluny.*

❧

ST-SULPICE, ÉGLISE ⊙⊙⊙⊙ *Construite aux xviiᵉ et xviiiᵉ s. Avec ses hautes tours qui s'élèvent au-dessus de son imposante Façade d'ordre Dorique et Ionique, St-Sulpice est une* des plus vastes églises de Paris. Ses grandes dimensions permettent de donner aux cérémonies religieuses une pompe exceptionnelle. Les processions (Fête-Dieu, 14 Juin, fête de l'Immaculée-Conception, auxquelles prennent part les élèves du Grand Séminaire de St-Sulpice, ont un éclat extraordinaire. L'étranger ira aussi y admirer les superbes Fresques de Delacroix.

Pl. St-Sulpice.
Omnibus. V. ST-SULPICE, Pl.

En semaine, le Portail donnant sur la Place est fréquemment fermé; on entre alors par les portes de la R. Garancière.

La Révolution avait fait de l'Église St Sulpice le Temple de la Victoire, et, le 5 novembre 1799, la Convention y donna un grand banquet au général Bonaparte

Le 30 Août, le jour de la St-Fiacre, les Jardiniers célèbrent la fête de leur patron avec un grand luxe d'arbustes et de fleurs.

L'intérieur, long de 140 m., large de 56, d'une décoration sévère et froide, a beaucoup de grandeur. Dans la nef principale, près de l'entrée, deux *grands bénitiers* en coquilles naturelles offertes à Louis XIV par la République de Venise et encastrées dans des rochers sculptés par Pigalle.

A dr., la *chaire*, dans laquelle ont brillé les P. Bridaine, Combalot, Lavigne, Matignon, Montsabré, etc., est supportée par les deux escaliers qui conduisent à ses portes. — En face, au banc d'œuvre, *Christ* en bronze, par Maindron. Près du maître-autel, statues de Bouchardon : *le Christ à la Colonne* et *Mater Dolorosa.*

LES CHAPELLES. Le maître-autel, somptueusement décoré de lourds candélabres et de hauts palmiers en bronze doré, est en marbre jaune antique. Le devant d'autel, en bronze doré, représente *Jesus au milieu des docteurs.*

A dr. de la grande entrée, tout au bas de la nef, dans la CHAPELLE DES ANGES, belles peintures de Delacroix. A la voûte, *St Michel terrassant le démon*; sur les parois, *Héliodore chassé du temple, Lutte de Jacob avec l'ange.*

Dans les autres Chapelles, fresques de Heim, de Pujol, de Signol, de Lenepveu.

Au chevet, Chapelle de la Vierge, belle œuvre de Servandoni.

Dans une niche profonde, *la Vierge portant l'Enfant Jésus* (œuvre de Pigalle) est éclairée par le haut d'une lumière habilement ménagée. C'est moins une statue qu'une apparition. Dans la coupole, belle fresque de *l'Assomption*, de Le Moyne.

En revenant vers l'entrée, du côté opposé, autres chapelles avec fresques, dont les plus belles (*Vie de St Jean l'Évangéliste*)

sont de Glaize. Une petite porte, à g. de l'entrée, conduit à la CHAPELLE DES ÉTUDIANTS, où se trouve un orgue ayant appartenu a *Marie-Antoinette*.

Dans le bras gauche du transept, *obélisque* avec ligne méridienne en bronze. (A midi, les rayons du soleil passant par la petite ouverture d'une fenêtre du bras gauche du transept se posent, suivant les saisons, sur un point quelconque de cette ligne.)

L'Orgue (118 registres, 6588 tuyaux), un des plus beaux de Paris, après ceux de N.-D. et de St-Eustache, est tenu par le compositeur Widor. Le buffet de l'orgue est décoré de délicieuses statues de Clodion. Grand'messe le dimanche à 10 h. 1/2.

❧❧

ST-SULPICE, PLACE ⬤⬤⬤⬤

Très calme, très froide d'aspect en temps ordinaire, mais très animée, tout en conservant sa physionomie provinciale, les matins du Dimanche et des jours de grande Fête. On y voit une multitude de religieuses de tous les ordres, et l'on y assiste au défilé des séminaristes qui se rendent en surplis de leur seminaire à l'église.

Omnibus : La Villette-St-Sulpice ‖ Batignolles Clichy-Odéon ‖ Panthéon-Courcelles ‖ Plaisance-Hôtel de Ville ‖ Carrefour des Feuillantines-Pl. Clichy. **Tramways** : Auteuil-St-Sulpice.

Comprise entre l'église du même nom (V. ci-dessus), la Mairie du VIᵉ Arrondissement, qui lui fait face, et le G. Séminaire, a g.

Au centre, Fontaine monumentale par Visconti, dite *Fontaine des Évêques*, décorée des statues de Bossuet, Fénelon, Massillon et Fléchier. — Marché aux fleurs.

A voir dans le voisinage immédiat : en remontant la R. Férou, le *Musée* et le *Jardin du Luxembourg* ; dans les R. Bonaparte et du Vieux-Colombier, qui aboutissent à la Pl. St-Sulpice, se trouvent les marchands d'Ornements d'église et d'objets de piété, et les principales Librairies religieuses de Paris. Au bout de la R. Bonaparte (côté nord), *St-Germain-des-Prés* ; à l'extrémité de la R. du Vieux-Colombier à l'Ouest), les Magasins du *Bon Marché*.

❧❧

ST-VINCENT-DE-PAUL, ÉGLISE ⬤

Église toute moderne construite de 1824 à 1844 par *Lepère* et *Hittorff*, intéressante par sa ressemblance avec les grandes basiliques chrétiennes des premiers siècles, par ses Boiseries sculptées et ses splendides Verrières.

Pl. Lafayette.

Omnibus : Maine-G. du Nord ‖ G. du Nord-Pl. de l'Alma. **Tramways** : Pantin-Opéra ‖ St-Augustin-Cours de Vincennes.

Sur une frise, autour de la nef, défile une *Procession de saints*, peinte par Hipp. Flandrin. (Cette peinture sur fond d'or passe pour le chef-d'œuvre du maitre.)

La Coupole du chœur est peinte aussi sur fond d'or par Picot (*le Christ sur un trône*).

Les Sept Sacrements, qui ornent la frise du chœur, sont de Flandrin. — Les *stalles* sont remarquables par leurs boiseries sculptées représentant, sous le costume de leurs saints patrons, les Princes de la famille d'Orléans. — Le beau *Calvaire* en bronze du maitre-autel est l'œuvre de Rude.

La Chaire a été décorée par Duseigneur. Les *Fonts baptismaux*, véritable œuvre d'art, ont été fondus par Calla.

Derrière le chœur, voir, dans la Chapelle de la Vierge, *le Messie*, groupe en marbre de Carrier-Belleuse, et 4 *peintures de Bougereau : *l'Annonciation*, la *Visitation*, l'*Adoration des Mages et des Bergers*, la *Fuite en Égypte* et le *Christ rencontrant sa mère*.

Les Verrières sont de Maréchal, de Metz.

A voir dans le voisinage immédiat : dans la R. de Chabrol, au n° 41, le fameux *Fort Chabrol*, que Jules Guérin, chef de la Ligue antisémite, a rendu légendaire.

❧❧

STE-GENEVIÈVE, BIBLIOTHÈQUE ⬤

C'est la Bibliothèque des Étudiants et du monde des écoles (150 000 lecteurs par an). Riche en ouvrages théologiques. Possède 200 000 imprimés, 4 000 manuscrits, 25 000 estampes.

Pl. du Panthéon.
Omnibus : Panthéon-Courcelles.

Ouverte, sans cartes, de 10 h. a 3 h. La Salle de Lecture est seule ouverte de 6 h. à 10 h. du soir. La Bibliothèque est fermée les Dimanches, jours de fêtes, et du 1ᵉʳ au 15 Sept. (Vestiaire obligatoire et gratuit pour les parapluies. — Les Bicyclettes enchaînées peuvent être remisées dans le vestibule).

Au Vestibule, *bustes* de grands écrivains français et *peintures murales* par Desgoffes. Les *Salles de réserve* (à dr. en entrant) contiennent de vieilles Estampes et les pièces *les plus précieuses* de la Bibliothèque : *Manuscrit de « la Cité de Dieu »*, **Manuscrit de Tite-Live**, *Manuscrit des « Chroniques de St-Denis »*, *Durand-Rational*, imprimé par Furst en 1450.

Reliures *aux armes de Henri II et de Catherine de Médicis*. *Évangéliaire du XIe s.; évangéliaire avec figure du IXe s.; gravures d'Albert Dürer, de Du Cerceau; *portrait de Marie Stuart* donné par la reine à la Bibliothèque; *curieux moulage du Masque de Henri IV*.

Au fond du Vestibule, un Escalier (buste d'Ulrich Gering, le premier imprimeur parisien), conduit à la *Salle de Lecture*, 100 m. de long, 20 de large, 12 de haut, 420 places. A l'Entrée, *superbe tapisserie des Gobelins : *l'Étude surprise par la Nuit*, d'après Balze.

Dans le voisinage immédiat : le *Panthéon*, l'église *St-Étienne-du-Mont*, l'*Église du Val-de-Grâce*, le *Jardin* et le *Musée du Luxembourg*.

🙚🙘

SCULPTURE COMPARÉE, MUSÉE DE Ⓜ *Fondé en 1882, sur l'initiative de Viollet-le-Duc. Offre des reproductions, par le moulage, des principales œuvres de l'Architecture monumentale, depuis le XIe s. jusqu'à nos jours. Presque tous les monuments appartiennent à l'Art Français. Reproduction des œuvres des Musées d'Architecture étrangers : Londres, Berlin, Vienne.— Rendu très intéressant et très instructif par le choix des motifs reproduits, la perfection avec laquelle ils ont été moulés, et la manière dont ils ont été présentés au public, avec des cotes, des notices explicatives indiquant l'époque à laquelle ils appartiennent et la matière dont ils sont faits. En suivant les salles, on suivra les progrès de chaque style, et l'on verra se dégager les manifestations dominantes de chaque grande époque.*

Au Palais du Trocadéro.

Omnibus : Trocadéro G. de l'Est ‖ Passy-Hôtel de Ville. Tramway : Étoile-G. Montparnasse.

Ouvert t. l. j., lundi excepté, de 11 h. à 4 h. en hiver, et 5 h. en été, du 1er Mai au 30 Sept. *Catalogue* : 1 fr. *Vente de Photographies* et de *Moulages*.

Installé dans deux ailes du Trocadéro. L'aile gauche comprend toute l'histoire de l'Architecture du XIIe au XVIIIe s.; l'aile droite, qui sera complètement installée pour l'Exposition, doit comporter une exposition de Tableaux, d'Aquarelles et de Plans architecturaux.

AILE GAUCHE En entrant par la Pl. du Trocadéro. **SALLE A.** Spécimens de Monuments des XIe et XIIe s. Merveilleux fragments et beaux spécimens

des cathédrales d'Autun, de Reims, de l'église St-Lazare à Avallon, de l'église de la Madeleine à Vézelay; portail de N.-D. du Port à Clermont-Ferrand.

SALLE B. École du XIIIe s., à laquelle appartient Notre-Dame de Paris, dont on voit dans cette salle le tympan de la porte gauche (façade occidentale). — Fragments de cathédrales.

SALLE O. École du XIVe s., où l'Architecture quitte la grande voie ouverte au XIIIe s. — Vu la grande quantité de monuments funéraires à cette époque, on l'a appelée l' « ère des tombeaux ».

SALLE D. Monuments des XVe et XVIe s.

Dans la **SALLE E** apparaît le style élégant et luxueux du XVIIe s. Reproduction des Œuvres décorant les Jardins de Versailles.

La **SALLE SUIVANTE** (d'ornementation) contient des motifs de Sculpture et d'Architecture de toutes les époques.

Revenir sur ses pas et longer la Rotonde du Trocadéro pour gagner l'aile gauche du Palais où sont ménagées les autres Salles du Musée, où l'on voit des Portails de Cathédrales, des Gargouilles, des Peintures décoratives, des Mausolées, des Moulages des œuvres de Clodion, Pradier, Rude, etc.

A voir dans le voisinage immédiat : le Musée d'Ethnographie, le Panorama du Trocadéro (panorama des Guerres de l'Empire), la Tour Eiffel, la Tour Jean-sans-Peur.

🙚🙘

SÉNAT, V. Luxembourg, Palais du.
THERMES, Palais des. V. Cluny, Musée de.
TOMBEAU DE NAPOLÉON, V. Invalides, Hôtel des.

🙚🙘

TOURS *Bien des visiteurs de l'Exposition reverront avec plaisir la gigantesque Tour Eiffel, et en feront probablement l'ascension comme en 1889. (Voir* Exposition *et Plan d'orientation page suivante.)*

Parmi les autres Tours de Paris, citons celle de **ST-GERMAIN-L'AUXERROIS**, haute de 40 m., et construite en 1860. Le Carillon, restauré en 1897, s'y fait entendre tous les jours à 11 h. et à 4 h.

Trois autres Tours, vestiges du passé, s'élèvent encore sur la rive droite.

TOUR DE JEAN SANS PEUR, duc de Bourgogne (1371-1419), r. Étienne-Marcel (E. 4). 30 m. de haut, contenant une Salle bien conservée au 2ᵉ étage et un bel Escalier à vis. C'est le seul reste de l'Hôtel de Bourgogne, où furent représentées, au milieu du xvᵉ s., les tragédies de Racine et de Corneille. Pour visiter, s'adresser au nᵒ 23 de la R. Tiquetonne (pourboire), ou à l'Architecte de la Mairie, Pl. du Louvre.

TOUR ST-JACQUES, dans le Sq. St-Jacques, à l'angle de la R. de Rivoli et du Bd Sebastopol. Hauteur 52 m. C'est le seul reste de l'Église St-Jacques-de-la-Boucherie construite de 1508 à 1522. Tour carrée, élégante, ayant de curieuses gargouilles, une vingtaine de statues dont celle de *St Jacques le Majeur* au sommet, et au bas celle de *Blaise Pascal*, le physicien et l'auteur des *Provinciales* (1623-1662). C'est maintenant l'Observatoire Météorologique de la Ville de Paris. Pour visiter, de 10 à 4 h., demander une carte à l'Hôtel de Ville.

TOUR DU VERBOIS ou de St-Martin-des Champs. R. Réaumur, à dr. du Conservatoire des Arts et Métiers (V. ce mot).

※※※

TRINITÉ, ÉGLISE DE LA *Vue du Boulevard, elle se dresse, avec son Porche à triple ouverture, sa grande Rosace et son Clocheton à cinq étages, comme un décor un peu théâtral, sur sa terrasse élevée au-dessus d'un square.*

R. St-Lazare, au bout de la R. de la Chaussée-d'Antin; à dr. de la R. de Clichy.

Omnibus : Batignolles - Jardin des Plantes ‖ Trocadéro Gare de l'Est.

Église de construction moderne (1861-1867), dessinée par l'architecte Bally. Les trois portes d'entrée sont ornées de peintures sur émail.

Voir, dans la 3ᵉ CHAPELLE à dr., les *Peintures de Barrias (*Vie de Ste Geneviève*), et dans la 5ᵉ CHAPELLE à g. (en descendant): *Baptême du Christ*, par François

Le Maître-Autel est en cuivre doré (travail parisien moderne).

La Trinité a une des meilleures Maîtrises de Paris. Messe chantée, le Dimanche, à 10 h.

A voir dans le voisinage immédiat : *Notre-Dame-de-Lorette* et l'*Opéra*.

※※※

TUILERIES, JARDIN DES *C'est, avec le Jardin du Luxembourg et le Parc Monceau, le paradis terrestre des enfants, au milieu même de Paris. Fermé d'un côté par les* splendides Palais du Louvre, de l'autre par l'incomparable Place de la Concorde, le Jardin des Tuileries est divisé en deux par l'Avenue qui, avec les Champs-Élysées, forme une ligne droite, de l'Arc de Triomphe du Carrousel à l'Arc de Triomphe de l'Étoile.

Limité par la R. de Rivoli au N., le Q. des Tuileries au S., la R. des Tuileries à l'E. et à la pl. de la Concorde à l'Ouest.

C'est un vaste quadrilatère de 30 hectares de superficie, coupé en carrés réguliers et composé de deux parties, l'une d'arrangement moderne, l'autre dessinée par Le Nôtre.

Dans la partie moderne, composée de parterres, il est intéressant de suivre la Grande Allée, qui part de la Pl. du Carrousel et se prolonge jusqu'à la Pl. de la Concorde. Quelques statues ornant les pelouses sont de belles œuvres de Coustou et de Pradier. Le coup d'œil sur tout le Jardin est superbe : au delà des grilles, on aperçoit l'Obélisque, les jets d'eau de la Pl. de la Concorde, la longue Avenue des Champs-Élysées, si animée, si vivante, et à l'extrémité, l'Arc de Triomphe de l'Étoile, qui se dresse comme le colossal portique de la grande capitale.

LA GRANDE ALLÉE Sous les quinconces de chaque côté de la Grande Allée sont aménagés de vastes espaces que décorent : à dr. *Hippomène*, par Lepautre, et *Atalante*, par G. Coustou ; à g., *Apollon et Daphné*, par Théodon.

Plus loin, à g. de la Grande Allée, l'emplacement réservé à la *Musique militaire* (Dimanche, Mardi, Jeudi, de 4 à 5 ou de 5 à 6 h.). La Grande Allée se termine devant un Bassin de Le Nôtre (70 m. de diamètre).

A dr. et à g. du bassin, deux Terrasses bordent le jardin à l'O., puis au N. et au S.

La Terrasse du Nord, ornée d'*animaux combattants*, par Cain, est appelée *Terrasse des Feuillants*.

Un Couvent de ce nom l'avoisinait autrefois, dans lequel, en 1790, se réunirent les députés modérés qui s'étaient séparés des Jacobins. Le « Club des Feuillants » dominait à l'Assemblée Législative, tandis que le Club des Jacobins dominait dans le peuple.

La terrasse du Sud, dite *Terrasse du Bord de l'Eau*, est bornée à l'Ouest par une Orangerie, près du groupe magnifique de Barye : *le Lion au Serpent*. C'est sur cette terrasse qu'a lieu chaque année, au mois de Mai, l'Exposition Canine.

Le Palais des Tuileries. S'élevait sur l'emplacement de la partie du Jardin comprise entre la R. des Tuileries et l'Arc de Triomphe qui fait presque vis-à-vis, sur la Place du Carrousel, au monument de Gambetta.

Les « Tuileries » (ainsi nommées, parce qu'en cet endroit il y avait, en 1564, une fabrique de Tuiles), furent commencées par Catherine de Médicis et continuées jusqu'à la chute de l'Empire. Une grande Galerie reliait les Tuileries au Louvre. Les Tuileries ne devinrent la résidence des souverains que depuis Louis XV. La Convention y tint ses séances. En 1800,

bouillet); le 24 Février 1848 (fuite de Louis Philippe à St-Cloud); le 4 Septembre 1870 (fuite de l'impératrice Eugénie après Sedan).

Dès que la Chambre fut envahie et la Répu-

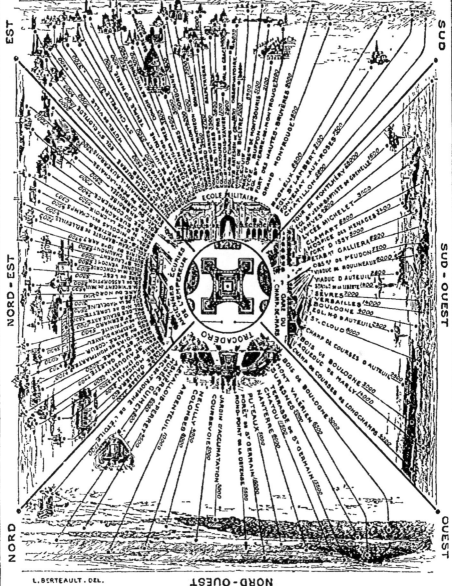

PLAN D'ORIENTATION DE LA TOUR EIFFEL

L. BERTEAULT. DEL.

Bonaparte y demeura avec Joséphine, et, en 1852, Napoléon III s'y installa avec l'Impératrice.

Quatre fois les Tuileries furent envahies par le peuple : le 10 Août 1792 (chute de la Monarchie); le 28 Juillet 1830 (après la fuite de Charles X à Ram-

blique proclamée, le prince de Metternich envoya sa voiture aux Tuileries pour prendre l'Impératrice La souveraine jeta sur ses épaules un long manteau de voyage, dissimula son visage derrière un voile de gaze épaisse, et descendit par l'escalier qui conduisait au perron dit « du Prince Impérial ». Mais, à ce moment, le peuple frappa aux guichets du Carrousel. Force fut à l'ex-souveraine de retourner sur ses pas, de traverser les galeries du Louvre et de sortir par la place St-Germain-l'Auxerrois. Un gamin cria « Tiens, v'la l'Impératrice ! » Mme Lebreton, lectrice de l'Impératrice, qui accompagnait celle-ci, hèle un fiacre. Toutes deux y montent, et donnent l'adresse de M. Besson, conseiller d'État, faub. St-Honoré. M. Besson est absent. C'est alors que l'Impératrice songe au docteur Evans, chez qui elle trouve enfin un refuge. Le 6 septembre, elle arrivait secrètement à Deauville, d'où elle gagna l'Angleterre sur un petit yacht de plaisance, la *Gazelle*, qui essuya pendant la traversée une tempête terrible.

Les Tuileries furent incendiées par la Commune le mardi 23 Mai 1871, le lendemain de l'entrée dans Paris des troupes régulières. Des barils de poudre, mêlés à des tonneaux de pétrole, furent roulés au pied du grand escalier d'honneur du Pavillon de l'Horloge, où se trouvait la célèbre Salle des Maréchaux. Le pétrole était en même temps versé à pleins tonneaux dans les Pavillons de Flore et de Marsan, ainsi que dans les appartements qui les reliaient au Pavillon de l'Horloge. A 10 h., les gardes fédérés évacuaient le Palais et ses dépendances.

Le feu était allumé, et s'étendait vite dans tout l'édifice.

De l'autre côté de la Seine, la Cour des Comptes, la Légion d'honneur, la rue de Lille, brûlaient déjà.

On raconte que, du haut d'une terrasse du Louvre, les officiers de la Commune qui avaient présidé aux préparatifs d'incendie admiraient ce sauvage et grandiose spectacle. A 1 h. du matin, le feu atteignit les barils de poudre du pavillon de l'Horloge, qui s'effondra dans une explosion formidable, lançant au ciel déjà rouge de lueurs une colossale gerbe d'étincelles. Ainsi périt le Palais qui avait abrité les splendeurs de la royauté, et qui avait entendu sous ses voûtes la voix des orateurs de la Convention

Il n'en reste aujourd'hui que le souvenir.

La grande *Place du Carrousel*, qui borne le Jardin du côté du Louvre, est decorée, d'un côté du **Monument de Gambetta**, de l'autre côté, de l'**Arc de Triomphe du Carrousel**, construit par Fontaine et Percier, qui est une reproduction de l'Arc de Triomphe de Septime Sévère, à Rome. H. 15 m., L. 19 m. 50 et 8 m. 65. Sur chaque face, 8 colonnes en marbre rose et 8 statues représentant les soldats de la 1er République et du 1er Empire. Au sommet, groupe en bronze doré, par Bosio. Ce groupe a remplacé le *Quadrige de Venise*, que les Alliés reprirent en 1815. Sur les 4 faces, 6 bas-reliefs en marbre, représentant des épisodes

(Cliché Guillet).

MONUMENT DE GAMBETTA

des guerres du 1er Empire; œuvres de Lesueur, Deseine, Clodion, Cartellier, Esperacieux, Ramey.

VAL-DE-GRACE, ÉGLISE DU ⊙⊙⊙

Avec son Dôme aux élégants campaniles, ses grandes Voûtes intérieures, son Maître-Autel aux grandes colonnes torses, en marbre noir, surchargées de rinceaux et de palmes en bronze doré, le Val-de-Grâce rappelle St-Pierre de Rome.

277 bis, R. St-Jacques.

Omnibus : Montmartre-Pl. St-Jacques.

Fut élevé par Anne d'Autriche, sur les plans de Mansard, pour remercier Dieu de la naissance de Louis XIV, comme le relate l'epitaphe pompeuse décorant le fronton du temple.

Enclavée aujourd'hui dans les bâtiments de l'Hôpital militaire du Val-de-Grâce, elle en est la Chapelle.

Au milieu de la grande Cour qu'on traverse, statue du chirurgien Larrey, par David d'Angers.

Le Chœur (entrée à dr., sonner le Sacristain)· est intéressant à voir. La coupole est décorée d'une fresque colossale de Mignard, la *Gloire des Bienheureux*, qui comprend plus de 200 personnages.

L'Eglise n'est affectée qu'au service militaire. Messe le Dimanche, à 10 h., dite par l'aumônier de l'hôpital et à laquelle assistent les malades.

A voir dans le voisinage immédiat : l'*Observatoire*, l'av. de l'*Observatoire* (Fontaine de Carpeaux) et le *Luxembourg*.

VENDOME, PLACE ⊙⊙

Une des Places les plus majestueuses de Paris, entourée de superbes Hôtels dessinés par Mansard, dont les façades uniformes sont d'ordre Corinthien un peu lourd. C'est dans un de ces hôtels que le fameux financier irlandais Law établit son « marché de billets » (la première Bourse), lorsque la rue Quincampoix fut devenue trop étroite par l'affluence de ceux qui couraient échanger leur argent contre du papier.

Le centre de la Place est décoré par la

Colonne Vendôme, monument triomphal élevé par Napoléon pour perpétuer les victoires de la Grande Armée dans la campagne de 1805.

Omnibus : Ternes-Filles-du-Calvaire ‖ Vaugirard G. Montparnasse.

La COLONNE DE LA GRANDE ARMÉE,

ou Colonne Vendôme, imitation de la colonne Trajane, fut commencée en 1806 sous la direction de Denon, Gaudouin et Lepère, et inaugurée le 10 Août, jour de la fête de Napoléon.

Haute de 43 m., elle repose sur des gradins en granit de Corse. Le noyau en pierre de taille est revêtu de plaques de bronze, ornées de bas-reliefs en spirale exécutés sur les dessins de Bergeret. Plusieurs figures sont des portraits.

Ces pages d'airain racontent les 76 faits d'armes qui se succédèrent, de la levée du camp de Boulogne a la bataille d'Austerlitz, et sont coulées dans le bronze de 1200 pièces de canon prises à l'ennemi.

Au sommet de la Colonne se dresse la statue de l'Empereur, d'après Chaudet.

Un Escalier interieur, fort incommode, permet d'arriver jusqu'au sommet de la colonne. A la suite de nombreux suicides, on n'autorise plus cette ascension.

(Cliché Lévy et fils)

COLONNE VENDOME

En 1814, lors de la prise de Paris par les Alliés, des royalistes essayèrent de renverser la Colonne. La statue de Napoléon fut fondue pour faire celle de Henri IV qui décore le Pont Neuf.

Le 12 avril 1871, un décret de la Commune de Paris ordonna la démolition de la colonne. Le 1er Mai suivant, la Commune confiait cette demolition a un ingenieur moyennant un forfait de 28000 fr. La Colonne fut abattue « comme on abat un arbre ». Une entaille en biseau fut creusée (côté de la rue de la Paix) au ras du piédestal. Du côté de la R. de Castiglione on donna un simple coup de scie.

Lorsqu'on la voit des Tuileries ou du Boulevard (Opéra), la Colonne Vendôme offre un admirable point de vue.

❧

VENTES, L'HOTEL DES ❍❍❍❍

On y vend de tout, depuis les chevaux et la cave du banquier en faillite jusqu'au mobilier de la grande dame et de la pauvre ouvrière; depuis les frusques du théâtre jusqu'à la garde-robe de Mme la comtesse de X., ou de la marquise Z., des Rembrandt et des Corot authentiques.

Entrée principale, 9, R. Drouot (près du Bd des Italiens).

Omnibus : Madeleine-Bastille ‖ Clichy-Odéon ‖ Pl. Pigalle-Halle aux Vins.

Ouvert tout l'après-midi, mais les Ventes ne commencent guère avant 2 h.

Les différentes Ventes sont annoncées par voie d'affiches à l'extérieur du batiment ou dans les cadres à l'entrée des salles. De plus, aux portes de l'hôtel des journaux spéciaux donnent tous les renseignements nécessaires (le *Moniteur* de l'Hôtel des Ventes et la *Gazette de l'Hôtel* (le n° 10 cent).

Dans LA COUR ET LES SOUBASSEMENTS, vente de Chevaux, Voitures, Animaux domestiques.

REZ-DE-CHAUSSÉE ❍ Comprend 7 Salles étroites, mal éclairées, ou se vendent ustensiles de ménage, misérables mobiliers, toutes les défroques de la misère.

PREMIER ÉTAGE ❍ Comprend onze salles qui servent à la vente d'objets de luxe et d'objets d'art ; quelques-unes sont de petits musées, surtout les jours d'Exposition. Dans les grandes ventes, il y a, la veille, un jour d'exposition publique ou avec carte.

SALLES 1, 4, 8. Bijoux, collections particulières, tableaux. **SALLES 2 et 6.** Livres, bibelots, mobiliers de luxe, tentures.

Le public de l'Hôtel des ventes est aussi varié que les marchandises. On y voit surtout le type classique du brocanteur, qui achète à vil prix pour revendre le double. Bien souvent lui même met en vente les objets qu'il « pousse ». On a vu le même objet revenir cinq ou six fois dans le même après-midi.

Les *grandes ventes* attirent beaucoup de gens du monde et d'elegantes mondaines. Ces jours-la, l'Hôtel des Ventes offre un coin curieux de la vie de Paris.

Les ventes se font au comptant, cependant l'acheteur peut ne donner qu'un acompte, avec sa carte.

❧

DANS PARIS

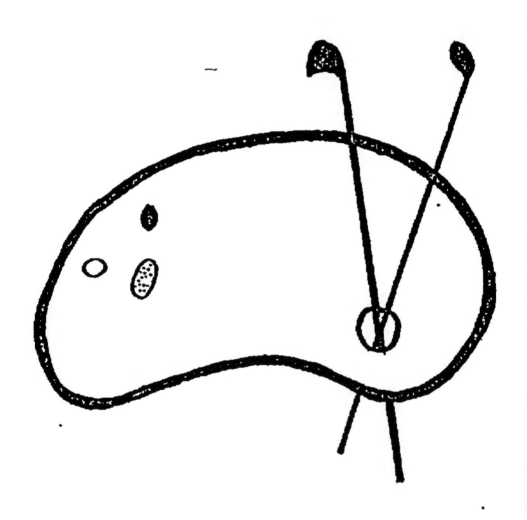

DEBUT D'UNE SERIE DE DOCUMENTS
: EN COULEUR

Librairie Hachette et Cⁱᵉ

NOUVELLE SÉRIE
6ᵉ Année

NOUVELLE SÉRIE
6ᵉ Année

LE

Tour du Monde

Journal des Voyages et des Voyageurs, paraissant tous les Samedis
Rédacteur en chef : M. Maurice Loir

Le Tour du Monde est par excellence le Journal des Voyages et des Voyageurs. Il donne le récit abondamment illustré des explorations importantes, des grandes courses de terre et de mer. ✖✖ Mais il ne se borne pas à ces seules descriptions et à ces seules relations de voyage. Il est un Journal de Géographie pittoresque qui renseigne à la fois par le texte et par l'image.

Chronique à travers le Monde

Dans une chronique spéciale intitulée à *Travers le Monde*, il suit de près toutes les actualités en cours : Missions politiques et militaires ; Questions coloniales, diplomatiques, géographiques, etc...

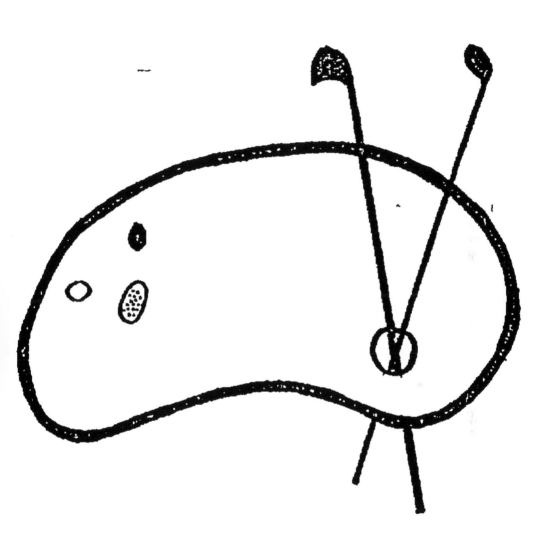

FIN D'UNE SERIE DE DOCUMENTS
EN COULEUR

3ᵉ Partie
A L'EXPOSITION

L'Exposition n'est si amusante que parce qu'elle est un immense magasin d'idées. M. de Vogüé.

Ce qui frappe tout d'abord le visiteur, c'est l'immensité du travail et la prodigieuse étendue des constructions. Jamais aucune exposition n'a réuni tant de volontés et tant d'efforts, et n'a été une œuvre plus cosmopolite. Tous les peuples de la terre y ont travaillé; dans ces palais grandioses, dans ces pavillons si pittoresques, ils ont accumulé leurs merveilles et leurs trésors pour nous révéler des arts inconnus, des découvertes ignorées et rivaliser avec nous dans la voie pacifique où le Progrès ne ralentit pas ses conquêtes.

Des Villes nouvelles, des Cités merveilleuses ont surgi comme par enchantement sur les rives de la Seine, développant l'étonnante variété de leurs édifices, de leurs monuments, de leurs galeries, de leurs jardins, de la place de la Concorde au delà du Trocadéro; des Invalides au delà de l'avenue de Suffren, sur une superficie totale de 1 080 000 mètres carrés, — 108 hectares.

La première Exposition de Paris, en l'an VI, occupait au Champ de Mars 2300 mètres carrés.

Chacune de ces trois Villes, de ces trois Cités, a son caractère particulier, sa destination, forme un tout homogène, une Exposition à part, une sorte de Musée où l'homme du passé et l'homme du présent se montrent côte à côte.

Voici d'abord, au milieu des fleurs et des pelouses des Champs-Élysées, la **Ville des Arts**, formée par les deux grandioses Palais des Beaux-Arts; puis, le pont Alexandre III traversé, c'est encore la Ville des Arts qui se continue des deux côtés des **Invalides**, par les Palais des Manufactures Nationales, des Céramiques et des Cristaux, de l'Orfèvrerie et de la Bijouterie, de la Décoration, des Tapisseries, des Meubles de luxe, etc.

Sur les BERGES DE LA SEINE, entre le pont des Invalides et le pont de l'Alma, c'est Cosmopolis, — la **Ville Cosmopolite** représentée par les Pavillons si originaux des Puissances Étrangères.

En face, de l'autre côté du fleuve, c'est la **Ville de Paris** avec ses Écoles, ses Services publics, ses Monts-de-Piété, sa Préfecture, et c'est la **Ville des Fleurs** formée par d'immenses serres; et la **Ville du Plaisir**, formée par les joyeuses baraques, les gaies attractions montmartroises qui composent cette Rue de Paris, si bien appelée Rue de la Gaîté.

Sur la berge gauche du pont de l'Alma au pont d'Iéna, en face de la Tour Eiffel et du Trocadéro, c'est la **Ville Militaire et Maritime** représentée par les Palais des Armées de Terre et de Mer, le Palais de la Navigation, de la Chasse et de la Pêche, et du Phare de Brême.

La **Ville Industrielle** occupe le Champ de Mars presque tout entier avec ses Palais des Mines et de la Métallurgie, du Génie Civil, des Industries chimiques, des Fils et Tissus, de l'Électricité, de l'Apiculture et de l'Alimentation.

Sur les pentes du Trocadéro s'étage la **Ville Exotique** avec ses Temples, ses Dômes, ses Minarets.

L'Exposition de 1900 mondiale et universelle, est le magnifique résultat, le bilan extraordinaire de tout un siècle, — le plus fertile en découvertes, le plus prodigieux en sciences qui aient révolutionné l'ordre économique de l'Univers.

En ses Musées Centennaux répartis çà et là dans ses Sections, l'Exposition fait voir, pas à pas, la marche ascendante du Progrès réalisé depuis la diligence jusqu'à l'express, depuis le messager jusqu'au télégraphe sans fil et au téléphone, depuis la lithographie jusqu'à la radiographie, depuis les premières recherches du charbon dans les entrailles de la terre jusqu'aux aéroplanes qui s'efforcent de conquérir la route de l'air.

C'est l'Exposition d'un grand siècle qui finit en ouvrant une ère nouvelle dans l'histoire de l'Humanité.

ENTRÉES Il y a 45 entrées, tout autour de l'enceinte de l'Exposition, plus la grande Porte Monumentale dont nous parlons plus loin. Construites sur un modèle unique, ces Portes sont munies d'un Tourniquet.

HEURES D'OUVERTURE L'Exposition est ouverte le matin à partir de 8 h. et fermée le soir à 11 h. Ces heures pourront être changées.

TICKETS

Les tickets d'entrée sont ceux que délivre le Syndicat des Bons de l'Exposition, à raison de 20 tickets par bon. Leur valeur est de 1 fr., mais leur prix réel varie suivant le cours. Des tickets d'État, de 1 fr. également, seront émis s'il y a lieu. On doit se munir des tickets avant de se présenter à l'entrée, où l'on n'en délivre pas.

PRIX D'ENTRÉE.

Le prix n'est pas uniforme; il varie selon les heures et les jours. T. l. j., du matin à 10 h., 2 tickets ; de 10 à 6 h., 1 ticket ; à partir de 6 h., 2 tickets, sauf le dimanche, les jours de fêtes légales et certains jours déterminés par des arrêtés spéciaux.

❧

RESTAURANTS

Outre les divers Restaurants étrangers installés dans les Pavillons des Nations, il en est un certain nombre d'autres disséminés çà et là dans l'Exposition. Voici les principaux :

Au Champ de Mars.

Restaurant n° 4 (Steinbach), dans le Palais du Génie Civil. Vins de choix, bière Köchelbräu de Munich. Service à la carte, prix modérés.

Restaurant n° 11 (Maison L. Fenouil), à l'angle de l'Av. de La Bourdonnais et de l'Av. de Lamotte-Piquet. Peut contenir 2000 personnes assises. Service à la carte, prix modérés.

Restaurant Kammerzell, près du Cinéorama. Établissement de luxe, reproduction du restaurant Kammerzell de Strasbourg.

Restaurant (A. Coutant et Juin), de St-Pétersbourg (*Restaurant Russe des Boyards*), au Palais du Génie Civil, côté Tour Eiffel. Établissement de luxe, à la carte.

Restaurant n° 6 (Grüber et Cie), au Palais de la Mécanique. Établissement de luxe. Service à la carte, à prix modérés.

Restaurant *Champeaux*, au Palais du Costume.

Restaurant n° 10 (Hôtel Vouillemont), à l'angle de la R. Montessuy et de l'Av. de La Bourdonnais. Repas à prix fixe : Déjeuner 2 fr. 50, Diner 3 fr., vin compris.

Restaurant du Pavillon Bleu, près de la Tour Eiffel. Établissement de luxe. Carte chiffrée.

Restaurant n° 2 (*Restaurant Lyonnais*) à dr. de l'entrée du Palais du Génie Civil. Service à la carte, prix modérés.

Établissement Duval, angle des Av. Suffren et La Motte-Piquet.

Trocadéro.

Restaurant n° 19 (*Cabaret de la Belle Meunière*), à l'angle du Pont d'Iéna, au bas du Trocadéro. Service à la carte et à prix fixe : Déjeuner, 4 fr. Dîner 5 fr.

Restaurant Chinois, groupe de la Chine.

Restaurant International, entre les Palais des Indes Anglaises et de l'Égypte. Établissement de luxe. Brasserie. Plat du jour : 1 fr. 50.

Restaurant Colonial Britannique.

Cours-la-Reine (Rue de Paris).

Restaurant des Congrès (n° 22), derrière le Palais des Congrès. Repas à prix fixe : Déjeuner 4 fr., café nature compris ; Diner 5 fr., café compris.

Cafés-Brasserie-Restaurant des Grandes Marques (n° 23), entre le Pavillon de la Ville de Paris et la grande Serre d'Horticulture française.

Établissement Duval, en face la passerelle des Armées de Terre et de Mer.

Q. d'Orsay.

Restaurant Roumain, près des Pavillons de la Presse et du Mexique.

Au Village Suisse.

Grand Restaurant du Village Suisse. Repas à 4 fr., à toute heure, vin suisse de *Dezaley*, de G. Fonjallaz, à Épesses.

Restaurant du Treib. Repas avec vin : 5 fr. — *Restaurant la Rossinière* (Vins Suisses).

❧

BANQUES

Outre divers Bureaux de Change installés dans quelques Pavillons étrangers, plusieurs grands établissements ont établi des succursales dans de coquets petits palais, autour de la Tour Eiffel. A g., en avant du *Tour du Monde*, se trouve la Succursale du *Crédit Foncier;* près du Pavillon de Saint-Marin, la *Société générale;* à dr. de la Tour, en avant du *Palais de l'Optique*, le Petit Palais, occupé par le *Comptoir d'Escompte.* Ces succursales effectuent toutes les opérations financières.

❧

SERVICE MÉDICAL

Un Service Médical important a été organisé par le Commissariat général. Il est placé sous la direction de M. le Dr Gilles de la Tourette, chef du service depuis le début des travaux de l'Exposition. Les postes de secours sont organisés en véritables ambulances, pourvues d'un matériel complet. Outre les 3 postes principaux, des Champs-Élysées (près des Palais), du Champ de Mars, des Invalides, et de l'Ambulance de

Vincennes, les postes de police sont pourvus du matériel nécessaire pour les premiers soins.

❧

POLICE Commissariat spécial à la Porte Rapp; Commissariat mixte au Grand Palais des Beaux-Arts (service assuré par le Commissaire de police du quartier et un suppléant).

Les deux commissariats de Grenelle et du Gros-Caillou sont aussi rattachés à l'Exposition.

Le service d'ordre et de sûreté est assuré par 4 catégories d'auxiliaires : 1° troupes de la garde républicaine (500 hommes à pied, 300 à cheval) chargées du service des portes (cavaliers) et du service intérieur (fantassins); 2° 60 inspecteurs de la Préfecture chargés du service de la sûreté; 3° 1200 gardiens de sections, gardiens de la paix stagiaires, directement sous les ordres des inspecteurs; 4° gardiens de la paix titulaires (12 brigadiers, 50 sous-brigadiers, avec à leur tête 4 inspecteurs principaux et 4 officiers de paix.

En outre, des sémaphores placés de distance en distance, le long des grandes voies de l'Exposition, avertissent immédiatement les chefs de service et les agents des encombrements et leur permettront de prendre des mesures pour ralentir la circulation et prévenir les écrasements.

Enfin, à l'intérieur et à l'entour de l'Exposition, une troupe d'agents cyclistes toujours prête à enfourcher leur « bécane » est chargée de faire des rondes nocturnes et d'aller promptement chercher du secours.

Il faut ajouter à cette nomenclature une section d'Agents-nageurs vêtus d'un uniforme spécial, très léger, et chargés d'opérer, s'il y a lieu, les sauvetages en Seine.

❧

DOUANES ET OCTROIS ✱✱✱✱ Les produits étrangers exposés ont été admis en franchise, l'Exposition constituant une sorte de port franc. Toute marchandise sortant de l'enceinte doit donc acquitter le montant des droits d'entrée en France, conformément aux tarifs en vigueur entre notre pays et la nation exposante.

Des Bureaux de Douane et d'Octroi sont donc installés à cet effet auprès de l'Entrée de chacune des grandes divisions de l'Exposition.

❧

PHOTOGRAPHIE On peut se servir toute la journée d'Appareils à Main dans l'enceinte de l'Exposition, sans avoir besoin d'une autorisation du Commissariat; mais aucun objet exposé ne peut être photographié sans l'autorisation de l'Exposant. L'autorisation des Commissaires Étrangers est également nécessaire pour la reproduction de leurs Palais et Pavillon.

Appareils à Pied. Une autorisation est nécessaire pour l'usage de ces appareils qui ne peuvent opérer que jusqu'à 1 h. de l'après-midi. Autorisation : Faire la demande au Commissariat général, 2, Av. Rapp. L'autorisation est valable pour une séance, ou pendant toute la durée de l'Exposition.

PRIX. Dans le 1er cas : le permissionnaire acquitte un droit de 25 fr., et reçoit un ticket spécial dont le talon doit être remis à l'entrée.

Dans le 2e cas, l'abonnement est constaté par une carte portant la photographie du permissionnaire. Prix : 1000 fr. par appareil. Le payement de cette redevance ne dispense pas des droits d'entrée dans l'enceinte.

❧

POSTES, TÉLÉGRAPHES, TÉLÉPHONES ✱✱✱✱ Sept Bureaux de plein exercice, dont un Bureau Central, fonctionnent dans l'enceinte de l'Exposition.

A. — Bureau central, Av. de la Bourdonnais, en face de la jonction de cette Av. avec l'Av. Rapp.

B. — Bureau annexe, dans le Pavillon de la Presse, Q. d'Orsay, en face du Pavillon du Mexique, à proximité du Pont de l'Alma et des bâtiments de l'Administration centrale de l'Exposition.

C. — Bureau annexe, Champ de Mars, Av. de Suffren, en face de la R. de la Fédération.

D. — Bureau annexe, quai d'Orsay, près de la R. Fabert (Esplanade des Invalides).

E. — Bureau annexe, Cours-la-Reine, dans le Palais des Beaux-Arts, près du Pont Alexandre III.

F. — Bureau annexe, Cours-la-Reine, vers la place de l'Alma.

G. — Bureau annexe du Trocadéro, Q. de de Billy, près du pont d'Iéna.

Heures d'Ouverture. Les divers services de tous les Bureaux de l'Exposition fonctionnent de 7 h. du matin à 11 h. du soir. Toutefois, après 9 h. du soir, il n'est maintenu, dans chacun d'eux, qu'un seul guichet postal à la disposition du public.

BUREAU CENTRAL Il comporte : 1° pour le *service postal* : 6 guichets et un effectif de 15 agents et 56 facteurs distributeurs ou leveurs de boîtes ; 2° pour le *service télégraphique (électrique et pneumatique)* : 2 guichets, 10 agents et 50 sous-agents, dont 40 facteurs adultes chargés de la distribution ; 3° pour le *service téléphonique* : 3 cabines téléphoniques publiques.

Levées des Boîtes. Il est fait, chaque jour, 10 levées de la Boîte aux lettres placée au Bureau Central. Ces levées ont lieu aux heures indiquées ci-après :

1re levée. 7 h. 30 m.		Départ p. les 7 lignes ci après : Clermont,
2e — 10 h. m	7e levée 6 h. 15 s.	le Creusot, Pontarlier St-Etienne Agen, Aurillac et Toulouse.
3e — midi		
4e — 2 h. s.		
5e — 4 h. s.	8e — 6 h. 45 s.	Expédition générale du soir.
6e — 4 h. 45 s.	9e — 8 h. 45 s.	
	10e — 9 h. 30 s.	

Indépendamment de ces levées ordinaires, deux *levées exceptionnelles avec taxe supplémentaire* de 5 cent. sont effectuées, les jours ouvrables, l'une à 6 h. 45 du soir, c'est-à-dire 30 min. après la 7e levée ordinaire, et l'autre à 7 h., soit 15 min. après la 8e levée (expédition générale du soir).

Distribution Postale. Le service de la distribution est assuré par trois brigades de facteurs rattachées au bureau central. Il y a sept distributions par jour. La 1re, la 3e et la 7e sont effectuées par deux brigades, de manière à être terminées dans un délai d'environ 30 minutes.

BUREAUX ANNEXES Les 6 Bureaux Annexes effectuent toutes les opérations postales, télégraphiques et téléphoniques des établissements de plein exercice. Dans chacun d'eux, il existe 5 guichets, dont un pour le télégraphe et une cabine téléphonique publique. En outre, dans le Bureau annexe B (Pavillon de la Presse), un guichet postal et un guichet télégraphique, ainsi que deux cabines téléphoniques, fonctionnent dans le local réservé aux journalistes.

Autres installations de Poste, de Télégraphe et de Téléphone. Il existe un *Bureau Auxiliaire de Poste* dans le *Village Suisse*.

Dans le *Pavillon des États-Unis*, fonctionne, sous le contrôle et pour le compte de l'Administration française, un *Bureau de Poste Américain*, géré par des agents américains.

Une cinquantaine de *Boîtes aux lettres*, du type des boîtes-bornes de la Ville de Paris, sont installées dans les diverses parties de l'enceinte de l'Exposition et sont relevées par des facteurs transportés gratuitement sur le chemin de fer circulaire et sur la plate-forme électrique qui desservent l'Exposition.

Un Bureau Télégraphique est installé au 3e étage de la *Tour Eiffel*. A chaque étage se trouve également une Cabine Téléphonique publique.

Enfin, *50 Cabines Téléphoniques publiques* sont réparties dans l'enceinte de l'Exposition. Les facteurs téléphonistes qui les desservent sont en même temps chargés de la vente des formules postales d'usage courant (timbres poste, cartes lettres, cartes postales).

Abonnement au Téléphone, dans l'enceinte de l'Exposition.

Durée des Contrats. Des abonnements au téléphone sont concédés pour une durée minimum de six mois, aux exposants et aux personnes établies dans l'enceinte de l'Exposition. Ils sont renouvelables de mois en mois par tacite reconduction et prennent fin obligatoirement le 20 décembre 1900.

Prix de l'Abonnement. Le prix de l'abonnement est de 150 fr. pour une durée de six mois et de 25 fr. pour chaque mois en sus.

Appareils. Un Poste Téléphonique complet est mis par l'Administration à la disposition des abonnés qui en font la demande, moyennant une redevance de location de 10 fr. par poste, quelle que soit la durée de l'abonnement.

Cartes de Cabines. Il est concédé des cartes d'admission aux cabines téléphoniques publiques installées dans l'enceinte de l'Exposition et permettant de communiquer gratuitement avec les abonnés et les postes publics du réseau de Paris ; le prix de ces cartes, valables pendant la durée du fonctionnement des cabines, est fixé uniformément à 20 fr.; elles sont délivrées au Bureau des Abonnements Téléphoniques, 103, R. de Grenelle, ou au Bureau central des Postes et des Télégraphes de l'Exposition.

Souscription des Contrats. Les contrats d'abonnement sont souscrits et les versements effectués, au gré des intéressés, soit au Bureau des Abonnements téléphoniques, 103, rue de Grenelle, soit au Bureau central des Postes et des Télégraphes de l'Exposition. Les pièces nécessaires sont envoyées à domicile sur demande adressée (sans affranchir) à M. le Direc-

A L'EXPOSITION

teur des Services Électriques de la région de Paris, 103, rue de Grenelle.

Rattachement au Réseau. En vue d'un service plus régulier et plus rapide, toutes les cabines téléphoniques publiques et tous les postes d'abonnés installés dans l'enceinte de l'Exposition sont reliés au Bureau central Téléphonique qui vient d'être tout spécialement aménagé à cet effet avenue de Saxe.

GARAGES DE BICYCLETTES ET D'AUTO- MOBILES ⬤⬤⬤⬤

Les Concessionnaires officiels , MM. Richard et Despas (6, R. Rochambeau, Téléph. 274.04), ont installé deux grands Garages aux entrées de l'Exposition.

1° **Garage des Champs-Élysées** et Annexes, entre la Porte Monumentale et le Petit Palais. Superficie : 1600 mètres carrés. Nombre de machines pouvant être garées : 5000 Bicyclettes, 1000 Motocycles, Voiturettes, etc.

2° **Garage du Pont des Invalides et du Quai d'Orsay.** A dr. de l'Esplanade des Invalides, non loin des Portes 23 et 24. Surface : 300 mètres carres. Nombre de machines pouvant être garées : 700 Bicyclettes.

Dans ces garages, les machines sont remisées en échange d'un bon au porteur, et peuvent, à la demande du possesseur, être transportées en un point déterminé. Les machines sont entretenues, nettoyées, etc.

En outre, ces garages sont pourvus de tout le confort moderne : Salons, vestiaires, lavatory, lavabos, douches, cireurs de chaussures, magasins d'accessoires, W.C., *Chambre Noire pour les photographes,* Téléphone, Poste restante, etc.

Tarifs : 1 Bicyclette, par dépôt et par jour, 5o c.; la nuit, 5o c.; 1 tandem à 2 pl., 75 c., à 3 pl., 1 fr.; 1 Motocycle-Voiturette, la demi-journée, 1 fr. 5o; la nuit, 1 fr. 5o; Quadricycles : la demi-journée, 2 fr.; la nuit, 2 fr.

Abonnements. Des Abonnements à prix réduits peuvent être créés. S'adresser à la Direction.

CABINETS INODORES

(W. C.). Fort nombreux, si nombreux que nous ne pouvons ici en donner la liste; ils sont, du reste, pour la plupart, indiqués sur nos Plans.

Tarif. Variables selon la classe : ordinaires, 10 c.; avec toilette, lavabo, 25 c.; cabines de luxe, eau chaude, etc., 75 c.

MOYENS DE TRANSPORT

Nous avons donné dans la 1re Partie (*Renseignements pratiques*), les renseignements sur les Chemins de fer (Gares des Invalides et du Champ-de-Mars), Bateaux, Voitures, Omnibus et Tramways. Nous n'indiquons ici que les moyens de transport spéciaux à l'Exposition, qui sont les Rampes Mobiles, la Plate-forme Mobile et le Chemin de fer Électrique.

RAMPES MOBILES

Par l'Ascenseur : 10 cent. — Abonnement de 20 francs donnant le droit de se servir des Rampes Mobiles pendant toute la durée de l'Exposition. (On ne rend pas de monnaie à l'entrée des Rampes mobiles.)

28 Rampes mobiles dispersées dans tous les Palais du Champ de Mars et l'Esplanade des Invalides.

Parmi les moyens de transport ingénieux et nouveaux mis à la disposition des visiteurs de l'Exposition, l'un des plus curieux, les Rampes mobiles, suppriment la montée fatigante des escaliers. Elles permettent à des milliers de visiteurs d'accéder sans aucune fatigue, et d'une manière continue, au 1er étage, souvent élevé de 1 à 8 mètres au-dessus du sol.

Le système des Rampes mobiles est des plus simples; une épaisse et large courroie sans fin, formant comme un plancher continu de cuir, est tendue sur une série de rouleaux de bois le long d'un plan incliné.

Mue par l'électricité, elle se déplace avec une vitesse d'un demi-mètre par seconde, prenant les visiteurs à terre, les entraînant doucement, et les déposant, sans secousse, sur le plancher du 1er étage.

Une main-courante se déroulant avec une même vitesse que le tapis de cuir protège contre tout danger de chute.

Vente des tickets à tous les Guichets de la Société (Bureaux AC, AF, AG) et aux Bureaux situés, l'un Av. de La Bourdonnais près la porte 15, l'autre aux Invalides, angle des R. de Grenelle et Fabert.

CHEMIN DE FER ÉLEC-TRIQUE ●●●●

Ce nouveau moyen de locomotion est des plus ingénieux, qu'on soit entrainé par la plate-forme mobile aérienne, ou assis sur la banquette d'un des trains circulant sur la petite voie, au-dessous du trottoir.

PLATE-FORME MOBILE ●●●●

La Plate-forme Mobile se compose essentiellement de deux trottoirs roulants animés de vitesse diffé-

Tout ce système a été élevé sur un viaduc métallique supporté par des palées en bois de manière à mettre les trottoirs au niveau des premiers étages des Palais de l'Exposition.

La largeur de la Plate-forme est d'environ 4 m.; le Trottoir de grande vitesse a 2 m de large, celui de petite vitesse o m. 90 et le trottoir fixe 1 m. 10.

Des barres d'appui placées à intervalles réguliers sur les Trottoirs roulants sont destinées à faciliter le passage de l'un à l'autre.

CHEMIN DE FER ÉLECTRIQUE ET PLATE-FORME MOBILE (*Cliché Robert*).

rentes et d'un trotoir fixe permettant de passer de l'arrêt à la vitesse de 4 k. 250 à l'heure et de celle-ci à celle de 8 k. 500 ou inversement.

Les Trottoirs Roulants ont l'aspect d'un ruban sans fin formé alternativement d'un truck sans roue de faible longueur prenant appui sur les deux trucks voisins supportés par quatre roues.

Sous chaque truck est fixé une sorte de rail dit poutre axielle dont les extrémités s'articulent avec celles des trucks

Les roues des trucks sont guidées par des rails à patins tirefonnés sur des longrines de bois.

Le mouvement est produit par l'adhérence de la poutre axielle sur des galets moteurs actionnés par des trucks mus électriquement et placés tout le long de la voie.

Itinéraire. L'itinéraire est le suivant en partant de l'Esplanade des Invalides : Q. d'Orsay, Av. de la Bourdonnais, Av. de La Motte-Piquet, R. Fabert. Le parcours de la Plate-forme est d'environ 3370 mètres.

Stations et Accès. On accède sur la Plate-forme par des stations, simples élargissements du trottoir fixe; on y communique du sol par des escaliers, des passerelles; et un certain nombre de passages les font communiquer directement avec le premier étage des Palais.

La Plate-forme marche en sens inverse des aiguilles d'une montre. Les stations rencontrées en partant des Invalides sont :

1° *Invalides*, R. St-Dominique desservant les Palais des Invalides et la Gare de l'Ouest; 2° *Invalides*, R. de l'Université; 3° *Q. d'Orsay*, Pont des Invalides, contiguë à la

A L'EXPOSITION

Passerelle qui franchit le Bd de Latour-Maubourg; 4ᵉ Passerelle desservant le *Palais de la Perse;* 5ᵉ et autres stations desservant les Palais des *Puissances Étrangères;* 6ᵉ Passerelle desservant le *Palais de l'Hygiène;* 7ᵉ *Pont de l'Alma,* contigu a la Passerelle de l'Exposition; 8ᵉ *Guerre et Marine,* desservant le Palais des Armées de terre et de mer et la Passerelle du Q. de Billy; 9ᵉ *Champ de Mars,* desservant la Tour Eiffel et le Palais des Mines; 10ᵉ *Porte Rapp;* 11ᵉ *Palais de l'Agriculture,* desservant les Palais de l'Agriculture et de l'Électricité.

Prix d'Entrée Le prix d'entrée est fixé à 0 fr. 50 pour un trajet n'excédant pas un tour complet; il sera perçu par des Receveurs placés à des Tourniquets.
Des Bureaux de Change gratuit permettront aux voyageurs de se procurer de la monnaie.

Circulation des Voyageurs Une fois les tourniquets franchis, les voyageurs sont absolument libres de circuler d'un trottoir à l'autre, de s'arrêter sur le trottoir fixe et de se rendre en un point quelconque du parcours. Des Agents aideront les voyageurs qui craindraient le passage d'une vitesse à l'autre.

CHEMIN DE FER Le Chemin de fer Électrique à rail latéral est destiné à compléter la Plate-forme de façon à permettre aux voyageurs de circuler en sens inverse de celle-ci.
Le service sera fait par des trains composés de 3 voitures pouvant transporter 200 personnes environ; ces trains se succèdent de 2 en 3 minutes.
La première voiture de chaque train est automobile : à cet effet, elle est munie de 4 moteurs de 35 chevaux; la puissance de ces moteurs permet de faire un tour complet en 12 minutes environ, arrêts compris.

Itinéraire Le Chemin de fer suit à peu près le même tracé que la Plate-forme; il passe en général sous les palées de celle-ci, lui est quelquefois parallèle et ne s'en écarte jamais sensiblement. Il forme un circuit fermé qu'il parcourt dans le sens des aiguilles d'une montre.
Pour ne pas gêner la circulation dans les rues et avenues qu'il traverse, il est tantôt en tranchées ou en souterrain, tantôt en viaduc.
La largeur de la voie est de 1 mètre.

Gares Cinq Gares desservent le Chemin de fer électrique :
1ᵉ *Gare Électricité,* desservant le Palais de l'Électricité, celui de l'Agriculture, le Château d'Eau ; 2ᵉ *Tour Eiffel,* desservant le Palais des Mines, celui du Costume, la Tour Eiffel, etc.; 3ᵉ *Guerre et Marine,* desservant le Palais des Armées de Terre et de Mer, la Passerelle du quai de Billy; 4ᵉ *Puissances Étrangères,* Quai d'Orsay, Palais des Puissances Étrangères; 5ᵉ *Invalides,* desservant l'Esplanade des Invalides.

Prix d'Entrée Le prix d'entrée est fixé à 0 fr. 25 pour un parcours n'excédant pas un tour complet.
En arrivant à l'Entrée des Gares, les voyageurs trouveront des Guichets où on leur donnera en échange des 0 fr. 25 perçus, un jeton en cuivre : ce jeton devra être déposé dans un des Tourniquets placés à l'entrée.

✦✦✦

ORGANISATION GÉNÉRALE ☾☀☉

L'Exposition s'étend sur une surface immense qui comprend les deux rives de la Seine, de la Concorde au Trocadéro, le Trocadéro, le Champ de Mars et les Invalides. Il faut y ajouter la grande Annexe de Vincennes, où sont les Sports, et des Annexes des Classes qui nécessitaient un emplacement d'une vaste étendue.
Voici comment se répartissent les principales divisions de l'Exposition :

CHAMPS-ÉLYSÉES et Cours la-Reine. *Entrée Monumentale, Palais des Beaux-Arts, Horticulture, Ville de Paris, Palais des Congrès, Aquarium de Paris* et la curieuse *Rue de la Gaîté,* bordée de joyeux établissements.

INVALIDES *Manufactures Nationales, Décoration et Mobilier des Édifices Publics et des Habitations, Industries diverses.*

QUAI D'ORSAY *Pavillons Étrangers, Hygiène, Armées de terre et de mer, Navigation de Commerce, Forêts, Chasse, Pêche et Cueillettes.*

CHAMP DE MARS *Attractions diverses, Tour Eiffel, Palais de la Métallurgie, des Fils, Tissus et Vêtements, de l'Électricité et de la Mécanique, de l'Agriculture et des Aliments, du Génie Civil et des Moyens de Transport, des Industries Chimiques, de l'Enseignement et des Arts Libéraux, Village Suisse.*

TROCADÉRO *Exposition des Colonies Françaises, Étrangères, Pays de Protectorat, Nations de l'Extrême-Orient,* etc.

A L'EXPOSITION

Maintenant que nous nous sommes rendu compte de la situation de l'Exposition, rendons hommage à l'élite d'hommes qui a présidé à l'organisation de cette fête internationale qui clôt glorieusement le XIX° s.

Commissariat Général

Les Bureaux sont installés, 2, avenue Rapp, à l'angle du Quai. — Les véritables organisateurs de l'Exposition sont : M. Alfred Picard, Commissaire général; M. Delaunay-Belleville, Directeur général de l'Exploitation; M. J. Bouvard, Directeur des Service d'Architecture et du Service des Fêtes. Leurs principaux collaborateurs sont : M. Huet, Directeur des Services de la Voirie, des Parcs et Jardins, des Gares, de l'Éclairage, etc.; M. Grison, Directeur des Finances; M. Chardon, Secrétaire général, et M. Albert Legrand, Chef du Secrétariat général. Aux noms de ces messieurs, il faudrait ajouter encore une longue liste d'autres noms, ceux des Membres de la Commission supérieure et des Délégations.

Commissariats Étrangers

Pour tous les renseignements concernant les Expositions des Nations étrangères, s'adresser aux Commissariats de chacun des pays exposants :
Allemagne, Av. des Champs-Élysées, 88 ‖ **Andorre,** R. Madame, 75 ‖ **Autriche,** Av. d'Antin, 15 ‖ **Belgique,** Av. de La Bourdonnais, 9 ‖ **Bosnie-Herzégovine,** R. Malar, 5 ‖ **Bulgarie,** R. Lafayette, 43 ‖ **Chine,** Bd St-Germain, 144 ‖ **Danemark,** R. Sédillot, 8 ‖ **Équateur,** Pl. Malesherbes, 3 ‖ **Espagne,** R. Baudry, 10 bis ‖ **États-Unis,** Av. Rapp, 20 ‖ **Grande-Bretagne,** Av. de La Bourdonnais, 11 ‖ **Grèce,** Pl. de la Bourse, 4 ‖ **Hongrie,** Av. Rapp, 23 ‖ **Italie,** R. de Monceau, 71 ‖ **Japon,** R. de la Pompe, 129 ‖ **Liberia,** R. Boursault, 59 ‖ **Luxembourg,** château de la Celle-St-Cloud (S.-et-O.) ‖ **Maroc,** R. des Pyramides, 3 ‖ **Mexique,** R. Alfred-de-Vigny, 7 ‖ **Monaco,** R. Lavoisier, 8 ‖ **Nicaragua,** R. Boccador, 3 ‖ **Norvège,** Av. Rapp, 12 ‖ **Pays-Bas,** Av. Rapp, 12 ‖ **Pérou,** R. Bassano, 19 ‖ **Perse,** Av. Bugeaud, 10 ‖ **Portugal,** R. Boissière, 3 ‖ **Roumanie,** R. Léonce-Reynaud, 2 ‖ **Russie,** R. Pierre-Charron, 2. **Saint-Marin,** Av. du Bois-de-Boulogne, 44. ‖ **Serbie,** Chaussée-d'Antin, 66 ‖ **Siam,** R. Pierre-le-Grand, 3 ‖ **Suède,** Av. Rapp, 7 ‖ **République Sud-Africaine,** Fg.-Montmartre, 54 ‖ **Suisse,** Av. Rapp, 20 ‖ **Turquie,** R. de Presbourg, 10.

Groupes et Classes

» La Classification des objets exposés constitue l'un des éléments les plus essentiels du succès des Expositions universelles; c'est aussi l'une des parties les plus délicates de la tâche qui s'impose aux organisateurs de ces grandes manifestations pacifiques. »

» Il faut que les produits s'offrent aux visiteurs dans un ordre logique, que le classement réponde à une conception simple, nette et précise, qu'il porte en lui-même sa philosophie et sa justification, que l'idée mère s'en dégage sans peine. »

Ces deux phrases, extraites du rapport de M. A. Picard, commissaire général, définissent heureusement le système adopté pour la classification des objets exposés en 18 groupes, comprenant un total de 121 classes. Mais il faut encore citer l'admirable rapport de M. Picard pour bien juger de la logique, de l'*harmonie* plutôt de cette organisation.

» En tête se placent l'Éducation et l'Enseignement : c'est par là que l'homme entre dans la vie; c'est aussi la source de tous les progrès.

Aussitôt après viennent les Œuvres d'Art, œuvres du génie auxquelles doit être conservé leur rang d'honneur.

Des motifs du même ordre doivent faire attribuer la troisième place aux Instruments et procédés généraux des Lettres, des Sciences et des Arts.

Ensuite arrivent les grands facteurs de la production contemporaine, les agents les plus puissants de l'essor industriel à la fin du XIX° siècle : Matériel et procédés généraux de la Mécanique; Électricité, Génie Civil et Moyens de Transport.

Puis on passe au Travail et aux Produits superficiels ou souterrains de la Terre : Agriculture, Horticulture, Forêts, Chasse, Pêche, Cueillettes, Aliments, Mines et Métallurgie.

Plus loin se présentent : la Décoration et le Mobilier des Édifices publics et des Habitations; les Fils, Tissus et Vêtements; l'Industrie Chimique; les Industries diverses.

L'Économie Sociale, à laquelle ont été réservés des développements dignes de son rôle actuel, devait venir naturellement à la suite des diverses branches de la production artistique, agricole ou industrielle : elle en est la résultante, en même temps que la philosophie. D'accord avec deux hommes éminents, M. Léon Say et M. le docteur Brouardel, nous y avons joint l'Hygiène, qui sauvegarde la santé humaine, et l'Assistance publique, qui vient au secours des déshérités de la fortune.

Un groupe nouveau a été réservé à l'œuvre morale et matérielle de la Colonisation. Sa création est amplement justifiée par le besoin d'expansion coloniale qu'éprouvent tous les peuples civilisés. '

Enfin la série se clôt par le Groupe des Armées de terre et de mer, dont la glorieuse mission consiste à garantir la sécurité et à défendre les biens acquis par les travaux de la paix. »

Tel était le programme, tel il a été réalisé. Voici la répartition des Groupes et Classes, à la tête de chacun desquels est un Comité chargé de l'organisation et de l'installation des Expositions.

1er Groupe. (*Éducation et Enseignement*) (Champ de Mars, à dr., 2e Palais), **Classe 1.** Enseignement Primaire et des Adultes ‖ 2. Enseignement Secondaire des deux sexes ‖ 3. Enseignement Supérieur, Établissements Supérieurs ‖ 4. Enseignement spécial Artistique ‖ 5. Enseignement spécial Agricole ‖ 6. Enseignement spécial Industriel et Commercial ‖

2e Groupe. *Œuvres d'art* (Palais des Beaux-Arts). **Cl. 7.** Peintures, Cartons, Dessins ‖ 8. Gravure et Lithographie ‖ 9. Sculpture et gr. en Médailles et sur Pierres fines ‖ 10. Architecture ‖

3e Groupe. *Lettres, Sciences et Arts* (Champ de Mars, à dr. 1er Palais). **Cl. 11.** Typographie, impression ‖ 12. Photographie ‖ 13. Librairie, Journaux, Affiches ‖ 14. Cartographie ‖ 15. Instruments de Précision, Monnaies et Médailles ‖ 16. Médecine et Chirurgie ‖ 17. Instruments de Musique ‖ 18. Matériel de l'Art Théâtral ‖

4e Groupe. *Mécanique* (A l'extrémité g. du Champ de Mars, à côté du Palais de l'Électricité). **Cl. 19.** Machines à vapeur ‖ 20. Machines motrices diverses ‖ 21. Appareils divers de la Mécanique générale ‖ 22. Machines Outils ‖

5e Groupe. *Électricité* (A l'extrémité des Jardins du Champ-de-Mars, derrière le Château d'Eau) ‖ **Cl. 23.** Production et application mécanique de l'Électricité ‖ 24. Électrochimie ‖ 25. Éclairage électrique ‖ 26. Télégraphie et Téléphonie ‖ 27. Applications de l'Électricité ‖

6e Groupe. *Génie Civil et Moyens de transport* (Champ de Mars, 3e Palais à dr.). **Cl. 28.** Matériaux, Matériel du Génie Civil ‖ 29. Modèles, plans et dessins de Travaux publics ‖ 30. Carrosserie et Charronnage, Automobiles et Cycles ‖ 31. Sellerie et Bourrellerie ‖ 32. Matériel de Chemins de fer et Tramways ‖ 33. Navigation de Commerce ‖ 34. Aérostation ‖

7e Groupe. *Agriculture* (Ancienne Galerie des Machines). **Cl. 35.** Matériel et Procédés des Exploitations rurales ‖ 36. Viticulture ‖ 37. Industries agricoles ‖ 38. Agronomie ‖ 39. Produits alimentaires d'origine végétale ‖ 40. *Produits alimentaires d'origine animale* ‖ 41. Plantes textiles, Tabac, Houblon, etc. ‖ 42. Insectes utiles, nuisibles et Végétaux parasitaires ‖

8e Groupe. *Horticulture et Arboriculture* (Sur les 2 Quais, entre le Pont de la Concorde et le Pont des Invalides). **Cl. 43.** Matériel et procédés de l'Horticulture et de l'Arboriculture (Cours - la - Reine) ‖ 44. Plantes potagères ‖ 45. Arbres fruitiers et Fruits ‖ 46. Arbres, Arbustes, Plantes et Fleurs d'Ornement ‖ 47. Plantes de Serres ‖ 48. Graines, Semences et Plants ‖

9e Groupe. *Forêts, Chasse et Pêche.* Au Q., d'Orsay, à dr. du Champ-de-Mars. **Cl. 49.** Exploitation et Industries forestières ‖ 50. Produits forestiers ‖ 51. Armes de Chasse ‖ 52. Produits de Chasse ‖ 53. Pisciculture, Engins de Pêche ‖ 54. Fruits et Plantes sauvages, Herboristerie ‖

10e Groupe *Aliments* (Palais de l'Agriculture). **Cl. 55.** Matériel et procédés des Industries alimentaires ‖ 56. Produits farineux ‖ 57. Boulangerie et Pâtisserie ‖ 58. Conserves de Viande, de Poissons, de Légumes ‖ 59. Sucres et produits de Confiserie ‖ 60. Vins et Spiritueux ‖ 61. Sirops et Liqueurs, Alcools d'Industrie ‖ 62. Boissons diverses ‖

11e Groupe *Mines et Métallurgie* (Champ de Mars, 1er Palais à g.). **Cl. 63.** Exploitation des Mines et Carrières ‖ 64. Grosse Métallurgie ‖ 65. Petite Métallurgie.

12e Groupe *Décoration et Mobiliers des Édifices publics et des Habitations* (Invalides). **Cl. 66.** Décoration fixe des Édifices publics ‖ 67. Vitraux ‖ 68. Papiers peints ‖ 69. Meubles communs et de Luxe ‖ 70. Tapis et Tissus d'Ameublement ‖ 71. Décoration mobile et Literie ‖ 72. Céramique ‖ 73. Cristaux, Verrerie ‖ 74. Chauffage et Ventilation (Q. d'Orsay) ‖ 75. Éclairage à l'Huile et au Gaz ‖

13e Groupe *Fils, Tissus, Vêtements* (Champ de Mars, 2e Palais à g.). **Cl. 76.** Filature et Corderie ‖ 77. Fabrication des Tissus ‖ 78. Blanchiment, Teinture, Impression, Apprêt des Étoffes ‖ 79. Couture et Habillement ‖ 80. Fils et Tissus de Coton ‖ 81. Fils et Tissus de Lin, de chanvre ‖ 82. Fils et Tissus de Laine ‖ 83. Soieries ‖ 84. Dentelles, Broderies, Passementeries ‖ 85. Confection et Couture p. hommes,

femmes et enfants ‖ 86, Industries diverses des Vêtements.

14° Groupe *Industrie chimique* (Champ-de-Mars, Palais de dr., au fond). Cl. 87. Arts chimiques et Pharmacie ‖ 88. Fabrication du Papier ‖ 89. Cuirs et Peaux ‖ 90. Parfumerie ‖ 91. Tabacs et Allumettes ‖

15° Groupe *Industries diverses* (Invalides). Cl. 92. Papeterie ‖ 93. Coutellerie ‖ 94. Orfèvrerie ‖ 95. Joaillerie et Bijouterie ‖ 96. Horlogerie ‖ 97. Bronze, Fonte, Ferronnerie d'Art, Métaux repoussés ‖ 98. Brosserie, Maroquinerie, Tabletterie et Vannerie ‖ 99. Caoutchouc et Gutta ‖ 100. Bimbeloterie ‖

16° Groupe *Économie sociale, Hygiène, Assistance publique* (Cours la-Reine) Cl. 101. Apprentissage, Protection de l'Enfance ouvrière ‖ 102. Rémunération du travail. Participation aux bénéfices ‖ 103. Grande et petite industrie ‖ Syndicats professionnels ‖ 104. Culture, Syndicat, Crédit agricole ‖105. Sécurité des Ateliers, Réglementation du travail ‖ 106. Habitations ouvrières ‖ 107. Sociétés coopératives de Consommation ‖ 108. Institutions pour le Développement intellectuel et moral des ouvriers ‖ 109. Institutions de prévoyance ‖ 110. Initiative publique ou privée en vue du Bien-être des citoyens ‖ 111. Hygiène (Au Q. d'Orsay) ‖ 112. Assistance publique (Au Palais de l'Agriculture) ‖

17° Groupe *Colonisation* (Palais du Trocadéro). Cl. 113. Procédés de Colonisation ‖ 114. Matériel colonial ‖ 115. Produits spéciaux destinés à l'Exportation coloniale.

18° Groupe *Armées de terre et de mer* (Q. d'Orsay, après le Pont des Invalides). Cl. 116. Armement et Matériel de l'Artillerie ‖ 117. Génie militaire ‖ 118. Génie maritime ‖ 119. Cartographie ‖ 120. Services administratifs ‖ 121. Hygiène et Matériel sanitaire.

❦

L'ARCHITECTURE A L'EXPOSITION

L'Exposition de 1900 est la revanche, le triomphe de la pierre, ou si l'on préfère, de l'aspect de la pierre, puisque le plus souvent c'est le plâtre qui en offre l'apparence.

En 1889, c'était la force, c'était le fer qui dominait. Aujourd'hui c'est la pierre alliée au stuc, — c'est aussi la puissance, mais c'est surtout la grâce.

Seule la Tour Eiffel subsiste, apothéose audacieuse du fer, trouant le ciel de sa haute flèche ajourée.

Le *Pont Alexandre III*, véritable modèle de perspective, est à peu près le seul monument en fer digne de retenir l'attention du visiteur. Son ornementation pittoresque, l'ingénieuse courbe de son arche qui permet le passage des bateaux ordinaires sans nuire pour cela à la perspective admirable des Champs-Élysées et de l'Av. des Invalides, sont les preuves manifestes du talent de ses constructeurs. Mais là se borne toute la beauté des ouvrages de fonte et de fer.

Cette année la pierre domine, triomphe, s'élève de toutes parts en constructions tour à tour gigantesques ou légères, massives ou fragiles, capricieuses ou élégantes.

Les architectes ont cherché — semble-t-il — des effets de surprise, des bizarreries de décorations, d'imprévues ornementations de plâtre et de stuc. Sans souci d'un style homogène, ils ont accumulé les ordres un peu au hasard, donnant une grande part à la composition au détriment de l'harmonie. Mais, il faut l'avouer, beaucoup ont réussi.

Le ciseau et l'ébauchoir ont fait merveille. L'immense réunion des palais étale de toutes parts d'inouïes richesses de statuaire, de bas-reliefs, de frontons, de couronnements, de dômes, de fûts et de colonnades. Selon les façades se manifestent les divers caractères des siècles : élégance gracieuse du XVIII° s. avec ses dentelures mièvres et sveltes, ses chapiteaux légers, ses torsades élégantes : rythmique beauté des lignes avec quelques palais aux formes grecques, aux volutes linéaires de l'époque impériale ; surprenante féerie de la courbe orientale, toute d'arabesques, de mosaïques, de fleurons et d'astragales ; réminiscences des villes artistiques d'Italie, avec ces loggias décorées de fresques aux couleurs douces ou violentes ; réminiscences de l'art allemand, avec ces grandes peintures murales qui rappellent Nuremberg ; enfin prédominance de l'art belge avec le fouillis de ses ciselures et de ses acanthes, l'absence presque complète de lignes régulières ou directes pour laisser place à la grâce charmante de la courbe et de la volute.

L'exagération, il est vrai, éclate parfois avec maladresse, et l'accumulation de tant de formes diverses jette le regard dans un conflit inextricable des styles les plus opposés.

Les faîtes dentelés et chaperonnés de pignons, les escaliers colimaçonnant, ajoutent un caractère d'archaïsme bizarre à ces divers palais. Le palazzo de Florence y coudoie la mosquée mahométane et la cathédrale gothique, le temple grec ou la pagode asiatique. Le manque absolu d'équilibre se trahit bien souvent, tourne au rococo, au baroque, ou à la bonbonnière. Mais bien souvent aussi il éveille la surprise et l'admiration, et toujours il est gracieux. C'est le sourire perpétuel, jusque dans la gravité majestueuse des grands édifices.

Ces efforts de restauration de l'architecture en pierre et en stuc sont peu originaux; ils témoignent d'un noble esprit de recherche, d'une esthétique cosmopolite et gaie, et permettent d'augurer la naissance prochaine d'un mode de construction plus harmonieux et plus en rapport avec nos goûts d'art et de modernité, et notre actuelle compréhension de la vie.

L'EXPOSITION LA NUIT

Tout ce qu'on a pu lire dans les livres, voir dans les féeries, admirer dans les tableaux ou les voyages n'approche pas du prestigieux spectacle qu'offre l'Exposition le soir, alors que surgissent de toutes parts les éclatantes lueurs de ses millions de lumières.

Partout, c'est le triomphe de l'électricité, c'est la lumière versée à profusion, la lumière jaillissant de toutes parts, de la pierre, du bois, du fer, de la plante, comme sous la baguette invisible de la plus puissante et de la plus capricieuse des fées.

Le voyageur qui descendra en bateau le courant du Fleuve, de la Pl. de la Concorde au Trocadéro, vivra, en quelques minutes, quelques-unes de ces heures inoubliables comme en connurent ceux que les flots de l'Adriatique portèrent jusqu'aux rivages de Venise ou comme en virent les bateliers levantins qui chaque soir remorquent vers la Corne d'Or les brillants caïques ramenant les pêcheurs de corail. Les flots de l'Adriatique ou les vagues du Bosphore ne reflétèrent jamais autant de monuments d'architectures composites, de silhouettes si brillantes, aux dômes si éclatants, et les gerbes de lumière dont l'électricité inonde, de tous côtés, les coupoles et les minarets, ajoutent à l'illusion sublime d'un port oriental en fête. Toute l'évocation d'un passé de légende apparaît aux yeux surpris de tant de merveilles, dans la double rangée des constructions du fleuve, resserré, comme une bande d'argent, entre l'amoncellement des balcons sculptés et les colonnades peintes. La palette d'un Turner, d'un Eugène Delacroix ou d'un Ziem, seule, saurait trouver les notes assez justes pour peindre l'impressionnante confusion de tant de lumières; et les mots qu'il faut dire pour les détailler, le verbe éloquent d'un grand poète serait seul capable de le faire, aidé de la magie de ses rimes et du prestige de ses vocables.

De la Pte Monumentale et du Pont Alexandre III au Palais des Armées de terre et de mer, et au Vieux Paris; et de la G. des Invalides au Champ de Mars, tout un espace monumental de constructions occupe les deux berges : du côté gauche, la réunion des palais étrangers, d'un si étrange et si merveilleux assemblage; du côté droit, la *Rue de Paris*, bruissante de chansons, de musiques et de va-et-vient affairé. Les mélodies et les concerts venant d'une rive se marient aux faisceaux de lumière qu'assemblent les multiples reflets électriques des pavillons d'en face. Des étendards oscillent sur le ciel clair, colorés de mille couleurs des nations réunies, et c'est le cas de dire, avec le poète :

> J'aime ces tours vermeilles
> Ces drapeaux triomphants,
> Ces maisons d'or pareilles
> A des jouets d'enfants ..
> Dans ces palais de fées,
> Mon cœur, plein de concerts,
> Croit, aux voix étouffées
> Qui viennent des déserts,
> Entendre les génies
> Mêler les harmonies
> Des chansons infinies
> Qu'ils chantent dans les airs....
>
> (VICTOR HUGO, *les Orientales*.)

Le Pont Alexandre. La Pte Binet, à l'entrée du Cours-la-Reine, sera l'entrée toute désignée de ceux qui n'auront pas choisi le bateau pour jouir du magnifique coup d'œil offert par le double spectacle des deux rives reflétées dans la Seine.

Ici s'allument le soir une multitude de lampes de couleur et, de chaque côté, des cabochons électriques qui ornent les deux minarets répandent des flots de clarté, cependant qu'au sommet de chacune des tours un puissant phare électrique disperse la lumière de ses rayons sur un espace immense.

Du Pont Alexandre III, quatre Pégases fulgurants, battant d'un sabot impatient le sommet des colonnades, allument deux lumineux points d'or à chaque extrémité. Les rampes allumées des deux palais des Beaux-Arts et de l'Esplanade des Invalides ouvrent une magnifique avenue. A dr. et à g., les formes massives des édifices nettement dessinées par les projections d'électricité, lumières de partout, ajoutent à l'illusion d'une ville de lumière, construite, il semblerait, de marbre, de feu et de couleurs, Les rampes électriques font jaillir des fleurs lumineuses qui s'épanouissent aux portes, aux fenêtres, aux loggias, aux frontons, aux frises, aux pignons et aux terrasses. C'est comme un incendie universel qui se propage aux parterres plantés d'arbres, ornés d'arbustes exotiques et de plantes rares.

Une fois encore, c'est l'Orient, mais un Orient comme celui de Smyrne, de Bagdad ou de Bénarès, où la beauté naturelle et illuminée des palmiers, des daturas et des aloès se mêle à l'incendie des verres de couleurs, des girandoles et des petites lanternes électriques cachées sous les feuilles.

Le Cours-la-Reine. Toutefois, au milieu de ces visions, surgit, tout à coup, comme un coin de Montmartre réapparu, cette bruissante *Rue de Paris* animée, semble-t-il, plus encore le soir que dans la journée et où se presse la foule bariolée, impatiente des jeux et des parades. Aux portes de la *Roulotte*, du *Théâtre des Bonshommes Guillaume*, du *Grand Guignol*, du *Théâtre des Auteurs Gais* et de la *Maison du Rire*, le public se pousse, impatient là aussi de lumière, de mouvement et de gaîté.

Le Vieux Paris. Sous un ciel parsemé d'étoiles, le coup d'œil du vieux Paris, avec les angles de ses maisons gothiques, les créneaux de ses balcons et les verrières de ses églises, n'est pas moins pittoresque et imprévu. Dans ce quartier renouvelé du temps des échevins et des joueurs de mystères, aucun couvre-feu ne sonne le repos des habitants, aucun guet malencontreux ne pourchasse dans les rues les malandrins et les bourgeois. Au vieux comme au jeune Paris, la veillée tient ouverts les théâtres, les attractions et les monuments. La Basoche de la Montagne Sainte-Geneviève, les Étudiants du Pre-aux-Clercs et les Garçons Sans-Souci s'en donnent autant à cœur joie que les chansonniers et les rapins d'en face. Mais ici les lanternes vénitiennes, les torches fumeuses, remplacent les éclairages plus modernes du nouveau Paris.

Le Trocadéro. Avec le Trocadéro, nous voici de nouveau de retour aux jardins de Babylone, aux architectures tourmentées de l'Afrique et de l'Asie, à la chimérique splendeur du Panthéon hindou. Les blancs minarets algériens élancés vers le ciel comme de sveltes pilastres portent jusque dans la nue le croissant d'Allah aussi étincelant que celui qui brille dans les astres.

Plus loin, des lumières détachent sur l'horizon la massive architecture byzantine du Palais Sibérien, et de l'autre côté du Trocadéro, au pied de la somptueuse Pagode de Vischnou, débordante de lotus, de dragons et de dieux tiarés, le Théâtre Cambodgien et le Théâtre Indo-Chinois ouvrent leurs portes au rire et à la curiosité des Occidentaux.

Le Champ de Mars. Mais, par le Pont d'Iéna, en passant sous la Tour Eiffel, revenons au Champ de Mars. Ici vraiment le coup d'œil est féerique, dépasse en imagination tout ce qu'on a vu jusqu'alors, atteint jusqu'à l'apothéose, jusqu'à la magie de la lumière, du feu et de la couleur.

Voici, à l'extrémité de l'Av. du Champ-de-Mars, devant le Palais de l'Électricité, illuminé lui-même comme une demeure céleste, l'extraordinaire, l'éblouissant *Château d'eau* que des constructeurs de génie ont inventé pour la joie de nos regards. Rien jusqu'ici (quelle que soit la merveille des spectacles éblouissants par lesquels nous venons de passer) n'équivaut au poème éclatant de ces fontaines fulgurantes et éblouissantes, de ces retentissantes cascades d'un Niagara multicolore. Les mille nuances du prisme, comme mélangées, comme fondues dans la fluide transparence des eaux, retombent, se mêlent, s'irisent, se dispersent en bouillonnant et en rejaillissant. On dirait d'un jeu d'ondines ou de ces danses gracieuses de Tritons et de Néréides comme le génie puissant de Richard Wagner en imagina au 1er acte du *Rheingold*.

Le *Palais de l'Électricité* sert de fond à ces jaillissantes fontaines de feu et d'or, d'émeraude, de pourpre et de lazuli. Le Génie de l'Électricité, planant au-dessus de l'édifice, disperse les flammes de ses mains rayonnantes, et sur un vaste espace, la façade embrasée, flanquée de campaniles gigantesques et de hauts piliers, l'encadre de lampes magnifiques et hautes, richement ornées et dont l'intensité de lumière dépasse celle des phares maritimes.

Çà et là d'autres palais ajoutent par leur éclat au triomphal feu d'artifice du *Château d'eau* et de l'*Électricité*.

A g., le *Palais de l'Optique*, couronné d'étoiles ; à dr., le *Palais lumineux Ponsin*, construit au milieu du plus charmant assemblage de mélèzes, d'arbousiers et de plantes marines, ajouré comme une demeure aérienne, transparent comme un dormoir d'ondine et où se disposent en un arc-en-ciel multicolore les verreries les plus délicates, les balcons les plus transparents, les escaliers aux rampes émaillées

A L'EXPOSITION

et perlées de coquillages et de bijoux des mers.

Entièrement édifié de verre et de glace, le *Palais lumineux Ponsin* s'illumine comme un immense coquillage féerique empli des perles les plus rares et les plus brillantes. Plus de 12 000 lampes électriques, d'un foyer violent d'incandescence et de reflet, embrasent la construction délicate de leur foyer ardent. A l'intérieur, des stalactites et des stalagmites, d'une légèreté de neige et de glace, font de ce palais comme une demeure de la Reine des Neiges, évoquent à l'imagination éveillée les créations les plus poétiques des contes d'Andersen et des légendes danoises.

Proche, enfin, de ces merveilles, de ces demeures enchanteresses faites pour le Rêve, la Poésie et la Musique, les constructions exotiques des Panoramas ramènent le promeneur aux évocations lointaines. tandis que, dominant tout de son pylône inaccessible, la Tour Eiffel embrasée disperse sur ce paysage incroyable de féerie l'enveloppante nuée de ses feux de Bengale et de ses fusées.

❧

NOTRE ITI-NÉRAIRE 👀

Nous avons adopté, pour la visite de l'Exposition, l'itinéraire suivant, qui nous a semblé le plus rapide, le plus intéressant, le plus simple et le plus pratique, le seul qui permette la visite complète de l'Exposition en une journée, comme en 2 ou 3 jours, ou en une semaine et plus.

Entrer par la *Porte Monumentale de la Pl. de la Concorde*.

Visiter les deux Palais des Beaux-Arts.

Revenir par l'Av. Nicolas II, traverser la Seine, sur le pont Alexandre III★★ (vue superbe), puis le Rond-Point de l'Esplanade des Invalides, entourée de riants parterres de fleurs (Exposition d'Horticulture), et commencer par la g. la visite des Palais.

D'abord la *Décoration* fixe des *Habitations*, puis les *Manufactures Nationales*, etc., les *Industries diverses* : *Éclairage non électrique, Brosserie, Papier peint, Bijouterie, Caoutchouc*, etc., l'*Orfèvrerie*★, l'importante classe des *Meubles*, la *Joaillerie*, l'*Orfèvrerie*, la *Coutellerie*, etc., et les reconstitutions de *Maisons provinciales françaises* (Bretagne, Provence, Arles, etc.).

Revenir vers la Seine, par le côté opposé en visitant les Sections Étrangères des classes ci-dessus : La *Belgique*, et son Annexe (Pavillon de l'Agriculture), où tout est de style Flamand, mobiliers et pein-

tures ; costumes nationaux. La *Russie*, avec, comme annexe, le Palais Popoff, l'Isba de l'impératrice Marie. L'*Allemagne*, et sa voûte toute ruisselante de mosaïques aux tons d'or et de marbre blanc ; les *États-Unis*, et leur vaste nef, dont le toit de verre est encadré dans de légères et gracieuses nervures. Puis viennent la *Grande-Bretagne*, l'*Italie*, la *Danemark*, la *Hongrie*, l'*Autriche*, le *Japon*, la *Suisse*, avec ses jolies vitrines de bois découpé, coiffées de clochetons. — Plus en avant, du côté de la Seine, la *Céramique* étrangère.

Après un rapide coup d'œil à l'Exposition de *l'Art de la rue*, installée au milieu de la Chaussée, le long du Quai et bordant tout le front de l'Esplanade, suivre le Quai jusqu'au Pont des Invalides, et prendre la Passerelle pour entrer à côté de la Porte 24 dans la *R. des Nations*★★, une des principales merveilles de l'Exposition.

Visiter dans leur ordre d'emplacement les Pavillons des Puissances Étrangères. En commençant par la dr. du côté de la Seine : l'*Italie*, la *Turquie*, les *États-Unis*, l'*Autriche*, la *Bosnie-Herzégovine*, la *Hongrie*, la *Grande-Bretagne*, la *Belgique*, la *Norvège*, l'*Allemagne*, l'*Espagne*, *Monaco*, la *Suède*, la *Grèce* et la *Serbie*. — A g., revenant du côté opposé vers les Invalides, les Pavillons, d'une architecture plus modeste, de la *Roumanie*, de la *Bulgarie*, de la *Finlande*, du *Luxembourg*, de la *Perse*, du *Pérou*, du *Portugal* et du *Danemark*.

Revenir alors, entre les Pavillons d'*Italie* et de *Turquie*, et descendre l'Escalier qui conduit sur la berge, dans les Sous sols des Pavillons où sont installés des Restaurants et des Bars exotiques pleins de fraîcheur.

Remonter par l'Escalier situé auprès du Pavillon de Serbie, et franchir la Passerelle qui longe le Quai, et conduit au delà du *Pont de l'Alma*, dans une nouvelle enceinte, avec tout d'abord le *Pavillon du Mexique* à dr., le *Pavillon de la Presse* et le *Restaurant Roumain* à g. — Puis, à dr., la *Section d'Hygiène* (Chauffage et Ventilation), et son Annexe à g. L'*Exposition des Armées de terre et de mer*, comprenant un vaste Palais le long du Quai, et sur la g. les curieux Pavillons des Nations Étrangères, celui de la Russie tout en bois jaune découpé et sculpté, celui des *canons Maxim* (Angleterre) en forme de cuirassé amarré par de hauts cordages, et coiffé en guise de toit d'un pont blindé et de tourelles marines.

On laisse ensuite à dr. la grande Coupole en fer érigée par la *Maison Schneider*.

A L'EXPOSITION

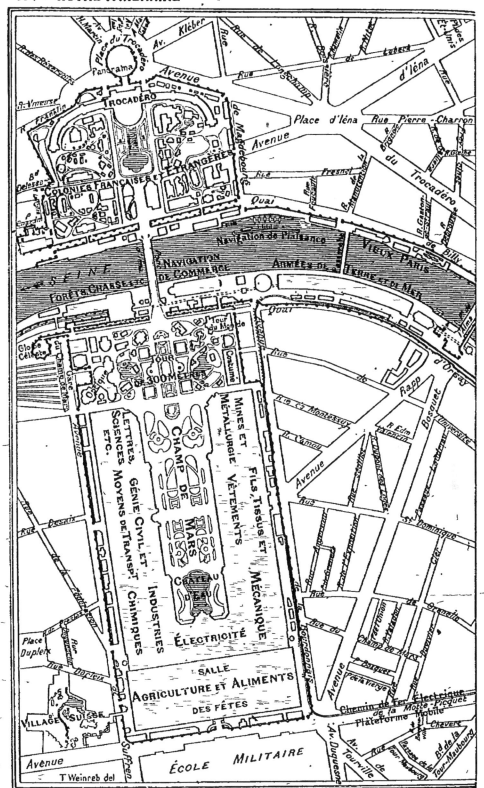

PLAN GÉNÉRAL DE L'EXPOSITION UNIVERSELLE

Le long du Quai se dressent, plus loin, le *Palais de la Navigation de Commerce*, avec ses Annexes Étrangères, et l'Exposition de la *Chambre de Commerce* de Paris. Conformément à notre programme, nous *Costume* (au rez-de-chaussée, le Restaurant Champeaux).

De là nous nous dirigeons vers l'entrée la plus proche du *Palais des Mines et de la Métallurgie*. Au Rez-de-chaussée et au

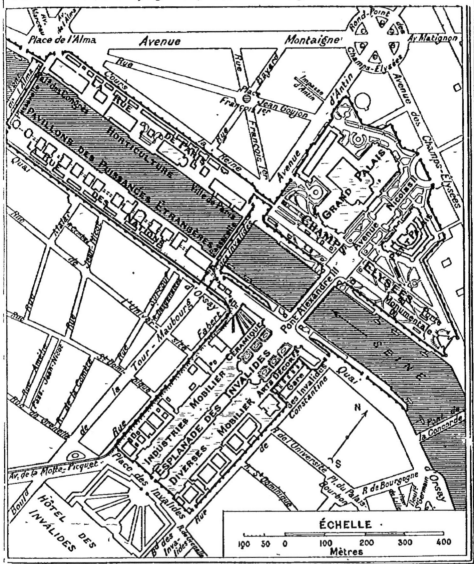

PLAN GÉNÉRAL DE L'EXPOSITION UNIVERSELLE

visitons maintenant, par la g., l'immense Champ de Mars.

D'abord la Tour Eiffel, puis, à g., les Palais, Pavillons et Attractions dont voici l'ordre : Panorama du *Tour du Monde*, *Pavillon du Siam*, *Exposition du Club Alpin, Palais lumineux Ponsin, Pavillon de la République de St-Marin, Palais du*

Premier Étage, l'*Exploitation des Mines, la Grosse et la Petite Métallurgie*, le *Palais des Tissus et du Vêtement*, la Section de *Mécanique*, avec ses quantités de machines, ses énormes chaudières, et leurs gigantesques *cheminées* de 80 m. Sortir à dr. pour voir, au centre des grands Palais du fond, le *Château d'eau* et la façade du

A L'EXPOSITION

Palais de l'Électricité, derrière le *Salon d'Honneur*.

Revenir ensuite par la gauche pour visiter le *Palais de l'Agriculture et des Aliments*, compris dans l'ancienne Galerie des Machines, et coupé en deux par l'immense *Salle des Fêtes*. A g., la Section Française; à dr., côté de l'Av. de Suffren, les Sections Étrangères. De ce côté, une Passerelle réunit le Champ de Mars au pittoresque *Village Suisse*. Traverser ensuite l'imposante Section de Mécanique *Étrangère*, pour venir dans le *Palais des Industries Chimiques, Arts Chimiques et Pharmacie*, fabrication du papier, cuirs et peaux, etc.

Le *Palais du Génie Civil et des Moyens de Transport*, qui fait suite, contient diverses sections : Génie civil, Carrosserie et Charronnage, Sellerie, Bourrellerie, Chemins de fer et Tramways, Matériel d'Aérostation.

Enfin, le *Palais de l'Enseignement et du Matériel des Lettres, des Sciences et des Arts* : Librairie, Reliure, Imprimerie, Instruments de musique, Photographie, Médecine et Chirurgie, etc.

Nous revenons du côté de la Tour Eiffel, où se trouvent encore diverses attractions : *Palais du Maroc, Palais de l'Optique, Pavillon de l'Équateur et de l'Amérique Centrale, Palais de la Femme, Cinéorama, Maréorama, Panorama Transatlantique, Pavillon des Alcools russes, Château Tyrolien, Venise à Paris*, etc.

Plus loin, à g., le grand *Globe Céleste*, réuni par une Passerelle au Champ de Mars.

Le long du Quai, *Palais des Forêts, Chasse et Pêche*.

Traversons maintenant le Pont d'Iéna, pour visiter la grande Section Coloniale du Trocadéro. Au sommet se dresse le Palais du Trocadéro et sur la colline qui monte jusque-là, l'infinie variété des Palais exotiques et des toits aux couleurs vives.

A g. en montant, toutes les *Colonies Françaises* avec diverses attractions : la *Tunisie* et le *Stéorama mouvant*, le *Soudan*, le *Sénégal*, les *Indes françaises*, la *Guinée*, le *Dahomey*, etc.; à l'extrémité g. des jardins, l'*Andalousie au temps des Maures*.

Dans le Palais même du Trocadéro, tout ce qui concerne la Colonisation.

Derrière l'Exposition et le Panorama de *Madagascar*, reliés par une passerelle au Palais et à g. dans l'enceinte, le Panorama de la *Mission Marchand*.

De l'autre côté, en redescendant, les *Colonies Étrangères* : l'*Asie Russe* et ses toits octogonaux à tuiles vernissées; les *Indes Néerlandaises*, dont les toits retroussés en bec sont de peaux de bison; la *Chine*, le *Japon*, le *Transvaal* et ses usines de bocardage.

Revenir au Quai, qu'on suivra en remontant le cours de la Seine. Tout d'abord, les yachts et embarcations de la *Navigation de Plaisance*, puis le pittoresque *Vieux Paris*; au delà du pont de l'Alma, le et tout au long de la Palissade bordant le Cours-la-Reine, une suite de joyeux établissements.

C'est la *Rue de Paris*, celle de la gaité, où le spirituel esprit montmartrois s'est donné rendez-vous. A voir surtout le soir. Tout d'abord la curieuse *Maison à l'envers*, plantée en terre par ses cheminées et son toit, puis le *Théâtre des Auteurs gais*, les *Bonshommes Guillaume*, et leur amusante décoration, le *Grand Guignol*, la *Roulotte*, le *Jardin des Chansons*, les *Tableaux vivants*, la *Maison du Rire* et enfin l'*Auberge des Cadets de Gascogne*. En face, du côté de la Seine, le *Palais des Congrès*, le *Palais de la Danse*, les magnifiques serres du *Palais de l'Horticulture*, entre lesquelles se trouve l'*Aquarium de Paris*, et près du Pont des Invalides, le *Pavillon de la Ville de Paris*.

Après avoir dépassé le Pont Alexandre III, on regagne les vastes jardins et les parterres fleuris du Cours-la-Reine, pour revenir à la Place de la Concorde.

Comme nous l'avons dit, cet itinéraire est le plus rationnel, parce qu'il effectue la visite complète de l'Exposition — on peut s'en rendre compte en consultant le plan d'ensemble ci-contre — sans rien omettre et sans perte de temps.

Cependant on n'est pas obligé de suivre pas à pas l'itinéraire ainsi tracé.

Si nos lecteurs préfèrent traverser la Seine sur l'une des passerelles, ou prendre sur un certain parcours le chemin de fer électrique ou la plate-forme mobile, ou encore visiter dans leur journée une section de l'Exposition, ils trouveront facilement la description cherchée, grâce à la division de notre itinéraire en 6 parties distinctes se raccordant l'une à l'autre :

1° *De la Concorde aux Invalides;*
2° *Esplanade des Invalides;*
3° *Des Invalides au Champ de Mars;*
4° *Champ de Mars;*
5° *Trocadéro;*
6° *Du Trocadéro à la Concorde.*

A L'EXPOSITION

De la Concorde aux Invalides

C'est la Section Artistique de l'Exposition. On y entre par la Porte Monumentale, on trouve les parterres de fleurs, — œuvres d'art naturelles, — puis on arrive devant les grands Palais des Beaux-Arts et de l'Art Rétrospectif Français, édifices à l'architecture grandiose, dignes des chefs-d'œuvre qu'ils renferment. Plus loin, le Pont Alexandre III, monument de pierre, de fer et de bronze, jette à travers la Seine son arche immense et sa large chaussée, d'où l'on jouit d'un panorama merveilleux, et joint la Concorde aux Invalides.

LA PORTE MONUMENTALE ✿✿

D'une architecture absolument nouvelle, d'une disposition originale autant qu'ingénieuse, d'une riche harmonie de couleurs, où dominent les tons bleus, verts et or, la porte monumentale de la Concorde est une entrée digne de l'Exposition qui inaugure un nouveau siècle.

Trois grands arcs s'affrontant par leurs bases, rejoints entre eux par des ajours élégants, s'élancent audacieusement dans l'espace avec leur riche décoration de cabochons phosphorescents comme d'infinies paillettes bleues et jaunes et supportent une vaste coupole centrale couronnée à 36 m. au-dessus du sol, d'un dôme tout doré intérieurement.

Les pilastres qui ceinturent la base des arcs portent, en avant du grand arc, de magnifiques frises en grès céramé de Muller : le *Travail*.

Deux vastes niches, ménagées en arrière du portail principal, sont décorées de peintures de Bellery-Fontaine, et encadrent deux grandes statues : *l'Électricité lumière* et *l'Électricité force motrice*. Au sommet la *Parisienne*, de M. Moreau-Vauthier.

Enfin, en avant de l'édifice, deux sveltes pylônes, à cabochons lumineux; et tout autour du monument une multitude de mâts au sommet desquels flottent les drapeaux de toutes les nations du monde.

La porte n'est pas lumineuse par elle-même, mais, le soir, huit puissants réflecteurs

LA PORTE MONUMENTALE

dissimulés sur la place de la Concorde illuminent le monument tout entier comme une fantastique apparition.

Guichets et fonctionnement : En arrière de la voûte, à l'extrémité des parois, dont la mosaïque figure un riche tapis, on voit une grande grille en fer forgé : c'est la *Porte des Échevins*, l'entrée réservée aux cortèges officiels.

Le public entre sous le grand arc et s'écoule par les deux arcs latéraux après avoir passé au contrôle d'un des 76 guichets, — 38 de chaque côté — disposés en demi-cercle dont l'ingénieuse disposition permet le passage de 60 000 personnes par heure.

Ces Guichets sont installés dos à dos, en double rangée, et leur forme est celle d'un box à deux compartiments. Des couloirs d'accès rayonnent tout autour du parvis; ils sont divisés en deux par une grille au centre de laquelle se tient un sergent de ville, chargé du service d'ordre. Au premier guichet, on présente au poinçonnage le ticket acheté d'avance, car aucun argent ne circule ici; le ticket est remis ensuite au second guichet, qui sert de contrôle.

❦

LES PARTERRES FLEURIS

Après avoir pénétré dans l'Exposition par la Pte Monumentale, on se trouve au milieu d'un immense Parterre de fleurs qui s'étend de la Concorde au Pt des Invalides, en un incomparable arc-en-ciel où toutes les couleurs se mêlent, où tous les parfums se fondent, puis dominent tour à tour, au fur et à mesure qu'on s'avance dans ce Paradis de Fleurs.

Nous sommes ici dans la **Cl. 46**, dans la *section d'Horticulture*, dont les milliers de plantes vertes et d'arbustes entourent encore les deux palais des Beaux-Arts, le Kiosque à musique, et qui forment autour d'eux un féerique décor. La Cl. 46 a encore des Jardins sur l'Esplanade des Invalides et au Champ de Mars.

Chaque exposant a groupé ses plantes et ses fleurs avec ce goût, cette façon d'arranger et de mêler les couleurs qui font du jardinier un artiste décorateur.

Les spécimens de choix sont isolés sur les pelouses. Ce qui attire le plus l'attention, c'est la série des Conifères (sapins), et celle des Rhododendrons venus des environs de Paris : certains atteignent 3 et 4 mètres de diamètre. Ce sont les plus beaux spécimens qui aient jamais été obtenus en ce genre.

Les autres plantes, de moindre importance, sont disposées en grands massifs, mais, au lieu d'être collectionnées par espèces, ce qui entraînerait de la monotonie dans le coup d'œil, elles sont mélangées les unes aux autres et présentent ainsi un aspect charmant.

A eux seuls, les Rosiers occupent une surface de 3000 m. carrés. Hybrides, bourbons, moussus nains ou à tiges, ils forment sur la Gare des Invalides une immense corbeille; et, au Trocadéro, ils garnissent le côté droit de la Cascade et s'étendent, autour du Bassin du bas, comme une couronn ininterrompue.

Le total des surfaces occupées à Paris par la Cl. 46 est de 17 000 m. carrés. Les plantes qui y sont exposées sont en grande partie *à feuille persistante*. A noter : une nouvelle plante d'ornement, le *cadenna*, qui jusqu'ici n'était cultivée que comme plante à sucre. Haut de 1 m.50 il se couvre de très belles fleurs.

Le long du Quai, des deux côtés du Pt Alexandre III, la **Cl. 45** expose ses Arbres Fruitiers formés et dressés, ses Arbres pour Espaliers. On trouve là tous les échantillons de cette Arboriculture qui est une des richesses de la France.

Une grande partie — non moins intéressante — de l'Exposition d'Horticulture, est à Vincennes (V. Vincennes), et une *Exposition de fruits mûrs et de raisin* aura lieu, selon la saison, au Champ de Mars, dans la *Salle des Fêtes*, ou dans le *Palais de l'Horticulture* (entre le Pt Alexandre III et le Pt de l'Alma).

Entre les deux Palais des Beaux-Arts un peu partout aussi, la Cl. 48 étale ses Gazons et ses Pelouses, qui forment comme de moelleux tapis de velours vert.

❧

LES PALAIS DES BEAUX-ARTS ●●●

« Élever au seuil du vingtième siècle une sorte de monument à la gloire de l'Art Français », tel est le but que se sont proposé les organisateurs de l'Exposition Retrospective et de l'Expostion Centennale des Beaux-Arts. A cette affirmation de notre génie national il fallait un cadre grandiose. L'édification du Grand Palais et du Petit Palais des Champs-Élysées est venue répondre à ce besoin.

Ces monuments, on le sait, ont leur façade principale sur l'Av. Nicolas II, laquelle, après avoir pris naissance à l'endroit même où s'ouvrait naguère la porte du Palais de l'Industrie, tombé sous la pioche des démolisseurs, aboutit au nouveau pont Alexandre III et, de là, conduit jusqu'à l'Esplanade des Invalides.

Le public a donné à chacun de ces deux palais le nom de l'architecte qui l'a construit; l'un s'appelle le Palais Deglane (*Grand Palais des Beaux-Arts*) et l'autre le Palais Girault (*Petit Palais, Exposition Rétrospective d'Art Français*).

Les deux Palais sont construits dans le style Louis XVI et sont d'un aspect grandiose.

❧

GRAND PALAIS

Dans l'ornementation artistique de la façade, deux choses à signaler : les huit superbes figures placées entre les colonnes et qui représentent les différents styles d'art : Grec, Romain, Phénicien, Renaissance, etc., et la frise en mosaïque, derrière la colonnade, entre le rez-de-chaussée et l'étage, et qui représente *les grandes Époques de l'Art*, et dont M. Deglane a confié l'exécution au peintre Édouard Fournier. —

D'innombrables morceaux de sculpture émaillent la façade. Les maîtres de l'art statuaire français ont concouru à faire de ce monument une exposition permanente d'œuvres de premier ordre. Citons : Frémiet, Injalbert, Allouard, Croisy, Dalou, Mercié, Puech, Sicard, etc.

Tandis qu'à dr. et à g. du visiteur s'ouvre sur une longueur de 200 m. et une largeur de 55 le grand Hall de la partie intérieure, en face surgit l'Annexe ou prolongation latérale du hall, s'enfonçant avec son escalier monumental en dentelles de fer dans la partie intermédiaire construite par M. Louvet.

L'intérieur de cette « partie antérieure » offre une nef majestueuse entourée d'un large promenoir en pourtour qui, de plain-pied avec les galeries du rez-de-chaussée, forme une superbe terrasse destinée à l'installation des Tribunes du Concours Hippique. Des spectacles ayant la piste

La partie postérieure du Grand Palais, œuvre de M. Thomas, est une sorte de petit Palais distinct accolé à l'ensemble formé par les deux autres.

Les marches qui s'allongent à dr. et à g. du hall conduisent à deux Galeries centrales; le reste est divisé en Bureaux et appartements destinés à l'Administration et au Conservateur du monument.

La façade postérieure est à portiques comme les autres, mais à colonnes jumellées; elle possède, comme la principale, une frise, mais celle-ci, céramique et polychrome, exécutée à la Manufacture de Sèvres d'après les cartons du peintre

LE GRAND PALAIS

pour scène pourront ainsi s'y exécuter. Les murs offrent un précieux complément de 500 m. de cimaise au futur Salon de Peinture.

Aux quatre angles s'espacent, à hauteur du premier étage, des Salons de Repos circulaires. Tout autour du hall règnent, tant au rez-de-chaussée qu'à l'étage, plus de 360 m. de galerie de 12 m. de largeur. Au-dessus s'arrondit le dôme, à 43 m. de hauteur sur une base de plus de 70 m. de diamètre.

Dans la nef de retour ajoutée par l'architecte Louvet au grand hall de M. Deglane, tout le fond et les deux tiers de chaque côté sont occupés par le Grand Escalier d'Honneur avec ses paliers de repos. En haut du grand escalier, au-dessus de la galerie transversale du rez-de-chaussée, voici la grande Salle de Concerts pouvant contenir plus de 1500 personnes assises.

La « partie intermédiaire » comprend deux façades latérales : celle du nord sur les Champs-Élysées, 64 m., avec dans la partie du milieu une entrée à laquelle on arrive par un perron de pierre; celle du sud, longue seulement de 52 m., sur le Cours-la-Reine.

Joseph Blanc, qui s'est attaché à représenter l'Histoire de l'Art.

❧❦

EXPOSITION DÉCENNALE

Il ne faut pas oublier, en commençant la visite du Grand Palais divisé entre la France et les nations étrangères, que l'Exposition Décennale de Beaux-Arts, qui s'y déploie dans un cadre et un local plus somptueux et plus vaste qu'on n'en fit jamais, est un Concours.

Côte à côte sont rangées les productions les plus nobles de l'esprit humain, celles de l'Art, et par elles, on peut juger d'une façon admirable du développement intellectuel des pays civilisés et de leurs efforts depuis dix ans vers un idéal plus parfait.

Les *Salles Étrangères* de Peinture occupent toute l'aile du Palais qui longe le *Quai de la Seine;* celles de la *France* comprennent la partie à peu près égale de l'édifice qui donne sur les *Champs-Élysées.* La *Sculpture* est installée dans la même proportion, au milieu de la *Nef,* et déborde dans les *Jardins.*

Malgré cette répartition de la place si favorable à la France, puisqu'elle lui permet d'opposer près de quatre mille ouvrages aux trois ou quatre cents qu'ont les États les mieux partagés, il ne faudrait pas imaginer que notre pays se soit donné ainsi, à coup sûr, la victoire ; dans la section française, on ne discernera peut-être pas plus de cent travaux qui soient d'indiscutables chefs-d'œuvre ; toutes les grandes nations ont eu un champ suffisant pour nous montrer ce maximum : on estimera sans doute comme nous que, malgré la sévérité extrême de leur choix, aucune ne l'a atteint, même de loin.

Section ●● Française

Chaque pays a été libre de décorer sa section à sa guise. La France a orné la sienne avec un goût et un luxe qui prouvent le progrès qu'a fait faire dans la science des installations la rivalité des deux Salons parisiens depuis 1889.

Les tentures d'un beau rouge, chaud, semées de couronnes de feuillages d'un ton plus foncé, donnent l'impression d'un brocart de soie et s'harmonisent délicatement avec les frises roses et or peintes par Jambon, avec les velums encadrés de rinceaux safran, avec les peintures grises des cimaises et avec les tapis brun clair.

Les salles, grâce à une ingénieuse inclinaison des toits de verre, ont une lumière égale sur chaque muraille, et leurs dimensions diverses favorisent tour à tour l'art intime ou éclatant.

PEINTURE

C'est ainsi qu'en sortant de la Section Centennale on se trouve dans une grande pièce hexagonale d'une imposante hauteur où s'opposent dans des places pareillement avantageuses, avec deux des principaux maîtres de la *Société des Artistes français*, un des plus jeunes et des plus hardis chercheurs de celle dite du *Champ de Mars*.

En quelques instants on pourra comparer en soi-même le plaisir que donnent les ingénieuses compositions de Cormon (*les Funérailles du Chef, les Mille et une Nuits*), les symboliques faits divers de Maignan (*la Muse verte, la Fortune passe*), avec la troublante tristesse qu'inspire Cottet en montrant, dans un style tout différent, la simplicité des pauvres gens de mer dans leurs chagrins (*Triptyque, Deuil marin*) et dans leurs fêtes (*la Procession*).

Nous ne répéterons pas de semblables comparaisons, qui se présentent à chaque pas, mais celle-ci était nécessaire, cependant, pour attirer l'attention du public sur ce point curieux que le concours dont nous parlions plus haut, par le fait de cette exposition d'*État*, n'est pas seulement dans le Grand Palais, entre Français et Étrangers, mais qu'elle met aux prises entre les Français eux-mêmes les idées classiques avec les recherches des novateurs qui, tout en se rattachant à certains vieux maîtres préférés, essayent, depuis 1889, de profiter des résultats obtenus par les artistes nombreux qui, à partir de 1830, ont cherché avant tout à communiquer leurs émotions personnelles et qu'on confond sous le nom générique d'*Impressionnistes*.

Une pensée heureuse des organisateurs de l'Exposition a été de grouper autant qu'il a été possible les ouvrages des mêmes artistes. C'est ainsi que, dans la petite Salle qui suit celle dont nous avons parlé, on peut voir réunis trois chefs-d'œuvre de Dagnan-Bouveret : *la Cène*, les Conscrits** et une Vierge (*Consolatrix afflictorum**), qui est son dernier ouvrage.

Plus loin, c'est la suave et mélancolique poésie d'un panneau de Henner (*Églogue, le Lévite d'Ephraïm*, le Christ au linceul, Portraits*); six paysages crépusculaires de Billotte; des portraits de Joseph de Weerts, dont beaucoup aiment la rigoureuse netteté, et que surmonte son cuirassier mort au pied d'un Christ en croix (*Pour l'Humanité et pour la Partie**).

Les 1530 tableaux environ qui composent la Classe 7 de l'Exposition Française méritant tous, par quelque côté au moins, l'attention, nous nous bornerons, afin de rester dans les limites d'un guide pratique, à signaler quelques-unes des œuvres qui nous ont semblé surtout dignes d'être étudiées tant au point de vue de l'art traditionnel, presque identique à celui qu'on admirait il y a dix ans, qu'à celui de l'art qui tend à mener la foule à des pensées et à des sensations nouvelles. Principales toiles :

Roybet (*Charles le Téméraire, la Main chaude, le Géographe*). || Rochegrosse (*Assassinat de l'empereur Geta, la Course au Bonheur*). || Cazin (*Cinq Paysages*). || Detaille (*les Victimes du Devoir, Sortie de la garnison de Huningue*, le Tsar et M. Félix Faure après la revue de Châlons**). || Ménard (*Orage sur la forêt, Harmonie du soir, la Clairière, Terre antique, Portrait de ma Mère*). || Hébert (*Le Sommeil de l'Enfant Jésus, la Vierge au chardonneret*). || Lucien Simon (*Cirque forain, les Luttes, Portraits*). || Besnard (*Poneys au soleil, Femmes arabes, Portraits*). || Bouguereau (*Regina angelorum, l'Admiration*, Psyché et l'Amour**). || Dauchez (*les Brûleurs de goëmon, Pèlerinage, Route de Pont-l'Abbé*).|| J.-P. Laurens (*la Petite*

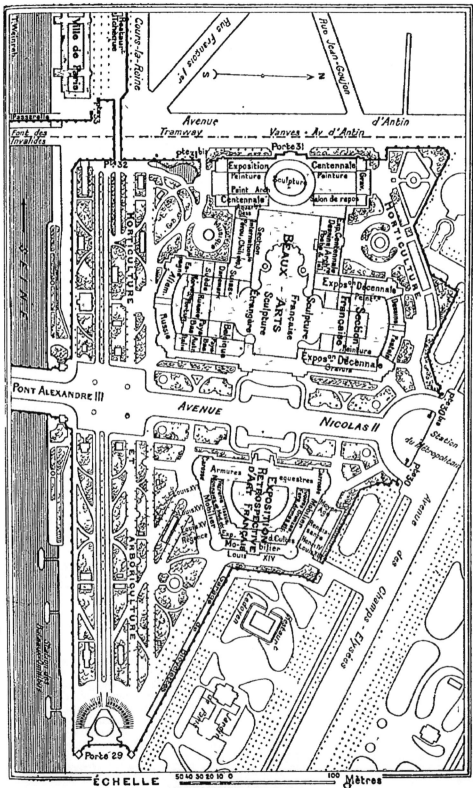

ÉCHELLE 50 40 30 20 10 0 100 Mètres

LES PALAIS DES BEAUX-ARTS

Bonchamps, Jean Chrysostome, Portraits). ‖ Prinet (Entre amies, l'Envolée, La Femme à la rose). ‖ Le Liepvre (le Pont du canal, les Prés de Langeais, le Pont de Cessy). ‖ Desvallières (Portraits). ‖ Benjamin Constant (Urbain II, Portrait de la Reine d'Angleterre*). ‖ Humbert (Portraits). ‖ Blanche (le Peintre Thaulow, Portraits). ‖ Jules Lefebvre (Lady Godiva, Portraits). ‖ Lomont (Dentellière, Portrait de ma Mère, Femme à sa toilette). ‖ Lhermitte (la Mort et le Bûcheron, les Faucheurs). ‖ Harpignies (la Loire, la Solitude, le Couchant). ‖ Édouard Saglio (le Goûter). ‖ Henri Martin (Chacun sa Chimère, Sérénité). ‖ Raffaelli (les Invalides, Notre-Dame, Portraits). ‖ Duvent (la Procession, Portrait de Coquelin aîné). ‖ Aman-Jean (la Femme au Paon, la Confidence, l'Attente). ‖ Bonnat (Portraits de Renan*, de Taine, de J. Bertrand). ‖ Dinet (Combat autour d'un sou). ‖ Jules Breton (les Œillettes, les Dernières Glanes). ‖ Chartran (Saint François d'Assise labourant, Portrait du Pape). ‖ Carolus Duran (Danaé, Portraits). ‖ Carrière (Théâtre populaire, le Sommeil, Portraits). ‖ Mme Dufau (Ricochets, Fils de Marinier). ‖ Jeanniot (le Soldat, le Billard, Vieux ménage). ‖ Le Sidaner (le Dimanche). ‖ Vibert (les Allées du Monastère, le Médecin malade). ‖ Chabas (Joyeux ébats). ‖ François Flameng (Kléber, Portraits).

DESSINS, PASTELS, AQUARELLES ❋❋❋❋ C'est au-dessous des Salles de peinture, à l'Entresol, que sont placés les Dessins, les Pastels et les Aquarelles sur une tenture d'un vert qui les fait heureusement ressortir. On y retrouve une grand partie des maîtres que nous venons de citer; d'autres, comme Renouard, Mme Simon, Milcendeau, Jules Cheret, qui n'abordent presque jamais la peinture à l'huile, enfin une série de miniaturistes qui dénotent un singulier essor, depuis quelques années, d'un art charmant et qui avait paru éteint. Parmi ceux-là, il faut remarquer Mme Debillemont, M. de Callias, Mlle Caudron, Mlle Contal, Mlle Chéron.

GRAVURES Les Gravures précèdent les Dessins. Sur 500 estampes exposées, les trois quarts sont des reproductions de peintures, excellentes, il est vrai, et signées d'artistes dont la réputation est universelle, comme Achille et Jules Jacquet, Burney, Adrien Didier, Pannemaker, Flameng, Leveillé, Patricot, Mengin et Maurou mais il eût été peut-être désirable qu'une part plus importante fût accordée aux auteurs de planches originales, brillamment re-

présentés pourtant par Lepère (Vues de Paris), Carrières (lithographies de Rodin, Goncourt, Verlaine), Bracquemond (Souvenir de la Semaine russe, Faisans), Dillon (La Claque)

L'ARCHITECTURE est nombreuse; elle remplit deux Salles du rez-de-chaussée et s'étale dans toute la galerie extérieure du Premier Étage avec un intérêt un peu spécial pour le commun du public. Un effort, cependant, a été fait pour attirer le regard par la séduction d'habiles aquarelles et pour réduire par la photographie la morne blancheur des vastes châssis de coupes et plans, intéressants pour les seuls initiés. Nos architectes y ont éprouvé leur science coutumière, qui fait rechercher leurs leçons par un grand nombre d'élèves étrangers.
Les Palais des Champs-Élysées sont d'ailleurs des exemples pour ainsi dire vivants de leur habileté : ils ne témoignent pas pourtant qu'un style neuf ait été trouvé dans la dernière partie du XIXe s. L'exposition de leur classe ne change pas cette impression, bien qu'elle soit pleine de très beaux travaux, parmi lesquels on notera les suivants :
Bertone (Restaurations antiques à Rome et à Pompéi). ‖ Chedaune (le Panthéon d'Agrippa). ‖ Feu Paul Blondel (Trois hôtels particuliers). ‖ Wable (Musée anthologique). ‖ Ruprich-Robert (Restauration du Château d'Amboise). ‖ Sédille (Basilique de Jeanne d'Arc à Domrémy). ‖ Magne (Abbaye de Fontevrault, Études sur le Parthénon). ‖ Lisch (Travaux sur le Château de Valmont). ‖ Escalier (Divers hôtels particuliers). ‖ Defrasse (Restauration de l'enceinte sacrée d'Épidaure). ‖ Corroyer (Tombeau érigé au Père-Lachaise). ‖ Pontremoli (Restauration de Pergame). ‖ Mayeux (École et Musée d'art décoratif de Limoges. Fantaisies architecturales). ‖ Legros (Hôpital Boucicaut).

SCULPTURE La Section de Sculpture est la seule qui malheureusement ne puisse pas donner tout à fait idée du très grand travail de nos statuaires depuis dix ans.
Les plus importants ouvrages, sont, en effet, des monuments publics qu'on ne peut déplacer et qui sont en grand nombre répandus dans toutes les villes de France. Les statues qu'on voit cependant dans le jardin de la nef, et dans ceux qui entourent les Palais accusent, par contraste avec les œuvres étrangères, une supériorité et un progrès constant tout à fait remarquables. De place en place, des groupes dominent tous les autres :
Vercingétorix à cheval*, par Bartholdi; Mo-

numentau général Faidherbe, par Mercié;
Glorification de la Charité ★, par Aubé;
Fragment du Monument aux Morts ★, par
Bartholomé; La Rochejacquelein et le Cardinal Lavigerie ★, par Falguière; Orang-Outang et Sauvage, Homme de l'âge de la Pierre et Ours, par Frémiet; Penseur ★, par Gardet; Jeanne d'Arc ★, par Paul Dubois.

Près de ces grands ouvrages se groupent dans une ordonnance qui n'a rien de méthodique puisqu'elle ne pouvait avoir d'autre loi que le goût des artistes qui présidèrent au placement, des statues, des bustes dont les plus dignes d'attention sont:

Panthères, Lions, Tigres, Chiens dinois, par Gardet. ‖ Le Passant, par Thivier. ‖ Alter Wolf, Renaud, Floquet, Gigoux, par Dalou. ‖ Les petits groupes exécutés en matières diverses, par Th. Rivière: Ultimum feriens, Salammbô et Matho, le Vœu, la Sunamite, Charles VI. ‖ La Prairie et le Ruisseau, les Violettes, par Lardre. ‖ Ève et Maternité, par Marqueste. ‖ Le Maréchal Cambret, Bustes, par Alfred Lenoir. ‖ Souviens-Toi, Ange de la Passion, Vers la lumière, par Gustave Michel. ‖ La Nature se dévoilant ★, par Barrias. ‖ Danseuses, par Carabin. ‖ Le Regret, Jeunes Filles, par Mme Cazin. ‖ Les Boulangers ★, bas-relief polychrome ; la Fuite de l'Heure, par Alexandre Charpentier. ‖ La Chanson, les Lutteurs, l'Étoile filante, l'Illusion, par Félix Charpentier. ‖ L'Opéra-Comique, les Fruits du Midi, Tombeau de Carvalho, Jeanne d'Arc ★, par Mercié. ‖ Arabe et son cheval ★, Lionne, Jeunes Ours, par Peter. ‖ La Seine, par Puech. ‖ Nos Destinées, Dumas fils ★, Première Communiante, par Saint-Marceaux. ‖ Le Baiser ★, par Rodin. ‖ L'Effort, par Pierre Roche. ‖ Diane, Salomé, par Ferrary. ‖ Andromaque, Orphée, Chevreul, par Guillaume. ‖ Emprise, le Secret, par Fix Masseau. ‖ Les Bronzes et les Grés de feu Carriès. ‖ Suzanne, par Th. Barreau. ‖ La Reconnaissance, par Aubé. ‖ Saint François d'Assise, par Mme Besnard. ‖ Le Cheval à la Sphère et Assad, cheval arabe, par Cordier. ‖ Bustes, par P. Dubois. ‖ Monument Spuller, Réveil de la Source, par Gasq.

LES MÉDAILLES : Les Médailles et les Gravures sur Pierres fines, qui ont, dans notre art national, une importance qui n'est atteinte dans aucun pays et qui n'a été dépassée en France même en aucun temps, sont placées dans des cadres sur les cloisons des Salles de Peinture, au Rez-de-chaussée. Parmi celles qui méritent le mieux l'admiration sont les séries, populaires chez nous, de Chaplain, Roty, Bollé (qui expose en outre un Reliquaire ★ et une Sainte Marthe ★ en matières précieuses), Maximilien Bourgeois, Gaulard,

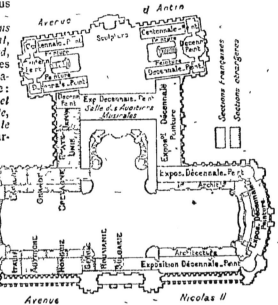

Lambert, Lechevrel, Henri Lemaire, Mouchon, Nocq, Tonnellier, Roiné, Vandet.

Sections ◎◎ Étrangères

En abordant les Sections Étrangères dans le Palais des Beaux-Arts, nous donnerons un simple avis : la distribution des emplacements ayant été faite principalement en considération de l'importance politique des États, il faut se garder de se hâter trop de passer dans certaines salles petites et moins somptueuses d'apparence peut-être que les autres, mais qui sont composées d'une façon excellente.

D'autre part, il faut se méfier de la séduction de choses nouvelles dont la valeur n'existe parfois que par une étrangeté, due à des différences de climats et d'habitudes, souvent à de passagères influences littéraires. En somme, le vrai triomphe de la France en

─── **A L'EXPOSITION** ───

ce concours, c'est son éclectisme, c'est le rang égal où elle met tant d'artistes très divers par leur esprit, par leur métier; chez elle seule on ne saurait reconnaître l'uniformité d'un style national.

LA BELGIQUE : Quand on pénètre par la grande Porte centrale qui ouvre sur l'Avenue Alexandre III, la première Section qu'on trouve, à g., au Rez-de-chaussée, c'est celle de BELGIQUE. Elle se compose de deux Salles, emplacement un peu réduit pour un pays dont l'évolution artistique est à peu près la nôtre et qui compte de nombreux hommes de talent.

Peinture : On y trouvera des paysagistes de premier ordre comme Courtens (*Verger en Flandre* et *l'Automne*), Baertsoen (*Petite place le soir* et *Petite cité le soir, au bord de l'eau*) ; des portraitistes habiles comme Émile Motte (*Jeune Fille*), Van Beers, Evenpoel (*Un Espagnol à Paris*); des peintres d'intérieurs, représentés heureusement au Luxembourg, tels que Alfred Stevens (*l'Atelier, la Dame rose, la Bête à bon Dieu, la Veuve et ses Enfants*), Struys (*Confiance en Dieu*); enfin de douloureux observateurs de l'humanité : Félicien Rops (*Juif et Chrétien*), Frédéric (*le Ruisseau, A Beethoven* et *les Écureuses*).

Sculpture : On remarquera les très belles statues de Constantin Meunier (*Faucheur* et *la Moisson*), celles de Du Bois (*Silence*, buste de *Diane, Jeune Femme à la chaise*), de Rombaux (*Nymphes*).

LA HOLLANDE : Par un hasard heureux, elle est voisine de la Belgique comme elle l'est géographiquement. On verra pourtant qu'elle en diffère autant par ses recherches d'art fort intéressantes, que par le caractère de ses habitants.

Peinture : En tête de ses peintres, il faut mettre Josef Israéls (*Jour d'hiver à Amsterdam, Marchand de bric à brac, Retour des Champs*), Mesdag (*Matinée d'été à Scheveningue, Rentrée de bateaux de pêche*), Ten Cate (*la Meuse à Rotterdam*), Klinkenberg (deux *Vues de Canaux*).

Gravure : De nombreux graveurs maintiennent la vieille réputation des Pays-Bas dans l'art de l'estampe : Bauer, Mlle Fels, Haytema, etc.

Sculpture : Enfin, dans la sculpture, des œuvres comme la *Primavera*, de Van Hove, ou les *Enfants endormis*, de Mlle Schwartze, ne sont point négligeables.

L'ITALIE : Vient ensuite avec une petite Salle qui communique par un escalier avec son exposition plus vaste du Premier Étage. Parmi toutes ses peintures plaisantes, vibrantes, quelque peu artificielles, il faut s'arrêter a celles de Michetti (*Paysan, Retour de la messe*), de Jean Segantini (*Entrée à Prague de l'armée catholique, Mater dolorosa*), de Juana Romani Carlesimo (*Salomé, Printemps, Fleur des Alpes, Angelique*), de Pie Joris (le *Jeudi Saint à Rome*)

Sculpture : Les sculptures sont très nombreuses; elles attireront assurément le public par des côtés d'habileté excessive mais un peu puérile : parmi les plus intéressantes, on peut citer les bustes de Ch. Albert, de Jean Aicard, de M. Reinach, par Romanelli ; le *Soldat de cavalerie* en bronze par Jean Troubetskoy, la *Surprise* et le *Silence*, de Pierre Canonica.

LA RUSSIE, qui possède les deux premières pièces s'ouvrant sur le côté de la Seine, a sa principale exposition de Peinture dans les constructions en bois bâties sur la Piste même. La très belle statue de l'*Empereur Alexandre III*★, par Antokolsky la domine en place d'honneur. Il faut aller chercher ailleurs les nombreuses œuvres envoyées par ce maître : *Nestor l'historien, Satan, la Belle au Bois dormant, Ophélie*, etc.

On les trouvera au milieu d'autres ouvrages intéressants signés de Bernstamm (*Pierre le Grand* et *Louis XV*), de Tourgueneff (*Chevaux de labour*★, *Aréthuse*), du Prince Paul Troubetzkoy.

Les œuvres de peinture sont d'un caractère très différent selon qu'elles sont exécutées par des artistes habitant ou n'habitant point la Finlande. Les premières ont autant de mélancolique poésie que les autres ont d'exactitude rigoureuse et un peu sèche. Edelfelt tient la tête des Finlandais avec ses *Portraits*, ses *Pêcheurs*, son *Village*, sa *Vieille Chanteuse*, ses *Fraises*. A côté de lui, Gallen montre la *Mère de Lemminkaïen, Rulleivo*, les *Défenseurs de Sampo-Joukapainen;* Blomstedt, des *Paysages;* Halonen, les *Jeunes filles au guet* et le *Diner de paysans;* Lindholm, Jaernefelt, des *Paysages*. L'école russe est menée par Repine (*Ivan le Terrible*★, *Portraits*), par Makowsky (les *Enfants du Volga, l'Asile des Pauvres à Moscou, l'Achat du trousseau*), par Lewitan (*le Commencement du printemps, la Nuit*), par Harlamoff (*les Enfants aux fleurs*) par Kousnetzow (*la Fille aux oies, Motif de printemps*), par Katchenko, par Was nezow (*les Scythes*) Sourikov (*l'Assaut d'une ville de neige*).

L'ALLEMAGNE, à côté de la Russie, est une des puissances les mieux partagées, car elle possède au-dessus de sa Galerie du Rez-de-chaussée une série de Salles qu'elle a décorées dans un style à la fois Grec, Pompéien et Italien du xve s.

Peinture : Cette présentation, qui étonne notre goût pour l'harmonie discrète des cadres, n'empêche pas d'apprécier les qualités des divers chefs d'école qui luttent soit pour le symbolisme, soit pour le réalisme : Menzel (*En chemin de fer, Patisserie à Kissingen, l'Atelier, Devant le monument*, gouaches), Kaulbach (*Un Branle*, deux *Portraits*), Lembach (cinq *Portraits*), Liebermann (*la Femme aux chèvres*) Franz Stuck (*Bacchanale, la Guerre*), Uhde (*Mes Enfants, Naissance du Christ*), Kuehl (*l'Église St-Jean, à Munich*), Zügel (*Vaches et Porcs*), Löfftz (*Paysages*).

Gravure et Sculpture : La gravure allemande a de brillants représentants en Jacoby, Krüger, Reim, Struck, Kuhn, Heym, Kallmorgen. La sculpture continue honorablement la tradition classique si l'on en juge par Begas (*l'Étincelle, Promethée, Caïn et Abel*), Hildebrand (*Bustes*), Struck (*Centaure blessé, Amazone*), Schott (*la Fille à la toule*), Eberlein (*Adam et Ève*).

L'ESPAGNE, aux deux étages, prolonge l'Allemagne.

L'influence de son École de Rome ayant écarté certains artistes qui cherchaient curieusement à suivre la voie ouverte par Goya, il serait injuste de juger toute l'évolution de son art dans ce qu'elle montre ici.

Peinture : L'imagination et l'habileté de certains des exposants étonnent plus qu'elles n'émeuvent ; parmi ceux-là sont Alvarez Dumont (*Bataille de Malaga*), Checa (*Derniers Moments de Pompéi, Course de chariots à Rome*), Jimenez Arauda (*Pendant la moisson*), Madrazo (*Portraits*), Morera (*Pics de la Najarra*), Arredondo y Calmache (*Scènes à Tolède*), Vierge (*Dessins*).

Sculpture : Dans la sculpture, il faut noter les *Bustes* de Beulliure y Gil, et la statue de *la Désolation*, par Rosello.

LA SUÈDE : Toujours au Rez-de-chaussée, en continuant dans le même sens, on traverse les deux Salles de la Suède. Dans une étude qui aurait eu sur-

tout un but critique, ce pays aurait dû être placé avec la Norvège, la Finlande, le Danemark, en raison de la communauté de l'esprit artistique des races scandinaves.

Peinture : Le voisinage de l'Espagne pourtant ne peut faire tort aux harmonies charmantes des peintures de Zorn (*Mère, Nuit du 24 juin, Mora, Effet de nuit*), de Larsson (*Jour de fête, Convalescence, Devant la glace*), d'Hagborg (*Marée, en Dalécarlie*), d'Arsenius, de Bjorck, du Prince Eugène de Suède (*Nuit d'été, Nuage, le Vieux Château*), de Lilgefors, de Wahlberg.

Gravure et Architecture : La même sûreté de goût se retrouve dans les gravures de Zorn et de Larsson, dans les sculptures d'Ericksonn et de Milles et dans les études architecturales d'Anderberg, d'Hermansonn, de Rassmussen et de Boberg, le constructeur du charmant Pavillon qui s'élève sur le quai.

LE DANEMARK : A trouvé pour sa décoration un ton bleu et des motifs de lignes simples qui rappellent l'heureuse sobriété que nous sommes habitués à aimer dans ses céramiques de Copenhague. Ses artistes sont nombreux et séduisants : le plus grand est Krover (*Une Séance de l'Académie royale des sciences, Déjeuner, Soir d'été*) ; près de lui on peut nommer Ulammerskoj (*Hiver dans la forêt, la Porte blanche, Trois jeunes Femmes, les Animaux entrent au Paradis*), Johannsen (*Une Dame qui écrit*), Lorenz Frölich (*la Nuit répand le sommeil*), Paulsen (*Dans la chambre à coucher*), Pedersen (*Soir d'été*), Rohde (*Jour sans soleil*) ; parmi les sculpteurs, Christensen (*la Fille d'Ève*), Schultz (*Un Poète*), Brandstrup (*Bustes*).

LA SUISSE : Fait, avec 4 Salles, l'angle de la partie principale du Palais, au Rez-de-chaussée. La plupart de ses meilleurs exposants ont depuis longtemps une réputation en France, comme Eugène Burnand, qui envoie un tableau biblique : *l'Invitation au Festin* ; Mlle Breslau, auteur de *la Chanson enfantine, la Dame aux Chrysanthèmes, la Petite Fille à la poupée*, et de plusieurs pastels ; Baud-Bovy, le paysagiste de montagnes ; Eugène Girardet, l'orientaliste.

Il faut donner quelques instants d'attention aux bonnes estampes de Van Muyden, Mégard, Baud, Renevier, et aux sculptures d'animaux de Waldmann.

LA GRANDE-BRETAGNE : A son exposition au Premier Étage, au-dessus de la Suisse.

A L'EXPOSITION

Elle est représentée à la fois par les vieux artistes épris d'art antique, par les préraphaélites amoureux de l'art italien du xv⁰ s., par les imitateurs des peintres du xviii⁰ s. et par quelques rares indépendants.

On a envoyé de Burne Jones, le maître des préraphaélites, *les Chasses de Cupidon*★ et *le Conte de la Prieure*; de Lord Leyton, trois dessins; de John Millais, un *Portrait* et *le Bleu charmant de la Petite Véronique*; d'Alma Taddema, *le Printemps*. A côté de ces morts brillent les œuvres de leurs successeurs Orchardson (*Portrait de Sir Walter Gilbey*), Parsons (*les Boutons d'or*), Poynter (*Danse ionienne*); Sargent (*Portraits*), Herkomer (*Portrait de Sir Taubmann Goldie*), Walter Crane (*Dessins et Cartons pour vitraux*).

LES ÉTATS-UNIS, qui communiquent avec la Section Anglaise, réservent aux visiteurs la surprise d'œuvres distinguées dont les auteurs nous étaient jusqu'à maintenant à peu près inconnus.

Peinture : John La Farge (*Jeunes Filles de Samoa*, *le Mont Tohivea*), Winslow Homer (*la Chasse au renard*, *la Côte de Maine*, *Tout va bien*, *Nuit d'été*), Cecilia Baux (*Portraits*), Charles Platt (*Hiver*, *Nuages*), Alden Weis (*Petite Fille en gris*, *Coupeurs de glace*). Près d'eux on retrouve avec plaisir les noms de peintres habitués de nos Salons, Alexander (*Portrait de Rodin*, *la Mère*, *Automne*), Melchers (*le Maître d'escrime*, *les Sœurs*), Walter Gay (*les Tisserands*), Humphrey Johnston (*Ma mère*, *Clair de Lune*), Abbey (*Hamlet*), Vail (*Soir de Bretagne*, *Dordrecht*).

Sculpture : Dans la sculpture, les États-Unis possèdent les œuvres qui de toute la Section Étrangère peuvent le mieux rivaliser avec les nôtres : celles de St-Gaudens (*Général Sherman*, *Ange portant une tablette*, *le Puritain*), de Mac Monnier (*Bacchante*, *Groupes de chevaux*), de French (*Général Washington*); de Mlle Herring (*Écho*).

L'AUTRICHE ET LA HONGRIE⊚⊚⊚ tiennent des places importantes et distinctes dans les Galeries qui longent l'Av. Alexandre III.

La première montre des œuvres intéressantes, signées des peintres Hugo Charlemont, Rudolf Konopa, Gustave Klimt, Kramer, Pausinger, Johannes Benk (*Portrait de l'Empereur*), Engelhart (*Types d'Italie*).

La seconde compte parmi ses meilleurs ouvrages, les *Figures mythologiques* de Vlaho Bukovac, les *Socialistes* de Bachman, les *Portraits* de Karlovsky, l'*Église* de Zemplèmy, les burins originaux de Pacza et de Strassgurti, les sculptures de Franges (*Gorgone*, *la Vague*) de Rona de Zeuta.

LE JAPON : Entre les États-Unis et la France, a pour la première fois voulu prendre part à un grand concours international d'Art en Europe. Et ce n'est pas la moindre curiosité de cette partie de l'Exposition que de voir comment un groupe de leurs peintres se maintient dans les traditions des maîtres si appréciés chez nous, et gardent obstinément le vieux et charmant procédé de colorer la soie, tandis que d'autres ont résolument adopté la peinture à l'huile des Occidentaux.

Parmi les premiers, il faut admirer les *Deux enfants jouant aux champs* et la *Jeune fille* de Toshikata Mizuno, la *Chasse au faucon dans la neige* et la *Pêche au filet* de Suzuki, le *Héron près d'un saule pleureur* d'Ota, *la Pluie sur un bois* et l'*Automne* de Takahashi, le *Cotonnier en fleurs* de Sakuma. Parmi les seconds, une *Colline brûlée par le soleil* de Yamamoto, la *Leçon de musique* de Shirataki, *le Soir au bord de la mer* de Shibasaki, la *Vue de petite ville* de Kawai, et *le Dresseur de singes* de Goseda.

Quelques sculpteurs prouvent que la science délicate de ciseler des figurines en ivoire, en bois et en metal, ne s'est pas perdue, en depit du changement des mœurs : c'est par exemple Okada, auteur d'un *Loup* en ivoire; Magamma, avec son buste en bronze de *Vieillard*; Ishikawa, avec un *Chasseur au faucon*, d'ivoire; Mme Hahori, avec deux terres cuites: *Femme debout* et *Petite Fille lisant*.

LA NORVÈGE : Elle est digne d'un rang supérieur par sa rare intelligence artistique et compte des hommes éminents. comme Thaulow (*Nuit d'hiver*), Werenskiold (*Portraits*), Strondal (*Glacier et Paysage de montagne*), Heyerdahl (*la Barque de la mort*), Stenersen (*la Nuit de la St-Jean*), Halfdam Ström (*Jeune Mère*); Gunnar Utson (*Et la mer rendit les morts qu'elle avait engloutis*, sculpture); Anders Svor (*Deuils*, *les Derniers Battements*), sculptures.

LE PORTUGAL : Reste dans une tradition sagement classique avec Salgado (*Jésus*), Mme Braga (*Sœur Marianna*), Columbano (*Vision de St Antoine*) et Reis (*Portraits*).

AUTRES NATIONS : La ROUMANIE, la SERBIE et la BULGARIE sont enfin groupées dans le Passage du premier étage, qui joint par-dessus la Grande Porte les Étrangers et les Français. Ce sont des pays qui ont conquis trop récemment une personnalité politique pour que des talents bien originaux aient eu le temps de s'y former.

Il faut noter pourtant le *Premier triomphe de la Mort*, du Serbe Kutlik; le *Char à bœufs*, du Roumain Grigoresco; *la Mort de Sigurd*, par Mme Kornea; la statue du *Faune dansant*, par Spethe.

Trois salons réservés à la Section Internationale ferment au Rez-de-chaussée la partie du Palais réservée aux étrangers. Dans cette section ont été réunis des artistes péruviens, ottomans, et ceux de quelques pays qui n'ont point été représentés par des Commissaires officiels.

De l'ensemble il n'y a guère à retenir que les noms de trois ou quatre Arméniens, habitant depuis longtemps Paris, tels que Sarkis Diramian, Mme Loghadès et surtout Zakarian, le peintre de natures mortes qui a sa place depuis nombre d'années au Luxembourg.

❧

EXPOSITION ⊛ CENTENNALE

L'Exposition Centennale n'est en quelque sorte qu'une seconde partie de l'Exposition Rétrospective, à laquelle elle se trouve reliée par un certain nombre de Pièces de Mobilier et d'Objets d'art industriel.

La Peinture et la Sculpture, admises au Petit Palais à titre d'exception et uniquement pour constituer des ensembles décoratifs, règnent ici au contraire en maîtresses presque absolues. Les Arts Mineurs cependant y ont leur place, et ce ne sera pas une des moins séduisantes curiosités de l'Exposition que leur présentation en ensemble d'époque dans les Salons de Repos du Rez-de-chaussée.

Les diverses Galeries que l'Exposition occupe correspondent :

Au premier Empire; — à la Restauration; — au règne de Louis-Philippe; — au second Empire; — à la troisième République jusqu'en 1889.

Au point de vue de la Peinture et de la Sculpture, les éléments en ont été pris parmi les œuvres ayant figuré aux Salons annuels de ces époques respectives. Mais les organisateurs ne s'en sont pas tenus là, et il faut leur faire honneur d'avoir su, se libérant de tout parti pris d'école, tenir la balance entre certaines admirations excessives ou certains dénigrements systématiques que la postérité n'a pas ratifiés.

Une quinzaine de Salles au Rez-de-chaussée du Grand Palais, une dizaine au Premier Étage, ont été réservées à l'*Exposition Centennale*.

Entrés par la porte principale de l'Av. d'Antin, c'est l'Escalier de droite que nous avons dû gravir. Et voici, dans une série de Salles prenant jour sur la susdite avenue, les productions de la fin du XVIII° siècle et celles du XIX° siècle à son début.

En 1889, déjà, la France avait organisé une Exposition Centennale des Beaux-Arts. Pour les organisateurs de l'Exposition actuelle, la difficulté était d'autant plus grande. Il importait, en effet, de représenter les maîtres de façon à les faire apprécier pleinement, sans cependant montrer d'eux des œuvres déjà vues lors de la dernière Exposition universelle. La tâche ainsi comprise était ardue. Un grand amour de l'art, un beau zèle, ont, pour la plus grande joie des artistes et des curieux, permis d'en venir à bout, et le visiteur éclairé s'en rend compte dès le commencement de sa promenade.

PÉRIODE RÉVOLUTIONNAIRE ⊛ Bien que l'Exposition soit intitulée *Centennale*, on y a groupé, nous l'avons dit, comme une sorte de préface, plusieurs ouvrages de la période révolutionnaire.

Parmi les plus remarquables, citons : de François Callet, le beau *Portrait du mathématicien Callet* *, appartenant au musée de Bourges; de Demarne, le collaborateur accoutumé de Lazare Bruandet, la *Scène de Débarquement* * du musée de Cherbourg, la *Halle de voyageurs* du musée de Bordeaux et la *Halte devant une Auberge* du musée de Dunkerque; de J. Jamelin — un peintre méridional peu connu, mais fort intéressant — deux *Scènes de famille*, appartenant au musée de Carcassonne, et un *Portrait d'homme* conservé au musée de Perpignan; plusieurs portraits de Greuze **, dont un *Portrait du Premier Consul* *, emprunté au musée de Versailles, un *Portrait de St-Just* *, un *Portrait de Cambacérès*, et une peinture du musée de Montpellier intitulée *la Prière*; de Mme Guyard, née Labelle des Vertus, épouse en secondes noces du peintre Vincent, un très fin portrait de *Femme âgée*, du musée de Marseille; de Swebach dit Fontaine, plusieurs petites scènes de plein air, dont une très caractéristique *Chasse au cerf*, aussi du musée de Marseille; de beaux portraits de Mme *Vigée-Lebrun**, tel celui de la baronne de Crussol, envoyé par le musée de Toulouse; enfin, par Vincent, un *Portrait de l'acteur Dazincourt* et, du même artiste, l'esquisse, appartenant au comte Mimerel, de la *Leçon de Labourage*.

PREMIER EMPIRE :

Avec les salles voisines, c'est l'Empire, la remise - en honneur de l'art grec. Louis David, peintre officiel de Napoléon I", triomphe ici. La plupart des musées de France ont prêté ce qu'ils tenaient de lui : Versailles, la *Distribution des Aigles**; Avignon, la *Mort de Joseph Bara**; Valence, la *Mort d'Ugolin*; Douai, *Mme Tallien*, à mi-jambes, tenant de la main droite un chapeau de paille; Périgueux, *Mars désarmé par les Grâces*; Lille, le *Portrait en pied de Napoléon I"** et le *Portrait de Bara*; le Mans, la *Famille Gérard*; Montpellier, le portrait d'*Alphonse Leroi*; Rouen, celui de *Mme Vigée-Lebrun*; Grenoble, celui de *Vincent*.

Gros, le peintre des batailles et des dessins militaires, vient ensuite. Son deuxième prix de Rome, emprunté au musée de St-Lô, et obtenu à 17 ans, révèle les brillantes qualités dont il fera preuve plus tard avec son *Bonaparte à cheval passant une revue*, son *Embarquement de la duchesse d'Angoulême à Pauillac*, son *Combat de Nazareth*, son portrait de *Zimmerman*, son *Portrait de Méhul*, ses *Esquisses* de Montpellier.

Et tout autour des ouvrages de ces deux maîtres, dont le premier eut une si profonde influence sur les artistes de son temps, nous voyons ceux des peintres les plus réputés de l'époque. Drolling se trouve représenté notamment par un charmant *Portrait de la fille de Junot, duc d'Abrantès*, à M. Pallier, de Chatel-Censoir; par un *Portrait d'homme*, du musée d'Orléans; par la *Jeune laitière*, du musée du Puy; par le *Chanteur des rues*, de la collection Lehmann; par l'*Intérieur de cuisine*, du musée de Riom, et par d'autres peintures encore.

Gérard a été surtout portraitiste. Le musée de Versailles, qui possède de cet artiste la *Comtesse Zamoïska et ses enfants*, a prêté ce tableau. On a trouvé à Auxerre un intéressant *Portrait de Chenard*; à Angers, un *Portrait de Laréveillère-Lépeaux*. Enfin, à Paris, dans la collection Peytel, figurait l'esquisse du tableau connu : *Psyché et l'Amour*. Cette esquisse a été aussi demandée pour l'Exposition.

Girodet, Vien, Guérin, Lethière, ont également là des morceaux intéressants; mais leurs œuvres, surtout savantes, paraissent froides auprès des compositions d'un charme si délicat de Prud'hon. Parmi celles-ci, l'amateur retrouvera de véritables perles : le *Zéphyr*, qui figurait à la vente de Prud'hon, puis dans l'ancienne collection de Morny; *Vénus et Adonis*, de la collection Eudoxe Marcille, aujourd'hui entre les mains de Mme Johan; *Amour et Amitié*, prêté par M. J. Ritter, un collectionneur suisse. Et, autour de ces rares bijoux, on peut voir encore les quatre *Esquisses* du musée de Montpellier; *les Deux Coureurs*, la *Bacchante*, l'étude pour la *Cérès*, qui appartient à M. Léon Bonnat; différents *Portraits*.

Puis, c'est le **baron Regnault**, l'auteur des *Trois Grâces** de la salle La Caze, au Louvre, avec son *Pygmalion*, avec l'*Amour et Psyché*, avec l'*Origine de la peinture*; Carle Vernet, représenté par l'*Arrivée de la diligence**, de la collection Schickler, et par la *Course dans le Corso*, du musée Calvet, d'Avignon; Boilly, si minutieux et si charmant dans la *Distribution gratuite de vin aux Champs-Élysées*, dans l'*Entrée gratuite à l'auberge*, dans le *Retour du père* et surtout dans sa suite de 27 portraits exécutés en 1800 pour le tableau représentant l'*Atelier d'Isabey*; et la série des peintres de paysage historique : J.-P. Xavier Bidault, Jean-Antoine Constantin, d'Aix; Michallon, Aligny, Bertin, etc.

Des consoles appartenant à la ville de Chaumont, des corbeilles en bronze ciselé et doré de Thomire, des bustes, des statuettes et des maquettes des sculpteurs Chardigny, Boichot, Antoine, Bosio, et quelques vitrines où, autour des beaux ouvrages d'Isabey et de Saint, ont été rassemblées les *Miniatures*** les plus caractéristiques de l'époque, complètent cette première partie de l'Exposition, permettant au visiteur de mieux juger tout ce que le génie français a produit d'excellent dans une période assez volontiers décriée, et qui fut pourtant extraordinairement féconde.

RESTAURATION :

Mais déjà l'évolution s'accentue. Géricault, précurseur de l'art moderne, dans le *Naufrage de la Méduse**, dont M. Moreau-Nélaton a prêté une intéressante répétition, condense l'épopée impériale dans son tableau de la collection Lyon, de Bruxelles, *Charge d'artillerie**, et dans le *Trompette* de la collection Sarlin. Son *Cheval arrêté par des esclaves*, sa *Course au Corso*, son *Étude pour un tableau de courses*, de même que son portrait du sculpteur *David d'Angers*, nous le montrent toujours passionné de mouvement et de vie, demandant à la nature plus de leçons qu'il n'en réclamait de ses maîtres.

Aux hardiesses de Géricault, à son emportement, à sa fièvre, viennent s'opposer le calme, la sagesse, l'imperturbable sûreté d'Ingres. L'admirable *Portrait de Mme de Senones* ★★, du musée de Nantes, est là; là aussi celui de *Mme Panckoucke*; celui de *Mme Devancoy*; celui du peintre *Granel*, dont la ville d'Aix en Provence fut héritière; celui du peintre *Pallière*, celui de *Charles X*, celui du *père* de l'artiste. Ingres, qui était de Montauban, a laissé à sa ville natale quantité d'esquisses et de dessins. C'est de Montauban que vient la petite variante du *Roger délivrant Angélique*, du Louvre, aujourd'hui sous nos yeux. La *Baigneuse* appartient à M. Bonnat, ainsi que l'étude pour le tableau de *Francesca da Rimini*. La ville de Paris est propriétaire de l'esquisse de l'*Apothéose de Napoléon* que l'illustre artiste avait conçue pour le plafond de l'ancien Hôtel de Ville.

Delacroix a exposé pour la première fois au Salon en 1824. Il y débutait avec le *Massacre de Scio*, et l'on pouvait voir la même année dans les galeries d'exposition du Louvre le tableau d'Ingres que nous voyons ici, le *Vœu de Louis XIII*. Autour de ces deux toiles commença la grande bataille entre les Romantiques et les Classiques.

Sortant de la Salle d'Ingres où il a pu remarquer, outre ceux du grand portraitiste, les ouvrages de Granet, de Charlet, de Hesse, etc., le visiteur se retrouve sous la coupole. Du seuil, les galeries que nous venons de parcourir étaient à sa dr.; c'est à g. que s'ouvre la Salle de Delacroix conduisant à celles qui sont consacrées à l'École de 1830.

Un très curieux tableau du maître, le *St Sébastien* ★, qui depuis de longues années était enfoui dans une église de Nantua, attire d'abord l'attention; une douzaine de très remarquables peintures l'entourent. Voici *la Grèce expirante sur les ruines*, du musée de Bordeaux; un *Épisode de la guerre de Grèce*, de la collection Sarlin; les *Femmes d'Alger*, du musée de Montpellier; les *Deux Indiens*, de la collection Henri Rouart; l'*Entrée des Croisés* à Constantinople; le *Prisonnier de Chillon*, de la collection Moreau-Nélaton; la *Mort de Charles le Téméraire*, du musée de Nancy; *Comédiens et bouffons*, du musée de Tours, etc.

A côté du grand Delacroix, Paul Delaroche, Horace Vernet, Ary Scheffer, Flandrin,

sont de bien menus personnages. Leur personnalité cependant a droit à quelque respect, et ce n'est pas sans plaisir qu'on retrouve ici *la Prise du Trocadéro* ★, de Delaroche, appartenant au musée de Versailles; le *Mazeppa* ★ d'Horace Vernet, envoyé par le musée d'Avignon; l'*Arrestation de Charlotte Corday* ★, la *Francesca da Rimini*, de Scheffer; et le *Polytès* de Flandrin. A mesure que nous avançons dans les galeries, l'École Française de Paysage, qui, retrempée aux sources vives de la nature, devait donner naissance à tant de chefs-d'œuvre, s'affirme de plus en plus vivace. Cabat, Paul Huet, Théodore-Rousseau, Jules Dupré, Diaz, Decamps, Troyon, Chintreuil, Corot, sont représentés ici par les morceaux les plus rares. Mais c'est à Corot, surtout, au grand charmeur, au peintre poète par excellence, que la plus large place a été réservée.

Le musée de Saint-Lô a prêté l'*Homère*; M. Gallimard, *Agar et Ismael*, un grand *Paysage d'Italie* et une *Femme nue* dans un paysage; M. Dollfus, l'*Académie française à Rome*; M. Louis Mante, un *Crépuscule au bord de l'eau* provenant de l'ancienne collection Alexandre Dumas; le musée de Semur, le *Verger*; M. Moreau-Nélaton, une *Vue de Voltera*, le *Moine*, et la *Cathédrale de Chartres*; M. Alexandre Rouart, le *Portail* de la même cathédrale; M. Henri Rouart, son frère, *Tivoli vu de la villa d'Este*, la *Fontaine de la Villa Médicis*, la *Tour du Ratol* aux environs de Grenoble, et deux de ces *Femmes* de Corot d'une qualité de facture si grasse, si souple et si harmonieuse; M. Sarlin, le *Manoir de Beaune*, la *Rolande* et une *Vue de Venise*; M. May, le *Port de Dunkerque*. Deux autres figures de femmes et quatre autres paysages complètent cet incomparable ensemble.

Chassériau est près de là avec quelques peintures admirables: *Vénus*, *Apollon et Daphné*, la *Toilette d'Esther*, les *Deux Sœurs*, la *Paix*, l'un des fragments de peinture décorative provenant de la Cour des Comptes, et que l'on a eu tant de peine à sauver; enfin le dernier tableau du maître, une *étude* qu'il avait brossée pour un *Intérieur de harem*. De Dauzat, un très curieux *Intérieur de la Cathédrale de Tolède* retient l'attention. Un grand Isabey, de la collection Beer, témoigne des brillantes qualités de son auteur. Il en est de même d'un Tassaert, du musée de Montpellier, *Ciel et Enfer*, d'un paysage de Lanoue, l'*Ile de Capri*; des *Scènes militaires* si délicatement interprétées par Eugène Lami, d'un très beau *Portrait de femme* par Couture.

A L'EXPOSITION

RÈGNE DE LOUIS-PHILIPPE ⦿⦿⦿⦿⦿ Dans cette partie du Grand Palais, ce ne sont que chefs-d'œuvre. Aussi faudrait-il tout citer. Pourtant la place nous est comptée et nous ne devons nous arrêter qu'aux illustres.

L'ordre chronologique nous conduit des Salles du Rez-de-chaussée aux Salles du Premier Étage. La lumière ici est plus propice pour la peinture, car elle tombe d'un vitrage établi dans les combles et est tamisée par de très coquets velums.

Comme Corot, Millet a sa place d'honneur. Un fort beau tableau de lui, *Une Mère donnant la soupe à son enfant*, a été prêté par le Musée des Beaux-Arts de Marseille. M. Henri Rouart, dont on a déjà remarqué les Corot, a envoyé *l'Homme à la veste*, le *Coup de vent*, et les *Étoiles filantes*, trois peintures superbes. *Le Retour des champs*, à M. Dollfus, *la Barrière*, à M. Sarlin, et le *Portrait d'un officier de marine*, à M. Boy, sont également exposés. Quelques-unes de ces œuvres sont bien connues, les autres étaient depuis longtemps réservées à l'admiration des amateurs. Le public saura gré à leurs propriétaires de les lui avoir montrées.

Une Exposition non moins intéressante est celle qui a été réalisée pour Daumier, l'illustre caricaturiste, qui fut aussi vigoureux peintre qu'observateur subtil. Cette exposition comprend une quinzaine de toiles et non des moins appréciées. On y voit le *Drame*, l'*Amateur*, les *Amateurs de peinture*, *Conversation d'avocats*, *Avocats*, *Types de la vieille Comédie*, *Parades de Saltimbanques*, *Chanteurs des rues*, *Partie de dames*, *Artiste cherchant un dessin*, *Femme remontant du lavoir aux quais de la Seine*, *Mouvement populaire dans la rue*, *Don Quichotte et Sancho Pança*, les *Fugitifs*, enfin la *République* exécutée par Daumier en vue d'un concours, en 1849.

Daubigny n'est pas plus mal partagé. Nous remarquons de lui nombre d'œuvres célèbres et du plus haut prix, parmi lesquelles le *Marais d'Optevoz*, à M. Sarlin, *Château-Gaillard*, à M. Louis Mante, *Bords de l'Oise*, à M. Gallice, l'*Hiver*, à M. Gillibert, l'*Étang*, à M. Dreux, *Lever de Lune*, à M. Gallimard, le *Marais*, à M. Guasco, *Dordrecht*, à M. Sarlin, le *Ruisseau*, à M. Sarlin, enfin un grand *Paysage* appartenant à l'État et emprunté au Château de Compiègne.

De bonnes *Études* de Ziem, d'excellents *Paysages* de Michel, une *Bergerie* exceptionnelle de Charles Jacques sont à citer, et déjà nous avons gagné le second Empire.

SECOND EMPIRE Dès lors l'école romantique se trouve dissoute. Des influences diverses se devinent dans les œuvres qui défilent sous nos yeux. Courbet surprend avec ses préoccupations de plein air et ses brutalités voulues.

Le panneau de ce dernier nous montre de fort belles pages, mais celle qui sera regardée le plus, c'est l'amusante toile intitulée *Bonjour, Monsieur Courbet* et dans laquelle l'artiste se montre accueilli par M. Bruyas, riche collectionneur méridional, qui a enrichi le musée de Montpellier, sa ville natale, de forts belles œuvres. Alentour de cette peinture nous voyons *l'Après-midi à Ornans*, la *Sieste*, le *Philosophe Trapadoux lisant*, les *Cribleuses de Blé*, la *Forêt dans le Jura*, enfin le *Renard pris au piège*. Toute cette peinture, à l'exception du *Bonjour, Monsieur Courbet*, un peu plus sec, est d'une facture souple et ferme, d'un coloris plein de chaleur.

Un peu plus loin, Manet se présente à nous avec une dizaine d'ouvrages dont huit empruntés à la collection de M. Aug. Pellerin. La plupart soulevèrent, à leur apparition de violentes colères. On les trouverait plutôt anodines aujourd'hui. Le *Déjeuner dans l'atelier*, les *Baigneuses*, *Argenteuil*, le *Bar*, comptent parmi les œuvres les plus significatives du maître. Toutes quatre, elles sont là. Il faut citer encore : l'*Artiste*, *Portrait de femme en noir*, la *Modiste*, *Bouquet de fleurs*, ainsi que le *Portrait d'Astruc et de sa femme*.

Puis c'est Fantin-Latour, avec sa *Féerie*, du Salon des Refusés, et *la Famille Dubourg*; Gustave Moreau, avec sa grande *Salomé*, appartenant à M. Louis Mante; le *Médée et Jason*, de la collection Ch. Ephrussi, le *St Sébastien*, de la collection Peysel, *Vénus*, *Hélène*, d'autres encore; Baudry, avec sa *Madeleine* du Musée de Nantes; Fromentin, avec ses *Chasses* et ses *Fantasias*; Gustave Ricard, avec ses *Portraits* d'un charme si pénétrant; Cabanel, avec ses *Portraits de femmes*; Delaunay, avec son *Ophélie*; Henri Regnault, avec sa magnifique *Vue de Tanger*, Meissonier, avec son *Liseur*; Monticelli, avec son admirable *Parc de St-Cloud*; de Neuville, avec l'*Attaque de la gare de Stying-Forbach*, 6 août 1870; Hébert, avec *la Misère en prison*; Ribot, avec la *Descente de Croix* et les *Cuisiniers*, etc., etc.

ARTISTES CONTEMPORAINS ⦿ Il ne nous reste plus qu'à jeter un coup d'œil sur les Salles où ont été réunis les ouvrages des Artistes Contemporains et nous aurons parcouru

A L'EXPOSITION

toute la Section de Peinture. Nos artistes les plus réputés y sont représentés. Bornons-nous à relever les noms de MM. Benjamin Constant, Jean Béraud, A. Besnard, Bonnat, Jules Breton, Carrière, Cazin, Degas, Detaille, Henner, J.-P. Laurens, Jules Lefebvre, Pissaro, Raffaelli, Roll, Seurat, Sisley et Willette.

AUTRES EXPOSITIONS @ Deux Nefs reliées à la coupole conduisent à g. et à dr. aux Salles du premier étage. Ces nefs sont entourées de galeries ou ont été accrochés les dessins. Le clou de cette section, c'est la très importante série des **Dessins d'Ingres**.

Les œuvres de Sculpture étant pour la plupart de dimensions restreintes, on les a placées dans les Salles de Peinture en respectant l'ordre chronologique et en s'efforçant de les utiliser pour la décoration.

Enfin, quant à la Section de Gravure et à la Section d'Architecture, elles ont reçu asile au Rez-de-chaussée, dans le voisinage des Galeries de Peinture.

※

PETIT @ 32 colonnes ornées de **PALAIS** chapiteaux ioniques, agrémentés de sculptures, surgissent au-dessus du soubassement sur la façade du Petit Palais, laquelle se termine par des pavillons d'angle percés de trois larges baies cintrées et ornées de colonnes.

Sur chacune des faces latérales s'ouvrent 7 grandes fenêtres entre lesquelles sont ménagées des niches garnies de statues. Enfin, la façade postérieure est percée de six fenêtres et occupée à son centre par un porche triangulaire.

Bien que ses proportions soient loin d'être pareilles à celles de l'édifice qui lui fait face, le *Petit Palais*, qui a pour auteur M Girault, est d'aspect fort imposant. Ses colonnades extérieures, fines et nerveuses, son fronton orné de sculptures, œuvre de M. de Saint-Marceaux, ses rotondes placées aux angles, ses balustrades légères, sont très admirés de la foule. Une critique pourtant pourrait lui être faite. Après 1900, dit-on, le *Petit Palais* fera retour à la Ville de Paris et servira de musée. Le bâtiment devant demeurer, on eût été en droit d'attendre de son auteur une plus rigoureuse appropriation des salles. L'architecte a sacrifié surtout à

l'effet extérieur, et c'est là une faute malheureusement bien coutumière à nos artistes. Il ne faut pourtant pas trop récriminer aujourd'hui puisque l'Exposition Rétrospective des objets d'Art Français s'y trouve à l'aise.

Exposition Rétrospective d'Art @@@ Français @@@@@@

C'est là en effet que le visiteur — grâce à l'initiative de M. Molinier, conservateur du département des Objets d'art au Musée du Louvre, chef du service des Expositions des Beaux-Arts en 1900, et aussi grâce à l'activité de M. Frantz Marcou, inspecteur général adjoint des Monuments historiques, son lieutenant pour la

LE PETIT PALAIS

partie rétrospective, — peut, — parcourir en quelques instants toute l'Histoire du Travail sur le sol de la France, des origines jusqu'à 1800.

Soucieux d'introduire dans la présentation des objets le plus de clarté possible, ce n'est pas à un classement purement chronologique, mais à une classificatoin par matière, qu'on a eu recours. En un mot, au lieu de suivre la méthode qui jusqu'ici avait été adoptée dans la plupart des expositions rétrospectives, MM. Molinier et Marcou ont tenté de prendre chaque art à sa naissance pour le conduire, à l'aide de nombreux spécimens aussi caractéristiques que possible, jusqu'à 1800.

Il s'agissait donc d'établir un véritable classement de Musée. Les objets devant être montrés par séries et l'ordre respectif de chacune de celles-ci ne pouvant être rigoureusement déterminé, on avait songé à les ranger suivant l'époque de l'apparition sur notre sol, et l'ordre suivant avait été adopté : 1° l'Os et l'Ivoire ; 2° le Bronze ; 3° le Fer (armes, ferronnerie, serrurerie) ; 4° la Céramique (poterie, faïence, porcelaine) ;

5° le Bois sculpté et les Meubles; 6° les Tissus (étoffes, tapisseries et broderies); 7° le Cuir; 8° l'Orfèvrerie (bijouterie, joaillerie, horlogerie); 9° l'Émaillerie; 10° la Verrerie et la Mosaïque; 11° les Monnaies; 12° l'Écriture, l'Enluminure, l'Imprimerie.

Il n'est guère d'objet d'Art qui ne puisse ou rentrer tout à fait dans l'une de ces douze séries ou s'y rattacher par un point quelconque. Dans la pratique, il est devenu assez difficile de s'en tenir à cette classification. On s'est toutefois donné pour loi de s'en écarter le moins possible.

Nous avons dit tout à l'heure que le Petit Palais s'ouvre sur l'avenue Nicolas II. Les degrés du grand Escalier gravis, on se trouve sous un Péristyle s'ouvrant à droite et à gauche sur deux vastes Salles rectangulaires et percé au fond d'une large baie prenant jour sur une Cour en hémicycle.

Tout le monde connaît le beau groupe de Girardon : l'*Enlèvement de Proserpine*, qui se trouve à Versailles. L'Administration des Beaux-Arts, désireuse de donner à l'original, qui s'abîme en plein air, une place au Louvre, en fit faire il y a trois ans, par le sculpteur Suchetet, une réplique en marbre. Cette réplique devait être transportée à Versailles, mais une décision nouvelle ayant empêché le transfert de l'original, l'épreuve en marbre était demeurée à Paris. Elle constitue aujourd'hui un ornement très heureux pour la Cour du *Petit Palais*.

ARMURES : Le Péristyle, les deux Galeries en façade et les deux Salons d'angle qui leur font suite et sur lesquels viennent porter les bases du trapèze dessiné par la partie postérieure de l'édifice n'ont pas été autrement utilisés par le service de l'Exposition rétrospective que comme de vastes vestibules. Mais il n'en fallait pas moins se préoccuper de les orner. On y a pourvu de façon fort heureuse.

Au centre du Péristyle se dresse une admirable Armure * équestre. Deux autres armures analogues s'érigent au milieu des galeries latérales. Enfin, de nombreux spécimens d'armures de gens de pied ou de cavaliers placées entre les fenêtres et face à l'avenue forment une haie de fort belle allure et non sans intérêt pour l'amateur.

Car il ne s'agit pas ici de pièces vulgaires. Tous ces ouvrages ont été empruntés au Musée d'Artillerie et l'on y remarque des pièces de la plus grande richesse, telles par exemple les **Armures de François I***, de *François II*, de *Charles IX*, de *Louis XIII*, provenant toutes quatre du Musée des Souverains, une armure de l'Époque de *Charles VII**, l'Armure de joute de Maximilien I*****, l'Armure de Louis XIV*, une armure du premier tiers du XVI° siècle, etc.

Les deux Salons d'angle ont été meublés avec des **carrosses** venus de Trianon, et c'est seulement après être passé devant ces magnifiques témoignages d'un luxe tout royal qu'on pénètre dans les Galeries de l'Exposition.

Deux séries de Salles s'offrent au promeneur, l'une qui prend jour sur les massifs des Champs-Élysées par de vastes baies, et réservée au *Bois* et à l'*Histoire du Mobilier*, l'autre éclairée par le haut, contournant la cour centrale et qui est consacrée aux autres catégories d'*Art industriel*. C'est dans cette dernière Galerie que nous pénètrerons tout d'abord.

L'Exposition en premier lieu devait remonter jusqu'aux toutes premières origines, c'est-à-dire comprendre quelques objets de la période préhistorique. En dernier examen, ces objets ont été écartés, ces balbutiements n'ayant aucun rapport avec l'Art, et l'Exposition étant faite exclusivement en l'honneur de celui-ci.

Dès le seuil, nous nous trouvons en face d'une sculpture. L'œuvre est de dimensions importantes; c'est un *Mercure** en granit de près de 3 mètres de hauteur, de l'époque gallo-romaine, trouvé près de Lezoux, en Auvergne, par feu le docteur Plicque, lequel y entreprit des fouilles très fructueuses et put ainsi en quelques années réunir une très riche collection de poteries.

Puis ce sont les séries qui se succèdent.

LES IVOIRES : La série des Ivoires, pour laquelle non seulement les Collections françaises mais aussi les Collections de l'étranger ont été mises à contribution, vient en premier. On y remarque, entre autres pièces capitales, une *Tête de femme** de style grec trouvée dans l'Isère, à Vienne, et conservée au Musée de cette ville; une *Statuette de la Vierge et l'Enfant** appartenant à l'Église de Villeneuve-les-Avignon; une autre *Statuette de la Vierge et l'Enfant*, du XIV° s. empruntée à la Collection de M. le B°° Oppenheim, de Cologne; un *Ivoire polychrome** représentant l'*Annonciation*, de la fin du XIV° s., envoyé par le Musée de Langres; plusieurs *Diptyques consulaires** parmi lesquels celui du consul Justinianus qui vivait à Constantinople en 521 (Collection S. Bardac) et celui de la Collection Julius Campe, de Hambourg, dont les sculptures représentent la *Résurrection de Lazare*, l'*Entrée à Jérusalem*, le *Lavement des pieds*, la *Cène*, *Gethsémani*, l'Arrestation du Christ, la Mort de Judas, la Crucifixion, etc. ; un triptyque de la même Collection ayant au centre la Vierge et l'Enfant et, sur les volets, l'Adoration des Mages et la Présentation au Temple ; enfin une très curieuse série d'oliphants* du XI° s. ; une collection de crosses et bâtons pontificaux ; une série de boîtes à miroirs à sujets civils du XIV° et du XV° s., plusieurs spécimens de râpes à tabac du XVII° siècle ; le tout accompagné de nombreux échantillons de peignes et de coffrets à décors variés du travail le plus délicat.

BRONZES ET FERS : Cette première Section visitée,
on arrive aux Bronzes, aux Fers et aux Armes, groupés dans l'un des boxes qui forment salons d'un bout à l'autre de la Galerie.

L'Antiquité, bien entendu, occupe la place initiale, et nous voyons d'abord défiler sous nos yeux les plus intéressants bronzes gallo romains. Deux pièces notamment retiendront longuement l'attention des amateurs les plus difficiles, la petite Vénus de Chambéry* et l'Apollon* du Musée de Troyes, deux perles, deux véritables joyaux s'il en fut. Puis, l'époque barbare passée, on arrive rapidement au XII° siècle, représenté par une pièce fort importante, le pied de cierge pascal* de Saint-Remi de Reims. Et c'est ensuite la dinanderie avec des morceaux amusants du XII°, du XIII° et du XIV° s. ; le bronze de la Renaissance, représenté par les figurines de Jean de Bologne ; les armes, au milieu desquelles brille l'Armure de parade de Henri II* et qu'accompagnent, disposées savamment, de nombreuses épées avec inscriptions, remontant du XIII° au XIV° s., épées qui furent retrouvées aux environs de Saint-Omer et qui sont aujourd'hui la propriété de son Musée.

Une Armure du XVI° s., conservée au Musée de Draguignan, des pieds de cierge pascal venus de Noyon, des serrures ajourées et ciselées, des clefs de la plus gracieuse forme, — l'une entre autres tout récemment découverte à Toulouse dans un moulin appelé le Bazacle, — des lutrins, des landiers, d'autres ouvrages encore complètent cet ensemble aussi varié que séduisant.

POTERIES : Mais voici que les Arts de Terre ont étalé pour nous
leurs plus admirables productions. La poterie gallo-romaine, dont le docteur Plocque a retrouvé aux environs de Lezoux si importants spécimens, s'accuse ici aussi harmonieuse de forme que pure de dessin. Les motifs décoratifs dont s'orne chaque coupe, chaque vase, sont pour la plupart d'une

charmante fantaisie, et les reliefs en sont si délicatement modelés !...

Les vitrines voisines vont du XIII° au XIV° s. et rassemblent sous les yeux du savant la plus captivante série de poteries et de fragments qui se soit jusqu'ici trouvée livrée à l'examen. Plus loin encore apparaissent les quelques pièces rarissimes de Saint-Porchère*, célèbres dans le monde des collectionneurs et au nombre desquelles figure la buire** appartenant à M. le B°° Alphonse de Rothschild. De cette collection également a été tirée une série de Palissy* tout à fait supérieure.

Enfin nous voyons représentées pour le plus grand honneur du génie national, toutes les fabrications qui jadis furent l'orgueil de notre industrie céramique. Les unes auprès des autres, les fabrications de Rouen, de Marseille, de Moustiers, de Nevers, de Roanne, de Strasbourg, d'Oiron, de Rennes, de Saint-Amand, de Ligron, de Vorages, luttent de fantaisie spirituelle dans la composition ou de richesse dans la matière. Pâtes tendres et pâtes dures apportent ici chacune leur contribution. On ne peut choisir entre elles. Il faut les aimer toutes, puisque toutes ont du caractère et permirent de réaliser des spécimens accomplis.

ORFÈVRERIE RELIGIEUSE Encore quelques pas et, parvenus dans la Galerie centrale, nous
allons visiter la Section de l'Orfèvrerie religieuse, ou mieux l'Exposition de la Direction des Cultes, car celle-ci, qui relève du Ministère de l'Intérieur, a voulu, dans l'Exposition Rétrospective avoir un emplacement particulier.

Ornant les murs de la Galerie d'une parure richissime, des tapisseries* empruntées aux églises provinciales se succèdent. Les plus belles, les plus estimées des connaisseurs, sont les pièces de la série de l'Apocalypse* empruntées à Angers et le Bal des Ardents de N.-D.-de-Nantilly, à Saumur* ; un remarquable devant d'Autel, celui de la cathédrale de Sens est là aussi, et les vitrines regorgent de chefs-d'œuvre. Sur les étagères des vitrines murales comme sur les gradins des vitrines centrales, ce ne sont que monstrances du plus fin travail, que calices, que ciboires, enrichis de pierreries, que croix processionnelles, qu'ostensoirs.

Nous y trouvons les plus illustres productions de l'Orfèvrerie religieuse, tels les objets appartenant au trésor de l'Abbaye de Conques, et des ouvrages moins connus mais d'une non moins grande valeur, comme cette Statue de sainte

A L'EXPOSITION

Foix**, du xi° s., qui occupe ici la place d'honneur.

Limoges, avec ses *émaux champlevés* du xii° et du xiii° s., fait également bonne figure. La série est singulièrement attachante des *petites châsses* de St Exupère, de St Thomas de Cantorbéry, etc.,dont les exemplaires sont aujourd'hui si recherchés. Rien ne passe, en intérêt d'art, dans cette catégorie, les **Émaux champlevés**** empruntés aux collections Bardac et Martin-Leroy.

L'ORFÈVRERIE CIVILE ⓢⓢⓢⓢⓢ Mais déjà nous avons quitté la partie de l'Exposition reservée à l'Administration des Cultes et nous nous retrouvons sur le terrain de la Direction des Beaux-Arts, qui n'a pu emprunter directement qu'aux municipalités et aux collectionneurs de Paris, de l'étranger et de la province. Le salon où nous penetrons est consacre à l'*Orfèvrerie civile*.

Il serait trop long d'en citer les merveilles; mais il ne faut pas omettre de signaler les pièces de la collection Doistau, pas plus que l'Écuelle à bouillon du Grand Dauphin*, dont M. Corroyer est aujourd'hui l'heureux proprietaire.

LES ÉMAUX PEINTS ⓢⓢ qu'on voit après l'Orfèvrerie civile sont peu nombreux; en revanche, ils sont de la plus grande beauté. La plupart sont des pièces hors ligne. C'est ainsi que le visiteur peut contempler notamment le fameux **Plat du Festin des Dieux**, acheté 120 000 fr. par M. le baron Alphonse de Rothschild, et certain *Gobelet*** du xv° s. dont le travail est incomparable, et qu'un riche collectionneur de Cologne, M. Thewalt, a bien voulu, pour l'Exposition, confier à la France.

DENTELLES ET BRODERIES ⓢⓢ Les Tissus, les Broderies, les Dentelles ne sont pas moins honorablement représentés.

Mais comme les broderies ornent pour la plupart des vêtements religieux et ont été empruntées aux églises, nous en avons vu déjà dans l'Exposition des Cultes. Chasubles, étoles, mitres, chapes, manipules, dalmatiques y sont exposés, tandis que nous trouvons ici toute une série de précieuses dentelles et de tissus du plus grand prix.

LE CUIR : Le travail du Cuir est montré par une série de *coffrets* au cuir gravé et incisé et par plusieurs vitrines de merveilleuses *reliures*.

Enfin, grâce à une infinité de moulages de *sceaux* relevés aux archives et grâce aussi à une serie d'empreintes faites sur les originaux du Cabinet des Médailles (Bibl. Nationale), le visiteur peut se faire une idee assez complète de ce que la Sigillographie et la Gravure en Medailles ont produit de plus beau dans notre pays.

Le dernier Salon que nous venons de parcourir communique avec le deuxième Salon d'angle de la façade du Palais. Notre visite, commencée par la gauche, se termine donc à droite : mais nous n'avons vu qu'une partie de l'Exposition Retrospective, et si nous voulons visiter dans l'ordre chronologique son complément, il importe que nous revenions au Pavillon d'angle de g., notre point de départ. Nous avons dit qu'à cet endroit deux séries de Salles en enfilade s'offrent au curieux. Il nous reste à visiter la serie des Salles prenant jour sur les Champs-Élysées, lesquelles sont en grande partie occupées par *l'Art du Bois* et où se peuvent lire de très attachantes pages de l'Histoire du Mobilier.

ART DU BOIS ⓢ C'est par deux admirables monuments, les *portes en bois de la Cathédrale du Puy** (xi° s.) et celles également en bois de *l'Église de la Voûte-Chillac** (xii° s.) que commence cette serie.

Differents spécimens de *coffres* à fenestrages gothiques du xv° s. nous conduisent à la Renaissance, où nous pouvons admirer, entre autres belles choses, le **Lit d'Antoine de Lorraine***du Musée de Nancy ; le grand *meuble à deux corps** et la *table** de Gauthiot d'Ancier, du Musée de Besançon ; une très belle *table** du Musée de Compiègne. Des objets datant de la Renaissance, une sorte d'ensemble décoratif a été constitue.

Il en a été de même pour les ouvrages de l'époque Louis XIV, de l'époque de la Régence, de l'époque Louis XVI, et c'est pourquoi nous verrons dans ces differents salons un certain nombre de peintures et de sculptures.

Ici nous rencontrons le très curieux *tableau de Charenton** emprunté à l'église de Villeneuve-les-Avignon, et un très beau *portrait de femme* de l'École de Fontainebleau légué au Musée d'Aix-en-Provence par M. Bourguignon de Fabregoule.

La Salle suivante, immédiatement située sous l'Horloge du Petit Palais, face à la Place de la Concorde, est consacrée au style Louis XIV.

Deux belles cheminées, dont la Direction des Beaux-Arts prit possession il y a quelques mois au moment où le gouverneur militaire de Paris évacua l'Hôtel de la Pl. Vendôme, y ont été placées. Des meubles de Boulle, des tapis de la Savonnerie exécutés pour la Galerie d'Apollon, des torchères en bois doré qui appartenaient jadis a l'ancienne Académie Royale de peinture et de sculpture et qui font maintenant partie des collections de la Bibliothèque de l'Ecole des Beaux-Arts, les accompagnent, ainsi qu'une grande *horloge de Boulle**, propriété du Musée de Caen. Et comme peinture, un prestigieux Rigaud, appartenant au Musée d'Aix, nous montre en costume de berger *Gaspard de Gueidan*.

Deux Salons sont occupes par les ouvrages de la Régence, l'un dont le mobilier a été en entier prété par un collectionneur parisien, M. Chapey, l'autre constitue a l'aide de divers concours.

Le premier de ces Salons est décoré de la façon la plus élegante que l'on puisse voir. On y admire deux bijoux dus à Cressent, l'ebéniste du Régent, deux *Armoires** tout a fait exquises qui jadis appartenaient à M. Ferdinand de Rothschild ; un charmant bureau, un canapé, quatre fauteuils, une glace, un lustre, le tout, nous l'avons dit, au même collectionneur.

Dans le Salon voisin, où la Régence et le style Louis XV se confondent, Cressent triomphe encore, avec une superbe *bibliothèque** de la collection Porgès, avec deux médailliers propriete de la Bibliothèque Nationale, qui a bien voulu s'en dessaisir momentanément, avec un superbe cartel en bronze doré expose par la ville de Marseille.

Aux murs c'est une *tapisserie des Gobelins** signée et datée Van Loo 1763 Cozette 1773, et représentant *Louis XV* à mi corps, tete nue, cuirassé, la poitrine à moitié cachée par le manteau royal et portant les insignes de la Toison d'Or et du St-Esprit. Tout proche est un *cartel en bronze doré** par Caffieri. Puis c'est une *armoire* attribuée à Œben ; une *console* en bois naturel de Meissonier ; d'autres meubles charmants encore.

Le mobilier Louis XVI compte aussi à l'Exposition Rétrospective de bons morceaux. On y remarquera la *commode** signée C.-C. Saunier, les *encoignures** de Levasseur, la *pendule** de Le Roy représentant une scène tirée de la pièce *le Deserteur*, celle de Gouthière, celle de Manière, et celle enfin placée dans une vitrine spéciale, de Falconet, représentant *les Trois Grâces***, que M. de Camondo a bien voulu prêter au Service des Beaux-Arts.

Bien des choses encore ont de quoi nous attirer et nous retenir dans les salles déjà parcourues Des vitrines de bijoux ont fait briller à nos yeux mille merveilles : colliers d'or, fibules de bronze, boucles

wisigothiques, représentant l'antiquité et le Moyen âge ; boites ornées de spirituelles miniatures et précieux étuis, parmi lesquels sont de si délicats ouvrages ! Tel, par exemple, l'*etui* en agate monte en or prété par un collectionneur marseillais, M. Albert Aicard, et portant cette inscription charmante : *Mon cœur est à vous.*

Mais notre visite touche à sa fin. Un coup d'œil encore sur la **Commode**** de Riesener empruntée à la chambre de Marie-Antoinette à Fontainebleau, sur la **Chaise à porteurs*** du cardinal de Bernis, sur les quelques beaux *lustres* venus du Garde-Meuble qui complètent la décoration des salles du XVIIIᵉ s., sur les *vitraux* placés dans les trois baies ouvertes sur la Cour centrale et nous aurons vu ce que l'Exposition Rétrospective offre d'essentiel aux regards des curieux et à l'examen des érudits.

※

LE PONT ⊚⊚⊚⊚ ALEXANDRE III

Le Pont Alexandre III est le seul pont monumental de Paris.

Il est a la fois l'effort le plus puissant de la Science dans ses plus recents progrès et un chef-d'œuvre d'art allégorique. Pour la partie technique, il est dû à la collaboration des ingenieurs Resal et Alby, qui avaient déjà construit le Pont Mirabeau, à Auteuil.

Tout en s'elevant au-dessus de l'eau à la hauteur nécessaire pour permettre le passage des bateaux, le tablier du Pont Alexandre III a du ctre etabli de niveau avec le sol de l'Esplanade et des Champs-Elysees, ce qui constituait pour les ingenieurs une tres grande difficulté technique. Ils n'ont pu la resoudre que grâce aux progrès récents de la métallurgie, et a la souplesse des aciers dont les constructeurs disposent depuis quelques années.

Le cintre métallique qui forme l'ossature principale du Pont se compose de quinze arcs d'acier moulé à triple articulation et dont l'ouverture mesure 109 mètres. La poussée de cette masse sur les sommiers de granit des culées correspond à une charge de 50 kilogrammes par centimètre carre.

La maçonnerie des culées est faite de moellons de roche soudés par du ciment de Portland. Pour trouver un terrain solide servant de base à la culée, on a dû creuser à 18 m. 75 sur la rive dr. et 19 m. 50 sur la rive g. Le travail s'est accompli sous le niveau des eaux au moyen de caissons de tôle à parois coupantes d'où l'eau etait chassée par de l'air comprimé. Ces caisses ont été comblées avec du béton, et au-dessus on a construit les culées en granit des Vosges. Les pièces d'acier du pont, dont le poids total dépasse 2400 tonnes, ont été amenées

d'Echaillon porte une statue de pierre ornée d'attributs en bronze doré. Ce sont: 1° *La France de Charlemagne*, du sculpteur Alfred Lenoir (pylône d'amont rive dr.). Le groupe du couronnement symbo-

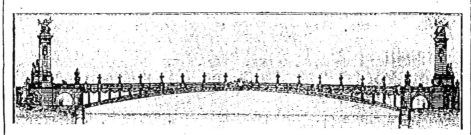

PONT ALEXANDRE III

en place et montées au moyen d'une passerelle lancée d'une rive à l'autre en septembre 1897 et démontée en août 1899. Le Pont, d'une seule arche, a 40 m. de largeur. La partie architecturale et monumentale a été confiée à MM. Cassieu-Bernard et Gaston Cousin. L'inspiration dominante

lise *la Renommée des Arts* (sculpteur Frémiet). 2° *La France Contemporaine*, du sculpteur G. Michel (pylône d'aval rive dr.) surmonté de *la Renommée des Sciences*, groupe de Frémiet. 3° *La France à l'époque de la Renaissance* (pylône d'amont rive g.) (œuvre du sculpteur Coutant), groupe: *la*

UN DÉTAIL DU PONT ALEXANDRE III *(Cliché Robert).*

est celle de l'*Alliance* et des idées de *Paix* et de *Gloire* qu'elle évoqua.
L'élément monumental le plus important est constitué par les quatre pylônes. Les sujets dorés qui les couronnent encadrent la perspective, des Champs-Élysées au dôme doré des Invalides.
Le socle de chacun des pylônes en pierre

Renommée du Commerce, de Granet. 4° *La France de Louis XIV*, de Marqueste; groupe de Steiner. Les lions placés en avant des pylônes sont du jeune maître animalier Gardet sur la rive dr. et du grand sculpteur Dalou sur la rive g. A remarquer encore les *Génies* de la balustrade, de Massoule, les *Candélabres* de Gauquié. La

A L'EXPOSITION

décoration ornemaniste du Pont, tirée de la flore et de la faune des eaux, œuvre de MM. Poulain, Glantzlin et Perrin.

A la clé de voûte du Pont est placé: en aval, un écusson du sculpteur Récipon, symbolisant les *Nymphes de la Néva*; en amont, un autre écusson du même artiste, représentant les *Nymphes de la Seine*.

L'Exposition vue du Pont Alexandre III

A mesure qu'on s'avance sur ce pont, la surprise, l'étonnement, l'enchantement deviennent plus grands. On dirait une nouvelle ville qui a surgi tout à

Au delà du Pont de l'Alma, la perspective s'arrête, limitée de ce côté par le *Vieux Paris*, dont les infinités de toits, de tourelles, de clochers, de nefs de cathédrales et de pignons, se superposent et s'enchevétrent dans un pêle-mêle amusant à l'œil. A dr., le spectacle est tout différent. Sur le Q. d'Orsay, après le Pont des Invalides, c'est une apparition extraordinaire, une succession charmante et inattendue de coupoles, de dômes, de flèches, de clochers, de tours, de sveltes tourelles, de minarets élancés, de blanches terrasses orientales, de clochetons et de toits multicolores, de kiosques, de palais byzantins et italiens, de chalets scandinaves,

L'EXPOSITION VUE DU PONT ALEXANDRE III *(Cliché Robert).*

coup, une ville de rêve aux façades étranges, une ville inconnue et fantastique, bâtie par la baguette des fées, par des géants et des gnomes, en une nuit, sur les bords d'un fleuve qui n'est plus la Seine, mais le rivage d'une mer féerique et enchantée, dans un continent nouveau.

A dr., au delà du pont des Invalides, en un massif de bosquets, le *Pavillon de la Ville de Paris*, — un petit Hôtel de Ville au bord de l'eau, — moitié moyen âge, moitié moderne, dresse ses toits aigus, ses combles allongés, ses petites tourelles. Derrière, les deux grandes Serres du Palais de l'Horticulture et de l'Arboriculture, se profilant comme deux immenses volières de fer et de verre, toutes vertes et blanches, légères, souples et gracieuses, sur la masse un peu lourde du *Palais des Congrès*, qui leur fait suite.

comme si Venise, Constantinople, Budapest, Madrid, Nuremberg et Copenhague avaient transporté sur les bords de la Seine leurs architectures les plus merveilleuses, leurs plus admirables édifices.

C'est la *Rue des Nations.*

Au-dessus de cette vision magnifique s'ouvre, comme un arc de triomphe colossal et universel, la Tour Eiffel rajeunie.

En face du pont Alexandre, c'est la longue et superbe perspective des palais de l'Av. des Invalides: une succession de murs blancs et or, de châteaux de crème et de palais de sucre, arrosés de sirops multicolores, décorés de nougats découpés en oriflammes, en vases. Au bout de l'Avenue blanche et or, rose et verte, l'Hôtel des Invalides dresse sa façade grave et héroïque.

❧

A L'EXPOSITION

Esplanade des Invalides

Faisant face, de l'autre côté du Pont, à l'Exposition des Beaux-Arts, la Section des Invalides en est la suite normale : c'est l'art appliqué au Mobilier et à toutes les industries contribuant à la décoration intérieure et extérieure des Édifices et des Habitations, à l'Orfèvrerie et à la Bijouterie, etc.

PALAIS DE L'AILE GAUCHE

Nous commençons la visite par les Palais de l'Aile Gauche, plus spécialement réservés aux Expositions Françaises et à quelques reconstitutions des Provinces de France. Nous entrerons ensuite dans les Palais de Droite, pour revenir au Quai, ou se trouve, des deux côtés de l'Esplanade, l'Exposition de *l'Art dans la Rue*, que nous verrons en dernier lieu.

PALAIS DE LA DÉCORATION, DU MOBILIER ET DES INDUSTRIES DIVERSES

(France). L'Exposition Française s'ouvre par la Cl. 66 qui occupe tout le Rez-de-chaussée du Palais des Manufactures nationales, sur l'Esplanade des Invalides (*Décoration fixe des Édifices publics et des Habitations*), tandis qu'au premier étage est installée la Cl. 71 (*Tapissiers et Décorateurs*). Nous pénétrons dans le *Palais Esquié* proprement dit, en passant sous le Palier du grand Escalier d'Honneur.

Au Rez-de-chaussée, tout le premier vaisseau est réservé à la Cl. 70 (*Tapis, Tapisseries et Tissus d'ameublement*); puis viennent la Cl. 69 (*Ameublement*) et la Cl. 97 (*Bronzes d'art*), encadrant le *Musée Centennal*, auquel on a accès directement par le Porche du Vestibule central en venant de la rue de l'Esplanade.

La Cl. 94 (*Orfèvrerie*) occupe au rez-de-chaussée tout le fond du Palais Esquié. Les Cl. 93 (*Coutellerie*) et 95 (*Joaillerie et Bijouterie*) constituent le Rez-de-chaussée du Palais Troppey-Bailley, qui, bien que relie au précédent, forme un ensemble distinct.

Au premier étage, le côté droit sur l'Allée centrale des Invalides est occupé par les Cl. 68 (*Papiers peints*) et 92 (*Papeterie*); le côté g., par les Cl. 98 (*Brosserie, Maroquinerie, Tabletterie et Vannerie*), 99 (*Caoutchouc, Voyage et Campement*) et 100 (*Bimbeloterie*). Le premier étage du Palais Troppey est réservé à la Cl. 96 (*Horlogerie*). Le Palais comporte 3 Annexes sur la R. de Constantine; la 1re, venant de la Gare des Invalides, contient 2 classes : au rez-de-chaussée, la Cl. 75 (*Appareils et Procédés d'Éclairage non électriques*); au 1er étage, la Cl. 67 (*Vitraux*). La seconde Annexe appartient à la Cl. 97; la 3e aux Cl. 94 et 95. Elles sont toutes rattachées directement au Grand Palais par des escaliers et des communications intérieures.

REZ-DE-CHAUSSÉE **Cl. 66.** Elle comprend les *Dessins et modèles de décoration fixe*; la *Menuiserie decorée*; la *Sculpture ornementale*; la *Décoration des toitures*; la *Ferronnerie et la Serrurerie appliquées* (portes, grilles, balustrades en bronze, fonte ou fer forgé); la *Peinture décorative* d'habitation; les *Mosaïques* en revêtement du sol ou pour les murs et les voûtes, et toutes les applications de la Céramique à la *décoration fixe des édifices publics et des habitations*.

Le programme, même de cette classe, qui occupe aussi l'aile du 1er étage du côté de la Seine, permet d'exposer à des industriels qui concourent ailleurs, soit pour les produits céramiques, soit pour les bronzes d'art.

Auprès d'eux figurent des artistes dont les œuvres donnent a cette classe un intérêt tout particulier.

La **Cl. 70** comprend le *Matériel de Fabrication des tapis et tapisseries*, les *Tapis, Moquettes, Tissus d'ameublement, Cuirs de tenture*, etc.... Les vitrines très simples sont à hautes colonnes avec un dais central sous la nef. A signaler de belles expositions de soieries et velours pour meubles, les velours pour ameublement de la Maison *François Piquée et Gendre*, le tapis moquette et point noué, le cuir repoussé. La maison *Hamot*, fidèle à sa tradition, expose d'admirables Tapisseries d'Aubusson, dont plusieurs sujets inédits ont été dessinés par des artistes contemporains réputés, Dubufe notamment.

Mais nous retrouvons aussi avec plaisir les reproductions de tableaux célèbres. Une petite Annexe dans les Quinconces de l'Esplanade, contiguë à l'emplacement de l'intérieur, est réservée aux exposants de signaler particulièrement un *retable★* de *Puech*. Les deux clous de la classe sont : une Porte Monumentale★ et artistique en bois, destinée au *Musée historique de l'Armée*, exécutée d'après les dessins de M. Paul Sédille par M. Bonigaux, et une Fontaine★ en céramique exécutée également d'après les dessins de M. P. Sédille.

L'ESPLANADE DES INVALIDES (*Cliché Robert*).

Toiles cirées, de Linoléum et de la *Lincrusta-Walton française* si appréciée.

L'ensemble de la décoration est entièrement de style « art nouveau ».

M. *Félix Charpentier* expose une *cheminée monumentale★*; M. *Injalbert*, des sculptures; M. Lamer, un *escalier artistique★* et des dessins; M. Gayda, des maquettes; l'architecte *Sibien*, des dessins; le grand peintre *Roll*, un grand décor en panneau. M. *Muller*, directeur de la Grande Tuilerie d'Ivry, envoie des *grès artistiques★*. Une partie assez importante est consacrée à l'art religieux, dont une des plus jolies expositions est de MM. *Jacquey et C*ᵉ; à

A g. de la Cl. 70 commence une grande Allée parallèle à la R. de Constantine, occupée par les Expositions des grands Magasins du *Louvre*, du *Bon Marché* et du *Printemps*, le *Pavillon des Arts décoratifs*, et diverses attractions que nous décrivons plus loin (V. *Allée de la R. de Constantine*).

La Cl. 75 offre un intérêt de premier ordre aux points de vue technique, pratique et artistique. Elle comprend les Appareils d'Éclairage, avec de beaux modèles comme ceux de la maison H. Galy (bronze d'art et d'éclairage), Procédés d'Éclairage *non* électriques. Or, on sait

A L'EXPOSITION

les progrès considérables réalisés dans ces dernières années par l'éclairage au pétrole, l'éclairage au gaz (becs à incandescence), l'éclairage à l'alcool, et enfin et surtout l'éclairage au gaz acétylène. Ces 4 groupes sont représentés aux Invalides par leurs applications et à Vincennes par leurs appareils en action. L'*acétylène*, un *clairage au pétrole*, il s'est moins renouvelé dans ses procédés techniques que dans la recherche d'ornements artistiques qui le mettent en valeur et l'introduisent dans les salons les plus luxueux. Le rival le plus menaçant pour tous est l'électricité, dont seul peut-être l'acétylène pourra disputer un jour la faveur toujours croissante.

UNE SECTION DU PORTIQUE CIRCULAIRE (*Cliché Robert*).

moment trop sacrifié, a obtenu la concession de l'éclairage d'une partie des berges de la Seine, et l'on voit l'éclatant succès de cette expérience qui révèle pour la première fois à la France une découverte déjà très en faveur en Allemagne, en Autriche, en Hongrie et en Amérique. L'acétylène réalise une économie de près de 50 o/o sur l'éclairage au gaz, et sa lumière est d'un éclat incomparable. L'*éclairage à l'alcool par incandescence* a reçu à son tour des perfectionnements très importants et peut prétendre à remplacer le gaz pour l'éclairage domestique et industriel et même pour l'éclairage public avec une très sensible économie. Quant à l'é-

La **Cl. 69** (*Meubles*) offre un intérêt particulier. Toutes nos industries d'art subissent en ce moment une crise. Depuis le grand succès chaque année affirmé du Salon des Arts Décoratifs, les amateurs sont de plus en plus portés vers les objets qui accusent une recherche d'art, une originalité et qui s'inspirent du style dit « art nouveau ».

L'art moderne n'a pas d'autre inspiratrice que la nature et s'en rapproche le plus possible. Horta, un des architectes de Bruxelles les plus connus, a dit : « C'est la tige des plantes qui est mon meilleur élement de décoration. »

Un Français, professeur aux Arts et Métiers de Paris, a dit de son côté : « L'art n'est pas localisé dans certaines professions a l'exclusion des autres; il peut se manifester au contraire dans les œuvres les plus humbles, et l'un des caractères des grandes époques artistiques est la généralisation de l'art et son intervention dans toutes les créations de l'homme. Toute composition décorative est soumise à des lois invariables. Quelques-unes sont générales, par exemple le décor doit toujours être approprié a la destination de l'objet et s'adapter à sa structure. D'autres lois sont particulières à chaque matière et dépendent invariablement des matériaux, par conséquent les connaissances techniques sont aussi indispensables à l'artiste que le dessin. »

Nos grands industriels, habitués aux styles de tradition, se sont vus contraints, non sans regret, d'abandonner le facile pastiche ou la copie banale pour faire place aux formes et aux procédés conçus par les artistes aimés et recherchés du public.

Beaucoup n'ont pu s'y résigner et préfèrent engager la lutte, persuadés, disent les plus sincères, que l'art, le goût et l'industrie français ont tout à perdre dans ces voies nouvelles où l'étranger nous a précédé non sans succès.

L'ameublement a cédé le premier, le bronze d'art ensuite, avec plus de prudence, mais la révolution a enfin atteint la bijouterie, la joaillerie, l'orfèvrerie elle-même.

Nous assistons dans cette exposition aux efforts tentés par les deux écoles pour assurer leur victoire définitive. Il ne nous appartient pas de décerner des palmes; reconnaissons en toute impartialité que de part et d'autre la lutte a été bien soutenue, et apprécions même la prudence des habiles qui ont su se tenir à mi-chemin, dosant la tradition avec le renouveau, assouplissant le style classique, s'ingéniant à être à la fois anciens par le style et modernes par la forme.

N'oublions pas que le style d'une époque est la juste expression des besoins et des idées de cette époque.

A la **Cl. 69** les « traditionnels » l'emportent par le nombre et l'importance de leur exposition.

Nous avons à parcourir une fois de plus une galerie de Bahuts, de Crédences, de Bibliothèques et de Buffets où le XVIᵉ s. a répandu à pleines mains ses inspirations fines et délicates; beaucoup de pièces sont revêtues des beaux Cuirs d'art de la Maison G. *Pique*.

Quelque heureuse copie du Louvre, çà et là des attractions nouvelles dans le même

style d'une ingénieuse légèreté. On rencontre encore quelques-unes de ces compositions massives surchargées de sculptures épaisses que l'on croyait un peu abandonnées depuis 1878.

Dans toutes ces œuvres, nous admirons toujours la maîtrise incontestable des artisans français. Le vieux faubourg St-Antoine, ne fait pas défaut à sa gloire. On s'est appliqué plus que jamais à être grand style, pure tradition, mais avec une tendance de plus en plus marquée vers le Louis XV et surtout le Louis XVI plus frais, plus gai, plus gracieux.

Dans la Salle « Mobilier et Ameublement », importante exposition de la maison *Edm. Flandrin*.

L'art nouveau compte quelques représentants remarquables, mais les vrais artistes en ce genre se sont portés au Pavillon des Arts Décoratifs que nous retrouverons plus loin, Au point de vue industriel, on se dégage malaisément de l'imitation des modèles anglais et viennois.

Chaque pays a bien ses tendances décoratives propres, mais notre siècle de cosmopolitisme les mélange, et il sera plus tard très difficile de distinguer les influences étrangères, car l'échange continuel de pensées artistiques finit par abolir peu à peu la tendance de la race.

Musée Rétrospectif du Gr. XII.

Le Musée Rétrospectif du Groupe XII a été composé avec beaucoup de soin. C'est un petit Palais qui s'élève au milieu des Galeries du Meuble et qui comprend six Salons en bordure du passage central : un *Salon Louis XVI* ★, un *Salon Empire*, un *Salon Restauration* (cabinet de travail d'un dignitaire de Louis XVIII), une *Chambre à Coucher Louis-Philippe*, un *Salon second Empire* et la *Chambre de Talma* ★.

Toutes ces pièces sont la reconstitution fidèle des styles du siècle et sont composées avec des meubles, des tapisseries, des bronzes et tous les ornements décoratifs de chaque époque. Nous voyons de très beaux meubles de *Jacob*, des bronzes de *Tomir*, un décor à colonnades de *Percier* et des colonnades Empire, de belles tapisseries de *Sallandrouze de la Mornaix* ou de *Braquenié*, les célèbres meubles de *Fourdinois* et de *Grohé*, des bronzes de *Constant Séven* et de *Barbedienne*, etc.

La **C. 97** occupe un emplacement considérable et comporte une Annexe importante: elle est consacrée au *Matériel de la Fabrication du Bronze*, à l'*Outillage de la Ciselure* et du *Travail des Métaux*, aux

Bronzes, Fontes, et à la grande *Ferronnerie d'art*, aux *Zincs d'art*, aux *Métaux repoussés*, estampés et damasquinés, en un mot, à la Statuaire métallique.

L'Exposition comprend plusieurs groupes : les Industriels, les Artistes et les Artisans (collectivité).

Ici encore s'accusent des hésitations entre l'ancien et le nouveau style. On se prête au renouveau, mais en assurant la ligne solide et le fini de l'art classique Comme tous les dix ans, il y a des merveilles d'art et d'industrie que nous ne pouvons songer à énumérer dans le détail.

De grands efforts, des recherches décoratives dans l'emploi d'une flore renouvelée ; une souplesse plus grande des formes ; une exécution plus délicate des modèles, des couleurs harmonisées, attestent les préoccupations des fabricants. *Barbedienne, Thiébault, Colin, Soleau, Susse, Siot, Decauville, Gallet*, les bronzes d'art et d'ameublement de la maison *Aug. Gouge*, les appareils pour l'éclairage électrique, de MM. Colin et C**, les fontes d'art et bronzes de la maison *Eug. Blot* (dans l'annexe) et combien d'autres s'offrent ici à nos yeux sans cesse ravis ! et à leurs côtes des artistes : *Desbois, Couperi, Engrand, A. Moreau, Piat*, etc.... Nous revoyons les œuvres si jolies de *Joseph Chéret*, et les chefs d'œuvre de la Sculpture moderne imités par le Bronze.

Cl. 94. Du Bronze d'Art, nous passons à l'*Orfèvrerie*. Au sujet de cette *Classe 94*, il y aurait les mêmes observations à faire : c'est un éblouissement et un plaisir des yeux. Nos orfèvreries sont toujours dignes de leur réputation de goût, de luxe, de richesse, mais cette fois l'intérêt se rehausse d'une note d'art. On a compris et suivi les conseils que depuis tant d'années prodiguent à ces industries les plus autorisés de nos critiques d'art, et le style moderne a bien servi les plus intelligents de nos fabricants.

La Maison *Christofle*, non contente de soutenir sa réputation avec ses services de table, ses coupes, ses coffrets à bijoux, ses vases de style, ses surtouts classiques, expose de remarquables vases ciselés inspirés par des procédés et des principes nouveaux. Elle occupe naturellement un emplacement d'honneur.

Froment-Meurice, A. Aucoc, Keller, Odiot, Boin, Lingeller, Cardailhac, ont chacun un Salon important. *Brateau* expose son Orfèvrerie d'étain ; *Grandhomme*, ses Émaux. Et auprès de ceux-ci concourent beaucoup d'autres artistes. L'Orfèvrerie Religieuse tient une place des plus importantes.

Le Musée Centennal de la Cl. 94

est le Musée de l'Orfèvrerie et contient quelques pièces très remarquables : avant tout le Surtout de l'Impératrice Eugénie ★, sauvé de l'incendie des Tuileries et racheté par la maison Christofle, qui l'expose avec ses accessoires.

Voici une *Jardinière argent Louis XVI* ★ ; le beau candélabre argent Louis XIV ; deux portes de tabernacle en argent du XVI* s. ; une collection d'anciens dessins d'orfèvrerie du XVII* au XIX* s. ; 6 émaux exposés par le maire d'Issoudun ; une collection de pièces d'orfèvrerie religieuse de Poussiélgue-Rusand ; la *Collection de Mme Franck* : cachets, boites or Louis XVI ; pistolet en or avec brillants et perles fines, sujets ciselés au chien et à la gachette ; la *Collection de M. Goldschmitt*, avec quelques pièces de toute beauté : une corbeille de milieu, deux flambeaux à cinq lumières, deux seaux à champagne, une grande soupière sur pied à deux anses de femmes ; deux légumiers ciselés, etc... ; un surtout de Cardeilhac (Empire) valant 12000 fr. ; une soupière de Biennais estimée 30000 fr. ; une salière du même, 3000 fr. ; des flambeaux de Garraud. M** Hachette envoie un Surtout de Fannières ★ d'une grande valeur, un grand coffret acier et argent ciselé et une coupe argent repoussé et acier ciselé (œuvre de Diomède).

La **Cl. 93**, qui comprend la *Coutellerie*, la Ciselerie avec ses petits nécessaires, les Rasoirs en tous genres, la Quincaillerie fine en acier poli et la Petite Orfèvrerie, présente un intérêt technique pour le professionnel et un intérêt artistique pour les amateurs. Que d'ingéniosité dépensée dans la recherche de formes, d'ornements appropriés aux manches de couteaux ! Quelle richesse et quel fini à tel ou tel couteau ciselé, tout en or, formant à lui seul un véritable bijou, celui qu'expose M. *Languedok*, par exemple !

Musée Centennal de la Cl. 93.

Une série de collections de Couteaux anciens parmi lesquels des pièces admirables. Voyez, dans la *Collection de Grimont* ★ deux couteaux aventurine à lames d'acier, manches d'or, dans leur étui ; un *couteau à la d'Estaing* ★, or et argent ; un couteau à dessert en ivoire dit « jambe de princesse », lame d'acier et monture d'or. Dans une autre collection, six couteaux du commencement du XVII* s., à manches d'ivoire représentant le roi, la reine, les prin-

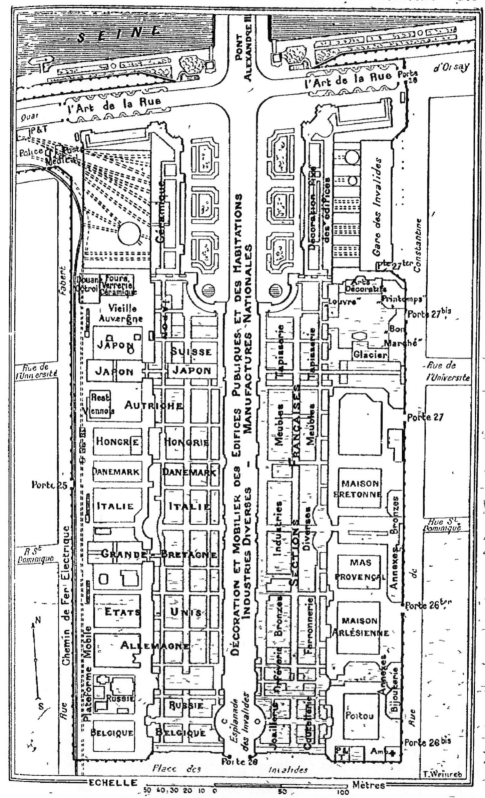

PLAN DES INVALIDES (REZ-DE-CHAUSSÉES)

ces et les princesses ; cinq couteaux xvi' s. ; un manche sculpté en femme qui représente l'*Espei ance*, la *Foi* et la *Force*.

La *Collection Pagel*, à elle seule, contient cent pièces de coutellerie du xvi' au xviii' s. et près de 500 pour le xix' s. Voici encore une *Collection de Fourchettes* ★ du xiv' au xiii' s. ; une *Collection de Ciseaux* ★ ; une *Collection d'Insluments de Chiiurgie* ; des compas acier Louis XIV ; une ceinture de chasteté Louis XII ; une scie de grand veneur ; une trousse de travail Empire en nacre ; un stylet à incrustations ; une remarquable collection de Poinçons et de Matrices.

Cl. 95 Nous voici dans le Palais des Diamants, de la Joaillerie, de la Bijouterie, de la Gravure sur Camées, etc., etc.... Le tournoi déjà signalé se manifeste pour

Jeanselme, Nelson et Jansen, dont on connaît la reputation universelle. Tous les grands magasins de Paris sont représentés et, parmi eux, la *Samaritaine* fait une exposition de pièces entièrement et exclusivement modernes à bon marché, d'un grand intérêt à tous les points de vue.

LA MANUFACTURE DES GOBELINS ❸❸❸

On pourra facilement constater à l'Exposition universelle que, dans son domaine spécial, la *Manufacture Nationale des Gobelins* a réalisé des progrès semblables à ceux que l'on a pu remarquer ailleurs dans les principales industries d'art.

On a cherché depuis quelques années à rendre à cet art du tapissier, si prospère et si brillant en France au Moyen âge, son

PALAIS DES MANUFACTURES NATIONALES

la joie de nos yeux par l'émulation de la grande joaillerie de style et des artistes novateurs, dont le représentant le moins contesté est M. *Lalique*.

Il suffit de citer les noms de *Gustave-Roger Sandoz*, fils et successeur de *Gustave Sandoz*, la bijouterie d'argent de la maison *L. Baudet et fils*, *Boucheron*, *Fontana*, *Vever*, *Lagnoulant*, qui affirment une fois de plus, à l'aurore du xx' s., la puissance créatrice et la vitalité du goût français. Cette classe compte un clou exceptionnel et une attraction toute particulière : Le clou est un **Diamant** ★ plus important que le *Régent*, d'une pureté et d'une blancheur irréprochables. Une autre attraction, c'est la *Section des Ateliers* ★, installée dans une annexe des Jardins faisant suite à l'Orfèvrerie et où des ouvriers travaillent en présence du public.

PREMIER ÉTAGE ❻ En recommençant la visite du côté de la Seine, on voit tout d'abord, comme nous l'avons dit, l'Exposition Annexe de la Cl. 66, sur la façade du Nord, puis on passe dans la Cl. 71.

C. 71 Comprend les *Tapissiers décorateurs*, qui, comme toujours, exposent de fort belles choses ; entre autres MM. *Raymond*

caractère propre. Renonçant à tout ce qui n'en faisait qu'une copie laborieuse et médiocre de la peinture : aux modelés subtils, aux dégradations infinies, aux colorations grises auxquelles la poussière et la lumière enlevaient bientôt toute couleur, on s'est efforcé de simplifier le modèle, de procéder par teintes plates, de hachures larges mais ayant seules les transitions entre les lumières et les ombres, de limiter par un trait les contours des objets du premier plan, pour leur donner plus de relief, d'employer des couleurs vives et éclatantes en laissant au jour le soin d'en calmer l'éclat. Cette direction nouvelle donnée à la fabrication des tentures des Gobelins fera l'originalité de son exposition, et l'on verra que, même dans les tapisseries exécutées d'après d'anciens modèles, on s'est efforcé de suivre ces principes, de relever les tons, de simplifier les modelés, d'accentuer les contours.

Pour visiter l'Exposition des Gobelins, en venant de l'Escalier placé à l'angle rentrant du Palais de gauche de l'Esplanade des Invalides, on rencontre d'abord des tapisseries exécutées, peu de temps après l'Exposition de 1889, selon les anciennes traditions ; elles paraissent sans doute un peu ternes ici, mais on peut mieux juger par

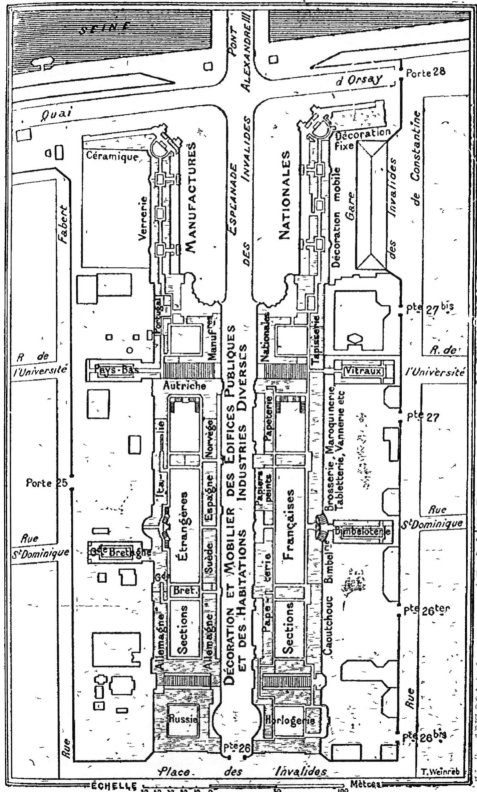

ÉCHELLE — Mètres

ESPLANADE DES INVALIDES (1ʳᵉ ÉTAGE)

comparaisons de modifications apportées à la conception et à la technique des tapisseries plus récentes,

A dr. on voit tout d'abord une représentation symbolique de la *République française* ★. Cette tenture, faisant l'office des anciennes *Chancelleries*, sera placée dans les cérémonies officielles derrière le siège du Président de la République. Le carton est de M. Joseph Blanc.

En tournant à g., on se trouve devant une pièce représentant *le Moyen Age* ★, faisant partie d'une série destinée à une salle de la Bibliothèque Nationale et exécutée d'après les modèles de M. Ehrmann.

A côté, dans une sorte d'Alcôve dont les cloisons latérales sont ornées de tapisseries destinées au Théâtre Français, exécutés d'après les modèles de M. Galland, sont exposés les produits des divers services de la Manufacture : Travaux d'élèves tapissiers, Exposition des Ateliers de Peinture, des *dessins* de Van der Meulen choisis parmi les très nombreux dessins de ce maître que possède la Manufacture. Maquettes et projets de tapisserie de Boucher, etc.

Il y a là aussi une étude exécutée d'après un carton de M. Jean-Paul Laurens. Ce fut le premier pas dans la voie nouvelle que l'on s'était tracée. Dans un espace restreint sont groupées trois figures en costume du xv⁰ siècle, où l'on s'était efforcé de simplifier autant que possible le modelé, d'obtenir des colorations vives et franches. D'autres études de MM. Boutet de Monvel et Lévy Dhurmer, exécutées plus tard, montrent les mêmes tendances.

En tournant à g., on voit sur une estrade peu élevée trois tapis, deux exécutés d'après les modèles de M. Libert. Ils paraissent un peu compliqués de dessin et ternes de coloration à côté du troisième tapis, aux couleurs audacieuses, à l'ornementation simple, dont le carton est l'œuvre de M. Binet, l'architecte de la *Porte Monumentale* sur la place de la Concorde.

Le long des murs sont tendus d'**Anciennes Tapisseries** ★★, provenant de l'*Église de St-Remy de Reims* et montrant d'une façon saisissante la science et l'habileté des artistes de l'atelier de rentreture des Gobelins. Deux tapisseries sont ici exposées, l'une avant l'autre, après le passage dans cet atelier. Un coup d'œil suffit pour juger des services que ces adroites ouvrières de la rentreture peuvent rendre à nos merveilleuses tapisseries du Garde-Meuble, dont le fâcheux état de détérioration va s'aggravant chaque jour.

Après avoir vu à g. une tapisserie destinée au Théâtre de l'Odéon, *la Glorification de Molière* ★, on tourne à dr., dans une Galerie prenant jour sur l'Esplanade des Invalides et où sont exposées les plus précieuses et les plus récentes productions des Gobelins.

A g., une grande *tenture* ★ d'après Jean-Paul Laurens, commencée en 1895, terminée en 1899. Après le succès de la petite étude que nous avons signalée tout à l'heure, ce grand carton lui fut commandé pour la décoration de la Salle du Public aux Archives Nationales. Comme dans la tapisserie de M. Ehrmann, *le Moyen âge* est ici représenté, mais de tout autre façon. La Chevalerie le symbolise, dans l'apprêt d'un de ces tournois dont les chroniqueurs nous ont transmis le souvenir par des descriptions enthousiastes. Les qualités décoratives de la tapisserie sont ici poussées au plus haut point ; le sujet garnit toute la surface à décorer, les colorations sont vives et fraîches comme celles des miniatures d'un manuscrit enluminé, et la bordure est composée de motifs ornementaux faisant corps avec le sujet lui-même.

A côté de cet éclat de couleur, la tapisserie de M. Claude, *le Mariage Civil*, destinée a la mairie de Bordeaux, paraîtra quelque peu timide ; il n'en est pas de même de la tapisserie moderne, de sujet comme de technique, dont le carton est dû a M. Rochegrosse. C'est la *Conquête de l'Afrique* ★ : une troupe d'officiers coloniaux précédés d'une figure symbolique de la Civilisation, débarque près d'un village de nègres dont les habitants considèrent avec étonnement mêlé d'un peu d'effroi les nouveaux arrivants. Dans la bordure ont été combinés des produits de la barbarie des Africains et de la civilisation des Européens : fétiches, sculptures grossières, orchidées, etc., ainsi que machines à vapeur, fils et isolateurs électriques ; en bas, au milieu de la bordure, une bande de singes, s'étant approchés curieusement d'une machine électrique éprouvent, pleins de terreur, ses fulgurants effets.

A côté, une grande tapisserie, destinée au Musée de Versailles, est une copie d'un modèle de Lebrun, et représente l'*Audience d'un Légat par Louis XIV* ★.

Avant de passer dans la seconde Travée, admirons la tapisserie placée sur le panneau de réparation : les *Portraits de Marie-Antoinette et de ses enfants* ★, commandés par M. Félix Faure pour être donnés à l'Impératrice de Russie. Bien que ce chef-d'œuvre s'écarte des tendances nouvelles, on ne peut que rendre hommage à la prodigieuse habileté des tapissiers qui l'ont exécuté.

Cette tapisserie est signée du nom des deux principaux artistes tapissiers qui y ont travaillé : M. *Michel*, qui a reproduit les têtes, et M. *Thuaire*, qui a fait les mains des trois personnages. Commencée en 1896, elle a été terminée le 22 mars 1900.

Dans la Travée centrale sont exposés, dans une reconstitution du cadre qu'ils auront sur place, des panneaux destinés au *Palais de justice de Rennes*, d'après les cartons de M. Joseph Blanc, sur l'initiative de M. Laloy, l'architecte chargé de la restauration de ce beau monument. C'est du reste une heureuse tendance qui commence à se généraliser dans les chambres de commerce, les mairies ou les monuments en restauration, que de commander à la manufacture des Gobelins des tapisseries pour l'ornementation de leurs grandes salles. Ainsi la Chambre de commerce de Rouen a commandé six fauteuils en tapisserie qui figurent aussi à l'Exposition et le Tribunal de commerce de St-Étienne des tentures dont nous parlerons plus loin.

En passant à la Travée suivante, admirons sur le panneau de séparation la précieuse tapisserie dont il a été déjà beaucoup parlé : **La Sirène et le Poète** ★, d'après le modèle de M. Gustave Moreau. On constatera les ressources infinies que peut présenter l'art du tapissier dans les mille irisations et diaprures de cette grotte sous-marine. Au milieu de cette diversité et de cet éclat des tons, les figures nues, grâce à leur fin modelé, paraissent sculptées dans de l'ivoire. Cette remarquable pièce est destinée au Musée du Luxembourg.

Dans la travée suivante ont été réunies les tentures ★ exécutées d'après Boucher : *Aminthe et Sylvie, Vertumne et Pomone*, etc., et l'on peut facilement se rendre compte que les artistes tapissiers des Gobelins sont aussi habiles aujourd'hui qu'ils l'étaient au siècle passé, alors qu'ils produisaient à profusion ces tentures admirables que les amateurs se disputent à si gros prix dans les ventes récentes.

L'extrémité de la galerie est formée par un Salon octogonal percé de deux fenêtres et de deux portes, et où sont placées trois tentures ★ d'après les cartons de M. Maignan, destinées au Tribunal de commerce de St-Étienne. Elle représentent *la Houille, le Verre* et *la Soie*. Ce sont des figures symboliques, d'un modernisme délicat, joliment encadrées de branches, de feuillages et de fleurs.

Après avoir jeté un coup d'œil sur les Jardins de l'Esplanade et la perspective du Pont et de l'Avenue Alexandre III, en re-venant sur ses pas on admire entre les fenêtres les tentures représentant les *Douze Mois* ★, d'après les cartons de Claude Audran, ce maître de Watteau, dont on ne possédait plus, au Garde-Meuble, de suite complète.

Cl. 67 (Vitraux). L'Art du Vitrail, au Moyen âge si florissant, avait depuis le xvii² s. presque disparu. C'est grâce aux recherches de Viollet-le-Duc et de ses émules que cet art si français est entré depuis 50 ans dans une période de renaissance actuellement très active. Le Vitrail exige une connaissance approfondie du dessin, de la peinture, de la décoration. C'est pourquoi les artistes sont rares en ce genre ; il faut une supériorité en tout incontestable. Les derniers beaux vitraux sont ceux de J.-P. Laurens, à la chapelle du Château de Chaumont. Le vitrail de Luc Olivier Merson représente *les Pèlerins d'Emmaüs*. Les vitraux de *Jeanne d'Arc* ont été composés par Grasset pour la cathédrale d'Orléans.

L'exposition comprend d'autres œuvres de Gallant, de Maignan, etc.

La **Cl. 98** comprend plus de vingt articles différents, en particulier la Brosserie, depuis le plumeau vulgaire et la brosse de ménage jusqu'à la brosserie fine de toilette ; la Maroquinerie et la Tabletterie en tous genres, autrement dit l'*Article de Paris*, et enfin la Vannerie, depuis les corbeilles et paniers d'usage journalier, jusqu'à la vannerie de fantaisie pour confiseurs et aux meubles d'appartement. Encore et toujours beaucoup de goût ; c'est la note générale. Comme curiosité, signalons la reproduction en mannequins d'un *Atelier de Bretonnes* ★ de la maison Pilet aîné, qui occupe à St-Brieuc 300 à 400 ouvriers et ouvrières pour la fabrication des Pinceaux d'artistes. Les *Cuirs d'art* tiennent une place d'honneur dans cette classe.

La place d'honneur de ce salon est réservée à Mme Waldeck-Rousseau, qui préside en ce lieu les artistes de cette spécialité.

Signalons encore les envois de Mme Chailley-Bert et de Mlle de Block.

Le quartier St-Sulpice expose aussi ici ses Objets de Piété. On y voit également des Pipes curieusement travaillées qui feront la joie des culotteurs.

Musée Centennal de la Cl. 98.

L'élément le plus intéressant de ce Musée est une *collection de Bas-reliefs* ★ en ivoire, de Van Bossuit, de 1635 à 1692, et la collection de *Peignes* ★ de M. Ravenet aîné, fruit de 30 ans de recherches. Beaucoup d'objets en Ivoire sculpté, des Peignes renaissance, une collection de 5o *pipes*, un Nécessaire-Rasoir Empire; la collection Ross d'Articles de Voyage en tous genres, des Bourses en Mailles de soie et broderies de perles et deux anciennes petites Machines à la main pour la fabrication de bourses au crochet.

La **Cl. 68** comporte les *Matières Premières, Procédés, Produits et Matériel des Papiers peints*. L'attention se portera ici sur les papiers de fantaisie, les papiers peints aux dessins variés, parfois artistiques, les papiers veloutés, marbrés, veinés, dorés, emaillés, vernissés, les imitations de bois et de cuir.

Cl. 100. C'est l'amusement des enfants et la tranquillité des parents. Tous les Jouets, tous les Jeux: des poupées, des soldats de plomb; petits trousseaux, petits mobiliers, petites voitures; ménages, oiseaux chantants, jouets mécaniques; « et des dadas, et des chèvres, et des brouettes; les moutons; les lapins tapeurs, les baudruches parlantes »; puis les jouets scientifiques et instructifs; enfin les jeux pour adultes : croquets, tonneaux, passe-boules, quilles, tout un bazar modèle de jouets perfectionnés et luxueux, comme les jeux de précision et les billards nouveaux de *J. A. Josl*, exposés dans une vitrine et sur un socle de 20 m², et les instruments de la *Société des Luneliers*. A citer encore les machines à cigarettes de la maison *H. Lemaire*.

Musée Centennal de la Cl. 100.

Très amusant, très varié, ce Musée du Bibelot et du Jouet. D'abord une suite de collections de Poupées avec leur trousseau, leur garde-robe, leur mobilier miniature, depuis les *poupées* du ve et vi[e] s. des premiers chretiens, trouvées dans une nécropole byzantine avec leurs vêtements brodés et leurs coiffes de cheveux naturels, jusqu'aux poupées mécaniques modernes, en passant par les gracieuses figurines de cire de l'époque Louis XV; une collection de *soldats de plomb* de 1789, avec les costumes du temps; une suite de *jouets* de tous les temps, particulièrement de la Révolution et de l'Empire; un jeu d'équilibriste du xviiie s. en bois sculpté tourné; les jeux dits : *le Tour du Peuple, le Tour du Turc, le Sonneur de trompettes* assis sur son chameau ; un jeu tricolore Empire; un jeu de quilles* de Louis XVI en acajou et garnitures de cuivre; des jeux de l'oie; un *jeu d'échecs* de la Révolution avec uniformes français et autrichiens (envoi de M. J. Claretie). Puis une collection de réclames ingénieuses,

de curiosites de la rue parisienne; une vitrine *Napoléon III passant une revue*; la Giberne du roi de Rome (l'Aiglon) et le *sabre de Forfait* (envoi de M. E. Detaille); etc.; la très curieuse collection de M. Niff, vice-consul de Portugal; un bilboquet*, un loto Louis XVI*; une collection de dominos et de jetons gravés; un tric-trac xviie s. et un échiquier en marqueterie d'or et acajou; le *grelot* * du poète-chansonnier Collé, qui sert encore au président des seances du Caveau.

La **Cl. 92** Les produits exposés sont les suivants :

Outillage spécial et procédés pour la Fabrication ou la préparation des articles de Papeterie : registres, cahiers, enveloppes, sacs, cartonnages, etc.; papier et carton sous toutes leurs formes : papiers à lettres, etc.

Articles de Fournitures pour Bureaux : encres, plumes, porte-plumes, porte-crayons, cires et pains à cacheter, presse-papiers, encriers, etc.

Les vitrines, conçues dans un style moderne, en bois d'acajou et tulipier, sont disposées de façon à former de grands salons dans lesquels sont groupés les produits de même nature. Pour présenter un intérêt vivant au public, des ateliers ayant des appareils fonctionnant sous les yeux du visiteur sont placés entre ces différents salons, de sorte que le produit fabriqué, complètement terminé, se voit à la suite de la fabrication. Parmi les expositions les plus remarquables, citons celles de *MM. Laroche-Joubert et Cⁱᵉ* et celle de la *Société de Luneliers*.

Pour compléter la décoration, une grande frise formée de feuilles de lierre, parmi lesquelles se joue une bande de papier, orne toute la longueur de la Classe.

Cette organisation des plus heureuses n'a pu se faire sans de grosses difficultés à résoudre au point de vue de l'installation, surtout en raison du peu d'emplacement dont disposait la Classe par rapport à la grande quantité de demandes auxquelles elle avait à donner satisfaction.

Musée Centennal de la Cl. 92.

D'un très grand intérêt rétrospectif, contient beaucoup de collections très curieuses; une collection de vieux objets de papeterie de 1745 à 1850; plusieurs collections de billets de bal, mariage, décès sous la Révolution, notamment la *Collection Flomdeur*, avec ses aquarelles, ses gouaches; une collection de manuscrits et pièces autographes relatifs aux évènements historiques et aux personnages célèbres de la Révolution et du premier

Empire; une collection de *14 lettres manu-scrites* ★ en-têtes différents de 1797 à 1802 (armée du Rhin, armée du Danube, armée helvétique) adressées à Lecourbe; une autre de pièces manuscrites relatives à la *captivité de Napoléon Ier à Ste-Hélène*★.

Des têtes de lettres illustrées de la Révolution; plusieurs collections de menus, programmes, calendriers, almanachs illustrés; un calendrier national et un perpétuel; des papiers à lettres ornés avec images; une collection de petits almanachs, d'étuis et de calendriers, de Mme la vicomtesse de Savigny, estimée 58000 francs. Une collection de *factures corporatives*★ parisiennes des xviiie et xixe s.; une collection de feuilles d'étiquettes de parfumerie, d'adresses et quittances illustrées du xviiie s., de papier d'emballage, de papiers à lettres gaufrés, Révolution et Empire; une très intéressante collection d'arrêtes, édits, lettres patentes; des affiches xviie et xviiie s.; des pièces, parchemins du xiiie au xixe s.; une collection de 20 *plans de bataille*★ françaises du xviiie s. avec mouvements coloriés; des images de piété Louis XV et Louis XVI; de vieux *jeux de cartes*★ xviiie s. et Révolution; et, dans un autre ordre d'idées, une *machine à plier les enveloppes*★, de 1850, fonctionnant devant le public.

Cl. 99, Passons rapidement à travers les articles en caoutchouc et gutta-percha de cette Classe, recommandée aux fidèles du Pneu; les caoutchoucs manufacturés de la maison *Bognier et Burnet*, les produits de la *Société de l'Industrie textile d'Angers*; ne jetons qu'un regard rapide aux objets de voyage, qui ne nous engageraient que trop à chercher le repos dans quelque solitude éloignée. La malle de Gouffé n'est plus qu'un lointain souvenir; en voici où l'on pourrait vivre, comme dans une petite maison, confortablement toute sa vie.

La Classe 99 comporte une Annexe pour le *Campement*, sur le Q. de Billy, à la porte 48 de l'Exposition.

Et nous terminons cette visite au premier étage en allant regarder l'heure aux innombrables horloges de la **Cl. 96** L'Exposition de l'Horlogerie offre, en 1900, un grand attrait aux visiteurs. Elle est certainement l'une des plus intéressantes parmi celles des industries d'art. Tous les centres horlogers français figurent dans ce grands concours, et l'on peut admirer ici les plus beaux spécimens de l'horlogerie française, tels ceux de la maison *A. Moynet et Cie.*

Paris, Besançon, Montbéliard, Morteau, Villers-le-Lac, la Haute-Savoie et St-Nicolas-d'Aillermont exposent en grand nombre des horloges publiques, des régulateurs astronomiques, des chronomètres de marine, des montres de précision, des pendules de voyage et de cheminée, des fournitures diverses et des machines et outils pour l'horlogerie qui donnent une juste idée des progrès considérables réalisés en France depuis dix ans dans la construction des machines à mesurer le temps.

Les *Écoles d'Horlogerie* de Paris et de Besançon ont de très belles expositions. Plus loin, un ATELIER D'HORLOGERIE★ complet.

Musée Centennal de la Cl. 96

Est d'un extrême richesse. Nous trouvons les célèbres collections Garnier, de montres et horloges anciennes Olivier Gorge;★ cette dernière, qui est estimée *285000 fr.*, comprend entre autres 60 montres du xve au xviiie s.; 60 montres émail de la même époque jusqu'au xviiie s.; 60 montres repoussées, ciselées et ornées de pierres précieuses★; 40 montres de Louis XIII au premier Empire inclusivement; 40 pendules portatives de la Renaissance; 60 mouvements et échappements anciens très rares. M. *Japy* de Beaucourt envoie des mouvements de montre depuis 1770.

La fabrique de Besançon expose sa fameuse *collection de montres anciennes*★; la Chambre syndicale de l'Horlogerie de Paris reconstitue un *atelier du xviie s.★* avec ses établis, ses outils et sa bibliothèque. A citer encore une collection de 50 cadrans solaires de poche; une admirable collection de clés de montre anciennes; une horloge clepsydre de Henri II; un cartel de Louis XIV; une pendule de voyage de Louis XVI; une horloge sidérale et décimale; deux petits régulateurs de Lory, l'un indiquant les mouvements périodiques, synodiques et journaliers de la lune, l'autre le quantième des dates et des mois; un *carillon électrique*★ estimé 4000 fr.; une collection d'appareils de phares primitifs; une collection d'instruments de gnomonique anciens; une] *ancienne carabine espagnole* ★ avec incrustations d'argent; une collection de montres anciennes des origines à 1830 comprenant 1200 pièces et valant 50000 fr.

ALLÉF DE LA R. DE CONS-TANTINE ●●● Dans l'Allée qui borde les Palais de la R. de Constantine sont comprises, entre les annexes déjà mentionnées, quelques expositions particulières. Un premier groupe comprend les pavillons particuliers du *Printemps*, du *Bon Marché*, du *Louvre*; un Dépôt de Glaces et le Pavillon des *Arts décoratifs*, déjà cités, l'*Exposition Bing* et diverses reconstitutions des habitations et des mœurs des provinces de France.

On franchit l'annexe de la *Cl. 75*, pour pénétrer dans l'annexe de la Cl. 97, où se trouve l'importante exposition de la maison *Eug. Blot* (Étains et Bronzes d'Art) qui occupe deux vastes salons, on traverse l'emplacement réservé aux fêtes locales et l'on arrive aux **Expositions provinciales**, qui comprennent le *Groupe Breton*, le *Mas Provençal*, la *Maison Arlésienne* et le *Groupe du Berry et du Poitou*.

L'Exposition Bretonne a été l'objet des soins d'un Comité présidé par M. Paul Guyesse, l'ancien ministre.

ces **Monuments Mégalithiques**✶, la *Colonnade du cloître* de la forêt, le *fragment de l'Église de Ste-Barbe* et la *fontaine du Faouët*, les *pylônes du Cimetière de Pencran*, le *calvaire du* xve s., etc.

La *Galerie Ethnographique* est intéressante. Ce coin est bien breton : servantes, brodeurs, faïenciers, dentellières, marchands de produits du pays, animent ce cadre charmant, et l'on est heureux de voir exécuter un programme avec tant de goût et si scrupuleusement.

La Maison Poitevine est pittoresque avec son évocation de pignons et de fenêtres d'autrefois qui donnent à la

LES FAÇADES DES PALAIS, VUES DE L'HOTEL DES INVALIDES

On pénètre dans cette Exposition par un *Arc de triomphe*✶ qui est la copie exacte de la *porte du Cimetière de la Martyre*✶, près de Landerneau ; laissant à g. le charmant édicule de *St-Jean-du-Doigt*, on arrive en face de l'*Hostellerie de la Duchesse Anne*, construction du style renaissance : les trois pignons si usités en Bretagne sont fort intéressants, surtout celui surmonté de l'*épi en terre*✶ de la Poterie.

L'**Intérieur**, avec son vieil escalier, son pilier richement sculpté (copie de Morlaix), sa cheminée, ses fresques du peintre Charles Fouqueray, son ameublement et ses trophées de G.-M. Richard, est charmant.

Au 1er étage, les bons peintres bretons se sont donné rendez-vous ; poètes, littérateurs, musiciens s'y font connaître, aussi bien dans le genre classique que dans le genre badin.

La *chaumière finistérienne* en granit de Pont-Aven est bien curieuse de même que

façade un air de gaîté et de fraîcheur provinciale.

Auprès de cette dernière, une petite Annexe de la **Cl. 95** contient un atelier de *taille de diamant*✶.

Au dehors des Palais, sur l'Esplanade, se dresse la **Fontaine Monumentale**✶ de la faïencerie de Choisy-le-Roi, qui n'a pu trouver place dans les salles réservées à la Céramique. C'est un des morceaux les plus curieux de l'industrie céramique moderne ; les montants et la statue (*Hébé*) ont été cuits au four d'une seule flambée.

Cette fontaine très artistique est l'œuvre du sculpteur *Madrossi* ; elle est en grès émaillé et coloré. Son pendant, la fontaine belge, annonce le Palais des Industries Étrangères.

Les façades des Palais, du côté de l'Hôtel des Invalides, sont décorées de grandes frises en plâtre, œuvres de MM. Frère et Damé, et représentant les *Arts Décoratifs*, le *Bois*, le *Verre* et le *Fer*.

PALAIS DE L'AILE DROITE

Construits dans le même style que ceux qui leur font vis-à-vis, ils sont occupés par les sections étrangères du Meuble, de la Décoration des Édifices publics et des Habitations, et, en avant, par la Manufacture Nationale de Sèvres, du côté de la Seine, la Céramique, la Verrerie et la Cristallerie.

Sections Étrangères. A l'encontre des sections françaises, les groupes et les exposants étrangers ont rivalisé de splendeur et d'originalité dans la décoration de leur exposition.

C'est d'abord la **Russie** avec son *portail*

Céramiques, ses Orfèvreries au cachet byzantin, ses Cuirs, etc.

La **Belgique**, expose ses Faïences aux couleurs harmonieuses, ses belles Cheminées de marbre, ses Tapisseries d'Ingelmunster et de Malines, ses Glaces, ses Bronzes d'art et ses Vitraux, ses Objets en bois de Spa.

LES PALAIS DES SECTIONS ÉTRANGÈRES (*Cliché Robert*).

monumental*, des pavillons à clochetons et mosaïques du style moscovite ou byzantin; un dais russe, une galerie ouverte en acajou, de la Société pour le travail mécanique du bois. La Russie partage avec la Belgique tout le premier vaisseau. Elle nous envoie ses Meubles, ses Vases en lapis-lazuli, ses

L'**Allemagne** a obtenu par faveur spéciale la suppression des escaliers Eiffel-style qui ornent tout du long le grand hall et les a remplacés, à dr. par un escalier double d'un harmonieux ensemble avec grand palier et rampe de bois sculpté représentant des sujets de chasse,

— **A L'EXPOSITION** —

à g. par un escalier simple partant d'un vestibule bas.

Au milieu de la section du Fer, un *immense groupe de fer forgé*, un Aigle terrassant un Dragon, merveille d'habileté et de perfection, et deux statues equestres fièrement campées en avant d'un portique couvert, dont la voûte de marbre sculpté, de porphyre et de mosaïque, rappelle la Salle Verte de Dresde et le Château du roi Louis II.

Des vasques reçoivent l'eau qui s'échappe des gueules des monstres marins, et des panneaux de lapis-lazuli alternent avec des guirlandes de pierres grises courant derrière de hauts-reliefs de naïades. Le long d'une des parois de la galerie, une suite de Chambres toutes meublées, puis l'Exposition des Bijoutiers et des Orfèvres avec pour pièce de milieu une gigantesque fontaine de 3 m. de haut. d'une délicieuse sveltesse, groupant des génies et des nymphes d'argent sur de frêles arcs de bronze, relevé de plaques d'or et d'incrustations de pierres précieuses, envoyée par les orfèvres de Heilbronn. Nous revoyons naturellement les célèbres Jouets de Nuremberg.

Comme aux Machines, l'Industrie allemande a eu ici besoin d'une Annexe : un petit Cloître aux arcades courant entre les arbres de l'Esplanade, destiné à l'Exposition de l'Horlogerie, et au bout du cloître, une Chapelle où sont exposés les Ornements d'église et les Orfèvreries sacrées.

Après l'Allemagne, les **États-Unis**, dont les vitrines s'encadrent dans la colonnade blanche entourée d'une guirlande de fleurs dorées et qui s'annonce par son portail circulaire avec écusson.

Les États-Unis ont beaucoup développé leur *Orfèvrerie* par le procédé d'incrustation de metaux étrangers ; l'Horlogerie américaine demeure la redoutable concurrente de la France et de la Suisse. Leurs Meubles, art nouveau, sont intéressants.

L'Angleterre, pour attester la communauté de génie, occupe auprès des États-Unis un vaste emplacement au Rez-de-chaussée et la Galerie g. du premier étage. Il est difficile de faire un choix parmi tant de produits divers, l'industrie anglaise étant, en toutes choses, toujours au premier rang, avec un sens pratique que nous pouvons parfois lui envier. En parcourant ses vitrines, on sent qu'elles appartiennent à une nation qui a une aristocratie riche et puissante qui aime à la fois le luxe et le confortable.

Dans ces dernières années, l'Industrie anglaise s'est encore rehaussée d'un remarquable effort d'art, et cette tendance est caractérisée même dans les objets usuels. Nous voyons s'épanouir ici ce *Modern Style* que les Anglais ont copié dans leurs musées ou créé avec un art rudimentaire où se reconnaît le génie de la race, l'application de l'art à l'utile. Nous nous en sommes évidemment inspirés, et, en ce point, le génie français si purement artiste garde une supériorité incontestée. Le mobilier anglais est lourd, fabriqué avec madriers ; il y a des casiers à musique qui ressemblent à des buffets de cuisine.

L'Italie occupe en face de l'Angleterre un emplacement important. La Toscane, qui a conservé ses traditions artistiques, expose ses belles Mosaïques, ses Bijoux de style, ses meubles de luxe. Naples a les Coraux, mais elle a également ses *Tanneries*, ses *Mégisseries*, qui ont fait de grands progrès. Venise brille toujours par ses Cristaux de Murano, ses Verroteries qui ressemblent à des fleurs delicates et sompteuses, de couleurs et de formes ravissantes. Venise expose également de beaux Meubles et des Bronzes artistiques. Elle a des vitrines dignes de ses palais.

Rome tient une place honorable avec ses *Mosaïques* bien connues, ses trésors d'*Orfèvrerie*, ses bois sculptés et ses ornements sacrés.

La Suède est représentée par sa Céramique, son Orfèvrerie en filigrane d'argent, ses Tapisseries en pâte de bois, ses Papiers, ses Bijoux, etc.

Le Danemark s'ouvre par un porche massif avec ornements dorés. Nous retrouvons ses Vases, ses Tapisseries, ses Papiers travaillés imitant le cuir gaufré et ses Tentures.

La Hongrie est partout reconnaissable par ses Pavillons de style et son portique original.

L'Autriche a construit à l'usage de sa section un Pont et un Escalier monumental d'un curieux aspect.

L'Autriche sans son *verre de Bohême*, ses Pipes d'écume et de porcelaine et ses Horloges viennoises ne serait plus l'Autriche, mais de plus elle a son Orfèvrerie, sa Tabletterie (voir ses vitrines à filets de cuivre, avec des panneaux peints), ses Strass, ses Grenats, ses Meubles en bois recourbé ou incrustés, etc.

En **Espagne,** il faut voir les Poteries et les Cuirs repoussés, mais ce pays nous offre aussi des Meubles intéressants.

La Suisse occupe tout le premier vaisseau avec un Pavillon en bois sculpté très original, composé d'une série de petits chalets à vitrines très ouvragés qui supportent à leur tour une sorte de dôme affectant la forme du toit de chalet du plus pur style national. Une fois de plus il faut admirer l'habileté de ces si adroits metteurs en scène. Dès qu'on est entré dans cette jolie salle, on a tout de suite envie de se commander un chalet, tellement est heureux l'effet de ces marqueteries, de ces parquets, de ces sculptures sur bois et de ces découpures.

L'exposition suisse compte 158 représentants pour l'Horlogerie, 23 pour l'Orfèvrerie, tous de Genève, 11 pour la Joaillerie. Elle nous montre encore les Faïences multicolores bien connues, les Objets en bois sculpté.

Enfin le **Japon** termine au Rez de-chaussée cette revue des nations industrieuses. Le Japon est là avec ses Vases si variés aux dessins imitant la niellure, ses vases en bronze avec incrustations d'or et d'argent d'un travail si patient, avec ses Bois sculptés, ses Laques, ses Ivoires incrustés, ses Porcelaines.

Cl. 72 (*Céramique*). L'engouement pour la céramique, qui n'a fait que grandir depuis 1889, a donné à ses productions artistiques un essor inouï qui s'affirme à nos yeux. Les fabriques prospères se sont partout multipliées.

C'est grâce à l'impulsion donnée par le Japon que la céramique est actuellement si florissante. Ce peuple, qui a le culte de la céramique, nous a fait comprendre qu'on pouvait mieux faire que de copier éternellement les vases peints des Grecs.

De véritables artistes se sont adonnés à ces formes nouvelles et se sont efforcés d'adapter le grès cérame avec ses riches colorations à la sculpture ornementale, panneaux, bas-reliefs, portiques, escaliers, etc.

Ce sont ces recherches qu'attestent les remarquables expositions de la Société *Bigot*, de la Maison *Muller*, de la *Faïencerie de Choisy-le-Roi*. L'expérience est faite : cette matière belle et durable, avec les tons variés que donne le grand feu, convient à merveille à la décoration intérieure et extérieure de nos habitations, et l'on peut réaliser d'une façon économique la couleur dans l'aspect de la maison ordinaire comme de la maison de rapport. Il n'est pas plus coûteux de décorer une façade avec ces beaux grès flammés qu'avec de la pierre sculptée. On sait par les expositions de ces dernières années les merveilles qu'accomplissent les artistes céramistes, dont la renommée égale aujourd'hui celle de nos sculpteurs, de nos orfèvres et de nos ornemanistes les plus réputés. Si *Carrier-Belleuse* et *Deck* ne

sont plus en ligne, nous comptons *Bracquemond, Delaherche, Lachenal, Massier, Bigot, Chapelet, Damouze, Aubry*, et bien d'autres.

A citer dans cette section l'exposition de la Maison *Poulenc frères*, qui fournit ses Produits chimiques et matières premières à la plupart des grands céramistes.

Cl. 73 (*Verrerie et Cristallerie*). En débouchant au premier étage, il semble que l'on entre dans un monde merveilleux de féerie : c'est le PALAIS DE CRISTAL avec ses miroitements, ses transparences infinies, ses croisements de lumière scintillante.

Une fois qu'on s'est fait à cette vue, on peut remarquer où est le progrès et surtout le défaut.

Peu de nouveautés, peu d'originalité, du goût sans progrès. Il faudra l'effort de nos artistes épris d'art nouveau et l'entraînement de la faveur publique pour renouveler une industrie encore attardée.

ALLÉE DE LA RUE FABERT ⊙⊙⊙⊙⊙⊙⊙ L'Allée qui s'étend sur la R. Fabert s'ouvre par le Pavillon des *Fours de Verrerie et de céramique*, puis nous rencontrons successivement le Pavillon Alioth, l'Annexe du Japon, l'Annexe de l'Autriche avec le *Restaurant Viennois*, la *Boulangerie Hongroise*, une *Machine à Ciment* du Danemark, les *Chaudières Hartley* d'Halifax, l'Annexe de l'Industrie anglaise et le *Bar Anglais*; un Pavillon annexe des *États-Unis*. A remarquer, l'architecture de cette dernière; les arbres des quinconces sont renfermés à l'intérieur des colonnes, qui les garantissent.

Puis une Annexe de l'Allemagne et le CARRÉ RUSSE★ comprenant un groupe de maisons. Toutes ces annexes sont consacrées à la vente des produits exposés : elles n'ont pas de caractère officiel. A signaler le PALAIS DE L'IMPÉRATRICE MARIE★, bâti dans le style des *isbas* russes, et occupé par un Bazar de charité.

✦

L'ART DANS LA RUE ⊙⊙⊙⊙ Aux Invalides, à l'Entrée de l'Esplanade, côté du Quai.

Quand on se rend à l'Exposition par le Q. d'Orsay, on rencontre, à la hauteur de la R. de Constantine, une Porte originale, légère de formes et chatoyante de couleurs, telle que doit être une porte d'Exposition, qui n'est, en fin de compte, qu'une ouverture décorée dans une palissade. Cette porte, composée de plumes de paon, — en bois peint, bien entendu; —

est une des curiosités architecturales de l'Exposition, et elle indique bien ce que le promoteur de l'idée a voulu signifier par *l'Art dans la Rue*.

L'Art dans la Rue aurait pu être ce qui demeure : M. Franz Jourdain, restreignant une ambition au début très vaste, n'a pensé qu'à ce qui passe : la décoration de la fête publique. C'est pourquoi le projet de M. Collin l'a emporté sur le non moins artistique projet de M. Bellery-Desfontaines, dont la porte ne pourrait être construite en matériaux éphémères.

Les fêtes publiques voient s'élever des mâts, porteurs d'oriflammes ou de cartouches, des kiosques, des théâtres d'un jour, des enseignes, où toute la fantaisie des artistes et des... autres se donne carrière, des bancs « pour s'asseoir », comme disait, si l'on en croit Piron, une inscription célèbre de Beaune....

L'Art dans la Rue montre tout cela, et nous devons signaler le kiosque à fleurs, en céramique, de MM. Plumet et Muller, le kiosque à journaux, en sapin et treillage, — très gracieux, — de M. Bocquet, le kiosque de la *Correspondance*, de M. Selmersheim, où l'on trouve tout ce qu'il faut pour écrire ; celui des *Inventions parisiennes*, de M. Sauvage, où l'on voit ces petites merveilles mécaniques qu'aux approches du jour de l'an les camelots vendent sur les boulevards, et qui sont une des attestations les plus éloquentes de ce que l'âme de notre peuple renferme de génie.

Et voilà encore d'autres kiosques, tous différents, tous charmants, de Provensal, de Sauvage, de Collin, de Gardelle, et des baraques de Bocquet, et un Guignol, où une petite Loïe Fuller joujou éblouira peut-être de ses flammes-fleurs les yeux des enfants enthousiasmés.

MUSÉE RÉTRO-SPECTIF ●◉◉◉ Deci, delà, des mâts de M. Rissler, des bancs de MM. Muller et Fourié, puis nous voici devant le Palais de la Tapisserie, dont le rez-de-chaussée est occupé par le Musée Rétrospectif de *l'Art dans la Rue*, qu'a organisé M. Paul Eudel. Ce sont, dans autant de pièces séparées, les documents concernant les Fêtes populaires spéciales à chaque époque, tableaux, estampes, lampions, drapeaux, emblèmes, images, placés dans de véritables appartements du temps. C'est ainsi qu'on

aura, dans un ameublement pur Louis XVI authentique, la représentation des fêtes de son mariage et de sa... décapitation, par des pièces moins connues que les planches de Moreau le Jeune ou de Duplessis-Berteaux ; les fêtes du Directoire, dans un cadre Directoire ; celles de l'Empire, dans les meubles roides que l'on connaît ; les fêtes de la période romantique, qui va de 1820 à 1848, et celles, si brillantes, du règne de Napoléon III, de nos mères et de nos grand'mères, qui feront sourire les uns et soupirer les autres.

Ce musée rétrospectif n'est certainement pas le musée le moins original et le moins digne d'être étudié de l'Exposition. Il donnera, d'abord, une leçon de *style*, par le soin avec lequel chaque pièce reconstituera chaque temps. On n'y voit pas, comme dans nos salons mondains, ce mélange, parfois pittoresque, mais toujours inharmonique, de consoles Louis XV, de chaises empire, de poufs Grévy, de bahuts renaissance et de divans orientaux. Ce qui caractérise chaque époque, s'y trouve seul, et l'on se rend compte de ce qu'il y a d'exquis, de touchant même, dans la mise en son cadre d'un de ces petits riens qui furent la *coqueluche* d'un moment.

En outre, ce musée présentera cet intérêt, considérable dans une démocratie, d'être le musée du peuple, formé par lui, soit qu'il crée, soit qu'il inspire. Ici, ce sont les souvenirs commémoratifs que son ingéniosité inventa, là, la reproduction de ses enthousiasmes, de ses joies, de ses folies. « Les fêtes populaires, disait Talleyrand, leur inventeur avec Mirabeau, sont un ressort de la morale et conduisent les hommes au bien par la route du plaisir.... » Si les fêtes de notre siècle n'eurent pas le caractère général de celles de la Révolution, qui les précédèrent immédiatement, si l'on n'y connut plus ces fêtes, dont le titre seul est un programme, des *Époux*, de la *Reconnaissance*, de l'*Agriculture*, de la *Liberté*, des *Vieillards*, si enfin les réjouissances publiques furent surtout des parades militaires, ce qu'elles sont encore aujourd'hui, à part les plantations d'arbres de la Liberté en 1848, et les carnavals de l'Empire, elles n'en eurent pas moins un cachet particulier et, étant moins « un ressort de la morale » furent encore un tableau de mœurs.

Des Invalides au Champ de Mars

Cette Section, fort attrayante, comprend une série d'expositions toutes différentes, offrant les plus curieux contrastes. C'est d'abord la Rue des Nations, avec ses 23 Pavillons ou Palais, puis le Palais de l'Hygiène, qui forme une des ailes du Palais des Armées de Terre et de Mer, tout hérissé de canons. Enfin le Palais de la Navigation de Commerce précède celui des Forêts, Chasse, Pêche et Cueillettes, qui est le dernier Palais du Quai.

LA RUE DES NATIONS

Comme nous l'avons déjà dit, c'est Cosmopolis, la Ville Universelle dont les édifices empruntent à chacun des pays qu'ils représentent sa physionomie locale. Visiter ces Pavillons — quelques-uns sont de véritables Palais — c'est faire en quelques heures un voyage dans les grandes villes de l'Europe et de l'Amérique, du Nord au Sud, de l'Est à l'Ouest.

Nous visitons d'abord la ligne des Pavillons du côté du fleuve, puis, arrivés au Pont de l'Alma, nous revenons sur nos pas pour entrer dans les Pavillons de droite. Enfin, revenus au Pavillon de l'Italie, nous descendons dans les Sous-Sols des Pavillons placés en bordure sur le bas quai de la Seine, et qui sont réservés, soit à des Expositions Nationales, soit à des Restaurants ou l'on sert les boissons et la cuisine du pays.

ITALIE (Pavillon de l'). A l'entrée de la R. des Nations (Pont d'Iéna), en face (de l'autre côté de la Seine) du Pavillon de la Ville de Paris.

A l'aspect d'une immense Cathédrale et d'un palais dont l'ornementation extérieure très riche et très pittoresque est empruntée à l'art gothique et à la Renaissance.

C'est un fouillis d'ogives, de colonnes minces et fuselées, se détachant sur de grandes murailles blanches et rouges simulant des marbres précieux; ce sont des entablements, des niches multiples portant des génies, des amours, des saints, des saintes, des écussons, des pylônes fleuronnés dominant les frises, enfin une véritable débauche de marbres colorés, de stucs, de dorures, de sculptures et de mascarons.

De chaque côté, un grand portique central orné et surmonté de statues. A chaque angle une coupole, et au centre un dôme doré surmonté d'un aigle aux ailes déployées triomphalement.

Intérieur A l'aspect d'une grande nef de cathédrale, s'élargissant au centre en une vaste coupole à calotte dorée, dont les pendentifs sont peints à fresque de motifs décoratifs aux tons clairs sur fond bleu. Les bas côtés ménagés latéralement sont ornés de plafonds à poutres saillantes, précieusement enluminés d'iris et de marguerites. Au-dessus des bas côtés court une galerie formant premier étage, qui semble toute tendue de velours rouge.

La baie centrale est éclairée par des vitraux de couleur, et les galeries par un plafond de verre.

REZ-DE-CHAUSSÉE ⊚ Formant une seule Salle : Exposition de Vitraux et de Verres Colorés. — Une importante section de Céramique; les envois de Florence sont surtout remarquables et maintiennent la vieille réputation des céramistes italiens. — Même remarque pour les belles Verreries et cristalleries de Murano, la gobeletterie et les émaux, les magnifiques Dentelles en point de Venise, les Bronzes et les métaux repoussés.

Il faut encore mentionner les nombreuses pièces d'orfèvrerie romaine *, dont plusieurs sont de véritables chefs-d'œuvre.

PREMIER ÉTAGE ⊚ Les Galeries du 1er étage sont occupées par les Expositions des Ministères de l'Industrie et du Commerce, et de l'Instruction publique.

SOUS-SOL (Sur la berge de la Seine; on y descend par un Escalier extérieur du côté du fleuve). Exposition et Salon de Dégustation des meilleurs vins et liqueurs d'Italie : vins du Piémont, de la Toscane, de Naples et de Capri, de la Si-

— A L'EXPOSITION —

LA RUE DES NATIONS : ITALIE

cile, de Syracuse, Asti, Marsala, Lacryma Christi, etc.

❧

TURQUIE (Pavillon de la). Entre les Palais de l'Italie et des États-Unis.

Massif et carré, flanqué à l'angle dr., sur la Seine, d'une grosse tour avec terrasse s'ouvrant sur le fleuve par un grand porche ogival fleuri de briques de couleur, et latéralement par de larges baies et d'autres galeries ogivales enrichies d'arabesques, de céramiques, d'inscriptions, de sentences, de proverbes en émail blanc; éclairé par une rangée de petites fenêtres carrées, et une autre rangée de vastes fenêtres décorées de baldaquins de précieuses étoffes; se coiffant capricieusement de toits cintrés qui s'incurvent et se retroussent pour rejoindre les corniches saillantes et festonnées, ce Palais, inspiré des meilleurs spécimens de l'Architecture Turque, redit toute la poésie éclatante de l'Orient.

C'est le premier édifice de style purement turc élevé à Paris. Jusqu'ici, pour nous donner des spécimens de l'architecture orientale, on s'était toujours inspiré de documents égyptiens ou tunisiens, c'est-à-dire arabes. Le Pavillon Ottoman est comme une synthèse des meilleurs modèles de style turc : on y retrouve des fragments du Vieux Sérail, ancienne résidence des sultans; du Grand Bazar de Constantinople; de la Fontaine du sultan Ahmed; de la célèbre Mosquée de Brousse; des Mosquées Iéni-Djami, Suleïmanich, à Constantinople; et du Palais de Seraskerat.

Les caractéristiques de cette architecture sont : la coupole recouverte de plomb, les toits retroussés à la chinoise, l'emploi judicieux de la céramique, et les fenêtres tantôt carrées, tantôt ogivales, ces dernières étant plus spécialement arabes. L'ensemble, loin d'offrir le bariolage qu'on nous a montré jusqu'ici comme le modèle du genre, est d'une grande sobriété, d'une teinte blanche, que rehaussent les bleus verdâtres de la céramique.

Intérieur Sous le Porche, décoré de toiles peintes qui imitent des tapisseries de Smyrne, — le fond est cloisonné de vitraux, — quatre Bazars sont installés qui offrent aux visiteurs des Par-

TURQUIE   ÉTATS-UNIS   AUTRICHE

fums et des échantillons de Tabac turc.

REZ-DE-CHAUSSÉE ⊙ La grande Salle du Rez-de-chaussée et les Galeries de droite et de gauche sont occupées par un Café Syrien dont les boiseries sont venues directement de Damas. Orchestre arabe; estrade réservée à des Exercices de Souplesse, d'adresse, d'agilité, et spécialement à ces *danses guerrières*, à ces jeux du sabre qui firent sensation lors des fêtes offertes à l'Empereur d'Allemagne pendant sa visite à la ville de Damas. La troupe est la même.

Voir également, au fond de la salle, un petit *Panorama* mouvant du *Bosphore*.

ENTRESOL L'Entresol est consacré au Musée des Janissaires ★ (gardes du Sultan); collection des costumes portés, pendant les siècles derniers, par tous les hauts personnages de la Cour.

PREMIER ÉTAGE ⊙ Salon d'Honneur meublé d'objets de prix collectionnés dans l'Asie Mineure, l'Anatolie, la Palestine, etc. Les Tapis, les Broderies, les Meubles incrustés de nacre, les Cuivres fouillés et repoussés, ont retrouvé toute leur valeur artistique sous le plafond de fleurs et d'arabesques peint par un artiste de Constantinople qui s'est inspiré des meilleurs modèles épars dans les palais de son pays.

À côté de ce salon s'étalent les Tapis de la Manufacture impériale de Héréké et de la fabrique Dalsème, à Ouchak. À remarquer aussi les Porcelaines imitées des manufactures de Sèvres et de Bohême, et les plus beaux modèles de l'Orient.

Pour se reposer, on peut entrer dans un *Bar* de dégustation où abondent les pâtisseries et les boissons turques.

DEUXIÈME ÉTAGE ⊙⊙ Exposition de Broderies, Tapis, Cuivres ciselés, Minerais, Spécialités Pharmaceutiques.

À signaler: une reconstitution de *Jérusalem* et *Bethléem*. Vue très exacte du St-Sépulcre, de l'intérieur de la Basilique Ste-Anne, de la grotte de la Nativité, des principales stations de la *Via dolorosa*; le tout est complété par un petit diorama de la *Vallée de Josaphat*.

Sur la Terrasse, Restaurant Turc, avec chœurs constantinopolitains et orchestre composé de violons, guitares, tambours longs, tambours de Basque, clarinettes,

A L'EXPOSITION

BOSNIE HONGRIE GRANDE-BRETAGNE

autres instruments à anches dont le son ressemble à celui du hautbois.

La Terrasse, située à plus de 20 m. de hauteur, permet de découvrir une *vue splendide* ★ de l'Exposition : à dr., la Porte Monumentale, le Pt Alexandre III, les deux Palais des Beaux-Arts ; — en face, le Pavillon de la Ville de Paris, les Serres de l'Horticulture ; — à g., le Pavillon des Congrès et le Vieux Paris. En se retournant, on a à dr. les flèches, les pylônes, les coupoles des palais de l'Esplanade des Invalides, et à g. les vastes dômes, les frises découpées, hérissées, des palais du Champ de Mars.

Au soleil couchant, dans la pourpre de l'or, le spectacle est un des plus grandioses que l'on puisse rêver.

❧❧❧

ÉTATS-UNIS (Pavillons des).

Entre ceux de la Turquie et de l'Autriche.

Une sorte de Panthéon américain, de style pompeux et classique. Du côté de la Seine, la façade principale, qui s'ouvre en arc de Triomphe, est surmontée d'un quadrige monumental : *la Liberté sur le Char du Progrès*. Quatre chevaux lancés au galop, en éventail, sont guidés par deux enfants qui symbolisent les deux formes du progrès intellectuel et physique ; sur le char se tient debout une jeune femme qui représente la Liberté. Cette œuvre de belle allure est due à MM. Daniel, C. French et C. Potter. Entre les colonnes, la statue équestre de Washington, reproduction du bronze de M. Proctor offert à la France par les femmes d'Amérique pour être érigé le 3 juillet 1900 sur la place d'Iéna. Les deux figures du tympan sous la niche aux couleurs éclatantes sont de M. Mac-Neil.

Les frises du bâtiment sont ornées d'attributs guerriers.

Au sommet du dôme de 51 m., qui domine le Pavillon, l'aigle des États-Unis déploie ses grandes ailes d'or.

Intérieur

Un vaste hall que recouvre une coupole aérienne décorée de peintures allégoriques, dont la plus belle montre, dans un nimbe d'une blancheur éblouissante, une femme symbolisant l'Amérique ; du regard elle semble bénir les travailleurs épars à sa

PERSE   BELGIQUE LUXEMBOURG   NORVEGE   FINLANDE

droite et à sa gauche : d'un côté sont les travailleurs de la terre, robustes paysans fiers de leurs muscles, au milieu des moissons que leur sueur a fait germer, et près d'eux leurs femmes allaitant leurs enfants ; — de l'autre côté, les travailleurs de l'industrie forgent le fer. L'ensemble de ces décorations a été exécuté sous la direction de M. Millet, Américain descendant de Français.

Deux escaliers circulaires partent en diagonale pour desservir les trois étages ; deux ascenseurs de système américain remplissent le même office.

Le hall et ses balcons servent à la circulation : à chaque étage, à dr. et à g. et au fond, des salles s'ouvrent pour les réceptions officielles ou intimes.

L'Américain retrouve ici son *home*.

« A l'intérieur de ce monument, a dit M. Woodward, l'Américain sera chez lui, avec ses amis, ses journaux, ses guides, ses facilités sténographiques, ses machines à écrire, son bureau de poste, son bureau de change, son bureau de renseignements, et même son eau frappée. »

L'Exposition des États-Unis ne se trouve donc pas ici.

La nuit, des rampes électriques dessinent la silhouette et les grandes lignes architecturales de l'édifice : cette installation « dernier bateau » est également due à des industriels américains.

SOUS-SOL Un passage libre a été ménagé pour les piétons ; derrière ce passage est installé un restaurant américain.

❧

AUTRICHE (Pavillon de l'). Entre ceux des États-Unis et de la Bosnie. Ce Pavillon a grand air, malgré la simplicité de lignes de son architecture qui rappelle un peu le style Louis XIV.

C'est une sorte de rendez-vous de chasse, gai, pimpant, tout orné de masques amusants et grimaçants, décoré de festons et de guirlandes, évoquant l'idée de quelque maison de folie et de joyeux pique-nique.

Du côté de la Seine, un portique à doubles colonnes avec armoiries seigneuriales supporte un élégant balcon sur lequel s'ouvre une grande baie toute rehaussée de rinceaux et d'astragales, et que surmonte l'aigle d'or d'Autriche, à deux têtes.

A L'EXPOSITION

ALLEMAGNE   ESPAGNE   ROUMANIE   MONACO

Au sommet de l'édifice, un attique avec trophées guerriers. A chaque angle, un petit dôme qui ressemble à un baldaquin à glands d'or.

Des deux côtés de l'entrée, une niche où bruit une fontaine retombant dans une grande vasque où des Amours enfants jouent avec des dauphins qu'ils chevauchent.

REZ-DE-CHAUSSÉE  Un grand Vestibule conduisant au Hall central, en face d'un Escalier monumental aux rampes formant des volutes massives.

1re Salle, à dr., Salon de Réception, décoré par une des premières maisons de Vienne, et réservé aux membres de la Famille Impériale.

2e Salle, Exposition de la Presse, avec, au *fond*, une 3e Salle servant de Salle de Lecture.

4e Salle, Au fond, Exposition des Stations balnéaires et des Eaux minérales d'Autriche : collection d'Aquarelles représentant les Stations balnéaires.

5e Salle, à g. Exposition de la Ville de Vienne. Tableaux et graphiques indiquant le développement de la Ville ; Métropolitain, Architecture, etc.

PREMIER ÉTAGE Deux des côtés sont réservés à une Exposition des Beaux-Arts, surtout l'art Tchèque et l'art Polonais.

3e Salle, Au fond, Salon de Réception du Commissaire général.

4e Salle, Exposition de la Dalmatie : belles et curieuses Tapisseries.

5e Salle, Celle-ci est encore réservée à la Dalmatie : Musée Ethnographique, Costumes divers, etc., collections de photographies et de tableaux représentant les plus beaux paysages de cette contrée, une des plus belles, des plus pittoresques du littoral autrichien, le long de l'Adriatique. « Quand on descend du côté de Fiume, la capitale dalmate, par les terrasses naturelles étagées en plateaux successifs, nuancés de végétations aux mille couleurs, aux mille formes, aux mille odeurs, on découvre tout à coup la mer brillante, limpide et bleue comme un ciel tombé et dont les débris étincelants encadrent comme de miroirs les petites îles du Quar-

SUEDE   GRECE   SERBIE

nero. Le coup d'œil est un éblouissement et un ravissement. Le golfe se déploie dans sa radieuse beauté avec ses jolies rades, ses promontoires gracieux, ses anses tranquilles, ses criques, ses ports d'une fine et capricieuse découpure, ses côtes et son littoral parés d'un éternel printemps. Des villas toutes blanches se dressent comme de petits yachts de plaisance sur les vagues parfumées de cette végétation paradisiaque, profonde et ondoyante, roulant ses fleurs d'orangers et de citronniers comme des franges, comme des dentelles d'écume marine. » (V. Tissot, *Voyage au pays des Tziganes*.)

Tout près de Fiume, « qui avance dans la mer les deux bras de son port, comme pour les ouvrir amicalement aux navires qui arrivent, » se trouve la délicieuse station balnéaire et hivernale d'Abbazia, cachée comme un nid dans les fleurs.

C'est l'Alger de l'Adriatique. Plusieurs vues.

6ᵉ Salle. Exposition des Postes et Télégraphes de l'Autriche.

BOSNIE (Pavillon de la). Entre les Pavillons de l'Autriche et de la Hongrie.

Son Pavillon se détache tout bleu et tout blanc, en note joyeuse, sur les murs sombres et lugubres de la vieille Tour hongroise de Komorn. Du côté de la Seine, de jolis balcons d'un travail merveilleux exécuté par les ébénistes de Serajewo ; puis une grande terrasse toute verte, toute fleurie, dominée par une haute tour, une *kouba*, c'est-à-dire un vieux donjon bosniaque. Autrefois, la demeure des nobles du pays était une petite forteresse. La décoration de la loggia rappelle celle d'une mosquée de Serajewo.

A dr. de la Porte principale, le *Douchen*, la boutique du bazar bosniaque, avec ses marchands fabriquant eux-mêmes sous les yeux du public les filigranes, les babouches (*opankès*) qu'ils vendent.

Entre la vieille Autriche et la vieille Hongrie, la Bosnie ressemble à une jeune fille que ses parents conduisent pour la première fois dans le monde. Mais, dans ce monde chrétien où on l'introduit, la jeune catéchumène a conservé son aspect musulman, elle est comme enveloppée tout en-

A L'EXPOSITION

~tière de ses voiles et n'ose regarder qu'à travers ses moucharabies.

REZ-DE- ⑩ CHAUSSÉE En entrant, le visiteur voit dans le fond le panorama de *Serajewo* ★, la capitale de la Bosnie, avec ses tours, ses minarets, ses dômes, ses terrasses, ses bouquets d'arbres, tout cela découpé en silhouette et coloré d'une lumière d'or. Et de chaque côté, à dr. et à g., les deux plus beaux sites du pays : la *Cascade de Yaïtze* et la *Source de la Buna*, près de Monastir. L'eau qui coule est de l'eau naturelle. Un splendide arc-en-ciel s'irise au-dessus de la cascade de Yaïtze dès qu'apparait un rayon de soleil. Des jeux de lumière électrique reproduisent à s'y méprendre le merveilleux arc-en-ciel.

Des peintres bosniaques ont décoré les murs du rez-de-chaussée. Les belles compositions qui ornent les murs superieurs sont du célèbre artiste slave, M. Mucha, que ses grandes et belles affiches pour Sarah Bernhardt ont rendu célèbre du jour au lendemain. Si Mucha a toute la fougue de la jeunesse, il en a aussi la foi. Il peint avec vérité, avec sincérité. En de superbes toiles, il a retracé toute l'histoire de la Bosnie : l'*Époque romaine*, l'*Invasion slave*, le *Commencement du christianisme*, le *Couronnement du premier roi de Bosnie*, l'*Époque turque*, la *Construction de la mosquée de Serajewo*.

La belle composition du fond : les *Fruits de la Civilisation et des Arts*, est aussi de Mucha, qui se révèle dans toutes ces grandes compositions comme un peintre d'histoire de premier ordre.

À dr. et à g. de la Porte d'entrée, décorée de portières et d'étoffes du pays, un *Haremlik* musulman ★ et un *Intérieur* bosniaque moderne.

La Pièce de dr., reproduction d'un Harem de Serajewo, est ornée d'incomparables boiseries et d'un plafond oriental en bois sculpté et doré. La nuit, les matelas sont tirés des armoires et étendus à terre, sur les tapis, comme des lits de camp.

La Pièce de g. nous montre un Intérieur moderne meublé par une maison parisienne. C'est le harem à la portée de toutes les religions.

Au milieu du hall, en costume national, des ouvriers et des ouvrières des ateliers du gouvernement tissent des tapis, brodent à l'aiguille, et l'on voit travailler des élèves de l'École de Damasquinage et de l'École d'Incrustation, dont les petites merveilles sont exposées autour d'eux.

Dans les Galeries latérales : à dr. Exposition du Musée national de Serajewo : collections ethnographiques et archéologiques, antiquités préhistoriques ; dans la galerie de g. : Exposition de Tapis et de Broderies.

PREMIER ÉTAGE ⑩. Une Tribune avec orchestre bosniaque composé de 20 musiciens dont 2 femmes en costume national, et, dans les Galeries latérales, Exposition officielle des départements de l'Agriculture, des Travaux publics et de l'Instruction publique.

Le grand developpement qu'a pris cette province autrichienne, ses rapides progrès dans la voie de la civilisation, sont l'œuvre presque personnelle du ministre des finances d'Autriche-Hongrie.

SOUS-SOL Décoré de deux peintures de M. Kauffmann : *Ouvriers dans une forêt vierge* et *les Salines de Dolnai Fuzla*. Exposition des Mines et Forêts.

Les richesses minérales de la Bosnie sont encore peu connues ; quantité de mines de houille, de fer, n'attendent que le moment d'être exploitées. L'industrie des bois, dans un pays ou existent encore des forêts vierges, se développe chaque année davantage. L'abondance des chutes d'eau rend facile l'établissement des scieries et des usines.

Sur la berge même de la Seine, sous des draperies de plantes grimpantes, un *Restaurant Bosniaque* a installé ses petites tables aux nappes blanches. On y boit et on y mange au frais, tandis que les bateaux défilent sur la Seine et que l'orchestre, qui joue des airs et des mélodies bosniaques, vous transporte en pensée sur quelque terrasse ombragée de Serajewo.

HONGRIE (Pavillon de la). Entre ceux de la Bosnie et de la Grande-Bretagne.

L'une des plus brillantes reconstitutions de la Section Étrangère, ce Pavillon reproduit les merveilleux échantillons de l'Architecture Hongroise, de l'époque romane à l'époque moderne.

En avant, du côté de la Seine, c'est la masse sombre et imposante de la vieille tour de la citadelle Komorn, deux fois prise par les Turcs, puis par les Impériaux (1597), et enfin longuement assiégée par les Autrichiens en 1849. Coiffée d'un toit pointu orné de hautes lucarnes, avec un chemin de ronde couvert, elle est carrément, en guerrière, campée sur ses énormes pieds de pierre, ménageant à sa base un passage ogival. Elle est protégée par une Vierge et son divin Enfant, sous un dais, qui bénissent le fleuve.

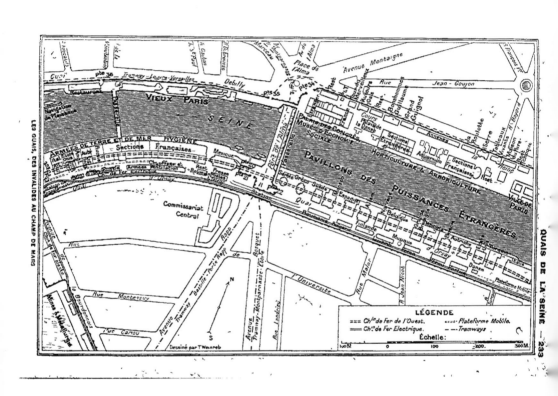

LÉGENDE

═══ Ch.in de Fer de l'Ouest.   ■■■■ Plateforme Mobile.
═══ Ch.in de Fer Electrique.   ─ ─ Tramways.

Échelle:

100M.   0   100   200   300M.

La porte de la tragique tour franchie, c'est une autre merveille architecturale qui s'offre aux yeux: un fragment de la Façade du célèbre château de Vajd-Hunyad, en Transylvanie. Hunyad, que l'histoire appelle aussi Jean Corvin, est le héros légendaire de la Hongrie, qu'il empêcha, par ses victoires, de tomber sous le joug des Turcs. Il les défit devant Hermannstadt; les rejeta au delà du Danube, franchit les Balkans et imposa la paix au Sultan Amurat.

En 1456, Mahomet II étant venu assiéger Belgrade avec une armée de 150 000 Ottomans, Hunyad fit une levée en masse, enrôla des serfs et jusqu'à des moines et arrêta ainsi le débordement musulman sur l'Europe. Son château était tombé en ruines sous le gouvernement autrichien. La Hongrie l'a reconstruit sur son plan primitif. C'est à la fois un château fort et un palais. La femme du roi était italienne et avait fait venir des artistes de son pays pour établir sur l'un des bastions une « galerie vénitienne », ornée de peintures, de glaces, de faïences, de pièces sculptées. « De cette promenade circulaire, dit un historien, la reine pouvait au besoin se donner le plaisir de voir déchirer les condamnés jetés à ses pieds dans la fosse aux ours. »

Les petites tourelles rondes posées sur leurs massifs piliers comme sur des socles de pierre, sont d'une originalité charmante et amusante, avec leurs toits en éteignoir surmontés de girouettes.

Le côté regardant le Pavillon de la Grande-Bretagne se compose de la reproduction de la Nef gothique de l'église St-Michel de Coutorhohély et de la façade d'une maison du prince Klobusiczky à Eperies, en style rococo et baroque fort à la mode sous Marie-Thérèse.

REZ-DE-CHAUSSÉE  L'Entrée principale, *du côté opposé à la Seine*, sur le Quai d'Orsay, est composée d'une reproduction du magnifique Portail en plein cintre de l'abbaye de Iak, tout fleuri de sculptures, avec deux rosaces cu-

PAVILLON DE LA HONGRIE
Côté opposé à la Seine.

rieuses, qui l'encadrent, des niches peuplées de saints, une galerie supérieure, aux arcades mystérieuses qui évoquent les rêveries mystiques du cloître.

Au Vestibule, à g. et à dr, encore deux admirables Portes empruntées, avec leurs vieilles fresques, à l'abbaye romane de Iak. A g., c'est le roi Ladislas qui conduit sa fille au couvent; à dr., c'est Ladislas en campagne, avec ses soldats mourant de soif, pour qui il renouvelle le miracle de Moïse en frappant un rocher de son épée.

Entrez, à dr., dans « une Chambre hongroise », décorée à l'ancienne mode; puis passer dans la *Salle de l'Hôtel de Ville de Presbourg* ★, en style gothique, avec de fines nervures portant au centre les armes des comitats hongrois. On entre ensuite dans la *Grande Salle des Chevaliers* ★, décorée de peintures naïves, reproduction des fresques qui ornent la même salle au château d'Hunyad.

A l'extrémité de la Salle, reproduction de la Nef de la *chapelle de Donersmark* ★, dans les Carpathes (style Gothique).

En continuant à g., on traverse plusieurs Pièces décorées à la hongroise, et l'on se retrouve à la Porte d'entrée, en face de l'escalier qui conduit au

PREMIER ÉTAGE  Se pencher du côté du Cloître, qui forme Cour Intérieure et qui est aussi une reproduction d'un fragment du cloître de l'abbaye des Bénédictins de Iak. Le Portail est un bijou d'architecture romane, avec sa tête de Christ finement sculptée, et au-dessus les figures symboliques des quatre Évangélistes (xie s.).

Le bel Escalier gothique décoré de fresques à la manière hongroise conduit dans la Salle des Hussards ★, composée, spécialement pour l'Exposition, de divers morceaux empruntés aux vieilles demeures magyares. Le singulier chasseur tout nu qui court, armé de sa lance, sur un sanglier vert, est une copie d'une ancienne fresque du château de Hunyad. Les niches

A L'EXPOSITION

qui regardent sur la Seine sont également empruntées au palais de Jean Gorvin. Le plafond est d'une richesse inouïe. Les murs sont décorés de deux grandes peintures de Paul Vago et de fresques rappelant les principaux épisodes militaires des Hussards hongrois et etrangers.

Dans les vitrines, curieuse Exposition d'objets et de gravures se rapportant à l'histoire des Hussards.

L'origine des hussards est fort ancienne, elle remonte à l'an 1458. La Hongrie était alors envahie par les hordes turques. Il fallait leur opposer une cavalerie aussi intrépide et aussi légère que la leur. Le gouvernement ordonna la levée, dans chaque village, d'un homme sur vingt (d'où le nom *huszar*, c'est-à-dire vingtième).

Les hussards firent aussi des prodiges pendant la guerre de Trente Ans. En 1637, Louis XIII envoya quelques compagnies de hussards qui se distinguèrent dans la poursuite de l'ennemi. Louis XIV en créa un régiment; à la veille de la Révolution, la France en avait 6 régiments. La gravure et la peinture les ont rendus légendaires, avec leur dolman, leur pelisse, leur pantalon collant, leur shako orné d'un plumet de soie noire, leurs nattes, leurs cadenettes, leur queue, leur sabretache et leur sabre recourbé.

De la Salle des Hussards, qui est en même temps le Salon officiel, passer, à dr., dans une Chapelle et suivre l'enfilade de Pièces décorées d'ornements bizarres, de style baroque, datant du règne de Marie-Thérèse.

Le Pavillon de la Hongrie est consacré tout entier à une exposition d'Objets Historiques des plus rares et de la plus haute valeur. Les vitrines succèdent aux vitrines, du rez-de-chaussée au premier étage, montrant à chaque pas de nouvelles merveilles, des collections d'armes superbes, des étendards, des vases sacrés, des manuscrits. Des étiquettes renseignent le visiteur sur chaque objet.

SOUS-SOL Aménagé en czarda (auberge hongroise). Salle de Dégustation des fameux vins de la Hongrie, le Tokay, entre autres, qui a, suivant le proverbe magyar, « la couleur et le prix de l'or ». — Récolté pour la première fois au XIIIe s. A côté du Tokay, citons le Ménessi, son rival, des environs d'Arad, en Transylvanie. Vins également très appréciés de Vesprem, d'Oldenbourg, de Presbourg et de Bude. On pourra goûter, en même temps, à la cuisine Nationale : le poulet au *paprika*, le *goulasche*, etc.

Orchestre de Tziganes.

GRANDE-BRETAGNE ❸

(Pavillon de la). Entre ceux de la Hongrie et de la Belgique.

Un noble Manoir anglais, très simple, très élégant, très confortable, qui semble construit d'hier, et fut bâti au XVIIe s. sous le règne de Jacques Ier, que Henri IV avait surnommé « maître Jacques ». — Tel qu'il est sur la berge de la Seine, tel il existe encore, sous le nom de « château de Kington House », à Bradford-s.-Avon, Wiltshire, au N.-O. de Salisbury.

Cette élégante construction en briques rouges, avec de larges et hautes fenêtres encadrées de moulures, des portes blasonnées, des tourelles et des bow-windows, a un aspect tout à fait moderne.

Il est destiné à servir de résidence au prince de Galles pendant sa visite à l'Exposition.

Entrée par la façade donnant sur la Rue.

REZ-DE-CHAUSSÉE ❸ La Grande-Bretagne a fait de son Palais un type de maison modèle, décorée et meublée avec beaucoup de goût et en styles différents par les premiers tapissiers et ébénistes de Londres.

1re Salle. On pénètre tout d'abord dans un Hall spacieux et bien éclairé, décoré de grands panneaux de chêne et de tapisseries d'après Burne-Jones, le plus célèbre des peintres préraphaelites suscités par les doctrines idéalistes de Ruskin. Sa peinture est d'une poésie éthérée, angélique, surhumaine.

2e Salle. A dr., Exposition de la Bibliothèque de la ville de Bath, voisine de Kington House.

Après avoir traversé le Corridor, on pénètre dans la

3e Salle. Beau Salon de Réception orné de meubles et d'objets d'art.

4e Salle. A g. Autre grand Salon.

5e Salle. A dr. du salon de réception, vaste Salle à Manger moderne; meubles d'une des premières maisons de Londres. De là on passe dans les Dépendances; puis, revenant dans le Couloir, on monte au 1er étage par un bel Escalier de marbre.

PREMIER ÉTAGE ❸ La 1re Salle forme une grande Galerie copiée sur celle du château de Kington House; elle est ornée de tableaux des maîtres anglais du XVIIIe s. et du XIXe s. Les meilleures œuvres de Reynolds, de Gainsborough, de Hoppner, de Beechey, de Turner, etc. ont été prêtées par les musées nationaux de l'Angleterre:

Les 4 autres pièces comprennent deux Chambres à Coucher, un Cabinet de Toilette et une Salle de Bains, servant également d'exposition au Mobilier moderne. L'Angleterre a voulu nous faire pénétrer dans sa vie intime, nous montrer son bien être dans ses riches, confortables et artistiques intérieurs, elle a voulu nous présenter le type idéal de la maison moderne, meublée et aménagée avec toutes les ressources de l'art et de l'industrie, selon les goûts et les tendances de notre époque de transition et de renouveau.

Au **Sous-sol,** sur la berge même de la Seine, Exposition générale d'*Engins contre l'Incendie* **, avec échelles, pompe à vapeur, etc.

꤀ꤥꤟ

BELGI- QUE ⚙⚙
(Pavillon de la). (Entre ceux de la Grande-Bretagne et de la Norvège, en face du Pavillon du Luxembourg.)

C'est une haute et noble façade percée d'une multitudes de gracieuses fenêtres ogivales; c'est un fouillis charmant de sveltes et gracieuses colonnettes; ce sont des rosaces d'une floraison superbe, des niches

PAVILLON DE LA BELGIQUE

avec des statuettes charmantes sous des dais de pierre finement brodés, des serpents, des lézards, des crocodiles caches sous les feuillages, enchevêtrés aux tiges. Et c'est, au milieu, un beffroi évidé et fouillé comme un ivoire, avec une horloge a carillon et au grand cadran où le pas des heures est marqué en chiffres d'or.

Un héros légendaire, un fier guerrier portant haut la bannière des Flandres, se tient debout sur la couronne protectrice de l'édifice qui reproduit l'Hôtel de Ville d'Audenarde, dans les Flandres, construit en 1530 par l'architecte Van Pede, qu'on pourrait appeler le Benvenuto Cellini de la pierre, car jamais façade n'a été ouvrée avec plus d'art, plus de fantaisie, plus d'amour. Elle est vivante dans sa forêt de nervures, d'aiguilles, de pignons, de colonnettes, de plantes, de feuilles, de fleurs et d'animaux.

REZ-DE- CHAUSSÉE ⚙ Composé de trois pièces. Une d'elles est réservée à la Presse Belge et sert en même temps de Salon de Lecture et de Correspondance. Le Comité de la Presse a organisé là une exposition de tous les Journaux Belges, quotidiens et périodiques.

Dans les deux autres Salles, l'Exposition des beautés pittoresques et attractions de la Belgique. Sur les murs, vues panoramiques, en camaïeu, des plus beaux sites et des monuments les plus remarquables de Bruxelles, Anvers, Gand, Liège, Louvain, Ypres, Bruges, Audenarde, la Grotte de Han, etc. Sur les tables, des albums de photographies avec des reproductions artistiques.

PREMIER ETAGE ⚙ Dans la grande Salle, une reproduction de la fameuse Cheminée ✶ polychromée de l'Hôtel de Ville d'Audenarde.

Les parois de la salle sont ornées de Peintures, du haut en bas.

A remarquer aussi de belles Tapisseries du XVIᵉ siècle gracieusement prêtées par M. de Sourzé ✶, un riche Mobilier ancien, etc.

A côte, la Salle Échevinale transformée en salon de réception et également ornée de très belles tapisseries.

SOUS-SOL Les Brasseurs belges y ont installé un Cabaret Flamand dans le style de l'édifice. On y débite les excellentes bières belges. Buffet froid.

꤀ꤥꤟ

NORVÈGE
(Pavillon de la). Entre les Pavillons d'Allemagne et de Belgique.

Tout rouge, avec d'étranges poissons rouges découpés dans le bois et courant sur un fond vert, avec ses fenêtres blanches, il avance jusqu'au bord de la Seine son immense balcon rouge à filets blancs. Il est là, pittoresquement posé sur le fleuve, comme sur une falaise au bord d'un *fjord* de la mer du Nord.

Sur son premier toit, qui se prolonge en auvent, chevauche un second toit aux petites tuiles vertes comme des écailles, et qui porte deux clochers aigus, terminés en pointe d'aiguille.

Sous la grande voûte formée par le 1ᵉʳ étage et le balcon, de très curieuses stalles grossièrement sculptées, telles qu'on en voit dans les maisons rustiques de Norvège. Le soir, la famille s'assied sur ces bancs bien abrités pour causer, deviser de ses affaires, voir le spectacle de la mer.

REZ-DE-CHAUS-SÉE ●● Grand Hall, au milieu duquel est exposée une réduction du Fram (*En Avant!*), le bateau du célèbre explorateur *Nansen*, qui tenta de gagner le Pôle Nord et fut considéré comme mort pendant près de deux ans.

Au fond, de grands rochers sur lesquels toutes les espèces d'oiseaux des côtes de la Norvège semblent s'être abattus.

Tout autour de la salle sont disposés des Tableaux, a-

PAVILLON DE LA NORVÈGE

quarelles, dessins représentant la vie norvégienne, puis des collections d'engins de Pêche, parmi lesquels ceux de la *pêche à la baleine ★*.

Les phoques, les morses, les baleines deviennent plus rares, et ne sont plus chassés que par les pêcheurs de l'extrême Nord, de Hammerfest et de Tromsö, qui s'aventurent avec leurs barques jusque dans l'océan Glacial.

La Norvège est le paradis des pêcheurs. Ses cours d'eaux encombrés de roches, traversant de silencieuses forêts, sont peuplés de truites et de saumons. C'est un sport à la mode aujourd'hui d'aller pêcher en Norvège comme on va chasser dans l'Afrique australe.

Les mers qui baignent les côtes norvégiennes et qui s'avancent en petits golfes ont

des profondeurs de 200 à 400 mètres, où foisonne le poisson. La morue abonde près des îles Lofoden. On en prend deux fois plus qu'à Terre-Neuve. En été et en automne, la pêche du hareng occupe une bonne partie de la population.

En face de cette curieuse Exposition de pêcherie se trouve l'Exposition de l'*Exploitation des Forêts*, et les canots de la *Société de Sauvetage des Naufragés*.

PREMIER ÉTAGE ● On y accède par un bel Escalier double, en bois de pin, comme du reste le Pavillon tout entier, construit par l'importante maison Thoms et Cⁱᵉ, de Trondhjem.

On remarque, tout d'abord, en haut de l'Escalier, le gigantesque **Tableau★**, presque un panorama, du peintre *Thorolf Holmboe*, représentant un des paysages les plus remarquables de cette belle Suisse du Nord. Pour bien voir ce tableau dans son ensemble, il faut se placer dans la Galerie qui lui fait face, du côté opposé.

La galerie de g. est occupée en avant par le **Musée du Peuple★**, exposition de modèles réduits de Maisons de la Norvège à différentes époques.

Au centre de cette Galerie, curieux Engins de Pêche. Au fond, dans une salle, sont exposés les Appareils et instruments ★ de l'expédition Nansen.

Dans la Galerie du fond, l'intéressante et pittoresque reconstitution du **Quai des Pêcheurs★**, à Bergen, célèbre au Moyen Âge, au temps de la Ligue Hanséatique, la première Cⁱᵉ de navigation de commerce internationale. Le quai de Bergen, avec la petite ville au bord de son golfe enclavé profondément, est un des sites les plus visités des touristes.

A la partie antérieure, des deux côtés, Exposition de Cartes murales et de Pelleteries de la maison Brun, de Trondhjem.

Dans la galerie de dr., au fond, Exposition d'Huilerie, composée surtout d'appareils servant à l'extraction de ce reconstituant peu appétissant : *huile de foie de morue*, blanche, brune ou blonde. Au centre, une autre Exposition de Pêcheurs, et, à l'extrémité, une curieuse collection des Moyens de Transport usités en Norvège : traineaux et carrioles à deux roues, ayant juste une seule place pour le conducteur, parfois une seconde, entre les roues, pour le voyageur.

La galerie parallèle à la Seine est réservée à l'Exposition des sports : petits traineaux, *skiss* ou raquettes pour glisser sur la neige, patins, etc.

Dans les divers groupes, la Norvège a diverses Expositions importantes : au Champ de Mars, ses Minerais d'argent et de cuivre; à l'Enseignement, des Modèles de Classe, d'école; au Palais des Tissus, des Dentelles; à l'Alimentation, des Conserves; aux Invalides, des Filigranes, et divers Tissus et Tapis d'ameublement d'un dessin original et nouveau, etc.

❧

ALLEMAGNE (Pavillon de l').

Entre ceux de la Norvège et de l'Espagne. Résumé et synthèse de la vieille et de la nouvelle architecture allemande, en style renaissance du xvi⁰ s., il redit toute la poésie joyeuse, rappelle toute la naïveté décorative des vieux hôtels de ville rhénans et des maisons de Nuremberg, en même temps qu'il nous montre le style moderne des plus récentes et des plus belles constructions de Berlin et de Munich.

Façades

Chacune de ces façades présente un aspect différent, riche et solide, et se découpe en pignons triangulaires ornés d'une dentelle de pierre, ou s'aplatit en pignons recourbés, à parties saillantes.

La façade Ouest se compose de deux parties : d'abord un beffroi, dont la cloche convoquait les bourgeois en conseil, sonnait l'alarme à l'approche de l'ennemi ou un sinistre public, une inondation, un incendie. — A côté de la tour protectrice, monumentale sentinelle, une vieille maison allemande, ornée de sculptures et de peintures.

Sur la tour se dresse un *héraut d'armes* colossal, qui sonne de la trompette et semble appeler tous les peuples de la terre à l'Exposition.

Au-dessous, un très original Balcon* (*Erker*), une sorte de mirador, véritable bijou, est appliqué comme la façade d'une maison en miniature, avec, au rez-de-chaussée, un enfant, une jeune fille et un homme d'âge mûr regardant par les fenêtres; au premier, de grandes fenêtres closes, et au second deux fenêtres toutes petites protégées par un toit en auvent.

L'ancienne maison allemande adossée au beffroi semble flamber, tant sont rouges et vivantes les flammes qui s'échappent de sa façade, symbolisant le *Feu*, comme celles du côté de la Seine symbolisent l'*Air*, celles du Sud la *Terre* et celles de l'Ouest l'*Eau*.

C'est le *Pavillon des Quatre Éléments*, aussi dangereux l'un que l'autre.

Le *Feu* est représenté par Siegfried, vainqueur du brasier dans lequel il pénètre pour délivrer Brunehild.

Sur la façade opposée (Ouest), on voit la mer peuplée de sirènes, l'*Eau* perfide et profonde, avec cette devise qu'on serait tenté d'attribuer à l'empereur Guillaume II lui-même : *L'étoile de la Fortune invite l'homme courageux à lever l'ancre et à s'élancer à la conquête des flots*. De ce côté encore la façade du palais allemand reproduit admirablement, en une conception libre et individuelle, le style de la *vieille maison allemande* du xvi⁰ et du xvii⁰ s. On se croirait devant une des plus belles et des plus curieuses constructions de Nuremberg transportée sur les bords de la Seine. Une blonde déesse préside aux Saisons. Cendrillon assise à terre file sa quenouille dans son humble costume de servante.

Au-dessus de la porte, on voit *Mime* qui forge l'épée de *Northung;* le précieux *trésor des Nibelungen* est à côté de lui.

Cette architecture philosophique et symbolique est couronnée de tourelles et de clochetons qui doivent également symboliser les hautes pensées des cerveaux allemands, les pensées qui se perdent comme les hauts clochers dans les nuages vaporeux du ciel.

REZ-DE-⊚ CHAUSSÉE

Entrée principale du côté de la rue. On pénètre tout d'abord dans un grand Hall en marbre rouge, dont une partie des murs et le plafond sont décorés de peintures symboliques des professeurs Gussmann, de Dresde, et Wittig, représentant *le Sort de l'homme*, c'est-à-dire, sa vie, depuis son adolescence jusqu'à sa mort. Ici c'est le jeune homme audacieux, plein de force et d'illusion, qui s'élance vers l'avenir; là, c'est le vieillard, abattu et misérable, qui est arrivé épuisé à la fin de sa carrière; et c'est la Mort, puis la Résurrection et la récompense dans les sphères célestes où vont les âmes bienheureuses.

Au plafond et aux voûtes grimacent l'*Avarice*, la *Haine*, l'*Envie*, la *Guerre*, tous les fléaux, toutes les passions qui font le malheur de l'homme. Et au-dessus de toutes ces choses pitoyables, au-dessus de la Vie, de la Mort, et des misérables passions de l'homme, brille le divin Soleil qui éclaire le monde.

Les fenêtres sont garnies de splendides vitraux de M. Luthi, de Francfort, d'une harmonie suave, d'une facture magistrale.

Au centre du Hall à dr., le *buste de l'empereur Guillaume II* *, qui s'est personnellement occupé de l'architecture et de la décoration du Palais.

Sur la tribune, en face des escaliers, un orchestre; et au-dessus un grand et superbe vitrail représentant *l'Allemagne agitant les palmes de la Paix*.

Revenir en arrière pour pénétrer dans les Salles :

1re Salle à g., *Exposition de la Librairie Allemande* (il y a plusieurs autres salles semblables).

2e Salle, beaucoup plus grande, réservée aux Arts Photographiques.

3e Salle, Exposition d'Affiches, d'Annonces, de Publicité.

4e Salle et suivantes : *Exposition d'Imprimerie et de Librairie.*

A g., un petit *Salon-Bureau*, puis à dr., un *Salon de Correspondance* et de lecture, et une nouvelle Salle réservée à la Librairie. C'est encore a l'Imprimerie et à la Librairie que sont affectées les deux autres Salles du rez-de-chaussée, et une partie du 1er étage.

C'est une véritable *Exposition du Livre*, la puissante arme de conquête intellectuelle de l'Allemagne.

PREMIER ÉTAGE ● On y monte par un double escalier monumental en marbre blanc. La rampe est en marbre et en fer forgé, d'un travail merveilleux, particulier à l'Allemagne.

1re et 2e Salles au fond, côté opposé à la Seine : *Imprimerie et Librairie.*

3e Salle du fond, à dr. Exposition des travaux de l'*Imprimerie Impériale de Berlin*, qui est l'Imprimerie de l'État comme l'*Imprimerie Nationale de Paris*. Admirables reproductions des œuvres de Holbein, Dürer, des grands maîtres allemands jusqu'au xixe s. Très riches reliures. Le poème * des *Niebelungen* (épopée nationale des Allemands), magnifiquement illustré par Sattler et tiré seulement à 50 exemplaires.

4e Salle à g. Exposition d'*Économie Sociale* : brochures, graphiques, plans, etc. Dioramas artistiques de M. Schoede. — Vitraux** de l'*Institut royal de la Peinture sur verre de Berlin*.

Ces vitraux ont une suavité, une douceur, une poésie sans pareilles; ils baignent toute la pièce d'une transparence rose, d'une couleur d'œillet fleuri, d'une demi-teinte d'aurore automnale ombrée de rose mourant. On nage dans une lumière de paradis et de rêve, une lumière si délicate et si vivante qu'elle semble faite pour les petites âmes frêles des enfants et des fleurs.

Trois grandes figures, des femmes en tuniques roses, la *Religion*, la *Patrie* et la *Justice*, se détachent sur une draperie de roses épanouies et vous ramènent sans cesse à elles, à leur grâce poétique et harmonieuse.

5e Salle en face (faire le tour en revenant sur ses pas) ; elle est encore réservée à la Librairie.

6e, 7e, 8e et 9e Salles consacrées à *Frédéric le Grand*, ce souverain dilettante, ami de Voltaire, qui redressait ses vers.

Quatre grandes Salles du style rococo le plus pur (xviiie s.), avec plafonds aux moulures de rocailles dorées, tels qu'on les voit au Château royal de Potsdam, le Versailles de la monarchie prussienne.

La 1re Salle, avec ses dorures et ses peintures, est une reproduction exacte de la bibliothèque de Frédéric II *. Édition complète des œuvres du roi philosophe, qui écrivait en français. La presse et la parole étaient libres sous son règne. « Raisonnez tant que vous voudrez, disait-il, et sur tout ce que vous voudrez, mais obéissez et payez. » On sait qu'il vivait en célibataire à Potsdam, portant des chemises et des habits rapiécés. Tous ses meubles étaient couverts de grains de tabac et déchirés par les chiens, qui couchaient jusque dans son lit. Goethe, qui visita Potsdam en 1778, écrivait à Merk : « Je me suis approché du vieux Fritz, j'ai vu sa manière de vivre, son or, son argent, ses marbres, ses chiens, ses perroquets, ses chevaux, ses rideaux déchirés et ses tabatières, et j'ai entendu la canaille raisonner sur le « grand homme ».

Frédéric II cherchait ses distractions et ses plaisirs dans la lecture, la musique, la poésie et la société des beaux esprits : Voltaire, d'Argens, Maupertuis, La Mettrie, qu'il attira à Potsdam. Son engouement pour les Français et son mépris pour les Allemands se traduisent à chaque instant dans ses piquants billets sans orthographe et dans les caustiques notes marginales des livres de sa bibliothèque.

Les autres Salles, ornées de meubles de Boulle et tendues d'étoffes, servent de *Salon de Réception*.

La grande attraction de ces salles, c'est la collection des six petits chefs-d'œuvre des maîtres français du XVIII° s., les **Tableaux** de Watteau, Boucher, Chardin, Lancret, etc., que possède l'empereur Guillaume II et qu'il a tenu à envoyer lui-même à Paris, comme « exposant ».

SOUS-SOL. Du côté du Quai, un Café-restaurant, avec grande cuisine; à dr., exposition de la Viticulture Allemande, représentée surtout par les fameux crus du Rhin et de la Moselle.

Voir le complément de l'Exposition Allemande à l'Esplanade des Invalides (Exposition Industrielle), au Champ de Mars (Galerie des Machines), le Palais de la Diète et le Phare de Brême servant à l'Exposition de la Marine Marchande.

❧❧

ESPAGNE
(Pavillon de l'). Entre ceux d'Allemagne et de Monaco.

L'un des plus nobles et des plus majestueux comme architecture. Sa masse carrée, d'où se détache à l'angle dr. une tour massive, coiffée en guise de créneaux d'une élégante galerie de pierre ajourée comme un diadème, redit toute la grandeur, tout le luxe princier, toute la fierté et l'orgueil des palais castillans.

Avec ses façades dont les portes et les hautes fenêtres sont richement encadrées de colonnes, de bas-reliefs charmants, d'animaux héraldiques, de guerriers en casque et en cuirasse, on dirait d'une vieille citadelle métamorphosée en demeure royale.

REZ-DE-CHAUSSÉE ◉ La Porte donne accès, comme celle du Palais Royal de Madrid, a une Cour carrée, dallée de granit, entourée d'un portique que surmontent deux galeries aux élégantes balustrades et dont les frises sont en beau style renaissance.

La Reine d'Espagne s'est occupée tout spécialement de l'Exposition d'Art Rétrospectif installée au Rez-de-chaussée. C'est S. M. qui a tenu à choisir elle-même les objets et qui a envoyé les magnifiques *tapisseries*★ qui ornaient ses salons. La collection des Tapisseries royales est une des plus belles et des plus riches du monde, composée de plus de 2000 pièces, dont la plupart sont flamandes et espagnoles. On ne les montre au public que deux fois par an : le 2 février et le 1ᵉʳ dimanche après la Fête-Dieu, elles sont exposées dans les galeries du Palais.

La Reine a également choisi dans le Trésor de la Chapelle royale des *reliquaires*★ merveilleux; et dans l'Armeria, — cette splendide collection d'armes qui a pour origine la collection privée de Charles-Quint, — elle a pris les belles Armures que tout le monde admire.

Dans l'Exposition du Pavillon Espagnol on voit également le **Trône de Charles-Quint**★. et l'Armure et les armes du dernier roi maure de Grenade, *Boabdil* (1481), envoyées par Mme la Marquise de Viane.

PREMIER ÉTAGE ◉ Exposition des plus intéressantes, curiosités des Musées nationaux de Madrid : Académie des Beaux-Arts et Musée Archéologique (bronzes, vases, terres cuites, antiquités et plats hispano-mauresques, orfèvrerie, émaux, etc.). On peut juger des richesses amassées dans les Musés de Madrid par tous ces précieux objets qu'expliquent des étiquettes.

❧❧

MONACO
(Pavillon de). Il évoque l'image enchanteresse de cette Côte d'Azur que couronne, avec sa vieille tour orientale et son palais de rêve, ce Monaco planté sur son rocher, au milieu des palmiers et des cactus, comme la forteresse de quelque potentat africain.

Les premiers Grimaldi avaient fait leur nid de pirates dans cette haute tour à la terrasse découpée de créneaux mauresques.

Depuis trois siècles, la tour redoutée ne guette plus les navires qui passent au large, et c'est aujourd'hui la tour d'ivoire d'un prince de conte de fée... « Il était une fois un prince qui avait quatre soldats.... »

C'est ainsi qu'on écrira son histoire. Ce prince heureux et sans souci ne règne pas seulement sur les colombes et les roses de ses jardins, mais encore sur tous les poissons qui peuplent les eaux marines, sur tous les habitants des mers, même les plus lointaines et les plus profondes. Il n'a reproduit son palais et sa tour sur les bords de la Seine que pour nous montrer ses collections ichtyologiques. C'est le fond de la mer avec toute sa faune étrange et merveilleuse, qui a été transporté dans les Galeries à arcades de cette Cour d'Honneur, si magnifiquement fleurie, du Pavillon de Monaco.

Et c'est aussi, à côté des fruits de la Mer, les fruits d'or, les fruits de topaze et de rubis, les fruits savoureux de la Côte d'Azur; et les échantillons de ces bois d'olivier et de caroubier dans lesquels on sculpte des objets si utiles ou si amusants.

INTÉRIEUR Aux murs, ce sont les graphiques des Voyages scientifiques du Prince à travers les mers, entrepris sur son yacht *la Princesse Alice* spécialement aménagé pour les voyages d'études. Des sondages opérés à une très grande profondeur ont révélé l'existence de poissons des plus rares, exemplaires uniques découverts et exposés ici par ce savant naturaliste qu'est le prince Albert, infatigable dans ses recherches océanographiques.

Les *fresques* ★ qui décorent les galeries sont la reproduction de celles de Carlone, qui ornent le Palais princier de Monaco. Sous la loggia ouverte, au-dessus de la porte principale, surmontée des armes des Grimaldi, — un écusson défendu par deux robustes moines, l'épée à la main, — une série de fresques italiennes raconte *les travaux d'Hercule*. Le héros mythologique passa, dit la légende, sur les côtes escarpées de la Tête-de-Chien, où il vainquit Géryon et les brigands des montagnes qui voulaient l'arrêter.

PAVILLON DE LA GRÈCE

Jusque dans les premiers siècles du christianisme, Monaco conserva le nom de *Portus Herculis;* au Moyen âge, Hercule fut oublié, et Monaco devint le *Portus Monæci.*

🙖🙖

GRÈCE (Pavillon de la) Entre ceux de la Serbie et de la Suède. Un Pavillon central à huit pans, au dôme aplati, gaufre et échancré, d'où rayonnent 4 ailes en forme de croix, des murs sur le rouge desquels tranchent les tons vifs des imbrications jaunes et vertes; un long portique couvert, au midi, dont le toit est supporté par de fines colonnettes blanches, et, en face de la Seine, un autre portique en hémicycle, — tout cela donne au Pavillon royal de Grèce un air gracieux de petite église de la campagne d'Athènes ou de Delphes.

REZ-DE-CHAUSSÉE ● Toute l'Exposition grecque est ici, enfermée dans une grande Salle. La Grèce n'a rien exposé dans les autres sections.

Au fond, en face de l'entrée, Exposition des Beaux-Arts, peinture, sculpture, gravure, etc.

A g. Collection d'étoffes, de tissus de soie et de coton, cuirs, tabacs, etc.

A dr. Exposition des produits du sol : raisins de Corinthe, vins et spiritueux, huile, etc.

La Vigne est la principale richesse du sol grec, qui, aride et rocheux, ne se prête pas beaucoup à l'agriculture. Quelques régions sont cependant favorisées, la Thessalie, la Béotie, la Messénie, qui ont des champs de maïs et de blé, l'Attique, qui cultive l'orge. L'avoine est rare, le seigle presque inconnu, et la pomme de terre commence seulement à être appréciée dans quelques provinces.

La vigne, un peu négligée autrefois, occupe aujourd'hui près de 200 000 hectares, plus près de 100 000 hectares en raisins de Corinthe séchés pour l'exportation.

Les vins (plus de 3 millions d'hectolitres par an) sont recherchés par l'étranger. Parmi les crus les plus célèbres, il faut citer ceux de Ste-Marie et de Céphalonie, de Patras et de Santorin (vins de dessert), de Tinos (Malvoisie), du Parnès et de Phalère.

La Grèce expose aussi des huiles d'olive, qui sont de qualité supérieure. La culture nationale de l'olivier avait été presque complètement arrêtée pendant la domination turque. Après chaque insurrection, le Sultan faisait raser tous les oliviers. Aujourd'hui, on en compte 12 millions (180 000 hectares), produisant environ 7 millions de kilos.

La Grèce compte également plus de 3 millions de mûriers cultivés, et les plantations de tabac, jadis fort négligées, donnent maintenant 7 millions de kilogrammes de feuilles de qualité très recherchée.

L'industrie commence aussi à s'éveiller chez ce petit peuple sobre, travailleur, intelligent. On exploite mieux les belles carrières de marbre du Pentélique et de Paros, dont on voit des échantillons dans le Pavillon de la rue des Nations.

Le plomb argentifère, le sel, le soufre, sont communs en Grèce et s'exportent avec profit, mais les Grecs ne sont pas des industriels et des usiniers, ce sont avant tout des négociants, et il n'en est pas de plus habiles dans tout le commerce levantin.

ɛ⤬ɛ

SUÈDE (Pavillon de la), après celui de Monaco.

Tout en bois découpé, ajouré et sculpté, revêtue de bardeaux de bois comme d'une enveloppe écailleuse, cette étrange construction, qui profile sur le ciel sa bizarre silhouette jaune et blanche, comprend un corps de logis très bas, presque sans autre ouverture au rez-de-chaussée qu'une porte d'entrée sur la Seine, et au-dessus un fouillis de dômes, de tourelles, de toits ronds et plats, et de campaniles où toute la fantaisie scandinave s'est donné carrière.

Tout d'abord, on est frappé par la vue d'une haute tour, dont les piliers élancés supportent une sorte de grosse ruche, coiffée d'un clocheton conique, puis on voit, en avant sur la Seine, une galerie portée sur deux grosses colonnes et abritée par un dais demi circulaire.

Par derrière, une vaste coupole, percée de baies que des contreforts défendent du froid, et que termine un campanile en poivrière.

Deux autres tourelles à lanternons sur les côtés, et des passerelles légères qui s'élancent dans les airs de tous ces clochetons, vers la tour centrale, achèvent de donner à l'édifice la physionomie fantastique de la demeure d'une fée ou d'une sorcière des légendes scandinaves.

REZ-DE-CHAUSSÉE @ En pénétrant par la Porte du côté du Quai, on se trouve dans un grand Hall, sous la coupole qui éclaire l'édifice.

A dr., une **Petite Salle** ornée de photographies des plus beaux sites de la Suède; à g. une **Salle de Lecture** et de correspondance.

Dans la **Grande Salle**, dont les parois sont ornées de riches dentelles et de broderies, de tissus tricotés faits à la maison, et où l'on voit aussi, plus loin, à dr. les bois sculptés de la province de Bleckinge, se tient un groupe de quatre jeunes femmes au pittoresque costume national, qui se livrent à leurs travaux, la fabrication de la dentelle et des tissus de laine, deux industries domestiques des plus florissantes en Suède.

D'un côté, ce sont deux *paysannes* de la province de Dalécarlie; de l'autre, une *jeune tricoteuse** de Malmö et une *dentellière* de Vadstena.

Au fond du hall s'ouvre la grande **Salle royale** ou salon de réception, décorée de beaux meubles suédois, élégants et confortables, de quelques œuvres d'art du meilleur goût, et de tapisseries sorties des ateliers de la célèbre Société des Amis des Travaux Manuels.

De chaque côté de ce salon, deux grands **Dioramas** du peintre Tiden.

Celui de g. représente : *Une Nuit d'hiver* éclairée par les étoiles et par une resplendissante aurore boréale dont les lueurs d'arc-en-ciel découpent les contours des maisons de la pittoresque petite ville de Gelivare. Au premier plan, un petit Lapon surveille un traîneau attelé de rennes.

Le second diorama, à dr., représente une nuit d'été, *la Nuit de la St-Jean à Stockholm*. La capitale dort; les quais sont déserts et les maisons éclairées par une lumière pâle, incertaine, comme voilée, qui n'est ni le jour ni la nuit, ni l'aurore, ni le crépuscule.

Derrière les dioramas s'ouvrent encore 2 petites Salles, l'une servant de Bureau, l'autre de Station Téléphonique. Il est à remarquer que bien peu de pays ont perfectionné à ce point le téléphone, qui, en Suède, est vraiment à la portée de tout le monde; un tiers au moins des habitants ont leur téléphone à eux.

Ne pas quitter le Pavillon sans faire l'ascension de la *tourelle*, sans circuler sur le balcon et sur les galeries reliant entre eux les petits clochetons; c'est là surtout qu'on jugera de l'élégance du Pavillon, de la finesse de ses décors et de l'art singulièrement pratique de l'architecture suédoise.

ɛ⤬ɛ

SERBIE (Pavillon de la). A l'extrémité de la R. des Nations, à côté du Pont de l'Alma.

Très simple, quoique très élégant d'aspect, ce Pavillon rappelle les monuments religieux de la Serbie, les seuls monuments d'un pays qui ne possède pas d'architecture civile. C'est une de ces modestes églises, de style Byzantin, toute en brique et en pierres grisâtres, ornée de quelques faïences vertes, et affichant le moins de luxe et de décoration possible.

Entre les deux Galeries latérales, aux ogives enrichies d'arabesques, aux balcons ajourés, aux légères colonnes à chapiteaux sculptés, s'étend un portique à doubles colonnes, dont le tympan est ourlé d'une fine dentelle de pierre et que domine encore un plein cintre massif, portant en son centre les armes serbes : *une croix d'or sur champ de gueules, flanquée des 4 S symbo-*

liques. Enfin, se détachant sur un toit plat proéminent, à poutrelles saillantes, un dôme et deux campaniles se decoupent sur le ciel avec leurs boules et leurs flèches dorées.

1ʳᵉ Salle. C'est un vaste Hall, surmonté de trois coupoles correspondant aux trois domes : sa décoration, de même goût byzantin, est également composée d'éléments décoratifs très simples; et les tons dominants en sont un bleu éteint et un gris pâle, d'un charme mélancolique.

De chaque côté, entre les colonnes qui soutiennent la coupole centrale, 3 travées sont ménagées.

1ʳᵉ Salle, à dr. en entrant, la *Minéralogie* du pays: minerais d'or, de plomb argentifère, de cuivre, extraits des mines encore peu développées de la Serbie, mais appelées à un grand avenir. — Dans la 2ᵉ, exposition de l'*École polytechnique et militaire* de Karageorgevitch, Fabrication des engins de guerre, armes, cartouches, etc.

2ᵉ Salle. Exposition de l'Instruction publique à tous les degrés, enseignement primaire et supérieur, qui ont fait d'immenses progrès depuis 20 ans. — Matériels scolaires, cartes, plans, etc.

Au centre du hall, *Manufacture de Tabac Serbe,* l'un des plus renommés, et dont la plus grande partie des produits s'exporte en France.

Au fond du hall, exposition de Bijouterie, délicats bijoux serbes, tout en filigrane d'or et d'argent.

En revenant à g. :

1ʳᵉ Travée — Curieuse reconstitution d'un *Intérieur de paysans serbes ★* :

En Serbie, l'industrie des campagnes est la seule existante, et dans son habitation le paysan se livre surtout à la confection des tissus et des tapisseries diverses, travaux auxquels il est exercé dès le plus jeune âge. On voit dans le hall du Pavillon Serbe une jeune fille de douze ans travailler sous les yeux des visiteurs.

2ᵉ Travée en revenant vers l'Entrée. Exposition des Tissus et des étoffes serbes, toutes brochées d'or, enrichies de dessins et d'arabesques d'un merveilleux travail.

— Produits de l'industrie domestique.

3ᵉ Travée. Consacrée aux Produits de la Terre: blés, orges, maïs, pour les céréales, et, pour les fruits, les pruneaux, qui s'exportent surtout en Autriche.

Le Pavillon de Serbie possède 2 Annexes (sous le Portique d'Entrée): l'une, à dr. en entrant, est l'*Exposition Forestière et Minière;* l'autre, à g., est un *Musée Ethnographique ★,* consacré à l'histoire du costume national, depuis celui de l'humble paysan jusqu'à celui du riche propriétaire des campagnes.

Ce qui distingue surtout ces costumes nationaux, ce sont leurs couleurs éclatantes et les harmonieuses combinaisons du vert, du rouge et de l'or. Les hommes portent de moins en moins ces vêtements et préfèrent suivre la mode française, mais les femmes n'ont pas complètement renoncé, même dans les villes, à porter ces ravissantes vestes rouges soutachées de broderies et de galons d'or, ces ceintures et ces chemisettes brodées de perles et étincelantes de sequins, et ce petit fez écarlate, coiffant pittoresquement la tête et qui leur donne un air oriental si coquet.

PAVILLON DE LA SERBIE

ROUMANIE (Pavillon de la). Fait suite à celui de la Bulgarie, en face du Palais de Monaco.

Avec son pavillon central coiffé d'un large dôme à tuiles vertes, ses deux ailes flanquées de deux coquets pavillons, dont les portiques latéraux sont d'une richesse d'ornementation extraordinaire, dont les gracieux clochetons s'agrementent de légers campaniles en torsade, le Palais de la Roumanie, tout brodé d'incrustations de briques de couleurs, découpé par des rosaces aux arabesques dorées, enrichi de mascarons coloriés, de guirlandes de feuillage, de blasons enluminés, concentre et évoque tous les types d'Architecture Roumaine du XVIᵉ et du XVIIᵉ s., de cette architecture Byzantine, si pimpante, si vivante, d'un luxe de décoration tout oriental.

REZ-DE-CHAUSSÉE ⓐ Le côté gauche est plus spécialement réservé à l'exposition du *Sel Gemme*, dont il existe d'abondants gisements en Roumanie. L'échantillon le plus remarquable est un Globe de 2 m.* de diamètre reposant sur un *socle de* 1 m. 50, le tout en sel.

Du même côté, plus à dr., est l'Exposition des *Lettres*, des *Sciences* et des *Arts*, puis celle de la Carrosserie, de la Sellerie, des Cuirs et Peaux. —

A dr., la Mecanique et les Industries Métallurgiques, la Fonte émaillée, les Cristaux et la Céramique.

Plus à dr., les Richesses Souterraines : le Charbon, la Paraffine, le fameux *Ambre noir* de Valachie, le Pétrole inexplosible, le seul qui, sortant pur du sol peut être employé sans raffinage préalable. Dans les Karpathes du Sud, les sources de pétrole sont nombreuses, et l'on en découvre chaque jour de nouvelles.

PREMIER ÉTAGE ⓐ Un bel Escalier à double rampe y conduit. Les galeries de g. sont consacrées à la Décoration fixe des habitations. On y remarque de beaux Meubles, dont un mobilier complet, et un Portail monumental exposé par l'École des Arts et Métiers de Bucarest. Plus loin, exposition du Génie militaire : collection d'armes perfectionnées, pyrotechnie, cartes, équipements, etc. —

A dr. la Papeterie, l'Économie Sociale et l'Hygiène, puis des échantillons de toutes les Eaux minérales de la Roumanie.

L'Académie Roumaine expose une série de 110 volumes de ses publications.

Au fond, du même côté, toute une collection très curieuse d'objets relatifs à l'Agriculture, à la Sylviculture, à la Pêche, etc.

La Roumanie est un pays essentiellement agricole. Dans ses vastes plaines que le Danube arrose comme le Nil arrose l'Égypte, en fécondant les terres de ses limons, la culture extensive se pratique avec toute son ancienneté et son gaspillage. Le maïs et le froment sont cultivés sur une superficie de 3 millions d'hectares.

Malgré leur dévastation par des spéculateurs, les forêts de la Roumanie couvrent encore plus de 2 millions d'hectares. Dans les Karpathes, on rencontre encore des forêts vierges, que l'absence de communications a préservées jusqu'ici. Les bois de chênes, d'ormes, de frênes et d'érables abondent dans les plaines.

La pêche est une source de richesse pour la Roumanie. A Vilkovo, sur le delta danubien, on récolte annuellement plus d'un million de kilogrammes d'esturgeons et de carpes. A St-Georges, on pêche en moyenne un demi-million de kilogrammes d'esturgeons et 225 000 kilogr. d'autres poissons.

La partie la plus intéressante est l'Exposition Rétrospective d'Objets d'Art, parmi lesquels le célèbre **Trésor de Pétroassa***, superbes pièces d'orfèvrerie enrichies de pierreries, ayant appartenu, croit-on, à Alaric, roi des Wisigoths (v* s.). Ce trésor rappelle celui du Musée de Cluny.

On admirera aussi des spécimens de broderies, des Vêtements Sacerdotaux des xv* et xvi* s., des Évangiles et livres de liturgie en langue slave et roumaine, des premières imprimeries du xv* s. et un **Évangile*** écrit et enluminé par la Reine de Roumanie (connue en littérature sous le pseudonyme de *Carmen Sylva*), et une belle collection de Médailles et de Monnaies.

ༀ࿓

BULGARIE (Pavillon de). Entre ceux de Finlande et de Roumanie.

Très simple comme architecture, mais très gracieux, avec une grande porte centrale, accotée de deux pylônes qui s'élancent légèrement comme des minarets coiffés de clochetons en poivrière, et se détachent sur le fond rose des murs; de longues colonnes blanches, grêles et tortillées, des volutes plates, des bouquets et des guirlandes de fleurs et de roses, des nœuds de rubans, découpés comme à l'emporte-pièce; une décoration très gaie et très fraîche qui sied bien au pavillon du pays des plus belles roses, au jeune pays qui s'ouvre, comme une fleur tardive, à la civilisation et au progrès. —

REZ-DE-CHAUSSÉE ⓐ Une jolie Porte de style mi-Byzantin, mi-Musulman, donne accès au rez-de-chaussée. — A droite et à gauche, les produits du sol : troncs d'arbres énormes des Balkans et des monts Rhodopes. La moitié du sol de la principauté (46 000 kilomètres) est couverte de forêts de noyers, de chênes, de frênes, de hêtres et de charmes, de pins, de sapins et de mélèzes.

Dans les vitrines, corbeilles remplies de céréales, qui sont une des richesses de la Bulgarie. L'orge sert à nourrir les chevaux et est exportée pour les besoins des brasseries allemandes. Le maïs qui n'est pas exporté en Turquie est utilisé pour les distilleries d'alcool.

Dans la Roumélie Orientale, près de Philippopoli, on cultive le riz sur une grande étendue. — *Exposition des* **Vins :** La

A L'EXPOSITION

plus brillante est celle du *prince de Bulgarie*, qui, à Euxinograd, près de Varna, a dépensé plus de deux millions pour acclimater des plants de choix sur le domaine de la couronne. Vins rouges et blancs. Jusqu'ici les vins bulgares n'ont eu qu'une réputation locale. De meilleurs procédés de vinification permettent aujourd'hui leur transport et leur conservation. La Bulgarie fait aussi d'excellents cognacs.

— *Exposition de* **Tapis** * pouvant lutter avec les tapis turcs et persans. L'industrie des tapis a été reconstituée ces temps derniers en Bulgarie, après une longue période de décadence. A remarquer en cet ordre d'objets les tapis de la fabrique de Panagurichté, que dirige M. Bogotian.

Enfin *exposition*, d'un effet délicieux pour la vue et l'odorat, *des Essences de* ROSES. Le monde entier est tributaire de la Bulgarie pour l'essence de roses. Des vallées entières sont consacrées à la culture de la rose en Bulgarie. La vallée de Kezanlick porte le surnom de « vallée des Roses ». A l'extrémité du rez-de-chaussée, une *fontaine* * laisse tomber continuellement, dans une vasque, de l'essence odorante : les dames seules sont admises à y tremper le bout de leur mouchoir. Qu'elles n'oublient pas qu'il faut 3000 kilogrammes de pétales de roses pour produire un seul kilo d'essence! Les guirlandes de roses, entrelacées d'épis de blé, forment la décoration du Pavillon entier. On retrouve les roses et le blé, ces deux richesses de la Bulgarie, brodés sur les uniformes des gardiens.

Un Escalier en pitch-pin, à double révolution, conduit au 1er *étage*.

PREMIER ÉTAGE ☉ Composé d'une galerie en pitch-pin autour de laquelle sont exposés les objets légers. Adr., Exposition des Ministères, Tableaux graphiques, etc., qui font toucher du doigt les progrès réalisés par la Bulgarie.

Ag. le *Salon du Souverain* *, avec 4 portraits

d'anciens rois ou tsars bulgares copiés sur des fresques d'églises orthodoxes. Le tsar Assen est le plus célèbre des rois bulgares. — Le portrait du prince Ferdinand Ier, est entouré d'objets d'art, triptyques, gobelets, etc., qui lui furent offerts pour son avènement, son mariage et la naissance de ses enfants. — A remarquer les *émaux* de genre byzantin, très riches de coloris, et dans lesquels la plus pure tradition des orfèvres anciens s'allie aux grâces du modernisme.

La Bulgarie prend pour la première fois part à une exposition universelle. C'est pour ainsi dire son entrée dans la civilisation européenne.

PAVILLON DE LA FINLANDE

Depuis qu'elle est dotée d'une entière indépendance (1878) et gouvernée par un prince éclairé et instruit, son développement économique et industriel fait de rapides progrès. Les grands domaines qui appartenaient à l'aristocratie turque ont été morcelés en petites propriétés, les mieux cultivées de toute la péninsule des Balkans.

Près de 200 exposants auxquels tout sacrifice pécuniaire a été épargné ont envoyé de leurs produits. Le ministre du Commerce et de l'Agriculture, le Freycinet bulgare, M. Natchovits, ancien élève du lycée Louis-le-Grand, ministre pour la 17e fois, s'est chargé de tous les frais de transport et d'emplacement. Rappelons que la Bulgarie expose au Palais des Beaux-Arts 60 tableaux (de 15 peintres), dont plusieurs vraiment remarquables.

❧

FINLANDE (Pavillon de la). Entre ceux du Luxembourg et de la Bulgarie, en face du Palais de l'Allemagne,

C'est une longue et basse construction qui ne possède qu'un rez-de-chaussée. Avec ses grands murs massifs, aux angles desquels saillent des ornements en forme d'énormes cônes de sapin, sa porte ogivale, aux battants de sapin rouge, gardée par quatre ours bruns, son haut clocher de bois peint, qui surplombe le toit, ce pavillon rappelle ces églises rustiques tout en granit, d'un aspect sauvage, telles qu'on en rencontre dans les campagnes marécageuses et glacées de cette Finlande autrefois habitée par les Lapons et aujourd'hui réunie à l'empire russe.

INTÉRIEUR La coupole centrale sur laquelle repose le clocher est décorée de fresques dont les sujets sont empruntés au *Kalevala*, l'épopée nationale de la Finlande, et dont les héros sont Vaïnamoinen, Ilmorinen, etc. — Au-dessus du porche d'entrée, panneau décoratif; sujet mythologique encadré dans un paysage finlandais. — Les frises du hall sont rehaussées de curieux bas-reliefs en bois sculpté et bariolé.
Aux deux extrémités, d'énorme hiboux, également en bois peint. — Au centre du hall, grande *vasque* en granit noir, supportant un gigantesque Aérolithe*, tombé en Finlande l'année dernière.

Partie droite. Dans les vitrines de dr. et dans la galerie formant 1" étage, à l'extrémité du hall : Exposition de l'Administration des Écoles. Spécimens des travaux des Écoles manuelles des arts appliqués et d'instruction élémentaire. — Exposition de l'Administration des Ponts et Chaussées, et de la Société Archéologique de Helsingfors. — Dans celles de g., spécimens de Journaux littéraires et politiques de la Finlande. — Exposition Forestière et minière. Vues photographiques des principaux sites du pays.

Partie gauche. Consacrée à l'Agriculture et à la Pêche. — Spécimens des produits du sol. — Seigle, avoine, blé, orge,

accompagnés de cartes et de diagrammes statistiques. — Différentes espèces de poissons des côtes de Finlande. Instruments de pêche, etc. — Exposition de Meubles, à l'extrémité du hall.

En Finlande, l'hiver dure 6 à 7 mois; le sol est par conséquent peu propre à l'agriculture; cependant, dans les provinces du Sud et de l'Ouest, l'homme a su faire des prodiges.

La Finlande a de riches carrières de marbres, des mines de fer, de cuivre; si son industrie n'est pas entièrement développée, sa culture intellectuelle est par contre des plus étendues. Son Université d'Helsingfors (capitale de la Finlande) est célèbre et ses écoles sont des modèles.

LUXEMBOURG (Pavillon du).

Entre ceux de la Perse et de la Finlande.

Le Pavillon du Luxembourg, érigé sur les plans de l'architecte Vaudoyer, reproduit une partie de l'ancien hôtel de ville de Luxembourg, devenu Palais Grand-Ducal.

PAVILLON DU LUXEMBOURG

Son style est celui de la Renaissance Espagnole. C'est un long corps de logis, percé de fenêtres en plein cintre, et terminé à ses extrémités par deux pavillons à combles très élevés, d'où saillent de hautes fenêtres à frises de pierre. Celui de dr. est précédé d'un élégant perron, et celui de gauche est flanqué d'une jolie tourelle en encorbellement et coiffé d'un beffroi minuscule.
Le Pavillon se compose de deux étages reliés par un grand escalier central.

REZ-DE-CHAUSSÉE ◉ Un Bar, destiné à faire connaître les excellentes bières luxembourgeoises, fournies par un syndicat de brasseurs du pays.

PREMIER ÉTAGE ● Les principaux objets exposés consistent en photographies, cartes topographiques et autres, appareils d'électricité, matériel des industries agricoles, laiterie, horticulture, produits farineux, liqueurs, alcools, métallurgie grosse et petite, vitraux, cuirs, ganterie ornements d'église, faïences, grès céramiques, eaux minérales.

Les différentes administrations de l'État, telles que la Direction de l'Enseignement primaire, les Postes et Télégraphes, le Service Agricole, le Service des Mines, l'École des Artisans de l'État, y ont aussi leur exposition particulière. Tout cela montre l'activité industrielle et intellectuelle de ce petit pays en contact continuel avec la France, l'Allemagne et la Belgique, dont il est comme une prolongation.

❧

PERSE (Pavillon de la). Entre ceux du Pérou et du Luxembourg, en face du Palais de la Grande-Bretagne.

Tout blanc et bleu pâle, rehaussé de mosaïques aux tons exquis, il semble avoir gardé le reflet d'un ciel plus lumineux et la flamme d'un soleil plus ardent que le nôtre.

L'Entrée principale, avec sa large baie à la voûte surbaissée, laisse, dans l'ombre douce, voir des rangées de colonnes qui éveillent l'idée d'un sérail mystérieux. Des balcons de bois peints de couleurs claires s'avancent devant les fenêtres, hautes et minces, en forme de flèche. Sur la Terrasse s'élèvent deux pavillons ouverts où l'on se rassemble le soir pour saluer par la prière l'apparition des premières étoiles.

REZ-DE-CHAUSSÉE ● A l'Entrée, le grand Salon d'Honneur spécialement réservé au Shah de Perse, qui doit venir à Paris en juillet. Il est décoré des plus beaux meubles du palais impérial, dont un magnifique divan, et de tapis de Kirman, très rares, dont aucun spécimen n'a encore été exposé en Europe.

Bazar A gauche, un BAZAR divisé en trois Salles.

1re Salle. Collection de Tapis, de Tapisseries et de Tissus de la Perse. La véritable industrie nationale est, comme chez tous les peuples pasteurs, le tissage de la laine, dont les Persans font des tapis inimitables.

2e Salle. Bijouterie, avec de merveilleuses *turquoises* * dont il existe en Perse des mines importantes, et une quantité de grosses Perles recueillies dans le golfe Persique.

3e Salle. Produits du Sol, Dattes, Abricots, Coings, Figues, Pistaches, Grenades, Amandes, etc. La Perse est le pays des beaux jardins, des riches vergers. Sur les bords de la mer Caspienne, le climat est favorable à la culture de tous les fruits à suc. La pêche (*persica*) est originaire de la Perse. Belle exposition de Poteries anciennes et de Céramique aux reflets de cuivre et d'acier, qu'on cherche vainement à imiter aujourd'hui.

Au bas de l'Escalier conduisant au 1er étage, s'ouvrent encore deux Salles réservées aux Produits Alimentaires, aux fameux Vins de Chiraz, à l'Opium, aux Gommes, aux Jujubes, au Henné, au Safran, aux Extraits de Rose.

PREMIER ÉTAGE ● Occupé par un *Théâtre Persan* *, qui donne tous les jours de curieuses représentations. Danses des houris persanes.

DEUXIÈME ÉTAGE ●● C'est une reproduction exacte du PALAIS D'HISPAHAN. De chaque côté s'élève un Pavillon soutenu par une infinité de colonnes formées d'un assemblage de miroirs taillés à facettes, et sur lesquelles le soleil et la lumière jettent des myriades de minuscules arcs-en-ciel.

La TERRASSE sert de Restaurant; on peut y goûter les mets compliqués de la cuisine persane et y déguster des boissons parfumées comme les roses.

❧

PÉROU (Pavillon du). Sur la deuxième rangée des Pavillons de la rue des Nations, entre ceux du Portugal et de la Perse.

Construit dans le style de la Renaissance espagnole. On voit à l'aile g. une terrasse coiffée d'un petit pavillon; devant se dresse comme un autel la façade monumentale du premier étage, décorée de cornes d'abondance, surmontée de vases décoratifs.

A g., au Rez-de-chaussée, une sorte de pavillon du même style ampoulé, contourné, tarabiscoté. L'entrée principale est ornée de Péruviennes qui ressemblent beaucoup à des Parisiennes, et qui personnifient, l'une la Comédie, et l'autre les Beaux-Arts.

Dans la frise, le mot « Perú » se détache en bleu sur une mosaïque dorée.

Ce Pavillon, qu'on croirait tout en sucre et en nougat, est tout en fer et en pierre. Après l'Exposition, il sera démonté et reconstruit dans la capitale du Pérou, Lima, où il servira de Musée.

INTÉRIEUR Un grand Hall éclairé par une coupole qui sert en même temps de lanterne pour l'Escalier double qui monte au 1ᵉʳ étage.

REZ-DE-CHAUSSÉE ⊙ Vaste Hall de 5 m. 75 de hauteur, éclairé par une coupole, dans lequel on a exposé des Plantes médicinales, textiles, industrielles; des Cafés, des Sucres, des Chocolats, des Liqueurs, des Eaux-de-vie, des Vins et des Pétroles, ces derniers étant depuis quelque temps l'objet d'une exploitation des plus actives.

Avec l'orge qu'on cultive sur les plateaux et dans les plaines, on fabrique de la bière analogue aux bières anglaises. Le lin, le chanvre, le coton sont de toute beauté; le Pérou est le seul pays du monde où l'on fasse deux récoltes de coton par an. Voir aussi le caoutchouc des Amazones, sous sa forme liquide, et transformé en vêtement, et les laines si estimées, fournies par la vigogne, le lama, l'alpaga et le guanaco qui se prêtent à l'élevage dans ces immenses régions herbeuses de l'Équateur. Parmi les plantes médicinales, on remarque des échantillons de quinquina, d'aloès, et de coca, cette dernière avec ses feuilles, son écorce et aussi le produit pharmaceutique qu'on en extrait, la *cocaïne*, qui permet aux chirurgiens qui savent bien l'employer de faire, sans douleur, et sans endormir le patient, les opérations les plus douloureuses.

Les indigènes du Pérou et de la Bolivie font un usage constant des feuilles de coca qu'ils mâchent et qui remplacent pour eux le tabac et le café. Elles leur permettent de supporter les plus grandes fatigues et même la privation de nourriture presque sans s'en apercevoir.

A voir aussi diverses essences de Bois. Les bois précieux viennent des forêts vierges de l'Amazone, tels que le bois de fer, le palissandre, l'acajou, le cèdre, et des bois inconnus jusqu'ici, qui n'ont pas même encore reçu de nom.

PREMIER ÉTAGE ⊙ Un élégant Escalier de bois sculpté y conduit. Dans un des Salons, Vues photographiques de fabriques, de mines, de chemins de fer et particulièrement de la ligne de l'Oroya, qui dessert toutes les mines du Cerro de Pasco et monte jusqu'à 4300 m. au-dessus du niveau de la mer.

Dans un autre Salon, des vitrines renferment des échantillons des minerais de cuivre, d'argent, d'or, dont on a constaté la présence dans 16 des 17 départements du Pérou.

On a également exposé ici tous les objets curieux d'or et d'argent *fabriqués à la main*, tantôt en filigrane, tantôt en métal massif. Il y a aussi toute une collection de petits bibelots, animaux de minuscules espèces, de breloques fabriquées avec les résidus de l'argent au sortir du four.

Les murs du pavillon sont décorés de Panoplies, Vêtements, Coiffures avec plumages éclatants dont se servent les sauvages de l'Amazone, de Peaux, de Jaguars, de Caïmans, de Chinchilla, d'Écailles de tortues géantes que les Indiens capturent sur les bords de la mer.

Comme Annexe au Pavillon, un *Kiosque de Dégustation* où l'on peut se faire servir du Café et du Chocolat en mousse, de l'Eau-de-vie de Pisco, du Vin de Moquega, et où l'on trouve les Fruits du pays, les bananes, les ananas parfumés, les pêches savoureuses.

Le Pérou, qui occupe avec l'Équateur et la Bolivie les trois zones de la Cordillère des Andes, le littoral, la région des plateaux et celle des forêts, est un des pays les plus privilégiés de la terre: la température s'y maintient entre 19 et 30 degrés. Aussi les fruits des tropiques s'y rencontrent-ils à côté de nos fruits d'Europe.

❦

PORTUGAL (Pavillon du). Après le Pavillon du Danemark, le 2ᵉ de la 2ᵉ rangée des Pavillons.

C'est un grand Magasin, une sorte d'entrepôt maritime, plutôt qu'un Pavillon. Il est orné à sa base de cordages et d'anneaux, comme on en voit sur le quai des ports, et à sa frise de décorations de chasse et de pêche, de poissons, de lièvres, d'écureuils. Le trottoir de petits cailloux blancs qui l'entoure est le travail d'ouvriers portugais spécialement appelés à Paris pour donner un échantillon de ce pavage usité dans les villes portugaises.

INTÉRIEUR Six grands panneaux peints représentent les six principaux Ports de Pêche du Portugal.

Dans la vitrine centrale, des Poissons de toute espèce, préparés et conservés par divers procédés.

Remarquons une très intéressante collection de Modèles de tous les Bateaux de pêche.

Dans une autre Salle, Exposition Cynégétique et Forestière. Chênes lièges de taille colossale.

Le Portugal a exporté plus de 12 millions de kilogr. de liège en 10 ans.

Des Animaux empaillés, des Aigles, des Vautours forment la partie intéressante de l'exposition de Chasse. Sur des étagères, des échantillons de Cuivre, de Plomb.

C'est au Trocadéro que le Portugal expose les produits de ses Colonies ; il expose ses Vins et ses Produits Alimentaires dans le Palais de l'Alimentation.

✥✥✥

DANEMARK (Pavillon du). La 1" et la 2° rangée du Palais des Nations, du côté de l'Esplanade des Invalides et du Quai d'Orsay.

L'aspect d'une maison bourgeoise de province au XVII° s. Cette époque — celle de Christian IV — fut pour l'architecture danoise un temps de splendide renaissance, dont témoignent les merveilleux palais de Fredensborg et Christiansborg. On ne pouvait reproduire à Paris ces grandioses constructions, et l'on s'est contenté de donner un gracieux spécimen d'habitation particulière qui montre tout le parti qu'on a tiré en Danemark de l'union du bois et de la brique.

La Maison se compose de deux corps de bâtiments chevauchant l'un sur l'autre. Des boiseries ouvragées ornent les fenêtres, garnies de vitres minuscules encadrées de plomb. Les pignons sont losangés de charpentes, et les toits pointus couverts de tuiles rouges.

Au dessus de la porte flotte le *Danebrog*, le pavillon national, une large croix blanche sur fond rouge.

Une jolie tourelle de bois, de ton plus effacé, qui a pour toiture un dôme en forme de bulbe, decore un des angles de cette très coquette et très charmante habitation.

INTÉRIEUR C'est un grand hall avec deux galeries latérales où sont disposés plusieurs petits salons meublés à la moderne.

Les Danois qui visiteront l'Exposition trouveront là tous les journaux de leur pays. Ce Pavillon n'est qu'un Cabinet de Lecture.

✥✥✥

AUTRES PALAIS (Q. D'ORSAY)

Au sortir de la Rue des Nations, après le Pont de l'Alma, on visite successivement la série des Pavillons et des Palais qui se dressent sur le Quai jusqu'au Champ de Mars. C'est d'abord le *Pavillon du Mexique*, puis celui de la *Presse*, les *Palais de l'Hygiene* et des *Armées de Terre et de Mer*, le *Pavillon Schneider*, le *Palais de la Navigation de Commerce*, le *Palais des Forêts, de la Chasse, de la Pêche et des Ceuillettes*.

A l'Angle du Quai et de l'Avenue Rapp, non loin du Pont de l'Alma, s'élèvent les bâtiments du *Commissariat Général* de l'Exposition.

MEXIQUE (Pavillon du), Q. d'Orsay, à côté du Pavillon de la Presse, en face du Palais des Armées de Terre et de Mer.

De style Néo-grec le plus pur, d'une architecture très sobre, mais très imposante, ce pavillon est construit dans le goût des edifices modernes de Mexico.

Du côté de la Seine, la façade principale, toute blanche et rose, s'ouvre par une grande loggia, comme on en voit dans toutes les constructions d'un pays dont le climat est si beau. Du côté du Quai, un portique plus etroit, précédé d'un large perron, est surmonté des armes du Mexique. Le toit de verre qui surmonte l'édifice est habilement dissimulé par une haute frise dentelée qui court tout autour du Pavillon.

INTÉRIEUR Un grand Hall, de décoration pimpante et lumineuse, produit un grand effet avec peu de ressources. Tout autour circule une Galerie formant premier etage.

L'architecte, pour donner plus de développement interieur, a imagine tout autour du hall une série de niches, carrées au rez-de-chaussée, et cintrées au 1" étage, separees par des colonnes legères, a chapiteaux corinthiens, qui supportent en même temps la galerie.

A chaque extrémité, le hall s'arrondit en une grande rotonde, dont l'une, celle de g., est le *Salon de Reception*, de style Empire ; l'autre, à dr., contient l'escalier d'honneur à double révolution, et dont le plafond est formé d'un enchevêtrement de voûtes peintes en rose, soutenues par des colonnes blanches.

La partie centrale du hall renferme l'exposition des *Grands Industriels* du Mexique.

Tout d'abord, à l'entrée, la fabrique de cigarettes de *El Buen Tono* (cap. 5 millions), avec ses jolies cigarières mexicaines, qui fabriquent les cigarettes et les cigares devant le public.

Puis, viennent, à dr., les fabriques de drap de *San-Ildefonso*, les fabriques de papier de *San-Raphael*, etc.

A l'extrémité dr. : le Salon de Réception, où se trouve l'Exposition des Beaux-Arts de la jeune école mexicaine.

Sculpture : M. *Jésus Contreras* a envoyé le buste en marbre de *Mme Diaz*, femme du Président du Mexique, et une saisissante figure intitulée : *Malgré tout* ; et deux monuments funéraires, dont l'un est dédié au poète *Acuna* ; — de M. Ocampo, citons une figure en marbre, intitulée *Désolation*. — Autres envois de MM. Alciati, Cardénas, Nava, etc....

Peinture : Tous les genres et toutes les écoles sont représentés. Œuvres de *MM. Martinez*, un impressionniste, *Mendoza-Izaguine*, l'un des peintres mexicains les plus en vue ; miniatures de *M. Jacoby*, aquarelles de *M. Ramoz Martinez*. — Collection très complète des travaux de l'École des Beaux-Arts de Mexico.

Partie g. du Hall consacrée à l'Exposition Minière. Les riches produits d'un pays éminemment favorisé par la nature : minerais d'or, d'argent, de cuivre, de plomb, de mercure, etc.

Les sections les plus intéressantes sont celle des *fameuses mines de Bolleo*, administrées par des Français, dont l'organisation est l'une des meilleures du monde entier ; celle des mines d'argent de *Pachuca*, de *Real del Monte*, etc. — Magnifiques échantillons d'onyx* mexicain.

A côté de l'Exposition Minière, l'*Exposition Militaire* : canons mexicains, système *Mondragon*. — Derrière l'Escalier d'honneur, Exposition de Cartographie, de Photographie, de Lithographie, etc.

PREMIER ÉTAGE ⊚ Près de l'Escalier, qui conduit à la galerie circulaire du 1ᵉʳ étage, les *Instruments de précision*, puis, en suivant la Galerie, à dr., *Exposition des Broderies* et des travaux de dames.—Très importante exposition d'*Agriculture* où se trouvent réunies les innombrables productions de ce riche pays : blé, riz, maïs, café, cacao, caoutchouc, plantes textiles, et peaux.

Puis viennent les expositions du Gouvernement : Affaires étrangères, Finances, Travaux publics, Postes et Télégraphes. On peut y juger de l'état actuel des Chemins de fer mexicains (16 000 kil.). — Enfin l'Exposition de la librairie (publications et ouvrages mexicains) montre que le Mexique d'aujourd'hui est un pays où les mots : civilisation, arts et sciences ne sont pas de simples étiquettes. Le Mexique s'est admirablement développé, depuis 50 ans, dans la paix et la liberté.

SOUS-SOL. On y trouve un Restaurant Mexicain, où l'on peut goûter la cuisine très variée du pays, surtout le *mole*, fait avec de la chair de dinde et du piment.

❧

PALAIS DE L'HYGIÈNE

Au Q. d'Orsay. L'Exposition de l'*Hygiène* est réunie à celle de la classe 74 (*Appareils et procédés du Chauffage et de la Ventilation*), qui occupe un emplacement beaucoup plus considérable, d'ailleurs, du Palais de MM. Auburtin et Umbdenstock.

REZ-DE-CHAUSSÉE. ⊚ La Cl. 74, à la vérité, comprend deux parties, en raison même de son importance. En 1878 et en 1889, elle était réunie à l'Éclairage ; cette fois, elle se contente à peine des 3000 m. carrés de superficie qui lui sont accordés. C'est qu'en dix ans cette industrie s'est considérablement développée et perfectionnée. Les ingénieurs ont trouvé ici un domaine nouveau, dont ils se sont emparés et qu'ils ont de jour en jour industrialisé. Ils nous présentent ici un premier ensemble : ce sont les systèmes de grand Chauffage et de Ventilation à destination des Hôpitaux, des Hôtels, des Usines, des Administrations, des Établissements publics : calorifères à air chaud, poêles à vapeur ou à eau chaude, batteries, cheminées d'appel, *ventilation mécanique*, etc., avec leurs procédés les plus divers. A cette exposition d'appareils et de matériel sont joints des plans et modèles d'édifices chauffés et ventilés, et il y a ici quelques types d'installations très puissantes. Un deuxième groupe comprend les *Appareils de Chauffage Domestique*, poêles et cheminées fixes ou mobiles, appareils de chauffage, le chauffe-bains « *Le Minimus* » de la maison L. Beutier et Ch. Vernier, aux huiles minérales ou au gaz, fourneaux de cuisine de tous systèmes, ventilateurs des cuisines et logements.

PREMIER ÉTAGE ⊚ Un troisième groupe, avec les accessoires de la Fumisterie et les Articles de foyer, une exposition très intéressante de la *Céramique du Chauffage* : poêles et cheminées en faïence, pièces décorées, etc. Il y a ici de fort jolis éléments, en particulier une cheminée *en grès cérame* ★ de 4 mètres de haut. La seconde partie de cette exposition est réunie dans un pavillon spécial de 800 mètres, sur le quai d'Orsay, au delà du chemin roulant. Il est affecté aux appareils en marche de chauffage à l'alcool, au gaz, au pétrole, par l'électricité.

L'Exposition Centennale est attenante au Pavillon d'entrée du Grand Palais; elle comprend des Gravures, des ouvrages rares, des vieilles Cheminées, des Braseros, des Bassinoires, des Landiers, dont quelques-uns curieusement travaillés. Cette classe présente, on le voit, un intérêt surtout pratique, et doit retenir l'attention des ménagères. La Compagnie du gaz et le *Familistère de Guise* ★ attestent les économies importantes qu'on peut réaliser avec le chauffage économique moderne, et les administrateurs des grandes sociétés (soit dit en passant aux directeurs de théâtre) peuvent et devront s'initier aux nouveaux appareils très ingénieux de chauffage à vapeur et par l'électricité. Comme on le voit, M. Pierre Arnould, chef de la division des combustibles du P.-L.-M., à qui incombait la tâche délicate d'organiser cette exposition, a su très heureusement donner à ces industries l'intérêt et la place auxquels elles ont droit, et il faut l'en féliciter.

Cl. 111. *Hygiène*. La classe voisine comprend la science de l'*Hygiène* sous toutes ses formes et avec toutes ses applications. C'est toute une science, en effet, qui s'est constituée dans ces dernières années, et aux progrès de laquelle ont puissamment contribué les grandes découvertes de nos laboratoires. Le buste de Pasteur occupe justement une place d'honneur au centre du salon consacré à l'*Exposition de l'Institut Pasteur* ★. Cette seule indication en affirme l'intérêt. Les Instituts étrangers, notamment d'Allemagne, d'Angleterre, de Suisse et d'Italie, ont contribué à rehausser cette exposition d'une science humaine et universelle par excellence. Nous voyons ici les progrès incessants des *Recherches sur la Transmissibilité des Maladies Infectieuses*, l'application des règles de l'Hygiène aux habitations, aux édifices publics et autres établissements collectifs. L'hygiène dans les communes rurales, l'hygiène et l'assainissement des villes avec leur service sanitaire, la défense des frontières contre les maladies pestilentielles avec les stations sanitaires, les services médicaux et de désinfection, constituent un groupe important. Puis ce sont les Eaux minérales, avec les expositions des principales Sociétés d'exploitation, dont celle d'une des plus importantes, la Cie *des Sources de Vichy-État*, avec des analyses, les modes de médication, les appareils destinés à les appliquer, les appareils d'hydrothérapie de M. E. Guesnier, les *sanatoria* ★, les établissements thermaux, et enfin les instructives et malheureusement trop riches statistiques de la santé et de la mortalité publiques. La Classe III comprend plusieurs Annexes: une à Vincennes (Vidanges, Filtres industriels, Bains) une dans les Sous-sols du Palais de l'Économie Sociale (Bains, Douches, de M. Cozalet); une au bord de la Seine, rive gauche, sous le Pont de l'Alma. Celle-ci est l'œuvre de la Compagnie de Salubrité de Levallois: c'est une Usine en action, destinée à drainer dans une grande cuve toutes les matières grasses et les vidanges des cuisines et des W. C. de la rive gauche et à les renvoyer dans un égout surélevé, situé de l'autre côté du chemin de fer, par une canalisation de 2000 mètres, du Pont des Invalides au Pont d'Iéna. Le vide constant est produit par l'air comprimé Popp et par l'application du système pneumatique de vidanges de Berlier perfectionné. Le public est admis à visiter l'usine; l'entrée est dans le petit Pavillon, sous le Pont de l'Alma.

En face, le *Pavillon de la Presse* et le *Restaurant Roumain*, puis en faisant suite au *Palais de l'Hygiène*, le *Palais des Armées de Terre et de Mer*.

❦

PALAIS DES ARMÉES DE TERRE ET DE MER ❸❸❸

Ce Palais, par son architecture, évoque le souvenir d'une enceinte fortifiée du Moyen âge.

Un donjon flanque de 2 escaliers rappelant l'escalier du *Podestat*, à Florence, occupe la façade du bâtiment; à dr. et à g., les 2 ailes du Palais se terminent en aval par une tourelle carrée couronnée par des chemins de ronde, en amont par une rotonde monumentale de 20 m. de diamètre terminant le hall par un escalier à jour rappelant par sa disposition le fameux *escalier de la Cour d'Honneur du Château de Blois*. La façade des deux corps de bâtiment se compose d'une série de travées dont la partie supérieure est en demi-cercle, et coupées, toutes les cinq travées, par une tour de guerre rappelant celles du porche.

Une Passerelle lancée par-dessus la Seine et reliant le quai de Billy au quai d'Orsay vient déboucher, comme un immense pont-levis, sous la grande arcature formant comme une sorte de vestibule d'honneur au Palais. Le tablier de cette Passerelle est établi à 5 mètres au-dessus du quai, exactement au niveau du sol sous le porche d'entrée du Palais que décorent *deux hérauts d'armes* * monumentaux placés en sentinelles avancées.

En arrière, sur le haut d'un mur, les *statues équestres* * de *Duguesclin* * et de *Bayard* * se détachent au-devant d'un fond de peinture décorative figurant les *armes de la France* entourées de celles des *provinces* de Bretagne, de Bourgogne, de Navarre, etc., et des *écussons* des divers régiments de France. Voilà pour l'extérieur du Palais.

Quant à ses dispositions intérieures, elles présentent certaines particularités commandées par la nature de l'emplacement choisi pour son édification.

Le Palais des Armées de terre et de mer, en effet, se compose en réalité de deux bâtiments parallèles et accolés ; l'un établi contre la Seine et qui comprend un rez-de-chaussée et un sous-sol, l'autre dressé au-dessus de la tranchée du chemin de fer et composé d'un rez-de-chaussée et d'un étage.

REZ-DE-CHAUSSÉE ⊙ La première classe, la **Cl. 116** est spécialement consacrée à l'*Armement* et au *Matériel de l'Artillerie*. Extrêmement intéressante, elle permet de se rendre compte des efforts incessants accomplis par les métallurgistes s'occupant d'armement pour obtenir des métaux capables de résister aux pressions énormes développées par la POUDRE SANS FUMÉE que l'on ne connaissait pas lors de la précédente Exposition, par les nouveaux explosifs d'une puissance incomparablement supérieure à ceux autrefois en usage et qui sont aujourd'hui employés dans toutes les armées.

Déjà, en 1889, on avait pu constater cette préoccupation de trouver des procédés propres à augmenter la capacité destructive des projectiles et la force de résistance des plaques de blindage.

Les onze dernières années, à cet égard, ont merveilleusement été mises à profit. Les procédés récents de fabrication des aciers au nickel, au chrome, au manganèse, au tungstène, les nouvelles méthodes pour l'obtention des fontes harveyées, ont permis aux métallurgistes militaires de créer des engins d'une puissance remarquable aussi bien pour la défense que pour l'attaque. En cet ordre d'idées, on

examinera avec grand profit les envois des principales usines françaises, en particulier ceux du Creusot (exposés dans un pavillon spécial dont nous parlerons tout à l'heure), des Forges de Commentry, de Saint-Chamond, etc.

Dans le matériel d'artillerie, en dehors du célèbre **Canon de 120 court** *, on verra une Pièce de dimensions colossales, surpassant celle qui fut exposée en 1889 par les Établissements Cail, un gigantesque **Canon mesurant 12 m. 50** * de longueur et 32 centimètres de calibre, et quantité de Canons de plus petite taille et des modèles les plus variés, destinés les uns au service des forts, les autres à l'armement des vaisseaux, d'autres tout petits et démontables de façon à pouvoir facilement être transportés en montagne à dos de mulet, etc., de nombreux specimens de Canons à tir rapide, Canons-Revolvers, Hotchkiss, Mitrailleuses, etc., de multiples spécimens de Fusils, et, à côté de toutes ces bouches à feu, les Projectiles * qu'elles envoient, Obus Pleins, Obus de Marine, de plus de 1 m. de haut; Obus de Rupture chargés de masses considérables d'explosifs, Obus Shrapnels, etc., Gargousses, Cartouches minuscules, Balles Lebel aussi petites que meurtrières, etc., et enfin les Appareils d'Épreuve servant à la vérification du matériel d'artillerie.

À la même Classe appartiennent encore les diverses sortes d'**Explosifs** usités pour les besoins militaires.

Enfin, et cette partie de l'exposition de la Classe 116 en constitue sans aucun doute le véritable clou, par les soins de M. Gaston Chabbert, le zélé secrétaire de la Classe, a été organisée une exposition collective réunissant les principaux constructeurs français d'**Automobiles** *, exposition qui comporte des types de toutes les sortes de Véhicules composant le matériel roulant d'une armée (voitures de télégraphes, voitures pour le transport des vivres, des fourrages, des munitions, etc., voitures pour le service des états-majors en campagne, ces dernières exposées par le Ministère de la Guerre même).

La **Cl. 117,** consacrée au *Génie militaire et aux services y ressortissant*, présente également un intérêt de premier ordre.

Très variée, en effet, cette exposition, qui est entièrement due à l'initiative des industriels fournissant les ministères, comporte des sujets d'étude pour tous les visiteurs, pour les profanes aussi bien que pour les spécialistes.

Alors que les uns s'attacheront plus particulièrement à l'examen des multiples modèles du matériel du Génie militaire, qu'ils passeront en détail la revue des Plans, des tracés, des dessins se rapportant à la Construction des Voies ferrées et en particulier à celle des *Chemins de fer Coloniaux* dont les études ont été poursuivies par des officiers de notre armée, qu'ils examineront les procédés mis en œuvre par le Génie pour la *Construction des Ponts*, qu'ils se rendront compte de la valeur de certains modèles exposés de *Ponts Portatifs*, et qu'ils compareront les méthodes en usage dans l'installation des Casernements pour les troupes en France et aux colonies, les autres accorderont leur temps à l'examen des *Appareils d'Électricité* utilisés pour les divers besoins militaires, à celui des *Ballons militaires**, ou encore accorderont leur admiration à la **Coupole Blindée** en ciment, semblable à celles construites sur des postes stratégiques, dans le but d'arrêter la marche de l'ennemi et de protéger des ouvrages de défense importants.

En ces dernières années, de ces diverses applications, celles de l'électricité ont été largement étendues. C'est ainsi que, durant la récente guerre hispano-américaine, il a été fait grand usage des *Projecteurs électriques* à grande puissance dont de fort beaux specimens sont exposés par les maisons *Sauter et Harle*, *Barbier et Benard*, etc. De même encore, dans la section de *Télégraphie* et de *Téléphonie*, c'est une installation de **Télégraphie sans fil**, installation établie par les soins de M Ducretet et correspondant avec une station de l'intérieur de Paris, qui appelle plus particulièrement l'attention.

Une autre section également fort intéressante est celle réservée à l'Aérostation et dans laquelle on voit, à côté d'un Ballon militaire dont l'aménagement est dû à *M. le commandant Renard*, le directeur du parc aérostatique de Meudon, de curieux specimens exposés soit par des particuliers, soit par des sociétés spéciales, de Colombiers appropriés aux besoins militaires.

La **Cl. 118** qui réunit le *Génie Maritime*, les *Travaux Hydrauliques* et les *Torpilles*, offre, elle aussi, un puissant attrait à tous les visiteurs, encore que ceux-ci, pour la plupart ne soient pas des spécialistes.

Pour ces derniers, surtout s'ils se souviennent de l'exposition correspondante en 1889, ils constateront l'étendue considérable des progrès accomplis depuis onze ans.

Déjà lors de la précédente Exposition, on pouvait constater dans l'installation des chaudières marines, dans la réalisation des plaques de blindage, des améliorations considérables réalisées sur les résultats que donnait l'industrie peu d'années encore auparavant. Depuis 1889, cette heureuse évolution s'est continuée, si bien qu'aujourd'hui, grâce à toute une suite d'améliorations de détail, nos bateaux reçoivent des machines dans lesquelles la consommation du charbon, qui, en 1889, atteignait un kilogramme, a pu être réduite, par cheval et par heure, entre 500 gr. et 800 gr. (chaudières Normand pour les torpilleurs, chaudières *Niclausse*, chaudières multitubulaires du type *Belleville*, etc.), et que leurs revêtements protecteurs, grâce aux perfectionnements successifs réalisés dans la fabrication des aciers cémentés, aciers dont la résistance à la traction mesure jusqu'à 50 kilogrammes par millimètre carré, peuvent aujourd'hui se voir établis avec des plaques de blindage présentant, sous une épaisseur égale, une résistance triple, et par suite offrant une protection trois fois plus considérable que celles jadis en usage.

Grâce aux découvertes récentes effectuées dans le domaine de la métallurgie, on sait aujourd'hui construire, pour protéger les artilleurs, des masques d'affûts en acier chrome, de 30, 54 et 72 millimètres d'épaisseur, et l'on a pu enfin réussir à créer un matériel d'artillerie à tir rapide de fort calibre, de 10 à 16 centimètres.

Entre autres expositions de la classe, celle de la *Société des Forges et Chantiers de la Méditerranée* mérite une mention toute spéciale. Cette exposition, en effet, comprend une **Machine marine **de 12 000 chevaux de puissance, de tous points semblable à celles installées sur certains de nos croiseurs.

A voir également l'envoi de la C⁰ *des Ateliers et Chantiers de la Loire*, etc.

PREMIER ÉTAGE ⊚ La **Cl. 119**, consacrée à la *Cartographie*, l'*Hydrographie* et aux *Instruments divers*, en dépit de son caractère un peu spécial, se recommande encore à l'attention de tous.

On y admire, en dehors des feuilles de la Carte de France au 1/80000, dite *carte de l'État-Major*, les Cartes de l'*Afrique* au 1/2000000, de *Madagascar*, du *Tonkin*, etc., dressées par les soins du Service Topographique et cartographique de l'armée, et les *Cartes marines* établies par le Service Hydrographique, etc.

Mais ce n'est pas tout : à côté du résultat,

A L'EXPOSITION

les organisateurs de l'exposition de la Cl. 119 ont tenu à montrer comment celui-ci était obtenu, et, à cet effet, ils ont groupé de multiples documents concernant l'outillage, infiniment perfectionné aujourd'hui, et les procédés mis en œuvre par les cartographes militaires pour la réalisation de leurs travaux, ainsi que de nombreux spécimens des diverses cartes obtenues depuis la création du service topographique.

Dans cette classe, à côté des éditeurs militaires, exposent encore les constructeurs d'*Instruments de Précision, d'optique* et *de Photographie* en usage dans l'armée. Parmi ces envois, à voir tout particulièrement ceux de la maison *Clermont-Huet* (Jumelles à prismes, Télémètre Aubry, etc.) et des constructeurs *Secrétan, Châtelain*, etc.

La **Cl. 120** réservée à l'exposition des *Services Administratifs* (et qui comprend une Annexe au Rez-de-chaussée), offre aux simples curieux un spectacle des plus intéressants.

De même qu'ils l'avaient réalisé en 1889, les fournisseurs de l'armée pour les effets d'Habillement, pour le matériel de Campement, pour l'Équipement et pour le Harnachement, ont installé sur un plan étendu et magnifique, une grande **Scène Militaire*** avec des personnages revêtus des costumes des diverses armes.

Les groupes pittoresques ainsi constitués comprennent, ce qui n'avait point eu lieu lors de la dernière Exposition, des personnages figurant nos soldats de l'armée de mer.

Pour les visiteurs moins épris de spectacles aimables, mais plus soucieux de s'instruire, la Classe 120 offre encore de multiples sujets d'études importantes, grâce aux nombreux envois concernant l'installation des services administratifs des troupes. A voir tout particulièrement, en cet ordre d'idées, les divers modeles d'appareils combinés pour les besoins de l'*Alimentation* des troupes : *Fours Roulants* pour la fabrication du pain en campagne; outillage pour la preparation des *Conserves alimentaires*, *Machines Frigorifiques* variées pour la conservation des vivres, aussi bien à terre qu'à bord des bâtiments de la flotte.

Le *Colombier militaire* fera des Lâchers de Pigeons* entre le Quai d'Orsay et Vincennes.

Dans la même classe, à voir encore les envois des Constructeurs d'Instruments de musique, ceux des Selliers relatifs au Harnachement des chevaux et de nombreux documents concernant les *Pêches maritimes.* :

La **Cl. 121** est consacrée à l'*Hygiène* et au *Matériel Sanitaire*; elle présente un très grand intérêt et permet à tout un chacun de se rendre compte de ce dont se compose aujourd'hui le *Matériel Sanitaire d'une armée*; à remarquer surtout l'exposition de MM. *A. Bognier et G. Burnel.* En dehors du matériel exposé par les soins des services de santé militaire, ont pris part à cette exposition les trois grandes Sociétés existantes de la Croix-Rouge, à savoir : 1° l'*Association des Dames françaises*, que préside Mme Foucher de Careil; 2° l'*Union des Femmes de France*, qui a à sa tête Mme Kœchlin-Schwartz; 3° la *Société de Secours aux Blessés* militaires, dont le président est M. le général Davout, duc d'Auerstaedt.

Grâce à l'initiative de ces diverses societes, on a réalisé des installations d'*Infirmeries* dans les gares, des modèles d'*Hôpitaux volants* et *sédentaires*.

A côte de cette exposition particulièrement intéressante et importante, de nombreux fabricants et industriels exposent d'innombrables modèles d'instruments et d'appareils hygiéniques, en particulier de Filtres appropriés aux besoins militaires.

Sections Étrangères ⚙️

Elles occupent l'aile dr. du Rez-de-chaussée, au-dessous du Musée Centennal, et diverses annexes à l'extérieur.

La section la plus importante est celle de la **Russie**, qui occupe un vaste emplacement et expose son matériel d'Artillerie, etc. La *Marine Russe* a construit un Pavillon au dehors.

La **Grande-Bretagne** a, elle aussi, un Pavillon curieux, celui de la célèbre *Maison Maxim*, dont le toit* a la forme d'un *pont de croiseur cuirassé* et dont la façade et les portes sont décorées de canons et d'obus. Elle occupe aussi une vaste section dans le Grand Palais, entre celles de l'Autriche, de l'Espagne, de la Hongrie, de la Turquie et des Etats-Unis. Les **États-Unis** et l'**Italie** ont des expositions remarquables, de même que l'**Allemagne;** dans celle-ci, l'Empereur expose une curieuse collection d'Uniformes militaires*.

Musée Rétrospectif ⚙️⚙️⚙️

Installé dans les Galeries du premier étage de la Cl. 116, et rassemblant de nombreux et précieux tableaux, objets d'art, armes et armures, uniformes, bibelots, autographes, souvenirs personnels, évoquant un grand nom de l'histoire militaire française et qu'on a emprunté à tous les musées de France, à toutes les collections privées.

Parmi les principales pièces exposées, citons : les *portraits* du *maréchal de Saxe*, de *Condé*, de *Turenne*, de *La Fayette*, etc ; du *maréchal Suchet* * par Horace Vernet; un médaillon en terre cuite : portrait de *Desaix* * par David; un portrait esquisse du *général Bonaparte* * par David, du maréchal Victor par Dubufe; un portrait du roi Murat par Girodet.

Armes, Armures, Uniformes, etc. : un glaive ayant appartenu au maréchal Soult, un *sabre d'honneur* * donné par le Premier Consul au maréchal Victor, un morceau du *manteau bleu* * porté par Bonaparte à Marengo; quelques-unes de ses *lettres* *; la *selle*, la *bride* et la *lorgnette* de Napoléon III à Solférino; un sabre d'honneur ayant appartenu à Drouot, une *montre* ayant appartenu à Desaix, etc.; enfin une collection d'**Uniformes** portés, dans les différentes armes, sous la Révolution et le Premier Empire.

❧❧

PAVILLON ⊚ SCHNEIDER
Situé entre les Palais des Armées de Terre et de Mer et de la Navigation et du Commerce, a la forme d'un dôme dont le diamètre est de 43 m. Il comporte 34 demifermes qui mesurent 27 m. de haut depuis leur base d'appui jusqu'au sommet.

Le Dôme est surmonté d'un campanile de 12 m. de diamètre dont la partie supérieure est a 40 m. au-dessus de l'entrée, côté de la Seine; cette entrée est en contre-bas de 6 m. de l'Entrée côté Q. d'Orsay.

La charpente repose en partie sur des murs de fondation et en partie sur un plancher métallique qui recouvre la tranchée du Chemin de fer des Moulineaux; ce plancher a 42 m. de longueur et 18 m. de portée (poids total : 300 tonnes environ).

Ces conditions particulières ont conduit à donner la préférence au système de construction des fermes à 3 prétules.

Le poids total de la coupole et du campanile est d'environ 400 tonnes.

Le Pavillon de MM. Schneider et Cie renferme les spécimens les plus intéressants de leurs industries; nous nous bornerons à noter ici quelques uns des principaux objets exposés.

On y remarque les spécimens les plus variés et les plus intéressants des produits des Houillères, des Aciéries, des Forges, des Ateliers de Construction, d'Électricité et d'Artillerie.

Citons seulement :

Une des 3 machines de l'appareil moteur du *Kléber*, d'une puissance totale de 17 100 chevaux.

Une *locomotive à vapeur* à grande vitesse, système Thuile, étudiée en vue de remorquer des trains de 200 tonnes à la vitesse de 120 kil. à l'heure.

Une *locomotive électrique* à voie normale pouvant remorquer des trains de 300 tonnes sur rampe de 11 m/m à une vitesse de 40 à 50 k. à l'heure.

Matériel d'artillerie Schneider-Canet, construit aux ateliers du Havre et du Creusot, comprenant notamment : un canon de 24 c/m en tourelle barbette; un canon de 24 c/m de 45 calibres; un canon de 24 c/m de 45 calibres à tir rapide; un canon double de 15 c/m de 45 calibres à tir rapide sur affût double; obusiers de bord de 15 et 34 c/m; canons de 15 c/m, 12 c/m et 10 c/m de 50 calibres à tir rapide.

Un obusier de 15 c/m sur affût-truck système Schneider-Canet-Peigné; canons de 47 m/m et 57 m/m de 60 calibres; un canon de 75 m/m sur affût de campagne à frein hydropneumatique.

De nombreux modèles et spécimens de culasses, de projectiles, de douilles, etc.

❧❧

PALAIS DE LA NAVIGATION ⊚
Entre la Seine et la ligne du chemin de fer des Moulineaux, à dr. du Pt d'Iéna, entrée principale en face du pont.

REZ-DE-CHAUSSÉE ⊚
Décoré intérieurement de solives de bois représentant des ancres, d'écussons et de diverses allégories maritimes. Se compose d'une galerie longeant la berge, d'un escalier d'honneur, d'une coupole et d'un grand hall **(Cl. 33).**

Au 1er étage, de niveau avec le sol du quai, des galeries contournent la coupole et le hall.

Galerie longeant la Seine. Exposition des projets des concurrents pour le *prix Anthony Pollock* (100 000 fr. au meilleur **APPAREIL DE SAUVETAGE** *); prix créé par les héritiers de M. et Mme Pollock, naufragés de la *Bourgogne*.

On y remarque des dispositifs très perfectionnés permettant la mise à la mer rapide des chaloupes de sauvetage.

L'Escalier d'honneur : Exposition de l'*Union des Yachts Français*, modèles de bateaux de plaisance, statuts de société, pavillons, etc. Cette exposition est plutôt décorative.

Sous la Coupole. Exposition du Canot de la *Société Centrale de Sauvetage des Naufragés*, en grandeur réelle, avec tous ses appareils; un bateau voilier et un canot à pétrole construits par la maison Tellier.

Puis Exposition importante du *Canal Maritime de Suez* ∗, comprenant un plan en relief du canal, des cartes et plans, des modèles d'appareils de drainage et de navires, des tableaux statistiques et des photographies.

Sous le Hall. Exposition rétrospective, depuis 1800, des Modèles de Bateaux de course, de commerce. Très belle collection de grands et petits caboteurs.

A la suite : les Expositions de la Russie, de l'Allemagne, des États-Unis et de la Grande Bretagne (Navigation commerciale, chaloupes et canots, amarres, grues, objets de sauvetage).

A dr. du Palais, dans la partie longeant le chemin de fer des Moulineaux :

Exposition de Cordages en chanvre et en acier des maisons Max Richard Segris et Bessonneau, de Machines et chaudières des maisons Delauney-Belleville, Niclause et Turgan.

PREMIER ÉTAGE ◉ Au débouché de l'Escalier d'Honneur : Exposition des Modèles de Bateaux de la *Cie générale de Navigation* (Havre, Paris, Lyon, Marseille).

Dans la **Galerie** contournant la coupole : Exposition d'Objets de Sauvetage, aménagement et armement de bateaux, outillage, etc., de la maison Meteyer.

Dans la **Passerelle** au centre : Exposition des Matières Premières, peintures et enduits pour la marine; magnifique salon des usines de Grenelle; exposition des produits de la *Société d'Industrie Textile d'Angers*.

A dr., dans la Galerie contournant le hall : Exposition des Modèles de Bateaux des Sociétés de construction des *Chantiers de la Loire*, des *Chantiers de la Méditerranée* et des ateliers de M. Satre fils, à Lyon.

A g., Modèles des Bateaux des Sociétés de transport, à vapeur ou à voile, de la *Société Transatlantique*, des *Chargeurs réunis*, de la *Cie Havraise Peninsulaire*.

Exposition de Jeanselme ∗, aquarelles représentant les aménagements de Paquebots Transatlantiques (en face de la vitrine de cette Compagnie).

Parmi les sections étrangères les plus intéressantes, nous citerons celle de la Gde-Bretagne (2 sections); celle de l'Allemagne dont le pavillon est dominé par une reproduction du Phare de Brême, celles de l'Italie, de la Russie et des États-Unis.

Pavillon des Messageries Maritimes adossé à la voie du chemin de fer des Moulineaux, entre le pont d'Iéna et le pavillon de la Chambre de Commerce.

Sa construction basse et sa toiture, rappelant presque la coque d'un navire renversé, sont surmontées de plusieurs mâts, ornés chacun d'un des pavillons en usage sur les navires de la Compagnie.

La *Cie des Messageries Maritimes* a voulu, a l'occasion de l'Exposition universelle, fêter son cinquantenaire; aussi a-t-elle fait une exposition rétrospective et actuelle; c'est ainsi que l'on peut juger des progrès accomplis par ses ateliers de la Ciotat pendant ces cinquante ans.

La Salle est divisée en deux parties : d'un côté sont les reproductions du *Périclès*, construit en 1851, de la *Neva* en 1857, de la *Guyenne* en 1858, du *Hougly* en 1866, du *Brésil* en 1887, et enfin de l'*Annam* en 1899; de l'autre côté, les reproductions des Machines du *Narval* 1844, du *Thabor* 1853, du *Danube* 1854, du *Tage* 1868, de l'*Australie* 1888, de l'*Annam* 1899.

Sur les côtés, des ancres, des plans et des photographies des ateliers de la Ciotat.

Une Brochure illustrée, éditée par les soins de la Compagnie, est distribuée au public et donne des explications sur les différents objets exposés.

❧❧❧

CHAMBRE DE COMMERCE ◉◉ DE PARIS ◉◉ (A g., en face du Palais de la Navigation). La Chambre de Commerce de Paris jouit en France et dans le monde entier d'une autorité sans conteste. Seule des Chambres de Commerce de France elle compte 36 membres, au lieu de 20; elle a 2 vice-présidents, 2 secrétaires. Elle a pensé avec juste raison que les visiteurs français et étrangers seraient heureux de voir en un seul groupe ses nombreux services. Elle a fait bâtir par l'habile architecte M. Roy, à gauche du Pont d'Iéna, un peu en amont, un Palais qui rappelle, en plus petit, le charme des Trianons. Ce bijou d'architecture comprend une grande Salle d'Exposition, une Salle de Réception, et un Cabinet réservé au Président de la Chambre, M. Masson.

L'Exposition se compose de Tableaux, graphiques, photographies, réductions, dont l'ensemble constitue une revue des Services de la Chambre de commerce.

Le *Secrétariat* expose la collection du Recueil des travaux de la Chambre, les Procès-verbaux des séances, le Bulletin, dû à l'initiative de M. Lacroix en 1894. Il y a aussi une collection des ouvrages publiés par les membres de la Chambre.

Les *Bureaux publics de la Condition des soies et laines* et le *Laboratoire d'analyse des Papiers*, ont envoyé une des étuves installées à la Bourse du Commerce et qui servent à mettre les soies en état de siccité parfaite. Les caisses qui apportent les soies à Paris sont débarquées à la Bourse de Commerce, et le directeur de la *Condition* choisit dans les ballots les échantillons qu'il veut soumettre à l'examen : ces échantillons sont placés dans des casiers en verre situés au-dessus des étuves, lesquelles ont été peintes par Vollon. (La soie se vendant au poids, son état de siccité permet de fixer sa valeur.)

Le Laboratoire d'essai pour *l'analyse des papiers* * expose une réduction de la machine inventée il y a trois ans pour essayer la résistance des papiers.

La *Manutention de la Douane* montre par des graphiques et des photographies ses services de réception et d'entrepôt.

Le *Banc d'épreuve des armes à feu* *, fondé il y a peu de temps, 120, Av. de Versailles, montre en réduction les installations destinées à éprouver les armes et à les poinçonner. Cette création a permis aux fabricants parisiens de n'être plus tributaires de Liège et de St-Étienne.

La *Gare d'eau d'Ivry* * expose les Plans et vues du Port qui, pour la première fois à Paris, a relié la voie ferrée et la voie navigable. Une grue de 40 000 tonnes va être commandée par la Chambre de Commerce. — La Gare d'Ivry, reliée à la ligne d'Orléans, a donné par son succès l'idée de raccorder également la Seine au Paris-Lyon.

La Chambre de Commerce expose également tout ce qui concerne les nombreuses Écoles qu'elle dirige : École des Hautes Études commerciales, 108, Bd Malesherbes ; École Supérieure de Commerce, 79 bis, Av. de la République ; École Commerciale, 39, Av. Trudaine, Cours Commerciaux du soir (pour adultes hommes, et pour femmes et jeunes filles).

Enfin, l'*Office National du Commerce extérieur*, fondé en 1898, 3, R. Feydeau, grâce à l'initiative de la Chambre de Commerce, est représenté à l'Exposition.

PAVILLON DES FORÊTS, CHASSE, PÊCHE, ETC.

Au bord de la Seine (rive g.), en aval du pont d'Iéna. De splendides bas-reliefs surmontent la porte monumentale ; une grande *Chasse* de Baffier, un *Combat de Cerfs* de Gardet. Sous la voussure, *la Pêche*, peinture décorative d'Aubertin. Sur la façade du bord de l'eau, deux élégants pavillons, les statues de *la Chasse*, de *la Pêche*, des têtes de cerf, etc., etc.

Des stalactites pendent des arcades formant portique, sur le quai.

A l'extérieur, deux grands halls juxtaposés dont l'un en contre-bas, et réunis par un *arc en charpente* de 25 m., largeur qui n'a jamais été atteinte jusqu'ici. A g. au fond du hall, et tout autour de l'édifice, à hauteur du premier étage, des galeries ; une rotonde en avant, sur le terre-plein du Pont d'Iéna.

REZ-DE-CHAUSSÉE.

A l'Entrée, la **CI. 49.** *Matériel et Procédés des Exploitations des Industries Forestières*, avec tout d'abord l'*Exposition forestière* du Ministère de l'Agriculture. Des *tableaux* indiquent le rendement des forêts soumises au régime forestier, le mode d'exploitation, la production du bois dans le monde, etc.

Une large place est réservée aux travaux des forêts : Reboisement, procédés de Culture en Pépinières, modèles de Scieries, de Maisons de Gardes, des spécimens de toutes les Essences de la France et de ses Colonies, avec leurs graines et leurs cônes, et de belles photographies des espèces d'arbres les plus appréciées.

Deux Vues dioramiques * de grandes dimensions nous montrent une section du *Torrent de la Grollaz* (Savoie) soumise à des travaux de correction : 1° au début des travaux de correction ; 2° dix ans après.

Des Plans en relief de torrents, des aquarelles, des albums et photographies permettent de comparer les résultats des travaux entrepris dans les divers périmètres de restauration, dans les Alpes, les Pyrénées, les Cévennes et le Plateau Central. Il faut citer aussi les photographies des *Travaux de Défense contre l'Océan*, entrepris dans les Landes et dans la Charente-Inférieure : types de dunes fortifiées par des plantations de pin maritime, digues, empierrement des côtes pour la résistance à l'assaut incessant des flots, etc.

A g. la **CI. 50.** *Produits des Exploitations et des Industries Forestières*. La décoration de la Salle affecte des formes

A L'EXPOSITION

à la fois coquettes et rustiques, rappelant le Bois, qui se trouve ainsi exposé dans un cadre pittoresque et intéressant. Autour de la galerie, des panneaux de peinture décorative de MM. Francis Jourdain, Bourgonnier de Guilloux, racontent l'histoire du Bois, depuis la forêt jusqu'à la scierie, jusque chez l'ébéniste ou chez le charpentier, chez l'ornemaniste ou chez le.., charbonnier.

Ici, c'est l'histoire du Liège et de l'Osier; là, celle de la Vannerie, de la Boissellerie, de la Sparterie, etc. A remarquer une belle collection de laines de bois, blanches ou

l'infatigable chasse au poisson de rivière, de lac ou de mer.

L'Aquiculture se divise en 2 parties ; l'Aquiculture maritime, et celle d'eau douce, avec des modèles d'établissements de Pisciculture de la province, des types d'Aquariums et de Viviers, d'Échelles pour les poissons migrateurs (saumon, truite, etc.); et enfin le matériel d'Hirudiniculture, c.-à-d. de l'élevage de cette vilaine bête au corps annelé qui s'appelle la Sangsue.

L'exposition de cette classe se complète par une collection remarquable de tous les

LE PONT D'IÉNA ET LE TROCADÉRO (Cliché Robert)

teintes de toutes les couleurs de l'arc-en-ciel.

(La Cl. 5o a une Annexe au dehors, plus spécialement réservée aux Essences Odorantes, aux Matières Colorantes, Résineuses, au Tan, à tous les produits tirés du Bois.)

La **Cl. 53,** qui vient ensuite, expose les Engins, Instruments et Produits de la Pêche et de l'Aquiculture.

C'est d'abord une collection complète de tout ce qui existe en fait de Lignes, rigides ou démontables, flottantes ou non, les lignes à 6o c., et celles qui coûtent 3oo fr., de quoi faire mourir d'envie tout ce peuple qui, suivant Richepin, s'évertue... à tremper du fil dans de l'eau. Puis une autre collection, non moins complète, de Filets aux mailles lâches ou serrées, de nasses de toutes grandeurs et de toutes formes, de tous les engins et pièges utilisés pour

Poissons des rivières de France, de Crustacés, de Mollusques, etc.

D'innombrables variétés d'Éponges sont rangées par ordre de provenance ou de finesse, tout à côté de l'Exposition particulière du Ministère de la Marine, qui nous montre des vues photographiques reproduisant les mœurs, usages, costumes et outillage des pêcheurs.

Dehors, en face de l'Entrée, une Annexe est affectée à l'Ostréiculture, où l'on peut voir — et déguster — la série entière des Huitres.

La **Cl. 52** (Produits de la Chasse), fort importante aussi, s'ouvre par une exposition de Mannequins revêtus de riches fourrures, vêtements de plein air et d'intérieur, présentant un caractère de réelle application de la Fourrure confectionnée. La zibeline, la loutre, le phoque, le chinchilla, etc. etc., y figurent dans toute leur splendeur. Un *chauffeur* est revêtu d'une pelisse opulente.

Sous l'Escalier conduisant au 1ᵉʳ étage, une magnifique exposition de PLUMES de toutes sortes, autruche, etc.

PREMIER ÉTAGE ⑤ Ici, les Cornes d'animaux, devenues objets de décoration, de toilette, etc.; des cornes de buffle aux grandes dimensions. Là, les différentes sortes de Crin, les Poils de castor, lapin, lièvre, dont on fabrique des chapeaux reluisants. Des naturalistes présentent d'intéressantes séries d'Animaux empaillés; l'un expose des figures en cire formant une scène animée.

Au fond, quelques produits spéciaux, particulièrement parfumés, le Musc, le Castoreum et la Civette, et des collections d'Œufs, et de dessins.

A g., la **Cl. 51** (*Armes de Chasse et diverses*) comprend d'abord la série des Machines et outils spéciaux pour la fabrication des Armes, le matériel des fabriques de cartouches et de munitions, les artificiers, dont MM. *Pinet et Charnier*.

Tout le long de la galerie, enfermées dans de belles vitrines en chêne, des Armes de chasse, de tous calibres, reluisent leurs canons luisants, dans leur dernier perfectionnement. Il suffit de citer les noms de *Faivre-Lepage*, *Gastinne-Renelle*, *Lefaucheux*, etc., pour donner une idée des merveilles exposées.

Aux deux extrémités de la Salle, dans des vitrines basses et isolées, sont enfermées les Cartouches et Munitions de chasse, reluisantes dans leurs étuis nickelés, cartouches de revolver, de carabine de précision, de fusil à percussion centrale, hammerless, etc.

Vis à vis des Armes de chasse, une série d'Armures et d'Armes Blanches, avec de remarquables reproductions d'armes anciennes et des panoplies; une exposition d'Arcs et d'Arbalètes. Une galerie d'Équipements de chasse et — classe parmi les armes de chasse! — le matériel complet des Salles d'Escrime.

L'Exposition Rétrospective est installée dans des vitrines placées au milieu de la galerie. Grâce à d'actives démarches de M. Fauré-Lepage, président de la classe, l'*Empereur de Russie* a bien voulu se dessaisir, pour la durée de l'Exposition, d'**Armes anciennes ★** qui font partie du *Musée Impérial de l'Ermitage*. Parmi ces armes, exposées dans la vitrine du milieu, un **Nécessaire★** (épée, carabine, pistolets) provenant de la *Manufacture de Versailles* et offert par la Ville de Paris en 1814 au général de Sacken, gouverneur pendant l'occupation des alliés; l'**épée★** donnée à Tilsitt par Napoléon Iᵉʳ à Alexandre Iᵉʳ; les *armes du prince Eugène de Beauharnais*; l'**épée en or ciselé★**, avec fourreau en écaille semé d'abeilles et de glands d'or, que Napoléon portait à Arcole et Rivoli.

Un *nécessaire d'armes★* ayant appartenu au duc de Chartres et acheté en 1839 par le duc d'Orléans chez Lepage.

On peut voir dans cette galerie une intéressante reconstitution de l'*histoire de l'Arquebuserie*, depuis le fusil à mèche, à rouet, à pierre, jusqu'à nos jours.

Cl. 54. Dans la Galerie opposée, au bord de la Seine et dans le coin de dr., se trouvent les *Engins*, *Instruments et Produits des Cueillettes*. A côté des truffes fameuses du Périgord, du Mont Ventoux, etc., figurent les nouvelles truffes obtenues par la culture, l'infinie variété des champignons comestibles. La kola, la coca, l'opium et les quinquinas de MM. *H. Salle et Cie*, représentent les panacées de la pharmacie contemporaine. Le safran, couleur d'or, l'indigo, le rotin et ses transformations, tels les rotins filés de la maison *Alphonse Ganot*, les plantes médicinales et pharmaceutiques, celles qu'on emploie pour la teinture, la fabrication du papier et des huiles, etc., c'est une exposition complète de tous les produits végétaux dont l'homme a su tirer parti.

Une Exposition Rétrospective est annexée à cette classe et renferme une *collection unique* de Champignons, Plantes et Herbes.

Sections ⑥⑥ Étrangères Quelques-unes sont importantes, surtout celles de la Russie, des États-Unis, de la Gde-Bretagne et de la Hongrie. Toutes sont intéressantes par la variété de leurs engins de chasse et pêche, de cueillette, et des produits qu'elles exposent.

La **Russie**, avec ses fourrures brutes, ses types de pêcheries de la mer Noire et de la Baltique, ses animaux à fourrure; la Grande-Bretagne, avec ses collections de fusils de chasse, sont surtout les plus remarquables.

Champ de Mars

Tout cet immense rectangle qui s'étend du Q. d'Orsay à l'Av. de La Motte-Piquet, entre l'Av. de la Bourdonnais, à g. et l'Av. de Suffren, à dr., est couvert de Palais monumentaux encadrant des Jardins. C'est le champ clos de la grande lutte internationale, lutte pacifique des travailleurs de tous les Mondes pour l'Enseignement, l'Agriculture, les Industries du Métal, l'Électricité, les Sciences.

Nous divisons notre visite en 3 parties : *Palais de l'Aile Gauche, Palais du Fond, Palais de l'Aile Droite*, en commençant par la *Tour Eiffel* et les *Attractions* qui l'entourent

AUTOUR DE LA TOUR EIFFEL

Là sont groupées une série d'Attractions et de Pavillons Étrangers, avec quelques autres petits pavillons appartenant aux grands Établissements financiers (*Crédit Lyonnais* et *Société Générale* à g., *Comptoir d'Escompte* à dr.), à l'*Automobile-Club* a g et au *Touring-Club*, à dr., aux *Ardoisières d'Angers*, à divers *Restaurants*, etc,

LA TOUR EIFFEL ⊚ A l'entrée du Champ de Mars. Ouverte de 10 h. du matin à la nuit.

Prix des ascensions (par les escaliers : 1792 marches de la base au sommet ou les ascenseurs; l'ascension commence par le Pilier Est, en face du Château d'eau) du sol au 1er étage par l'escalier ou pilier Est on met 8 minutes.

	Semaine.	Dimanche.
on met 8 minutes. . . .	2 fr.	1 fr.
Du 1er étage au 2e.	1 fr.	1 fr.
Du 2e — au 3e.	2 fr.	2 fr.
Ascension complète. . .	5 fr.	4 fr.

Au 1er étage, un Restaurant; au 2e, un Restaurant central; au 3e, un Buffet-Bar. On paye 0 fr. 25 pour l'usage de toutes les lunettes fixées sur la plate-forme du 1er étage, 0 fr. 50 pour celles du 3e et du 4e étage. Des Interprètes (reconnaissables à leur casquette) parlant anglais, espagnol et allemand, expliquent la vue (2 fr.).

Ce gigantesque arc de triomphe de fer, qui domine pour la deuxième fois toute l'étendue de l'Exposition et dont les arches immenses livrent pour la seconde fois passage aux peuples des deux continents, est encore en 1900, comme en 1889, la plus grande tour du monde, dont la hauteur de 300 m. n'a pas été dépassée, et auprès de laquelle Notre-Dame, le Panthéon, St-Pierre de Rome et les Pyramides sont des pygmées. C'est un exemple unique de la prodigieuse puissance du fer. Sa forme n'est pas due à un caprice architectural; elle est parfaitement déterminée par de savants calculs, et en est comme l'expression matérielle.

On sait que l'idée première en est due à M. Ruquier, ingénieur de la Maison Eiffel. Définitivement exécutée par M. Eiffel, construite en 3 ans, de Janvier 1887 a Mars 1889, toute en fer assemblé par 25 000 000 de rivets, elle pèse 7 300 000 kg. La construction de la Tour Eiffel n'a nécessité que 250 à 300 ouvriers pour le 1er et le 2e étages, et de moins en moins pour les parties supérieures.

Dans son aspect général elle n'a pas changé; elle est revêtue seulement d'une nouvelle couche de peinture, passant par 5 degrés de dégradations différentes, du jaune orange au jaune d'or, de la base au sommet. Cette toilette nouvelle de la Tour, pour laquelle on a dépensé 60 000 litres de peinture, a coûté 100 000 fr.

Son illumination a été aussi modifiée. Pour en dessiner les contours, on a placé dans des réflecteurs métalliques 7 000 lampes électriques de 10 bogies, donnant de curieux effets de miroitement.

Les nouveaux ascenseurs, beaucoup plus puissants et plus commodes que les anciens, peuvent élever 100 visiteurs par voyage, en 10 voyages par heure, soit en 10 h. 32 000 personnes au 1er étage, 20 000 au 2e et 10 000 au 3e. ———

VUE DE L'EXPOSITION ⊚⊚⊚ Pour avoir une vue d'ensemble sur l'Exposition, bien plus étendue que celle du Trocadéro, nous conseillons de monter *à pied* (8 à 10 m.) jusqu'au 1er étage de la Tour Eiffel.

A mesure qu'on s'élève, le panorama grandit et se développe sous vos pieds, se déroule comme une immense carte en relief.

Côté Nord-Ouest. En nous plaçant du côté *Nord-Ouest* (les directions sont indiquées sur des banderoles de fer), c'est-à-dire en face du Trocadéro, nous apparaît, au premier plan, sur la rive dr. du fleuve, la multitude des Pavillons coloniaux.

D'abord le regard, ébloui, ne distingue que les sommets élancés ou massifs, dorés ou azurés, couverts de la paille rustique des villages ou plaqués des mosaïques brillantes. Mais, peu à peu, la topographie du site se dégage de cette forêt de flèches, de minarets, de tourelles, de coupoles, de dômes, de drapeaux fiers enflés au vent qui passe. Le Trocadéro lui-même, du symétrique éventail de la bâtisse, enveloppe et circonscrit la masse des pavillons.

Ag., réminiscences de la Byzance des Théodora et de la Moscovie d'Ivan le Terrible, s'érigent les faîtes dorés du *Pavillon Sibérien*. Au sommet, un grand oiseau héraldique ouvre son vol de conquête sur l'Asie, étendue à ses pieds comme un léopard apprivoisé. Sous le vol magnifique de l'Aigle moscovite, les clochetons pyramidaux, les dômes dorés, les murs peints, pareils au costume d'apparat des prêtres russes, surgissent, au pied de grands pans de murailles vertes, jaunes et bleues, attestant la massive puissance de l'Empire des tsars, la vieille défense de ses Kremlins, toute la force intacte de ses villes ceintes de forteresses crénelées et hérissées de hautes tours d'aspect asiatique.

Plus bas, les constructions sculptées des *Indes Néerlandaises* étalent leurs masses rouges et bleues. *Sumatra, Bornéo, Java*, îles luxuriantes de palmiers, de forêts, de clairières et de torrents sont admirablement symbolisées ici dans leur faune carnassière et leur flore inextricable. Des toits, recourbés aux angles en proue de navires, abritent le sanctuaire aux frises fouillées où Bouddha, aux huit bras et aux huit jambes, repose sur l'immortel lotus.

Auprès, sur la dr., pointe la flèche élégante du *Pavillon du Transvaal* et, dans le fond, au delà des massifs de verdure, l'inextricable enchevêtrement des *toitures chinoises* atteste l'active présence des enfants du Céleste Empire. Ajourées et encastrées les unes dans les autres, plusieurs assises de toitures se succèdent, alourdies de dragons et de chimères grimaçantes.

Sur le devant, plusieurs pans de blanches murailles, ouvragées de bas-reliefs disent la gloire des Pharaons, de l'antique terre égyptienne. Çà et là, le drapeau blanc, tache d'un point rouge, marque la place du *Japon*, et, de l'autre côté, l'Extrême-Orient, débordant de la magnifique architecture de ses pagodes surgit, hérissé de hauts-reliefs, de corniches et de toits de villages rustiques. Les couvertures de chaume du *Sénégal*, et de la *Guinée*, voisinent avec les constructions de terre et de paille du *Dahomey*, cependant qu'au premier plan, aussi haute que la flèche du temple indo-chinois de Vichnou, la tour de la *Giralda* élève jusqu'aux nues le vol de son Génie doré.

Enfin çà et là, épars auprès du fleuve, comme autant de fils d'Allah en prière, les dômes des *Palais Tunisien* et *Algérien* s'amoncellent. Pareilles à des sanctuaires légendaires de houris, les demeures de fête, de festin et de prière de l'Arabie, soutenues des fûts de svelte colonnades, couronnent des Alhambras mauresques ou espagnols.

Côté Ouest et Sud-Ouest.

En tournant vers la g. de la plate-forme, vis-à-vis de la Gare du Champ de Mars, on voit en se penchant, réunis au pied du mastodonte de fer: le *Palais de la Femme*, le toit rouge et vert du *Château Tyrolien*, le *Pavillon des Alcools Russes*, le *Palais de l'Équateur*, le *Chalet du Touring-Club* sur un rocher, au bord d'un petit lac riant; et plus loin, en rapprochant ses regards de la Seine, on découvre le *Cinéorama*, le *Maréorama*, la masse sphérique du *Globe Terrestre* qui ressemble à un monde mort qui est tombé du ciel; à côté du *Panorama Transatlantique*, *Venise* dresse ses tours polychromes, montre ses loggias ajourées; le *Palais de l'Optique* ouvre son grand portail peint devant la blancheur éblouissante du *Palais du Maroc*, où l'œil cherche vainement, sur les terrasses découpées en remparts, les femmes voilées du Sultan.

Côté Sud et Sud-Est.

Au Sud, le merveilleux Portique du *Palais de l'Enseignement* se montre dans toute sa beauté décorative, sa grandeur monumentale; au delà des Dômes des Palais du *Genie Civil* et des *Industries Chimiques*, la *Grande Roue* tend son immense toile d'araignée dans les nuages; et, derrière, se dressent comme un mirage magique les cimes abruptes, les rochers pointus, toute la chaîne de montagnes dentelée qui fait son cadre de fraîcheur alpestre au délicieux *Village Suisse*.

Ag., au-dessus des pylônes, des flèches, des clochetons des palais du Champ de Mars, on voit briller le grand casque d'or des *Invalides*. Plus loin, c'est le *Panthéon*, autre sanctuaire; les tours de *St-Sulpice*, de *St-Germain-des-Prés*. Enfin *Notre-Dame*, vénérable souvenir d'une époque où la pierre, au lieu de faire comme au-

---

A L'EXPOSITION

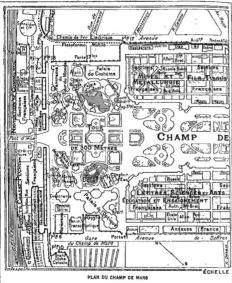

PLAN DU CHAMP DE MARS   ÉCHELLE

REZ-DE-CHAUSSÉE

jourd'hui des madrigaux et des ballades, construisait des poèmes.

En ramenant vos yeux vers l'Exposition, vous voyez presque au-dessous de vous les Pelouses du Champ de Mars.

Le *Champ de Mars* déroulant son tapis fleuri devant le *Palais de l'Électricité* et ce *Château d'eau* dont l'effet, le soir, déjà si féerique d'en bas, prend ici des visions de rêve, ressemble à l'enroulement chromatique d'une robe liquide d'ondine, sœur de la Loïe Fuller.

Côté Est et Nord-Est. On domine le second petit lac qui est à g. de la Tour et au bord duquel le *Palais lumineux*

Ponsin dresse son exquise et fluide architecture, étincelante comme une robe de fer surchargée des pierreries de Golconde et des perles laiteuses de l'Océan Indien. Les terrasses du Restaurant Champeaux s'étendent comme au milieu d'un frais paysage, le *Palais du Costume* ouvre ses grandes baies, le *Chalet du Club Alpin* et le *Chalet Suisse* se dressent fraternellement l'un à côté de l'autre, et le *Tour du Monde* essaye de hausser sa tour chinoise au même niveau que le *Phare de Brême.*

Au delà des maisons du Q. d'Orsay, peinte le joyeux tohu-bohu des flèches, des clochers, des dômes, des tours, des ter-

rasses et des toits pavoisés de drapeaux, de la *Rue des Nations.*

Et, au delà des murailles de la ville feerique, se détachent dans le lointain de Paris les formes plus massives et plus sombres des monuments lointains : palais, églises, théâtres, tours, clochers, dont notre plan panoramique suit tout le détail; infinie perspective de toits et de maisons, de jardins, de squares, de buttes, de gares, de docks.

Après la cité de fleurs, de fête, de joie, de pacifique effort, la cité de travail, de souffrance et de joie aussi, la cité qui est le cœur de la France, son âme active et industrieuse, son foyer vital et intellectuel.

Par endroits, des bâtisses s'élèvent plus hautes que les quartiers environnants symbolisant l'Industrie, le Commerce, la Pensée artistique et féconde de la grande ville. Pendant que l'étranger s'amuse à ses merveilles, Paris ne cesse pas un instant son travail.

La Soirée et la Nuit sur la Tour Eiffel. Tout ce qu'on a dit sur la beauté du panorama de la Tour Eiffel est justifiée.

« Le jour, écrit M. de Vogüé, on peut préférer à cette vue urbaine les vastes et pittoresques horizons qui se déroulent sur un pic des Alpes; le soir, elle est sans égale au monde. »

C'est conseiller au touriste d'y monter pour

assister au coucher du soleil. Rien de plus admirable qu'un coucher de soleil parisien. — « Là-haut, dans la cage vitrée du 3ᵉ étage, presque dans le ciel, on peut suivre comme de la dunette d'un navire la lente déclinaison du jour, le soleil qui sombre dans une mer de nuages enflammés ou un lac de verdures aux reflets de pourpre et d'or ; on voit peu à peu les voiles de la nuit s'épaissir, les collines s'effacer, les quartiers de la ville s'évanouir ; et tout à coup quelques clartés s'allument, bientôt multipliées à l'infini. « Des myriades de feux emplissent les fonds de cet abîme, dessinant des constellations étranges, rejoignant à l'horizon celles de la voûte céleste. On dirait d'un firmament renversé, continuant l'autre avec une plus grande richesse d'étoiles. »

A vos pieds, au-dessus de vous, en face de vous, de tous les côtes, vous avez les milliers et les milliers de rampes électriques qui éclairent les palais de l'Exposition, en font la plus féerique apparition que poète ait jamais rêvée, — avec, au milieu, les cascades de lumières multicolores et éblouissantes du Château d'eau transformé en Château de feu.

❧

PANORAMA DU TOUR DU MONDE

Tout à l'angle g., à l'entrée

du Champ de Mars. Entrée 1 et 2 fr. Il rappelle, par son extérieur, les principaux types d'architecture chinoise, japonaise, cambodgienne et hindoue.

Autour d'une enceinte allongée que domine une frise d'ornementation très compliquée, avec des multitudes de consoles et d'énormes volutes, on trouve d'abord, en venant du quai, une *grosse tour cambodgienne* dont le dôme ovoïde a l'air d'une énorme mitre ciselée ; elle est escaladée par des balcons à cariatides représentant des génies et des divinités bouddhiques.

En avançant vers la dr., la porte principale qui donne accès au Panorama est la porte d'un *temple de Tokio*, transportée et rééditée ici. Toute en bois rehaussé de dorures, elle porte d'amusantes sculptures de dragons et d'animaux fantastiques avec des yeux d'émail enchâssés d'or, des gueules grimaçantes.

Surmontée d'un toit très plat et retroussé sur les bords, cette porte forme un vaste portique, dont l'intérieur est soutenu par des colonnes de bois.

Puis, à côté, c'est la *Tour chinoise*, la haute et curieuse tour des *jardins de Niko*,

dont les toits, bleus par-dessus, rouges par-dessous, s'empilent les uns sur les autres.

Plus loin, moins en retour, des frises, des panneaux de laque avec des dessins et des inscriptions chinoises et japonaises.

LE PANORAMA

En se plaçant sur la plate-forme centrale, face à l'escalier, on a d'abord devant soi, sous un ciel d'un rose éblouissant, les sites riants du Japon : Yédo, perdu dans les blancheurs neigeuses des pommiers, avec, au fond, le Fusiyame dont le cône rougeâtre surgit des brouillards.

Puis, vers la g., apparaissent, dans une brume légère, le jardin de Niko, avec la tour dont on a vu la reproduction à l'extérieur.

En tournant vers la g., voici un coin de ville chinoise, de Schangaï, avec ses jardins aux tons frais et roses enclos par des murs.

Voici les ruines d'Angkor, merveilleusement encadrée par des végétations puissantes.

Les mornes horizons de Suez, avec Port-Saïd, et une vue immense du Canal passent ensuite devant nos yeux. Puis nous abordons à Constantinople, nous sommes dans le Bosphore et la Corne d'Or ; à g., c'est le Cimetière Turc avec ses bizarres pierres tumulaires fichées à terre. De la Turquie nous allons en Grèce. C'est Athènes dominée par l'Acropole. Plus loin encore, voici l'Espagne, Fontarabie avec ses rues, ses escaliers, ses maisons qui grimpent.

❧

SIAM

(Les Pavillons du Royaume de) Champ de Mars, côté dr., près du *Panorama du Tour du Monde*.

Le royaume de Siam est représenté par deux Pavillons différant de forme et d'aspect, d'architecture Kmer, d'un style charmant et d'une richesse de décoration inouïe, où à la finesse des ornements et des détails de sculpture s'ajoutent les puissantes colorations, le rouge, le bleu, le vert et l'or se superposant et se fondant en des gammes splendides.

Le Grand Pavillon de dr. (Pavillon officiel) est formé de deux corps de logis réunis à angle dr. par un vaste porche sur lequel ils s'ouvrent tous deux. Leurs longs toits aux tuiles gaufrées, qui forment autant d'écailles vernissées, s'empilent les uns sur les autres, et leur largeur et leur inclinaison diminuent à mesure qu'ils s'élèvent. Le grand porche, précédé d'un large perron de pierre orné des Lions du Siam, est coiffé d'un toit de

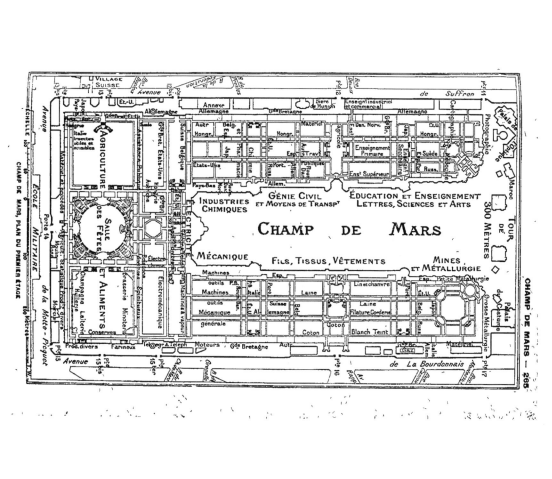

pagode aux arêtes retroussées et dentelées, que surplombe un hardi clocheton conique de plus de 3o m. de haut, contre les parois duquel se superposent des corniches saillantes toutes dorées, portant les 7 couronnes de la royauté siamoise.

Intérieur. Sous la vaste Salle en rotonde que forme le porche, exposition des bois du pays, surtout du bois de tek, dont le Siam exporte pour plus de 5 millions de francs par an.

Dans les deux grandes Galeries de dr. et de g., Exposition des Produits naturels et industriels du pays. Les céréales, surtout le riz et le maïs ; puis l'igname, la patate. Les fruits de ce pays, amandes, ananas, figues, goyaves, grenades, fruits du curieux arbre à pain, les pommes-cannelle, les prunes. — Riche exposition de Meubles et d'étoffes. Meubles et bibelots en bois sculpté ou recouverts d'une chatoyante marqueterie de clinquant, de débris de porcelaine, de débris de glace et de verre de couleur. — Tissus d'or. — Orfèvrerie, bijoux, pierres précieuses, porcelaines et nattes. — A l'extrémité de la galerie de dr., Salon de Repos.

Une Passerelle élancée réunit le pavillon officiel au **Petit Pavillon** de g., beaucoup plus petit et moins orné, où se trouve un *Restaurant Siamois* où l'on prépare tous les mets et toutes les boissons du Siam.

LE CHALET SUISSE

une tulipe renversée, sa décoration fleurie, ses guirlandes de roses et de marguerites, tout évoque la Suisse charmante du lac de Thoune, de l'Oberland : fraîches vallées, lacs bleus, hôtesses coquettes et accortes, attendant le voyageur sur le pas de leur porte.

Ce gracieux Chalet ne semble avoir été élevé en cet endroit que pour mettre les visiteurs en goût d'en voir d'autres dans leur véritable cadre de montagnes naturelles et pour leur rappeler le *Village Suisse*, et les inviter à l'aller voir de l'autre côté du Champ de Mars, derrière le Palais de l'Agriculture et de l'Alimentation (ancienne Galerie des Machines, sur l'Avenue de Suffren).

LE CLUB ALPIN ⊛⊛⊛

(Panorama des Montagnes et Glaciers de France). Derrière le Chalet-Suisse. Comprend 2 parties : le Chalet et le Pavillon des Panoramas.

Le Chalet

Tout en longueur comme les Chalets des vallées voisines du Mont Blanc, il s'adosse contre un grand rocher brunâtre, aux paillettements de mica, qui se découpe pittoresquement au-dessus de son toit.

La grande porte cintrée du rez-de-chaussée, est coiffée pittoresquement d'un double auvent.

Et sur son toit mouvementé se dresse un clocher d'argent, reproduction du clocher des Houches, dans la vallée de Chamonix.

LE CHALET SUISSE ⊛⊛⊛

(Pavillon officiel de de la Suisse, avec salles de dégustation). Entre le *Club Alpin* et le *Tour du Monde*.

Un bijou de petit Chalet, dont le large toit en auvent abrite une façade tout enluminée d'armoiries et de blasons des 22 cantons, bleus, blancs, rouges, verts. Ses fenêtres à petits carreaux en châssis de plomb, sa galerie formant balcon, son clocheton posé sur un coin du toit comme

REZ-DE-CHAUSSÉE ⊛ Vaste Salle affectée à tous les objets relatifs aux Excursions Alpestres. Tout s'y trouve, depuis l'échelle de corde et le piolet ferré, jusqu'à l'équipement complet du grimpeur de montagnes. C'est l'exposition des membres du Club Alpin. On y a réuni aussi des modèles de ces *Refuges* perdus sur les flancs des Alpes, diverses Collections Minéralogiques et Botaniques, des Costumes pittoresques des habitants des Alpes.

PREMIER ÉTAGE ☺ Salle plus spécialement consacrée à l'Exposition des *peintres de montagnes* et des Photographes intrépides qui ont monté leurs appareils jusqu'à la limite des glaces eternelles. Il y a la de fort belles collections de vues des sites les plus sauvages des Alpes, signées Français, Desbrosses, Steinheil, Schrader.

Panoramas et Dioramas

Il y en a plusieurs, répartis aux deux étages; ils forment une des parties les plus intéressantes de l'exposition.

Le visiteur arrive par une Grotte au **1er Diorama,** représentant la *Grotte de Dargilens* (Lozère). Ce diorama, qui nous fait pénétrer dans une des Cavernes souterraines les plus curieuses du monde, a été organisé par M. Martel, le célèbre explorateur de cavernes.

2e Diorama : *Le Lac de Retournemer et de Longemer,* vu du chemin de la Schlucht, dans les Vosges, par M. Destrosses.

3e Diorama : *La Haute Vallée du Var,* prise de la Roquette du Var (Alpes-Maritimes), par M. Bourquen.

4e Diorama : *Les Gorges du Tarn,* avec leur gouffre prodigieux, vues du *Cosméjan,* exécuté sous la direction de MM. Schrader et Marti.

5e Diorama : *Le Cirque de Gavarnie* (Pyrénées), un des plus beaux sites de l'Europe, et dont Taine a dit :

« Que l'on s'imagine une aire semi-circulaire dont le sol se creuse en entonnoir et dont l'enceinte est un mur vertical de douze à quatorze cents pieds de haut, surmonté par les vastes gradins d'un amphithéâtre blanchi de neiges eternelles et couronné lui même par des rochers en forme de tours ayant des glaciers pour créneaux. Dix ou douze torrents tombent de cet amphithéâtre. Le plus considérable de tous, que l'on considère comme la source du Gave de Pau, se précipite du haut d'une roche surplombée, en frappe une saillie vers les deux cinquièmes de sa chute, et se brise plus bas sur une projection plus saillante de la même roche, après avoir parcouru une verticale de 422 m. »

6e Diorama : *Les Alpes du Dauphiné* vues du sommet du Combeynot, 3153 m. Au 1er plan, halte d'Alpins. Le mont Pelvoux, le massif le plus haut et le plus glacé des Alpes Françaises, se dresse roya-

lement à 4103 m. C'est l'œuvre du peintre Steinheil, qui a campé dix jours, sous la tente, avec ses compagnons, pour prendre ses croquis.

Grand Panorama du Mont Blanc*, d'après M. Schrader, le célèbre géographe, qui fit 4 ou 5 fois l'ascension du géant des Alpes (4810 m.).

Cette immense toile a plus de 60 m. de long sur 16 m. de haut; elle est la plus belle reproduction des régions des neiges éternelles qui ait été exécutée jusqu'à présent. La vue prise du côté des glaciers des Périades, du côté du pic du Tacul, s'etend au loin sur la Mer de Glace, sur la majestueuse masse du Mont Blanc à la robe éclatante, sur le cristal étincelant des glaciers séparés çà et là par les gouffres sombres, aux profondeurs insondables.

Il ne s'agit plus ici de pâturages dominés de loin par les glaciers, ou parsemés de chalets et de sapins, tels qu'ils sont admirablement reproduits dans le grand Panorama du *Village Suisse*. Villes, maisons, herbages, forêts, tout cela a disparu de l'horizon ou n'y apparait plus que par échappées, comme un point dans une immensité.

Et cette immensité est remplie tout entière par la neige, la glace, la roche nue.

Le spectateur est pour la première fois transporté au milieu même de la région des glaciers, sur un éperon avancé de la plus haute montagne d'Europe, du Mont Blanc.

Autour de lui, comme autant de grands fleuves congelés, huit ou dix courants de neige, de glace et de névé descendent dans autant de vallées blanches, encadrées d'aiguilles rocheuses. Son regard plonge dans les crevasses transparentes, remonte vers les cimes blanches qui se découpent sur le ciel, suit les ondulations nacrées des nappes neigeuses sur lesquelles s'étendent les ombres bleues des plus hautes aiguilles.

Tous ces fleuves de glace, rassemblés au pied de la fantastique cascade de *sérac*s du Géant, s'enfoncent à 500 ou 600 m. sous ses pieds, longent la base de l'escarpement qui porte la plate-forme du panorama, puis s'étendent comme une mer qui descend en s'éloignant vers la vallée de Chamonix; c'est la Mer de Glace, mais vue d'en haut, de 2800 m. au-dessus du niveau de la mer.

Le Pavillon du Club Alpin Français révèle la Montagne, la vraie et grande montagne, à ceux qui l'ignorent, il y ramène ceux qui la connaissent et qui l'aiment, et leur donne les grandes Alpes, les Pyrénées lu-

A L'EXPOSITION

mineuses, les fraiches Vosges, les rouges dolomites du Tarn, en plein Paris.

❧❧

PALAIS LUMINEUX PONSIN

Devant le *Palais du Costume*. Prix d'entrée : 1 fr. Une vision vaporeuse et féerique, un palais merveilleux tout de verre et de cristal, tout ruisselant de lumière, sans un coin d'ombre, où dans les blancheurs laiteuses de l'opale éclatent les feux ardents du diamant, les rouges vifs du rubis, les violets limpides de l'améthyste, un palais comme en imagina un jour une fée ou une ondine, telle est l'œuvre de M. Ponsin, le maître verrier, mort avant de voir l'accomplissement de son œuvre géniale.

Le Palais se compose d'un hall central, surmonté d'une coupole au-dessus de laquelle étincelle et semble voguer dans l'espace la statue d'*Electryone*, la fille du Soleil, œuvre de l'éminente jeune artiste polonaise Iza Albazzi (comtesse d'Albazzi-Kwiatkowska).

Et tout ce qui décore, tout ce qui meuble ce palais fantastique est également de verre. De verre, les tapis parsemés d'étoiles dorées, et imitant les tapis de Smyrne ; de verre, les tentures, les portières finement tissées et damassées d'énormes fleurs de soleil, avec des franges de perles en cristal taillé ; de verre, les divans sur lesquels on s'assied.

Si troublante que soit, de jour, l'impression que donne au visiteur ce gigantesque bijou de verre, c'est la nuit qu'il faut le voir, quand les milliers de lampes à incandescence, dissimulées dans les cloisons opalines, embrasent l'édifice tout entier, et lui donnent l'aspect d'une immense coulée de cristal incandescent, se solidifiant dans l'espace.

❧❧

PALAIS DU COSTUME

Après les Chalets du *Club Alpin*. Présenter l'histoire complète du Costume de toutes les civilisations occidentales, depuis l'époque égyptienne et romaine, jusqu'en 1900, non pas dans la vérité banale et imparfaite des étoffes vieillies et passées d'un musée, mais par des étoffes, des costumes tout flambant neufs, éclatants comme en leur premier jour, reconstitués avec un rigorisme extrême ; mieux, en habiller des pieds à la tête des mannequins, grandeur naturelle, animés des couleurs de la vie, leur faire jouer des personnages célèbres ou vulgaires,

des scènes originales et typiques, prises dans l'histoire de l'époque qu'ils symbolisent, et cela dans des intérieurs, dans des décors tout aussi rigoureusement reconstitués, d'après les documents archéologiques et les fouilles, telle est l'attraction que M. Felix nous offre dans son palais du costume. Entrée : 1 fr.

REZ-DE-CHAUSSÉE ⊚ Dans le vestibule d'entrée, à g., *Atrium romain*, scènes de la vie romaine ; à dr., reconstitution d'un *Intérieur Égyptien, Charmeurs de serpents*.

Première Galerie à g., *Intérieur Byzantin*, *l'Impératrice Eudoxie*.
Moyen âge. Ste Clotilde, châtelaines à leur balcon. La veille d'un tournoi : grandes dames dans la salle où sont exposées les lances et les armures des concurrents.
Renaissance. Une *Châtelaine de Venise descendant dans sa gondole, l'Entrevue du camp du Drap d'Or*, Catherine de Médicis *rendant visite à Ruggieri*.

PREMIER ÉTAGE ⊚ *Paris sous Henri III, Entrevue de Gabrielle d'Estrée et de Henri IV, Marie de Médicis*, Marion Delorme *sortant de son hôtel de la Place Royale*.
XVIIe s. *Le Dauphin surprenant les filles de Louis XV fumant la pipe*.
XVIIIe s. Époque Louis XV. *Grande dame dans son boudoir*, recevant ses invités. *Marie-Antoinette à Trianon*. Époque du Directoire. Reconstitution du *Palais Royal*. *Boutique de modiste* sous le Directoire. Histoire du Chapeau Directoire. *L'Impératrice Joséphine essayant son manteau de cour*, la veille du sacre. Un *intérieur en 1820, Un Baptême en 1830*. Dans une vitrine spéciale sont rassemblés tous les costumes portés aux Expositions universelles de Paris, depuis 1855 jusqu'à nos jours.
Enfin, à l'extrémité du Palais, *Un bal mondain en 1860*, groupant les différentes toilettes féminines de l'époque, et, en face : *la Mode en 1900*.
Dans le même Palais, le *Restaurant Champeaux* et le *Bar Gagé*.

❧❧

RÉPUBLIQUE DE ST-MARIN

(Pavillon de la), au pied du Pilier Est de la Tour Eiffel. Petit Palais de style Florentin, coiffé d'une terrasse crénelée avec une tour d'angle, rappelant les blanches bastides de la côte méditerranéenne.

L'ensemble est inspiré du Palais du Conseil souverain de la république.

La façade principale, très jolie, s'ouvre par une Galerie à trois portiques en ogives, surmontée d'écussons, avec, au-dessous, une grande baie vitrée, à croisées ogivales, encadrée par une fine et élégante dentelle de pierre.

Intérieur

Une grande Salle en forme de Dôme, à laquelle on accède par la Galerie à trois portiques. On y a exposé une collection de *monnaies* et de *timbres-poste*, un certain nombre de meubles et d'objets d'art et de belles broderies du pays.

Aux murs, quelques documents historiques et une série de vues des sites les plus curieux de la petite République.

A voir encore, de ce côté de la Tour, le petit *Pavillon des Ardoisières d'Angers*, à côté de l'Exposition de l'*Automobile-Club*, *Palais lumineux*, et la *Maternité Belge*, sous la Tour, vers le Pilier Sud. Revenir en arrière pour voir les attractions du côté dr. de la Tour, près de la Seine.

❦

CHATEAU TYROLIEN

Près de la Tour Eiffel, côté g. La petite et poétique province du Tyrol est représentée au Champ de Mars par un charmant petit Castel au toit rouge et vert. A chaque angle quatre mignonnes tourelles aux larges baies ornées de vitraux peints. Sur la façade principale, toute blanche, se détache une autre grande tourelle formant balcon couvert, qui rappelle les loggias italiennes.

Tout autour du Pavillon, un délicieux Jardin dont les parterres sont peuplés de plantes et de fleurs alpines aux odorantes senteurs. — Devant l'entrée, se détachant sur les lierres et les plantes grimpantes, une ravissante statue : une jeune nymphe en marbre de Paros.

Intérieur

Les différentes pièces des trois étages reproduisent des intérieurs des vieilles Maisons Seigneuriales du Tyrol, de l'époque Gothique et Renaissance.

REZ-DE-CHAUSSÉE

Très surélevé, est tout entier occupé par un grand Débit de Vins Tyroliens. Les plus renommés sont ceux des environs de Botzen (Tyrol du Sud).

PREMIER ÉTAGE

A g., deux grandes Salles peintes à fresque, avec des frises où s'enlacent des pampres chargés de grappes, reproduisent un intérieur gothique, de Reinfelstein, celui du comte de Tour et Taxis, l'inventeur du service postal en Allemagne (xvᵉ s.).

Les boiseries et les meubles sont de ce gothique tyrolien, si sobre, si trapu.

Sur la Tourelle de g. de la façade principale, est installée une Chapelle Tyrolienne, avec ses tableaux de piété, son plafond de bois sombre, son harmonium, ses vitraux mystiques.

Au centre, copies d'intérieur du château épiscopal de Velsthurnes, près de Brixen, exécutée par l'École des Arts du bois de Botzen. A remarquer surtout la **Chambre des Princes***, richement meublée dans le style renaissance.

Dans la tourelle de droite, reproduction d'un Intérieur renaissance, décoré de remarquables tapisseries. — Exposition de Bijouterie.

DEUXIÈME ÉTAGE

Exposition de Vêtement, de tissus de laine à raies voyantes, semblables aux tissus écossais, d'objets de parures, de coiffure en filigrane d'or et d'argent. — Exposition de Céramique et de Majolique.

Des tableaux décorant toutes les salles du château reproduisent les plus beaux sites du pays : vertes vallées, sombres forêts, lacs mélancoliques, montagnes neigeuses, blanches cascades, petites villas et petits châteaux pittoresquement assis sur les flancs abruptes du Salzkammergut.

❦

PALAIS DE LA FEMME

vers le Pilier Nord de la Tour. Entrée : 1 fr. Œuvre essentiellement féministe, le Palais de la Femme est l'histoire de la femme à toutes les époques et dans toutes les conditions, non seulement dans ses différents travaux et métiers, depuis Pénélope jusqu'à la passementière du quartier du Temple, mais encore dans l'accomplissement de ses devoirs, dans son rôle, ses aspirations, ses capacités ; la femme au foyer domestique, mère, éducatrice, inspiratrice de son mari ; la femme enfin, sachant parfois s'élever au niveau de l'homme et l'égaler dans ses œuvres.

REZ-DE-CHAUSSÉE

Dans la *Galerie du Travail*, les différents métiers de la Femme dans les provinces de France et les pays étrangers (reconstitution des costumes locaux).

Dans les quatre **Pavillons d'angle**, les métiers qu'ont rendus accessibles à la femme les progrès de la science moderne : téléphone, typographie, etc....

Dans le **Hall central**, reproduction, par mannequins habillés, des épisodes les plus célèbres de l'histoire où la femme a joué un grand rôle : *Jeanne d'Arc, Catherine de Russie, Élisabeth d'Angleterre, Isabelle de Castille, Marie-Thérèse d'Autriche, Mme Beecher-Stowe* (l'auteur de *La Case de l'oncle Tom*).

PREMIER ÉTAGE ◉ Exposition de Travaux Féminins. Salle de Conférences, exclusivement faites par des femmes de tous les pays, et Salle de Théâtre.

❧❧❧

ALCOOLS RUSSES ◉ (Pavillon des). A l'Entrée du Champ de Mars, entre le Palais de la Femme et la Taverne Alsacienne.

La Russie est représentée dans toutes ses Sections par de somptueux Palais, et la Régie Russe a construit pour loger ses Alcools un vaste édifice qui a plutôt l'air, extérieurement, d'une cathedrale que d'une usine d'industrie chimique. Sur la façade principale, un immense portail, dont la baie en plein cintre est ornée de colonnes torses. Deux ailes latérales se détachent à dr. et à g. avec des galeries à colonnades, des fenêtres ourlées d'une fine dentelle de pierre. Au sommet de l'édifice, une haute frise de pierre richement sculptée.

A l'intérieur, c'est un grand Hall où sont déposés d'immenses Alambics et appareils divers pour purifier et rectifier les Alcools dont la production est en Russie supérieure aujourd'hui à 1 300 000 hectolitres. Tous les produits et les procédés de fabrication sont représentés ici : les alcools de grains, les eaux-de-vie, les alcools de pommes de terre, qui entrent de plus en plus dans l'alimentation du paysan russe. Installations de Distilleries des centres industriels de Pologne, et des distilleries de Riga, qui fabriquent la plus grande quantité d'alcools de grain.

❧❧❧

LE CINÉORAMA ◉◉◉◉ A dr., après le Pavillon des *Alcools Russes*. Voyages en ballon à travers l'Europe et l'Afrique. **Entrée 1 et 2 fr.**

Réaliser ce rêve depuis si longtemps entrevu et que quelques-uns seulement ont pu partiellement atteindre : un voyage en Ballon libre et dirigeable !

Réaliser ce voyage sans danger, sans fatigue, sans dépense ; connaître toutes les impressions et les surprises d'une promenade à travers l'inconnu, départ, ascension, émerveillements de l'espace, panoramas vivants de la grande cité, puis exode vers des pays lointains, atterrissages dans les milieux les plus pittoresques et les plus divers au Nord, au Sud, en Europe, en Afrique ; passer, à quelques minutes d'intervalle, du grandiose spectacle de la pleine mer, battue par la tempête, aux vastes horizons du désert, sillonné de caravanes ; voir, après les fantaisies pimpantes d'un carnaval italien, les manœuvres de guerre, avec charges de cavalerie, canons en action, fusillades et assauts ; sortir des marchés populaires des vieilles villes flamandes pour assister à une course de taureaux en Espagne ; recueillir par la magie d'une traversée aérienne qui supprime les distances la plus étonnante sélection d'impressions vivantes, voilà ce qu'a pu réaliser le *Cinéorama*, grâce aux travaux nouveaux et aux savants appareils dont la construction a occupé des années et qui ont réuni ainsi sur les 1000 m. carrés qui leur sont affectés au pied de la Tour Eiffel, à côté du fameux *restaurant Kammerzell* (reproduction exacte de la Maison Kammerzell, de Strasbourg), au cœur même de l'Exposition, la plus merveilleuse synthèse des grands spectacles de la nature et de la vie.

Le Cinéorama est l'un des spectacles les plus inédits, les plus curieux et les plus courus de l'Exposition.

❧❧❧

LE MARÉORAMA ◉◉◉◉◉ A l'angle du Ch. de Mars, du côté de la Seine. **Entrée : 2 et 4 fr.** C'est un voyage à travers la Méditerranée, de Marseille à Constantinople, avec escales à Alger, Sfax, Naples et Venise, un voyage sur un navire, auquel un ingénieux mécanisme donne le roulis et le tangage, qui a toutes les allures d'un vrai navire ; cheminée fumante, sirène, manches à air, un voyage, enfin, où l'on assiste à tous les spectacles de la mer et des côtes : ici la tempête, avec les éclairs et le tonnerre, là le lever du soleil, plus loin un effet de nuit.

Puis, *Alger*, tout blanc, avec ses lignes d'ombre violettes ; *Naples*, dans un décor d'ocre et de terre de sienne brûlée, avec ses pifferari dansant la tarentelle ; *Constantinople*, avec ses dômes étincelants et ses minarets, sa Corne-d'Or, son Bosphore et ses almées.

❧❧❧

A L'EXPOSITION

LE GLOBE CÉLESTE ◉

Au Q. d'Orsay, après le Maréorama. Un cours complet de Cosmographie, à la portée de toutes les intelligences ; un Univers en réduction, où l'on assiste à tous les phénomènes célestes : rotation de la Terre, marche apparente des étoiles, éclipses, formation de nébuleuses, courses de comètes a travers l'infini : voilà ce qu'offre au visiteur le Grand Globe de Paris.

De 46 m. de diamètre, il est supporté par de gigantesques piliers de maçonnerie. Des figures mythologiques et astronomiques le décorent.

On pénètre dans son intérieur par des ascenseurs et de larges escaliers, et, d'une deuxième *Sphère centrale*, de 36 m. de diamètre, on peut contempler le magnifique spectacle des révolutions planétaires. Le Soleil, les étoiles, sont figurés par des lampes à incandescence, de grandeurs variables.

Notre propre Terre, réduite à un diamètre de 8 m., où cent spectateurs peuvent prendre place, exécute un mouvement de rotation qui démontre, d'une façon expérimentale, comment la Terre tourne.

LE PANORAMA TRANSATLANTIQUE ◉◉◉◉◉◉

Av. de Suffren, en face de la gare du Champ de Mars. Prix d'entrée : 1 fr.

Ce Panorama, monté par la Cⁱᵉ Transatlantique et peint par Th. Poilpot, est un voyage a travers la Méditerranée en vue des côtes africaines.

Un grand panorama central représente la *Flotte française en rade d'Alger*, avec les plus beaux sites des environs d'Alger. Tout autour, onze dioramas : 1° le *Cimetière d'El-Kébir*, à *Blidah*. 2° *Laveuse à El-Kantara*. 3° *Vue de Tunis et des ruines de l'ancienne Carthage*. 4° *La rue des Ouled-Nails à Biskra*. 5° *Un Bain mauresque*. 6° *Gorges du Rummel, à Constantine*. 7° *Une Caravane dans le désert*. 8° *Les souks* (marché) *de Tunis*. 9° *Le Port de Bizerte*. 10° *Écoles franco-arabes à Medersa et à Tlemcen*. 11° *Usines de Tingars*.

PAVILLON DE L'EQUATEUR

Et de l'Amérique Centrale, au pied de la Tour Eiffel, non loin du Palais de la Femme. Ce Pavillon, destiné à être transporté à Guayaquil pour servir de Bibliothèque Municipale, ne rappelle en rien les chaudes régions de l'Amérique Centrale. C'est une construction à deux étages, de style Louis XIV, flanquée à dr. d'une tour que surmonte une coupole.

Sur la *façade*, un grand vitrail représentant un paysage, et, au centre, les armes de la République de l'Équateur.

A dr. et à g. de l'entrée, les bustes de deux écrivains équatoriens *Almondo* et *Montalvo*.

REZ-DE-CHAUSSÉE ◉

L'Équateur a réservé dans son Pavillon une place aux autres Républiques du Centre américain (Nicaragua, Guatemala, Costa-Rica, Honduras, Salvador), qui exposent à peu près les mêmes produits : cafés verts, cacaos, caoutchouc, quinquina, et surtout les bois précieux des vastes forêts américaines, la salsepareille, les tabacs d'Esmeraldas.

PREMIER ÉTAGE ◉

Produits de l'Industrie, sucre, tapis et tapisseries, étoffes de coton, de fil et de laine, dentelles et broderies, hamacs en fibre de palmier, chapeaux de paille fine de Jipiyapa qu'on nomme à tort des « Panamas », etc.

BAR On peut y déguster le café et le savoureux chocolat fabriqué avec le cacao du pays.

LE PALAIS DE L'OPTIQUE ◉◉◉

Au Champ de Mars, côté dr. Prix d'entrée : 2 fr.

Ce Palais, d'un développement considérable, s'étend transversalement entre la Tour Eiffel et l'Av. de Suffren.

L'Entrée principale, du côté de la Tour Eiffel, est un immense portique décoré à dr. et à g. de figures mythologiques et des douze signes du Zodiaque. Il est dominé par une coupole qui porte à 42 m. au-dessus du sol son puissant projecteur électrique.

A l'intérieur, c'est une vaste Galerie, traversée d'un bout à l'autre par le tube de la Grande Lunette qui mesure 60 m. de long et pèse 20 tonnes, l'appareil le plus colossal qui ait jusqu'à ce jour été construit, pour l'exploration du ciel, et qui met la Lune à quelques kilom. de la terre.

A l'une des extrémités de la galerie, le *Sidérostat de Foucault*, l'ingénieux appareil à mouvement d'horlogerie qui permet de suivre le mouvement d'un astre et d'en réfléchir constamment l'image dans le champ de la lunette immobile. Son poids est de 70 tonnes, et ses objectifs ont 1m. 25 de diamètre.

A côté de la Grande Lunette d'autres attractions attendent les visiteurs : *Labyrinthe* de miroirs à curieux effets de glaces. Conférences sur l'Électricité, l'Électromagnétisme, la Radioscopie, etc.

En outre, un *Panorama* du monde sous-marin permet de contempler les abîmes de la mer, les prairies et les forêts sous-marines, avec leur faune et leur flore.

❧⚜❧

VENISE A PARIS ⚉⚉⚉

A dr., du côté de la gare du Champ de Mars. Entrée : 1 fr. C'est Venise à Paris, avec ses canaux multiples, où les gondoles glissent comme de grands cygnes noirs, et où se reflètent un double rang de palais, avec leurs gracieux parements de briques rouges et de mosaïque, leurs galeries aériennes de pierre toute blanche, leurs campaniles arrondis comme des turbans orientaux, leurs clochetons amincis en fines aiguilles gothiques, Venise avec sa *Piazzetta*, son *Palais Ducal*, son fameux *Pont des Soupirs* et la *Basilique de St-Marc*, telle est la Venise transportée à Paris, la petite Venise en miniature à laquelle ne manquent que les eaux bleues de l'Adriatique et les barcarolles de ses gondoliers chantant au bruit cadencé des rames.

❧⚜❧

MAROC

(Pavillon du). Près du Pilier Sud de la Tour Eiffel. De grandes murailles d'une neigeuse blancheur, une vaste porte en ogive, et, sur le derrière, des portes basses comme on en voit dans les rues de Fez et de Mequinez ; de petites fenêtres de harem, étroites et mystérieuses ; à dr., un svelte minaret, reproduction d'un des plus jolis minarets de Tétouan, avec son étroite terrasse crénelée, d'où le muezzin appelle les fidèles à la prière — voilà le pavillon du Maroc.

Sur le profil plat des murs saillent les petites coupoles surmontées chacune d'une boule d'or de la mosquée sainte de Karaouin, « la Mecque de tout le Maghreb, où, depuis une dizaine de siècles, se prêche la guerre aux infidèles, d'où partent tous les ans ces docteurs farouches qui se répandent dans le Maroc, en Algérie, à Tunis, en Égypte, et jusqu'au fond du Sahara et du noir Soudan. Ses voûtes retentissent nuit et jour, perpétuellement, de ce même bruit confus de chants et de prières. Elle peut contenir vingt mille personnes, elle est profonde comme une ville. Depuis des siècles on y entasse des richesses de toute

sorte, et il s'y passe des choses absolument mystérieuses. » Pierre Loti, qui l'a visitée à Fez et qui l'a décrite dans les lignes qu'on vient de lire, ajoute : « Parmi les sciences enseignées dans la mosquée de Karaouin, figurent l'astrologie, l'alchimie, la divination.

« Le Coran et tous ses commentateurs y sont longuement paraphrasés ; de même Aristote et d'autres philosophes antiques. »

REZ-DE-CHAUSSÉE ⚉

C'est la Cour intérieure de la maison d'un riche Marocain, cour délicieuse d'architecture, à colonnades légères d'une blancheur de marbre, pavée et lambrissée de mosaïque, avec, au milieu, une fontaine jaillissante.

Le Maroc a exposé ici ses produits industriels et ses produits naturels.

Des artisans indigènes travaillent sous les yeux du public, comme s'ils n'avaient pas quitté leurs boutiques et leurs niches du bazar de Fez où ils se tiennent accroupis, « impassibles et superbes au milieu de leurs bibelots rares ».

L'isolement dans lequel est resté le Maroc a préservé son industrie indigène de la concurrence étrangère et y a maintenu les vieilles traditions nationales de fabrication.

On ne vend pas encore dans les bazars marocains de Fez et de Rabat des articles d'Orient fabriqués à Vienne ou à Paris.

Dans son exposition, on peut admirer avec confiance les Tissus en laine et en poil de chèvre, qui occupent encore plus de 25 000 ouvriers ; les merveilleux Tapis de Rabat, les beaux Cuirs multicolores, les « maroquins » dont le Maroc a eu pendant longtemps, seul, la spécialité ; la Sellerie fine, les Harnais peinturlurés, ornés de broderies d'or et d'argent ; les Armes de guerre damasquinées, les longs Fusils à pierre, à crosse incrustée d'argent, les Poires à poudre pailletées d'argent et de cuivre, les Bretelles dorées pour les fusils et les sabres, les Cuivres martelés d'arabesques, les précieuses et chatoyantes Soieries auxquels Liberty a emprunté des couleurs ; les Perles dorées et les perles roses ; des Tentures d'un dessin inimitable.

Les murs du Rez-de-chaussée sont décorés de Photographies du Maroc prises par M. de la Martinière, consul général de France à Tanger.

PREMIER ÉTAGE ⚉

On y a installé un Restaurant et un Café Marocains ; on y sert le couscous et le pilaf.

❧⚜❧

PALAIS DE L'AILE GAUCHE

CETTE partie forme un immense rectangle, de la Tour Eiffel au fond du Champ de Mars ; elle se complète, le long de l'Avenue de La Bourdonnais par une suite d'annexes diverses, parmi lesquelles celle de l'*Exposition Collective du Gaz*. Nous entrons d'abord dans le *Palais des Mines et de la Métallurgie*, puis dans celui des *Fils, Tissus et Vêtements* ; enfin, au fond, dans le *Palais de la Mécanique*, qui empiète quelque peu sur le *Palais de l'Électricité*.

PALAIS DES ⊛⊛⊛ MINES ET DE LA MÉTALLURGIE

Il présente une façade de 96 m. sur le Champ de Mars et une autre de 76 m. parallèle à la Seine. Ici, c'est la simplicité qui a paru le plus sûr ornement. Mais, par contre, le porche monumental, très orné, s'annonce par un vaste portail vitré dont le cintre porte une riche decoration de blasons et de fleurons ; un jeu de rosaces, de trèfles et de spirales s'enroule sur toute la longueur de la frise, d'un effet sculptural imposant. Ce porche est flanqué de deux tourelles qui logent des escaliers et surmonté d'un campanile avec un carillon de 32 cloches qui exécute de véritables morceaux. La plus petite des cloches a 19 cent. de diamètre et pèse 4 kilos, la plus grosse 1 m. 12 et pèse 840 kilos. Le porche lui-même est couronné par un dôme massif dont la forme rappelle celle d'une tiare et qui donne à ce monument destiné aux produits miniers un air solennel de basilique romaine.

Orientation Générale ⊛⊛

En entrant par le Porche monumental, après avoir traversé le Vestibule sous le Dôme, on a à dr. une partie de la Cl. 65 (*Petite Métallurgie*) ; à g., dans la Galerie de bas côté parallèle à la Seine, la Cl. 63 (Mines). Tout l'emplacement central est consacré à la Cl. 64 (*Grande Métallurgie*), le fond du Palais sur toute la largeur aux Sections Étrangères *. Au premier étage, à dr. et sur les Travées centrales, la Cl. 65 (Petite Métallurgie) ; à g., la Cl. 63 (Mines), et les dernières Travées aux Sections Étrangères*.

REZ-DE-CHAUSSÉE ⊛

Nous commençons la visite du Palais par la Cl. 64, qui en occupe la partie la plus importante au centre.

Cl. 64. La grande Métallurgie française a fait un vigoureux effort pour affirmer en face de l'étranger sa puissance industrielle. Le fer vaincu, assoupli, se prête à tous les caprices, à tous les désirs, et prend sa place naturelle dans la decoration de cette Classe, appropriée avec autant de goût que d'habileté technique à sa destination. Tous les grands centres métallurgiques sont representés dans le Palais qui leur est dévolu. Sous le Dôme, dès l'entrée, les *Forges de Douai* érigent une Porte monumentale * en fer ornée de tampons de chaudières et de plaques de métal ; et l'on est tout de suite attiré vers le grand Hall central, sous le lanterneau, où se dressent de toutes parts des colonnes énormes, où l'on entrevoit des masses formidables, une forêt metallique aux troncs étincelants.... C'est le Salon d'Honneur de la *Société des Métaux* *. L'effet est saisissant : tout autour de la nef, à l'entrée de chaque groupe, s'élèvent des portails géants en fonte, en acier, en cuivre, en métal déployé, colonnades, cylindres, en tuyaux, en plaques, en fer forgé, pylônes, frontons en rails incurvés, frises ciselées, chapiteaux en tubes cintrés, retombant en gerbes ; c'est un mélange de puissance et de grâce, de force et de souplesse, qui produit une impression profonde et séduit les regards. Telles de ces plaques d'acier, qui servent de fermes au portail des Forges de Pompey, mesurent 96 m. de long et sont coulées d'un seul jet. Le *rail* * roulé au fronton mesure 52 m. de long. Les *Aciéries de Longwy* composent leurs colonnes de rails tordus assemblés sur des cylindres, et ces rails ont 20 m. Les *Forges de Pont-à-Mousson* dressent des colonnes de tuyaux et de cylindres en fonte ; celles *de l'Escaut et de la Meuse* assemblent des tubes d'acier ; les *Laminoirs de Bierche et de St-Waast* projettent jusqu'au toit des gerbes éclatantes de tubes laminés surmontées d'énormes boules de cuivre ; le *Groupe de la Loire* (St-Étienne, Firminy, St-Chamond, Clandinon) affirme sa vitalité par d'énormes canons en matière brute, par des plaques de blindage, des ancres de marine géantes. La *Vieille-Montagne* nous offre une brillante exposition de son industrie du zinc ; *Micheville* envoie des vases énormes faits en rails et poutres de fer (l'un de ces vases a 18 m. de haut) ; *Châ-*

tillon, des tourelles blindées ; les usines *Delaunay-Belleville*, un générateur perfectionné. Auprès de ces colossess sont, à leur rang, les Forges du Saut-du-Tarn, Hennebont, Montataire, Denain et Anzin, les Aciéries de France, les Forges du Nord et de l'Est, Pontgibaud, les Hauts Fourneaux de Maubeuge, les Forges de l'Ariège, les fonderies de Harfleur, la Cie Royale Asturienne, le Métal déployé, les Cuivres de France, la Cie d'Alais, les pompes pour puits de la maison *H. Lemaire*, etc., etc.

Cl. 63. Elle groupe les matières premières essentielles à l'industrie de tous les temps, la Pierre, le Marbre, le Charbon, les.

Quant aux carrières, elles livrent pour près de 250 millions de francs de produits bruts, dont la valeur est singulièrement augmentée quand une taille appropriée en a fait des colonnes ou des plaques polies, ou qu'un traitement rationnel en a fait apparaître les qualités sous forme de plâtre, de chaux, de ciment.

Dans l'ensemble, nos mines et carrières produisent chaque année plus de 700 millions de matière première pour nos industries.

Les exploitants de houille qui ne peuvent suffire aux besoins croissants de l'industrie française, n'avaient certes pas besoin de faire les frais de coûteuses installations à l'Exposition. Et pourtant nous les trou-

PALAIS DES MINES ET DE LA MÉTALLURGIE

Minerais de toute nature et les terres et sables qui les accompagnent.

En vertu de la classification adoptée en 1900, elle montre en même temps les Machines et appareils qui ont permis d'aller dans les profondeurs de l'écorce terrestre découvrir et extraire ces matières premières, et de leur faire subir les transformations mécaniques qui en permettent ou en facilitent l'emploi : appareils de sondage, de forage, d'extraction, de triage, de préparation mécanique, de broyage et d'agglomération.

Deux grandes industries, — différentes à tous égards, — celle des Mines et celle des Carrières, sont ainsi rapprochées par la classification, mais ont en fait chacune leur exposition comme elles ont leurs procédés, leur outillage, leur clientèle absolument distincte.

Les *Mines de houille* ont produit en France, en 1899, environ 33 millions de tonnes d'une valeur totale de près de 400 millions de francs.

La valeur des Minerais divers (fer, sel gemme, plomb, etc.) est bien faible en comparaison et ne dépasse guère, pour la France et l'Algérie, 50 à 52 millions de francs.

Les *Phosphate de chaux*, dont l'emploi transforme notre agriculture, rapportent de 22 à 25 millions de francs.

vons presque tous avec de belles et surtout d'instructives installations.

A tout seigneur tout honneur : la Cie *d'Anzin* a tenu, d'accord avec deux de ses meilleurs fournisseurs, M. Dubois d'Anzin, constructeur-mécanicien, et M. Malissard-Tiza, constructeur de charpentes métalliques, a montrer au Trocadéro, en grandeur naturelle, ce qu'est une de ses grandes installations de Puits avec machines à 4 cylindres et chevalement en fer de 28 m. de hauteur.

Le long des murs de cette vaste et belle Salle des Machines, le visiteur apprendra toute l'histoire de l'art des Mines ; des modèles, tous à la même échelle, montrent de 20 ans en 20 ans ce que sont les Puits, leur armement, leur outillage.

Au Palais des Mines, les dimensions des galeries n'ont permis de présenter que des modèles réduits. Mais quand ils sont faits avec la minutieuse exactitude de ceux de la Cie de Bruay ou de la Cie de Béthune, ces modèles permettent de voir, mieux qu'en nature, ce qu'est l'ensemble, et ce qu'est chaque détail d'une grande installation de puits qui extrait, trie, classe et expédie chaque jour 2000 à 3000 tonnes de houille.

Ce que sont les profondeurs de la terre d'où le mineur extrait tant de richesses, et dans quelles conditions vit cet ouvrier si souvent objet des préoccupations du pays tout entier, le Comité Central des Houillères s'est proposé de le faire voir par l'installation de la *Mine souterraine* ★★, qui étend ses galeries et ses salles sous le Trocadéro.

Ce qu'est la structure des couches et des gisements, le visiteur le verra aussi grâce aux reliefs et modèles préparés par le Comité des Houillères de la Loire, par la Cie de Decazeville et, pour le gîte nouveau des minerais de fer de Meurthe-et-Moselle, par M. G. Rolland, le savant ingénieur qu'on retrouve aussi en plein Sahara occupé à ses plantations de dattiers.

Le développement de la richesse minérale en France, en Algérie et dans nos Colonies est intimement lié aux études scientifiques poursuivies dans les divers services qui dépendent du Ministère des Travaux publics.

Ils sont tous groupés dans le *Salon d'Honneur* autour de la grande *Carte des Alpes* ★, œuvre inédite de la Direction de la Carte géologique de France. Nous voyons là les travaux statistiques de la Direction des Mines, la collection des cours professés à l'École des Mines de Paris, et les travaux des élèves de notre grande École Nationale, ceux aussi des écoles de St-Étienne, d'Alais et de Douai.

Dans un vaste *Laboratoire* ★ qui fait suite à ce Salon, tous les fabricants d'appareils de physique et de produits chimiques se sont groupés pour montrer, dans une exposition collective, ce que doit être un laboratoire digne de ce nom, où seront étudiés les combustibles, les minerais, les métaux et leurs alliages.

La place nous manque pour indiquer même sommairement tout ce que contient encore cette classe 63. Dans ce grand hall sont groupés les maîtres sondeurs, Awault, Lippmann, de Hulster, qui tous trois exposent au public ces appareils ★ qui leur permettent d'aller à des 800, 1000 et 1200 m. reconnaître la composition des roches et l'allure des couches ★.

Sous ces galeries, nous circulons au milieu des perforatrices et des machines à broyer et à agglomérer; des ventilateurs et des locomotives électriques.

Les *Explosifs* ★ jouent un tel rôle pour frayer le chemin au mineur au travers des roches même les plus dures qu'il n'y a rien d'étonnant de traverser une salle entière consacrée aux divers fabricants français des dynamites de toutes espèces qui sous des noms divers se disputent la faveur publique; la Commission du Grisou et celle des Substances Explosives ont eu une grande et brillante part dans les progrès réalisés au point de vue des explosifs de sûreté.

Le long du Palais des Mines, nous voyons les chefs-d'œuvre de quelques-uns des plus importants Carriers; et dans l'annexe qui longe l'Av. de Suffren nous avons d'un seul coup d'œil un aperçu de quelques-uns des types de pierres que fournit notre pays.

Il eût fallu beaucoup plus de place — et aussi une place moins sacrifiée et moins reculée, pour attirer tant de modestes carriers qui ont hésité devant les lourds sacrifices d'une exposition de quelques blocs alors que l'attention du public est attirée par bien des spectacles plus brillants : n'oublions pas cependant que cette industrie des Carrières, quelque peu sacrifiée dans cette fête du travail, produit annuellement pour plus de 250 millions et participe largement à l'expansion de notre pays au delà de ses frontières.

Signalons dans cet ensemble les produits de la Maison de Hulster, les Grès de Seine-et-Oise; les Granits des Vosges et des Ardennes; les Ardoises de l'Ouest; les Carrières de la Hte-Saône, la Société Générale Meulière, etc.

L'Exposition Rétrospective de la Classe 64,

qui est spécialement consacrée à la Grosse Métallurgie, ne présente pas tout l'attrait que l'on pouvait espérer. La cause en est la difficulté qu'il y avait à réunir les grosses pièces de la métallurgie. Mais, cependant, si les modèles anciens font défaut, du moins les dessins représentant tous ceux d'entre eux de réel intérêt sont-ils fort abondants et constituent-ils, par leur réunion, une véritable histoire du travail du métal à travers les âges.

Cl. 65. La Petite Métallurgie, en 1889, était réunie à la grosse. Cette année, en raison de l'extrême multiplicité des produits qu'elle comporte, elle forme une classe spéciale.

Se liant intimement au développement de la grosse métallurgie, dont elle est en somme la conséquence, la petite métallurgie réunit un grand nombre d'industries fort diverses, — on en compte plus de soixante, depuis les fabricants de pointes ou d'épingles, jusqu'aux batteurs d'or et aux fondeurs de cloches, — et qui pour la plupart accusent chacune des progrès considérables tant dans la quantité de matière produite que dans les méthodes de production.

Ce qui caractérise plus particulièrement l'évolution de la petite métallurgie, c'est la multiplication, dans les ateliers, des machines-outils qui tendent partout à se substituer plus ou moins complètement au travail manuel, ceci au grand bénéfice de la production, dont le prix de revient se trouve abaissé de ce chef d'environ 20 o/o.

Parmi les fabrications mécaniques les plus originales réalisées au cours de ces dernières années, il faut tout particulièrement citer celle des Chaînes, qui se font aujourd'hui mécaniquement et sans soudures aucunes, par découpement et étirage des maillons dans une plaque de métal. Une des nouveautés curieuses de la Classe 65 est celle de la construction, dans certaines maisons luxueuses récentes, de chambres blindées * à l'épreuve du feu et pourvues de fermetures solides et à secret destinées à remplacer les coffres-forts pour la garde des objets précieux.

Les produits exposés sont ou d'un intérêt pratique et industriel, ou d'un intérêt artistique, par la façon, le travail, le goût : tels les Poteries d'étain, les Cloches dont un Carillon, dans le dôme du Palais, les Grillages ornementés, les Marteaux, heurtoirs, espagnolettes, la Serrurerie de précision, la Quincaillerie et les Accessoires métalliques de meubles, par exemple, les roulettes et la cuivrerie pour meubles, de la maison *L. Bourdillat aîné*, les articles de ménage, Cafetières et Bains-Marie, de M. *Martin Mannheim*. A signaler de remarquables expositions de métaux précieux sous la dénomination « Produits divers du Laminage de précision et du Battage de l'or, de l'argent, de l'étain », etc., et les produits de la Dorure, de l'Argenture, du Cuivrage, du Bronzage, de la Galvanoplastie, etc., dont les procédés ont été poussés à la perfection en ces derniers temps.

L'Exposition Rétrospective de la Classe 65

est fort intéressante à visiter pour quiconque s'intéresse le moins du monde aux progrès de l'art. On y trouve, en effet, une merveilleuse collection de Coffres et de Coffrets en métal du travail le plus parfait, une collection de 300 Clefs et Serrures anciennes, une collection de 400 Cloches et une de 500 Sonnailles, une collection de Marteaux et de Plaques de cheminée, un ancien Matériel de Potier d'étain.

Enfin, complétant cette exposition fort remarquable, des Gravures et des Panneaux peints permettent à tous les visiteurs de se rendre un compte exact des procédés dont les artisans d'autrefois faisaient usage pour travailler le métal et l'assouplir aux divers besoins.

Sections Étrangères

L'Italie est représentée par la Fonderie d'acier de Terni, qui envoie un remarquable ensemble : Moteurs énormes en fonte brute, l'Hélice et un volant du *Christophe Colomb* *, des Plaques de blindage — l'une de 14 m. de long sur 2 m. 8 de haut et 2 cent. 1/2 d'épaisseur, fondue d'une seule coulée ; — des Cibles d'artillerie avec l'indication des résistances éprouvées, et des réductions des grandes Pièces sorties de l'usine, l'une des premières de la grande industrie métallurgique de la Péninsule.

L'Allemagne envoie une Presse à forger de l'usine *Schumacher et Cie* de Kalk (poids : 180 000 k. ; force : 1200 tonnes), une Machine de Laminoir réversible (130 000 k.) d'Erhardt et Schmer ; une Pompe d'épuisement à grande vitesse (en action) de *l'usine de Sarrebruck*, une autre de la *Société électrique de Berlin*; des Coffres-forts, des Faulx, et, au Premier Étage, une *Exposition collective de l'Ambre* *.

La Russie offre un ensemble très important, qui comprend : au Rez-de-chaussée (1er plan), près de l'Escalier, le Pavillon de la Société Nouvelle de Russie, en fer forgé (Rails tordus et incurvés) ; la Société Franco-Russe (Fers et Aciers) ; les vitrines du *comte Schouvaloff* (Platines, Diamants et Fers) ; le *Groupe monumental* * des Usines métalliques de Moscou (Fer et Acier) à colonnes massives enroulées de câbles, exposant dans ses vitrines des tableaux de petites pièces d'acier poli disposés avec un goût remarquable ; la Société des tubes de Sosnovice, avec un Dais en coupole surmontant des colonnes faites de tubes assemblés sur cylindres ; les usines de Donetz, avec un Portique en rails ; les Usines de l'Oural (propriété du gouvernement), où l'on fabrique spécialement des Épées ; — au second plan : les Usines de New-Bakou, offrant un modèle en réduction du Matériel de Cuvelage et de fonçage ; les Aciers du prince Demidoff San-Donato ; un groupe d'usines de la région de Donetz, avec vitrines en bois ouvragé ; les importantes usines de Briansk (Ancres, Hélices, Roues, Volants) ; les Minerais et Charbons de la Société de Sosnovice, et les Aciers, Fontes et Fers de la Cie de l'Houta-Ban-Kowa.

Au Premier Étage l'*École des Mines de Pétersbourg*, le *Comité Géologique des Mines*, et le *Ministère des Mines* exposent Plans, Livres et Diagrammes ; puis voici les Charbons de Dombrowa, les Hauts Fourneaux de Toula, les Samovars de Batascheff, les Faux et Fers à cheval de Posel, les *Figures de fonte* ★ de Kischtin, les Platines d'Auerbach, et enfin, groupés avec goût en panoplies sur un panneau monumental de peluche rouge sur fond vieil or, les haches, bêches, pics, fourches, de la fameuse usine de Billnäs (Finlande).

La **Grande-Bretagne,** réduite à la portion congrue, participe modestement à cette exposition : des Objets de Toilette émaillés ; les clous et vis Nettlefolds ; des Tuyaux et conduites ; des pyramides de Câbles métalliques et des tambours en fils de fer de G. Cradock et Cie ; des Lingots d'acier, des Coffres-forts, et c'est tout. Pas de machines ; pas d'outillage industriel.

La grande métallurgie s'est abstenue. Au Premier Étage, les manufactures de Birmingham exposent des produits de Petite-Métallurgie. A signaler encore les *explosifs Nobel*.

La **Suède,** au contraire, a fait un effort considérable. L'exposition collective des Grandes Usines Suédoises, avec sa porte monumentale et ses colonnes d'acier, ses groupes en fonte ornés et ingénieusement disposés, ses cylindres énormes, ses blocs de minerais, est une des curiosités du groupe, en même temps qu'elle atteste la puissance industrielle de ce pays.

La **Norvège** envoie quelques Blocs de pierre gigantesques, de 20 000 et 30 000 k.

La **Belgique** est aujourd'hui un des premiers pays industriels de l'Europe. Le bassin houiller de la Sambre fournit à lui seul près de 20 millions de tonnes de houille par an. Au Premier étage, les Mines et la Métallurgie comprennent quatre salons qui se font suite dans un élégant pavillon en fer forgé et ouvragé. La Société de la Meuse (Liège), une des grandes usines belges (1200 ouvriers) occupe tout l'emplacement réservé à cette nation avec une Machine Soufflante de hauts fourneaux de 2000 chevaux. (Le volant fondu d'un bloc a 7 m. de diamètre.) Sur les murs sont reproduits en camaïeu les vues des principales mines du pays, les types de minéraux, etc.

Les **États-Unis** comme la Grande-Bretagne, faute d'emplacement n'envoient pas de machines.

Un portique de bronze à colonnes de marbre, de porphyre et de granit, à portes et ornements de fer ouvragés, les annonce. La frise est formée des médailles des États et surmontée de boules de cuivre pur.

Le groupe le plus important de cette exposition américaine est celui des Fils de fer de la Steel and Wire Co., roulés en tambours et en pylônes. Un Salon est consacré aux Minerais à l'état naturel : or, argent, cuivre, etc., échantillons des mines de tous les États, nombreuses et riches, comme on sait ; un Salon, des Pétroles et des huiles minérales ; un autre, aux Produits de la Métallurgie ; un autre est affecté aux ingénieurs des Mines. Au 1er étage sont exposés les Câbles et les produits de la Quincaillerie.

L'**Autriche** expose une curiosité *naturelle* : la *reconstitution d'un autel du XVIe s.* ★ (tombeau de Cracovie) *en minerai de sel,* aussi intéressant par son évocation religieuse et artistique que par sa matière, —exposition du Ministère des Finances (Mines de Wieliczka).

A signaler encore, comme spécimen de la grande industrie autrichienne, les Moulins à vapeur des Usines de Pilsen.

La **Hongrie,** ici comme partout, se distingue particulièrement par un ensemble d'attractions d'un grand intérêt artistique et industriel. Son exposition est divisée en 3 parties : à dr., le groupe de la Petite Métallurgie, annoncé par un groupe figural représentant une *forge* ★ avec des nuages de fumée faits de fils de fer, de laiton, d'acier, de cuivre entrelacés.

Le Portique est composé de mille petits objets d'acier poli et d'écussons faits de petits clous habilement disposés. A g. : le groupe des Mines avec un grand mur fait de blocs de charbon et de minerais de fer au milieu duquel se détache un groupe de 7 m. symbolisant une *explosion de dynamite Nobel* ★ : un ouvrier allume la mèche, les blocs s'entr'ouvrent et laissent échapper une figure allégorique de femme. A l'intérieur, derrière le mur, est installé un Musée de pierres et de minerais, qui comprend entre autres éléments précieux un bloc d'or de 15000 florins et un bloc d'opale de 10000 florins. Au centre prend place le groupe de la Grande Métallurgie, très développée en Hongrie dans ces dernières années.

Ici encore un clou : l'*Avant d'un vaisseau* ★ (figuré d'après le modèle existant) de 9 m. de haut, fondu d'un seul morceau, reposant sur deux nymphes ; puis des Portes, et roues de fer forgé, des colonnes de tuyaux de 9 m. de hauteur, deux tuyaux de 2 m. de diamètre et quelques autres pièces toutes remarquables dont l'ensemble démontre l'importance toujours plus grande de l'industrie métallurgique de la Hongrie.

LE PALAIS DES FILS, TISSUS ET VÊTEMENTS ⚙️⚙️⚙️

qui vient après celui de la *Mécanique*, est orné, au milieu, d'un porche de 27 m. de largeur, terminé au sommet par une loggia à colonnettes du plus joli effet et décoré, de chaque côté, d'une frise portant l'inscription : *Fils, Tissus, Vêtements*. L'aspect extérieur de ce monument est celui qui convient aux industries actives du filage, du tissage et de la confection des costumes, c'est-à-dire que la sobriété des détails n'y nuit en rien à la forme déjà simple du portique central et des longues murailles. La blancheur extérieure des parois, la succession des colonnades et les rinceaux enguirlandés des frontons pré-

Travées du 1er étage, au-dessus ; les Classes sont disposées en file dans les trois Halls parallèles ou galeries de 27 mètres : hall de dr. sur le Champ de Mars, hall central, hall de g. sur l'Av. La Bourdonnais. Au *Rez-de-chaussée*, les Classes françaises sont disposées dans l'ordre suivant (en se dirigeant du Palais des Mines au Palais de la Mécanique) : Hall. de dr. : Cl. 81 (*Fils et Tissus de lin, de chanvre, produits de la Corderie*), — Cl. 86 (*Industries diverses du Vêtement*), — Cl. 83, 1re partie (*Tissus de Soie et Soies*), — Cl. 84 (*Dentelles, Broderies et Passementeries*). Hall central : Cl. 77 (*Matériel de la Fabrication des Tissus*), — Cl. 78 (*Matériel et procédés de la Filature et de la Corderie*), — Musée CENTENNAL, — Cl. 90 (*Parfumerie*) Hall de g. : Cl. 78 (*Matériel et Procédés du Blanchiment, de la Teinture, de l'Impression*

PALAIS DES FILS, TISSUS ET VÊTEMENTS

parent au spectacle aussi blanc et aussi travaillé de la lingerie et de la draperie.

Ce palais forme une heureuse suite à celui de la *Métallurgie*, et, pour ainsi dire le complément de la perspective.
La partie supérieure du dôme est composée de verrières, illuminées le soir.
Tous les dômes ou coupoles du Champ de Mars sont en effet, la nuit, transformés en gigantesques lanternes d'un curieux effet.
Le Palais des Fils, Tissus et Vêtements tient lieu de l'ancienne *Galerie du Vêtement* des Expositions antérieures. Selon le Plan général et la conception de M. Picard, ici comme dans les autres groupes, on a partout rapproché le produit fabriqué du matériel de fabrication. C'est une leçon de choses en action. Nous voyons la suite des transformations par lesquelles passent la laine, la soie, le coton, le lin, pour arriver aux vêtements confectionnés, depuis la grosse toile à voile jusqu'à la plus fine batiste, de la bure au drap de soie, de la toile d'emballage à la plus précieuse dentelle.

Orientation générale ⚙️⚙️

En principe, pour chaque branche de cette grande industrie, les Machines occupent le Rez-de-chaussée ; les Produits, les

et de l'*Apprêt des Matières textiles*), — Cl. 85 (*Industries de la Confection et de la Couture pour hommes, femmes, enfants*). — La seconde partie de la Cl. 83 (*Soies*) et enfin la Cl. 79 (*Matériel de la Couture et de la Fabrication de l'Habillement*). Au 1er étage, la galerie qui longe la façade du Champ de Mars est tout entière occupée par la Cl. 81 (*Fils, Tissus de lin, Corderie*) ; les Cl. 76, 77, 78 et 82 se partagent la 2e et la 3e travée, qui limitent le vaisseau central, encadrant un Musée Rétrospectif ; la Cl. 78 occupe encore une partie de la galerie La Bourdonnais, suivie de la Cl. 80 tout entière (*Fils et Tissus de Coton*).

REZ-DE-CHAUSSÉE ⚙️

La Cl. 81 a fait un effort pour varier un peu la monotonie de ses produits : un grand panneau * peint avec frise et motif décoratif en fleurs de lin et de chanvre l'annonce, et la frise court sur toute la surface murale, à laquelle sont adossées les vitrines, comme une guirlande, encadrant les cartouches - des villes manufacturières. (La Classe a une Annexe au premier étage.)

La dernière partie du Palais est tout entière réservée aux Sections Étrangères, aux deux étages.
Cette classe comprend surtout les *Fils et tissus de Chanvre*, les *Produits de la Corderie*, la *Toile et la Lingerie de table*, —

parmi lesquelles celle de la Maison *Wallart frères*, les produits de la *Société de l'Industrie Textile d'Angers*, etc.

La **Cl. 86** s'est contentée d'une exposition très simple, d'intérêt purement industriel et commercial. Elle comprend la *Chapellerie* (admirer les *huit reflets* authentiques), — les *Fleurs artificielles, Plumes et articles de modes*, où l'on reconnaît la main adroite et le bon goût de nos ouvrières parisiennes, — les *Cheveux* (on aurait presque regret de n'être pas chauve pour pouvoir porter de si jolies perruques), — la *Chemiserie* et la *Lingerie* en tous genres, spécialités bien françaises

LA GALERIE DU PREMIER ÉTAGE (*Cliché Robert*).

par le goût, et qui luttent avantageusement avec la raideur britannique, — la *Bonneterie* de coton, de laine, de soie, les *tricots*, les *cravates* et *cols-cravates*, — les *Corsets** de toutes formes, de toutes dimensions, de toutes couleurs : blancs, bleus, roses, noirs, corsets de nuit, corsets de matin, corsets élastiques pour les dames douées d'embonpoint, corsets souples des meilleures faiseuses avec les perfectionnements industriels, corsets baleinée, etc. ; les *Jarretières* et jarretelles, autre exhibition du genre tout à fait intime, dont il y a une variété capable de satisfaire les plus difficiles, à tous les points de vue ; — à côté des Jarretières, les *Bretelles*, la prose à côté de la poésie ; bretelles de luxe ; bretelles brodées ; bretelles de soie, — où la coquetterie masculine va-t-elle se nicher ! Les *Boutons*, modestes et indispensables auxiliaires de la toilette, nous conduisent aux *Gants* et aux *Chaussures*, dont certaines, si artistement ornées ! si jolies, si finement cambrées ! comme celles de M. *Paul Victor Menget*. Donnons un

coup d'œil aux *Cannes, Fouets, Cravaches, Ombrelles, Parasols, Parapluies*, et hâtons-nous, pour nous délecter les yeux, vers les *Éventails**, qui décidément l'emportent encore et toujours sur ceux de nos plus redoutables concurrents : Italie et Espagne, Chine et Japon. Regardez ces peintures, dont quelques-unes sont signées par nos artistes les plus connus ; regardez ces éventails en dentelles, en plumes d'autruche, en soie ou gaze pailletée. Ce sont des chefs-d'œuvre de notre goût français et parisien, inimitables, et toujours prisés d'ailleurs des élégantes de tous pays.

PREMIER ÉTAGE ☉ Nous retrouvons la **Cl. 78** avec ses quatre Salons : le *Salon des Soies Lyonnaises* ; le *Salon des Impressions* (impressions de Rouen et des Vosges) ; le *Salon des Teinturiers*, le *Salon des Fils* et des dégraisseurs. Le Musée Centennal montre seulement, non sans un grand intérêt, des albums, des collections, des cartes d'échantillons d'impressions anciennes, des dessins, gravures, planches, brochures, etc.

La **Cl. 82** comprend les *Fils et Tissus de Laine* des grandes Manufactures de Roubaix, dont celles de *MM. Boulangé et Frégnac*, et de *MM. Ternynck frères*, MM. *Ternynck Henri et fils*, MM. *Thérin et Cie*, M. *Leclercq-Dupire*, celles des groupes d'Elbeuf, de Tourcoing (*MM. E. Mathon et Dabrulle*). Sedañ, Rouen ; les Mousselines, Cachemires d'Écosse, Satins de Chine, Serges, Martans et Molletons ; Châles de laine et Cachemires, Couvertures et Feutres.

La **Cl. 80** les *Fils et Tissus de Coton*, les *Velours et la Rubannerie de coton*. La décoration de la classe comporte un panneau peint sur le mur intérieur du porche du grand vestibule, et une frise en fleurs de coton avec cartouches des villes manufacturières. Parmi les principaux exposants, *MM. D. Wibaux-Florin*, de Roubaix (tissus de coton), et *Wallaert frères* (fil à coudre et fil pour tissage).

La **Cl. 83** est, comme à toutes les expositions antérieures, une des attractions du Champ de Mars. C'est le Palais de la Soierie**, divisé en 3 groupes : le groupe de *Lyon*, le groupe de *Saint-Étienne* et celui de *Paris*. Ce dernier rehausse sa

A L'EXPOSITION

décoration par un *Pavillon central*, véritable monument du style Empire, au retour d'Égypte. Les vitrines de *Lyon* et de *Saint-Étienne*, spacieuses comme des salons, nous offrent une fois encore ces merveilles, toujours admirées, toujours inimitables, de la fabrication française de la soierie : étoffes modernes aux teintes délicates, aux couleurs à la mode, aux dessins variés; étoffes brochées or; étoffes anciennes richement brochées et brodées; velours et peluches aux teintes délicatement nuancées; châles de soie, etc., rubans de Saint-Étienne en guirlandes chatoyantes, etc.

De la soie, nous passons à la **Dentelle** *, avec la **Cl. 84** qui comporte aussi les *Broderies et Passementeries*. Ici, guipures blondes de soie, valenciennes, points d'Angleterre, de Malines, points de Venise, de Chantilly, de Gênes, de Bruges ou d'Auvergne, s'étalent pour la joie des yeux. Cette industrie, qui, en Normandie, dans le Nord, dans les Vosges, au Puy ou dans le Limousin, occupe près de 250 000 ouvrières, est en pleine transformation. La plupart des merveilles exposées cette année sont fabriquées mécaniquement; mais, pour devenir plus rares, les pièces, patiemment exécutées sur le coussin par les dentellières, n'en sont que d'un art plus délicat et d'une richesse plus précieuse. Comme toujours, une très grande variété dans les modèles et les applications : éventails, écrans délicieux, mouchoirs, draperies, volants, pointes, ombrelles, jetés de lit, dentelles d'ameublement, dentelles au fuseau du Puy, etc. Auprès des dentelles, nous sont offertes les broderies haute nouveauté dont quelques-unes sont curieuses, mais sans supériorité marquée sur les concurrents étrangers. Les broderies anciennes sont d'une tradition plus sûre, sans égaler toutefois les chefs-d'œuvres des artisans du Moyen âge.

La *Passementerie* a fait effort pour égayer ses couleurs et varier ses dessins. La *Chasublerie* jette l'éclat de ses ors; mais le trésor de cette classe, c'est une prestigieuse exposition de *Rideaux* * de toute beauté, en dentelle guipure, broderie sur tulle ou sur tissu.

Au milieu de la classe, un **Groupe d'Ouvriers** nous initie au travail délicat et minutieux de ces industries et au perfectionnement des métiers mécaniques, chaque jour plus en faveur. La province s'est fait représenter par des *ouvrières en costume local* *.

Les grands Tissages et les Filatures occupent le vaste emplacement des **Cl. 76 et 77.**

La première expose les *Machines* servant à transformer les matières textiles en fil, en corde, en tissus de tous genres, principalement des machines à ramies, des machines à carder les laines, des métiers continus à filer le coton; des moulins épurgeurs de soie. La Chambre de Commerce de Lyon envoie des appareils de tissage perfectionnés.

La **Cl. 77** comprend les *Machines de Tissage* réparties en trois groupes : métiers de préparation, métiers à tisser proprement dits (tissus unis, étoffes façonnées, bonneterie, broderies artistiques, tulles, tapis, lainages, etc.); accessoires de tissage. Le 1ᵉʳ groupe est surtout représenté par la maison *Diederichs* (Société Alsacienne de Constructions mécaniques : machines à dévider, à ourdir, à bobiner, etc.). A signaler, dans le 2ᵉ groupe, la remarquable *exposition de Métiers* et matériel de tissage et de piquage de M. *Léon Olivier*, de Roubaix. Comme spécialités, l'industrie française est brillamment représentée par les maisons *A. Nuyts et Cⁱᵉ*, de Roubaix, *Duquesne*, de Sedan (fabrication de tapis), *Pinalet* (velours et rubans), *Jules Quillet*, de Calais (tulles et dentelles), *Levent et Cⁱᵉ*, de Paris (châles), les métiers en bonneterie de Troyes, St-Just-en-Chaussée et Colombes. Les appareils accessoires, extrêmement nombreux, occupent une travée au 1ᵉʳ étage (appareils à échantillonner, navettes, aiguilles de métiers à tricoter, peignes à tisser, taquets, lames et brosses, etc.

L'Exposition Centennale de ces deux classes comprend l'outillage de la fabrication pendant le siècle et même avant 1800. A voir les métiers anciens avec accessoires très curieux.

Après avoir traversé le grand Musée Centennal du groupe, on est attiré de loin par les senteurs exquises et par les Jardins suspendus de la

Cl. 90 (Parfumerie). Les exposants ont fait ici un effort collectif, et le coup d'œil est charmant. Tous les pavillons, surtout celui de la maison *L.-T. Piver*, sont transformés en corbeilles fleuries et enrubannées, de bois ajourés délicatement nuancés; les tentures, les vitrines, dans ce décor frais et coquet, sont d'une grâce et d'un luxe qui conviennent tout à fait à la délicatesse des produits et de la clientèle. Tout est séduisant, jusqu'à ces rangées de boîtes élégantes, de sachets brodés, de flacons peinturlurés et enjolivés étagés avec un art spécial tout féminin. Tels de ces petits flacons, écrins d'essences parfumées, d'eaux de senteur, sont aussi precieux que des perles, tant il a fallu de recherches, de travaux et de manipulations diverses pour concentrer l'arome des jonchées de fleurs dont leur contenu est extrait.

Les diverses industries que représente la **Cl. 78** complètent les *Industries de la Filature et du Tissage*, en donnant aux fils et tissus écrus venant de chez le fabricant les traitements nécessaires pour les rendre prêts à être livrés à la consommation. Elle comporte : le blanchiment et la teinture des fils qui servent à tisser les étoffes; le blanchiment et la teinture des tissus de laine, de soie, de coton et de tous autres textiles seuls ou mélangés;à remarquer les teintures et apprêts de la maison *Th. Segard et Vanackère*, et de M. *Leclercq-Dupire*, toutes deux de Roubaix et l'impression et l'apprêt de ces divers tissus. On peut estimer à environ 170 millions la valeur des façons faites annuellement par les industries figurant dans la classe 78. Certaines des maisons qui exposent ici traitent par an pour plus de 50 à 60 millions de tissus. Les découvertes continuelles faites dans le domaine de la chimie, les perfectionnements introduits dans le matériel tinctorial, les modifications journalières apportées dans les procédés employés, ont fait faire a ces industries des progrès considérables, et l'on peut dire qu'il existe actuellement peu d'industries qui exigent de la part de ceux qui les exercent des connaissances aussi diverses, en particulier une expérience plus approfondie des sciences chimiques et mécaniques. De nouvelles et importantes découvertes ont été faites depuis 1889; citons seulement quelques produits les plus importants : le *cyanol* et le *bleu carmin*, les couleurs *diamines*, l'*aza bleu*, l'*alizarine* artificielle, fabriqués d'une façon courante. L'industrie de Roubaix, notamment, s'est accrue considérablement dans ces dernières années. La grande nouveauté et le clou de cette exposition est le *coton mercerisé**, dont la frise qui décore la classe nous offre un remarquable échantillon, avec un motif à la gouache entouré d'une lisière. La découverte de Mercer, qui date de 1843, mais dont l'application industrielle est toute récente, est en train de faire prendre aux cotons en filés et en pieces une importance considérable. Le mercerisage permet de donner au coton l'apparence de la soie par l'action de la soude caustique concentrée sur la fibre de coton a l'état tendu. L'exposition de la classe 78 comprend au 1er *étage* quatre salons et au rez-de-chaussée un vaste emplacement réservé aux machines qui fonc-

tionnent à blanc. Depuis dix ans, des constructeurs français se sont montés à grands frais, fabriquant largement et avec succès des machines perfectionnées nécessaires aux besoins des industries intéressées afin.de n'être plus tributaires de l'étranger. Les centres de production sont : Paris, Lyon, Sedan, Roubaix, Rouen et Belfort.

La **Cl. 85** qui lui fait suite ne manquera pas de retenir l'attention des dames. C'est là qu'exposent nos **Grands Couturiers** et les **Grands Magasins de Nouveautés.** N'est-ce pas un plaisir réel que de contempler ces étoffes si ingénieusement combinées, ces robes si heureusement coupées, ces broderies et ces ornementations qui ont à la fois tant de grâce et d'originalité. Il y a là des merveilles de goût et d'élégance. Un *Salon fermé* et éclairé tout le jour à la lumière électrique est réservé aux *Robes de soirée**, qui brillent ainsi dans tout leur éclat. Nos grands couturiers ont fait assaut de luxe et d'originalité. M. *Worth*, President de la classe, a eu l'ingénieuse idée de composer un **Groupe de Personnages en Toilette,** dont les moindres détails ont été l'objet de soins infinis. Des sculpteurs de talent ont travaillé à la pose de ces corps gracieusement cambrés qu'ont costumés les premières essayeuses. On avait songé un moment à grouper ainsi toutes les expositions de la classe. C'eût été le *Musée Grévin* de la Mode française. Cette idée, abandonnee pour la collectivité, a heureusement servi quelques expositions particulières. Auprès de ces élégantes toilettes, comme celles de la maison *Cheyroux*, les habits d'hommes les plus « smart » paraissent encore mesquins, les habits brodés eux-mêmes, car il y en a un certain nombre; mais ils ressemblent trop à ceux des préfets ou des laquais. Plus seyants, lés *Uniformes militaires* ne manquent pas d'un certain cachet, ainsi que quelques beaux *Costumes de chasse et de cheval*. La collectivité des *Tailleurs parisiens* possède une vitrine d'avant-corps dont chacun d'eux sera propriétaire une semaine durant.

La **Cl. 79** comprend le *Matériel et les Procédés de la Couture et de la Fabrication de l'Habillement*. Jusqu'à 1830, cette industrie n'existait pour ainsi pas, et elle ne s'est vraiment développée que dans les vingt dernières années. L'intérêt de cette classe est précisément qu'elle initie les visiteurs aux fabrications; le fonctionnement public de certaines machines constitue une attraction de premier ordre et atteste, en

A L'EXPOSITION

même temps que les progrès réalisés en outillage, l'habileté professionnelle des artisans, qui n'a rien perdu de sa perfection. C'est ainsi que nous voyons fonctionner les **Machines à coudre**, dont celles de la maison *A. Rictourg*; des machines pour la fabrication des *chapeaux de feutre*, un atelier de fabrication de la *chaussure*, un atelier de *fleurs artificielles*, un atelier de *ganterie*, complètent cette remarquable leçon de choses. Joignons-y la présentation d'un procédé de raccommodage qui, en se perfectionnant, est presque devenu un procédé de fabrication : le *stoppage*, ainsi défini par Larousse : art de repriser habilement les étoffes. Toutes les machines sont actionnées par la force motrice électrique.

Dans la catégorie des accessoires, sont exposés les *bustes-mannequins* perfectionnés et les *patronomètres*. Les *journaux professionnels* de la mode concourent ici avec leurs patrons si ingénieux et si habilement découpés : à citer la *Mode Pratique*.

L'Exposition Centennale comprend entre autres curiosités la première machine à coudre française de Thimonier (1830). Par son ensemble, cette classe affirme, selon les paroles de son rapporteur, « qu'à côté des idées générales qu'on nous reconnait, nous possédons le sentiment des faits; que les préoccupations d'ordre théorique ne nous font pas oublier ou négliger la réalité; que le progrès est constitué non seulement par les grandes conceptions, mais par leur réalisation pratique, et que, sur l'un et l'autre terrain, nous ne redoutons pas la comparaison ».

❧

MUSÉE RÉTRO-SPECTIF ●●●● Il occupe un emplacement important au centre du Palais, entre les deux porches de l'Av. et du Champ de Mars. Il a été l'objet d'une attention toute particulière de la part de M. F. Carnot et de ses collaborateurs. Il est commun aux diverses classes du groupe et aménagé avec un goût parfait. C'est un vrai *Musée du Costume** et des accessoires depuis le XVIII⁵ s. jusqu'au second Empire, reconstitué tantôt par les costumes eux-mêmes de l'époque, tantôt par des portraits. Les riches soieries anciennes sont groupées dans la reconstitution du **Trône de Louis XVIII et de Charles X**. Beaucoup de costumes historiques, cela va sans dire, entre autres, les Uniformes de Talleyrand*; à signaler la belle Collection de Portraits

du Prince Murat*. Mais on a voulu présenter toute la France du siècle dans ses atours, et on a évoqué les costumes de la province à côté de ceux de la Ville et de la Cour. Auprès du costume sont groupés les accessoires dans les vitrines : éventails, gants, coiffures, cannes, ombrelles. Il y a là des pièces très curieuses, très rares, ou des souvenirs historiques à côté des caprices futiles et des fantaisies de la mode. — Sommes-nous en progrès? Faut-il regretter telles modes disparues? Sommes-nous plus ou moins ridicules que nos aïeux ou nos grands parents? Voici l'occasion d'en juger, et peut-être la mode prochaine s'inspirera-t-elle des quelques souvenirs qui auront, ici, séduit les gens de goût! Le Musée est divisé en salons dont la décoration est digne de cette charmante exposition : ici, quatre admirables *tapisseries des Gobelins**, là, des *panneaux-affiches* du maître Chéret, là, des motifs décoratifs d'un autre grand artiste, Grasset.

La Cl. 85, qui comprend nos grands Couturiers, se distingue par une exposition rétrospective du Costume féminin.

Sections ●● Étrangères.
Les expositions les plus importantes sont celles de la Grande-Bretagne, de l'Allemagne, de la Suisse, du Japon, de l'Espagne, de la Russie, des États-Unis, de l'Italie, de l'Autriche-Hongrie et de la Belgique. La *Roumanie* expose les Costumes nationaux des divers districts et des Broderies originales. L'*Espagne*, annoncée par une reconstitution de la *Porte de la Salle des Cent** de Barcelone, comprend une exposition collective très importante de l'*Institut Industriel de Tarrasa* et de la réunion des *Fabricants de Saladella*. L'*Italie* nous révèle les incontestables progrès de ses Manufactures de Soie et de Coton de Lombardie et du Piémont, et offre une fois de plus à notre admiration ses merveilleuses Dentelles de Venise. Le *Japon* nous envoie ses Tableaux de Soie brodée et ses Éventails, la *Bulgarie* des étoffes rares; le *Portugal* des Tissus de Soie damassés et brochés or.

La *Suisse* expose, en de coquettes vitrines, des velours et des soies qui tendent à devenir un des produits de l'industrie nationale.

L'industrie, *anglaise* et *américaine*, de la Draperie et des Cotonnades conserve le premier rang par sa supériorité technique. Les Tailleurs *belges* restent dignes de leur traditionnelle réputation; et les Dentelles *flamandes* perpétuent la renommée des dentellières de Bruges et de Bruxelles. La chapellerie *allemande* et *anglaise* est toujours en progrès. La *Perse* et la *Suède* sont également bien représentées.

❧

LE PALAIS DE LA MECANIQUE

le plus élevé, n'offre qu'une façade d'angle à coupole. Il se compose de deux longues galeries aboutissant à deux portes d'entrée à l'Exposition, toutes deux situées sur l'Av. La Bourdonnais, et d'un étage auquel accèdent deux escaliers. L'importance de son étendue est moindre que celle de la célèbre Galerie des Machines de 1889. La décoration en est simple, toute en lignes, en courbes et en voussures. Mais les richesses intérieures ne sont pas moindres, et c'est surtout là que se trouvera l'intérêt de ce Palais d'un aspect à la fois grandiose, reposant et modeste.

D'une façon générale, dans toutes les Expositions réalisées jusqu'ici, un même plan fut suivi pour l'installation de la partie mécanique. Une galerie ayant été construite, le plus vaste possible, on y réunissait côte à côte les générateurs de vapeurs, les moteurs et toutes les machines de fabrication, sans souci de la destination de ces divers appareils.

Il y avait à cette façon de procéder une nécessité majeure résultant de l'obligation où l'on se trouvait, toutes les transmissions d'énergie se faisant à l'aide de courroies et d'organes rigides, de ne point séparer l'outil de fabrication de la source motrice destinée à l'actionner.

Cependant, une telle disposition inévitable ne laissait pas de présenter quelques gros inconvénients en raison des associations fort hétérogènes qu'elle nécessitait. Grâce a l'électricité, qui a doté l'industrie d'une commodité merveilleuse en ce qui concerne le transport de l'énergie, il a été possible cette année de procéder différemment et de suivre une méthode plus rationnelle, associant les unes aux autres seulement les installations qui présentent de logiques connexités.

Orientation Générale ❦❦

L'Exposition du *Matériel et Procédés généraux de la Mécanique*, qui forme le IVᵉ groupe de la classification générale, comprend 4 classes réparties comme suit : la Cl. 19 consacrée à la *Machine à Vapeur*, la Cl. 20 aux *Machines Motrices diverses*, la Cl. 21 aux *Appareils divers de la Méca-*

nique générale et la Cl. 22 aux *Machines-Outils*.

Cl. 19. *Usines et Machines à Vapeur.*

En ce qui concerne la production de la force, 2 Usines distinctes (l'une, dite Usine *La Bourdonnais* et qui est reservée aux seuls constructeurs français, est installée dans une Cour de 117 m. de long sur 40 de large entre le Palais Central d'Électricité et le Passage longeant l'Av. de Suffren ; et l'autre réservée aux constructeurs étrangers) ont été prévues. Quant aux 3 autres classes du groupe, elles reçoivent asile dans les galeries voisines élevées le long de l'Av. La Bourdonnais.

En 1889, derrière le Palais des Machines se trouvaient groupées toutes les Chaudières fournissant la vapeur nécessaire. Cette fois, elles sont réparties en 2 groupes, français et étrangers, de 10 000 chevaux de puissance chacun. On remarque dans cette exposition, surtout si on la compare à celle de 1889, le grand développement qu'a reçu l'utilisation des *chaudières tubulaires et multitubulaires*, dont la plupart sont dotées de systèmes de foyers et de grilles parfaitement étudiés. Parmi les modèles exposés, à examiner tout particulièrement les chaudières *Niclausse*, *Delaunay-Belleville*, utilisées dans la Marine, celles de *Naeyer*, de *Babcock et Wilcox*, de *Farcot*, de *Weyer et Richmond*, etc.

Les *Machines à vapeur* figurant cette année au Champ de Mars sont, d'une façon générale, incomparablement plus puissantes que celles présentées en 1889. Cette puissance, du reste, varie en de très grandes limites, allant par machine, de 250 à 1500, 2000 et même jusqu'à 3000 chevaux.

De la force motrice produite par celles mises en action, force s'élevant de façon permanente comme nous le notions tout à l'heure, à 20 000 chevaux, — en 1889 on utilisa en moyenne seulement 2600 chevaux, — réunis en des groupes dits *groupes electrogènes*, 5000 chevaux permettent, grâce à sa transformation en énergie électrique, d'aller actionner au loin sur toute l'étendue de l'Exposition, par l'emploi de simples câbles conducteurs, les machines les plus diverses.

Les 15 000 autres chevaux produits sont employés à assurer l'éclairage de l'Exposition.

L'examen des machines présentées au Champ de Mars permet au visiteur de se rendre un compte exact des progrès considérables accomplis dans la construction de la machine à vapeur.

Dans le premier quart de siècle, les grandes machines brûlaient 5 kg. de charbon par cheval-heure. Il y a encore vingt ans, celles qui consommaient seulement 1 kg. étaient réputées remarquables. Aujourd'hui la consommation courante et moyenne des machines à condensation est notablement inférieure à ce chiffre. En dépit des énormes perfectionnements dont elle a été l'objet, cependant, la machine à vapeur ne rend guère plus de 8 à 10 o/o de l'énergie correspondant à la combustion complète de la houille brûlée sur la grille du générateur de vapeur.

L'industrie française et étrangère a envoyé de forts beaux moteurs. A noter tout particulièrement les machines présentées par les maisons *Delaunay-Belleville*, *Farcot*, les *anciens établissements Cail*, *Weyer et Richemond*, *Dujardin*, *Crépelle et Galaud*, etc., et une turbine à vapeur de 300 chevaux de puissance. Des systèmes de *Laval*, cette turbine est la plus grande que l'on ait encore réalisée, et, à ce titre, constitue une nouveauté extrêmement intéressante.

A signaler encore de nombreuses expositions d'accessoires de machines, appareils de graissage, d'alimentation, de sécheurs, de réchauffeurs et de surchauffeurs, de décanteurs, de purificateurs des eaux, de tartrifuges, de calorifuges, etc., etc.

Enfin, parmi les dépendances de la Cl. 19, il convient encore de signaler les deux superbes Cheminées monumentales décorées en céramique, des deux usines Suffren et La Bourdonnais. Mesurant 18 m. de diamètre à la base et 4 m. 50 au sommet (80 m. de haut), celle de l'usine La Bourdonnais a été construite par *MM. Nicou et Demarigny*; son coût, sans les canaux d'arrière des gaz, est de 210 000 fr.; quant à celle de Suffren, étudiée et dessinée par le Service technique de l'Exposition, elle a été édifiée par *MM. Toiseul et Fradet*.

Musée Rétrospectif.

La classe 19 offre aux visiteurs une Exposition Rétrospective intéressante. Celle-ci tient presque entièrement dans le siècle qui s'achève; elle comporte de forts nombreux documents, dessins, gravures et modèles de machines rangés méthodiquement de façon à permettre de suivre pas à pas l'évolution de la Machine et de la Chaudière à Vapeur depuis les modèles les plus primitifs jusqu'aux plus parfaits produits par l'industrie actuelle.

A remarquer encore dans cet ordre d'idées l'Historique des *Associations de Propriétaires d'appareils à vapeur* dont l'organisation fort intéressante est due à M. Campère, le secrétaire de la classe.

Cl. 20. Sous la rubrique générale *Machines Motrices diverses*, cette classe groupe un grand nombre d'appareils, moulins à vents et pananémones, récepteurs hydrauliques, roues, turbines, machines à colonne d'eau machines à air chaud, à gaz, à pétrole, à air comprimé ou raréfié, à ammoniaque, à acide carbonique, manèges, tambours à chevilles, moteurs à ressort, à poids, à pédale, etc.

Très variée, cette exposition ne saurait manquer de fort intéresser les visiteurs, qui pourront se rendre compte des perfectionnements apportés dans ces diverses industries depuis onze ans.

Ainsi, les constructeurs de Moulins à vent, de Turbines ont apporté des améliorations notables à ces appareils, améliorations dont l'effet a été d'en accroître le rendement utile de sensible manière. A voir notamment à cet égard les moteurs exposés par les maisons Bollée, Schabaver-Beaume, etc. Les installations hydrauliques, turbines et autres ont été également perfectionnées de la façon la plus heureuse.

Dans les Installations, fort multipliées aujourd'hui, pour l'Utilisation du Gaz pauvre obtenu en faisant passer de la vapeur d'eau sur du charbon porté au rouge, il faut signaler, en raison de ses avantages pratiques, celle combinée par M. *Taylor et Cie*, qui, des moins encombrantes, ne comporte plus ni gazomètres, ni grilles, et peut s'appliquer au premier moteur à gaz venu.

Les Moteurs à Gaz et à Pétrole sont nombreux; les principaux efforts apportés à leur établissement, notamment pour ceux à gaz, ont porté sur l'augmentation de la puissance. C'est ainsi qu'aujourd'hui l'on construit des moteurs à gaz d'un excellent rendement pour toutes les puissances comprises entre un 1/2 cheval et 200 chevaux.

Musée Centennal.

L'Exposition Rétrospective de la Cl. 20 est une des plus instructives. Elle comprend quantité de documents concernant l'Historique des Machines Élémentaires : moteurs à poids, à ressorts, à pédale, etc., des machines hydrauliques (turbines, roues, etc.), des moulins à vent, etc., des moteurs à gaz qui furent révélés à l'industrie à l'Exposition de 1867 et des moteurs à pétrole et à essence plus récents encore.

Cl. 21. Dans la Classe 21, réservée de façon spéciale aux *Appareils divers de la Mécanique générale*, figurent deux des clous de l'Exposition : le *Trottoir Roulant* dont la concession appartient à la Cie des

Transports électriques de l'Exposition, et les *Ascenseurs* Continus, qui y donneront accès.

Ces diverses installations ont été réalisées par les Maisons *A. Piat et ses fils* et les Établissements *Cail et J. Leblanc.*

En dehors de ces deux réalisations mécaniques que chacun saura apprécier à sa valeur, la Classe 21 offre de nombreux sujets d'étude.

Depuis 1889, en effet, en raison de la multiplication dans l'industrie des Moteurs mécaniques et en particulier des machines à grande vitesse, les applications des appareils servant à régulariser les mouvements des machines ont été l'objet de nombreuses améliorations. Pour tous les appareils de mécanique générale, la préoccupation constante des constructeurs actuels, du reste, est moins d'inventer des systèmes inédits que de construire avec une perfection grande, propre à accroître leur rendement, les modèles en usage.

Ainsi, les Transmissions mécaniques sont sans cesse l'objet d'améliorations importantes, et pour les assurer, l'industrie française, en particulier, réalise des courroies et des câbles de première qualité. La fabrication des poulies, celle des engrenages en cuir aujourd'hui de plus en plus utilisés, a reçu des améliorations notables, et dont l'effet a été, pour les poulies notamment, de permettre d'accroître en de grandes proportions leur dimension et partant leur puissance.

L'industrie des Pompes à bras ou à vapeur, des norias, béliers, et autres machines hydrauliques élévatoires présente de nouveaux types appelés à rendre de grands services, en particulier dans les installations agricoles, pour les irrigations ou pour les usages domestiques.

Quant aux Pompes à incendie et au matériel à l'usage des sapeurs-pompiers, il a également reçu au cours de ces dernières années des perfectionnements importants.

En ce qui concerne les *Canalisations d'eau*, il est à signaler une innovation intéressante, celle de l'emploi, depuis seulement une dizaine d'années, des canalisations en ciment armé et en tôle d'acier à joint universel!

Les Appareils de Pesage également ont fait de grands progrès. A mentionner en particulier parmi ceux-ci, les bascules à impression automatiques imaginées par *Chameroy* et les appareils vérificateurs *Guillaumin.*

Pour l'Essai des Matériaux, des recherches extrêmement précises ont été poursuivies par des méthodes nouvelles, et les instruments consacrés à cet usage présentent cette particularité, négligée jadis, d'être combinés à des systèmes enregistreurs. A mentionner les instruments inventés par MM. *Hervé Mangon* pour l'essai des ciments, ceux imaginés par *Michaelei, Amsler, Laffon,* et surtout les très remarquables machines de M. *Frémont* pour l'étude des phénomènes du poinçonnage, de la flexion, du cisaillement et de la traction des métaux.

Les appareils de Levage ont de même été l'objet d'améliorations considérables qui ont porté spécialement sur leur puissance et aussi sur l'application de l'énergie électrique à leur manœuvre. A noter en particulier la multiplication des grues dites *derric,* dont quelques-unes ont été utilisées par leur constructeur pour l'édification du Grand Palais.

L'industrie de la Fabrication des Compresseurs d'air et de gaz a accompli au cours de ces dernières années des progrès considérables, si bien que l'on construit aujourd'hui couramment des compresseurs permettant d'obtenir des gaz sous des tensions de 200 atmosphères et plus.

Musée Centennal.

L'Exposition Rétrospective de la Classe 21, sans offrir le grand attrait de celles des deux classes précédentes du groupe IV, ne laisse pas cependant de présenter un réel intérêt. On y peut étudier avec fruit plus particulièrement l'évolution présentée par les Appareils et Récepteurs Hydrauliques, ainsi que les variations survenues dans l'Outillage Mécanique de nos usines.

Cl. 22.

Reste enfin la Classe 22, uniquement consacrée aux *Machines-Outils.* Extrêmement intéressante, cette exposition permet à merveille de se rendre compte des résultats accomplis au cours de ces dernières années par le Machinisme, c'est-à-dire par la substitution de l'outil mécanique et mû mécaniquement au travail direct de la matière par l'ouvrier.

Les industriels français et étrangers présentent quantité de types nouveaux et extrêmement perfectionnés d'Outils mécaniques.

En tête de ceux-ci, il convient de citer les Machines à Fraiser, dont l'emploi s'est généralisé d'une façon étonnante, en même temps que s'accroissait leur puissance et que variait leur mode d'action, circonstances qui ont permis de les mettre à contribution pour les fabrications les plus diverses; les Machines à Cintrer, et à river, les Taraudeuses et les Porte-Outils, les Machines à Meuler, à polir, à affrîter, les multiples Machines combinées pour le travail du bois, Raboteuses, Scies, Tours, les diverses Machines de la maison *Louis Besse*, etc.

L'une des conséquences les plus intéressantes de la généralisation industrielle de l'emploi des machines-outils est la tendance de plus en plus grande dans l'industrie à rendre les pièces de même genre interchangeables.

L'**Exposition Rétrospective** de la Cl. 22 présente un grand intérêt historique, car elle permet de suivre étape par étape les diverses transformations de l'Outillage mécanique et de saisir cette évolution caractéristique de l'industrie moderne qui tend de plus en plus à réduire le labeur physique de l'ouvrier pour lui permettre d'exercer en échange son activité intellectuelle.

PALAIS DU FOND

CETTE Section importante comprend l'ancienne et vaste *Galerie des Machines*, devenue le *Palais de l'Agriculture et des Aliments*, avec au centre la grande *Salle des Fêtes* superbement décorée, et en avant le *Palais de l'Électricité*, dont le faîte aux mille dentelles de verre serti dans le métal forme un éventail au-dessus de la majestueuse grotte du *Château d'eau*.

LE CHATEAU D'EAU

Devant le Palais de l'Électricité et en masquant presque toute la façade, se dresse l'immense construction du Château d'eau. Il offre la forme d'une grotte gigantesque à laquelle est accotée une série de vasques superposées, d'où s'élance, en cascades éclatantes, une nappe liquide faite des plus riches couleurs de l'arc-en-ciel. Au dessus d'un bassin allongé, qui tient presque toute la largeur du Champ de Mars et que peuplent des dragons, des dieux, des animaux marins, ces vasques s'étagent jusqu'à une hauteur prodigieuse, de plus en plus étroites. La dernière se trouve comme encadrée par le grand portique, qui forme le fond majestueux du décor et couronne de ses flots la multitude des cascades. Au centre de la vasque inférieure, des roches naturelles supportent un groupe allégorique représentant *l'Humanité qui s'avance vers l'Avenir, conduite par le Progrès renversant la Routine et la Haine*, symbolisées par deux furies qui se débattent dans les eaux victorieuses.

Au centre de la voûte jaillit d'une hauteur de 35 m. une cascade de 10 m. de largeur déversant une nappe puissante de 1200 litres par minute ; elle tombe et rejaillit de vasque en vasque, en flots écumants, nimbant le palais tout entier d'une buée diaphane et enveloppante.

Le soir surtout, avec l'éclairage de ses 1100 cabochons, le Château d'eau offre un spectacle féerique : la grande nappe s'illumine, devient comme incandescente et semble alors tomber du ciel, comme un torrent de métal en fusion.

Les effets de lumière changent cette masse liquide et transforment la grotte en une fontaine lumineuse gigantesque par des procédés tout nouveaux dus à l'emploi de la *fluorescine* (matière colorante.)

De chaque côté du Château d'Eau se développent des portiques, des promenoirs (on peut passer sous la cascade) et deux rampes qui s'inclinent doucement vers les jardins et les vestibules des Palais de dr. et de g.

❧❀❧

LE PALAIS DE L'ÉLECTRICITÉ

qui oppose un vis-à-vis imposant à celui du Trocadéro, relie les deux ailes des constructions du Champ de Mars, comme un gigantesque décor de fond. Sa façade est percée de 9 baies, revêtues de vitraux et de céramiques transparentes d'une légèreté et d'une hardiesse incomparables. La longueur totale est de 130 mètres et la hauteur de 70 mètres. Le centre est décoré d'un cartouche qui porte l'inoubliable millésime de 1900.

La nuit, avec les lumières changeantes de ses 5000 lampes multicolores à incandescence, de ses 8 lampes monumentales en verres de couleurs, des lanternes de ses clochetons irradiés, avec ses rampes phosphorescentes, cette façade s'illumine tout entière. Au sommet, le *Génie de l'Électricité*, conduisant un char attelé d'hippogriffes, projette des gerbes de flammes multicolores. La frise ajourée forme, la nuit, une broderie lumineuse de couleurs changeantes.

Le *Palais de l'Électricité* n'est pas destiné seulement à réjouir les yeux. Ce palais enchanté renferme l'âme vivante et agissante de l'Exposition. C'est lui qui fournit à tout ce colossal organisme le mouvement et la lumière. Que le Palais de l'Électricité vienne, pour une cause ou pour une autre, à s'arrêter, et toute l'Exposition s'arrête avec lui; les milliers de machines ne marchent plus, les myriades de lampes distribuées dans les bâtiments et les jardins restent obscures. Sans l'électricité, l'Exposition n'est plus qu'un corps inerte, que n'anime plus le moindre souffle de vie.

Dans le Palais de l'Électricité se fabrique, en effet, toute l'énergie nécessaire à l'éclai-

tant les Expositions Françaises et Étrangères d'Électricité. Au rez-de-chaussée, les Lourdes Machines, machines motrices et dynamos. Au premier étage, où conduisent des escaliers (côté Suffren et côté La Bourdonnais), sont les expositions des diverses classes : Électro-chimie, Éclairage, Télégraphie et Téléphonie, applications diverses. L'aspect général du Hall ne manque pas de grandeur. Aux hautes voûtes métalliques sont accrochés d'immenses vélums, sur lesquels se détachent les mots MÉCANIQUE, ÉLECTRICITÉ. Des cartouches peints ornent les murailles du 1er étage, et montrent, en

PALAIS DE L'ÉLECTRICITÉ ET CHATEAU D'EAU

rage et à la marche des organes divers de l'Exposition. Du sous-sol du Palais partent, pour se diriger de tous côtés, des kilomètres et des kilomètres de fils métalliques conducteurs de force et de lumière, longeant les murailles, serpentant sous terre, traversant la Seine. Un seul mouvement du doigt sur un commutateur, et le fluide magique s'élance : tout s'illumine instantanément, tout se meut. Les 16000 lampes à incandescence, les 300 foyers à arc s'éclairent à la fois, à la Porte Monumentale, au Pont Alexandre III, dans les Champs-Élysées, aux Invalides, au Champ de Mars, au Trocadéro ; le Château d'eau fait ruisseler ses cascades de feu. Partout l'âme du Palais de l'Électricité a porté la Lumière et la Vie.

Orientation Générale ⊙⊙

Derrière la façade que nous venons de décrire se dresse un gigantesque *Hall*, tout en fer et verre, de 130 m. de longueur, 30 m. de largeur et 70 m. de hauteur, abri-

lettres d'or, les noms des électriciens célèbres. Un ronflement ininterrompu s'élève des machines, pendant que, tout près, dans le *Hall des Chaudières*, on entend siffler la vapeur dont la puissance actionne les machines motrices des dynamos.

REZ-DE-CHAUSSÉE ⊙

Du côté g., les Classes du *Groupe V* (Électricité) sont mêlées à celles du *Groupe IV* (Mécanique).

Cl. 23 (*Production et Utilisation mécanique de l'Électricité*). — En raison du nombre et de la puissance des appareils qu'elle renferme, cette Classe a été répartie sur divers emplacements : 1° Les Groupes dits *Électrogènes* (producteurs d'électricité), qui fournissent à l'Exposition l'énergie nécessaire à l'éclairage et aux transports de force. Ces Groupes appartiennent à la Classe 19 par leurs machines à vapeur et à la Classe 23 par leurs dynamos. Chaque unité comprend une machine à vapeur de 1000 chevaux au moins, accouplée directement, sans courroie, a une dynamo. Tous les constructeurs français ont tenu à concourir à la création de cette colossale usine d'électricité, et l'on y rencontre tous les types de machines les plus récents. 2° Une autre partie de la Classe 23, située au Rez-de-chaussée du Palais de la Mécanique, comprend des dynamos-génératrices de tous modèles, actionnées ou non par des machines à vapeur, des dynamos-moteurs à courants continus et alternatifs, des modèles de Lignes de Tramways et de Canalisations électriques, des Lampes à arc, Appareils d'éclairage pour phares, Projecteurs pour la marine, etc. Tous les Moteurs les plus divers ont été réunis à cette place, depuis la dynamo de 50000 kgs jusqu'au minuscule moteur pour jouet d'enfant. 3° La Traction électrique (locomotives et tramways) a été transportée à l'*Annexe de Vincennes*, vu le peu de place dont on disposait au Champ-de-Mars. 4° Enfin, au Premier Étage du Palais de l'Électricité sont exposés les Câbles pour lumière et transport de force, les Isolateurs de tous modèles, et de nombreuses Applications du Courant électrique.

Cl. 24 (*Électrochimie*). — Cette Classe est répartie sur deux emplacements. Au premier Étage, et dans une Annexe, le long de l'Av. de La Bourdonnais, non loin de la Cheminée monumentale, où sont exposés des Fours Électriques à carbure de calcium et à aluminium et des Bains de fabrication de Chlorate de potasse. Les Usines destinées à la fabrication de ces produits sont situées à proximité des sources d'énergie naturelle, des chutes d'eau, en Savoie, où les procédés sont tenus secrets et où la visite des usines est difficile. A l'Exposition tout se passe sous les yeux du visiteur. Un Ozoneur★, appareil produisant par l'effluve l'ozone destiné à la stérilisation des eaux, attire l'attention par les superbes et bruyantes étincelles électriques que nécessite son fonctionnement. Les expériences de M. Moissan, l'illustre membre de l'Institut, sur la production du Fluor et la fabrication du Diamant et des métaux rares sont répétées journellement devant le public, sous la haute direction du savant chimiste.

PREMIER ÉTAGE ◉ La **Cl. 24** expose ici les Accumulateurs et les Piles, dont les modèles sont si nombreux, les Produits de l'Électrolyse (cuivre pur, aluminium, carbure de calcium, etc.) et la Galvanoplastie. Les Galvanoplastes, et en particulier la Maison Christophle, dont la renommée est universelle,

ont organisé la fabrication sur place des objets de toutes formes, par dépôt métallique dans un bain électrolytique, la dorure, l'argenture, le nickelage, afin que le visiteur puisse suivre en détail ces intéressantes opérations.

Cl. 25 (*Éclairage Électrique*). — Le long du Hall des Groupes électrogènes se trouvent rassemblés tous les modèles de Lampes à arc et à incandescence, les Lustres, Appliques, Candélabres, les Expositions des Fabricants de Bronzes d'art, l'Appareillage électrique, destiné aux installations privées aussi bien qu'aux immenses tableaux de stations centrales, et les Compteurs d'électricité. Une *Fabrique miniature* ★ de Lampes à incandescence, installée par la Cie gén. d'Électricité, montre au public le nombre prodigieux d'opérations minutieuses qu'exige l'installation d'une de nos petites lampes à incandescence, aujourd'hui si communes. Le soir, la Classe 25 n'est qu'un éblouissement de lumières, réfléchies dans les cristaux des lustres.

Cl. 26 (*Télégraphie et Téléphonie*). — Au centre du Palais et contre la paroi côté La Bourdonnais. En dehors des multiples appareils de Téléphonie, cette Classe montre les modèles des diverses variétés de Câbles employés tant pour la transmission télégraphique sous-marine que pour la solution du problème si compliqué que pose l'accroissement des demandes d'abonnement au téléphone. C'est surtout dans la partie de la Classe exposée côté La Bourdonnais que l'on remarque les divers modèles d'appareillage téléphonique, ainsi que de tous appareils de transmission de la parole à distance par l'intermédiaire de l'électricité.

Cl. 27 (*Applications diverses de l'Électricité*). — Au centre du Palais, contre le *Salon d'Honneur*. Cette Classe renferme de nombreux appareils de précision, dont la construction est des plus minutieuses; des appareils imaginés pour le *Chauffage* et la *Cuisine* ★ à l'électricité, poêles, cafetières, réchauds; des Appareils Médicaux et d'Électrothérapie; des Appareils de Radiographie et de Radioscopie, Tubes de Crookes de formes variées, etc.

Salon d'Honneur ◉◉◉◉ Dans cette vaste Salle, coiffée d'un dôme élevé, et située au centre même du Palais, en avant de l'immense *Salle des Fêtes*, ont été groupés les principaux *clous* des Électriciens français et étrangers. Les Etats-Unis y sont représentés par les plus récentes découvertes de Tesla et d'Edison, l'Allemagne par l'exposition du Dr Roentgen, l'inventeur de la Radiographie, et par celle du Prof. Wehnelt (Interrupteurs électriques pouvant produire 5000 interruptions de courant par seconde); l'Italie, par le Télégraphe sans fil Marconi, etc. Au centre, la Suisse expose dans un pavillon les diverses inventions de M. Dussaud, parmi lesquelles le *Téléphone haut parleur* ★ et le *Téléphone inscripteur* ★. Toute la journée, le public peut communiquer à haute voix (et sans s'approcher des appareils) avec les visiteurs du *Village Suisse* par le Téléphone haut parleur; et la conversation entendue est redite autant de fois qu'on le désire, aux deux stations, par le Téléphone inscripteur!

Sections ⊛⊛ Étrangères

Les Sections Étrangères, Mécanique et Électricité, présentent un réel intérêt; plusieurs ont fait des progrès incomparables depuis 1889.

Parmi les plus importantes, citons :

Les **États-Unis,** avec de puissantes Machines, qui ont en outre un vaste Palais des Machines à Vincennes.

La **Suède,** avec ses Téléphones si pratiques, à si bas prix qu'un tiers au moins de la population possède chez soi un appareil.

La **Russie** a une grande exposition de ses Machines, en face du Salon d'honneur.

La **Grande-Bretagne** est également représentée par ses meilleurs Constructeurs-Électriciens.

Mais l'**Allemagne,** surtout dans un grand Hall à dr., se révèle comme une redoutable concurrente des autres grandes nations. On remarquera surtout, au fond, tenant toute la largeur du hall, la gigantesque grue ★ de la maison Karl Flohr, de Berlin; elle enlève facilement un poids de 25000 kilogr. et a servi au transport et à la mise en place de la plupart des autres machines du Palais.

La **Suisse,** pays des chutes d'eau, expose surtout de puissantes Dynamos et des modèles de ses superbes Usines de force motrice.

L'*Autriche*, l'*Angleterre*, la *Belgique*, les *États-Unis*, l'*Italie*, concourent à la production de l'Énergie nécessaire à l'Éclairage et au Mouvement dans l'Exposition entière : l'Angleterre fournissant, avec 3 machines, 3500 chevaux de force; l'Autriche, avec 4 machines, 4700 chevaux; la Belgique, avec 2 machines, 2200 chevaux; la Suisse, avec 3 machines, 1700 chevaux;

l'Italie, avec 2 machines, 1800 chevaux; et enfin, l'Allemagne, avec 4 machines, 7500 chevaux. (L'Exposition Française renferme 17 machines, fournissant 14500 chevaux de force.)

En dehors de leurs grosses installations, les expositions étrangères montrent, côte à côte avec les expositions françaises, tout ce que le génie de leurs industriels a découvert ou fabriqué dans le domaine si vaste et si varié des applications électriques.

⟡⟡⟡

PALAIS DE L'AGRICULTURE ET DE L'ALIMENTATION ⊛⊛⊛⊛⊛⊛⊛

L'ancienne *Galerie des Machines*, complètement transformée, est divisée aujourd'hui en trois parties : la partie médiane est occupée par la *Salle des fêtes*, le côté *La Bourdonnais* par les sections françaises de l'*Exposition de l'Agriculture et de l'Alimentation*, le côté *Suffren* par les *Sections Étrangères*.

Orientation générale ⊛⊛

Au *Rez-de-chaussée*, en entrant par la Porte de l'Av. de la Bourdonnais, nous sommes dans la Cl. 59 (Confiserie et Chocolaterie).

Devant nous, à dr. et à g., dans le grand vaisseau du hall, s'étend sur un demi-hectare la *Ville du Vin* (Cl. 36 et 60), matériel de fabrication et produits, avec au centre le **Musée Rétrospectif.**

Sur les bas côtés, au pied des galeries et sous le 1er étage à dr., la Cl. 55 (Matériel et procédés des Industries Alimentaires), au milieu de laquelle s'élève le portail de la Cl. 61 (Distillerie) et une partie de la Cl. 57 (produits de la Boulangerie); à g., la Cl. 35 (Matériel et Procédés des Exploitations Rurales) et la Cl. 37 (Matériel et Procédés des Exploitations Agricoles).

En bordure de la *Salle des Fêtes*, à dr., la Cl. 62 (Boissons diverses), et la suite de la Cl. 55 qui occupe toujours la galerie couverte; à g. le développement de la Cl. 35 (Matériel Rural) qui occupe toute la galerie couverte d'à côté.

Au 1er *étage,* en partant de la porte La Bourdonnais, se développent sur la galerie, de dr. à g., les classes dans l'ordre suivant: 58 (Conserves), 56 (Produits Farineux et leurs dérivés), 61 (Sirops, liqueurs, spiritueux et alcools d'industrie), 62 (Boissons diverses), 112 (Assistance Publique), les sections étrangères (Suède, États-Unis, Grande-Bretagne, Allemagne, Autriche,

Japon, Pays-Bas, Russie, Hongrie, Italie), Cl. 42 (Insectes utiles et nuisibles), le complément de la Cl. 35 (Exploitation Rurale), la Cl. 36 (Agronomie et Statistique Agricole), la Cl. 39 (Produits Agricoles d'origine Végétale), la Cl. 40 (Produits agricoles d'origine Animale), la Cl. 41 (Produits agricoles non alimentaires : Plantes et Graines).

Cette Exposition est de beaucoup l'une des plus instructives et des plus attrayantes. Elle a été l'objet de tous les soins de l'administration, très heureusement secondée par les efforts collectifs des classes.

La décoration générale est harmonieuse : pour l'Agriculture, ce sont de hauts portiques ornés de fleurs des champs ; pour l'Alimentation, un décor de fruits et de feuillages entrelacés. Vélums, tentures, cloisons, portières sont assortis, uniformes, simples et de bon goût. Ici les *clous* abondent. Les exposants ont fait assaut d'ingéniosité et nous marchons de surprises en surprises.

REZ-DE-CHAUSSÉE ⊙ Dès l'entrée nous naviguons entre deux quais, dans le *Vaisseau* construit par la *maison Menier*, reproduction exacte, avec son gréement, sa mâture, ses ponts, ses vigies, du vaisseau *le Louis XV*, qui a servi de modèle. L'effet est saisissant. L'intérieur est curieusement aménagé. En bas, dans la cale, aperçu des ateliers de l'usine de Noisiel, une chocolaterie modèle en action ; dans l'entrepont, un *diorama*, des *panoramas*, des *vues* des pays de production du cacao, de la canne à sucre, etc. ; sur le pont, dans les vigies, de charmantes vendeuses débitent les produits de la maison. Sur les flancs du navire, en terre ferme, sont exposés et dégustés les sucres et produits de la Confiserie : **Cl. 59**, chocolats, dragées, fondants, nougats (dont ceux de la maison *Gustave Michel fils*), confitures, fruits confits, produits de la maison *A. Jacquin et fils*, cafés, thés et boissons aromatiques (ceux-ci surtout représentés aux Pavillons des Colonies) ; et, pour ceux qui aiment les contrastes ou les mélanges piquants, dans la même classe, les condiments et stimulants : sels de table, épices, moutardes, vinaigres (Pavillon *des Vinaigriers*).

Goûtez et comparez, selon la formule, et appréciez la supériorité de nos produits français qui, en ces matières, redoutent peu la concurrence de l'étranger.

Cl. 36 et 60. Les Comités de la classe des Vins, et de celle de la Viticulture se sont unis, associés intimement, pour réaliser la charmante conception de M. Laf filée, que nous voyons avec ravissement réalisée sous nos yeux. C'est une étonnante ville, composée d'éléments artistiques empruntés à toutes les grandes régions de production viticole et qui abrite plus de 7000 exposants. On aurait pu lui donner pour devise : « Le coq gaulois est un coq qui boit du vin. »

« Tant que le vin a été en honneur dans toutes les classes de la société, disait Balvius dans son cours sur « l'influence du vin sur la civilisation », le peuple français est resté, par ses qualités brillantes, le premier des peuples modernes. Le courage loyal et généreux, la gaieté et la vivacité de l'esprit, le patriotisme, l'éloquence, le sentiment exquis de la dignité personnelle associé à une excessive politesse, un penchant irrésistible vers une douce sociabilité, furent les traits principaux de son caractère. Lorsque le tabac et l'alcool ont pris successivement place dans ses habitudes, chacun de ces agents, plus ou moins délétère, a imprimé une altération sensible à ce bel ensemble de traits distingués. »

La *Bourgogne* est évoquée par une maison du XII° s., de Cluny, dominée par le célèbre *Jacquemart* * de la cathédrale de Dijon, le *Cloître de Semur*, l'*Hôpital de Beaune* et le *Palais des États de Bourgogne*.

Tout voisin, un joli petit Clocher méridional élève haut la renommée de l'*Armagnac*, et le Pavillon du *Journal de Bordeaux* consacre la vieille gloire du Bordelais, le vin généreux qui est comme du soleil en bouteille. Les *Charentes* sont brillamment représentées par quatre monuments historiques : l'*Hôtel de Ville de Saumur*, le *Clocher de Cognac*, une *Porte de ville ancienne* qui mène à la façade d'une *vieille Abbaye*, et quelques vieilles maisons du XV° s. remplies de boutiques qui regorgent des produits divers de la distillation, comme la fameuse Eau-de-Vie de Cognac de MM. *Pellisson père et Cie*, le pavillon * du *Syndicat des Eaux-de-Vie du cru de Cognac*, etc. Là une note d'art : un vieux Puits * (moulé sur nature à *St-Jean-d'Angély*) et un groupe : *la Fontaine de la Rochelle*, dû à l'initiative de M. Pellisson.

Revenons vers le centre qu'occupe tout entier avec ses panoramas le *Pavillon de la Gironde*, « terre vénérable, patrie des grands vins », du Médoc, du Graves, du Barsac, du Sauternes, du Château-Yquem, du St-Estèphe, du St-Julien, du St-Émilion-Margaux, du Haut-Brion, du Château-Lafitte, etc. Passons devant le grand Escalier d'honneur de la *Salle des Fêtes*. Nous voici dans le domaine de la Champagne, du joyeux et gentil vin qui pétille, qui monte en étincelles, qui est vivant comme la

A L'EXPOSITION

gaieté et l'esprit, et donne même un sourire aux Anglais. D'abord le pavillon *Moet et Chandon*, fort gracieux, avec ses terrasses et ses jardins suspendus, puis une serie d'édicules réservés aux exposants individuels (a remarquer la *Fontaine Pottin*) et enfin dans l'angle de la Salle des Fetes, le grand *Pavillon monumental du Syndical*, véritable poème à la gloire du Vin de Champagne.

Le Vin de ✊ Champagne

Exposition du *Syndicat du Commerce des Vins de Champagne*, dans l'ancienne Galerie des Machines (contre l'Avenue de La Bourdonnais). Magnifique Palais dans le style Louis XV, tel que l'avaient rêvé, dans leurs estampes, Watteau et Fragonard.

Sur l'arcade de la grande baie, un groupe de *Vignerons champenois à la vendange*, et, au fronton de l'edifice, une colossale *apothéose de la Bouteille de Champagne*, œuvre du statuaire Peynot.

CRAYÈRE En pénétrant par l'Arcade inferieure, nous sommes d'abord dans une cave telle qu'on en rencontre seulement en Champagne. C'est une *crayère*, c'est-à-dire l'un de ces anciens puits d'extraction de la craie avec laquelle on batissait autrefois murs et maisons dans le pays; le commerce champenois a nettoyé ces catacombes et les a appropriées à ses besoins; elles sont encore fort pittoresques, et le visiteur aura plaisir à faire connaissance avec cette curiosité de la contrée rémoise.

Dans cette Crayère est établi un Buffet de Dégustation où, chaque jour, le Syndicat présente au public les vins d'une des maisons exposantes.

CAVE ◉ VOUTÉE Le visiteur passe dans une *cave voûtée* où tout d'abord on lui représente la réduction au dixième d'une Cave de Champagne; il peut ainsi se rendre compte de l'importance des manutentions nécessaires pour la préparation du vin mousseux. Près de lui, des ouvrières exécutent les dernières opérations que subit la bouteille avant que le vin arrive au point que l'on connaît.

C'est d'abord le *remuage*, qui agglomère sur le bouchon le dépôt né dans la bouteille lors de la prise de mousse, puis le *dégorgement*, par lequel on expulse ce dépôt. Le *dosage* vient ensuite, qui donne au vin le degré de douceur qu'exige le goût du public suivant les pays. Le *bouchage* succède, et l'on termine par la *pose du muselet* qui fixe le bouchon et l'empêche de s'échapper sous la pression intérieure du gaz.

CELLIER Le visiteur quitte cette cave pour entrer dans un *cellier d'emballage* où, tous les jours, 3000 bouteilles sont étiquetées, revêtues de la feuille d'etain ou de la capsule et ensuite emballées dans les caisses et paniers qui doivent les emporter.

PAVILLON DU VIN DE CHAMPAGNE

En passant, on jettera un coup d'œil sur les graphiques du stock, de la production et de l'expédition des vins mousseux de Champagne.

PREMIER ÉTAGE ◉ Un large Escalier conduit et débouche dans un Vestibule décoré, par Pollaud et Riom, d'une large frise rappelant les nations chez lesquelles la Champagne exporte principalement ses produits.

Là est l'entrée du *Salon d'Honneur et de Repos*, où, a côté d'un buffet de dégustation, se trouve un meuble portant les spécimens des produits des trente et un exposants.

De ce Salon, de style Louis XV, couvert d'une coupole en treillage du plus heureux effet, on a une vue superbe sur l'ensemble de l'Exposition.

DIORAMA A g. du Salon d'Honneur s'ouvre une Galerie réservée à la Viticulture, où se déroule le *Diorama* d'un des *vignobles les plus typiques de la Champagne*, œuvre du peintre Deconchy. On voit ensuite la reproduction au dixième d'un *pressoir* de négociant lors de la vendange, et une longue vitrine contenant à la même échelle un exposé de la Culture de la vigne. En face, une Carte en relief du Vignoble champenois au vingt millième, etc.

INDUSTRIES ACCESSOIRES Avant de sortir de l'Exposition du Syndicat, le public a encore à examiner la galerie dite des Industries accessoires, celle où le Syndicat a montré les principales industries qui tirent leur existence du Commerce des Vins de Champagne.

La *verrerie* en bouteilles champenoises, puis le *bouchon* d'Espagne; ensuite le *sucre candi* de canne; enfin les *machines* ingénieuses employées dans le travail, etc.

En résumé, le Syndicat du Commerce des Vins de Champagne a voulu faire voir au public toute l'importance que présente cette branche de notre production nationale, et il a mis à sa démonstration un cadre digne de lui et de la réputation centenaire de ses vieilles marques.

En redescendant, le Bâtiment du *Chai modèle*, reconstitution d'une cave, depuis le pressoir et la cuvée jusqu'à la mise en bouteilles.

Plus loin, la *Haute-Garonne* nous montre un joli fragment de cloître avec un clocher en briques qui le surmonte. Tout à côté, la *Tour de la Justice*, de Carcassonne, à l'intérieur de laquelle on aperçoit, par une fenêtre, un Diorama représentant la **Cité embrasée***. Pour visiter les *vins du Gard*, nous passons sous les ruines de la **Porte d'Auguste***, tandis que l'*Hérault* rappelle la *Tour des Pins*, et un fragment de l'*Église St-Guilhem*.

Le *Syndicat de Saumur*, dont l'industrie des vins remonte à 1811, se distingue par une idée originale entre toutes : non content du *Pavillon renaissance* (Lanterne de Chambord) qui abrite ses vins mousseux, il a fait construire cette Maisonnette sur roulettes qui, tournant du matin au soir, présente tour à tour les produits de tous ses exposants.

Les *Marchands de Vins de la Seine* sont artistement logés dans un Pavillon renaissance composé d'éléments empruntés à l'œuvre de Jean Goujon : la *Nymphe de la Seine* orne la façade.

Le Pavillon des *Boissons diverses* évoque le souvenir des moines planteurs de vignes et producteurs de grands vins, voisinant avec une vieille *fontaine Louis XIV*, propice au rinçage des verres et des bouteilles. Enfin la *Loire Supérieure* a pris comme motif principal un *clocher breton**, d'un effet vraiment pittoresque.

Près de là, la Section des *Articles de Cave*, avec l'Exposition particulière de M. *H. Thirion*.

Entre ces grands pavillons sont semés toutes sortes d'édicules, hangars, treilles, buvettes, d'exposants particuliers.

Tout autour sont exposés les instruments de la Viticulture, spéciaux à chaque région, charrues vigneronnes, outils de la greffe, de la taille, cépages, pressoirs, chais, procédés de vinification et de fermentation.

A remarquer une *Bouteille gigantesque** de la Champagne en douves de tonneau, les Pressoirs à pression hydraulique, les caves Moet, une réduction de Cuverie bourguignonne. (Les produits à soumettre au jury international sont exposés dans un local de l'Entrepôt général du Q. St-Bernard, côté de la Pl. Jussieu.)

Ces deux classes comportent des annexes sur l'Av. de La Motte-Piquet, près de l'Av. de La Bourdonnais, notamment le *Pavillon Mercier*, composé de deux tonneaux reliées par un clocher, à l'intérieur desquels un *Cinématographe* présente les vues des caves Mercier, à Épernay, et le **Foudre gigantesque*** de M. Fruhinsolz, de Nancy, mesurant 18 m. sur 19. Sa capacité est de 36000 hectolitres. Il ne contient pas de liquide, comme on pourrait le croire. A l'intérieur c'est un véritable palais de quatre étages, qui abrite tout un monde dans ses flancs. Dans les trois premiers étages, auxquels on accède par un ascenseur, 54 kiosques rayonnent autour de la partie centrale. On y débite toutes les boissons possibles. Au 4e étage une salle de Brasserie, avec concert.

Le Musée Rétrospectif comprend un Pavillon rétrospectif des vins, et quelques types de pressoirs ou de chais anciens, attenant au Musée du groupe. M. F. Carnot, délégué du service des musées centennaux, a eu en effet l'ingénieuse idée d'encadrer les objets réunis par les diverses classes des deux groupes de l'Agriculture et de l'Alimentation dans le décor pittoresque d'un village, d'une place publique, évoquée dans l'animation d'un jour de foire : sur le pourtour voici une *Laiterie*, une *Ferme* du passé, une *Boulangerie* avec son vieux pétrin, une *Rôtisserie* où tout rappelle le souvenir de quelque antique

A L'EXPOSITION

Ragueneau, une *Confiserie* avec son laboratoire, une petite *Brasserie au pichet*, une *Tonnelle*, où l'on sert le vin blʊ de France, et le pressoir rustique de nos pères. Tout cela vivant, animé par des servants en costume traditionnel, un coin de la vieille terre laborieuse et féconde, mère nourricière de notre génie et de notre grandeur.

Après avoir achevé cette promenade pittoresque et historique au pays des souvenirs et des territoires généreux ou le raisin fait éclore les arts, la poésie, l'éloquence, poursuivons notre visite à dr. et jetons un coup d'œil à la **Cl. 55**, qui voisine sans distinction très nette avec la **Cl. 62**. La **Cl. 55** comprend le Matériel et Procédés des Industries Alimentaires, dont les siphons et appareils pour eaux gazeuses, de la *maison Durafort et fils*. Faute de place et crainte de nuire à l'impression agréable et fraîche de l'ensemble, on a renvoyé au Q. de Billy, et confondu avec la **Cl. 57** (produits de la Boulangerie et de la Pâtisserie) le matériel de fabrication de ces produits : fours et pétrins. Au Champ de Mars, nous voyons les fabrications qui ne comportent pas l'emploi de la vapeur : appareils de fabrication des chocolats, des bonbons, une *Glacière*, une *Distillerie* complète (fabrication des liqueurs) depuis la sortie de l'alambic jusqu'à la mise en bouteilles et à l'étiquetage avec deux appareils à rectification perfectionnés.

La *Boulangerie* est représentée par le matériel du système de panification Schweitzer, et la Minoterie par le *moulin Abel-Leblanc*, qui occupe l'angle de dr., près de l'entrée, du sol jusqu'au faite, véritable curiosité architecturale, pittoresque et technique, avec sa construction habile, sa grande aile en action, son décor, ses ingénieux appareils de fabrication. L'autre angle de dr., près de la Salle des Fêtes, est occupé par une construction qui rivalise avec celle-ci d'intérêt et d'élégance décorative : c'est le Pavillon de la Brasserie*, auquel est attenant celui de la *Cidrerie*.

La Brasserie française, désireuse d'affirmer ses progrès incessants, a voulu cette fois consacrer sa réputation par un grand effort collectif. L'édifice, avec ses cheminées de brique haut dressées en leur forme gracieuse, ses toitures à angles aigus, ses revêtements de céramique et de briques de couleurs, qui rappellent dans leurs lignes essentielles le style de nos grandes brasseries modernes et des tavernes à la mode, est un petit chef-d'œuvre d'habileté et de bon goût.

Au Rez-de-chaussée le visiteur peut suivre toutes les phases de la fabrication de la Bière, que l'on déguste aux étages supérieurs.

(Les bières ont un débit spécial sur l'Av. de Suffren, près de la Porte Desaix.)

La Cidrerie possède enfin un emplacement digne de cette industrie nationale toute française et qui s'est considérablement perfectionnée depuis dix ans. Les amateurs pourront comparer les Eaux-de-vie de Cidre réputées avec les spiritueux les plus renommés.

La *Normandie* ne le cède en rien à la *Charente*, à la *Bourgogne* et à l'*Armagnac*. Il y a là des eaux-de-vie vieilles de vingt et trente ans, et d'un prix inestimable.

Le *grand motif** de la Cidrerie qui s'élève, monumental, du sol à la toiture, est une curieuse composition avec son palier et ses piliers en alambics (de 20 hectol.) de cuivre reluisant, ses escaliers incurvés, son grand panneau décoratif représentant le *Laboratoire du vieil Alchimiste**, ses ornements pittoresques : cornues, tuyaux, siphons, etc.

Revenons au côté g. du Palais, Av. de La Motte-Piquet.

Le regard est tout d'abord attiré vers l'angle de la Galerie La Bourdonnais où s'élève du rez-de-chaussée au faite le Chalet de l'Industrie Laitière* dont l'architecte est M. Binet, auteur de la *Porte Monumentale* de la Pl. de la Concorde. Au rez-de-chaussée, la *Laiterie des Sociétés coopératives des Charentes et du Poitou* fabrique le *beurre* sous les yeux des visiteurs, par les procédés les plus nouveaux, tandis que les *Fromageries de la Franche-Comté, de l'Ain et de la Savoie* fabriquent les *gruyères*. En avant, un *Bar-Laiterie* est installé et réservé à la dégustation du lait, relié au bar du premier étage par le tapis roulant. De ce côté, en effet, sont exposés les types d'usines et d'appareils des industries agricoles, des exploitations rurales (**Cl. 35 et 37**).

La **Cl. 35** (*Machines Agricoles*) consacre une industrie prospère en France, et tient bien sa place, au point de vue technique, en face des expositions similaires de nos grands concurrents anglais ou américains, surtout en ce qui concerne les Charrues, pour lesquelles la supériorité de notre fabrication est même reconnue par nos concurrents étrangers.

L'Exposition de la classe occupe trois emplacements : ici, au Rez-de-chaussée, nous retrouvons les grands Instruments aratoires déjà installés à cette place en 1899 : machines d'ensemencement, de plantation, de nettoyage des terres; machines agricoles mues par des attelages, par le vent, par l'eau, la vapeur ou l'électricité; matériel du génie rural.

A remarquer les nouvelles *machines locomobiles* perfectionnées.

Au premier étage de la même Galerie sont les instruments et outils d'intérieur de la ferme. Enfin un troisième emplacement situé à l'extérieur, entre la Galerie des Machines et l'École militaire, est occupé par un Pavillon spécial pour les Engrais et pour les Voitures et autres appareils de ferme. — Les questions de Drainage, de Dessèchement, etc., trouvent aussi place dans cette classe, et la Direction Hydraulique du Ministère de l'Agriculture offre aux professionnels et aux intéressés une exposition remarquable.

Enfin la Médecine vétérinaire, dans ses procédés, les Écuries, les Étables, la Disposition des granges, des greniers, des silos, la Maréchalerie, le Harnachement, tout ce qui concerne les soins à donner aux animaux de la ferme, concourent à l'intérêt de cette classe, qui retiendra longtemps les nombreux visiteurs des campagnes et les initiera en partie aux progrès incessants de cette science agricole chaque jour plus sûre de ses méthodes et de ses instruments de travail.

La **Cl. 37,** qui compte déjà à son actif le « clou » de la laiterie modèle, nous offre un peu plus loin un autre « clou » : le *Portail monumental de l'Huilerie française* *.

La **Cl. 57,** qui devait être installée ici, a été exilée, faute de place et crainte de la fumée, QUAI DE BILLY. Elle se trouve dans le grand Pavillon de la Boulangerie-Pâtisserie, et comprend des Fours, Fournils, Pétrins; et les produits divers : Pains de ménage, pains de fantaisie, pains comprimés pour voyages, campagnes militaires, biscuits de mer, pâtisseries, pains d'épice et gâteaux secs, exposés dans les vitrines et offerts à la dégustation. Quelques grands fabricants possèdent un pavillon particulier ou se distinguent par une exposition d'ensemble.

M. Lamoureux-Mauriol nous présente une boulangerie perfectionnée à deux étages, avec fours et générateurs; *M. Dalls,* une installation mécanique de la Fabrication du Pain sans Mie; *M. Lefèvre-Utile* fabrique sous les yeux du public, dans un *Pavillon-Phare,* ses excellents biscuits si réputés et il nous offre encore des Vues de ses usines de Nantes. La célèbre maison *Pernot* fait encore preuve du bon goût et de la finesse qui sont la marque de ses produits avec son élégant Salon de Dégustation.

La Cl. 37 comporte une Annexe sur l'Avenue de La Motte-Piquet, voisine de celle de la Classe 35. A signaler ici la *Boulangerie Machin,* à laquelle fait vis-à-vis, près de la Porte 14, *le Moulin Rose.*

Rentrons par cette Porte 14, et poursuivons notre promenade du Rez-de-chaussée de la galerie par une visite de la 2ᵉ partie de l'Exposition Agricole et Alimentaire réservée aux *Sections Étrangères.*

Sections ⊛⊛ Étrangères

Comprise dans le tronçon de la Galerie des Machines qui s'étend entre la Salle des Fêtes et l'Avenue de Suffren, cette partie est un véritable marché européen, réunissant dans son vaste hall tous les produits alimentaires des différents pays d'Europe, avec toutes les industries fermières et agricoles qui s'y rattachent.

De même que dans la R. des Nations du Q. d'Orsay, ses élégants et riches Pavillons reproduisent des types d'architecture nationale, et il en est, comme ceux de l'Italie, de la Hongrie, de l'Espagne, de la Russie, qui sont de petits chefs-d'œuvre d'art et de goût.

Le **Pavillon de la Suisse,** à l'entrée du Hall, à g., s'étend sur plus de la moitié de la longueur du hall. De construction originale, il est précédé d'un porche monumental dont le toit, revêtu d'écailles gris et or, porte sur des courbes légères trois campaniles élancés.

Les Galeries du Rez-de-chaussée et du 1ᵉʳ étage, dont les baies, les portiques de bois découpé, sont enrichis de motifs décoratifs aux vives couleurs, forment des Salons luxueux séparés les uns des autres par des carrefours à coupoles.

Le Pavillon Suisse comprend non seulement une Exposition de Produits Alimentaires, mais encore de tous les industriels des 22 cantons.

1ᵉʳ Groupe. *Vins* de la Suisse, Liqueurs, etc. — Le *Salon des Vins* * est richement décoré. Au plafond à poutres saillantes, sont suspendues d'énormes grappes de raisin; le long des murs, des peintures représentent les différents vignobles de la Suisse : les coteaux ensoleillés de Lavaux, d'Yvorne, de Villeneuve, de La Côte, de Neuchâtel et du Valais. *Petits Salons* : bières, liqueurs fines : kirch, cognac, etc.

2ᵉ Groupe, à la suite du premier. Les Industries Laitières. — *Fromagerie moderne* avec appareils perfectionnés. Puis, à côté, toutes les industries de la laiterie. — Produits de la maison *Nestlé* (Laits condensés, Farines lactées; 32 millions de boîtes par an)

A L'EXPOSITION

— Salon des *Conserves* : produits concentrés de *Maggi*. — Chocolat Kohler.

3·Groupe. Exposition Meunière. — Moulins perfectionnés. — A l'extrémité de ce groupe, Salons de Biscuits et de Bonbons. — Dernière Exposition Agricole, appareils aratoires perfectionnés. — Tout au bout du hall : Exposition Genevoise de Physique.

États-Unis. En sortant du Pavillon de la Suisse, on trouve à g. le *Groupe des États-Unis* qui occupe presque toute la longueur du Palais, encadré par une vaste galerie à arcades qui rappelle celle du *Marché de San-Francisco*, avec à dr. et à g. de l'entrée principale, les *Cloches de la Liberle**, reproduction des fameuses cloches qui sonnèrent la révolte contre l'Angleterre. Le portique monumental est orné de deux pylônes trapus surmontés de l'Aigle des États-Unis.

Dans les vitrines de l'intérieur : *Produits naturels* du sol : céréales, riz, blé d'Amérique et surtout le maïs, l'aliment universel aux États-Unis. — Sucres et saindoux raffinés. — Viandes salées et conserves : lard, jambon, porc salé, *corned beef* comprimé. — Vins de San-Francisco et de Chicago. — Thés et cafés. — Produits forestiers représentés par des échantillons de choix.

Dans l'annexe à dr. de la section, exposition d'*Instruments agricoles* perfectionnés, batteuses, broyeuses, faucheuses mécaniques, etc.

En face des États-Unis, trois sections, l'Allemagne à g., l'Angleterre au centre, le Danemark à dr.

Allemagne. Une élégante construction a un étage, formant une série de tonnelles en bois découpé, décorée de feuillages et de pampres verts.

Dans les vitrines sont exposés les produits du sol allemand, surtout les liqueurs et les fruits. Variétés de pommes de terre, navets, carottes et choux. — Légumes célèbres du Brandebourg. — Exposition de Fruits et de Fleurs. Instruments de Jardinage.

Grande-Bretagne. Exposition de Grains, de Fruits, Légumes, Houblons, plantes farineuses et oléagineuses. — Stout et pale ale. — Whisky. — Eaux-de-vie de grain, liqueurs anglaises. — Viandes de conserve. — Fromages de Chester.

Danemark. Ce Pavillon, très élégant de forme, tout enguirlandé de feuillages en bas-reliefs, rappelle par son aspect extérieur le Pavillon Officiel du Q. d'Orsay. — Importante exposition de Céréales et de Grains. — Farines de la Société des Moulins à vapeur de Copenhague. — Instru-

ments agricoles. — Spécimens du matériel perfectionné des Fermes et des Laiteries en particulier.

Au milieu du Palais, la **Section Portugaise** comprend une série de vitrines, avec au centre un *Restaurant Portugais*. — Exposition de Fruits frais et Confits : oranges, citrons, figues. — Vins de Porto et de Madère.

Dans l'autre moitié du hall, tout près de la Salle des Fêtes, la **Section Russe**, l'une des plus importantes. Riches vitrines en bois massif, sculpté et doré, surmontées de clochetons à tuiles blanches et jaunes. Exposition de Sucres, de Thés, de Cafés. Légumes et Vins russes.

Après la Russie, dans l'angle du hall, du côté de l'Av. Bosquet, le coquet Pavillon de la **Suède** en bois découpé, peint de vives couleurs et décoré de sculptures naïves. — Produits alimentaires de la Société *Separator*. — Machines de Laval. — Laiteries : la Société *Adiator* expose une petite Laiterie avec matériel spécial pour la fabrication du beurre. — Machines agricoles diverses, machines servant à préparer le punch suédois, le chocolat, à préparer et à conserver les anchois et les poissons de toute espèce.

Après la Suède, l'**Italie** expose dans des vitrines ses belles variétés de Froment, de Maïs, ses Fromages, ses Fruits Confits, ses Pâtes alimentaires célèbres et ses Vins de luxe : Marsala, Zucco, Lacryma-christi, etc.

L'importante section de la **Hongrie** qui fait suite est installée dans un Pavillon d'une ravissante décoration de pampres et de grappes de raisin en haut-relief. Exposition des Produits du Sol et du Sous-Sol Hongrois. — Spécimen d'installation des Écoles d'Agriculture et de Chimie industrielle ; machines, mobiliers d'école.

Le long des murs, peintures reproduisant des Vues des différentes régions minières et agricoles du pays. — Exposition des Vins de Hongrie (Tokay).

A côté de la Hongrie, les vitrines de l'**Autriche :** Produits du Sol autrichien exposés par les Comités d'agriculture de Prague, Lemberg et Vienne. — Exposition de Pomologie. — Sucre de betteraves. — Différentes variétés de Malt. — Légumes de Silésie (Troppau). — Vins autrichiens. — Vins de Bohème et de la Basse-Autriche : Melnich, Vosslauer, etc.

En revenant vers la porte d'entrée du hall, le grand Pavillon de l'**Espagne.** De style Mauresque, ce Pavillon a la forme d'une mosquée tout enrichie de mosaïque et d'arabesques peintes. A g., l'entrée principale, une grande porte ogivale crénelée et surmontée d'une élégante coupole. C'est la reproduction de l'arc de Grenade appelé *Porte du Vin**.

Exposition de Produits Alimentaires. — Graines et semis. — Huiles d'olive. — Fruits : oranges, citrons.

Vins d'Espagne : Marquis de Merito, Xérès, vins d'Andalousie.

La **Norvège** expose des Conserves, une de ses grandes industries nationales, et ses Bières renommées.

La **Bulgarie** expose ses Vins et ses Bières ; le Prince lui-même est propriétaire d'une brasserie.

Les Pays-Bas, la Roumanie, le Japon, la Turquie, complètent curieusement cet ensemble vraiment remarquable et du plus grand intérêt pour les visiteurs, qui apprennent à connaître ainsi les produits de chaque pays.

PREMIER ÉTAGE ⊚ On y accède par le grand Escalier qui mène à la galerie, côté de l'Av. de Suffren. Là sont les annexes des Sections Étrangères déjà mentionnées.

Du côté de l'Av. de La Motte-Piquet, nous rentrons dans l'Exposition Française avec la **Cl. 42**, qui a une Annexe importante près du Pavillon Mercier, en face de l'École militaire ; le Pavillon des *Sociétés françaises d'Apiculture, de Sériciculture* et de *Zoologie agricole* ; le nom de la Société est tracé en lettres faites de rayons de miel, de cocons et d'insectes.

Nous trouvons, là encore, une petite MAGNANERIE MODÈLE de la *Société d'Agriculture du Gard*. Puis nous traversons une partie de la **Cl. 35** (Matériel Rural) déjà mentionnée, et nous rencontrons la **Cl. 38** (Agronomie, Statistique Agricole). Exposition sévère, professionnelle et technique : cartes, diagrammes, tableaux, statistiques, notamment des variations de prix subies par la terre, les fermages, les mains-d'œuvre, les animaux, les principaux produits du sol et les bestiaux ; des cartes agronomiques, dressées par les professeurs départementaux, et qui accusent la répartition de la population agricole, la division du sol cultivé, le rendement et le dénombrement des animaux de ferme ; des cartes en relief pour l'étude du sol et des eaux au point de vue agricole ; des planches représentant les maladies qui sévissent cruellement sur notre agriculture : *blackrot, phylloxera, mildiou*, etc., avec les remèdes expérimentés en ces derniers temps.

A signaler une attraction : le *Cinématographe* de M. Nicolas, qui met en action la vie de ses *grandes fermes d'Arcy*, dont les produits sont vendus dans Paris par un grand nombre de dépôts.

La **Cl. 39** est d'intérêt essentiellement professionnel. Elle comprend l'Exposition des Céréales et Graines Alimentaires, les Plantes Oléagineuses et leurs produits, les Plantes Saccharifères et leurs produits. Elle possède une Annexe près du *Moulin-Rose* (en face de . École militaire), où la Maison *Vilmorin-Andrieux* expose une riche collection de Grains, Graines et Plantes.

Nous retrouvons du côté de l'Av. de la Bourdonnais la **Cl. 40** et son Chalet qui communique avec la Galerie. Ici, sous vitrines, est installée l'Exposition proprement dite des Produits Laitiers : beurres, fromages, agréables à voir et succulents d'aspect. (A citer le *pavillon Herson*.) Rappelons aux amateurs et aux intéressés qu'en Mai, Juin et Septembre ont lieu trois Concours temporaires de beurres et de fromages (emplacement non encore désigné).

La **Cl. 41** qui lui fait suite, assemble les Plantes Textiles, Oléagineuses, Tinctoriales, Médicinales et Pharmaceutiques, les belles feuilles de Tabac qui réjouissent les fumeurs, les Plantes et Graines des Prairies, les Laines, Crins, Plumes, Poils, Duvets, etc.

Quelques vitrines offrent des recherches curieuses d'arrangement. Le *Vaisseau Noured* détourne l'attention de la **Cl. 58**, où s'alignent cependant, sollicitant notre appétit, des piles de Poissons salés, encaqués, huilés, marinés, auprès des Légumes et des Fruits secs et des Porcs salés, des Bœufs réduits en tablettes et des Bouillons concentrés, merveilles de l'industrie alimentaire moderne.

Nous ne pouvons énumérer et expliquer les usines perfectionnées où des animaux entiers sont ainsi transformés pour nos délices ou notre commodité, préparés, façonnés, comprimés, assaisonnés, emboîtés en un tour de main. Le temps et l'espace nous manquent.

Voici un frais décor printanier qui nous attire, une maisonnette fleurie, délicieuse, reposante. Qu'il ferait bon s'arrêter dans ce doux abri, et se délecter d'un pichet de claret, mais, hélas ! dans ces palais d'Exposition, tout n'est qu'attrait décevant ! On a voulu parer, rehausser un peu le mince intérêt des Produits Farineux et de leurs dérivés **(Cl. 56)** et l'on a très heureusement réussi.

Un coin d'ombre et le tournoiement des ailes du *Moulin Leblanc* abritent les Bars de la Maison *Dubonnet* et du *Rhum Saint-*

James, ce dernier d'une architecture très originale. Puis ce sont, dans d'élégantes vitrines, tous les produits de la Distillerie Française (**Cl. 61**), les liqueurs exquises et réputées des *Cusenier*, des *Cointreau*, des *Dristan*, des *Noilly-Brat*, des *Prunier*, des *Pernod*, de la maison *Dulac et Cie*, de la maison *Violet* frères, avec un Kiosque où elle nous offre des Vues de ses fabriques dans des décors pyrénéens, de la maison *Picon* dans un Pavillon où sont exposées des Vues des fabriques du célèbre *Amer Picon*.

Toute la suite de la galerie est réservée à la **Cl. 112** (Assistance Publique et Bienfaisance privée, qui a dû demander asile à l'Agriculture).

Le Ministère de l'Intérieur fait une Exposition des Services de l'Enfance par l'Assistance Publique dans une suite de *scènes* avec *décors et personnages*, relatives à l'Assistance de l'Enfance aux siècles passés et de nos jours. Une carte murale établit, à l'aide de tracés, de teintes et de signes en relief, la figuration des 86 services normaux de l'Assistance Médicale dans les départements. A signaler encore un plan du *Lazaret modèle du Frioul* et de la *Station sanitaire du Havre*. La classe comprend la Protection de l'Enfance, l'Assistance aux Adultes malades, l'Assistance aux Adultes valides, aux Aveugles et aux Sourds-Muets (Expositions des Écoles d'Aveugles et de Sourds-Muets), l'intéressante Exposition de l'*Association Valentin Haüy*, pour le bien des Aveugles), les Monts-de-Piété, et les Institutions Pénitentiaires. Vues, monographies, plans, etc.

◆◆◆

LA SALLE DES FÊTES

La Salle des Fêtes, véritable tour de force architectural, couvre, au milieu de l'immense Palais de l'Agriculture et de l'Alimentation, un vaste rectangle de 165 m. sur deux côtés et 142 m. sur les autres.

La partie centrale est recouverte par une voûte inscrite dans le carré et terminée par une coupole d'où tombe la lumière. Cette voûte a 90 m. de diamètre. Elle est supportée par 8 grands pylônes en fer espacés deux par deux, et par 8 petits piliers plus légers disposés de même.

Les grands pylônes pèsent chacun 10000 kg. et les petits environ 5000. Les fondations ont été assurées par une coulée de 3000 m. cubes de béton armé dans des puits qui mesurent jusqu'à 8 m. de profondeur.

L'originalité de cette Salle, c'est que, tout en ayant une piste circulaire centrale, elle est en réalité quadrangulaire, car elle a 4 écoinçons à chaque angle, où s'élèvent des gradins destinés à recevoir chacun 1500 places, soit, pour les quatre, 6000 spectateurs. La piste, de 90 m. de diamètre, contient facilement 12000 places, et enfin les loges et galeries du 1er étage, 2000 spectateurs.

On y accède par 4 entrées : deux entrées monumentales, face La Bourdonnais et face Suffren ; une entrée spéciale pour les cortèges officiels et le public venant du dehors, face l'École militaire, et une 4e entrée donnant dans les Galeries de l'Électricité.

L'une des quatre grandes loges ou tribunes, au-dessus des portes, est réservée au Président de la République. Huit petites loges s'avancent en encorbellement sur la piste dans les écartements des pylônes et huit grandes tribunes occupent les deux côtés du triangle formé par chaque écoinçon.

La Décoration de la Salle des Fêtes est très riche et d'une haute valeur artistique.

PEINTURE Fernand Cormon, François Flameng, Albert Maignan et Georges Rochegrosse, quatre grands maîtres, ont été chargés des triptyques de la voûte. Cormon a évoqué la *Fée Électricité*, le *Génie Civil*, les *Modes de transport et de locomotion*, le *Labeur des Mines*, l'histoire du *Charbon* depuis son extraction jusqu'à son jet dans la forge, et tout le travail de la *Métallurgie*.

Flameng nous fait voir les diverses Industries et notamment celles du Meuble et du Vêtement, rappelant les transformations des mobiliers et les adaptations différentes des costumes selon les changements des siècles et les modifications des mœurs. Il nous conte l'histoire du *Fil*, de la *Soie*, du *Coton*, du *Tissu* et de l'*Étoffe* et aussi celle des *Industries chimiques* qui donnent aux étoffes leurs couleurs diverses.

L'*Agriculture* et l'*Horticulture* sont symbolysées par le pinceau de Maignan. Il nous montre la forêt giboyeuse où le cerf est traqué par la meute, le cours d'eau claire où le pêcheur guette patiemment le poisson et le jardin où s'épanouissent les fruits savoureux au soleil pâli d'automne.

Rochegrosse évoque l'*Économie Sociale*, la *France lointaine*, les pays d'au delà des mers, l'*Empire Colonial* où la race blanche se mêle aux races rouge, noire, jaune, dominées et asservies, et aussi la source inépuisable de la puissance de la *Patrie*, la *Nation* armée pour la *défense du Droit* et de la *Justice*, les *Troupes de terre et de mer*, le *Soldat* et le *Marin*.

Toutes ces compositions mesurent 26 m. 25 de hauteur, sur 6 m. 5o de largeur. Chacun des artistes recevra 18 000 fr. pour l'acquisition de son œuvre par l'État.

Dans les grandes voussures, quatre panneaux de 5 m. sur 2 m. 15, représentent les *Quatre Saisons* sous la figure symbolique d'une femme étendue, entourée d'enfants, dans un fond de paysage. M. Diogène Maillart a peint l'*Été*, M. Alexandre Hirsch le *Printemps*, M. Gustave Surand l'*Automne* et M. Romain Thirion l'*Hiver*.

Les *Mois* décorent les voussures secondaires. Chacune des peintures, de forme circulaire, symbolise le mois sous la figure d'un enfant se détachant sur fond d'or avec les attributs du mois et les *Signes du Zodiaque*.

Janvier, Février, Mars sont peints par M. Auguste Mengin; Avril, Mai, Juin, par M. Ernest Bergès; Juillet, Août, Septembre; par M. Louis Tournier, et Octobre, Novembre et Décembre, par M. Georges Sauvage.

Les retombées de la voûte annulaire ornant les grandes tribunes triangulaires comportent aussi des peintures de dimensions considérables qui rappellent les *Usages des Peuples anciens*.

Au-dessus de la tribune Nord, M. Henri Motte évoque les glaces et la neige des *Contrées arctiques*; sur la tribune Sud, MM. Gabriel Biessy et Louis Bégaux représentent le *Désert* et la *Brousse saharienne*, puis ce sont les *Bois* et les *Montagnes du Continent asiatique*, au-dessus de la tribune Est, par MM. Pierre et Jean-Paul Laurens, et enfin la *Mer* et la *Prairie d'Amérique* sur la tribune Ouest, par MM. Thibaudeau et Courtois.

Chacune de ces compositions ne mesure pas moins de 160 m. carrés.

De nombreux panneaux sur toile, comprenant des formes géométriques, des ornements de toute sorte, feuillages et fleurs, égayent les voûtes des tribunes d'axe, la voûte de la tribune présidentielle, et toute la voûte annulaire, peintures confiées à MM. Daniel Dourouze, Augustin Lecourt, Louis Hista, Marc Gaida, Henri Motte, Raoul Barbin, Noel Bouton.

Les Vestibules d'accès ne sont pas moins ornés. Ce sont encore les Saisons qui font les frais des motifs picturaux. Du côté de l'Av. de Suffren, M. Achille Cesbron expose des *Paysages d'automne* avec fleurs au premier plan; du côté de l'av. de La Motte-Piquet, M. Ernest Bonnencourt a peint deux panneaux d'été; et, sur l'av. La Bour-

donnais, M. Adrien Zarbowsky deux paysages de printemps.

SCULPTURE L'œuvre sculpturale n'est pas moins importante. Les *bas-reliefs* ovales de la voûte, de Théophile Barrau, symbolisent les Industries : *la Mécanique employant la vapeur*; *la Mécanique employant l'eau*; ceux de M. Frédéric Leroux symbolisent les *Lettres*, en quatre figures également : l'*Éducation*, l'*Enseignement*, la *Littérature*, la *Philosophie*; ceux de M. Massiglier évoquent la *Peinture*, la *Sculpture*, l'*Architecture*, la *Gravure*, et ceux de M. Rolard, les *Mathématiques*, l'*Esthétique des sons*, la *Médecine*, la *Chirurgie* et la *Reproduction scientifique*.

Au départ des Escaliers droits, du côté des sections étrangères, deux groupes en ronde bosse de M. Debrie, l'*Ensemencement*, un homme qui conduit un bœuf, et la *Récolte*, une femme qui mène un cheval chargé de gerbes; du côté de la section française, des groupes de M. Paul Aube, le *Laitage*, une vache et sa pastoure, et la *Vendange*, un âne chargé de raisins, que mène le vendangeur.

Sur les stèles accotant les pylônes des façades, des groupes allégoriques figurent la *Bière*, le *Vin*, les *Liqueurs*, et d'autres, les *Plantes cultivées*; ces compositions appartiennent à Mlle Itasse, à MM. Hubert, Pallez et Salières.

Les trente-six nations exposantes sont représentées dans cette Salle superbe, en statues de chacune 2 m. 5o de hauteur.

M. Ardignac nous montre le *Mexique* sous les traits d'un cowboy mexicain; M. Grandin, les *États-Unis* sous ceux d'un ouvrier mécanicien. *Un Madgyar* de Mlle Moria personnifie la *Hongrie*; un étudiant de M. Camille Raynaud, l'*Allemagne*. M. Anglade a réalisé un type d'*Andorran* en costume national; M. Vital Cornu, un matelot de la *Grande-Bretagne*; M. Leclaire, un *Tyrolien*, qui représente l'*Autriche*; M. L'Hoest, un *Coréen*; M. Picaud, un berger-guide des Alpes pour la *Suisse*; M. Léon Pilet, un *Siamois*; M. Rouaud, un *Suédois*; M. Léo Roussel, un *Turc d'Asie*, et M. Marius Roussel, un pêcheur des mers du Nord pour la *Norvège*; M. Eugène Marioton, un mineur de *Belgique*. La *Grèce* a comme auteur M. Cadoux; le *Japon*, M. Hiolin; le *Maroc*, M. Raisséguier; la *Roumanie*, M. Sollier; le *Luxembourg*, est figuré par un fondeur, de M. Bernard Steuer; la *Russie*, par un riche paysan, œuvre de Mlle Iza Albazzi, comtesse de Koviathoska. M. Germain de Mellanville s'est chargé du *Danemark*; M. Pirou, du *Pérou* (attraction des noms); M. Rispal, de la République de *l'Equateur*; M. de Saint-Vidal, de *l'Italie*, et M. Bailly, de la *Serbie*.

Les amateurs de tauromachie verront avec plaisir le *toréador* par lequel M. Roubaud symbolise *l'Espagne*, et les anglophobes feront un joli succès au *Boer* de M. Jules Carlot. Ajoutons à cette série le *Monégasque* de M. Curillon, le *Bosniaque* de M. Darbefeuille, le *Portugais* (toujours gai), de M. Feitre, le *Hollandais* de M. Guittet, le républicain de *Libéria* de M. Fossé, le *Persan* de M. Malherbe, l'habitant de *St-Marin* de M. Louis Malric et le *Chinois* de M. Porcher.

Chacune de ces figures, placées à égale distance sur les balustrades séparant la Salle des Fêtes des Galeries du pourtour, supporte un lampadaire.

La décoration de la Salle des Fêtes est complétée par trois groupes ; l'un, de M. Charles Perrin, une *Fillette entourée de volailles* : coqs, poules, dindons, oies, canards, pigeons; l'autre, de M. Ernest Dubois, deux *Jeunes Pêcheurs* avec leur barque, entourés de poissons, crustacés et mollusques; le troisième, de M. Captier, un *Européen* et un *négrillon*, entourés de ruches, de vers à soie, de cactus.

Ces groupes, placés dans les édicules du sommet et les arcades de la façade, font pendant à d'autres groupes de MM. Valton et Mengin, décorant les arcades qui donnent sur les halls de l'agriculture.

C'est bien, on le voit, tout un musée, et des plus dignes d'intérêt, que nous offre cette Salle des Fêtes, un des *clous* artistiques de l'Exposition.

La Salle des Fêtes est éclairée par 4500 lampes à incandescence. C'est dans cette magnifique Salle qu'on a célébré l'inauguration officielle de l'Exposition et qu'auront lieu les Distributions des Récompenses et les autres solennités officielles.

❧

LE VILLAGE SUISSE ●●●●●

Avenue de La Motte-Piquet et avenue de Suffren. Relié à l'Exposition, au Palais de l'Agriculture (anc. Galerie des Machines), par une passerelle découverte.

Prix d'Entrée : 1 fr. — Panorama des Alpes Bernoises : 1 fr. (V. nos bons.)

De toutes les attractions de l'Exposition, la plus grande en étendue, la plus curieuse et la plus intéressante comme nouveauté et difficulté vaincue, la plus pittoresque et la plus vivante, est certainement le *Village Suisse*, occupant une superficie de 21000 m. sur les avenues de Suffren et La Motte-Piquet, avec des chaînes de montagnes, une cascade de 34 mètres, un torrent, un lac, des forêts de sapins, des chalets, des pâturages, des troupeaux, et toute une petite ville d'architecture ancienne.

Le *Village Suisse*, c'est la Suisse à Paris; c'est la synthèse animée de cet original petit pays, dont les beautés naturelles font chaque été l'admiration de milliers et de milliers de touristes accourus de tous les points du monde.

Les deux ingénieurs et architectes artistes, MM. Charles Henneberg et Jules Allemand, de Genève, qui ont conçu et exécuté ce projet grandiose, ont poussé si loin la passion de la vérité qu'ils ont fait transporter des vallées les plus reculées de la Suisse les chalets et les maisonnettes rustiques où l'on voit en leur costume traditionnel plus de 300 paysans et paysannes, pâtres, ouvriers, artisans, sculpteurs sur bois, vanniers, tisseurs, brodeuses et dentellières travailler comme dans leur village.

Dans la Laiterie Fribourgeoise, on fabrique le célèbre, l'inimitable, le savoureux fromage de Gruyère. Dans l'hospitalière Auberge du Treib, reflétant son toit pointu dans l'eau d'un petit lac, au bord duquel s'élève la chapelle de Guillaume-Tell, on boit de la bière et des vins suisses.

Au Chalet de la Crèmerie (lait à la tasse, chocolat Kohler), on entend chaque jour un trio de chanteurs suisses (MM. Breton, Eynard et Moreau).

A l'Auberge historique du Bourg-St-Pierre, on peut déjeuner à la même table où déjeuna Napoléon lorsqu'il traversa le Grand St-Bernard.

A côté des antiques *maisons à arcades* de Thoune et de Berne, les *maisons à tourelles* de Schaffhouse. Sur la place du village, on assiste à des danses nationales, à des luttes entre bergers, etc.

La Ville, le Village, la Montagne, forment une trilogie : on a successivement sous les yeux les trois aspects caractéristiques de la Suisse. La Montagne est le décor.

300 ouvriers ont travaillé pendant 3 ans pour dresser les échafaudages, pour faire l'ossature de cette chaîne de montagnes qui a coûté plus d'un million. On a revêtu de planches ces charpentes babyloniennes; là où l'on voit de la verdure, on a fixé des casiers destinés à recevoir de la terre végétale, des plantes alpines et des sapins; là où le rocher est nu, abrupt, on a rapporté des rochers moulés sur les rochers mêmes des Alpes.

Sous la cime centrale, d'où bondit la cascade, on a logé le merveilleux *Panorama* de l'Oberland *, qui, à lui seul, a été un des plus grands succès de l'Exposition de Chicago, et qui, ici, complète par la sensation des neiges éternelles de la Suisse des glaciers les sensations douces et charmantes de la Suisse pastorale et idyllique.

Grâce au crédit de 3 millions qui leur a été alloué, MM. Ch. Henneberg et J. Allemand ont pu faire de leur projet une œuvre tout artistique et belle comme la nature elle-même.

Chaque chalet a ses attractions. Parmi celles ci signalons dans la maison de Berne les téléphones haut parleur et inscripteur inventés par F. Dussaud.

Sous la montagne, à dr, un vaste hall sert de *restaurant*, de « cantine », où des centaines de consommateurs peuvent s'attabler et déguster les excellents vins suisses, l'*Yvorne*, le *Dézaley*, le *Neuchâtel*, les chauds vins du *Valais*. Curieux orchestre de femmes.

PALAIS DE L'AILE DROITE

CETTE aile est formée par le *Palais des Arts Libéraux, Lettres, Sciences et Arts*, le *Palais de l'Éducation et de l'Enseignement*, le *Palais du Génie Civil et des Moyens de Transport*, et le *Palais des Industries Chimiques* accoté aux Sections Étrangères de la Mécanique et de l'Électricité.

Le long de l'Av. de Suffren s'ouvrent une série d'annexes diverses.

Conformément à notre programme, nous commençons la description par l'extrémité l'aile, du côté du Quai. Libre à nos lecteurs de faire l'inverse, en visitant d'abord le Palais des Industries Chimiques, dont nous parlons un peu plus loin.

PALAIS ◎◎◎ DES ARTS LIBÉRAUX (LETTRES, SCIENCES ET ARTS).

La façade de ce Palais est d'une architecture toute de fantaisie, emprunté aux styles de toutes les époques, grecque, gothique, renaissance, rococo et moderne. Ses balcons saillants en encorbellement, aux motifs à jour, et ornés de figures de femmes reposant sur des consoles, font songer aux balcons d'un théâtre. L'entrée principale, en face du *Palais de l'Optique*, dresse son porche immense, dont le cintre est formé de segments accolés les uns aux autres, qui lui donnent l'aspect d'une gigantesque coquille marine.

Les hauts-reliefs, les mascarons, la dentelures du faite, la double coupole qui flanque à dr. et à g. ce portail, étincelante de mosaïque, perforée de rosaces multiples, achève de donner à l'ensemble un caractère de richesse, d'imprévu et de nouveauté qui frappe le visiteur. Sous la coupole, un escalier monumental avec deux groupes de grandeur naturelle représentant *les Lettres, les Sciences, les Arts*.

Disposition générale. ◎

Les Sections occupent une partie du Rez-de-chaussée et du premier étage, côte à côte avec l'Éducation et l'Enseignement.

Rez-de-chaussée. En entrant par la Porte principale du Porche central, au Rez-de-chaussée, nous avons : à dr., la Cl. 17 (*Instruments de Musique*); à g., la Cl. 15 (*Instruments de Précision, Monnaies et Médailles*); devant nous, au centre du Palais, le *Musée Centennal* de la Cl. 17; on passe du côté dr. (façade de la Seine) dans la Cl 11 (*Imprimerie, Typographie*) qui occupe le grand Hall de 27 m. du côté de l'Av. de Suffren, encadrant la Cl. 13 (Librairie et Reliure).

Cette dernière fait suite au Musée Centennal dans le Passage central de la Cl. 15 (côté g. façade du Champ de Mars) on passe dans la Cl.18 (*Art Théâtral*); après cet ensemble réservé aux exposants français, se développent les Sections étrangères dans toute la seconde partie, voisine du Palais du Génie Civil.

Au Premier Étage sont installées : une partie de la Cl. 17 (*Instruments de Musique et Auditions*), une Section du *Musée Centennal*, la Cl. 12 (*Photographie*), la Cl. 14 (*Cartes et Appareils de Géographie*), la Cl. 16 (*Médecine et Chirurgie*) et quelques Sections étrangères.

REZ-DE-CHAUSSÉE ◎

Comme nous l'avons vu plus haut, quelque parties des classes que nous allons visiter sont situées au premier étage. On y accède facilement par les tapis roulants.

La Cl. 17. (*Instruments de Musique*) a été aménagée avec beaucoup de goût par son Président, M. Lyon, chef de la Maison Pleyel. On remarque à la banderole décorative où courent des portées musicales rappelant, paroles et musique, les couplets et les refrains des provinces. Les notes sont symbolisées artistement par des fleurs. A signaler aussi les Lampadaires, les lustres, et la disposition de l'éclairage, à laquelle la C⁰ du Gaz a donné tous ses soins, et qui constitue le soir une véritable exposition de l'art de l'Éclairage par le Gaz.

Au Rez-de-chaussée sont installés les Instruments à Vent et les Instruments à Cordes, parmi lesquels ceux de la maison *E. Bercioux*.

Au Premier Étage, les Pianos à queue, les Orgues et les Grands Instruments.

Signalons aux amateurs parmi les créations en cet art, le Luth et la Harpe achromatiques de M. G. Lyon.

On retrouvera ici les merveilles de la fabri-

truments de fabrication nationale pour chaque pays, des concerts de musique française moderne avec les instruments appropriés au caractère des lieux et des œuvres.

Musée Centennal. Il est très riche et d'un grand intérêt artistique et rétrospectif : à signaler plusieurs *violons de Stradivarius* ✶ des Sax primitifs, un *piano de 1636* ✶, un *clavicorde* de 1567, des *violes d'amour* des XVII⁰ et XVIII⁰ s., un clavecin Louis XIV à deux claviers, un clavecin hollandais à 3 claviers de 1616, toute une exposition d'instruments de Gand et Pupot, une harpe du XVIII⁰ s., une musette en ivoire de 1701, une *vielle* de Pouvet, une *lyre* Pleyel du commencement du siècle, une cornemuse bourbonnaise du XVIII⁰ s., un théorbe ancien, enfin, et sur-

PALAIS DE L'ÉDUCATION ET DE L'ENSEIGNEMENT

cation française, les pianos à panneaux peints, les harpes de bois sculptés, célèbres dans le monde entier. Les instruments exotiques méritent un coup d'œil de curiosité.

Mais la grande attraction de la classe est la **Salle de Concert** du premier étage (Entrée par les Escaliers des pavillons et le Palier du porche central).

Cette Salle, close par une verrière et des velums drapés, contient 500 places.

Elle est destinée aux Auditions des instruments sous forme de concerts auxquels participent les orchestres et les solistes, organistes, quatuors, groupes de musique de chambre, accompagnateurs, tous les musiciens renommés de Paris.

Ces auditions ont lieu dans la journée et le soir, sur invitations.

Il n'est perçu qu'un droit de vestiaire et d'entretien. Le programme du Comité comporte une suite d'auditions des instruments de diverses époques avec interprétation d'œuvres du temps, des concerts de musique étrangère avec les ins-

tout (au premier étage), un **Clavecin monumental de 6 mètres** ✶ de long, pièce unique au monde.

Les Phonographes, que nous retrouverons à des classes voisines à un autre point de vue, concourent ici pour la perfection de leurs sons. Cette industrie est en progrès : certains appareils font disparaître le nasillement si agaçant des vulgaires phonographes des Boulevards, et reproduisent à la perfection les intonations de la voix humaine.

En s'arrêtant quelques instants, on entendra la voix de nos artistes du grand Opéra ou de l'Opéra-Comique, dans les morceaux les plus populaires du répertoire.

La **Cl. 11**, qui comporte une Annexe sur l'Avenue de Suffren, comprend le *Matériel les procédés et les produits de l'Imprimerie et de la Typographie* : spécimens d'Impressions (typographie, lithographie, chromotypographie, chromolithographie tailledouce sur papier et sur métal, phototypie), procédés divers de Gravure (similigravure, héliogravure, photogravure), Clichés par tous procédés, Fonderie de caractères, Machines plates de tous systèmes, pour tous les genres d'impressions.

Cette classe, qui compte plus de 400 exposants, s'est déjà distinguée dans les précédentes expositions et a tenu à honneur de représenter dignement la France, et de conserver à l'Imprimerie française le renom de bon goût et d'art qu'elle a conquis dans le monde entier, malgré la redoutable concurrence étrangère.

Plus de 20 salons sont occupés par les principales imprimeries : Lahure, Chaix, P. Dupont, Champenois, Manzi, Joyant et Cie, Brusson de Toulouse, Arnaud de Lyon, Lemercier, les taille-douciers Porcabeuf, Chassepot, Wittmann, les lithographes Champenois, Vieillemard, Dupuy, etc.

Les Photograveurs groupés en Chambre syndicale et dont les principaux membres, Dujardin, Raymond, Rougeron, Delaye, Hemmerle, exposent des produits qui ne le cèdent en rien aux meilleures similis d'Autriche et d'Amérique.

Les Fondeurs en caractères groupés côte à côte, les Deberny, Turlot, Beaudoire, Doublet, etc.

Les grands Constructeurs de Machines à imprimer : Marinoni, Derriey, Alauzet, Voirin (dans l'Annexe) et d'autres exposent ici les presses les plus perfectionnées qui fonctionnent avec leur incroyable rapidité, les Rotatives livrant 70 et 80000 exemplaires à l'heure, leurs Machines à Composer et à Tirer en noir ou en couleurs, les machines Découpeuses, Brocheuses, grâce auxquelles le journal moderne d'informations peut reculer jusqu'aux dernières limites le moment et la rapidité du tirage. L'Annexe est réservée aux Machines de M. Voirin.

Au centre de la Cl. 11 se trouve l'Exposition de l'*Imprimerie Nationale*, riche surtout en caractères étrangers ou anciens.

En face, le Salon d'Honneur, décoré avec beaucoup de goût, et dans lequel le public trouvera sur les tables les Journaux, les Affiches, toutes les publications que les exposants voudront faire examiner de plus près.

Du côté de la Cl. 17, les expositions des Graveurs Stern, Weill, Dewambez, Mouchon, celle de la *Chambre syndicale des Graveurs sur Bois*, dans laquelle on retrouve bien des noms aimés de la jeunesse. Cette Chambre syndicale a su grouper ce que 60 de ses membres ont fait de plus parfait depuis une dizaine d'années, afin de bien montrer que les procédés photographiques, s'ils peuvent remplacer en bien

des cas la gravure sur bois, ne peuvent cependant rivaliser de finesse avec elle.

A signaler encore, dans cette classe, l'Exposition des *Machines à écrire**, mises en mouvement sous les yeux du visiteur par les doigts experts de véritables artistes en ce genre, et dont l'agilité mérite non moins de retenir la curiosité que la perfection des appareils eux-mêmes.

C'est la première fois que l'on expose des machines à écrire *françaises* telles que celles de MM. O. Rochefort, Desclée et Marcon fils.

Le **Musée Rétrospectif** de cette classe nous offre une véritable histoire de la Gravure, de la Typographie et de la Lithographie, et entre autres curiosités deux *presses à bras** très anciennes et une *presse miniature*. (Le Musée est contigu à la classe au centre du Palais.)

Cl. 13. (*Librairie et Reliure*). Elle est presque complètement entourée de la Cl. 11. Organisée par son Président, M. Henri Belin, cette classe est une des plus importantes en ce sens qu'elle représente le plus précieux agent de vulgarisation des connaissances humaines : le Livre.

Formant un grand carré limité par un vaste Couloir, l'Exposition de la Librairie occupe 4 élégants pavillons d'angle, au fronton desquels sont inscrits les noms des plus illustres éditeurs et relieurs.

Au centre, un autre Pavillon, Salon d'Honneur réservé à la *Presse Périodique*, dont les publications sont à la disposition des visiteurs.

Librairie. Les *Ouvrages illustrés* occupent à eux seuls 2 pavillons ; on y voit les plus récentes publications des grandes librairies, éditions d'art ornées de gravures qui sont de véritables chefs-d'œuvre, éditions ordinaires illustrées au moyen de la photogravure. L'Exposition de nos Editeurs occupe une partie du Pavillon de dr. La maison *Hachette et Cie* a su, une des premières, créer à côté de ses admirables éditions de grand luxe, ce genre de publications populaires illustrées d'une profusion de gravures d'actualités, qui obtiennent un succès hors de pair.

Les deux autres Pavillons sont occupés, celui de dr. par les *Ouvrages de Médecine*, celui de g. par les *Publications Classiques* ; entre les deux, une exposition de Livres de Droit.

Il nous est impossible d'attirer plus spécialement l'attention de nos lecteurs sur l'une ou l'autre des maisons d'éditions de cette classe : il faudrait plutôt citer les noms des 240 exposants. Mais il nous est permis de constater que la Librairie française maintient hautement sa digne répu tation. Impossible d'indiquer ses progrès depuis la dernière Exposition : la produc- tion a été sans cesse croissant, et jamais on n'a davantage lu qu'à notre époque.

Il est seulement à regretter que l'espace trop restreint réservé à cette classe n'eût pas permis de donner une idée de l'im- portance des maisons qui ont exposé.

La Reliure, dont les vitrines occupent le cen- tre de chacun des Pavillons, conserve elle aussi la bonne tradition ; là aussi faudrait- il pouvoir citer les noms de tous les expo- sants. La Reliure est en voie de progrès, aussi bien pour les ouvrages ordinaires que pour les éditions de luxe dont les fers aux artistiques dessins sont précieux comme des ciselures.

A côté des merveilleuses reliures de grand luxe dont le prix se chiffre parfois par des milliers de francs, on remarquera les pro- grès de la reliure pratique en maroquin souple, à la fois élégant, sobre, solide et relativement bon marché.

Journaux. Le Journal se répand, se multi- plie sans cesse : preuve en est l'innom- brable série exposée dans le Salon central. Paris, qui n'avait en 1857 que 510 journaux et revues quotidiens ou périodiques, en compte aujourd'hui près de 2700, et le flot monte toujours! Ce qui caractérise au- jourd'hui le journal, c'est la rapidité de ses informations et la puissance de sa pu- blicité. Pour ne citer qu'un exemple de la célérité d'un journal, rappelons que, 3 ou 4 h. après l'incendie du Théâtre Français, plusieurs quotidiens publiaient le récit complet de la catastrophe et des vues de l'incendie.

Autres Sections. Après une visite aux di- verses machines du Relieur, du Brocheur et des autres Travailleurs du Livre, on fera le tour des couloirs pour visiter l'ex- position des *Estampes* et de l'*Image- rie Religieuse*, parmi lesquelles quelques chefs d'œuvre attirent l'attention du pu- blic. Les Galeries du côté des ouvrages illustrés sont occupées par la section des Romans, toujours important, et celle des *Éditions musicales*, parmi lesquelles beaucoup de nouveautés.

Affiche. L'Affiche suit la tendance artistique de notre époque : c'est le véritable *Art dans la Rue*, avec ses maîtres · Chéret, Grasset, Willette, Steinlen, Carrière, Mu- cha, Jossot, Pal, Malteste, etc.

Musée Rétrospectif. Situé au centre
du Palais, il est riche en curiosités ; et des plus rares. A signaler, la collection des *lettres manuscrites*★ du duc de la Tré- moille (*lettres de rois*★ de toutes époques),

une collection de Livres aux armes de Ri- chelieu, le *livres d'heures manuscrit de la reine Marie d'Aragon*★, une merveille ; une collection d'un millier de *livres mi- croscopiques*★ ; une Histoire de la Reliure par les chefs-d'œuvre des maîtres, de la *Collection Gruel.*

Cl. 14 (*Géographie, Cosmographie, Topo- graphie*). Exposition d'un intérêt consi- dérable qui permet de juger de la perfec- tion toujours plus grande de la Science Cartographique.

Nous devons tout d'abord faire ressortir l'importance de l'exposition de la Maison *Hachette et Cie*, dont les travaux, exécutés sous la direction de M. Fr. Schrader, affirment les beaux progrès scientifiques de la Cartographie française..

C'est d'abord un énorme Globe terrestre de 2 m. de diamètre, qui n'est plus le simple globe de démonstration tel qu'on l'a connu jusqu'à présent. Cette sphère — fruit de plusieurs années de travail — est d'un type tout à fait nouveau : elle repro- duit le relief même du sol, à 4 pour 1, pro- portion d'une exactitude mathématique. C'est pour ainsi dire la photographie en relief de la Terre, telle qu'on la verrait de la Lune. On jugera de l'extraordinaire fidélité de cet aspect par la carte de l'A- frique qui se présente à nos regards, celle d'Asie devant être avant peu mise en place ici-même.

Le grand panneau de la Carte de France au 1/400000 mesure 5 m. sur 5 m. ; il re- produit, par les mêmes procédés, toutes les inégalités et ondulations dans leur inclinaison normale.

Au lieu des antiques hachures indiquant les montagnes, des différences de teintes accusant, sans les proportionner suffisam- ment, les dépressions ou les déclivités du terrain, nous avons ici l'image photogra- phiée du sol *ondulé et craquelé*, suivant l'expression de M. Schrader, la géogra- phie *lumineuse*, pour ainsi dire, de la Terre de France.

On comprend l'importance de cette méthode qui transforme entièrement l'art de dres- ser les cartes.

Le grand *Atlas Vivien de St-Martin et Schra- der* est exposé dans son état actuel, c'est-à- dire presque achevé, avec ses 62 grandes cartes de tous les points du globe.

Plus loin, le grand *Dictionnaire général de la France*, de M. Joanne, œuvre capitale, dans laquelle on trouve jusqu'au moindre hameau, avec sa population, sa situation économique, etc. Des milliers de vues photographiques illustrent ce Diction- naire unique.

A L'EXPOSITION

Parmi les autres Expositions les plus intéressantes, citons celles de MM. Colin, Delagrave, Barrère, etc., la collection de Cartes cyclistes de M. Tarride, les travaux de MM. Vallot (Région du Mont Blanc), celles des services géographiques de l'Armée et des Colonies, celle de M. Schrader (Région des Pyrénées, avec modèle de levé topographique suivant les procédés nouveaux). Signalons encore les Plans du Service technique du Cadastre, avec des tracés au tachéographe, la grande *Carte Géologique de la France*★ de M. Carez, les nombreux envois des Sociétés de Géographie de Paris et de Lille, l'admirable Carte du Service Vicinal de France, dressée par le Ministère de l'Intérieur sous la direction de M. Anthoine, etc.

Tout cela caractérise l'Exposition hors ligne d'une science qui prend tous les jours en France un plus grand essor.

Cl. 15. *Instruments de Précision, Monnaies et Médailles.* Elle comprend les appareils et instruments des arts de précision, les instruments de l'optique usuelle et d'astronomie de physique, de météorologie, les appareils destinés aux laboratoires et observatoires, les mesures et poids des divers pays, les monnaies et médailles des dix dernières années, le matériel de fabrication des monnaies et médailles. La Monnaie expose, comme en 1889, un *appareil de frappe*★, qui fonctionne constamment sous les yeux du public. Près de la Rotonde de g., à l'entrée, les premières pièces de 40 et de 100 fr. à l'effigie de la République, gravées par Chaplain, la grande *Semeuse* de Roty.

A voir encore un petit Atelier de fabrication de Verres de Lunettes et l'Exposition de la *Société des Lunetiers.*

Parmi les curiosités scientifiques de cette classe, signalons l'appareil de M. Weiller et le *tachéographe*★ de M. Schrader, appareil qui produit automatiquement, par le seul fait de la visée, la série complète des opérations jusqu'au tracé de la carte inclusivement, la Lunette géante★ de l'Altier (6 m. de longueur), les jumelles qui sont de véritables joyaux d'art, des microscopes d'une puissance inconnue.

Musée Rétrospectif. La Monnaie expose un ancien *balancier*★ du temps de Louis XIV et une curieuse collection de *Monnaies*★ et de *Médailles*★ anciennes.

La **Cl. 18** (*Matériel de l'Art Théâtral*) à laquelle M. Raynaud l'architecte de l'Opéra, a donné tous ses soins, est une des plus intéressantes de l'Exposition. Elle est disposée en deux groupes. Le premier à dr., est composé de 3 grandes Scènes★ de 72 m. de superficie chacune, dévolues aux maîtres de l'art décoratif, au sens vrai du mot, l'art du décor du théâtre. Dans la première, Jambon déroule une suite de paysages merveilleux : les *Saisons;* sur la seconde, Amable a peint avec sa science et son talent coutumiers l'exquise légende du *Roi des Aulnes* de Schubert, que dit d'une voix parfaitement harmonieuse le Phonographe de MM. Pathé, tandis que la toile du fond développe ses scènes, pâle rêve à nos yeux enchantés; la *Nuit*, *la foudre, l'incendie, la pluie, la forêt qui marche*, etc. tout est reproduit tour à tour. Sur la troisième, Carpezat a déployé toutes les ressources de sa technique et de son art évocateur dans une série de décors à transformation ; voici d'abord une *Place publique*, avec au fond une *Cathédrale.* La toile se déroule, le décor se transforme, c'est maintenant l'*entrée de l'église*, puis l'intérieur, et toute la cérémonie bientôt vit, s'anime, se réalise avec une telle exactitude, que nous nous imaginons participer à ce spectacle.

Ces scènes ont 5 m. sur 4 m. 25; elles sont la réduction très exacte de nos grandes scènes de théâtre. Le public assiste à ce spectacle d'une galerie d'avant-scène, dans laquelle on a accès par des portiques en bois sculptés et peints, et des portières, œuvre du décorateur Belloi. Le spectacle a lieu plusieurs fois par jour, et dans la soirée (consulter les placards); l'éclairage est spécial, et fourni par l'usine de La Bourdonnais. Les professionnels peuvent ainsi apprécier la valeur des produits, décors, machines, accessoires, appareils des divers exposants, par une expérience journalière, et le public les progrès admirables de l'industrie mécanique et de la science électricienne.

Le deuxième groupe comprend l'Exposition proprement dite du *Matériel de l'Art Théâtral.* Dans les vitrines, à g. du paysage, voici les bijoux et joyaux étincelants, quelques-uns merveilles de joaillerie; les ceintures serties de pierres précieuses, les armures et les damasquineries, les perruques et postiches, les maillots et costumes de théâtre où l'on reconnait la marque de ces vrais artistes : Gutperle, Hallé, Loisel, Millet, Lafont, etc. Face à ces vitrines, à g. les *Artistes Décorateurs* présentent une Exposition d'ensemble d'un art très spécial, très difficile, accessible à quelques rares tempéraments vraiment doués. Les maquettes, au nombre de 18, sont à l'échelle de 0 m. 5. Ce sont des compositions inédites. Aux côtés de Chaperon (*Panorama de*

Paris), de Carpezat, de Moisson, et Rouffin-Rubbé, successeurs de leur grand-père, Rubbé, d'Amable, de Jambon, d'Henri Rivière, quelques jeunes se montrent dignes de recueillir l'héritage de ces glorieux aînés.

En passant, on jettera un coup d'œil aux Costumes dessinés par Choubrac, Thomas, Henriot et leurs émules ; on s'arrêtera quelques instants pour apprécier une fois encore la perfection des plus récents Phonographes, qui prennent place ici comme appareils de théâtre ; et l'on terminera par l'Exposition Centennale, voisine du groupe des Arts Libéraux Russes.

Musée Centennal. Une Salle est réservée à la reconstitution de la *chambre de Mlle Mars* ★ ; une seconde à un Musée des *Portraits* des grands artistes dramatiques et lyriques du siècle, et à des souvenirs historiques ; une troisième contient une exposition de Maquettes des grands décorateurs du siècle ; enfin, le dernier Salon est consacré aux maquettes du *costume* ; on a reconstitué ici, à l'aide de figures de cire, le costume des interprètes d'*Armide* aux diverses époques ; à la création (1777), à la la reprise, au milieu du siècle, et enfin à la reprise récente du grand Opéra.

Il y a là, comme en 1889, des figurines costumées qui représentent une somme de travail d'une conscience artistique et d'une habileté technique d'une valeur inappréciable.

Une *Histoire de la Danse* ★ est esquissée par quelques jolies statuettes, réunies à grand' peine par M. Reynaud, l'ingénieux metteur en scène de cette brillante exposition.

PREMIER ÉTAGE ⊙ Comprend les Cl. 12, 14, 16 et diverses parties des classes dont la partie principale est au rez-de-chaussée.

Cl. 12 (*Photographie*). C'est le Musée de l'Art et de l'Industrie Photographiques. Tous les grands fabricants exposent les appareils perfectionnés et de tous genres, dont nous admirons le long de la cimaise les épreuves, quelques-unes de toute beauté, les accessoires, tels que les objectifs de *M. L. Turillon*, les divers produits et appareils de la maison *Poulenc* frères. Les procédés les plus divers nous sont révélés par des épreuves sur verre, sur étoffe, sur bois, sur émail, des photographies de la couleur, du mouvement, etc. La Photogravure, déjà représentée à la classe de la Typographie, expose ici des clichés d'une perfection absolue ; avec ses procédés nouveaux, elle nous permet de constater les incontestables progrès à réaliser en France par cette industrie d'art.

Les Amateurs rivalisent de goût et d'habileté technique avec les professionnels : nous recommandons aux visiteurs le Salon du *Photo-Club* ★, qui donne une idée des merveilles que contient chaque année ce Salon de l'art photographique ; on sait que, dans ces dernières années, la photographie a été appelée à prêter un concours important à certaines sciences.

Les applications scientifiques sont représentées ici par les fameux *rayons X*, par des photographies d'infiniment petits agrandies (Micrographie, épreuves photomicroscopiques), par des photographies de corps célestes, de rayons lumineux, par des photographies stellaires et lunaires, etc. L'Observatoire, les savants : Lippmann, Brouardel, Flammarion, Hottery, présentent les plus curieux résultats de la photographie scientifique. Enfin, signalons le Salon de la maison *Lumière*, qui nous offre le plus parfait des Cinématographes en action ; ce Salon, situé à l'Entrée de la Classe, l'annonce par un portique décoré avec goût. Et la Classe s'est couronnée d'un plafond digne de sa haute valeur artistique, œuvre très remarquable du peintre Noël Bouton.

Musée Rétrospectif. Cette Classe y est représentée par une collection d'anciens appareils, parmi lesquels quelques *Daguerre* ★ primitifs, véritables curiosités historiques.

Cl. 16 (*Médecine et Chirurgie*). La Cl. 16 mérite un regard, mais sans trop insister, pour ne pas se donner de cauchemars. Et nous invitons les personnes sensibles à ne pas s'y arrêter. Tous les modernes instruments de torture (et aussi de délivrance) sont alignés dans ces vitrines, fins, polis, incurvés avec art, de nickel, d'argent ou d'or, comme vous les voulez : bistouris, lancettes, pinces, scies, scalpels, ciseaux, forceps, etc.... Voici des écorchés vivants, des squelettes, des fœtus, voici des bactéries, les microbes du siècle, les bacilles illustres, appareils de pansement, de prothèse pratique et mécanique, d'orthopédie, de chirurgie herniaire, de thérapeutique spéciale ; instruments des dentistes, chemises de force des aliénés, lits d'infirmes, béquilles et jambes de bois, trousses de médecins militaires, matériel de secours de la Croix-Rouge, appareils de secours pour les noyés et les asphyxiés, articles en caoutchouc de la maison *Bognier et Burnel*, etc.

Musée Centennal. La Faculté de Médecine expose une collection très riche d'anciens Instruments de Chirurgie. A citer

d'autres envois de *l'École navale de Rochefort*, des collections particulières dans le
même ordre d'idées peu réjouissantes. La
Cl. 14 est représentée par la curieuse *collection de Cartes anciennes*★, du prince
Roland Bonaparte, et quelques Sphères
de grande valeur des deux derniers siècles.

❦

ENSEIGNEMENT ET ÉDUCATION⊚

Le Grou-
pe de l'En-
seigne-
ment et de
l'Éducation occupe la partie du Palais du
Génie Civil qui fait directement suite au
Palais des Lettres, Sciences, Arts.

Orientation Générale ⊚⊚

Au Rez-de-chaussée,
se trouve la Cl. 1 (*En-
seignement spécial ar-
tistique*) à côté de la
Façade du Champ de Mars. Et parallèlement
se développent des sections étrangères,
Belgique, Suisse, Grande-Bretagne, Allemagne et Pays-Bas. Au Premier Étage, la
Cl. 1 (*Enseignement Primaire et Populaire*)
la Cl. 2 (*Enseignement Secondaire*), la Cl. 3
(*Enseignement Supérieur et Scientifique*),
la Cl. 5 (*Enseignement spécial Agricole*), la
Cl. 6 (*Enseignement spécial Industriel et
Commercial*, qui comporte une Annexe
importante, le long de l'Av. de Suffren, près
la Porte 12.

PREMIER ÉTAGE⊚⊚

Cette Exposition est disposée
de telle sorte qu'on doit en
commencer la visite par le
premier étage, pour suivre l'enseignement
dans ses différentes étapes, depuis l'École
maternelle jusqu'à l'Université.

Cl. 1 (*Éducation de l'Enfant, Enseignement primaire, Enseignement des Adultes*).
C'est d'abord l'Exposition du *Ministère de
l'Instruction publique*, qui s'ouvre par l'*École
maternelle*, l'école des tout petits (Classe et
Préau), avec ses pliages, ses découpages,
ses tressages, ses cahiers de dessins, pleins
de trouvailles et de révélations, et que les
mères et peut-être les pères feuilletteront
avec émotion. Toute voisine, une *classe
d'école*★ de 40 m., reconstitution exacte avec
ses murs couverts de tableaux, de cartes, sa
chaire, ses pupitres d'écoliers, sa bibliothèque, ses modèles en plâtre, son tableau
noir, etc.
Puis les résultats, le labeur quotidien des
écoles élémentaires : cahiers de devoirs
mensuels ou de compositions, cahiers de
roulement, dessins et cartes ; les écoles
primaires supérieures avec les fins travaux d'aiguilles, les dentelles, les broderies, jusqu'aux types de raccommodage

de jeunes ménagères, les travaux de bois
et de fer des garçons. Les *écoles professionnelles*, pépinières de maîtres ouvriers, complètent ensuite ce que ces
premiers essais peuvent avoir d'imparfait
par des envois d'une maîtrise souvent
extraordinaire (Nantes, Vierzon, Armen-
tières, Voiron). Ensuite, les *écoles nor-
males d'instituteurs et d'institutrices* nous
montrent par l'exposition des meilleurs
devoirs, des meilleurs cours, comment se
forment les membres de l'enseignement
primaire, cette élite d'éducateurs. Les
maîtres ont envoyé des plans de leurs
écoles, un grand nombre de photographies
dont quelques-unes agrandies et vues par
transparence donnent de fidèles images de
la vie scolaire, des recueils de chants, des
travaux et des mémoires du plus haut
intérêt, auxquels s'ajoutent les documents
administratifs et les rapports des inspecteurs. A côté des œuvres scolaires, sont
à leur juste place, les œuvres post-sco-
laires, qui prennent chaque jour plus
d'extension dans notre vie sociale : travaux
de l'École du soir, modèles et types du
matériel usuel, vues à projections, bibliothèques scolaires, d'abord. Puis les
œuvres : Caisses des écoles, caisses
d'épargne scolaires, cantines, mutualités,
colonies de vacances, patronages et associations d'anciens élèves, avec un cinématographe en action qui représente les
divers moments de cette éducation populaire dans la petite école du village.
L'enseignement libre expose ici ses méthodes
et ses résultats parallèlement à ceux de
l'enseignement public, avec les mêmes
dispositions générales ; à citer entre toutes
l'exposition de l'*Institution Langlois*, à
Eaubonne, intéressant par son programme
d'éducation des enfants arriérés.

Musée Centennal. L'Exposition Rétrospective comprend : de vieux manuels
de devoirs et de travaux d'autrefois, des
livres, documents précieux pour l'histoire
ancienne, des méthodes, des estampes,
anciennes écoles, élèves en costumes,
scènes familières de la vie enfantine,
dont une curieuse collection représentant
la *vie des écoliers*★ du xvi* s., découverte
par M. Pellisson.

La **Cl. 2** (*Enseignement secondaire*), est
organisée d'après le même plan.
D'abord l'exposition du Ministère : travaux
d'élèves, devoirs, cahiers de textes, compositions, copies d'examens des grands
concours (Concours Général, École Normale Supérieure, Grandes Écoles), des
statistiques et des documents ; puis viennent les exposants libres : éditeurs, avec

les principaux ouvrages d'enseignement en usage dans les classes; les constructeurs d'instruments (collection d'histoire naturelle, matériel d'enseignement scientifique, d'enseignement du dessin, etc.). Quelques établissements libres (Stanislas, École Alsacienne, Chefs d'institutions de Paris et des départements, Frères de la Doctrine chrétienne : l'Enseignement libre ecclésiastique et congréganiste s'est abstenu). Enfin, la très interessante exposition des *maisons d'éducation de la Légion d'honneur* ★ (St-Denis, Écouen-les-Loges), avec des travaux d'élèves, couture et broderie notamment, qui sont des merveilles et doivent retenir l'attention des visiteuses de même que le curieux tableau représentant l'établissement de l'*Institution Langlois*, d'Eaubonne (éducation des enfants arriérés.

Musée Centennal. L'Exposition Rétrospective de cette Classe nous offre des vues d'anciens établissements, des reconstitutions de costumes des collégiens d'autrefois, des portraits de pédagogues célèbres, des documents pédagogiques, des estampes (vie du collège), à remarquer encore la collection des *Poupées* ★ de la Légion d'honneur figurant les surintendantes en costumes de l'époque.

Cl. 3. L'attrait de la Cl. 3 (*Enseignement Supérieur*) est l'exposition très remarquable des *Missions*.

La **Cl. 5** (*Enseignement Agricole*) comprend l'exposition des plans, modèles, matériel, collections, travaux pratiques des écoles vétérinaires, des écoles nationales et pratiques d'agriculture, des professeurs départementaux et spéciaux, et de l'Institut Nat. Agronomique. A signaler le *Musée des Maladies des Animaux* ★, véritable Musée Dupuytren de l'espèce animale, peu recommandé aux natures sensibles, mais qui offre l'avantage d'un petit salon de repos; une collection de volatiles naturalisés et d'œufs vidés de l'École d'Aviculture; des collections de pierres; des herbiers, des collections d'histoire naturelle très remarquables, envois des grandes Écoles; des ruches avec leur miel, des cours de vers à soie, etc. L'*Institut Agronomique* présente un ensemble de recherches et d'instruments scientifiques du plus haut intérêt pour ceux, et ils sont nombreux, que préoccupent les maladies du sol, des plantes, des animaux, et qui recherchent les meilleures conditions de culture de notre sol français, les meilleures méthodes d'élevage, les résultats pratiques de cette science

agronomique relativement récente et sans cesse en progrès.

REZ-DE-CHAUSSÉE ● Nous avons terminé la visite du groupe au premier Étage. Nous redescendons à la Classe 4 au Rez-de-chaussée (*Enseignement Artistique*) par le tablier roulant.

Cl. 4. Nos grandes Écoles nationales, départementales et pratiques d'enseignement Artistique sont ici brillamment représentées par les travaux des meilleurs élèves, dont quelques-uns sont des artistes d'un réel talent. « Cette exposition, suivant l'idée du Comité d'installation, constitue le *vestibule* du groupe des Œuvres d'Art (Palais des Champs-Élysées). »

Les ouvrages d'Art Décoratif notamment accusent le progrès incontestable de nos méthodes, la valeur des maitres, et le goût naturel de notre intelligence française. Nous ne pouvons énumérer en détail les petits clous de chaque exposition.

Tous ces petits musées sont à voir : il y a là des merveilles d'ingéniosité, d'habileté, de goût, d'art, que le grand public appréciera autant que les professionnels. Les Conservatoires ont envoyé des compositions d'élèves, des instruments propres à l'enseignement. Mais, pour ne pas demeurer en reste, notre grande École de Musique et de Déclamation a son clou : sa *Salle d'Auditions*, au Palais du Congrès, sur la rive dr., où sont présentés, individuellement et collectivement, nos meilleurs élèves chanteurs, instrumentistes, tragédiens et comédiens. Hors des concerts de classes d'études, des représentations d'avant-concours, au lendemain de la distribution des prix, on renouvellera là les auditions des meilleurs sujets, on y exécutera les cantates des prix d'harmonie et de composition. Ce sera l'exposition vivante et animée dont on ne nous offrira que la préparation pédagogique.

Musée Centennal. Y sont exposés des portraits, des travaux d'élèves illustres du temps passé, des instruments anciens spéciaux à l'enseignement, et une *Histoire de l'École des Beaux-Arts* ★ de la Révolution à nos jours par l'exposition des œuvres des Grands Prix de Rome aux diverses époques du siècle.

La **Cl. 6** occupe pour la plus grande partie l'Annexe située sur l'Av. de Suffren. Elle comprend l'*Enseignement Technique Industriel et Commercial* à tous les degrés, moins les Écoles de la Seine qui figurent au Pavillon de la Ville de Paris : Écoles pratiques, Écoles Nat. d'Arts et Métiers,

---

A L'EXPOSITION

Écoles supérieures de Commerce, Écoles Centrales, École de Chimie industrielle de Lyon, Conservatoire national des Arts et Métiers, etc.

Parmi les travaux exposés pour affirmer les brillants résultats obtenus par l'enseignements technique, il est difficile de faire un choix. Signalons cependant les *machines à vapeur*, travaux d'ajustage de fer et de bois exposés par les Écoles d'Arts et Métiers, et les Écoles industrielles ; les *travaux d'horlogerie* de l'École de Cluses et de l'École de Paris ; les objets d'art produits par les Écoles professionnelles de la Bijouterie et Orfèvrerie et de la Bijouterie-Imitation ; les objets d'art de M. Saint-André de Lignereux ; les travaux de broderie et de dentelle de l'École Élisa Lemonnier et de l'École La Martinière ; les travaux en fleurs et plumes de la *Société pour l'Assistance Paternelle de Paris*; les cartonnages d'art de l'École professionnelle du Papier et des industries qui s'y rattachent.

Nous ne pouvons que mentionner encore les travaux si intéressants exposés dans l'ameublement, la passementerie, la chemiserie, la serrurerie, la coiffure, la reliure, la décoration, pour l'enseignement technique par les cours professionnels des Chambres syndicales.

Sections ⚙⚙ Étrangères

Les Sections Étrangères du Palais de l'Enseignement permettent d'établir des comparaisons instructives entre les méthodes de nos divers ordres d'enseignement et celles qui sont en usage dans les divers pays européens; entre nos écoles professionnelles et celles de l'étranger ; entre nos grandes écoles d'art et celles similaires des grands centres de civilisation. Il y a là des révélations curieuses pour les spécialistes, et même au point de vue général du développement de nations trop peu connues, trop peu estimées de nous.

La Suède reconstitue une École Primaire nationale, avec classes de lecture, travaux manuels, enseignement ménager et cours de cuisine, où nos maîtres recueilleront de précieuses indications, bien que notre enseignement primaire ait fait de grands progrès en ce sens depuis dix ans.

La Norvège expose vingt catégories d'écoles, surtout les Écoles Élémentaires de Christiania, avec une École de Cuisine complète.

La Hongrie occupe un vaste emplacement au Rez-de-chaussée, en face de l'Italie et au Premier Étage. La décoration de cette section blanche, avec ses lauriers, ses paons et sa chouette à la porte centrale est très pittoresque et d'un goût très artistique, qui caractérise d'ailleurs l'exposition tout entière. Les principaux exposants, en effet, sont les Écoles d'Art de Buda-Pest et l'École Spéciale Industrielle d'Agram, qui envoient de remarquables travaux d'élèves : meubles, panneaux à l'aquarelle, ornements de fer forgé, pierres précieuses taillées et montées, etc., dont quelques-uns d'une grande valeur artistique. Au Rez-de-chaussée, les Arts Libéraux (musique, imprimerie, lithographie) accusent par leur ensemble un mouvement intellectuel toujours en progrès et que justifient encore les envois des Universités dignes de leur vieille réputation.

La Suisse se distingue tout particulièrement dans cette section, qui sera pour bien des visiteurs une révélation au vrai sens du mot. Nos voisins nous attestent une expansion intellectuelle et artistique qui place leur pays au premier rang des nations civilisées; tous les arts libéraux sont représentés, toutes les sciences, les lettres, les divers ordres d'enseignement: un Salon est réservé à la Chirurgie, un autre à la Topographie, avec d'admirables cartes en relief, un autre à la Photographie poussée à la perfection ; nous comptons encore un Salon des Instruments de Musique, une Salle des Instruments de Précision, Monnaies et Médailles, un Salon de la Librairie, des Journaux, de la Reliure et de la Typographie (ici quelques spécimens tout à fait remarquables). Le Salon de l'Enseignement comprend : les écoles élémentaires, secondaires et supérieures; les grandes écoles scientifiques et les écoles d'art.

Nous constatons une fois de plus que la Suisse a vraiment poussé à leur perfection les méthodes pédagogiques, surtout dans ses écoles enfantines ; quant aux écoles d'art et aux écoles techniques, non seulement elles affirment leur vitalité et l'excellence de leur enseignement par les divers travaux exposés : panneaux en fer forgé, ciselure, peinture, émaux, sculpture, etc., mais encore elles se distinguent ici par un chef-d'œuvre au double sens du mot. C'est en effet un chef-d'œuvre collectif et corporatif créé par l'*École des Arts Industriels de Genève* en unissant toutes ses forces pour un effort commun; ce chef-d'œuvre est une *Salle à Manger d'art moderne* ★. Sculpteurs, céramistes, ciseleurs, forgerons, peintres, dessinateurs ont travaillé dans ce but le bois, la faïence, la pierre, le fer, le verre et les émaux pour

obtenir un ensemble des travaux ensei-
gnés dans les diverses classes; le plan
général dressé par un élève et revu par
le professeur Mittey est basé sur ce principe que tous les motifs décoratifs sont
empruntés à l'alimentation, comme il est
naturel pour une salle à manger.
Le soleil, les gerbes d'or, les ceps de vigne,
les vergers, sont les sujets des verrières et
panneaux; il n'est pas jusqu'à la volaille,
la perdrix et le lapin qui ne figurent quelque part dans cette ornementation gas-
tronomique; les légumes ont leur part, les
haricots comme les cosses de pois et jusqu'aux pieds de céleri qui jouent un rôle
dans la forme des pieds des meubles. Les
panneaux sont pyrogravés et peints à
l'aquarelle; l'effet est considérable et
nouveau.
Depuis les panneaux jusqu'au plafond aux
caissons transparents et jusqu'aux meubles qui l'ornent, la salle a non seulement
l'originalité, mais l'unité voulue, et fait
grand honneur à l'enseignement genevois.
Si quelqu'un de nos lecteurs désire se
payer cette salle à manger, pour 70 000 fr.,
environ, il peut s'en passer la fantaisie.

La **Russie,** par la volonté expresse de
l'Empereur, est représentée pour toutes les
Classes qui concourent aux Groupes I et
III (Enseignement et Arts Libéraux). Une
commission spéciale, sous la présidence
de M. E. de Kowalesky, a donné tous ses
soins à cette remarquable exposition. Au
Rez-de-chaussée, un premier groupe à dr.
comprend les travaux, plans et graphiques
des écoles professionnelles de garçons et
de filles, élémentaires et supérieures, des
écoles nationales des métiers, des écoles
supérieures scientifiques et des sociétés
savantes.
Une carte de la Russie porte l'indication
des 1000 écoles industrielles de l'Empire.
Vient ensuite l'exposition des Instruments
de Musique, qui comprend principalement
des pianos; le groupe des Instruments de
Précision; la Photographie, avec la remarquable exposition d'Ilyne; les Journaux,
et Éditeurs, représentés par le journal illustré *Néva*, le grand éditeur de cahiers de
musique Jurgenson (qui occupe à lui seul
400 ouvriers), et Koutchnéreff l'éditeur de
la *Novoïé Vrémia*, le grand journal russe,
dont la vitrine en chêne massif est de style
moderne russe. Enfin, selon l'ancien titre
traditionnel, « l'Exposition pour la confection des papiers d'État », exposition des
spécimens de tous les papiers des fabriques impériales à l'usage de l'État. Au premier étage, la Russie témoigne de la puissante impulsion donnée en ces dernières

années à son enseignement technique et
à son enseignement agricole par une
Exposition des Écoles publiques, de l'enseignement privé, des écoles ecclésiastiques et des écoles de district (groupe de
Nigni-Novgorod). Nous pouvons encore
constater que les lycées et *Realschulen*
que les gymnases de filles, que les écoles
supérieures, sont ouverts à nos méthodes
pédagogiques les plus perfectionnées et
que l'enseignement secondaire est en plein
progrès dans l'empire.
L'**Autriche** offre un brillant ensemble de
haute valeur scientifique et artistique. Le
Ministère de l'Instruction publique y con-
court par un Musée Technologique (écoles
professionnelles) dont le clou est l'*exposition de l'École des Arts Graphiques* ★ de
Vienne, célèbre dans le monde entier pour
la perfection de son enseignement. L'École
impériale et royale des Arts Graphiques et
le Laboratoire d'Essais qui lui est adjoint
ont pour mission d'enseigner les principales méthodes de Photographie et de
Reproduction, ainsi que les procédés graphiques d'Impression, et d'encourager
leurs applications aux arts, aux sciences
et à l'industrie. Elle comprend 4 divisions:
l'École de Photographie et de Reproduction; l'École du Livre et de l'Illustration;
le Laboratoire d'Essais photo-chimiques et
d'impressions graphiques; les Collections.
L'École comprend des élèves ordinaires,
des élèves libres et des amateurs. Les publications scientifiques de l'École sont universellement réputées. Elle a puissamment aidé les savants et les éditeurs d'ouvrages compliqués en procédant dans leur
intérêt à des expériences ou à des opérations photographiques au moyen de méthodes photomécaniques nouvelles. Quelques travaux de ce genre se rattachant à
divers domaines des sciences et des arts
sont exposés ici. La population de l'École
varie de 290 à 200 élèves. Il faut voir au
Salon qui est réservé à l'Imprimerie Nationale des *épreuves de photogravures en
trois couleurs* ★ absolument merveilleuses,
œuvres d'anciens élèves de l'École des
Arts. L'Institut Scientifique (écoles supérieures des mines, des ponts, etc.) envoie
un théodolite, des balances de précision,
des microscopes, des microphotogra-
phies, etc. A l'Exposition des Instruments
de Chirurgie, signalons le *matériel des
ambulances.*
Les Arts Libéraux proprement dits sont représentés par les Imprimeurs et Éditeurs
(livres, spécimens de pages), par les Instruments de Musique (pianos), par la Photogravure et la Photographie (Exposition
du Caméra-Club).

A L'EXPOSITION

Les **États-Unis** possèdent deux groupes importants : au Rez-de-chaussée, le groupe des Arts Libéraux (annoncé par un portique à colonnes), comprenant une collection de médaillons, médailles et pièces américaines, des instruments de chirurgie et de chirurgie dentaire en particulier et les instruments du vétérinaire. Au Premier Étage, les écoles américaines tiennent une grande place, tant à cause de leur importance, qu'a cause des méthodes curieuses qu'on y emploie et qui méritent une étude attentive. Dans les vitrines défilent sous nos yeux des photographies des principaux établissements d'instruction primaire et secondaire, avec leurs luxueux bâtiments, leurs parcs, leurs jeux, des groupes d'élèves en costume, des salles de classe, etc.

Les grandes Universités américaines ont

PALAIS DU GÉNIE CIVIL ET MOYENS DE TRANSPORT

Œuvre de Jacques Hermant, déroule sa façade et ses colonnades. Les tympans des pylônes sont décorés de quatre figures symboliques : la Vapeur, la Chimie, la Mécanique, l'Électricité. Le pavillon d'angle du Palais du Génie Civil, superbe avec sa porte d'une somptueuse architecture renaissance, est d'une beauté remarquable d'exécution. La coupole, couronnée d'une tourelle aérienne, domine un cintre agrémenté de cannelures et de motifs tressés. D'étroites colonnes soutiennent un balcon intérieur, ajouré et discret. Des corniches élégantes saillent de chaque côté, et, sous

PALAIS DU GÉNIE CIVIL ET DES MOYENS DE TRANSPORT

leur bonne place dans cette revue rapide des divers ordres d'enseignement de la république nord-américaine.

L'**Angleterre** et l'**Allemagne** participent au groupe moins par leurs expositions scolaires et techniques que par leurs représentants industriels. Pour l'Angleterre, la Cⁱᵉ *Linotype* avoisinant le *Daily Graphic*, dont les presses fonctionnent sous les yeux du public, (Ces machines à *composer*, construites d'après le principe des machines à *écrire*, remplacent chacune trois ouvriers expérimentés. Presque tous les journaux anglais sont pourvus de ces machines les plus perfectionnées que plusieurs journaux parisiens commencent à employer.

Pour l'Allemagne, une *machine à illustrer à 6 couleurs* de la fabrique d'Augsbourg fonctionne sur place, ainsi que des presses perfectionnées de la fabrique de Dresde. La *Belgique*, l'*Italie*, l'*Espagne* et le *Portugal* complètent ce remarquable ensemble de l'exposition scientifique, littéraire et artistique de l'Europe. Constatons avec joie, à l'entrée du xxⁱ s., la noble émulation intellectuelle qui anime tous ces peuples, présage de paix et de progrès dans la voie de la civilisation universelle.

❧

le cintre, une perspective de voûtes successives laisse deviner jusqu'à l'intérieur. Des escaliers contournés grimpent alentour, et l'ordre des portiques successifs qui se complètent ajoute à l'harmonie totale.

De chaque côté du porche, des statues colossales en haut-relief qui représentent les artisans du génie civil et du travail ; ceux de la voie ferrée, de la route et des chantiers se détachent comme les symboliques figures du Labeur et de la Force.

La décoration de la façade se complète par une frise en bas-relief qui court en attique et représente, en une succession de scènes diverses, toute l'histoire de la Locomotion à travers les âges, depuis les temps mythologiques jusqu'à nos jours.

On voit des *Égyptiens transportant un sphinx au pied des Pyramides*, des chameaux et des dromadaires traversant le désert, des éléphants conduisant des familles indiennes, des Lapons sur leurs traineaux attelés de rennes, le premier navigateur dans la première barque, la première chaise à porteurs portée par des chevaux et la première voiture à vapeur.

Sous les premières arcades de ce palais, la Brasserie Steinbach a installé un Restaurant décoré de jolies peintures modernes, avec sur le mur central une vue de la célèbre brasserie de Kochelbraù, à Munich.

Orientation générale ∞

Au Rez-de-chaussée, faisant suite aux Sections Étrangères des Arts Libéraux, se présentent, sur toute la largeur du Palais, les Cl. 30 et 31 (*Carrosserie, Charronnage, Sellerie et Bourrellerie*). A leur suite, sur l'Av. de Suffren, la Cl. 28 (*Matériel du Génie civil*); sur le Champ de Mars, la Cl. 34 (*Aérostation*), encadrant au centre le *Musée Centennal*; puis, encore, sur toute la largeur, la Cl. 32 (*Matériel des Tramways et Chemins de fer*). Viennent ensuite les diverses Sections Étrangères (Galerie du Champ de Mars : *Suisse, Allemagne, Russie*; — Galerie du centre : *Pays-Bas, Autriche, Italie, Hongrie*; — Galerie de Suffren : *Grande-Bretagne, États-Unis, Belgique*).

Au 1er étage. — L'Enseignement occupe, comme on l'a vu, toute la 1re partie du Palais jusqu'à la galerie transversale qui la coupe au milieu. — Dans la 2e partie, après le Vaisseau, sont installées la Cl. 28 (*Plans et Matériaux du Génie civil*); la Cl. 29

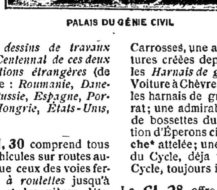

PALAIS DU GÉNIE CIVIL

(*Modèles, plans et dessins de travaux publics*); le *Musée Centennal de ces deux classes*, et les *Sections étrangères* (de g. à dr., par travée : *Roumanie, Danemark, Allemagne, Russie, Espagne, Portugal, Autriche, Hongrie, États-Unis, Grande-Bretagne*).

REZ-DE-CHAUSSÉE ⊚

La Cl. 30 comprend tous les Véhicules sur routes autres que ceux des voies ferrées, depuis le *patin à roulettes* jusqu'à l'*omnibus automobile*, et les pièces détachées, produits et inventions se rattachant à la Carrosserie, au charronnage et à la Vélocipédie. Elle offre donc un double intérêt : pour les innombrables amateurs du Cyclisme et de l'Automobilisme, intérêt technique des nouveaux moteurs et carburateurs, des motocycles et des automobiles les plus perfectionnés en l'état actuel de cette industrie, des vélocipèdes de tous les modèles, des voitures de commerce et de transport à traction mécanique; pour les simples curieux, des superbes *voitures de luxe* et de gala, dont plusieurs attelées, avec les harnais et l'équipage, des mailcoaches, des automobiles aux formes et aux couleurs les plus variées, des élégantes voiturettes, les voitures de la *Maison Tourey*, les lanternes de la *Maison C. Billy*, des traineaux, de grands omnibus automobiles de Dijon, etc. 400 exposants. — La Classe possède une Annexe à *Vincennes*, destinée aux expériences d'automobiles et de cycles.

La Cl. 31 comprend les Harnachements de toutes sortes, les harnais de luxe, selles, brides, harnais de trait; les pièces détachées : mors, éperons, cravaches, etc.

Le Musée Centennal de ces classes réunies est du plus grand intérêt : voici d'abord toute une suite de Voitures Anciennes; un chariot, une litière, un carrosse de poste, des chaises à porteur, un *carrosse de voyage** de Louis XV, une vinaigrette à deux mulets attelée en chaise, un *traineau Louis XV**, la *voiture de campagne du général Morlier**, une berline Empire, un carrosse de gala du xviiie s., et une daumont attelée, avec chevaux et laquais; — puis, une curieuse collection de petits Carrosses, une autre des Modèles des Voitures créées depuis vingt ans; plus loin, les *Harnais de gala de l'Imperatrice**; la Voiture à Chèvres du comte de Chambord; les harnais de grand gala du prince Murat; une admirable collection de Mors et de bossettes du *baron Villa;* une collection d'Éperons ciselés; une ancienne **Patache*** attelée; une exposition rétrospective du Cycle, déjà vue dans les Salons du Cycle, toujours intéressante à revoir.

La Cl. 28 offre moins d'attraits, si ce n'est aux entrepreneurs, constructeurs et bâtisseurs, qui trouvent, ici, un ample choix de matériaux et de machines pour satisfaire leur goût ou developper leur industrie.

A signaler, au rez-de-chaussée, le Bouclier qui a servi aux récents travaux du tunnel de la Cie d'Orléans, des réductions d'Usines en miniature, le Matériel Decauville : locomotives et vagonnets sur rails; au 1er étage, des Bas-reliefs en Ciment, pierres factices; un Chef-d'œuvre d'Ouvrier; enfin, pour les initiés ou les curieux, le Matériel de la Télégraphie Pneumatique et de l'Éclairage des Côtes.

La **Cl. 34** (*Aérostation*), d'un intérêt absolument technique, offre un clou véritable : l'**Avion**[*], construit par M. *Ader*, l'inventeur de l'appareil téléphonique usuel. L'Avion, qui déploie au-dessus du sol ses larges ailes, est un aéroplane de la forme d'une immense chauve-souris, aux membranes et jointures d'une extrême souplesse, mû par un moteur renfermé dans la boîte supérieure et actionné par une seule personne qui prend place dans la cage-nacelle tenant lieu du corps de l'animal mécanique. Il mesure 15 m. d'une extrémité à l'autre. Éprouvé au camp de Satory en 1897, il subit quelques accidents qui en firent ajourner les essais. C'est le premier appareil complet dans ce nouvel ordre de recherches que M. Ader poursuit avec persévérance. — A voir encore les photographies d'*Aéroplanes* et les produits accessoires de MM. *Bognier et Burnel*.

Le **Musée Rétrospectif** contient la curieuse *collection de M. Tissandier*[*], véritable histoire de l'Aérostation, avec ses tissus, ses documents et ses souvenirs de toute sorte : pendules, bijoux, faïences, etc., qui attestent l'enthousiasme du public lors des premières découvertes des ballons (1783) et des grandes explorations aérostatiques. Des gravures, des estampes nous offrent l'image de quelques précurseurs, parmi lesquels le triomphant Cyrano de Bergerac et le jésuite Lumin, Quelques souvenirs du siège de Paris : la maquette du monument de Bartholdi (*les Aéronautes du Siège*)[*], des dépêches microscopiques; la première *photographie prise de la nacelle d'un ballon*, par Nadar père.

La **Cl. 32** est divisée en deux groupes : le Matériel d'Exploitation des chemins de fer et transports sur voies ferrées : locomotives, vagons, outillage de la voie, etc.; et à Vincennes, près du lac Daumesnil, est la Locomotive Électrique[*] à grande vitesse de M. Baudry, qui réalise des vitesses de 120 k. à l'heure, éprouvée en 1897-1898, la première tentative sérieuse dans cet ordre de recherches. Aux derniers essais, avec les électro-moteurs couplés, on atteint facilement en palier la vitesse de 100 k. à l'heure avec une charge remorquée de 100 tonnes, et d'autres essais vont permettre de déterminer les éléments indispensables pour établir sur des bases certaines un projet de traction électrique. La Cⁱᵉ de l'*Ouest*, qui va transformer sa ligne de ceinture en traction électrique, fait à cet égard une exposition du plus haut intérêt. De même l'Orléans.

La Cⁱᵉ des *Tramways* présente ses derniers modèles de Traction Électrique et Mécanique (à vapeur et à pétrole). Le *Sud-Algérien* nous envoie son Matériel à Voie Étroite, etc.

Au Musée Centennal. La Classe est représentée par un clou : le Premier Train de St-Germain et l'Invicta de Stephenson, avec les employés en costume.

Au Palais du Génie Civil n'ont pris place que les Tramways et Chemins de fer à Voie étroite, les organes et pièce détachées, freins, dynamomètres enregistreurs, et les Expositions spéciales des Constructeurs. Les grandes Cⁱᵉ ne se sont réservé que des Salons, où elles exposent des dessins, des planches, des aquarelles, quelques unes fort jolies. Ces Salons, aménagés et décorés avec goût, rappellent les salles d'attente des grandes gares, avec leurs cadres, leurs affiches murales, parmi lesquelles on retrouve avec plaisir les belles compositions de Grasset, de Pal, d'Hugo d'Alési.

Les constructeurs présentent des types divers de machines et de systèmes adoptés dans les Constructions Mécaniques et le Matériel de Traction. Les techniciens apprécieront les perfectionnements du *block system* et s'initieront, avant leur visite à Vincennes, aux types les plus récents de *Locomotives Compound*, parmi lesquels la fameuse *machine du P.-L.-M.*[*] à quatre cylindres accouplés.

PREMIER ÉTAGE ⊜ La **Cl. 29**, la seule des sections françaises avec une partie de la Cl. 23 qui occupe le 1ᵉʳ étage, est le domaine des Ingénieurs et des grands Entrepreneurs de Travaux publics. Le *Ministère des Travaux Publics*, l'*École des Ponts et Chaussées*, les *Ingénieurs des Chemins de fer et de la Navigation*, exposent des Cartes, des diagrammes, des plans, des dessins techniques, parmi lesquels il y a lieu de remarquer cependant des vues des grands travaux des dernières années (Chemin de fer électrique du St-Gothard, — Élévateurs du massif de Belledonne, — Travaux de la Cⁱᵉ d'Orléans, etc.), des Maquettes de Ponts, viaducs, jetées et bassins les plus récents, — des Réductions de Dragueurs, de transbordeurs, de grands travaux d'entrepreneurs (*Daycli et Pillé, Moisan, Fives-Lille*, etc.).

Au Musée Centennal, des Vues et plans des grands travaux du siècle, une très belle série de Planches d'un dessinateur de la Cⁱᵉ d'Orléans, représentant les phases de la grande Locomotion depuis les premières locomotives jusqu'à nos jours, des Vues des Grands ports.

Sections ⚭⚭ Étrangères

Les Sections Étrangères exposent au Rez-de-chaussée les Machines et le Matériel, et au Premier Étage les Matières, les Plans et les Dessins ayant trait aux grands travaux du Génie Civil. Au rez-de-chaussée, le grand Hall de g. sur le Champ de Mars comprend : la *Suisse*, avec une ornementation moyenâgeuse et une triple porte; l'*Allemagne*, avec un haut pavillon de fer; et une exposition industrielle de la *Russie*. Le second hall abrite l'*Autriche* et les *Pays-Bas*, l'*Italie* et la *Hongrie*, cette dernière avec un remarquable portique et une frise décorative très artistique. Le 3ᵉ grand Hall est occupé pour la plus grande partie par la *Grande-Bretagne*, puis par les *États-Unis* et la *Belgique;* les décorations sont simples et de bon goût.

Au 1ᵉʳ Étage, en plus des Annexes des grandes Sections du rez-de-chaussée, ont pris place dans la première travée, à gauche, la *Roumanie* et le *Danemark;* dans la seconde, vers la dr., le *Portugal* et l'*Espagne*. La plupart des machines exposées relèvent du matériel spécial des grandes entreprises de travaux publics et sont d'un intérêt essentiellement technique. Quant aux dessins, plans, tableaux, réductions en miniature, ils rappellent les grands travaux de construction exécutés ces dernières années, les succès des entrepreneurs et des ingénieurs étrangers depuis dix ans.

On remarque l'absence presque totale du matériel de Carrosserie et de Transport que l'on s'attendait à trouver dans ce palais des Moyens de Transport. Le défaut d'emplacement a contraint l'administration a envoyer la plus grande partie de ces expositions à Vincennes, où nous les retrouverons, constituant un ensemble du plus puissant intérêt.

Dans l'Allée qui borde le Palais du Génie civil, sur l'Av. de Suffren, signalons rapidement le Pavillon de la Corée, où sont exposées les Collections du Gouvernement impérial de Corée, les Œuvres d'art anciennes et modernes, peintures, aquarelles, dessins, porcelaines et faïences de toutes les époques, des Bronzes, des Objets religieux et de culte, des Instruments de Musique, des Monnaies anciennes et modernes et des Armes. On y voit également les produits du pays exposés par les nationaux tels que : Instruments Aratoires, Matériel et procédés de Filage et de Corderie, des Meubles et ouvrages de Tapisserie, des tapis, des nattes, de l'Orfèvrerie, etc..., On accède à ce pavillon sur les trois faces; un jardin l'entoure, fermé dans les deux sens par une clôture du pays; un porche original reproduit une porte d'habitation de Seoul.

Auprès s'élève le **Palais du Caoutchouc russe** ★, avec son dôme reproduisant les extrémités des galoches russes; ce Pavillon comprend un Laboratoire, des Ateliers de Fabrication et un Magasin de Vente. Il est suivi du *Restaurant* à terrasse réservé au débit de la bière de Munich (*Spatenbrau*), acclimatée en France par M. Pousset.

Au delà de la Porte 12, une Annexe importante de la Cl. 6 (Enseignement technique et industriel, France et Étranger), puis les Jardins Scolaires avec leurs expériences agricoles, englobés dans les annexes de la classe 28 (Matériel des Travaux publics) et de la classe 63 (Mines et Carrières), cette dernière comprenant une visite dans le Sous-sol. Près de la Porte 11, une Annexe de la Classe 11 (Typographie et Matériel d'Imprimerie de la maison Voirin.

❦

PALAIS DES INDUSTRIES CHIMIQUES

La façade du Palais des Industries Chimiques, qui fait suite au Palais du Génie Civil et des Moyens de Transports, est traitée avec beaucoup de simplicité. Elle est de tous points symétrique et semblable à celle du Palais de la Mécanique qui lui fait face, de l'autre côté du Champ de Mars. Elle se compose d'un portique très sobre et d'un pavillon d'angle avec vestibule d'accès, surmonté d'une rotonde, et décoré d'attributs des Industries Chimiques.

Orientation Générale ⚭⚭

On entre tout d'abord, au Rez-de-chaussée, dans la Cl. 88 (*Fabrication du Papier*); qui est limitée d'un côté par un grand *Musée Centennal*, de l'autre par l'Exposition des *Manufactures de Tabacs et d'Allumettes* (Cl. 91); au fond, la Cl. 89 (*Cuirs et Peaux*), Cl. 87 (*Arts Chimiques et Pharmacie*) occupe une partie du Rez-de-chaussée et le premier Étage où elle est entourée des Sections Étrangères.

Cl. 88 (*Fabrication du Papier*). Dès l'entrée de cette galerie, on est retenu par la *Machine à papier* ★ de MM. Darblay, qui, prenant les matières premières d'un côté, donne de l'autre, par un mécanisme très perfectionné, le papier prêt à être employé.

En regard de cette machine est exposée la *Première Machine à Papier* ★ inventée par Robert en 1799.

Autrefois, la fabrication du papier était un art véritable; on ne connaissait que le papier en feuilles et fait à la main. Aujourd'hui, le papier servant à l'imprimerie des journaux se fait en bobines de 3600 m. de longueur.

Comparer ces deux machines exposées, c'est montrer le progrès énorme accompli dans l'industrie du papier, c'est faire le bond prodigieux d'une production, de 500 k. de papier par jour à plus d'un million de kilos. En effet, la France, avec 583 machines produit environ 450 millions de kilos par an.

On remarque, outre cette machine, diverses expositions de Cuves à papier, de machines à couper le papier, et de matières premières, pâtes de bois, chiffons, etc., et surtout les Papiers de tous genres, parmi lesquels ceux de *MM. Laroche-Joubert et Cie*, et des *Papeteries de Vidalon* (Canson et Montgolfier), qui méritent une mention spéciale.

Les vitrines de la Cl. 88, où sont exposées les différentes Sortes de Papier, se trouvent à dr. et à g. de la porte d'entrée. On y remarque : le papier pour la photographie, le papier à cigarettes, les papiers comprimés, bitumés, imitations de laques, etc.

On remarque particulièrement l'Exposition des Papiers de la Banque de France.

L'Exposition Centennale de la Papeterie, au Centre de la Galerie à g., renferme de curieux échantillons d'anciens papiers, des tableaux et gravures représentant des scènes de l'ancienne fabrication du papier, et l'ancienne *Machine à Papier Robert*.

Cl. 91 (*Manufactures de Tabacs et d'Allumettes*). Cette petite Section, fort bien organisée, montre d'un côté les différents procédés de Culture du Tabac, puis ses transformations, les manipulations diverses qu'il subit depuis la récolte jusqu'à la mise en vente. Les manufactures exposent en outre leur matériel de fabrication et, à côté, la série très complète de tous les Tabacs Français.

En face, Exposition des Allumettes, les fameuses allumettes de la Régie avec tout leur matériel de fabrication, les matières premières, pâte, soufre, etc.

Cl. 87 (*Arts Chimiques et Pharmacie*), au centre de la galerie. On dirait d'un vaste laboratoire dans lequel on aurait accu-mulé les flacons aux tubulures bizarrement contournées, les tubes en U qui se suivent comme une série de dentelles de verre, avec les innombrables cornues aux flancs rebondis, les fioles pleines de substances inconnues et multicolores.

Cette exposition résume les progrès accomplis, surtout pendant ce siècle, dans le domaine de la Chimie, dans celui de la Pharmacie et de toutes les industries qui s'y rattachent.

A côté des innombrables appareils et machines, les produits fabriqués : ici les Cires, Savons, Bougies, la Glycérine, toutes les substances tirées de la houille, plus loin les Alcools et les substances minérales, les Vernis, tels ceux de la maison *Soehnée frères*; plus loin encore, les nombreux produits chimiques et pharmaceutiques, parmi lesquels ceux de la maison *Bognier et Burner*; et les appareils servant à fabriquer toutes ces substances, les machines à dorer, à argenter les pilules, etc.

Il faut accorder une mention spéciale à la curieuse Exposition des *Gaz liquéfiés* ★, et aux diverses sections de machines, parmi lesquelles le Matériel pour la Fabrication des Encres, de la stéarine, du savon, etc.; l'exposition collective des *Raffineurs de Pétrole*, disposée sur de très jolies tables remarquables par leur forme spéciale; aussi, particulièrement intéressante, une machine servant à la fabrication de la *Soie Artificielle* ★.

Chacune de ces expositions est séparée du public par des ornements en fer forgé reliés par des chaînes. Sur les vitraux sont inscrits les noms des exposants.

Les vitrines de cette classe sont au 1er étage, dans les galeries qui contournent la travée des machines.

D'une forme très nouvelle, ces vitrines sont surmontées d'un ornement en fer forgé supportant des instruments de chimie.

On remarque particulièrement : l'exposition collective de l'*Iode*, à dr. le magnifique salon de MM. *Solvay et Cie* (Soude et produits ammoniacaux) et ceux du *Phospho-Guano* des mines de La Palisse et de Honfleur.

L'Exposition des Matières Colorantes et produits chimiques de St-Denis (établissement Poirier et Dalsace), etc.

L'Exposition Centennale de la Cl. 87, située au Rez-de-chaussée, en entrant dans la Galerie du centre à g., est plutôt un musée qu'une exposition de produits. Elle contient des Instruments et des Documents originaux des grands chimistes français, tels que Lavoisier, Ruolz, Ste-Claire-Deville, Balard, Boussingault,

Troost, etc.; on y remarque un *microscope* ayant servi à Pasteur, à Lille, pour l'étude des fermentations.

Cl. 89 (*Cuirs et Peaux*). Au bout de la Travée des machines, près de l'Av. de Suffren, se trouve l'Exposition des Machines pour la *fabrication des cuirs et des peaux*.

L'Exposition des produits des Cuirs et des Peaux a ses vitrines dans la 3ᵉ travée parallèle au Champ de Mars. La disposition des vitrines de la classe est assez nouvelle; elles sont disposées en forme d'étoile, ce qui permet au visiteur placé au centre d'embrasser d'un seul coup d'œil toutes les parties intéressantes de cette section, voir l'Exposition de Peaux de Chevraux de la *Société Française des Établissements Basset*.

La décoration, très remarquable, est faite de cuir orné et teinté par différents procédés artistiques; les lambrequins, les panneaux et les coins de vitrines sont recouverts par des applications de cuir; on remarque particulièrement comme décoration le magnifique *Salon du Jury*, situé au centre de la classe.

L'Exposition Rétrospective est située dans la partie centrale du Palais à dr.; elle contient entre autres : 12 anciennes *bannières de corporations**, une très curieuse collection de *chaussures anciennes**, qui, après l'Exposition, sera offerte au Musée de Cluny; on remarque également une collection intéressante de vieux *arrêts et édits* concernant la corporation des Tanneurs et remontant jusqu'au règne de François Iᵉʳ.

Sections ☺☺ Étrangères

Toutes sont intéressantes à visiter, tant pour la diversité des produits exposés que pour l'élégance et le bon goût des installations.

La **Russie** occupe, au rez-de-chaussée, un grand espace qui s'ouvre par une sorte d'arc de triomphe surmonté d'un clocher tout blanc.

Une série de charmants pavillons abritent les produits exposés : à dr., les Tabacs, Cigares et Cigarettes, Allumettes genre « Suédoises »; au centre, la Parfumerie et les Produits chimiques; à g., les Cuirs, avec des modèles des souples et fameuses **Bottes de Kazan*** (Exposition de la Société des *Tanneries d'Alafonsoff*, d'Odessa, de Varsovie), demi-peaux vernies de *Rossoseff* à Eletz, de *Samuel Adler*, à Radorn, de St-Pétersbourg, Kiew, Moscou, etc. Au centre, le Pavillon des Fabriques de Papier de l'État : la frise est surmontée d'aigles impériales dorées; la

vitrine centrale, en marbre blanc, supporte un chapiteau en fer forgé d'un travail curieux. Plus loin, le Pavillon de la *Stéarine*, fort élégant aussi.

La **Grande-Bretagne,** en face de la Russie, expose des Savons, des Essences et des Tabacs de Guinée.

L'Allemagne, à côté de la Russie, expose d'abord, au fond, du côté de la Section de Mécanique, les grandes Machines à Papier aux rouleaux multiples, de *H. Füllner*, à Warmbrunn (Silésie), et d'autres encore, non moins intéressantes. Les Pavillons, d'une décoration élégante et sobre, renferment surtout des Produits chimiques; à dr., le groupe des *Mines de Sel de Stassfurt**, avec un **Monument** en sel gemme et en bronze, de Hermann Hidding, représentant un Mineur qui tend à des femmes symbolysant l'Industrie les blocs de sel que son pic vient de detacher.

Un peu en arrière, un gracieux Pavillon blanc decoré de fresques et de statues polychromes est réservé a la Parfumerie.

L'Italie, plus en arrière, expose aussi des Produits Chimiques et Pharmaceutiques, parmi lesquels beaucoup d'Essences odorantes.

Le Ministère des Finances Italien est représenté par une exposition de Tabacs de la Régie. — Un Pavillon que décore un portique à colonnes renferme l'exposition collective du Groupe de la Papeterie Italienne, qui comprend une dizaine de Sociétés.

L'Autriche, au 1ᵉʳ Étage, a des vitrines décorées d'appliques de cuir merveilleuses. Les industriels de Gratz exposent surtout des Peaux de porc pour la fabrication de portefeuilles, d'articles de voyage, de selles, etc. La Section des Papiers est fort intéressante.

La **Hongrie** expose des Tabacs, des Bougies, de la Stéarine et de la Cire.

L'Espagne, dont les portiques se distinguent par leurs draperies aux couleurs nationales — rouge et jaune — offre ses cuirs de Cordoue, ses Essences et divers Produits chimiques.

La **Suède** a des collections de Savon aux marbrures multicolores imitant les veines du marbre et du granit, et ses fameuses Allumettes.

La **Norvège** expose aussi des Savons, des Résines et des Peaux, de la Pâte de bois, etc.

Le **Danemark** a une exposition relativement importante de Produits Chimiques et Pharmaceutiques; à g., un sous-officier de l'armée, de grandeur naturelle, figure un Blessé qu'on vient de panser.

Le Trocadéro

CETTE partie, — une des plus intéressantes de l'Exposition, — peut être visitée de deux façons, soit que l'on vienne par le Pont d'Iéna ou le Quai, soit qu'on ait pris le Métropolitain ou le Tramway qui, escaladant les hauteurs du Trocadéro, déposent les visiteurs sur la Place du Trocadéro, devant la façade Nord du Palais, en face de l'Exposition de Madagascar et du Panorama Marchand (ou du Congo).

C'est ce dernier itinéraire que nous avons adopté. Ceux de nos Lecteurs qui commenceront leur visite en montant des rives de la Seine trouveront plus loin la description de chacune des nombreuses sections disséminées dans l'immense secteur du Trocadéro.

DERRIÈRE LE TROCADÉRO

DIVERSES Sections, à cause de leur étendue, n'ont pu trouver place dans le Palais du Trocadéro. Elles s'échelonnent tout le long de la façade, du côté de la Place du Trocadéro. Ce sont d'abord la belle *Exposition de Madagascar* et le *Panorama Marchand*, ou *du Congo*, puis diverses annexes de la *Cl. 114* (Colonisation, Habitations coloniales, etc.).

MADAGASCAR Au centre de la Pl. du Trocadéro, devant la façade du Palais. — C'est une vaste construction circulaire, de 55 m. de diamètre, et qui n'a, du style madégasque, que les boiseries sculptées qui ornementent le pourtour extérieur.

Ce Palais, auquel MM. Grosclaude et Delhorbe, commissaire et commissaire-adjoint, apportèrent toute leur intelligente sollicitude, est relié au Palais du Trocadéro par une élégante passerelle où le public n'a qu'à s'engager : sans fatigue, entraîné par des tapis roulants, le visiteur est aussitôt transporté dans le monumental vestibule du palais de Madagascar.

REZ-DE- ⊚ La vue est immédiatement **CHAUSSÉE** attirée par le spectacle pittoresque qu'offre, au centre et au bas de l'édifice, un Ilot* tout ombragé par une forêt malgache ; en ce petit espace, les organisateurs ont accumulé agréablement les échantillons de la flore et de la faune de la grande île : des oiseaux et des singes vivants animent, les uns de leurs chants, les autres de leurs cabrioles grimacières, ce coin de végétation tropicale.

Autour de l'ilot, sur l'énorme pièce d'eau circulaire, voici des pirogues adroitement gouvernées par des indigènes affairés qui font le simulacre de la pêche, et les légères embarcations évoluent parmi d'affreux caïmans, bien vivants, mais un peu endormis, qui, de temps en temps, en un formidable bâillement, montrent les redoutables crocs de leur terrible mâchoire.

Retournons-nous maintenant et faisons le tour de l'immense rez-de-chaussée.

Voici, savamment rendues, toutes les scènes de la vie madégasque : une succession de huttes où des indigènes, des différentes tribus de la grande île, se livrent à leurs travaux habituels : voilà des laveurs d'or ; voilà des noirs occupés aux diverses opérations qu'exige la culture d'une rizière.

Enfin, car tout doit ici servir à l'instruction du visiteur, les bureaux administratifs sont installés dans une grande case coloniale qui donne l'idée de ce que doit être là-bas l'habitation bien comprise du colon.

PREMIER Il nous faut maintenant monter au 1er étage : par une ingénieuse disposition, nous sommes dispensés des escaliers, toujours harassants, et c'est par des plans inclinés que nous nous élevons vers les galeries supérieures.

Au 1er étage, dans l'immense galerie, nous trouvons l'Exposition Zoologique, Ethnographique et Botanique*. Méthodiquement rangés, se trouvent aussi les produits d'exportation et d'importation. Tout à loisir, nous pouvons étudier les différentes qualités de riz, de café, de graine. Voici des *lambas*, curieux tissus de coton et de soie, et des *trabannes*, tissus faits avec les fibres de la *roffia*.

Non loin, se trouve l'Exposition Minéralogique*. C'est par provinces et par régions que sont groupés les échantillons minéralogiques, dont la variété donne l'idée des richesses incalculables enfouies dans le sol de l'île africaine.

Poursuivons notre visite : nous trouvons d'abord une grande Carte en relief de 3 m. de long, dressée par Mausen, d'après les renseignements fournis par les services

A L'EXPOSITION

géographiques. — A noter aussi une autre carte en relief très intéressante, celle de *Diego-Suarez* et des travaux de défense qui font de ce port le principal point d'appui de notre flotte dans l'océan Indien.

Enfin, quand nous aurons admiré un grand nombre d'objets d'art, d'immenses urnes en argent ciselé, des coupes étranges, des œuvres de patience et de goût, quand nous aurons jeté un coup d'œil sur les costumes, les bijoux, les diadèmes, les souvenirs historiques de toute nature, nous nous retrouverons en face de la passerelle à l'extrémité de laquelle un *orchestre* de 35 musiciens malgaches mène grand tapage avec ses instruments étranges et son répertoire d'airs nationaux.

Voici maintenant une des parties les plus intéressantes de l'exposition madégasque, celle qui est attribuée au *Comité de Madagascar*, qui s'est donné la tâche patriotique de faire connaître à tous notre belle colonie.

Ici est représenté un **Village indigène** * au moment de l'arrivée d'un voyageur blanc qui s'installe avec ses tentes, ses cantines, etc. La scène a pour objet d'indiquer au visiteur tout ce qu'il est indispensable d'emporter pour un voyage à l'intérieur de l'île. Des mannequins en cire sont vêtus de toute la garde-robe nécessaire à l'explorateur, au négociant, au touriste. On voit aussi les armes, les outils, les instruments dont il faut être muni.

Plus loin, nous avons le spectacle d'une **Caravane** en marche : le voyageur dans sa *filanzane* (chaise à porteur) portée par quatre noirs, et suivi des indigènes qui portent sur la tête les bagages indispensables.

Ces deux scènes sont ingénieuses et ont un caractère pratique auquel il faut rendre hommage. Souvent ceux qui se disposent à quitter la Métropole pour aller, dans nos colonies, observer ou coloniser, sont fort embarrassés par mille petits détails, puérils en apparence, et qui, en réalité, sont d'une importance primordiale pour la santé et le bien-être.

C'est toute une affaire de courir aux renseignements, de trouver des hommes complaisants et expérimentés qui sachent donner des conseils utiles : et l'on part ayant négligé d'emporter bien des objets indispensables, encombré au contraire d'une foule de bagages dont on ne se servira jamais.

Ces mésaventures peuvent être évitées aux visiteurs de l'Exposition de Madagascar, qui en quelques minutes, se trouveront renseignés et n'auront qu'à prendre note de ce qu'ils auront sous les yeux pour avoir une liste complète et précise de tout ce qui doit être par eux acheté et emporté, dans le cas où ils voudraient devenir des colons de l'île malgache.

Ainsi se trouve achevé le tour de la Galerie du 1er étage, et nous n'avons qu'à continuer notre visite par le 2e étage.

DEUXIÈME ÉTAGE ⊙⊙ Là se trouvent les Expositions particulières de chacun des grands services de la Colonie : celle des *Forêts*, celle de l'*Enseignement*, celle des *Mines*, de l'*Agriculture*, des *Travaux publics*, etc., etc.

Tout cela est fort intéressant et mérite qu'on s'y arrête, quelle que soit notre hâte de pénétrer dans l'immense et magnifique Panorama, œuvre vraiment artistique de M. Louis Tinayre.

PANORAMA * Ce panorama (Entr. 1 fr.) dont l'auteur prit part à l'expédition, comprend trois parties :

1° La campagne proprement dite depuis le debarquement des troupes françaises à Majunga, les différents combats livrés par nos soldats jusqu'au départ pour Tananarive de la colonne légère.

2° L'effort décisif du corps expéditionnaire aboutissant à la prise de Tananarive et à l'annexion de l'île de Madagascar.

3° La pacification et la mise en valeur de la colonie par le général Gallieni.

Première Partie La première partie est figurée par 8 Dioramas représentant les diverses phases de la campagne : *Majunga et le debarquement des troupes françaises, le Combat de Manonga.* — Le *Combat de Mavelanana.* — *Vue générale de Suberbieville*, où nos troupes ont séjourné deux longs mois en attendant que la route se fît. — *Exécution des Sakalaves* condamnés à mort par le conseil de guerre pour pillage d'un village. — *Attaque de Tsarasoatra* (ce fut la seule fois de la campagne où les Hovas, au nombre de 2000, attaquèrent l'avant-garde de la brigade Metzinger). — *La Route.* — *La Mort du Kabyle*, où l'on voit la route construite par nos soldats entre Marololo et Suberbieville.

La scène est prise au moment où un convoi de ravitaillement est brusquement interrompu par la mort d'un convoyeur kabyle. — Enfin le *Départ de la colonne légère pour Tananarive.*

Après avoir, par un véritable tour de force, concentré à Andriba les vivres nécessaires, les troupes formant la colonne légère quittent Andriba portant 21 jours de vivres et, abandonnant tout contact avec

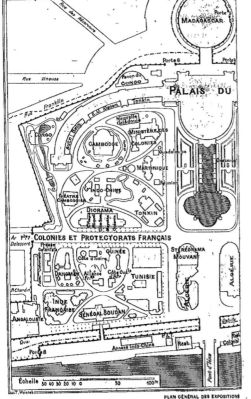

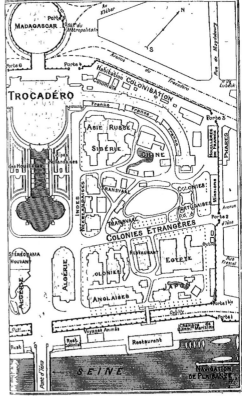

PLAN GÉNÉRAL DES EXPOSITIONS COLONIALES DU TROCADÉRO

l'arrière, partent pour Tananarive, le 14 septembre 1895.

Deuxième Partie

La seconde partie représentée par le **Panorama** proprement dit montre la position exacte des troupes françaises devant Tananarive le 30 septembre 1895.

Avant de donner l'assaut, le général Duchesne fit commencer le bombardement de la capitale ; quelques obus à la mélinite heureusement pointés éclatèrent dans le Palais de la Reine, tuant ou blessant un grand nombre de *cadets de la Reine* et produisant des effets destructifs considérables, ce qui fit immédiatement hisser le drapeau blanc sur le Palais.

Le Panorama nous montre l'arrivée aux avant-postes d'un parlementaire envoyé par Ranavalo et chagé d'opérer entre les mains du général Duchesne la reddition de la ville sans conditions.

Troisième Partie

La troisième partie, figurée par **quatre Dioramas**, est postérieure à la prise de Tananarive : c'est l'œuvre de pacification opérée par le général Gallieni : d'abord une *vue de Tamatave* donnant l'aspect de la côte Ouest de l'île ; puis la *Traversée de la grande Forêt* de 40 kilom., entre Tamatave et Tananarive, donnant l'impression de la flore et de la faune de Madagascar ; ensuite l'*Exploitation d'une Mine d'or* par les indigènes telle qu'elle se pratique et se pratiquera jusqu'à ce que d'autres moyens de transport aient remplacé la filanzane actuelle ; enfin l'*Entrée du général Gallieni à Tananarive* après son second voyage d'inspection et la pacification complète de l'île. Le général, précédé par les notabilités indigènes, s'avance, escorté par la population qui porte des drapeaux tricolores et qui chante joyeusement.

Sur la Plate-forme qui sert de point de vue, M. Louis Tinayre, afin de donner aux visiteurs l'illusion complète du milieu, a fait scrupuleusement reconstituer une *case malgache*, rapportée par lui de son expédition.

Nous avons ainsi fait l'énumération un peu sèche des scènes diverses que le peintre a placées sous nos yeux ; aux lecteurs nous laissons le soin de juger du mérite artistique de cette œuvre très belle, composée avec un remarquable souci de la vérité.

On remarquera certainement de quelle magistrale façon M. Tinayre a rendu la surprenante limpidité de l'atmosphère, et les tons bleuâtres, violacés et roses des collines d'arrière-plan.

Mais il faut avoir été dans ces pays tropi-

caux pour apprécier à quel point l'artiste a su donner l'impression vraie des sensations éprouvées.

❧

PANORAMA MARCHAND

Un peu *à droite* de la façade du Palais du Trocadéro, du côté de la Place. **Entrée : 1 fr.** Un pavillon dont le nom seul suffirait, à défaut de toute autre attraction, à gagner la faveur du public.

C'est le peintre Castellani qui, ayant fait partie de la mission du célèbre explorateur, prit l'initiative de faire revivre sous les yeux des visiteurs les étapes glorieuses de la vaillante petite troupe, entraînée à la suite de son chef à travers le Continent Noir.

Le monument a été édifié sur les plans ingénieux de l'architecte Bertone, et le portique central a grande allure avec ses deux éléphants colossaux. Le frontispice représente le Commandant Marchand, entouré des principaux membres de sa mission.

REZ-DE-CHAUSSÉE

Au rez-de-chaussée, une suite de **Dioramas** représentent les divers épisodes du fantastique voyage : *Une Chasse à l'Éléphant*, — *la Marche du commandant Marchand et de ses officiers* à travers la Grande Forêt, — *les Caïmans sur le Viari*, — *le Transport du Faidherbe à travers la brousse*, — *les Rapides du Pool*, — *l'Incendie d'un village révolté* sur la route de Majunga, — *Une Course sur l'Oubanghi*, — *Une Tournade dans les rapides*, — *le Capitaine Baratier et le Peintre Castellani sur le Quillon*, — *l'Hippopotame*, — *les Marais du lac*, — *l'Entrevue avec le négus Ménélick.*

PLATE-FORME

Un escalier nous conduit à une plate-forme d'où nous pouvons contempler à l'aise le vaste panorama Castellani.

La scène est mouvementée, pittoresque, et représente l'*Embarquement de la mission sur l'Oubanghi*.

Chaque coin de l'immense toile forme un tableau étrange et coloré. Voici Marchand, Baratier et tous les chefs de l'expédition ; voici les indigènes qui se pressent et se hâtent vers le large fleuve ; voici des danses bizarres auxquelles semble présider le peintre lui-même en costume d'explorateur.

Bref, mille scènes captivantes, qui retiendront longtemps l'attention du visiteur.

❧

PALAIS DU TROCADÉRO

Dans le Palais sont réunis, outre les Musées Ethnographique et de Sculpture comparée, décrits dans la partie Dans Paris, le groupe de la *Colonisation Française et Étrangère*, et diverses expositions dont nous parlons plus loin.

PALAIS DU TROCADERO

Construit en 1878 pour l'Exposition universelle. Cet immense Palais, en forme de croissant, est dominé au centre par deux tours carrées auxquelles on accède par des ascenseurs et par un dôme couvrant une vaste *Salle des Fêtes* qui peut contenir 5000 personnes.

Du côté de la Seine, les ailes forment deux galeries élégantes, superposées, d'où l'on jouit d'une vue admirable, — de même que du haut des tours.

Il est affecté en outre à l'Exposition du Groupe XVII (*Colonisation*), l'aileg. étant réservée à la France, celle de dr. aux Pays Étrangers. (V. plus loin.)

se dressent à côté des sévères architectures de l'Asie Russe, où des coupoles massives alternent avec les pointes élancées des clochetons sibériens.

Puis, peu à peu, on perçoit plus distinctement une méthode et un plan dans ce désordre apparent, et l'on se rend compte des dispositions générales de l'Exposition du Trocadéro.

En face de nous, entre la Seine et les cascades scintillantes qui descendent au bassin central, parmi les parterres en pente, voici les deux pavillons parallèles de l'*Algérie*.

A notre droite, l'*Exposition Coloniale Française* proprement dite.

A notre gauche, l'*Ex-*

LA TOUR EIFFEL ET L'EXPOSITION, VUE PRISE DU BAS DU TROCADÉRO

La Vue

C'est de la Terrasse du Trocadéro qu'on peut le mieux juger de la vaste exposition demi-circulaire qui se développe entre la Seine et les immenses bras du Palais.

Tout d'abord, on est presque ébloui par l'étrange diversité de tant de bâtiments, de palais, de constructions, d'édifices de toute nature qui surgissent devant nous.

On se croit en présence d'une sorte de ville fantastique et féerique, où les paillotes sauvages voisinent avec les palais somptueux, où les éclatants minarets algériens

position Coloniale Étrangère, celle des Colonies Anglaises, des Colonies Portugaises, des Indes Néerlandaises, enfin les expositions du *Japon*, de la *Chine*, de la *Russie-Sibérie* et du *Transvaal*.

Nous n'avons plus dès lors qu'à préparer notre visite et à nous tracer un itinéraire.

Nous commencerons d'abord par l'*Exposition de Madagascar*, le *Panorama de la Mission Marchand*, sur la place du Trocadéro, en dehors, pour ainsi dire, de l'enceinte de l'Exposition; puis, descendant les degrés de dr., nous visiterons, succes-

A L'EXPOSITION

sivement les différents palais de l'Exposition Coloniale, dans l'ordre suivant : la *Nouvelle-Calédonie*, l'*Exposition du Ministère des colonies*, l'*Indo-Chine*, la *Guadeloupe*, la *Martinique*, la *Réunion*, la *Guyane*.

Puis, revenant légèrement sur nos pas, vers la *Vallée Suisse*, nous visiterons le *Pavillon du Congo*.

En redescendant vers l'Avenue Delessert, nous trouverons le *Diorama*, où sont installées les expositions diverses des Petites Colonies (*St-Pierre et Miquelon*, *Côte des Somalis*, *Mayotte*, *Océanie*).

A l'extrémité droite, ayant traversé l'Avenue, nous trouvons les bâtiments de l'*Administration Coloniale*, les pavillons de la *Presse Coloniale* française et étrangère, puis, nous dirigeant vers la gauche, nous pourrons parcourir successivement les Expositions du *Dahomey*, des *Indes Françaises*, de la *Côte d'Ivoire*, de la *Guinée*, du *Soudan* et du *Sénégal*, enfin de la *Tunisie*.

Nous passerons ensuite à l'*Algérie*, dont l'exposition s'étend dans la grande allée centrale, perpendiculaire à la Seine.

Après cela, tournant vers la gauche, le long du fleuve, nous trouverons les *Colonies Anglaises* et le *Japon*.

Plus haut, en remontant vers le Palais, nous rencontrerons les *Colonies Portugaises*, le *Transvaal*, les *Indes Néerlandaises*, enfin la *Chine* et la *Russie*, ayant ainsi achevé la visite de toute cette portion de l'Exposition universelle.

Colonies et Protectorat Français ⚙⚙

Avant de commencer notre visite, on nous permettra d'essayer, en quelques lignes, de dégager la pensée directrice qui inspira les organisateurs de l'Exposition des Colonies. Sachant mieux le but poursuivi, les visiteurs retireront un meilleur profit de leur course à travers les pentes du Trocadéro.

A la Classe 113 (Palais du Trocadéro), le visiteur, si le temps le lui permet, pourra consulter quelques volumes qui constituent une étude des plus complètes sur l'ensemble des questions coloniales : les développements successifs des colonies françaises depuis 1800, le récit des voyages d'exploration, des campagnes et des missions ; l'organisation politique et administrative des colonies, leur régime économique, leur évolution, les procédés de colonisation, les progrès réalisés, les réformes qui restent à accomplir, etc.

Le visiteur comprendrait alors que l'Exposition coloniale du Trocadéro n'est point

une suite de « pavillons » plus ou moins curieux, aménagés sans méthode, mais qu'il s'agit d'une exposition devant servir de leçon de choses.

Les questions coloniales prennent à notre époque une indiscutable importance. Elles semblent de plus en plus devenir le point principal de la politique extérieure des grandes puissances. Elles paraissent avoir une répercussion considérable sur l'évolution des phénomènes économiques.

En sortant du Trocadéro, le visiteur n'aura pas fait seulement une promenade intéressante au plus haut point par la variété des spectacles qui lui sont offerts : il aura acquis des connaissances indispensables à tous ceux qui ont le légitime souci d'être informés de la chose publique.

❦

COLONISATION Au Palais du Trocadéro.

Placé sous la haute et intelligente direction de M. Davault, le Groupe XVII se subdivise en 3 Classes :

La **Cl. 113** est installée à l'extrémité droite du Palais en regardant la Seine.

Elle est consacrée plus spécialement aux Procédés de Colonisation. On y trouvera : des Monographies et Statistiques politiques, administratives, industrielles, agricoles et commerciales, des documents relatifs à l'Importation et à l'Exportation, des documents sur l'Organisation de la Propriété, l'emploi de la Main-d'œuvre Indigène, des renseignements sur les Sociétés de propagande et d'encouragement à la Colonisation.

On peut aussi s'y renseigner sur l'Enseignement indigène, sur l'enseignement donné en vue de répandre parmi les indigènes' les connaissances des peuples civilisés, etc. On y trouvera enfin des documents sur les Missions et Explorations et des Collections commerciales et scientifiques rapportées par les voyageurs.

La **Cl. 114**, située dans le Pourtour extérieur du Palais, côté gauche, est consacrée au Matériel Colonial et comprend les matériaux et systèmes de construction spéciaux aux colonies, des modèles de cases, de paillotes, d'habitations indigènes, des constructions commerciales, des habitations de colons, l'outillage, les moyens de transport par terre et par eau en usage dans les colonies.

Le visiteur sera particulièrement intéressé par les bâtiments de la Panification Schweitzer, par les Maisons Démontables, par les wagons et la locomotive du *chemin de fer* ✶ de Dakar à St-Louis, par

A L'EXPOSITION

les *voitures Lefèvre*⋆, dont on parla tant à l'occasion de l'expédition de Madagascar. Voici, également très intéressant, un *bateau*⋆ qui servit à l'*expédition Marchand*. Enfin des ⹁.oteurs, le Monorail portatif, etc., etc.

N'oublions pas de mentionner encore, dans cette Cl. 114, les Appareils de Stérilisation, une réduction du *Pont d'Hanoï*, les Appareils Télégraphiques et téléphoniques spéciaux pour la colonie.

Nous arrivons enfin à la **Cl. 115,** la plus intéressante du groupe, qui est installée dans l'aile g. du Trocadéro.

Elle réunit les Produits spéciaux destinés à l'Importation dans les colonies et manque naturellement un peu d'homogénéité. On trouve côte à côte les marchandises les plus variées : des produits pharmaceutiques et des tissus, des pâtes alimentaires et de la maroquinerie, des beurres et des apéritifs, des conserves et des vins, des spiritueux et des ustensiles de ménage, des pianos et des eaux minérales, de la parfumerie et des appareils photographiques, des articles d'hygiène de la maison *Bognier et Burnel*, etc., etc.

e qui est le plus intéressant, c'est le nombre des Collectivités qui ont pris part à cette exposition et qui figurent soit au Pavillon spécial des Collectivités, à côté du Pavillon des Minerais, soit dans les Galeries du Trocadéro.

citer l'imposante exposition de l'Industrie et du Commerce Bordelais avec ses quarante exposants; celle du Syndicat Cotonnier de l'Est, celle de la Chambre de Commerce de Roubaix, celle de la Mayenne, celle des Bonnetiers de Troyes.

e cette façon les visiteurs qui voudront spécialement se documenter sur cette question pourront avoir une idée précise et complète des marchandises et produits qu'on peut exporter dans nos colonies et dans quelle voie il faut pousser la production destinée à ces débouchés lointains.

n Pavillon particulier est réservé aux Pianos et *appareils photographiques*⋆. Il faut louer l'ingéniosité des constructeurs qui se sont appliqués à fabriquer des instruments démontables et facilement transportables, et qui ont eu soin d'employer des matières pouvant résister à la chaleur humide du climat tropical.

us ce Pavillon, un Sous-sol est aménagé de façon à pouvoir servir de Laboratoire Photographique. Les amateurs pourront y charger leurs appareils.

CUBA ET HAWAI ●

Ce sont les seules Colonies des États-Unis. Leur participation à l'Exposition du Trocadéro n'a été décidée que fort tard, vers le commencement de janvier 1900 seulement. Aussi, le dévoué secrétaire de la Commission de Cuba, M. Ricardo Diaz Albertini, a-t-il dû accomplir des prodiges pour mener à bien l'intéressante exhibition des produits de la nouvelle colonie américaine.

L'Exposition Coloniale des États-Unis est située dans l'aile g. du Palais du Trocadéro. Elle est remarquable, dès l'abord, par son aménagement très artistique. Ses vitrines sont placées, en effet, derrière une colonnade d'environ 60 m. de longueur, formant façade en très beau style Renaissance florentine.

CUBA Un tiers est consacré aux *îles Hawaï*, deux autres tiers à *Cuba*. 200 exposants ont participé à l'exhibition des produits de la grande Antille. Ceux de l'Agriculture y tiennent une grande place. D'abord, le sucre, car la production sucrière est la principale richesse de l'île. Puis les rhums et les tafias, qui dérivent de cette industrie : on les obtient, en effet, par la distillation des mélasses de canne fermentées. Ensuite, le tabac, le café, le coton, le riz, le sagou, le maïs, le cacao, les fruits conservés. La vitrine du Tabac intéressera spécialement le visiteur. Il y verra, feuille par feuille, les échantillons des six qualités types : *quebrado*, *libra*, etc. Puis, les trois genres de cigares fabriqués à la Havane : les *regalias*, les *panatellas* et les *millares*.

Les Productions Minérales sont également représentées : ce sont les minerais de cuivre de Santiago, le platine sous ses divers aspects, la pierre d'aimant, les malachites soyeuses, les cristaux de roche couleur de topaze. Les Usines consacrées à l'Industrie Chimique sont nombreuses à Cuba, et elles se développent avec une frappante rapidité depuis la conquête américaine. Aussi, les produits pharmaceutiques, la magnésie, la parfumerie, les savons, les élixirs sont-ils abondamment représentés.

On remarque aussi l'intéressante Section des Travaux d'Art, avec des toiles de réelle valeur, des miniatures, des porcelaines, des dessins, des photographies, ainsi que la Section Littéraire et Scientifique. Enfin, une belle collection des Armes employées pendant la récente guerre de Cuba.

HAWAI L'Exposition d'Hawaï, qui occupe, comme nous l'avons dit, un tiers environ de l'emplacement total, est bien faite pour exciter la curiosité.

Hawaï est une île de la Polynésie, la plus

grande et la plus méridionale de l'archipel des Sandwich. Son sol est volcanique et l'on y peut admirer les plus beaux échantillons de laves. Ils sont représentés dans les vitrines du Trocadéro. Le visiteur remarquera certainement des Stalactites ★ singulières, desquelles semblent sortir des rameaux d'arbustes. Ces stalactites extraordinaires méritent une mention spéciale : quand les laves, qui sont d'une fluidité extrême, passent au milieu des forêts, de nombreuses branches d'arbres en retiennent des parcelles, de sorte qu'on y voit pendre, de distance en distance, des stalactites semblables à des glaçons formés par la gelée. De plus, ces branches, enveloppées par la matière en fusion, demeurent intactes. On suppose qu'elles étaient mouillées au moment où la lave les a atteintes, et que la vapeur subitement dégagée autour d'elles les a préservées.

Un panneau représente le monument élevé à Hawaï à la mémoire du capitaine Cook, qui y fut tué en 1779. On sait qu'après l'avoir massacré, les naturels le pleurèrent et le prirent pour leur dieu Rono. Ils ont d'ailleurs coopéré de tout leur pouvoir à l'érection de ce monument.

Des *mannequins* ★ représentent ces singuliers indigènes, qui se tatouent la figure et se teignent le front en blanc avec une espèce de craie. A côté sont leurs Armes, et surtout un complet assortiment de Pipes garnies en cuivre, objets particulièrement estimés là-bas. Également, de petits Miroirs, des ornements faits avec des dents de baleine, des colliers en cheveux artistement tressés, des instruments de musique indigènes : calebasses, morceaux de bois creux sur lesquels sont tendues des peaux de requins, etc., etc.

Parmi les échantillons agricoles et industriels exposés au Trocadéro dans cette section, nous nous bornerons à citer le Bois et l'essence de Santal, le Mûrier à Papier et la toile spéciale fabriquée avec son écorce, la Canne à sucre, les Rhums et tafias, les Patates douces et les Bananes.

Méditerranée, l'Océan ou la mer Rouge, sans passer en transit par la France et les ports anglais, les produits d'exportation autrichienne sont à peu près inconnus dans notre pays. Aussi, indépendamment de l'Exposition générale austro-hongroise, une exhibition spéciale des Produits d'Exportation a-t-elle été résolue.

Le visiteur, parcourant l'aile dr. du Palais du Trocadéro, rencontre à l'extrémité un petit emplacement de 50 m., divisé en 50 cases, où le même nombre d'industriels autrichiens, soigneusement choisis parmi ceux qui exportent le plus, ont été admis à présenter leurs produits. On s'imagine combien fut grande la difficulté de réaliser une exposition complète dans un espace aussi restreint. Comment placer un piano, un harmonium, par exemple, dans une superficie d'un mètre carré seulement ? Les exposants ont dû procéder à la confection de réductions. Leur ingéniosité a fait le reste.

On admire là particulièrement les expositions des produits de l'industrie textile, de celles, si importantes, du bois courbé et des instruments de musique. L'exploitation sucrière ne le cède en rien aux précédentes.

L'industrie du Bois Courbé mérite une mention spéciale : se figure-t-on que l'Autriche-Hongrie exporte annuellement plus de 600000 chaises cannées ?

Qu'on ne s'y trompe pas : malgré l'exiguïté extrême de l'emplacement qui lui est attribué, le Musée d'Exportation Autrichien est presque autant qualifié que l'Exposition générale de ce pays pour représenter son activité industrielle et commerciale. Les Anglais, notamment, ne s'y tromperont pas, dont le bill célèbre comportant l'obligation de la marque d'origine sur les produits manufacturés a, contrairement aux prévisions des intéressés, été si favorable à l'industrie autrichienne, déterminant presque tout son mouvement d'exportation.

★✿✦

MUSÉE COMMERCIAL AUTRICHIEN ●●●

L'Autriche-Hongrie n'a pas de colonies. Pourtant son mouvement maritime revêt une certaine importance, et elle exporte un grand nombre de produits manufacturés dans l'Amérique du Sud, et surtout dans les colonies anglaises. Mais le transport s'effectuant directement par l'Adriatique, la

★✿✦

POSSESSIONS DANOISES ●●●

La curiosité du visiteur est vivement excitée par l'intéressante exposition des Possessions Danoises. Elle est située dans l'aile g. du Palais du Trocadéro et s'étend sur une longueur de galerie d'environ 100 m. Là se trouvent rassemblées les principales productions du Groenland, de l'Islande et de l'archipel des Féroé, avec des reconstitutions parfaites des habitations et des types d'habitants.

Tout d'abord, voici la partie spécialement consacrée au **Groenland**, c'est-à-dire à la *terre verte*, cette contrée si originale, qu'une croûte de glaces et de neiges éternelles recouvre, ne laissant à découvert que la frange maritime. Ce gigantesque glacier n'en renferme pas moins des richesses précieuses pour la métropole.

En effet, si le règne végétal y est excessivement pauvre, s'il se compose seulement de mousses, de lichens, de quelques plantes annuelles et d'un petit nombre d'arbustes, on n'y élève pas moins de nombreux troupeaux de moutons, et l'Exposition Danoise du Trocadéro comporte des échantillons d'une laine magnifique.

On y voit également des Peaux de rennes, de lièvres, de renards et d'ours blancs. Il ne faudrait pas se figurer pourtant que les ours blancs soient aussi nombreux dans ces régions antarctiques qu'on le croit généralement.

On ne les trouve plus guère, en effet, qu'à trois ou quatre endroits, et les marchands de fourrure réussissent à peine à se procurer 5o peaux par année.

A remarquer aussi et à toucher les superbes échantillons de ce duvet si estimé sous le nom d'*édredon ★*, et qui est produit par un oiseau aquatique du Groenland, l'eider (*anas mollissima*).

Les eiders et les autres oiseaux de mer sont la-bas en telle quantité qu'il est presque impossible de s'en faire une idée. On rencontre les eiders par milliers à certaines places; pourtant, ils sont l'objet d'une chasse tellement acharnée, que l'on peut calculer que, dans un siècle d'ici, ils seront très rares.

Ils se réunissent en bandes si considérables, lorsqu'ils s'envolent de la mer, que le bruit de leur vol ressemble au fracas d'une montagne de glace qui s'abîmerait soudain. Jadis, lorsque les Groenlandais ne connaissaient pas encore la valeur de l'édredon, ils se contentaient de prendre les œufs et laissaient le duvet dans les nids. Les progrès de la civilisation leur ont appris à dépouiller les nids tout aussi bien du duvet que des œufs.

Voici maintenant une collection complète de Peaux de Phoque. On en voit cinq variétés. Le phoque est, en effet, l'animal le plus répandu sur la côte groenlandaise. Il n'est pas rare que les marchands en achètent, chaque année, de 5o ooo à 6o ooo peaux, et l'on peut affirmer, sans exagération, qu'il s'en prend au moins 100 000 dans le même intervalle.

A côté, le visiteur aperçoit des *fanons de baleine ★*, une *tête de narval ★*, avec des harpons taillés justement dans l'ivoire des défenses de ce delphinien, — ivoire qui n'est pas inférieur à celui de l'éléphant. Puis, voici les échantillons des principaux produits d'exportation groenlandaise : les Huiles, les Peaux, les Fanons de baleine, etc., que tous les ans des navires de 200 à 25o tonneaux rapportent à Copenhague.

La **Section Islandaise** de l'Exposition Danoise est non moins curieuse. Les Islandais vivent surtout de la Pêche, de l'Oisellerie et de l'Élevage du Bétail. Ces différentes manifestations de leur activité sont très suffisamment représentées au Trocadéro. Les Islandais sont à la fois charpentiers, menuisiers, constructeurs de bateaux, forgerons, orfèvres, etc. Le visiteur les voit dans ces diverses occupations, par le moyen de minuscules maquettes qui sont des reconstitutions fidèles d'habitations et d'ateliers islandais.

Les Bas, les Gants de laine, tricotés et fourrés, le Poisson salé ou séché, la morue surtout, l'Huile de poisson, le Suif, les Peaux de mouton, l'Edredon, les Tricots, l'espèce de Lichen appelée « mousse d'Islande », tous produits de la grande île arctique, sont également représentés dans la galerie du Trocadéro.

En parcourant un espace de moins de 3o m. carrés, le visiteur pourra suffisamment apprécier aussi les produits des règnes minéral et végétal dans le pays des geysers, ces fontaines chaudes qui jaillissent du sol glacé. Voici des Quartz, des silices, des gneiss, des échantillons de Tourbe, des Racines légumineuses, une sorte de Chanvre sauvage dont on se sert pour faire du pain qui ne manque pas de saveur, d'utiles lichens, des Confitures de Myrtilles, etc., etc.

Enfin, les **Iles Féroé** (en danois *Faroerne*, c'est-à-dire « îles des brebis », ont envoyé leurs Minerais de fer, de cuivre, leurs échantillons de Jaspe, de Houille, de Tourbe, et aussi leurs Opales. La belle Laine des moutons blancs et noirs de ces îles est également représentée.

De grands panneaux de toile, rapidement brossés, figurent les côtes rocheuses, avec des vols de puffins, de guillemots, de grisards, de goélands, de bourgmestres, de pétrels, etc.

Les principaux objets de l'exportation des Féroé sont représentés au Trocadéro par des échantillons de Laine brute, de Bas de laine, de Peaux et de Duvet.

Mentionnons encore les élégantes *pirogues ★* pontées, que le visiteur ne manquera pas de curieusement examiner.

CONGO BELGE

La Belgique n'a pas, à proprement parler, de Colonies. L' « État Indépendant » du Congo est, comme son nom l'indique, presque autonome. Il ne participe d'ailleurs pas à l'Exposition universelle.

Mais l'industrieuse Belgique ne travaille pas moins à la confection de multiples objets d'Exportation coloniale. Nos voisins ont tenu à mettre sous les yeux des visiteurs de l'Exposition spéciale du Trocadéro la collection complète de ces objets. Les produits de l'industrie belge destinés aux colonies de tous les pays sont rangés dans la Cl. 117 et ont pour emplacement l'extrémité de l'aile gauche du Palais. La Fédération des fabricants belges a pris l'initiative de cette exhibition, qui comporte surtout la Verrerie, la Clouterie, la Métallurgie en tous genres et les Tissus de Coton. L'exposition verrière est particulièrement importante. Celle de la métallurgie ne l'est pas moins : on sait que les usines de la province de Hainaut fournissent exclusivement les Cies de chemins de fer chinoises. On se rend compte, dans ces conditions, de l'importance des relations commerciales de la Belgique avec les colonies étrangères de tous les pays du monde.

Au reste, le visiteur n'aura pas à admirer le fini d'objets destinés à la satisfaction de besoins très primitifs, mais l'examen attentif des échantillons de l'industrie belge exposés au Trocadéro lui donnera l'impression du sens commercial éminemment pratique de nos voisins.

※

JARDINS DU TROCADÉRO

Comme nous l'avons déjà dit, l'Exposition du Trocadéro est divisée en 2 groupes. D'un côté, à dr. en descendant, les *Colonies et Protectorats Français*, à g., les *Colonies et Pays Étrangers*.

Nous commençons la visite par la *Section Française*. Rappelons que le *Tonkin*, le *Cambodge* et l'*Indo-Chine* sont décrits sous le titre général *Indo-Chine*.

CONGO FRANÇAIS

L'exposition officielle du Congo français, dont l'organisation fut confiée à MM. Ponel et Guillemot, commissaires, est installée dans un coin frais et retiré, appelé la *Vallée Suisse*, derrière l'extrémité de l'aile dr. du Palais du Trocadéro. Elle comprend un pavillon en fer et en carreaux de plâtre, couvert de tôle ondulée, monté sur une infra-structure en bois. A côté, une case indigène circulaire de la région du Chari.

Le **Pavillon**, démontable, est destiné à être envoyé, après la clôture de l'Exposition, dans la colonie du Congo, où il servira de poste. En avant, une pièce d'eau, sur laquelle flotte une curieuse pirogue indigène.

REZ-DE-CHAUSSÉE La partie inférieure du Pavillon, en bois, forme une salle à claire-voie, où sont exposées d'énormes billes de bois précieux, envoyées soit par la colonie, soit par des particuliers.

PREMIER ÉTAGE La partie supérieure, en fer, forme une vaste salle de 20 m. sur 10, qui, outre trois Dioramas peints par M. Castellani, contient des marchandises, produits et objets divers : ivoire, caoutchouc, collections minéralogiques et botaniques, armes, ustensiles indigènes, meubles du pays, objets et produits d'importation, tissus, etc., etc.

Sous la **Véranda** qui entoure le Pavillon, se trouvent deux *cartes* de 3 m. sur 4, représentant le *Congo Français en 1889 et en 1900*. Deux cartouches portent le nom des principaux explorateurs.

※

NOUVELLE-CALÉDONIE

Tout en haut des Jardins, à dr. de la terrasse, organisée par M. Louis Simon, commissaire général, l'Exposition de la Nouvelle-Calédonie est installée dans un pavillon de forme rectangulaire, éclairé par des châssis vitrés. On y pénètre par 4 portes dont 2 s'ouvrent sur une véranda de 3 m. de large.

L'intérieur du pavillon est élégamment tapissé d'étoffe bleutée, avec, comme plafond, un vélum blanc qui tamise la lumière. Au milieu de la salle, le plan en relief de la Nouvelle-Calédonie. Les murs sont garnis de vitrines et d'étagères où sont exposés les produits de la colonie. On sait qu'ils sont nombreux. Les cafés occupent dans l'exposition une place importante. Le caoutchouc, le tabac, la vanille, les arachides, le gingembre, les résines, sont représentés par des échantillons variés.

La collection des roches et des minerais est particulièrement intéressante. Le nickel, le cuivre, le chrome, le cobalt, sont déjà en pleine exploitation à la Nouvelle-Calédonie, et bientôt, sans doute, on pourra extraire de ce sol richissime l'or, le plomb argentifère, le mercure, le fer, l'antimoine, le manganèse, le zinc, sans compter la houille, dont les affleurements ont été reconnus sur une longueur de près de 200 kilomètres.

Le visiteur ne manquera pas non plus d'admirer une superbe collection des essences de bois qui sont un des éléments de prospérité de la colonie : bois précieux, comme le santal et le bois de rose, bois de construction, chêne-rouge, chêne-liège, etc. D'ailleurs, toutes les boiseries du pavillon, y compris les portes, sont faites en bois de la colonie. À l'extérieur, à l'extrémité Ouest, se trouve un kiosque pour la dégustation du café.

❧❦

MINISTÈRE DES COLONIES ❀❀❀❀❀

Ce pavillon est une élégante construction qui se compose de grandes galeries sur lesquelles s'ouvrent deux grandes salles et quatre petites destinées à renfermer les expositions des différents services du Ministère des Colonies. C'est là que se trouve exposé ce que M. Charles Roux appelle la *synthèse* de l'Exposition Coloniale.

C'est là que sont réunis tous les documents nécessaires pour présenter au public l'historique et le résultat des efforts tentés par la France dans cette grande œuvre de colonisation qui caractérisera surtout les trente dernières années du siècle.

C'est là qu'on trouvera les ouvrages dont nous avons fait plus haut l'énumération, et qui constituent une incomparable bibliothèque coloniale. C'est là enfin que le service géographique du Ministère a exposé ses principales publications, s'attachant surtout à mettre en lumière les progrès que doit la géographie coloniale aux travaux entrepris dans nos colonies elles-mêmes.

Le public peut ainsi se rendre compte des résultats obtenus en Afrique, spéciale-, ment dans la Boucle du Niger, dans le Soudan Septentrional, dans le Sahara, dans la Guinée et au Congo Français.

Une place spéciale est réservée aux travaux de la *Mission Marchand*, qui a recueilli sur la partie Centrale et Orientale du Continent noir de si précieux documents.

En ce qui concerne l'Asie, l'exposition du Ministère comprend notamment les travaux de M. Pavie dans la Presqu'île Indo-Chinoise, des lieutenants de vaisseau Simon et Mazerand sur le *cours du Mé-Kong*, de la mission d'étude du *Chemin de fer de pénétration au Yun-Nam*.

Enfin, le Département des Colonies consacre une place importante aux résultats géographiques obtenus à Madagascar, grâce à l'*initiative du général Gallieni*.

On consultera avec fruit un Atlas colonial qui permet de jeter un coup d'œil d'ensemble sur les possessions de notre pays, et des tableaux statistiques accompagnés de graphiques d'une exactitude absolue, qui constituent un enseignement précieux.

OFFICE COLONIAL

Trois salles sont spécialement affectées à l'*Office Colonial*, un rouage récent de notre administration, qui a déjà donné des preuves convaincantes de son activité et des services qu'il peut rendre. La première sert de salon de réception et contient une bibliothèque composée d'ouvrages choisis parmi les 8000 volumes qui appartenaient à l'ancienne Exposition permanente des Colonies.

On y trouve, bien entendu, les publications les plus récentes des rapports de nos explorateurs et chargés de mission, et de nombreuses photographies.

Dans la seconde Salle est installé le Bureau proprement dit de l'Office Colonial. Là, des fonctionnaires donnent sur place tous les renseignements commerciaux et autres dont le public peut avoir besoin.

Les panneaux sont revêtus de peintures murales indiquant les gisements houillers, les concessions agricoles occupées ou disponibles.

La troisième Salle contient des échantillons de produits coloniaux.

Ces trois salles sont richement décorées au moyen d'emprunts faits aux collections précieuses de l'ancienne Exposition permanente, et de véritables œuvres d'art viennent atténuer pour les visiteurs la sévérité d'une exhibition purement commerciale.

À l'une des extrémités de la galerie, dont le plafond a été peint par le grand artiste qu'est M. Cormon, se dressent les statues et les bustes des hommes qui contribuèrent le plus efficacement à notre expansion coloniale : Jules Ferry, Courbet, Garnier, Lavigerie, etc., etc.

SERRE À l'autre extrémité se trouve une serre tropicale, contenant les plantes exotiques cultivées dans nos possessions d'outre-mer. M. Dybowski, directeur du Jardin d'Essai des Cultures Coloniales à Vincennes, y a installé une exposition des plus intéressantes. Dans le voisinage se trouve enfin l'Exposition de l'Institut Colonial du Dʳ Heckel

❧❧—

GUYANE ☺☺
FRANÇAISE

Le Pavillon de la Guyane Française s'élève dans le groupe des anciennes colonies (Martinique, Guadeloupe, Réunion, Guyane), derrière le pavillon de la Martinique. Son organisation a été confiée à l'aimable M. Maurice Gourbeil, commissaire général.

La construction affecte la forme d'une habitation du pays. Un seul étage. On pénètre d'abord dans une salle carrée, reliée à deux petites salles oblongues par une baie vitrée.

Le pavillon est de dimensions restreintes, si l'on considère le nombre et l'importance des objets exposés. Mais on a racheté cette exiguïté par l'élégance de l'installation intérieure.

Le pavillon est tendu en étamine bleue, les tentures coupées par des madras du pays. Les meubles sont en acajou de la Guyane.

A part les exposants individuels, relativement peu nombreux, on compte deux principaux exposants : la *Colonie* elle-même et l'*Administration Pénitentiaire*.

Un Comité local a, en effet, été constitué à Cayenne dès 1898 pour réunir des spécimens des productions les plus intéressantes du pays et assurer leur envoi à Paris en 1900. L'effort produit par ce Comité a été des plus féconds.

La Guyane, on le sait, en raison de son étendue, de la variété et de la richesse exceptionnelles de ses ressources naturelles, est appelée à un brillant avenir.

Elle est destinée à être une grande et florissante colonie agricole et de peuplement, bien que, pour le moment, sa prospérité repose presque exclusivement sur la production aurifère.

L'idée prédominante qui a présidé à l'organisation de l'Exposition a donc été d'attirer l'attention des visiteurs sur les richesses des produits naturels du pays, de leur permettre de se rendre compte, en même temps, de sa situation économique actuelle, et de l'avenir considérable qui semble lui être réservé.

GRANDE SALLE Dans la Grande Salle du pavillon sont installées les expositions minéralogiques et forestières.

La Guyane est couverte d'immenses forêts renfermant des essences d'une grande variété et d'une grande valeur.

On présente aux visiteurs des échantillons de ces diverses essences.

Dans ce groupe (comme dans les autres, du reste), on a sous les yeux les produits bruts, les objets préparés et les objets fabriqués avec ces produits.

Citons parmi les principales essences exposées : le maho rouge, l'acajou franc, le raoule jaune, le parcouri brun, l'ébène vert, le balata indien, le panacoco blanc, l'angélique blanc, le bois de rose, etc.

Puis, parmi les productions secondaires de la forêt, les gommes et résines, les textiles, les huiles végétales, les matières colorantes et tannantes, etc.

L'Exposition des produits minéraux, faite dans la même salle, comprend les phosphates, les minerais, les produits de l'industrie aurifère.

Ce groupe est particulièrement intéressant.

On remarque, en effet, une collection d'échantillons d'or (lingots, pépites, quartz, pyrites et limonites) et d'échantillons authentiques des diverses couches de terrains au sein desquels se trouvent les gisements aurifères (terreaux, graviers, roches, glacis).

La *Société des Gisements d'or St-Élie* expose une vitrine contenant des *échantillons d'or* de toute beauté, ainsi qu'une collection géologique très complète et du plus haut intérêt.

A côté de cette Exposition d'échantillons, le rendement général de l'industrie aurifère depuis dix ans est figuré d'une façon frappante par une pyramide de cubes dorés, dont les sections représentent exactement les quantités d'or extraites par année.

En outre, un plan en relief reproduit une installation type de chantier aurifère guyanais, au 20ᵉ de sa grandeur naturelle.

Dans la **Galerie vitrée** séparant les deux salles, on peut admirer des collections d'oiseaux, mammifères, reptiles, insectes, artistement montées.

PETITE SALLE Enfin, la petite salle est réservée aux produits alimentaires : cafés et cacaos, fruits, roucous, riz, maïs, fécules diverses, conserves de légumes et de fruits, rhums et tafias, etc.

Les objets de pure curiosité qui constituent la partie artistique et décorative de l'Exposition comprennent un ensemble pittoresque et varié d'armes et poteries in-

A L'EXPOSITION

diennes, curiosités de toute espèce, complété par un album de vues reproduites en photogravure.

Deux *vérascopes* sont installés dans le pavillon, à la disposition gratuite des visiteurs.

N'oublions pas, puisque nous parlons de la décoration du pavillon, de signaler une *telle toile* représentant le panorama de l'entrée de Cayenne, due au peintre colonial Paul Merwart.

Le long des murs sont aussi appendus des plans, divers tableaux statistiques, des cartes de la Guyane avec indication de la constitution géologique, orographique et hydrographique ; des concessions aurifères, des voies de communication, etc., en même temps que des tableaux indiquant les mouvements du commerce, de la navigation, des tableaux météorologiques, etc.

Cet enseignement par les yeux est complété par la distribution a un prix très réduit d'une notice de 250 pages avec gravures, renfermant des renseignements complets et rigoureusement exacts sur la géographie, l'histoire naturelle, l'agriculture et l'industrie de la colonie.

Signalons enfin le **Comptoir** de dégustation de fruits et de boissons de la colonie qui est installé à droite du pavillon.

❧❧

INDO-CHINE Au sud de l'Exposition du Cambodge. L'Exposition Coloniale tout entière comporte une sorte de philosophie. Les organisateurs se sont efforcés d'intéresser le public, tout en l'instruisant et en lui donnant une idée d'ensemble des procédés coloniaux et de la politique générale en matière coloniale.

Dans l'organisation de l'Exposition Indo-Chinoise, M. Pierre Nicolas s'est inspiré des mêmes préoccupations. L'ancien chef de cabinet de M. Doumer a voulu traduire fidèlement la pensée et les actes du Gouverneur général de l'Indo-Chine.

M Doumer, on le sait, a consacré toute son énergie à réaliser l'unité indo-chinoise. C'est cette unité que fait connaître et constater aux visiteurs l'Exposition du Trocadéro. S'il y a des subdivisions dans nos possessions d'Extrême-Orient : la Cochinchine, le Cambodge, le Laos, l'Annam et le Tonkin, il ne doit plus y avoir de différence réelle entre nos possessions proprement dites et les pays de protectorat ; il ne faut voir dans les subdivisions ci-dessus rappelées que des expressions géographiques et non administratives.

Des gens bien informés se rappelleront sans doute qu'il y a à Pnom-Penh un vieux souverain qui porte encore le titre de roi, en ayant depuis longtemps perdu les prérogatives. Ils pourront aussi se souvenir qu'il existe à Hué un jeune homme paré du titre d'empereur, qui, dans son palais, reste tout à fait libre de prendre toutes les distractions qu'il souhaite ; mais il n'en demeure pas moins démontré, par l'organisation même de l'Exposition Indo-Chinoise, que la réalisation de cette unité dont nous parlons plus haut est un fait accompli.

Il n'y a pas, à proprement parler, d'exposition ou de bâtiment spécialement affecté à la Cochinchine, au Cambodge, au Tonkin, etc. Il n'y a qu'une EXPOSITION INDO-CHINOISE. Cette exposition comporte cinq constructions principales ou groupes de constructions, savoir :

1° Le *Palais des Produits de l'Indo Chine*, reproduction de la pagode de Cho Lon ;
2° Le *Palais des Arts Industriels*, reproduction du palais de Co Loa (Tonkin) ;
3° Le *Pavillon Forestier*, reproduction d'une maison annamite ;
4° Le *Pnom*, reconstitution de la Colline et de la Pagode royale de Pnom-Penh ;
5° Le *Théâtre Indo-Chinois*.

Il nous faut maintenant piloter successivement le visiteur dans ces différents palais.

LA PAGODE DE CHO-LON ❀❀❀ La Pagode ici reconstituée est une des merveilles de la Cochinchine. Elle est privée de son cadre pittoresque, à quelques kilomètres de Saïgon, Cho-Lon étant la ville chinoise la plus mouvementée, la plus curieuse qui se puisse imaginer, surtout quand vient le soir, et que, dans les rues étroites, bordées de boutiques, éclairées par de gros ballons rouges, circulent les Célestes, tous munis de petites lanternes à la lueur vacillante. Mais on ne goûtera pas moins le charme réel de cette architecture étrange, délicate, élégante, de ces sculptures finement fouillées, de ces minces colonnettes, de ces toitures aux lignes sobres.

C'est là que sont réunis les produits agricoles et industriels de toute l'Indo-Chine, c'est-à-dire du Tonkin et de l'Annam, aussi bien que du Laos, du Cambodge, du territoire de Quang-Tchéo-Wan, récemment acquis à la France, et de la Cochinchine.

Les produits les plus importants sont :

Riz naturels et décortiqués ; alcool de riz ; thés, cafés, cacao, cire, miel ; canne à sucre ; indigo ; bois de teinture ; coton ;

huiles d'arachides, de coco, de poisson, noix d'Arek; ivoire, os; ramie, coton et diverses plantes textiles; soie brute; matériaux de construction; chaux à bétel; terres cuites; opium brut, opium manufacturé; tabac; allumettes; poissons salés, muoe-man (eau de poisson); nacre; écaille brute; coquillages; nattes; armes; or, argent, cuivre, étain, charbon; instruments de musique; voitures, palanquins, jonques et barques; plumes brutes.

Un détail intéressant à noter en passant : suivant les instructions données par le Gouverneur général à son Commissaire, M. Nicolas, la construction du Palais des produits Indo-Chinois a été confiée tout entière à des associations ouvrières de Paris.

C'est également dans cette pagode qu'ont trouvé place les modèles des grands ponts en fer et ouvrages d'art de l'Indo-Chine, commandés, en France, par M. Paul Doumer.

Sur les surfaces murales laissées libres par les sculpteurs figurent les *plans monumentaux et perspectifs* des quatre plus grandes villes de l'Indo-Chine : Saïgon, Hanoï, Hué et Pnom-Penh, exécutés par M. Paul Merwart, peintre du Ministère des Colonies, ainsi que *deux grandes cartes murales* représentant, l'une les progrès faits depuis la conquête, dès la connaissance de notre Empire Indo-Chinois (itinéraire des explorateurs), l'autre la distribution, sur toute l'étendue du territoire, des produits économiques, les voies de communication, etc.

LE PALAIS DES ARTS INDUSTRIELS ◉◉◉◉◉◉ Le Palais de Co-Loa est un bâtiment un peu compliqué, mais sobre comme détails et élégant dans son ensemble. En façade, trois portes cintrées donnent accès à un escalier qui conduit aux galeries du fond, closes par de grandes portes de bois sculpté.

Les Salles Décorées de ce bâtiment renferment les produits des arts industriels de l'Indo-Chine. Il y a également des vitrines réservées aux objets d'art de tous les pays indo-chinois.

Les principales exhibitions se composent de : Dessins, gravures, livres illustrés, tableaux, peintures, parasols, éventails, écrans, écaille ouvrée, soie ouvrée, broderies, meubles et tabletteries, laques sculptées et incrustées, plumes ouvrées, faïences et porcelaines décorées, ouvrages en or, en argent, en étain, en bronze, vannerie, costumes et harnachement.

Le visiteur admirera particulièrement les jolies étoffes cambodgiennes, si souples, et de tons si chauds, les artistiques broderies de Bac-Ninh, les merveilleuses incrustations de nacre, finement exécutées a Nam-Dinh, la ville la plus industrielle du Tonkin, où près de 50 000 habitants jouissent d'une réelle prospérité commerciale.

LE PAVILLON FORESTIER ◉ La gracieuse Maison Annamite apportée, pièce par pièce, au Trocadéro, a été construite à Thudaumot, sur la rivière de Saïgon.

Elle donne exactement l'idée de l'habitation d'un mandarin ou d'un riche négociant annamite.

On ne manquera pas d'examiner avec soin les détails de la décoration intérieure, les cloisons, les poutrelles artistement sculptées. C'est une œuvre de goût et de patience qui fait grand honneur à l'ingéniosité indigène.

C'est là que se trouvent les produits forestiers de toutes les provinces indo-chinoises : le bambou, ce vigoureux arbuste qui constitue une des principales richesses de l'Extrême-Orient, dont les tiges servent à faire les habitations, les meubles, les chariots, les palanquins, etc., dont les feuilles servent à l'alimentation de l'homme et des animaux et dont le suc peut devenir un produit précieux; le rotin, dont la croissance de production deviendra une source de richesses, comme elle l'a été en grande partie pour la colonie anglaise de Singapour; le tek, magnifique essence dont on admire de superbes échantillons, aux tons rougeâtres, dans les pagodes de Cochinchine et d'Annam; le camlai, le trac, le boloi, etc., etc.

Il y a ainsi, surtout dans les collines boisées d'Annam, d'incalculables richesses encore inexploitées. Il serait à souhaiter que des visiteurs compétents, informés par les échantillons ainsi placés sous leurs yeux, soient tentés d'aller essayer là-bas des exploitations forestières, sans nul doute rémunératrices.

LE PNOM Voici, sans tenir compte de sa forme pointue, le véritable clou de l'Exposition Indo-Chinoise.

Rien de curieux, de pittoresque et de séduisant comme ce tertre cambodgien si habilement reconstitué par M. Marcel, architecte.

Un escalier monumental, bordé de chaque côté par les replis sinueux de dragons fantastiques, conduit à une terrasse où se dresse la Pagode Royale, d'une richesse incomparable, surmontée du grand Pnom (campanile en forme de cloche de 47 m de hauteur).

Le grand escalier est flanqué d'autres

pnoms, plus petits, mais de forme identique.

Au seuil de la Pagode Royale s'élève, en une masse dorée, un immense Bouddha de 6 m. de hauteur.

De la terrasse, qui se développe autour de la pagode, les visiteurs qui connurent Pnom-Penh seront étonnés, tant est fidèle la reconstitution, de ne pas trouver sous leurs yeux le panorama verdoyant de la capitale cambodgienne. Mais à la place des longues rues indigènes, aux paillotes élevées sur pilotis, du Mé-Kong majestueux et rapide poussant ses eaux vers la mer de Chine, ils trouveront un spectacle ni moins grandiose ni moins attachant : la Seine, animée et sinueuse, coulant paisible entre des palais fastueux, d'innombrables clochetons, minarets, coupoles et dômes, toute l'Exposition enfin, prodigieuse et variée, qui s'étend à perte de vue.

Le **Sous-sol** de ce tertre est une vaste Grotte en béton armé qui constitue un des travaux les plus remarquables et les plus audacieux de l'Exposition universelle.

Dans cette grotte, dont les voûtes semblent s'appuyer sur de hauts piliers décoratifs, se trouve une série de dioramas, peints par M. Dumoulin et représentant des vues curieuses prises dans toute l'étendue de l'Indo-Chine : la *Rue Catinat*, à Saïgon ; les *Bords du Mé-Kong*, à Mytho ; le *Tombeau de Tu-Duc*, à Hué ; la *Baie d'Along* ; et enfin la vue dioramique d'un *Chantier du Pont Doumer*, à Hanoï, un des plus importants ouvrages d'art entrepris par le gouverneur général.

Dans cette même salle, un *cinématographe* perfectionné donne l'illusion de la vie indochinoise, avec son animation et son caractère si particulier.

M. P. Doumer a voulu que ces attractions soient absolument gratuites : aucune rétribution n'est demandée aux visiteurs de l'Exposition Indo-Chinoise.

Les vastes **Galeries** qui conduisent à cette vaste Salle souterraine sont occupées par l'EXPOSITION DE LA MISSION PAVIE, qui a parcouru l'Indo-Chine pendant 15 années. C'est une inestimable collection de portraits, dessins de groupes d'indigènes en cire, revêtus de costumes indigènes, de vitrines d'animaux naturalisés représentant la faune indo-chinoise.

A l'intérieur de la **Pagode Royale** se trouve l'EXPOSITION SPÉCIALE D'OBJETS RELATIFS A L'ART RELIGIEUX : bouddhas bizarres et ventrus, chandeliers incrustés de pierres précieuses, vases de formes diverses, brûle-parfums, etc., etc.

Sur les flancs de la colline artificielle, les visiteurs peuvent voir, dans une case laotienne, le petit éléphant blanc *Chéri*, envoyé par M. Doumer au Muséum, et que M. Milne-Edwards a consenti à confier au Commissaire de l'Indo-Chine, sur la demande du Gouverneur général.

D'aucuns, se croyant peut-être mystifiés, protesteront contre l'appellation de « blanc » donnée à ce pachyderme, en réalité d'un jaune assez malpropre. Que le lecteur se calme : l'éléphant blanc proprement dit est un mythe, au même titre que le merle légendaire, et l'éléphant sacré lui-même, qui habite au palais de Norodom une écurie fastueuse, est d'une couleur tout aussi indécise. Cela ne l'empêche point de recevoir des honneurs quasi divins, et de passer au Cambodge pour avoir auprès de Bouddha une influence très supérieure à celle dont peut jouir le souverain en personne.

LE THÉÂTRE INDO-CHINOIS Le Théâtre Indo-Chinois, concédé à un colon français de Saïgon, est une belle construction harmonieuse, dont la toiture est dominée par un clocheton svelte et élancé.

Au-dessus de la grande porte d'entrée, un frontispice luxueusement sculpté. Toute la façade est ornée de motifs agréablement fouillés.

Ce théâtre, dont la construction a été confiée à M. de Brossard, est somptueusement aménagé à l'intérieur.

Le concessionnaire, collectionneur émérite, y a accumulé des armes, des instruments indigènes, des bronzes, des bibelots de toute nature.

On y donne des représentations curieuses qui rappellent d'une part les représentations annamites du théâtre du Phu, à Cho-Lon, d'autre part les danses pittoresques du corps de ballet de Norodom.

Les Cambodgiennes chargées de célébrer Terpsichore au Trocadéro sont gentilles et gracieuses ; ce sont de petites poupées drôlement ajustées en leurs oripeaux brodés, bien faites, le buste élégant, les formes gracieuses, et qui paraissent regretter médiocrement l'absence de leur seigneur et maître, le roi Norodom.

Après la visite de ces différents palais, en redescendant vers la Seine, nous trouvons le VILLAGE TONKINOIS, formé d'une dizaine de cases où des indigènes exercent leurs petits métiers sous les yeux des promeneurs : tressage de nattes, tissage d'étoffes de soie, broderie, incrustation de nacre, etc., etc.

Toute l'Exposition Indo-Chinoise est d'ailleurs animée par la présence d'une foule d'indigènes que le visiteur attentif pourra comparer les uns aux autres : Cambodgiens, Annamites de Cochinchine, Annamites d'Annam, Annamites du Delta, Thos du Haut-Tonkin.

On sera certainement particulièrement frappé du contraste qu'offrent les Cambodgiens, grands, bien découplés, aux cheveux ras, à l'allure virile, avec les Annamites minuscules, à l'aspect efféminé, aux longs cheveux roulés en chignon.

Toutefois, les Cambodgiens, d'une douceur extrême, d'une politesse exagérée, n'ont que trop de disposition a courber l'échine et à prendre sans cesse les postures les plus humbles, corps profondément incliné et mains jointes. C'est que sur eux pèse depuis longtemps l'habitude atavique de la servitude et de l'esclavage.

Les Annamites, au contraire, donnent plus l'impression d'un peuple libre, intelligent et ayant le culte de l'indépendance.

On est frappé de l'air malicieux qui pétille dans ces petits yeux légèrement bridés, de la désinvolture de ces frêles individus, alertes et agiles.

Mais ne nous laissons point entraîner par de trop longues considérations ethnologiques et poursuivons notre promenade, sans oublier pourtant que l'Exposition de l'Indo-Chine a un prolongement hors de l'enceinte de l'Exposition universelle.

En effet, une importante construction a été édifiée, au milieu des arbres, à Passy. C'est la que, la nuit venue, tous les indigènes vont prendre leur casernement, car, suivant le règlement, très formel à cet égard, le territoire de l'Exposition ne doit être le domicile de personne : blancs, jaunes ou noirs, tous doivent sortir à la fermeture, et personne n'est autorisé à y camper.

Le roi du Cambodge, l'empereur d'Annam et deux rois du Laos ont accepté l'invitation de se rendre à Paris dans le courant de l'été, avec une suite nombreuse, et visiteront l'Exposition. Ils se retrouveront chez eux dans les magnifiques Palais de cette section.

❧

GUADELOUPE

A g. de l'Exposition du Cambodge. La Guadeloupe tient vaillamment sa place dans le groupe des anciennes colonies, sur le versant Ouest du Trocadéro, à côté des colonies sœurs de la Martinique et de la Réunion.

Notre vieille et bien anciennement française possession des Antilles, malgré les multiples revers qui l'ont assaillie dans ces derniers temps, — inondations, tremblements de terre, cyclones, — affirme une fois de plus son incomparable puissance de vitalité et la foi indomptable de ses habitants dans un avenir économique meilleur.

Le pavillon d'Exposition de la Guadeloupe, d'une superficie de 120 m. carrés, s'élève, simple et coquet, au milieu d'un massif de plantes tropicales. Avec sa spacieuse véranda circulaire, elle donne, à s'y méprendre, l'illusion d'une habitation de plaisance creole. De ravissantes pelouses, bordées de coquilles marines, lui font une ceinture originale.

Deux escaliers, garnis de fougères arborescentes, donnent accès à la Véranda et à la Salle d'exposition.

Cette salle, très ingénieusement décorée dans le goût et le style du pays, se partage en quatre sections.

Première Section Le sucre, étant la principale production de la Guadeloupe, occupe la 1ʳᵉ section : sucres roux et sucres blancs cristallisés, d'une qualité remarquable, due à l'outillage perfectionné des usines centrales de la colonie.

Seconde Section Elle comprend les cultures qui viennent immédiatement après la canne à sucre, cultures dites secondaires, dont la production devient chaque année plus considérable : cafes, cacaos, vanilles, épices, etc.

Les cultures sucrières y sont aussi largement représentées, ainsi que les différentes espèces de fruits du pays : l'ananas, la banane, la mangue et ses variétés, etc., qui vont commencer à prendre le chemin de la France grace à la création d'un service de bateaux fruitiers (*fruit-boats*) à chambres réfrigérantes.

Troisième Section Entièrement réservée au produit principal de l'industrie guadeloupéenne, le rhum (tafias d'habitant et rhums d'usine), dont la réputation n'est plus à faire et qui n'a pas besoin pour être apprécié de réclames savantes.

Le Commerce, sous ses formes les plus variées, figure brillamment dans la 4ᵉ section.

Au centre de la Salle d'exposition, un *mât photographique* avec volets mobiles met sous les yeux du public la colonie elle-même avec ses sites si variés et si pittoresques (*V. l'article consacré à la Guadeloupe, Martinique et Guyane dans l'ALMANACH HACHETTE de 1900, page 286*).

Une collection remarquable de poissons et d'oiseaux du pays, une exposition d'objets et d'armes remontant à l'époque caraïbe complètent cette exposition si originale et si variée.

Mais, pour que les visiteurs emportent un souvenir durable de leur passage dans le Pavillon de la Guadeloupe une *Notice illustrée*, véritable photographie de la colonie au point de vue géographique, économique et politique, est distribuée pendant toute la durée de l'Exposition.

Plus de 140 exposants ont tenu à honneur de répondre à l'appel des distingués et devoués commissaires de la Guadeloupe, MM. L. Guesde et Maurice Huet.

MARTINIQUE

A droite, en descendant du Trocadéro, et sur l'allée même, un large Perron, flanqué de chaque côté d'un Pavillon, donne accès à une grande bâtisse un peu plate, surmontée aux deux ailes d'une petite tourelle.

C'est là que sont exposés les produits de la Martinique, une de nos plus vieilles colonies puisque depuis 1625 elle appartient à la France, non sans avoir passé pourtant, de 1762 à 1816 et à différentes reprises, aux mains des Anglais.

La façade de l'édifice est percée de trois baies vitrées ouvrant à l'intérieur sur la Salle dite *des Cafés*; à chacune des tourelles correspond, en dessous, un salon rotonde entièrement vitré.

INTÉRIEUR

Une grande terrasse longe le pavillon sur son flanc gauche, et aboutit en arrière sur la Salle d'Exposition, contiguë à celle du Café.

La Martinique est, on le sait, une des terres les plus peuplées du monde, et aussi des plus fertiles. Dans les campagnes agricoles, les habitants se pressent comme dans les districts des Flandres, et la terre genéreuse répond sans compter aux laborieux efforts de l'homme. On y voit tous les produits des Tropiques, mais ce sont surtout le café, la canne à sucre et la vanille qui constituent sa richesse.

Ce sont, par conséquent, ces trois produits qui occupent la place la plus importante à l'Exposition. Le café y figure sous toutes ses formes, en parche, décortiqué, torréfié, etc.

Quant à la canne à sucre, cultivée à la Martinique sur une étendue d'environ 40000 hectares (le cinquième de la surface insulaire), elle est représentée là par ses différents extraits, les rhums, le tafias, les sucres d'usine, les alcools et les liqueurs diverses.

Le cacao est exposé en grains ou en pâte sucrée et vanillée.

Enfin, nous trouvons des échantillons de coton, de maïs, de manioc; des fruits comme l'amande, l'ananas, la banane; des échantillons minéralogiques, des documents stéréographiques, des photographies, des reproductions de types indigènes.

La *bamboula*, fameuse danse de là-bas, est reproduite par des groupes en cire; et un phonographe est chargé de redire aux visiteurs les airs créoles pleins d'entrain, de mouvement ou de mélancolie et de langueur.

LA RÉUNION

Le pavillon de la Réunion est identique à celui de la Guadeloupe, que nous avons décrit précédemment. Il n'en diffère que par un léger détail. Ayant dû être, par raison de symétrie, bâti à niveau de celui de la Guadeloupe, il a fallu l'exhausser, à cause de la déclivité du terrain, et cela a permis d'établir dans le sous-sol un *Bar* de Dégustation.

A l'intérieur se trouvent exposés les Produits Agricoles et Industriels de cette colonie : le café, la canne à sucre, la vanille, le cacao, le tabac, les épices, les plantes alimentaires et celles à essence, les quinquinas, le caoutchouc.

La vigne a récemment été introduite dans notre colonie. L'industrie sucrière (fabrication du sucre et du rhum) est la principale de la Réunion, bien qu'elle ait un peu diminué d'importance, par suite de la cherté de la main-d'œuvre et de la concurrence du sucre de betterave.

Le visiteur curieux de s'instruire pourra trouver tous les documents et statistiques concernant le commerce, le chiffre des importations, qui s'élève à 22 millions de francs environ, celui des exportations, qui n'est pas inférieur à 18 millions, le mouvement des ports, le dénombrement de la population, qui se décompose en tant de nationalités différentes : nationaux français, blancs et noirs, Hindous, Malgaches, Cafres, Chinois, etc.

LE DIO-RAMA ✦

Le Diorama est un grand bâtiment construit en bordure du Bd Delessert, et où sont réunies les Expositions des petites Colonies auxquelles ne furent pas attribuées des installations particulières: *St-Pierre et Miquelon, Côte des Somalis, Mayotte et Océanie.*

Saint-Pierre, Miquelon ●●●

Cette colonie est représentée par un *Diorama des îles*, et aussi par tout ce qui appartient à l'industrie du *pêcheur de morue* et à la vie de la petite île de St-Pierre : piquois, gaffes, aulx a morue, cuillers à énocter, filets, mannes à boettes, bottes, coffres, etc., etc.

Comore, Mayotte

Cette Exposition comprend une petite **Salle** d'Exposition où sont placés dans des vitrines et sur des étagères les principaux produits de fabrication indigène de l'archipel des Comores : nattes coloriées, fine vannerie, tables et tabourets en bois sculpté, poterie artistique, cordages en fibres' de coco, bijoux indigènes et armes de luxe.

Là aussi se trouvent les produits agricoles de l'archipel, le rhum, la vanillé, la canne à sucre, le riz indigène, les bananes, le cacao, les ignames, le café, le tabac, le poivre, le girofle, etc., etc.

Une *carte* des Comores, de 5 m. sur 2, occupe le fond de la salle ; une quantité de petits tableaux représentent des vues du pays et des types indigènes.

Un **Diorama** situé à g. de la Salle d'exposition, et représentant une *usine sucrière en plein travail* : au 1er plan, l'usine avec ses appareils, ses ouvriers, etc., etc. Au second plan, comme toile de fond, une montagne rocheuse, la mer, les villages indigènes et d'immenses champs de canne à sucre que fauchent des équipes d'ouvriers.

M. Marsac, peintre de la Marine et des Colonies, a été chargé de l'exécution de ce diorama. Il s'en est acquitté avec un sens artistique très délicat.

Les commissaires de l'exposition de la Côte des Somalis, MM. Boucard et Vigneras, se sont attachés à faire figurer les produits ou objets d'importation et d'exportation qui transitent par Djibouti, et qui sont, notamment pour l'Abyssinie, l'or, l'encens, les peaux, l'ivoire et le café ; pour l'Europe, les armes, les cotonnades, les toiles, les perles et les objets de quincaillerie.

Côte des Somalis

L'exposition de la Côte des Somalis comprend, en outre, sur la Pelouse, devant le Diorama, deux tentes où est installé le matériel de campement nécessaire au voyageur pour traverser le désert.

PREMIÈRE SALLE ●●

A laquelle conduit un escalier monumental orné de défenses d'éléphants. Voir des groupes ethnographiques (Abyssins, Somalis, etc.), un énorme bloc de sel* et des *collections* rapportées par le comte Léontieff.

DEUXIÈME SALLE ●●

Elle contient : Un Diorama (*Caravane en marche*), dû au pinceau de M. d'Estienne ; les *produits* d'importation et d'exportation. La représentation par *tableaux*, dus à M. Buffet, de ce qu'a été et de ce qu'est la Côte Française des Somalis (tableaux d'Obock, de Pjibouk, de Tadjourah),

Une **Collection Ethnographique** * de M. Ilg, le conseiller de Ménélick.

Un graphique du chemin de fer de Djibouti à Harrar.

Une **Carte** dioramique peinte, donnant l'effet du pays vu à 57 kilom. de haut.

Des vues du désert des Somalis, de M. Tristan-Lacroix.

Deux appareils tournants avec photographies de la colonie et des régions avoisinantes.

❦

ADMINISTRATION COLONIALE ●●●●●●

C'est dans un vaste Bâtiment quadrangulaire qui s'étend perpendiculairement depuis l'Av. Delessert jusqu'à la R. Chardin que sont installés les différents services de l'*Exposition Coloniale*.

Là sont les Bureaux des fonctionnaires qui ont procédé avec tant d'intelligence et de zèle à l'installation de cette exposition. Voici leurs noms :

M. Charles-Roux, ancien député, délégué des ministères des Affaires étrangères et des Colonies.

M. Charles-Roux était tout désigné pour une semblable fonction, et sa haute compétence en matière coloniale, économique et commerciale, s'est encore affirmée dans l'organisation si compliquée des expositions de nos colonies et des pays de protectorat.

Dans sa tâche, il fut secondé par M. Saint-Germain, directeur, adjoint au délégué ; M. Yvan Broussais, sous-directeur ; M. Victor Morel, secrétaire général ; M. Basset, chef du cabinet ; MM. Malo, Subtil, Martini et Brunet.

A ce dernier nous devons une particulière reconnaissance pour l'empressement qu'il a mis à nous fournir tous les renseignements indispensables à la rédaction de nos notes.

Outre les Bureaux des fonctionnaires, le pavillon de l'Administration contient une belle et vaste *Salle de conférences* où sont faites à certains jours d'intéressantes causeries sur nos différentes possessions.

A proximité du Pavillon administratif, un Pavillon est réservé à la **Presse Coloniale** où se trouvent réunies toutes les publications spéciales et où le public peut se reposer en ayant sous la main des articles consacrés aux différentes régions que sa promenade lui a déjà appris à mieux connaître.

Tout à côté se trouve un tout petit Chalet consacré à l'exposition de la Méthode Berlitz.

❧❧

DAHOMEY
Dans ce coin si pittoresque du Trocadéro où se trouvent déjà les cahutes du Soudan et du Sénégal, les taupinières de la Guinée et de la Côte d'Ivoire, les bâtiments de l'exposition du Dahomey tranchent encore par la bizarrerie barbare de leur construction.

Depuis quelque temps, la colonie du Dahomey est devenue une des plus prospères, et depuis la campagne à laquelle le général Dodds a attaché son nom, le gouverneur, M. Ballot, n'a cessé de travailler à l'extension commerciale du vaste territoire placé sous son autorité.

Déjà, elle possède de nombreuses routes, des cours d'eaux navigables ; de longues caravanes y circulent : bref, c'est une colonie d'avenir, et cela justifie l'importance de la concession qui lui a été attribuée au Trocadéro, en bordure du boulevard Delessert. Les deux commissaires, MM. Béraud et Brunet, ont confié la partie architecturale à M. Siffert, qui a su donner une disposition ingénieuse à ces différentes constructions.

TATA Tout d'abord le *Tata*, qui forme le pavillon principal, avec un haut porche servant d'entrée, et surmonté d'une tour mirador qui est la reconstitution de la **Tour des Sacrifices** d'Abomey. Le toit de chaume est lugubrement hérissé de piques supportant les crânes authentiques des esclaves décapités sous les yeux de Béhanzin.

1re Salle Faisant suite à l'entrée, une immense Salle est réservée à l'Exposition Officielle de la colonie, et contient les cartes, graphiques, statistiques, documents historiques, échantillons géologiques, photographies, collections diverses qui peuvent intéresser et instruire le visiteur, ainsi que les principaux produits du pays : huile de coprah, arachides, kola, savon, caoutchouc, bois de fer, etc.

La décoration intérieure de cette salle est empruntée aux peintures et sculptures de l'art indigène, original et naïf.

2e Salle Ayant accès direct sur la précédente, et lui faisant suite, c'est la Salle réservée aux Expositions particulières.

De larges vérandas coloniales courent tout autour de ces salles et permettent au public de circuler facilement.

A signaler particulièrement, à l'extrémité du bâtiment, reliée par un escalier aux galeries précédentes, une Salle où est installé le **Musée des Religions Fétichistes***, si curieuses et si nombreuses au Dahomey.

Principales curiosités : les *trônes** des *anciens rois d'Abomey*, les *fétiches symboliques* aux formes étranges, les *vêtements royaux*, les *armes*, les *instruments de supplice**, etc.

C'est là que, de temps en temps, sont données des conférences sur la colonie.

On y peut voir aussi, certains jours, des *séances de fétichisme** représentées par de véritables *griots*, sorciers et prêtres, revêtus de leurs costumes et attributs.

Tout à l'entour, les *paillotes terrestres et lacustres**, — reproduction fidèle des habitations des différentes régions du Dahomey, — le *lac* où les pirogues évoluent, — la *clôture* faite d'une ceinture de bambous semée de poteaux, fétiches bizarres, la couleur rougeâtre de la « terre de barre » des constructions achèvent de donner à l'ensemble de la section dahoméenne beaucoup d'originalité, et une grande couleur locale.

❧❧

COTE ❀❀❀ D'IVOIRE
Le pavillon de la Côte d'Ivoire, mesurant 14 m. sur 8, est entouré d'une *véranda* spacieuse agrandie par un mirador élégant.

Son architecte, M. Courtois-Suffit, s'est inspiré pour sa construction des grandes factoreries commerciales qui existent dans la colonie.

Cet édifice répond aux besoins d'un pays très chaud et très humide. Il est surélevé au-dessus du sol ; il est aéré par quatre portes et par une ligne de fenêtres continues qui peuvent faire comparer le toit à un casque colonial percé à jour autour du front, de façon à laisser pénétrer l'air autour du crâne.

L'administration de la colonie a été si satisfaite de cette conception si favorable à l'hygiène, qu'après avoir examiné les plans elle a demandé que le bâtiment fût démontable de façon à être reconstruit dans la colonie après l'Exposition.

INTÉRIEUR L'intérieur du Hall contient les collections envoyées par l'administration de la colonie et par les exposants.

La décoration des murs a été comprise de façon à rendre frappantes la nature des ressources et la constitution géographique même de la colonie.

Collection Houdaille – Du côté qui mène au mirador, ayant vue sur le bâtiment du Dahomey, on aperçoit les *cartes* dressées par le capitaine Houdaille, qui a déterminé, dans une mission fructueuse, le tracé d'un chemin de fer de pénétration permettant d'exploiter les immenses richesses de la colonie, en acajou, en essences dures, utilisables pour le pavage des rues, et en caoutchouc.

Les plans du capitaine Houdaille permettent également de se rendre compte des travaux qui seront faits pour la création du nouveau port et de la nouvelle ville destinée à remplacer Grand-Bassam, dont la situation n'était pas saine.

Cartes Sur le panneau à dr. de l'Exposition Houdaille, une grande *carte murale* décorée et peinte d'après une méthode particulière due à M. Pierre Mille, et destinée à faire saisir d'un coup d'œil la constitution géographique et botanique de la Côte de l'Ivoire et ses ressources de tous genres.

De l'autre côté de la porte, faisant pendant à cette carte, se trouvent des graphiques muraux qui montrent le développement considérable qu'a pris et que prend chaque année l'exploitation de l'acajou, du caoutchouc, de l'huile de palme et de l'or, les principaux produits de la région.

Enfin, une inscription mise en évidence renseigne les intéressés sur les produits qui sont admis dans la colonie sans payer aucun droit. Elle est divisée en deux parties : produits exempts de droit à condition qu'ils soient d'origine française, produits exempts de droit quelle que soit leur origine.

Collections La *Maison Fraissinet*, de Marseille, expose les plans muraux de son importante plantation de Prolo et les produits de cette plantation.

Partout, sous toutes les formes, brut ou travaillé, en billes ou en planchettes, on trouve l'acajou, principale richesse de la colonie.

Un très grand développement a été donné aux collections ethnographiques recueillies avec zèle par MM. Clozel, secrétaire général de la colonie, et Lamblin, administrateur.

Selon qu'ils appartiennent à l'intérieur ou aux cercles de Bassam, de Dabour, de Baoulé, de Boudoukou, ces objets ont été classés séparément.

On remarquera une magnifique collection de *bijoux indigènes en or*.

🙚🙘

GUINÉE Il y a peu de colonies qui aient eu une évolution aussi rapide que la Guinée Française.

En 1893, par exemple, Konakri, sa capitale, située sur une île reliée au continent par une étroite languette de terre, se composait à peine de quelques cases indigènes. De loin en loin, sur une vaste avenue centrale, on trouvait quelques constructions européennes : le palais du gouverneur, l'hôpital, deux ou trois factoreries, une maison d'école, quelques constructions sans importance.

Dans la rade, c'est à peine si de temps à autre un vapeur venait jeter l'ancre. A quelques kilomètres, les routes s'arrêtaient, et c'est à peine si d'étroits sentiers livraient passage aux rares caravanes.

Maintenant, tout est transformé. Konakri est presque une grande ville. La brousse est défrichée. Des maisons d'habitation et de commerce, des constructions de toute nature, sont sorties de terre comme par enchantement, la rade est sans cesse fréquentée par des navires marchands, une partie du commerce qui jadis assurait la prospérité de Sierra-Leone s'est transportée dans notre possession. Des routes larges et bien aménagées vont au loin chercher les caravanes, et bientôt une ligne de chemin de fer reliera le Niger à ce point favorisé de la Côte d'Afrique Occidentale.

Disons-le en passant, ces résultats sont dus en grande partie à l'intelligente administration du gouverneur, M. le Dr Balay, et les visiteurs feront bien de ne pas oublier ce nom en parcourant l'exposition spéciale soigneusement organisée par MM. Vienne et Gaboriau.

Le Pavillon de la Guinée situé à dr. du Bd Delessert, entre la Côte de l'Ivoire et la Tunisie, est la reproduction de deux cases indigènes circulaires à étages, reliées entre elles par une grande galerie couverte dont la toiture conique est couverte en chaume, dans le style *soussou*.

L'Exposition de la Colonie comprend tous les produits de la Guinée, qui tient à placer le public devant les manifestations diverses de la vie indigène et des ressources offertes par le pays aux commerçants et aux colons.

A L'EXPOSITION

Le **Rez-de-chaussée** du Pavillon renferme les principaux produits de la Guinée, et ceux de l'industrie locale. Une carte en relief de Konakri en 1890 et en 1900, une carte faite d'après les derniers renseignements rapportés par les explorateurs, ainsi que de nombreuses photographies donnent une idée d'ensemble du pays.

Le **Premier Étage** est réservé aux commerçants de la colonie pour leurs expositions particulières de noix de kola, de caoutchouc brut, d'arachide, d'essences particulières diverses, de poudre d'or, d'ivoire et de sparterie.

Autour du Pavillon d'Exposition le visiteur pourra s'intéresser à diverses installations pittoresques.

A l'entrée du Terrain, du côté du Bd Delessert, est placé un *poste de milice indigène* comprenant un *tata* en terre sur deux faces, une ligne de pieux palmistes pour le troisième côté, un remblai pour le quatrième. Dans l'intérieur de cette enceinte fortifiée est édifiée une case sur le type de celles des tirailleurs de Konakri.

Enfin, pour que le visiteur compare les progrès accomplis dont nous parlons plus haut, il trouve d'abord la reconstitution d'un tronçon de sentier indigène, avec ses sinuosités et ses difficultés de tout genre, puis une reproduction d'un tronçon de la route qui part de Konakri vers le Niger.

Un Jardin situé devant le poste renferme des spécimens de la culture indigène, tels que manioc, mil, arachide, bananier, riz, café, cacao, caoutchouc, palmiste, etc., etc.

Pour donner au public un aperçu des superstitions du pays, dans un petit bois est élevée une case spéciale où opèrent des *griots* et des *sorciers*.

A proximité du Pavillon de la Guinée, se trouve le petit *Pavillon de la Compagnie de l'Afrique Occidentale*, et le *Pavillon de l'Alliance Française*, avec une salle de classe où ont lieu des cours coloniaux, de temps à autre.

INDES FRAN-ÇAISES ●●●●●

Le seul mot des Indes éveille, pour parler comme le poète d'*Émaux et Camées*, dans les cerveaux les plus prosaïques et les plus bourgeois, une idée de soleil, de parfum et de beauté; à ce nom, doux comme une musique, les « philistins » eux-mêmes commencent à sauter sur un pied et à chanter *Tyrell*, comme le Berlinois de Henri Heine; l'imagination se met en travail, on rêve de pagodes découpées à jour, d'idoles monstrueuses de jade ou de porphyre, de viviers transparents aux rampes

de marbre, de chauderies au toit de bambou, de palanquins enveloppés de moustiquaires et d'éléphants blancs chargés de tours vermeilles; et l'on sent comme un éblouissement lumineux, et l'on voit passer à travers la blonde fumée des cassolettes les étranges silhouettes de l'Orient; et, dans un tourbillon de soleil où étincellent des yeux noirs et des pierreries, les bayadères aussi poétiques que les houris du ciel de Mahomet, dansant leurs danses d'abandon et d'amour.

L'Exposition de l'Inde française se compose de trois parties :

1° **Le Palais Officiel★**, d'architecture hindoue, où sont exposés les produits de l'Inde et où travaillent des ouvriers indigènes, orfèvres, tourneurs de bois, tisseurs de soie, etc.;

2° **Une Pagode★**, reproduction fastueuse d'un temple hindou;

3° **Un Théâtre** où des artistes hindous donnent des représentations de prestidigitation, de sorcellerie, d'incantations, etc., ou de souples bayadères se livrent à leurs danses d'une langueur extatique, a leurs évolutions gracieuses ;

4° **Une Rue Hindoue★** avec bazars, boutiques, et attractions de toute nature.

SÉNÉGAL ET SOUDAN ●●●●

Le Sénégal est une de nos plus anciennes colonies, car c'est en 1360 que des marins dieppois y fondèrent le premier comptoir; mais, en réalité, c'est de 1856 que date, dans cette région, l'expansion de notre influence.

Ce n'est pas ici la place de refaire l'histoire de nos conquêtes coloniales sur les vastes territoires qui s'étendent de la côte de Dakar jusqu'au Niger, mais l'attention publique a été si constamment attirée par les divers épisodes des expéditions soudanaises et sénégalaises, que les visiteurs prendront un particulier intérêt à parcourir l'exposition spéciale des deux colonies sœurs, à laquelle M. Milhe Poutingon a apporté tous ses soins éclairés.

Le **Palais**, d'aspect très monumental, est dû aux plans de M. Sellier de Givors, architecte du Sénat, qui s'est inspiré de l'architecture des mosquées et des résidences des chefs du Sénégal et du Soudan. Il occupe une superficie de plus de 600 m. carrés et forme une vaste salle de 26 m. sur 7, entourée de galeries, toutes intéressantes à visiter.

Une *statue du général Faidherbe* domine

l'entrée principale. Sur le pourtour, des types d'habitations indigènes sont édifiés, où des artisans du Sénégal, bijoutiers, forgerons, tisserands, travaillent sous les yeux du public.

Les divers services de la colonie ont pris une large part à l'exposition par des notices, des statistiques, des graphiques, qui permettent de suivre le développement et les progrès de la colonisation, du commerce et des grands travaux publics.

Les **Collections** réunies par différentes missions montrent les ressources de la flore et de la faune de la colonie.

Rien de varié, en effet, comme les productions du Sénégal et du Soudan : le mil, le maïs, le riz et le manioc, bases de l'alimentation des indigènes, le coton, très blanc et très résistant dont ils tissent de solides étoffes, l'indigo, dont ils obtiennent une teinture d'excellente qualité, les essences forestières très variées, baobab, caïlcédrat ou faux acajou, fromager, etc., etc. A citer encore la gomme, qui est un des principaux articles d'exportation, et dont la production annuelle n'est pas moindre de 5 millions 1/2 de kilogr., représentant une valeur d'environ 4 500 000 fr. N'oublions pas l'arachide, cette petite graine oléagineuse, le populaire kacaouet, qui ne contribua pas peu à la fortune du Sénégal, et qui s'exporte pour près de cent mille tonnes vers Marseille, Bordeaux, Dunkerque, Rotterdam et Hambourg. Enfin le caoutchouc, récolté par les indigènes, principalement dans la région de la Casamance, qui est très apprécié sur le marché de Liverpool, et dont l'exportation s'est élevée, en 1898, à plus de 340 000 kil., d'une valeur de 1 100 000 fr.

Les organisateurs de l'exposition n'ont pas voulu seulement présenter des échantillons; ils ont tenu aussi à représenter la série des opérations de cueillette, de culture, de récolte et de transport dans la colonie, leurs manipulations industrielles dans la métropole.

Enfin, l'industrie et l'art indigène sont représentés par de très intéressantes *collections* d'armes, de bijoux, de tissus, d'ouvrages de cuir, de poteries, d'instruments de musique, par des peintures de sujets soudanais, des mannequins habillés de différents costumes indigènes, des dépouilles d'animaux, etc., etc.

❧

TUNISIE
Ce qu'il faut admirer d'abord, dans cette section, c'est l'ensemble d'une reconstitution pittoresque et fidèle, d'une couleur locale harmonieuse et simple.

D'une architecture orientale élancée et svelte, ces constructions offrent l'aspect charmant des palais ouvragés des *Mille et une Nuits* et des maisons de Bagdad, et rappellent les marchés, les « souks » ou les douars de l'Est Algérien. Les blanches coupoles qui dominent la mosquée et que couronne le croissant du Coran ajoutent à l'illusion de la réalité. Le minaret qui s'élance au-dessus du village, prêt à porter vers le ciel la prière du muezzin, évoque les chauds décors des villes levantines, la joie des fêtes du Rhamadan, tout le luxe féerique des décors arabes.

La Tunisie est en pleine prospérité. C'est une des parties de notre empire colonial sur laquelle on fonde justement le plus d'espoir. On comprend dès lors qu'on ne lui ait pas, au Trocadéro, ménagé la place, et que les organisateurs de son exposition, MM. Guiot, Loir et Roger Martin aient rivalisé de zèle pour la rendre tout particulièrement attrayante au public.

Les différentes constructions s'étendent sur une superficie d'environ 5000 m. carrés, parallèlement aux palais de l'Algérie.

C'est une véritable petite ville arabe en miniature qui se trouve ainsi transportée sur le bord de la Seine, et dans laquelle l'architecte Saladin a multiplié les ingénieuses reconstitions.

On admirera successivement la *Mosquée de Sidi-Mahrez*, de Tunis, celle du *Barbier du Prophète*, à Kairouan; une *porte à inscriptions* anciennes de Monastri, une *petite maison* pittoresque de Sidi-Bou-Saïd, sur la côte de Bizerte, le *pavillon de la Manouba*, près du Bardo (Tunis), élevé au milieu d'un frais jardin; enfin, dominant le tout, le *Minaret* élancé de Sfax.

MOSQUÉE
C'est dans la mosquée de Sidi-Mahrez, d'une superficie de près de 1200 m., que toutes les administrations officielles de la Régence ont installé leurs expositions particulières.

La *Direction de l'Agriculture et du Commerce* a fait un effort considérable pour présenter au public, dans une salle spéciale, les produits du sol tunisien et de l'industrie locale.

Voici les produits oléagineux et leurs dérivés, tels que les savons et les matières tinctoriales, les essences parfumées, les laines brutes, les lins de Sousse, les alfas, les produits forestiers et les lièges, les primeurs et les fruits algériens, etc., etc.

La *Direction de l'Enseignement public*, les services des travaux publics et des mines fournissent aussi de précieux documents d'information, avec la reproduction des grands travaux accomplis ou en perspective.

La *Direction des Antiquités et des Arts* a fait débarquer tout un coûteux chargement de moulages pris sur les lieux. L'Archéologie proprement dite est richement représentée, M. Gaukler et ses collaborateurs, qui peinent là-bas, à extraire du sol tant de richesses historiques, ayant fait d'intéressants envois, entre autres un *Tombeau punique*[*] merveilleusement conservé.

De son côté, l'industrie privée n'a pas fait défaut. Les exposants particuliers sont venus en grand nombre.

En premier lieu, les *viticulteurs*, auxquels est attribué, pour la dégustation, le Sous-sol de la Mosquée de Sidi-Mahrez. Puis les fabricants et producteurs d'huile, européens et indigènes ; les fabricants de tapis et de couvertures de Kaïrouan et de Gafsa, les pêcheurs d'éponges de Djerba et de la côte de Sfax, les fabricants de meubles de Tunis.

Enfin, les *Chambres d'Agriculture et de Commerce* de la Régence affirment, par des expositions collectives constituant autant de petits musées instructifs, la prospérité des grands centres tunisiens : Tunis, Sousse et Sfax.

Mais le visiteur sera surtout intéressé par la reproduction pittoresque des **Souks**[*], un tableau de la vie marchande musulmane saisi sur le vif et fidèlement reproduit.

Les *souks*, ce sont d'interminables rangées de petites boutiques curieuses, d'échoppes bizarres où tous les petits industriels tunisiens fabriquent les mille objets de l'industrie locale. Voici le potier de Nabéral, le tisserand de Gafsa, le tapissier et le chaudronnier de Kaïrouan, l'émailleur de Moknin, le cordonnier de Béza.

L'un vous offre ses nattes et l'autre ses étoffes de soie aux couleurs vives et bariolées. Celui-ci enlumine devant vous des manuscrits arabes, celui-ci cisèle et damasquine. En voici qui sculptent sur bois et sur nacre, d'autres qui brodent sur étoffe et sur cuir.

Non loin, voilà pour les amateurs de confiserie et de cuisine exotiques des marchands de bonbons et des cuisiniers, des pâtissiers et marchands d'épices ; plus loin encore, nous trouvons le tailleur en burnous, le parfumeur, le décorateur de gargoulettes, le bijoutier, l'orfèvre, l'ébéniste, l'éventailliste et le barbier.

Et tout ce monde grouille, s'agite, bavarde, poursuit le client, fait des offres tentantes, demande des prix très élevés pour consentir à des rabais fantastiques, si bien que ceux qui connurent Tunis se croient vraiment transportés par miracle dans les vrais *souks* qui enchantèrent tous les voyageurs.

🙰

ALGÉRIE

C'est presque en face du pont d'Iéna, à dr. et à g. de l'Av. du Trocadéro que s'élèvent les deux Palais de l'Exposition Algérienne, l'œuvre de M. Albert Ballu, qui dans la conception et l'exécution de cette partie de l'Exposition a fait preuve d'infiniment de goût et d'ingéniosité.

A g. le *Palais Officiel*, à dr. l'ensemble des attractions et des constructions de l'Algérie pittoresque, familière et marchande.

Inspirés des monuments de l'architecture mauresque, ces deux palais se complètent en se faisant vis-à-vis.

La tonalité blanche des murailles, la joyeuse et tendre nuance des carreaux de mosaïque plaqués alentour, la délicate symétrie des arcades et des colonnes, contribuent à charmer aussitôt par un décor aux teintes délicates et sobres.

PALAIS OFFICIEL ⑥ Il présente à sa façade principale un perron monumental, flanqué d'un élégant minaret orné de faïences, qui est la reproduction de la *Mosquée du Sultan Bacha*, à Oran. Deux grandes inscriptions en faïence se lisent au frontispice.

On remarquera l'architecture originale du bâtiment d'angle, avec ses balustrades et ses coupoles mauresques.

Le soir venu, plus de 3000 lampes électriques donnent à toute cette façade un aspect féerique.

Les façades latérales se composent de bâtiments de différente hauteur, dont le plus élevé est fort gracieux, avec son auvent et ses colonnades, les unes droites, les autres en hémicycle.

La grande coupole centrale, reproduction de celle de la Mosquée de la Pêcherie, à Alger, est également illuminée le soir comme pour les fêtes du Rhamadan.

Enfin l'extrémité du Palais est formée par un auvent dont le modèle se trouve R. de l'État-Major, à Alger.

Sous-Sol Pénétrons maintenant à l'intérieur, dans la partie appelée « le sous-sol », et remarquons en passant que, par suite de la configuration du terrain, le premier étage, du côté du perron, devient le rez-de-chaussée à l'extrémité des galeries.

En entrant dans le sous-sol, on est tout de suite émerveillé par la très jolie **Cour Mau-**

resque* de 124 m. carrés à laquelle M. Ballu a donné tous ses soins, et qui est la reproduction d'une *Salle de l'ancien Musée d'Alger*.

C'est une cour flanquée d'un balcon circulaire supporté par des colonnes minces rappelant bien ces délicieux et rafraîchissantes retraites des maisons maures de Grenade et des harems musulmans.

Là se trouve l'*Exposition des Monuments Historiques*, avec des moulages fort curieux, rapportés des ruines du Timgad, de Tébessa, de Tlemcen, des statues du Musée de Cherchell et du Musée d'Alger, et une très riche collection de dessins de toute nature.

Au milieu de la Cour Mauresque, une superbe reproduction d'une partie des *Ruines de Timgad*.

Faisant suite à la Cour Mauresque, une Galerie d'exposition des *vins d'Algérie*; à g. de cette galerie, un modèle de *cave algérienne*.

Premier Étage Revenons sur nos pas et prenons l'escalier intérieur, qui nous conduit au premier étage. Cet escalier est richement décoré de *moulages de Sidi-Boum-Edhin* (près Tlemcen), et le plafond est la reproduction de la *Ma-Brahma du Cadi* de la Mosquée de la Pêcherie d'Alger.

La 1ʳᵉ galerie, décorée de plantes et de tapis, conduit, à dr. à la **Salle des Mines** et des Travaux publics, à g. à la **Salle de l'Enseignement**.

A côté de cette dernière, une petite **loggia** est spécialement consacrée au *Comité d'Hivernage d'Alger*.

Tout près, aussi, se trouve la *Salle de la Presse*, où les visiteurs trouvent tous les journaux et toutes les publications algériennes.

Dans la **Galerie** qui donne à dr. sur la Cour Mauresque, se trouve l'exposition du *Crédit Foncier Algérien*: à signaler un tableau de Noiret* représentant l'*établissement thermal de Hammam-Rirha*.

On passe ensuite dans la **Salle des Beaux-Arts**, où sont réunies les œuvres des peintres algériens et des peintres orientalistes français. Rien de gai et de clair comme ce hall inondé de lumière, et où sont bien mises en valeur toutes ces toiles qui représentent des scène de la vie algérienne.

On regardera aussi avec intérêt une *grande carte* de la domination française en Afrique, et le *plan en relief*, de 6 m. sur 4, qui occupe le centre de la salle.

Nous passons ensuite à un autre grand **Hall**, consacré à l'*Exposition Forestière*. Une partie est réservée à celle du Gouvernement, l'autre aux expositions particulières. On admirera les superbes essences qui constituent une des richesses de l'Algérie, notamment le chêne-liège, le cèdre et le pin.

Nous arrivons enfin à une délicieuse **Salle voûtée**, qui est la reproduction d'une partie de la *Mosquée d'Abd-el-Kader*, à Mascara. Au centre, un bassin fleuri et quatre parterres de plantes rares. Tout le pourtour est orné de peintures représentant diverses scènes algériennes : *le Labourage*, — *les Semailles à la mode arabe et à la mode française*, — *le Dépiquage et le Moissonnage*, — *les Vendanges*, — *la Vinification*, — *la Presse à olives*, — *la Récolte des dattes, de l'alfa, des oranges*, — *le Forage d'un puits artésien au désert*, — *l'Extraction du phosphate*. Sur les tablettes qui font le tour de la salle sont exposés tous les produits agricoles de l'Algérie : blé, orge, maïs, sorgho, ramie, etc., etc.

Nous passons ensuite au **Hall des Expositions collectives des Sociétés Agricoles** A g., l'*Exposition du Tabac*; à dr., l'*Exposition des Cuirs et des Laines*.

Enfin, pour finir, jetons un coup d'œil sur l'*Exposition des différents Produits Indigènes* : broderies, tapis, bijoux, bibelots de toute nature, et n'oublions pas de mentionner que l'aménagement du Palais Officiel a été fait sous la direction éclairée de M. Entraygues.

Traversons maintenant la large **Avenue centrale** du Trocadéro, et, après la visite un peu sérieuse du Palais Officiel, offrons-nous quelques heures de distraction en parcourant les différentes parties du Pavillon de g., consacré aux **attractions**.

Nous trouvons là : 1° *Le Stéréorama mouvant* de MM. Francovitch et Gadan ;

2° *Le Diorama* des peintres Noiret et Galand* ;

3° La reproduction d'un *Quartier Arabe* à Alger.

STÉRÉORAMA C'est dans un beau bâtiment mauresque, dû au talent de M. Albert Ballu, qu'est installé le *Stéréorama mouvant*, qui fait accomplir, sans la moindre fatigue, et à l'abri des angoisses du mal de mer, un *voyage* le long de la côte algérienne. **Entrée : 1 fr.**

A l'aide d'un truc ingénieux, c'est tout un ensemble de toiles, de plans en relief, qui tourne sous nos yeux, et nous oublions vite notre présence sur les bords de la Seine, pour nous croire transportés par delà la Méditerranée, en vue des côtes enchanteresses de l'Algérie.

Le voyage commence au *port de Bône* ;

A L'EXPOSITION

c'est le matin, à peine si le soleil se lève a l'horizon, éclairant de tons très doux les barques légères qui s'en vont à la pêche.

Nous voici bientôt en vue du *golfe grandiose de Bougie*, et le ciel et la mer sont éperdument bleus.

Alger paraît ensuite, éclatante de blancheur sous la lumière intense du soleil de midi.

Le voyage continue. La mer paraît s'agiter légèrement sous le souffle du vent. Le soleil descend. Ce ne sont plus des rayons d'or qu'il projette, mais des tons rougeâtres et violacés qui illuminent les hauteurs d'Oran, où se termine le voyage.

DIORAMA Le *Diorama* de MM. Noiret et Galand n'est pas moins curieux. C'est une suite de toiles empreintes d'un joli sentiment, exécutées de façon magistrale. Voici le *col de Sfa*, avec Biskra dans le lointain, et l'immensité du désert illuminé par la pourpre d'un soleil couchant, vers *Sidi-Boum-Eddhim*, près de Tlemcen. Vient ensuite une vue du fameux *ravin de Constantine* et des *gorges pittoresques du Rummel*.

Les trois dernières toiles représentent *un coin sauvage du Djurdjura*, en Kabylie, le panorama d'Alger vu de Mustapha supérieur, enfin le port d'Alger, au départ du courrier de Marseille.

QUARTIER ALGÉRIEN Terminons maintenant notre visite par le *Quartier Algérien*, ce coin pittoresque de la *Kasbah d'Alger*. Rien de curieux et de pittoresque comme cette rue sinueuse et montante que surplombent les moucharabies, les yaouleps, et qui se rétrécit de plus en plus vers le haut, présentant un effet des plus originaux.

Tout le long de cette ruelle étroite, de petites boutiques donnent asile à des indigènes qui travaillent, à des marchands qui rivalisent de zèle mercantile. Ce coin du vieil Alger est certainement l'une des attractions les plus réussies de l'Exposition du Trocadéro.

❧❧

L'ANDALOUSIE AU TEMPS DES MAURES ●●●●●

Q. de Billy, à l'extrémité ouest des Jardins du Trocadéro. Prix d'Entrée : 1 fr. 50 à 3 fr. Cette brillante reconstitution est l'histoire merveilleuse de la plus belle des provinces Espagnoles, et transporte, sous la pâle lumière de Paris, toute la poésie d'un pays qui a inspiré tant de poètes et tant d'artistes, toute l'exubérante architecture des monuments de Grenade, de Séville où sur le génie oriental des Maures s'est greffé si curieusement le génie de la Renaissance, toute la vie enfin passée et actuelle du pays du soleil, des belles et chatoyantes couleurs, des sérénades, des gitanes et du boléro.

On entre dans cette Andalousie par la porte de l'*Alcazar de Séville* et l'on accède au « patio » de l'Alhambra de Grenade, — la fameuse *Cour des Lions*, — avec sa fontaine, ses galeries superposées, aux colonnes légères, aux ogives serties dans un fouillis élégant de losanges et d'arabesques de pierres rehaussées d'or et de bleu pâle, un Alhambra, enfin, que les génies

Ont doré comme un rêve et peuplé d'harmonies.

A dr., c'est la *Giralda*, la grande tour de Séville, mauresque par sa base et de la Renaissance par ses étages supérieurs qui vont s'amincissant et se découpant en fines aiguilles de pierre, jusqu'à 70 m. de hauteur. On y monte par un large escalier hélicoïdal, à dos de mulet.

Plus à dr., on voit s'étageant vers les pentes du Trocadéro un *gourbi*, un de ces villages arabes, tels qu'ils existaient au Moyen âge, au cœur même de l'Andalousie, lorsque l'Espagne était sous la domination des Maures. Ce petit village se détache tout en blanc avec sa mosquée et ses bâtisses crépies à la chaux et, par contraste, les riches produits de l'industrie de ses habitants : tapis, cuirs, étoffes, armes, d'une richesse inouïe.

En obliquant à g., on franchit la *Porte de la Justice* de Grenade, auprès de laquelle les rois maures rendaient leurs arrêts, et l'on tombe dans une vieille et pittoresque *Rue de village espagnol* de la province de Tolède, près de Tolède, avec ses maisons romanes et renaissance, aux façades heurtées et dont les boutiques sont occupées par une infinité de métiers curieux : c'est là qu'on fabrique les mantilles, les bijoux incrustés d'or, les tambourins, les guitares ; l'illusion est complète dans le fond par un coin de « sierra », découpée et âpre avec des tons violets et de fleur de pêcher.

Les attractions ne manquent pas dans l'Andalousie : un *Théâtre espagnol* où de belles gitanes dansent le « boléro », les « manchegas », etc., une grande *piste* avec tribune où s'exécutent des fantasias arabes, des courses, etc., un *Musée* de peintures, une *Exposition tauromachique*, etc.

❧❧

LE MONDE SOUTERRAIN

Jardin du Trocadéro. Entrée à g. et au pied du Bassin, par une Porte ouvrant au ras du sol. Sortie à dr.

Prix d'Entrée : 1 fr.

Les portes d'entrée et de sortie sont dissimulées par des fougères arborescentes d'où émergent des animaux préhistoriques, un *Iguanodon* à g., un *Mégathérium* a dr.

Pénétrons dans la Crypte. Le visiteur admire tout d'abord l'habileté avec laquelle on est parvenu à donner aux parois du boyau souterrain creusé en plein humus l'aspect frappant d'une galerie de mine taillée dans le roc. Les blocs de quartz, les grès compacts, les granits de toutes couleurs sont là dans leur entassement bizarre, avec leurs reflets caractéristiques, leurs failles, leurs fissures, leurs éraflures. C'est la partie consacrée à la *Géologie*. Sur un parcours de moins de 50 m., le visiteur a traversé les diverses formations, azoïque, primaire, secondaire, tertiaire, avec leurs différents étages et la représentation fidèle de toutes les strates. Les métaux brillent dans les filons, les minerais sont à leur place, dans les couches où le pic du mineur les rencontre habituellement.

Mais, voici qui est bien mieux : à l'endroit même où l'œil du visiteur reconnaît un gisement de limonite, le boyau souterrain s'agrandit latéralement, se contourne en replis de grotte et prend l'aspect d'une *Mine de fer*★ reconstituée sur le type de celles qu'exploitaient les Phéniciens. Les esclaves sont représentés là au travail, sous le fouet du maître. Tout au fond, une toile de diorama donne l'illusion complète de l'ouverture de la mine, sur un paysage des montagnes syriennes où grouillent les travailleurs, occupés au broyage, au bocardage, à la réduction du minéral, etc. Puis, c'est une *Mine européenne au Moyen âge*, non moins curieuse que la précédente.

Mais, le visiteur poursuivant sa promenade, l'aspect des parois souterraines change. Ce sont maintenant des blocs plus réguliers, des murs cimentés, et, par une gradation habilement ménagée, on se trouve sans autre étonnement dans une salle de *Nécropole égyptienne*★. L'excellent artiste qu'est M. Eugène Guiraud, lauréat de l'École des Beaux-Arts, y a fait la reconstitution frappante d'une chambre funéraire récemment découverte à Sakara, près de Memphis. Aux murailles, des hiéroglyphes, des Égyptiens antiques dans leurs poses hiératiques, accomplissant les rites sacrés tels qu'ils sont figurés dans le fameux papyrus du *Livre des Morts*, ou se livrant aux occupations de la vie domestique. Le tout en tons vifs et polychromes.

Au centre de la salle, la reproduction des deux plus anciennes *Statues*★ connues : le dieu Thi et sa femme Thia, — la Thia de la mythologie grecque, épouse d'Hypérion et mère du Soleil, de la Lune et de l'Aurore.

De la Nécropole de Memphis, le visiteur passe au *Tombeau d'Agamemnon*★, situé dans la Salle dite du « Trésor de Mycènes ». L'architecture en est curieuse et frappe par son caractère de force et de grandeur. Tout d'abord, une Porte remarquable, avec un linteau monolithe. Cette porte donne accès dans une grande Salle circulaire. La voûte est de forme parabolique. Des assises annulaires horizontales ont été posées les unes sur les autres en encorbellement ; les arêtes inférieures sont abattues au ciseau. Là se trouvent les tombeaux d'Agamemnon et de Cassandre. Quant au Trésor proprement dit, il est représenté par des vases en or, deux têtes de vache en argent, des ornements funéraires, des masques d'or, etc.

Puis, voici la *Salle Étrusque*, qui est également une sorte de nécropole. C'est un *atrium* spécial, où la place des défunts était religieusement conservée et soigneusement indiquée au foyer familial des Étrusques.

Le visiteur rentre ensuite dans l'Exposition Géologique ; mais ce ne sont plus les roches des terrains primitifs : il s'agit maintenant de la faune et de la flore des formations supérieures, de sorte que l'on assiste graduellement à la naissance des espèces, en suivant le processus évolutif. Voici un magnifique *diorama*, dû au pinceau de M. Toussaint et représentant un paysage de l'*époque carbonifère*. C'est un torrent qui amène des fougères, des lépidodendrons, des sigillaires, de gigantesques lycopodiacées, qui, s'enlizant dans la vase, formeront l'amas houiller. Et c'est l'époque aussi de l'*Inguanodon*, dont on voit toute une famille occupée à jouer sur la berge. Les végétations les plus fantastiques, restitutions scientifiques impeccables, ajoutent encore à l'étrangeté du paysage, et des lampes électriques à la lumière bleuâtre donnent jusqu'à l'illusion de la radiation solaire telle qu'elle devait parvenir aux forêts houillères à travers une atmosphère saturée d'épaisses vapeurs.

Deux salles sont respectivement consacrées aux *terrains secondaire et tertiaire*. Dans cette dernière, on voit l'immense et redoutable *Paléothérium*, le *grand Élan*, contemporain de l'ours des cavernes.

Nous arrivons à l'*époque quaternaire*, qui est la formation géologique contemporaine. On ne pouvait mieux choisir, pour la représenter de façon originale et instructive, que les reconstitutions de la *grotte de Capri*, en Italie, et de l'*abbaye de Marsabao*, juchée au sommet d'un roc qui surplombe la campagne de Jérusalem.

Au fond d'un cul-de-sac semi-circulaire est tendue la toile d'un superbe *diorama* peint par M. Suraud, avec la riche palette de l'orientaliste, et représentant les *Montagnes de la Judée*★. Au sommet d'un pic escarpé s'élèvent les bâtiments de l'abbaye. Des moines sont là, les uns simplement dessinés, les autres plus tangibles sous la forme de mannequins, occupés à hisser jusqu'à leur nid d'aigle le panier de vivres qu'on leur envoie de la vallée. Ils se servent pour cela d'un funiculaire tout primitif : une corde de plusieurs centaines de mètres, glissant sur une poulie. De puissantes projections électriques viennent frapper ce diorama, donnant l'illusion complète du grand soleil africain.

PALAIS DES INDES ANGLAISES

Quant à la *Grotte d'Azur*★, de Capri, il nous faut renoncer à la décrire, tant elle dépasse ce que l'on peut imaginer en matière d'audace et d'heureuse réussite dans la reconstitution.

Deux autres grottes sont également à mentionner : celle de Padirac, dans le Lot, avec ses stalactites et stalagmites, son lac souterrain, et la reproduction d'une carrière de marbre annamite, où le visiteur assiste aux travaux mêmes d'extraction.

La partie artistique, si importante dans l'exécution d'un tel ouvrage, a été exécutée sous la haute direction de M. Théodore Rivière, lauréat de l'École des Beaux-Arts, seconde médaille du Salon.

COLONIES ANGLAISES

L'Exposition des Colonies Anglaises se compose de 2 parties principales : le *Palais des Indes*, dont la façade se dresse en bordure du Q. Debilly, et le *Palais des Colonies*, placé derrière le premier, dont il est séparé par une avenue centrale.

LE PALAIS DES INDES

C'est un superbe monument d'un fort beau style Hindou, et d'une surface de 200 m². Sa façade imposante se compose d'une porte monumentale, ouverte entre deux tours circulaires. De chaque côté, des galeries à colonnettes élégantes. Elle est décorée de motifs de sculpture qui sont la reproduction, d'après les moulages, des monuments les plus curieux de l'Inde. Il faut remarquer, dès l'entrée, la superbe *décoration du grand escalier*★, dont les balustrades sont en bois sculpté. Ces sculptures sont extrêmement artistiques ; exécutées au ciseau et au marteau par des artistes birmans, elles représentent des entrelacs d'arabesques qui alternent avec des groupes de personnages fort habilement ciselés. D'ailleurs, ce ne sont pas des panneaux rapportés, les artistes les ont sculptés en plein bois.

A g. du grand Escalier, au Rez-de-chaussée, s'ouvre une cour, dite **Cour Impériale**★, où s'élève un **Trophée**★ en bois sculpté et marbre, mesurant environ 11 mètres de long sur 3 m. 50 de large et 8 m. de hauteur. Toutes les essences précieuses de l'Inde tiennent dans cette gigantesque pièce montée. Les deux grands côtés, percés l'un et l'autre d'une arche de 4 m., flanquée de piliers décoratifs, ont été sculptés, l'un en *Birmanie* et l'autre dans le *Pendjab*, tandis que les ciseleurs du Maïsour, du Rajpoutana et de Madras exerçaient leurs talents sur divers autres détails de la structure. Ce trophée a coûté 30 000 livres sterling (environ 750 000 fr.).

A l'intérieur sont entassés des bijoux, des armes, des pierres précieuses, des bibelots de toute nature, dont l'Inde est si prodigue.

EXPOSITION OFFICIELLE

Dans les Galeries du Rez-de-chaussée s'alignent 12 modèles de *soldats indiens*★, grandeur naturelle.

Dans cette partie, réservée à l'exposition officielle, se trouvent des échantillons de bois et de minéraux. A dr. de l'Entrée et du Couloir central, symétriquement à la Cour Impériale, s'ouvre une autre Cour, entourée de galeries réservées aux *expo-sitions particulières*. Là sont exposées les merveilles de l'Art indien, que les rajas et les simples particuliers ont tenu à en-voyer en grand nombre ; là aussi on ad-mire les produits de l'Industrie des Indes : les *vaisselles d'or*★ et *d'argent*, d'une su-prême élégance de forme et d'une déli-catesse d'ornementation sans rivale, les armes damasquinées, la joaillerie, les meubles en bois laqué, ouvré, incrusté, les mosaïques, les ivoires, les terres cuites, les étoffes de toute nature, les châles, les soieries, les brocarts, les mousselines, etc. On voit également des broderies incompa-rables, des parasols, des rideaux, des ta-pis. L'industrie du jute et celle du papier sont aussi représentées.

N'oublions pas les Produits Agricoles : le riz, les graines oléagineuses, les fruits, les légumes, les différentes essences de bois, des échantillons de coton, d'indigo, de tabac, de café, etc.

CEYLAN Sur la dr. du Palais est installée l'Exposition spéciale de Ceylan. la perle de la mer des Indes ; — Ceylan, dont l'importance commerciale est pré gieuse, en raison de sa situation sur la route de tous les paquebots qui se rendent en Australie, en Chine, au Japon.

Les produits de Ceylan sont nombreux et variés, et nous trouvons dans les galeries des échantillons de Café, de Cannelle et de Thé, des Bois d'Ébénisterie et de Teinture. Il n'est guère, on le sait, de contrée plus riche en Pierres précieuses. Les rivières de la côte méridionale roulent dans leurs sables les rubis et les saphirs, les grenats et les émeraudes. — Les Cinghalais plon-geurs vont ravir aux profondeurs de la mer les Perles fines, d'une eau incompa-rable. Les visiteurs s'arrêteront longue-ment devant les vitrines où ruissellent toutes ces *Pierres*★.

Sur la dr., et séparé de cet édifice, s'élève un *Pavillon de Dégustation* pour le *Thé*.

PALAIS DES COLONIES ● Traversons la Central Avenue, et pénétrons au Palais des Colonies, dont le style n'offre aucun caractère bien défini. La presque totalité de ce Pavillon est con-sacrée à l'Exposition du Canada. L'extré-mité droite, en regardant le Trocadéro, est consacrée à l'Exposition de l'Australie, au-près de laquelle est la partie réservée aux Colonies de la Couronne. Ces *Colonies de la Couronne* sont celles où le gouvernement anglais exerce un plein contrôle sur la légis-lation, et où l'administration coloniale a des fonctionnaires publics placés sous la direc-tion de l'administration métropolitaine.

A la classe des Colonies de la Couronne appartiennent Gibraltar, le Honduras bri-tannique, le Gouvernement des îles du Vent, la Trinité et Tabago, les Falkland, la Gambie, Sierra-Leone, la Côte d'Or, Lagos, Ste-Hélène, Ceylan, les établisse-ments du détroit de Malacca, Hong-Kong, la Nouvelle-Guinée et les îles Fidji.

Les Colonies de la Couronne se distinguent des Colonies à institutions représenta-tives, sans gouvernement responsable, comme Malte, la Jamaïque, la Guyane britannique, Maurice, où la Couronne n'a qu'un simple droit de veto sur la légis-lation, mais où le gouvernement métro-politain exerce un plein contrôle sur tous les fonctionnaires publics.

Une 3ᵉ catégorie de Colonies est celle des *Colonies à institutions représentatives*, avec gouvernement responsable, comme le Canada, le Cap, l'Australie, la Nouvelle-Galles du Sud, qui jouissent d'une auto-nomie politique et administrative presque absolue, le gouvernement métropolitain n'exerçant de contrôle que sur le gouver-neur. De ces dernières, le Canada et l'Aus-tralie occidentale sont seules représen-tées au Trocadéro.

Il y a entre la France et le Canada trop de souvenirs lointains et précieux pour que l'Exposition de notre ancienne possession ne trouve pas chez le visiteur une atten-tion toute particulière. — Au Canada, le Français se sent presque chez lui. Il y re-trouve des hommes de sa race, avec les-quels tant de liens subsistent malgré une séparation d'un siècle et demi. C'est donc avec un intérêt passionné que nous allons parcourir les galeries de l'Exposi-tion Canadienne. Elles sont d'ailleurs fort intéressantes, en dehors de toute préoc-cupation sentimentale.

Voici les Pelleteries, qui sont une des plus grandes richesses du Dominion, avec les merveilleuses fourrures de castors, d'ori-ginaux, de martres, d'ours, de renards ; voici des échantillons des Richesses Miné-rales. Au Canada, en effet, on trouve en abondance le cuivre, l'argent, l'or, les phosphates, les pierres précieuses, agate, jaspe et améthyste.

L'Industrie s'est développée prodigieuse-ment dans ces dernières années, l'indus-trie de la Pêche d'abord, qui dépasse un produit annuel de quatre-vingt-dix millions de francs, et qui occupe près de cent mille travailleurs, les industries alimentaires, ensuite, celle notamment du Fromage et du Beurre, etc.

On sait quel est le formidable développe-ment de l'Exploitation Agricole du Canada, et que dans les immenses plaines du Manitoba et des districts avoisinants, l'orge, le seigle, l'avoine et le blé atteignent une production fantastique.

Le visiteur pourra trouver également dans ces galeries tous les renseignements relatifs à l'Immigration, des plans où sont indiquées les Concessions encore libres, les conditions pour les obtenir, les procedes de culture en usage, les instruments necessaires, etc.

AUSTRALIE L'Exposition de l'Australie occupe, ainsi que nous l'avons dit, l'Aile dr. du Palais des Colonies. On y trouve les échantillons des Productions Minérales, qui sont nombreuses : l'or, le plomb, le cuivre, l'étain, les perles, la nacre, etc., et les produits des Cultures Agricoles, qui se developpent avec rapidité sur le littoral, la partie la plus fertile de la colonie, dont la capitale est Perth.

Le visiteur remarquera avec interèt de superbes échantillons des Essences Forestières, des billes de bois precieux aux dimensions colossales, qui donnent une idée de la vigueur de la végétation tropicale.

L'Australie produit aussi des Vins, qui ne s'écoulent guère à l'étranger. La Laine et les Viandes Congelées ou conservees, telles sont les deux principales branches d'exportation de l'Australie.

Cette colonie, on le sait, est une des plus prospères du monde, et c'est dans ces nouveaux États-Unis d'un autre hémisphère que chaque année 200000 Anglais emigrent pour ne plus revenir jamais.

INDES NÉER-LANDAISES Elles occupent un vaste espace devant le *Pavillon Sibérien* et se font remarquer par la splendeur architecturale de leurs murailles ciselees et peintes, par l'envolement de leurs flèches fantastiques, par l'enroulement des chimères, des dragons et des oiseaux d'or de leurs corniches.

Ça et là, des figures de dieux fidèlement copiees de celles du *Temple de Tchandi-Sari*, dans la résidence de Soerakarta, à Java, retracent la magnificence d'une religion prodigue en ornements, en feuillages et en voluptés.

TEMPLE Le Temple qui occupe le centre de l'Exposition Coloniale Néerlandaise est décoré de l'authentique reproduction des moulages pris sur les frises de *Boeroetoedoer*.

Ce splendide monument de l'art hindou, qui s'erige ici comme un luxueux pendant a la belle pagode cambodgienne de la Section Indo-Chinoise, offre d'imposantes et massives dimensions.

Des étages en retrait, s'élevant en une série de flèches successives, dominent l'ensemble de l'édifice. De claires ornementations rouges, or, violettes et dorées decorent les parois comme une floraison de plantes.

Au-dessus, dans les frises, des bas reliefs et des figurines représentent la plupart des poétiques legendes du Panthéon hindou : la vie de Bouddha, l'histoire de Maxa, l'epopée de Çakia-Mouni.

L'ensemble de ces frises représente l'extraordinaire travail de 1636 tableaux contenant en haut-relief 25 000 figures richement décorées. C'est au centre de cette construction imposante et splendide que trône la déesse Lakmé.

INTÉRIEUR A l'intérieur du Temple sont accumulées les reproductions des spécimens les plus precieux de l'architecture et de la sculpture hindoue.

Au fond, large de 17 m., le grand *Portique* du Temple de *Boeroeboedoer* développe ses formes élancées et gracieuses. A d. et à g., des statues de Bouddha, en différentes altitudes, occupent des niches luxueusement décorées.

La paroi à dr. est occupée, sur une longueur de 10 m., par la reproduction d'après nature d'un fragment du *Temple de Prambanan*, au milieu duquel est représenté le *lion* légendaire, entre deux arbres sacrés.

La paroi de g. est occupée par la splendide façade du *Temple de Tchandi-Sari*.

Dans le Vestibule, enfin, se dresse toute une série de statues de Vichnou et de Siva.

PAVILLONS Les deux PAVILLONS élevés de chaque côté, et en avant du Temple central, représentent des types des maisons indigènes de Sumatra, dont les toitures, d'une courbe élégante, reposent sur des façades en bois sculpté.

Pour bien montrer la diversité de l'ornementation indigène, les quatre faces de chaque pavillon représentent autant de types différents des habitations de la grande île.

Le **Pavillon Nord** contient les modèles de fortifications dans les colonies néerlandaises, le matériel de campement, d'hôpitaux militaires et d'établissements de marine.

A noter en passant une belle collection de cartes et de photographies.

A L'EXPOSITION

Le **Pavillon Sud** contient les expositions ethnographique, minéralogique et agricole des différentes possessions néerlandaises, auxquelles préside un véritable Panthéon de dieux hindous, composé de **70 grandes statues*** richement décorées. En 1889, les **Danseuses Javanaises*** eurent, on se le rappelle, un éclatant succès. Nous retrouvons les mêmes petites poupées bizarres, souples et vives, dans ce Pavillon où elles donnent de fréquentes représentations.

༄༅

TRANS-VAAL๑๑
(République Sud-Africaine), au sud de l'Exposition de la Chine, à g. de celle des Indes Néerlandaises. Le drapeau boer, qui flotte au sommet du pavillon du Transvaal, suffirait à attirer dans ce coin d'exposition une foule empressée à témoigner de sa sympathie pour l'héroïque petit peuple qui défend, au sud de l'Afrique, la cause de l'indépendance. Mais M. Pierson, le sympathique Commissaire délégué de la République Sud-Africaine, a tenu à justifier l'empressement du public par autre chose qu'un courant de sympathie. Il a voulu, malgré les difficultés de l'heure présente, malgré tant de préoccupations légitimes, faire plus amplement connaître encore ce petit pays, dont le sort passionne le monde entier.

C'est toute la vie industrielle et agricole du Transvaal que nous allons pouvoir trouver ici.

L'Exposition Transvaalienne, qui occupe une superficie d'environ 1800 m., comprend quatre bâtiments distincts.

Pavillon Principal
Le Pavillon Principal, dont la façade est tournée du côté de l'Avenue d'Iéna, est une élégante construction à deux étages, d'une blancheur immaculée, dont le toit en ardoise se termine par un campanile hardi et léger. Son rez-de-chaussée forme un vaste hall orné de huit colonnes supportant au premier étage une galerie de pourtour à laquelle on accède par deux escaliers.

Dans ce Pavillon sont réunis tous les documents se rapportant aux *Services publics.* On y voit des séries de magnifiques Photographies, des cartes en noir et en couleurs, des plans en reliefs, des livres, des Meubles et objets divers.

Salon d'Honneur au premier étage, décoré d'un beau Portrait du président Krüger qui attire tous les regards.

Dans les salles suivantes se trouvent diverses collections de Minéraux, l'Or sous toutes ses formes, l'or à l'état de boue, puis l'or éclatant, frère du soleil, l'or victorieux, l'or fatal, l'or qui devient du sang! Et à côte, c'est le roi des pierres précieuses, le Diamant plus brillant que l'étoile polaire, le diamant convoité par toutes les femmes de l'univers. Nous le voyons à l'état brut tout comme l'or, puis taillé et poli, prêt à étinceler au front des reines, aux oreilles, au cou et même dans les dents des milliardaires américaines.

Dans d'autres vitrines sont exposés des Bijoux et des Montres fabriqués au Transvaal.

La Ferme Boer ๑๑๑๑
Un peu en arrière du Pavillon principal se trouve la Ferme Boer, très simple, reproduction exacte de l'humble habitation du paysan transvaalien, et donnant une idée de la vie pastorale du boer.

C'est une construction couverte en chaume, sans étages, comprenant cinq pièces, y compris la cuisine, meublée très sommai-

PAVILLON DU TRANSVAAL

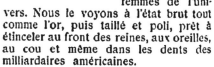

rement. Le seul objet de luxe que possèdent la plupart des paysans est un *harmonium* servant à accompagner les cantiques religieux chantés en famille.

L'espace séparant le Pavillon principal de la Ferme boer est occupé par différents modèles de machines agricoles, beaux spécimens de l'industrie transvaalienne.

Afin de montrer au visiteur les progrès réalisés en moins de quarante ans, on a placé en regard les vieux Chariots et les antiques instruments qui servirent jadis aux Boers fuyant la domination anglaise.

La Mine d'Or

La partie la plus curieuse de l'Exposition du Transvaal est la mise en œuvre de toutes les opérations diverses qui se rapportent à l'extraction et au travail de l'Or.

LA FERME BOER

Dans une galerie de mine souterraine, telle qu'il en existe au Transvaal, on a amorcé une galerie de projection et un puits d'extraction.

Toutes les parois de ces galeries et de ce puits sont recouvertes de *véritable minerai aurifère* importé par la République. Une partie de ce minerai est réservée pour le travail de l'usine, et le public peut suivre ainsi les diverses phases de l'extraction et de la préparation du précieux métal.

Après l'extraction, dont on voit le fonctionnement dans les galeries souterraines, la préparation se divise en quatre opérations: le criblage, le broyage, le bocardage et l'amalgamation.

Le minerai, après avoir été criblé et broyé, passe au bocardage, c'est-à-dire qu'il est réduit à l'état de poussière au moyen d'une batterie de pilons. Il est ensuite conduit, en boue liquide, à la table d'amalgamation.

Une fois le minerai amalgamé avec le mercure, l'or dégagé du quartz se mélange d'abord avec le mercure, puis il est placé dans des cornues où le mercure se volatilise, laissant le métal précieux à l'état de tourbe spongieuse.

Il ne reste plus alors qu'à le porter à la fonderie, où il est soumis à différentes opérations, avant d'être définitivement livré au commerce.

On ne saurait trop, répétons-le, louer M. Pierson d'avoir réussi une semblable installation, malgré les difficultés de toute nature que la guerre lui a suscitées.

Dans d'autres pays, a dit M. Ed. Roels, les mines d'or ont toujours été des gouffres à surprises, dont le caractère aléatoire s'accommodait à merveille du jeu. Le filon, riche aujourd'hui, n'existait plus demain. On découvrait une énorme pépite, comme on gagne un numéro à la loterie. La nature aventureuse de cette exploitation expliquait les procédés des aventuriers. Mais, au Transvaal, la constitution des champs d'or est différente. Une mine d'or du Rand permet d'évaluer d'avance l'or qu'elle rendra. Elle a le caractère d'une affaire industrielle, pour peu qu'on n'y fasse que de l'industrie. Mais, pour cela, il faut surveiller le personnel financier. Les maisons de Johannesburg et de Londres qui dirigent les mines ont, surtout, su faire des exploitations des mines de papier. Elles se sont habituées à des bénéfices énormes, rapides, incompatibles avec une véritable industrie, et ils ne peuvent se résoudre à changer leur mode d'opérer. »

Ainsi, en 1895, le capital des 185 mines du Transvaal, dont la valeur minérale est d'environ 1 milliard et demi, a été portée par la spéculation à plus de 6 milliards.

On a vu une grande maison de banque de Johannesburg revendre à des actionnaires 525 000 fr. une mine à peine éprouvée, payée quelques mois auparavant 150 000 fr.

En 1896, le Transvaal a produit pour plus de 215 millions de francs d'or, et ce chiffre, avec les perfectionnements de l'industrie, ne peut qu'augmenter.

ASIE RUSSE

Au haut du Trocadéro, à g. en descendant. Afin de ne laisser aucun doute sur les sentiments d'amitié qui l'unissent à la France, la Russie a tenu à faire un effort considérable et à collaborer dans la plus large mesure à cette œuvre grandiose de paix qu'est notre Exposition universelle. Le Gouvernement Français a répondu à l'empressement sympathique du Gouvernement Russe en lui concédant, sans marchander, d'immenses emplacements. Tant au Trocadéro, qu'au Champ de Mars et aux Invalides, c'est plus de 22 000 m. carrés qui ont été attribués à la Russie. Nous n'avons à nous occuper ici que de la section russe du Trocadéro, qui comprend l'*Exposition de la Sibérie et de l'Asie russe*.

Toute l'architecture de ce palais est inspirée par les meilleurs souvenirs de la vieille école byzantine, et la ruisselante profusion de ses sculptures et de ses mosaïques reproduit exactement une demeure princière des vieilles familles moscovites.

PALAIS DE L'ASIE RUSSE (*Cliché Robert*)

Palais Sibérien

C'est à g. du palais du Trocadéro, en regardant la Seine, que se dresse la masse imposante des constructions d'architecture Byzantine, massive et riche, qui constituent le Palais Sibérien. C'est un gigantesque entassement de tours et de créneaux, de murailles inaccessibles, de puissantes arcades rappelant la citadelle sainte du Kremlin.

La *façade*, du côté des bassins, est particulièrement curieuse avec ses larges portes cintrées, cerclées d'un bandeau de briques. Sur cette base massive, se dressent des tours évasées à la base et amincies au sommet. Leurs toits pyramidaux, jaunes, verts, bleus, rehaussés de dorures, sont surmontés de flèches qui portent à leur sommet des aigles dorés à deux têtes et aux ailes déployées.

Pavillon de l'Impératrice Marie

d'une gracieuse et riche sculpture, se détache de l'ensemble ainsi qu'une fleur héraldique. Au delà, le *Pavillon du Ministère de la Guerre* et la petite *Tour du Nord*.

REZ-DE-CHAUSSÉE

Un Portique en forme d'arc monumental, ouvrant sur une cour en plein air. On arrive par là à la **Salle de Réception** officielle où se trouve la **Carte de France** ★ en marbre et pierres précieuses offerte à la France par le Tsar. Plus loin, deux autres salles réservées à l'exposition des *Biens et Domaines du Tsar*.

Dans l'une des salles, exposition de collections d'héliogravures ★ faites d'après les photographies prises par M. Hugues

— **A L'EXPOSITION** —

Krafft, au cours de son *Voyage dans le Turkestan russe*.

Dans la cour, un des plus beaux spécimens de l'art Musulman : le Porche d'entrée * de la *Grande Mosquée de Samarkand*, en faïence blanche et bleue,

PREMIER ÉTAGE ⓴ C'est le Panorama du Chemin de fer Transsibérien * exposé par la C⁴ des *Wagons Lits* dont les trains vont déjà jusqu'a Irkoustk, la ligne Moscou-Pékin devant être terminée en 1903. Le voyageur voit défiler par les larges portières le panorama d'un pays captivant, aux vastes étendues, aux larges fleuves, aux épaisses forêts de sapins. Tandis que les wagons, animés d'un mouvement de trépidation destiné à augmenter l'illusion, demeurent immobiles, une interminable toile peinte d'après nature par MM. Jambon et Bailly, se déroule sous les yeux du spectateur. C'est un truc connu, mais présenté ici d'une façon particulièrement ingénieuse,

Cette attraction, destinée à donner au public une idée de l'œuvre prodigieuse du Transsibérien, est complétée par une exposition ethnographique. Aux points terminus Moscou-Pékin, deux restaurants, le premier russe, le second chinois.

Le spectateur a tout cela sous les yeux. Il serait donc inutile de le guider à travers étagères et vitrines, il suffit de lui donner des renseignements qui lui permettront d'étudier avec plus de connaissance de cause l'Exposition Sibérienne.

Plus vaste que l'Europe, la Sibérie occupe une superficie de 13 500 000 kilomètres carrés. C'était, il y a peu d'années, une terre encore obscure, dont la carte demeurait inachevée, dont la conquête par la Russie fut longue et patiente, depuis le xvi⁴ s. jusqu'à la fin de celui-ci qui voit la Russie souveraine incontestée depuis l'Oural jusqu'au Pacifique.

La configuration du sol et la nature du climat divisent la Sibérie en trois zones distinctes et parallèles. Au sud, la région des steppes ; au centre, la région forestière ; au nord, celle des déserts marécageux impraticables, appelés *toundras*. La zone forestière est de beaucoup la plus étendue. C'est un steppe aussi, mais un steppe boisé, qui court de l'Oural au Kamtchatka, avec des régions montueuses, des ravins, des clairières cultivées.

Dans les forêts abondent le pin, le cèdre sibérien, le genévrier, l'épicéa, l'érable, le mélèze, tous les arbres dont le visiteur trouve des échantillons.

Sous ces bois interminables courent des animaux de tous genres, cerfs, chevreuils, ours, lièvres, et toutes les espèces à fourrure, qui constituent une des richesses de la Sibérie. C'est par millions de roubles que se chiffrent à la foire d'Irbit les transactions effectuées en pelleteries d'écureuil, d'hermine, de renard, de martre, de zibeline et autres. Les visiteurs, les visiteuses surtout, s'arrêteront longtemps devant ces parures moelleuses et légères exposées dans toute une série de vitrines. Les plus recherchées et les plus chères sont celles du renard noir et de la martre zibeline.

Primitivement peuplée de races asiatiques, de Mongols, de Finnois, d'Ostiaks, de Samoyèdes, de Kirghiz, de Lesghiens, dont nous voyons reproduits les types curieux, la Sibérie a vu sa population s'accroître constamment par l'immigration des Russes.

Ce fut d'abord une terre d'exil et de déportation, mais les immigrants volontaires vinrent bientôt, attirés par les richesses du sous-sol, par les exploitations métallifères, par l'agriculture, la chasse, la pêche, par l'industrie naissante, si bien que la Sibérie, jadis presque déserte, et terre de relégation et de bagne, se peuple rapidement : commerçants et colons, mineurs et fermiers, gens de toute race et de tout pays, envahissent cette terre nouvelle pour la mettre en valeur.

Faut-il dire que ce développement incomparable est dû à la façon intelligente et énergique dont les Russes comprirent le rôle des voies ferrées pour l'essor de la prospérité de leurs possessions asiatiques ? Malgré les difficultés sans nombre, la Russie n'a pas hésité à poursuivre sans répit les travaux du Transcaspien et du Transsibérien, comprenant l'immense importance stratégique, politique, économique, de ces voies ferrées.

Par le TRANSCASPIEN, les Russes pénètrent jusqu'au cœur de l'Asie centrale, jusqu'aux portes des Indes, a quelques centaines de lieues de la Perse, et, tout récemment, les succès de la politique russe dans ses négociations avec la Perse prouvèrent quels résultats on pouvait attendre de cette pénétration du réseau russe, qui met Samarkand à quatre jours de la mer Noire.

Quant aux conséquences de l'achèvement du TRANSSIBÉRIEN, elles sont incalculables. En effet, en établissant des trains directs entre Moscou et Vladivostok, circulant a une vitesse moyenne de quarante kilomètres a l'heure, la durée du voyage sera de onze jours.

En y ajoutant les deux jours et demi qu'il

faut pour se rendre de Londres à Moscou, en tenant compte des six cents milles marins qui séparent Vladivostok de Nagasaki, et du millier de milles marins à franchir encore jusqu'à Vassounga, on atteindra la Chine par cette voie en dix-sept jours, et le Japon en seize jours.

Or, en passant par la voie la plus courte, à travers l'Atlantique, le Canada et le Pacifique, la durée du voyage de France ou d'Angleterre au Japon est de vingt-huit jours, de trente et un jours pour la Chine.

Ainsi le chemin de fer Transsibérien raccourcira presque de moitié le trajet entre l'Europe d'une part, la Chine et le Japon d'autre part.

Si on réfléchit que la population de ces deux pays, plus la Corée, est de 460 millions d'habitants, on reconnaîtra qu'il est impossible de calculer et de prévoir le formidable essor commercial qui résultera pour le monde entier de l'achèvement de la ligne transsibérienne.

Si maintenant on examine l'influence qu'aura le Transsibérien sur la prospérité de la Russie, on reconnaît qu'elle est non moins considérable.

Ce sont des milliers et des milliers de lieues carrées devenues de nouveaux débouchés pour le commerce et l'industrie russes. C'est l'industrie minière en Sibérie qui ne put jamais prendre son complet développement à cause de l'insuffisance de la main-d'œuvre et de la difficulté des transports, et qui maintenant va pouvoir se développer sans obstacle. Ce sont les régions fertiles ouvertes à l'agriculture. Ce sont enfin les forêts immenses livrées à l'exploitation.

Tous ces résultats, les organisateurs de l'Exposition Russe ont fait effort pour les faire toucher du doigt, si je puis dire, par le visiteur attentif.

Divisée en sept sections, dont la septième, de 405 kilomètres, est presque entièrement construite déjà, le Transsibérien franchit l'Oussouri, suit la rive orientale du lac Hanka, puis, après avoir contourné les golfes d'Ouglof et d'Amour, débouche à Vladivostok, cette ville déjà considérée par les Russes comme la dominatrice de l'Extrême-Orient.

Le Transsibérien sera ainsi la plus longue ligne du monde entier, celle qui joint Montréal à Vancouver ne dépassant pas 4650 kilomètres.

Le Transsibérien n'a qu'une seule voie de cinq mètres de largeur, avec une station tous les cinquante kilomètres à peu près.

Il aura coûté plus d'un milliard, mais jamais capital moins improductif n'a été lancé dans une entreprise plus grandiose.

Et maintenant le lecteur peut comprendre toute l'importance que la Russie a donnée à son Exposition du Trocadéro, par laquelle elle a voulu faire connaître au monde entier l'Asie Russe et les efforts qu'elle fait pour la mettre en valeur et la gagner à la civilisation.

※

CHINE

A g. de l'Asie Russe. Depuis bien des mois, on parle beaucoup de la Chine, et les appétits qui se disputent autour de la proie formidable que constitue l'immense Empire du Milieu restent à l'horizon comme un des plus graves dangers pouvant entraîner pour la paix universelle des complications dont on ne saurait prévoir les conséquences.

Le Céleste Empire est, il est vrai, en perpétuel état d'anarchie. Avec un gouvernement central qui n'a sur les diverses provinces aucune autorité réelle, les coups d'État se succèdent, et les vieux palais impériaux enferment des mystères tragiques sur lesquels les diplomates les plus avisés n'ont que des renseignements problématiques.

Nulle unité dans ces territoires infinis. Les provinces y sont pour ainsi dire complètement indépendantes les unes des autres, le plus souvent dévastées par des bandes de pillards et d'audacieux pirates qui profitent de la faiblesse ou de l'indifférence, ou même de la complicité des autorités régionales. Si bien que la Chine serait complètement impuissante à résister aux empiètements de territoire qu'on projette contre elle si, précisément, les appétits rivaux ne se faisaient équilibre.

Il fut un temps où le péril jaune apparaissait à certains Occidentaux chagrins sous la forme d'une nouvelle invasion de barbares. Des imaginations fertiles se représentaient volontiers quelques centaines de millions de Célestes se précipitant brusquement à travers l'Asie et venant comme nuées de sauterelles dévaster l'Europe.

Quelques intrépides rêveurs, quelques sombres pessimistes continuèrent longtemps à s'alarmer, pour les générations futures, de si tragiques prévisions. Les Chinois auraient de meilleures raisons, ce semble, de redouter pour eux le péril occidental, et pourraient justement s'alarmer de toutes les ambitions qui menacent leur empire.

Ils n'en ont d'ailleurs que médiocre souci, et il est fort curieux de constater combien le Chinois, d'un développement individuel incontestable, est complètement indifférent aux conceptions de collectivité. Ses préoccupations se bornent à la famille, pour laquelle il éprouve un véritable culte, et parfois à la congrégation (sorte de syndicat commercial) à laquelle il est affilié.

Mais il paraît bien que l'idée de patrie lui soit, sinon étrangère, du moins indifférente. Le Chinois n'en est pas moins extrêmement sympathique en général. Il est persévérant, robuste, travailleur acharné, sobre, et d'une probité commerciale à laquelle il faut rendre hommage. Son activité est prodigieuse. Partout en Extrême-Orient on le trouve installé, dans la plus grande comme dans la plus petite ville, où il devient vite le maître du commerce local. Ses dispositions naturelles pour le négoce, son incroyable sobriété, en font un concurrent si redoutable que nul petit commerçant ne saurait lutter avec lui.

Mais il n'est pas seulement doué pour les petites opérations de l'échoppe ou de la boutique. Il peut aussi devenir puissant industriel ou négociant richissime. A Cholens (Indo-Chine), par exemple, toutes les usines à décortiquer le riz, formidables établissements qui exigent d'énormes capitaux, sont aux mains des Chinois, qui n'ont pas hésité à y introduire tout le perfectionnement des procédés modernes.

A Canton, à Hong-Kong, à Changaï, et dans tous les ports ouverts au commerce européen, les Chinois tiennent la tête du haut commerce, de la haute banque et de la haute industrie.

On peut donc dire que si la Chine agonise, le Chinois, en tant qu'individu, demeure intelligent et fort, et qu'il reste le représentant le plus curieux et le plus sympathique de toutes les races orientales.

On nous excusera d'un si long préambule, mais il nous semble qu'on regarde avec plus d'intérêt et de fruit les choses exposées quand on connaît mieux ceux qui exposent.

En 1889, la Chine avait refusé de prendre part à l'Exposition, voulant ainsi témoigner qu'elle gardait rancune de revers récents. Mais cette fois, elle comprit qu'elle avait un indiscutable intérêt à faire la preuve de sa vitalité, et elle a accepté sans se faire prier notre nouvelle invitation. Sans doute, elle n'a point consacré à son exposition le budget important qu'on pouvait attendre d'elle, mais pourtant ses commissaires n'en ont pas moins tiré excellent parti de l'emplacement à eux attribué dans les Jardins du Trocadéro, à côté du palais sibérien.

La Porte de Pékin

L'Exposition Chinoise se compose de cinq constructions principales. Celle qui d'abord frappe les yeux par sa masse imposante est la reproduction d'une des neuf portes qui trouent les murailles de Pékin. En arrivant dans la capitale chinoise, le voyageur est frappé par le spectacle grandiose qu'offrent les murailles de la ville, hautes de plus de 15 m. et surmontées, au-dessus de chacune des neuf portes qui donnent accès dans l'intérieur, d'un grand monument à plusieurs étages, d'une hauteur de 33 m., destiné à abriter les engins de défense. C'est un de ces monuments que représente, un peu réduit dans la perspective, le Pavillon principal de l'exposition chinoise.

LA PORTE DE PÉKIN

Une série de quatre étages s'élève sur des terrasses. C'est un enchevêtrement de toits jaune d'or, grands ou petits, se coupant en long, en travers, et échafaudant leurs chevrons d'une façon inattendue et bizarre. Au bas, un pan de muraille massif, fait de briques blanches, percé de trois baies, est surmonté d'un premier étage en encorbellement, auquel on accède par un escalier monumental, situé à l'extérieur, sur la droite du monument, qui participe, par les pylônes, de celui du temple du Dragon noir, où l'on va prier pour demander la pluie, et, par la disposition de ses marches séparées par des dalles sculptées, des escaliers, des sépultures impériales.

A g., le Pont qui relie la Chine à la Russie est la reproduction exacte d'une porte fameuse, située sur la route de la Sibérie, sous une annexe de la Grande Muraille de Chine, à 50 k. au nord de Pékin. Elle porte une inscription en six langues, dont une n'a jamais pu être déchiffrée.

Sur ce pont passe un *train transsibérien*, qui va de Russie en Chine. Le voyageur descendant de ce train trouve un Restaurant Chinois, où on lui sert ce qu'il souhaite, des nids d'hirondelles et autres merveilles de l'art culinaire chinois.

Le second étage présente en avant une terrasse centrale encadrée de trois bâtiments avec leurs toits retroussés, tout peinturlurés de jaune, de rouge éclatant et de vert.

Sur la façade postérieure, celle qui regarde le Palais du Trocadéro, le spectacle est plus curieux encore, s'il est possible, en raison de la présence, au beau milieu de la bâtisse, d'un arbre respecté, suivant les ordres du service des jardins et qui, trouant la terrasse du second étage, vient déployer dans l'air ses branches et ses rameaux.

Notons en passant que toute cette construction si originale et si pittoresque, qui paraît être l'œuvre d'ouvriers indigènes habitués à cette architecture bizarre, a été tout entière élevée, sculptée, décorée, meublée, enluminée, depuis les fondations jusqu'au faîte, par des *ouvriers français*.

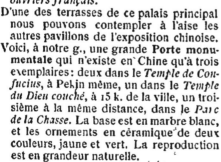

UN DES PAVILLONS CHINOIS

D'une des terrasses de ce palais principal nous pouvons contempler à l'aise les autres pavillons de l'exposition chinoise.

Voici, à notre g., une grande **Porte** monumentale qui n'existe en Chine qu'à trois exemplaires: deux dans le *Temple de Confucius*, à Pékin même, un dans le *Temple du Dieu couché*, à 15 k. de la ville, un troisième à la même distance, dans le *Parc de la Chasse*. La base est en marbre blanc, et les ornements en céramique de deux couleurs, jaune et vert. La reproduction est en grandeur naturelle.

Pavillons.
En avant de cette Porte, les deux Pavillons à deux toits que nous apercevons devaient être surélevés sur une terrasse de marbre blanc, mais il a fallu économiser et il se reposent tout simplement sur le sol, où s'enfoncent leurs pilotis.

C'est la copie de l'un des six pavillons placés en ligne de file, et dont l'ensemble constitue le Palais impérial de Pékin.

Une véranda règne tout autour, formée de piliers cylindriques rouges, que relie une très simple balustrade verte, et abritée par un toit de tuiles de zinc, vertes également.

Les murs du pavillon dépassent ce toit et supportent une seconde toiture, revêtue de tuiles peintes du même vert. L'extrémité des tuiles est garnie par une ornementation bizarre qui figure des caractères disposés en cachet.

A l'intérieur, la décoration est extrêmement riche. Au plafond, les poutres sont apparentes et forment un quadrillage régulier, au fond de chaque case duquel éclate une rosace peinte et dorée.

Deux autres Pavillons plus simples et une série de Boutiques chinoises complètent cette Exposition, tout entière édifiée autour d'un Jardin frais et bizarre, d'un dessin baroque, comme sont les jardins chinois. Au milieu, un bassin contourné apporte la fraîcheur de ses eaux, et le tout donne une impression d'un art très particulier.

A l'intérieur des différents pavillons sont répartis les multiples produits de l'agriculture et de l'industrie chinoises.

La culture du riz est, comme on sait, la plus importante de l'empire, celle qui subvient à l'alimentation presque exclusive de tous les habitants. On évalue la superficie des rizières à un huitième au moins de l'espace cultivé. Dans de nombreuses provinces, on cultive le froment, le miel et le sorgho. On y trouve aussi le cotonnier, l'arachide, la patate, etc., etc., enfin, le thé, qui constitue pour la Chine une incalculable richesse, et le pavot, qui sert à la fabrication de l'opium, exécrable drogue qui produit dans tout l'Extrême-Orient de si effroyables désastres.

Les Artisans chinois.
Quant aux produits industriels, ils sont nombreux, et le visiteur prendra grand plaisir à voir travailler devant lui tous ces artisans divers, à la physionomie intelligente, aux yeux malins et moqueurs, au teint citron, tous ces Célestes à la natte frétillante derrière le dos, ou roulée sur le sommet de la tête.

Voici des Marchands de Curiosités, qui

offrent, avec des airs engageants, des Bouddhas ventrus, des objets de jade délicatement sculptés, des vases antiques, dont l'authenticité n'est nullement garantie, des faïences et des poteries.

Voici l'Émailleur, qui décore, avec une incomparable dextérité de main, des bijoux en argent et en vermeil.

Voici les Peintres sur Papier, qui illustrent avec des pinceaux infiniment petits les planches d'un album, ou bien qui, à larges traits, décorent de grands panneaux où s'accumulent les figures grotesques, les dragons fantastiques.

Voici des Tisserands de Soieries, assis en face de petits métiers, et sous leurs doigts habiles les dessins se précisent et l'étoffe se couvre de motifs d'une incroyable fantaisie.

Voici enfin des Fabricants de Nattes, des Cordonniers, des Incrusteurs de nacre, etc. Certes, le spectacle est loin d'être aussi ahurissant que dans l'une de ces villes chinoises, telles que Canton par exemple, où les rues, les ruelles pour mieux dire, n'ont même pas 2 mètres de largeur, et où le touriste a peine à se faire place entre les étalages des boutiques, à travers la foule grouillante d'hommes et d'enfants qui, pour la plupart, portent d'énormes paquets accrochés à de longs balanciers et courent avec une précipitation tout à fait exempte de courtoisie.

Mais il y a des compensations au Trocadéro. En Chine le voyageur paye souvent l'intérêt du spectacle à lui offert par les injures, les regards haineux, les crachats méprisants que les Célestes ont coutume de ne point ménager à l'adresse des étrangers. Au Trocadéro, par contre, les Chinois sont d'une politesse raffinée, et le visiteur n'aura qu'à se louer de ses rapports avec ces braves Orientaux qui exportent volontiers leurs marchandises, mais ont le bon goût de garder pour le sol natal les manifestations de leur mépris pour les chiens d'Occident.

꧁ꕥ꧂

COLONIES ●●●● PORTUGAISES

Malgré le peu de place qu'il prend sur la carte européenne, le Portugal n'en occupe pas moins un rang honorable parmi les puissances coloniales. Ses possessions, en effet, sont encore éparpillées sous les latitudes les plus diverses, et beaucoup d'entre elles sont en pleine prospérité.

Dans l'océan Atlantique, les îles de Madère et les îles du Cap Vert constituent des escales de premier ordre pour tous les navires de provenance ou à destination des côtes d'Afrique, comme aussi pour tous les paquebots touchant aux ports de l'Amérique du Sud.

Sur la côte occidentale de l'Afrique, la province d'Angola, au sud du Congo, est appelée à prendre une grande importance, par suite de sa proximité avec les grandes colonies européennes.

Sur la côte orientale. Lourenço-Marquès et le Mozambique sont des possessions dont l'importance politique et stratégique est suffisamment démontrée par les derniers événements de la guerre sud-africaine.

Dans l'Inde, le Portugal possède l'île de Goa et la ville de Damao, au nord de Bombay. Dans la mer de Chine, Macao semble être placé à proximité de Hong-Kong pour faire contraste avec le bruit, l'animation, le mouvement commercial de Hong-Kong. C'est sur ce coin de terre verdoyant et paisible que Camoens vint jadis aimer, chanter et rêver. En Océanie, enfin, le Portugal possède encore Dilly; dans l'île de Timor.

Toutes ces colonies ne sont que les vestiges de l'immense domaine d'autrefois; mais ils n'en constituent pas moins encore, à l'heure actuelle, des points d'appui non négligeables dans la lutte économique engagée entre les nations.

PAVILLON Le Pavillon du Trocadéro est consacré aux différentes expositions des colonies que nous venons d'énumérer. Il est d'un bel effet décoratif, et sa façade principale est ornée d'un groupe de femmes qui symbolisent les Colonies portugaises soutenant l'écusson des armes royales. Les arcs formant les façades du pavillon sont entourés de frises peintes, joliment exécutées.

A l'intérieur, la superficie du pavillon a été augmentée par l'adjonction d'une galerie courant autour d'une sorte de hall. C'est dans ce hall que sont exposés les différents produits, les cartes, les plans, les photographies diverses, et tous les documents de nature à renseigner le visiteur.

Dans leur colonie d'Angola, les Portugais ont construit 320 kilom. de chemins de fer; leurs ports de Mossamedès et de Loanda sont les plus actifs de la côte; et c'est l'Angola qui fait le commerce le plus considérable, mais il est aux mains des Anglais. Le café, le cacao, le thé, la canne à sucre, le riz, le dourah, le maïs, les arachides, le tabac, le sésame, l'indigo, trouvent, sous ce ciel de végétation spontanée, un champ de culture des plus favorables. Pour le moment, c'est encore le caoutchouc, la gomme, la noix de kola, qui sont les plus grandes ressources du pays.

Les nègres de l'Angola vendent aux Portugais des peaux de gazelles, d'antilopes, de léopards, de tigres, de jaguars et de lions, ainsi que l'ivoire provenant des éléphants, très nombreux dans les forêts de l'intérieur. C'est aussi de l'Angola que viennent ces jolis oiseaux chanteurs, aux plumages étincelants, que l'on vend en Europe sous le nom « d'oiseaux des Iles ».

ᖍᐧᖋ

LES HOUILLÈRES DE FRANCE ●●●●

A l'extrémité de l'aile g. du Palais du Trocadéro, parallèlement à la R. de Magdebourg, s'élève le Pavillon des Houillères de France, dont l'organisation a été confiée au Syndicat des Mines. Entrée, 1 fr.

La façade ne manque pas de caractère architectural. Une frise ornée de sujets en relief représentant des *mineurs occupés à l'extraction de la houille*, surmonte un grand cintre en anse de panier.

REZ-DE-CHAUSSÉE ● Deux grandes Salles occupées par la Machinerie. Ce sont d'énormes Moteurs à gaz, actionnant des dynamos destinées à fournir la Lumière, la Ventilation et la Force motrice pour les galeries souterraines. Aux murailles, des toiles représentant des coupes géologiques et la collection complète des engins mécaniques employés dans l'exploitation minière.

PREMIER ÉTAGE ● Exposition de Maquettes, véritables merveilles d'ingéniosité, présentant les types des principales Houillères françaises, toute l'histoire des Puits de mine, des reconstitutions de Parachutes, de Guidages de tous systèmes, de Ventilateurs, des collections de dessins, etc., etc.

Mais le pavillon de l'exposition houillère ne constitue réellement qu'une infime partie de celle-ci.

GALERIE SOU-TERRAINE ●● L'exhibition de beaucoup la plus intéressante est constituée par la Galerie Souterraine de 600 m. qui, s'ouvrant à l'extrémité Nord du Pavillon, s'étend sous l'aile dr. du Trocadéro, passe sous l'Av. de Magdebourg, rentre dans l'enceinte de l'Exposition et vient déboucher dans la Mine d'or du Transvaal. C'est un des *Clous* de l'Exposition.

Le visiteur peut descendre dans cette galerie souterraine de trois manières différentes. D'abord par le moyen d'un *plan incliné*, reconstitution exacte de celui adopté par la C⁹ de Bessèges. C'est un système de voies ferrées à forte inclinaison, sur lesquelles roulent des berlines. Ces véhicules sont solidaires les uns des autres, grâce à un dispositif funiculaire ; la berline descendante fait monter celle du fond. Un second moyen réside dans une *glissière*, qui aboutit à la salle d'accrochage. Enfin, le visiteur pourra descendre par un véritable puits de mine. Celui-ci n'a que 14 m. de profondeur, mais, grâce à une ingénieuse combinaison de mouvements, la vitesse de la benne paraît accrue, cependant que sa descente s'effectue avec une lenteur telle qu'on a l'illusion complète d'un puits de 300 m. La grande machine d'extraction, placée dans la seconde salle du rez-de-chaussée, actionne cette benne. Le moteur est, identiquement, celui employé dans les mines de Lens. Deux cages en dépendent, l'une montante, l'autre descendante.

Parcourant la galerie de 600 m., le visiteur fait un voyage instructif dans les Houillères, les Mines de Fer, de Sel gemme et de Zinc. Il aboutit d'ailleurs, comme nous le disions il y a un instant, aux mines de Quartz Aurifère Transvaaliennes dont nous avons donné la description détaillée d'autre part.

C'est d'abord la Salle d'Accrochage, où il assiste au départ des wagonnets. Puis, voici les types les plus variés de Gisements et de procédés d'exploitation : l'application des méthodes par gradins renversés, par dépilages, par gradins couches, par grandes tailles, par grands massifs, par petits massifs, par dépilages avec remblais, etc.

Le travail de la Taille est fort bien représenté. Sous nos yeux, des *mineurs* procèdent au havage et à l'abatage. Les *haveurs* creusent des entailles parallèles à la stratification, ce qui permet d'abattre la houille par grandes masses, en faisant le moins possible de menu. En même temps, et toujours sous nos yeux, les *bouteurs* et les *serveurs* déblayent le charbon abattu et amènent les bois qui doivent servir à empêcher l'affaissement de la partie supérieure de la couche. Les *remblayeurs* et les *reculeurs* font tout le travail en arrière, c'est-à-dire construisent les murs en pierre sèche et entassent les remblais. Enfin, les *bosseyeurs* ou coupeurs de murs font les voies, les boisent, et construisent les murs latéraux.

On admire particulièrement la reconstitution habile d'une *beurtia* des mines de Lens : c'est un puits secondaire, mettant

— A L'EXPOSITION —

en communication deux étages miniers. Enfin, toute la machinerie des houillères modernes est là, en pleine activité. Les *perforatrices electriques* et à air comprimé attirent particulièrement l'attention. Le visiteur assiste au Percement des galeries, à la fois si difficile et d'exécution si rapide. En même temps il voit procéder aux opérations de Soutènement.

Un Chemin de fer Électrique, — qui, après l'Exposition, sera transporté aux mines de Marle, — parcourt ces 600 m. de boyau souterrain. Des locomotives électriques, merveilles de la science moderne, traînent à une allure rapide les convois de wagonnets.

❧❧❧

EXPOSITION DES PHARES

On pénètre à l'Exposition des Phares par une Passerelle située entre les Bâtiments des Houilleurs de France et le Pavillon des Collectivités, par conséquent vers l'extrémité gauche du Palais du Trocadéro en regardant la Seine.

De chaque côté de la Passerelle se dressent deux tours qui sont la reproduction, à droite, du phare de l'Ile Vierge, à gauche, du phare du Mont Saint Clair.

Tout de suite après avoir franchi la passerelle, on pénètre dans une large Salle où se trouve l'Exposition Rétrospective et aussi l'Exposition des Appareils les plus modernes et les plus perfectionnés.

L'Exposition Rétrospective ne nous fait pas remonter tout le cours de l'histoire des Phares, dont l'usage remonte du VIII° au IX° siècle avant Jésus-Christ, puisqu'on trouve dans la table iliaque mention du Phare du cap Sigée.

Le *Pirée*, les grands ports de l'antiquité, eurent aussi leurs phares ; le plus célèbre fut incontestablement la tour de Pharos, dans le port d'Alexandrie, qui était d'une forme pyramidale et s'élevait, si l'on en croit les écrivains arabes, à 1000 coudées, c'est-à-dire à 500 mètres de hauteur. A son sommet brûlaient des feux de bois.

Faut-il citer encore le fameux Colosse de Rhodes, qui, dit-on, servit également de phare ; le phare d'Ostie, à l'embouchure du Tibre, construit par les ordres de l'empereur Claude ; la tour des Castillans, construite au XIV° siècle, etc., etc.

L'Exposition Rétrospective du Trocadéro ne remonte qu'au premier appareil lenticulaire à éclats, celui de Cordouan, qui, inauguré par Fresnel, fut expérimenté en 1822.

Citons encore, dans cette Exposition Rétrospective, le *premier appareil à feu fixe*★ et le *premier appareil à feu varié par éclats*★, et un appareil à tambour de lentilles verticales. Mais passons bien vite à l'examen des perfectionnements les plus modernes.

Voici sommairement : l'appareil du *Planier* ; celui d'*Ouessant* à 2 éclats ; celui du *Cap Brear* à 3 éclats ; celui de *Camarat* à 4 éclats ; celui de *Suzac* à feu de direction : ces trois derniers appareils sont au pétrole. Voici encore : l'appareil du *Cap Levi* à éclats reguliers rouges ; ceux de *Cherbourg* à feu-éclair permanent, de *Saint-Marcouf*, et de *Corn Carhai*.

Mais le visiteur sera surtout intéressé par un superbe modèle du phare d'Eckmühl. Les nouveaux phares d'Eckmühl et du Planier peuvent être signalés comme les plus beaux modèles des phares à terre.

Le phare du Planier qui s'élève dans l'ilot du même nom à 8 milles au sud de Marseille, est constitué par une haute tour cylindrique de 56 mètres d'élévation. Il a été exécuté en quatre ans (1877-1881) et sa maçonnerie seule a coûté 475000 francs.

Le *Phare d'Eckmühl*, à la pointe de Penmarc'h, est le dernier construit en France : il a été inaugurée le 17 oct. 1897.

Élevé en partie avec un don de Mᵐᵉ de Bloqueville, fille du maréchal Davoust, prince d'Eckmühl, il est, par son caractère monumental et par son outillage perfectionné, sans rival.

La base, en granit de Kersanton, est carrée d'apparence générale ; mais les arches sont en pan coupé, ce qui lui donne en réalité, au moins pour le fût, la forme octogonale. Son foyer est à 60 mètres au-dessus du sol.

Les phares du Planier et d'Eckmühl sont munis de feux-éclairs électriques à double optique d'une puissance lumineuse de plus de 3 millions de becs Carcel avec une portée par temps moyen de 60 à 65 milles (110 à 112 kilom.), pouvant aller par temps clair jusqu'à 133 milles, c'est-à-dire 45 kilomètres.

Le visiteur trouvera à côté du modèle du phare d'Eckmühl le modèle d'un nouveau Feu Flottant.

Les Feux Flottants sont des feux installés sur des pontons mouilles en pleine mer, sur une ou deux ancres à l'entrée de certaines passes ou rades. On les a beaucoup améliorés dans ces derniers temps par l'adoption de pontons en métal, jaugeant de 300 à 350 tonneaux et possédant une stabilité toute particulière.

La lanterne, à 12 mètres au-dessus du niveau de la mer, est de dimension assez grande pour que les gardiens puissent y faire leur service.

A L'EXPOSITION

Aussi les visiteurs pourront avoir une idée complète des divers appareils en usage et comprendre ce qui peut distinguer les Feux les uns des autres.

Il y a les feux fixes qui sont des feux fixes d'horizon, ou feux d'horizon, feux fixes de direction et feux de direction ; ils sont ou blancs, ou rouges, ou verts.

Il y a encore les feux à oscillation, ou les feux à coloration ; il y a les feux à éclats réguliers et groupés, les feux scintillants, les feux-éclairs, etc., etc.

Actuellement, il y a sur les côtes de France 483 phares et feux de port. On compte d'autre part 8 feux flottants, 13 feux permanents et 76 bouées lumineuses.

Les feux *permanents* sont ceux qui peuvent brûler pendant plusieurs semaines et même pendant plusieurs mois consécutifs sans avoir besoin d'être rallumés. Ils rendent de très grands services pour l'éclairage de certains écueils ou de jetées difficilement accessibles. Ils sont généralement éclairés à l'huile minérale ordinaire.

❧

PAVILLON DES MISSIONS ⊚⊚⊚⊚

Le Pavillon des Missions est placé contre celui des Collectivités dont nous parlons ailleurs.

C'est au cardinal Richard qu'est due l'initiative de la participation des Missions ainsi que de toutes les œuvres catholiques à l'Exposition de 1900. Cette importante décision fut prise dans une grande réunion qui eut lieu à l'Archevêché.

L'Exposition des Missions a été organisée par les soins d'un Comité exécutif présidé par le vice-amiral Lafont, et composé de personnalités appartenant au monde religieux, aux lettres, à l'industrie et au commerce.

On trouve dans ce Pavillon des renseignements précis sur la situation géographique, l'histoire et le martyrologe de chaque Mission, des collections ethnographiques et scientifiques de nature à traduire l'influence civilisatrice des Missionnaires, la part qu'ils prennent à l'œuvre de colonisation, leur importante contribution dans l'étude de la littérature indigène et de l'histoire naturelle, enfin les efforts qu'ils font pour utiliser les ressources du sol de chaque région. Une vaste part est faite aussi à la fondation et à l'entretien des établissements scolaires, professionnels et hospitaliers avec exposition de travaux en tous genres.

Les Beaux-Arts ont leur place, tant par suite des fouilles et des découvertes faites par le personnel des Missions pour l'étude des monuments anciens, qu'en raison de la construction des édifices modernes consacrés au culte.

La présentation des itinéraires de caravanes tracés par les Missionnaires et des relevés d'explorations organisées par eux amène nécessairement l'examen des voies de pénétration et des débouchés qui leur sont dus et qui complètent cette exposition en la rattachant, très logiquement, aux diverses branches du Groupe XVII.

❧

ÉGYPTE

Derrière l'Exposition du Japon. C'est un vaste et imposant monument dont les façades rappellent les monuments les plus célèbres de l'ancienne Égypte, avec leurs portiques immenses, leurs bas-reliefs curieux, à inscriptions hiéroglyphiques, retraçant l'histoire des vieilles dynasties égyptiennes, leurs frises illustrées de dessins polychromes.

Trois parties bien distinctes : à dr. le *Temple*, au centre, l' « *Ouakala* » ou bazar arabe, à g. le *Théâtre*.

LE TEMPLE

La façade principale est celle du *Temple de Daudourt*, en Nubie.

Les façades latérales sont copiées sur des monuments de Philée, d'Abydos et de Karnak.

L'Avant-portique, qui forme vestibule, conduit dans une Galerie rectangulaire couverte en forme de colonnade, avec, au centre, l'*Atrium* à ciel ouvert.

Sous la galerie : exposition de produits agricoles et manufacturiers, d'objets d'art, de bijoux, de tapis antiques et modernes, etc.

Au-dessous du Temple, une vaste **Crypte**, divisée en caveaux reproduisant les hypogées ou chambres funéraires des diverses dynasties de l'ancien et du nouvel Empire.

L'OUAKALA

(Bazar arabe). C'est la vie égyptienne moderne, autour du vaste « patio » ou hall central, couvert, en guise de vélum, de tentures arabes à dessins rapportés, de rangées de maisons arabes, avec des moucharabies et des frises de céramique, ou de mosaïque, des balcons en saillie, des contreforts moulurés, des voussures peintes, des terrasses.

Au rez-de-chaussée, les *boutiques* (vente de produits arabes).

Au fond du « patio », du côté de l'av. d'Iéna la reproduction du *Salon du Ministre de*

France au Caire, avec ses riches mosaïques, ses curieux plafonds à poutrelles saillantes, et sa coupole en forme de ruche.

LE THÉATRE

Il est par son extérieur, son portique d'entrée, de style antique comme le Temple.

A l'intérieur, richement décoré de dessins polychromes, de vastes fresques qui évoquent la vie de l'ancienne Égypte : triomphes de rois, fêtes publiques sur le Nil et dans les temples, etc.

Les loges et l'ameublement sont entièrement de style égyptien.

Sur la scène, immense, on retrouve les Arabes et les Soudanais dans leurs fantasias et leurs danses guerrières, les anciennes gypsies dans leurs danses sacrées ; on retrouve toutes les attractions, tous les ballets, toutes les danses de l'Orient.

❧❧

JAPON

Le Japon, il y a moins d'un an, vient de passer définitivement au rang des grandes puissances civilisées, et les diplomates du Nippon sont enfin parvenus à obtenir le succès des négociations auxquelles ils travaillaient depuis plus de vingt-cinq ans.

Jusqu'à l'année dernière, les étrangers installés dans certains quartiers des grandes villes, sur des concessions accordées par le gouvernement mikadonal, étaient uniquement soumis à la juridiction consulaire. Ils ne pouvaient être inquiétés par la police indigène et n'avaient point à soumettre leurs procès aux tribunaux du Nippon. Les Japonais étaient profondément blessés dans leur amour-propre d'un pareil état de choses : « Nous sommes civilisés, disaient-ils, nous avons des lois, des codes et des tribunaux : pourquoi conserver un régime seulement nécessaire dans les pays où les étrangers auraient à souffrir de la barbarie des coutumes ? Au lieu de fermer nos frontières, d'interdire le séjour aux étrangers, d'exiger des passeports, nous ouvrirons nos portes, nous imiterons les grandes nations, nous userons des mêmes règles internationales, en échange de quoi, nous demanderons aux étrangers de nous considérer comme un peuple civilisé vis-à-vis duquel il n'y a pas à prendre de précautions spéciales. Nous leur demandons de se soumettre à l'avenir à la juridiction de nos tribunaux, à l'autorité de notre police. » Ainsi fut fait, et, depuis le 18 juillet 1899, les étrangers au Japon sont soumis aux mêmes statuts personnels que les Japonais à l'étranger. Ce n'est pas ici le lieu de discuter l'opportunité des avantages ainsi accordés au Japon par les grandes puissances européennes et par les États-Unis, ni de rapporter les doléances des commerçants de tous pays établis au Japon, et qui s'effrayent un peu du nouvel état de choses. Mais on comprend, en tous cas, qu'au lendemain d'un pareil succès diplomatique, le Japon ait tenu à honneur de donner la preuve, à l'Exposition de Paris, des prodigieux progrès qu'il a accomplis dans toutes les branches de l'activité humaine pendant ces cinquante dernières années.

Sans doute, les amateurs de pittoresque à outrance se désoleraient, en arrivant au Japon, à la vue des poteaux de télégraphie et des fils téléphoniques. Ils entendraient avec désespoir les sifflements des locomotives ou les cornets avertisseurs des tramways électriques ; ils crieraient au scandale à la rencontre des Japonais coiffés du chapeau melon et de Japonaises odieusement attifées à la mode européenne.

Ceux qui veulent réfléchir trouvent, au contraire, un grand intérêt à ces contrastes violents, à ce spectacle si curieux d'un peuple rompant brusquement avec ses vieilles traditions et ses préjugés séculaires, avide d'apprendre et d'imiter, assoiffé de réformes et de progrès, ayant réalisé en somme en un demi-siècle l'évolution que les nations occidentales mirent tant de temps à accomplir.

Les Japonais ont, on le sait, une incomparable faculté d'assimilation. Ils se sont adaptés à la civilisation moderne avec une rapidité merveilleuse; ils ont appliqué chez eux les grandes découvertes avec un louable empressement. Des professeurs, des médecins se sont formés en toute hâte. Ils ont imité les procédés industriels avec une ingéniosité qui frise parfois la contrefaçon. Mais, dès qu'il ne s'agit plus seulement de copies, et que l'initiative devient nécessaire, les Japonais restent d'une infériorité frappante : le génie créateur leur manque.

A défaut de tant d'autres observations qui le démontrent, il suffit, pour en constater l'absence, de contempler les pauvretés architecturales dont ils paraissent seulement capables. Anciens ou modernes, leurs temples témoignent de conceptions par trop étriquées, et si l'on est séduit par la joliesse du détail, par le pittoresque de la décoration, par l'harmonieux arrangement des couleurs, on constate presque toujours que les grandes lignes manquent d'ampleur et d'envolée. C'est un art plutôt mesquin, où la patience s'affirme plus qu'un goût véritable.

Nulle part on ne trouve la trace de ces élans merveilleux qui jadis firent jaillir de notre sol les splendeurs des nefs gothiques, qui dressèrent sur l'Acropole les sublimes blancheurs du Parthénon, qui édifièrent aux confins de l'Indo-Chine les prodigieuses galeries d'Angkor.

Mais c'est trop longtemps déjà vouloir diriger les impressions du visiteur. Qu'il juge par lui-même en pénétrant sur la concession japonaise, d'une étendue d'environ 3000 mètres, et dont l'enceinte est délimitée par une légère et élégante clôture en bambou.

JARDIN Nous voici d'abord dans un vaste Jardin de style japonais très pur, créé suivant les plans des plus magnifiques jardins de Tokio. Il est des plus curieux, avec son aspect un peu tourmenté, les sinuosités de ses allées aboutissant à des kiosques, ses passerelles qui contournent des massifs de plantes exotiques : les mûriers, les lauriers camphre, les palmiers-éventail, les mimosas, le kadsi, ou arbre à papier, l'urusi ou arbre à vernis, et bien d'autres encore.

Au milieu du Jardin, une pièce d'eau, au bord de laquelle les flamants roses, à l'air réfléchi, et si souvent immobiles, font sentinelle, parmi des plantes de rivière et les larges feuilles de lotus, entre lesquelles glissent avec des miroitements d'or des poissons étranges.

Notre climat n'a point permis, hélas ! que nous retrouvions ici les incomparables splendeurs des cerisiers fleuris, des roses cherry-blossom qui sont au Japon l'émerveillement du voyageur. Mais des jardiniers, venus du jardin imperial de Tokio, se sont ingeniés à apporter ici des pieds de *chrysanthèmes** aux fleurs gigantesques, des iris et des azalées qui donnent une faible idée de la richesse florale d'un pays où les fêtes des fleurs sont en même temps des fêtes nationales.

La Pagode.

C'est autour de ce jardin que se dressent les différents Pavillons de l'Exposition Japonaise. D'abord le vieux Japon est symbolisé presque à l'angle de la concession, du côté du Pont d'Iéna, par une Pagode * imposante qui est la reproduction exacte d'un des plus curieux spécimens de l'architecture japonaise, le temple de Hondo, qui se trouve dans la communauté bouddhique d'Horioudji, près de Nara.

Helas ! nous sommes privés ici du cadre de la délicieuse campagne de Nara, de ses mystérieux ombrages, de l'exquise fraicheur des sous-bois et des cryptonnerias élégants et superbes en leurs envolées hardies.

Nara était au vii⁰ s. la capitale du Japon. Elle est maintenant tombée au rang d'une petite ville de province; mais elle n'en a pas moins gardé un charme indéfinissable, et rien ne saurait dire la douceur de ses bois sacrés où errent paisiblement et sans crainte des cerfs élégants, aux jambes nerveuses, aux grands yeux interrogateurs, qui se laissent flatter par la main du touriste.

Mais le temple édifié dans les jardins du Trocadéro n'en mérite pas moins l'attention.

Hondo signifie « temple d'or ». Cet édifice, appartenant à la grande secte qui pratique le culte des ancêtres, est d'une haute antiquité, achevé qu'il fut en l'an 590 de notre ère. La toiture, qui semble être de bronze, n'est qu'en tuile vernissée, mais faite d'une argile si compacte que l'ensemble du revêtement est d'un poids considérable, appuyant fortement sur les colonnes laquées de rouge qui forment les points de soutènement.

Entre les deux toits superposés, un large balcon circulaire, également peint en rouge. Les quatre faces du temple sont ornées de sculptures représentant l'Olympe du Japon, de déesses jouant d'instruments divers, auxquelles l'artiste Ysayama, établi à Paris, a prêté les coloris généreux de son pinceau.

Autour des fenêtres, des oiseaux de paradis, dont les queues très longues s'epanouissent en arabesques.

Un large escalier conduit à trois portes de bronze doré que surmontent des panneaux ornés de fleurs de lotus. Ces mêmes feuilles de lotus se retrouvent comme décoration extrêmement gracieuse du baluste circulaire du rez-de-chaussée.

Remarquons ici que, comme pour l'Exposition Chinoise, ce sont des ouvriers parisiens qui, minutieusement guidés par des plans et dessins détaillés, sont parvenus à édifier cette magistrale reproduction.

C'est à l'intérieur de cet édifice qu'a lieu l'Exposition Rétrospective de l'Art Japonais **, le Commissaire ayant réuni là une collection hors ligne d'œuvres tout à fait inconnues en Europe. La plupart, en effet, proviennent des collections particulières appartenant au Mikado et aux grands seigneurs japonais.

Ceux-là mêmes qui visitèrent le Japon n'eurent point l'occasion de voir réunie une telle quantité de merveilles.

Autres Pavillons. Près de ce temple, qui constitue le Pavillon officiel, se trouve, à dr., une Maison de Thé, en face du *Pavillon du Saké* ou « vin de riz », constructions absolument modernes.

Maison de Thé

La Maison de thé, qui appartient aux syndicats des exposants, et particulièrement à la corporation des négociants en thé, a deux étages.

Au Rez-de-Chaussée, sobrement meublé de tables et de sièges, le visiteur sera admis à savourer le *thé impérial*, dont la cueillette se fait avec des soins tout particuliers. Le précieux arbuste est protégé contre la gelée blanche et les rayons du soleil par de légères couvertures de paille, et la récolte ne doit avoir lieu qu'au printemps, par des enfants de moins de quinze ans, aux mains soigneusement gantées.

1ᵉʳ Étage. Les curieux ont ici, pour distraire leurs yeux, des séries de figurations artistiques nombreuses et variées.

A côté de la Maison de Thé se trouve une petite Galerie en gradins, d'un style japonais européanisé, qu'ornent des plantes et des arbustes. De là, on a vue sur le temple, et c'est un lieu de repos charmant d'où l'on peut contempler, le soir venu, les illuminations féeriques produites par des guirlandes de lanternes aux papiers multicolores.

Bazar Japonais Enfin, parallèlement à la R. de Magdebourg, à l'angle du quai de Billy, s'étagent les constructions d'un Bazar Japonais, où les visiteurs pourront faire connaissance avec les bibelots de toute nature et les mille produits de l'industrie japonaise.

Il est intéressant de rappeler ici avec quelle rapidité formidable s'est développée l'industrie au Japon. Quelques chiffres sont à cet égard suggestifs. En 1888, les exportations atteignaient à grand'peine 471 millions de francs; elles dépassent maintenant 950 millions. Les capitaux engagés dans les entreprises industrielles, qui ne dépassaient guère 125 millions de francs en 1895, étaient en 1899 de 375 millions; la consommation du charbon est passée de 750 000 tonnes à 1 600 000.

En 1884, fut inaugurée à Isaka la première filature japonaise. Il y en a maintenant 70. Les broches, qui étaient en 1886 au nombre de 65 000, sont maintenant au nombre de 1 200 000. Et, dans ces dix dernières années, l'exportation des tissus de coton a passé de 1 à 80 millions. De même l'exportation des soieries, d'une valeur de 28 millions en 1886, peut s'évaluer à l'heure actuelle a près de 250 millions.

Le visiteur s'intéressera sûrement à cette exhibition bigarrée du bibelot japonais, de faïences de toutes sortes, de flambées aux tons chauds, de porcelaines délicates, de sotzumas si finement décorés par des pinceaux patients, de laques noires et dorées, d'ivoires curieusement fouillés, d'écrans, d'éventails, de stores, de soieries chatoyantes, de broderies d'une admirable finesse, de satins, de brocarts, de gazes, etc., etc.,

Japonais et Japonaises circulent dans tout ce coin d'exposition, en petit nombre d ailleurs. Ne nous désolons pas trop de l'absence presque complète des gentilles et gaies mousmees chantées par Pierre Loti. Qui sait si elles ne nous auraient pas apporté quelque désillusion ? Le nom est si joli, et si gracieuse la legende de *Madame Chrysanthème*, qu'on se figure volontiers de petites bonnes femmes exquises, de joliesse exotique.

D'aucuns pretendent que la réalité ne vaut pas le rêve, et que les petites poupées du Japon, un peu ridicules, aux yeux bridés dans des figures trop grasses, au nez écrasé entre des joues bouffies, la tête surmontée d'une coiffure trop savante, où s'etagent des cheveux noirs cirés et collés ensemble, contrastent trop violemment avec le portrait poetique qu'en fit jadis l'auteur des *Japonneries d'automne*. Ne les regrettons donc point trop, et restons-en aux légendes, qui souvent valent mieux que l'histoire et la réalité.

VOYAGES ANIMÉS ◉

Au pied du Trocadéro, près du Pt d'Iéna. Prix d'entre : 1 fr. le jour, 2 fr. le soir. Dans un gracieux Pavillon, dont la façade principale s'ouvre par un triple portail à plein-cintre enrichi de fines moulures, et dont le 1ᵉʳ etage est remplacé par une galerie couverte a colonnade, terminée par des kiosques aux extremites, un voyage à travers la France pittoresque s'offre au visiteur.

Au rez-de-chaussee, dans la salle de Spectacle (300 personnes), se déroulent devant les spectateurs sous forme de projections cinématographiques les sites de la *Savoie*, du *Dauphiné*, de l'*Auvergne*, des *Vosges*, de 'a *Bretagne*, des *Pyrénées*, de la *Provence* et de la *Côte d'Azur*.

Des poésies et la musique de Francis Thomé accompagnent le spectacle. — Au 1ᵉʳ etage, tous les soirs, à la suite de chaque représentation, auditions de Chansons de France, dites par Mmes Mielle et Suzanne Dalbray.

A L'EXPOSITION

Du Trocadéro
à la Concorde

Du Pont d'Iena au Cours la Reine se suivent une série d'expositions et d'attractions fort diverses. C'est d'abord le *Restaurant Colonial Anglais*, diverses Annexes de la *Boulangerie*, la *Navigation de plaisance*, avec ses yachts et ses embarcations legères amarrées dans le *port à flot*, le pittoresque *Vieux Paris*, le *Palais des Congrès*, les *Serres d'Horticulture*, le Palais de la Ville, l'Aquarium de Paris, et la série des joyeux cabarets et spectacles de la *Rue de la Gaîté*.

LE VIEUX PARIS ⊛⊛⊛ Sur la rive droite de la Seine, Quai de Billy, entre le Pont de l'Alma et la Passerelle qui relie sa Porte Ouest au Palais des Armées, le Vieux Paris déroule sur près de 300 m. une longue file de monuments et d'edifices. Ce sont, ingénieusement groupés pour l'effet Moyen âge, Renaissance, xvi' et xvii' s. ressuscitent à nos yeux dans la vérité historique de leurs plus curieux monuments, de leurs habitations si pittoresques, de leurs cabarets, de leurs boutiques occupées par de jolies marchandes et des gens de métiers, tous en costumes du temps. Cette reconstitution sans précédent par son

LE VIEUX PARIS

général, la *Pte St-Michel*, la *Tour du Louvre*, *Église St-Julien-des-Ménétriers*, les *Anciennes Halles*, le *Grand Châtelet*, le *Palais*, la *Tour de l'Achevéché*.

Puis encore, le *Pré aux Clercs*, la *Maison aux Piliers*, la *maison natale de Molière*, celles de *Théophraste Renaudot* et de *Nicolas Flamel*, le *Pt-au-Change*, les *Rues des Vieilles-Écoles*, des *Remparts*, de la *Foire-St-Laurent*, etc.

importance et par son exécution si harmonieuse d'ensemble et si exacte de details, a pour auteur un artiste de haute valeur, Albert Robida, le dessinateur bien connu.

Moyens de communication :
Situé au cœur même de l'Exposition, le Vieux Paris est la halte tout indiquée entre le Cours-la-Reine et le Trocadéro ; c'est aussi le chemin le plus court pour aller de

⸺ A L'EXPOSITION ⸺

l'intérieur de Paris au Champ de Mars.
Le Vieux Paris est desservi par les Bateaux
Parisiens d'*Austerlitz-Auteuil* et de *Charenton-Suresnes*; par les Tramways *Étoile-Montparnasse-G.de Lyon-Pt de l'Alma*, G.
de Lyon-Av. Rapp, *Passy-Hôtel de Ville*,
Louvre-Boulogne et *Louvre-Versailles*;
par l'Omnibus *G.du Nord-Pt de l'Alma*;
par le Chemin de fer *des Invalides aux
Moulineaux*.
On y accède par la Passerelle de l'Alma longeant le Pt de l'Alma en amont; par les
Passerelles établies sous le Pt de l'Alma
et au-dessus du Pt de l'Alma. La première
met le Vieux Paris en communication avec
le *Quai d'Orsay* et les *Pavillons des Puissances étrangères*; les deux autres le mettent en communication avec le *Palais des
Congrès* et le *Cours-la-Reine*. Enfin il est
en communication directe avec le Champ
de Mars par la Passerelle qui lui est commune avec le Palais des Armées.

Attractions du Vieux Paris Outre
son intérêt intrinsèque exceptionnel et qui
seul justifierait sa vogue, le Vieux Paris
réunit un choix varié d'attractions qui en
font le rendez-vous favori des visiteurs de
l'Exposition, dont il est assurément un
des endroits les plus gais.
Dans le fond, **Théâtre** contenant 1700 places
à 2 et 3 fr., où défilent tour à tour, selon le
jour de la semaine, tous les grands artistes,
et Coquelin en tête. L'Orchestre Colonne,
de 150 exécutants, donne quotidiennement
en Matinée et en Soirée des auditions de
musique française et étrangère, et, le Dimanche, des concerts populaires. Des représentations des curiosités du Théâtre
Étranger ont lieu sous la direction de
M. Strakosch; une revue du Vieux Paris,
par M. L.-P. Flers, est jouée chaque soir.
Dans la *Salle du Palais*, la Bodinière donne
deux représentations par jour de ses spectacles si variés et si attrayants : vieilles
chansons, saynètes, monologues, danses, etc.
Dans l'*Église-St-Julien-des-Ménétriers* se
font entendre chaque jour également, à
11 h. du matin et à 5 h. du soir, les célèbres *Chanteurs de St-Gervais*, sous la direction de M. Ch. Bordes. Le Dimanche,
par les mêmes : rondes d'enfants, airs de
Paris, chansons de cour et de ville.
Au *Cabaret de la Pomme-de-Pin*, Eugénie
Buffet, la chanteuse populaire
Concerts gratuits et retraites par la musique
du *Prévôt des Marchands*.
On trouve au Vieux Paris des restaurants
d'ordres divers : le *Pré-aux-Clercs*, taverne
de luxe; l'*Auberge des Nations*, prix moyens;
le *Cabaret des Halles*, restaurant populaire.

Un *Guide* spécial, contenant 100 dessins originaux de Robida, et un journal, *la Gazette du Vieux Paris* fournissent aux visiteurs avec tous les renseignements désirables, le programme des attractions du
jour.
Prix d'Entrée. Au *Vieux Paris* : les Lundis,
mardis, Mercredis, Jeudis et Samedis : 1 fr.
par personne dans le jour; le soir à partir
de 7 h., 2 fr.; le Vendredi (jour select), 2 fr.
dans le jour; le soir, a partir de 7 h., 4 fr.;
le Dimanche, 50 c. dans le jour, le soir à
partir de 6 h., 1 fr.
Au *Grand-Théâtre*, 6, 5, 4, 3 et 2 fr.
A l'*Église St-Julien-des-Ménétriers*. Prix unique, 2 fr.
A la *Bodinière*, 2 fr.

⁂

PALAIS DES CONGRÈS ⊚⊚

et de l'Économie
Sociale. Au Carrefour de l'Alma,
près de la Seine,
devant l'une des entrées de l'Exposition.
C'est une grande construction de forme rectangulaire et froide, dont les façades un
peu lourdes sont à peine égayées par une
élégante décoration Louis XVI, décoration qui, dans la pensée de M. Mèwes,
l'architecte de l'édifice, doit évoquer dans
l'esprit des visiteurs le souvenir des
grands économistes du siècle passé,
Necker, Turgot, etc., les véritables créateurs de l'Économie Politique telle que l'on
entend aujourd'hui cette science.
La façade principale de l'édifice est divisée
en trois travées, avec trois grandes baies
chacune, séparées par deux larges parties
pleines formant pylônes.

REZ-DE-CHAUSSÉE ⊚

Réservé à l'Exposition des
Classes 101 à 109, lesquelles renferment tout ce
qui a trait au travail.
Ces expositions, d'un genre tout spécial,
attestent la grandeur et l'importance des
œuvres tendant à améliorer la situation
des classes laborieuses.
La Cl. 101 est plus spécialement affectée à
l'*apprentissage*, à la *protection de l'enfance ouvrière*; elle expose entre autres
les programmes de l'enseignement professionnel dans les orphelinats, les écoles
ménagères, etc.
Les Cl. 102 (*Rémunérations, Participations
aux bénéfices*), 103 (*Associations Coopératives et Syndicats professionnels*), 104
(*Syndicats agricoles*), 105 (*Sécurité des
Ateliers, Réglementation du Travail*), 107
(*Soc. Coopératives de Consommation*), 108
(*Développement intellectuel et moral des
ouvriers*), 109 (*Prévoyance*), 110 (*Initiative*

LE QUAI DE LA CONFÉRENCE — PALAIS DES CONGRÈS

en vue du *bien-être des citoyens*) offrent un intérêt tout particulier. C'est l'Exposition universelle de la Philanthropie, l'œuvre immense accomplie par une élite de nobles cœurs dont le but est de démontrer l'union intime du Capital et du Travail.

La Cl. 106 n'a ici qu'une série de plans et de graphiques. C'est à Vincennes qu'il faut aller pour voir le petit village d'habitations ouvrières qu'elle a édifiées au bord du lac Daumesnil; village aux petites maisons coquettes, à bon marché, qui réalisent ce rêve : l'ouvrier-propriétaire.

Outre les salles de l'Économie Sociale, le rez-de-chaussée comprend le vestibule d'accès s'ouvrant par trois grandes portes sur le Cours-la-Reine. Il mène par deux escaliers monumentaux au premier étage.

Le vestibule est la seule partie décorée du rez-de-chaussée. Il ne pouvait en être autrement, du reste, car les murs des salles de l'Économie Sociale disparaissent sous les tableaux, les casiers, les vitrines et les modèles exposés.

PREMIER ÉTAGE Est affecté au service des Congrès qui vont se succéder sans interruption à partir des derniers jours de Mai jusqu'à la fin de l'Exposition.

Il est divisé en cinq grandes salles, dont chacune peut contenir de 150 à 600 personnes.

Grande Salle La Grande Salle de 800 places spécialement réservée aux Congrès internationaux est affecté en certaines circonstances à des Auditions musicales (Annexe de la Cl. 17, *Instruments de Musique*; des concerts, dont le programme sera ultérieurement fixé, y seront donnés de juin à octobre) et à des séances de Projections. A cet effet, elle renferme une tribune et un grand orgue, et des stores convenablement disposés permettent aussi d'y faire l'obscurité nécessaire aux projections lumineuses venant illustrer la parole des conférenciers.

Séances Certaines de ces séances sont particulièrement curieuses. C'est ainsi, entre autres, que, par les soins de la section des États-Unis, on peut s'initier, au moyen de *projections cinématographiques* *, à l'ensemble de la vie américaine, depuis le premier âge de l'enfant que l'on surprend à l'école et au jeu, jusqu'à son arrivée à l'âge adulte où on le suit à l'atelier, au club, etc.

Enfin, sur toute l'étendue de l'édifice, a été aménagée, pour servir de salle des Pas-Perdus des congressistes, une immense galerie mesurant 100 m. de longueur sur 12 de largeur, et qui est située en bordure de la façade regardant la Seine, en face de la pittoresque et charmante rue des Nations.

D'une décoration élégante, cette galerie, ornée des bustes des grands économistes, peut se transformer en salle de fêtes et de réceptions.

Le Palais de l'Économie Sociale et des Congrès, pour l'établissement duquel M. Mèwes a eu comme collaborateur M. Bliant, a été exécuté exclusivement, suivant une heureuse décision des Chambres, par un certain nombre de Sociétés ouvrières, parmi lesquelles les *Charpentiers de Paris*, les *Maçons de Paris* et la Société des Peintres *le Travail*.

De même qu'en 1839, c'est encore à M. Gariel, ingénieur en chef des Ponts et Chaussées, professeur à l'École des Ponts et Chaussées et à la Faculté de Médecine, qu'a été attribuée la direction des Congrès de l'Exposition.

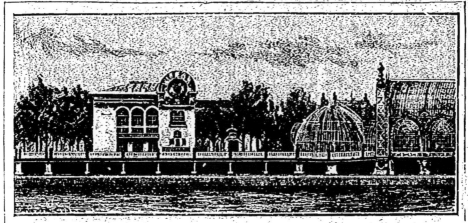

PALAIS DE LA DANSE   HORTICULTURE ÉTRANGÈRE

Congrès Il y en aura 127. En raison de leur nombre, tous ces Congrès ne pourront profiter de la disposition gratuite des salles que l'Administration de l'Exposition a fait établir dans le Palais de l'Économie Sociale, et certains Congrès devront aller ailleurs chercher un lieu de réunion.

Parmi les Congrès internationaux, dont nous ne pouvons, faute de place, publier la liste complète, quelques-uns méritent cependant, en raison de leur importance générale, une mention particulière. Tels sont les Congrès : de l'*Agriculture* (1er au 7 juillet); de l'*Alpinisme* (12 au 14 Août); des *Américanistes* (17 au 21 Sept.); d'*Aquiculture et de Pêche* (14 au 19 Sept.); d'*Assistance publique et de bienfaisance privée* (30 juillet au 3 août); de l'*Automobilisme* (9 juillet); de *Chimie appliquée* (23 au 31 juillet); de *Chimie pure* (6 au 11 août); de l'*Éducation sociale* (6 au 9 sept.); d'*Électricité* (13 au 25 août); d'*Électrologie et de radiologie médicales* (27 juillet au 1er août); de l'*Enseignement agricole* (14 au 16 juin); de l'*Enseignement des langues vivantes* (24 au 29 juillet); de l'*Enseignement populaire* (du 10 au 13 sept.); de l'*Enseignement primaire* (du 2 au 5 août); de l'*Enseignement secondaire* (31 juillet au 6 août); de l'*Enseignement des Sciences sociales* (30 juillet au 3 août); de l'*Enseignement supérieur* (30 juillet au 4 août); de l'*Enseignement technique commercial et industriel* (6 au 10 août); de la *Condition et des droits des Femmes* (5 au 8 sept.); des *Habitations à bon marché* (18 au 21 juin); d'*Histoire des Religions* (3 au 8 sept.); du *Matériel Théâtral*; de *Médecine* (2 au 9 août); de la *Mutualité* (7 au 10 juin); de *Photographie* (23 au 28 juillet); de *Physique* (6 au 11 août); des *Associa-*

tions de Presse; de la *Propriété Littéraire et Artistique* (16 au 21 juillet); des *Officiers et sous-officiers de sapeurs-pompiers* (12 août); des *Voyageurs et représentants de commerce* (8 au 11 juillet); etc.

A l'exception de la Classe III consacrée à l'Hygiène, les diverses classes, au nombre de douze, composant le groupe XVI dit de l'ÉCONOMIE SOCIALE, ne peuvent guère montrer que des tableaux graphiques, des monographies, en un mot, que des documents imprimés constatant les progrès accomplis.

Entre ces diverses classes dont l'exposition a lieu dans le Palais de l'Économie Sociale et des Congrès, la **Classe 106**, des Habitations Ouvrières, mérite d'une façon toute particulière d'attirer l'attention.

Assez pauvrement représentée en 1889 par trois Sociétés seulement, de Lyon, de Rouen et de Marseille, elle comprend cette année un grand nombre d'envois qui marquent hautement l'importance de l'effort accompli dans l'œuvre ayant pour objet de donner à l'ouvrier, en lui permettant d'en devenir le propriétaire au bout de quelques années, l'habitation salubre et à bon marché.

La classe est représentée par une fort remarquable collection de plans, de spécimens, de photographies, d'habitations hygiéniques et économiques élevées dans les banlieues des grandes villes, à proximité des usines et des grandes exploitations minières.

Parmi les maisons collectives rentrant dans le programme de l'institution des habitations ouvrières, on remarque tout particulièrement l'exposition du FAMILISTÈRE DE GUISE.

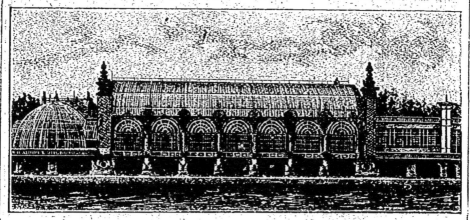

PALAIS DE L'HORTICULTURE ÉTRANGÈRE

En dehors de l'initiative privée, les États, les communes, les caisses d'épargne, ont encore, au cours de ces dernières années, joué un rôle actif dans la création de l'habitation saine et à bon marché, et les résultats obtenus par les derniers efforts sont condensés dans des tableaux et dans des brochures du plus vif intérêt.

Parmi les expositions étrangères de la classe, il y a tout lieu de mentionner en première ligne celle de la BELGIQUE qui est tout à fait remarquable, et celles des ÉTATS-UNIS et de l'ANGLETERRE où depuis longtemps déjà les œuvres de cette nature ont reçu un développement considérable.

❦

LE PALAIS DE LA DANSE ◉◉◉

Au Cours la Reine, entre le Palais des Congrès et la Serre d'Horticulture étrangère. C'est une histoire vivante, une revue animée de la Danse, à travers tous les âges et tous les pays, se déroulant sur la scène d'un Théâtre coquet, dont la disposition rappelle celle du Théâtre Wagner, à Bayreuth.

On y voit les danses religieuses orientales, le Piny-Von chinois, la danse hindoue des Bayadères de Sivah, la danse égyptienne de l'Abeille, les danses religieuses ou guerrières de la Grèce et de l'Italie antiques, la Danse d'Isis, la Danse Pyrrhique, la Bacchanale romaine, les danses du Moyen âge : danse des Glaives, des Jongleurs ; enfin, les danses modernes avec toutes leurs charmantes variations du Passepied de la Renaissance, le Menuet, la Gavotte, Louis XIII, jusqu'au Cancan de Mabille et aux Danses Lumineuses de la Loïe Fuller.

LE MANOIR A L'ENVERS

Rue de Paris (Cours-la-Reine), à côté des *Auteurs gais* et du Théâtre de la Loïe Fuller. Prix d'Entrée : 1 fr.

Il est digne d'un conte d'Hoffmann, ce vieux castel gothique, fiché en terre par ses cheminées, et dressant en l'air ses fondations qui semblent arrachées du sol, avec ses fenêtres renversées, ses escaliers où l'on parait monter la tête en bas. Grâce à d'ingénieux jeux de glace, tout y est *à l'envers*, comme dans un pays merveilleux où l'attraction terrestre n'existerait pas. A chaque étage, des intérieurs meublés dans le style moyen âge, que l'on visite comme accroché au plafond. Par les baies des fenêtres on a vue sur l'Exposition, mais... on la voit à l'envers. Au 3e étage, un *tunnel* de glaces merveilleuses, où quiconque pénètre se trouve transformé en un monstre à cent bras et à cent têtes.

❦

THÉATRE DES AUTEURS GAIS

Après le *Manoir à l'Envers*, en face du *Palais de la Danse*. Prix d'Entrée : 2 et 3 fr. Le Théâtre des Auteurs Gais n'est à proprement dit qu'une véritable baraque foraine, mais une baraque merveilleuse et d'un luxe inouï. Les panneaux qui l'entourent sont peints par M. Bellery-Desfontaines, et nul ne peut passer devant sans s'y arrêter. Le clou du Théâtre des Auteurs Gais est la parade faite par une douzaine d'artistes vêtus de costume d'une richesse éclatante. Durant un quart d'heure ces artistes parlent et font le boniment au public,

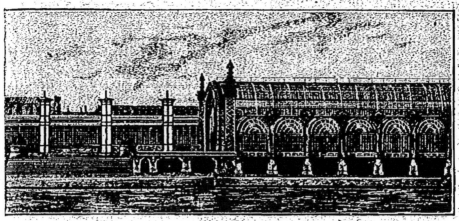

AQUARIUM   PALAIS DE L'HORTICULTURE FRANÇAISE

accompagnés du bruit de la grosse caisse, du trombone, etc., etc. Puis le spectacle commence, spectacle signé par les auteurs les plus gais de Paris, tels que : Courteline, Donnay, Pierre Wolff, Hugues Delorme, etc. Le Théâtre des Auteurs Gais est le seul dans la Rue de Paris qui soit à ciel ouvert et se fermant en cas de pluie. Il y a 6 représentations par jour, toutes différentes dont l'intermède est un clou inconnu jusqu'à ce jour.

❧

LES BONS-HOMMES GUILLAUME

A côté du *Grand Guignol.* Entrée, 3 fr. Un théâtre d'automates, de bonshommes et de petites femmes, d'un demi-mètre de taille, habillés, coiffés, attifés, marchant, s'agitant, parlant, grâce à d'ingénieux mécanismes, comme de vraies personnes.

Avec une vérité d'attitude et de mouvement, une animation et un jeu de physionomie vraiment extraordinaires, sur une scène minuscule, dont le décor est d'un réalisme qui laisse loin derrière lui les affreux peinturlurages de nos grands théâtres, les Bonshommes Guillaume nous redisent toute la vie moderne.

Tantôt c'est, dans un salon bourgeois, des gens chic, habillés à la dernière mode, qui potinent ou qui dansent ; tantôt c'est le défilé d'un régiment en rase campagne, officiers et musique en tête, et tout y est rendu, jusqu'à la cadence et au balancement du pas ; tout est à sa place, les infirmiers, les sapeurs, la cantinière et sa voiture ; tantôt c'est un défilé présidentiel, avec toutes les circonstances, les hourras de la foule, les bourrades des agents, les cuirassiers de l'escorte passant dans un nuage de poussière, puis le piqueur Montjarret, paradant sur son cheval, et les saluts répétés du Chef de l'État.

❧

LE GRAND GUIGNOL

Rue de Paris, au Cours-la-Reine, en face de la grande Serre d'Horticulture étrangère, à côté des *Bonshommes Guillaume.* Prix d'Entrée : Spectacle de l'*après-midi* : 1 fr., 2 fr. et 3 fr. ; *soir* : American Biograph et cabinet Dickson : 1 fr. et 50 c.

Sur une pimpante façade blanche et verte, de ce vert Trianon si clair et si frais, une élégante porte d'entrée, surmontée de cartouches qui rappellent au visiteur les noms de grands comiques français, de Tabarin à Courteline, en passant par Nicolet, Lesage et Crébillon.

A l'intérieur, une salle de 450 places décorée à la Watteau, est meublée dans le style Louis XV et Louis XVI.

Le programme qui se déroule sur la petite scène du fond, c'est l'Histoire de la Farce française, de Tabarin à Courteline, dans leurs œuvres désopilantes interprétées par les meilleurs comiques de Paris.

Le soir, d'autres attractions attendent les visiteurs, surtout les enfants, dans le sous-sol, où se trouve le salon du Théâtrophone *American Biograph* et le Cabinet Fantastique de Dickson.

❧

A L'EXPOSITION

HORTICULTURE, FRANÇAISE   RESTAURANT   THÉATROSCOPE

PALAIS DE L'HORTICUL-TURE ●●●●●●

A l'exposition de 1889, l'Horticulture n'eut pas de Serres; elle forma, dans les dépendances du Trocadéro, un ensemble, moitié en plein air, moitié abrité sous des tentes d'aspect peu décoratif. En 1900, cette erreur a été réparée. Non pas que tout soit parfait dans l'aménagement des expositions horticoles : le manque d'espace a rendu nécessaire l'éparpillement des plantes de plein air en des lots dispersés, aux Champs-Élysées, aux Invalides, au Cours-la-Reine, au Champ de Mars et au Trocadéro; mais aux Plantes de Serre et aux objets qui ont besoin d'abri on a assigné une place d'honneur, au Cours-la-Reine.

Cl. 47 (*Plantes de Serre*). Sur le bord du bassin où se donnent les Fêtes Nautiques, en face des Palais des Nations, s'élève un ensemble de constructions qui forment un tout d'une réelle beauté. Cet ensemble se compose de deux grandes Serres, surplombant la Seine, longues chacune de 83 m., larges de 32, hautes de 21.

Chacun de ces deux Halls vitrés comprend une nef centrale flanquée de bas côtés le long desquels s'arrondissent des « loggie » dans le style des « bow-windows » que le style moderne a mises à la mode. Les deux serres sont séparées par un Jardin dont les parterres affectent des formes géométriques; celle de gauche est réservée à l'Art et à l'Industrie Horticoles (V. plus loin), celle de dr. est réservée à la France, elle comprend sur les bas côtés les grands Végétaux d'Ornement, palmiers, fougères arborescentes anthuriums, cycadées, etc., qui toutes forment un cadre permanent de verdures pour les plantes fleuries, pour ces joyaux de la nature végétale que reçoit la Nef principale. Des bas côtés l'œil plonge sur un véritable tapis de couleurs où la fraîcheur le dispute à l'éclat et à la variété. Ce tapis, traité en jardin à la française, c'est-à-dire découpé selon des figures géométriques, se prête admirablement à la disposition des lots et a la circulation des promeneurs, qui, après avoir embrassé la beauté de l'ensemble, veulent admirer les détails : chaque plante porte une étiquette et permet ainsi les études faites à loisir.

Et l'intérêt se renouvelle sans cesse, car, du 15 avril au 1ᵉʳ nov., les concours temporaires se succèdent, amenant sous nos yeux tout ce que la culture des serres possède de richesses : orchidées, camélias, gestériacées, etc. Quatre de ces concours dépassent même le cadre, pourtant grandiose, de ce Palais, et empruntent, pour s'étaler à leur aise, la Grande Salle des Fêtes de la Galerie des Machines.

Pour les Expositions de détail, les petites « loggie » des pourtours offrent des retraites charmantes dans leurs proportions réduites.

Enfin, notons que les constructeurs de serres n'ont pas à se plaindre : au lieu de les condamner à ne montrer au public que des armatures de fer et des vitrages, on les meuble de plantes qui font ressortir l'utilité, la grâce de leurs dispositions : une promenade de la porte de la Concorde aux Palais des Beaux-Arts permet de donner un coup d'œil à ces installations dont le mérite est de répondre aux besoins des amateurs.

Tout ce que nous venons de dire prouve assez le mérite de l'organisateur de la classe 47, M. Martinet, professeur à l'École nationale d'Horticulture.

PALAIS DE LA VILLE DE PARIS

La grande Serre de g., réservée aux étrangers, est partagée en autant de sections qu'il y a de nations exposantes : à côté des palmiers de Monaco, voici les fruits américains, les plans et photographies d'Allemagne et de Hongrie, et les orchidées du Mexique, plantes recueillies dans les forêts et importées directement en France. Il y a là un éparpillement qui a son charme; un ensemble qui, en quelques instants, vous transporte à travers la flore du monde entier.

Derrière les 2 grandes serres de verre s'élève un bâtiment, dont les murs, pleins du côté du Cours, sont entièrement percés de fenêtres du côté de la Seine. Des vélums dissimulent les charpentes et tamisent la crudité de la lumière. — A ses côtés s'élèvent la Roulotte et le Grand Guignol. Cette Serre est commune aux cl. 43 et 48.

Cl. 43 Le Bâtiment de la Cl. 43 est partagé dans toute sa longueur par une Galerie élevée à 4 m. 50 du sol. Au Rez-de-chaussée sont exposés les objets qui forment le *matériel horticole de dimensions réduites*, coutellerie, etc. — Dans la partie haute, les murs sont tapissés de Plans, d'aquarelles, de rendus de perspectives. A noter : les *aquarelles* de Madeleine Lemaire.

En plus de ce bâtiment, la Cl. 43 possède les Sous-sols des deux Grandes Serres, et y expose les *objets de grosses dimensions* : appareils d'arrosage et de chauffage, échelles, ciments polychromes, fontes, etc.

Enfin, la classe 43 dispose de toutes les Serres et des Kiosques disséminés dans les parcs qui entourent les deux grands Palais.

Cl. 48 Elle y expose les Graines en bocaux disposés sur des étagères. L'ensemble des gradins forme un tableau pittoresque. Au-dessus des étagères, le long des murs, sont fixées des photographies de graines potagères, fourragères, et de graines de fleurs. Comme coloris, c'est varié à l'infini.

L'exposition des Graines faite ainsi à part constitue une innovation : jusqu'ici on mettait les graines dans les locaux de l'Horticulture.

Outre cet emplacement à couvert, la Cl. 48 possède toutes les Pelouses qui ornent les Jardins entre le Pt Alexandre III et les palais des Champs-Élysées : selon la nature du terrain, les graminées ont été mélangées, et elles présentent toutes le même aspect de tapis vert, reposant pour les yeux.

Cette classe a une annexe à Vincennes.

Exposition temporaire. — Trois concours pendant l'été. Racines porte-graines et Plants en bourriche tout prêts pour la vente et l'ornementation.

C'est une innovation qui permet aux marchands de petites fleurs d'exposer leurs produits séparément, c'est-à-dire sans être écrasés par le voisinage des marchands de fleurs pour fleuristes. Jadis on n'exposait que les beaux spécimens de fleurs. Aujourd'hui les marchandises courantes peuvent s'exhiber.

❧

L'AQUARIUM DE PARIS ❀❀❀ Entre les grandes serres d'Horticulture. Entrée, 1, 2 et 3 fr.

Jusqu'ici les Aquariums ne nous avaient guère montré que la vie des rivières et des fleuves; l'Aquarium de Paris (autrefois dans

A L'EXPOSITION

les Jardins du Trocadéro) nous montre, transporté à l'Exposition, la vie mystérieuse du fond des océans, avec toute leur féerie, leur réalisme de couleurs et une intensité de vie dépassant tout ce que l'imagination a pu rêver après la lecture des romans de Jules Verne ou les recherches du *Talisman* et du *Challenger*.

Un jour blême, qui semble venir de très loin, éteint par un trajet de plusieurs milliers de mètres, et dont les rayons se sont brisés en paillettes phosphorescentes, danse dans un enchevêtrement fantastique d'algues bleuâtres, d'arborescences de vif argent, de coraux blancs et roses, de débris de mâture brisés, épaves des naufrages, et, dans ce décor tragique et sombre, de rapides éclairs, de frétillements d'énormes poissons, et sur le sable, des huitres, des tortues gigantesques, des mucilages visqueux, toute l'échelle de la vie rampante et vague des essais imparfaits de la nature, jusqu'au plus rapace brigand des mers.

LA ROULOTTE

En face de l'Aquarium de Paris, à côté des *Tableaux Vivants. En matinée* : secondes 1 fr., premières 3 fr. places réservées 5 fr. *Le soir :* secondes 2 fr., premières 3 fr., places réservées 5 fr. 3 Représentations l'après-midi, de 3 à 6 h. et 2 le soir à 8 h. 1/2 et à 10 heures. Des parades tabarinesques, faites en plein vent, au seuil du théâtre, annoncent que cette maison, d'une si coquette construction, est celle de *la Roulotte*. M. Binet, l'auteur de la Porte Monumentale de l'Exposition, est l'architecte de la Salle ; les poètes, les mimes, les chansonniers et les danseurs ont été choisis parmi les meilleurs des cabarets de la Butte.

Le spectacle, en outre, est des plus variés, abondant de fantaisie, de merveilleux et de gaîté franche. A côté des artistes parisiens se montreront aussi des artistes étrangers qui interpréteront, dans le costume et le décor nationaux, les plus jolis morceaux de leurs musiques, les meilleurs pas de leurs danses, les plus fines notes de leurs chansons.

Là encore, de jolies danseuses d'Espagne, de Circassie et d'Orient entremêleront leurs valses et leurs quadrilles dans les évolutions les plus gracieuses et les plus charmantes. Plus tard des ballets lumineux, d'un joli effet d'ensemble et d'un magnifique éclat couvriront la scène de leur dessin.

Par intervalles de courtes piécettes, des revues seront jouées, des monologues seront dits, des chansons débitées, et, pas un instant, la salle de *la Roulotte* ne cessera de faire succéder à un spectacle présent un spectacle nouveau, non moins attrayant et non moins délicieux que le précédent était bouffon ou aristophanesque. A *la Roulotte* on dira toutes les chansons : la chanson rosse, si cruelle et si fine avec Fursy et Ferry, la chanson argotique, brutale avec Bruant, et douce avec Rictus, blagueuse avec Xanrof et Hyspa, si tendre celle de Boukay.

A *la Roulotte* on fera la parade, comme aux tréteaux de l'ancien Pont-Neuf de Henri IV et de Louis XIII. A *la Roulotte* on dansera toutes les danses françaises et étrangères, tous les pas, tous les quadrilles, toutes les valses.

JARDIN DE LA CHANSON ●●●●

Entre *la Roulotte* et les *Tableaux Vivants*. De 3 h. à 7 h. et de 7 h. à minuit. Des consommations sont servies aux spectateurs. Un joli petit théâtre où l'on entend la vieille Chanson française, — toujours jeune et souriante, — chanter ses couplets et ses refrains d'amour et de guerre. Une reconstitution charmante du vieux répertoire de nos pères et de nos gaies aïeules. Les chanteuses sont habillées en costumes du temps, et le décor de l'époque achève de donner l'illusion d'un recul dans le passé.

Un passé qui chante plaira toujours par les aimables souvenirs qu'il évoque.

THÉATRE DES TABLEAUX VIVANTS ●●●●●●●●

R. de Paris, au Cours-la-Reine, à côté de la Maison du Rire. Prix d'entrée : 1 fr., 2 fr., 3 fr. et 5 fr.

Ces tableaux vivants, se déroulant en 4 spectacles successifs, sur un théâtre construit et machiné tout exprès, reproduisent avec toute l'intensité de la vie les sujets éminemment plastiques, inspirés soit de la légende amoureuse de l'humanité (*Poèmes d'amour*, d'Armand Silvestre), 1re et 2e séries, soit des poèmes où la plastique féminine tient la plus grande place (*Paradis perdu*, de Milton), soit enfin des rêves merveilleux d'*Un voyage au pays des étoiles*.

Chacun de ces tableaux est accompagné d'un très court poème inédit, le commen-

tant, et que disent, tour à tour, un réci-
tant et une récitante (de vrais artistes
ayant fait leurs preuves); ces poèmes sont
d'*Armand Silvestre*, le poète de la Beauté
féminine. La musique d'*Alexandre Georges*
les accompagne.

❧

LA MAISON DU RIRE ⦿⦿

Cours - la - Reine,
derrière le Palais
de la Ville de Pa-
ris. **Entrée : 1 fr.**

Dans une grande baraque d'ornementation
originale, décorée de frises où se déroulent des défilés carnavalesques, le rire
a élu domicile, le rire sous toutes ses
formes, dans toutes ses attractions possibles, artistiques, littéraires et scéniques,
le rire dans son histoire, sa synthèse,
et le résumé de cette œuvre immense où
tournoient la finesse, l'humour de l'esprit
français.

2 Salles de Spectacle et d'exposition où
l on entend dans leurs créations les meilleurs comiques de Paris, au milieu d'un
decor de dessins et de bibelots amusants.

❧

LE PALAIS DE LA VILLE DE PARIS ⦿⦿⦿⦿⦿⦿⦿

Au Cours-la-
Reine, sur la
rive droite,
tout à côté de
la Passerelle
du Pont des
Invalides et du Palais de l'Horticulture et
de l'Arboriculture.

Bâti en partie sur une sorte d'estacade
appuyée sur le bas-port de la Seine.
On y accède par une voie voûtée.
La façade principale est sur la Seine avec
un avant-corps de 8 m. et un balcon à
loggia.
Architecture **très sobre**; la toiture à girouettes et pignons élancés, les fenêtres
et galeries à balustrades, rappellent le
style de l'Hôtel de Ville.
A la hauteur du 1er étage, une série de cartouches représentent les armes de Paris
de 1200 à nos jours. Dans la frise supérieure, 12 compositions rappellent, par
leurs attributs, les Corporations et Métiers les plus importants de la Cité.

REZ-DE- ⦿ CHAUSSÉE
Au lieu d'une suite de salons que l'on s'attend à
trouver, le visiteur décou-
vre dès l'entrée un Jardin style Versailles
dont les parterres sont fournis par les
series du *Parc des Princes*. Au centre de
ce petit parc en miniature de 740 m. carrés
une *fontaine* monumentale et allégorique
rassemble sans les confondre les *Eaux*

de la *Ville* : Seine, Avre, Ourcq et Vanne.
Dans les bosquets sont exposées les *statues* achetées depuis onze ans par la
Municipalité parisienne.
A remarquer aussi les *appareils enregistreurs* du service météorologique de
l'Observatoire de Montsouris.

GALERIES
Les Galeries, du pourtour
au rez-de-chaussée, sont ré-
servées aux grandes directions : la *Préfecture de Police*, son *Musée* et le *Service
d'Identification* (anthropométrie de M. Ber-
tillon); l'*Assistance publique*, le *Mont-de-
Piété*, la Direction des *Affaires Municipales*
et l'*Assainissement de l'habitation*, représentés par des diagrammes, des photographies, un cinématographe en action qui
montre le fonctionnement des divers services.
Dans le fond, la *Direction de la Voie publique* avec ses divers services : *Éclairage,
Eaux, Égouts, Assainissement de la Rue*.
Aux extrémités du Vestibule sont aménagés
deux Salons de Réception ou de Repos.
On monte au premier étage par des escaliers d'une belle allure architecturale dont
dont les deux principaux sont réunis par
des portiques formant écrans.

PREMIER ÉTAGE ⦿
Il est composé d'une suite
de *galeries*, du balcon intérieur desquelles on do-
mine le Jardin de Sculpture.

Là sont aménagés les Salons de la Municipalité, auxquels on peut adjoindre, les
jours de réception, les Salles de l'avant-
corps affectées aux *Bibliothèques*, à l'*Exposition des Beaux-Arts* et au *Musée Carnavalet*.
Dans ces salles, on voit les *œuvres pictu-
rales* acquises par la Ville depuis 1889, les
dessins des architectes qui ont servi à
l'édification des plus récents édifices (*Sorbonne, Faculté de Droit, École de Médecine*) les documents les plus intéressants
de la *Bibliothèque des Travaux Historiques*
et les collections particulières du Musée
Rétrospectif de Paris, réunies par M. G.
Cain, directeur de Carnavalet.
Tout le **côté gauche** est consacré à
l'*Enseignement Primaire et Professionnel
du département de la Seine.*
A remarquer les *travaux* des grandes Écoles
professionnelles du Meuble, du Livre, de
l'Art Décoratif, où triomphent le goût et
l'art de nos artisans parisiens, célèbres
dans le monde entier.

SOUS-SOL
Avec sa façade sur le promenoir du bas-port il offre
l'exposition des appareils du *Tout-à-l'égout*
et du *Service d'Assainissement de la Ville.*

Autour de l'Exposition

Des Champs-Élysées à la Porte des Ternes et à l'Avenue de Suffren, en dehors de l'enceinte de l'Exposition, de nombreuses attractions de divers genres attirent encore le visiteur. C'est d'abord, à l'extrémité du Cours-la-Reine, non loin du Pont de l'Alma, le *Pavillon Rodin* qui n'est point une *attraction*, un spectacle, mais bien l'exposition de l'œuvre entière d'un grand artiste auquel n'ont été ménagées ni les louanges ni les critiques; plus loin, le *Panorama de Rome*; derrière le Champ de Mars, *Pompéi vivant*, le *Vésuve à Paris*, l'*Hippocycle*; avenue de Suffren : la *Grande Roue*, d'autres encore, dont nous donnons ici la description.

PAVILLON RODIN ❀❀❀

Exposition des Œuvres de Rodin. Square Jean-Goujon; pl. de l'Alma.

Sur cet emplacement, que le Conseil municipal a accordé à Auguste Rodin pour y exposer son œuvre durant l'été de 1900, le grand artiste a rassemblé une quarantaine de sculptures d'imposantes dimensions et une quantité de groupes d'études, de bustes et de dessins.

L'importance de l'œuvre est telle que, pour la faire passer tout entière sous les yeux du public, l'illustre artiste sera obligé de renouveler plusieurs fois l'exposition de la salle.

Les morceaux les plus considérables sont la **Porte de l'Enfer**★★, commandée par l'État et composée d'après le poème de Dante, dont l'austère figure, connue sous le nom du *Penseur*, domine les vastes panneaux de la Porte; le beau groupe des *Bourgeois de Calais*★, érigé en bronze à Calais; le *Monument de Victor Hugo*★★, dont le marbre sera placé dans le jardin du Luxembourg; la **Statue de Balzac**, de réputation universelle grâce aux innombrables polémiques qu'elle suscita il y a deux ans; le *Monument de Puvis de Chavannes*★; *Eve*★, bronze exposé au dernier Salon; le *Baiser*★, merveilleux marbre acheté par le Musée du Luxembourg; puis de nombreuses *Têtes de femmes; la Terre*; un *Torse d'homme* modelé il y a une vingtaine d'années et qui dès lors fixa le renom de Rodin; des *Torses de femmes*★, morceaux d'une force et d'une conscience admirables; le *Saint Jean Baptiste*★, une des premières grandes œuvres de l'artiste; puis *Ugolin*★, le *Génie de la Défense*, *Ecce Homo*★, *Résurrection*, la *Mort du Poète*★, et *Bénédiction*, l'*Amour et Psyché*★, *Daphnis et Lycænion*★, le *Réveil d'Adonis*★, ces derniers groupes célébrant toute la grâce et la tendresse de l'amour jeune; enfin, les bustes de *Rochefort*, de *Dalou*, de *Puvis de Chavannes*, de *Mirbeau*, de *Falguière*, dont la plupart ont déjà été vus au Salon et qui sont célèbres, non seulement parmi les artistes français, mais aussi à l'étranger, où l'illustre sculpteur a fait plusieurs expositions qui ont remporté un grand succès.

Gratuite le Dimanche, l'entrée de l'Exposition des œuvres de Rodin est payante les jours de la semaine.

❀❀❀

PANORAMA DE ROME ❀

Rue Jean Goujon, près de la *Chapelle Expiatoire*. Prix d'Entrée : 1 franc.

C'est du haut de la Tour Carrée du Capitole, le magnifique spectacle de la Ville Éternelle, — la Rome moderne, bâtie parmi les monuments épars de la Rome antique, — cette ville où les souvenirs du passé sont si nombreux et si éloquents, et redisent à eux seuls 10 siècles de l'histoire de l'humanité, l'épopée des Césars, le martyre du christianisme naissant, la Renaissance du XVIe s.

C'est l'ensemble merveilleux de cette cité aussi païenne que chrétienne, où les coupoles et les flèches audacieuses du siècle des Jules s'élancent au-dessus des arcs de triomphe, des frontons de palais et des temples antiques; c'est Rome avec son Colisée et le Jardin des Césars, sa Voie Appienne, sa villa Borghèse, son St-Pierre, et la coupole hardie de Bruneleschi; Rome, avec les magnifiques et solennelles perspectives de sa *Campagne*, dont les solitudes ont inspiré tant de peintres, de poètes, de musiciens et de romanciers, et qui se déroulent jusqu'aux bleuâtres montagnes de la Sabine, et aux poétiques coteaux de Tibur, de ce Tibur aux blanches villas tant chanté par Horace.

Des auditions de musique et de chants religieux ont lieu dans une autre salle, et, dans un superbe jardin, annexe du panorama, le *Cinématographe Lumière* nous montre Leon XIII intime.

❧

POMPÉI VIVANT

R. de la Fédération, près de la gare du Champ de Mars. C'est, dans le grandiose panorama du Vésuve et de la mer de Naples, *Pompéi* tel qu'il fut, sous l'Empire Romain, avant d'être englouti par la lave; Pompéi avec son forum, son théâtre, son temple d'Isis, ses camps de gladiateurs, ses rues, ses maisons bourgeoises, ses boutiques, et son temple, Pompéi vivant, non pas de cette vie lugubre et navrante que les voyageurs ont trouvée dans le musée pompéien au pied du Vésuve, mais Pompéi qui revit de sa belle et nouvelle vie de cité décadente; et ou le visiteur peut se livrer à toutes les occupations et à tous les plaisirs; entrer au *théâtre antique* pour écouter, en français naturellement, une tragédie de Sénèque ou une comédie de Plaute, assister aux *jeux du cirque* et de la *palestre*, s'introduire même jusqu'au sein des demeures, surprendre les convives, festoyant dans le *triclinium* et les matrones indolentes au sein de leur *gynécée*.

❧

LE VÉSUVE A PARIS ●●●

24, R. de la Fédération. Entrée: 1 et 2 fr. Vaste coupole de 45 m. de haut. Les visiteurs assistent, devant un magnifique panorama animé, à la reproduction de la fameuse éruption du Vésuve de l'an 79, avec toutes les phases du cataclysme, et des projections de cendres et de lave sortant du cratère embrasé qui engloutissent sous leur épais manteau les deux villes voisines, Herculanum et Pompei.

Entre le *Vésuve à Paris* et *Pompéi Vivant* se trouve un petit jardin anglais bordé de restaurants.

❧

L'HIPPOCYCLE

Av. de Suffren, à côté de la Gare du Champ de Mars. Prix d'Entrée: 50 cent. Ce curieux manège à chevaux mécaniques reproduit l'allée des Poteaux, au bois de Boulogne, avec son charmant décor de verte frondaison, et sportsmen et amazones s'y croisent et peuvent ainsi se saluer au passage.

Pour ajouter à l'originalité de cette attraction, un orchestre est installé dans les branches des arbres de l'allée, et remplace le traditionnel orgue du manège des foires.

❧

LA GRANDE ROUE DE ●● PARIS ●●●●●

Av. de Suffren, à côté du *Village Suisse.* Ouverte de 10 h. du matin à minuit. Prix d'Entrée: Jardin 1 fr., Grande Roue 1 fr. Construite toute en fer, et mesurant 106 m. de diametre, la Grande Roue inaugurée depuis 1899 a tout l'aspect d'une gigantesque roue de Vélocipède, roulant au-dessus des constructions du Champ de Mars. Son moyeu possède un mouvement à billes enormes, et ses rayons tangents ont la taille d'un tronc d'arbre.

Le long de son cercle, 80 wagons, pouvant contenir chacun 20 personnes, en tout 1600 voyageurs, s'elevent tour à tour d'un mouvement lent et doux qui donne toute l'illusion d'un voyage en ballon.

Peu à peu l'on domine l'Exposition, puis Paris, et un merveilleux panorama s'offre de tous côtés au regard.

Au pied de la Grande Roue, un joli jardin, où de nombreuses attractions attendent le visiteur.

❧

LA RUE DU ●● CAIRE EN 1900

16, Av. de Suffren. Prix d'Entrée: 50 c. On a essayé ici de reconstruire cette fameuse *Rue du Caire*, restée dans la mémoire de tous ceux qui ont visité l'Exposition de 1889.

La Rue du Caire fut l'expression foraine de la vie de l'Orient, évoquée non seulement par la pittoresque file de bazars et de mystérieuses demeures à moucharabies d'ou se détachait une mosquée à haut minaret, mais encore par la population indigène, des deux sexes, almées, arabes, accompagnés de leurs ânes, circulant dans la celèbre rue, vendant dans les bazars, dansant dans les cafes.

❧

PARIS EN 1400 ET LA COUR ● DES MIRACLES

Av. de Suffren. Prix d'Entrée: 1 fr. C'est une curieuse reconstitution du Paris d'il y a cinq siècles,

— A L'EXPOSITION —

avec ses sombres et pittoresques rues, ses maisons mystérieuses, ses hôtels magnifiques, sa Cour des Miracles et ses truands, — un Paris de l'Époque de « Notre-Dame » de V. Hugo, et que l'on pourrait visiter, le roman à la main.

D'un côté c'est le fameux hôtel St-Pol, résidence de Charles V et de Louis XI, avec son célèbre jardin Dédales, sa ménagerie de lions. On y a joint le spécimen d'une auberge moyen-âgeuse, l'*Auberge des trois Pichets*, avec sa grande salle où l'on vide les cruches de vin et sa haute cheminée faite pour brûler des troncs entiers.

De l'autre côté, la légendaire **Cour des Miracles**, sa population de bohémiens, de sabouleurs et de rifodés, son roi de Thune, ses cérémonies bizarres : *le Mariage à la cruche cassée*, imité du roman de Victor Hugo.

Enfin, dans une vaste lice, avec tout l'appareil d'autrefois, chevaux caparaçonnés, armure et casque à plume ondoyante, la reproduction d'un tournoi entre messire de Coucy et Jean de Bourbon.

L'ÉPICYCLE

Av. Bosquet, près du *Village Suisse* et de la Grande Roue. **Prix d'Entrée : 50 c.** C'est un grand carrousel électrique à mouvement continu, sans arrêt ni pour la montée, ni pour la descente des voyageurs. Son principe, reposant sur les propriétés géométriques de l'épicycloïde, se compose de deux plate-formes circulaires concentriques, animées d'un mouvement constant, sur lesquelles se déplacent en sens inverse 3 groupes de 22 voitures chacun, pouvant contenir 306 personnes.

Dans la partie centrale, des jeux de glaces, habilement combinés, donnent l'illusion d'une vitesse vertigineuse.

Un orchestre accompagne les visiteurs, qui traversent durant leur voyage la féerique grotte d'azur de Capri, — une des sept merveilles du monde.

LE STADE DE PARIS

Av. de la Grande-Armée (près l'Arc de Triomphe) et 2 entrées, R. Brunet et R. des Acacias. Paris a maintenant, comme Athènes, son Stade, aussi vaste, aussi riche que celui d'Hérode Atticus, son Stade et ses Jeux Olympiques, ses courses de chars, ses athlètes, ses discoboles. Reproduction exacte de celui d'Athènes, avec son arène longue de plus d'un kilomètre, flanquée à chacun de ses tournants de la borne redoutable aux chars maladroits, ses gradins en amphithéâtre pouvant contenir 10 000 spectateurs, son orchestre qui remplace les chœurs antiques et les citharèdes, le Stade de Paris est ouvert à tous les champions du monde, qui peuvent venir aussi s'y couvrir de glorieuse poussière, et vainqueurs recevoir la couronne de laurier.

LE COMBAT NAVAL

Porte des Ternes (ancien Buffalo) **Entrée : 1 fr.** Deux représentations l'après-midi. Quoique assez loin de l'Exposition, le *Combat Naval* est l'un des spectacles les plus intéressants à visiter. Sur une vaste nappe d'eau de 8000 m.^{2} qui simule une rade, et qu'encadre au fond un port de mer en amphithéâtre, les palpitantes péripéties d'un véritable combat naval s'offrent au regard étonné. Grâce à d'ingénieux mécanismes, puissants cuirassés tout bardés d'acier, avisos à la coque svelte et légère, lourds remorqueurs évoluent, se croisent, s'abordent, vomissent leurs obus et leur mitraille, bombardent le port, sautent et coulent, évoquant toute la tragique et grandiose poésie des Trafalgar, des Navarin et des Fou-Tchéou.

En dehors de ces grandes scènes maritimes, d'autres spectacles instructifs attendent le visiteur : l'*évolution des escadres en temps de paix*, le *tir à la cible pour les torpilleurs*, le *lancement des torpilles* pour les bateaux sous-marins, etc.

LE CAMP DES NATIONS

Q. d'Auteuil et Av. de Versailles, 99 à 101. Parmi toutes les attractions et curiosités situées en dehors de l'Exposition, une des plus originales est le *Camp des Nations*, qu'on ira certainement visiter pour voir un campement nomade à la fin du XV⁰ s. : 500 Tentes se dressant sur un espace de 10 kil. carrés. Le camp possède des restaurants, des brasseries, des salons de correspondance, un bureau de change, un bureau de téléphone, et l'on y est servi comme à l'hôtel !

Prix d'une tente pour un jour et une nuit : 1 personne 5 fr.; 2 personnes 9 fr.; pour une semaine, 1 personne, 26 fr.; 2 personnes, 48 fr.

A L'EXPOSITION

Annexe de Vincennes

L'Annexe de Vincennes, créée à cause de l'emplacement considérable que nécessitaient les expositions de certains groupes, est en même temps le lieu de rendez-vous de champions qui viendront s'y disputer les récompenses attribuées aux grandes épreuves sportives.

Cette Annexe est située au Sud du Bois de Vincennes, dans la partie bornée d'un côté par la ville de Charenton, de l'autre par le Lac Daumesnil et par la plus grande partie du bois (V. *Vincennes*, dans le chapitre *Environs de Paris*).

Moyens de transport. *Ch. de fer de Ceinture*, station de Reuilly. *Tramway électrique*, Pl. de la Bastille-Charenton (1re cl. 35 c., 2e cl. 20 c.). Si l'on vient par Vincennes ou Saint-Mandé, la route est plutôt longue et oblige à faire de longs détours. Le plus simple serait encore de prendre une voiture à la course ou à l'heure jusqu'à la Porte de Reuilly.

Ticket. Le ticket d'entrée de l'Exposition sert également pour la visite de l'Annexe de Vincennes.

Garage de Bicyclettes et d'Automobiles. Du côté de la porte 3, sur la Route de Saint-Mandé.

En entrant du côté des Fortifications, on se trouve presque immédiatement devant le grand Hall des Chemins de Fer.

Exposition internationale des Chemins de fer ⑥⑥⑥

Dans un vaste Hall, véritable gare internationale divisée en 5 sections contenant chacune 4 voies, soit au total 20 voies, séparées par des trottoirs, toutes les Compagnies de chemins de fer de France, d'Europe et des États-Unis exposent leur matériel complet : Locomotives à grande vitesse et à marchandises, Trains complets, Voitures de luxe, etc. A g. du hall, la *Section Française*, occupant quatre voies: spécimens de machines nouvelles à grande vitesse, du P.-L.-M., du Nord et de l'Est. A côté des machines, les wagons, toujours plus confortables, tendus de fraîches draperies ou tapissés de « Lincrusta Walton française », les belles voitures de luxe des grands express, etc. — Voir surtout les puissantes machines de l'Est, atteignant la vitesse de 120 kil. à l'heure. — La *Russie* vient ensuite avec 2 voies; puis les États-Unis (2 v.), présentent leurs gigantesques locomotives, chauffées au pétrole, dont les roues motrices ont près de 3 m. de diamètre, locomotives mixtes à 10 roues couplées, véritables monstres chargés de remorquer les trains de marchandises sur les fortes rampes des lignes des Montagnes Rocheuses. — A signaler la Carte géante ★

des réseaux de chemins de fer aux *États-Unis* avec indication du relief des cours d'eau et des voies ferrées. Elle mesure 42 mètres de hauteur sur 69 mètres de largeur; chaque ligne de chemin de fer est indiquée par un éclairage électrique spécial; à des heures déterminées, un autre dispositif d'éclairage électrique marque la situation des divers trains circulant sur le territoire des États-Unis au moment indiqué.

La *Russie* expose de nouveaux types de locomotives à trois cylindres à marche rapide pour trains-courriers, ainsi que des wagons de 1re classe avec des compartiments-lits pourvus de tous les perfectionnements les plus modernes (ligne de Saint-Pétersbourg-Moscou). Le chemin de fer Nicolas expose encore la partie démontable de son pont de fer sur la rivière Volkosa. L'Italie nous envoie ses trains de montagne; l'Algérie, son Sud-Algérien, etc. La *Grande-Bretagne* vient en suite, puis la *Belgique*, et derrière, la *Suisse*, avec ses curieux trains de montagne (chemins de fer à crémaillère). — A dr. du hall, l'*Autriche*, la *Hongrie*, l'*Allemagne* et l'*Italie* (trains de montagne), l'*Algérie* avec le nouveau matériel du Sud-Algérien, etc.

Machines Américaines ⑥

Les *États-Unis* ont un peu plus loin un véritable Palais des Machines, qui occupe un vaste espace, du côté du Vélodrome Municipal.

Un formidable *pont roulant* ★ de 30 tonnes, circulant dans tout le Palais, a permis la mise en place rapide des nombreuses machines exposées, parmi lesquelles nous citerons : une *machine Compound de 300 chevaux* actionnant une dynamo qui fournit la lumière pour l'éclairage et les services de toute l'Exposition de Vincennes; plusieurs grands *compresseurs d'air* et diverses puissantes machines de mines. En arrière, quelques petites constructions édifiées par la *Société Philanthropique*, les

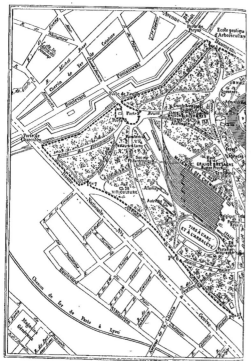

PLAN GÉNÉRAL DE L'EXPOSITION

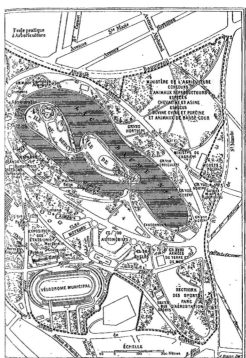

ANNEXE DE VINCENNES

restaurants, etc.; de l'autre côté, entre la Route Circulaire et la Route de la Croix-Rouge, une sorte de petit **Hameau** ★ réunissant des types divers de maisonnettes. C'est une annexe de la Cl. 106 qui expose ici le groupe des coquettes petites Maisons Ouvrières de divers pays : Allemagne, Grande-Bretagne, Suisse, Autriche, etc.

Entre le Lac Daumesnil et le hall des Chemins de fer, une série de constructions abritent les Machines agricoles de l'*Espagne* et de la *Grande-Bretagne* : celle-ci a édifié, à côté, un petit Pavillon à la *Temperance Union*.

Derrière les Chemins de fer, les Machines Agricoles de l'*Italie*, et l'emplacement du *Tir à l'arc et à l'arbalète* ★. Au fond, à dr., le grand *Vélodrome Municipal* ★ où auront lieu une partie des concours sportifs.

Mais l'intérêt se portera surtout sur la grande **Exposition d'Automobiles**, installée dans un vaste pavillon à trois côtés, sur celles des gros Moteurs à air comprimé, à pétrole, etc., envoyés par la Cl. 20. Plus en avant, du côté de la Route Circulaire du Lac, le *Pavillon de l'Acétylène* ★, avec son exposition de carbure de calcium, ses lampes et réservoirs de tous systèmes. En continuant à suivre la Route Circulaire, on arrive en face du *Pavillon des Cycles* ★,

où se retrouve la série de toutes les grandes marques connues, puis, plus près du Lac, un petit Pavillon réservé a la *Fauconnerie*, et à g., du côté opposé au Lac, l'Exposition du Groupe des Armées de terre et de mer (Annexe).

Toute la partie Sud-Est est occupée par le grand *Parc d'Aérostation* ★, dans lequel auront lieu, de Mai à Septembre, les grands Concours d'Aérostation.

Les Expositions de l'Horticulture et de la Viticulture sont disséminées dans toute cette partie du Bois; au Nord, à dr., le grand enclos du Ministère de l'Agriculture, où auront lieu les Concours d'Animaux Reproducteurs. Presque à l'entrée de l'Av. des Tribunes, les États-Unis ont construit un curieux *Pavillon des Forêts* où l'on peut prendre connaissance des procédés d'exploitation des forêts américaines, et examiner les belles essences des territoires centraux.

Il y aurait encore à citer diverses autres petites Expositions, comme celle de Sauvetage (Section Allemande), la Meunerie Belge, etc.

Après la visite de l'Exposition, on pourra ou traverser Charenton et prendre le bateau pour revenir à Paris, ou suivre la route à travers bois jusqu'à Vincennes.

Les Sports à l'Exposition

JAMAIS les Sports n'auront eu une place aussi considérable que celle que leur a donnée l'Exposition de 1900. Tous y sont représentés, d'abord par leurs nombreuses machines de courses, le Cycle, l'Automobilisme, les Accessoires de Jeux, et par les plus illustres Champions de tous les mondes, qui s'y mesureront pour remporter la palme d'honneur — ou les prix de grande valeur qui leur sont offerts.

On avait cru d'abord pouvoir concentrer à Vincennes toute l'Exposition Sportive. Mais, pour des raisons diverses, on a dû y renoncer et transporter en plusieurs endroits divers sports qui exigeaient une installation spéciale.

Les épreuves sportives sont divisées en 12 sections principales :

SPORTS ATHLÉTIQUES ★★★★★ *Section I.* Au Château de Courbevoie. Cette Section comprend le *Lawn-Tennis*, les *Courses à pied*, le *Football*, etc.

Course à pied. 16 000 fr. de prix. Il y aura 7 réunions principales :

1er Juillet. *Championnat du Monde, Professionnels*, 15 prix, de 50 à 500 fr. Courses de haies, steeple (2500 m.), course plate (100 m.).

3 Juillet. *Course de 6 h. Professionnels.* Prix de 20 à 300 fr. Saut en longueur et en hauteur, lancement de poids, Scratch, 5000 m.; 1500 m. plat, etc.

15 et 22 Juillet. Courses diverses, Championnat du monde. *Amateurs.* Nombreux prix de 15 à 500 fr.

Football Rugby. Dans chaque course, l'équipe gagnante recevra un objet d'art, chaque joueur recevra une médaille.

14 Octob. Match franco-allemand. ‖ 21 Oct. Match anglo-allemand. ‖ 28 Oct. Match franco-anglais.

Football Association. Mêmes prix que pour le Football Rugby.

16 Sep. Match franco-suisse. ‖ 23 Sept. Match franco-belge. ‖ 30 Sept. Match franco-allemand. ‖ 7 Oct. Match franco-anglais.

Hockey. Il y aura 12 équipes d'amateurs. Prix : objets d'art.

30 Sept. Match franco-belge. ‖ 7 Oct. Match franco-anglais.

Cricket. 3 réunions principales. Les prix consistent en objets d'art, chaque joueur recevra une médaille commémorative.

4 et 5 Août, Match franco-belge. ‖ 11 et 12 Août, Match franco-hollandais. ‖ 19 et 20 Août, Match franco-anglais.

Lawn-Tennis. 2 catégories d'épreuves : *Amateurs et Professionnels.*

6 Juillet et jours suivants : *Championnat d'amateurs,* Messieurs et Dames. Comme prix, des objets d'art d'une valeur de 100 a 1500 fr.

Champ. de Professionnels : prix en argent, 250 à 1000 fr.

Croquet. Les épreuves auront lieu à Courbevoie, les 24 Juin et jours suivants.

Jeu de Boules. Aura lieu le 15 Août. et jours suivants. L'emplacement n'est pas encore désigné. Les champions font, pour la plupart, partie des grandes Sociétés locales du Midi. Prix : 1000 fr.

Base-Ball. L'emplacement n'est pas encore désigné. Il y aura le 2 Sept. un match entre 2 Soc. américaines.

Crosse Canadienne. Une seule épreuve, au Parc de Courbevoie, le 29 Juillet et jours suivants.

Longue-Paume. Au Jardin du Luxembourg, les 27 Mai et 10 Juin.

Balle au Tennis. Course non encore organisée. Un seul concours aura lieu. Comme prix, 500 fr. en objets d'art.

Courte-Paume. Aux Tuileries. Un *prix de l'Exposition,* de 300 fr., sera intercalé dans le programme ordinaire de la Soc. du Jeu de Paume.

Jeu de Golf. Emplacement non encore désigné. Concours du 2 au 29 Oct. Championnat de Messieurs et de Dames.

GYMNASTIQUE *Section II.* Les Concours auront lieu sur la Piste vélocipédique de 500 m., à Vincennes Le Concours international aura lieu les 29 et 30 Juillet, et comprendra 16 épreuves à exercices libres ou imposés.

ESCRIME *Section III.* Les épreuves se subdivisent en 3 sections distinctes ayant des emplacements différents : Fleuret, Épée, Sabre.

Fleuret. Les épreuves auront lieu dans la Salle des Fêtes, au Champ de Mars. Les épreuves sont divisées en 3 parties : Fleuret, Épée et Sabre. Les prix forment un ensemble de 19 500 fr.

Fleuret. Concours du 14 Mai au 1ᵉʳ Juin. *Professeurs :* Prix d'honneur, 5000 fr.; 1ᵉʳ prix, 2000 fr.; 2ᵉ prix, 1500 fr.; 3ᵉ prix, 1000 fr., etc.

Amateurs : Prix d'honneur, 2000 fr.; 1ᵉʳ prix, 1000 fr.; 2ᵉ prix, 800 fr.; 3ᵉ prix, 600 fr., etc.

Épée. Les Concours, organisés par la Soc. d'Escrime à l'Épée, auront lieu du 1ᵉʳ au 15 Juin au Jardin des Tuileries, sur la Terrasse du Jeu de Paume.

Principaux Prix : Championnat, 3000 fr.; Finale, 1ᵉʳ pr. 15000 fr.; 2ᵉ pr., 1200 fr.; 3ᵉ prix, 800 fr., etc. (8 prix).

Sabre. Les Concours, organisés par la Société Le Sabre, auront lieu dans la Grande Salle des Fêtes, au Champ de Mars. 8 prix de 1600 à 100 fr. (total 4500 fr.).

TIR *Section IV.* Les Concours auront lieu au Stand de Satory, du 19 Juillet au 7 Août.

Concours publics internat. Cible populaire, tir sur silhouettes, sans limitation de prix. Distance, 2000 m. Fusil d'ordonnance. Position facultative.

Concours d'Excellence. Au plus petit total obtenu par l'addition des meilleurs classements aux armes nationales ou libres et au revolver d'ordonnance. Prix : de 1000 à 1500 fr.

Catégorie 1. — Armes nationales à 200 m. — Séries de 3 balles sans limite. Classement aux points et au centre. — *Section A,* à la meilleure série 1001, prix d'une valeur de 18900 fr. — *Section B,* au centre, 600 prix d'une valeur de 12900 fr. — Prix aux tireurs sans classement, 2000 fr. — Roi du tir et maitres tireurs, 1000 fr. — Primes de carton : 15000 fr.

Catég. 2. — Armes nationales a 200 m. — Bonne cible Patrie, séries de cinq balles; classement aux points et au centre. — *Section A,* au point 301, prix d'une valeur de 4550 fr. — *Section B,* au centre, 200 prix d'une valeur de 3350 fr. Prix aux tireurs non classés, 500 fr.

Catég. 3. — Armes libres à 200 m. (munitions libres). — Position debout pour l'arme libre et facultativement debout et à genou pour les armes nationales. Séries de 3 balles, classement aux points et au centre. — *Section A,* à la meilleure série 501 prix d'une valeur de 13550 fr. — *Section B,* au centre, 500 prix d'une valeur de 10800 fr. Tireurs non classés : plaquette bronze argenté. — Roi du tir et maitres tireurs, 1000 fr. de prix. Primes de carton : 12000 fr. de prix.

Catég. 4. — Armes libres à 200 m. — Championnat internat., une série fixe de 10 balles : classement aux points et au centre. — *Section A*, aux points 201, prix valant 7475 fr. — *Section B*, au centre, 100 prix d'une valeur de 3700 fr.

Catég. 5. — Armes libres à 300 m. Séries illimitées de 10 balles, classement au nombre de cartons et au centre. — *Section A*, au plus grand nombre de cartons dans la meilleure série : 100 prix d'une valeur de 3700 fr. — *Section B*, au centre 200 prix valant 4025 fr.

Catég. 6. — Revolver d'ordonnance à 20 m. — Séries illimitées de 6 balles. — *Section A*, à la meilleure série, 151 prix d'une valeur de 1815 fr. — *Section B*, 50 prix valant 850 fr. — Roi du tir : un objet d'art et une couronne d'or. Primes de carton : plaque et objets d'art (valant 1200 fr.).

Catég. 7. — Revolver libre, à 50 m. — Séries illimitées de 6 balles. A la meilleure série, 201 prix valant 2750 fr. — Roi de tir : objet d'art et couronne d'or. Primes de carton : en nature 1000 fr.

Catég. 8. — Carabine 6 mm. libre, à 12 m. — Series illimitées de 4 balles. A la meilleure série, 301 prix valant 3630 fr.

Catég. 9. — Carabine 6 mm. libre à 12 m. — En 2 séries fixes de 4 balles chacune tirées consécutivement et additionnées aux points, 151 prix valant 1065 fr.

Catég. 10. — Sanglier mobile à 40 m. — Séries illimitées de 4 balles. A la meilleure série : 201 prix d'une valeur de 3005 fr. (Les cartouches express sont interdites.)

Catég. 11. — Pistolet de combat. — *Section A* : concours au visé. Prix 500, 300, 200, 100, etc. pour 1530 fr. — *Section B* : tournoi au commandement sur silhouettes. Prix 900, 380, 330, 280, etc. pour 2790 fr.

Ce dernier tournoi, réglementé et organisé par la Société « Le Pistolet » se disputera le **18 Juillet**, au Polygone de Vincennes, à 9 h. du matin.

Concours spéciaux internationaux. *Catég. 12.* — Armes nationales à 200 m. (jeunes gens). Séries illimitées de 3 balles, classement à la série et au centre. — *Section A*, à la meilleure série : 131 prix valant 1255 fr. — *Section B*, au centre, 75 prix valant 845 fr. Primes de carton : 1500 fr.

Catég. 13. — Armes nationales à 200 m. (adultes, concours de sociétés). Réservée aux Sociétés de Tir, Gymnastique et Instruction militaire. Au point : 150 prix d'une valeur de 3575 fr. ; au centre, 50 primes représentant 2750 fr. Plaques aux Sociétés non classées pour 500 fr.

Catég. 14. — Armes nationales à 200 m. (jeunesse, concours de sociétés). Réservée aux sections de jeunes gens des Sociétés de Tir, de Gymnastique et d'Instruction militaire, Séries gratuites. Classement sur l'ensemble de 4 séries de 5 balles, 50 prix valant 820 fr.

Catég. 15. — Armes nationales à 200 m. Bonne cible Union, série unique de 5 balles, gratuite, réservée aux associés et correspondants de l'Union. 200 prix dont le premier de 500 fr. Valeur totale 4000 fr.

Championnats nationaux. *Catég. 16.* — Armes nationales à 200 m. — 17ᵉ Championnat de France, en 3 séries de 5 balles, classement sur l'ensemble des 3 séries. Prix, 100, 500, 300, 250 fr., en tout 300 prix valant 6250 fr. Aux tireurs non classés ayant 50 points : 10 fr.

Catég. 17. — Revolver d'ordonnance à 20 m — 9ᵉ Championnat national en 2 séries de 6 balles chacune additionnées. 100 prix, d'une valeur de 2225 fr. A tout tireur non classé, mais ayant fait 45 points : 5 fr.

Catég. 18. — Armes nationales à 200 m. — 12ᵉ Championnat de la Jeunesse. Classement sur l'ensemble de 3 séries de 5 balles, 100 prix d'une valeur de 1950 fr.

Match entre Nations. *Catég. 19.* — Armes libres à 300 m. 4ᵉ *match international* réservé aux délégués des nations à raison de 5 tireurs par nation. 8 prix, valant 3700 fr. Prix individuels d'une valeur de 3300 fr. Le match aura lieu le **4 Août**, de 8 h. du matin à 6 h. du soir, et sera continué, s'il y a lieu, le **5 Août**.

Catég. 20. — Revolver libre à 50 m. — 1ᵉʳ *match international* au revolver, reservé aux délégués des nations, à raison de 5 tireurs par nation. 5 prix pour nations, valant 1750 fr. ; plaquettes pour prix individuels valant 3000 fr. Ce match aura lieu le **2 Août**, de 8 h. du matin à 6 h. du soir, et sera continué, s'il y a lieu, le **3 Août**.

Concours militaire français. *Catég. 21.* — Armes nationales à 200 m. — Séries gratuites. Réservée aux délégations de l'armée active. *Section A* : classement par régiment sur l'ensemble de quatre séries fixes de 5 balles chacune par les délégués de chaque régiment et à raison d'une série par délégué. 150 prix (objets d'art) d'une valeur de 5000 fr. — *Section B* : classement individuel des tireurs d'après les séries de délégation, 400 prix (objets d'art) d'une valeur de 5000 fr.

Catég. 22. — Armes nationales à 200 m. — Séries gratuites. Réservée aux délégations de l'armée territoriale. — *Section A* : classement par régiment sur l'ensemble de quatre séries fixes de 5 balles chacune par les 4 délégués de chaque régiment et à raison d'une série par délégué. 50 prix (objets d'art) d'une valeur de 1000 fr.

Catég. 23. — Armes nationales à 200 m. —

A L'EXPOSITION

Séries illimitées de 3 balles. Réservée aux officiers de l'armée active, de la réserve et de l'armée territoriale. Classement aux points. A la meilleure série, 101 prix d'une valeur de 1860 fr.

Caleg. 24. — Revolver d'ordonnance à 20 m. Séries illimitées de 5 balles. Réservée aux officiers de l'armée active, de la réserve et de l'armée territoriale. Classement aux points. A la meilleure série, 101 prix d'une valeur de 1735 fr.

Le tir sera ouvert tous les jours, du jeudi 19 Juillet au mardi 7 Août, de 8 h. du matin à 6 h. du soir.

Tir au Canon. Le Tir aura lieu au Polygone de Vincennes.

TIR AU CANON AVEC TUBE A TIR RÉDUIT. — Il durera du 5 Juillet au 6 Août et comprendra 14 journées.

Nombreux prix et concours entre délégations de sous-officiers et de canonniers.

Un *Concours internat. de tir à longue portée* aura lieu en Août à Fontainebleau.

Tir à l'Arc à la Perche. Aura lieu sur une pelouse du bois de Vincennes les 15 et 16 Juillet, sur deux perches. *Pyramide* (perche n° 1). Prix en espèces, 600 fr. *Herse* (perche n° 2). Prix en espèces, 600 fr.

Tir à l'Arbalète. *Arbalète au bloc à 35 m.* 50 coups. 23 prix en espèces et deux arbalètes, valeur 1125 fr.

Arbalète à flèche à 28 m., 60 coups, 23 prix en espèces et 2 arbalètes, valeur 1000 fr.

Arbalètes à fléchette à 20 m., 40 coups., 23 prix en espèces et 2 arbalètes, valeur 950 fr.

Tir à l'Arc au berceau. La *parade* aura lieu le 27 mai ; puis toutes les compagnies, une à une, seront appelées, et les épreuves finales se disputeront le second Dimanche qui suivra la clôture. 5 jeux d'arc, dont 3 pour le grand prix et 2 pour le prix d'amateurs. Toutefois, sur la distance de 30 m. il sera monté un second jeu, si le nombre des adhésions le rend nécessaire.

Prix d'Honneur. — 1° Championnats individuels, 2° Championnat international (plaquette or) et 3° Championnat de France (150 fr. et banderole aux couleurs nationales). *Championnats des Sociétés* (plaquette or).

Concours d'ensemble. 8 tireurs par compagnie, 18 compagnies ayant fait le plus de coups dans le cordon doré et dans le chapelet : 16 prix valant 1000 fr.

Concours individuels. Aux 8 tireurs ayant fait le plus de coups dans le cordon doré ; aux 6 tireurs ayant fait le plus de coups dans le chapelet ; 14 prix valant 700 fr.

Prix aux différents noirs :

Grand Prix. A 50 et 30 mètres, 210 prix en espèces répartis sur les grands noirs, les noirs des brochettes et des pignons, valeur totale en espèces 12 200 fr.

Prix d'Amateurs. A 50 mètres. 80 prix en espèces au grand noir, valeur en espèces de 4000 fr.

Tir aux Pigeons. *Cercle du Bois de Boulogne.*

Grand Prix du Centenaire. — Mardi 19 Juin à midi et jours suivants. Un pigeon à 27 m. Prix : 5000, 2500, 1500 et 1000 fr.

Grand Prix de l'Exposition. — Lundi 25 Juin et jours suivants. Six pigeons à 27 m. Deux pigeons par jour ; deux pigeons manqués entraînent la mise hors concours. Prix : 20 000 fr. au 1er et fractions des entrées aux suivants.

Fusil de Chasse. Les concours se disputeront à l'île Seguin, à Billancourt.

Concours National. Il se disputera les 8, 9 et 10 Juillet, à 8 h. Les gagnants — disposition assez curieuse — participent dans les recettes produites par les entrées, en plus des prix (objets d'art), qui s'élèvent à 2500 fr. et sont au nombre de 31.

Concours International. — Du 15 au 17 Juillet. Comporte également 31 prix avec participation dans les entrées et des objets d'art pour une valeur de 2500 fr.

CONCOURS HIPPIQUE (*Section V*) (Av. de Breteuil, derrière les Invalides). Les 20 Mai et 2 Juin.

29 Mai. Concours d'obstacles. 1er pr. : 6000 fr. ; 2e pr. : 3000 fr. ; 3e pr. : 1000 fr.

31 Mai. Prix internationaux pour chevaux montés et saut en largeur. 1er prix : 4000 fr. ; 2e pr. : 3000 fr. ; 3e pr. : 2000 fr. ; 4e pr. : 1000 fr.

Saut en largeur. 1er prix : 4000 fr. ; 2e prix : 1000 ; 3e et 4e prix : 500 fr.

2 Juin. Attelages à 4 chevaux. Prix : 6000, 3000 et 1000 fr. et championnat du saut en hauteur (mêmes prix que pour le saut en largeur).

Concours de Polo à cheval. Terrain de Polo, au Bois de Boulogne.

Grand Prix international : Une coupe de 2000 fr. ; prix de Longchamp, 300 fr. à chacun des 4 vainqueurs ; le prix international de Paris, 4 coupes de 500 fr.

VÉLOCIPÉDIE (*Section VI*). Les courses se disputeront sur le nouveau vélodrome de Vincennes. Principales courses.

9 Sept. — *Grand Prix de l'Exposition.* Course ouverte internat., 2000 m., 8 sé-

A L'EXPOSITION

ries éliminatoires, 375 fr. de prix par série,
soit au total 3000 fr.

Course de Primes. — Pour coureurs de
2ᵉ catég. 10000 m. ; 1500 fr., répartis en
20 primes.

Handicap internat. (5000 m.) ; 3000 fr., répartis à raison d'un prix pour chaque série et de 6 prix pour la finale.

Course de tandems. — Internat. par séries
et demi-finales s'il y a lieu : 2000 m. ;
4000 fr., répartis à raison d'un prix pour
chaque série ou demi-finale, et de trois
prix pour la finale.

10 Sept. — Course inter-régionale, réservée exclusivement aux coureurs français.
Par groupes de coureurs représentant des
régions ; séries et finales à courir le même
jour : 3000 fr., répartis à raison d'un prix
individuel pour chaque série, et de 3 prix
de groupe pour la finale.
Une somme de 3000 fr., à titre de frais de
séjour, sera répartie également entre tous
les participants à cette épreuve.
Le détail de cette course sera spécialement
envoyé aux intéressés par l'U. V. F.

11 Sept. — *Grand Prix de Vincennes*, amateurs, course ouverte, internationale, pour
tous les amateurs répondant à la défini-
tion de l'U. V. F. Séries éliminatoires.
Objets d'art : 500 fr., répartis en 9 prix.

Critérium internat. de demi-fond, course de
100 milles anglais (160 kilom. 932) avec entraineurs, 10000 fr., répartis en 5 prix.

13 Sept. — Grand Prix de Vincennes, amateurs, demi-finales et finale, internationale
2000 m. ; objets d'art : 3500 fr., répartis à
raison de 3 prix pour les demi-finales et de
3 prix pour la finale.

Grand prix de l'Exposition : demi-finales et
finale, course ouverte, internationale,
2000 m. ; 27000 fr., répartis à raison de
9 prix pour les demi-finales et de 3 prix
pour la finale.

Course internat. de 50 kil. : course ouverte
avec entraineurs ; 7000 fr., répartis en
5 prix.

14 Sept. — *Grande course internat.*, par
équipes de 3 hommes par nation représentée ; 6500 fr., répartis à raison de 9 prix
individuels et de 3 prix pour les trois
équipes gagnantes. Le classement de
cette course se fera par équipe et par
points.

15 Sept. — Prix des Étrangers ; épreuve
réservée à tous les coureurs étrangers
ayant participé au Grand prix de l'Exposition des 9 et 13 sept. ; 1000 m., séries et
finales : 3000 fr., répartis en 3 prix pour
les demi-finales et 3 prix pour la finale.

15-16 Sept. — *Course du Bol-d'Or* ; 23 h. avec
entraineurs, départ le Samedi à 6 h. du
soir, arrivée le Dimanche à 5 h. du soir.

Course internat. ; 25000 fr., répartis en
4 prix ou 6 prix suivant la quantité de
coureurs engagés.

AUTOMOBILISME (Section VII). A
Vincennes. Outre
les concours d'Automobiles, dont nous donnons le détail, des fêtes (défilés fleuris, batailles de fleurs), etc., seront organisées et
jetteront la note plaisante et agréable parmi
le sérieux et le technique des concours
divers.

Mai. — 14, 15, 16, 18 et 19. Concours de Voitures automobiles de tourisme.
1ʳᵉ *Catég.* : Voitures à 2 places pesant plus
de 400 kil. ‖ 2ᵉ *Catég.* : Voitures à 4 places
pesant plus de 400 kil. ‖ 3ᵉ *Catég.* : Voitures à 6 places pesant plus de 400 kilog.
‖ 4ᵉ *Catég.* : Voitures à plus de 6 places.
Ces différentes voitures accompliront pendant une semaine, du Lundi au samedi, le
Jeudi excepté, cinq parcours de 150 kil. ;
elles partiront de l'enceinte de Vincennes
Les parcours seront organisés de façon à
accomplir 50 kil. dans la matinée, départ
et retour à Vincennes, et 100 kil. dans
l'après-midi.
Ce concours portera sur la consommation
du combustible ou de l'agent d'énergie
quelconque employé, sur le fonctionnement du moteur, le confort de la voiture,
et la facilité de la direction.
La vitesse ne pourra dépasser 20 kil. dans
les lieux habités, et 30 kil. sur les routes,
conformément au décret du 10 mars 1899.
Prix. — 4 objets d'art ; 4 méd. de vermeil ;
4 méd. d'argent ; 4 méd. de bronze.

Juin. — 18, 19, 20, 22, 23. 3ᵉ concours de
Voitures de place et de livraison. Con
cour de voitures de place automobiles et
concours de voitures de livraison, pouvant transporter jusqu'à 1200 kilog. de
charge utile. Les voitures qui prendront
part à ces concours partiront le matin de
l'enceinte du bois de Vincennes ; elles accompliront un parcours de 30 kil. dans
Paris, reviendront à Vincennes, et en re-
partiront dans l'après-midi pour accomplir
un nouveau parcours de 30 kil.
Ces épreuves se renouvelleront cinq fois
pendant une semaine, du Lundi au Samedi, le Jeudi excepté.
Prix. — 3 objets d'art ; 3 méd. de vermeil ;
3 méd. d'argent ; 3 méd. de bronze.

Juillet. — 23, 24, 25, 27, 28. 6ᵉ concours de
Courses de vitesse, pour tous les véhicules, divisés en 3 catégories, telles qu'elles
ont été définies dans le règlement de l'Automobile-Club de France de 1899.
Les véhicules accompliront, pendant une
semaine, le Jeudi excepté, 5 parcours de
300 à 400 kil. chacun, dont les départs et

A L'EXPOSITION

les arrivées se feront au Pont de Joinville. Les voitures partiront en file de l'enceinte de Vincennes jusqu'au Pont de Joinville, d'où les départs chronométrés auront lieu.

A l'arrivée, les voitures seront chronométrées au Pont de Joinville. De là, elles se rendront à la Piste du Lac Daumesnil, dont elles feront deux fois le tour.

Un télégraphe optique et des sémaphores établis sur la piste Daumesnil indiqueront l'arrivée des voitures au Pont de Joinville.

Prix. — 1re catég. — Voitures. 9 prix argent, 8000, 6000, 5000, 4000, 3000, 2000, 1000 fr. 2 prix de 500 fr., — total : 30000 fr.

2e catég. — Voiturettes. 7 prix argent, 4000, 2000, 1000 fr. 4 prix de 500 fr. — total : 9000 fr. 3e catég. — Motocycles. 13 prix argent. 2000, 1500, 1000 fr. 4 prix de 500 fr. 6 prix de 250 fr., — total : 8000 fr.

Août. — 13, 14, 15, 17, 18. Concours de Voiturettes ne pesant pas plus de 400 kilog. Ces véhicules devront être à 2 places, soit côte à côte, soit en tandems. Même programme que pour les Voitures de Tourisme.

Prix. — 3 objets d'art ; 3 méd. de vermeil ; 3 méd. d'argent ; 3 méd. de bronze.

Septembre. — 17, 18, 19, 21 et 22. Concours de véhicules légers, dits petits poids, pour transport de marchandises. Charge utile : 100 kilog. au minimum. Même programme que pour les Voitures de Place.

Prix. — 3 objets d'art ; 3 méd. de vermeil ; 3 méd. d'argent ; 3 méd. de bronze.

Octobre. — 8, 9, 10, 12, 13. Concours des Voitures dites poids lourds, comprenant : 1° Véhicules servant au transport des voyageurs en commun ; 2° véhicules servant au transport des marchandises au-dessus d'une tonne ; 3° voitures de livraison pouvant transporter 1250 kilog. charge utile. Ces véhicules devront accomplir chaque jour pendant une semaine, le Jeudi excepté, un parcours de 50 kil. Les itinéraires seront combinés de façon que les voitures reviennent à Vincennes au milieu de leur parcours ; la première partie s'effectuera dans la Matinée, et l'autre dans l'après-midi.

Prix. — 3 objets d'art ; 3 méd. de vermeil ; 3 méd. d'argent ; 3 méd. de bronze.

SPORT NAUTIQUE

Régates à l'aviron. 2 journées 19 et 26 Août ; la 1re en Marne, la 2e dans le Bassin de Courbevoie, Asnières.

Les 2 journées de Régates se composeront en principe, de 9 courses, savoir :

Courses à 2 rameurs juniors : prix 600, 300, 200 fr.

Courses à 4 rameurs juniors : prix 1200, 600, 400 fr.

Courses à 8 rameurs juniors : prix 2400, 1200, 800 fr.

Courses à 2 rameurs seniors : prix 600, 300, 200 fr.

Courses à 4 rameurs seniors : prix 1200, 600, et 400 fr.

Courses à 8 rameurs seniors : prix 2400, 1200, 800 fr.

Courses à 4 rameurs (yole de mer) n'ayant pas encore gagné un 1er prix aux Régates générales : prix 700, 350, 250 fr.

Courses à 4 rameurs (yole de mer) n'ayant pas encore gagné un 1er prix aux Régates Internationales de Paris : prix 700, 350, 250 fr.

Courses à 4 rameurs seniors non inscrits dans la course principale : prix 700, 350, 250 fr.

Prix pour les barreurs ayant piloté une équipe classée 1er, 2e ou 3e, 700 fr. Les épreuves éliminatoires, s'il est nécessaire d'en courir, auront lieu le Samedi soir et le Dimanche matin.

Yachting à la voile. 4 journées en rivière, en Mai, les 20, 22, 24 et 27.

3 journées en mer, en Juillet ou Août.

C'est à Meulan que se feront les régates internationales pour les séries jusqu'à 10 tonneaux ; celles des yachts de 10 à 20 tonneaux auront lieu au Havre.

Pour la série des yachts de 10 à 20 tonneaux, elles auront lieu au Havre, à raison du fort tirant d'eau des bateaux de cette série.

20 Mai. Course d'honneur et d'ensemble, à laquelle seront obligatoirement tenus de prendre part tous les yachtings inscrits pour les régates de série, quel que soit leur tonnage.

Deux classements seront faits à l'arrivée, un classement d'ensemble, et un classement par séries.

5 objets d'art seront attribués aux bateaux classés les 5 premiers, quelle que soit leur série.

Chaque bateau n'a droit qu'à un seul objet d'art.

La course d'honneur aura lieu un Dimanche afin de permettre la présence d'un plus grand nombre de spectateurs.

Prix, 5 objets d'art classement général 1000 fr., 5 objets d'art classement par séries 1000 fr.

22 Mai. Elle sera réservée aux bateaux des deux séries ci-après : jusqu'à 1/2 et de 1 à 2 — 0 à 1/2 tonneau 600, 400, 200, 100 et 50 fr. 1 à 2 — 1500, 800, 500, 250, 130 fr.

24 Mai. Ce jour sera réservé aux bateaux des deux séries suivantes de 1/2 à 1 et de 2 à 3.

Une coupe internationale sera instituée sous le nom de *coupe internationale de l'Exposition universelle de 1900* et attribuée au vainqueur de la série de 1/2 à 1 tonneau qui en aura la propriété définitive.

Cinq prix en argent seront accordés aux gagnants de la série de 2 à 3 tonneaux.

Série de 1/2 à 1 tonneau : Coupe internationale de l'Exposition 2400 fr.

Serie de 2 à 3 tonneaux, 1800, 1000, 700, 400, 250 fr.

27 Mai. Pour les yachts des deux séries suivantes : 1/2 à 1, et de 3 à 10 tonneaux.
Prix-série de 1/2 à 1 tonneau, 1500, 800, 500, 250, 150 fr.
Série de 3 à 10 tonneaux 2000, 1200, 900, 600, 300.

Courses de Bateaux à moteurs divers. — Dans chaque série, les bateaux à moteurs divers courent ensemble ; néanmoins, une prime est accordée au premier arrivant des bateaux munis de moteurs de types differents.

23 Juin. Course de fond.

1" série (distance 50 kil.); 3 prix, 1500, 1100 600 fr.
2' série (55 kil.), 1600, 1500 et 800 fr.
3' série (80 kil.), 2500, 1800 et 1000 fr.
24 juin. Concours de vitesse.
1" série (distance 15 kil.), 300, 200 et 100 fr.
2' série (17 kil.), 400, 300 et 200 fr.
3' série (20 kil.), 500, 300 et 200 fr.
4' série (24 kil.), 600, 500 et 400 fr.

CONCOURS DE SAUVETAGE (*Section IX*). Sapeurs-Pompiers. Au Bois de Vincennes, du 13 au 19 Août. Concours de manœuvres.

18 Août. Concours internat. des compagnies de pompiers ayant remporté le prix d'honneur dans leur pays.

19 Août, à 8 h. m., manœuvres d'ensemble. A 3 h., attaque de feu, sauvetage, etc.

Concours de sauvetage sur l'eau, au bassin de Courbevoie à Asnières. Les 21, 22 et 23 juillet Concours international fort intéressant. Nombreux prix.

Concours de Soc. de Secours aux blessés civils et militaires. Ambulances, secouristes, etc. Jeudi 31 juillet, à Vincennes.

Concours de Natation, au Bassin d'Asnières 12 et 20 Août. Nombreux prix.

AÉROSTATION *Section X.* Nombreux concours, avec prix de 1000 à 50 fr., du **17 Juin** au **30 Sept.**, à Vincennes.

Parmi les épreuves les plus intéressantes, citons :

17 Juin et 29 Juillet. Concours d'altitude pour ballons libres montés.
1" Juillet. Concours de montgolfières.
12 Août et 9 Sept. Concours de plus longue distance parcourue pour ballons libres montés.
19 Août. Concours de cerfs-volants.
9 Sept. Concours de photographie en ballon.
20 Sept. Concours d'éclairage pour ascensions nocturnes (départ de nuit).
23 Sept. Concours de procédés pour le gonflement des ballons.
17 Juin-30 Sept. Grand Prix de l'Aéronautique.

La 1" série de ballons libres sera composée de ballons de volumes sensiblement égaux et handicapés quant au lest; la 2' série de ballons libres sera composée de ballons de volumes quelconques et handicapés; la 3' série de ballons libres sera composée de ballons de volumes quelconques sans conditions de lest.

Le Grand Prix de l'Aéronautique sera attribué à l'aéronaute qui, dans l'ensemble des épreuves de durée, d'altitude et de distance horizontale pour ballons libres montés, aura réuni la plus grande valeur de prix.

EXERCICES MILITAIRES Préparatoires (*Section XI*) à Vincennes, les **24 et 25 Juin.** Concours fort intéressant résumant en 3 parties l'Instruction militaire préparatoire : théorie, marches, topographie, exercices, gymnastique, etc. 28 507 fr. de prix.

CONCOURS SCOLAIRES (*Section XII*) divisés en 4 demi-sections : Les concours régionaux auront lieu dans diverses villes : Bordeaux, Toulouse, Marseille, Lyon, Grenoble, Nancy, Orléans, Caen, Roubaix, Paris.

Concours général, au Bois-de-Boulogne (Racing Club) les **5 et 6 Juin.**

Fête des Écoles Communales de la Ville, à Vincennes, au vélodrome, le **1" Juillet.**

PÊCHE A LA LIGNE Concours internationaux, à l'Ile des Cygnes (Grenelle), le **5 Août** et jours suivants, par série de 200 pêcheurs. Durée de chaque concours : 1 h. Nombreux prix.

ENVIRONS DE PARIS

Presque jusqu'aux portes de la Capitale s'avancent les bois sombres, les coteaux verts, les villas coquettes et les grands châteaux de la banlieue parisienne, la plus gaie et la plus charmante des banlieues. Nous manquerions à tous nos devoirs si nous n'indiquions pas à nos Lecteurs les sites les plus agréables de cette pittoresque ceinture de paysages qui entoure Paris : *Versailles* et *St-Cloud*, *St-Germain*, *Fontainebleau*, *Chantilly*, anciennes résidence de rois et de princes, *Sceaux*, la ville des Félibres, la *Vallée de Chevreuse*, paradis des peintres, et d'autres encore.

CHANTILLLY *Chemin de fer du Nord :* 1° *Ligne de Creil* (directe). 41 kil., trajet en 40 m. par l'express, en 1 h. 1/4 par train omnibus. Prix : aller et retour, 6 fr. 40, 4 fr. 95, 3 fr. 25. 2° *Ligne de Crépy-en-Valois*. De Paris à Crépy, 61 kil. Prix : 6 fr. 85, 4 fr. 60, 3 fr. ; de Crépy à Chantily, par Senlis, 23 kil. Ce dernier itinéraire permet de visiter Ermenonville (tombeau de J.-J. Rousseau) ; station du Plessis-Belleville, et la Cathédrale de Senlis. En prenant la ligne directe, on pourra s'arrêter à Survilliers, et, de là, on ira à Mortefontaine (7 kil.). Correspondances en voitures. Prix : 1 fr. Visiter le Château et le beau parc dont Joseph Bonaparte fût quelque temps propriétaire.

Chantilly (4211 hab.). Surtout célèbre par son Château ; n'est animé que les jours de courses. Établissements considérables pour l'élevage et le dressage (colonie anglaise)

Hôtels et Restaurants. *Hôtel du Grand Condé* ; *Restaurant Lefort*, 10, Pl. de l'Hôpital ; *Restaurant du Viaduc*, au Pt de Gouvieux ; *Café de Paris*, R. de Paris.

Le Château. Ne peut se visiter que le Jeudi et le Dimanche, du 15 janv. au 15 oct., de 1 h. à 5 h. (à l'exception encore des jours de courses et de grand nettoyage). Situé derrière la ville, à environ 25 min. de la gare.

On y arrive par la route de Bois-Bourillon, l'Av. de l'Aigle, qui longe le champ de courses t la grille d'honneur. Aux xvii° et xviii° s., résidence des Princes de Condé, fut legué, en 1829, par le dernier de ces princes au duc d'Aumale. Celui-ci a son tour, en 1886, l'a lègue a *l'Institut*, à condition qu'il serait soigneusement entretenu et ouvert au public.

LE CHATEAU comprend deux parties : le Grand Château et le Châtelet, adossés l'un à l'autre, et entourés de pièces d'eaux.

Dans la Cour d'Honneur, la statue équestre en bronze, du duc d'Aumale.

GRAND CHATEAU. Sa décoration intérieure est d'une magnificence exceptionnelle. Meubles et tapisseries rares : dans la Galerie ★ des Cerfs, tapisseries des Gobelins.

Puis vient la **Galerie de Peinture**, où les principales écoles de tous les pays se trouvent représentées. — École italienne : une Vierge★ de Raphaël, tableaux de Fra Angelico Botticelli, Annibal Carrache, Guillot, le Guide, le Titien, le Pérugin, etc. École flamande : tableaux de Philippe de Champaigne, Van Dyck, Memling, Téniers et Ruysdael. École française : xvi° s., tableaux de Clouet ; xvii° s., de Poussin ; xix° s., de Delacroix, de Decamps, de Paul Delaroche, de Français, *les Cuirassiers*★ de Meissonier (actuellement à l'Exposition), d'autres tableaux militaires de Neuville. Grand Palais des Beaux-Arts : Collection d'Antiques ; une *Minerve* en bronze, attribuée à Phidias.

Dans le *Cabinet des Gemmes*★ à l'extrémité g. du Château : le Diamant rose★, ou *Grand Condé*, et des Émaux, Porcelaines, Faïences, etc.

LE CHATELET, qui fait suite au Grand Château, renferme la Galerie du Prince, — tableaux des batailles ou s'est illustré le Grand Condé, — et la Bibliothèque du duc d'Aumale.

Dans la Chapelle attenant à cette partie du Château, l'Urne qui renferme les cœurs des Princes de Condé.

Le Parc. Il entoure magnifiquement le Château : derrière celui-ci, le grand *Canal de la Manche*, à g. le *Jardin anglais*, à dr. le *Parc de Sylvie*, attenant à la Forêt, et à à dr. la Tour Eiffel. Plus à dr. et plus près, Marly, son aqueduc, sa forêt. A g., au fond, on distingue le clocher et la basilique de St-Denis, et Montmorency.

LA FORÊT (4500 hect.). Très touffue. Voitures pour la forêt : 2 fr. 50 et 3 fr. l'heure.

ENVIRONS DE PARIS

ENVIRONS DE PARIS

13

En suivant de la gare la route de Pontoise, on arrive aux *Loges* (3 kil.). Succursale de la Maison de la Légion d'honneur de St-Denis. Tout près de là se tient la *Fête des Loges*. En suivant la route, on va en 1 h. à la station d'*Achères* (dir. de Pontoise). C'est aussi le chemin de Poissy (10 kilomètres). C'est une charmante excursion pour ceux qui aiment à se promener; en rentre à Paris par la station de Poissy.

❧⸬❧

FONTAINEBLEAU Prendre le train à la
gare de *Paris-Lyon-Méditerranée*. Distance: 59 kil. Durée du trajet : 1 h. 1/2 à 2 h. Billets simples : 1re cl. 6 fr. 60, 2e cl. 4 fr. 45, 3e cl. 2 fr. 90. Aller et retour : 1re cl. 9 fr. 90, 2e cl. 7 fr. 15, 3e cl. 4 fr. 65.

Si l'on veut faire une excursion complète, prendre le train direct de 6 h. du matin, qui arrive à Fontainebleau à 7 h. 21. Autres trains *pour l'aller* : 6 h. 10, arrivée 8 h. 5, 7 h. 30 — 8 h. 47 (dim. et fêtes seulement); 8 h. 20 — 10 h. 08, 9 h. 15 — 10 h. 27, 9 h. 32 — 11 h. 27, 9 h. 50 — 11 h. 14 (dim. et fêtes). Train *pour le retour* : départ 5 h. 25, arrivée 7 h. 04 (dim. et fêtes), 5 h. 51 — 7 h. 35, 8 h. 06 — 9 h. 20, 8 h. 19 — 9 h. 43 (dim. et fêtes) 8 h. 13 — 10 h. 41, 10 h. — minuit 11, 11 h. 14 — minuit 38.

Pendant la belle saison, les principales agences de voyages organisent des excursions dont les prix comprennent le voyage en chemin de fer, en voiture, les repas dans les hôtels, les frais de guide, etc. Les *départs* ont lieu : pour l'Agence Cook, au Bureau de l'Agence; pour les autres, au Chemin de fer P.-L.-M.

AGENCES : Cook, 1, Pl. de l'Opéra, jeudi et samedi, 1re cl. 29 fr.

Soc. des Voyages économiques, 10, R. Auber et 17, Faub.-Montmartre, 1 dimanche par mois, de mai à sept. 1re cl. 18 fr., 2e cl. 16 fr., 3e cl. 15 fr.

Agence Duchemin, 20, R. de Grammont, t. les dim. : 1re cl. 22 fr., 2e cl. 19 fr.

Agence Desroches, 21, Faub.-Montmartre, t. les dim. : 1re cl. 18 fr.; 2e cl. 16 fr.; 3e cl. 15 francs.

1re station intéressante en quittant Paris : Charenton; on traverse sur un double pont le canal de la Marne, et la Marne elle-même, tout près de son confluent, en laissant à g. St-Maurice (grand hospice d'aliénés), et les rives ombreuses de la rivière si gaies les dimanches d'été.

2e station : Alfort (école vétérinaire).

3e station : Villeneuve St-Georges, sur la Seine, a l'embouchure de l'Yère, au pied d'un joli coteau, couronné de châteaux bourgeois. Pont suspendu sur la Seine.

Viennent ensuite les stations de *Crosnes*, où naquit Boileau, point de vue charmant sur la vallée de l'Yère, coteaux boisés, grandes fermes; de *Brunoy*, à l'entrée de la forêt de Sénart, célèbre par le souvenir de l'extravagant marquis de Brunoy, et enfin de *Melun*.

Église remarquable ; musée, quelques tableaux de maître. — Dans les environs, à 6 kil., le célèbre château de Vaux, la demeure de Fouquet.

Après Melun, on arrive aux premières futaies de la forêt de Fontainebleau, et l'on passe près de la *Table du roi*, et de la *Mare aux Évées*. La station suivante, Bois-le-Roi, est la dernière avant Fontainebleau.

FONTAINEBLEAU. Le Palais est à 1/2 heure de la gare, à pied. Par le *tramway électrique*, à 15 m. (30 c.), Le tramway électrique a sa station à la gare, traverser le souterrain sous la voie pour le prendre. Omnibus (60 c.). *Voitures* : pour la ville 2 fr. à la course, à l'heure 3 fr.; pour la forêt, prix à faire d'avance.

Hôtels : *Hôtel de France et d'Angleterre*, pl du Château; *de la Ville de Lyon*, 21, R. Royale; *de l'Aigle noir*; *de la Chancellerie*, 2, R. Grande, tous de premier ordre; *du Cadran-Bleu*, 9, Grande Rue; *de Moret*, 16, R. du Château; *de la Gare*, à Avon-Fontainebleau.

Fontainebleau (14 200 habitants), École d'application de l'artillerie et du génie ne vit guère que de son Palais, de sa Forêt, et, en automne, de son *chasselas*.

LE ❀❀❀ PALAIS
est visible gratuitement tous les jours, de 10 h. à 5 h. (etc.), à 4 h. (hiver). La visite dure au moins 1 h., sous la conduite d'un gardien (Pourboire), qui donne toutes les explications désirables.

Commencé par François Ier, continué et embelli par Henri II, Henri IV, Louis XIII, Louis XV, Napoléon, Louis XVIII et Louis-Philippe, le Palais comprend un grand nombre d'ailes qui enclavent 5 cours. — On entre par la *Cour du Cheval Blanc* ou *des Adieux*, ainsi nommée, parce que Napoléon, en 1814, y fit ses adieux à la garde rassemblée. L'entrée des visiteurs est au-dessous et à g. de l'escalier du *Fer-à-cheval*, construit par Lemercier, sous Louis XIII. La façade principale comprend, à g. la Chapelle de la Trinité ⁂, à dr. les Appartements des Reines mères et du *pape Pie VII* ⁂, que Napoléon retint prisonnier. La petite aile de g., ou *aile Louis XV*, est réservée au Président de la République.

Au centre de l'aile, par l'escalier François I",
on pénètre au 1" étage, dans les Appartements de Napoléon I", où se trouvent, la
Salle des Bains ornée de glaces et de peintures, le Cabinet de l'Abdication, le Cabinet de Travail, et la Chambre à coucher de
l'Empereur. Tout le long de ses appartements, la Galerie François I", donnant sur
la Cour de la Fontaine.

Par la *Salle du Conseil* (peintures ★ magnifiques de Boucher, tapisseries de Beauvais),
et la *Salle du Trône* qui fait suite, on pénètre dans les *Appartements de Marie-Antoi-
nelle*★★, donnant sur le *Jardin de l'Orangerie*, et l'on revient sur ses pas par la
Salle des Tapisseries (tapisseries flamandes)★, le *Salon de François I*"(belle cheminée monumentale), et le Salon Louis XIII,
où ce prince est né. Ces trois dernières
salles donnent sur la *Cour Ovale.*

Celles qui leur font face, et que l'on visite
ensuite, comprennent les *Appartements de
Madame de Maintenon*★, après l'*Escalier
du Roi* (peinture du Primatice), et la *Salle
du Bal* ou *Galerie Henri II* (peintures
mythologiques du Primatice).

Ce palais renferme aussi au Rez-de-chaussée
et à dr. de l'escalier du Cheval Blanc, un
Musée Chinois (mêmes heures d'ouverture
que le palais, entrée par la Cour de la Fontaine), composé d'objets provenant de
l'expédition de Chine de 1860.

LES ●●● JARDINS Il y en a trois : Le *Jardin anglais*, dû à Napoléon, le *Par-
terre*, et le *Jardin de Diane*,
qui datent tous deux de Louis XVI, et ont
été dessinés par Le Nôtre.

On accède au Jardin anglais et au Parterre
par la Cour de la Fontaine, sur le terre-
plein de laquelle se trouve le *Bassin des
Carpes*★.

A dr., le long de l'aile Louis XV, le Jardin
anglais, d'une ravissante fraîcheur. Dans
le voisinage était jadis la fontaine légendaire du *Chien Bleau*, d'où peut-être l'o-
rigine du nom de la ville; à g., la Pte Dorée
et l'Av. de Maintenon donnent accès au
Parterre, pièce d'eau en fer à cheval. La
vue s'étend jusqu'aux rochers d'Avon.
C'est le jardin le plus fréquenté du Château : Musique militaire le Dimanche. Le
parterre mène, à g., à l'entrée du parc
(disposition analogue à celui de Versailles).

LA FORÊT DE ●● FONTAINEBLEAU (80 kil. de tour,
17 000 hectares de
superficie) est
l'une des plus belles, des plus sauvages, des
plus pittoresques de France. Ce n'est qu'en
la parcourant à pied qu'on peut en appré-

cier toutes les beautés. Cartes Dénecourt
(1 fr. 50 en feuilles). Poteaux indicateurs à
tous les carrefours. Petits carrés rouges,
sur les arbres et les poteaux, faisant face à
la direction de Fontainebleau. Pour les
excursions en voiture, débattre le prix d'a-
vance.

Dès l'arrivée à la gare de Fontainebleau, si
l'on a un peu de temps et si l'on veut
marcher à pied, on ira d'abord à la *Tour
Dénecourt*★, en suivant la voie du chemin
de fer (une 1/2 heure). Le panorama y est
magnifique. Puis de là, en redescendant
vers la ville (direction des disques rouges)
par le chemin de Fontaine-le-Port, on
arrivera au *Carrefour de la Croix d'Au-
gas*★, et entre les routes de Melun et de
Paris au Mont-Ussy, au *Nid de l'Aigle*, au
Grand Fouteau; suivre ensuite jusqu'à
Fontainebleau la grande route de Paris à
Fontainebleau.

De la ville même, une autre excursion aussi
très courte 6 kil. (1 h: environ) est celle des
Gorges de Franchard★, à l'ouest. On peut
déjeuner à Franchard. A pied; suivre la
R. de France, et au bout, prendre à g. la
Rte de Milly, puis la Rte Ronde. Les voitures vont jusqu'au Restaurant.

A Franchard, où abondent les *chaos* de rochers de grès très dur, on trouvera : *le
Sphinx des Druides, la Roche qui pleure,
la Grotte de Velléda*★, le *Belvédère de Marie-Thérèse.* On rentre à Fontainebleau
par le *Champ de Tir*, et le Carrefour de
l'Obélisque.

Une excursion plus longue (28 kil., aller et
retour, 4 à 5 h.) mène aux *Gorges d'Apré-
mont* ★ et à *Barbizon*, village célèbre
depuis 1850, époque où les peintres s'y
sont installés. Par la Rte de Paris, on
arrive d'abord à la Croix du Grand-Ve-
neur, puis à g. on pénètre dans les gorges,
dont la plus belle est la *Gorge de Charlemagne*; à g. encore, les *Monts Girards*,
et le *Doi moi*, rendez-vous de chasse; à dr.
des gorges, la *Caverne des Brigands*★. De
là on va directement à Barbizon. Ce village garde les souvenirs de Théodore
Rousseau, de Millet, de Diaz, de Corot;
cimetière où est le monument de *Rousseau
et Millet.*

Un bon marcheur peut combiner cette
excursion avec la précédente : aller déjeuner à Barbizon, et revenir dîner à
Franchard ou à Fontainebleau, en passant par les Gorges de Franchard.

Le Sud de la Forêt permet une excursion
presque aussi longue (21 kil.). Par l'Av. de
Maintenon (derrière le palais), on gagne le
Carrefour des Nymphes, celui de Marlotte,
et par la route Ronde et la route de la
Chevrette, la *Gorge aux Loups*, la *Roche*

Bébé, la *Galerie de Rosa Bonheur* et la *Mare aux Fées*. Marlotte, à 10 kil. de Fontainebleau, desservi par la gare de Montigny-s.-Loing, est aussi un rendez-vous de peintres très fréquenté. On peut revenir directement à Fontainebleau par la Rte de Montigny, longeant le *Rocher des Étroitures*, ou par le sentier Denecourt, un peu en dehors à dr., pour visiter la *Grotte de Béatrix*, l'*Enfer de Dante*, le *Pic des Sept Collines*.

On regagnera alors Fontainebleau par le *Carrefour du Grand-Maître*, et celui de l'*Obélisque*.

SAINT-⦿⦿ GERMAIN

Aller de préférence à St-Germain les *Mardis, Jeudis* et *Dimanches*, pour visiter le Musée (de 9 h. 1/2 à 4 h.), sans autorisation (les autres jours, sauf le Lundi, le musée n'est ouvert aux étrangers qu'avec l'autorisation). A l'époque de la *Fête foraine des Loges*, qui commence le dernier Dimanche d'Août et dure dix jours, St-Germain présente un tableau très animé et très pittoresque, surtout le Dimanche.

Pour aller à St-Germain, on peut prendre :
1° Le bateau *le Touriste* : départ du Pont Royal tous les Jeudis à 10 h. 1/2 du matin; durée du trajet, 3 h. 1/2. Aller et retour, 4 fr. 5o; déjeuner à bord, 4 francs et 6 francs.
2° Le chemin de fer : Gare *St-Lazare*, ligne directe par la Garenne-Bezons. Durée du trajet, 5o min. Prix : billet simple : 1 fr. 5o et 1 fr. o5. Ligne plus longue, mais plus intéressante, par Marly-le-Roi; durée du trajet, 1 h. 1/2. Aller, 1 fr. 80 et 1 fr. 2o.
3° Le tramway à vapeur de *L'Étoile*. Trajet en 1 h. 1/2. Prix : aller et retour, 2 fr. 7o et 1 fr. 85.

Ces différents itinéraires constituent autant d'excursions permettant de visiter ou de voir un grand nombre de points intéressants de la région.
1° Par *Le Touriste* : Chatou, Bougival, rendez-vous du canotage parisien.
2° Par le chemin de fer, en prenant la ligne de Marly-Louvecienne (paysage charmant), Marly (aqueduc et forêt); l'Étang-la-Ville, Fourqueux, d'où l'on peut gagner directement la Forêt de St-Germain.
3° Par la ligne directe, la seule station intéressante est le Vésinet, au bas de St-Germain (grand Lac).
4° Par le tramway à vapeur de l'Étoile, ou l'avenue de la Grande-Armée, le Bois de Boulogne et le Jardin d'acclimatation, la coquette ville de Neuilly, et après le rond-point de la Défense de Courbevoie ★, (monument de Barrias : *la Défense de Paris*); Nanterre, la ville des rosières;

puis Rueil, la Malmaison, célèbre par son château où se retira l'impératrice Joséphine; Bougival; un peu plus loin, on passe près de la *Machine de Marly*.

En outre, l'*Agence Cook* organise une excursion en voiture, tous les Jeudis et Samedis. Départ de la Place de l'Opéra, à 10 h. du matin; itinéraire : Neuilly, Courbevoie, Nanterre, Rueil, la Malmaison, Bougival, Marly, le Château, la Forêt. Prix : 1o francs repas non compris.

Le *Coach Comet*, de Mai à Octobre, va tous les matins à St-Germain. Départ des bureaux du *New York Herald*, 49, av. de l'Opéra. — Passe par Maison-Laffitte et Bougival à l'aller, et au retour par Suresnes.

St-Germain (16 5oo hab.), ville morte et provinciale, animée seulement le dimanche.

Hôtels : *Hôtel de la Grande-Ceinture*, R. Pereire; *Hôtel du Grand-Cerf* R. de Poissy, 64.

Restaurant *Targe*, R. du Pain, 83.

LE ⦿⦿⦿⦿⦿ CHATEAU

A g., au sortir de la Gare. Date de François I", sauf la Chapelle gothique bâtie par St Louis, et le Pavillon Henri IV, reste du Château Neuf. — Louis XIV y naquit en 1638. — *Jacques II Stuart*, chassé d'Angleterre, y mourut en 1701. — Aujourd'hui, ses salles sont converties en un Musée d'*Antiquités nationales et étrangères*.

AU REZ-DE-CHAUSSÉE, à g. dans la Cour d'entrée, *Moulages* : Arc de Constantin, Colonne Trajane.
A l'*Entresol* : tout ce qui concerne l'Épigraphie et la Statuaire.

1" ÉTAGE : la Gaule avant les Métaux; Ossements d'hommes et d'animaux, de l'Époque Préhistorique. Visiter la *Salle de Mars* ou des Fêtes, dite aussi de *Comparaison* : Ethnographie des anciens peuples de l'*Europe*, de l'*Amérique* et de l'*Asie*. Au fond, un tableau de Cormon : *le Retour de la Chasse*.

2° ÉTAGE : Numismatique. — Bijoux, poteries, Armes Mérovingiennes. — L'Époque Gauloise avant la conquête.
On redescend au premier Étage par la Salle d'*Alésia*, où est retracée la conquête romaine.
A la suite : Salle de la Céramique Gallo-Romaine, Salle de la Céramique et de Bronzes Romains.

LA TERRASSE. Derrière le Château, 24oo m. de long., est une Promenade universellement célèbre. On a de Paris et de la région N.-O. une vue splendide. Devant soi, le cours sinueux de la Seine, le Pecq, le Vésinet; tout au fond, Montmartre et le Sacré-Cœur.

❧❧

ST-DENIS, ENGHIEN ET MONTMORENCY

Si l'on dispose de peu de temps, on se contentera de visiter à St-Denis la Basilique. Mais, en partant de bonne heure, on peut faire une excursion charmante en poussant jusqu'à Enghien et Montmorency. Reprendre le train de Montmorency à la gare de St-Denis. De St-Denis à Enghien, 5 kil. Prix 65, 45, 5o cent. Enghien à Montmorency, 1 kil. On peut aussi se rendre d'Enghien à Montmorency par le tramway électrique, qui passe par St-Gratien.

SAINT-DENIS

Dist. (7 kil.). Prix : 1ʳᵉ 80 cent., 2ᵉ 5o cent., 3ᵉ 15 cent. Aller et retour 1 fr. 20, 85 cent. 35 cent.

Chemin de fer du Nord : lignes de Paris à Creil, Paris-Argenteuil-Beauvais, trains-tramways entre Paris et St-Denis, aux heures 16, 36, et 56 min. ; durée du trajet : 20 m.

Tramways : St-Denis-Châtelet, Opéra-St-Denis, Madeleine-St-Denis.

Sᴛ-Dᴇɴɪs (5o9oo hab.) : ville usinière, n'a par elle-même aucun attrait pour le touriste, mais possède la BᴀsɪʟɪQᴜᴇ où sont les Tombeaux des rois de France.

De la gare à la basilique, omnibus 10 cent. ; à pied (1/4 d'h.), traverser le canal de St-Denis, et prendre les rues du Chemin-de-Fer et de la République.

La Basilique est ouverte aux mêmes heures que les autres églises, mais la partie réservée, où sont les Tombeaux, ne se visite que de 10 h. à 5 h. sous la conduite d'un Gardien qui donne toutes les explications. (Pourboire.)

Bâtie sur l'emplacement du tombeau de St Denis, premier évêque de Paris, la Basilique, sépulture des rois de France, depuis Dagobert 1ᵉʳ, date des xɪɪ et xɪɪɪ s. Très beaux morceaux de style roman et ogival. Les dernières restaurations sont de Viollet-le-Duc. Les Tombeaux sont dans la nef à partir de la 6ᵉ chapelle à g. et de la 7ᵉ à dr. A remarquer surtout : celui ★ de Louis XII et d'Anne de Bretagne, à g. (style renaissance), celui ★ de François 1ᵉʳ et l'urne ★ qui renferme son cœur, chef-d'œuvre de la Renaissance.

Dans la sacristie, le Trésor ★, avec les reliques de St Denis. Sous le chœur, la Cʀʏᴘᴛᴇ, avec le caveau des Bourbons. Cartes d'entrée pour le Trésor et la Crypte : 5o cent.

L'ancienne Abbaye, fondée par Dagobert, est aujourd'hui la Maison d'éducation de la Légion d'honneur, pour l'éducation gratuite des filles de légionnaires pauvres.

De St-Denis à Enghien-les-Bains et à Montmorency.

ENGHIEN

Charmante petite ville, très courue des Parisiens : Lac, Casino, Établissement d'Eaux Sulfureuses (à l'extrémité de la Grande-Rue, en face du lac) et Parc, acquis par la direction des bains.

Sᴛ-Gʀᴀᴛɪᴇɴ. Sur la place Catinat, château où mourut Catinat, tombé en disgrâce. Champ de Courses dit d'Enghien.

MONTMORENCY

(49oo h.). Jolie petite ville ancienne, sur un coteau, dont les cerises sont renommées. De la gare, par le boulevard de l'Ermitage, à g., et la rue Grétry, se rendre à l'Eʀᴍɪᴛᴀɢᴇ, que Mme d'Épinay fit construire pour J.-J. Rousseau, qui y écrivit la Nouvelle Héloïse (1762). La forêt, qui de la ville s'étend jusqu'aux rives de l'Oise (10 kil.), contient des sites renommés : le Trou d'Enfer.

❧❧

SCEAUX-ROBINSON ●

Ligne de Sceaux, Gare du Luxembourg (Place Médicis). Prix, aller et retour : 2 fr., 1 fr. 45, 95 cent.

Une des excursions les plus populaires de la Rive Gauche.

ARCUEIL

(7 kil.). — Aqueduc de la Vanne, ruines de l'Aqueduc romain, au-dessous de la station.

BOURG-LA-REINE

(8 kil.). — La ligne bifurque à dr., laissant à g. la ligne de Limours, et arrive à Sceaux-Ville. Parc. Fête des Félibres, en Août, couronnement du buste de Florian et Bal champêtre. On passe à Fontenay-aux-Roses avant d'arriver à

ROBINSON

Rendez-vous dominical de la petite bourgeoisie et de la jeunesse des écoles. Doit sa réputation aux énormes châtaigniers dans lesquels sont installés des restaurants aériens. Chevaux et ânes pour excursions (cheval 2 fr., âne 1 fr., le dim. 1 fr. de plus).

De Robinson, soit à pied, soit à cheval, aller visiter la pittoresque Vallée aux Loups (25 m.), où Chateaubriand habita longtemps, ou le Bois de Verrières, au Sud de Robinson, 3/4 d'h. à pied.

❧❧

SÈVRES ET ⑥⑩ SAINT-CLOUD

Bateaux : Pont-Royal à Suresnes : Semaine, 20 cent.; dim. 40 cent. Trajet 1 h.

Tramway à vapeur. Ligne de Sèvres-Versailles-Saint-Cloud-Boulogne. Intérieur, 50 cent., imperiale, 35 cent. Trajet 3/4 d'h. à 1 h.

Chemin de fer : Gare St-Lazare, ligne des Moulineaux : Station du pont de Saint-Cloud, 2ᵉ cl. 50 cent., 1ʳᵉ cl. 75 cent.. 3/4 d'heure. Gare Montparnasse : Station de Sèvres : 1ʳᵉ cl., 75 cent., 2ᵉ cl., 50 cent.. Trajet 1/2 h. Gare des Invalides.

Le trajet le plus agréable est celui du Bateau. Après Billancourt, on double l'île St-Germain et l'on découvre à gauche les ravissants coteaux de Meudon et de Bellevue. Le bateau s'arrête au pied du pont de Sèvres, qui date de Louis XIII.

SÈVRES (7300 habitants) est surtout remarquable par sa manufacture, autrefois établie a Vincennes, que l'on trouvera à quelques pas, dans la Grande-Rue, à l'entrée du Parc de St-Cloud. Ateliers visibles Lundi, Jeudi et Samedi, de midi à 5 h.(Été), à 4 h. (Hiver).

Le Musée, dans la 1ʳᵉ allée du Parc (tous les jours de midi à 4 ou 5 h.), renferme plus de 20000 pièces anciennes. Dans la Cour, Statue de Bernard Palissy *, par Barrias. Dans le salon du milieu *, superbe Vase à fond blanc *, Tapisseries des Gobelins, Vase étrusque orné de sujets représentant les divers âges de la vie. Dans la Galerie de droite, Poteries antiques, du Moyen âge et modernes, Plats * de Bernard Palissy, Grès de Chine, du Japon, d'Italie, de Perse.

Dans la Galerie gauche, Faïences françaises, reproduction en petit de la tour de Nankin, Porcelaines etrangères. En sortant du Musée, on trouve à g. le Parc, avec ses marronniers, ses pelouses, ses sentiers abrupts. En longeant la Manufacture, on arrive au chemin creux, très pittoresque, sur lequel est jeté le Pont du Diable *, et enfin à la Terrasse, d'où l'on découvre tout l'horizon parisien.

SAINT-CLOUD En traversant la terrasse, on gagne le Haut Sèvres, peuplé de villas bourgeoises, et Ville-d'Avray, ou l'on peut visiter la villa des Jardies, toute proche de la station, illustrée par Balzac et Gambetta, qui y mourut. De l'autre côté de la ligne, jolis Étangs et Monument de Corot.

En redescendant directement la Terrasse, on arrive à la Grande Cascade. Le jet géant atteint une hauteur de 42 m. Grandes eaux, Musique militaire, au pied de la cascade, Jeudi et Dimanche, de 3 à 4 h. en été. L'ancien Château, célèbre par le coup d'État du 18 Brumaire, par la résidence de Napoléon III et le séjour des Allemands, qui l'incendièrent en 1871, s'élevait au-dessus de la Cascade. Les ruines ont été demolies.

En sortant du Parc de ce côté, on se trouve sur la Place d'Armes de St-Cloud : la Gare est en face. A g., le célèbre restaurant de la Tête Noire; à dr., le Pont de St-Cloud, qui mène au Bois de Boulogne, et l'Embarcadère du Bateau et du Tramway.

En Septembre, Fête des Mirlitons. Au-dessus de la ville s'etend le parc de Montretout, position vivement disputée aux Allemands en 1871. C'est à Montretout que le peintre Henri Regnault fut frappé d'une balle.

※※※

VALLÉE DE CHEVREUSE ET LES VAUX DE CERNAY

Excursion

préférée des peintres. Sites les plus pittoresques de la banlieue S.-O. de Paris (Gorges sauvages, Forêt, Cascades).

Prendre la ligne de Sceaux-Limours à la gare du Luxembourg. Cette excursion peut se faire de deux façons :

1° Aller de Paris jusqu'à la station de Boullay-les-Trous (prix, aller et retour, 6 fr. 20, 4 fr. 50, 2 fr. 90) ; de là, en omnibus (prix 1 fr.) jusqu'à Cernay-la-Ville. Descendre dans la vallée (10 à 15 m.), aux Vaux, c.-à-d. aux Cascades. Jolie forêt, monument du peintre Pelouse. Célèbre auberge de la Mère Léopold, où descendent tous les artistes. 2° Trajet plus long, mais plus agreste. Descendre à la station avant Boullay-les-Trous, à St-Remy-les-Chevreuse (prix, aller et retour, 5 fr. 50, 4 fr., 2 fr. 60, d'où, en été, une voiture (2 fr. 25) conduit directement aux Vaux en passant par Chevreuse (à dr. ruines d'un Château fort), et Dampierre (visite du beau Château de la famille de Luynes : le Vendredi, de 1 h. à 5 h., sur autorisation demandée par écrit à la duchesse de Luynes, 51, rue de Varennes). Des Vaux, monter à Cernay-la-Ville et aller reprendre le ch. de f. à la station de Boullay-les-Trous.

※※※

VERSAILLES

C'est le Musée de la Monarchie, la plus belle et la plus somptueuse demeure qu'ait jamais construit la royauté.

Personne ne visite Paris sans aller voir le Château de Versailles, la résidence de Louis XIV, la fantaisie la plus impérieuse d'une volonté absolue; les deux Trianons, tout remplis également des souvenirs du grand monarque, du Roi Soleil, et de la Reine Marie-Antoinette, qui avait en si vive affection le rustique séjour où elle jouait à la bonne fermière.

Versailles est à 20 kil. de Paris. On peut s'y rendre : 1° par le chemin de fer de l'Ouest; par la Gare St-Lazare (Versailles-Chantiers ou Versailles-Rive-dr.): 1re cl. 1 fr. 50, 2e cl. 1 fr. 15 pour Versailles-Rive-dr. et pour Versailles-Chantiers : 1re cl. 1 fr. 80; 2e cl. 1 fr. 20. Trajet 3/4 d'h. à 1 h.
Par la Gare Montparnasse (Versailles-Rive-g.), trajet 1 h. Prix : 1re cl. 1 fr. 35, 2 cl. 90 c.
2° Par le tramway à vapeur Louvre-Versailles; trajet 2 h. Prix intérieur 1 fr., impériale 85 c.
3° En bateau jusqu'à Sèvres : trajet 1 h., prix 20 c. en semaine, 40 c. le dimanche; et de Sèvres à Versailles, en tramway à vapeur (30 c. imp., 60 c. intérieur).
Quand on arrive par la ligne de St-Lazare à la gare de Versailles, Rive-dr., prendre l'omnibus qui conduit au Château; quand on arrive par la ligne de Montparnasse à Versailles, Rive-g., monter à pied (10 minutes, en suivant l'Av. de Sceaux, à g. de la gare, et en traversant la Pl. d'Armes). Si l'on débarque à la gare des Chantiers, prendre le tramway électrique du Chesnay (prix 15 c.).
Tarif des Voitures, à l'intérieur de la ville : Course 1 fr. 25 à 1 fr. 50 le jour, 2 fr. à 2 fr. 50 après minuit; à l'heure : 2 fr., 2 fr. 50, 3 fr., et 5 fr. dimanche et fêtes.
Hôtels et Restaurants. Hôtel des Réservoirs, à dr. du château, R. des Réservoirs, 9, 11 et 13, accès direct sur le parc; à côté du Grand Théâtre de Versailles. Très luxueux. Repas 5 et 6 fr. Hôtel de France, 5, R. Colbert. Hôtel Vatel, R. des Réservoirs, 26. Repas à 3 fr. et 3 fr. 50. Hôtel de la Rotonde, Av. Thiers.
Cafés-Restaurants. Restaurant Neptune, 14, R. des Réservoirs (déjeuner 3 fr., dîner 5 fr.). Café-Restaurant du Dragon, 19, R. des Réservoirs (repas 3 fr.). Café Anglais, R. du Plessis, 49 (3 et 5 fr.). Restaurant Hoche, Pl. Hoche (déjeuner 2 fr. et 2 fr. 50; dîner 3 fr. et 3 fr. 50).
Heures d'ouverture du Musée. De 11 h. à 4 h., du 1er Avril au 30 Septembre.

Autrefois résidence du Roi et de la Cour, remplie de nobles seigneurs et de courtisans, la ville de Versailles était comme une dépendance du Château, qui en occupe le point le plus élevé.
Avec Louis XV, avec Madame de Pompadour, avec Madame Dubarry, et avec Louis XVI, qui fut obligé de venir s'installer à Paris, commença la décadence de Versailles, qui ne retrouva plus jamais son ancienne splendeur de ville royale. Aujourd'hui, c'est une ville morte, d'aspect provincial, sans aucune industrie, qui ne doit son peu d'animation

qu'à sa garnison, à ses grandes eaux, l'été, et à chaque élection d'un nouveau président de la République, qui se fait dans la Chambre des Députés, aile gauche du palais.

La Place Hoche, à dr. du Palais, est décorée d'une statue en marbre du Général Hoche, né à Versailles, le 24 juin 1768; soldat à 16 ans, général en chef à 25; mort à 29, pacificateur de la Vendée.
Devant l'Église St-Louis (1743) (Cathédrale), près de la gare des Chantiers, statue de l'abbé de l'Épée, qui apprit à parler aux sourds-muets. Voir dans la 2e chapelle, à dr. après la sacristie, un St Louis, par Lemoyne.

ÉGLISE NOTRE-DAME Au bout de la R. de la Paroisse, à dr. du Château, sculptée par Caffieri, date de Louis XIV. On y conserve le cœur de Hoche.

LA SALLE DU JEU DE PAUME (R. du Vieux-Colombier), berceau de la Révolution française, a longtemps servi d'atelier au peintre Horace Vernet. On l'a transformée en Musée de guerre, de moulages et d'autographes de l'époque révolutionnaire. (Ouvert t. l. j. de 11 h. à 4 h., sauf le Lundi); voir également, R. des Réservoirs 22, la maison* où Labruyère écrivit les Caractères, et où il mourut.

LE CHATEAU La Grille franchie, on se trouve dans la Cour d'honneur, ou Cour Royale, ornée au centre de la statue équestre en bronze de Louis XIV, avec, autour de lui, à droite et à gauche, 16 statues de grands hommes de la France : Richelieu, Colbert, le grand Condé, Turenne, Duguesclin, Sully, le maréchal Lannes, etc.

L'aile à dr. du Palais, où se trouve l'Entrée principale du Musée (Cour de la Chapelle), comprend la Chapelle*, due à Mansard, décorée de riches peintures et sculptures (la voir de la galerie du premier étage), et une partie des appartements royaux (habités par Condé, le duc d'Orléans et le duc du Maine), où sont installées les premières salles du Musée.

REZ-DE-CHAUSSÉE En entrant, 1re Galerie de l'Histoire de France, 11 salles de tableaux historiques du Ve au XVIIIe s., œuvres de Delacroix, Gallois, etc. (appartements du duc du Maine sous Louis XIV), Galerie des Tombeaux ou Galerie de Pierre, où sont les bustes de tous les rois de France de Clovis à Louis XIV, Salle des Croisades. A l'extrémité de l'aile, l'ancienne Salle de l'Opéra (Sénat).

PREMIER ÉTAGE ❻ auquel on accède par un escalier situé dans la Galerie des Tombeaux, près du Mausolée de Ferdinand et d'Isabelle de Castille.

1° **7 SALLES** renfermant des tableaux relatifs à l'histoire des guerres d'Afrique, de Crimée, d'Italie (Gros, Gérard, Delacroix, Gérôme).

2° **GALERIE DE SCULPTURE** du vii° au xvii° s. A l'extrémité de cette galerie, escalier conduisant à l'Attique du 2° étage. 11 Salles de Portraits du vii° au xiv° s.; collection de Médailles du xiv° au xix° s. Revenir au premier étage par le même escalier.

3° **DEUXIÈME GALERIE** de l'Histoire de France, 10 Salles de Tableaux historiques (1797-1835) (Paul Delaroche, Gros, Ary Scheffer).

PARTIE CENTRALE. En sortant de la 2° Galerie de l'Histoire de France. Elle comprend les grands appartements : Salons d'Hercule, de Mars, de Diane, de Vénus, de Mercure (où Louis XIV fut exposé durant 8 jours après sa mort), de la Guerre; la **★★Grande Galerie des Glaces**, dont la décoration a été composée par Lebrun, le Salon de la Paix, les Appartements du Roi, donnant sur la cour intérieure dite Cour de Marbre, qui fait suite à la Cour d'Honneur.

On parcourt ensuite le Cabinet des Conseils, les appartements de Louis XV, séjour de l'Empereur et de l'Impératrice de Russie en 1896 (visibles seulement avec un gardien, pourboire), la Salle des Pendules, la chambre à coucher de Louis XIV, la fameuse Salle de l'Œil-de-bœuf, ainsi nommée de la fenêtre ovale que l'on voit au fond de la pièce; puis on accède aux Petits Appartements de la Reine, qui donnent sur les jardins. On visitera successivement la Chambre à coucher (lit et fauteuils recouverts de tapisseries et de broderies faites par les Demoiselles de St-Cyr), le Salon, l'Antichambre de la Reine, et la Salle des Gardes, que le peuple envahit en 1789.

Puis, vient la Salle du Sacre (décorée de la Fête du Centenaire des États généraux au Bassin de Neptune, en 1889, par Roll; en face : l'Apothéose de Thiers.

Au sortir de la Salle, un escalier conduit à l'Attique Chimay (2° étage). 10 salles de Portraits et Tableaux historiques du xix° s.

AILE GAUCHE. De la Salle dite de 1792, on franchit un Vestibule où sont les bustes de Corneille, Boileau, Molière, Lulli, Regnard, etc., et l'on traverse le palier de l'Escalier de Marbre, pour pénétrer dans l'aile g., Galerie des Batailles, la plus belle du Musée : peintures d'Ary Scheffer, Vernet, Schnetz, retraçant les grandes batailles de l'Histoire de France. — A la suite, Salle de 1830, contenant des tableaux relatifs à l'avènement de Louis-Philippe.

En revenant sur ses pas, on visitera la Galerie de Sculpture (bustes et statues des grands hommes du xvii° et xviii° s., œuvres de Duret, Lemaire, Roland, Pajou, Houdon, etc.).

Redescendre par l'Escalier de Marbre pour visiter le rez-de-chaussée de l'aile de g. et de la partie centrale. — Aile g.: Galerie de l'Empire, tableaux historiques de 1790 à 1810. — Partie centrale. — Nouvelle Salle des Tableaux-Plans de toutes les batailles de France. — Salle des Maréchaux. — A la suite, Salle où se trouve le buste en marbre du président Carnot, par Chapu.

LES JARDINS, LE PARC. Situés derrière le Château, on y accède en franchissant le Vestibule où se trouve l'Entrée principale du Musée, à côté de la Chapelle.

Les Jardins de Versailles dessinés par Lenôtre sous Louis XIV, sont peuplés d'innombrables œuvres d'art, bassins, fontaines, groupes et statues mythologiques.

Devant la partie centrale de la façade du Palais, le Parterre d'eau. Les bords de ses deux bassins sont de marbre blanc, ornés de groupes en bronze remarquables. A g., un magnifique Escalier de 100 marches conduit à l'Orangerie. De cet escalier, on a vue sur la Pièce d'eau des Suisses, située en dehors du jardin, à g. sur la Cathédrale, et au loin sur les bois de Satory. Au delà de la première terrasse des jardins. s'étend à perte de vue le Grand Canal.

En revenant vers l'aile g. du Palais, l'Allée d'Eau dessinée par Perrault, avec des bassins décorés d'amours et de satyres en marbre, échelonnés sur sa pente.

Enfin, le Bassin de Neptune★, le plus beau de tous les bassins du Parc. Les souterrains du Château et du Parc sont intéressants à visiter (pourboire au gardien).

GRANDES EAUX. — Les grandes eaux, qui animent ces bassins, et attirent une foule énorme à Versailles ont lieu de 4 à 5 h. le 1er Dimanche de chaque mois, de Mai à Oct., et aussi le 3° Dimanche des mois de Juin, Juillet et Août. Commencent au Parterre d'Eau et finissent au Bassin de Neptune.

GRAND TRIANON Dans le Parc, à 1/4 d'heure du Palais, tramway électrique, de la R. de Béthune, près de la gare de Versailles, rive dr., prix 15 c.; du Parc on s'y rend directement par l'Avenue de Trianon. Construit par Louis XIV pour Mme de Maintenon, sur les plans de Mansard, et dans le style des palais italiens. Remarquer la façade dont la colonnade et les frises sont de marbre blanc, se détachant sur le vert sombre des futaies. Le Palais a deux ailes. L'aile du Midi, beaucoup plus vaste que l'autre et bordée de frais ombrages, forme le *Trianon-sous-Bois*.

Pierre le Grand en 1717, Louis XV après la mort de la duchesse de Châteauroux, puis Mme de Pompadour, et enfin Napoléon, en 1809, habitèrent Trianon.

A voir le *Cabinet de Travail* (8 tableaux), le *Salon des Colonnes* ★ l'*Appartement de Napoléon Iᵉʳ*, et la *Chambre à Coucher*.

Dans le jardin du *Grand Trianon*, cascade nommée *le Buffet de l'Architecture*, en marbre rouge, formée de trois étages, avec vasques étagées.

A dr., le **Musée des Voitures** ★, renfermant les carrosses de gala ayant appartenu à Napoléon, la voiture du sacre de Charles X, etc. et celle dans laquelle le Tsar Nicolas II a visité Paris en 1896.

A voir dans le voisinage : le *Petit Trianon* ★, séjour favori de Marie-Antoinette, comprenant le *Manoir*, le Jardin Anglais, le Hameau aux maisonnettes rustiques, où la Reine et les dames de la Cour venaient se travestir en bergère et traire leurs vaches en robe de linon et en fichu de gaze.

Le Manoir est un bâtiment de forme carrée de style Louis XV et Louis XVI très coquet.

Fut habité par Louis XV et Mme Dubarry.

Voir la curieuse salle à manger, avec en son milieu une trappe, par laquelle la table, après les repas, disparaissait instantanément. Voir, en dehors du Manoir, le fameux *Théâtre*, où Marie-Antoinette, Mme Élisabeth et le comte d'Artois jouaient eux-mêmes.

Dans le Jardin Anglais, qui fait suite, planté d'arbres exotiques par Jussieu, le *Temple de l'Amour*, gracieuse rotonde aux colonnes légères. Sous la coupole, au centre, statue de Bouchardon : *l'Amour se taillant un arc dans la massue d'Hercule*.

Le **Hameau**, situé dans le Jardin anglais qui s'étend devant le Palais du Petit Trianon, comprend 7 maisonnettes rustiques, dont la décoration murale imite la vieille brique, et dont les petites fenêtres, à vitres enchâssées de plomb, sont encadrées par le lierre et les plantes grimpantes. Ce sont, la *Ferme*, la *Laiterie* et la *Tour de Marlborough*, le *Colombier*, la *Cuisine*, la *Maison*

de la Reine, *du Billard* et le *Boudoir de la Reine*.

VINCENNES (27 500 h.), à 7 kil. au S.-E. de Paris, a l'aspect placide d'une petite ville de garnison (2 régim. d'artillerie, un de dragons et un bataillon de chasseurs à pied). — Vincennes n'a guère d'importance que par son Champ de courses (V. Courses), les souvenirs historiques qu'évoquent son donjon et les restes de son Château, compris aujourd'hui dans l'enceinte du fort et des quartiers militaires, et son Bois, autour du Lac Daumesnil, dont la partie Sud est affectée aux Annexes de l'Exposition.

Tramways : 9 kil. Louvre-Vincennes (électrique). Trajet 1 h. Départ toutes les 5 min. Intérieur 40 c., impériale 20 c. Pl. de la République à Charenton. *Trajet :* Intér. 40 c., impér. 20 c. Tramway électrique de la pl. de la Bastille à Charenton : 1ʳᵉ classe 35 c., 2ᵉ cl. 20 c. Le tramway des Fortifications (Cours de Vincennes-Ville-Évrard) traverse le Bois de Vincennes à Nogent; celui de Vincennes à Saint-Maur traverse de Vincennes à Joinville; départ t. les 1/2 h. Ch. de fer : 6 kil. Chemin de fer de Vincennes (Pl. de la Bastille). *Trajet* 20 min. Départ t. les 1/4 d'h. Prix : 1ᵉ 45 c. 2ᵉ 30 c. Par la *Ceinture*, descendre et prendre la correspondance à Bel-Air. Bateaux : bateau d'Auteuil à Charenton. Trajet : 10 c. en semaine, 25 c. le Dimanche. (Du pont d'Austerlitz à Charenton, 10 c. en semaine, 15 c. le Dimanche.)

Voitures : Pour se faire conduire au Bois de Vicennes, jusqu'à la Porte de Picpus ou de Reuilly (*intra muros*), le prix de la course est de 1 fr. 50 (25 c. ou 50 c. de pourboire suivant la longueur du trajet) voiture à 2 places; 2 fr. à 4 places. Si la voiture entre dans le Bois (*extra muros*), le tarif est de 2 fr. 50 la course ou à l'heure, plus 1 fr. d'indemnité de retour (2 fr. 75 à 4 places).

Vélocipèdes : Interdiction des trottoirs, circulation interdite de midi à 7 h. t. les j. de courses sur toutes les chaussées du Bois. De la gare de Vincennes suivre la rue du Midi, qui conduit à dr. par la rue du Levant au Château, et, à son extrémité, à la promenade du Cours Marigny. — Statue de Daumesnil, l'héroïque défenseur du Donjon contre les alliés, en 1814. — Musique militaire le Dimanche de 4 h. à 5 h.

LE CHATEAU Pour visiter le Château, il faut une permission spéciale du Ministre de la Guerre. Dimanches et Fêtes, libre accès de la Chapelle, à 10 h. et 11 h. 1/4. — Le Donjon et la Chapelle sont ouverts au public tous les jours de 1 h. à 5 h. (Pourboire au gardien). S'adresser au Corps de garde.

De l'extérieur ce sont, derrière les glacis du fort, de grandes murailles crénelées, si épaisses, qu'on a pu y ménager des chambres et y construire des magasins. Le Donjon détache à dr. sa lourde masse, encadrée de larges et profonds fosses, avec, de distance en distance, des ponts-levis, et évoque le souvenir des vieilles forteresses du Moyen âge. L'ancien château était flanqué de 8 autres tours, presque toutes rasées par Napoléon, mais dont il reste les soubassements : à l'ouest la *Tour de Paris*, sur la façade principale la *Tour du Village*, la *Tour du Réservoir*; à l'est, la *Tour du Diable*, la *Tour du Parc*, *du Gouverneur*, *de la Reine* et du *Roi*.

LE DONJON à dr. des bâtiments. C'est la partie principale de l'ancien château royal. Bâti au xii² s., il servit de résidence royale jusqu'en 1740, puis devint prison d'État.

REZ-DE-CHAUSSÉE, la *Salle des Supplices* *, dont les murs ont 7 m. d'épaisseur et les portes, de fer massif, 20 cm. d'épaisseur. Au centre, un pilier, à chapiteau sculpté, qui traverse les divers étages du donjon jusqu'au toit. Un curieux *escalier en vis* * de St-Gille, conduit jusqu'au sommet du donjon.

1ᵉʳ ÉTAGE. Ancien appartement de Charles V. A dr., la *cellule du Cardinal de Retz* *, le célèbre auteur des Mémoires. Enfermé en 1652 à Vincennes, après sa lutte contre le grand Condé. Cette cellule, qu'il a décorée lui-même, porte de curieuses inscriptions en latin, entres autres celle-ci : *Miserere mei, Deus, et da magnam mihi misericordiam*; à g., la cellule où le Duc d'Enghien * passa les deux dernières heures de sa vie avant d'être fusillé dans les fossés du Donjon; celles où *St-Cyran*, l'ardent janséniste, et *Dupont de l'Eure* furent enfermés.

2ᵉ ÉTAGE. Cellules de Latude *, de *Mirabeau*, qui y écrivit ses *Lettres à Sophie*.

3ᵉ ÉTAGE. Dans la salle centrale, une *cheminée monumentale* * en pierre sculptée, à g. le balcon * d'où le *duc de Beaufort* * s'évada, avec l'aide de d'Artagnan et d'autres complices, qui l'attendaient dans l'enclos du jeu de paume que l'on voit au pied du donjon; à dr. la cellule des **Quatre Sergents de la Rochelle** *.

En 1848 et sous la Commune de 1871, le Donjon fut rempli de prisonniers.

4ᵉ ÉTAGE, où étaient jadis logées les cuisines : au-dessus, une large terrasse offre une magnifique vue sur tout Paris et la banlieue du Sud-Est. A côté du Donjon, s'étend, dans la cour latérale, l'ancien château du Roi, où *Mazarin* est mort. C'est aujourd'hui la caserne des chasseurs à pied et l'École d'Administration militaire.

En face du Donjon, la **Chapelle** (1552) (culte public le Dimanche de 10 à 11 h.); au fond du chœur, 7 grandes *verrières* *, dues à J. Goujon. Voir à g., dans la chapelle latérale, le *tombeau du duc d'Enghien* *, placé avant le règne de Napoléon III, derrière l'autel.

LE BOIS DE VINCENNES ⑥⑥⑥⑥ Le Bois de Vincennes (927 hectares) est une des plus anciennes forêts de France, rendez-vous de chasse des premiers Capétiens. Plus vaste et presque aussi beau que le Bois de Boulogne, qui n'a que 850 hectares, il est bien moins fréquenté, sauf les Dimanches et Fêtes, où s'y porte en masse la population ouvrière.

LE LAC DE SAINT-MANDÉ. L'allée du Château de Vincennes, passant devant l'Hôpital militaire, conduit au Lac de Saint-Mandé, le plus fréquenté à cause de son site pittoresque et de ses beaux ombrages. Du Lac, en descendant tout droit par une des deux allées, rejoindre l'Av. Daumesnil, qui conduit au Lac Daumesnil.

LE LAC DAUMESNIL (superficie : 20 hectares), avec ses 2 charmantes îles (Bac : 10 c.). Dans la 1ʳᵉ (île de Reuilly, pont suspendu du côté de Charenton), grotte artificielle sous un petit temple et café-restaurant (déjeuners et dîners à 3 fr. et 3 fr. 50), et kiosque de musique. La 2ᵉ île est couverte de bosquets, de pelouses et de corbeilles de fleurs.

LE MUSÉE FORESTIER. Public le Dimanche à partir de 10 h., le Mardi et le Jeudi de 12 à 4 ou 5 h. Ancien *Pavillon des Forêts* de l'Exposition Universelle de 1889. Il renferme des échantillons de toutes espèces de bois, outils, machines. Diorama de la correction et du reboisement dans une vallée ravagée par un torrent; des échantillons de roches, de bois rongés par les insectes, etc. Barques pour promenades : 50 c., 75 c., etc., par personne, pour la demi-heure (Voir Tarif affiché au Débarcadère). Tout près du Lac, du côté de Charenton et de Paris, le grand Vélodrome Municipal,

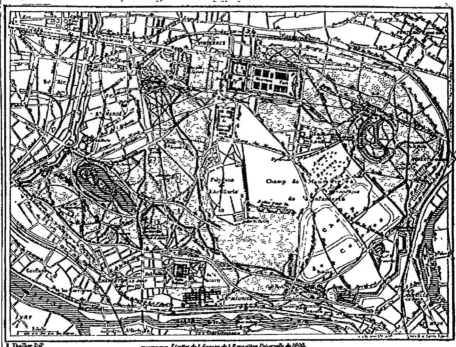

R. Thuillier Del.   ▬▬▬ Limites de l'Annexe de l'Exposition Universelle de 1900.

PLAN DU BOIS DE VINCENNES

et toute la partie Annexe de l'Exposition, 5 fr. 6 mois.

A l'extrémité Sud-Est du Lac Daumesnil, la Caserne des Gardes, l'Établissement de Pisciculture et le Canal qui fait communiquer le Lac Daumesnil à celui de Gravelle. Un sentier le borde à dr., très agréable aux piétons, et va en 30 min. au Champ de Courses.

PLATEAU DE GRAVELLE : 72 m. d'altitude. Du haut de la butte, très beau panorama : la Marne coule à travers une vallée d'une végétation luxuriante ; on aperçoit la Marne et le tracé du canal de la Marne au Rhin, qui, d'un côté, se perd dans les bois avec les constructions et les villas de St-Maur, Chennevières, La Varenne, et de l'autre disparaissant vers les rives de la Seine, au milieu des pittoresques collines de St-Maurice et Charenton. Au loin, Paris, Bicêtre. En face, s'étend un large horizon, couronné par les coteaux boisés qui limitent le bassin de la Seine. Du côté opposé, on aperçoit l'antique Donjon de Vincennes et les hauteurs de Belleville ; en face, Fontenay et

Nogent s'étagent sur les collines de Rosny, et tout au fond apparaissent le viaduc du chemin de fer de Mulhouse et la vallée de la Marne. Restaurant. Près de cette butte, la redoute de la Faisanderie (École de Gymnastique militaire de Joinville) ; Ferme Modèle installée par l'École d'Alfort et l'Institut-Agronomique de Paris entre la Faisanderie et la Redoute de Gravelle.

En partant de la Faisanderie par la route de Joinville, ou en suivant le Ruisseau des Minimes, on arrive en 20 min. au

LAC DES MINIMES. Superficie : 8 hect. 3 îles, ancienne propriété de religieux de l'ordre des Minimes. Dans l'île Nord, la plus petite, reliée à la terre par un pont, le Café-Restaurant de la Porte Jaune (Repas à 3 fr. et 3 fr. 50). On ne communique avec les autres îles qu'en bateau (50 c. par pers. par demi-heure). Du Lac des Minimes à la station de Fontenay, 10 min. ; à celle de Nogent, 15 min. ; à Vincennes, 30 min.

Le Tramway de Ville-Évrard longe le Lac au Nord, celui de St-Maur au Sud.

PETIT VOCABULAIRE EN QUATRE LANGUES A L'USAGE DES VOYAGEURS

IL N'EST plus guère de Français qui ne voyage aujourd'hui, au moins une fois dans sa vie, en pays étranger. Mais combien peu, encore, parlent la langue de nos voisins, ou s'ils l'ont apprise au Collège, ils l'ont bien vite oubliée. C'est pour cela que nous publions ce Petit Vocabulaire en 4 langues, qui leur permettra de se tirer d'embarras dans toutes les circonstances du voyage. (L'Allemand et l'Italien se prononcent à peu près comme ils s'écrivent.)

FRANÇAIS	ANGLAIS	ALLEMAND	ITALIEN
N° 1. Mots usuels.	Usuals words.	Gebrauchliche Wörter.	Parole usuali.
Je......	I......	Ich......	Io.
Il, elle......	HE, SHE....	Er, sie....	Egli, essa ou [ella.
Nous......	WE......	Wir......	Noi.
Vous......	You......	Sie (poli) Ihr	Voi, ella (poli).
Ils, elles......	THEY......	Sie......	Essi, esse ou [elle.
Suis......	AM......	Bin......	Sono.
Sommes......	ARE......	Sind......	Siamo.
Ai......	HAVE......	Habe......	Ho.
Avons......	HAVE......	Haben......	Abbiamo.
Y a-t-il ?......	IS THERE ?(IT)	Giebt's ? Ist'si	C'è ?
Est-il ?......	IS IT ? (HE).	Ist er ?......	È ? [go.
Dites-moi ?......	PLEASE, TELL [ME.	Sagen Sie mir.	Ditemi, vi pre- [Ella ?
Avez-vous... ?	HAVE YOU ?..	Haben Sie ?..	Avete ? Ha
Aurons [nous... ?	SHALL WE HA- [VE ?	Werden wir [haben ?	Avremo ?
Où est ? Où y [a-t-il ?	WHERE IS ?	Wo ist ?.....	Dove è ?
Partons......	LET US GO...	Gehen wir fort	Andiamo.
Payer......	TO PAY......	Bezahlen......	Pagare.
Acheter......	TO BUY......	Kaufen......	Comprare.
Envoyez......	SEND......	Schicken Sie.	Mandate.
Allez......	Go......	Geben Sie.	Andate.
Allez chercher	GO AND FETCH	Holen Sie...	Andate a cer- [care.
Apportez......	BRING......	Bringen Sie...	Portate.
Mon......	MY......	Mein......	Mio.
Mes......	MY......	Meine......	Miei.
Nos......	OUR......	Unsere......	Nostri.
Le......	THE......	Der......	Il ou lo.
La......	THE......	Die......	La. [(fém.)
Les......	THE......	Die......	I (masc.) Le
S'il vous plaît !	PLEASE !......	Gefälligst...	Prego !
Merci......	THANK YOU. [THANKS.	Danke......	Grazie.

FRANÇAIS	ANGLAIS	ALLEMAND	ITALIEN
N° 1. Mots usuels.	Usuals words.	Gebrauchliche Wörter.	Parole usuali.
Parlez-vous [français]?	DO YOU SPEAK [FRENCH?]	Sprechen Sie [französisch?]	Parlate fran- [cese ?
Fera-t-il beau [temps ?]	WILL IT BE FINE WEA- THER ?....	Werden schö- nes Wetter haben ?....	Bel tempo ?
Vilain temps.	BAD WEATHER	Schlechtes [Wetter.	Brutto tempo.
Où sommes- [nous ?]	WHERE ARE [WE ?]	Wo sind wir ?	Dove siamo ?
Quel est cet [endroit ?]	WHAT IS THAT [PLACE ?]	Was für ein [Ort ist dies?]	Che luogo è [questo ?
Quelle heure [est-il ?]	WHAT O'CLOCK IS IT?	Wie viel Uhr [ist es ?	Che ora è ?
Le chemin [pour...?]	THE WAY TO	Der Weg nacht.	La via che [conduce a?
Comment appe- [lez-vous cela?]	HOW DO YOU [CALL THAT ?]	Wie heisst das?	Come si chia- [ma ques a?
Comment ap- pelle-t-on cet endroit ?	WHAT IS THE NAME OF THIS PLACE?	Wie heisst [dieser Ort?]	Come si chia- [ma questo [luogo ?
Comprenez- [vous ?]	DO YOU UN- [DERSTAND?]	Verstehen Sie	Capite ?
Je ne vous com- [prends pas..]	I DON'T UND- ERSTAND YOU.	Ich verstehe [Sie nicht.	Io non vi ca- [pisco
Parlez plus [lentement.]	SPEAK SLOWLY. [IF YOU PLEASE]	Sprechen Sie [langsamer.	Parlate ada- [gio.
Oui......	YES......	Ja......	Sì.
Non......	No......	Nein......	No.
Je voudrais [avoir...]	I SHOULD LIKE [TO HAVE...]	Ich möchte... [haben.	Vorrei...
J'ai froid, un [manteau]	I AM COLD, GIVE [ME A MANTLE]	Es friert mich, [einen Mantel	Ho freddo.
J'ai faim, [manger.]	I AM HUNGRY, GIVE ME SOME- THING TO EAT.	Ich bin hung- erig.	Ho fame.

FRANÇAIS	ANGLAIS	ALLEMAND	ITALIEN
N° 1. Mots usuels.	Usuals words.	Gebrauchliche Wörter.	Parole usuali.
J'ai soif, à [boire.]	I AM THIRSTY, GIVE ME SO- METHING TO DRINK.	Ich bin durs- [tig......	Ho sete.
Je suis indis- [posé.	I AM UNWELL.	Ich bin unwohl.	Sto poco bene.
Une canne...	A CANE (STICK)	Ein Stock...	Un bastone.
Un parapluie.	AN UMBRELLA	Ein Regen- [schirm.	Un ombrello.
Monsieur...	SIR......	Mein Herr.	Signore.
Madame......	MISTRESS [(MADAM)	Gnädige Frau [(Madame)	Signora.
Mademoiselle	MISS......	Fräulein.....	Signorina.
Bonjour !...	GOOD MOR- [NING!]	Guten Morgen guten Tag !	Buon giorno!
Bonsoir !...	GOOD EVE- [NING!	Guten Abend	Buona sera !
Je vous aime.	I LOVE YOU.	Ich liebe Sie.	Vi amo.
Au revoir...	GOOD BYE...	Auf Wieder- [sehen.	A rivederci.
Adieu !......	FAREWELL [(ADIEU)	Leben Sie [wohl!(Adieu)	Addio.
Bon voyage !.	PLEASANT [JOURNEY]	Glückliche [Reise !	Buon viaggio.
N° 2. Mois et jours.	The months and days.	Die Monate und die Tage.	I mesi e i giorni.
Janvier...	JANUARY...	Januar...	Gennaio.
Février...	FEBRUARY...	Februar...	Febbrajo.
Mars......	MARCH......	März......	Marzo.
Avril......	APRIL......	April......	Aprile.
Mai......	MAY......	Mai......	Maggio.
Juin......	JUNE......	Juni......	Giugno.
Juillet......	JULY......	Juli......	Luglio.

FRANÇAIS	ANGLAIS	ALLEMAND	ITALIEN
Août	AUGUST	August	Agosto.
Septembre	SEPTEMBER	September	Settembre.
Octobre	OCTOBER	October	Ottobre.
Novembre	NOVEMBER	November	Novembre.
Décembre	DECEMBER	Dezember	Dicembre.
Lundi	MONDAY	Montag	Lunedì.
Mardi	TUESDAY	Dienstag	Martedì.
Mercredi	WEDNESDAY	Mittwoch	Mercoledì.
Jeudi	THURSDAY	Donnerstag	Giovedì.
Vendredi	FRIDAY	Freitag	Venerdì.
Samedi	SATURDAY	Samstag (Sonnabend)	Sabato.
Dimanche	SUNDAY	Sonntag	Domenica.
Semaine	WEEK	Woche	Settimana.
Prochain	NEXT	Nächsten	Venturo.
N° 3. L'heure.	*The time*	*Die Zeit.*	*L'ora.*
Matin	MORNING	Morgens	Mattina.
Midi	NOON	Mittag	Mezzogiorno.
Après-midi	AFTERNOON	Nachmittag	Il dopo pran- [zo.
Soir	EVENING	Abend	La sera. [zo.
Minuit	MIDNIGHT	Mitternacht	Mezzanotte.
Heure	HOUR	Uhr.	Ora.
Heure et [quart.	A QUARTER [PAST.	Viertel auf. [l'heure sui- [vante.	Ora e un [quarto.
Heure et [demie.	HALF PAST.	Halb (l'h. s.)	Ora e mezza.
Heure moins [un quart.	A QUARTER [TO.	Drei Viertel [auf. (l'h. s.).	Ora méno un [quarto.
Une minute.	A MINUTE	Eine Minute.	Un minuto.
Une seconde.	A SECOND.	EineSekunde.	Un minuto [secondo.
N° 4. Les nombres.	*The numbers*	*Die Zahlen*	*I numeri*
Un, une	ONE	Ein (au fém. [eine.	Uno (au fém. [una.
Deux	TWO	Zwei	Due.
Trois	THREE	Drei	Tre.
Quatre	FOUR	Vier	Quattro.
Cinq	FIVE	Fünf	Cinque.
Six	SIX	Sechs	Sei.
Sept	SEVEN	Sieben	Sette.

FRANÇAIS	ANGLAIS	ALLEMAND	ITALIEN
Huit	EIGHT	Acht	Otto.
Neuf	NINE	Neun	Nove.
Dix	TEN	Zehn	Dieci.
Onze	ELEVEN	Elf	Undici.
Douze	TWELVE	Zwölf	Dodici.
Treize	THIRTEEN	Dreizehn	Tredici.
Quatorze	FOURTEEN	Vierzehn	Quattordici.
Quinze	FIFTEEN	Fünfzehn	Quindici.
Seize	SIXTEEN	Sechzehn	Sedici.
Dix-sept	SEVENTEEN	Siebzehn	Diciassette.
Dix-huit	EIGHTEEN	Achtzehn	Diciotto.
Dix-neuf	NINETEEN	Neunzehn	Diecinove, di- [ciannove.
Vingt	TWENTY	Zwanzig [zig.	Venti.
Vingt-un	TWENTY ONE	Ein und zwan-	Vent'uno.
Vingt-deux	TWENTY TWO	Zwei und [zwanzig.	Venti due.
Trente	THIRTY	Dreissig	Trenta.
Trente-un	THIRTY ONE	Ein und dreissig	Trent'uno.
Quarante	FORTY	Vierzig	Quaranta.
Cinquante	FIFTY	Fünfzig	Cinquanta.
Soixante	SIXTY	Sechzig	Sessanta.
Soixante-dix	SEVENTY	Siebzig	Settanta.
Quatre-vingts	EIGHTY	Achtzig	Ottanta.
Quatre-vingt- [dix	NINETY	Neunzig	Novanta.
Cent	HUNDRED	Hundert	Cento.
Cent-une	HUNDRED AND [ONE.	Hundert und [ein.	Cent'uno.
Cent-deux	HUNDRED AND [TWO.	Hundert und [zwei.	Centodue.
Deux cents	TWO HUN- [DRED.	Zwei hundert.	Duecento.
Cinq cents	FIVE HUN- [DRED.	Fünf hundert.	Cinquecento.
Mille	THOUSAND	Tausend	Mille.
N° 5. Les couleurs.	*The colours.*	*Die Farben.*	*I colori.*
Blanc	WHITE	Weiss	Bianco.
Noir	BLACK	Schwarz	Nero.
Bleu	BLUE	Blau	Azzuro.
Jaune	YELLOW	Gelb	Giallo.
Rouge	RED	Roth	Rosso.

FRANÇAIS	ANGLAIS	ALLEMAND	ITALIEN
Gris	GREY	Grau	Bigio, grigio.
Rose	ROSE	Rosa	Rosa.
Vert	GREEN	Grün	Verde.
Violet	VIOLET	Veilchenblau [Violett.	Violetto.
N° 6. La douane.	*The Custom- house.*	*Das Zollamt.*	*La dogana.*
Rien à décla- [rer.	NOTHING TO [DECLARE.	Nichts zu ver- [zollen.	Niente da di- [chiarare.
Pas de tabac.	NO TOBACCO	Keinen Tabak.	Non ho tabaco.
Pas de li- [queurs.	NO SPIRITS [(LIQUORS).	Kein Likòr.	Non ho liquo- [ri.
Pas de dentel- [les.	NO LACE	Keine Spit- [zen.	Non ho mer- [letti.
Une caisse	A BOX (CHEST)	Eine Kiste.	Un baule.
Une malle	A TRUNK	Ein Koffer.	Una valigia.
Un carton à [chapeau.	A HAT-BOX	Eine Hut- [schachtel.	Una scatola da capelli.
Un sac de nuit.	A TRAVELLING [BAG.	Eine Reiseta- [sche.	Una valigiet- [ta.
Des vêtements	CLOTHES	Kleidungsstü- [cke.	Abiti [vesti- [menti.
Du linge	LINEN	Leibwäsche.	Biancheria.
Les bagages.	THE LUGGAGE	Das Gepäck.	Il bagaglio.
Une valise	A PORTMAN- [TEAU.	Ein Mantel- [sack.	Una valigia.
A usage per- [sonnel.	FOR PERSONAL [USE.	Für persön- [lichen Ge- [brauch.	Per uso perso- [nale.
Objets anciens	OLD ARTICLES	Antiquitäten.	Oggetti anti- [chi.
Objets qui ont [servi.	WORN ARTI- [CLES.	Gebrauchte [Sachen.	Roba portata.
Visitez.	VISIT [(SEARCH)	Durchsuchen	Visitate.
Le douanier.	THE CUSTOM [OFFICER.	Der Zollbe- [amte.	Il doganiere [finanziere
Le chef de la [douane.	THE CUSTOM [CHIEF OFFI- [CER.	Der Zolldi- [rektor.	Il capo doga- [niere.
Je réclame	I OBJECT	Ich reclamire	Reclamo.
Combien de droit [d'entrée?	HOW MUCH [THE CUSTOM'S [DUTY?	Wie hoch ist [der Einfuhr- [zoll?	Quanto fà il [dazio?

FRANÇAIS	ANGLAIS	ALLEMAND	ITALIEN	FRANÇAIS	ANGLAIS	ALLEMAND	ITALIEN	FRANÇAIS	ANGLAIS	ALLEMAND	ITALIEN
Quel tarif?	WHICH TARIFF.	Welcher Tarif?	Qualetariffa?	Le télégraphe?	THE TELEGRAPH?	Das Telegraphenamt?	Il telegrafo?	De l'alcool [camphré.	SOME CAMPHORATED ALCOHOL.	Kamphergeist	Spirito canforato.
N° 7. La voiture de louage.	The hackney coach.	Der Miethwagen.	La vettura da piazza.	Un restaurant?	A RESTAURANT?	Eine Restauration?	La trattoria?	De l'alcool de [menthe.	SOME MINT-ALCOHOL.	Pfeffermünzgeist.	Alcool di menta.
Un fiacre....	A CAB.....	Ein Fiaker(eine Droschke).	Una vettura	Un hôtel de [1er ordre?	A FIRST CLASS [HOTEL.	Ein Hotel [ersten Ranges.	La prima locanda (albergo diprimo ordine)?	De la teinture [d'arnica.	SOME ARNICA [TINCTURE.	Arnikatinktur	Tintura d'arnica.
Cocher! Votre numéro?	COACHMAN!.. YOUR NUMBER.	Kutscher! Ihre Nummer?	Cocchiere! Il vostro numero?	Un hôtel de [2e ordre?	A SECOND [CLASS HOTEL.	Ein Gasthof [zweiten R.	Un albergo di secondo ordine?	De la teinture [d'iode.	SOME IODINE [TINCTURE.	Jodtinktur...	Tintura d'iodio.
Conduisez-moi, rue... n°...	DRIVE ME TO... STREET NUMBER...	Führen Sie mich nach der... strasse N°...	Conducete mi [via, n°...	Une auberge.	AN INN.....	Ein Wirtshaus	Un albergo?	Du perchlorure de fer.	SOME PERCHLORIDE OF IRON.	Eisenperchlorat.	Percloruro di ferro.
Le prix de la [course.	How MUCH FOR THE DRIVE?	Was kostet die [Fahrt?	Quanto si paga per una [corsa.	Une maison [meublée?	A FURNISHED [HOUSE?	Ein möblirtes [Haus?	Un alloggio? Una stanza ammobigliata?	Du diachylon.	SOME DIACHYLON,	Pflaster.	Diachilone [(cerotto).
A la course.	BY DISTANCE.	Für eine Fahrt.	Alla corsa.	Quel est ce bâ-[timent?	WHAT BUILDING IS THIS?	Welches Gebäude ist dies?	Cos'è questo [edificio?	Du taffetas [d'Angleterre.	SOME COURT-[PLASTER.	Englisches Pflaster.	Taffeta d'Inghilterra.
Combien?	How MUCH?	Wie viel?	Quanto fà?	Un café?....	A COFFEE-[HOUSE?	Ein Kaffee-[haus?	Un caffè?	De la charpie.	SOME LINT-[DING.	Charpie.....	Filaccia.
Le prix de [l'heure?	THE PRICE FOR AN HOUR?	Was kostet eine Stunde?	il prezzo all' ora?	Une brasse-[rie?	A BEER-HOUSE [ALE-HOUSE?	Ein Bier-[haus?	Unabirreria?	De l'ouate.	SOME WADDING.	Watte......	Bambagia, [ovatta.
A l'heure....	BY THE HOUR.	Per Stunde...	All'ora.	Un pâtissier?	A PASTRY-[COOK.	Ein Kuchen-[bäcker.	Un pastic-[ciere.	Des bandes.	SOME BANDS.	Binden....	Bende.
Montrez-moi [le tarif.	SHOW ME THE [TARIFF.	Zeigen Sie mir den Tarif.	Mostratemi [la tariffa.	Un médecin?	A PHYSICIAN?	Ein Arzt?...	Un medico?	Faites faire cette ordonnance par le pharmacien.	HAVE THAT PRESCRIPTION MADE BY THE CHEMIST.	Lassen Sie den Apotheker dieses Recept machen......	Fate fare questa ricetta dal farmacista.
Allons!.....	LET US GO!..	Gehen wir!..	Andiamo!	Un pharma-[cien?	A CHEMIST?.	Ein Apothe-[ker?	Un farma-[cista?	Un dentiste? Un coiffeur? [(barbier).	A DENTIST? A HAIR-DRESSER?	EinZahnarzt? Ein Friseur?.	Un dentista? Un parrucchiere?
Vite!.....	QUICK!....	Schnell!....	Fresto!	Un purgatif?	A PURGATIVE.	Ein Laxirmittel.	Un purgante.	Un pédicure?	A PEDICURE	Ein Hühnerau-[gen-Operateur.	Un callista?
Arrêtez!...	STOP!.....	Halt!......	Fermate!	Un émétique?	A VOMITIVE.	Ein Brechmittel.	Un vomitivo, [un emetico.	Les bains?	THE BATHS?	Die Bader?..	I bagni?
N° 8. La ville.	The town.	Die Stadt.	La città.	Un vésica-[toire.	A BLISTER [(VESICATORY).	Ein Zugpflas-[ter.	Un vesicante?	Un libraire?	A BOOKSELLER?	Ein Buch-[händler?	Un librajo?
L'omnibus?...	THE OMNIBUS?	DerOmnibus?	L'omnibus?	Un sinapisme?	A MUSTARD-[POULTICE.	Ein Senfpflas-[ter.	Un senapis-[mo.	Une carte du [pays?	A MAP OF THE COUNTRY.	Eine Land-[charte?	Una carta geografica del paese?
Le tramway?	THE TRAMWAY?	Die Pferdebahn?	Il tramway?	Un cataplasme?	A CATAPLASM.	Ein Breiums-[chlag.	Un cataplas-[ma.	Un crayon?..	A PENCIL?..	Ein Bleistift?	Una matita?
Une voiture?	A CAB?.....	Eine Droschke?	Una carrozza?	Un cordial...	A CORDIAL...	Eine Herz-[stärkung?	Un cordiale.	Un marchand de journaux?	A NEWSPAPER-SELLER?	Ein Zeitungsverkäufer?	Un venditore [di giornali?
Le bateau à [vapeur?	THE STEAMBOAT?	Das Dampfschiff?	Il battello a [vapore?	Un fébrifuge.	A FEBRIFUGE.	Ein Fiebermittel.	Un febbrifu-[go.	Un débit de [tabac?	A TOBACCO-[SHOP?	Ein Tabaks-[laden?	Un tabaccajo?
La poste?...	THE POSTOFFICE?	Die Post?...	La posta?					La police?...	THE POLICE [OFFICE?	Die Polizei?	L'ufficio di [questura?
								Le consul de [France?	THE FRENCH [CONSUL?	Der Französische Consul.	Il console [francese?

FRANÇAIS	ANGLAIS	ALLEMAND	ITALIEN	FRANÇAIS	ANGLAIS	ALLEMAND	ITALIEN	FRANÇAIS	ANGLAIS	ALLEMAND	ITALIEN
Un changeur ?	A MONEY-CHANGER ?	Ein Geld-wechsler ?	Un Agente di cambio.	Le jardin pu-blic...?	THE PUBLIC GARDEN ?	Der öffentli-che Garten ?	La passeggia-ta publica ?	Une loge ?...	A BOX ?...	Eine Loge ?...	Un palco ?
Un épicier ?..	A GROCER ?..	Ein Krämer ?	Un droghiere.	Le musée...?	THE MUSEUM?	Das Museum?	Il museo !	Une lorgnette?	AN OPERA-GLASS ?	Ein Operngu-cker ?	Un cannoc-chiale ?
Un boucher ?	A BUTCHER ?	Ein Metzger ?	Un macel-laio ?	La cathédrale?	THE CATHE-DRAL ?	Der Dom ?...	La cattedrale.	Le cirque ?...	THE CIRCUS ?	Der Zirkus ?	Il circo ?
Un charcu-tier ?	A PORK-BUT-CHER ?	Ein Wurst-händler ?	Un pizzica-gnolo ?	L'église de...?	THE CHURCH OF...	Die (le nom) kirche ?	La chiesa...?	Le café-con-cert ?	THE MUSIC-HALL	Das Kaffee-Konzert ?	Il caffe-con-certo ?
Des sandwi-ches ?	SOME SAND-WICHES ?	Schinken-brödchen ?	Dei sand-wich.	Le château ?..	THE CASTLE ?	Das Schloss..?	Il castello ?	Le bal ?....	THE BALL-ROOM ?	Der Ball.....	Il ballo ?
Un marchand de comesti-bles ?	A PROVISION DEALER ?	Ein Esswa-renhändler ?	Il venditore di comesti-bili.	Le marché ?..	THE MARKET ?	Der Markt ?...	il mercato ?	Où y a-t-il de la musique aujourd'hui?	WHERE IS THERE ANY MUSIC TO-DAY ?	Wo giebts heute Musik?	Dove suona la musica quest'oggi ?
Un marchand de vins ?	A WINE MER-CHANT ?	Ein Wein-händler ?	Un venditore di vini ?	L'hôtel de ville	THE TOWN-HALL ?	Das Rathaus?	Il municipio? (della)?	Où peut-on s'amuser ce soir ?	WHERE IS THERE ANY AMUSEMENT THIS NIGHT ?	Wo kann man sich diesen Abend gut un-terhalten?	Dove c'è da divertirsi stasera ?
Un tailleur ?..	A TAILOR ?...	Ein Schneider?	Un sarto ?	La forteresse?	THE FORTRESS	Die Festung ?	Il forte (citta-della)?				
Un chapelier ?	A HATTER ?...	Ein Hutma-cher ?	Un cappella-jo ?	La caserne ?..	THE BAR-RACKS ?	Die Kaserne ?	La caserma ?	N°. 9. L'hôtel.	The hotel.	Der Gasthof.	L'albergo.
Un cordon-nier ?	A SHOEMA-KER ?	Ein Schuhma-cher ?	Un calzolajo?	Le couvent ?.	THE CONVENT	Das Kloster ?	Il monastero?	Une chambre.	A ROOM....	Ein Zimmer.	Una camera.
Prenez-moi mesure.	MEASURE ME.	Nehmen Sie mir Maass.	Prendetemi la misura ?	La place de...	THE PLACE	Der (le nom) platz ?	La piazza...?	Une chambre à deux lits.	A ROOM WITH TWO BEDS.	Ein Zimmer mit 2 Betten.	Camera con due letti.
Un photogra-phe.	A PHOTO-GRAPH ?	Ein Photo-graph ?	Un fotografo?	La porte de...?	THE GATE	Das (le nom) thor ?	La porta di...?	Sur le devant	ON THE FRONT	Vorn heraus.	Verso la fac-ciata ;sulla strada.
L'hôpital ?...	THE HOSPI-TAL.	Das Kranken-haus ?	Lo spedale ?	Le quai...?...	THE QUAY	Das (le nom) ufer (Kai) ?	La riva ?	Sur la cour...	ON THE YARD	Auf dem Hof hinaus.	Sul cortile.
Une station de voitures ?	A COACH STAND ?	Eine Drosch-kenstation ?	Una stazione di carrozze ?	Rue...?...	STREET ?	(le nom)strasse	Contrada	Au premier..	ON THE FIRST (FLOOR).	Im ersten Stock.	Al primo pia-no.
Une station d'omnibus?	AN OMNIBUS STAND ?	Eine Omni-busstation?	Una stazione di vetture da piazza ?	Numéro...?..	NUMBER ?..	Nummer...?	Numero...?	Au second..	ON THE SE-COND (FLOOR)	Im zweiten Stock.	Al secondo piano
Une station de tramway ?	A TRAMWAY STAND ?	Eine Pferde-bahnstation ?	Una stazione di tramway?	Boulevard...?	BOULEVARD..	(le nom) ring-strasse	Corso ou Viale	En haut.....	UPSTAIRS	Oben	In alto.
Conduisez-moi ?	DRIVE (CON-DUCT) ME	Führen Sie mich ?	Conducetemi	Faubourg...?.	SUBURB...?..	id. vorstadt?	Sobborgo...?	Avec balcon.	WITH A BAL-CONY.	Mit einem Balkon.	Col poggiuolo.
Tout droit ?..	STRAIGHT ?...	Geradeaus ?	Diritto; dirit-	Quartier...?..	QUARTER...?..	id. viertel ?	Quartiere...?	Combien?Ser-vice compris?	HOW MUCH IS IT? ATTENDAN-CE INCLUDED.	Wie viel ? mit Bedienung?	Quanto ? con il servizio ?
A gauche ?...	ON THE LEFT ?	Links ?....	A sinistra ?	Passage...?..	PASSAGE...?..	Durchgang ?..	Galleria...?	Allumez du feu.	LIGHT THE FIRE.	Machen Sie Feuer.	Accendete il fuoco.
A droite ?....	ON THE RIGHT?	Rechts ?...	A destra ?	Impasse...?..	BLIND ALLEY..	Sackgasse ?..	Angiporto...?	Manger ici...	TO EAT HERE	Hier essen...	Mangiare qui
Le chemin le plus court phe.	THE SHORT-EST WAY TO ?	Der kürzeste Weg ?	La via la più corta ?	Maison...? n°?	HOUSE...?...	Haus...?Num-mer...?	Casa...? Nu-mero?	Déjeuner...	BREAKFAST.	Frühstück...	La colazione.
Pour aller à...	FOR GOING TO.	Um nach...gehen ?	Per andare a...	Quel étage ?..	ON WHAT FLOOR ?	WelcherStock	Quale piano ?	Café noir....	COFFEE....	Schwarzen Kaffee	Caffè.
Là-bas ?....	YONDER ?	Dort ?......	Laggiù ?	Le concierge?	THE PORTER, THF DOOR-KEEPER ?	Portier ?....	Il portinajo?	Lait froid... (chaud)	MILK; COLD — WARM —	Milch;kalte-heisse--	Latte ; fred-do ; caldo.
La banque.. ?	THE BANK ?	Die Bank ?	La banca ?	La Bourse...?	THE EXCHAN-GE-OFFICE ?	Die Börse ?..	La Borsa ?				
				Le pont...?	THE BRIDGE	Die Brücke ?.	Il ponte ?				
				Le port...?	THE HARBOUR	Der Hafen ?..	Il porto ?				
				Le théâtre ?..	THE THEATRE	Das Theater ?	Il teatro ?				
				Une place ?..	A PLACE ?...	Ein Platz ?..	Un posto ?				
				Un fauteuil ?.	A STALL ?...	Ein Sperrsitz im Parterre.	Una poltrona				

FRANÇAIS	ANGLAIS	ALLEMAND	ITALIEN	FRANÇAIS	ANGLAIS	ALLEMAND	ITALIEN	FRANÇAIS	ANGLAIS	ALLEMAND	ITALIEN
Café au lait.	COFFEE WITH [MILK.	Kaffee mit [Milch.	Caffe e latte.	Raccommo- [der.	TO MEND...	Flicken, aus- [bessern ?	Raccomodare.	Toucher un [mandat...	TO RECEIVE AN ORDER...	Ein Anwei- sung erhal- ten...	Riscuotere un [vaglia.
Chocolat....	CHOCOLATE.	Schokolade.	Cioccolata.	Laver....	TO WASH...	Waschen...	Lavare.	Voici mes pièces d'i- dentité....	HERE ARE MY IDENTITY ACTS.	Das sind meine Pa- piere.	Ecco le mie [carte.
Beurre....	BUTTER.	Butter.	Burro.	Detacher...	TO TAKE OUT [THE STAINS.	Reinigen	Pulire (levare una macchia)	Poste res- [tante.	LETTER POSTE [RESTANTE.	Post restante ou Postlagernd.	Fermo in [posta.
Thé....	TEA.	Thee.	Tè.	Brosser les ha- [bits.	TO BRUSH THE CLO- THES ?	Kleider reini- [gen ?	Spazzolare gli [abiti.	Un télé- gramme.	A TELEGRAM.	Ein Tele- [gramm.	Un tele- [gramma.
Œuf....	EGGS.	Eier	Uova.	Me réveiller	AWAKE ME [AT...	Wecken Sie [mich um...	Destarmi [(svegliarmi).	Quand la der- nière levée pour ?...	WHEN THE LAST COL- LECTION FOR...?...	Wann ist die lezte Lee- rung ?....	Quando l'ul- tima levata [per... ?
Diner....	DINNER.	Mittagessen.	Pranzo.	De la tisane.	SOME DIET- [DRINK.	Ein Arznei- [trank.	Decotto (ti- [sana).	Quand arrive le courrier de...?....	WHEN DOES THE MAIL ARRIVE FROM...?..	Wann kommt die Post von... an ?	Quando arriva il cor- riere di...?
Souper....	SUPPER.	Abendesen.	Cena.	... de mauve.	MALLOW TEA	Malventhee'.	Malva.	Le bureau des colis pos- taux ?....	THE PARCEL [OFFICE ?..	Das Postpa- cketbureau?	L'uffizio del pacchi pos- tali ?
Prix fixe....	SET PRICE.	Feste Preise.	Prezzo fisso.	... de tilleul.	LIME TEA.	Lindenthee...	Tiglio.	Le bureau des [messageries ?	THE COACH [OFFICE ?	Das Fahrpost- [bureau ?	L'uffizio delle [diligenze ?
A la carte...	ON THE BILL [OF FARE.	Nach der [Speisekarte.	Alla carta.	.. de camomille.	CAMOMILE TEA	Kamillenthee.	Camomilla.	Quand part la diligence pour...?	WHEN DOES THL COACH START FOR.?	Wann fährt die Postkut- sche nach.?	Quando parte la diligen- za per...?
Une lumière...	A LIGHT....	Ein Licht...	Un lume.	Frictionnez- [moi.	RUB ME.	Reiben Sie [mich.	Friziona- [temi.	Je retiens... [places.	I SECURE... [SEATS.	Ich löse... [Plätze.	Ritengo... pos- [ti.
Une veilleuse.	A NIGHT [LAMP.	Ein Nacht- [licht.	Un lume da [notte.	.. Très fort.	VERY HARD.	Sehr stark...	Fortemente.	Je retiens un [coupé.	I SECURE A PRIVATE CAR- RIAGE SEAT.	Ich löse ei- nen Coupé- platz.	Ritengo un posto di [coupé.
Changez ces [drapo...	CHANGE THESE SHEETS.	Wechseln Sie diese Bett- tücher....	Cambiate queste len- zuole.	. Avec une serviette chaude.	WITH A HOT [TOWEL	Mit einem heissen Handtuch'.	Con un asciu- gamano caldo.	A quelle heure arrive-t-on à...?	AT WHAT O'CLOCK THE ARRI- VAL AT...?	Um wie viel Uhr kom- 'men wir in- an ?	Quando si ar- [riva a...?
Une carafe [d'eau.	A DECANTER [OF WATER.	Eine Flasche Trinkwasser.	Una bottiglia [d'acqua.	Bassinez le [lit.	WARM THE [BED.	Warmen Sie [das Bett.	Scaldate il [letto.				
Du sucre....	SOME SUGAR.	Zucker....	Zucchero.	Encore une [couverture.	ANOTHER [BLANKET.	Noch eine wol- lene Decke.	Ancora una co- perta di lana.				
De l'eau [chaude.	SOM HOT WA- [TER.	Heisses Was- [ser.	Dell'acqua [calda.	Encore un [oreiller...	ANOTHER PIL- [LOW.	Noch ein [Kopfkissen.	Ancora un [guanciale.				
Une serviette.	A TO WEL (pour la toilette) ; A NAPKIN (pour la table)....	Ein Handtuch (pour la toi- lette) ; eine Serviette (pour la table)....	Una salviet- ta, un a- sciugama- no, untova- gliolo.	Un édredon.	AN EIDER- DOWN COVER- LET.	Eine Feder- [decke.	Un coltrone [di piuma.				
Du savon....	SOM. SOAP...	Seife.	Del sapone.	Je veux suer.	I WILL PER- [SPIRE.	Ich will [schwitzen.	Voglio su- [dare.				
Un peigne...	A COMB.	Ein Kamm...	Un pettine.	La note ?...	THE BILL ?...	Die Rechnung ?	Il conto ?				
Un bain de [pieds.	A FOOT BATH.	Ein Fussbad.	Un bagno ai piedi (pe- diluvio).					N° 11 Le café.	In a coffee- house.	Im Kaffee- haus.	Al caffè.
Un tire-bot- [tes.	A BOOT-JACK.	Ein Stiefel- [knecht....	Il cava-sti- [vali.	N° 10. La poste.	Post.	Die Post.	La Post.				
Un tire-bou- [tons.	A BUTTON- [HOOK.	Ein Stiefel- [knöpfer....	Un'uncinetto per abbot- tonare.					Garçon !	WAITER !...	Kellner !...	Cameriere!
Les commo- [dités.	THE WATER- [CLOSETS.	Der Abtritt [(n° 100)	Il cesso ; la [ritirata.	Combien de [port ?	HOW MUCH TO FRANK LET- TER ?	Wie viel die Frankie- rung ?	Quanto di [porto ?	Un petit verre [de rhum ?	A GLASS OF [RUM ?	EinGlasRum?	Un bicchieri- [no di rum?
Faire les [chaussures.	To CLEAR THE [BOOTS.	Stiefelputzen.	Pulire gli sti- [vali.	Un timbre pour... ?	A POSTAGE [STAMP FOR...	Eine Brief- [marke...	Un franco- [bollo.	Un petit verre [de cognac.	A GLASS OF COGNAC ; — BRANDY.	Ein Glas Co- [gnac.	Un bicchieri- [no di cognac.
Coudre un [bouton.	To SEW ON A [BUTTON.	Einen Knopf [annähen	Cucire un [bottone.	Un mandat [de.. pour... ?	A POSTAL [ORDER OF... FOR... ?...	Eine Postan- weisung von...für... ?	Unvagliadi... [per...				

FRANÇAIS	ANGLAIS	ALLEMAND	ITALIEN
Un verre de [punch?	A GLASS OF [PUNCH ?	Ein Glas [Punsch?	Un bicchieri- [no di ponce?
De l'absinthe?	SOME ABSIN- [THE ?]	Ein Absinth?	Dell'assenzio
Du vermouth?	SOME BITTERS	Ein Vermuth?	Un vermut ?
Une glace ?..	AN ICE ?.....	Ein Eis (Ge-frorenes).	Gelato ? (sor-betto).
De la limona- [de.	SOME LEMO- [NADE ?]	Limonade ?..	Una limona- [ta.
Du vin chaud?	NEGUS (WARM [WINE).	Bischof? [Glühwein).	Del vino calda
Des allumet- [tes?]	MATCHES ?...	Zündhölz- [chen?]	Zolfanelli (en [cire : cerini.
Du feu, s'il [vous plaît?	FIRE, PLEASE!	Feuer, gefäl- [ligst ?	Fuoco, di gra- [zia.
Des cigares ?.	CIGARS ?...	Cigarren !...	Dei sigari ?
Un journal [français?	A FRENCH [NEWSPAPER	Eine französi-sche Zeitung.	Un giornale [francesc.
Un journal illustré fran-çais.	A FRENCH IL-LUSTRATED PAPER.	Eineillustrirte französische Zeitung.	Un giornale francese il-lustrato.
Un journal lo- [cal.	A NEWSPAPER [OF THE TOWN.	Eine hiesige Zeitung.	Un giornale [della città.
Le PARIS-HA-CHETTE (li-vre d'adres-ses).	A DIRECTORY Paris-Ha-chette.	Ein Adress- [buch. PARIS-HA-CHETTE.	Una guida commer-ciale (libro di indirizzi.
L'indicateur des chemins de fer.	THE RAILWAY [TIMETABLE	Ein Kurs-buch ; ein Fahrplan.	Un orario della ferro-via.
N° 12 La correspon-dance.	Letter wri-ting.	Der Briefwech-sel (korres-pondenz).	La corrispon-denza.
De quoi écri- [re	FOR WRITING IS NECESSARY	Schreibzeug ?.	Da qui o fer [scrivere ?
Du papier ?.. [lettre?	SOME LETTER [PAPER ?]	Briefpapier ?.	Carta da let- [tere ?
De l'encre ?..	SOME INK ?..	Tinte ?...	Inchiostro ?
Une plume ?..	A PEN ?...	Eine Feder ?.	Una penna ?
De la cire ?..	SOME WAX ?..	Siegellack ?.	La ceralacca ?
Une enveloppe.	AN ENVELOPE?	Briefumschlag (Kouvert)	Una busta ?

FRANÇAIS	ANGLAIS	ALLEMAND	ITALIEN
Un timbre- [poste ?	A POSTAGE [STAMP ?...	Eine Brief- [marke?	Un franco- [bollo ?
Une boîte aux [lettres ?	A LETTER- [BOX ?	Ein Briefkas- [ten ?	Una buca del- [le lettere ?
N° 13 Le restaurant	The restau-rant.	Restauration	La trattoria.
Donnez-moi à [manger ?	GIVE ME SO-METHING TO EAT ?	Geben Sie mir [zu essen ?	Datemi da [mangiare?
La carte (me- [nu) ?	THE BILL OF [FARE.	Die Speise-karte.	La lista.
Je suis pressé.	I AM IN A [HURRY.	Ich habe Eile.	Ho fretta.
Déjeuner.....	BREAKFAST..	Frühstück..	La colazione.
Dîner......	DINNFR...	Mittage-ssen..	Pranzo.
Combien ?..	HOW MUCH ?	Wie viel ?...	Quanto ?
Une table à [part.	A SEPARATE [TABLE.	Tisch à part.	Una tavola [separata.
Un cabinet [particulier.	A PRIVATE [ROOM.	Zimmer à part.	Cabinetto par-ticolare.
Cuiller.....	SPOON....	Löffel.....	Un cucchiajo
Fourchette..	FORK....	Gabel.....	Forchetta.
Couteau.....	KNIFE	Messer.....	Coltello.
Serviette....	NAPKIN ?...	Serviette....	Tovagliolo ; [salvietta.
Un verre....	A GLASS....	Glas.....	Bicchiere.
Une bouteille.	A BOTTLE...	Flasche.....	Bottiglia.
Une demi- [bouteille.	HALF A [BOTTLE.	HalbeFlasche	Una mezza [bottiglia.
De l'eau.....	SOME WATER.	Wasser.....	Acqua.
De l'eau ga- [zeuse.	SODA WATER.	Sodawasser [einSiphon)	Acqua gazosa
De l'eau mi- [nérale.	MINERAL [WATER.	Mineralwas- [ser.	Dell'acqua [minerale.
Du vin deaux.	CLARET WINE	Bordeaux- [wein.	Vino di Bor- [deaux.
rou- Bourgo- gne.	BURGUNDY.	Burgunder- [wein.	Vino di Bor- [gogna.
Du vin blanc.	WHITE WINE.	Weisser Wein.	Vino bianco.
Du vin rouge.	RED WINE.	Rother Wein.	Vino rosso.
Du bon vin du [pays.	GOOD WINE OF THE COUN-TRY.	Guter Land- [wein.	Vino buono [del paese.

FRANÇAIS	ANGLAIS	ALLEMAND	ITALIEN
Du vin vieux.	OLD WINE...	Alter Wein..	Vino vecchio.
La carte des [vins.	THE LIST OF [WINES....	DieWeinkarte	Il listino dei [vini.
De la bière...	BEER.....	Bier....	Della birra.
Bien frais...	QUITE FRESH.	Sehr frisch...	Ben fresco.
Chaud.....	WARM....	Warm, heiss..	Caldo.
Peu......	A LITTLE..	Wenig....	Un poco.
Beaucoup....	MUCH....	Viel....	Molto.
Assez.....	ENOUGH...	Genug....	Basta.
Des huîtres...	OYSTERS...	Austern...	Ostriche.
Du citron....	LEMON....	Citrone...	Un limone.
Du poivre de [Cayenne.	CAYENNE PEP- [PER.	Paprika....	Pepedi-Caien- [na.
De la soupe...	SOUP.....	Suppe....	Zuppa.
Du bouillon...	BROTH....	Bouillon...	Brodo.
Du sel.....	SALT....	Salz....	Sale.
Du poivre...	PEPPER ...	Pfeffer....	Pepe.
Des hors- [d'œuvre.	SIDE-DISHES.	Vorspeise [(Voressen)	Contorni ; [antipasto.
Du saucisson.	SAUSAGE....	Wurst.....	Salame.
Des sardines..	SARDINES...	Sardinen...	Sardine.
Du beurre....	SOME BUTTER	Butter....	Burro.
Du pain.....	SOME BREAD.	Brod....	Pane.
De la viande..	SOME MEAT..	Fleisch....	Carne.
Gras.....	FAT....	Fett....	Grasso.
Maigre.....	LEAN (DRY).	Mager....	Magro.
Saignant....	UNDERDONE.	Blutend....	Sanguinante.
Assez rôti...	ENOUGH COO- [KED.	Genug gebraten	Ben cotto.
Un côtelette..	A CHOP. ...	Eine Kotelett.	Una costoletta
Un bifteck...	A BEEFSTEAK	Ein Beefsteak	Bistecca.
Un gigot....	A LAG OF [MUTTON.	Hammelkeule	Un cosciotto [di castrato.
Du rôti.....	ROASTED...	Braten.....	L'arrosto.
Du veau....	SOME VEAL..	Kalbfleisch...	Del vitello.
Du bœuf....	SOME BEEF...	Rindfleisch...	Del manzo.
Du mouton...	SOME MUTTON	Hammel- [fleisch.	Del castrato.
Du porc....	SOME PORK..	Schweine- [fleisch.	Del porco ou [maiale.
Du jambon...	SOME HAM...	Schinken...	Prosciutto.
De la volaille	SOME FOWLS.	Geflügel....	Pollame.

FRANÇAIS	ANGLAIS	ALLEMAND	ITALIEN
Du poulet...	SOME CHI-[CKEN.	Huhn......	Pollo.
Pigeon.....	PIGEON....	Taube.....	Piccione.
Canard.....	DUCK.....	Ente......	Anitra.
Oie........	GOOSE....	Gans......	Oca.
Caille.....	QUAIL....	Wachtel...	Quaglia.
Bécasse....	WOOD-COCK.	Waldschnepfe	Beccaccia.
Perdrix....	PARTRIDGE.	Rebhuhn...	Pernice.
Perdreau aux [choux.	PARTRIDGE [WITH CAB-[BAGE.	Ein Rebhuhn [mit Kohl.	Perniciottoar [cavoli.
Grive......	THRUSH....	Drossel; Kram-metsvogel.	Tordo.
Du gibier..	SOME GAME.	W dpret.	Della caccia-[gione.
Du lapin...	SOME RABBIT.	Kaninchen.	Coniglio.
Des légumes.	SOME VEGETA-[BLES.	Gemüse....	Legumi.
Des choux..	CABBAGE...	Kohl......	Cavoli (cap-[pucci).
Choux-fleurs.	CAULIFLOWER	Blumenkohl.	Cavoli fiori [(broccoli).
Des pommes de terre sau-tées.	POTATOES STEWED IN BUTTER.	In Butter ge-röstete Kar-toffeln.	Patate arros-tite.
Des pommes [de terre frites.	FRIED POTA-[TOES.	Gebackene [Kartoffeln.	Patate fritte.
Des pois...	PEAS.....	Erbsen....	Piselli.
Des haricots.	BEANS....	Bohnen....	Fagiuoli.
Des asperges.	ASPARAGUS.	Spargel...	Asparagi.
De l'oseille.	SORREL....	Sauerampfer.	Acetosa.
Des épinards.	SPINAGE...	Spinat....	Spinaci.
Des œufs (à [la coque).	BOILED EGGS.	Weiche Eier.	Dell' uova.
Des œufs (sur [le plat).	FRIED EGGS.	Setzeier; Spie-[geleier.	Uova al tega-[me.
Œufs durs..	HARD BOILED	Harte Eier...	Uova sode.
Une omelette.	AN OMELET..	Eierkuchen [(Omelette).	Una frittata.
— (Aux fines [herbes).	WITH [HERBS.	Eierkuchen mit Grün-zeug.	Frittata alle [fine erbe.
— (Au jam-[bon).	WITH HAM.	Eierkuchen, [mit Schinken	Frittata al [prosciutta.

FRANÇAIS	ANGLAIS	ALLEMAND	ITALIEN
— (Au rhum)	WITH RUM.	Eierkuchen [mit Rum.	Frittata al [rum.
Du poisson..	FISH.....	Fi-ch......	Pesce.
Des moules..	MUSSELS...	Mie-muschel.	Datteri di [mare.
Du brochet..	PIKE.....	Hecht.....	Luccio.
De la carpe.	CARP.....	Karpfen...	Carpione.
De la tanche.	TENCH....	Schleihe..	Tinca.
De l'anguille.	EEL......	Aal.......	Anguilla.
Desécrevisses.	CRAWFISHES.	Krebse....	Gamberi.
Du saumon...	SALMON...	Lachs.....	Del salmone.
De la truite.	TROUT....	Forelle...	Trota.
Un hareng [frais.	A FRESH HER-[RING.	Ein frischer [Haring.	Aringa.
Un hareng [saur.	A RED HER-[RING.	Pökelhäring..	Aringa affu-[micata.
Un maquereau	A MACKEREL.	Makrele...	Scombro.
Une sole....	A SOLE....	Scholle...	Sogliola.
Un pâté....	A PIE....	Eine Pastete.	Un pasticcio.
De la salade.	SALAD....	Salat.....	Dell insalata
Cresson....	CRESSES...	Brunnenkresse.	Crescione.
Laitue (avec [des œufs).	LETTUCE [(WITH EGGS)	Lattich (mit [Eiern).	Della lattuga [(con uova).
Romaine....	COS LETTUCE.	Romaine - Sa-[lat.	Romana (in-[salata).
Chicorée...	ENDIVE SA-[LAD.	Cichorien-Sa-[lat.	Cicoria (in-[salata).
Légumes...	VEGETABLES.	Gemüse....	Dei legumi.
De l'huile..	OIL......	Oel.......	Olio.
Du vinaigre.	VINEGAR...	Weinessig..	Aceto.
De la mou-[tarde.	MUSTARD...	Senf......	Snapa.
De la pâtisse-[rie.	PASTRY...	Zuckerbäcke-[rei.	Della pastic-[ceria.
Des confitures	JAM ou PRE-[SERVES.	Eingemachtes	Confetture ou [Composta.
Du dessert..	DESSERT...	Nachtisch..	Frutta.
Une compote.	A STEWED [FRUIT.	Kompott...	Composta ou conserva di frutta.
Une crème...	A CREAM...	Milchrahm..	Crema.
Une tarte...	A TART....	Torte.....	Torta.
A boire ...	TO DRINK..	Zu Trinken..	Da bevere.
Du fromage..	SOME CHEESE.	Käse......	Del formaggio

FRANÇAIS	ANGLAIS	ALLEMAND	ITALIEN
Un biscuit..	A BISCUIT...	Zwieback....	Un biscotto.
Une orange..	AN ORANGE.	Eine Apfel-sine ou Po-meranze.	Un' arancia.
Une pêche..	A PEACH...	Eine Pfirsich.	Una pesca.
Du raisin...	GRAPES....	Weintraube..	Dell'uva.
Des fruits..	FRUITS....	Obst......	Delle frutta.
Une pomme..	AN APPLE..	Ein Apfel...	Pomo (mela).
Une poire..	A PEAR....	Eine Birne..	Pera.
Une tasse...	A CUP....	Eine Tasse..	Una tazza [(chicchera).
Du thé.....	SOME TEA..	Thee......	Tè.
Du café.....	SOME COFFEE.	Kaffee.....	Caffè.
Du sucre...	SOME SUGAR.	Zucker....	Zucchero.
Des liqueurs.	SPIRITS...	Likör.....	Liquori.
L'addition (la [note).	THE BILL...	Die Rechnung.	Il conto.
Il y a une er-[reur.	THERE IS A [MISTAKE.	Es ist ein Irr-thum darin.	C'è un errore.
Voici le pour-[boire.	TAKE THAT [DRINKMONEY.	Hier ist das [Trinkgeld.	Ecco la man-[cia.
N° 14. Le banquier.	The banker.	Der Wechsler [Bankier	Il banchiere.
Le cours du [change ?	THE RATE OF [EXCHANGE?	Hier ist Gold.	Il corso del [cambio?
Voici de l'or.	THERE IS [GOLD.	Hier ist Gold.	Ecco dell' oro.
Des billets de [banque.	BANK-NOTES.	Papiergeld; [Banknoten.	Biglietti di [banca.
Un chèque...	A CHECK...	Anweisung ou [Chèque.	Un cedole di caosa.
Une lettre de [crédit.	A LETTER OF [CREDIT.	Credit brief.	Una lettera [di credito.
Une lettre de [change.	A BILL OF EX-[CHANGE.	Ein Wechsel.	Una lettera [di cambio.
Caissier ?...	CASHIER ?..	Kassierer ?.	Cassiere ?
N° 15. La [blanchisseuse.	The washer-woman.	Die Wäscherin.	La lavan-daja.
Voici mon [linge sale.	HERE IS MY DIRTY LINEN.	Hier ist meine schmutzige Wäsche.	Ecco la mia biancheria sporca.

FRANÇAIS	ANGLAIS	ALLEMAND	ITALIEN
Quand me le rendrez-vous?	WHEN WILL YOU GIVE IT BACK?	Wann werden Sie sie wieder-bringen?	Quando me la renderete?
J'en suis [pressé.	I WANT IT IM-[MEDIATELY.	Ich brauche sie [gleich sirt.	Ho fretta di [averla.
Je repars de-[main soir.	I GO AWAY AGAIN TO MOR-ROW EVENING.	Ich reise mor-gen abend ab.	Parto doma-[ni sera.
Après-demain	THE DAY AF-TER TO MOR-ROW.	Uebermorgen.	Posdomani.
			c.
Nº 16. La gare.	Railway station.	Der Bahnhof.	La stazione.
Où est la [gare...?	WHERE IS TH. RAIL-WAY STA-TION?	Wo ist der [Bahnhof?	Dov'è la sta-zione della ferrovia?
Un billet, pre-mières pour...?	A FIRST CLASS TICKET FOR...?	Ein Billet (ou Fahrkarte) erster Klas-se nach...	Un biglietto di prima classe per...
Un billet, se-condes pour...?...	A SECOND CLASS TIC-[KET FOR...?	Ein Billet zweiter Klas-se nach...	Un biglietto di seconda classe per...
Un billet, troi-sièmes pour...?...	A THIRD CLASS [TICKET [FOR...?	Ein Billet dritter Klas-se nach...	Un biglietto di terza classe per...
Aller...?	SIMPLE TI-[CKET.	Hinfahrt....	Andata.
Aller et re-[tour.	RETURN TI-[CKET.	Hin- und [Rückfahrt.	Andata e ri-[torno.
Combien de [francs?	HOW MUCH [IN FRANCS?	Wie viel, in [Franken?	Quantocosta?
Express...	EXPRESS...	Schnellzug...	Diretto.
Train omni-[bus.	THIRD CLASS [TRAIN.	Ein Perso-[nenzug.	Treno omni-[bus.
Les bagages.	LUGGAGE...	Gepäck...	Bagaglio.
Enregistrez [ceci pour...	BOOK THIS [FOR...	Geben Sie das auf für...	Consegna [questo per.
La consigne.	THE -CLOAK-[ROOM.	Gepäck-Bu-[reau.	Consegna Registrale
Un facteur-Commissionnaire	A PORTER...	Ein Packträ-[ger.	Fattorino (facchino)?

FRANÇAIS	ANGLAIS	ALLEMAND	ITALIEN
Le chef de [gare...	THE STATION [MASTER.	Der Stations-[vorstand.	Il capo sta-[zione.
Compartiment où l'on ne fume pas	UNSMOKING-COMPART-MENT.	Für Nicht-[raucher.	È vietato di [fumare.
Compartiment [des fumeurs.	SMOKINGCOM-PARTMENT.	Für Raucher.	Per fumatori
Le comparti-ment des Dames?...	WHERE IS THE LADIES COMPART-MENT.	Wo ist ein Da-[mencoupé?	Dov'è il com-partimento per le si-gnore?
Peut-on fumer [ici?	IS SMOKING ALLOWED HERE?	Darf man hier [rauchen?	Si può fuma-re.
Le buffet...	BUFFET....	Buffet; Res-[tauration.	Buffetto.
Change-t-on [de voiture?	ARE WE OBLI-GED TO CHAN-GE DURING THE JOURNEY?	Müssen wir umsteigen?	Si cambia [treno?
Où?...	WHERE?...	Wo?...	Dove?
Combien d'ar-[rêt?	HOW LONG DO [WE STOP?	Wie lange hal-[ten wir an?	Quanto di [fermata?
Les cabinets [d'aisance?	THE WATER-CLOSETS?	Abort; [Abtritt?	Dove è la ri-[tirata?
Nº 17. Le bateau.	The steam-boat.	Das Dampfschiff.	Il vapore (ou piroscafo).
Y a-t-il un ba-[teau pour...?	IS THERE A STEAM-BOAT FOR...?	Führt ein Dampfschiff nach...?	C'è un vapore [per...?
A quelle heu-[re le départ?	AT WHAT O'CLOCK IS THE DEPARTURE?	Um wie viel Uhr die Ab-fahrt?	Quando è la partenza?
A quelle heu-[re l'arrivée?	AT WHAT O'CLOCK IS THE ARRIVAL?	Um wie viel Uhr die An-kunft?	Quando è l'arrivo?
1ères places; 2e [places.	FIRST CABIN; SECOND CA-BIN.	Erster Platz Zweiter Platz.	Primi posti; [secondi posti.
Servez sur le [pont;	SERVE ON [THE DECK;	Auf dem Ver-deck bedienen	Servite sopra [coperta.
Dans le salon?	SERVE IN THE SALOON?	Im Salon be-dienen.	Servite nel sa-[lone.

FRANÇAIS	ANGLAIS	ALLEMAND	ITALIEN
Dans la ca-[bine.	SERVE IN [THE CABIN.	In der Kajüte [bedienen.	Servite .lla [cabina.
Nº 18. A pied.	On foot.	Zu Fuss.	A piedi.
Plaine? Val-lée? Monta-gne?	PLAIN? VAL-LEY? MOUN-TAIN?	Ebene? Thal? [Berg?	Pianura? Valle? Monte?
Où est le che-[min de?	WHERE IS THE [WAY TO..?	Wo ist der [Weg nach...?	Dov'è la stra-[da per...?
Où conduit [cette route?	WHERE DOES THIS ROAD LEAD?	Wohin führt [dieser Weg?	Dove conduce questa strada?
La fontaine?	THE FOUNTAIN?	Der Brunnen?	La fonte? —
Le pont?...	THE BRIDGE?	Die Brücke?	Il ponte? — Il ponte?
Combien de temps faut-il pour aller à pied...?	HOW LONG DOES IT TAKE FOR GOING ON FOOT TO...?	Wie viel Zeit braucht man um zu Fuss nach... zu gehen?	Quanto tempo occorre per andare da qui a...
Indiquez-moi un chemin de traverse pour...	POINT OUT TO ME A SHORT CUT TO GO TO...	Zeigen sie mir einen kür-zeren Weg nach...	Indicatemi una scor-ciatoia per...
Les chemins sont bons?	ARE THE [ROADS GOOD?	Sind die We-[ge gut?	Le strade so-[no buone?
Faut-il aller a [droite?	MUST I TURN TO THE RIGHT?	Muss ich rechts [gehen?	Si va a des-[tra?
Faut-il aller à [gauche.	MUST I TURN TO THE LEFT?	Links gehen?	A sinistra?
Faut-il aller [tout droit?	MUST I GO [STRAIGHTON?	Geradeaus ge-[h n?	Diritto?
Où traverse-t-on la ri-vière?	WHERE DO THEY CROSS THE RIVER?	Wo über-schreitet man den Fluss?	Dove si può traversare il fiume?
Donnez - moi [un guide.	GIVE ME A [GUIDE.	Geben Sie mir einen Führer.	Datemi una [guida.
Venez avec moi pour me montrer le chemin; je vais à...	COME AND SHOW ME THE WAY, I AM GOING TO...	Kommen Sie mit mir, um mic den weg zu zeigen; ich gehe nach...	Venite con me per indi-carmi la strada; va-do a...

Le Commerce et l'Industrie en 1900
LES NOMS QU'IL FAUT CONNAITRE
RÉPERTOIRE UNIVERSEL DES GRANDS ÉTABLISSEMENTS DE COMMERCE
CLASSÉS PAR PROFESSIONS.

On a réuni ici, classés dans un ordre méthodique, simple comme celui du Classement par Professions, les noms des grands Établissements, des grandes Maisons qui font la force et la prospérité des nations auxquelles ils appartiennent. C'est le commentaire indispensable, nécessaire, d'une Exposition Universelle.

ABAT-JOUR
BILLIOQUE (L.). R. de Rambuteau, 4.

ACIER POLI
CORNU. R. des Trois-Bornes, 19.
JUET et LIGIER. R. Turenne, 118.

AFFICHES ARTISTIQUES
REYNAUD (Mme E.). Cartes postales artistiques et timbresposte. Hyères (Var).

ALAMBICS
DÉRIVEAU (P.) R. Popincourt, 12.

ALLUMETTES
(FAB. D')
CAUSSEMILLE Jne et Cie et ROCHE et Cie
Société anonyme. Cap. 1.500.000 f.
Adm' Délégué N. J. Chaubet à Paris, rue Caumartin, 7.
Usine à Alger, Dir' M. F. Coste.
— à Bône . . . F. Journet.
— à Gand . . . L. Chaubet.

Allumettes en cire et en bois
Fabre spéciale pour l'Algérie, les Colonies et l'Exportation.

Huit Médailles d'Or,
Six Diplômes d'Honneur,
Trois fois Hors concours,
Membre du Jury,
Deux Grands Prix,
Croix de la Légion d'honneur.

AMEUBLEMENTS
(Voir aussi "Meubles")
Jean DEFFRENNES-CANET et Ed. CATRICE. Lannoy (Nord).

Exposant classe 70 — Genres orientaux. Tapis de Table, Portières, Macassars, Panneaux, Couvre-lits en lamés or, soie double-face, etc. — Hors concours Chicago 1893.
Vvo JEANSON. R. de Bondy, 34. Tlph. 266-36.
Maison KRIEGER, Damon (A.) et Colin, succ. — Grand prix Exp. univ. Paris 1889, Expos. univ. Bruxelles 1897. — Ébénisterie, Tapisserie, Literie, Sièges, Tentures. — Décoration et installations complètes d'appartements, châteaux, villas. — Spécialité de meubles en pitchpin et chambres en bois clair pour jeunes filles. — Armoires anglaises de dispositions différentes. Installation complète de magasins et de boutiques. — Lits en cuivre. — Catalogues, dessins, devis sur plans. — Échantillons d'étoffes sur demande. — Tlph. 907-16 et 907-19, faub. St-Antoine 74, Suce boul. de la Madeleine, 13.
MAISON DU CONFORTABLE. R. de Rome 4, 6, 8.

AMIDONS ET GLUCOSES
MONGIN et HERBET. La Briche (près St-Denis).

APPAREILS DE CHAUFFAGE
ANCEAU. R. Scribe, 11.
BERNIER. Pass. St-Sébastien, 15.
GROUVEL ET ARQUEMBOURG. R. du Moulin-Vert, 71.
MARTRE ET SES FILS. R. du Jura, 13.
NICORA. R. St-Sabin, 9.
PERRET (Michel). Pl. d'Iéna, 7.
SOCIÉTÉ DU FAMILISTÈRE DE GUISE, Colin et Cie, Guise (Aisne).

APPAREILS A GAZ
BEAU (H.). R. St-Denis, 226.
Cie FRANÇAISE DES MOTEURS A GAZ Av. de l'Opéra, 13.

APPAREILS POUR ÉCLAIRAGE ÉLECTRIQUE
M. COLIN et Cie. Installations d'appareils d'éclairage électrique. R. des Tournelles, 17, Bd Montmartre, 5.

APPAREILS D'HYDROTHÉRAPIE
E. GUESNIER. R. des Taillandiers, 27, Paris.

APPAREILS DE DISTRIBUTION D'EAU
E. GUESNIER. R. des Taillandiers, 27, Paris.

APPRÊTEURS BIJOUTERIE
BAUDY. R. Chapon, 15.
FERRÉ. R. Charlot, 7.

ARGENTURE SUR VERRE
BOUSSIRON (L.). Pass. Ménilmontant, 51.

ARMES PORTATIVES DE CHASSE
BOUCHOUSE et Cie. R. Villebeuf, 7, à St-Etienne.
Sté FRANÇAISE DES MUNITIONS DE CHASSE, DE TIR ET DE GUERRE. R. N.-D.-des-Victoires, 50
VERNEY-CARRON FRÈRES. à Saint-Etienne.

ARTICLES DE CAVE
THIRION (Henri). R. Fabred'Eglantine, 10-12, ci-devant R. de la Roquette, 51, Paris.

ARTICLES DE PARIS
NOIRIEL et Cie. R. de Turenne, 114.

ASCENSEURS
EDOUX. R. Lecourbe, 76.
PIFAX. R. de Courcelles, 174.

AUTOCOPIE

LE COPISTE RAPIDE, pour imprimer en NOIR et en couleurs. E. NARROT, fab. R. St-Sabin, 60, Paris.

AUTOMOBILES

DECAUVILLE AINÉ. Bd Malesherbes, 13.
DION (DE) et BOUTON. Av. de la Grande-Armée, 46.
MÉRICANT FRÈRES. R. de la Pompe, 80.
STÉ ANONYME DES ANCIENS ÉTABLISSEMENTS PANHARD ET LEVASSOR. Av. d'Ivry, 19.
Société LA FRANÇAISE. R. Brunel, 11, Paris. Tlph. 523-56. Voitures Canello Durkopp, 6, 8 et 12 chevaux.
STÉ ANONYME DES VOITURETTES AUTOMOBILES LÉON BOLLÉE. Av. Victor-Hugo, 163.

BAIGNOIRES

WALTER LEQUYER. R. Montmartre, 138.

BALANCES

ERNEST (E.) Fils et BREYER (A.). Imp. Gaudelet, 7.

BANDAGISTES

BIONDETTI. R. Vivienne, 48.
LAROCHE Frères. R. du Perche, 8.

BAROMÈTRES

RICHARD (J) ✠. Tlph. 419-63 R. Mélingue, 25 Anc. Imp. Fessart, 8, (Paris-Belleville). Anc. maison Richard frères, fondée en 1851. Inventeur du baromètre enregistreur réglementaire dans la marine de l'État. (Voir Instruments de précision).

BÉBÉS

JUMEAU (E.) R. Pastourelle, 8.
OUACHÉE. R. de Rivoli, 156.

BIBLIOTHÈQUES
(FOUAN, POUR)

BORGEAUD (Georges). R. des Sts-Pères, 41.

BIBLIOTHÈQUES TOURNANTES

BORGEAUD (Georges). R. des Sts Pères, 41.
TERQUEM (Em.) R. Scribe, 19. Envoi franco du catalogue.

BIJOUTIERS ARGENT

BAUDET (L.) Fils. R. de Saintonge, 8 et R. Vieille-du-Temple, 119. Bourses cottes de mailles, articles de fumeurs et de bureaux, chaînes et toutes fantaisies argent.

BIJOUTIERS ARGENT ET OR SUR ARGENT

HENNIG (Ch.). R. de Turenne, 49.

BIJOUTIERS-CHAINISTES

BERNARD LAIGNIER. Cité Riverin, 5.
CHOIDECKER et DESPREZ, R. Beaubourg, 56.
GROSS LANGOULANT et Cie, R. du Temple, 79.
OUDART. Av. de la République, 53.
REITLINGER. R. Meslay, 41.
ZOUCKERMANN et Cie. R. Béranger, 13.

BIJOUTIERS-JOAILLIERS

AUCOC FILS (Louis). R. du Quatre-Septembre, 9.
BLUM. R. du Pont-aux-Choux, 16.
BOUCHERON. Pl. Vendôme, 26.
BOURDIER. R. de la Michodière, 8.
CAILLAT. R. Turbigo, 64.
CHAPUS (Vve). R. de Rivoli, 86.
CHAUMET. R. de Richelieu, 92.
CHAVETON. Bd Sébastopol, 98.
COULON. R. de la Paix, 16.
DAUBRÉF. R. St-Dizier, 2, Nancy.
DURAND LERICHE. R. Montesquieu, 4.
DUVAL. R. des Pyrénées, 226.
FALIZE FRÈRES. R. d'Antin, 6.
FOUIHOUX. R. Pastourelle, 17.
FOUQUET. Av. de l'Opéra, 35.
FROIDEFON. R. Michel-le-Comte, 54.
GALAND. R. Chapon, 31.
GUTPERLE. Bd Magenta, 12.
HAMELIN. R. de la Paix, 23.
HYVELIN. R. Michel-le-Comte, 51. Imitation supérieure du diamant.
JACTA FILS. R. du 4-Septembre, 26.
LALIQUE R. Thérèse, 20.
LEFEBVRE FILS AINÉ. R. Rivoli, 106.
LE TURCQ R. des Petits-Champs, 13.
MARIE. R. Villedo, 9.
MELLERIO. R. de la Paix, 9.
MOCHE (J.) et Cie. R. Poissonnière, 46.
MURAT. R. des Archives, 62.
PHILIP. R. de la Paix, 4.
ROUZÉ. R. N.-D.-de-Nazareth, 44.
Gustave SANDOZ O ✠ (anc. au Palais-Royal). R. Royale, 10.
SAVARD et Cie. R. St-Gilles, 22.
SOUFFLOT (P.). R. du Quatre-Septembre, 10.

TEMPLIER (P.). Pl. des Victoires, 3.
TÉTRGER FILS (H.). R. de Rivoli, 250.
THILRRY (DE) et FILS. R. St-Martin, 213.
VALES (Constant). R. St-Martin, 213.
VEVER. R. de la Paix, 19.

AUTRICHE-HONGRIE

BOEHM (H.). Müllergasse, 2, à Vienne.
KERSCH. Graben 55, à Prague, Bohême.

ÉTATS-UNIS ○○○○○

TIFFANY et Cie. Union Square, New York.

BIJOUTIERS OR

HARDELLET. R. des Haudriettes, 2. Alliances or. Médailles, artistiques et religieuses.

BILLARDS

GUERET. R. de Lancry, 55.
SOCIÉTÉ ST-MARTIN R. de Bondy, 64.

BISCUITS

BRATEAU. Q. de la Cité, 1.
GUILLOUT et Cie. R. Rambuteau, 116.
LEFÈVRE-UTILE. Nantes.
SCAPINI (J.), Bd des Filles-du-Calvaire, 22.
SIGAUT. R. St-Martin, 140.
STÉ DES BISCUITS PERNOT. Dijon.

BONNETERIE

L. et F. DELMASURE. Bonneterie confectionnée en tous genres, Tourcoing.

BONNETERIE LINGERIE

BON MARCHÉ R. de Sèvres, 18.
PERRIN FRÈRES et Cie. Grenoble.
PORON FRÈRES et FILS et MORTIER Troyes.

BELGIQUE ○○○○○○

FONTAINE FRÈRES, Leuze.

ÉTATS-UNIS ○○○○○

MAYER. Broadway, New York.

SUISSE ○○○○○○○○○

BLUMER VOTSCH, Schaffouse.
ZIMMERLI et Cie, Aarbourg, Argovie.

BOTTIERS

BLAVET et HAUTEFEUILLE. R. de Clichy, 8.
GALOYER. Bd des Capucines, 21.

BOUGIES

SOCIÉTÉ DES BOUGIES DE L'ÉTOILE. Av. de Paris, 178, St-Denis.

STÉARINERIE FRANÇAISE. R. du Landy, 4, St-Denis.

BOULANGERS

BOULANGERIE VIENNOISE. R. de Richelieu, 92.
DARIDAN. R. Montmartre, 152.
LEGENDRE. Av. de Breteuil, 65.
Société Parisienne de MEUNERIE-BOULANGERIE, système Schweitzer. Sté an. cap, trois millions. Siège social R. Vaisollier. Tlph. 239-14. Meunerie-boulangerie modèle, R. d'Allemagne, 69 et Q. de la Loire, 58. Tlph. pour commandes 415-38. Direction 415-39. Boulangerie mécanique T. L. à Puteaux (Seine), Av. de la Défense, 9. Nombreux magasins de vente dans tous les quartiers de Paris et dans la banlieue.

BOUTONS

ANGIADE. R. de La Feuillade, 3.
SIVANT. R. de Crimée, 14.

BRASSEURS

DUMESNIL FRÈRES. R. Dareau, 50.
HATT Brasserie de l'Espérance. Ivry-sur-Seine.
KARCHER et Cⁱᵉ. R. des Pyrénées, 139.
LA ROSE BLANCHE, ancienⁱ Cirier-Pavart. Saint-Germain-en-Laye.

BREVETS D'INVENTION

OFFICE DESNOS. Dir. C. Chassevent, Ingⁱ des Arts et Manufactures, Bd Magenta, 11, Paris. Dépôts de brevets, marques de fabrique. Modèles en France et étranger.

BRONZES D'ART ET D'AMEUBLEMENT

M. COLIN et Cⁱᵉ. R. des Tournelles, 17, et Bd. Montmartre, 5. Œuvres de J.-B. Carpeaux. Statuaire. Pendules, etc.
COTTIN. Tlph. 262-63. R. Amelot, 26. R. du Chemin-Vert, 3 et 5. Applications générales de l'électricité.
GOUGE (Aug.). R. Vieille-du-Temple, 124. Bronzes artistiques: Animaux, Statuettes, Sujets sportifs. Œuvres de Barye, Gardet, Valton, Moigniez, etc.
HOTTET. R. Meslay, 56.

TRIQULLIER frères, Noizeux, neveu et succⁱ. R. de Grenelle, 21. Orfèvrerie et bronzes pour églises et édifices publics. Appareils d'éclairage. Gaz et électricité.

BELGIQUE ○○○○○○

WILMOTTE. Bd. de la Sauvanière, 112, à Liège.

BROSSES

GENTY. R. Bourg-Tibourg, 2.

BROSSERIE FINE

DUPONT et Cⁱᵉ. Beauvais.
MAUREY-DESCHAMPS. R. Turbigo, 75.

BUREAU
(Meubles de)

BORGEAUD (Georges). R. des Sts-Pères, 41.

CADRES

COCHARD (H.). R. du Quatre-Septembre, 13.
GAMBARD. R. du Vertbois, 55.
SIMON (L). R. St-Martin, 256-258.

CAFÉS VERTS ET BRULÉS

CARVALHO. R. Gide, 92, Levallois.
LEDOUX. R. St-Denis, 28.
MARCHAND. R. du Jour, 9 et 11. Cafés supérieurs verts et brûlés. Expéditions franco en province.
TRÉBUCIEN. C. de Vincennes, 25.

CAFETIÈRES

MARTIN-MANNHEIM. R. de la Folie-Méricourt, 26.

CALORIFÈRES

CUAU aîné et Cⁱᵉ. R. Championnet, 254.

CAOUTCHOUC MANUFACTURÉ

BOGNIER et BURNET. R. Vieille-du-Temple, 125.
TORRILHON. R. d'Enghien, 25.

CARROSSERIE CHARRONNAGE

BAIL. Av. Kléber, 98.
BELVALETTE frères. HURET neveu et seul successeur. Av. des Champs Elysées, 24.
BINDER. Bd Haussmann, 170.

CARTONNAGES

LEJEUNE (J.) R. Charlot, 56.

CASQUES ET CUIRASSES

SÉNÉCHAL. R. Aubriot, 12, Paris.

CÉRAMIQUE

BING (S.), [✠]. R. de Provence, 22.
BONNEFONT (E.). R. de Paradis, 17.
COPELANDES SONS, Stoke-upon-Trent. Staffordshire.
DOULTON et Cⁱᵉ. Londres, Lambeth.
MACINTYRE (J.) et Cⁱᵉ. Burlem. Staffordshire.
BING et GROENDAHL. Copenhague. Danemark.
FABRIQUE ROYALE DE PORCELAINE. Copenhague. Danemark.

CHAINES

Anc. maison GALLE (E. BENOIT, succⁱ.). R. Oberkampf, 84. Chaînes Galle et Vaucanson pour tous emplois. Chaînes pour automobiles et vélocipèdes.

CHAPEAUX

DELION. Pass. Jouffroy, 21.
FOURNITURES POUR CHAPELLERIE
PEYRACHE frères. R. du Temple, 31.

CHAPELLERIE ENFANTINE

Les fils de Casimir DIDE. R. du Temple, 38.

CHAUDIÈRES

IMBERT frères. St-Chamond.

CHAUDRONNERIE

ROSER (Nicolas). St-Denis.

CHAUSSURES

COION et DEMAREST. R. Mercœur, 8.

HATTAT. R. de l'Aqueduc, 21,
PINET. R. de Paradis, 43.
POIVRET. Q. Jemmapes, 158.

CHEMISIERS

CHARVET. Pl. Vendôme, 25.
DOUCET. R. de la Paix, 21.
HAYEM aîné. R. du Sentier, 39.

CHICORÉES

ARLATTE et C⁰. Cambrai.
A. GARDON-DUVERGER. Cambrai. Chicorée Boulangerie. Paquetage Croissant.
PROTEZ-DELATRE. GOURMONT et C⁰. Succ. Cambrai.

CHINE-JAPON

(Objets de)

PAVILLON JAPONAIS. R. St-Honoré, 354.

CHOCOLATS

CHOQUART et fils. R. Rivoli, 128.
DEVINCK. R. des Mathurins, 3.
GRONDARD et fils. Bd St-Germain, 129.
GUÉRIN-BOUTRON. Bd Poissonnière, 29.
LAMOUROUX (E.) Fg St-Honoré, 4.
LELEU et fils. R. de Rivoli, 91.
LOMBARD. Av. de Choisy, 75.
LOUIT frères et C⁰. Bordeaux.
MASSON. Chocolat Mexicain. R. de Rivoli, 91.
MATTE fils. Montpellier.
MENIER. R. de Châteaudun, 56.
MERIÉ (Charles). R. aux Ours, 25.
PETIT (Charles). Bd Haussmann, 87.
RENARD (Albert). R. Monsieur-le-Prince, 60.
TEISSIER (André). Av. de Choisy, 75.
VINAY. Av. du Parc, 43, Ivry.

CIRAGES

SOCIÉTÉ GÉNÉRALE DES CIRAGES FRANÇAIS. R. Beaurepaire, 11.

CISELEURS
SUR MÉTAUX

BIÉLI. R. Croix-des-Petits-Champs, 23.
HARLEUX. R. Pastourelle, 52.
RICHARD. R. de Buci, 15.

CLASSE-FEUILLES

DELAGARDE. R. du Trésor, 4.

COFFRES-FORTS

FICHET (Charlier et Guénot et C¹ᵉ). R. de Richelieu, 43.
HAFFNER (Pierre). Pass. Jouffroy, 12.

COIFFEURS
POUR DAMES

CORNIOLEY (Mme) spécialiste. Soins hygiéniques de la chevelure et spécialités pour le visage. Méd. or. dipl. d'hon., dipl. de la Sté de médecine de France. R. de la Paix, 1, Paris.
PETIT (A.). R. de la Paix, 7.

COLLE LIQUIDE

DUMOULIN, Méd. Or. R. St-Claude, 12.

COLLIERS DE CHIENS

LOCHET et DEBERTRAND. R. Saint-Maur, 192.

COMMISSION

GIRARD. Tlph. 257-50. R. Lafayette, 53.

CONFECTIONS

AKAR et C⁰. Pl. des Victoires, 1.
BELLE JARDINIÈRE. R. du Pont-Neuf, 2.
BON MARCHÉ. R. de Sèvres, 18.
COGNAC (A la Samaritaine.) R. du Pont Neuf, 1.
GODCHAU. Fg-Montmartre, 12.
LOUVRE. R. de Rivoli, 164.
MAGASINS DU PONT-NEUF. R. du Pont-Neuf, 4.
MARCADE. R N.-D.-des-Victoires, 25.
PETIT ST-THOMAS. R. du Bac, 27.
SIMON et C⁰ (A la Grande Maison). R. Croix-des-Petits-Champs, 5.
VESSIÈRE. R. du Sentier, 12.

CONFISEURS

BRAQUIER (Léon). Verdun (Meuse).
DURAND (Antoine). Carcassonne.
DURIEU (Mᵐᵉ). Verdun.
GIRARD (Jacques). Av. du Bel-Air, 16.
JACQUIN (A.) et Fils Tlph. 128-49. R. Pernelle, 12. Médaille d'or 1889, Paris. Fab. de tous articles de confiserie par procédés mécaniques. Usine à Dammarie-les-Lys.
JUX (Charles). Bd de Reuilly, 74.
NÈGRE (Joseph). Grasse (Alpes-Maritimes).
REBOURS. Troyes.
SEUGNOT. R. du Bac, 28.

CONFITURES

BANNIER (Émile). R. Jules-César, 18.
MOQUET-LESAGE (Henri). R. Saint-Gilles, 7.

CONSERVES
ALIMENTAIRES

AMIEUX FRÈRES. Chantenay-les-Nantes.

CHEVALLIER-APPERT. R. de la Mare, 50.
DUMAGNOU. R. St-Honoré, 108.
GROSSE et CAHEN. R. Simon-le-Franc, 18.
PETITJEAN. R. Pierre-Lescot, 3, Paris. Conserves diverses de qualité supérieure. Spécialité de quenelles.
PHILIPPE et CANAUD. Nantes.
PREVET et C⁰. R. des Petites Ecuries, 48.
RODEL et FILS. R. du Jardin-Public, 57, Bordeaux.
SAUPIQUET. Nantes.

CONSTRUCTEURS
MÉCANICIENS

ANC. ÉTABLISSEMENTS CAIL. R. de Londres, 21.
A. CONFLANT et ses Fils. Cambrai. Machines industrielles et agricoles. Mont. spécial de brûloirs (breveté).
A. PIAT et ses Fils. Paris, Soissons. Transmissions complètes et organes détachés spéciaux. Embrayages et accouplements de toutes sortes. Paliers à mèche métallique, à bagues et à rotule articulée. Paliers à rouleaux, à rattrapage de jeu. Chaînes " Simplex ". Élévateurs. Transporteurs. Chaînes " Varietur " pour transmission et automobiles. Fours oscillants brevetés. Pompes, etc.
SAUSSER, HARLÉ et C⁰. Av. de Suffren, 26.

CONSTRUCTIONS
MÉTALLIQUES

MOISANT, LAURENT, SAVEY et C⁰. Bd de Vaugirard, 20.

CORDERIE

NOIZEUX (P.) N. C. Tlph 119-29 R. Quincampoix, 82, et St-Martin (ex-salle Molière). Corderie fine, de luxe et ordinaire pour commerce et industrie.

CORSETS

FARCY et OPPENHEIM. R. des Petits-Hotels, 13.
GRLT FILS. R. St-Martin, 127.
LÉOTI (Mᵐᵉ). Pl. de la Madeleine, 8

COTONS

ANCEL, SEITZ (P.). Granges (Vosges)
A. BADIN et FILS. Barentin (Seine-Inférieure).
C. BERGER et C⁰. Rouen.
BOISARD et COCHIN. Evreux.
A. CAILLEBOTTE. Flers de l'Orne.
DAVID, ADHÉMARD et MAIGRET. R. du Sentier, 27-29-31.
DESCENÉTAIS FRÈRES. Bolbec (Seine-Inférieure).
DOLFUS et C⁰. Belfort.
EHRARD (Victor). Rougemont-Château (Terr. de Belfort).

FAQUET LEMAITRE. Bolbec.
GILIOT et FILS. Plainfaing (Vosges).
HARTMANN et FILS. Rougegoutte
    (Terr. de Belfort).
HUCLES FILS et Cⁱᵉ. Saint-Quentin
    (Aisne).
POIZAT COQUART. Bourg-de-Thizy
    (Rhône).
ROY fr., 54, R. des Jeûneurs, 58.
TOURON. St-Quentin (Aisne).
WADDINGTON. St-Rémy-sur-Avre
    (Eure-et-Loir).

COULEURS

BEAUVALLET (C). R. Oberkampf, 8.
HARDY NILORI et Cⁱᵉ. R. de Paris,
    261 Montreuil.
LEFRANC et Cⁱᵉ. R. de Valois, 18.

COURROIES
DE TRANSMISSION

DOMANGE, B. Voltaire, 74.

COUTELLERIE

CARDEILHAC. R. de Rivoli, 91.
CHERON et Cⁱᵉ, au Prieuré de Cenon
    p Châtellerault (Vienne).
LANGUEDOCQ. R. du Quatre Sep-
    tembre, 20.
LINZELER. R. de Turbigo, 68.
RAMEAU (E). Sens (Yonne).
SCHWOB (F.). Bd de Sébastopol, 106.
TRINET. R. Grenier-Saint-La-
    zare, 28.
TROMACHOT - THUILLIER. Nogent
    (Hte-Marne).
VITAL-HYGONNET. Thiers (Puy-de-
    Dôme).
VIGLIER et GALLOIS. R. de la
    Paix, 24.

GRANDE-BRETAGNE

MORTON. Cheapside, 59, Londres.

COUTURIÈRES

CHEYROUX. R. Bridaine, 19-21.
    Paris.

CRISTALLERIES

LANDIER. R. de Paradis, 24.

AUTRICHE ○○○○○○

MOSER. Carlsbad (Bohême).
VEIT et Cⁱᵉ. Gablonz (Bohême).

BELGIQUE ○○○○○○

BARDOUX (E). Jumet.
LAMBERT et Cⁱᵉ. Jumet.

GRANDE-BRETAGNE

WEBB et sons. Stourbridge.

ITALIE○○○○○○○○

CAUDIANI. Venise.
COMPAGNIA DI VENEZIA. Murano,
    Venise.
SALVIATI. Venise.

CROIX ET MÉDAILLES
POUR ÉCOLES

JOUANDON jeune. R. du Temple, 71.

CUIRS VERNIS

SŒUR fils. Fg Montmartre, 4.

CUIVRE

COMPAGNIE FRANÇAISE DES MINES
    DE CUIVRE D'AGUAS TENIDAS, Es-
    pagne. Bd Montmartre, 18.

CYCLES
ET ACCESSOIRES

SOCIÉTÉ LA FRANÇAISE
Marque   Tlph. 523-56. R.
                Brunel, 11. Paris.
DIAMANT   Cycles-motocycles
                Voiturettes, Voi-
                tures 6, 8 et 12
                chevaux Ganello-
                Durkopp.

DÉCORATIONS

CHOBILLON. R. Croix-des-Petits-
Champs, 16.

DENTELLES

ANCELOT (A.-P.). R. de Hanovre, 12.
COMPAGNIE DES INDES. G. MARTIN.
    R. Richelieu, 80.
CROUVEZIER. R. du Sentier, 24.
DARQUER-BACQUET. Calais.
DAVENIÈRE et Cⁱᵉ. Calais.
LECONTE. R. d'Uzès, 5.
LEFEBURE. R. Castiglione, 8.
TRÈVES fils. St-Quentin.
WEST (Robert). Calais.

ÉTRANGER ○○○○○○

FISCH frères. Bühler (St-Gall),
    Suisse.
HUMMEL et SEELIG. St-Gall,
    Suisse.
PFÄNDLER (J.). Rheineck (St-Gall),
    Suisse.
SCHELLING (Fritz). St-Gall, Suisse.
SONDEREGGER. Herisau (Appenzell),
    Suisse.
COMPAGNIE DES INDES. Bruxelles.
MINNE-DANSAERT. Bruxelles.

DENTIFRICES

CHOUET et Cⁱᵉ. Pl. de l'Opéra, 8.

DESSINATEURS
GRAVEURS

BOUSSENOT. R. Orfila, 29.

DIAMANTS

FENAYAN, R. Lafayette, 36.
SCHLÉSINGER (E. H.). R. Chau-
    chat, 9.

DIAMANTS IMITATION

BLUZE (DE). Bd des Italiens, 58.
DIFFLOTH et BOCK jeune. R. Pas-
    tourelle, 23.
LÈRE-CATHELAIN. Bd Sébastopol, 97.

DISTILLATEURS

COINTREAU. Q. Gambetta, Angers.
CUSENIER fils aîné. Bd Voltaire, 226.
DELIZY et DOISTAU. R. de Paris,
    95, Pantin.
DUBONNET frères. R. Mornay, 7.
DULAC et Cⁱᵉ. R. St-Merri, 5.
DUVAL. R. Montmartre, 50.
GUY (L.), et GRASSEY. Q. Valmy, 23.
HARTMANN (G.). Bd Morland, 21.
LECOULY et DELBERGUE. R. Réau-
    mur, 75.
MARNIER-LAPOSTOLLE et Cⁱᵉ. Neau-
    phle-le-Château, Seine-et-Oise.
PICON et Cⁱᵉ. Bd Poissonnière, 15.
ROUVIÈRE fils. Dijon.

DRAPERIES
CONFECTIONS

E. et P. TOULEMONDE. Tour-
    coing. Bd Gambetta, 561. Rou-
    baix : Maison de vente. R. du
    Pays, 23.

DROGUERIE

SALLE (H.), et Cⁱᵉ. Tlph. 250-96.
    R. Elzévir, 4.

EAUX MINÉRALES

COMPAGNIE DES EAUX DE POUGUES.
    Chaussée d'Antin, 22.
ROYAT (Société des eaux de). R.
    Drouot, 5.
SAINT-GALMIER (Cⁱᵉ de). St-Galmier.
    Loire.
SCHMOLL (Ernest). R. des Quatre-
    Fils, 20.
SOCIÉTÉ GÉNÉRALE DES EAUX DE
    VALS. R. de Greffülhe, 4.

Pour faire son eau digestive
SEL VICHY-ÉTAT
o¹10° le paquet pour un litre

En voyage ou à la campagne
COMPRIMÉS VICHY-ÉTAT
pour faire l'eau alcaline gazeuse.

Exiger la Marque VICHY-ÉTAT

DURIT

KLEPP W. Bd Richard-Lenoir, 54. Adresse télég. Klepp-Paris. Tlph. 900-95. *Durit*, caoutchouc spécial pour joints, clapets, tuyaux, etc., insensibles à vapeur (haute pression), huiles, acides.

EAUX DE VIE

BISQUIT-DEBOUCHÉ. Jarnac, Charente.
CHAMPY père et Cⁱᵉ. Beaune, Côte-d'Or.
CROISET (Léon). St-Même-les-Carrières, Charente.
PELLISSON PÈRE ET Cⁱᵉ, (1624-1834). viticulteurs et distillateurs à Cognac ; château de Lorimont (grande champagne), de Charroux (fine champagne), de Gallienne (Borderies).
REGNIER (Louis). Dijon.
ROUVIÈRE fils (Société Rouvière et). Dijon.
SYNDICAT DES EAUX-DE-VIE DU CRU DE COGNAC Diplôme de Grand Prix, Bruxelles, 1887, etc.

ÉCLAIRAGE

(Appareils d')

CHABRIÉ et JEAN. R. des Martyrs, 52 *bis*.
MORNAT et LANGLOIS Tlph. 261-59. Bd Voltaire, 56.

ÉLECTRICITÉ

BRÉGUET. R. Didot, 19.
POSTEL-VINAY. R. de Vaugirard, 219.
RICHARD (Jules). R. Mélingue, 25, anciennement Imp. Fessart, 8. Instruments de mesure à cadran et enregistreurs. Ampèremètres. Voltmètres. Wattmètres, etc., pour courant continu et pour courants alternatifs. (V. Instruments de précision).
SOCIÉTÉ ANONYME POUR LA TRANSMISSION DE LA FORCE PAR L'ÉLECTRICITÉ. R. Lafayette, 13.
SOCIÉTÉ ÉLECTRIQUE DU NORD. Roubaix. Machines dynamos génératrices et réceptrices, à courants continus et alternatifs, mono- et polyphasés. Installations d'éclairage, transport d'énergie, accumulateurs à plaques indéformables, disjoncteurs, commutateurs, coupleurs, rhéostats. Agence : R. Sedaine, 28. Paris.
SOCIÉTÉ GRAMME. R. Hautpoul, 20.
TROUVÉ (Gustave). R. Vivienne, 14.

GRANDE- BRETAGNE

ELLIOT Brothers. St-Martins Lane, 101.

ÉLECTRICITÉ INDUSTRIELLE

MILDÉ (Ch. fils et Cⁱᵉ). R. Desrenaudes, 60.

ÉMAILLEURS

CHARLOT frères. R. de Montmorency, 5.

ENREGISTREURS

RICHARD (Jules). Tlph. 419-63. R. Mélingue, 25, anciennement Imp. Fessart, 8. Instruments enregistreurs pour les sciences et l'industrie. Fournisseur de tous les Gouvernements. (Voir instruments de précision.)

ENSEIGNEMENT

INSTITUTION DES ENFANTS ARRIÉRÉS. Maison spéciale de traitement. Langlois, Directeur. Eaubonne, Seine-et-Oise.

ÉPICERIES

PRUNET. R. de Rennes, 48.
DAMOY. Bd Sébastopol, 51.
LUCE. Bd des Batignolles, 5.
OLIDA. R. Drouot, 11.
POTIN (Félix). Bd Sébastopol, 101 et 103.

ÉQUIPEMENTS MILITAIRES

CHAUVIN (Alexis). R. Charlot, 24 et 26.

ESTAMPES

(Marchand d')

RAPILLY (Georges), Q. Malaquais, 9.

ESTAMPEURS

ANDRÉ (Vve). R. Portefoin, 15.
AUBRY. R. Charlot, 33.
DELBAUVE et DORÉ. R. du Temple, 56.
DUROCHER. R. de Bretagne, 63.
JAQUET. R. des Archives, 82.
MOY. R. des Archives, 86.

ÉTABLISSEMENTS MÉDICAUX

INSTITUT PHYSICOTHÉRAPIQUE DE PARIS. Tlph.

275-39. R. des Mathurins, 28. Établissement médical le plus complet du monde. Traitement de : l'obésité, déviations de la colonne vertébrale, maladies chroniques, par électricité, chaleur, eau, lumière, ozone, oxygène, bains d'acide carbonique, de lumière, hydro-électriques. Dʳ speaks English.

ÉTOFFES DE LAINE

FABRIQUE D'ÉTOFFES DE LAINE

VAN DOOREN, MOTTE-HALLUIN. Spécialité de drap cuir, cheviotte, molleton et autres. Succursale de la maison Van Dooren et Dams, à Tilbourg, Hollande. Filature, tissage, teinturerie, apprêts.

ÉTUIS A LUNETTES

MORAND, succ. de Caillois R de Montmorency, 45. Fabrique d'étuis à lunettes. Spécialité d'étuis châtelaine. Commission-Exportation.

ÉVENTAILS

DUFELLEROY. Pass. des Panoramas, 17.

FAVEURS

NOIZEUX (P.). (N.-C.) R. Quincampoix, 82.

FERMOIRS

DIDOUT. R. du Buisson-St-Louis, 28.
SCHIMECEK. Pass. Ménilmontant, 3.

FERS A CHEVAL

COMPTOIR DES FERS A CHEVAL. Fg. de Lille. Valenciennes (Nord).

FICELLES

NOIZEUX (P.). N.-C. Tlph. 119 29. R. Quincampoix, 82. Cordes à ballots. Ficelles d'emballages, luxe et ordinaires en toutes matières textiles.

FILATEURS

ALEXANDRE JOIRE. Tourcoing. Filature de coton, Chaînes simples, doubles-mèches, Mull Jenny et Continus. Retors supérieurs. Spécialité Gazés Jumel et Louisiane. Médaille exposition, Paris, 1878. Médaille exposition, Anvers, 1894. Médaille d'or,

Rouen, 1896. Diplôme d'honneur, Bruxelles, 1897.
CHARLES TIBERGHIEN et fils. Tourcoing.
FILATURE D'OISSEL. Seine-Inférieure.
ISAY BECHMANN-ZELLER et Cᵉ. Blamont, Meurthe-et-Moselle.
XANY (A. et N). LANG et Cᵉ. R. Poissonnière, 53.
LŒDERICH fils et Cᵉ. Epinal(Vosges).

FILATURES
DE COTON

WALLAERT frères, à Lille.

GRANDE-BRETAGNE

RYLAND AND SONS (Limited). Manchester et Londres.

FILATURE
DE LAINE

DELMASURE (L. et F.). Tourcoing. Laines à matelas. Laines filées pour bonneterie.

FILS
ET TISSUS DE LAINE
PEIGNÉE
ET CARDÉE

FRAENKEL-BLIN. R. Camille-Baudoing, à Elbeuf.
MASUREL frères, à Tourcoing, Nord.
POIRET frères et neveu. Bd Sébastopol, 37.
SEIDOUX-SIEBERT et Cᵉ. R. de Paradis, 25.
TABOURIER BISSON et Cᵉ. R. d'Aboukir, 6.

AUTRICHE ○○○○○○

BRUCK et ENZELMANN. Brünn (Moravie).
DEVUTH (Anton) et fils. Reichenberg, Bohême.

BELGIQUE ○○○○○○

BIOLLEY. Verviers.
BONVOISIN (M.) fils. Pépinster.
SIMONIS (Iwan). Verviers.

FILS
ET TISSUS DE LIN
CHANVRE, ETC.

CRESPEL (A.). R. des Fleurs, 16, Lille.
HASSEBROUCQ frères. Comines, (Nord).
SCRIVE frères. Lille.

FILIÈRES

DOYEN. Cité Bertrand, 9.

FILS D'OR
ET D'ARGENT

NOIZEUX (P.). N. C. R. Quincampoix, 82.

FLEURS ET PLUMES

MARCHAIS. R. de la Paix, 17.
MORIN-HIÉLARD. Chaussée-d'Antin, 21.

FONDEURS

JIARD aîné, Fg du Temple, 121.
MULLER et ROGER. Av. Philippe-Auguste, 108.

FORGES PORTATIVES

BARBIER et VIVEZ. R. Buisson-St-Louis, 16.
ENFER et ses fils. R. de Rambouillet, 10.
FREMONT (Charles). R. de Clignancourt, 124.

FOURNEAUX D'USINES

CORDIER (Jules) aîné. R. du Chemin-Vert, 98.

FOURNEAUX
A ESSENCE

LE PYROPHORE brûlant à l'état de gaz. Garanti sans danger. Economie et commodité. **Ringo.** Pass Charles-Dallery, 11. **Tlph.** 901-44.

FOURNITURES
POUR MODES

AGNELLET frères. R. Richelieu, 73.

FUMISTERIE
ET TOLERIE

CHABOCHE (E.). R. Rodier, 53.
CHIBOUT. R. N.-D.-des-Champs, 56.
MAUGIN (V.). R. Basfroi, 50.

GAINIERS

BERSON. R. Barbette, 13.
GOUVERNEUR. Q. de l'Horloge, 37.

GALVANOPLASTIE

GAUTIER (Maurice). R. Jacob, 23.

GANTS

BUSCARLET (Vve et fils). R. Turbigo, 21.
PREVOT et LAFON. R. St-Denis, 90.

GARDE-MEUBLES

GARDE-MEUBLES. R Lafayette, 52.

GLUCOSES

GALLET, ORDOU et Cᵉ. R. d'Argonne, 17.

GLYCÉRINES

RUCH (Alphonse). R. des Archives, 63

GRAINES

DUPANLOUP et Cᵉ. Q. de la Mégisserie, 14.
VILMORIN, ANDRIEUX et Cᵉ. Q. de la Mégisserie, 4.

GRAVEURS
SUR MÉTAUX

MARTIN. R. Molière, 9.
MATHIEU. R. Elzévir, 15.
PERROT. R. du Perche, 7 bis.
PRAT. R. de Picardie, 32.
PROVOST (L) R. de Richelieu, 58.
ROBIN. R. de Belleville, 53.
De SAINT-BRICE. R. des Trois-Bornes, 13.
TOURRETTE. R. Montesquieu, 4.
WUILSCHLEGER. R. du Temple, 150.

HORLOGERS

ACIER (E.). R. Froissart, 9.
BONAME (L.). Selincourt (Doubs).
BORREL. R. des Petits-Champs, 47.
CHATEAU père et fils. R. Montmartre, 118.
FCALLE (Aug.). Bd Madeleine, 19.
GARNIER (P.). R. Taitbout, 6.
HOUR. R. St-Anastase, 7.
JACOT (H.). R. Montmorency, 31.
LEFEBVRE. Galerie Montpensier, 34.
LEROY (Th). R. Truffault, 69.
MARX et Cⁱᵉ. Bd Sébastopol, 48.
PLANCHON. Chaussée d'Antin, 5.
RODANET. R. Vivienne, 56.
Gustave SANDOZ, O. ✱. (ancᵗ. au Palais-Royal), R. Royale, 10.
SANDOZ (Ch.). Besançon.

HORLOGERIE
(Fourn. pour)

MOYNET (A.) et Cⁱᵉ. R. des Haudriettes, 4 et 6. Tlph 114-54. Vente en gros. Exposition Palais des Invalides, classe 96, horlogerie.

HUILES ANIMALES

RIGBOURG (A.). 143, N. C., Ing. méc. Agᶜᵉ génˡᵉ Huiles "Standard". R. de la Reynie, 20.

HUILES MINÉRALES

HAMELLE (Henry). Q. Vaimy, 21.
RIGBOURG (A.). I. 43. N. C., ingénieur-mécanicien. Agᶜᵉ génˡˢ

Huiles "Standard", Tl. 128-69,
R. de la Reynie, 20.

HYDROTHÉRAPIE
(Appareils d')
WALTER-LECUYER. R. Montmartre, 138.

IMPRIMERIE
(Fourn. pour)
LORILLEUX (Ch.) et C°. R. Suger, 16

INCANDESCENCE
PAR LE GAZ
Sté D'INCANDESCENCE PAR LE GAZ (système Auer, brev. s. g. d. g.). 506-32. R. de Courcelles 147-151. Incandescence par le gaz et le pétrole. Agences dans Paris : A. 109-83. Bd Montmartre, 15. B. 126-82. Bd Beaumarchais, 17. C. 703-62. R. de Rennes, 116. Exiger la marque " S. F. AUER ". — Le Champ de Mars est éclairé au Bec Auer.

INDUSTRIES TEXTILES
RYO-CATTEAU. Ingénieur à Roubaix.

INGÉNIEURS
CONSEILS
OFFICE DESNOS. Bd Magenta, 11, Paris. Voir Brevets d'invention.

INSECTICIDES
(Fourn. pour)
BADER (H.). Bd Voltaire, 85.

INSECTICIDE RATICIDE
PÂTE PHOSPHORÉE L STEINER pour la destruction efficace des Rats, Souris, Cafards, etc.

Flacons, 25 c., 50 c. et 1 fr. dans toutes les pharmacies et drogueries.

INSTITUTIONS
INSTITUTION DES ENFANTS ARRIÉRÉS. Maison spéciale de traitement. M. Langlois, Eaubonne (S.-et-O.).

INSTRUMENTS
DE CULTURE
FAUL (Charles). R. Pierre-Levée, 13.

INSTRUMENTS
DE MUSIQUE
MARTIN (A.), luthier, spécialité pour la harpe. R. de Seine, 79.
THIBOUVILLE-LAMY, (Jérôme). R. Réaumur, 68.

INSTRUMENTS
DE PRÉCISION
GAIFFE et FILS. R. St-André-des-Arts, 40.

RICHARD (Jules), ✠. Tl. 419-63 R. Mélingue, 25, anc. Imp. Fessart, 8. G. P. Paris 1889. Anvers 1894, Bruxelles 1897. Const. d'Instr. de précision, Enregistreurs, Actinomètres, Ampèremètres, Anémomètres, Baromètres, Chronographes, Evaporomètres, Hygromètres, Indicateurs de la vitesse des machines, Indicateurs dynamométriques, de Watt, Indicateurs de vide, Manomètres Pluviomètres, Pyromètres, Thermomètres météorologiques, Thermomètres pour étuves, brasseries, diffusion. Fournisseurs de l'Etat, Instruction publique, Marine, Guerre, Ponts et Chaussées. Par décret spécial de M. le Ministre de la marine, les Baromètres enregistreurs RICHARD sont réglementaires à bord des navires de l'Etat. Magasin de vente, 3, rue Lafayette.

INSTRUMENTS
DE PRÉCISION
EN VERRE
BERNADOT (H.), R. des Filles-du-Calvaire, 23.

INSTRUMENTS
SCIENTIFIQUES
CARPENTIER. R. Delambre, 20.

JEUX DE PRÉCISION
JOST J. A. R. Oberkampf, 120

JOAILLIERS
FALIZE, ancien joaillier de la Couronne de France. Tlph. 226-33. R. d'Antin, 6.

Bijoux, Orfèvrerie, Émaux et Pierreries, Grand Prix 1878, Hors Concours 1889.

JOUETS
DEROLLAND. R. N.-D.-de-Nazareth, 7.
FOIN et DUMONT, R. Charlot, 7.
GERBEAU. R. Charlot, 32.
ROSSIGNOL, Av. de la République, 110.
VICHY. R. de Montmorency, 56.

JOUETS
SCIENTIFIQUES
MOUGÉ (A.). Imp. St-Claude,

LAINES
BLAZY frères. R. Turbigo, 15
POIRET frères et neveux. Bd Sébastopol, 27.
SEIDOUR et C°. R. de Paradis, 25

LAINES
POUR BONNETERIE
HASSEBROUCQ et C°. R. St-Barbe. Tourcoing, Nord. Filature de 15 000 broches. Laines en tous genres, moulinées, paquetées, en pelotes et sur cartes. Spécialité de laines pour bonneterie fabriquée. Maison à Paris, R. St-Merry, 42. Médaille de bronze, Paris, 1878. Second prix, Melbourne, 1880.

LAITERIE
(Appareils de)
GARIN (Edmond). Ingénieur-constructeur.-Cambrai.

Appareils de laiterie
Écrémeuses Melotte
Téléphone.
Télégrammes : Garin-Cambrai

Exposant :
Groupe VII, Classe 57.

LAPIDAIRES
DAVID frères. R. Grenier-St-Lazare, 4.
GAUTHIER fils. R. Turbigo, 52
LOEW et TAUSIG. R. du Temple, 197
PAISSEAU-FEIL. R. Taitbout, 66
PERDRIZET. R. Elzévir, 4.
PINIZER. R. du Quatre-Septembre, 28.

LAMPES A SOUDER

Fouilloud et Cⁱᵉ. Pass. Raoul, 1.

LIBRAIRES

RAPILLY (G.). Q. Malaquais, 9.

LIBRAIRES - ÉDITEURS

Paulière (J.-B.) et fils, R. Haute-
feuille, 19.
Felix frères. R. de Vaugirard, 52.
Calmann-Lévy, R. Auber, 3.
Charpentier (Fasquelle, succ.).
R. de Grenelle, 13.
Collin (Armand) et Cⁱᵉ. R. de Mé-
zières, 5.
Delagrave (Ch.). R. Soufflot, 15.
Delalain. Bd St-Germain, 115.
Firmin-Didot et Cⁱᵉ. R. Jacob, 56.
Flammarion. R. Racine, 26,
Gauthier-Villars et fils. Q. des
Gds-Augustins, 55.
Hachette et Cⁱᵉ, Bd St-Germain, 79.
Hetzel (J.) R. Jacob, 18.
Hollier-Larousse. R. Montpar-
nasse, 17.
Larose. R. Soufflot, 22.
Lesoudier. Bd St-Germain, 174.
Librairie Agricole. R. Jacob, 26.
Mame et fils (de Tours). R. des
Sts-Pères, 78.
Perrin et Cⁱᵉ. Q. des Gds-Augus-
tins, 35.
Poussielgue. R. Cassette, 15

LIMES

PROUTAT et Cⁱᵉ. Seul dépôt chez
A Moynet et Cⁱᵉ. Tlph. 114-54.
R des Haudriettes, 4 et 6.

LOCATION POUR DINERS, BALS, SOIRÉES

TURLOT (Vve). Tlph. 256-22.
Fg. St-Honoré. 14. Location de
linge, argenterie, porcelaine,
cristaux, sièges, tables.

MACHINES AGRICOLES

Gautreau. Dourdan (Seine-et-Oise).
Hidien. Châteauroux.
Hurtu. Nangis (Seine-et-Marne).
Merlin et Cⁱᵉ. Vierzon.
PRUVOT frères. Valenciennes.
Charrues. Semoirs, etc. Spécia-
lité d'arracheurs de betteraves.

MACHINES A CIGARETTES

LEMAIRE. R. de Rivoli, 152.
Breveté S.G.D.G,

MACHINES A COUDRE

BAGLE (D.) (N. C) R. du Bac, 46.

Machines à
coudre à main
et à Pédale
magique Pied
moteur hygié-
nique. Breveté
et médaillé
s'appliquant à
tous systèmes.
20 modèles va-
riés. Demandez l'album gratis
et franco.
Exposition Classe 79, Groupe XIII
et rue du Bac, 46, Paris.
NEW-HOME (Voir A. Ricbourg).
RICBOURG (A.). (I.I), + N. C.).

Tlph. 128-69. R. de
la Reynie, 20. Ingé-
nieur - mécanicien.
Président du Syndi-
cat des machines
à coudre. Agence gé-
nérale de machines
américaines.

STANDARD (Voir A. Ricbourg).

MACHINES A RELIER

ALARY (A.). R. de la Chine, 23.

MACHINES A TRAVAILLER LE BOIS

D'ESPINE-ACHARD et Cⁱᵉ. Q. de la
Marne, 52.

MACHINES A TRICOTER

MONFORT (L). (Breveté S.G.D.
G). Av. Victoria, 9.

MACHINES ET CHAUDIÈRES A VAPEUR

(Accessoires pour)

KLEPP (W.) Bd Richard-Lenoir, 54.
Adresse télég. Klepp-Paris Tlph.
900-95 Appareils de sûreté d'a-
liment et de graissage. Régulateurs de vitesse. Purgeurs d'eau.
Détendeurs de vapeur. Pompes.
Pulsomètres. App à jet de vapeur. Ventilateurs. Thermomètres et Pyromètres.

MACHINES-OUTILS

BESSE (L.). Tlph. 900-03. R. de
Lappe, 10, 26, 59, 41. R. St-
Sabin, 9. Machines pour toutes
industries. Organes de transmission. Acier comprimé. La plus
grande exposition permanente
de Paris. R. de Lappe, 41.
DARD Tlph. 707-62. R. Péri-
gnon, 31.
JAMETEL (P.). Cours de Vincennes, 41.

MACHINES POUR L'INDUSTRIE TEXTILE

ANTOINE DESTOMBES et Cⁱᵉ.
Roubaix. Machines préparatoires
de tissage, Mécaniques Jacquard
de tous systèmes. Matériel de
liseurs. Métiers à tapis pour
moquette et carpette.
A. NUYTS et Cⁱᵉ. Roubaix.
MEYER et BOQUILLON. Rou-
baix. Machines pour peignages,
filatures, teintures, apprêts.

MAISONS DE SANTÉ

INSTITUTION DES ENFANTS
ARRIÉRÉS, Maison spéciale de
traitement, Langlois, Directeur.
Eaubonne (Seine-et-Oise).

MALFILS POUR HUILERIES

DELMASURE (L et F.). R. de
Tournai, 79. Tourcoing.

MAROQUINERIE

Amson frères. R. de la Folie-Méricourt, 68.
Keller frères. R. Joubert, 22.

MARRONS-GLACÉS

AUBRY-PRACHE (Rouvy,
succ). R. Quincampoix, 57.

MARQUES DE FABRIQUE

OFFICE DESNOS. Bd Magenta,
11, Paris. Voir Brevets d'invention.

MASTIC A GREFFER

Lhomme-Lefort. R. des Solitai-
res, 40.

MATÉRIEL D'ÉCLAIRAGE DE THÉATRE

MORNAT et LANGLOIS. Bd
Voltaire, 56. Tlph. 261-59.

MÉCANICIENS

Anciens établissements Cail. R.
de Londres, 21.
Barbier. Bd Richard-Lenoir, 46.
Bariquand et Marre, R. Ober-
kampf, 127.
Belleville et Cⁱᵉ. St-Denis.
Biétrix et Cⁱᵉ. St-Étienne.

Bruz et C°. R. Boinod, 51,
Caillard Frères, Le Havre.
Cie de Fives Lille. R. Caumartin, 64.
Davot et Pille Creil.
Farcot, St-Ouen.
Leblanc (Jules), R. du Rendez-Vous, 108.
Société des usines Boubly. Av. Daumesnil, 43.
Sautter, Harlé et C°. Av. de Suffren, 26.
Schneider et C°. Forges du Creusot.
Soc. des Ateliers et Chantiers de la Loire Bd Haussmann, 11 bis.
Soc. cent. de constr. Weiher et Richemond R'd Aubervilliers,50. Pantin.

MÉGISSERIE

Nasurel et Caen. Croix (Nord).

MÉLASSES

Gallet, Gibou et C°. R. de l'Argonne, 17, La Villette, Paris.

MEUBLES ET ACCESSOIRES

Chevrie. R. Debelleyme, 7. Marqueterie.
FLANDRIN (Edm.). N. C. Tlph. 120-60. R. Castex, 5. Succ. R. des Capucines, 20. Exposant Groupe XII, Classe 69.
Jeanselme et C°. R. des Arquebusiers, 7.
KRIEGER, *Damon et Colin*, suc. Fg St-Antoine, 74. Voir Ameublements.
Majorelle Frères. Av. de Médreville, Nancy.
Muller. R. de Châteaudun, 50.
Perol. Fg St-Antoine, 4.
Quignon. R. St-Sabin, 33.
Schmitt. R. de Charonne, 22.
Sormani. R. Charlot, 10.
Soubrier. R. de Reuilly, 14.
Viardot et C°. R. Amelot, 56.

MEULES ARTIFICIELLES

Deplanque fils jeune. R. des Boulets, 54.
Kahn. R. Oberkampf, 104.

MEULES D'ÉMERI

Avizard (Maison Henry). Pass. des Favorites, 21.
Huard (A.). R. des Cévennes, 58.

MEUNERIE

Société Française de MEUNERIE et de PANIFICATION, système Schweitzer. Soc. an. cap. 1 million. Siège social R. Marsollier. Tlph. 239-14. Usine, ateliers et fonderie T. L. Suresnes, R. du Commandant-Rivière, 5. Installations de meu-

neries-boulangeries dans tous les centres populeux permettant de produire le meilleur pain au meilleur marché. — Installations à l'Exposition aux classes : 35, exploitations rurales; 37, industries agricoles; 55, industries alimentaires; 56, produits farineux; 57, produits de la boulangerie; 104, grande et petite culture; 110, Initiative publique et privée, 114, produits d'exportation pour les colonies (pavillon spécial); 120, armées de terre et de mer.

MIROITIERS

ARPIN(O.).R.Michel-le-Comte,23. Miroirs 3 faces, système breveté.

MOUTARDES

Bornibus (A.). Bd de La Villette, 58.
Grey-Poupon. Dijon.

NOUGAT

MICHEL (G.) Fils. R. St-Martin, 123.

NOUVEAUTÉS POUR AMEUBLEMENT

Chanée (L.) et C°. R. de Cléry, 25.
Hamot. R. de Richelieu, 75.

OBJETS EN IVOIRE

TRAISSARD. R. des Petits-Champs, 77.

OCULARISTES

COULOMB (G.-H.). R. Vignon, 28, Paris. Yeux artificiels.

OPTICIENS

Soc. des Lunetiers. R. Pastourelle, 6.

ORFÈVRERIE

Aucoc (A.). R. de la Paix, 6.
Boing-Henry. R. Pasquier, 3.
Boulenger et C°. R. du Vertbois,4.
Christofle et C°. R. de Bondy, 56.
Falize. R. d'Antin, 6.
Fannière, R. de Vaugirard, 53.
Froment-Meurice. R. d'Anjou, 46.
Harleux (Charles). R. Pastourelle, 34.
Langlois (Emile). R. Etienne-Marcel, 23.
Linzeler (Robert). R. de Turbigo. 68.
Tétard (E.). R. Béranger, 4.

ORNEMENTS POUR MODES

Baron. R. Ste-Anne, 65.

ORNEMENTS D'APPARTEMENTS

HUDRY (F.). Pass. St-Sébastien, 13.

ORTHOPÉDISTE

BIONDETTI, R. Vivienne, 48

OUTILS

Agnès. R. Réaumur, 8.
Dartigues. R. du Vertbois, 14.
Jametel. Cours de Vincennes, 41.
Joubert. R. des Petits-Champs,61.
Lenicque. Bd de la Madeleine, 17.
Sculfort et Fockedey. Maubeuge.

OUVRAGES DE DAMES

AUX LAINES ÉCOSSAISES
Charette (Mme L.). Bd Saint-Germain, 181, Paris. Laines, Tapisseries et broderies. Expédition France et étranger.
LE BEL-DELALANDE (Mme), R. St-Honoré, 348.
STIEGELMANN. R. St-Placide, 59. AU LISERON Ouvrages de dames dessinés, échantillonnés, broderies à façon. Soies et cotons lavables D. M. C.

PAIN D'ÉPICES

Sigaut (E.). Reims.

PAPIERS
(Fabricants de)

Darblay. R. du Louvre, 3.
LAROCHE-JOUBERT et C°. Tlph. 158-04. R. des Archives, 11. Cinq usines à Angoulême (Charente).

PAPIERS PEINTS

Barbedienne. R. N.-D.-des-Victoires, 21.
LINCRUSTA WALTON FRANÇAISE (classe 70, Invalides) Usine à Pierrefitte (Seine). Magasin de gros. R. Lafayette, 17, Paris.

GRANDE-BRETAGNE

Woollams. High Street, 110, à Londres.

PARAPLUIES

FALCIMAIGNE. Bd Sébastopol, 155.

PARFUMERIE

PIJON. R. Ste-Catherine, 165, Bordeaux.
COUDRAY et Cⁱᵉ. R. d'Enghien, 13,
GUERLAIN. R. de la Paix, 15.
KLOTZ (V.). Bd. de Strasbourg, 57.
LAUTHIER fils. Grasse.
LEGRAND-GELLÉ. Av. de l'Opéra, 6.
LUBIN. R. Ste-Anne, 55,
PINAUD Pl. Vendôme, 18.
PIVER. Bd de Strasbourg, 10.
RAYNAUD. Pl. de la Madeleine, 11.
REHNS et Cⁱᵉ. Bd des Italiens, 29.
ROGER et GALLET. R. d Hauteville,38.
ROURE-BERTRAND. Grasse.
VACHON BAYOUX. Pl. de la Charité,
3. Lyon
VIBERT. Bd de Sébastopol, 60.

BELGIQUE ○○○○○○

EECKELAERS. R. Gillon, 43.
Bruxelles.

ÉTATS-UNIS ○○○○○

COLGATE et Cⁱᵉ. John Street, 55,
New York.
LADD et COFFIN. Barclay Street,
New York.

GRANDE-BRETAGNE

ATKINSON. Old Bond Street, 24.
Londres.
PEARS (A. et T.). New Oxford Street.
Londres.

PAYS-BAS ○○○○○○

BOLDOOT. Amsterdam.

RUSSIE ○○○○○○○○

BROCARD et Cⁱᵉ. Moscou.
LABORATOIRE CHIMIQUE DE ST-PÉTERSBOURG. St-Pétersbourg.

PATENTES D'INVENTION

OFFICE DESNOS. Bd Magenta,
11. Paris (Voir Brevets d'invention).

PEIGNAGE

CHARLES TIBERGHIEN et
fils. Tourcoing.

PEIGNES

BONAZ (F.). Oyonnax (Ain).

PENSIONNATS

INSTITUTION DES ENFANTS
ARRIÉRÉS. Maison spéciale de
traitement. Langlois, Directeur.
Eaubonne (Seine-et-Oise).

PERLES

RUTFAU, R. Chapon, 31.
VALÈS CONSTANT. R St-Martin, 213.

PERLES
(Imitation de)

HEUSCH et Cⁱᵉ. Av. Daumesnil, 255.

PHARMACIENS

BARBIER-LONGUET. R. des
Lombards, 50.

PHOTOGRAPHIE
(Appareils et Fournitures pour la)

POULENC frères Fabrique d'appareils photographiques. — R.
Vieille-du-Temple, 93 Paris.Succursale : Bd St-Germain, 122.
Catalogue général illustré franco
sur demande. Nouveautés pour
1900. Stand Camera. Stand jumelle. Stand pochette. Stand liquide.

RICHARD (Jules). ✠.Tlph. 419-
63. R. Mélingue.25, anc. Imp. Fessart. 8 Constructeur
d'instruments de
précision Jumelle
stéréoscopique dite:
Vérascope,
nouvel appareil de
poche à magasin
donnant l'illusion de
la réalité en vraie
grandeur avec le relief. Magasin
de vente. R. Lafayette, 3.

SCHAEFFNER. R. de Châteaudun, 2.
SILVESTRE (E). R. Richer, 48,
Paris.Tout le monde photographie
avec la Détective étoile :
à 4 plaques 6 1/2×9. . 2 fr. 95
complet avec accessoires. 5 fr. 95

PHOTOGRAPHIE OBJECTIFS

TURILLON. Bd Voltaire, 125.

PIERRES FINES

CHAUNET (J.). R. Richelieu, 62.

PINCEAUX

PITEZ aîné. Fg Poissonnière, 51.

PIPES

MARÉCHAL RUCHON et Cⁱᵉ. R. des
Balkans, 17.
QUENTIN et C. R. de Bondy, 23.
SOMMER frères, Pass. des Princes,
11 et 13

POÊLES EN FAIENCE

LOEBNITZ. R. Pierre-Levée, 4.

POMPES

BEAUME (Léon) Boulogne-sur-Seine.
DUMONT. R. Sedaine, 85.
POMPE LEMAIRE
Breveté, S. G.D.G.
R. de Rivoli, 152.

TIRION. R. de Vaugirard, 160.
VIDAL-BEAUMÉ. ✠ Av. de la
Reine, 66 Boulogne (Seine).Tlph.
691-78. Pompes à tous usages,
élévation et distribution d'eau,
moulins à vent, béliers hydrauliques, moteurs, manèges, pompes à chapelets, arrosage, purin,
vidange, incendie, épuisement,
soutirage, transvasement. Classes 20, 21, 35, 36, 43.
WAUQUIER (E) et fils, constructeurs. R. de Wazemmes,
69, Lille. Pompes centrifuges à
vapeur et à courroies.

PORCELAINES

DELINIÈRES (R. et Cⁱᵉ) R.d'Hauteville, 61.

PORCELAINES
(Marchand de)

BUTTARD, spécialité pour
restaurants. R. de Paradis, 10

PRESSOIRS

Nabille frères. Ambroise (Indre-et-Loire).

PRODUITS CHIMIQUES

Darrasse frères et Landrin. R. Pavée, 13
Deival et Pascalis. R. Chapon, 5.
Manufacture de produits chim. du Nord. Lille (Nord).
Poulenc frères. R. Vieille-du-Temple, 92 Paris Fabricants de produits chimiques pour la Pharmacie, les Sciences, les Arts et l'Industrie. Usines à Ivry et à Montreuil-sous-Bois. Grand Prix, Exposition universelle, Paris, 1889.
Société centrale de produits chimiques. R. des Ecoles, 44 à 50.
Société anonyme de produits chimiques. R. de Rivoli, 140
Société anonyme des matières colorantes et produits chimiques de Saint-Denis. R. Lafayette, 105.
Société anonyme des usines de produits chimiques d'Hautmont. Hautmont (Nord).
Solvay et Cᵉ. Dombasle-sur-Meurthe (Meurthe-et-Moselle).

PRODUITS ORGANIQUES

Laire (de) et Cᵉ. R. St-Charles, 92.

PRODUITS PHARMACEUTIQUES

Adrian et Cᵉ. R. de la Perle, 9.
Asselin et Cᵉ. St-Denis (Seine).
Baron fils (Emile) Bd Romieu, 5, Marseille.
Boude et fils. Marseille.
Brigonnet et Naville. La Plaine-St-St-Denis.
Chassaing et Cᵉ. Av. Victoria, 6.
Colinet et Cᵉ. Bd Magenta 114.
Desnoix et Dubuchy. R. Vieille-du-Temple, 17.
Expert Besançon. R. du Château-des-Rentiers, 187.
Kestner et Cᵉ. Bellevue, près Giromagny (Terr. de Belfort).
Leprince (Maurice) Tlph. 699-02 R. Singer, 24.

Constipation habituelle. Affections du foie. Constipation dans la grossesse et l'allaitement. Détail dans toutes Pharmacies. Vente en gros.
Leroy (Vᵉ Ch.). R. Collange, 10, Levallois-Perret.

Pharm. centrale de France. R. de Jouy, 7.
Tanret (Ch.). R. d'Alger, 14.

PRODUITS A POLIR

Cᵉ Gle des Emeris et Produits à Polir, R Beautreillis, 23
Delaunay R St-Ambroise, 29.

QUINCAILLIERS

Allez frères R St-Martin, 1.
Chouanard (Emile) R St-Denis, 3.
Gautier fr. R. du Temple, 20.
Gautier (Victor). R. Lamartine, 6.
Guitel R St-Martin, 308.
Huré R Lafayette, 213.

RÉGLISSE

Carénou et Tur. Moussac (Gard).

RESSORTS

Picard R. Fontaine-au-Roi, 52.

ROBES ET MANTEAUX

Aine, Pl Vendôme, 1.
Félix Fg St-Honoré, 15.
Paquin R. de la Paix, 3
Redfern R. de Rivoli, 242
Rouff Bd Haussmann, 13.
Worth. R de la Paix, 7.

ROULETTES ET CUIVRERIE POUR MEUBLES

Lucien BOURDILLAT Aîné. R de Charonne, 152

SAGE-FEMME

Merlot (Mme). R. Montmartre, 163, près le boulevard Voir page 470 sous le Théâtre des Variétés.

SAVONS

SAVONNERIE MAUBERT. — Descressonières frères et Cᵉ. Paris, Fg St-Martin, 7. Lille, R. Lamartine, 17. Bruxelles, Chaussée de Gand, 82 On peut regretter de ne pas voir figurer à l'Exposition les produits de la Savonnerie Maubert, cette si ancienne et si bonne maison, dont les vastes usines modèles de Lille sont accessibles à tous ceux qui en font la demande.

SCIES

Mongin. Av. Philippe-Auguste, 51

SCIES MÉCANIQUES

Chastang, Ruines (Cantal).

SIPHONS ET APPAREILS POUR BOISSONS GAZEUSES

DURAFORT et Fils. Tlph. 902 69, Bd Voltaire 162 et 164 Maison la plus ancienne et la plus importante dans le monde Médaille d'or 1889.

SOIES ET TISSUS DE SOIE

Bardon et Rion. Lyon.
Bresson. Lyon.
Brosset-Heckel et Cᵉ. Lyon
Brunet-Lecomte. Lyon
Chatel et Tassinari. Lyon.
Forest. St-Etienne.
Gindre et Cᵉ. Lyon.
Giron St-Etienne.
Gourd et Cᵉ. Lyon.
Guinet et Cᵉ. Lyon,
Henry. Lyon.
Permezel. Lyon.
Piquefeu fils Bd Sébastopol, 40
Raffard R St-Denis, 226.
Rondeau. R de Rivoli, 172.
Schultz, et Cᵉ. Lyon
Triscarrères et Cᵉ. Lyon.
Waquez-Fessart fils R. Saint-Denis.

SOIES A COUDRE ET A BRODER

C M S.MEZ (Charles) et Fils Bd Sébastopol, 32, Paris. Soies écrues et teintes à coudre et à broder. Spécialité de soies et cordonnets p' machines, teinture extra-légère.

SPÉCIMENS D'EXPLOITATIONS RURALES ET D'USINES AGRICOLES

Broquet. R. Oberkampf, 151.
Voitelier. Nantes (Seine-et-Oise).

SUCRE

Cossé, Duval et Cᵉ. Nantes.
J. Jaluzot et Cᵉ. Bd Haussmann, 64.

LEBAUDY FRÈRES. R. de Flandre, 19.
RAFFINERIE SAY. Bd de la Gare, 123.

TABLETTERIE IVOIRE

LELOIR FRÈRES. R. Commines, 14.

TAILLEURS

DUCHER. R. de Richelieu, 44.
KRIEGCK (N.). Bd des Italiens, 28.
VIVIER. Bd des Italiens, 2.

TAILLEURS POUR DAMES

CHEYROUX. R. Bridaine, 19-21. Paris.

TANNEURS CORROYEURS

BAL (Les Fils de François). Chambéry.
BRUEL ET FILS. Souillac (Lot).
A. COMBE PÈRE ET FILS ET ORIOL. R. Claude-Vellefaux, 18.
CORBEAU, GRUEL ET FERET. Pont-Audemer (Eure).
DUFORT (H.). St-Charles, 77.
DUMAS, RAYMOND et Cie. St-Junien (Hte-Vienne).
DURAND FRÈRES. Villeneuve-sur-Lonne.
FORESTIER (Adalbert). St-Saens (Seine-Inférieure).
LEVEN FRÈRES ET FILS. R. de Trévise, 35.
NEYZONNIER FILS. Annonay (Ardèche).
MIRABEL-CHAMBAUD. Valence.
SOCIÉTÉ FRANÇAISE DE TANNAGE. St-Rémy-les-Chevreuse (S.-et-O.).
SOLANET (Gustave). Millau (Aveyron).
SORREL FRÈRES et Cie. Moulins (Allier).

TAPISSERIE ET DÉCORATION

BELLOIR. R. de la Victoire, 88.
BON MARCHÉ. R. de Sèvres.
BOVERIE. Fg St-Antoine, 115.
VERGER. R. Grange-Batelière, 17.

TAPIS ET TISSUS D'AMEUBLEMENT

BRAQUENIÉ et Cie. Aubusson (Creuse).
CHATEL ET TASSINARI. Lyon.
CHEDIV et Cie. Bourges (Cher).
Cie FRANÇ. DU LINOLEUM. Bd Haussmann, 21.
Cie LINCRUSTA WALTON française. R. Lafayette, 17.
DEFFRENNES DUPLOUY Frères, fabricants. Lannoy (Nord). Tissus, Tapis et Rideaux orientaux.
DRCHÉ. R. des e ts-Pères, 1.
FLANDRIN (Edm.). Tiph. 130-60. R. Castex, 3. Succle R. des Capucines, 20. Exposant Groupe XII, Classe 69.

HAMOT. R. Richelieu, 75.
KRIEGER, Damon ✠ et Colin, succ. Fg St-Antoine, 74. Voir Ameublements.
JANSEN. R. Royale, 9.
LEGRAND FRÈRES. R. de Cléry, 42.
LEMAIGRE. R. de Birague, 14.
MANUFACTURE NATIONALE DE BEAUVAIS. R. de la Man.-Nat., Beauvais.
MANUFACTURE NATIONALE DES GOBELINS. Av. des Gobelins, 42.
SALLANDROUZE FRÈRES. Aubusson (Creuse).

TAPISSIER

FLANDRIN (Edm.). N. C. Tlph. 130-60, R. Castex, 5. Succle R. des Capucines, 20.

TEINTURERIE

Vve GAYDET et Fils. Roubaix (Nord). Maison fondée en 1825. — Teintures et impressions sur laines. Mélanges Vigoureux. Spécialité de teintures grand teint pour draperie, bonneterie, draperie et tapis. Teintures en bobines sur laines. Bté S.G.D.G. Production annuelle de 4.500.000 kilog., soit par jour plus de 14.000 kilog. de toutes nuances.

TEINTURIERS APPRÊTEURS

DELMASURE (L. et F.). R. de Tournai, 79, Tourcoing.
DENIS (A.) et BENOIST. Roubaix. Traitement similisé sur tissus. Ameublement, coton, jute, ramie et lin. Spécialité de teintures et apprêts de velours lin, ramie, coton et jute. Impressions artistiques à la planche sur tous genres de tissus.
　　　Récompenses obtenues :
　　　Exposition Universelle
　　　Paris 1889, médaille d'or;
　　　Exposition Universelle
　　　Bruxelles 1897, médaille d'or.
ERNOULT, BAYARD frères. Roubaix (Nord). Teinturiers-apprêteurs Médaille d'or, Exposition Bruxelles, 1897. Teintures et apprêts sur tous genres de tissus, robes et confections. Spécialités : Foulure recommandée pour genres che.iots. Traitement brillant pour satins .armures, Apprêt Bain et Proof (m. d.), intachable à l'eau.
HANNART frères. Roubaix et Wasquehal. Teintures et apprêts sur tous tissus. Pure laine, laine et coton, laine et soie. pur coton, pure soie. Draperie, confection, robe, doublure, parapluie. Spécialités. Traitements Amazone, de Sedan, de Bohême, d'Elbeuf, peau de gant. Nuances solides, nuances pastel. Trait crispé par retrait du coton. Teinture Belge sur tissus pure laine écrue. Teinture laine et soie (nuances soirée). Traitements spéciaux pour tissus à parapluie : pure soie, genre inusable laine et soie, genre silésienne gloria et grisaille coton et soie, genre austria, pur coton.

- Doublures. Satin de chine laine et coton et pur coton noir et nuances solides - nouvelles résistant à la transpiration. Traitement intachable au fer. Traitement de Villefranche et Grand. Traitement simili soie (mercerisé). Production : 2000 pièces par jour, soit 600 000 pièces par an représentant une valeur de 120 000 000 de francs. 2500 personnes occupées qui reçoivent en salaires et appointements 2 500 000 francs.
JOLLY fils et SAUVAGE. R. de Rohan, 3.
MOTTE et BOURGEOIS. Teinturerie fondée en 1873. Draperies, confections. Médaille d'argent, 1878. Médaille d'or, 1889.
MOTTE-DELESCLUSE frères et Cie. Maison fondée en 1871. Teintures. Apprêts. Spécialité Doublures, Satins de Chine. Traitement simili soie. Noir indestructible procédé garanti.
MOTTE et MEILLASSOUX frères. Maison fondée en 1867. Teinturerie lainages, Tissus laine, soie et coton. Spécialité fils coton mercerisés. Médaille d'or, 1878. Diplôme d'honneur, 1889.
TEINTURERIE et BLANCHISSERIE DE Thaon (Vosges).
Émile ROUSSEL, ✠. Membre de la Chambre de Commerce de Roubaix. Médaille d'or. Société industrielle du Nord. Anvers, 1885, Diplôme d'honneur, Paris, 1889, Médaille d'or. Teinture et apprêt de tissus pour robes, ameublements, draperies, doublures. Apprêt argent simili soie. Apprêt mérinos coton donnant le toucher et l'aspect de la laine.
Charles TIBERGHIEN et fils. Tourcoing.
Th. SEGARD et VANACKÈRE frères. Successeurs de A. Coheteux et Cie. Roubaix. Spécialité de teintures et apprêts de velours, lin, jute, coton et soie. Apprêts en tous genres pour tissus, ameublement, soierie. Robe haute nouveauté et fantaisie. Apprêts pour mélanges Vigoureux.

THÉS

COMPAGNIE ANGLAISE. Pl. Vendôme, 23. Paris.
J. HOUSEAL-GUERRIER. R. des Petits-Champs, 46.

TIRE-BOUCHONS

PÉRILLE. Bd Richard-Lenoir, 100.

TISSAGE

MIEG et Cie. Luxeuil (Haute-Saône).

TISSUS

(Fabricants de)

Auguste FLORIN et fils. Roubaix. Tissus nouveautés.
Désiré WIBAUX-FLORIN. Roubaix. Maison fondée en 1810. Fi-

lature de coton. Teinturerie. Tissage mécanique. Tissus pour robes, chaussures, pantalons Articles de voyage. 2 médailles d'or, 1878.

E. MATHON et DUBRULLE, à Tourcoing. Fabricants de tissus, draperies nouveautés, doublures confections, lainage. Teinture et apprêts.

F. et H. CARISSIMO. Roubaix. **François ROUSSEL père et fils** Roubaix. Tissus nouveautés pour robes. Médaille d'or, Paris, 1889.

LECLERCQ-DUPIRE. Roubaix. Maison fondée en 1847. Médaille d'argent, Paris, 1867. — Médaille d'or, Paris, 1878. — Grand Prix, Paris, 1889. Filatures, tissages, teintures et apprêts. Doublures : satins de Chine, béatrix, fantaisie, tartans, orléans, pachas noirs et couleurs. Draperies unies, mélangées et nouveautés. Robes : lainages unis et fantaisie.

SOCIÉTÉ ANONYME DE ROUBAIX. Anciens établissements **H. Delattre père et fils.** Filature et tissage de laine et filature de coton.

SOCIÉTÉ DE L'INDUSTRIE TEXTILE D'ANGERS « MAX-RICHARD, SEGRIS, BORDEAUX et Cⁱᵉ » Fils simples et retors, ficelles et cordages en tous genres et pour tous usages, toiles à voiles, à bâches, à tentes, à sacs, etc., etc. Tuyaux en toile, sans couture, bâches, tentes, sacs, seaux, filets confectionnés.

TERNYNCK (H) et fils Roubaix. **TERNYNCK frères.** Roubaix. Maison fondée en 1835. Médailles d'or, Paris, 1859, 1844, 1849, 1867, 1889.

Spécialités.

Draperie pour hommes et pour dames. Armures pour vêtements ecclésiastiques. Cheviottes. Satin de Chine pour doublure noir et couleurs. Lainage pour robes.

THERIN et Cⁱᵉ. Roubaix. 1 médaille d'argent 1867, 1 médaille d'or, 2 médailles d'argent, 1878. Draperies pure laine, laine et coton. Doublures tout coton, pure laine, laine et coton. Tissus spéciaux pour chaussures. Coutils façonnés et blanc tout coton pur fil, et fil et coton.

TIBERGHIEN frères. Tourcoing. R. de Paris, 94. Maison fondée en 1853. Peignage. Filature. Tissage. Teintures et apprêts. Lainages. Confection. Draperie. Nouveautés en ous genres. Médaille d'or, Paris, 1878. Grand Prix, Anvers, 1894. Grand Prix, Bruxelles, 1897. Maison d'achat à Buenos-Ayres. Maison de vente à Roubaix.

TISSUS D'AMEUBLEMENT

DEFFRENNES - DUPLOUY Frères, Lannoy (Nord). Tissus, tapis et rideaux orientaux.

E. FLIPO-BOUCHART et fils. Roubaix.

TISSUS DE COTON

Charles TIBERGHIEN et fils Tourcoing. Peignage. Filature. Tissage. Teinture et apprêt. Manufacture de tissus, lainages en tous genres et guipure. Robe. Confection. Draperie. Ameublement et Rideaux. Grand Prix, Bruxelles, 1897. Maison d'achat à Buenos-Ayres. Maison de vente à Roubaix.

MANCHON, LEMAITRE et Cⁱᵉ. Bolbec. **ROY frères.** R. des Jeûneurs, 58. **WADDINGTON fils et Cⁱᵉ.** St-Rémy-sur-Avre (Eure-et-Loir).

COMMISSIONNAIRES EN TISSUS DE COTON

JUILLARD et MÉGUIN, Épinal.

TISSUS DE LIN

WALLAERT frères, à Lille.

TRANSPORTS MARITIMES

GIRARD frères et GONDRAND frères (✠.✠.✠). Tlph. 255-36, R. de la Douane, 22.
Transports maritimes et terrestres, affrètements. Déménagements.
50 succursales en Europe.
Agents d'importantes lignes de navigation.
Tlg. Gondrand, Paris.

VÉLOCIPÈDES

RICBOURG (A) (I. ✸). (N. C.). Ingénieur - mécanicien. Cycles « Standard ». Tlph. 128-69. R. de la Reynie, 20.

VELOURS DE COTON

A. COCQUEL et Cⁱᵉ, à Amiens. Tissage mécanique de velours de coton Coupe mécanique. Teinture et apprêts. Maison de vente, R. des Sergents, 10.

VELOURS POUR AMEUBLEMENT

François PIQUÉE et GENDRE. R. de Rivoli, 122, Paris. Velours d'Utrecht, mohair, soie, lin, coton, etc., unis et façonnés.

VERNIS

SOEHNÉE frères. R. des Filles-du-Calvaire, 19.

VERRERIES

BALLINEAU. R. de l'Arbre-Sec, 21.
DANIN et Cⁱᵉ. Nancy.
GALLÉ et Cⁱᵉ. Nancy.
HAVEZ. Aniche (Nord).
LEGRAS et Cⁱᵉ. Av. de Paris (St-Denis).
LEVAL et RAGUET. Fg St-Denis, 130.
RENARD et Cⁱᵉ. Fresnes (Nord).
SOCIÉTÉ ANONYME DES VERRERIES Jeumont (Nord).
SOCIÉTÉ ANONYME DES VERRERIES Richarne. Rive-de-Gier (Loire).
SOCIÉTÉ DES VERRERIES DE CARMAUX. Av. Lafayette, 15 (Toulouse)
SOCIÉTÉ ANONYME DES VERRERIES. Aniche (Nord).

VERRERIE
(Marchand de)

BUTTARD, spécialité pour cafés. R. de Paradis, 10.

VINAIGRES

BAGLAN (Emile). Vendôme (Loir-et-Cher).
BOULLEVAULT (Emile). Nèze (Hérault).
CLEMENT et Cⁱᵉ. Gray (Haute-Saône).
SÉJOURNÉ-BARUÉ (Albert). Orléans.

VINS DE CHAMPAGNE

CHAMPAGNE A. et G. LEMAITRE, J. Marchand. R. St-Honoré, 368. Tlph 250-95.
CLICQUOT (Eugène) et Cⁱᵉ. Reims.

DESBORDES (X.) et fils. Avize (Marne).
DUMINY et Cⁱᵉ. Ay.
HEIDSIECK et Cⁱᵉ. Reims.
HEIDSIECK (Charles). Reims.
HENRY GOULET. Reims.
MERCIER (E.) et Cⁱᵉ. Epernay.
MONTEBELLO (Alfred DE). Marcil-sur-Ay.
MUMM (G.-H.) et Cⁱᵉ. Reims.
MUMM (Jules) et Cⁱᵉ. Reims.
ROEDERER (Louis). Reims.
RUINART père et fils. Reims.

VITRAUX

BEGULE. Lyon.
BOULANGER. Rouen.
CHAMPIGNEULLE (Ch.) et Cⁱᵉ. R.N.-D.-des-Champs, 96.
CHAMPIGNEULLE (Mᵉ E.) et Cⁱᵉ. R. de Rennes, 68
NÉRET. R. Réaumur, 115.

La Première Leçon

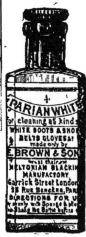

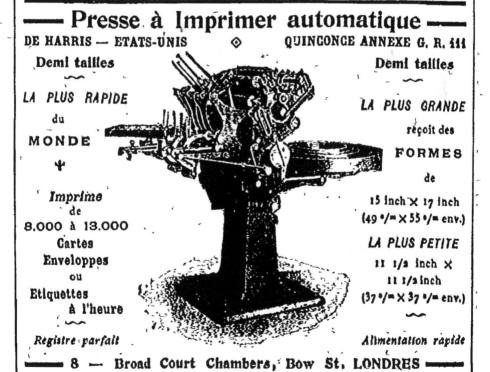

Les Bons du Paris-Exposition

⬆ *Le "Paris-Exposition" a mis, comme le fait chaque année l'Almanach Hachette, sa grande publicité à la disposition des Commerçants et des Directeurs de spectacles.*

⬆ *Par suite, ses Lecteurs pourront profiter d'avantages qui leur sont directement offerts par la Direction des spectacles qui sollicitent leur attention.* ⬆

⬆ *Ainsi les Lecteurs du "Paris-Exposition" trouveront (sous les réserves spécifiées d'autre part) dans ce Guide, des Bons qui leur procureront, à des conditions avantageuses pour eux, des entrées dans un certain nombre d'attractions. Des restaurants leur offrent soit une réduction de prix sur le tarif des repas, soit une consommation gratuite.* ⬆

⬆ *Des Commerçants, des Industriels, leur font hommage gracieusement, ou leur offrent à des prix de faveur des objets qui constitueront, pour eux, autant de souvenirs de leur visite à l'Exposition.* ⬆

Voir au Verso la Liste des Bons du "Paris-Exposition"

. . . .

*Tout Bon détaché à l'avance ne sera pas accepté.
Présenter le volume lui-même au guichet.*

EXPOSITION DE 1900

BON pour la SOMME DE **Cinquante Centimes**
(Sur le prix de DEUX francs)
à valoir sur le Prix d'une Entrée (2 fr.)
DANS LA NACELLE (1re CLASSE) DU

Ballon=Cinéorama

*Ce Bon sera reçu aux Guichets du Cinéorama
pour la valeur ci-dessus indiquée*
sauf interdiction administrative ou toute autre cause de force majeure.
Il ne sera valable que pendant les représentations de jour
(de 10 heures du matin à 6 heures du soir) tous les jours
Il ne sera accepté concurremment avec AUCUN autre Bon
portant réduction du prix des places
Il ne sera fait d'exception qu'en faveur des porteurs de Bons de l'Exposition
Il ne sera accepté qu'un BON par entrée.

Ce Bon ne peut être vendu

Ce Bon ne peut être vendu

Sans responsabilité pour l'Administration du *Paris-Exposition*

Liste des Bons du "Paris-Exposition"

Entrées dans diverses attractions et avantages divers

DANS L'ENCEINTE DE L'EXPOSITION

Ballon-Cinéorama.
Palais de l'Optique.
Grand Théâtre du Vieux-Paris.
Panorama de la mission Marchand.
Palais du Costume.
Exposition minière souterraine.

Monde souterrain.
Globe Céleste.
Voyages animés.
Panorama des Alpes Bernoises (Village suisse).
Panorama du Club Alpin.

HORS DE L'ENCEINTE DE L'EXPOSITION

Venise à Paris.
Théâtre des Capucines.
Combat Naval.

Théâtre Cluny.
Théâtre de l'Athénée.
Grande Roue de Paris.

Hippodrome

RESTAURANTS

Réduction de prix au *Cabaret de la Belle Meunière*.
Une tasse de café au *Restaurant de la Vieille Auvergne*.
Un verre de liqueur (la Kremline)

au *Restaurant des Cadets de Gascogne*.
Le déjeuner froid de l'Exposition (le *Pâté-Chatriot-Exposition*) (Maison Chatriot).

SIX BONS D'ACHAT

Coquet Minois (voilettes). — Piver (sachet de parfumerie). — Schroedter (inventions utiles). — Au Bon Ménage (meubles). — Notre Jumelle pour tous. — La Kremline (liqueur).

Le BALLON-CINÉORAMA

Au Champ-de-Mars (Quai d'Orsay) *à côté du Restaurant de la Kammerzell*

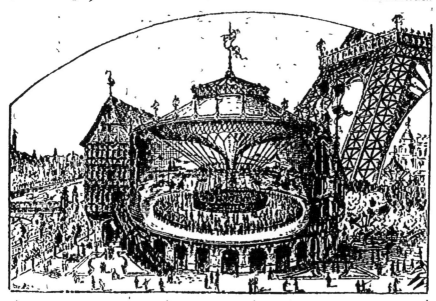

INTÉRIEUR DU CINÉORAMA
Les Vues animées en ballon

Tout Bon détaché à l'avance ne sera pas accepté,
Présenter le volume lui-même au guichet.

EXPOSITION DE 1900

BON pour la SOMME DE **Vingt-cinq Centimes**

à valoir sur le Prix d'une Entrée (1 fr.)

À

Venise à Paris

Avenue de Suffren (au coin de la rue Buenos-Ayres)

Ce Bon sera reçu aux guichets de Venise à Paris pour la valeur ci-dessus indiquée, tous les jours, sauf cas de force majeure.

Il ne sera accepté concurremment avec AUCUN autre Bon portant réduction du prix d'entrée

Il ne pourra pas être présenté notamment avec les BONS DE L'EXPOSITION

Il ne sera accepté qu'un BON par entrée.

Sans responsabilité pour l'Administration du *Paris-Exposition*

(left margin) Ce Bon ne peut être vendu

(right margin) Ce Bon ne peut être vendu

Tout Bon détaché à l'avance ne sera pas accepté,
Présenter le volume lui-même au guichet.

EXPOSITION DE 1900

BON pour la SOMME DE **Cinquante Centimes**

(Sur le prix de DEUX francs)

à valoir sur le Prix d'une Entrée ordinaire (2 fr.)

AU

PALAIS de l'OPTIQUE
La Lune à UN Mètre

Ce Bon sera reçu aux Guichets du Palais de l'Optique pour la valeur ci-dessus indiquée tous les jours, sauf interdiction administrative ou toute autre cause de force majeure

Il ne sera accepté concurremment avec AUCUN autre Bon portant réduction sur le prix d'entrée

Il ne pourra pas être présenté notamment avec les BONS DE L'EXPOSITION.

Il ne sera accepté qu'un BON par entrée.

Sans responsabilité pour l'Administration du *Paris-Exposition*

(left margin) Ce Bon ne peut être vendu

(right margin) Ce Bon ne peut être vendu

(far left margin) ooo A ... COUPER ... AVEC ... DES ... CISEAUX ... SUIVANT ... LE ... POINTILLÉ ... ooo

...COUPER...AVEC...DES...CISEAUX...SUIVANT...LE...POINTILLÉ...

Tout Bon détaché à l'avance ne sera pas accepté.
Présenter le volume lui-même au guichet.

EXPOSITION DE 1900

BON pour Une demi-tasse de café avec sucre

offerte gratuitement à la fin de son repas à
tout consommateur qui aura déjeuné ou diné

AU

Restaurant de la Vieille Auvergne

(Esplanade des Invalides)

Ce Bon sera reçu dans les conditions ci-dessus
indiquées au Restaurant de la Vieille Auvergne
tous les jours, sauf interdiction administrative ou
tout autre cas de force majeure

Il ne sera accepté concurremment avec AUCUN
autre Bon portant réduction des prix des repas
Il ne sera accepté qu'un BON par personne

Ce Bon ne peut être vendu

Ce Bon ne peut être vendu

Sans responsabilité pour l'Administration du Paris-Exposition

Tout Bon détaché à l'avance ne sera pas accepté.
Présenter le volume lui-même au guichet.

EXPOSITION DE 1900

BON pour la SOMME DE { 50 centimes (sur les prix de 3 et 4 fr.) UN franc (sur les prix de 5 et 6 fr.)

à valoir respectivement sur les prix d'une place

AU

Grand Théâtre du Vieux Paris

Ce Bon ne sera reçu aux Guichets du Grand Théâtre
pour l'une des valeurs ci-dessus indiquées que le
VENDREDI, JOUR SELECT
sauf interdiction administrative ou toute autre cause de force majeure

Il ne sera accepté concurremment avec AUCUN
autre Bon portant réduction des prix des places

Il ne pourra pas être présenté notamment avec les BONS DE L'EXPOSITION

Il ne sera accepté qu'un BON par entrée

Ce Bon ne peut être vendu

Ce Bon ne peut être vendu

Sans responsabilité pour l'Administration du Paris-Exposition

Tout Bon détaché à l'avance ne sera pas accepté.
Présenter le volume lui-même au guichet.

EXPOSITION DE 1900

BON pour la SOMME DE **Cinquante Centimes**

à valoir sur le prix d'un Déjeuner (4 fr.)
ou d'un Dîner (5 fr.)

PRIS AU

Cabaret (n° 19) de la Belle Meunière

sis au Pied du Trocadéro, au coin du pont d'Iéna

*Ce Bon sera reçu à la Caisse du Restaurant de la Belle
Meunière pour la valeur et dans les conditions ci-
dessus indiquées, tous les jours, sauf interdiction
administrative ou toute autre cause de force majeure*

Il ne sera accepté concurremment avec AUCUN
autre Bon portant réduction des prix des repas
Il ne sera accepté qu'un BON par personne

Sans responsabilité pour l'Administration du *Paris-Exposition*

Ce Bon ne peut être vendu — Ce Bon ne peut être vendu

Tout Bon détaché à l'avance ne sera pas accepté.
Présenter le volume lui-même au guichet.

EXPOSITION DE 1900

BON pour la SOMME DE **Vingt-cinq Centimes**

à valoir sur le Prix d'une Entrée (1 fr. 50)

AU

Panorama de la Mission Marchand

*Ce Bon sera reçu aux Guichets du Pano-
rama de la Mission Marchand pour la
valeur ci-dessus indiquée, tous les jours,*
sauf interdiction administrative ou toute autre cause de force majeure.

Il ne sera accepté concurremment avec AUCUN
autre Bon portant réduction du prix d'entrée.

Il ne pourra pas être présenté notamment avec les BONS DE L'EXPOSITION
Il ne sera accepté qu'un BON par entrée

Sans responsabilité pour l'Administration du *Paris-Exposition*

Ce Bon ne peut être vendu — Ce Bon ne peut être vendu

A···C·O·U·P·E·R···A·V·E·C···D·E·S···C·I·S·E·A·U·X···S·U·I·V·A·N·T···L·E···P·O·I·N·T·I·L·L·E···

Théâtre des Capucines

Boulevard des Capucines

MODE D'UTILISATION
de ce

Billet de Théâtre à prix de faveur

Se présenter au bureau le soir de la représentation, prendre ses places, et, au moment de payer, remettre ce billet, qui donnera droit à une réduction de 20 % sur les prix suivants :

Fauteuils 1re série ～ 5 fr.
— 2e série ～ 3 fr.

LE PALAIS DU COSTUME
(Projet Félix)

LE Palais du Costume, exposé au Champ-de-Mars, l'Histoire du Costume de la femme à travers les âges. Chacune des époques choisies donne lieu à une scène typique et originale, où la femme domine. Costumes, étoffes, architecture, mobilier, tout, jusqu'aux moindres accessoires, y est reconstitué avec la plus scrupuleuse exactitude.

♣ Le visiteur pourra, chemin faisant, admirer : une reconstitution exacte des *Galeries de Bois* du Palais-Royal, avec un personnel vivant en costumes Louis XVI, une *Histoire de la Coiffure* à toutes les époques, une collection de vêtements, broderies, tapisseries, etc., du IIe au XIIe siècles, etc., etc. ♣

Tout Bon détaché à l'avance ne sera pas accepté.
Présenter le volume lui-même au guichet.

EXPOSITION DE 1900

BON pour **DEUX** places à prix de faveur
Valable tous les jours, Dimanches, Fêtes et Matinées
Du 1er Mai au 31 Octobre 1900
(PRIX AU DOS)
Offert aux Lecteurs du PARIS-EXPOSITION
par la direction du

THÉATRE CLUNY

71, boulevard Saint-Germain, 71

Ce bon sera déclaré nul s'il est vendu

Ce Bon ne peut être vendu

Sans responsabilité pour l'Administration du *Paris-Exposition*

Tout Bon détaché à l'avance ne sera pas accepté.
Présenter le volume lui-même au guichet.

EXPOSITION DE 1900

BON pour la SOMME DE **25** centimes *(sur le prix de 1 fr.)* **50** centimes *(sur le prix de 2 fr.)*
à valoir respectivement sur les prix d'une Entrée
(1 FRANC OU 2 FRANCS)

A

l'Exposition Minière Souterraine

Ce Bon sera reçu aux Guichets de l'Exposition Minière Souterraine pour l'une des valeurs ci-dessus indiquées tous les jours, sauf interdiction administrative ou toute autre cause de force majeure
Il ne sera accepté concurremment avec AUCUN autre Bon portant réduction sur les prix d'entrée.
Il ne pourra pas être présenté notamment avec les BONS DE L'EXPOSITION
Il ne sera accepté qu'un BON par entrée.

Ce Bon ne peut être vendu

Sans responsabilité pour l'Administration du *Paris Exposition*

THÉATRE CLUNY
Boulevard Saint-Germain

MODE D'UTILISATION
de ce
Billet de Théâtre à prix de faveur

Se présenter au bureau le soir de la représentation, prendre ses places, et, au moment de payer, remettre ce billet, avec lequel il ne sera perçu que les prix suivants :

Fauteuils de Balcon⁓⁓⁓ 2 fr. »
— d'Orchestre⁓⁓⁓ 2 fr. 50
Orchestre avancé⁓⁓⁓ 3 fr. »

EXPOSITION MINIÈRE SOUTERRAINE

LE visiteur qu'attire le Grand Chevalement de Mine, après un rapide coup d'œil au jour sur la plus grande machine d'extraction qui ait été construite en France, prendra place dans la cage, et se trouvera quelques instants après à l'entrée d'un réseau de galeries.

♠ Ici une machine souterraine, là une pompe, plus loin des perforatrices qui frappent à coup redoublés; au tournant d'une galerie, c'est un train avec sa locomotive électrique.

♠ L'obscurité resplendit et scintille, nous voilà dans une grotte de sel gemme.

♠ Les galeries s'assombrissent. Voilà de vrais nègres qui abattent une roche grise sans éclat ni apparence : c'est pourtant là une de ces mines d'or du Transwaal d'où sortent chaque année des centaines de millions.

♠ En quelques minutes, vous aurez eu une idée absolument exacte de ce qu'est une mine de houille, un filon de plomb, une couche de sel gemme, et le reef du Transwaal. Aucune leçon de choses n'a été plus scrupuleusement préparée que les Mines du Trocadéro. ♠

A...COUPER...AVEC...DES...CISEAUX...SUIVANT...LE...POINTILLÉ....

Tout Bon détaché à l'avance ne sera pas accepté.
Présenter le volume lui-même au guichet.

EXPOSITION DE 1900

BON pour la SOMME DE **Quarante Centimes**

à valoir sur le prix (2 fr.) d'une place de galerie

AU

Combat Naval

Porte des Ternes (Ancien Buffalo)

Ce Bon sera reçu aux guichets du **Combat Naval**
pour la valeur et dans les conditions ci-dessus indiquées, tous les jours, à l'exception des dimanches
et fêtes, sauf cas de force majeure

Ce Bon ne sera accepté concurremment avec AUCUN
autre Bon portant réduction sur les prix des places
Il ne sera accepté qu'un *BON* par personne —

Ce Bon ne peut être vendu

Ce Bon ne peut être vendu

Sans responsabilité pour l'Administration du *Paris-Exposition*

Tout Bon détaché à l'avance ne sera pas accepté.
Présenter le volume lui-même au guichet.

EXPOSITION DE 1900

BON pour la SOMME DE **25** centimes *(sur le prix de 1 fr.)*
50 centimes *(sur le prix de 2 fr.)*

à valoir respectivement sur les prix d'une Entrée
(1 FRANC OU 2 FRANCS)

AU

Monde Souterrain

Ce bon sera reçu aux Guichets du
Monde Souterrain pour l'une des
valeurs ci-dessus indiqués tous les jours,
sauf interdiction administrative ou toute autre cause de force majeure,
Il ne sera accepté concurremment avec AUCUN
autre Bon portant réduction sur les prix d'entrée.
Il ne pourra pas être présenté notamment avec les BONS DE L'EXPOSITION.

Il ne sera accepté qu'un *BON* par entrée.

Ce Bon ne peut être vendu

Ce Bon ne peut être vendu

Sans responsabilité pour l'Administration du *Paris-Exposition*

LE COMBAT NAVAL

Porte des Ternes (Ancien Buffalo)

Grand Spectacle réaliste que son grand succès en 1899 classe parmi les clous de l'Exposition

30 Navires de guerre

Évoluant et combattant sur une mer véritable de 8.000 mètres cubes.

♠♠♠

ÉVOLUTIONS d'escadre en temps de paix. Tir à la cible par des torpilleurs. Lancement de torpilles par des bateaux sous-marins. ♠

♠ Blocus, bombardement et attaque d'un port de mer fortifié. Destruction des forts, etc... ♠

♠ Pendant la première partie du spectacle : grande pantomime sur l'eau. Divertissements nautiques, etc... Orchestre de 40 musiciens dirigés par M. *Louis Pister.*

LE MONDE SOUTERRAIN

❋

REPRODUIRE en plein Paris les principales merveilles du Monde Souterrain : telle est l'œuvre poursuivie par un groupe de savants et d'artistes qui ont eu à tout instant en vue la perfection de l'exécution.

♠ Le mineur phénicien s'avance péniblement, lourdement chargé, dans une galerie sinueuse ; celui du Harz actionne de bizarres mécanismes qui déjà facilitent son travail. Ce qu'ils recherchent, ce sont ces richesses souterraines, enfouies aux époques successives que nous font entrevoir une série de dioramas étudiés sur les documents les plus récents.

♠ De tout temps, les espaces souterrains ont attiré l'homme ; voilà une Chambre sépulcrale de Memphis avec le Tombeau de Ti et de son épouse ; plus loin, c'est une Sépulture étrusque de Pérouse, et de là nous passons brusquement au Tombeau du roi Agamemnon ; quelques pas plus loin, nous sommes au Tonkin dans les merveilleuses Grottes à pagodes souterraines. Nous rentrons en France pour suivre M. Martel au Gouffre de Padirac ; mais, chemin faisant, nous avons jeté un coup d'œil sur la Grotte d'Azur de Capri. ♠

Tout Bon détaché à l'avance ne sera pas accepté.
Présenter le volume lui-même au guichet.

EXPOSITION DE 1900

BON

pour une réduction de 10 pour cent

sur les prix d'une place (*Voir prix au verso*)

A

l'Hippodrome

Place Clichy

M. COUTURAT, *Administrateur délégué*

♠

~ Il ne sera accepté qu'un BON par personne ~

Ce Bon est valable tous les jours, pour toutes les représentations du 1er mai au 31 octobre 1900, sauf les dimanches et fêtes

Sans responsabilité pour l'Administration du *Paris-Exposition*

Tout Bon détaché à l'avance ne sera pas accepté.
Présenter le volume lui-même au guichet.

EXPOSITION DE 1900

BON pour la SOMME DE Vingt-cinq Centimes

à valoir sur le Prix d'une Entrée (1 fr. 50)

AU

Globe Céleste

Ce Bon sera reçu aux Guichets du Globe Céleste pour la valeur ci-dessus indiquée, tous les jours sauf interdiction administrative ou toute autre cause de force majeure

Il ne sera accepté concurremment avec AUCUN autre Bon portant réduction du prix d'entrée

Il ne pourra pas être présenté notamment avec les BONS DE L'EXPOSITION

Il ne sera accepté qu'un BON par entrée.

Sans responsabilité pour l'Administration du *Paris-Exposition*

A COUPER AVEC DES CISEAUX SUIVANT LE POINTILLÉ

Tout Bon détaché à l'avance ne sera pas accepté.
Présenter le volume lui-même au guichet.

EXPOSITION DE 1900

BON

pour une réduction de 20 pour cent

sur les prix d'une place *(Voir prix au verso)*

AU

Théâtre de l'Athénée-Comique

Rue Boudreau, 5 et 7 *(Square de l'Opéra)*

DIRECTEUR : M. A. DEVAL

Ce Bon est valable tous les jours, du 1er mai au 31 octobre 1900, pour toutes les représentations, à l'exception de celles qui seraient données par des troupes étrangères.

Il ne sera accepté qu'un BON par personne

Ce Bon ne peut être vendu

Sans responsabilité pour l'Administration du *Paris-Exposition*

Tout Bon détaché à l'avance ne sera pas accepté.
Présenter le volume lui-même au guichet.

EXPOSITION DE 1900

BON pour la SOMME DE **25** centimes *(sur le prix de 1 fr.)* / **50** centimes *(sur le prix de 2 fr.)*

à valoir respectivement sur les prix d'une Entrée

AUX

Voyages Animés

Ce Bon sera reçu aux Guichets des **Voyages Animés** *pour l'une ou l'autre des valeurs ci-dessus indiquées, tous les jours,*

sauf interdiction administrative ou toute autre cause de force majeure.

Il ne sera accepté concurremment avec AUCUN autre Bon portant réduction sur les prix d'entrée.

Il ne pourra pas être présenté notamment avec les BONS DE L'EXPOSITION.

Il ne sera accepté qu'un BON par entrée.

Ce Bon ne peut être vendu

Sans responsabilité pour l'Administration du *Paris-Exposition*

Tout Bon détaché à l'avance ne sera pas accepté.
Présenter le volume lui-même au guichet.

EXPOSITION DE 1900

LE DEJEUNER FROID DE L'EXPOSITION
BON POUR PAYER

2 francs LE PÂTÉ **2** fr. **50** au lieu de

Chatriot=Exposition

(Volaille, Foies gras et Truffes). POUR 3 COUVERTS

Pris à la Maison CHATRIOT

97, rue St-Lazare ou 10, rue du Havre

Le porteur de ce BON pourra opter pendant la durée de l'Exposition, pour une remise de 5 % sur les autres "Pâtés-Chatriot"
(Voir au verso)

Il ne sera accepté qu'un Bon par commande
Les commandes faites la veille sont assurées pour le lendemain
Téléphone 221-61

Ce Bon ne peut être vendu

Ce Bon ne peut être vendu

Sans responsa'lilité pour l'Administration du *Paris-Exposition*

Tout Bon détaché à l'avance ne sera pas accepté.
Présenter le volume lui-même au guichet.

EXPOSITION DE 1900

BON pour la SOMME DE **Cinquante Centimes**

à valoir sur le prix d'une Entrée (1 fr.)

Au Panorama des Alpes Bernoises

ATTRACTION SITUÉE
DANS L'ENCEINTE DU VILLAGE SUISSE

Ce Bon sera reçu aux guichets du Panorama des
Alpes Bernoises *pour la valeur ci-dessus indiquée*
TOUS LES JOURS
sauf interdiction administrative ou toute autre cause de force majeure
Il ne sera accepté concurremment avec AUCUN
autre Bon portant réduction sur le prix d'entrée
Il ne pourra pas être présenté notamment avec les BONS DE L'EXPOSITION
Il ne sera accepté qu'un BON par entrée

Ce Bon ne peut être vendu

Ce Bon ne peut être vendu

Sans responsabilité pour l'Administration du *Paris-Exposition*

A...COUPER...AVEC...DES...CISEAUX...SUIVANT...LE...POINTILLE...

☘ LE VILLAGE SUISSE ☘

DE toutes les Attractions de l'Exposition, la plus grande en étendue, la plus curieuse et la plus intéressante comme nouveauté et difficulté vaincue, la plus attrayante, la plus imprévue, la plus pittoresque et la plus vivante, est certaine-ment le *Village Suisse*, occupant une superficie de *21.000 mètres* sur les avenues de Suffren et de La Motte-Piquet, avec des chaînes de montagnes, une cascade de 34 mètres, un torrent, un lac, des forêts de sapins, des châlets, des pâturages, des troupeaux, et toute une petite ville d'architecture ancienne.

🌸 On y voit, en leur costume traditionnel, plus de *300 Paysans et Paysannes*, pâtres, ouvriers, artisans, sculpteurs sur bois, vanniers, tisseurs, brodeuses et dentellières.

🌸 Dans la *Laiterie fribourgeoise* on fabrique le célèbre fromage de Gruyère. Dans l'hospitalière *Auberge du Treib*, reflétant un toit pointu dans l'eau d'un petit lac, au bord duquel s'élève la chapelle de Guillaume Tell; on boit de la bière et des vins suisses servis par des sommelières bernoises à la blanche chemise bouffante, au corselet de satin ou de velours noir orné de chaînettes d'argent.

🌸 On y voit l'Auberge historique du Bourg-Saint-Pierre, où déjeuna Napoléon; les antiques maisons à arcades de Thoune et de Berne, les maisons à tourelles de Schaffhouse, et la façade fleurie de l'Hôtel-de-Ville de Zoug.

🌸 On y assiste à des danses nationales, à des luttes de bergers, etc.

Tout Bon détaché à l'avance ne sera pas accepté.
Présenter le volume lui-même au guichet.

EXPOSITION DE 1900

BON pour la SOMME DE **Vingt-cinq Centimes**

à valoir sur le prix d'une Entrée

AU

Panorama du Club Alpin

Ce Bon sera reçu aux Guichets du Panorama du
Club Alpin pour la valeur ci-dessus indiquée,
TOUS LES JOURS
sauf interdiction administrative ou toute autre cause de force majeure.

Il ne sera accepté concurremment avec AUCUN
autre Bon portant réduction des prix d'entrée

Il ne pourra pas être présenté notamment avec les BONS DE L'EXPOSITION

Il ne sera accepté qu'un BON par entrée

Ce Bon ne peut être vendu

Ce Bon ne peut être vendu

Sans responsabilité pour l'Administration du *Paris-Exposition*

Tout bon détaché à l'avance ne sera pas accepté.
Présenter le volume lui-même au guichet.

EXPOSITION DE 1900

BON pour *UN PETIT VERRE DE LIQUEUR*
"LA KREMLINE"

à déguster gratuitement après avoir déjeuné ou dîné

au

GRAND CAFÉ-RESTAURANT DES

Cadets de Gascogne

Le Grand Café-Restaurant des Cadets de Gascogne est situé
dans l'enceinte de l'Exposition, à l'entrée de la Rue de Paris
(en face le Pavillon de la Ville de Paris)

Déjeuners froids à partir de 2 francs au Bar
Restaurant à la Carte ✦ *Cuisine de 1er ordre*
Prix modérés
Il ne sera accepté qu'un Bon par personne

Ce Bon ne peut être vendu

Ce Bon ne peut être vendu

Sans responsabilité pour l'Administration du *Paris-Exposition*

Tout Bon détaché à l'avance ne sera pas accepté.
Présenter le volume lui-même au guichet

EXPOSITION DE 1900

Ce Bon ne peut être vendu

BON pour la SOMME DE **Vingt Centimes**

à valoir sur le prix d'une Entrée (1 fr.)

DANS L'ENCEINTE DE LA

GRANDE ROUE DE PARIS

Avenue de Suffren

Ce Bon ne peut être vendu

Ce Bon sera reçu aux guichets de la Grande
Roue de Paris *pour la valeur ci-dessus indiquée tous les jours, sauf cas de force majeure.*

Il ne sera accepté concurremment avec AUCUN
autre Bon portant réduction du prix d'Entrée.

Il ne sera accepté qu'un BON par personne.

Sans responsabilité pour l'Administration du Paris-Exposition

Tout Bon détaché à l'avance ne sera pas accepté.
Présenter le volume lui-même au guichet.

EXPOSITION DE 1900

Ce Bon ne peut être vendu

BON pour la SOMME DE **Vingt Centimes**

à valoir sur le prix d'une Ascension (1 fr.)

DANS LES WAGONS DE LA

GRANDE ROUE DE PARIS

Avenue de Suffren

Ce Bon ne peut être vendu

Ce Bon sera reçu aux Guichets de la Grande
Roue de Paris *pour la valeur ci-dessus indiquée, tous les jours, sauf cas de force majeure*

Il ne sera accepté concurremment avec AUCUN
autre Bon portant réduction du prix de l'Ascension

Il ne sera accepté qu'un BON par personne

Sans responsabilité pour l'Administration du Paris-Exposition

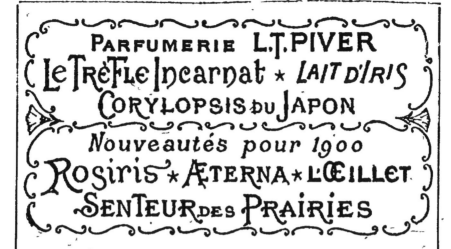

Ouvert à 8 h.   # AMBIGU COMIQUE   Commence à 8 h. 1/2.

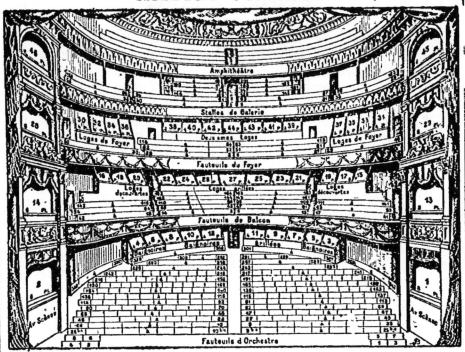

AMBIGU COMIQUE
Administration : *Boulevard Saint-Martin.* — Téléph. 266 88. — MM. Louis HOLACHER et PONTET, *directeurs.* — M. Abel BALLET, *régisseur général.* — M. Henri SÉBILLE, *secrétaire général.* — MM. CHEVREUIL, VALLOT, *régisseurs de la scène.*

— PRIX DES PLACES —	bureau	local.
Premier Bureau.		
1ʳᵉˢ avant-scènes..............	9 »	10 »
1ʳᵉˢ loges et baignoires (grillées ou découvertes)............	8 »	9 »
2ᵉˢ loges de face et 2ᵉˢ av.-scènes.	4 »	4 50
Fauteuils d'orchestre :		
1ʳᵉ série : les 7 premiers rangs (de 1 à 190)...............	7 »	8 »
2ᵉ série : les 4 rangs suivants (de 191 à 269)..............	6 »	7 »
3ᵉ série : les 5 autres rangs de 270 à 360, 12ᵉ, 13ᵉ, 14ᵉ et les deux rangs circulaires......	5 »	6 »

— PRIX DES PLACES —		local.
Fauteuils de balcon :		
1ʳᵉ série : le 1ᵉʳ rang..........	7 »	8 »
2ᵉ série : les autres rangs de face.	6 »	7 »
3ᵉ série : les autres rangs de côté.	4 »	5 »
Fauteuils de foyer ;		
1ʳᵉ série. 1ᵉʳ rang.............	4 »	4 50
2ᵉ série : autres rangs, de face.	3 »	3 50
3ᵉ série : loges de foyer de côté.	3 »	3 50
Deuxième Bureau.		
Stalles de galerie..............	2 »	2 50
Amphithéâtre.................	1 »	»

Les dames sont admises à toutes les places. — Les enfants payent place entière. — Les loges (grillées ou non) ne se détaillent pas. — Il y en a de 8, 6, 5, 4 et 2 places. A chaque 1ʳᵉ représentation, toutes les places du rez-de-ch. et du 1ᵉʳ étage sont à 10 fr.

Ouvert à 8 h.

BOUFFES PARISIENS

Commence à 8 h. 1/2.

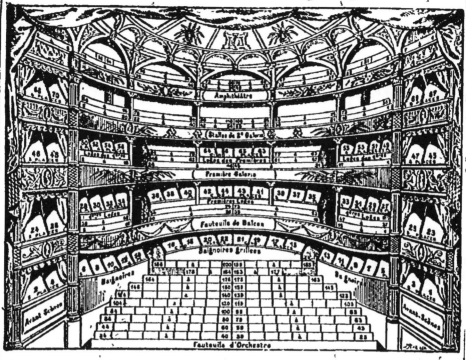

BOUFFES PARISIENS
Administration : *Rue Monsigny, 4.* — Téléph. 259.19. — Location : De 10 h. du matin à 7 h. du soir. — MM. COUDERT et BERNY, *directeurs.* — M. G. de BRUS, *administrateur et secrétaire général.* — M. Félix GRÉGOIRE, *régisseur général.*

— PRIX DES PLACES —	Bureau	locat.	— PRIX DES PLACES —	Bureau	locat.
Avant-scènes du rez-de-chaussée	50 »	60 »	Avant-scènes de seconde galerie	16 »	20 »
Baignoires grillées	50 »	60 »	Loges de ((5 places).	20 »	25 »
— (5 places)	40 »	50 »	seconde galerie. ((4 places).	16 »	20 »
— (4 places)	32 »	40 »	Fauteuils de seconde galerie…	4 »	5 »
Loges de balcon (5 places)	40 »	50 »	Avant-scènes de deuxième galerie	8 »	10 »
— (4 places)	32 »	40 »	Stalles de troisième galerie…	2 »	2 50
Fauteuils d'orchestre	7 »	9 »	— de quatrième galerie…	1 »	1 50
— de balcon	7 »	9 »			

Les enfants payent place entière. — Les dames sont admises à l'orchestre. — Les avant-scènes, baignoires et loges de balcon ne se détaillent pas.

Ouvert à 7 h. 1/2.　　　　CHATELET　　　　Commence à 8 h.

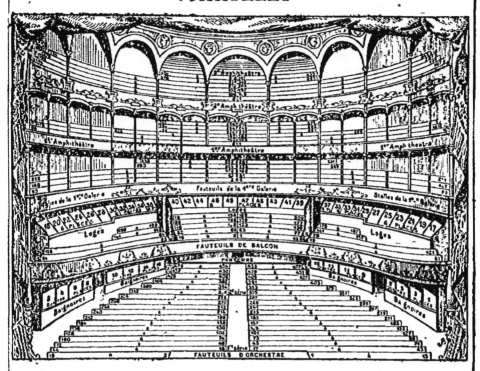

CHATELET

Administration : *Rue des Lavandières-Sainte-Opportune, 2.* — Location : De 11 heures à 6 heures. — M. Emile ROCHARD, *directeur.* — M. DUPRÉ, *administrateur-caissier.* — M. JUDIC, *secrétaire.*

— PRIX DES PLACES —

	bureau	local	— PRIX DES PLACES —	bureau	local
Loges à salon ...... 8 places	56 »	72 »	Stalles de 1re galerie (1er rang de face)	5 »	7 »
Loges de balcon.. {6 places.	43 »	54 »			
Baignoires......... {5 places.	35 »	45 »	Stalles de 1re galerie (2e, 3e et 4e rangs et 1er rang de côté)	»	6 »
{4 places.	28 »	36 »	1er amphithéâtre	3 »	4 »
Fauteuils de balcon (1er rang).	8 »	10 »	Parterre	3 »	4 »
— (2e, 3e, 4e, 5e r.)	7 »	9 »	2e amphithéâtre	2 »	»
Fauteuils d'orchestre (1re sér.)	7 »	9 »	3e —	1 »	»
(2e sér.)	6 »	7 »			

(Premier bureau / Deuxième Bureau indicated in margins)

Les loges se louent entières. — Les enfants payent place entière. — Les dames sont admises à toutes les places. — En été, reduction du prix des places.

Ouvert à 8 h. 1/4.   **THÉATRE CLUNY**   Commence à 8 h. 1/2.

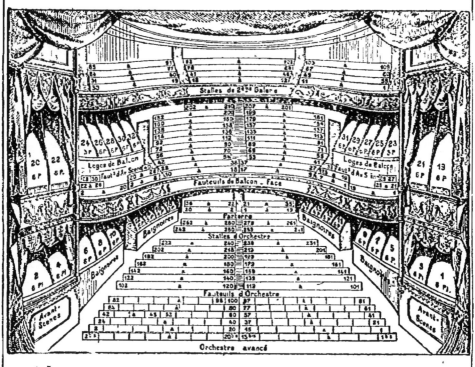

THÉATRE CLUNY

Administration : *Rue St-Jacques.* — Location : De 11 heures à 8 heures. — M. Léon MARX, *directeur*.

—— PRIX DES PLACES ——		bureau	locat.	—— PRIX DES PLACES ——	bureau	locat.
Av.-sc. du rez-de-chaussée (6 pl.).	36 »	42 »	Fauteuils d'orchestre............	4 »	5 »
— des premières (6 places).	36 »	42 »	— de balcon (lès 2 pr. r.).	4 »	5 »
Baignoires (6 places)...........	30 »	36 »	— de balcon (les aut. r.).	3 »	3 »
Loges des 1res de balcon (6 pl.)..	24 »	30 »	Stalles d'orchestre.............	2 50	3 »
Fauteuils d'orchestre avancés..	5 »	6 »	— de deuxième galerie.....	1 »	1 50
— d'avant-scène........	4 »	4 50	Parterre...................	1 50	2 »

Dimanches et Fêtes, **Matinée.** — Bureaux à 1 h. 1/2. Rideau à 2 heures.
Même spectacle que le soir.

Ouvert à 7 h. 1/2.

THÉÂTRE FRANÇAIS
Provisoirement au théâtre de l'Odéon.

Commence à 8 h.

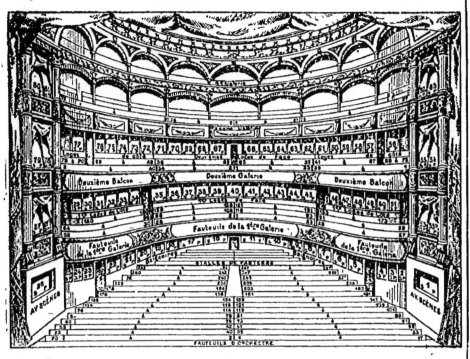

THÉÂTRE FRANÇAIS

Administration : *Rue de Vaugirard, 18.* — Téléph. 811.42. — Location : De 11 heures à 6 heures. — M. Jules CLARETIE, *administrateur-gérant.* — M. VERONS, *secrétaire général.*

— PRIX DES PLACES —	bureau	local.	— PRIX DES PLACES —	bureau	local.
Baignoires	8 »	10 »	Troisième étage, 1er rang	» »	3 »
Avant-scènes des 1res loges	12 »	12.50	Balcon, 1er rang	10 »	12 »
Premières loges	8 »	10 »	2e et 3e rang	8 »	10 »
Avant-scènes des 2es loges	8 »	10 »	Orchestre	8 »	10 »
Deuxièmes loges de face	8 »	10 »	Parterre	2.50 »	»
— de côté	4 »	6 »	Troisième galerie	2 »	»
Fauteuils de 2e galerie de face	6 »	8 »	Quatrième galerie	1 »	»
— côté	4 »	6 »			

ABERDEEN
Schotch Tailors
1, rue Auber, PARIS

16

Ouvert à 8 h.   GAITÉ   **Commence à 8 h. 1/2.**

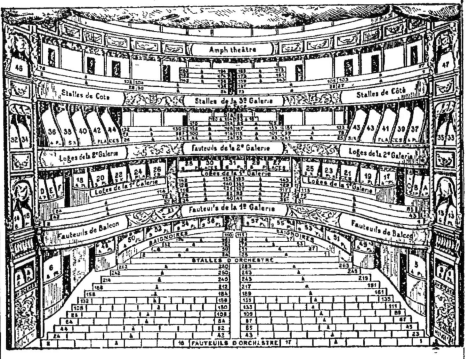

GAITÉ

Administration : *Rue Réaumur, 70.* — Téléph. 129 09. — Location : De 11 heures à 7 heures. — M. Debruyere, *directeur.* — M. Delilia, *secrétaire général.*

— PRIX DES PLACES —	bureau	locat.	— PRIX DES PLACES —	bureau	locat.
Avant-scènes du rez-de-chaussée	10 »	12 »	Fauteuils de la 2ᵉ galerie	5 »	6 »
— des baignoires	10 »	12 »	Loges de la 2ᵉ galerie	5 »	6 »
— des premières	10 »	12 »	Avant-scènes de la 2ᵉ galerie	5 »	6 »
Baignoires	7 »	9 »	Stalles de la 2ᵉ galerie	3 »	4 »
Loges de la première galerie	8 »	10 »	— d'orchestre	4 »	5 »
Fauteuils d'orchestre	7 »	9 »	Avant-scènes de 3ᵉ galerie	2 50	3 50
— de la 1ʳᵉ galerie			Stalles de la 3ᵉ galerie de face	2 50	3 50
(1ᵉʳ rang)	8 »	10 »	Stalles de la 3ᵉ galerie de côté	2 »	3 »
— (les autres			Quatrième galerie de face	1 »	»
rangs)	7 »	9 »	— — de côté	» 50	»

Les enfants payent place entière. — Les dames sont admises à toutes les places.

Matinées à 3 h. et 4 h. 1/2.   **LA BODINIÈRE**   Soirées à 8 h. 1/2.

FAUTEUILS D'ORCHESTRE

LA BODINIÈRE

THÉATRE D'APPLICATION. — *18, Rue Saint-Lazare.* — Téléph. 147.31 — *Fondateur :* M. BODINIER, ancien secrétaire de la Comédie-Française, — *Directeur, Régisseur général :* M. CHARNY — *Fondateur :* M. H. BAUDRY.

Tous les jours à 3 h. Matinées par nos Conférenciers et Littérateurs les plus éminents.
— à 4 h. 1/2, Conférences avec Auditions, Comédies, Opérettes, Revues.
Tous les soirs à 8 heures 1/2 : Spectacles : Comédie, Vaudeville, etc.
Prix des Abonnements : Série de 3o matinées des mercredis à 3 heures. Loges et fauteuils
(entrée permanente aux spectacles du soir et fauteuils réservés aux premières représentations).. 100 fr.
Fauteuils de galerie.. 50 fr.
Prix des Places, au bureau : Loges et Fauteuils, 5 fr. — Galeries, 3 fr.

Librairie HACHETTE et Cⁱᵉ, 79, Boulevard Saint-Germain, Paris

DICTIONNAIRE UNIVERSEL DE LA VIE PRATIQUE

A la Ville et à la Campagne. Contenant les notions d'une utilité générale : 1° de *Religion et d'Éducation :* obligations religieuses, etc.; instruction publique et privée, etc.; 2° de *Législation et d'Administration*, etc.
Un vol. gr. in-8, broché, 21 fr.; Le cart. en percaline gaufrée se paye en sus 2 fr. 75;
La demi-reliure en chagrin, tranches jaspées, 4 fr. 50.

Ouvert à 8 h.   **LYRIQUE-RENAISSANCE**   Commence à 8 h. 1/4.

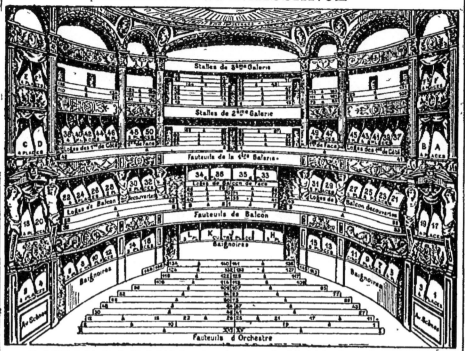

LYRIQUE-RENAISSANCE

Administration : *Rue de Bondy*, 19.
— Location : De 11 h. à 6 h. —

M. O. DE LAGOANÈRE et Mme BIANA-DUHAMEL, *directeurs*. — M. R. PEIGNÉ, *secrétairé général*. — M. DUMAS, *secrétaire de la direction*. — M. FIVRAITI, *régisseur général*. — M. GOSSELIN, *metteur en scène*. — M. DE LAGOANÈRE, *chef d'orchestre*.

—— PRIX DES PLACES ——	bureau.	—— PRIX DES PLACES ——	bureau.
Avant-scènes du r.-de-ch. et balcon.	12 »	Loges 1re galerie entre-colonnes....	5 »
Baignoires..................	9 »	Av.-sc. et loges de 1re galerie (côté).	3 »
Loges de balcon...............	8 »	Fauteuils 1re galerie (1er et 2e rangs).	4 »
Fauteuils d'orchestre (1er rang).....	7 »	— (autres rangs)..	3 »
— (aut. rangs)..	6 »	Avant-scènes et stalles de 2e galerie.	2 »
— de balcon (1er et 2e rangs)..	7 »	Amphithéâtre................,...	1 »
— (autres rangs)..	6 »		

Les locations se font sans augmentation de prix. — Les dames sont admises à toutes les places.

Ouvert à 8 h. 1/4.

NOUVEAUTÉS

Commence à 8 h. 1/2.

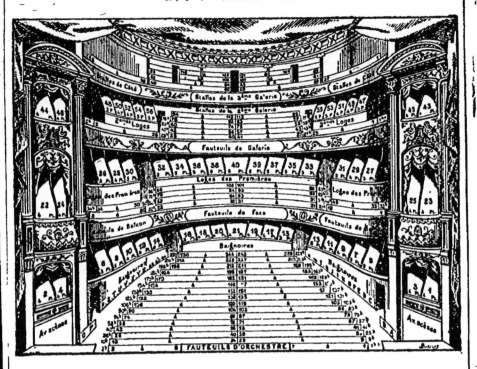

NOUVEAUTÉS

Administration : *Boulevard des Italiens*, 26. — M. H. MICHEAU, *directeur*. — M. LIONEL MEYER, *secrétaire général*.

—— PRIX DES PLACES ——	bureau	locat.	—→ PRIX DES PLACES ——	bureau	locat.
Avant-scènes du rez-de-chaussée	50 »	60 »	Premières loges............	8 »	10 »
— des premières....	50 »	60 »	Avant-scenes des deuxièmes...	4 »	5 »
Baignoires..................	8 »	10 »	Deuxièmes loges............	4 »	5 »
Fauteuils de balcon (1er rang)..	8 »	10 »	Fauteuils de galerie (1er rang)..	5 »	6 »
— de balcon........	7 »	9 »	— de galerie........	4 »	5 »
— d'orchestre..........	8 »	10 »	Stalles de galerie............	2 »	2 50

Les loges des premières et baignoires se louent entières.
Les Dames sont admises à toutes les places.

Ouvert à 8 h.

NOUVEAU THÉATRE

Commence à 8 h. 1/2.

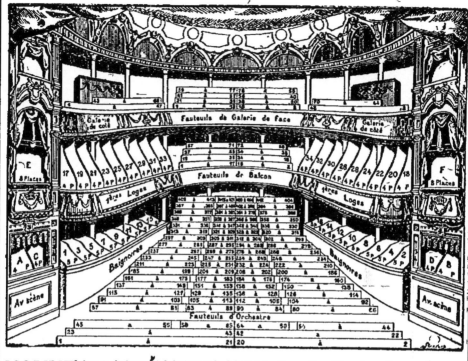

NOUVEAU THÉATRE

Administration : *Rue Blanche*, 15. — Location : de 10 heures à 7 heures. — M. Paul FRANCK, *directeur*. — M. Gustave LABRUYÈRE, *administrateur général*. — M. CARPIT, *régisseur général*.

— PRIX DES PLACES —		— PRIX DES PLACES —	
Avant-scènes (4 places)	10 »	Fauteuils de balcon, 1er rang	5 »
Baignoires (4 places)	5 »	— — autres rangs	2 50
Premières loges (4 places)	5 »	— de galerie (de face)	1 50
Fauteuils d'orchestre, 6 1ers rangs	5 »	— (de côté)	1 »
— autres rangs	2 50		

Ouvert à 7 h. 1/2   **ODÉON**   Commence à 8 h.

(Ancien Gymnase)

ODÉON Administration : *Boulevard Bonne-Nouvelle*, 38. — Téléph. — Location : De 11 heures du matin jusqu'à une heure avant l'ouverture, qui varie selon les pièces. — M. Paul GINISTY, *directeur.*

— PRIX DES PLACES —	bureau	local.	— PRIX DES PLACES —	bureau	local.
Avant-scènes du r.-d.-chaussée...........	12 »	14 »	Avant-scènes, 2ᵉ galerie.....	1 »	1 50
Avant-scènes de balcon....	12 »	14 »	Lo es, 2ᵉ galerie, 3/4........	1 »	1 50
Baignoires de face.......	5 »	7 »	— — de côte..	1 »	1 50
— de côté.......	4 »	6 »	Stalles, 2ᵉ galerie............	1 »	1 50
Loges de balcon.........	8 »	10 »	Quatrièmes loges............	0 75	»
Avant-scènes de foyer....	2 50	3 »	Stalles de 3ᵉ galerie, 1ᵉʳ rang..	0 75	»
Loges de foyer, 3/4........	3 »	4 »	— 2ᵉ rang..	0 50	»
— de côté.....	2 50	3 »			
Fauteuils d'orchestre........	6 »	8 »			
— de balcon.....	6 »	8 »			
— de foyer, 1ᵉʳ rang.	4 »	5 »			

(Premier Bureau / Deuxième Bureau)

OPÉRA

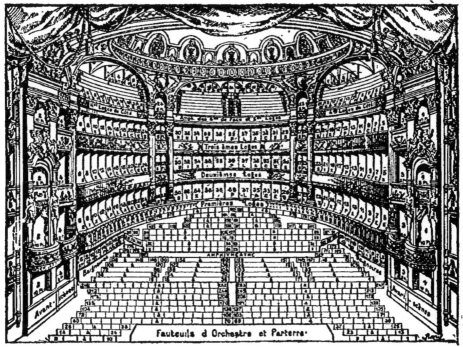

Fauteuils d Orchestre et Parterre.

OPÉRA

Administration : *Boulevard Haussmann.* — Téléph. — Location, de 10 h. à 6 h. — M. GAILHARD, *directeur.* — M. SIMONNOT, *administrateur.* — M. Georges BOYER, *secrétaire général.* — M. MAILLARD, *secrétaire adjoint, chef de l'abonnement.* — MM. MALHERBE et BANÈS, *biblioth.* — M. MEYER, *archiv.*

— INDICATION DES PLACES —		Nombre de places	AU BUREAU		EN LOCATION	
			PAR PLACE	PAR LOGE	PAR PLACE	PAR LOGE
STALLES de Parterre........		1	7 »	» »	9 »	» »
FAUTEUILS...	Orchestre........	1	14 »	»	16 »	»
	Amphithéâtre....	1	15 »	»	17 »	»
BAIGNOIRES..	Avant-scènes....	10	15 »	150 »	17 »	170 »
	—	8	15 »	120 »	17 »	136 »
	De côté........	6	14 »	84 »	16 »	96 »
	—	5	14 »	70 »	16 »	80 »
PREMIÈRES ..	Avant-scènes	10	17 »	170 »	19 »	190 »
	—	8	17 »	136 »	19 »	152 »
	Entre colonnes....	12	17 »	204 »	19 » »	228 »
	Loges de face....	6	17 »	102 »	19 »	114 »
	— de côté....	6	15 »	90 »	17 »	102 »
DEUXIÈMES ..	Avant-scènes	8	14 »	112 »	16 »	128 »
	Entre-colonnes....	12	14 »	168 »	16 »	192 »
	Loges de face	6	14 »	84 »	16 »	96 »
	— de côté....	6	10 »	60 »	12 »	72 »
TROISIÈMES...	Avant-scènes	10	5 »	50 »	7 »	70 »
	—	8	5 »	40 »	7 »	56 »
	Loges de face....	8	8 »	64 »	10 »	80 »
	Entre-colonnes	6	8 »	48 »	10 »	60 »
	De côté........	6	5 »	30 »	7 »	42 »
QUATRIÈMES.	Avant-scènes....	8	2 »	16 »	3 »	24 »
	Loges de face	8	3 »	24 »	5 »	40 »
	— de côté....	4	2 »	8 »	3 »	12 »
	Fauteuils d'amphithéâtre.....	1	4 »	»	5 »	»
	Stalles d'amphithéâtre de face.	1	2 50	»	3 »	»
	— de côté.	1	2 »	»	2 50	»
CINQUIÈMES Loges........		4	2 »	8 »	3 »	12 »

Pour les abonnements annuels (1, 2, 3 ou 4 Jours par semaine), lundi, mercredi, vendredi; l'abonnement du samedi commence en octobre et finit en mai, demander les prix à l'Administration. — L'Opéra ne joue pas tous les soirs; voir journaux et affiches. — Les *dames* sont admises à l'orchestre, mais *sans chapeau.*

Ouvert à 7 h. 1/2.

OPÉRA COMIQUE

Commence à 8 h

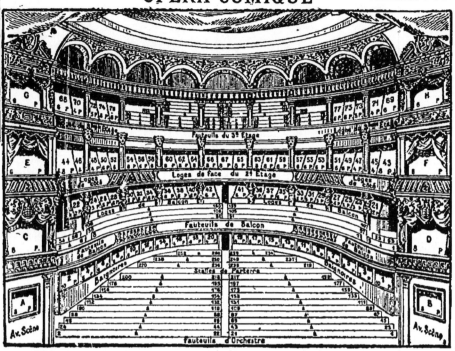

OPÉRA COMIQUE

Premier Bureau.

Administration : *Rue Favart, 5.* — Téléph. 105.76. —
Location : de 10 h. à 7 h. — M. Albert CARRÉ, *directeur.*

Deuxième Bureau.

—— PRIX DES PLACES ——	local.	bureau	—— PRIX DES PLACES ——	local.	bureau
Avant-scènes du rez-de-chaussée et balcon	15 »	10 »	Fauteuils de 3ᵉ étage	5 »	4 »
Baignoires	10 »	8 »	Avant-scènes du 3ᵉ étage	4 »	3 »
Loges de balcon	12 »	10 »	Loges du 3ᵉ étage	4 »	3 »
Fauteuils d'orchestre	10 »	8 »	Stalles du —	3 50	3 »
— de balcon, 1ᵉʳ rang	12 »	10 »	Fauteuils d'amphithéâtre	» »	» »
— — 2ᵉ et 3ᵉ r	10 »	8 »	Stalles d'amphithéâtre	» »	» »
Avant-scènes du 2ᵉ étage	8 »	6 »			
Loges de face du 2ᵉ étage	6 »	6 »	*Les dames sont admises à l'orchestre sans chapeau.* — *Les loges se louent entières.*		
Loges de côté du 2ᵉ étage	6 »	5 »	**Prix des abonnements** : le même que le prix des places en location.		
Parterre (pas de location)	» »	3 5»			

Spectacle du 1ᵉʳ Septembre au 30 Juin. — Matinées à 1 heure, les dimanches et jours fériés.
Jours d'abonnements : Mardi, Jeudi, Samedi.

Ouvert à 7 h. 1/2.

OPÉRA POPULAIRE
(Anciennes Folies Dramatiques)

Commence à 8 h.

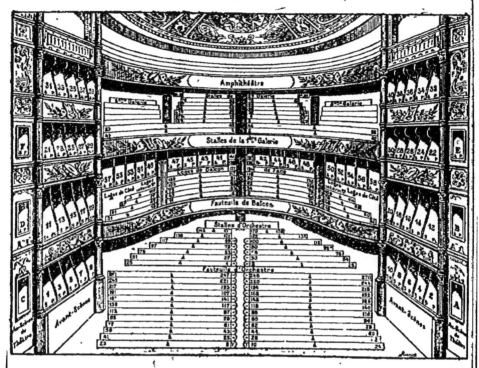

OPÉRA POPULAIRE
Administration : *Rue du Château-d'Eau, 9.* — Téléph. 256.67. — M. Raoul Louar, *directeur de la Scène.* — M. Louis Baïssas, *secrétaire général.*

—— PRIX DES PLACES ——

Premières loges......................	5 »	
Fauteuils d'orchestre et de balcon....	4 »	
Stalles — ...	2 50	
Premières galeries.....	1 50	

—— PRIX DES PLACES ——

Deuxièmes galeries...................	1 »
— de côté..........	0 75
Amphithéâtre..........	0 50

On délivre les coupons à l'avance toute la semaine.

Ouvert à 8 h. 1/4. **PALAIS-ROYAL** Commence à 8 h. 1/2.

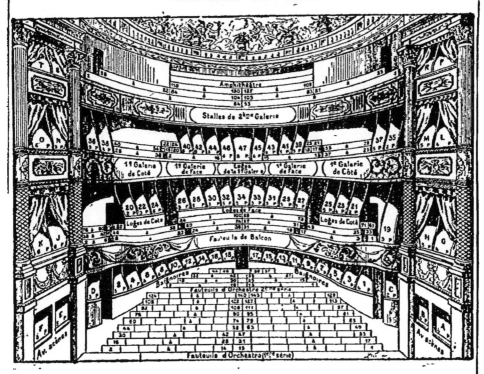

PALAIS-ROYAL

Administration : *Rue Montpensier, 38.* — Téléph. 102 50. — M. Maurice CHARLOT, *directeur.* — M. Armand LÉVY, *administrateur général.*

— PRIX DES PLACES —	bureau	local.	— PRIX DES PLACES —	bureau	local.
Avant-scènes du rez-de-chaussée et balcon...............	8 »	10 »	Loges de 1re galerie de face...	5 »	6 »
Fauteuils de balcon 1er rang....	8 »	10 »	Fauteuils de 1re galerie 1er rang.	5 »	6 »
— Autres rangs..........	7 »	9 »	Fauteuils de 1re galerie autres rangs.........	4 »	5 »
Loges de balcon..............	7 »	9 »	Avant-scènes 1re galerie.........	4 »	5 »
Baignoires............	7 »	9 »	Loges de côté de la 1re galerie.	4 »	5 »
Fauteuils d'orchestre 1re série.	7 »	9 »	Avant-scènes des 2es galeries...	2 50	3 »
— — 2e série.	5 »	6 »	Stalles des 2es galeries......	2 50	3 »

Les enfants payent place entière. Les dames sont admises à l'orchestre à partir du 5e rang.

Ouvert à 7 h. 1/2. PORTE-SAINT-MARTIN **Commence à 8 h.**

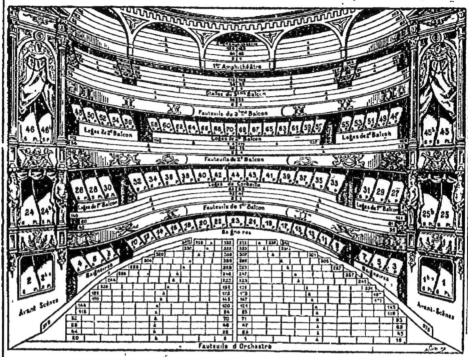

PORTE-SAINT-MARTIN

Administration : *Rue de Bondy*, 17. — Téléph. — Location : De 11 heures à 7 heures.
MM. FLOURY frères, *directeurs.*

— PRIX DES PLACES —	bureau	local	— PRIX DES PLACES —	bureau	local
Av.-sc. du rez-de-chaus. et 1er ét.	10 »	12 »	Fauteuils de 2e balcon (1er rang).	5 »	6 »
Baignoires	10 »	12 »	— (aut. r.)..	4 »	5 »
Premières loges	10 »	12 »	Fauteuils de 3e balcon (1er rang).	3 »	3 50
Fauteuils de 1er balcon (1er rang).	10 »	12 »	— (aut. r.)..	2 »	2 50
— (aut. r.)..	8 »	10 »	Stalles d'amphithéâtre (1er rang).	1 50	1 75
Fauteuils d'orchestre	8 »	10 »	— (aut. r.)..	1 25	1 50
Deuxièmes loges (de face)	5 »	6 »	Amphithéâtre	1 »	»
— (de côté)	4 »	5 »			

Les enfants payent place entière. Les dames sont admises à toutes les places.

Rideau à 8 heures 1/2 **THÉATRE SARAH-BERNHARDT** Location de 10 h. à 7 h.

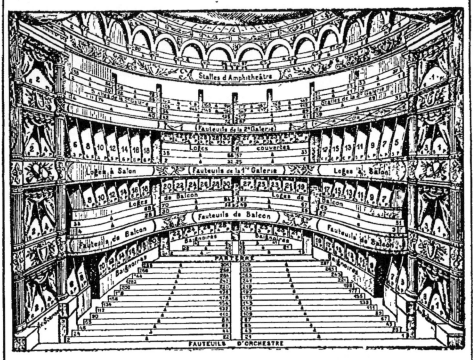

THÉATRE SARAH-BERNHARDT

Administration : M. GEOFFROY, *administrateur général.* — M. DUBERBY, *secrétaire général.* — M. MERLE, *régisseur général.*

— PRIX DES PLACES —		bureau.	— PRIX DES PLACES —		bureau.
Avant-sc., rez-de-ch. et balcon.	15 »	la place	Fauteuils de 2ᵉ galerie	4 »	la place
Loges et baignoires	12 »	—	Stalles de parterre	3 50	—
Faut. d'orchestre et de balcon.	12 »	—	Stalles de 2ᵉ galerie	2 50	—
Faut. d'orch. et de balc. (1ᵉʳ r.).	10 »	—	Amphithéâtre	1 »	—
Log. et av.-sc. de 1ʳᵉ gal. à sal.	7 »				
Loges de 1ʳᵉ galerie couvertes.	6 »		Même prix en location		
Fauteuils de 1ʳᵉ galerie	6 »		qu'au bureau.		

Ouvert à 8 h. **VARIÉTÉS** Commence à 8 h. 1/4.

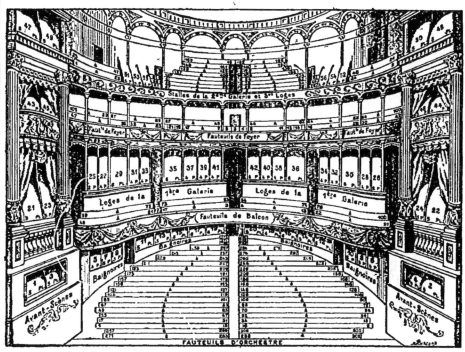

VARIÉTÉS

Administration : *Galerie des Variétés*. — Location : de 10 h. m. à 11 h. s. — Téléph. 109.92. — M. SAMUEL, *directeur*. — M. Jules BRASSEUR, *secrétaire général*.

PRIX DES PLACES		PRIX DES PLACES	
Avant-scènes des premières et du rez-de-chaussée, 5 places.........	60 »	Fauteuils de balcon, 2ᵉ rang........	10 »
Baignoires (la place)...............	10 »	Loges des troisièmes, 4 places.....	6 »
Premières loges (la place)..........	10 »	Fauteuils de foyer, 1ᵉʳ rang.........	5 »
Fauteuils d'orchestre...............	10 »	— 2ᵉ rang	4 »
Fauteuils de balcon 1ᵉʳ rang........	12 »	Stalles de 2ᵉ galerie, 1ᵉʳ et 2ᵉ rangs..	3 »
		Amphithéâtre....................	1 »

Les enfants payent place entière. — Dames admises aux fauteuils d'orchestre.

Ouvert à 8 h. | # VAUDEVILLE | **Commence à 8 h. 1/4.**

VAUDEVILLE

Administration : *Rue de la Chaussée-d'Antin.* — **Téléph.** —
Location : De 11 heures à 6 heures et de 8 heures à 10 heures
du soir. — M. POREL, *directeur.* — M. A. GRENET-DANCOURT, *secrétaire général.* —
M. RICQUIER, *administrateur.* — M. PEUTAT, *régisseur général.*

— PRIX DES PLACES —	bureau et local		— PRIX DES PLACES —	bureau et locat.
Avant-scènes du rez-de-chaussée, 6 places..............	120 »		Fauteuils du foyer (2ᵉ, 3ᵉ, 4ᵉ r.)	6 »
Avant-scènes des 1ᵉʳˢ, 6 places.	120 »		Loges du foyer de face { 5 pl.	30 »
Premières loges { 6 places...	72 »		{ 4 pl.	24 »
Premières loges { 5 — ...	60 »		A.-scènes du foy., 6 pl. de côté.	30 »
Premières loges { 4 — ...	48 »		Deuxièmes loges de foyer, 5 places de côté.............	25 »
Balgnoires...... { 6 places...	60 »		Loges 3ᵉ galerie	4 »
Balgnoires...... { 5 — ...	50 »		Stalles de la troisième galerie de face (1ᵉʳ rang)	4 »
Balgnoires...... { 4 — ...	40 »		Stalles de la troisième galerie de côté..............	2 »
Fauteuils d'orchestre.........	10 »		Loges des quatrièmes.........	2 »
— de balcon (1ᵉʳ rang).	12 »		Quatrième galerie.............	1 »
— (2ᵉ rang)...	10 »			
— du foyer (1ᵉʳ rang)..	7 »			

(Premier Bureau. — 1ᵉʳ bureau. — 2ᵉ bureau.)

Les loges se louent entières. — Les enfants payent place entière. — Les dames sont
admises à l'orchestre avec leur plus petit chapeau. — On ne paye pas plus cher les places
prises en location.

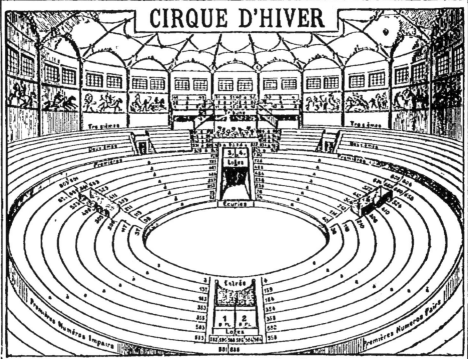

CIRQUE D'HIVER

Administration ; *Rue de Crussol, 6* (15 octobre-fin avril). — Location : de 11 h. à 4 h. — M. FRANCONI, *directeur.* — R. COLONNIER, *administrateur.* — Ch. AKAR, *secrétaire.* — **Prix des places :** Loges, bur., 3 fr. ; location, 4 fr. | **Premières,** 2 fr. ; location, 3 fr. | **Deuxièmes,** 1 fr. | **Troisièmes,** 0 fr. 50.

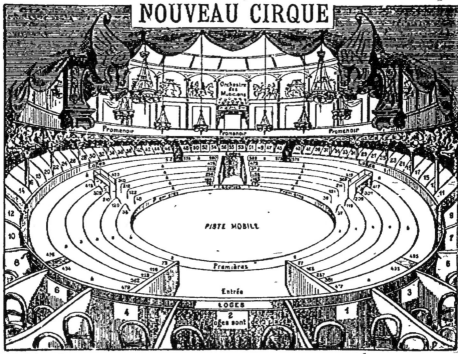

NOUVEAU CIRQUE

Administration ; *247, Rue Saint-Honoré.* — M. HOUCKE, *Directeur.* — M. ROSSI, *Administrateur général.* — **Prix des places :** Loges (5 places), bureau, 25 fr. ; location, 35 fr. | **Fauteuils.** 3 fr : locat., 4 fr. | **Galerie-Promenoir,** 2 fr. — Tous les soirs à 8 h. 1/2 ; Matinées : Dim., Mercr., Jeudis et jours de fête à 2 h. 1/2

CIRQUE MÉDRANO

Administration : *72 ter, Rue des Martyrs.* — **Location** : De 11 h. à 5 h — Téléphone 240-65. — M. Médrano (Boum-Boum), *directeur.* — **Prix des places** : Loges (5 places), 20 fr.; location, 25 fr. Fauteuils, 2 fr.; location, 3 fr. | Stalles, 1 fr.; location 1 fr. 5o | Secondes, o fr. 5o.

AUTRES THÉATRES

Alhambra de Paris (Ancien Cirque d'Été), aux *Champs-Élysées, Av. Malignon.* — *Directeur* : M. M. Magnier; *Secrétaire-général* : M. Ar. de Pallissan. — Prix des places : Loge de 5 pl., 40 fr.; Faut. de balcon, 1ers rangs, 7 fr.; autres rangs, 6 fr ; Faut. de galerie, 1ers rangs, 4 fr.; autres rangs, 3 fr.; Promenoir, 3 fr. — Location sans augmentation de prix.

Th. Antoine (Salle des Menus-Plaisirs) : *14, Bd de Strasbourg.* — Teléph. 22664. -- *Directeur* : M. André Antoine. — *Régisseur* : M. Paul Edmond. — Prix des places. : Av.-scène du rez-de-chauss., 9 fr.; Av.-scène de balcon : 8 fr.; Loge de balcon, 7 fr.; Baignoire, 7 fr.; Faut. de balcon, 1er rang, 5 fr.; Faut. de balcon 1er rang et d'orch. : 5 fr.; Faut. de balcon, 2e rang : 4 fr.; Loges de foyer : 3 fr.; Faut. de foyer, 1er rang : 3 fr.; 2e série, 2 fr.; Av.-scènes de foyer, 2 fr. 5o; stalles d'orchestre, 2 fr. 5o. Tout le 3e étage, 1 fr.

Nota. — Abonnements mensuels, à dates facultatives pour les souscripteurs, pour 8 spectacles dans la saison : fauteuils d'orchestre et de balcon : 3o fr.

Th. de l'Athénée (*Square de l'Opéra-R. Boudreau*). — *Direction* Abel Deval. — Le plus joli théâtre de Paris, à 100 m. de l'Opéra. — Avant-scènes du rez-de-chaussée, 3 pl. : 40 fr.; 4 pl. : 5o fr.; 6 pl. : 8o fr.; Avant-scènes de balcon, 7 pl. : 90 fr.; 6 pl. : 8ofr.; Baignoire, la pl. : 9 fr.; Loges balcon, la pl. : 9 fr.; Fauteuils balcon 1ers rangs : 9 fr.; autres rangs : 8 fr.; Fauteuils d'orchestre, 8 fr.; Avant-scènes de 1er galerie, la pl. : 5 fr.; Fauteuils de 1er galerie, 1ers rangs : 5 fr.; Loges, la place : 4 fr.; Fauteuils de 1er galerie, autres rangs : 4 fr.; Avant-scènes de 2e galerie, la place : 2 fr. 5o; Stalles de 2e galerie, 1ers rangs : 2 fr.; autres rangs : 1 fr. 5o. — Location sans augmentation de prix.

Th. Belleville *R. de Belleville, 46.*

Th. des Bouffes-du-Nord *Bd de la Chapelle, 37 bis.*

Th. des Capucines *Bd des Capucines, 39.* — Prix des places : Fauteuils, 1re série, 5 fr.; 2e série, 3 fr.

Th. Déjazet Ouvert à 8 h. 1/4. — Commence à 8 h. 1/2. — Administration : *R. Bérenger, 14.* — Location : de midi à 6 h. du soir. — Prix des places : Av.-scène du rez-de-chauss., 40 et 50 fr.; Av.-scène de balcon, 30, 35 et 40 fr.; Baignoire, 20, 25 et 30 fr.; Loges de balcon, 36 et 40 fr.; Loges de face, 20, 25 et 30 fr.; Faut. d'orch., 1re série, 5 fr.; Faut. d'orch., 2e série, 3 fr.; Faut. d'orch., 3e série, 2 fr. 50; Faut. de balcon, face, 1er rang, 5 fr.; Balcon 1er rang, 4 fr. 50; Balcon 2e et 3e rang, 3 fr.; Stalles d'orch., 1 fr. 50; Faut. de galerie, 1 fr. 50; Av.-scène de galerie, 1 fr. 50; Stalles de galerie, 1 fr.; Amphithéâtre, 0 fr. 50. — Avec cartes d'abonnement demi-tarif à toutes places. — Matinées, dimanches et fêtes à 1 h. 3/4.

Divan Japonais (Théâtre-Concert), *R. des Martyrs, 75.* — Téléph. 523-74. — Bureaux à 8 h. Rideau à 8 h. 1/2. — Prix des places (ne changeant jamais) : Rez-de-chaussée : Loge grillée (4 pl.), 20 fr.; Av.-scènes (la pl.) 5 fr.; 1res Loges, 3 fr. 50; 2es Loges, 3 fr.; Faut. réservés, 2 fr. 50; Faut. d'orch., 2 fr.; Stalles d'orch., 1 fr. 50. — 1er étage : Av.-scènes (la pl.), 2 fr.; Faut. de balcon (1er rang), 2 fr.; Loges de balcon (1er rang), 1 fr. 75; Faut. de balcon (2e et 3e rang), 1 fr. 50; Faut. de balcon (autres rangs), 1 fr. 35; Loges de balcon (autres rangs), 1 fr.; Galerie, 0 fr. 75; Promenoir, 1 fr. En location, 0 fr. 25 en plus par place. — Dimanches et Fêtes, Matinées à prix réduit. — On y entend le célèbre poète-chansonnier Gaston Habrekorn dans ses chansons sensuelles.

Fantaisies Nouvelles *Bd de Strasbourg, 32.* — Directeur : M. Comy. — Prix des places : En semaine : Av.-scènes, 2 fr.; Loges, 1 fr. 50; Faut. d'orch., 1 fr. 25; Stalles, 0 fr. 75; 1er étage : Balcon, 1 fr.; Loges, 1 fr. 50. — Dimanches et Fêtes (soirée) : Rez-de-chaussée : Av.-scènes. 2 fr. 50; Loges, 2 fr.; Faut. d'orch., 1 fr. 50; Stalles, 1 fr.; 1er étage : Loges, 2 fr.; Balcon, 1 fr. 50; Galerie, 1 fr.

Th. des Folies-Belleville *R. de Belleville, 8.* — Tous les soirs. — Opérette, Comédie, Drame. — Dimanche soir : Loges, 2 fr.; Orchestre, 1 fr. 25; Balcon, 1 fr. 25; Pourtour, 0 fr. 75; Galeries face, 0 fr. 75; Galerie côté, 0 fr. 50; Stalles, 1 fr. — Prix réduits en semaine et en matinée.

Th. Lyrique de la Galerie Vivienne *Galerie Vivienne, 6, R. Vivienne.* — Ouvert à 8 h. Commence à 8 h. 1/2. — M. J. Forte, *Directeur.* — Location de 11 à 6 h. — Prix des places : Faut. d'orch., 1re série, 4 fr.; autres, 3 fr.; Faut. de balcon, 2 fr.; Loges, 4 places, 20 fr.; Stalles de balcon, 1 fr.; Faut. de balcon, 2 fr.; Stalles de galerie, 1 fr.

Th. des Gobelins *Av. des Gobelins, 73.* — Direct. : MM. Hartmann et Larochelle. — Drames. Comédies, Opérettes, etc. Changement de spectacle tous les samedis. — Prix des places (Semaines et Matinées) : Av.-scènes, 2 fr.; Loges et Faut. de balcon, 1 fr. 50; Faut. d'orch., de 1re et de 2e, 1 fr. 25; Stalles d'orch. et de 1re, 1 fr.; 2e galerie, 0 fr. 75; Amphithéâtre, 0 fr. 50. — Dimanches et Fêtes, 0 fr. 25 en plus à toutes places. — Location, 0 fr. 25.

Grand-Guignol *20 bis, rue Chaptal.* — Directeur : M. Max Maurey. — Spectacle tous les soirs à 9 h. — Prix des places : 3, 4 et 6 fr.

Th. de Grenelle *R. Croix-Nivert, 55.* — Direct. : MM. Hartmann et Larochelle. — Drames, Comédies, Opérettes, etc. — Prix places (Semaines et Matinées) : Av.-scènes, rez-de-ch., 2 fr.; idem 1re, 1 fr. 50; Loges, 1 fr. 50; Faut. de balcon, 1 fr. 50; Faut. d'orch. et de 1re, 1 fr. 25; Stalles d'orch., 1 fr.; Stalles d'orch., 1 fr.; Stalles de 2e et Parterre, 0 fr. 75; 2e Galerie et Amphithéâtre, 0 fr. 60. — Dimanches et Fêtes, 0 fr. 25 en plus à toutes places. — Location, 0 fr. 25.

Lilliput *Bd de Clichy, 75.* — De 2 h. 1/2 à 6 h. 1/2 et de 8 h. 1/2 à 10 h. 1/2. — *Voyage de Gulliver à Mildendo,* 250 petits personnages. — Prix des places : 50 c.

Th. Maguéra *Av. de Clichy, 52.*

Marigny *Champs-Élysées.* — Téléph. 101-89. — Grands Ballets-Pantomimes. — Acrobates. — Chanteuses de genre. — Soirées de gala coïncidant avec les principales solennités sportives. — Promenoirs. — Fauteuils et loges. — Matinées : le dimanche et les jours fériés.

Mathurins *R. des Mathurins, 36.* — Téléph. 213-41. — Marguerite Deval. — Tous les soirs, spectacle à 9 h. 1/4. Chansonniers, Opérettes, Revues. — Prix des places : Fauteuils, 5 fr.; Loges de 4 places, 24 fr. — Matinées tous les jours avec les principaux Artistes de Paris : Comédies, Revuettes, Conférences. — Prix des places : 5 et 6 fr.

Th. Montmartre *R. d'Orsel, 43.*

Th. Montparnasse *R. de la Gaîté, 31.* — *Direct. :* MM. HARTMANN et LA-ROCHELLE. — Drames, Comédies, Féeries, Opérettes. Changement de spectacle tous les samedis. — Prix des places : (Semaines et Matinées : Av.-scènes, 2 fr. 50 et 2 fr.; Faut. de balcon et d'orch. avancé, 1 fr. 50; Faut. d'orch. et de 1re, 1 fr. 25; Stalles d'orch. et de 1re, 1 fr.; Stalles de 2e, 0 fr. 75; Parterre et 2e Galerie de face, 0 fr. 60; 2e Galerie de côté, 0 fr. 50; Amphithéâtre, 0 fr. 40. — Dimanches et Fêtes : Av.-scènes, Loges, Fauteuils et Stalles, 0 fr. 25 en plus; Parterre et 2e de face, 0 fr. 80; 2e de côté, 0 fr. 60; Amphithéâtre, 0 fr. 50. — Location, 0 fr. 25.

Th. de la République Ouvert à 8 h.; Commence à 8 h. 1/2. — Administration : *R. de Malte, 50.* — Téléph. 262-17. — Av.-scènes du rez-de-ch., 7 fr.; Loges de balcon de face, 6 fr.; Balcon de face, 6 fr.; Faut. d'orch., 1re série, 5 fr.; 2e série, 4 fr.; Faut. de balcon de côté, 1er rang, 5 fr., autres rangs, 4 fr.; Av.-scènes de foyer, 4 fr.; Faut. de foyers, 3 fr. et 2 fr. 50; Av.-scènes de galerie, 1 fr. 50; Stalles 1 fr. 25; Amphithéâtre, 0 fr. 75.

Robert-Houdin *Bd des Italiens, 8.* — *Direct. :* M. MÉLIÈS. — Tous les soirs à 8 h. 1/2. — Dimanches, Séance de Cinématographe : entrée, 1 fr. 50; Scènes fantastiques ; Vues inédites. — Matinées de prestidigitation dimanches et Fêtes à 2 h. 1/2 (sauf juin, juillet et août).

MUSIC-HALLS

Casino de Paris *16, R. de Clichy et 15, R. Blanche.* — Téléph. 154-44. — Pantomimes, Ballets, Acrobates, Chanteuses, Attractions variées. — *Dimanche :* Matinée pour familles, *Mercredi et Samedi :* Fêtes de nuit. — Grandes redoutes en carnaval. — Entrée : 2 fr.; Fauteuils : 5 fr.; Loges : 6 fr.; Matinées, entrée : 1 fr.

Olympia *26, Bd des Capucines et 8, R. Caumartin.* — Téléph. 244-60. — Ouvert à 8 h. 1/2. — *Directeurs :* les frères ISOLA; *Secrétaire-général :* Marcel SIMOND. — Prix des places : Av.-scène, 50 fr.; location 60 fr.; Rez-de-Chaussée, 30 fr. (loc. 35 fr.); Loges de balcon, 25 fr. (loc. 30 fr.); Faut. d'orch., 6 fr. (loc. 7 fr.); Faut. de balcon 1re série, 5 fr. (loc. 6 fr.); 2e série, 4 fr. (loc. 5 fr.); Faut. de galerie, 1re série, 2 fr. 50; 2e série 2 fr.; Promenoir, 3 fr.

Folies-Bergère *32, R. Richer.* — Ouvert à 8 h. 1/2. : Administration, 35, R. de Trévise. — Téléph. 102-59. — *Directeur :* M. MARCHAND. — Tous les soirs Ballets, Pantomimes, Excentricités, Gymnastes, etc. — Promenoir : 2 fr.

Parisiana *27. Bd Poissonnière.* — Téléph. 156-70. — Ouvert à 8 h. 1/2. — Les frères ISOLA, *Directeurs;* BANEL, *Secrétaire général.* — Prix des Places : Av.-scène du rez-de-ch., la pl. 7 fr.; Av.-scène de balcon, 6 fr. Loges rez-de-ch., 6 fr.; Faut. d'orch., 1re série, 5 fr.; Faut. d'orch., 2e série, 4 fr.; Faut. balcon, 2e série, 3 fr.; Faut. galerie, 2 fr.; Stalles de galerie, 1 fr.; Promenoir, 2 fr.

CONCERTS

Alcazar d'Été *Champs-Élysées.* — Spectacle varié, Acrobates-jongleurs, revues. — Tous les soirs à 8 h. Dimanches et fêtes, matinées à 2 h. — Prix des places : Loges, 4 fr.; Fauteuils de face, 4 fr.; Fauteuils de côté 3 fr., Chaises, 1 fr. 50.

Concert des Ambassadeurs *Champs-Élysées* (côté droit). — Chansonnettes, Romances, Duos, Opérettes, Revues. — Tous les soirs à 8 h. Jeudis, Dimanches et Fêtes, matinées à 2 h. — Loges, la pl. 5; Faut. d'orch., 4 fr.; Faut. de côté, 3 fr.; Chaises, 1 fr. 50.

Bijou-Concert *Faub. du Temple, 37.* — G. Wacquez, Dir. — Concert, Vaudeville, Opérette, etc. — Prix des places : En semaine : Loges, 1 fr. 75; Faut., 1 fr. 25 et 1 fr.; Stalles, 0 fr. 75; Faut. de galerie, 1 fr. 25 et 1 fr.; Stalles, 0 fr. 50. Dimanche, 0 fr. 25 en plus par place. Attractions, changement de spectacle tous les vendredis.

Cigale *Bd Rochechouart, 124.* — Prix des places : En semaine : Rez-de-chaussée, avant-scène, 5 fr.; Loges, 4 fr.; Jardin, 2 fr. 50; Faut. réservés, 3 fr.; Faut. d'orch., 2 fr., Stalles d'orch., 1 fr. 25; Balcon, av.-scènes, 4 fr.; Loges, 3 fr. 50; Faut. de balcon, 2 fr. 50; Stalles de galerie, 0 fr. 75. — Matinées des Dimanches et Jours de Fêtes. Rez-de-chaussée : Av.-scène, 4 fr.; Loges, 3 fr. 50; Jardin, 2 fr.; Faut. réservés, 2 fr. 50; Faut. d'orch., 1 fr. 50; Stalles d'orch., 1 fr. Balcon : Av.-scène, 3 fr. 50; Faut. de balcon, 2 fr.; Stalles de galerie, 0 fr. 75.

Eldorado *Bd de Strasbourg, 4.* — Concert tous les jours.

Concert de l'Époque *Bd Beaumarchais, 10,* — Directeur : Aristide Bruant. — Prix des places : En semaine et matinée : Loges, 1 fr. 75; Faut., 1 fr. 25; Stalles, 0 fr. 90; Pourtour, 0 fr. 60. Dimanches et Fêtes : Loges, 2 fr. 25; Faut., 1 fr. 75; Stalles, 1 fr. 25; Pourtour, 0 fr. 90.

Concert Européen *R. Biot, 5.* — Direction Varlet. — Tous les soirs 8 h.; Spectacle-Concert; Comédies; Opérettes. — Loges, 2 fr.; Faut. réservés, 1 fr. 75; Faut. d'orch., 1 fr. 50; Loges de balcon, 1 fr. 50; Faut. face, 1 fr.; Faut. de côté, 0 fr. 75; Amphithéâtre, 0 fr. 50. — Tous les vendredis, soirée de gala.

Fourmi Eden-Music Hall. — *Bd Barbès, 10.* — Ruez, Directeur. — Spect.-Concert, attractions tous les soirs à 8 h. 1/2. — Changement de spectacle toutes les semaines. — Dim., matinée à 2 h. 1/2. — Semaine : 0 fr. 50 à 2 fr.; Dimanches et Fêtes : 0 fr. 60 à 2 fr. 50. Matinées, 0 fr. à 40 à 1 fr. 25.

Jardin de Paris aux *Champs-Élysées.* Concert-promenade. Soirées ordinaires 5 fr.; grandes fêtes de nuit, 10; matinées, dimanche et fêtes, 2 fr. Abonnement pour la saison : Messieurs, 100 fr.; Dames, 50 fr.

Concert Parisien *Faub. St-Denis, 37, et R. de l'Échiquier, 10.*— Spectacle, Concert tous les soirs à 8 h. — Dir. : C. Dorfeuil;

Concert de la Pépinière *R. de la Pépinière, 9.* — Dir. : Vve Trouillas; Secr. gén. : M. P. Fréjol. — Prix des places : Av.-scènes rez-de-chaussée, 2 fr. 50; Loges 2ᵉ, 2 fr.; Faut. d'orch., 1 fr. 50; Stalles d'orch., 1 fr.; Parterre, 1 fr.; Faut., 1ʳᵉ galerie, 1 fr. 50; Faut., 2ᵉ galerie, 0 fr. 50. Réouverture en septembre, avec salle entièrement transformée.

Petit Casino *Bd Montmartre, 12, et Pass. Jouffroy, 27.* — Dir.-Fond. : Rey, ex-artiste du Th. du Gymnase, créateur des Répétitions Publiques. — Prix des places : En semaine (le soir) : Chaises, 1 fr.; Faut. d'orch., 1 fr. 50. Les Dimanches et Fêtes (matinées et soirées) : Chaises, 1 fr. 25; Faut. d'orch. : 2 fr. Consommations comprises. Répétitions publiques tous les jours, de 4 à 6 h. — Pendant la durée de l'Exposition, matinées tous les jours à 3 h.

Grand Concert de la Poste
R. St-Dominique, 99. — Tous les soirs, concerts, attractions, operettes. — Matinée le dimanche à 3 h. Bock, 40 cent.

Concert Rouge
R. de Tournon, 6. Tous les soirs, concert à 8 h. 1/2. Entrée libre. Consommations 1 fr. — Secr. gén. ; G. DORFEUIL. — Changement de spectacle tous les vendredis. Places depuis o fr. 50 jusqu'à 3 fr. Spectacle populaire, réunissant le confortable et le bon marché.

Scala
Bd de Strasbourg, 13. — Prix des places : Avant-scènes (6 pl.) 50 fr.; Loges (4 pl.), 35 fr.; Fauteuils d'orchestre 5 et 4 fr.; Fauteuils de balcon, 4 et 3 fr.

Concert de la Ville Japonaise
Bd de Strasbourg, 17. — Dir. : ZERAPHA et Cie.— Tous les jours, de 4 à 7 h. Apéritif-Concert (Bock, o fr. 30; apéritif, o fr. 40). — Tous les soirs, à 8 h. 1/2 Spectacle-Concert; Fauteuils, 1 fr.; Chaises, o fr. 50, consommation comprise. *De 11 h.- à 2 h. au Caveau, Cabaret artistique sous la direction de GASTA; bock o fr. 50.

CABARETS ARTISTIQUES DE MONTMARTRE

Boîte à Fursy
(ancien Chat Noir), *12, R. Victor-Massé*, Théâtre de la Chanson rosse.

Cabaret de l'Ane Rouge
Av. Trudaine, 28 (Ex-Cabaret de la Grand'-Pinte). — Ouvert à 8 h. 1/2. — Entrée : Gratuite; bock à 50 cent. — *Programme :* Exposition de tableaux et de dessins des artistes Montmartrois les plus en vogue. Tous les soirs à 9 h. 1/2, auteurs, poètes, compositeurs interprétant leurs œuvres.

Cabaret des Assassins
R. des Saules. — Ouvert à 8 h. 1/2. — Entrée : Gratuite; bock à 40 et à 50 cent. — Tenu par Mme ADÈLE.

Cabaret du Ciel
Bd de Clichy, 53, M. ANTONIN, *Directeur;* J. CHEYROUX, *Administrateur.* — De 8 h. 1/2 à 1 h. 1/2, 6 représentations successives. — Bock 1 fr., Spectacle-Concert compris. — Service fait par des anges. — *Programme :* Illusions mystiques, extases gaies, visions suaves, envolées éthérées, apparitions, prêches humoristiques, chants et musiques célestes, etc.

Carillon
R. de la Tour-d'Auvergne, 43. — Téléph. 256-43. — M. MILLANVOYE, *Dir.* — Ouvert à 9 h. 1/2. — Prix des places : Faut., 5 et 6 fr. — Salles de Spectacle : l'hiver, au 1er étage; l'été, dans le jardin couvert. — *Programme :* Chansons et Revues. Tribunal du Carillon. Poètes et Chansonniers.

Cabaret de l'Enfer
Bd de Clichy, 53. — M. ANTONIN, *Directeur;* J. CHEYROUX, *Administrateur.* — De 8 h. 1/2 à 1 h. 1/2, 6 représentations successives. — Bock 65 cent., spectacle compris. — Service fait par des diables. — *Programme :* Illusions et trucs, Incinérations diaboliques, etc.

Conservatoire de Montmartre
(Cabaret artistique et littéraire), *Bd Rochechouart, 108*, reconstruits sur les plans exacts de l'ancienne abbaye du XIe siècle; on peut y admirer la collection unique de toutes les célébrités montmartroises, due au crayon de G. REDON. — Tous les soirs à 9 h. 1/2, le *Théâtre d'ombres* et les Chansonniers. — 1 fr. 50 la Consommation ordinaire. — Loges, 2 fr. 50.

Mirliton
Bd Rochechouart, 84; fondé en 1885, par Aristide Bruant, ancien local du Chat-Noir. : Aristide BRUANT, *Dir.;* MARIUS, *Admin.* — Ouvert de 9 à 2 h. m. — Entrée : Gratuite; bock à 65 cent. — *Programme :* Chansons de Bruant, interprétées par lui, Raphaël André. Les chansonniers G. Couté, Verdeau, Dranoël, Teulet, Okolowicz. Journal : *La Lanterne de Bruant.* Exposition permanente des dessins et tableaux de Steinlen, Lautrec, Kupka, Maupain, illustrateur; Alfred Le Petit, Yrondy, etc.

Cabaret des Quat'-z-Arts
B.d de Clichy, 62. — M. François Trombert, *Dir.-Propr.* — Ouvert à 9 h. — Entrée : 2 fr., consommation comprise. — *Programme :* Les Chansonniers Montmartrois dans leurs œuvres : Georges Tiercy, Theodore Botrel, Jehan Rictus, Mévisto aîné, Gabriel Montoya, Victor Delpy, Yon Lug, Paul Weil, de Reusse, etc. Décorations et Expositions permanentes d'Artistes Montmartrois : MM. Willette, Steinlen, Rœdel, Abel Truchet, Berthoud, G. Bellanger, Guirand de Scevola, etc. — Tous les soirs, *Théâtre des Gueules de Bois*, Revue annuelle, etc.

Tréteau de Tabarin
R. Pigalle, 58. — Téléph. 136-42. — M. Ropiquet, *Dir.* — Ouvert à 9 h. 1/2. — Prix des places : Av.-scènes, 5 pl., 40 fr.; Loges, 4 pl., 30 fr., Baignoires, 6 pl. 55 fr.; Faut. 6 fr. Location toute la journée. — *Programme :* Revues d'actualités. Chansonniers dans leurs œuvres : MM. J. Ferny, D. Bonnaud, J. Moy, Numa Blès, W. Burtey, Lucien Boyer. Interprètes : MM. Le Gallo, Bellucci, H, Girard; Mmes R. Launay, L. Tusini, etc., etc. — Matinées quotidiennes à la Maison du Rire, *Cours-la-Reine*, dans l'Exposition.

MUSÉES DE CIRE et PANORAMAS

Musée Grévin
B.d Montmartre, 10. Ouvert de 11 h. m. à 11 h. du soir. — Galeries de célébrités modernes et de scènes historiques. — Soirée à la Malmaison en 1800 : Bonaparte, Joséphine et 50 principaux personnages de l'époque. — Napoléon sur son lit de mort à Ste-Hélène. — Le Commandant Marchand à Fachoda. — Le couronnement du Tsar. — Les Coulisses de l'Opéra. — Théâtre : *Les Fantoches*, de John Hiewelt (Orchestre de dames hongroises). — Prix d'entrée : 2 fr. (enfants et militaires, moitié prix).

Musée de la Porte St-Denis
B.d Bonne-Nouvelle, 8. — Ouvert de midi à minuit. — Entrée : 1 fr. 50. — Scènes d'actualités, Historiques, Humoristiques; Attractions diverses, Cinématographe Lumière. — Théâtre. — Radioscopie. — Phonographe.

Panorama de la Bastille
Pl. Mazas. — Semaine, 1 fr.; Dimanche, 0 fr. 50. — Reconstitution de Paris de juillet 1889 avec les principaux personnages de l'époque. — Une galerie représente les Caveaux de la Bastille, avec les supplices depuis Louis XI.

Panorama de la Bataille d'Iéna
B.d Delessert, 1 (Trocadéro). Entrée : 1 fr. — Ouvert de 9 h. m. à la nuit. — Grand Panorama peint par Poilpot et 10 Dioramas représentant les faits glorieux de la République et de l'Empire, et les scènes les plus émouvantes de la Révolution : — 1° La Fête de la Fédération; — 2° La bataille de Valmy; — 3° Wattignies; — 4° Une séance à la Convention; — 5° Prise de la flotte hollandaise par les Français; — 6° Bataille des Pyramides; — 7° Bataille de Zurich; — 8° Une fête aux Tuileries; — 9° Austerlitz; — 10° Waterloo.

Diorama de Jérusalem
A l'angle de la R. Lamarck et de la R. Labarre. — Tous les jours, de 8 h. 1/2 du matin à 7 h. du soir. — Entrée : 1 fr. Les Dimanches, Jeudis et Fêtes : 0 fr. 50. (Grande réduction de prix pour les pèlerinages, pensions et écoles).

BALS

Bullier
Closerie des Lilas et Prado réunis. Av. de l'Observatoire, 33. Directeur : M. Moreau; *Chef d'orchestre :* M. Dreyfus. Jeudis, grande fête, entrée, 2 fr.; Samedis et Dimanches, bal, 1 fr. Bals masqués en février, 2 fr., de 8 h. 1/2 à minuit 1/2. Jardin ouvert du 3 mai au 15 octobre.

Moulin-Rouge
Pl. Blanche. — Dir.: M. J. Oller. Ch. d'orch.: MM. Mabille et Gauvin. — Tous les soirs, Bal après le Concert. — Mercr. et Vendredi, Fêtes de nuit. — Dimanches et Fêtes, Kermesse et Bal à 2 h. 1/2. — Redoute tous les Samedis en hiver.

Moulin de la Galette
77, R. Lepic. — Bal a grand orchestre sous la direction du Maestro A. Bosc. — Soirées dansantes les Jeudis et Samedis à 8 h. — Dimanches et Fêtes, matinées et soirées. — Visite des vieux Moulins, Beau point de vue sur Paris et la Banlieue. — Entrée : Cavalier 1 f. 50; Dame, 0 f. 50.